《大唐西域记》藏译文研究

༄༅། །《ཆེན་པོ་ཐང་གུར་དུས་ཀྱི་རྒྱ་གར་ཞིང་གི་བཀོད་པའི་དཀར་ཆག་》བོད་འགྱུར་མ་ཞིབ་འཇུག

岗措　著

གངས་མཚོས་བརྩམས།

民族出版社

མི་རིགས་དཔེ་སྐྲུན་ཁང་།

图书在版编目（C I P）数据

《大唐西域记》藏译文研究 / 岗措著 . —北京：民族出版社，2023. 4
ISBN 978-7-105-16942-9

Ⅰ. ①大… Ⅱ. ①岗… Ⅲ. ①《大唐西域记》—藏语—
译文—研究 Ⅳ. ① K928. 6 ② K935. 06

中国国家版本馆 CIP 数据核字（2023）第 068301 号

༄༅། །《ཆེན་པོ་ཐང་གུར་དུས་ཀྱི་རྒྱ་གར་ཞིང་གི་བཀོད་པའི་དཀར་ཆག་》བོད་འགྱུར་མ་ཞིབ་འཇུག

རྩོམ་པ་པོ། གངས་མཚོ།
རྩོམ་སྒྲིག་ལས་འགན་འཁུར་པ། བསོད་ནམས་དབང་རྒྱལ། སྒྲོལ་མ་འཚོ།
དེབ་གཞིའི་མཛེས་འཆོས། ཧའེ་ལུང་ཧྲི་ཇུའེ།

作　　者：岗　措
责任编辑：索南黄加　卓玛措
书籍设计：海龙视觉

མི་རིགས་དཔེ་སྐྲུན་ཁང་གིས་དཔེ་སྐྲུན་འགྲེམས་སྤེལ་བྱས།
པེ་ཅིན་གྲོང་ཁྱེར་ཧོ་ཕིང་ལི་བྱང་ལམ་ཨང་14པ། (100013)
http://www.mzpub.com
（010）64227665　（010）58130508

民族出版社 出版发行
北京市和平里北街 14 号 (100013)
http://www.mzpub.com
（010）64227665　（010）58130508

སན་ཧོ་གྲོང་ཁྱེར་ཧྭ་ཏུང་པར་འདེབས་ཚད་ཡོད་ཀུང་སི།
ཞིན་ཧྭ་དཔེ་ཚོང་ཁང་གིས་བརྒྱུད་འཚོང་བྱས།

三河市华东印刷有限公司
新华书店经销

དེབ་ཚད། 889mm × 1194mm　1/16
དཔར་ཤོག 35.5
དཔར་གྲངས། 0001–1500
2023ལོའི་ཟླ་5པར་པར་གཞི་དང་པོ་བསྒྲིགས།
2023ལོའི་ཟླ་5པར་པེ་ཅིན་དུ་དཔར་ཐེངས་དང་པོ་བཏབ།

开本：889mm × 1194mm　1/16
印张：35.5
印数：0001–1500
2023 年 5 月第 1 版
2023 年 5 月北京第 1 次印刷

ISBN 978–7–105–16942–9/ K・2919（བོད། 257）
རིན་གོང་། སྒོར་90.00

ISBN 978–7–105–16942–9/ K・2919（藏 257）
定价：90.00 元

序

王　尧

唐代著名的高僧玄奘（600—664）是我国古代一位非常杰出且伟大的旅行家、和尚、语言学和佛学大师。他早年熟读佛教典籍，不仅熟谙原典梵文，而且精通汉文译文。平素的学习方法不仅讽诵经典文字，而且深究其中奥义，务求正解。由于他一贯秉持的严格治学精神，促使他在深究经典义理之中，发现了许多隐蔽难明之处，萦绕心头，未能解决，故决心西行求法，以获正解，不惜冒犯李唐王朝严禁出国的禁令，历险西行，千山万水，艰难险阻，屡次处于命悬一丝的险境，不屈不挠，追求真理。千古以来，一直是国人心目中肃然起敬的伟大人物，就如鲁迅先生称之为“民族的脊梁！”

他留给后人的《大唐西域记》一书，记述旅行所经的国家、城邑和见闻，涉猎广泛，材料十分丰富，除了大量的关于佛教胜迹和神话传说之外，还包括当地历史、政治、地理、物产、民族和风俗的记载，为后世的历史学家、地理学家和宗教学家据为信史引用。正如印度学者辛哈和班纳吉毫不夸张的说法：“离开玄奘和法显（另一位更早的西行求法高僧）所留下的关于印度的记录，要想编一部完整的佛教史是不可能的。”[①] 除此之外，其中还有许多关于中亚各国古代史料，也为中亚古史提供了宝贵的遗产，这一点也为世人所熟知和理解，并受到十分可贵的重视。因此，这部书有多种外文译本传世，在藏区也有“唐僧喇嘛的故事”[②] 流传。直到清代乾隆年间才有《大唐西域记》的藏译本传世。那是由当时最有权威的藏文学者、蒙古族人士译作：衮布扎布（mgon-po-skyabs）译为藏

① ［印度］恩·克·辛哈、阿·克·班纳吉. 印度通史：第一版. 北京：商务印书馆，1973：31.

② 又叫作“猴子的故事”，这是受到后起的《西游记》影响，该书1981年由民族出版社据手抄本排印出版，书名为《唐僧喇嘛的故事》，译本不是照原文全译，而是节略性翻译，大致反映了唐僧取经故事的主要内容。另参见才让 撰《与〈西游记〉相关的汉藏民族文化交流问题研究》，载于姚大力、刘迎胜 主编《清华元史》第一辑，北京：商务印书馆，2011年；更早一点的是《藏族文学史》中曾经就藏文版的《唐僧喇嘛的故事》，做过比较和介绍，见中央民族学院《藏族文学史》编写组 编著《藏族文学史》，成都：四川民族出版社，1985年。

文，他可算是当时最著名的藏学家，曾有藏文本的“汉地佛教史”（rgya-nag-chos-byung）和《造像量度经》（sku-gzugs-kyi-tshad-kyi-mtshan-nyid）问世，是当时宫廷认可的、在民间普遍受到尊重的藏学大师。可是这一个译本一直以传抄的写本传世，非常珍密，未见刊本流传。在此之前的16—17世纪，藏族学者当中出现了一位名为多罗那他（Tāranātha，1575—1634）的著名觉囊派大师、学者，他撰写了一本《印度佛教史》（rgya-gar-chos-byung），侧重记述了在玄奘法师回国以后，印度佛教密教化发展的情况和历史，可以说补足了玄奘法师留下来的印度佛教后半部的历史事实，这也是藏族学者所做的补充和完善印度佛教史的工作。[①] 时至清末，当国家处于苦难的岁月时，衮布扎布的《大唐西域记》藏语写本，从禁中流出，漂流至东瀛。这和当时国内许多宝贵的文物、文献一样，有着共同的命运，无声地诉说着民族的苦难。直到20世纪80年代，衮布扎布翻译的藏文本《大唐西域记》写本得以回国。

如今，岗措同志在教学工作中锐意攻难，径选此册进行研究，经过四年的苦读，除了精读《大唐西域记》的汉文原文，并一一对照了藏文译文，进行细致的研讨，写出了论文《〈大唐西域记〉藏译文研究》。

说起岗措同志，她出身于安多藏语的家庭（青海乐都人），自幼随父母在阿里地区长大，后来又在拉萨长期生活，所以对于藏区的几大方言，都有深切的体会和理解。因此，对于《大唐西域记》藏译本的许多问题，她能够有切身的体会和认知，并在论文中对这些问题逐一进行了剖析和研究，得出了比较合理的解释。我曾经在《法音》杂志上发表过《藏译本〈大唐西域记〉的翻译、译者和大乘上座部等几个问题述记》[②]，特别是有关大乘上座部这个矛盾的提法，在藏译本中得到了合理的解决，季羡林先生生前特别予以关注，现在《大唐西域记》的藏译本，连同岗措同志的研究成果将要出版了，这不仅仅是一本文献重新向世人公布，实际上反映了汉藏两大民族在文化上的认同，只有站在这个高度上加以理解，才可能认识到岗措同志所付出的精力和才智。

---

① 多罗那他著，张建木译.印度佛教史.成都：四川民族出版社，1988年.

② 王尧.王尧藏学文集，卷五.北京：中国藏学出版社，2012年.

前言

佛教起源于公元前6世纪末的古代印度。公元前3世纪中叶，孔雀王朝阿育王大力弘扬佛教，佛教开始自印度向境外传播。按其传播方向，可分为北传、南传和藏传三部分：北传即向西北传入巴克特里亚（今阿富汗北部、乌兹别克斯坦南部一带），继而向东传入西域、中原等地；南传即向南先传入斯里兰卡，后陆续传入缅甸、泰国、印度尼西亚；藏传佛教的传入较北传、南传佛教晚，并发生较大变化，几个世纪后又传入蒙古。佛教沿不同路线向各地传播过程中，经过漫长的历史时期，经历不同的地域和民族，受传入地的政治、经济、文化、宗教和伦理观念等诸多因素的影响，已不是初传时“原始佛教”的状态，在各个不同历史阶段、不同地域呈现出不同的特点。

在印度，佛祖释迦牟尼圆寂100年之后，原始佛教分成了上座部与大众部两部，之后的300年内由于时代的变化，上座部与大众部内部又分裂成各种派别，出现了小乘佛教和大乘佛教之别，其中大乘佛教大约在公元1世纪左右形成。公元1世纪到5世纪左右，大乘佛教出现了以龙树为代表的中观宗；在公元6世纪左右出现了以无著为代表的瑜伽行宗。到了公元7世纪初，印度佛教开始从繁荣时期逐渐走向衰落。

佛教公元前传入中国，不能确定具体的时间，最初不是直接从印度传来，而是间接经过中亚细亚和新疆一带传入。根据史料记载，印度佛教传入西域的主要地区是新疆的于阗、龟兹、疏勒、若羌、高昌等地。首先把佛教思想传入西域于阗的是来自迦湿弥罗（即克什米尔）的高僧——毗卢遮那。当时，西域各地主要流传的是小乘佛教的“说一切有部”。

自印度佛教传入西域后的几百年间，即西汉昭帝、宣帝统治时期，到三国时期的几百年的岁月里，西域佛教有了长足的发展，佛教图像、寺庙和石窟等佛教建筑开始在西域大地出现，著名的有克孜尔千佛洞、森姆赛姆千佛洞等。西域僧人开始走向内地传经送宝，内地佛教徒也拉开了西行求法的序幕。

季羡林先生在《大唐西域记校注》的前言中，对唐朝初期中国的佛教状况做了概括性的总结。季先生具体从五个方面详细叙述了当时中国的佛教发展状况，即：（1）佛教的翻译与翻译组织；（2）佛教教义的发展与宗派的形成；（3）佛教与儒家和道教的关系；（4）唐初统治者对宗教的态度；（5）唐代的寺院经济。

季先生谈到最初的佛经翻译情况，总结起来有以下几个特点：

（1）最早的经文是从中亚和新疆一带的古代语言翻译过来的，如：焉耆语（土火罗语 A）和龟兹语（土火罗语 B）。

（2）翻译活动从最初的外国僧人与中国僧人合作翻译到南北朝时期，中国僧人开始到印度求法，翻译佛经不再依靠外国人，中国有了翻译组织——译场。

（3）涌现出了著名的翻译家，有鸠摩罗什、法显、玄奘、义净等。

规模最大的是鸠摩罗什的译场；译场内分工最细的是玄奘的译场；个人翻译佛经最多的是玄奘法师。

在中国佛教发展史上，玄奘所做的贡献无法估量，他用 18 年时间游历了印度和西域各国，全面学习了佛教知识，并且在印度赢得了很高的声誉，在印度的佛教高级学府——那烂陀寺，他的待遇是高级教师待遇，用学到的知识撰写成著作，直接参加学术辩论。回国后据他的游历过程和所见所闻撰写成了流芳千古的著作——《大唐西域记》。

1. 玄奘西行求法的历史背景

季羡林先生在《大唐西域记校注》的前言中说：佛教是公元前传入中国的，虽然不能确定具体的时间，但从译经者的姓名和梵文译音上可以清楚地看到佛教传入的路线。佛教最初不是直接从印度传来的，而是间接经过中亚细亚和新疆一带传入的。

到了魏晋南北朝时期，佛教在西域进入了鼎盛发展时期。佛教在西域各宗教中占统治地位，佛窟成群，塔寺林立，浮雕、立雕的大小佛像琳琅满目，雕塑艺术水平达到了很高程度。西域各国佛事频繁，年年举行盛大的佛会，而且高僧人才辈出，也是西域与中原佛教文化相互影响、相互渗透的时代。

隋唐之际，国家趋于统一，南北两大派也开始互相交流。佛教的大小乘、大乘的空宗、有宗都已经传到了中国。这时在中原的高僧们为了准确地理解经卷的意义，都感到应该去发源地——印度考察、学习，于是有许多僧人踏上了西行的道路。

当时的玄奘在国内，游学成都、益南、长安、赵州、扬州等地，遍访名师，熟读并掌握了许多国内有名的经典。一次听来自印度的法师讲座时，提到了《瑜伽师地论》，玄奘很想得到这部经书，在酝酿了一段时间后，终于在公元627年（唐贞观元年），玄奘28岁时，决心西行求法。整整18年的时间，他的足迹遍布中亚大陆和印度。他到过的国家共计有56个，而行程有五万多里。

公元645年（贞观十九年），玄奘法师携带大批佛经，经陆路回到了阔别18年的长安。回国后唐太宗在洛阳召见了他，并敦促他将在西域、印度的所见所闻撰写成书。于是由玄奘法师口述，弟子辩机执笔的《大唐西域记》一书仅用了一年时间，于公元646年（贞观二十年）七月完成了。

2.《大唐西域记》的价值

全书分十二卷，卷一34国，记载了今天的新疆和中亚广大地区的情况；卷二之首有印度总述，然后直到卷十一分别叙述了五印度的各国概况，其中摩揭陁一国情况占去了八、九两整卷的篇辐，共82国；卷十二记载了玄奘返回途中经过的帕米尔高原和塔里木盆地南缘诸国概况，共22国。全书共记述了138国的情况，书中对各国的记述繁简不一，通常包括国名、地理形势、幅员广狭、都邑大小、历时计算法、国王、族姓、宫室、农业、物产、货币、食物、衣饰、语言、文字、礼仪、兵刑、风俗、宗教信仰以及佛教圣迹、寺数、僧数、大小乘的流行情况等内容。

其主要贡献和价值在于记载了东起我国新疆、西到伊朗、南到印度半岛南端、北到吉尔吉斯斯坦、东北到孟加拉国这一广阔地区的历史、地理、风土、人情，科学地描绘了印度次大陆的地理概况，记述了从帕米尔高原到咸海之间广大地区的气候、湖泊、地形、土壤、林木、动物等情况，而世界上流传至今的反映该地区中世纪状况的古文献极少，因而成了全世界珍贵的历史遗产，成为这一地区最为全面、系统而又综合的地理记述，是研究中世纪印度、尼泊尔、巴基斯坦、斯里兰卡、孟加拉国、阿富汗、乌兹别克斯坦、吉尔吉斯斯坦等国，克什米尔地区及我国新疆的最为重要的历史地理文献。

3.《大唐西域记》的版本和研究现状

目前国内通行的版本有两种：

（1）1977年上海人民出版社出版的章巽校点本。

（2）2000年中华书局出版的季羡林等校注本。

另外，在季羡林等的校注本中提到了古代的诸多版本。

外文版本：

（1）儒连（S. Julien）的法文译本。

（2）比尔（S. Beal）的英译本。

（3）水谷真成的日文译注本。

国内外做局部课题研究的成果很多，如：

（1）王尧先生的《〈大唐西域记〉藏译本及译者衮布扎布》，发表于《法音》2000年第12期。

（2）郑堆的《〈大唐西域记〉藏文版之研究》，收录于2007年《玄奘国际学术研究讨论文集》。

（3）周连宽先生的《〈大唐西域记〉史地研究丛稿》，1984年由中华书局出版。

（4）石利娟、芮坎峰的《〈大唐西域记〉的文学性研究》，发表于《文学教育》2007年第3期。

（5）陈弘昌的《〈大唐西域记〉词汇研究》，2007年3月由文津出版社出版。

（6）曾怡嘉的《〈大唐西域记〉叙事结构研究》，发表于《香光庄严》1990年第65期等。

4. 译者衮布扎布简介

王尧先生在《〈大唐西域记〉藏译本及译者衮布扎布》一文中指出："衮布扎布（有'公'一级的爵位，蒙古乌朱穆沁部人。幼时承康熙帝鞠育之恩而为仪宾（即外事官员），因而与西藏喇嘛、信徒接触，精通藏语文。雍正帝将他留在帝都，担任西番学总理。这是专门应对藏事的研究、教学和服务于帝王的机构。他直接与宫廷接触，经常担任翻译的任务，颇有名气。到乾隆年间，陆续译出并刊布其所译经典。"

又据陈庆英先生研究，乌珠穆沁部在锡林郭勒盟的北部，清代分左右二旗，都出自成吉思汗的后裔多尔济。衮布扎布是一个懂得四种语言的受过近事戒的官员，他的老师是在全蒙古都十分著名的班智达席力图国师。

通过清代著名翻译家公·衮布扎布的努力，藏文读者有幸领略到了《大唐西域记》的风采。他是清代朝廷中，专门负责藏文翻译机构的官员，自己也十分热爱藏语文，直接用藏文撰写了多部著作，还用当时藏文化的思想理念，撰写了关于蒙古发展史的蒙文著作——《恒河之流》。他的著作还有《汉区佛教源流记》《蒙藏合璧大词典》《造像量度经》《金刚寿陀罗尼经》《金刚寿陀罗尼经修习法》《秘密舍利陀罗尼》《无二尊胜经》《天文历法》等，从这些著作中我们可以得知，他是一位懂得蒙文、汉文、藏文、满文的大学者。

5. 研究方法和存在的问题

笔者在前人研究成果的基础上，对《大唐西域记》汉文版本和藏文版本进行了全面的对照比较，采用文献对比和词汇对照的研究方法，重点研究和总结了藏译文的特点。

研究发现，在藏译文中衮布扎布除忠实地翻译了《大唐西域记》138 国的情况外，还对许多地名、寺名、塔名和山水名进行了注释性增译。这些注释性增译，经过文献查找与核对，大部分都能找到相应的梵音和巴利语音，但还有一些名称，限于手头的文献资料尚待考证。衮布扎布将汉文版《大唐西域记》十二卷，压缩减译成了十卷，划分章节与汉文原版不同。尽管如此，他删减的多是神话和传说，在汉文版本中提到的国家，一个也没少。这也正是他在“纲要”中提到的，印度是佛教的发源地，他将尽可能地翻译与佛教有关的内容。因此，他重点翻译了各地的寺院情况，如：寺院数量、僧人数量、学习的宗派、受戒程度等，而与此相关的神话和传说，有些详细翻译，有些则简要介绍。

因笔者能力的局限及手头所掌握的资料不全等因素，文中仍然存在着许多有待日后解决的问题，如：译者衮布扎布所翻译的母本具体版本，西域各地古代的地理名称、地理位置，以及当今已经改变了的面貌等问题。希望得到专家学者和同道的批评指正。

说明及凡例

本书在笔者博士论文《<大唐西域记>藏译文研究》的基础上，进行补充修改而成，现予以出版。汉文版本以季羡林等校注，中华书局于2000年出版的《大唐西域记校注》（上下册）为主，藏文版本以清代衮布扎布翻译，由日本大谷大学图书馆保存的《大唐西域记》手写影印本复印件为主，以及藏学研究中心出版社2006年出版的《大唐西域记》为辅，藏汉文两种版本进行了详细的对照，重点研究藏译文。

正式出版的藏文版本参照汉文版本《大唐西域记校注》（上下册）的排列方式，把每个国家的名称作为小标题标出，方便阅读。藏文长条书中藏文数字和着重号手写在国家名称的上下方，以标记每个国家。本书既参照正式出版的藏文版本排列方式，将每个国家的名称作为小标题标出，方便阅读；又将藏文长条书中的标记用符号标出并进行了说明，尽可能地保持原文面貌。

本书中使用了以下几个符号；

1.{　} 表示藏文长条书中不存在的国家名称小标题，后加的。

2.[　] 表示藏文长条书中字里行间的注释。

3.　——　表示藏文长条书中国家名称下的着重号。

4. ☆ 表示藏文长条书中用数字标记的国家序数。

5.<　> 表示藏文长条书的页码。

6.（ ）表示藏文长条书中不规范用字纠正。

目　录

དཀར་ཆག

第一章 佛教发展概况

第一节 佛教的产生及传播

佛教产生于公元前6世纪至公元前5世纪的古代印度，创始人为悉达多·乔答摩（约公元前566年至公元前486年），释迦牟尼是佛教徒对他的尊称，意思是“释迦族的贤人”。乔答摩出身于刹帝利种姓，是迦毗罗卫国（在今印度、尼泊尔边境地区）净饭王太子。据说他幼时受传统的婆罗门教育，学习吠陀经典和五明；20岁时，始感人世生、老、病、死的各种苦恼，又对当时的婆罗门教不满，遂舍弃王族生活，出家寻访师友，探索人生解脱之道。开始时，他在摩揭陁国王舍城附近学习禅定，后在尼连禅河畔独修苦行，进而至伽耶（菩提伽耶）毕钵罗树下深思默想，经过7天7夜之后，终于“悟道成佛”，这一年他35岁。之后，他在印度北部、中部恒河流域一带传教，历时45年，从者甚众，流传下来，称为佛教。佛，梵文为Buddha，意为“觉悟”，汉译音为“佛陀”。

佛陀逝世后一千六百余年中，印度佛教在组织上和思想上经过分化、发展和衰败的过程，最后消灭于公元12世纪，印度今天的佛教是公元19世纪后期才由斯里兰卡重新传入的。在此之前七百年中，印度没有佛教。从学说的思想发展来看，可以把印度佛教分为五个时期：第一，佛逝世后约一百年之间为原始佛教时期；第二，在这之后约四百年之间为部派分裂时期；第三，此后约四百年为大乘中观学派兴盛时期；第四，此后又约四百年为大乘瑜伽学派兴盛时期，这一时期的后期，密宗颇为流行；第五，最后约三百年为密宗盛行时期。

佛教是在吸收了古印度许多哲学观念，主要批判地吸收了婆罗门教的轮回、解脱观念的基础上创立起来的。婆罗门教和佛教都探讨灭苦的方法，佛教与婆罗门教最大的不同，佛教认为世上的任何事物是有联系的，是互为因缘的，否定存在一个不变的实体，主张无常。《印度宗教哲学概论》中说：“从公元前2世纪至公元4世纪，印度婆罗门教哲学经过长期的发展，最终形成了六个主要哲学派别，即：数论派、瑜伽派、胜论派、正理派、弥曼差派和吠檀多派。这六个派别因为属于印度思想史上占主导地位的婆罗门教系统，都承认吠陀权威，因而被称为正统派哲学，……简称为‘正统六派’或六派哲学。”[①]除了所谓正统婆罗门教外，这一时期的印度还有反对婆罗门教至上，反对将社会划分为不同种姓的沙门，在很长一段时间内，婆罗门和沙门进行着不断的斗争，思想界各派的争论十分活跃。在探讨佛教的起源方面，季羡林先生在《佛教十五题》中总结说："佛教继承的不是婆罗门教的传统，而是沙门的传统。""佛陀最根本的教义是所谓十二因缘、四圣谛、八正道。十二因缘的基础是苦，苦的根源是无明（不了解，不认识）。四圣谛：苦、集、灭、道，也以苦为中心。而八正道：正见、正思、正语、正业、正命、正精进、正念、正定，是为了从苦中解脱而修行的方法。总之，他认为生老病死，一切皆苦，存在本身就是苦。他也相信业报，相信轮回，他的最高目的就是铲除无明，了解或认识存在的因果关系，从而跳出轮回，达到涅槃。”[②]明确指出了佛教教义正是产生在这种哲学思想十分活跃的背景下。季先生在谈到佛教教义的产生所代表的阶级利益时又指出："佛教扎根在被压迫的原始居民中间，提出了一切皆苦的学说，符合一部分人的想法（当然也就麻醉了他们）。它相信轮回业报，从而反对了种姓制度。它基本上是无区别地对待一切种姓的，它不像婆罗门那样排斥异己，不把社会分割得七零八碎。它反对婆罗门杀牲祭祀，投合了农民的愿望。佛教徒虽然不从事体力劳动，靠布施为生，但是他们不许占有任何财物，房子、牛羊、土地等都不许占有，不许做生意，不许触摸金银，因此同人民的矛盾不大。佛教使用人民大众的语言，这就比婆罗门使用梵文大大地有利于接近人民、宣传教义。它反对苦行，在这一点上，又比其他沙门教派占了上风。由于这一些原因，它在印度由小而大，终于成了王朝的国教。输出印度后，由于它无区别地对待一切民族，因而在一些亚洲国家流行起来，一直流行到今天。”[③]季先生用十分通俗易懂的语言，指明了佛教的产生基础和它所代表的阶级利益。

佛教传入中国方面，《大唐西域记校注》前言中说："佛教是公元前传入中国的，具体的时间还无法确定。最初不是直接从印度传来的，而是间接经过中央亚细亚和新疆一

① 姚卫群. 印度宗教哲学概论. 北京：北京大学出版社，2006：6.

② 季羡林. 佛教十五题. 北京：中华书局，2007：8.

③ 季羡林. 佛教十五题. 北京：中华书局，2007：12.

带的，有些今天名义上已经不存在的民族，如：大月支、安息、康居等国传入的。这从最初译经者的姓名以及梵文译音中可以清楚地看到。”[①] 佛教传入中国之后，到了东汉末叶桓灵二帝的时代，对佛教的记载才逐渐翔实起来，史料也逐渐丰富。这一时期西域的佛教学者相继来到中国，如安世高、安玄从安息来，支娄迦谶、支曜从月氏来，竺佛朔从天竺来，康孟祥从康居来，从此翻译佛经的事业逐渐兴盛，法事活动也逐渐地活跃起来。东汉末期的佛典翻译事业，主要开始于安世高。东汉末大约七十年间，译出的佛经有禅经、阿毗昙学、初期菩萨乘经及释迦牟尼佛传等。这期间首先从宫廷开始信仰佛教，参与佛事活动。到了魏朝，天竺沙门昙柯迦罗来到洛阳，译出戒律，从此中国有了佛教的戒律。到了晋朝元康年（291—299）时期，有胡僧支恭明译出《维摩》《法华》等经，后到东晋时有道安、慧远、鸠摩罗什和法显等弘法译经，佛教在中原已经站稳了脚跟，其中慧远大师是中国佛教宗派——净土宗的祖师，法显大师是中国第一位到海外取经求法的大师。

季先生在《佛教十五题》中讲道：“佛教传入中国，到了东晋法显时代，已经约有三百年的历史了。流传的内容主要有两大体系，一个是以支谶、支谦为代表大乘空宗般若学；一个是以安世高为代表的小乘禅学。小乘和大乘都传进来了。从时间先后来看，传法最盛的时代大体上有三个：支谦、竺法护时，所译多般若方等；道安时，所译多有部经论；鸠摩罗什时，大乘之学极为昌明。佛法已深入中国文化了。”[②] 这一时期大规模建立寺院，僧尼数目不断增加，从印度和西域来的僧人也逐渐增多，僧人们对佛学知识的渴求也更加明显，为了寻求更多的佛典，学习更多的佛学知识，尤其是对人数众多的寺院管理方法的需求，显得更加突出，于是就出现了西行求法的高潮。

众所周知，当时从中原西行求法的人不少，但真正到了天竺（印度）国的只有法显法师一位。公元399年至公元412年，历时13年游历29国。他所转写的《法显传》，详细记载了天竺国的地理风貌，佛寺佛学等各个方面的情况。季先生在《佛教十五题》中，对法显在中国佛教史上的突出地位总结道：“（一）法显旅行所到之地最多、最远。（二）法显真正到了印度。（三）法显携归翻译的戒律起了作用。（四）法显对大乘教义发

---

① 玄奘、辩机著，季羡林等校注.大唐西域记校注.北京：中华书局，2000.

② 季羡林.佛教十五题.北京：中华书局，2007：113.

展和顿悟学说的兴起起了作用。”[①] 法显法师所撰写的《法显传》也叫《佛国记》，被翻译成英文、日文等，在世上有很高的评价。

到了隋末唐初时，公元627年玄奘法师西行求法。他游历印度各地，遍访名僧大德，后入那烂陀寺，拜戒贤论师为师，听受《瑜珈师地论》，又听受了《显扬圣教论》《顺正理论》《俱舍论》《集量论》《因明正理门论》《中论》《百论》等论。因学问优秀，玄奘法师被尊为那烂陀寺十德之一。此后，用十二年时间，游学各处，参访名贤，寻求梵本经典，后再次回到那烂陀寺，奉戒贤之命宣讲《摄大乘论》《唯识决择论》。

玄奘法师游学印度时期，印度各宗佛教正处于激烈争论之中，大乘二宗则以在观宗师子光论师和唯识宗戒贤论师的争论犹为激烈。于是，他写《会宗论》，以调和大乘中观、唯识二宗，平息了二宗的争论，得到戒贤论师和诸多大德的赞许，玄奘法师在印度也名声大振。中印度戒日王请法师，破除当时小乘正量部论师般若鞠多所造的《破大乘论》的异说，于是就写了《制恶见论》折服对方，从此被印度佛教界尊为“大乘天”和“解脱天”。公元645年回到了长安。

义净法师一直仰慕法显和玄奘两位法师，西游求法的高风亮节，发心西游求法。后来在龚州（广西平南县）官员冯孝诠的资助下，义净法师与弟子善行从广州搭波斯商船出海，来到室利佛逝（苏门答腊岛），在此学习声明。后善行因病回国，义净法师孤身一人从室利佛逝出发，由海路到达东印度，遇到在东印度的唐僧大乘灯。后来，二人一同往中印度，在那烂陀寺留学多年，并游历印度诸国，学习中观、瑜珈教义，最后求得佛经梵本四百部。公元687义净法师仍回到室利佛逝，在此进行一段时间的译经工作，并派人把自己所译经论和自己所写的《南海寄归传》送回国内。

一直到公元695年，义净法师离开室利佛逝，回到洛阳，受到盛大欢迎。以后，义净成为了武周时期的主要大译经家之一，汉译了《金光明经》《根本说一切有部毗奈耶》《称赞如来功德神咒经》《能断金刚论颂》《尼戒经》《百一羯磨》《毗奈耶颂》等经典。义净法师主攻律部译事，并注重传授律仪，为世人所称赞。

三位法师西行求法，给国人树立了不畏艰险，发奋读书的榜样。回国后他们都成为

---

① 季羡林.佛教十五题.北京：中华书局，2007：127—128.

了大翻译家，他们所撰写的《佛国记》《大唐西域记》和《南海寄归传》，都为世人留下了珍贵的资料，是研究中世纪印度、尼泊尔、巴基斯坦、斯里兰卡、孟加拉国、阿富汗、乌兹别克斯坦、吉尔吉斯斯坦等国、克什米尔地区及我国新疆的最为重要的历史地理文献。

吕澂先生在《中国佛学源流略讲》中指出："中国佛学一开始就与西域发生关系，因为内地的佛学，最初并不是直接来自印度，而是通过西域传来的，有的甚至是西域的佛学。"① 佛教传入西域的时间大约在古印度阿育王时期，因为当时阿育王曾派摩诃勒弃多和末阐提等人，到犍陀罗、迦湿弥罗、阿富汗、安息、康居等地传法，到了公元4世纪，佛教在西域十分昌盛，当时的高昌国甚至奉为国教。佛教的小乘学说在于阗、龟兹、高昌以及莎车、疏勒等地很盛行，形成了很有名气的佛教胜地，佛学中心。这些地方当时的佛教流行程度，在《大唐西域记》中有比较详细的记载，第一卷的第一个国家就是"阿耆尼国"，今天新疆的焉耆县，如：

> "阿耆尼国
>
> 出高昌故地，自近者始曰阿耆尼国。旧曰焉耆。
>
> 阿耆尼国东西六百余里，南北四百余里。国大都城周六七里，四面据山，道险易守。泉流交带，引水为田。土宜穈、黍、宿麦、香枣、蒲萄、梨、柰诸果。气序和畅，风俗质直。文字取则印度，微有增损。服饰氎褐，断发无巾。货用金钱、银钱、小铜钱。王，其国人也，勇而寡略，好自称伐。国无纲纪，法不整肃。伽蓝十余所，僧徒二千余人，习学小乘教说一切有部。经教律仪，既遵印度。诸习学者，即其文而翫之。戒行律仪，洁清勤励，然食杂三净，滞于渐教矣。
>
> 从此西南行二百余里，踰一小山，越二大河，西得平川，行七百余里，至屈居勿反。支国。旧曰龟兹。"

---

① 吕澂. 中国佛学源流略讲. 上海：上海世纪出版集团，2005：78.

介绍龟兹（今新疆库车县）国时，专门介绍了当时那里的佛教盛况。如：

"……伽蓝百余所。僧徒五千余人习学小乘教说一切有部。经教律仪取则印度。其习读者。即本文矣。尚拘渐教，食杂三净。洁清耽翫，人以功竞。……荒城北四十余里，接山阿隔一河水，有二伽蓝，同名昭怙釐，而东西随称。佛像庄饰，殆越人工。僧徒清肃，诚为勤励。东昭怙釐佛堂中有玉石，面广二尺余，色带黄白，状如海蛤。其上有佛足履之迹，长尺有八寸，广余六寸矣。或有齐日，照烛光明。……大城西门外路左右各有立佛像，高九十余尺。于此像前建五年一大会处，每岁秋分数十日间，举国僧徒皆来会集。上自君王，下至士庶，捐废俗务，奉持齐戒，受经听法，渴日忘疲。诸僧伽蓝庄严佛像，莹以珍宝，饰之锦绮，载诸辇舆，谓之行像，动以千数，云集会所。常以月十五日晦日，国王大臣谋议国事，访及高僧，然后宣布。"

对于阗国的佛教流传是这样介绍的：

"瞿萨旦那国

瞿萨旦那国周四千余里，沙碛太半，壤土隘狭，宜谷稼，多众果。出氍毹细毡，工纺绩絁紬，又产白玉、鷖玉。气序和畅，飘风飞埃。俗知礼义，人性温恭，好学典艺，博达技能。众庶富乐，编户安业。国尚乐音，人好歌舞。少服毛褐氈裘，多衣絁紬白氎。仪形有礼，风则有纪。文字宪章，聿尊印度，微改体势。粗有沿革。语异诸国，崇尚佛法。伽蓝百有余所，僧徒五千余人，并多习学大乘法教。"

从以上的记载中，我们能够清楚地看到，当时在以龟兹国为中心的西域各国，都有许多寺院和僧人，有闻名遐耳的克孜尔石窟，最早传入的是佛教小乘说一切有部学说，而后佛教大乘学说也传到了这里，形成了大、小乘学说并存的地方。

这些地方在唐朝的时候，与唐朝廷有密切的联系，贞观十四年（640）唐太宗设安西都护府，治理西州交河（今新疆吐鲁番西交河古城址）高昌故地。天山以南，原为西突厥役属的各国先后归附唐朝，唐就在这里设置龟兹（今新疆库车）、疏勒（今新疆喀什）、于阗（在今新疆和田）、焉耆（在今新疆焉耆）为四军镇，隶属安西都护府。自古就是西域政治、经济、军事和文化的中心地带，也是各种文化交融的通道，到了公元10世纪左右，伊斯兰教逐渐统治了西域各国，这里的许多民族都改变了信仰。

第二节　玄奘法师西行取经和《大唐西域记》的产生

玄奘（约600—664），唐朝著名的三藏（经、律、论）法师，汉传佛教最伟大的译师。俗姓陈，本名祎，出生于河南洛阳洛州缑氏县（今河南省偃师市），佛教法相宗创始人。

玄奘法师年幼时家境贫寒，哥哥为了减轻家中的负担，出家到洛阳的净土寺当了和尚，法号长捷。法师十岁时父亲去世，哥哥建议母亲让弟弟跟自己去寺院住，一来由他照顾，二来他可以教弟弟继续学习，得到母亲同意后，带着法师来到净土寺，这是法师接触佛教的开端。在兄长的耐心教导下，凭着自己的聪慧，很快学会了每日的诵读，为日后的出家奠定了良好的基础。

十三岁那年，隋炀帝下诏，要在洛阳招考，剃度二十七人为僧（注：出家为僧要有皇帝的命令，并且有名额限制，是因为隋文帝时期，准许百姓出家当和尚，一时间出家的人达到几十万，而这些人可以不纳税，可以不服兵役，这样对国家不利。因此，到了隋炀帝就禁止自由出家了），法师被破格录取了。《大慈恩寺三藏法师传》中记载道："于洛阳度二七僧，时业优者数百。法师以幼少不预取限，立于公门之侧。时使人大理卿郑善果有知士之鉴，见而奇之。问曰：'子为谁家？'答以氏族。又问：'求度耶？'答曰：'然。'但以习近业微不蒙比预。又问：'出家意何所为？'答：'意欲远绍如来，近光遗法。'果深嘉其志，又贤其器貌，故特而取之。"[①]法师虽然年幼，达不到招收条件，但他的一番对答，感动了招考官，因此被破格录取了。《大慈恩寺三藏法师传》中记载道："时寺有景法师讲《涅槃经》，执卷伏膺，遂忘寝食。又学严法师《摄大乘论》，爱好逾

① 慧立、彦悰. 大慈恩寺三藏法师传. 北京：中华书局，2000：5.

剧。一闻将尽，再览之后，无复所遗。众咸惊异，乃令升座覆述，抑扬剖畅，备尽师宗。美问芳声，从兹发矣，时年十三也。”[①]出家之后，在净土寺发奋学习，攻读了《涅槃经》和《摄大乘论》，成绩名列前矛，为日后研究佛学打下了坚实的基础。当时他随景法师学《涅槃经》，又随严法师学《摄大乘论》，听过一遍再复习阅览一遍后，便能深解其意，并且准确地讲给别人听。大家对他的才智很佩服，只要有不理解的地方，就来请教法师，到后来发展成大家听完老师讲课后，请玄奘法师上讲台再辅导一遍，众僧称赞他、感谢他，于是玄奘法师的名声传遍了洛阳城，人人都知道这位小和尚，这时他才 13 岁。

隋朝末年由于战乱，兄弟二人离开洛阳来到长安，以求安稳地学习，但令他们失望的是，生活安稳了学习并没有长进。《大慈恩寺三藏法师传》中记载道：“其后隋氏失御，天下沸腾。帝城为桀、跖之窠，河、洛为豺狼之穴。夜冠殄丧、法众销亡，白骨交衢，烟火断绝。虽王、董僭逆之衅，刘、石乱华之灾，刳剒生灵，芟夷海内，未之有也。法师虽居童幼，而情达变通，乃启兄曰：‘此虽父母之邑，而丧乱若兹，岂可守而死也！今闻唐主驱晋阳之众，已据有长安，天下依归如适父母，愿与兄投也。’兄从之，即共俱来，时武德元年矣。”[②]此段说的是隋朝末年，隋炀帝耽于逸乐，不管百姓死活，结果造成百姓群起反抗，到处都有叛乱发生，就连首都长安与河南洛阳也因为战火的洗礼，而尸骸遍野。当时的玄奘虽然年幼，但也看得出时局的纷乱与不安，眼见洛阳的衣冠仪礼尽失，几乎快成了贼寇的巢穴，就与二哥商量，他说：“二哥，看来我们得离开家乡了！天下这么乱，我们不能留在这里等死。”

“可是我们能到哪儿去呢？”长捷法师问。

“听说李渊的儿子李世民攻占长安了，他一向很爱护百姓，受到百姓欢迎，也许我们可以投奔到那里。”法师分析说。于是玄奘法师离开净土寺，与长捷法师奔向长安。一路上只见白骨遍野，兵荒马乱，难民像潮涌一般。

唐朝初建，长安城中的佛教研究不如洛阳。兄弟二人在长安的庄严寺住了一段时间后发现，很多人都去了四川，得知那里有许多高僧大德，于是兄弟二人又离开长安到了成都，成都佛学研究的风气很浓，二人很高兴就住在了空慧寺。在成都期间，二人发奋

① 慧立、彦悰. 大慈恩寺三藏法师传. 北京：中华书局，2000：6.

② 慧立、彦悰. 大慈恩寺三藏法师传. 北京：中华书局，2000：6.

学习，在各类经典的辩论中，都有独到的见解，一时间小有名气。玄奘法师年满二十时，在成都受了具足戒，成了一名真正的比丘。《大慈恩寺三藏法师传》中记载道："法师年满二十，即以武德五年，于成都受具坐夏学律，五篇七聚之宗一遍斯得。"[①]"五篇七聚之宗"为戒律之大科，通常都用"五篇七聚"总称戒品，内容总括了比丘二百五十戒与比丘尼三百四十八戒，玄奘法师利用夏安居时期，完成了律学的研修任务。

当时在成都佛学讲座很多，学术空前活跃，玄奘法师虽然年轻，但他开办的讲座由于见解独到，讲解清楚，常常有许多幕名而来听讲的人。很快法师就觉得成都这里的佛经还是少，又听说长安已经很安定，由于战乱收藏起来的佛经，如今又可以阅读了。心里燃起了回长安的念头，但这时的玄奘法师由于管理制度的约束，不能随意离开成都。为了学习，大师决定偷偷地离开。他躲入商船顺流而下。不久就来到了湖北荆州（今湖北江陵），在天皇寺为僧众讲解了《摄大乘经》，大师高深的才学和善巧比喻的讲解，使询问者心悦意服。结束了天皇寺的讲经活动之后，法师继续北上河南、河北等地，寻师学经。先后学习了《杂心摄论》和《俱舍论》，他超人的领悟力，让学了很久的人都自叹不如。

转眼大师二十三岁了，他又回到了阔别很久的长安城，遍访佛教名师，先后从慧休、道深、道岳、法常、僧辩、玄会等学《摄大乘论》《杂阿毗昙心论》《成实论》《俱舍论》以及《大般涅盘经》等经论，造诣日深。

玄奘法师 13 岁出家，先后在老家洛阳的净土寺、长安的庄严寺、成都的空慧寺等，拜了十余名法师，学习了《涅槃经》《摄大乘论》《杂阿毗昙心论》《成实论》《俱舍论》和《大般涅槃经》等佛学典籍，经过十多年的比较系统的学习，逐渐奠定了自己的佛学研究方向，即：大乘有宗的理论学说。《大慈恩寺三藏法师传》中说："法师既遍谒众师。备餐其说。详考其理。各擅宗涂。验之圣典。亦隐显有异莫知适从。乃誓游西方以问所惑。并取十七地论以释众疑。即今之瑜伽师地论也。"这里清楚地告诉我们，玄奘法师学习佛学后，自己对大乘的有宗很感兴趣，十分想到印度去学习有宗的重要典籍《瑜伽师地论》，发誓要从印度取回《瑜伽师地论》，这可以说就是法师西行印度的主要目的。

---

① 慧立、彦悰.大慈恩寺三藏法师传.北京：中华书局，2000：8.

季先生对玄奘法师西行求法的历史背景，以及取经的动机做过一个简要的概括："玄奘离开中国到印度求法的时候，佛教在中国的传播至少有了六七百年的历史，很多重要的佛典已经译成汉文，有的甚至有不止一个译本。翻译组织已经形成了比较固定的体系。佛教教义也有了很大的发展，中国僧侣已经能够自己创造新的宗派，形成了中国化的佛教。禅宗甚至可以说几乎完全是中国的创造，它实际上已经走向佛教的反面。佛教寺院已经有了自己独立的经济。大和尚成了僧侣地主，同世俗地主有矛盾，同时又剥削压迫僧伽中的劳动者。统治者对宗教的态度是崇尚道教，有时三教并用，佛教并不特别受重视。

这时的印度封建社会发展到了相当的高度。佛教已经分解成为小乘和大乘，小乘的许多宗派渐趋合并，大乘空、有两宗都已出现。外道势力非常强大，佛教已呈现出由盛至衰的情况，中印两国的交通空前频繁，文化交流达到空前的高潮。"① 在这样的历史背景下，法师西行的主要目的是求得《瑜伽师地论》典籍。

公元626年，京城长安来了位中印度那烂陀寺的僧人波颇。波颇在兴善寺译经传法，轰动了长安，佛教界人士纷纷前往向他请教。波颇向长安僧众介绍了印度佛教的情况，讲到了大乘经典《十七地论》以及自己的老师、瑜伽中观学派的当今领袖戒贤大法藏。波颇的介绍，更激起了玄奘西行印度、求取真经的想法。玄奘一心要取得原本的《瑜迦十七地论》真经，用来破释目前国中佛学界所有的疑惑。就在他下定决心要去印度的时候，公元627年春天，长安庄严寺大德慧因病逝，大臣萧瑀奏请朝廷，建议任命玄奘接替为庄严寺住持。但却被玄奘法师拒绝了，由此可见法师的决心多么坚定。他迫切地希望，尽快将自己这一宏伟的理想付诸实施。俗话说："日有所想，夜有所梦"，当一个人满脑子都是一个想法的时候，难免在梦中也会显现所想的场景，《大慈恩寺二藏法师传》中讲到，在法师决定要走的时候，一天夜里做了一个非常好的梦，"贞观三年秋八月。将欲首涂又求祥瑞。乃夜梦见大海中有苏迷卢山。四宝所成极为严丽。意欲登山。而洪涛汹涌。又无船筏。不以为惧。乃决意而入。忽见石莲华涌乎波外应足而生。却而观之随足而灭。须臾至山下。又峻峭不可上。试踊身自腾有抟飙飒至。扶而上升到山顶。四望

① 季羡林. 佛教十五题. 北京：中华书局，2007：179.

廓然无复拥碍。喜而寤焉。遂即行矣。时年二十六也。”[①] 意思是：一天夜里，玄奘法师在梦中，忽见大海有一宝山，发出闪闪光芒。可是环顾四周，只见海中波涛汹涌，并无船筏可供过渡。为登上宝山一探究竟，法师鼓起勇气跃身入海，只見海中忽然涌出许多石莲花，一直从岸边连到山脚。法师踩着石莲花，不久就到了山下，但山峻峭不能攀登，法师就试着跃身跳起来，沒想到竟扶搖直上，一下到了山顶。此时法师并没有寻找金银宝石，只是觉得站在高处眺望，感觉非常美妙。可是不料美妙的感觉才刚出现，他就从梦中醒来了。他想：“这一定是菩萨在暗示我，要我勇往直前。”这是一个吉兆，更加坚定了他西去的决心。

当做好了一切心理准备后，他就着手开始实施计划，首先约请几位志同道合的教友，同时向朝廷提出申请，没想到申请被拒绝，几位约好的教友，也因为申请没被批准而退出。为什么当时没有批准出国的申请呢？主要原因是：唐太宗刚刚掌握政权，一切都还在扶平战争的创伤，时局还很动荡，仍处在内忧外患的时期，所以国家采取了闭关锁国的政策，出国的申请没有批准是情理之中的事。但玄奘法师不愿意等待，决定一个人西行求法。一路的艰难自不必提，虽然出国的难度和出了国的艰难，比法师所想象的要大得多，并且此时追查玄奘法师的文谍，已经到达边境。但是，法师一路上都遇到了很多好心肠的人，像凉州的慧威法师、瓜州的李昌、第一烽火台的守将王祥、第四烽火台的守将王伯隴，如果没有他们的支持，法师恐怕在瓜州就被抓了。法师艰难地走过了大沙漠之后，来到了进入西域的第一站伊吾国，即：今天新疆的哈密。前面已经说到过，法师在凉州讲经时，有很多西域来的商人听法，他们早已经把法师的美名，传播到各地，所以自进入西域起，就有很多国家主动邀请他前往，尤其是高昌国。法师在西域的活动，以及一路上的艰辛先不赘述。

唐贞观五年（631），玄奘三十二岁，终于到达印度的那烂陀寺，拜见了寺主戒贤法师。当戒贤法师问到他为什么来这里时，玄奘法师心情激动地回答说：“我是专门来跟您学习《瑜伽师地论》的。”[②] 戒贤法师非常高兴，给了玄奘法师很高的待遇。玄奘法师到了那烂陀寺，这座古印度最大的佛教学院，没有立刻投入学习，他先到寺院的周围巡游了

① 慧立、彦悰. 大慈恩寺三藏法师传. 北京：中华书局，2000：10.

② 慧立、彦悰. 大慈恩三藏法师传. 北京：中华书局，2000：67.

一番，然后信心十足地投入到了学习中。

那烂陀寺的具体位置，在今印度比哈尔邦中部巴特那东南90公里处。它的建筑格局，在义净法师的《大唐求法高僧传》中有详实的记载。从公元6世纪至9世纪，是该寺的极盛时期。除了印度僧人以外，还有许许多多国家的留学僧人。来自中国的唐朝僧人除玄奘外，还有慧业、灵运、玄照、道希、道生、大乘灯、道琳、智弘、无行等法师。据记载，那烂陀寺每天都有一百多个讲坛，学习课程包括大乘佛典、天文学、数学、医药学等等。

钱文忠先生在《玄奘西游记》（下）中说道："那烂陀寺规模宏大、建筑壮丽，除此以外，有两个方面特别重要。哪两个方面呢？第一是藏经丰富。……那烂陀寺里有三座殿堂用来储藏佛经，并分别用了非常美丽的名字来称呼它们，第一座叫'宝彩'（或者叫'宝云'），第二座叫'宝海'，第三座叫'宝洋'。就是形容里面像浩瀚的海洋、像无边的云彩一样充满了佛法的瑰宝。第二是大师云集，高僧辈出。……玄奘到达那里的时候，正是那烂陀寺如日中天的全盛时期，经常住在那里的僧人就有四千多人。而且那烂陀寺虽然是佛教的学术中心，但是态度极其开放，印度古代的学问在这里应有尽有，有很多非佛教徒也在这里学习，数量比佛教僧人还多。……那烂陀寺的管理水平也相当高，学术风气好，道德水准也特别高，戒律非常严明，大家对自己的道德管束都非常严格，所以整个印度都对它崇敬有加。"

然而，1193年突厥人巴克赫提亚尔·卡尔积（Bakhtiyar Khalji）带兵侵占那烂陀寺，寺院和图书馆遭受严重破坏，大批那烂陀僧侣逃往西藏避难，从此那烂陀寺失去昔日的光辉，并渐渐被遗忘，变成了废墟。

1861年，英国考古学家亚历山大·康宁汉在这里发现了一片佛教遗址，经过与《大唐西域记》的记载核对，证明这就是那烂陀寺。这里出土了多件精美的佛教石雕，有些石雕只有拳头大小，上面雕刻的佛教故事却异常细腻精美。此外还出土了铜像、铜盘和印章等，其中有一枚刻有"室利那烂陀摩诃毗诃罗僧伽之印"。大部分出土文物都展览在那烂陀寺对面的博物馆里。现在那烂陀寺的发掘面积已经超过了15万平方米。那烂陀寺分为僧院区和教学区。僧院区由大致相近的院落组成，共有12座。每个院落的四周排列着狭窄局促的僧房，院子内有石桌、水井和厨房，每个院落都有走廊通向外面，教学区有寺庙和佛塔。佛子主要在寺庙里学习佛经，周围散布着许多佛塔，其中真身舍利佛塔最富气势，这座塔分三层，外观雕有精美的图案，角楼的壁龛中雕刻着佛陀在菩提伽耶、王舍城和鹿野苑弘法的故事。

1957年中国政府捐款30万元人民币，在那烂陀寺附近，建造了一座中国式的建筑，那就是玄奘纪念堂。

话又说回来，玄奘法师在那烂陀寺附近，游览了一圈回到寺中时，又有惊喜在等着他，寺主戒贤法师决定亲自给玄奘法师授课，讲解《瑜伽师地论》。年近百岁的大德，要给中土来的僧人开讲《瑜伽师地论》的消息一传开，全印度都为此沸腾起来，一时间从各地来听讲的有上千人，这成了当时的一个美谈。

再说《瑜伽师地论》的概况，钱文忠先生在《玄奘西游记》（下）中介绍说："《瑜伽师地论》是弥勒所说五部大论里最根本、最重要的一部，瑜伽行派认为，它是大乘佛教里边规模最大、体系最完备、组织最严密、说理最透彻的权威著作。他的篇幅有多大呢？梵文有四万颂，……玄奘的汉译本《瑜伽师地论》有一百卷。"玄奘法师在那烂陀寺学习了五年，学了三遍《瑜伽师地论》，可见这部巨著在法师心目中的分量之重。五年的学习期间，法师还学习了《中论》《百论》《俱舍论》等重要的佛教论典，另外还花很多时间学习了梵文，以及佛教以外的经典。

其实玄奘法师在来印度的路上，就已经开始向沿途各国的名僧求教了。我们以《大慈恩三藏法师传》为根据，按时间顺序排列如下：

1. 缚喝国（今阿富汗马扎里沙夫以西，巴尔赫地区）

纳缚伽蓝有磔迦国小乘三藏名般若羯罗（唐言慧性）。闻缚喝国多有圣迹，故来礼敬。其人聪慧尚学，少而英爽，钻研九部，游泳四含，义解之声周闻印度。其小乘《阿毗达磨》、《迦延》、《俱舍》、《六足》、《阿毗昙》等无不晓达。既闻法师远来求法，相见甚欢。法师因申疑滞，约《俱舍》、《婆沙》等问之，其酬对甚精熟，遂停月余，就读《毗婆沙论》。

2. 迦湿弥罗国（今克什米尔印度控制区，斯利那加地区）

彼公是时年向七十，气力已衰，庆逢神器，乃励力敷扬，自午已前讲《俱舍论》，午已后讲《顺正理论》，初夜后讲《因明》、《声明论》。由是境内学人无不悉集。法师随其所说，领悟无遗，研幽击节，尽其神秘。彼公欢喜，叹赏无极。……如是停留首尾二年，学诸经、论，礼圣迹已，乃辞。

3. 磔迦国（今巴基斯坦旁遮普地区）

仍就停一月，学《经百论》、《广百论》。其人是龙猛弟子，亲得师承，说甚明净。

4. 那仆底国（今印度旁遮普邦，费罗兹普尔地区）

因住十四月学《对法论》、《显宗论》、《理门论》等。

5. 阇烂达那国（今印度旁遮普邦，贾朗达尔地区）

因就停四月学《众事分毗婆沙》。

6. 禄勒那国（今印度北部罗塔克北部地区）

法师遂住一冬半春，就听《经部毗婆沙》讫。

7. 秣底补罗国（今印度北部罗希尔坎德的曼达瓦尔地区）

法师又半春一夏就学萨婆多部《怛埵三弟铄论》（唐言《辩真论》，二万五千颂，德光所造也。）、《随发智论》等。

8. 羯若鞠阇国（曲女城国，印度恒河与卡里河汇流处的卡瑙季地区）

法师入其国，到跋达逻毗诃虽寺住三月，依毗离耶犀那三藏读佛使《毗婆沙》、日胄《毗婆沙》讫。

9. 摩揭陀国那烂陀寺（今印度比哈尔邦，巴特那和伽耶地区）

还归那烂陀寺，方请戒贤法师讲《瑜伽论》，同听者数千人。十五月讲彻。……法师在寺听《瑜伽》三遍，《顺正理》一遍，《显扬》《对法》各一遍，《因明》《声明》《集量》等论各二遍，《中》《百》二论各三遍。其《俱舍》《婆沙》《六足》《阿毗昙》等以曾于迦湿弥罗诸国听讫，至此寻读决疑而已。

兼学婆罗门书。印度梵书名为记论。……如是钻研诸部及学梵书，凡经五岁。

10. 伊烂拏国

又停一年，就读《毗婆沙》、《顺正理》等。

11. 南憍萨罗国

其国有婆罗门善解因明，法师就停月余日，读《集量论》。

12. 驮那羯磔加国

法师在其国逢二僧，一名苏部底，二名苏利耶，善解大众部三藏，法师因就停数月，学大众部《根本阿毗达摩》等论。

13. 钵伐多国

法师因停二年，就学正量部《根本阿毗达摩》及《摄正法论》、《教实论》等。

14. 摩揭陀低罗择迦寺

法师就之，首末二年，学《唯识决择论》《意义理论》《成无畏论》《不住涅槃》《十二因缘论》《庄严经论》，及问《瑜伽》《因明》等疑已。

法师以旺盛的精力求教于各派名人，永远不知疲倦。正因为工夫深、知识面又广，所以才在以后与各教派或学说的辩论中，始终处于领先地位。以至于戒日王和鸠摩罗王，都要请玄奘法师讲经。最终势力强大的戒日王，专为法师召集了全印度都关注的辩论大会，即：曲女城无遮大会。法师在十八天的大会上所立的论题，竟然没有人能破，会议结果宣告玄奘法师获胜。

玄奘法师在印度如此有名，又得到国王的优待。在法师准备返回中国的时候，就没有当初出国求学那么艰难。钱文忠先生在《玄奘西游记》（下）中说："贞观十五年（641年），此时玄奘四十二岁。……东归大唐的旅途比起西行求法的旅途，当然不再那么艰难，因为有印度最强大的国王支持。同样也参加了曲女城大会和无遮大会的一个北印度国王，现在也准备返回自己的国家，所以就让玄奘跟着他的军队鞍乘渐进，……戒日王专门增派了四名官员带上盖有戒日王王玺的王书，送往沿途各国，命令他们派马相送，保证一直把玄奘送到汉境。"

玄奘法师终于在唐太宗贞观十九年（645）回到了长安，见到唐太宗时，太宗询问了一路上的人情风物，并要求法师："佛国遐远，灵迹法教，前史不能委详，师既亲睹，宜修一传，以示未闻。"意思是希望法师把自己在印度的所见所闻写下来，让后人了解印度是佛教胜地。法师奉皇帝之命，请徒弟辩机执笔，自己口述，于公元446年完成了《大唐西域记》的撰写，七月十三日进表上呈皇帝。

《大唐西域记》一书，是玄奘法师奉唐太宗的诏命撰著的重要著作，法师见太宗如此重视，不敢怠慢，特选自己最倚重的弟子辩机作撰写此书的助手，将留学的全部经历，口述给辩机，而辩机则把这些游历写成极富有文才的巨著，备受中外学者的珍重，虽然他是执笔者，但引人入胜的文笔是他的贡献，所以总是署以玄奘和辩机两人的名字。辩机和尚仪表堂堂，才华横溢，深受法师的赏识。他参加了很多经卷的翻译和审定工作[①]，如：一百卷的《瑜伽师地论》，这可是玄奘法师最重视的经卷。

那么他又是怎样来到玄奘法师的身边的呢？据《大慈恩寺三藏法师传》记载道："三月己巳，法师自洛阳还至长安，即居弘福寺。将事翻译，乃条疏所须证义、缀文、笔受、书手等数，以申留守司空梁国公房玄龄，玄龄遣所司具状发使定州启奏。令旨依所须供给，务使周备。

夏六月戊戌，证义大德谙解大小乘经、论为时辈所推者，一十二人至，即京弘福寺沙门灵润、沙门文备，罗汉寺沙门慧贵、实际寺沙门明琰、宝昌寺沙门法祥、静法寺沙门普贤、法海寺沙门神昉、廓州法讲寺沙门道深、汴州演觉寺沙门玄忠、蒲州普救寺沙门神泰、绵州振音寺沙门敬明、益州多宝寺沙门道因等。又有缀文大德九人至。即京师普光寺沙门栖玄、弘福寺沙门明濬、会昌寺沙门辩机、终南山丰德寺沙门道宣、简州福聚寺沙门静迈、蒲州普救寺沙门行友、栖岩寺沙门道卓、幽州昭仁寺沙门慧立、洛州天宫寺沙门玄则等。又有字学大德一人至。即京大总持寺沙门玄应。又有证梵语、梵文大德一人至，即京大兴善寺沙门玄暮。"

原来，他是被推荐、被选拔来帮助法师翻译佛经的助手。

辩机的家世和详细履历，今天已经难以详考。这是因为他被唐太宗治罪后，不敢为他立传，其他文献也尽量对他的事迹避而不提造成的。但据一些零星的记载，我们对他的生平还可以得到一个大概的认识。据他在《大唐西域记》卷末的《记赞》中自述道："辩机远承轻举之胤，少怀高蹈之节，年方志学，抽簪革服，为大总持寺萨婆多部道岳法师弟子。"我们了解到他15岁时剃发出家，隶名坐落在长安城西南隅永阳坊的大总持寺，为著名法师道岳的弟子。

辩机被选入玄奘译场，成为九名缀文大德之一，那年才26岁。九人都是当时文笔最好的僧人，而辩机、道宣、靖迈、慧立等4人的名声更大，因为他们除了参与译经之

---

① 玄奘、辩机原著，季羡林等校注. 大唐西域记校注. 北京：中华书局，2000：11.

外，都另有著作传世，例如辩机编撰了《大唐西域记》、道宣著有《大唐内典录》《续高僧传》，靖迈著有《古今译经图记》，慧立则有《大慈恩寺三藏法师传》，给后人留下了宝贵的资料，被后人传诵。

但就这样一位优秀的和尚，因儿女情感的事情，被唐太宗杀害。事情是因为他认识了唐太宗的女儿高阳公主而引起的，高阳公主当时已经出嫁，是房玄龄的儿媳妇。但这位公主从小娇惯，养成了任性、放荡的性格，当她遇到年轻有为的辩机和尚时，就强迫与她发生暧昧关系。无论此事做得如何隐蔽，还是应了那句老话，“要想人不知，除非己莫为”。当太宗知道了这件事情后，十分震怒，在贞观二十二年（648）七月，下令腰斩了辩机和尚，同时杀戮奴婢十余人。那年他才30岁。当年五月时，刚刚完成《瑜伽师地论》的翻译。还有很多经卷等着翻译，但玄奘法师失去了一位得意的弟子，这给了法师很大的打击，也给译场带来了很坏的影响。而次年贞观二十三年五月唐太宗驾崩，又给了玄奘法师一个沉重的打击，钱文忠先生在《玄奘西游记》（下）中谈到此事时说：“……唐太宗驾崩的时候，玄奘就在他身边。这对于玄奘来讲，无疑是一个重大的打击，且不说唐太宗对他不遗余力的支持，对他发自内心的尊重，与他非常融洽的交流，用佛家的话来讲，作为一代帝王的唐太宗和一代高僧的玄奘，他们是真正的有缘之人。白天陪唐太宗聊天，谈论佛法，晚上再赶工译经，这几乎已经成了玄奘的一种生活方式。”①

唐太宗驾崩之后，翻译佛经成了玄奘大师最主要的事情，大师一门心思地译经，为中国的佛经翻译事业，做出了巨大的贡献。

玄奘法师从印度带回的佛经，共520夹，657部。虽然其中有前人已经翻译过的，但大部分佛经都从未翻译过。如此卷帙浩瀚的梵文佛教经典要翻译成汉文，无疑是一件十分严肃而又繁重的工作。为此法师在太宗的支持下，组织了一支强有力的翻译班子，并创建了一套翻译规则，保证了翻译工作高质量、高水平地完成。对玄奘法师在中国翻译事业上做出的贡献，季先生在《大唐西域记校注》的前言中，有精辟的论述。

《大唐西域记》是一部极为重要的历史、地理和考古文献，也是一部重要的佛教史史料，不仅如此，它还记录了许多佛经故事和传说，古代西域各国的风土人情，为我们提

① 钱文忠. 玄奘西游记（下）. 上海：上海书店出版社，2007：326.

供了宗教学、历史学、地理学、考古学、民间文学、民俗学和词汇学等方面许多珍贵的资料。

《大唐西域记》分12卷，卷一34国，记载了今天的新疆和中亚广大地区的情况；卷二之首有印度总述，然后直到卷11分别叙述了五印度的各国概况，其中摩揭陁一国情况占去了8–9两整卷的篇辐，共82国；卷12记载了玄奘返回途中经过的帕米尔高原和塔里木盆地南缘诸国概况，共22国。全书共记述了138国的情况，书中对各国的记述繁简不一，通常包括国名、地理形势、幅员广狭、都邑大小、历时计算法、国王、族姓、宫室、农业、物产、货币、食物、衣饰、语言、文字、礼仪、兵刑、风俗、宗教信仰，以及佛教圣迹、寺数、僧数、大小乘教的流行情况等内容。

《大唐西域记》的主要贡献和价值在于它记载了东起我国新疆、西到伊朗、南到印度半岛南端、北到吉尔吉斯斯坦、东北到孟加拉国这一广阔地区的历史、地理、风土、人情，科学地概括了印度次大陆的地理概况，记述了从帕米尔高原到咸海之间广大地区的气候、湖泊、地形、土壤、林木、动物等情况，而世界上流传至今的反映该地区中世纪状况的古文献极少，因而成了全世界珍贵的历史遗产，成为这一地区最为全面、系统而又综合的地理记述，是研究中世纪印度、尼泊尔、巴基斯坦、斯里兰卡、孟加拉国、阿富汗、乌兹别克斯坦、吉尔吉斯斯坦等国、克什米尔地区及我国新疆的最为重要的历史地理文献。

第二章　衮布扎布与唐古忒学

第一节　衮布扎布与乌珠穆沁部

衮布扎布的名字本是藏语：贡布嘉（mgon bo skyabs）三个音节，由于汉语没有闭口音故将藏文的后加字或再后加字也做为一个音节发音，才形成了四个音节。不同的研究人员又选择了不同的汉字音译此藏语，因此就有了多种汉字写法，即："衮布扎布""衮布扎布""滚布扎卜""衮卜扎布"等，笔者为了统一 mgon bo skyabs 名字的汉字，同意内蒙古社科院的乔吉先生在一篇论文中："我们依据清代《钦定外藩蒙古回部王公表传》中的《乌珠穆沁部总传》将其名字写成'衮布扎布'"的提议[①]，此文通篇将使用"衮布扎布。"

介绍衮布扎布就一定要先介绍他的家族，他后来的功名和得失受家族的影响极大。衮布扎布的先祖是蒙古察哈尔万户之一的乌珠穆沁。17 世纪，乌珠穆沁部落从阿尔泰山迁来，清朝崇德年间（1636—1643）设乌珠穆沁左、右两翼旗，沿用至民国年间。现在叫东、西乌珠穆沁，位于内蒙古锡林郭勒盟东北部，衮布扎布属于现在的西乌旗。

笔者参照乌云毕力格教授的《关于清代著名文人乌珠穆沁公滚布扎卜的几点新史料》按年代顺序梳理出如下清廷对乌珠穆沁部的册封：

1. 崇德六年（1641）封多尔济车臣济农为"札萨克车臣亲王"（衮布扎布的曾祖父）

2. 顺治三年（1646）车臣亲王去世，命其子察罕巴拜袭亲王爵（衮布扎布的祖父）

3. 顺治十四年（1657）察罕巴拜去世，次年（1658）察罕巴拜次子苏大尼承袭车臣亲王爵位（衮布扎布的伯父）。

4. 康熙元年（1662）册封察罕巴拜之妻，苏大尼之母为"札萨克车臣亲王之札萨克母福晋"（衮布扎布的祖母）。

5. 康熙八年（1669）册封苏大尼之妻为"札萨克车臣亲王之札萨克大福晋"（衮布扎

---

① 乔吉. 衮布扎布及其《恒河之流》. 内蒙古社会科学，1981（3）.

布的伯母）。

6. 康熙二十九年（1690）苏大尼去世，与此同时准格尔汗国噶尔丹汗侵入喀尔喀，而后侵入乌珠穆沁境内，札萨克车臣亲王之札萨克大福晋博尔吉锦氏此时顺附了噶尔丹部，噶尔丹部在乌尔会河与清军大战并打败了清军，所以事后所有参与或顺附的人均获罪，但清廷一方面惩罚一部分乌珠穆沁部的人，另一方面为了稳定大局又注意拉拢乌部的王室，即：对苏大尼之妻“札萨克车臣亲王之札萨克大福晋”只撤了封号，免于死罪；另外在乌部增加了一个公爵，即：辅国公。

7. 康熙三十年（1691）让苏大尼的大儿子色登敦多布继承了车臣亲王爵位。

梳理完衮布扎布的家族乌珠穆沁部的授封历史，再回顾一下衮布扎布本人在清康雍时期的发展：

8. 康熙三十一年（1692）衮布扎布承袭了新增的辅国公爵位（这个爵位是追封吴达礼的，即：衮布扎布之父，吴达礼已去世，就让其子衮布扎布承袭了，这就是藏文史书中所称的公·贡布嘉的由来。）

9. 康熙四十八年四月（1709）清太祖努尔哈赤的玄孙威塞之女，嫁给了衮布扎布（衮布扎布成了驸马爷）。

10. 雍正元年（1723）衮布扎布已经不是辅国公了。

因何罪在何时被革爵了尚不清楚，但有一封理藩院的奏折中说道（大意）：

乌珠穆沁部的衮布扎布愿意前往军中效力，并捐十五匹马以助军需。他在奏折中称自己是：“获罪之人”[①]，而康熙对这封奏折的回复是：“不可遣往。”[②]没有同意衮布扎布愿意前往军中效力的请求，不久又被封为头等台吉了，这就有了“清代蒙文文献中的‘衮布扎布台吉’”的称呼。[③]

11. 衮布扎布从雍正皇帝（1723—1735）时起任北京藏文学校总教官之职。[④]

12. 衮布扎布的生卒年代没有具体年代的记载，只能通过清廷的文献记载与其有关的

---

① 乌云毕力格.关于清代著名文人乌珠穆沁公滚布扎卜的几点新史料.清史研究，2009（1）：122.

② 乌云毕力格.关于清代著名文人乌珠穆沁公滚布扎卜的几点新史料.清史研究，2009（1）：122.

③ 乔吉.衮布扎布及其《恒河之流》.内蒙古社会科学，1981（3）.

④ 鲍音.衮卜扎布事略.赤峰学院学报，2000（5）：81.

事情来推断：他生于约 1680 年左右，死于 1750 年以后。[①]

第二节　衮布扎布与唐古忒学

清朝统一天下整合了蒙古、西藏、新疆、中原，以及与西亚各个国家频繁联系，各地区各国家间文化交流日益增大以后，一个大一统的国家需要处理诸多文种的信件和行政文书，包括汉、满、蒙、波斯等等，可想而知当时需要大量的翻译人员，随之需要建立专门的翻译机构。清朝入关坐稳江山后，以蒙古为中介与西藏建立了全方位的联系，藏文书函也进入了朝廷的行政体系之中。

藏语学校在清朝称之为唐古忒学，何时正式成立了这个学校呢？是每一位研究衮布扎卜的学者需要回答的问题。笔者借助乌云毕力格教授的博士生马子木的论文《唐古特学考》梳理如下：

入关之初，清顺治三年（1646）就开始尝试着从各旗选取人员学习藏文，但没能坚持多久。清初期的藏文教习人员按现在的话说就是只拿报酬没有职位的状态，并没有纳入到朝廷的官职系列中。“顺治朝的藏文教习游离于清代朝廷职官体系之外”[②]当时的藏文教员皆由僧人担任。在清朝的文献中记载，这所学校建立于顺治十四年（1657），“乾隆朝敕修《历代职官表》云‘顺治十四年初立唐古特学’，《清通志》袭之。”[③]虽然起初不是很正规，学校的教师也没有列入职官体系，但教学一直进行着，顺治十八年（1662）首次派遣学童赴拉萨学习，五世达赖安排学童往白居寺学习历时五年，此后中断多年，直到雍正十一年（1733）理藩院才又派遣学员赴西宁学习藏文，并且规定学习者皆赏赐“笔帖式”衔，即：文秘的称号。

唐古忒学真正纳入职官体系，是到了康熙朝确立了“司业—助教”体系之后。而康熙朝没有派学员赴藏学习，派遣学员赴藏学习的事情，到了乾隆二十二年以后就趋于常规化了，规定在藏学习五年，学习期满由达赖喇嘛考试，毕业的学生赐八品笔帖式衔。

---

① 鲍音.衮卜扎布事略.赤峰学院学报，2000（5）：81.

② 马子木.唐古特学考.清史研究，2016（3）：122.

③ 马子木.唐古特学考.清史研究，2016（3）：122.

衮布扎布就是在雍正年间担任了北京藏文学校的总教官之职，按今天的话说是藏文学校的校长。入藏学习的情况表如下：

表1　历年入藏学生表①（1757—1834）

派出年	人名	返回年	出处
QL22	济尔噶朗图（jirgaltu）、伊鲁勒图（irultu）、达桑阿（dasangga）、爱伦阿（ailungga）		MLF03-0186-2633-020
QL35	凌云（lingyūn）、巴忠（bajung）	QL38	MLF03-0186-2633-020 MLF03-0186-2549-015
QL38	富常泰（fucangtai）、塔萨杭阿（tasahangga）	QL43	MLF03-0186-2633-020 MLF03-0138-2748-006
QL43	巴扬阿（bayangga）		MLF03-0188-2748-006
		QL52	MLF03-0192-3159-007
JQ3	爱明阿（aimingga）等六人		MLF03-0196-3589-028
JQ9	阿密泰（amitai）、宝恒（booheng）、哈丰阿（hafungga）、明耀（mingioi）	JQ13	MLF03-0198-3752-041
JQ15	纶昌（lungcang）、诺敏（nomin）、寿格（šoge）、穆克德布（mukdembu）		MLF03-0198-3791-049
JQ21	倭克精额（wekejingge）、也劳（yeleo）、音德布（yendebu）、色勒布（selebu）、佛尔果春（ferguwecun）、英麟（inglin）	JQ25	MLF03-0200-3884-011 MLF03-0200-3945-045
DG2	祜必泰（hūbitai）、永庆（yongcing）、温布（wembu）、灵秀（lingsio）、博尔恭衮（bolgonggo）	DG6	MFL03-0201-3980-001 MLF03-0202-4042-044
DG8	乌克里格图（ukligetu）、桂方（guifang）、润福（žungfu）、尧里其（ioniki）、苏布森（subusen）、成章（cengjang）	DG12	MLF03-0202-4067-023 MLF03-0202-4123-018
DG14	多特噶泰（dotgatai）、永云（iongyung）、索伦达（solunda）、舒望录（šuwanglu）、逊英（sunging）、期成（kingceng）	DG19	MLF03-0202-4147-032 MLF03-0203-4197-036

缩略语：QL=乾隆，JQ=喜庆，DG=道光；MLF=军机处满文录副奏折。

① 马子木.唐古特学考.清史研究，2016（3）：124.

衮布扎布是一位多才的蒙古学者，他精通蒙、藏、满、汉四种文字，从而同代的学者们称赞他为"精通四种文字的衮布扎布"。掌握多种文字的这位学者，通过其学术研究工作，对国内各民族间的文化交流做出了极宝贵的贡献。衮布扎布的主要学术业绩，我们可以从如下几方面叙述。

在历史学方面：作为历史学家的衮布扎布除了其《恒河之流》（蒙文版）外，还留下了用藏文撰写的史书，即：乾隆元年（1736）完成的藏文著作《汉区佛教源流》（rgya nga chos vbyung），书中记述了佛教传入中国的由来，凡稍知蒙藏佛教史者，莫不知此著作。

在语言学方面：衮布扎布曾出版过按照蒙文转写说明梵语音值的《元音字母与辅音字母》一书。此书为校勘佛教传播地区所使用的经文原文而作。在书中为便于辨认文字，他亲手书写了梵、藏、蒙三种文字对照的教材。此外，衮布扎布于1741—1742年间与其他学者一起参加了编就《海比忠乃辞典》。这部辞典是为配合《丹珠尔》经的蒙译为目的奉敕由众人完成的，大型藏蒙名词术语的译词汇集，其中衮布扎布占据主要地位。在此之前，衮布扎布于乾隆二年（1737）与乌剌特部的毕力贡达赖合写了《藏语易学书》，此书成了《海比忠乃辞典》的底本。

译经方面：我们知道，到了清代蒙文译经活动非常活跃，康熙年间蒙译《甘珠尔》经后，乾隆六年至十四年（1741—1749），又将《甘珠尔》经的通经疏义大合集本《丹珠尔》经译成蒙文。衮布扎布参加了这一工作，并成为编纂委员会的成员。衮布扎布同时也精通汉语，乾隆七年（1742）他又将一部分藏经译成汉文，计有《造像量度经》,《造像量度经解》，附撰《造像量度经引》及《续补》各一卷，成为汉译大藏经中唯一讲述佛像工巧的珍贵典籍。此外还收入汉文大藏经的衮布扎布译文有《弥勒菩萨发愿王偈》,《药师七佛供养仪轨如意王经》各一卷。在汉译大藏经里清代的翻译很少，但衮布扎布的译文却大放异彩。

衮布扎布不仅从藏文译成汉文，而且也从汉文译成藏文。唐玄奘写的《大唐西域记》的藏文译本，还有一部佛经《菩提场严陀罗尼经》是从汉文译成藏文的杰作。

衮布扎布除了上述历史学、语言学和佛教方面的著作外，还著有医学方面的著作。他的藏、汉、蒙三种文字合璧的《明药》一书，记载了近340种药目，作为这部书的补充，他还写出治疗人畜疾病及制作救灾护身符的《诸种必要事物之初卷》一书，这部书不仅在藏语书籍里拔萃，还编入了《源自印藏汉回之药事治疗》汇编里。[①]

陈庆英先生在罗桑旦增先生翻译的《汉区佛教源流》的序中介绍了公·衮布扎布的生平，他说："他可能是出身于乌珠穆沁部的一个闲散台吉的家庭，后来到北京担任官职，在雍正朝和乾隆朝做民族语文的翻译工作，曾经担任过清朝的'西番学总管'的官职"，而"乌珠穆沁部在锡林郭勒盟的北部，清代'西番学'实际上即是清朝中央政府中负责藏语文翻译的机关，隶属于理藩院"。乔吉先生介绍说："'西番学'是指在清代在北京设立的'唐古特学'（藏文学校），故蒙文文献称衮布扎布为'唐古特学校总理'。这所学校始建于顺治十四年（1657），从属于理藩院。衮布扎布在这所学校任职多年，并在这里撰写了许多著作。"[②]

通过以上各位专家的介绍，我们对大翻译家公·衮布扎布有了一个清楚的了解。

首先，他是一位内蒙古锡林郭勒盟乌珠穆沁部的贵族公子，在他青年时期来到北京，担任清朝廷"西番学"，即藏文学校的校长，精通满蒙藏汉四种文字，有许多著作传世：

多种文字对照词典

1.《蒙藏合壁大词典》

2.《海比忠乃辞典》

3.《元音字母与辅音字母》按照蒙文转写说明梵语音值。

藏文著作

1.《汉区佛教源流记》(rgya nag chos vbyung)

蒙文著作

1.《恒河之流》

翻译著作

1.《大唐西域记》汉译藏

2.《菩提场严陀罗尼经》汉译藏

① 乔吉.衮布扎布及其《恒河之流》.内蒙古社会科学，1981（3）.

② 乔吉.衮布扎布及其《恒河之流》.内蒙古社会科学，1981（3）.

3.《造像量度经》藏译汉

4.《造像量度经解》藏译汉

5.《金刚寿陀罗尼经》藏译蒙

6.《金刚寿陀罗尼经修习法》藏译蒙

7.《秘密舍利陀罗尼》藏译蒙

8.《无二尊胜经》藏译蒙

9.《天文历法》藏译蒙

他参加了藏文大藏经翻译成蒙文的工程，除了有语言学、历史学、佛学方面的著作以外，还有医药学、工巧学方面的著作，是清代杰出的蒙古族大学者。

第三章　《大唐西域记》汉、藏文本对照研究

第一节　《大唐西域记》汉、藏文本对照研究

汉文版本以季羡林等校注，并由中华书局于 2000 年出版的《大唐西域记校注》（上、下册）为主，藏文版本以清代衮布扎布翻译，由日本大谷大学图书馆保存的《大唐西域记》手写影印本复印件为主，以及藏学研究中心出版社 2006 年出版的《大唐西域记》为辅，藏汉文两种文本进行了详细的比较研究。详细解读异同点，重点对藏译文的文字叙述、字里行间的批注，对传说故事的缩意等进行标注和解读，以突出显现藏文译文的特点，显示译者再创作的劳动成果。

以汉文在前藏文在后的形式进行逐一对照，重点指出藏译文的特点。

གླེང་གཞི།

༄༅། །ན་མོ་གུ་རུ་མཉྫུ་ཤྲཱི་ཡེ། རྒྱ་ནག་སྐད་དུ། ཏཱ་ཐང་སིའི་ཡུས་ཀྱིས། བོད་སྐད་དུ། ཆེན་པོ་ཐང་གུར་དུས་ཀྱི་རྒྱ་གར་ཞིང་གི་བཀོད་པའི་གར་(དཀར)ཆག། སྟོན་པ་བླ་ན་མེད་པ་བཅོམ་ལྡན་འདས་ཤཱཀྱ་ཐུབ་པ་ལ་ཕྱག་འཚལ་ལོ། །སྨོས་ནི། སངས་རྒྱས་སྟོང་གི་ཞབས་ཀྱི་(ཀྱིས)བཅགས་པ་ཡི། །རྒྱ་གར་འཕགས་པའི་ཡུལ་ལ་ཆེན་པོ་ལྔ། །དེ་དག་སོ་སོའི་ཆར་གཏོགས་མི་གཏོགས་དང་། །ལམ་གྱི་ཡུལ་དང་ཉེ་བར་མཐོང་བའི་ཡུལ། །ལ་སོགས་ཡུལ་གྲུ་ཆེ་ཆུང་བརྒྱ་ལྔ་བཅུའི། །ཡུལ་ལུགས་ས་ཚིགས་གྲུབ་ཚུལ་ལ་སོགས་པའི། །བཀོད་པ་ཐང་དུས་ཡིག་ཚང་རྙིང་པ་དག། བསྡུས་ཏེ་ལོ་ཆེན་ སེ་སྟོད་གསུམ་འཛིན་པ། །ཐེག་ཆེན་ལྷ་ཡིས་རྒྱ་ནག་སྐད་དུ་བརྩམས། །བམ་པོ་བཅུ་<PL.1>ཕྲག་གཅིག་བྱུང་ཕལ་ཆེ་བའི། །དོན་རྣམས་བསྡུས་ནས་ཇི་ལྟར་ནུས་བཞིན་དུ། །བོད་ཀྱི་ཡི་གེར་བྲི་བ་འདི་བཞིན་ནོ། །

解 1：

（1）译者没有翻译原文中的“序一和序二”，而是按照传统藏文典籍的写作方式，写了卷首礼赞和纲要，原文无此段落。

拙译：

向文殊菩萨顶礼！汉文称《大唐西域记》，藏文称 chen po thang gur dus kyi rgya gar zhing gi bkod pa'i kar chag！（意为：《大唐时期印度地理志》）

向无上的释迦牟尼佛顶礼！纲要：被千万佛祖光顾的印度分五大地区，各个地区之间的关系，以及周遍大小共一百五十多个国家的风俗习惯、地理地貌等，由大乘天（玄奘）对照唐代的各种古籍版本用汉文写成，十卷本人将尽力用藏文翻译其大意。

（2）藏文中的尖括号为笔者表示藏译文长条书的页码。

解 2：

关于译者没有翻译“序文”的问题，中国藏学研究中心的副总干事长郑堆先生，在“《大唐西域记》藏文版之研究”一文中曾说：“汉文版卷首本有秘书著作郎敬播的序文，其后又有尚书左仆射燕国公张说的序文，藏文版中这两个序均未翻译。汉文版是否有不同版本尚需考证”。就“汉文版是否有不同版本尚需考证”这一点，在《大唐西域记校注》的“序一”校勘中找到了答案：“宋、元、明各《藏》本中无此序。”在“序二”校勘中也指出：“原本无此序。”因此，可以明确汉文不仅有很多版本，而且有些版本中有两篇序文，有些版本中没有序文。那么，译者衮布扎布翻译的汉文母本，很可能是没有序文的版本（具体版本存疑）。这只是一种假设，同时也不能排除他原本就没有翻译“序文”，这也完全符合他在“纲要”中提出的翻译原则，“尽可能地将大意翻译成藏文”。

关于译文中的“纲要”的作用，王尧先生在“《大唐西域记》藏译本及译者衮布扎布”一文中指出：“藏文译文前加一纲要，提示翻译此书的缘起及重要性，言简意赅…”。明确了加“纲要”的目的和所起的作用。

序 论

然则索诃世界，旧曰裟婆世界，又曰裟诃世界，皆讹也。三千大千国土，为一佛之化摄也。今一日月所临四天下者，据三千大千世界之中，诸佛世尊，皆此垂化，现生现灭，导圣导凡。苏迷卢山唐言妙高山。旧曰须弥，又曰须弥娄，皆讹略也。四宝合成，在大海中，据金轮上，日月之所照回，诸天之所游舍，七山七海，环峙环列。山间海水，具八功德。七金山外，乃咸海也。海中可居者，大略有四洲焉。东毘提诃洲，旧曰弗婆提，又曰弗于逮，讹也。南赡部洲，旧曰阎浮提洲，又曰剡浮洲，讹也。西瞿陀尼洲，旧曰瞿耶尼，又曰劬伽尼，讹也。北拘卢洲旧曰郁单越，又曰鸠楼，讹也。金轮王乃化被四天下，银轮王则政隔北拘卢，铜轮王除北拘卢及西瞿陀尼，铁轮王则唯赡部洲。夫轮王者，将即大位，随福所感，有大轮宝浮空来应。感有金银铜铁之异，境乃四三二一之差，因其先瑞，即以为号。

༄ དེ་ཡང་སྤྱིར་མི་འཇེད་(མཇེད)འཇིག་རྟེན་གྱི་ཁམས་དང་། ཕྱི་བྲག་ཏུ་གླིང་བཞི་པའི་འཇིག་རྟེན། ཡང་སྒོས་ཛམ་(འཛམ)བུ་གླིང་གི་བཀོད་པ་རགས་རིམ་དང་། གསེར་དངུལ་ཟངས་ལྕགས་ཀྱི་འཁོར་ལོས་བསྒྱུར་བ་རྣམ་པ་བཞི་བྱུང་བ་དང་འབྱུང་འགྱུར་སོགས་བསྟན་པ་རྣམས་ནི་ཡོངས་སུ་གྲགས་པའི་ཆོས་མངོན་པ་ལྟར་ལ།

解：

此段只翻译了大概意思。

拙译：

这里所描述的婆婆世界分为四大部州，尤其南瞻部洲，此世界中呈现出如同金银铜铁四大转轮王所辖下的过去和未来，与佛典《俱舍论》所载相同。

འདིར་ནི་འཕགས་པའི་ཡུལ་དངོས་དང་དེའི་ཆར་གཏོགས་པ་རྣམས་སུ་ཐང་ཟིགས་བླ་མ་དངོས་ཀྱིས་སླེབས་པ་དང་། ལམ་གྱི་ཉེ་འཁོར་དུ་གནས་པའི་ཡུལ་གྲུ་ཆེ་ཡོངས་དག་བཤད་པ་ལ།

解：

此段为承上启下的一个段落，原文无此段落。

拙译：

现简要介绍玄奘亲临的印度圣地和其属地的一般情况。

则赡部洲之中地者，阿那婆答多池也，唐言无热恼。旧曰阿耨达池，讹也。在香山之南，大雪山之北，周八百里矣。金、银、琉璃、颇胝饰其岸焉。金沙弥漫，清波皎镜。八地菩萨以愿力故，化为龙王，于中潜宅，出清冷水，给赡部洲。是以池东面银牛口，流出殑巨胜反伽河，旧曰恒河，又曰恒伽，讹也。绕池一匝，入东南海；池南面金象口，流出信度河旧曰辛头河，讹也。绕池一匝，入西南海；池西面琉璃马口，流出缚刍河，旧曰博叉河，讹也。绕池一匝，入西北海；池北面颇胝师子口，流出徙多河，旧曰私陀河，讹也。绕池一匝，入东北海。或曰潜流地下出积石山，即徙多河之流，为中国之河源云。

解：

此段没有翻译，原因应该是跟佛教没有太大关系，也因为关于世界形成的叙述已经简要翻译了，无需再赘言。

时无轮王应运，赡部洲地有四主焉。南象主则暑湿宜象，西宝主乃临海盈宝，北马主寒劲宜马，东人主和畅多人。

འཇིག་རྟེན་འདིར་འཁོར་ལོས་བསྒྱུར་རྒྱལ་མི་འབྱུང་བ་ན། ཛམ་(འཛམ)བུ་གླིང་འདིར་མི་བདག་ཆེན་པོ་བཞི་ཐོན་པར་གྲགས་སྟེ། གླིང་གི་ལྷོའི་ཆར་ རླན་གཤེར་ཆེ་བའི་གནས་སུ་གླང་པོ་ཆེ་ཕྲུ་མང་ཞིང་དེ་ལ་ལོངས་སྤྱོད་པས་གླང་པོ་ཆེའི་བདག་པོ་ཞེས་བྱ་བ་དང་གཅིག ནུབ་ཀྱི་ཆར་རྒྱ་མཚོ་དང་ཉེ་ཞིང་རིན་པོ་ཆེའི་རིགས་མང་བས་རིན་པོ་ཆེའི་བདག་པོ་ཞེས་བྱ་བ་དང་གཉིས། བྱང་གི་ཆར་གྲང་ལྷག་ཆེ་བའི་ཡུལ་དུ་རྟ་མང་ཞིང་གཙོ་བོར་རྟ་ལ་ལོངས་སྤྱོད་པས་རྟའི་བདག་པོ་ཞེས་བྱ་བ་དང་གསུམ། ཤར་ཕྱོགས་སུ་མི་ཆོས་དར་སོ་ཆེ་ཞིང་ཞིབ་ལ་མི་མང་པོ་འདུས་པས་མིའི་བདག་པོ་ཞེས་གྲགས་པ་དང་བཞིའོ། །

解：

完整翻译全文。

དེ་དག་རིམ་པ་ལྟར་རྒྱ་གར་ཆོས་ཀྱི་རྒྱལ་པོ། རིགས་ལྡན་ནོར་གྱི་རྒྱལ་པོ། སྟག་ཟིག་ཧོར་གྱི་རྒྱལ་པོ། རྒྱ་ནག་ཁྲིམས་ཀྱི་རྒྱལ་པོ་ཡང་ཟེར་ཏེ། ཇི་སྐད་དུ་ཐང་ཡིག་ལས། འཇིག་རྟེན་ཆོས་ལུགས་རྣམ་གཉིས་སྟེ(ཏེ)༔ འཇིག་རྟེན་ཐེག་དང་མུ་སྟེགས་ཐེག༔ འཇིག་རྟེན་ལྷ་མིའི་ཐེག་པ་དང་༔ མུ་སྟེགས་ཕྱི་པ་ནང་པའོ༔ ཞེས་གསུངས་པས། ཆོས་ལུགས་རགས་རིམ་སྨོས་ན། དགྲ་འདུལ་གཉེན་སྐྱོང་སོགས་འཇིག་རྟེན་ཆོས་བརྒྱད་དང་འབྲེལ་ཞིང་། སྲིད་སྲུང་གཙོ་ཆེ་ལ་ཐར་པ་ལ་བློ་ཁ་མ་ཕྱོགས་པའི་སྤྱོད་པ་ལ་འཇིག་རྟེན་ཆོས་ལུགས་ཟེར་བ་དང་གཅིག ཤེས་ཡོད་བརྟན་མི་ཉུང་བ་དང་ཉུང་བ་ཇི་སྙེད་ཀྱང་གཙོ་ཆེར་ཐར་པ

དོན་དུ་གཉེར་ཞིང་། དེའི་དབང་དུ་བྱས་པའི་སྤྱོད་པ་ལ་ལྷ་ཆོས་སུ་གྲགས་སོ། །

解：

此段着重叙述了世间法，原文无此段。

拙译：

依次又称印度佛法王；香巴拉财富王；大食突厥王；中原法王。《遗教》中载：世间有二法，世间乘和外道乘，世间神人乘和外道内外乘。若简述宗教，即：只注重战胜敌人保护亲人，执政为主不为解脱的行为，称之为世间法；另一种只为解脱所具有的行为，称之为佛法。

故象主之国，躁烈笃学，特闲异术，服则横巾右袒，首则中髻四垂，族类邑居，室宇重阁。宝主之乡，无礼义，重财贿，短制左衽，断发长髭，有城郭之居，务殖货之利。马主之俗，天资犷暴，情忍杀戮，毳帐穹庐，鸟居逐牧。人主之地，风俗机惠，仁义照明，冠带右衽，车服有序，安土重迁，务资有类。三主之俗，东方为上。其居室则东辟其户，旦日则东向以拜。人主之地，南面为尊。方俗殊风，斯其大概。至于君臣上下之礼，宪章文轨之仪，人主之地无以加也。清心释累之训，出离生死之教，象主之国其理优矣。斯皆着之经诰，问诸土。博关今古，详考见闻。然则佛兴西方，法流东国，通译音讹，方言语谬，音讹则义失，语谬则理，故曰“必也正名乎”，贵无乖谬矣。

དེ་ཡང་རྒྱ་གར་བའི་རང་བཞིན་ནམ་ངང་རྒྱུད་ནི་ཕལ་ཆེར་དཔའ་རྩལ་རྟུལ་ཕོད་ཆེ་བས་སློབ་གཉེར་ལ་སྒྱུག་སྲན་ཐུབ་པ། ལྷ་ཆོས་ལ་དགའ་བ། ཆ་ལུགས་སྣ་རགས་ཞིང་ཆེན་བཅིངས་ཤིང་དཔུང་པ་གཡས་པ་གཅེར་བུར་ཕྲུང་བ། སྐྲ་སྤྱི་བོར་བཅིངས་ཤིང་ལྷག<PL.2>མ་ལན་བུར་འཕྱུང་བ། ཁ་སྒྲུ་འཐུག་པ། མི་རང་རང་གི་རིགས་ཀྱིས་བསྡུས་ནས་གྲོང་དང་གྲོང་ཁྱེར་དུ་བོད་པའི་ཁང་པ་ཁང་བརྩེགས་རྣམས་སུ་སྡོད་པའོ། །རིགས་ལྡན་གྱི་མི་རྣམས་ནི། ཚུལ་ལུགས་ལ་ཇི་མི་སྙམ་པ་མཛེས་ཆོས་ཆུང་བ། ངང་ཚུལ་ཧ་ལམ་གྱོང་པོ་ནོར་ལ་གཅིགས་སུ་ཆེ་བ་སྐྲ་བྲེག་ཞིང་སྨ་ར་རིང་བ། གོས་འཁྲུན་ཐུང་ལ་[འ]ཐུ་བ་སྟེང་མ་གཡོན་དུ་བསྣོལ་བ། མཁར་རྫོང་རྣམས་སུ་བརྩིགས་པའི་ཁང་པར་སྡོད་པའོ། །སྟག་ཟིག་པ་ནི་ཤ་ཁྲག་ལ་ལོངས་སྤྱོད་པ་གསོད་གཅོད་ལ་མི་འཛེམ་པ། ཕྱིང་པའི་གུར་ལ་གནས་ཤིང་རྟ་ཕྱུགས་ཀྱི་ཆེད་དུ་རྩ་ཆུ

བཟང་སར་སྐྱོ་ཞིང་སྡོད་པ་གནས་གཅིག་གི་ངེས་པ་མེད་པའོ། །རྒྱ་ནག་པ་རྣམས་ནི། མིའི་བྱད་བཞིན་ལ་ངེས་པ་མེད་ཀྱང་ཕལ་ཆེར་གཟུགས་བཟང་བ་རྒྱུད་ཅུང་ཟད་འཇམ་ཞིང་བློ་རྣོ་བ། འཇིག་རྟེན་པའི་ལུགས་ལ་གཙོགས་ཆེ་ཞིང་ཞིབ་པ། ཚུལ་ལུགས་གཙོ་བོར་འཛིན་པ་ཞྭ་གོས་རྒྱན་སོགས། རྒྱལ་བློན་ལས་བྱེད་དམངས་ཀྱི་མཆོག་དམན་གྱི་དབྱེ་བས་དབྱིབས་དང་ཁ་དོག་མི་འདྲ་བ་མང་པོ་ཡོད་ཀྱང་ཐུན་མོང་དུ་གོས་ཀྱི་གོང་པ་སྐེད་མ་གཡས་སུ་སྐོལ་བ། འབྲུ་སྣ་ཚོགས་ཀྱི་ཞིང་འདེབས་ཅིང་མཁར་རྫོང་རྣམས་སུ་བོང་བའི་ཁང་པ་དང་ཁང་བརྩེགས་རྣམས་སུ་སྡོད་པའོ། །དེ་ལྟར་བདག་པོ་ཆེན་པོ་བཞི་ལས། འཇིག་རྟེན་པའི་ཆོས་ལ་མཆོག་ཏུ་བརྩི་ཞིང་བློ་ཞིབ་ལ་ཀུན་སྤྱོད་གཙང་བ་དང་། བཟོ་བའི་གནས་གང་ལ་ཡང་ཕལ་ཆེར་མཁས་བས་མིའི་བདག་པོའི་ཡུལ་ཁོ་ན་མཆོག་གོ་ཞེས་འགའ་ཞིག་ཟེར་རོ། །འགའ་ཞིག་ནི་ཐར་པ་དོན་དུ་གཉེར་བའི་སྒོ་ནས་གླང་པོ་ཆེའི་བདག་པོ་མཆོག་ཡིན་ཟེར་རོ། །དེ་དག་ལས་རྒྱ་གར་མ་གཏོགས་གཞན་གསུམ་གྱི་ཡུལ་གྱི་བཀོད་པ་དང་ཚུལ་ལུགས་ཁྲིམས་ཀྱི་སོ་ཆོས་སྒྲུབ་ཚུལ་སོགས་ནི་སོ་སོའི་ཡིག་ཚང་དུ་གསལ་ཞིང་འདིར་སྐབས་སུ་མ་བབས་སོ། །

解：

（1）完整翻译全文。

（2）原文中的“象主之国、宝主之乡、马主之俗、人主之地”翻译为“印度之国、有财的家、突厥人家、中原人家”，理解得很透彻。

夫人有刚柔异性，言音不同，斯则系风土之气，亦习俗之致也。若其山川物产之异，风俗性类之差，则人主之地，国史详焉。马主之俗，宝主之乡，史诰备载，可略言矣。至于象主之国，前古未详，或书地多暑湿，或载俗好仁慈，颇存方志，莫能详举。岂道有行藏之致，固世有推移之运矣。是知候律以归化，饮泽而来宾，越重险而款玉门，贡方奇而拜绛阙者，盖难得而言焉。由是之故，访道远游，请益之隙，存记风土。黑岭已来，莫非胡俗。虽戎人同贯，而族类群分，画界封疆，大率土著。建城廓，务殖田畜，性重财贿，俗轻仁义。嫁娶无礼，尊卑无次，妇言是用，男位居下。死则焚骸，丧期无数。剺面截耳，断发裂裳，屠杀群畜，祀祭幽魂。吉乃素服，凶则皂衣。同风类俗，略举条贯。异政殊制，随地别叙。印度风俗，语在后记。

解：

此段没有翻译，原因为与佛教没有太大关系。(存疑)

༄ རྒྱ་གར་འཕགས་པའི་ཡུལ་ནི། བདག་ཅག་གི་སྟོན་པའི་དམ་པའི་ཆོས་ཀྱི་འབྱུང་ཁུངས་ཡིན་པས་ཅི་ནུས་སུ་བསྒྱུར་དགོས་ཞེས། རྗེ་བཙུན་བདག་ཉིད་ཆེན་པོའི་བཀའ་ནན་གྱི་ཐོར་བབས་པས་རྒྱ་ནག་གི་ཡིག་ཚང་རྣམས་ལ་ལེགས་པར་བརྟགས་ཏེ་བརྗོད་པར་བྱའོ། །

解 1：

此段说明了翻译的目的，原文无此段。

拙译：

印度圣地是我佛教的发源地，为此要尽力翻译。今奉上师之旨，查找汉文典籍资料，细心分析后叙述如下。

解 2：

“达尼乾波”为藏语，是对职位高、威望高的人物的尊称，此处指译者本人的上师赤珠·丹倍尼玛活佛，关于这位活佛的情况没有记载。

卷第一（三十四国）

阿耆尼国	屈支国
跋禄迦国	笯赤建国
赭时国	怖敦发反捍国
窣堵利瑟那国	飒秣建国
弭秣贺国	劫布呾那国
屈居勿反霜去声你迦国	喝捍国
捕喝国	至伐地国
货利习弥伽国	羯霜去声那国
呾蜜国	赤鄂衍那国
忽露摩国	愉色俱反漫国
鞠和衍那国	镬沙国
珂咄罗国	拘谜莫闭反陀国
缚伽浪国	纥露悉泯健国
忽懔国	缚喝国
锐秣陀国	胡寔健国
呾刺健国	揭职国
梵衍那国	迦毕试国

阿耆尼国

出高昌故地，自近者始曰阿耆尼国。旧曰焉耆。

阿耆尼国东西六百余里，南北四百余里。国大都城周六七里，四面据山，道险易守。泉流交带，引水为田。土宜穈、黍、宿麦、香枣、蒲萄、梨、柰诸果。气序和畅，风俗质直。文字取则印度，微有增损。服饰氎褐，断发无巾。货用金钱、银钱、小铜钱。王，其国人也，勇而寡略，好自称伐。国无纲纪，法不整肃。伽蓝十余所，僧徒二千余人，习学小乘教说一切有部。经教律仪，既遵印度。诸习学者，即其文而翫之。戒行律仪，洁清勤励，然食杂三净，滞于渐教矣。

从此西南行二百余里，踰一小山，越二大河，西得平川，行七百余里，至屈居勿反支国。旧曰龟兹。

{ས་བཅད་དང་པོ། ཡུལ་སུམ་བཅུ་སོ་བཞི།}

{ཨུ་ཤི་རིའི་ཡུལ།}

དེ་ཡང་ཙི་ནའི་ཡུལ་འདི་ནས་ལྷོ་ནུབ་ཀྱི་མཚམས་རྒྱ་གར་གྱི་སའི་ཆ་ལ་བགྲོད་པའི་ཚུལ་གྱིས་རིམ་པ་ལྟར་བརྗོད་ན། ཤ་ཅག་གི་ཡུལ་དབུས་ནས་ནུབ་བྱང་མཚམས་ཀྱི་ལྷུགས་རིའི་སྒོའི་ཕྱིར་ཐོན་ནས་ཡུལ་གུར་གྱི་ཡུལ་བརྒྱུད་དེ་ཀའུ་ཐང་གི་ཡུལ་གྱི་མཐའ་ལ་ཐུག་ཏེ། སླར་ལྷོ་ཕྱོགས་སུ་འཁྱོག་ཅིང་བརྒྱུད་དེ་ཕྱིན་པ་ན། ཨུ་ཤི་རིའི་ཡུལ་[དེང་སང་ཨ་ཀ་སུ]ཟེར་བ་ཡོད་དོ། །ཨུ་ཤི་རིའི་[ཨུ་ཤི]༧☆ཡུལ་དེ་ཤར་ནུབ་ཏུ་ལི་བར་དྲུག་བརྒྱ་ལྷག་དང་ལྷོ་བྱང་དུ་ལི་བར་བཞི་བརྒྱ་ལྷག་ཙམ་ཡོད་དོ། །དེའི་དབུས་ཀྱི་མཁར་འཁོར་ཡུག་ཏུ་ལི་བར་དྲུག་བདུན་ཙམ་ཡོད་ཕྱོགས་བཞིར་རི་བྲག་ཤིན་ཏུ་ཆེན་པོ་བགྲོད་དཀའ་བ་ཞིག་ལ་བརྟེན་པས་ཡུལ་དེ་བསྲུང་སླ་བར་སྣང་ངོ་། །རི་ལས་འབྱུང་བའི་ཆུ་མིག་མང་པོའི་ཆུ་འདྲེས་སྟེ་ཆུ་ཀླུང་དུ་གྱུར་པ་ཡུལ་མི་རྣམས་ཀྱིས་ཡུར་བ་བྱས་སྟེ་ཞིང་མང་པོར་འདྲེན་པར་བྱེད་དོ། །འབྲུའི་རིགས་ཡུང་(ཡུངས)དཀར་པོ་ནག་པོ་འདིའི་མ་ཡིག་ན་ཡུ་ར་ཟེར་བ་འདྲ་ཞིག་བྲིས་འདུག་གོ །ནས་གྲོ་རྒྱ་ཤུག་དྲི་ཞིམ་དགུན་འབྲུམ་ཙུ་ལི་འབྲ་གོ་རྣམས་<PL.3>འབྱུང་ངོ་། །གྲང་དྲོ་སྙོམས་པ་མི་རྒྱུད་དྲང་སོ། །ཡི་གེ་སོགས་རིག་བྱེད་རྣམས་རྒྱ་གར་ནས་དྲངས་སྟེ་སློབ་པར་བྱེད་ཅིང་། ཡི་གེ་ལ་བསྡོན་བྲི་ཙུང་ཟད་ཡོད་དོ། །གོས་སུ་ཕྱིང་པ་དང་ཐེར་མ་གྱོན་ཞིང་སྐྲ་བྲེག་པ་ཞྭ་མོ་མི་གྱོན་ནོ། །ནོར་རྫས་ནི་གསེར་དངུལ་ར་གན་གྱི་དོང་ཙེ་རིགས་གསུམ་ལ་གཙོ་བོར་བྱེད། བདག་པོ་ནི་རང་ཡུལ་གྱི་མི་གཙོ་བོ་དག་དཔོན་དུ་བསྐོ་ཞིང་། དགོན་སྡེ་བཅུ་ཕྲག་གཅིག་ལྷག་ཙམ་ལ་ཁྲོན་སྡོམ་པར་དགེ་འདུན་ཉིས་སྟོང་ལྷག་ཙམ་ཐེག་དམན་པ་ཤ་སྟག་ཐམས་ཅད་ཡོད་སྨྲས་སྡེ་བ་ཁོ་ནའོ། །སྡོམ་པ་བསྲུང་ལུགས་ཕྱིར་རྒྱ་གར་དང་འདྲ་བ་ལ་ཁྱད་པར་རྣམ་གསུམ་མ་དག་པའི་ཤ་ལྷག་པར་འཛོམ་པའོ། །ཡུལ་དེ་ནས་ལྷོ་ནུབ་ཕྱོགས་སུ་ལི་བར་གཉིས་ལྷག་བགྲོད་དེ་རི་ཆུང་ཅིག(གཅིག)དང་ཆུ་ཀླུང་ཆེན་པོ་གཉིས་དང་། ལི་བར་བདུན་བརྒྱ་ཙམ་གྱི་སྤུ་ངམ་ཐང་ཅིག་(ཞིག)བརྒལ་བ་ན་

ཀུ་ཆེའི་ཡུལ་ཡོད།

解 1：

（1）完整翻译全文。

（2）译文在“出高昌故地，自近者始曰阿耆尼国。旧曰焉耆。”一句之前增加了：“出了中原前往印度的经过依次如下：往西南方向奔印度首先要过关口（此处指嘉峪关），过了关口就到了西域的高昌，再往南拐一点就到了阿耆尼国”一句，以显示不突兀。

（3）藏文中的中括号表示藏译文长条书中字里行间译者的增加的注解。

（4）藏文中的大括号表示藏译文长条书中没有，而藏学研究中心出版的《大唐西域记》藏文版中增加的小题目，此做法是参照了季羡林等校注 2004 年 中华书局出版的《大唐西域记》版本。

（5）藏文中的藏文数字是译文中表示国家的顺序号。

（6）藏文中的五星表示笔者提示译文中表示国家的顺序号。

（7）批注 1 意为“今称阿伽苏”。（阿克苏？存疑）

（8）周连宽先生研究指出，同一个地方有三类不同的名称：第一类，史书称焉耆；第二类，释藏僧徒传记类称乌耆；第三类，梵化名称为阿耆尼或亿尼，玄奘的阿耆尼国是焉耆的梵化名称①。那么，译文国名应为第三类阿耆尼，批注 2 应为第二类乌耆之音译。

解 2：

阿耆尼国　梵　Agni（今新疆焉耆回族自治县）

屈支国

屈支国东西千余里，南北六百余里。国大都城周十七八里。宜糜麦、有粳稻，出蒲萄、石榴，多梨、柰、桃、杏。土产黄金、铜、铁、铅、锡。气序和，风俗质。文字取则印度，粗有改变。管弦伎乐，特善诸国。服饰锦褐，断发巾帽。货用金钱、银钱、小铜钱。王，屈支种也。智谋寡昧，迫于强臣。其俗生子以木押头，欲其匾遞也。伽蓝百余所。僧徒五千余人习学小乘教说一切有部。经教律仪取则印度。其习读者。即本文矣。

① 周连宽. 大唐西域记史地研究丛稿. 北京：中华书局，1984：22.

尚拘渐教，食杂三净。洁清耽翫，人以功竞。

一、大龙池及金花王

国东境城北天祠前有大龙池。诸龙易形，交合牝马，遂生龙驹，忄龍戾难驭。龙驹之子，方乃驯驾。所以此国多出善马。闻诸先志曰：近代有王。号曰金花，政教明察，感龙驭乘。王欲终没，鞭触其耳，因即潜隐，以至于今。城中无井，取汲池水。龙变为人，与诸妇会。生子骁勇，走及奔马。如是渐染，人皆龙种。恃力作威，不恭王命。王乃引构突厥，杀此城人，少长俱戮，略无噍类。城今荒芜，人烟断绝。

{གུ་ཆེ་ཡུལ།}

གུ་ཆེ་[དིང་སང་ཁུ་ཆེ་ཟེར།] ༢ ☆ ཞེས་བྱ་བའི་ཡུལ་དེའི་ཤར་ནུབ་ཏུ་ལི་བར་སྟོང་ལྷག་ཕྱེ་བྱང་དུ་ལི་བར་དྲུག་བརྒྱ་ལྷག་ཙམ། དབུས་ཀྱི་མཁར་འཁོར་ཡུག་ཏུ་ལི་བར་བཅུ་ཕྲག་གཅིག་དང་བདུན་བརྒྱད་ལྷག་ཙམ་ཡོད་པ། འབྲུ་དང་བཟའ་ཤིང་གི་རིགས་ནི། འབྲས་དང་སེའུ་འབྲུ་དང་ཁམ་བུ་དང་ཕྱེད་ཆོག་མ་བྱུང་བ་མ་གཏོགས་གོང་གི་ཨུ་ཤི་རིའི་ཡུལ་དང་འདྲ་ཞིང་། ཟངས་གསེར་དངུལ་ར་གན་གྱི་དོང་ཙེ་ཞ་ཉེ་དཀར་ནག་རྣམས་སོ། །གྲང་དྲོ་སྙོམས་པ་འབྱུང་བརྡུང་སིལ་འཁྲོལ་གྱི་རིགས་ལ་རྩིས་ཆེ་ཞིང་དེ་དག་ལ་ཡང་མཆོག་ཏུ་མཁས་སོ། །རིག་བྱེད་རྒྱ་གར་ནས་ལེན། དགོན་སྡེ་བརྒྱ་ལྷག་ཙམ་ལ་དགེ་འདུན་ལྔ་སྟོང་ལྷག་མཆིས་སྡེ་པ་གོང་མཚུངས། སློབ་གཉེར་རིམ་གྱིས་པ་གཙོ་ཆེའོ། །སྐྱེ་བོ་ཕལ་ཆེར་དགའ་འདུན་ལ་འཆགས་ཤིང་ལེ་ལོ་ཆེའོ། །

{༡ ཀླུ་གནས་པའི་མཚོ་དང་རྒྱལ་པོ་གསེར་གྱི་མེ་ཏོག}

མཁར་དེའི་བྱང་ཤར་མཚམས་ན་ཕྱི་རོལ་བའི་དགོན་སྡེ་ཆེན་པོའི་མདུན་ན་ཀླུ་གནས་པའི་མཚོ་ཆེན་པོ་ཞིག་ཡོད་དོ། །དེར་ཀླུ་མ་ཉུང་པ་མང་པས་ཀླུ་ཕོ་འགའ་ཞིག་ནི་སྐྱེས་པར་སྤྲུལ། འགའ་ཞིག་ནི་རྟ་གསེབ་ཏུ་སྤྲུལ། བུད་མེད་རྣམས་ཀྱི་ཁྱོ་ཙ་སྦྱ་བ་དང་རྟ་གསེབ་ཏུ་བསླུས་ནས་རྒོད་མ་དང་ཕྲད་པས་མི་དང་རྟ་ལ་ཀླུ་ཕྲུག་སྐྱེས་པ་མང་སྟེ། ལན་ཅིག་ཡུལ་དེའི་རྒྱལ་པོ་གསེར་གྱི་མེ་ཏོག་གི་རྟ་རྒོད་མ་ཞིག་ལ་ཀླུ་

ཕྲུག་རྫེའུ་ལ་རྟའི་ཡོན་ཏན་ཚང་བ་ཞིག་བྱུང་བ་གཅིས་སྤྲས་ཀྱིས་བསྐྱངས་ཏེ་རྒྱུན་དུ་རང་གི་བཞོན་རྟར་བྱས་ཤིང་ལྷུགས་ཀྱིས་གཏན་ནས་མི་གཞུ། སྐབས་ཤིག་བརྗེད་ནས་ལྷུགས་ཀྱིས་རྡ་བར་རིག་ཙམ་བྱས་པས་ལུས་མི་མངོན་པར་གྱུར་ཏོ། །རྐྱེན་དེས་མི་རིང་བར་རྒྱལ་པོ་ཡང་འདས་སྐད་དོ། །ཡང་དེའི་སྔ་རོལ་དུ་ཀླུའི་རིགས་ཀྱི་གཞོན་ནུ་ཐམས་ཅད་དཔའ་ཞིང་རྟུལ་ཕོད་པ་ཤིན་ཏུ་མི་བསྲུན་པ་གཏུམ་པ་ཕོ་ནར་གྱུར་པས། རྒྱལ་པོ་དཔོན་དུ་མི་བཀུར་ཞིང་བཀའ་ཡང་མ་ཉན་པས་རྒྱལ་པོ་ཁྲོས་འབྲུགས་ཏེ། ཏུ་རུ་སྐ་སྟེ་སྟག་ཟིག་མང་པོ་བོས་ནས་བཙན་པ་བྱིན་ཏེ་མ་རུང་བ་དེ་དག་མ་ལུས་པར་བསད་དོ། །དེ་ནས་རྒྱལ་པོ་ཡང་མི་རིང་བར་གཤེགས་སོ། །གྲོང་ཁྱེར་དེ་ཀའི་ནང་གི་ཁྲོན་པ་ཐམས་ཅད་སྐམས་སོ། །

解 1：

（1）大意翻译了原文中“屈支国和大龙池及金花王”一段，没有翻译屈支国的民俗。

（2）批注意为“今称库彻”。

（3）周连宽先生在“屈支国考”中说：“《元史・西北地附录》作库彻，…”，[①] 看来从元朝开始，古代的龟兹国就已经称为库彻（如今“彻”写为“车”，即：库车）了。

（4）大龙池及金花王的注释见《大唐西域记校注》（上）58 页。

解 2：

屈支国　梵　Kuci（今新疆库车县）

二、昭怙釐二伽蓝

荒城北四十余里，接山阿隔一河水，有二伽蓝，同名昭怙釐，而东西随称。佛像庄饰，殆越人工。僧徒清肃，诚为勤励。东昭怙釐佛堂中有玉石，面广二尺余，色带黄白，状如海蛤。其上有佛足履之迹，长尺有八寸，广余六寸矣。或有斋日，照烛光明。

{༢ ཙཽ་ཀུ་རི་ཤར་ནུབ་ཟེར་བའི་དགོན་པ་གཉིས།}

གྲོང་ཁྱེར་དེའི་བྱང་ཕྱོགས་ན་ལི་བར་བཞི་བཅུ་ལྷག་ཙམ་ན་ཆུ་ཀླུང་ཅིག་(ཞིག)གིས་ཆོད་པ་ན། ཙཽ་

① 周连宽. 大唐西域记史地研究丛稿. 北京：中华书局，1984：46.

ཀུ་རི་ཤར་ནུབ་ཟེར་པའི་དགོན་པ་གཉིས་ཡོད་ཅིང་། དགོན་གཉིས་ཀར་བཞུགས་པའི་རྟེན་རྣམས་བཟོ་ཁྱད་དུ་འཕགས་ཤིང་། <PL.4>རྒྱན་བཀོད་སོགས་ཀྱང་ཕུན་སུམ་ཚོགས་པ། དགེ་འདུན་རྣམས་སྡོམ་ཁྲིམས་ལྡན་པ་དང་ལྷ་སྤྱོད་གཙང་ཞིང་། དེའི་དགོན་སེ་གཡོན་མར་ཁྲུ་དོ་ལྷག་ཙམ་གྱི་རྡོ་ཡང་ཏེ་དཔྱིབས་དུང་ལྟ་བུའི་དོས་སུ་སངས་རྒྱས་ཀྱི་ཞབས་རྗེས་སྲིད་དུ་ཁྲུ་གང་ཚོན་བརྒྱད་ཞེང་དུ་ཚོན་བརྒྱད་ཡོད་པ་གསོ་སྦྱོང་གི་ཉི་མར་འོད་འཕྲོ་བ་ཞིག་ཡོད་དོ། །

解 1:

(1) 完整翻译全文。

(2) 原文中“广余六寸矣”，藏文翻译为八寸。

解 2:

昭怙釐二伽蓝，《大唐西域记校注》(上) 60 页的“校勘”中写道：“《宋本》、《明南本》、《明北本》、《径山本》、《异本》、《酬本》六作八”。估计译者翻译的汉文版本是写有八寸的版本，存疑。

三、大会场

大城西门外路左右各有立佛像，高九十余尺。于此像前建五年一大会处，每岁秋分数十日间，举国僧徒皆来会集。上自君王，下至士庶，捐废俗务，奉持齐戒，受经听法，渴日忘疲。诸僧伽蓝庄严佛像，莹以珍宝，饰之锦绮，载诸辇舆，谓之行像，动以千数，云集会所。常以月十五日晦日，国王大臣谋议国事，访及高僧，然后宣布。

{༣ ཚོགས་ཆེན་ཆེན་མོ།}

གྲོང་ཁྱེར་དེའི་ནུབ་སྒོའི་གཡས་གཡོན་དུ་རྡོའི་སྐུ་འདྲ་གཉིས་བཞེངས་སྟབས་ཅན་སྲིད་དུ་ཁྲུ་དགུ་བཅུ་ལྷག་ཡོད་པ་འདུག་གོ །དེའི་དྲུང་དུ་ལོ་སྟོན་གྱི་དུས་སོ་ཅོག་ལ་སྟོན་ཟླ་འབྲིང་པོའི་སྐབས་ཞག་པོ་བཅུ་སྐོར་གྱི་རིང་ཡུལ་གྱི་དགེ་འདུན་ཐམས་ཅད་ལྷགས། རྒྱལ་པོ་ནས་འབངས་ཕལ་བའི་བར་ཡང་ཚང་མ་འདུས་ཏེ་གསོ་སྦྱོང་ལ་གནས་ཤིང་ཆོས་འཁོར་བྱེད་ཤིང་ཧ་ལ་རྟེན་དྲངས་ཏེ། མཆོད་རྫས་མང་པོ་བསྒྲིགས་ཤིང་མཆོད་པ་སྣ་ཚོགས་བྱེད་དོ། །ཡར་ངོ་མར་ངོ་གཉིས་ཀྱི་ཉི་མར་རྒྱལ་བློན་ཁག་རྣམས་ཆོས་

དང་འཛིག་རྟེན་གཉིས་ཀྱི་བགྲོ་གླེང་འབེལ་གཏམ་བྱེད་དེ། གནས་སྐབས་མཐར་ཐུག་གི་ཕན་བདེར་གང་འོས་ཅི་འཚམས་སོགས་ཐོག་མར་ བླ་ཆེན་རྣམས་ལ་འདྲི། དེ་ནས་རྒྱུས་ཅན་དག་ལ་བགྲོས་བསྡུན་ནས་དྲིལ་སྒྲོག་གོ །ཕྱིར་དཀོན་མཆོག་ལ་དད་པ་ཆེ་ཞིང་རྟེན་ལ་བཀུར་སྟི་ཆེ་བའོ། །

解 1：

完整翻译全文。

解 2：

“无遮大会”和“行像”的注释见《大唐西域记校注》(上) 62 页。

四、阿奢理贰伽蓝及其传说

会场西北，渡河至阿奢理贰伽蓝，唐言奇特。庭宇显敞，佛像工饰。僧徒肃穆，精勤匪怠。并是耆艾宿德，硕学高才，远方俊彦，慕义至止。国王、大臣、士庶、豪右四事供养，久而弥敬。闻诸先志曰：昔此国先王崇敬三宝，将欲游方观礼圣迹，乃命母弟摄知留事。其弟受命，窃自割势，防未萌也。封之金函，持以上王：王曰：“斯何谓也？”对曰：“回驾之日，乃可开发。”即付执事，随军掌护。王之还也，果有构祸者曰：“王令监国，淫乱中宫。”王闻震怒，欲置严刑。弟曰：“不敢逃责，愿开金函！”王遂发而视之，乃断势也，曰：“斯何异物，欲何发明？”对曰：“王昔游方，命知留事，惧有谗祸，割势自明。今果有征，愿垂照览！”王深惊异，情爱弥隆，出入后庭，无所禁碍。王弟于后行，遇一夫拥五百牛，欲事形腐。见而惟念，引类增怀，“我今形亏，岂非宿业？”即以财宝赎此群牛，以慈善力，男形渐具。以形具故，遂不入宫。王怪而问之，乃陈其始末。王以为奇特也，遂建伽蓝，式旌美迹，传芳后叶。

从此西行六百余里，经小沙碛，至跋禄迦国。旧谓姑墨，又曰亟墨。

{༤ རྒྱལ་པོ་གསེར་གྱི་མེ་ཏོག་དང་ནུ་བོའི་ལོ་རྒྱུས།}

གཏམ་སྙིང་ཞིག་ན་སྔོན་ཡུལ་འདིའི་རྒྱལ་པོ་གསེར་གྱི་མེ་ཏོག་ཞེས་(ཅེས)བྱ་བ་དང་བརྩོན་ཆེ་བས་ཕྱོགས་གཞན་གྱི་གནས་ཆེན་མང་པོ་མཇལ་པར་བཞེད་ནས་ཆས་པར་བརྩམས་པ་ན། ཨ་མ་གཅིག་པའི་ནུ་བོ་ཡུལ་བསྲུང་བར་བཅོལ་བའི་ཚེ། ནུ་བོ་དེས་སྐམ་ཆུང་གསེར་ལྒམ་ས་ཅིག་(ཞིག)

རྒྱལ་པོ་ལ་ཕུལ་ནས་ལྷེ་མིག་རང་གིས་བཟུང་། ཇི་སྲིད་རྒྱལ་པོ་ཉིད་འཁོར་ནས་མ་སླེབ་ཀྱི་བར་འབྲིད་མི་ཏུང་ཞེས་ཞུས་སོ། །རྒྱལ་པོས་རྒྱུ་མཚན་འདྲི་བས། ཕྲ་མ་རྒྱུབ་ཅིང་ཕྲ་མ་རྫོ། ཕྲ་མ་སྟོབས་ཆེན་ཕྲ་མ་འཛིགས། ཟེར་རྒྱལ་པོ་ལོ་ཤས་ཀྱི་རིང་གནས་སྐོར་མཛད་ནས་འཁོར་ཙ་ན། ཕྲ་མ་མཁན་དག་གིས་ནུ་བོ་དང་བཙུན་མོ་མཛའ་གཙུགས་ཀྱི་ཚུལ་རྒྱལ་པོའི་སྙན་དུ་གསོལ་བས་རྒྱལ་པོ་ཐུགས་ཁྲོས་ཏེ་ནུ་བོ་ལ་དྲིས་པས་སྐམ་ཆུང་ཕྲེ་(ཕྲེས)ཏེ་གཟིགས་དང་ཟེར་ནས་ལྷེ་མིག་ཕུལ་ལོ། །ཕྲེ་(ཕྲེས)སྟེ་བལྟས་ཙ་ན་ནུ་བོའི་ཕོ་མཚན་འདུག་པ་རྒྱལ་པོས་མཐོང་ནས་ངོ་མཚར་ཏེ་སྨྲ་བ་མེད་པར་གྱུར་ཅིང་། ལྷག་པར་མཆེད་གཉིས་མཛའ་པར་གྱུར་ནས་གཟིམ་ཁང་དུ་ནང་ཐུབ་མེད་པར་འགྲོ་ཏུང་བའི་གནང་བ་བྱིན་ནོ། །ལན་ཅིག་ཤན་པ་ཞིག་བ་ལང་མང་པོ་བསྐྱུས་ནས་གྱི་བདར་གྱིན་འདུག་པ་རྒྱལ་པོའི་ནུ་བོ་དེས་མཐོང་ནས་དྲིས་པས་ཤན་པས་སྐྲས་པ་གསོད་པར་བྱའོ། །བསད་ནས་ཅི་བྱེད་དུམ་བུར་གཏུབ་སྟེ་གཡོས་སུ་སྦྱོར་རོ། །དེར་རྒྱལ་པོའི་ནུ་བོས་རང་ལ་དཔག་ཏེ་སྙིང་རྗེ་ནས་བ་ལང་དེ་དག་རིན་གྱིས་ཉོས་ཏེ་མི་འཛིགས་པའི་སྦྱིན་པ་བྱའོ། །དགེ་བའི་རྩ་བ་དེས་མཐོང་ཆོས་ལ་ཕོ་མཚན་ཉིན་སྐྱེ་མཚན་སྐྱེས་གྱིས་སོས་ཏེ་སྔ་མགོ་བཞིན་དུ་གྱུར་ཏོ། །དེ་ནས་གཟིམས་ཁང་ལ་འཇུག་འཕྲོ་བཀོལ་རབ་ཏུ་འབྱུང་བར་གསོལ་ཏོ། །རྒྱལ་པོས་རྒྱུ་མཚན་དྲིས་པས་ཕོ་མཚན་སླར་སྐྱེས་བྱུང་བའི་ཚུལ་རྣམས་ཇི་ལྟ་བ་བཞིན་སྨྲས་པས། རྒྱལ་པོ་ལྷག་པར་དད་དེ་གཙུག་ལག་ཁང་བརྩིགས་ནས་<PL.5>ཕུལ་སྟེ་དགེ་འདུན་གྱི་སྡེ་ཡང་བཙུགས་སོ། །ཡུལ་དེ་ནས་ནུབ་ཕྱོགས་སུ་ལི་བར་དུག་བརྒྱ་ལྷག་བགྲོད་དེ་བྱེ་ཐང་ཆུང་ངུ་ཞིག་འདས་པ་ན་ཧྲ་རོ་ཀའི་ཡུལ་ལོ། །

解 1:

（1）全文只翻译了文中的典故:“闻诸先志曰:昔……”。

（2）“会场西北，渡河至阿奢理贰伽蓝，唐言奇特。庭宇显敞，佛像工饰。僧徒肃穆，精勤匪怠。并是耆艾宿德，硕学高才，远方俊彦，慕义至止。国王、大臣、士庶、豪右四事供养，久而弥敬。”此段没有翻译。

解 2:

阿奢理贰伽蓝的注释见《大唐西域记校注》（上）64 页。

跋禄迦国

跋禄迦国东西六百余里，南北三百余里。国大都城周五六里。土宜、气序、人性、风俗、文字、法则同屈支国，语言少异。细氎细褐，邻国所重。伽蓝数十所。僧徒千余人，习学小乘教说一切有部。

{བྷ་རོ་ཀའི་ཡུལ།}

བྷ་རོ་ཀའི་༣ ☆ ཡུལ་དེ་ནི་ཤར་ནུབ་ཏུ་ལེ་བར་དྲུག་བརྒྱ་དང་ལྷོ་བྱང་དུ་སུམ་བརྒྱ་ལྷག དབུས་ཀྱི་མཁར་འཁོར་ཡུག་ཏུ་ལེ་བར་ལྔ་དྲུག་ཙམ། མིའི་རང་བཞིན་ཡུལ་ལུགས་སོགས་རང་རིག་པ་རྒྱ་གར་ནས་ལེན་ཚུལ་རྣམས་ནི་གོང་གི་ཀུ་ཆེའི་ཡུལ་དང་འདྲའོ། །ཡུལ་སྐད་ཅུང་མི་འདྲ། དེར་འབྱུང་བའི་ཕྱིང་པ་དང་ཐེར་མ་གཉིས་སྤུབ་ལ་ཡང་བས་ཡུལ་གཞན་དུ་ཁྱིན་ནོ། །དགོན་སྡེ་བཅུ་ཕྲག་ཏུ་མར་དགེ་འདུན་སྟོང་ལྷག་ཙམ་གནས་ཤིང་ཉན་ཐོས་སྡེ་པ་སྟོམ་རྒྱུན་ཡོད་སྨྲ་བའི་སྡེ་པ་པོ་ནའོ། །

解 1：

完整翻译全文。

解 2：

跋禄迦国　梵　Bālukā（今新疆阿克苏地区）

凌山及大清池

国西北行三百余里，度石碛，至凌山，此则葱岭北原，水多东流矣。山谷积雪，春夏合冻。虽时消泮，寻复结冰。经途险阻，寒风惨烈，多暴龙，难凌犯。行人由此路者，不得赭衣持瓠大声叫唤，微有违犯，灾祸目睹。暴风奋发，飞沙雨石，遇者丧没，难以全生。山行四百余里至大清池，或名热海，又谓咸海。周千余里，东西长，南北狭。四面负山，众流交凑，色带青黑，味兼咸苦，洪涛浩汗，惊波汨淴，龙鱼杂处，灵怪间起。所以往来行旅，祷以祈福。水族虽多，莫敢渔捕。

{༡ རི་བོ་གངས་ཅན་དང་མཚོ་དྭངས་མོ་ཆེ།}

དེ་ནས་ནུབ་བྱང་མཚམས་སུ་ལེ་བར་སུམ་བརྒྱ་ལྷག་བགྲོད་དེ་བྱེ་མའི་ཐང་ཆེན་པོ་བརྒལ་བ་ན་རི་བོ་གངས་ཅན་ཟེར་བ་ཡོད་དོ། །འདི་ནི་བཙོང་ལའི་རྒྱབ་ལོགས་ཡིན་ལ་དེར་ཆུ་ཀླུང་ཕལ་ཆེར་གྱི་རྒྱུན་

ཤར་ཕྱོགས་སུ་འབབས་པ། རི་སུལ་ཐམས་ཅད་ཁ་བ་འཁྱིགས་པས་གང་ཞིང་དབྱར་ཚ་བའི་དུས་ཅུང་ཟད་འཇུ་ཡང་མོད་ལ་འཁྱགས་པར་སྣང་ངོ་། །ས་གྲང་ཞིང་ལམ་གྱི་རྒྱུ་ཅན་ཤིན་ཏུ་བགྲོད་དཀའ་བ། གླུ་མ་ཧུང་བ་གདུག་རྩུབ་ཆེ་བ་དག་གནས་པས་ལམ་འདི་བརྒྱུད་དེ་འགྲོ་བ་དག་གོས་དུར་སྨྲིག་མི་གྱོན། ཀ་བེད་མི་འཆང་སྐད་ཆེན་མི་འདོན། གཞན་དུ་ན་ཐྲལ་དུ་རླུང་དྲག་པོ་ལྡང་ཞིང་གསེག་མ་འཐོར་བ་དང་ཁ་ཆར་འབབས་པས་སྐྱེ་བོ་མང་པོ་འཆི་ཞིང་ཉེ་ཚེ་མེད་པར་ཐར་པ་ཤིན་ཏུ་དཀོན་པ་སྣང་ངོ་། །དེ་ལྟར་ལི་བར་བཞི་བརྒྱ་ལྷག་བགྲོད་པ་ན་མཚོ་དྭངས་མོ་ཆེའམ་འགའ་ཞིག་གིས་མཚོ་ཚན་ཟེར། ལ་ལས་བ་རྩྭའི་མཚོ་[དིང་སང་ཧོ་སི་ཁེ་ལ་ཟེར]ཟེར་[པལ་ཧོ་ཤི་ཟེར]བའི་ཁོར་ཡུག་ཏུ་ལི་བར་སྟོང་ལྷག་པ། ཤར་ནུབ་ཀྱི་དངོས་རིང་ཞིང་ལྷོ་བྱང་གི་མཐའ་ཅུང་ཉེ་བ་ཕྱོགས་ཕྱོགས་ནས་ཆུ་ཀླུང་མང་པོ་འབབས་པ། གླུ་དང་ཉ་བོ་ཆེ་འདྲེས་མར་གནས་པ་ཆུའི་མདོག་སྔོ་ནག་རོ་ཅུང་ཟད་ལན་ཚྭ་བ། ཕན་ཚུན་ཏུ་རྒྱ་འཁྲུལ་བྱེད་པ་དག་གིས་མཆོད་པ་བྱེད་དོ། །ཉ་མང་པོ་འདུག་ཀྱང་དུས་ཚིགས་གཟའ་སྐར་མ་བརྟགས་པར་གྱི་ཚོམ་དུ་འཛུག་པར་མི་བྱེད་དོ། །

解 1:

（1）完整翻译全文。

（2）批注意为如今此地称“霍斯可拉”或“白霍西”。

（3）凌山及大清池，为如今的伊塞克湖在吉尔吉斯斯坦境内，为有名的高山不冻湖。

解 2:

凌山及大清池的注释见《大唐西域记校注》(上) 68 页。

素叶水城

清池西北行五百余里，至素叶水城。城周六七里，诸国商胡杂居也。土宜糜、麦、蒲萄，林树稀疏。气序风寒，人衣氈褐。

素叶已西数十孤城，城皆立长，虽不相禀命，然皆役属突厥。

{༢ ཚུ་ཀླུང་འདབ་དཀར་ཅན་གྱི་གྲོང་ཁྱེར།}

མཚོ་དེ་ནས་ནུབ་བྱང་མཚམས་སུ་ལི་བར་ལྔ་བརྒྱ་ལྷག་བགྲོད་པ་ན་ཚུ་ཀླུང་འདབ་དཀར་ཅན་ཞེས་བྱ་བའི་གྲོང་ཁྱེར་ཡོད་དོ། །དེའི་འཁོར་ཡུག་ཏུ་ལི་བར་དྲུག་བདུན་ཙམ་དང་དེར་ཚོང་པ་སྣ་ཚོགས་དང་ཧོར་སོག་འདྲེས་མར་གནས་ཤིང་། ཡུང་དཀར་ནག་ནས་གྲོ་སོ་བ་རྒྱུན་འབྲུམ་རྣམས་མོད་ཅིང་ནགས་ཚལ་ཉུང་ངོ་། །སྦྱིར་གྲང་ལྷག་(ལྷགས)ཆེ་ཞིང་ཕྱིང་པ་དང་ཐེར་མའི་གོས་གྱོན་ནོ། ༈ དེ་ནས་ནུབ་ཏུ་གྲོང་མང་པོ་ཡོད་པར་སོ་སོར་སྡེ་དཔོན་སིལ་མ་ཡོད། ཐུན་མོང་ལ་དབང་བའི་དཔོན་ཆེན་ནི་སྟག་ཟིགས་(ཟིག)རིགས་ཀྱིས་བྱེད་དོ། །

解 1：

完整翻译全文。

解 2：

素叶水城，如今属吉尔吉斯斯坦，故址在伊塞克湖西北的托克马克城西南八公里处的阿克－贝西姆古城［请参阅《大唐西域记校注》（上）72 页］。

窣利地区综述

自素叶水城至羯霜那国，地名窣利，人亦谓焉。文字语言，即随称矣。字源简略，本二十余言，转而相生，其流浸广。粗有书记，竖读其文，递相传授，师资无替。服毡褐，衣皮氎。裳服褊急，齐发露顶。或总剪剃，缯彩络额。形容伟大，志性恇怯。风俗浇讹，多行诡诈，大抵贪求，父子计利，财多为贵，良贱无差。虽富巨万，服食麁弊。力田逐利者杂半矣。

{༣ འདོད་པ་ཅན་གྱི་ཡུལ།}

འདབ་དཀར་ནས་ཀྱང་ཤྭང་ནའི་ཡུལ་བར་ཐུན་མོང་དུ་འདོད་པ་ཅན་གྱི་ཡུལ་ཞེས་ཟེར་རོ། །རྒྱུ་མཚན་ནི་ཕལ་ཆེར་བསྐམ་ཆགས་ཆེ་བ་གཡོ་སྒྱུ་འཁྲམ་སོགས་ལ་གོམས་པ་དག་ལ་མཁས་པར་བརྩིའོ། །ཡི་གེ་ཀླ་ལི་སུམ་ཅུ་ལྷག་ཙམ་ལ་གྲེ་བསྒྱུར་གྱིས་སྤེལ་མ་ཅན་ཕན་ཚུན་གང་བྱུང་སློབ་ཅིང་དཔོན་སློབ་ཀྱི་ཐ་སྙད་

ཆུང་ངོ་། །གོས་སུ་ཕྱིང་པ་དང་ཐེར་མ་གྱོན་ཞིང་ཤིང་བལ་གྱི་རས་ལ་སོགས་པ་གྱོན་ནོ། །ཡང་ཀོ་ལྤགས་ཀྱི་སྟོད་གཡོག་དང་བན་(བལ)གྱི་རས་ཤམ་ཐབས་སུ་གྱོན་ཞིང་། སྤྱིར་གོས་འཐུག་ལ་དོགས་(དོག)པ་སྒྲ་ཐྲིག་ཅིང་སྤྱི་གཙུག་གཅེར་<PL.6>བུར་འཇོག་པ། ཡང་འགའ་ཞིག་གིས་སྐྲ་ཚང་མ་བྲེག་ནས་གོས་དར་གྱིས་མགོ་བོ་དཀྲིས་པ། ལུས་རྒྱལ་ཆེ་ཞིང་རང་བཞིན་སྡར་མ། ནོར་ལ་བརྩོད་པ་ན་ཕ་བུ་ཡང་ངོ་མི་ཤེས་པ། ནོར་ཡོད་བཀུར་ཞིང་ནོར་གྱིས་དབུལ་པ་མ་རབས་སུ་བརྩིའོ། །འོན་ཀྱང་ལྟོ་གོས་ལ་གཙིགས་སུ་ཆེས་(ཆེ་)པས་ཆེས་ཕྱུག་པ་དག་ཀྱང་ངན་དོན་ལ་སྤྱོད་ཅིང་ལྷ་ངན་གྱིས་འཚོ་བའོ། །ཤིང་འཐབ་པ་དང་ཞིང་ཚོང་པ་མང་ངོ་། །

解 1：

（1）完整翻译全文。

（2）将“窣利”地名译为“贪欲者之地”，并说明了原因：人们都以利为重。

解 2：

窣利地区综述，《大唐西域记校注》（上）中的注释说：粟特或窣利通常用以指阿姆河和锡尔河之间的昭武九姓国而言，大概始自穆斯林时期［请参阅《大唐西域记校注》（上）74 页］。指如今的哈萨克斯坦、吉尔吉斯斯坦、乌兹别克斯坦、土库曼斯坦和塔吉克斯坦等国。

千　泉

素叶城西行四百余里至千泉。千泉者，地方二百余里，南面雪山，三陲平陆。水土沃润，林树扶疏，暮春之月，杂花若绮，泉池千所，故以名焉。突厥可汗每来避暑。中有群鹿，多饰铃镮，驯狎于人，不甚惊走。可汗爱赏，下命群属：“敢加杀害，有诛无赦”。此群鹿得终其寿。

{༩ ཆུ་མིག་སྟོང་ཞེས་བྱ་བ།}

འདབ་དཀར་ནས་ནུབ་ཕྱོགས་སུ་ལི་བར་བཞི་བརྒྱ་ཙམ་བགྲོད་པ་ན། ཆུ་མིག་སྟོང་[དིང་སང་དེ་ས་ཀེན་ཟེར།] ཞེས་བྱ་བའི་གནས་ཡོད་དེ། གནས་དེའི་སྐོར་ཡུག་ཏུ་ལི་བར་ཉིས་བརྒྱ་ལྷག མདུན་ངོས་

སུ་རི་པོ་གངས་ཅན་ཡོད་པས་གྲང་ངར་ཆེ། ཧོར་སོག་གི་རྒྱལ་པོ་ལོ་རེ་བཞིན་དབྱར་ཡུལ་དེར་སྦྱོས་ཏེ་སྦྲ་གུར་གྱིས་གནས་པར་གྲགས། ཆུ་མིག་དང་མཚོ་དང་མཚོའུ་དང་ནེའུ་གསེང་དང་ལྕུ་མ་སོགས་ཞིན་ཏུ་མང་བས་མིང་ཏུ་དེ་ལྟར་གྲགས་སོ། །སོའ་(སོས)ཀའི་དུས་མེ་ཏོག་སྣ་ཚོགས་སྐྱེས་ཤིང་གོས་ཆེན་ཁ་ཁྱེ་བཀྲམས་པ་དང་འདྲ་བས་མཛེས་པར་སྣང་ངོ་། །དེར་གནས་པའི་རི་དགས་(དྭགས)ཤ་(ཤྭ)བའི་ཁྲུ་ཞིན་ཏུ་བསྲུན་པ་མིས་བཀོལ་དུ་ཉུང་བ་ཕལ་ཆེར་ཧོར་སོགས་(སོག)རྒྱལ་པོས་གཡེར་ཁ་དང་རྒྱན་སྤྲད་དེ་གཞན་གྱིས་མི་འཚེ་བའི་ཁྲིམས་ཀྱིས་བསྲུང་བར་བྱེད་དོ། །

解 1：

（1）全文大意翻译。

（2）批注意为：“现在称合萨干”，根据发音疑似“哈萨克”。

（3）千泉的注释见《大唐西域记校注》（上）76 页。

解 2：

千泉，古地名，又名屏聿。故地在今吉尔吉斯北部吉尔吉斯山脉北麓，库腊加特河上游一带，当东西交通线冲要，又有林泉之胜，公元 7 世纪前期为西突厥可汗避暑地。唐显庆二年（公元 657 年）设蒙池都护府，管理五弩失毕部落，千泉在其辖境内。对于千泉遗址的具体位置，学者们仍存在不同的看法，大部分学者认同如今位于今吉尔吉斯斯坦国北部吉尔吉斯山脉北麓，但一部分人认定位于哈萨克斯坦的梅尔克地方[①]。若果真如此译文的注释就能说得通了。

呾逻私城

千泉西行百四五十里，至呾逻私城。城周八九里，诸国商胡杂居也。土宜气序，大同素叶。

{༥ གྲོང་ཁྱེར་ཏ་ར་སི།}

ཆུ་མིག་སྟོང་ཞེས་བྱ་བ་དེ་ནས་ནུབ་ཕྱོགས་སུ་ལི་བར་བརྒྱ་དང་བཅུ་ཕྲག་བཞི་ལྔ་ཙམ་བགྲོད་པ་

① 许序雅.千泉、白水城和恭御城考辨.中国历史地理论丛，第25卷，第2辑，2010.

ན། གྲོང་ཁྱེར་ཏ་ར་སི་ཞེས་བྱ་བ་ཡོད་ཁོར་ཡུག་ཏུ་ལི་བར་བརྒྱད་དགུ་ཙམ་ཡོངས་པའི་ནང་དུ་ཧོར་སོག་གི་ཚོང་པ་རིགས་མང་པོ་གནས་ཤིང་། དུས་ཚིག་(ཚིགས)དང་ཡུལ་ཆོས་སོགས་ཡུལ་འདབ་དཀར་དང་མཐུན་ནོ། །

解 1：

（1）完整翻译全文。

（2）呾逻私城，遗址在哈萨克斯坦境内，如今称塔拉兹，是哈萨克斯坦江布尔州首府。

解 2：

呾逻私城的注释见《大唐西域记校注》（上）77 页。

小孤城

南行十余里有小孤城，三百余户，本中国人也，昔为突厥所掠，后遂鸠集同国，共保此城，于中宅居。衣服去就，遂同突厥，言辞仪范，犹存本国。

白水城

从此西南行二百余里，至白水城，城周六七里。土地所产，风气所宜，逾胜呾逻私。

恭御城

西南行二百余里，至恭御城，城周五六里。原隰膏腴，树林蓊郁。

从此南行四五十里，至笯赤建国。

{༦ གྲོང་ཁྱེར་མཁར་ཆུང་དང་གྲོང་ཁྱེར་ཆུ་དཀར། གྲོང་ཁྱེར་གུས་ལྡན།}

དེ་ནས་ལྷོ་ངོས་སུ་ལི་བར་བཅུ་ཙམ་བགྲོད་པ་ན། མི་ཁྱིམ་སུམ་བརྒྱ་ཡོངས་པའི་མཁར་ཆུང་ཅིག་ལ་རྒྱ་མི་ཤ་སྟག་གནས་པ་དེ་སྔོན་ཏུ་རུ་སྐའི་དམགས་(དམག)གིས་ཁྱེར་བར་གྲགས་སོ། །ཟས་གོས་ཆ་ལུགས་སྐད་ནི་སྟག་ཟིག་གི་ཚུལ་ལྟ་བུར་འདུག་ཀྱང་ཚུལ་ལུགས་སོགས་ཕལ་ཆེར་རྒྱ་ནག་པ་ལྟར་འདུག་གོ། ༈ དེ་ནས་ལྷོ་ནུབ་ཕྱོགས་སུ་ལི་བར་ཉིས་བརྒྱ་ལྷག་བགྲོད་པ་ན་གྲོང་ཁྱེར་ཆུ་དཀར་ཞེས་བྱ་བ་འཁོར་ཡུག་ཏུ་རྒྱང་གྲགས་བདུན་ཙམ་ཡོངས་པ། ཡུལ་ཆོས་དང་ལོ་ཏོག་སོགས་ནི་ཏ་ར་ཡི་(སི)དང་ཕལ་ཆེར་མཚུངས་ཀྱང་

ཅུང་ཟད་བཟང་ངོ་། །༑ དེ་ནས་ཡང་ལྷོ་ནུབ་མཚམས་སུ་ལི་བར་ཉིས་བརྒྱ་ལྷག་བགྲོད་པར་གྲོང་ཁྱེར་གུས་ལྷན་ཞེས་བྱ་བ་འཁོར་ཡུག་ཏུ་ལི་བར་དྲུག་བདུན་ཙམ་ཟླན་གཉེར་ཆེ་བས་ནགས་ཚལ་སྟུག་པོ་ཡོད་དོ། །

解 1:

(1) 三个小城的内容虽然合在一起但文中分别一一翻译。

(2) 小孤城的"后遂鸠集同国，共保此城，于中宅居。"没有翻译。白水城和恭御城全文翻译。

(3) 三个小城如今在哈萨克斯坦境内，大约位于奇姆肯特城的赛拉姆村附近[①]。

解 2:

三个小城的注释见《大唐西域记校注》(上) 79—80 页。

笯赤建国

笯赤建国周千余里。地沃壤，备稼穑。草木郁茂，华果繁盛，多蒲萄，亦所贵也。城邑百数，各别君长，进止往来，不相禀命。虽则画野区分，总称笯赤建国。

从此西行二百余里至赭时国。唐言石国。

{ནུ་ཙྲི་ཀུན་གྱི་ཡུལ།}

དེ་ནས་ལྷོ་ཕྱོགས་སུ་རྒྱང་གྲགས་ལྔ་བཅུའི་ཙམ་བགྲོད་པའི་སར་གྲོང་ཁྱེར་ནུ་ཙྲི་ཀུན་༄ ☆ ཞེས་བྱ་བ་ཁོར་ཡུག་ཏུ་ལི་བར་སྟོང་ལྷག་པ། ཞིང་བཟང་པོ་དང་བཟའ་ཤིང་དང་མེ་ཏོག་གི་རིགས་ཀུང་ཤིན་ཏུ་མང་ངོ་། །གྲོང་དང་གྲོང་བརྡལ་དང་ལྗོངས་ཆེ་ཆུང་བརྒྱ་ལྷག་ཡོད་ཀུང་ཐུན་མོང་དུ་ནུ་ཙྲི་ཀུན་གྱི་ཡུལ་ཞེས་ཟེར་རོ། །

解 1:

(1) 全文翻译大意，"多蒲萄，亦所贵也"没有翻译，"各别君长，进止往来，不相禀命"没有翻译。

(2) 第一句是上一个故事的最后"从此南行四五十里，至笯奴故反赤建国"一句。

① 许序雅.千泉、白水城和恭御城考辨.中国历史地理论丛，第25卷，第2辑，2010.

（3）古代西域国名，穆斯林地理文献作 Nujakath，Nujikath 或 Nūjkath，意为“新城”。在今乌兹别克斯坦塔什干地区的汗阿巴德地方。

解 2：

笯赤建国　突　Nujikath（今乌兹别克斯坦塔什干州汗阿巴德）

赭时国

赭时国周千余里，西临叶河，东西狭，南北长。土宜气序，同笯赤建国。城邑数十，各别君长，既无总主，役属突厥。

从此东南千余里，至㤭敷发反捍国。

{ཏྲེ་ཕྲིའི་ཡུལ།}

དེ་ནས་ནུབ་བྱང་ཕྱོགས་སུ་རྒྱང་གྲགས་ཉིས་བརྒྱ་ལྷག་ཙམ་ན་ཡུལ་ཏྲེ་ཕྲི་༥ ☆ སྡེ་རྡོ་བ་ཞེས་བྱ་བ་དེའི་ཁོར་ཡུག་ཏུ་ལི་བར་སྟོང་ལྷག་ལྷོ་བྱང་ཡངས་ཤིང་ཤར་ནུབ་ཀྱི་ངོས་དོགས་(དོག)པ། ནུབ་ཏུ་ཚུ་ཀླུང་འདབ་མ་ཅན་དང་ཉེ་བ་ཡུལ་ཆོས་སོ་ཆོས་སྐྱབ་ཚུལ་སོགས་ནུ་ཛྲི་ཀྱན་དང་མཐུན་ནོ། །ཚང་མ་སྟག་ཟིག་གི་མངའ་འོག་ཏུ་གཏོགས་སོ། །

解 1：

（1）完整翻译全文。

（2）第一句是上一个国家的最后一句“从此西行二百余里至赭时国。唐言石国。”石国，意译为“石头国”。

（3）昭武九姓 --《新唐书》以康、安、曹、石、米、何、火寻、戊地、史为昭武九姓，中国南北朝、隋、唐时期对从中亚粟特地区来到中原的粟特人或其后裔 10 多个小国的的泛称，其王均以昭武为姓。小国名为康国、米国、曹国（分东曹、中曹和西曹）、何国、安国（分东安国、中安国和西安国）、石国、史国等。

（4）赭时：石之意，唐朝时称该地为石国，昭武九姓之地。

解 2：

赭时国 波 Chach（今为乌兹别克斯坦首都塔什干）

怖捍国

怖捍国周四千余里，山周四境。土地膏腴，稼穑滋盛。多花果，宜羊马。气序风寒，人性刚勇，语异诸国，形貌丑弊。自数十年无大君长，酋豪力竞，不相宾伏，依川据险，画野分都。

从此西行千余里，至窣堵利瑟那国。

{ཕྲུ་ཧཾ་གྱི་ཡུལ།}

ཡུལ་དེ་ནས་ལྷོ་ནུབ་མཚམས་སུ་རྒྱང་གྲགས་སྟོང་ལྷག་<PL.7>བགྲོད་པ་ན་ཕྲུ་ཧཾ་༤ ☆ ཞེས་པ་དེའི་ཁོར་ཡུག་ཏུ་ལེ་བར་བཞི་སྟོང་ལྷག་པ། ཕྱོགས་བཞི་ན་རི་བོ་བཞི་ཡོད་ཅིང་ས་ཤིན་ཏུ་གཤིན་པས་འབྲུ་སྣ་ཚོགས་དང་མེ་ཏོག་སྣ་ཚོགས་འབྱུང་ཞིང་། ཟ་(ཟྭ)ཆུ་ཡང་བཟང་པས་ཕྱུགས་གསོ་སླ། བསེར་བུ་བསིལ་ཞིང་། མིའི་རང་བཞིན་དཔའ་ཞིང་རྩུབ་ལ་སྐིད་ཁམས་ཆེ་བ་གཟུགས་མི་སྡུག་པ་འཐབ་རྩོད་ལ་དགའ་བ། ཕན་ཚུན་མི་འཁྲུམ་(འཆམ་)ཞིང་སྤྱི་དཔོན་མེད་པ་ཞིག་གོ །

解 1：

（1）完整翻译全文，

（2）第一句是上一个国家的最后“从此东南千余里，至怖敷发反捍国”一句。

（3）怖捍城遗址在费尔干纳州，属于乌兹别克斯坦，汉朝时称该地为大宛国，唐朝改称为宁远国，昭武九姓之地。

解 2：

怖捍国 突 Farghana（今乌兹别克斯坦、塔吉克斯坦、吉尔吉斯斯坦三国边界）。

窣堵利瑟那国

窣堵利瑟那国周千四五百里，东临叶河。叶河出葱岭北原，西北而流，浩汗浑浊，汩淴漂急。土宜风俗，同赭时国。自有王，附突厥。

{ཙུ་ཏྲ་རི་ཥྞའི་ཡུལ།}

དེ་ནས་ནུབ་ཕྱོགས་སུ་རྒྱང་གྲགས་ཅིག་(ཆིག)སྟོང་ལྷག་བགྲོད་པ་ན་ཙུ་ཏྲ་རི་ཥྞ་༷ ☆ ཞེས་བྱ་བའི་ཁོར་ཡུག་ཏུ་རྒྱང་གྲགས་སྟོང་དང་ལྔ་བརྒྱ་དྲུག་བརྒྱ་ཙམ། ཤར་ཆུ་ཀླུང་འདབ་མ་ཅན་ཉེ་བ། ཆུ་བོ་དེ་ནི་[ཆུ་དེ་ལ་དེང་སང་ཏ་ལྷ་སི་ཟེར]བཙོང་ལའི་རྒྱབ་ལོགས་ནས་ནུབ་བྱང་གི་ཕྱོགས་སུ་འབབ་པ་རྙོག་ལ་མྱུར་བ་ཁུར་སྒྲ་ཆེ་ལ་དྲག་པ། ཡུལ་ལུགས་སོགས་ཙེ་ཙྪི་སོགས་དང་འདྲ། རྒྱལ་པོ་ཞིག་ཡོད་ཀྱང་སྟག་ཟིག་གི་མངའ་འོག་ཏུ་འདུག་གོ །

解 1:

（1）完整翻译全文。

（2）第一句是上一个国家的最后“从此西行千余里，至窣堵利瑟那国”一句。

（3）批注意为“这条河如今称达拉斯（根据什么发音？存疑）”。叶河是中亚之锡尔河［见《大唐西域记校注》（上），84 页］，中国古称药杀水、珍珠川，中、下游流经沙漠地区，是中亚著名内流河。

（4）唐朝时称该地为东曹国，昭武九姓之地。

解 2:

窣堵利瑟那国　梵　Sutrsna（今乌兹别克斯坦撒马尔罕州的旁吉肯特）

大沙啧

从此西北，入大沙碛，绝无水草，途路弥漫，疆境难测，望大山，寻遗骨，以知所指，以记经途。

行五百余里，至飒秣建国。唐言康国。

飒秣建国

飒秣建国周千六七百里，东西长，南北狭。国大都城周二十余里，极险固，多居人。异方宝货，多聚此国。土地沃壤，稼穑备植，林树蓊郁，花果滋茂。多出善马。机巧之技，特工诸国。气序和畅，风俗猛烈。凡诸胡国，此为其中，进止威仪，近远取则。其王豪勇，邻国承命，兵马强盛，多诸赭羯。赭羯之人，其性勇烈，视死如归，战无前敌。

从此东南至弭秣贺国。唐言米国。

{དགའ་བའམ་སྐྱིད་པའི་ཡུལ།}

དེ་ནས་ནུབ་བྱང་ཕྱོགས་སུ་བྱེ་མ་དང་གསེག་མའི་ཐང་ཆེན་པོ་ཚ་གདན་ནས་མེད་ཅིང་རྒྱང་རིང་པོ་རི་ལ་བལྟས་ནས་ལམ་དཔོག་དགོས་ཤིང་། སྔར་བགྲོད་པའི་མིས་བོར་བའི་རུས་པ་སོགས་ལ་མཚན་མ་བྱས་སྟེ་དཀའ་ཚེགས་ཀྱིས་རྒྱང་གྲགས་ལྔ་བརྒྱ་ལྷག་ཙམ་བགྲོད་པ་ན་དགའ་བའམ་སྐྱིད་པ་ར ☆ ཞེས་བྱ་བའི་ཡུལ་དེའི་ཁོར་ཡུག་ཏུ་རྒྱང་གྲགས་ཅིག་(ཞིག)སྟོང་བདུན་བརྒྱ་ཡོད་དོ། །དེའི་ཤར་ནུབ་ཏུ་ཡངས་ཤིང་ལྷོ་ནུབ་ཏུ་དོགས་(དོག)པ་དབུས་ཀྱི་མཁར་གྱི་རྒྱ་ཁྱོན་ལ་ལེ་བར་ཉི་ཤུ་ལྷག་རེ་ཐག་ཤིན་ཏུ་བཙན་པ་ཞིག་ལ་བརྟེན་པ། རིགས་མི་མཐུན་པའི་ཚོང་པ་མང་པོ་འདུས་ཏེ་རིན་པོ་ཆེ་སྣ་ཚོགས་དང་། ཡུལ་གཞན་གྱི་ཡོ་བྱད་ཀྱི་རིགས་ཀྱང་ཤིན་ཏུ་མང་ངོ་། །ས་ཤིན་པས་འབྲུ་སྣ་ཚོགས་སྐྱེ་ཞིང་མེ་ཏོག་དང་ཤིང་ཏོག་གི་ཚལ་གྱི་རིགས་ཀྱང་མང་ངོ་། །ཡུལ་དེར་རྟ་བཟང་པོ་བྱུང་ངོ་། །མིའི་རང་བཞིན་ཡང་གཟོ་(བཟོ)རིགས་མང་པོ་ལ་མཁས་ཤིང་དཔའ་མཛངས་རྟུལ་ཕོད་པ། ཡུལ་འདི་ཡུལ་འཁོར་གཞན་དག་གིས་གཙོ་བོར་བྱེད། ཚུལ་ལུགས་ཀྱང་མཛེས་ཆོས་ཆེ། དེའི་རྒྱལ་པོ་སྲིད་སྐྱོང་ལ་མཁས་ཤིང་སྤྱོད་པ་གཟོ་བས་ཡུལ་གཞན་ཕལ་ཆེར་དེའི་བཀའ་ལས་མི་འདའ་འོ། །དེར་ཏེ་ཧེ་ཞེས་བྱ་བའི་སྡེ་ཅིག་(ཞིག)ཡོད་པ་དེའི་མི་རྣམས་རང་བཞིན་གྱིས་དཔའ་རྩལ་ཆེ་ཞིང་གཡུལ་དུ་སྒྲོག་ལ་ཕངས་པ་མེད་པས་དགྲ་ཟླ་མེད་པ་ཞིག་གོ །

解 1:

（1）合并完整翻译全文。

（2）第一句是上一个“大沙啧”的最后一句“行五百余里，至飒秣建国。唐言康国。”康国，意译为“幸福或欢乐国”。

（3）唐朝时称该地为康国，昭武九姓之地。唐高宗永徽时以其地为康居都督府，授其王拂呼缦为都督。

解 2：

飒秣建国　突　Samarkand（今乌兹别克斯坦撒马尔罕城）

弭秣贺国

弭秣贺国周四五百里，据川中，东西狭，南北长。土宜风俗，同飒秣建国。

从此北至劫布呾那国。唐言曹国。

{མི་མ་ཧེའི་ཡུལ།}

ཡུལ་དེ་ནས་ཤར་ལྷོའི་མཚམས་སུ་མི་མ་ཧེ་༩ ☆ སྙེ་འབྲུའི་ཡུལ་ཟེར་བའི་ཡུལ་མཐའ་སྐོར་དུ་ལི་བར་བཞི་བརྒྱ་ལྔ་བརྒྱ་ཡོད་པའི་ཐང་ཆེན་པོར་ཆགས་ཤིང་ཕྱོགས་ཤར་ནུབ་དོགས་(དོག)ཤིང་ལྷོ་བྱང་ཡངས་པ། ཡུལ་ཆོས་དུས་ཚིགས་པ་ཞིང་སོགས་དགའ་བའི་ཡུལ་དང་མཐུན་ནོ། །

解 1：

（1）完整翻译全文。

（2）第一句是上一个国家的最后一句“从此东南至弭秣贺国。唐言米国。”米国，意译为粮食国。

（3）唐朝称该地为米国，昭武九姓之地。744 年唐赐米国王为恭顺王爵位。

解 2：

弭秣贺国　突　Māymurgh（遗址位于今塔吉克斯坦彭吉肯特城东南 1.5 公里处）

劫布呾那国

劫布呾那国周千四五百里，东西长，南北狭。土宜风俗同飒秣建国。

从此国西三百余里，至屈居勿反。霜去声你迦国。唐言何国。

{ཀ་བུ་ད་ནའི་ཡུལ།}

དེའི་བྱང་ཕྱོགས་སུ་མི་རིང་བར་ཀ་བུ་ད་ནའི་༡༠ ☆ ཡུལ་མཐའ་འཁོར་ལི་བར་སྟོང་ཕྲག་གཅིག་

དང་བརྒྱ་ཕྲག་བཞི་ལྔ་ཙམ་ཤར་ནུབ་ཡངས་ལ་ལྷོ་བྱང་དོགས་(དོག)ལ། ཡུལ་ཆོས་དཀའ་བའི་ཡུལ་དང་ཕལ་ཆེར་མཐུན་ནོ། །

解 1：

（1）完整翻译全文。

（2）第一句是上一个国家的最后一句“从此北至劫布呾那国。唐言曹国。”曹国，“曹”无法翻译，因此没有翻译。

（3）唐朝称该地为西曹国，昭武九姓之地。

解 2：

劫布呾那国　突　Kapūtānā（今乌兹别克斯坦撒马尔罕州西北伊什特汗地方）

屈霜你迦国

屈霜你迦国周千四五百里，东西狭，南北长。土宜风俗同飒秣建国。

从此国西二百余里，至喝捍国。唐言东安国。

{ཀུ་ཤམ་མི་ཀའི་ཡུལ།}

དེ་ནས་ནུབ་ཕྱོགས་སུ་རྒྱང་གྲགས་སུམ་བརྒྱ་ལྷག་ཕྱིན་པ་ན་ཀུ་ཤམ་མི་ཀ་༧༧ ☆ ཞེས་བྱ་བའི་ཡུལ་ཁོར་ཡུག་ཏུ་ལི་བར་སྟོང་དང་ལྔ་བརྒྱ་ཤར་ནུབ་དོགས་(དོག)པ་ལྷོ་བྱང་ཡངས་པའོ། །

解 1：

（1）完整翻译全文。

（2）第一句是上一个国家的最后一句“从此国西三百余里，至屈居勿反。霜去声你迦国。唐言何国。”何国，“何”无法翻译，因此没有翻译。

（3）唐朝时称该地为何国，永徽时以其地为贵霜州，任命何国君为刺史，昭武九姓之地。

解 2：

屈霜你迦国　波　Kusānik（今乌兹别克斯坦撒马尔罕州西）

喝捍国

喝捍国周千余里。土宜风俗同飒秣建国。

从此国西四百余里，至捕喝国。唐言中安国。

{ཧེ་ཧན་གྱི་ཡུལ།}

དེ་ནས་ནུབ་ཕྱོགས་སུ་རྒྱང་གྲག་(གྲགས)ཉིས་བརྒྱ་ལྷག་ཙམ་ན་ཧེ་ཧན་༧༢ ☆ སྟེ་(ཧེ)ཤར་སྐྱིད་ཞེས་བྱ་བའི་ཡུལ་ཡོད་དོ། །དེའི་མཐའ་<PL.8>སྐོར་དུ་ལེ་བར་ཆིག་སྟོང་ལྷག་ཡོད་དོ། །

解 1：

（1）完整翻译全文。

（2）第一句是上一个国家的最后一句“从此国西二百余里，至喝捍国。唐言东安国。”东安国，“东安”意译为“东方安乐之国”。

（3）唐朝时称该地为安息州亦叫东安国，属安西都护府，昭武九姓之地。

解 2：

喝捍国　突　Khar-Khān（今乌兹别克斯坦布哈拉州）

捕喝国

捕喝国周千六七百里，东西长，南北狭。土宜风俗同飒秣建国。

从此国西四百余里，至伐地国。唐言西安国。

{བྷུ་ཧེའི་ཡུལ།}

དེ་ནས་ཡང་ནུབ་ཏུ་རྒྱང་གྲག་(གྲགས)བཞི་བརྒྱ་ཕྱིན་པ་ན་བྷུ་ཧེ་༧༣ ☆ ཧེ་(སྟེ)དབུས་སྐྱིད་ཞེས་བྱ་བའི་ཡུལ་ལོ། །དེའི་མཐའ་སྐོར་ལེ་བར་ཆིག་སྟོང་བདུན་བརྒྱ་ཙམ་ཤར་ནུབ་ཡངས་ལ་ལྷོ་བྱང་དོགས་(དོག)སོ། །

解1：

（1）完整翻译全文。

（2）第一句是上一个国家的最后一句“从此国西四百余里，至捕喝国。唐言中安国。”

中安国，“中安”意译为“中部安乐之国”。

（3）唐朝时该地称为中安国，同样属安西都护府管辖，昭武九姓之地。

解 2:

捕喝国 梵 Vihāra（今乌兹别克斯坦布哈拉附近）

伐地国

伐地国周四百余里，土宜风俗同飒秣建国。

从此西南五百余里，至货利习弥伽国。

{ཕྲུ་ཏིའི་ཡུལ།}

དེ་ནས་ནུབ་ཏུ་རྒྱང་གྲག་(གྲགས)བཞི་བརྒྱ་ལྷག་བགྲོད་པ་ན་ཡུལ་ཕྲུ་ཏི ༡༨ ☆ སྟེ་ནུབ་སྐྱིད་ཞེས་བྱ་བའི་ཡུལ་ལོ། །དེའི་ཁོར་ཡུག་ཏུ་ལི་བར་བཞི་བརྒྱ་ལྷག་ཡོད་དོ། །

解 1:

（1）完整翻译全文。

（2）第一句是上一个国家的最后一句“从此国西四百余里，至伐地国。唐言西安国。”西安国，“西安”意译为“西部安乐之国”。

（3）唐朝时该地称为西安国，同样属安西都护府管辖，昭武九姓之地。

解 2:

伐地国 突 Betik（今乌兹别克斯坦布哈拉附近）

货利习弥伽国

货利习弥伽国顺缚刍河两岸，东西二三十里，南北五百余里。土宜风俗同伐地国，语言少异。从飒秣建国西南行三百余里，至羯霜去声那国。唐言史国。

{ཧ་རི་ཥྨི་ཀའི་ཡུལ།}

དེ་ནས་ཡང་ལྷོ་ནུབ་ཏུ་རྒྱང་གྲག་(གྲགས)ལྔ་བརྒྱ་ལྷག་ཕྱིན་པ་ན་ཧ་རི་ཥྨི་ཀའི་༧༥ ☆ ཡུལ་ཤར་ནུབ་བཀྵུའི་གླུང་འགྲམ་དུ་ཆགས་ཤིང་ཤར་ནུབ་ཏུ་རྒྱང་གྲག་(གྲགས)སུམ་ཅུ་ཙམ་དང་། ལྷོ་བྱང་དུ་རྒྱང་གྲག་(གྲགས)ལྔ་བརྒྱ་ཡོངས་པ་སྟེ་རྒྱ་ཁྱོན་དེ་ཙམ་མོ། །ཡུལ་སྐད་ཀྱི་ཁྱད་པར་མ་གཏོགས་གཞན་ནུབ་སྐྱིད་ཇི་ལྟ་བ་བཞིན་ནོ། །

解 1：

（1）完整翻译全文。

（2）第一句是上一个国家的最后一句“从此西南五百余里，至货利习弥伽国。”由于原文中没有“唐言某某国”字样，所以译文也没有。

（3）唐朝时该地被称为火寻，属安西都护府管辖，昭武九姓之地。

解 2：

货利习弥伽国　梵　Horismika（今乌兹别克斯坦花拉子模州）

羯霜那国

羯霜那国周千四五百里。土宜风俗同飒秣建国。

从此西南行二百余里入山，山路崎岖，溪径危险，既绝人里，又少水草。东南山行三百余里，入铁门。

{ཧྲི་ཤྲཱི་ན་བའི་ཡུལ།}

དེ་ནས་ལྷོ་ནུབ་མཚམས་སུ་རྒྱང་གྲག་(གྲགས)སུམ་བརྒྱ་བགྲོད་པ་ན། ཧྲི་ཤྲཱི་ན་༧༦ ☆ ཟེར་བའི་ཡུལ་དེའི་མཐའ་སྐོར་ལེ་བར་སྟོང་དང་བཞི་བརྒྱ་ལྔ་བརྒྱ་ཙམ་ཀ་སུ་ཏ་ནའི་ཡུལ་ནས་འདིའི་བར་གྱི་ཡུལ་ཐམས་ཅད་ཀྱང་སྤྱོད་ཚུལ་དང་ཡོ་བྱད་སོགས་དགའ་བའི་ཡུལ་དང་འདྲའོ། །

解 1：

（1）完整翻译全文。

（2）第一句是上一个国家的最后一句“从飒秣建国西南行三百余里，至羯霜去声那国。唐言史国。”史国，“史”无法翻译，因此没有翻译。

（3）唐朝时该地被称为史国，属安西都护府管辖，昭武九姓之地。此地是帖木尔帝国缔造者帖木尔的诞生地，1380年帖木尔将其设为帖木尔帝国的陪都和他夏宫的所在地。

解2：

羯霜那国　梵　Kasanna（今乌兹别克斯坦布哈拉州的沙赫里夏勃兹）

铁　门

铁门者左右带山，山极峭峻，虽有狭径，加之险阻，两傍石壁，其色如铁。

既设门扉，又以铁锢，多有铁铃，悬诸户扇，因其险固，遂以为名。

{ལྕགས་ཀྱི་སྒོ།}

དེ་ནས་ལྷོ་ནུབ་ཕྱོགས་སུ་རྒྱང་གྲག་(གྲགས)ཉིས་བརྒྱ་ལྷག་ཙམ་བགྲོད་པ་ན་བྲག་རི་འཇིགས་སུ་རུང་བ་ལམ་འཕྲང་དོགས་(དོག)ལ་གྲུ་གྲུ་ཅན་ཤིན་ཏུ་བགྲོད་དགའ་(དཀའ)བ་ཡོད་དོ། །ལྕགས་ཀྱི་སྒོ་ཟེར་བའི་རྒྱུ་མཚན་ནི། གཡས་གཡོན་གྱི་བྲག་གྱང་ལོགས་དང་འདྲ་ཞིང་ཁ་དོག་ལྕགས་ཀྱི་མདོག་དང་མཚུངས་པ་ལ་ལྕགས་ཀྱིས་གཡོགས་པའི་སྒོ་སྒྲིག་[ས]ལ་དྲིལ་བུ་གཡེར་ཁ་མང་པོ་བཏགས་པ་ཡོད་དོ། །

解1：

（1）完整翻译全文。

（2）第一句是上一个国家的最后“从此西南行二百余里入山，山路崎岖，溪径危险，既绝人里，又少水草。东南山行三百余里，入铁门”一句。

解2：

铁门　波　Darband-i Ahanīn（今乌兹别克南部布兹嘎拉山口 Buz-gala）。

睹货逻国故地

出铁门至睹货逻国旧曰吐火罗国，讹也。故地，地南北千余里，东西三千余里，东阨葱岭，西接波剌斯，南大雪山，北据铁门。缚刍大河中境西流。自数百年王族绝嗣，酋豪力竞，各擅君长，依川据险，分为二十七国。虽画野区分，总役属突厥。气序既温，疾疫亦众。冬末春初，霖雨相继，故此境已南，滥波已北，其国风土并多温疾。而诸僧徒以十二月十六日入安居，三月十五日解安居，斯乃据其多雨，亦是设教随时也。其俗则志性恇怯，容貌鄙陋。粗知信义，不甚欺诈。语言去就，稍异诸国；字源二十五言，转而相生，用之备物。书以横读，自左向右，文记渐多，逾广窣利。多衣氎，少服褐。货用金银等钱，模样异于诸国。

顺缚刍河北，下流至呾蜜国。

{ཏྲུ་ཁྲ་རའི་ཡུལ།}

དེ་ནས་རྩ་(རྩྭ)ཚུ་མེད་པའི་འབྲོག་དགོན་ཉམ་ང་བ་བརྒྱུད་དེ་ཤར་ལྷོའི་ཕྱོགས་སུ་རྒྱང་གྲག་(གྲགས)སུམ་བརྒྱ་བགྲོད་པ་ན། རྒྱ་ནག་གི་སྐད་ཐེ་མེན་སྒེ་(ཏེ)ལྕགས་ཀྱི་སྒོ་གླེགས་སུ་གྲགས་པའི་ལམ་འཕྲང་དོགས་(དོག)སོ། དེ་ཐོན་པ་ན་ཏྲུ་ཁྲ་ར་[ཏུ་ཧྭ་ལྷ]སྟེ་ཐོད་དཀར་[ཐྭ་ལག]གྱི་ཡུལ་དེ་ནི་ལྷོ་བྱང་ངོས་སུ་ལི་བར་ཆིག་སྟོང་ལྷག །ཤར་ནུབ་ངོས་སུ་རྒྱང་གྲག་(གྲགས)སུམ་སྟོང་ལྷག་པ་ཤར་དུ་བཙོང་ལ་ལ་བརྟེན་པ། ནུབ་ཏུ་ཕྲ་ར་སི་[པར་སིག]ལ་རེག་པ་ལྷོ་རུ་གངས་རི་ཆེན་པོ་དང་ཉེ་བ། བྱང་དུ་ཐེ་མེན་ལ་ཐུག་པ། དབུས་ནས་པ་ཀྵུའི་ཀླུང་ཆེན་ནུབ་ཕྱོགས་སུ་འབབ་པའོ། །སྔོན་ཡུལ་དེའི་རྒྱལ་པོའི་རབས་ཆད་ནས་ལོ་བརྒྱ་ཙམ་སོང་བའི་རྗེས་ལ་སྟོབས་གདངས་(གདང)ཆེ་དག་གིས་སིལ་བུར་བགོས་པས་ཡུལ་ཉི་ཤུ་རྩ་བདུན་དུ་གྱུར་པ་ཐམས་ཅད་ཀྱིས་སྟག་ཟིག་གི་ལུང་ལེན་ནོ། །དགུན་ཟླ་ཐ་ཆུང་གི་མཇུག་ཙམ་ནས་ད་གཞོད་ཁ་ཆར་འདྲིས་མ་འབབས་སོ། །འདི་ནས་བཟུང་རམ་པའི་ཡུལ་གྱི་བར་ཡམ་(ཡམས)ནད་དང་རིམ་(རིམས)ཀྱི་རིགས་ཆེས་མང་ངོ་། །དགེ་འདུན་རྣམས་ཧོར་ཟླ་བཅུ་གཉིས་པའི་ཚེས་བཅུ་དྲུག་ལ་དབྱར་ཁས་བླངས་ནས། གསུམ་པའི་ཉ་ལ་དགག་དབྱེ་མཛད་སྲོལ་འདུག་གོ། ས་དྲོ་ཞིང་ནད་ཆེ་ལ་ཆར་བ་ཡང་མང་བས་མི་རྣམས་བྱད་དབྱིབས་མི་མཛེས་ཤིང་གཡོ་སྒྱུ་དང་སྙིང་ཁམ་(ཁམས)ཆུང་། ཡི་གེ་ནི་ཀྲྀ་ལི་ཉི་ཤུ་རྩ་ལྔ་ཙམ་

ཏུ་འདུ་ཞིང་པཱུ་དང་བོད་ཡིག་ལྟར་འཕྲེད་དུ་ཀློག་པར་བྱེད་དོ། །ཡོངས་སྤྱོད་ནི་གསེར་དངུལ་གྱི་ཏཾ་ཀ་དབྱིབས་གཞན་མི་འདྲའོ། །རས་དང་རྣམ་ཕྲུག་ཐེར་མ་རྣམས་གྱོན་ནོ། །

解 1：

（1）完整翻译全文。

（2）汉文典籍有各种写法：《魏书》作吐呼羅，《隋书》《唐书》作吐火羅，藏语文献作 Tho-kar、Thod-dkar[见《大唐西域记》，101 页注释。]。译文中的小注正是藏文 Thod-dkar

（3）文中："书以横读，自左向右"一句翻译成了"像梵文和藏文一样横着读"。

解 2：

睹货逻国故地　梵　tukhāra(今阿富汗及乌兹别克斯坦、吉尔吉斯斯坦的部分地方。)

呾蜜国

呾蜜国东西六百余里，南北四百余里。国大都城周二十余里，东西长，南北狭。伽蓝十余所，僧徒千余人。诸窣堵波即旧所谓浮图也，又曰鍮婆，又曰私鍮簸，又曰薮斗波，皆讹也。及佛尊像，多神异，有灵鉴。

东至赤鄂衍那国。

{ཏ་མིའི་ཡུལ།}

དེ་ནས་ཆུ་ཀླུང་པ་ཀླུ་བརྒྱུད་དེ་བྱང་ཕྱོགས་སུ་སོན་པ་ན་ཏ་མི་༡༧ ☆ ཞེས་བྱ་བའི་ཡུལ་ཤར་ནུབ་ཏུ་རྒྱང་གྲག་(གྲགས)སུམ་བརྒྱ་ལྷག་ལྷོ་བྱང་དུ་རྒྱང་གྲག་(གྲགས)བཞི་བརྒྱ་ལྷག །དབུས་ཀྱི་<PL.9>མཁར་ཁོར་ཡུག་ཏུ་ལེ་བར་ཉི་ཤུ་ཙམ་ཤར་ནུབ་ཏུ་རིགས་(རིང)པའི་ནར་སྐབས་ཅན་ལྷོ་བྱང་དུ་དོགས་(དོག)པ། དགོན་སྡེ་བཅུ་ལྷག་ཙམ་ལ་དགེ་འདུན་ཆིག་སྟོང་ལྷག་མཆོད་རྟེན་དང་ལྷ་རྟེན་ངོ་མཚར་བ་བྱིན་ཅན་དག་ཀྱང་བཞུགས་སོ། །

解 1：

（1）完整翻译全文。

（2）第一句是上一个国家的最后“顺缚刍河北，下流至呾蜜国”一句。

（3）原文中的“东西六百余里”译文中被译为东西三百余里，存疑。

解 2：

呾蜜国　突　Tirmidh（今乌兹别克斯坦铁尔梅兹城以北约 10 公里处）。

赤鄂衍那国

赤鄂衍那国东西四百余里，南北五百余里。国大都城周十余里。伽蓝五所，僧徒尠少。

东至忽露摩国。

{ཤཱ་བཏྲའི་ཡུལ།}

དེའི་ཤར་གྱི་ཉེ་འདབས་སུ་ཤཱ་པ་ཏྲ་ཀར ☆ ཞེས་བྱ་བའི་ཡུལ་དེའི་ཤར་ནུབ་ཏུ་རྒྱང་གྲག་(གྲགས)བཞི་བརྒྱ་ལྷག །ལྷོ་བྱང་དུ་རྒྱང་གྲག་(གྲགས)ལྔ་བརྒྱ་ལྷག། དབུས་ཀྱི་མཁར་ཁོར་ཡུག་ཏུ་ལི་བར་བཅུ་ལྷག་པ་ལ་དགོན་སྡེ་ལྔ་ཙམ་ལ་དགེ་འདུན་ཉ་ཅང་མི་མང་བ་གནས་སོ། །

解 1：

（1）完整翻译全文。

（2）第一句是上一个国家的最后“东至赤鄂衍那国”一句。

解 2：

赤鄂衍那国　波　Čaγaniyān（今乌兹别克斯坦苏尔汉河州）

忽露摩国

忽露摩国东西百余里，南北三百余里。国大都城周十余里。其王奚素突厥也。伽蓝二所，僧徒百余人。

东至愉朔俱反。漫国。

{ཧུ་ལུ་མའི་ཡུལ།}

དེའི་ཤར་གྱི་ཉེ་འདབས་སུ་ཡུལ་ཧུ་ལུ་མ་༡༨ ☆ ཞེས་བྱ་བ་དེའི་ཤར་ནུབ་ཏུ་རྒྱང་གྲག(གྲགས)བརྒྱ་ལྷག་སྟོ་བྱང་དུ་སུམ་བརྒྱ་ལྷག་ཙམ་མཁར་ཆེན་ལི་བར་བརྒྱ་ལྷག་ཡོད་པ་དེའི་རྒྱལ་པོའི་(པོ)སྟག་ཟིག་གི་རིགས་བརྒྱུད་དོ། །གཙུག་ལག་ཁང་གཉིས་ཙམ་ལ་དགེ་འདུན་བརྒྱར་ལྷག་གནས་སོ། །

解 1：

（1）完整翻译全文。

（2）第一句是上一个国家的最后“东至忽露摩国”一句。

解 2：

忽露摩国　波　Kharūn（今塔吉克斯坦首都杜尚别附近）

愉漫国

愉漫国东西四百余里，南北百余里。国大都城周十六七里。其王奚素突厥也。伽蓝二所，僧徒寡少。

西南临缚刍河，至鞠和衍那国。

{ཡུ་མན་གྱི་ཡུལ།}

དེའི་ཡང་ཤར་གྱི་ཉེ་འདབས་སུ་ཡུ་མན་༢༠ ☆ ཞེས་བྱ་བའི་ཡུལ་དེའི་ཤར་ནུབ་ཏུ་རྒྱང་གྲག་(གྲགས)བཞི་བརྒྱ་ལྷག། སྟོ་བྱང་དུ་རྒྱང་གྲག་(གྲགས)བརྒྱ་ལྷག་ཙམ། ལྟེ་བའི་མཁར་མཐའ་སྐོར་དུ་ལི་བར་བཅུ་དང་དྲུག་བདུན་ཙམ། རྒྱལ་པོ་ཡང་སྟག་ཟིག་གི་རིགས་བརྒྱུད་དོ། །དཀོན་(དགོན)སྡེ་གཉིས་ཙམ་ལ་དགེ་འདུན་ཤིན་ཏུ་ཉུང་ངོ་། །

解 1：

（1）完整翻译全文。

（2）第一句是上一个国家的最后“东至愉漫国”一句。

解 2：

愉漫国　波　Shūmān（今塔吉克斯坦首都杜尚别附近）

鞠和衍那国

鞠和衍那国东西二百余里，南北三百余里。国大都城周十余里。伽蓝三所，僧徒百余人。

东至镬沙国。

{གོ་ཏྲུ་ཡ་ནའི་ཡུལ།}

དེ་ནས་ལྷོ་ནུབ་ཀྱི་མཚམས་པ་ཀླུའི་འགྲམ་དུ་གོ་ཏྲུ་ཡ་ན་༢༧ ☆ ཞེས་བྱ་བའི་ཡུལ་དེའི་ཤར་ནུབ་ཏུ་རྒྱང་གྲག་(གྲགས)ཉིས་བརྒྱ་ལྷག་དང་། ལྷོ་བྱང་དུ་རྒྱང་གྲགས་སུམ་བརྒྱ་ལྷག་ལྡེ་བའི་མཁར་ཁོར་ཡུག་ཏུ་ལེ་བར་བཅུ་ལྷག། དགོན་སྡེ་གསུམ་ལ་དགེ་འདུན་བརྒྱ་ལྷག་མཆིས་སོ། །

解 1：

（1）完整翻译全文。

（2）第一句是上一个国家的最后“西南临缚刍河，至鞠和衍那国”一句。

解 2：

鞠和衍那国　梵　Kuvāyāna（今塔吉克斯坦米高扬格勒地区）

镬沙国

镬沙国东西三百余里，南北五百余里。国大都城周十六七里。

东至珂咄罗国。

{ཧེ་ཤའི་ཡུལ།}

དེའི་ཤར་འདབས་སུ་ཡུལ་ཧེ་ཤ་༢༢ ☆ ཞེས་བྱ་བའི་ཡུལ་དེའི་ཤར་ནུབ་ཏུ་རྒྱང་གྲགས་སུམ་བརྒྱ་ལྷག་ལྷོ་བྱང་དུ་ལྔ་བརྒྱ་ལྷག །དབུས་ཀྱི་མཁར་ཁོར་ཡུག་ཏུ་རྒྱང་གྲག་(གྲགས)བཅུ་བདུན་ཙམ་ཡོད་དོ། །

解 1：

（1）完整翻译全文。

（2）第一句是上一个国家的最后“东至镬沙国”一句。

解 2：

镬沙国　波　Wakhsh（今塔吉克斯坦库尔干－秋别地区）

珂咄罗国

珂咄罗国东西千余里，南北千余里。国大都城周二十余里。

东接葱岭至拘谜莫闭反。陀国。

{ཁོ་ཏུ་རའི་ཡུལ།}

དེའི་ཤར་ཕྱོགས་སུ་ཁོ་ཏུ་ར་༢༣ ☆ ཞེས་བྱ་བའི་ཡུལ་དེའི་ཤར་ནུབ་ཏུ་རྒྱང་གྲགས་སྟོང་ལྷག་ལྷོ་བྱང་དུ་ཡང་དེ་ཙམ་པ། ལྟེ་བའི་མཁར་མཐའ་སྐོར་དུ་ལི་བར་ཉི་ཤུ་ལྷག་གཡོན་བཙོང་ལ་དང་ཐག་ཉེའོ། །

解 1：

（1）完整翻译全文。

（2）第一句是上一个国家的最后“东至珂咄罗国”一句。

解 2：

珂咄罗国　波　Khuttalān（今塔吉克斯坦库里亚布市）

拘谜陀国

拘谜陀国东西二千余里，南北二百余里，据大葱岭中。国大都城周二十余里。西南邻缚刍河，南接尸弃尼国。南渡缚刍河，至达摩悉铁帝国、钵铎创那国、淫薄健国、屈浪拏国、呬火利反。摩呾罗国、钵利曷国、讫栗瑟摩国、曷逻胡国、阿利尼国、瞢健国。自活国东南至阔悉多国、安呾逻缚国，事在回记。

活国西南至缚伽浪国。

{ཀུ་མི་ཏའི་ཡུལ།}

དེ་དང་མི་རིང་བར་ཀུ་མི་ཏའི་༢༤ ☆ ཡུལ་དེའི་ཤར་ནུབ་ཏུ་རྒྱང་གྲག་(གྲགས)ཉིས་སྟོང་ལྷག །ལྷོ་བྱང་དུ་རྒྱང་གྲག་(གྲགས)ཉིས་བརྒྱ་ལྷག་པ་བཙོང་ལ་མ་བརྟེན་པ་གཞུང་མཁར་ཁོར་ཡུག་ཏུ་ཉེ་བར་ཉི་ཤུ་ལྷག་གོ། ༈ ལྷོ་ནུབ་མཚམས་སུ་གཞོལ་བ་ན་ཆུ་ཀླུང་པ་ཀླུ་འབབ་པོ(བོ)། །ཀླུང་གི་ཕ་རོལ་ན་ཡུལ་ཤི་ཁི་ནི་ཞེས་བྱ་བའི་ཡུལ་ཡོད་དོ། །༈ དེ་ནས་ལྷོ་ཕྱོགས་སུ་ཆུ་ཀླུང་པ་ཀླུ་བརྒལ་བ་ན་ཏྲམ་སི་ཏྲེ་ཏི་ཞེས་བྱ་བ་དང་། ཐ་ཧ་ཧྲྀ་ན་དང་ཧི་ཧྲུ་ཀ་དང་། ཀུ་རཾ་ཊ་དང་། ཆ་ཧྲ་ར་དང་། ཐི་ཏ་དང་། ཧི་ཤྲི་ཏྲཾ་དང་། ཏེ་ར་ཏུ་དང་། ཨ་རྫི་དང་། པ་ཀན་རྣམས་ཡོད་དོ། །ཧོ་ཞེས་བྱ་བའི་ཡུལ་ནས་བཙམས་ཏེ་ལྷོ་ནུབ་ཏུ་ཁོ་སྟའི་ཡུལ་ཨཏྟ་ལྦ་ལ་སོགས་པ་ཐང་སིང་བགྲོད་པའི་ལམ་ཡིག་གནས་སོ། །

解 1：

（1）完整翻译全文。

（2）第一句是上一个国家的最后“东接葱岭至拘谜莫闭反。陀国”一句。

（3）“事在回记”译者理解并翻译为“此事记录在唐僧的旅行记中”。

（4）“缚刍河”似以古汉语发音翻译为“པ་ཀླུ 巴姑”。

解 2：

拘谜陀国　突　Komidai（今阿富汗昆都士省）

缚伽浪国

缚伽浪国东西五十余里，南北二百余里。国大都城周十余里。

南至纥露悉泯健国。

{ཧྲུ་ཀ་རཾའི་ཡུལ།}

ཧོ་ཞེས་བྱ་བའི་ཡུལ་ནས་ལྷོ་ནུབ་ཕྱོགས་སུ་ཧྲུ་ཀ་རཾ་༢༥ ☆ ཞེས་བྱ་བའི་ཡུལ་དེའི་ཤར་ནུབ་ཏུ་ལེ་བར་ལྔ་བཅུ་ལྷག་དང་ལྷོ་བྱང་དུ་ལེ་བར་ཉིས་བརྒྱ་ལྷག་ཅན། ལྟེ་བའི་མཁར་ཁོར་ཡུག་ཏུ་ལེ་བར་བཅུ

ལྷག་གོ །

解1：

（1）完整翻译全文。

（2）第一句是上一个国家的最后“活国西南至缚伽浪国”一句。

解2：

缚伽浪国　突　Baghlan（今阿富汗巴格兰省）

纥露悉泯健国

纥露悉泯健国周千余里。国大都城周十四五里。

西北至忽懔国。

{ཧྲི་སྨི་ལྔའི་ཡུལ།}

དེའི་ལྷོ་ངོས་སུ་ཧྲི་སྨི་ལྔ་ ༢༨ ☆ ཞེས་བྱ་བའི་ཡུལ་དེའི་མཐའ་སྐོར་དུ་ལི་བར་སྟོང་ལྷག །དབུས་མཁར་ཆེན་པོ་ཁོར་ཡུག་ཏུ་རྒྱང་གྲག་(གྲགས)བཅུ་ཕྲག་བཞི་ལྔ་ལྷག་ཙམ་སོ། །

解 1：

（1）完整翻译全文。

（2）第一句是上一个国家的最后“南至纥露悉泯健国”一句。

解 2：

纥露悉泯健国　突　Simingān（今阿富汗萨曼甘省之鲁伊城）

忽懔国

忽懔国周八百余里。国大都城周五六里。伽蓝十余所，僧徒五百余人。

西至缚喝国。

{ཧུ་རིན་གྱི་ཡུལ།}

དེའི་ནུབ་བྱང་ཕྱོགས་སུ་ཧུ་རིན་༢༧ ☆ ཟེར་བའི་ཡུལ་དེའི་ཁོར་ཡུག་ཏུ་ལི་བར་བརྒྱད་བརྒྱ་ལྷག། དབུས་<PL.10>མཁར་མཐའ་སྐོར་དུ་རྒྱང་གྲགས་ལྔ་དྲུག་ཙམ་མོ། །དགོན་སྡེ་བཅུ་ལྷག་པར་དགེ་འདུན་ལྔ་བརྒྱ་ལྷག་གནས་སོ། །

解 1:

（1）完整翻全文。

（2）第一句是上一个国家的最后“西北至忽懔国”一句。

解 2:

忽懔国　突　Khulm（今阿富汗萨曼干省北郊）

缚喝国

缚喝国东西八百余里，南北四百余里，北临缚刍河。国大都城周二十余里，人皆谓之小王舍城也。其城虽固，居人甚少。土地所产，物类尤多，水陆诸花，难以备举。伽蓝百有余所，僧徒三千余人，并皆习学小乘法教。

{བྷུ་ཧའི་ཡུལ།}

དེའི་ནུབ་ཏུ་བྷུ་ཧ་༢༨ ☆ [སྔོ་ཁྲ]ཞེས་བྱ་བའི་ཡུལ་དེའི་ཤར་ནུབ་ངོས་སུ་རྒྱང་གྲག་(གྲགས)བརྒྱད་བརྒྱ་ལྷག། ལྷོ་བྱང་ངོས་སུ་རྒྱང་གྲག་(གྲགས)བཞི་བརྒྱ་ལྷག་ཙམ་བྱང་པ་ཟླུའི་རྒྱུན་དང་ཉེ་བ་དབུས་མཁར་མཐའ་སྐོར་དུ་ལི་བར་ཉི་ཤུའི་སྐོར། ཕལ་ཆེར་གྱིས་རྒྱལ་ཁབ་ཆུང་ངུར་འབོད་དོ། །མཁར་དེ་ཤིན་ཏུ་བཙན་པ། མི་ཁྱིམ་མི་མང་བ་ས་གཤིན་པ། ཆུ་དང་ཐང་ལས་སྐྱེས་པའི་མེ་ཏོག་དང་འབྲུ་དང་རྫི་རིགས་ཤིན་ཏུ་མང་པོ་གྲངས་ཀྱིས་མི་ལངས་སོ། །གཙུག་ལག་ཁང་བརྒྱ་ཕྲག་གཅིག་ལྷག་ལ་དགེ་འདུན་སྟོང་ཕྲག་གསུམ་བཞི་གནས་པ་ཉན་ཐོས་སྡེ་པ་ཤ་སྟག་གོ །

解 1:

（1）完整翻译全文。

（2）第一句是上一个国家的最后“西至缚喝国”一句。

（3）“习学小乘法教”译为“皆为声闻部”。

（4）批注为国名又叫“缚喝罗”。

（5）周先生在“缚喝国考”中说：“Pahl 或 Vahlika，《慈恩传》卷二作缚喝罗，《魏书》和《北史》西域传大月氏国条作薄罗，正符 Pahl 或 Vahlika 的音译，…”[①] 译文两个名称，也正符合 Pahl 或 Vahlika 的音译。

解 2:

缚喝国　突　Baktra（今阿富汗巴尔赫省马扎里沙里夫）

一、纳缚僧伽蓝

城外西南有纳缚唐言新。僧伽蓝。此国先王之所建也。大雪山北作论诸师，唯此伽蓝美业不替。其佛像则莹以名珍，堂宇乃饰之奇宝，故诸国君长利之以攻劫。此伽蓝素有毘沙门天像，灵鉴可恃，冥加守卫。近突厥叶护可汗子肆叶护可汗倾其部落，率其戎旅，奄袭伽蓝，欲图珍宝。去此不远，屯军野次。其夜梦见毘沙门天曰：“汝有何力，敢坏伽蓝？”因以长戟贯彻胸背。可汗惊悟。便苦心痛，遂告群属所梦咎征，驰请众僧，方申忏谢，未及返命，已从殒殁。

伽蓝内南佛堂中，有佛澡罐，量可斗余。杂色炫耀，金石难名。又有佛牙，其长寸余。广八九分。色黄白，质光净。又有佛扫帚，迦奢草作也，长余二尺，围可七寸，其把以杂宝饰之。凡此三物，每至六齐，法俗咸会，陈设供养，至诚所感，或放光明。

伽蓝北有窣堵波，高二百余尺，金刚泥涂，众宝厕饰。中有舍利，时烛灵光。

伽蓝西南有一精庐，建立已来，多历年所。远方辐凑，高才类聚，证四果者，难以详举。故诸罗汉将入涅盘，示现神通，众所知识。乃有建立，诸窣堵波，基迹相邻，数百余矣。虽证圣果，终无神变。盖亦千计，不树封记。今僧徒百余人，夙夜匪懈，凡圣难测。

---

① 许序雅. 千泉、白水城和恭御城考辨. 中国历史地理论丛，第25卷，第2辑，2010.

{༧ ནཱ་ལནྡའི་གཙུག་ལག་ཁང་།}

མཁར་གྱི་ཕྱི་ཕྱོགས་ལྷོ་ནུབ་མཚམས་སུ་ནཱ་ལནྡ་ཞེས་བྱ་བའི་གཙུག་ལག་ཁང་ནི། རྒྱལ་པོ་སྔ་མ་དག་གིས་བཞེངས་པ། གངས་ཅན་གྱི་བྱང་ཕྱོགས་སུ་གཏོགས་པའི་མ་མོ་ལ་མཁས་པ་སྔ་རབས་པ་རྣམས་ཀྱིས་གཙུག་ལག་ཁང་འདི་ཁོ་ན་ལ་བསྟགས་པ་མཛད་པར་གྲགས་སོ། །དེར་བཞུགས་པའི་རྟེན་གྱི་རིགས་དང་མཆོད་རྫས་དང་རིན་པོ་ཆེའི་ཕྲ་བཀོད་སོགས་བརྗོད་ཀྱིས་མི་ལངས་ཤིང་ཡུལ་གཞན་དག་གིས་འགྲན་མི་བཟོད་དོ། །རྒྱལ་པོ་ཆེན་པོ་རྣམ་སྲས་ཀྱི་སྐུ་བརྙན་བྱིན་རླབས་ཤིན་ཏུ་ཆེ་བར་གྲགས་པ་ཞིག་ཡོད་དོ། །ལན་གཅིག་ཡུལ་མྲན་གྱི་དཔོན་ཁག་མང་པོ་ཞིག་གིས་གཙུག་ལག་ཁང་གི་རྫས་འཕྲོག་པར་བགྲོས་བློམ་པར། ལྷ་དེས་ལུས་མི་ཤེས་(ཤེས)པ་བསྟན་པས་ཧག་པ་ཐམས་ཅད་སྣངས་ནས་རང་ཞིང་(བཞིན)སོང་བ་དང་། ཡང་ད་ལྟ་སྟག་ཟིག་ཡེ་ཏུ་ཁོ་ཏན་སྟེ་(ཏེ)ཏོར་སོག་གི་རྒྱལ་པོ་ཆེན་པོའི་བུ་ཅིག་(ཞིག)གིས་ཕ་ལས་གསང་ཏེ་དམག་མང་པོ་དྲངས་ནས་གཙུག་ལག་ཁང་འཇོམ་པར་ཆས་ཏེ་ཐང་ཞིག་ཏུ་སྐར་བཏན་(བཏབ)པ་ན། དེ་ནུབ་རྨི་ལམ་དུ་ལྷ་དེ་ཁྲོས་པའི་རྣམ་འགྱུར་གྱིས་སྙིང་ཁམ་(ཁམས)ཆེ་བ་ཁྱོད་མི་སྐྲགས་སམ་གསུངས་ནས། ཕྱག་མདུང་འཕངས་པ་སྙིང་གར་ཟུག་པ་རྨིས་ཤིང་། སད་ཕྲལ་སྙིང་ན་ནས་ཆེར་སྐྲགས་ཏེ་ཚུལ་དེ་གཞན་ལ་སྨྲས་པ་ཡབ་ཀྱིས་གསན་ཏེ་བུ་ལ་དྲག་ཏུ་སྨྱོས་སོ། །དགེ་འདུན་རྣམས་ལ་ནོངས་པ་མཐོལ་བཤགས་བྱས་ཀྱང་། སླར་ཡུལ་དུ་ཕྲལ་ཤི་བར་གྱུར་ཏོ། །གཙུག་ལག་ཁང་དེའི་ནང་གི་མདུན་ངོས་ཀྱི་ལྷ་ཁང་དུ་སྟོན་པའི་ཁྲུས་བུམ་གྱི་ལྟོ་བའི་ཚད་ནི་འབྲས་བྲེ་པོ་ཆེ་གང་ཙམ་ཤོང་བ་ལ་ཁ་དོག་སྣ་ཚོགས་པ་རྒྱུ་རིན་པོ་ཆེ་གང་ཡིན་ངོས་འཛིན་དཀའ་བ་འོད་འཚེར་བ་ཞིག་ཡོད་དོ། །ཡང་སྟོན་པའི་ཚེམས་ཁ་དོག་སེར་ལ་འཚེར་བ་སྲིད་དུ་ཚོན་གང་ལྷག་པ་ཅིག་(ཞིག)དང་། བཅོམ་ལྡན་འདས་ཀྱི་ཕྱག་ཏུ་བཞེས་པའི་ཛ་ཀུ་ཤའི་ཕྱག་མ་སྲིད་དུ་ཁྲུ་དོ་ལྷག་སྦོམས་སུ་ཚོན་བདུན་ཡུ་བ་གོས་བཟང་གིས་དཀྲིས་ཤིང་རིན་པོ་ཆེ་སྣ་ཚོགས་ཀྱི་སྤྲས་བརྒྱན་པ་བཅས་བྱིན་རྟེན་སུམ་ཀ་གསོ་སྦྱོང་ལ་བབས་པའི་ཉིན་ཞལ་ཕྱེ་སྟེ་ཁྲུས་དང་མཆོད་པ་འབུལ་བ་ན། ལས་ཅན་འགའ་ཞིག་གིས་འོད་འཕྲོ་བ་མཐོང་ངོ་། །དགོན་སྡེ་དེའི་བྱང་ངོས་སུ་མཆོད་རྟེན་འདོམས་ཉིས་བརྒྱ་ལྷག་ཙམ་ཇོ་ཛེ་རིན་པོ་ཆེའི་ཕྱེ་མས་ཞལ་ཞལ་བྱས་པ་ལ་རིན་པོ་ཆེ་སྣ་ཚོགས་ཀྱི་ཕྲ་བཀོད་པ། རྟེན་དེ་ལ་རིང་བསྲེལ་བཞུགས་པས་དུས་བཟང་འོད་འབར་བར་སྣང་ངོ་། །<PL.11>དེའི་ལྷོ་ནུབ་ངོས་སུ་སྤོང་བ་པའི་ཁང་པ་ཅིག་(ཞིག)ཡོད་པར་སྔོན་རྣལ་འབྱོར་ལ

བརྟེན་པ་དག་གིས་བསྐོར་བས་འབྲས་བུ་བཞི་མངོན་དུ་བྱས་ཤིང་ཚེ་འཕྲུལ་བསྟན་ཏེ་མྱ་ངན་ལས་འདས་པའི་སྟོན་བྱུང་ལ་རྟེན་ནས་ད་ལྟ་ཐག་རིང་པོ་ནས་སྐྱེ་བོ་ཤིན་ཏུ་མང་པོ་འདུ་ཞིང་། སྟོན་བཞེངས་པའི་མཆོད་རྟེན་རྙིགས་(རྙིང)པའི་ཤུལ་དང་། ཕྱིས་བཞེངས་པ་དང་བརྒྱ་ཕྲག་དུ་མ་མཆིས་སོ། །མཆོད་རྟེན་དང་ལྷོན་ཤིང་གི་ཤུལ་མི་གསལ་བ་ཡང་ཆེས་མང་ངོ་། །དེར་དགེ་འདུན་བརྒྱ་ལྷག་ཞིག་(ཅིག)གནས་པ་ལས་བསམ་གཏན་ལ་བརྟེན་པ་ཡང་མང་པོ་སྣང་ཞིང་རྟོགས་པའི་ཚོད་བཟུང་དཀའོ། །

解 1：

全文只有小字“唐言新”一句没有翻译。

解 2：

纳缚僧伽蓝的注释见《大唐西域记校注》（上）118 页。

二、提谓城及波利城

大城西北五十余里，至提谓城。城北四十余里有波利城。城中各有一窣堵波，高余三丈。昔者如来初证佛果，起菩提树，方诣鹿园，时二长者遇被威光，随其行路之资，遂献麨蜜，世尊为说人天之福，最初得闻五戒十善也。既闻法诲，请所供养，如来遂授其发爪焉。二长者将还本国，请礼敬之仪式，如来以僧伽胝旧曰僧祇梨，讹也。方叠布下，次郁多罗僧，次僧却崎，旧曰僧祇支，讹也。又覆钵，竖锡杖。如是次第为窣堵波。二人承命，各还其城，拟仪圣旨，式修崇建，斯则释迦法中最初窣堵波也。

城西七十余里，有窣堵波，高余二丈，昔迦叶波佛时之所建也。

从大城西南入雪山阿，至锐秣陀国。

{༢ ཐི་ཝའི་གྲོང་ཁྱེར་དང་ནྲ་རིའི་གྲོང་ཁྱེར།}

གྲོང་ཁྱེར་དེའི་ནུབ་བྱང་མཚམས་སུ་རྒྱང་གྲག་(གྲགས)ལྔ་བཅུ་ཙམ་ཕྱིན་པ་ན། ཐི་ཝེ་ཞེས་བྱ་བའི་གྲོང་ཁྱེར་དང་། དེ་ནས་བྱང་དུ་རྒྱང་གྲག་(གྲགས)བཞི་བཅུ་ཙམ་གྱི་སར་ནྲ་རི་ཞེས་བྱ་བའི་གྲོང་ཁྱེར་ཡོད་དོ། །དེ་གཉིས་ཀའི་ནང་དུ་མཆོད་རྟེན་སྲིད་དུ་འདོམས་དྲུག་ལྷག་པ་རེ་རེ་ཡོད་དོ། །དེ་ནི་བཅོམ་ལྡན་འདས་ཀྱིས་བྱང་ཆུབ་བརྙེས་ནས་རིང་པོ་མ་ལོན་པ་ན་ཚོང་དཔོན་ག་གོན་དང་བཟང་པོ་གཉིས་ཀྱིས་

རྒྱང་རིང་པོ་ནས་བཅོམ་ལྡན་འདས་མཐོང་བས་དད་དེ་ཕྱག་འཚལ་ཞིང་ལམ་གྱི་གསོལ་ཆས་ཆ་ཤས་ཕུལ། བཅོམ་ལྡན་འདས་ཀྱིས་ཀྱང་སྐྱབས་གསུམ་དང་བསླབ་པའི་གཞི་ལྔ་དང་། དགེ་བ་བཅུ་བའི་ལམ་བསྟན་ཞིང་། ཉིད་ཀྱི་སྐྲ་སེན་ཀྱང་བརྩལ་བ་མཆོད་རྟེན་དེར་བཞུགས་སུ་བཅུག་པ་ཡིན་ནོ། །༄ དེའི་ནུབ་རོལ་ཏུ་རྒྱང་གྲག་(གྲགས)བདུན་ཙ་ལྷག་ཕྱིན་པའི་སར་སངས་རྒྱས་འོད་སྲུངས་ཀྱི་དུས་སུ་བཞེངས་པའི་མཆོད་རྟེན་འདོམས་བཞི་ལྷག་ཡོད་པ་གཅིག་བཞུགས་སོ། །

解 1:

（1）全文翻译大意。

（2）增加了路遇的二位长老的名字：一位叫“嘎衮”，一位叫“桑布”。

（3）“起菩提树，方诣鹿园，”和“二长者将还本国，请礼敬之仪式，如来以僧伽胝旧曰僧祇梨，讹也。方叠布下，次郁多罗僧，次僧却崎，旧曰僧祇支，讹也。又覆钵，竖锡杖。如是次第为窣堵波。二人承命，各还其城，拟仪圣旨，式修崇建，斯则释迦法中最初窣堵波也。”两段没有翻译。

解 2:

提谓城及波利城的注释见《大唐西域记校注》（上）123 页。

锐秣陀国

锐秣陀国东西五六十里，南北百余里。国大都城周十余里。

西南至胡寔健国。

{ཛཱི་མ་ཏའི་ཡུལ།}

གྲོང་ཁྱེར་ཆེན་པོ་དེའི་ལྷོ་ནུབ་མཚམས་ནས་གང་(གངས)རིའི་སུལ་དུ་ཞུགས་ཏེ་ཕྱིན་པ་ན་ཛཱི་མ་ཏ་༢༩ ☆ ཞེས་བྱ་བའི་ཡུལ་ཡོད་དོ། །དེའི་ཤར་ནུབ་ཏུ་རྒྱང་གྲག་(གྲགས)བཅུ་ཕྲག་ལྔ་དྲུག་ལྷོ་བྱང་དུ་རྒྱང་གྲག་(གྲགས)བརྒྱ་ལྷག་པ། དབུས་ཀྱི་མཁར་ཁོར་ཡུག་ཏུ་ལེ་བར་བཅུ་ལྷག་ཡོད་དོ། །

解 1:

（1）完整翻译全文。

（2）第一句是上一个国家的最后“从大城西南入雪山阿，至锐秣陀国”一句。

解 2:

锐秣陀国　突　Zumathān（今阿富汗巴尔赫省）

胡寔健国

胡寔健国东西五百余里，南北千余里。国大都城。周二十余里。多山川，出善马。西北至呾剌健国。

{ཧུ་ཤི་ཀ་ནའི་ཡུལ།}

དེ་ནས་ལྷོ་ནུབ་མཚམས་སུ་ཧུ་ཤི་ཀ་ན་༣༠ ☆ ཞེས་བྱ་བའི་ཡུལ་ཡོད་དོ། །དེའི་ཤར་ནུབ་ཏུ་རྒྱང་གྲག་(གྲགས)ལྔ་བརྒྱ་ལྷོ་བྱང་དུ་རྒྱང་གྲག་(གྲགས)སྟོང་ཕྲག་ལྷག་ཙམ། ལྟེ་བའི་མཁར་ཆེན་གྱི་ཁོར་ཡུག་ཏུ་རྒྱང་གྲག་(གྲགས)ཉི་ཤུ་ལྷག་ཙམ་གྱི་ནང་ན་རི་མང་པོ་སྣང་ངོ་། །ཡུལ་དེར་རྟ་བཟང་པོའི་རིགས་འབྱུང་ཟེར་རོ། །

解 1:

（1）完整翻译全文。

（2）第一句是上一个国家的最后“西南至胡寔健国”一句。

解 2:

胡寔健国　突　Gūzgānān（今阿富汗萨尔普勒省）

呾剌健国

呾剌健国东西五百余里，南北五六十里。国大都城周十余里。西接波剌斯国界。从缚喝国南行百余里，至揭职国。

{ཏ་ར་ཀ་ནའི་ཡུལ།}

དེ་ནས་ནུབ་བྱང་མཚམས་སུ་ཏ་ར་ཀ་ན་༣༧ ☆ ཟེར་བའི་ཡུལ་དེའི་ཤར་ནུབ་ཏུ་རྒྱང་གྲག་(གྲགས)ལྔ་བརྒྱ་ལྷག་དང་ལྷོ་བྱང་དུ་རྒྱང་གྲག་(གྲགས)བཅུ་ཕྲག་ལྔ་དྲུག་ལྷག གྲོང་ཁྱེར་གྱི་ཁོར་ཡུག་ཏུ་རྒྱང་གྲག་(གྲགས)བཅུ་ལྷག་ཙམ། ནུབ་ཕྱོགས་ཛྷ་ར་སིའི་ཡུལ་ལ་ཐུག་གོ །

解 1:

（1）完整翻译全文。

（2）第一句是上一个国家的最后“西北至呾剌健国”一句。

解 2:

呾剌健国　突　Tālaqān（今阿富汗昆都士省）

揭职国

揭职国东西五百余里，南北三百余里。国大都城周四五里。土地硗确，陵阜连属。少花果，多菽麦。气序寒烈，风俗刚猛。伽蓝十余所，僧徒三百余人，并学小乘教说一切有部。

{ཏེ་ཐིའི་ཡུལ།}

དེ་ནས་ཡང་ཏྲུ་ཏའི་ཡུལ་ནས་ལྷོ་ཕྱོགས་སུ་རྒྱང་གྲག་(གྲགས)བརྒྱ་ཙམ་ཕྱིན་པ་ན་ཏེ་ཐིའི་༣༢ ☆ ཡུལ་དེའི་ཤར་ནུབ་ཏུ་རྒྱང་གྲག་(གྲགས)ལྔ་བརྒྱ་ལྷག་ལྷོ་བྱང་དུ་རྒྱང་གྲག་(གྲགས)སུམ་བརྒྱ་ལྷག གཞུང་མཁར་ཁོར་ཡུག་ཏུ་རྒྱང་གྲག་(གྲགས)བཞི་ལྔ་ཙམ་གྱི་ནང་ཕྱི་མ་བརྡལ་ཞིང་སྐང་གཤོང་མང་བ་ཤིང་ཏོག་དང་མེ་ཏོག་གི་རིགས་དཀོན་ཞིང་ནས་དང་གྲོ་སྣུན་འཕེལ་བ་བསིལ་ཆེ། མིའི་རང་བཞིན་རྩུབ་ཅིང་རྩལ་ཆེ། གཙུག་ལག་ཁང་བཅུ་ཕྲག་ལྷག་པར་དགེ་འདུན་སུམ་བརྒྱ་ཙམ། གནས་པ་དག་ཡོད་སྨྲ་བའི་སྡེ་པ་ཁོ་ནའོ། །

解 1:

（1）完整翻译全文。

（2）第一句是上一个国家的最后“从缚喝国南行百余里，至揭职国”一句。

解 2：

揭职国 突 Gachi（今阿富汗昆都士省）

大雪山

东南入大雪山，山谷高深，峰岩危险，风雪相继，盛夏合冻，积雪弥谷，蹊径难涉。山神鬼魅，暴纵妖祟。群盗横行，杀害为务。

行六百余里，出都货逻国境，至梵衍那国。

梵衍那国

梵衍那国东西二千余里，南北三百余里，在雪山之中也。人依山谷，逐势邑居。国大都城据崖跨谷，长六七里，北背高岩。有宿麦，少花果。宜畜牧，多羊马。气序寒烈，风俗刚犷。多衣皮褐，亦其所宜。文字风教，货币之用。同都货逻国，语言少异，仪貌大同。淳信之心，特甚邻国，上自三宝，下至百神。莫不输诚竭心宗敬。商估往来者，天神现征祥，示祟变，求福德。伽蓝数十所，僧徒数千人，宗学小乘说出世部。

{ཛྙ་ཡན་ནའི་ཡུལ།}

ཤར་ལྷོའི་མཚམས་སུ་གངས་རི་ཆེན་པོའི་སྲུལ་ནས་ཕྱིན་པ་ན་བྲག་གཡང་ཤིན་ཏུ་བགྲོད་དཀའ་བ་<PL.12>རྟག་ཏུ་ཁ་བ་བུ་ཡུག་འཚུབས་པ། དབྱར་ཡང་འཁྱགས་པ་མི་འཇུ་བ། ལམ་འཕྲང་དོགས་(དོག)ལ་མི་མིན་གདུག་པ་དག་གནས་ཤིང་། ཆོམ་རྐུན་མང་པོས་གང་བའི་ལམ་འཇིགས་སུ་རུང་བ་རྒྱང་གྲག་(གྲགས)དྲུག་བརྒྱ་ལྷག་ཕྱིན་པ་ན་ཐོ་ཏ་ཏའི་ཡུལ་མཐའ་ཛྙ་ཡན་ནའི་༢༢ ☆ ཡུལ་དེའི་ཤར་ནུབ་རྒྱང་གྲག་(གྲགས)ཉིས་སྟོང་ལྷག ལྷོ་བྱང་སུམ་བརྒྱ་ལྷག་པ་གངས་རིའི་ནང་གནས་སོ། །གཞུང་མཁར་རི་དང་བསྟུན་ནས་བཙིགས་པ། ལྷོ་བྱང་རིགས་པའི་ངོས་ལ་ལེ་བར་དྲུག་བདུན་ཙམ་བྱང་ངོས་མཐོ་ཞིང་ལོ་ཏོག་གི་གྲོ་ཙམ་དང་མེ་ཏོག་གི་རིགས་ཆེས་དཀོན་ཞིང་། ཕྱུགས་ཀྱི་རིགས་མང་། བྱད་གཟུགས་མི་སྡུག་པ་ཤས་ཆེ་ཕལ་ཆེར་གདུག་རྩུབ་ཆེ་ཞིང་སེམས་དྲང་བས་འཕྲིད་སླ། དད་པ་བརྟན་པ་གོས་སུ་ཀོ་ལྤགས་དང་

ཐེར་མ་གྱོན་པ། ཡི་གེ་དང་ཚུལ་ལུགས་ལོངས་སྤྱོད་ནོར་རྫས་སོགས་ནི་ཕལ་ཆེར་ཐོད་དཀར་དང་མཐུན་ལ་སྐད་ཅུང་ཟད་མི་འདྲའོ། །རང་བཞིན་གྱིས་དད་མོས་ཆེ་བ་ཡུལ་གཞན་དག་ལས་ཁྱད་དུ་འཕགས་སྟེ། དཀོན་མཆོག་གསུམ་ནས་འདྲི་སྲིན་ཡན་ཆད་ལ་བཞད་གད་ཀྱི་(ཀྱི)ཕྱིར་དུ་ཡང་མི་སྨོད་པ། སྤྱོད་ལམ་ཐམས་ཅད་ལ་གསོལ་བ་འདེབས་པ་སྔོན་དུ་གཏོང་ཞིང་། རྟེན་འབྲེལ་གྱིས་ལེགས་ཉེས་མཐོང་ཆོས་ལ་མངོན་དུ་འགྱུར་བའོ། །དགོན་སྡེ་མང་ཞིང་དགེ་འདུན་ཡང་སྟོང་ཕྲག་དུ་མ་བཞུགས་སྟེ། ཐམས་ཅད་འཇིག་རྟེན་ལས་འདས་པར་སྨྲ་བའོ། །

解 1：

（1）合并完整翻译全文。

（2）翻译梵衍那国的第一句是上一个“大雪山”的最后“行六百余里，出都货逻国境，至梵衍那国”一句。

（3）睹火罗国的译名词汇有些不同，在睹火罗国故地里用了“ཏུ་ཧ་རའི་ཡུལ།”（堵哈拉）此处用了“ཐོ་ཧ་དའི་ཡུལ།”（拖哈达）和“ཐོད་དཀར།”（意译：白包头）两个词汇。

解 2：

梵衍那国　梵　Bāmīyān（今阿富汗巴米扬城）

一、大立佛及卧佛像

王城东北山阿，有立佛石像，高百四五十尺，金色晃曜，宝饰焕烂。东有伽蓝，此国先王之所建也。伽蓝东有鍮石释迦佛立像，高百余尺，分身别铸，总合成立。

城东二三里伽蓝中有佛入涅盘卧像，长千余尺。其王每此设无遮大会，上自妻子，下至国珍，府库既倾，复以身施。群官僚佐，就僧酬赎。若此者以为所务矣。

{༡ རྡོའི་སྐུ་འདྲ་སྟོན་པའི་སྐུ་བརྙན་གཟིམས་སྟབས་ཅན།}

ཡུལ་དེའི་རྒྱལ་པོའི་གྲོང་ཁྱེར་གྱི་བྱང་ཤར་མཚམས་སུ་རི་བོ་གཅིག་དང་ཆུ་ཀླུང་ཆེན་པོ་གཅིག་གི་འགྲམ་དུ་རྡོའི་སྐུ་འདྲ་སྲིད་དུ་འདོམས་སུམ་ཅུ་ཙམ་གསེར་གྱི་མདངས་ཅན་ཞིག་ཡོད་པར། ཉི་འོད་ཕོག་པས་འོད་གསལ་ཞིང་འཚེར་བའོ། །དེའི་ཤར་ལོགས་སུ་དགོན་སྡེ་ཞིག་ཡོད་པ་རྒྱལ་པོ་དེའི་ཡབ་ཀྱིས་

བཞེངས་པ་དང་། དེའི་ཤར་དུ་ར་གན་ལས་སྒྲུབ་པའི་སྟོན་པའི་སྐུ་བརྙན་བཞེངས་སྟབས་ཅན་མཆུར་འདོམས་ཉི་ཤུ་ལྷག་པ། ཐོག་མར་ལྷུར་བགོས་ནས་གླུགས་པ་ཕྱིས་རིལ་བུ་གཅིག་ཏུ་སྦྱར་བ་ཞིག་བཞུགས་སོ། །གྲོང་ཁྱེར་དེའི་ཤར་ལོགས་སུ་རྒྱང་གྲག་(གྲགས)བཅུ་ཕྲག་གཉིས་གསུམ་ལྷག་ཙམ་ན་གཙུག་ལག་ཁང་དུ་སྟོན་པའི་སྐུ་བརྙན་གཟིམས་སྟབས་ཅན་སྲིད་དུ་ཁྲུ་སྟོང་ལྷག་ཡོད་དོ། །དེར་ལོ་རེ་བཞིན་དུ་ཡུལ་དེའི་རྒྱལ་པོ་དང་བཙུན་མོ་སྲས་འཁོར་དང་བཅས་པ་ཚོགས་ནས་བསྙེན་བཀུར་བྱེད་ཅིང་མཆོད་པ་དེའི་མིང་ལ་ཐོག་པ་མེད་པའི་ཚོགས་མཆོད་ཆེན་མོ་ཞེས་ཟེར་རོ། །སྐབས་འགར་རྒྱལ་པོ་རང་ཉིད་ཀྱི་ལུས་ཀྱང་སྦྱིན་པར་གཏོང་བ་ལ་སློབ་དཔོན་རྣམས་ཀྱིས་རྒྱལ་པོའི་བང་མཛོད་ནས་ནོར་ཟོང་ཕྱུགས་སྔོ་སྣར་བླུ་བར་བྱེད་དོ། །

解 1：

（1）完整翻译全文。

（2）开头增加了“在一座小山和一条大河边上”一句。

（3）立佛与卧佛像据记载为贵霜帝国（公元 55 年—425 年，127 年—230 年是其顶峰时期）时期的遗迹，位于阿富汗的巴米扬省，2001 年 3 月被塔利班组织摧毁。

解 2：

大立佛及卧佛像的注释见《大唐西域记校注》（上）131 页。

二、小川泽僧伽蓝

卧像伽蓝东南行二百余里，度大雪山，东至小川泽，泉池澄镜，林树青葱。有僧伽蓝，中有佛齿及劫初时独觉齿，长余五寸，广减四寸。复有金轮王齿，长三寸，广二寸。商诺迦缚娑旧曰商那和修，讹也。大阿罗汉所持铁钵，量可八九升。凡三贤圣遗物，并以黄金缄封。又有商诺迦缚娑九条僧伽胝衣，绛赤色，设诺迦草皮之所绩成也。商诺迦缚娑者，阿难弟子也，在先身中，以设诺迦草衣于解安居日持施众僧。承兹福力，于五百身中阴生阴恒服此衣。以最后身，从胎俱出，身既渐长，衣亦随广。及阿难之度出家也，其衣变为法服，及受具戒，更变为九条僧伽胝。将证寂灭，入边际定，发智愿力，留此袈裟，尽释迦遗法。法尽之后，方乃变坏，今已少损，信有征矣。

从此东行入雪山，踰越黑岭，至迦毕试国。

{༢ ཆུ་མིག་རྫིང་བུའི་གནས་སུ་གཙུག་ལག་ཁང་ཞིག}

དེའི་ཤར་ལྷོར་རྒྱང་གྲག་(གྲགས)ཉིས་བརྒྱ་ལྷག་ཕྱིན་པས་གངས་རི་ཆེན་པོ་དང་། དེའི་ཤར་འདབས་སུ་ཆུ་མིག་རྫིང་བུར་འཁྱིལ་བ་མེ་ལོང་ལྟར་དྭངས་པ་ཅིག་(ཞིག)དང་དེར་ནགས་ཚལ་དང་སྤང་ལྗོངས་ཕུན་སུམ་ཚོགས་པའི་གནས་སུ་གཙུག་ལག་ཁང་ཅིག་(ཞིག)འདུག་པའི་ནང་ན་སངས་རྒྱས་ཀྱི་ཚེམས་དང་། བསྐལ་པ་དང་པོའི་དུས་ཀྱི་རང་སངས་རྒྱས་ཞིག་(ཤིག)གི་ཚེམས་སྲིད་དུ་ཚོན་ལྔ་ལྷག་ཞེངས་(ཞེང)སུ་(དུ)ཚོན་བཞི་ལྷག་ཡོད་དོ། །གསེར་གྱི་འཁོར་བསྐྱུར་གྱི་སོ་སྲིད་དུ་ཚོན་གསུམ་ཞེངས་(ཞེང)དུ་<PL.13>ཚོན་གཉིས་ཡོད་པ་དང་། དགྲ་བཅོམ་པ་ཤ་ནའི་གོས་ཅན་གྱི་ལྷུང་བཟེད་ལྕགས་ལས་བྱས་པ། འབྲས་ཕོར་པ་ཆེན་པོ་བརྒྱད་དགུ་ཙམ་ཤོང་བ་དག་བཞུགས་ཞིང་(ཤིང)། གཙུག་ལག་ཁང་དེའི་སྒོ་གསེར་གྱི་སྒོ་ལྕགས་ཀྱིས་བསྡམས་པ། ཡང་དགྲ་བཅོམ་པ་དེ་ཉིད་ཀྱི་རྣམ་སྦྱར་རྣམ་ཕྲན་དགུ་པ་ཤ་ནའི་རས་ལས་རང་བྱུང་དུ་གྲུབ་པ་ཅུང་ཟད་རྟུལ་བ་དག་ཡོད་དོ། །

解 1：

翻译不完整，只译了“卧像伽蓝东南行二百余里，………………设诺迦草皮之所绩成也。”一段。

解 2：

小川泽僧伽蓝的注释见《大唐西域记校注》（上）133 页。

迦毕试国

迦毕试国周四千余里，北背雪山，三陲黑岭。国大都城周十余里。宜谷麦，多果木。出善马，郁金香。异方奇货，多聚此国。气序风寒，人性暴犷。言辞鄙亵，婚姻杂乱。文字大同睹货逻国，习俗语言，风教颇异。服用毛氎，衣兼皮褐。货用金钱、银钱及小铜钱，规矩模样，异于诸国。王，窣利种也，有智略，性勇烈，威慑邻境，统十余国。爱育百姓，敬崇三宝，岁造丈八尺银佛像，兼设无遮大会，周给贫窶，惠施鳏寡。伽蓝百余所，僧徒六千余人，并多习学大乘法教。窣堵波、僧伽蓝崇高弘敞，广博严净。天祠数十所，异道千余人，或露形，或涂灰，连络髑髅，以为冠鬘。

{ཀ་པི་ཤིའི་ཡུལ།}

དེའི་ཤར་འདབས་སུ་གངས་རི་ལ་བཞུགས་ཏེ་ལ་ན་ག་བརྒལ་བ་ན་ཀ་པི་ཤི ༣༥ ☆ [ཀ་ཏྲེ་ལ] ཞེས་བྱ་བའི་ཡུལ་དེའི་མཐའ་སྐོར་ལི་བར་བཞི་སྟོང་ལྷག་པ། རྒྱབ་གངས་རི་ལ་བརྟེན་པ། དེ་ཡང་གངས་རིའི་རྒྱུད་ཀྱི་རི་གསུམ་ལས་རི་ནག་པོ་ལ་བརྟེན་པའི་གྲོང་ཁྱེར་ཁོར་ཡུག་ཏུ་རྒྱང་གྲག་（གྲགས）བཅུ་ལྷག་ཡོད་པ། ས་བསིལ་ཆེ་བ་ལོ་ཏོག་གྲོ་དང་བཟའ་ཤིང་མོད་པ། རྟ་བཟང་པོ་མང་བ་གུར་གུམ་སོགས་ཡུལ་གཞན་གྱི་རྫས་དཀོན་པོ་ཡང་འདུ་བ། མིའི་ངང་རྒྱུད་སྤྲོ་ཐུང་ལ་དག་རྩིང་ཞིང་ངོ་ཚ་ཁྲེལ་ཡོད་ཚུང་བ། ཡི་གེ་ཐོད་དཀར་དང་ཕལ་ཆེར་འདྲ་བ་ལ་ཡུལ་གཞན་དག་དང་མི་འདྲ། གོས་སུ་རས་ཞིབ་དང་ཐེར་མ་ཀོ་ལྤགས་རྣམས་དང་། ལོངས་སྤྱོད་ནི་གསེར་དངུལ་ར་གན་གྱི་དོང་ཙེ་རྣམས་ཡིན་ལ་ཡུལ་གཞན་དག་གི་དོང་ཙེ་དབྱིབས་དང་མི་འདྲའོ། །

རྒྱལ་པོ་རྒྱལ་རིགས་སྟེ་ད་ལྟར་ཞལ་བཞུགས་པ་ནི་དཔའ་མཛངས་རྟུལ་ཕོད་ཆེ་བ་སྲིད་བསྐྱང་ལ་མཁས་པ་དཀོན་མཆོག་ལ་ལྷག་པར་དད་ཅིང་བཀུར་སྟི་ཆེ་བ། ཉེ་སྐོར་གྱི་ཡུལ་བཅུ་ཕྲག་གཅིག་ལྷག་པ་དག་ལ་དབང་བསྒྱུར་བ། འབངས་ལ་སྙིང་བརྩེ་བ། ལོ་རེ་ཞིང་(བཞིན)དུས་མཆོད་ཆེན་པོའི་སྐབས་སུ་དགེ་བའི་རྩ་བར་དམིགས་ནས་དངུལ་གྱི་སྟོན་པའི་སྐུ་བརྙན་དཔངས་སུ་འདོམས་དོ་དང་ཁྲུ་བརྒྱད་པ་རེ་བཞེངས་པར་བྱེད་ཅིང་དན་སྐྱོང་ལ་སྦྱིན་པ་ཡང་གཏོང་ལ། གཙུག་ལག་ཁང་བརྒྱ་ཕྲག་གཅིག་ལྷག་པར་དགེ་འདུན་དྲུག་སྟོང་ལྷག་ཙམ་འདུས་པ་ལ་བསྙེན་བཀུར་སྟོབས་ཅིང་(ཤིང)། མཆོད་རྟེན་གྱི་དཀར་རྩི་དང་གཙུག་ལག་ཁང་གི་ཞིག་གསོས་དང་། རྟེན་རྣམས་ཀྱི་རྒྱན་རྙིང་པ་གསོ་བ་དང་། ལྷག་པར་དགེ་འདུན་ལ་ཐེག་ཆེན་གྱི་ཆོས་སྤྱོད་ལ་བསླབ་མ་འདེབས་བཞིན་པའོ། །ཕྱི་རོལ་པའི་ལྷག་(ལྷ)ཁང་ཡང་བཅུ་ཕྲག་ཏུ་མ་ཡོད་པར་གཅེར་བུར་སྤྱོད་པ་དང་ལུས་ལ་ཐལ་བའི་(བ)སྦྱུག་པ་དང་ཐོད་སྐམ་གྱིས་ཐོད་དང་མི་རུས་ཀྱི་ཚངས་སྐུད་ཐོགས་པ་དག་ཀྱང་སྟོང་ལྷག་ཙམ་གནས་སོ། །

解 1:

(1) 完整翻译全文。

(2) 第一句是上一个故事的最后“从此东行入雪山，踰越黑岭，至迦毕试国”一句。

（3）批注意为迦毕试国又称“嘎白拉”。周先生在“从缚喝国至迦毕试国的一段行程”中说：“丁谦谓迦毕试即阿富汗国喀布尔城地，迦毕试为喀布尔的音译。”[①]根据这一点，译文“嘎比西”似“Kapis”，“嘎白拉”似“Kabul”之音译。

解 2：

迦毕试国　梵　Kāpisi（今阿富汗喀布尔省贝格拉木地方）

一、质子伽蓝

大城东三四里，北山下有大伽蓝，僧徒三百余人，并学小乘法教。闻诸先志曰：昔健驮逻国迦腻色迦王威被邻国，化洽远方，治兵广地，至葱岭东，河西蕃维，畏威送质。迦腻色迦王既得质子，特加礼命，寒暑改馆，冬居印度诸国，夏还迦毕试国，春秋止健驮逻国。故质子三时住处，各建伽蓝。今此伽蓝，即夏居之所建也。故诸屋壁图画质子，容貌服饰，颇同中夏。其后得还本国，心存故居，虽阻山川，不替供养。故今僧众每至入安居，解安居，大兴法会，为诸质子祈福树善，相继不绝。以至于今。

伽蓝佛院东门南大神王像右足下，坎地藏宝，质子之所藏也。故其铭曰：“伽蓝朽坏，取以修治。”近有边王贪婪凶暴，闻此伽蓝多藏珍宝，驱逐僧徒，方事发掘。神王冠中鹦鹉鸟像，乃奋羽惊鸣，地为震动。王及军人僻易僵仆，久而得起。谢咎以归。

伽蓝北岭上有数石室，质子习定之处也，其中多藏杂宝。其侧有铭，药叉守卫。有欲开发取中宝者，此药叉神变现异形，或作师子，或作蟒蛇、猛兽、毒虫，殊形震怒，以故无人敢得攻发。

石室西二三里大山岭上，有观自在菩萨像。有人至诚愿见者，菩萨从其像中出妙色身，安慰行者。

{༡ རྒྱལ་བུ་སྡོད་སའི་གཙུག་ལག་ཁང་།}

གྲོང་ཁྱེར་གྱི་ཤར་འདབས་སུ་རྒྱང་གྲག་(གྲགས)གསུམ་བཞི་ཙམ་ན་གཙུག་ལག་ཁང་ཆེན་པོ་ཞིག་

① 周连宽. 大唐西域记史地研究丛稿. 北京：中华书局，1984：143.

ཡོད་དེར་དགེ་འདུན་སུམ་བརྒྱ་ལྷག་ཙམ་ཚོགས་པ་དག་ཉན་ཐོས་པ་ཤ་སྟག་གོ །འདི་ནི་ཡིག་ཚང་ལས་སྔོན་སྒྲན་ཧྲ་རའི་[གཛྙར]ཡུལ་གྱི་རྒྱལ་པོ་ཀ་ཉི་ཥྐ་སྟོབས་རྒྱས་པར་གྱུར་བའི་དུས་ཡུལ་གཞན་དག་ལ་དབང་བསྒྱུར་བའི་ཕྱིར་དུ་ཡན་ལག་བཞི་པའི་དཔུང་ཚོགས་བཤམས་ཏེ། ཕྱོགས་རྣམས་སུ་རྒྱུ་བ་ན་བཙོང་ལའི་ཤར་གྱི་ཆུ་ཀླུང་གི་འགྲམ་དུ་འཁོར་བའི་ཚེ། ཡུལ་དེ་ཉིད་ཀྱི་རྒྱལ་པོ་སྐྲགས་ནས་རང་གི་བུ་གཏའ་མར་ཕུལ། ཀ་ནི་ཥྐས་རྒྱལ་བུ་དེ་ལ་ཤིན་ཏུ་བྱམས་པས་གཏའ་མར་བཟུང་ཡང་། དགུན་རྒྱ་གར་གྱི་ཡུལ་གང་འདོད་དང་། དབྱར་ཀ་པི་ཤའི་ཡུལ་དུ་དང་། སྟོན་དཔྱིད་གཉིས་སུ་སྒྲན་ཧྲ་རའི་<PL.14>ཡུལ་དུ་སྡོད་དུ་བཅུག་པས། རྒྱལ་པོ་དེས་སྡོད་ས་གསུམ་དུ་གཙུག་ལག་ཁང་རེ་རེ་བཞེངས་པའི་གཙུག་ལག་ཁང་དེ་གསུམ་གྱི་མ་གྲུལ་དབྱར་དུས་ཀྱི་གནས་དེ་ཡིན་པར་གྲགས་སོ། །༑ དེའི་རྒྱུ་མཚན་གྱི་གཙུག་ལག་ཁང་དེའི་རྩིགས་ངོས་སུ་རྒྱལ་བུ་དེའི་འདྲ་རིས་གོས་རྒྱན་དང་བཅས་པ་བྲིས་པ་ཡོད་དོ། །ཕྱིས་སུ་རྒྱལ་བུ་རང་ཡུལ་དུ་བཏང་བས་རྒྱལ་བ་ཐོབ་ཀྱང་དམ་བཅའ་ལྟར་ལོ་རེ་བཞིན་དགེ་བའི་བྱ་བ་རྣམས་མ་ཆག་པར་སྐྱབས་སོ། །གཙུག་ལག་ཁང་དེའི་ར་བའི་ལྷོ་སྒོར་ལྷའི་སྐུ་བརྙན་ཆེན་པོ་ཞབས་གཡས་ཙུང་ཟད་བཏགས་པའི་འོག་ཏུ་གཏེར་ཆེན་པོ་སྦས་ཏེ། ཕྱི་ངོས་སུ་གཏེར་འདི་གཙུག་ལག་ཁང་གི་དོན་དུ་སྦས་པ་ཡིན་པས། གང་གི་ཚེ་གཙུག་ལག་ཁང་འདི་གསོ་བའི་དུས་སུ་འབབ་པ་ན་གཏེར་འདི་ཕྱུང་ལ་ཞིག་གསོས་ཀྱིས་ཤིག་ཅེས་ཡི་གེར་བྲིས་ཡོད་པ། ལན་ཅིག་ཡུལ་མཐའ་འཁོབ་ཀྱི་རྒྱལ་པོ་ཞིག་གིས་ཚུལ་དེ་ཐོས་ནས་དགེ་འདུན་གཉུག་མར་གནས་པ་དག་བསྐྲད་ཏེ་གཏེར་ལེན་ནོ་སྙམ་དུ་བསམ་སྟེ་སྦྱོར་བ་ངན་པ་རྩོམ་པ་ན། གཙུག་ལག་ཁང་གི་སྲུང་མའི་དབུ་རྒྱན་ལས་ནེ་ཙོ་ཞིག་ཐོན་སྟེ་(ཏེ)གཤོག་པ་བརྡབ་ཅིང་སྐད་བཏོན་པ་དང་ས་འགུལ་དམག་མི་རྣམས་ཀྱང་ཕན་ཚུན་དུ་འགྱེལ་བས། རྒྱལ་པོ་དཔུང་བཅས་སྐྲག་ནས་བཤགས་པ་ཕུལ་ཏེ་རང་གནས་སུ་བྲོས་སོ། །༑ གཙུག་ལག་ཁང་དེའི་རྒྱབ་ཕྱོགས་སུ་བྲག་ལ་བརྐོས་པའི་ཕུག་པ་དུ་མ་དག་ནི་རྒྱལ་བུ་དེའི་བསམ་གཏན་གྱི་ཁང་བུ་ཡིན་པར་གྲགས་སོ། །དེར་ཡང་གཏེར་མང་པོ་ཡོད་ཀྱང་དེ་དག་ཏུ་གནོད་སྦྱིན་གྱི་གཟུགས་བརྙན་རེ་ཡོད་པ་དག་གི་མཐུས། གནས་དེར་ཆོམ་རྐུན་བྱུང་བ་དག་ལ་གཟུགས་དངོས་སུ་སྟོན་པའམ། གཅན་ཟན་(གཟན)དང་སྦྲུལ་གདུག་པ་སོགས་འཇིགས་སུ་རུང་བའི་གཟུགས་ཀྱིས་བསྐྲོད་པར་བྱེད་དོ། །༑ བྲག་ཕུག་དེ་དག་ལས་ནུབ་ཕྱོགས་སུ་རྒྱང་གྲག་(གྲགས)གསུམ་བཞི་ཙམ་ན་རི་བོ་ཆེ་བ་ཞིག་ཡོད་པའི་རྩེར་སྤྱན་རས་གཟིགས་སེམས་ཉིད་ངལ་གསོའི་སྐུ་བརྙན་

བཞུགས། སྐལ་པ་དང་ལྡན་པ་དག་གིས་གསོལ་བ་བཏབ་ན་སྐུ་བརྙན་དེ་ལས་རང་ཉིད་དངོས་སུ་བྱོན་ནས་བྱིན་རླབས་མཛད་པ་ཡོད་ཟེར་རོ། །

解 1：

（1）完整翻译全文。

（2）批注中的字是犍陀罗名的另一种藏文写法。

解 2：

质子伽蓝的注释见《大唐西域记校注》(上）139 页。

二、曷逻怙罗僧伽蓝

大城东南三十余里，至曷逻怙罗僧伽蓝，傍有窣堵波，高百余尺，或至齐日，时烛光明。覆钵势上石隙间，流出黑香油。静夜中时闻音乐之声。闻诸先志曰：昔此国大臣遏逻怙逻之所建也。功既成已，于夜梦中，有人告曰：“汝所建立窣堵波，未有舍利。明旦有献上者，宜从王请。”旦入朝进请曰：“不量庸昧，敢有愿求！”王曰：“夫何所欲？”对曰：“今有先献者，愿垂恩赐！”王曰：“然。”遏逻怙罗伫立宫门，瞻望所至。俄有一人持舍利瓶，大臣问曰：“欲何献上？”曰：“佛舍利。”大臣曰：“吾为尔守，宜先白王。”遏逻怙罗恐王珍贵舍利，追悔前恩，疾往伽蓝，登窣堵波，至诚所感，其石覆钵自开，安置舍利，已而疾出，尚拘衣襟。王使逐之，石已掩矣。故其隙间流黑香油。

{༢ ཧ་ར་ཀུ་རུའི་གཙུག་ལག་ཁང་།}

གྲོང་ཁྱེར་ཆེན་པོའི་ཤར་ལྷོར་རྒྱང་གྲག་(གྲགས)སུམ་ཅུ་ཙམ་ཕྱིན་པར་ཧ་ར་ཀུ་རུའི་གཙུག་ལག་ཁང་ཟེར་བ་ཡོད་དོ། །དེ་ནི་སློབ་དཔོན་ཧ་ར་ཀུ་རུས་བཞེངས་པས་མིང་དེ་ལྟར་དུ་གྲགས་སོ། །ཡོགས་ཤིག་ན་འདོམས་ཉི་ཤུ་ལྷག་ཙམ་མཐོ་བའི་མཆོད་རྟེན་གསོ་སྦྱོང་གི་ཉིན་འོད་འཕྲོ་བ་དང་མར་མེ་སྣང་བར་བྱེད་དོ། །མཆོད་རྟེན་དེའི་བུམ་པ་ལྷུང་བཟེད་ཁ་བུབས་པ་ལྟ་བུའི་བུ་ག་ཞིག་ལས་ཉིལ་མར་འབབས་པ་དང་སིལ་སྙན་གྱི་སྒྲ་ཡིད་དུ་འོང་བ་དག་ཀྱང་འབྱིན་ནོ། །གཏམ་རྒྱུད་ཉིང་པར་ཧ་ར་ཀུ་རུས་གཙུག་ལག་ཁང་དང་མཆོད་རྟེན་བཞེངས་ཟིན་པའི་ནུབ་མོ་རྨི་ལམ་ན་མི་ཞིག་གིས། འདི་སྐད་དུ་མཆོད་རྟེན་ལེགས་

ཀྱང་ནང་དུ་རིང་སྲེལ་(བསྲེལ)མེད་པས་མ་ལེགས་ཟེར། རིང་བསྲེལ་རྙེད་ཐབས་དྲིས་པས་ཁྱོད་ཀྱིས་རྒྱལ་པོར་ཞུས་ན་རྙེད་པར་འགྱུར་རོ་ཞེས་སྨྲས་སོ། །སང་ཉིན་སྨི་ལམ་ལྟར་རྒྱལ་པོར་ཞུས་པས་ང་ལ་དེ་འདྲ་མེད་ཟེར་རོ། །སྔོ་<PL.15>ནས་ཐོན་ཙ་ན་མི་ཞིག་གིས་རྒྱལ་པོ་ལ་རིང་བསྲེལ་འབུལ་བར་བྱུང་བ་སྔོན་པོས་རྒྱལ་པོར་ཞུས་ན་འཇོད་པར་དོགས་ཀྱང་ཅི་དགར་བཞེས་ཏེ་མཆོད་རྟེན་གྱི་དྲུང་དུ་སོང་ནས་བུམ་པའི་ནང་དུ་བཞུགས་སུ་གསོལ་ལོ། །ཕྱིས་སྨི་ལམ་གྱི་གནས་ཚུལ་རྒྱལ་པོས་གསན་པ་དང་དེར་ཕྱོན་ནས་གཟིགས་པས་རིང་བསྲེལ་བཙུག་པའི་ཤུལ་དེ་རང་འཇོར་དུ་སོང་། ཏིལ་མར་གྱི་ཁྲུང་བུ་འདི་ཆུང་དུ་སོང་བ་ལས་དུས་བཟང་ལ་སྟར་ལྟར་ཏིལ་མར་དྲི་ཞིམ་པ་འབབས་སོ། །

解 1：

完整翻译全文。

解 2：

曷逻怙罗僧伽蓝的注释见《大唐西域记校注》（上）145 页。

三、霫蔽多伐刺祠城及阿路猱山

城南四十余里至霫胥立反。蔽多伐刺祠城，凡地大震，山崖崩坠，周此城界无所动摇。霫蔽多伐刺祠城南三十余里，至阿路猱奴高反。山，崖巅峭峻，岩谷杳冥。其峰每岁增高数百尺，与漕矩吒国黍士句反，下同。那呬罗山髣髴相望，便即崩坠。闻诸土俗曰：初黍那天神自远而至，欲止此山，山神震怒，摇荡溪谷。天神曰："不欲相舍，故此倾动，少垂宾主，当盈财宝。吾今往漕矩吒国黍那呬罗山，每岁至我受国王大臣祀献之时，宜相属望。"故阿路猱山增高既已，寻即崩坠。

{༣ སིཏ་པླ་ལའི་གྲོང་ཁྱེར་དང་ཨ་ར་ནཻའི་རི།}

གྲོང་ཁྱེར་དེའི་ལྷོ་ཕྱོགས་སུ་རྒྱང་གྲག་(གྲགས)བཞི་བཅུ་ན་སིཏ་པླ་ལ་སྟེ་དཀར་པོ་སྐྱོང་བ་ཞེས་པའི་ལྷ་ཁང་ཉེ་འཁོར་གྲོང་དང་བཅས་པ་ཞིག་ཡོད་དོ། །ས་གཡོ་བ་སོགས་ཡུལ་འཇིག་པའི་རྒྱུ་མང་དུ་བྱུང་ཡང་ཕྱོགས་དེར་གཏོགས་སོ་ཅོག་འགྱུལ་བ་ཙམ་ཡང་མ་བྱུང་བར་གྲགས་སོ། །༈ སིཏ་པླ་ལའི་གྲོང་ཁྱེར་དེ་ནས་ལྷོ་ཕྱོགས་སུ་ལེ་བར་སུམ་ཅུ་ལྷག་ཙམ་གྱི་སར་ཨ་ར་ནཻ་ཟེར་པའི་བྲག་ཤིན་ཏུ་མཐོ་ཞིང་རྩུབ་པ་

ཡོད་དོ། །དེ་ལོ་རེ་བཞིན་འདོམས་ཉེ་ཤུ་ཙམ་ཇེ་མཐོར་གྱུར་ཏེ་སྣར་ཉིལ་འགྲོ་བ་ཞིག་ཡོད་དོ། །དེ་ནི་ཙོ་ཀུ་ཏའི་ཡུལ་གྱི་ན་ཧེ་ར་ཞེས་བྱ་བའི་རི་དང་རྣམ་པ་མཐུན་ནོ། །གཏམ་རྒྱུད་ལས་སྔོན་རི་དེའི་ལྷ་ནི་ཡུལ་ཐག་རིང་པོ་ནས་རིམ་གྱིས་འོང་ཏེ་ས་དེར་སླེབས་པ་དང་། ཨ་ར་ནོའི་རིའི་ལྷས་མ་བཟོད་དེ་ཐོས་པར་བརྩམ་པ་ན་ཙོ་ཀུ་ཏེའི་ལྷས་བཀག་སྟེ་སྨྲས་པ། བདག་ཙོ་ཀུ་ཏའི་ཡུལ་གྱི་རི་ན་ཧེ་ཏར་གནས་པ་སྟེ་ཁྱོད་དང་ངེད་གཉིས་མཛའ་བོར་བྱས་ཏེ། ཡུལ་མི་རྣམས་ཀྱི་དུས་ཀྱི་མཆོད་སྦྱིན་བྱེད་པའི་སྐབས་སུ་མཆོད་པ་ཐུན་མོང་དུ་བླང་བར་བྱའོ་ཟེར་བས། རིའི་ལྷ་དེས་ཀྱང་ཁས་བླངས་བས་མཆོད་སྦྱིན་གྱི་སྐབས་རེ་གཉིས་མཉམ་དུ་འཕེལ་ཞིང་མཉམ་དུ་ཉིལ་བར་འགྱུར་བར་གྲགས་སོ། །

解 1：

完整翻译全文。

解 2：

䨕蔽多伐剌祠城及阿路猱山的注释见《大唐西域记校注》（上）147 页。

四、大雪山龙池及其传说

王城西北二百余里，至大雪山，山顶有池，请雨祈晴，随求果愿。闻诸先志曰：昔健驮逻国有阿罗汉，常受此池龙王供养，每至中食，以神通力并坐绳床，凌虚而往。侍者沙弥密于绳床之下攀援潜隐，而阿罗汉时至便往，至龙宫，乃见沙弥。龙王因请留食。龙王以天甘露饭阿罗汉，以人间味而馔沙弥。阿罗汉饭食已讫，便为龙王说诸法要。沙弥如常为师涤器，器有余粒，骇其香味，即起恶愿，恨师忿龙，“愿诸福力，于今悉现，断此龙命，我自为王。”沙弥发是愿时，龙王已觉头痛矣。罗汉说法诲喻，龙王谢咎责躬。沙弥怀忿，未从诲谢。既还伽蓝，至诚发愿，福力所致，是夜命终，为大龙王，威猛奋发。遂来入池，杀龙王，居龙宫，有其部属，总其统命。以宿愿故，兴暴风雨，摧拔树木，欲坏伽蓝。时迦腻色迦王怪而发问，其阿罗汉具以白王。王即为龙于雪山下立僧伽蓝，建窣堵波，高百余尺。龙怀宿忿，遂发风雨。王以弘济为心，龙乘瞋毒作暴，僧伽蓝、窣堵波六坏七成。迦腻色迦王耻功不成，欲填龙池，毁其居室，即兴兵众，至雪山下。时彼龙王，深怀震惧，变作老婆罗门，叩王象而谏曰：“大王宿殖善本，多种胜因，得为人王，无思不服。今日何故与龙交争？夫龙者畜也，卑下恶类，然有大威，不可力竞。乘云驭风，蹈虚履水，非人力所制，岂王心所怒哉？王今举国兴兵，与一龙斗。胜则王无伏远之威，败则王有非敌之耻。为王计者，宜可归兵。”迦腻色迦王未之从也，龙即还池，声震雷动，暴风拔木，沙石如雨，云雾晦冥，军马惊骇。王乃归命三宝，请求加护，曰：“宿殖多福，得为人王，威慑强敌，统赡部州，今为龙畜所屈，诚乃我之薄福也。愿诸福力，于今现前！”即于两肩起大烟焰，龙退风静，雾卷云开。王令军众人担一石，用填龙池。龙王还作婆罗门，重请王曰：“我是彼池龙王，惧威归命。唯王悲愍，赦其前过！王以含育，覆焘生灵，如何于我，独加恶害？王若杀我，我之与王俱堕恶道。王有断命之罪，我怀怨雠之心，业报皎然，善恶明矣。”王遂与龙明设要契，后更有犯，必不相赦。龙曰：“我以恶业，受身为龙。龙性猛恶，不能自持，瞋心或起，当忘所制。王今更立伽蓝，不敢摧毁。每遣一人候望山岭，黑云若起，急击揵槌。我闻其声，恶心当息。”其王于是更修伽蓝，建窣堵波，候望云气，于今不绝。

闻诸先志曰：窣堵波中有如来骨肉舍利，可一升余。神变之事，难以详述。一时中窣堵波内忽有烟起，少间便出猛焰，时人谓窣堵波已从火烬，瞻仰良久，火灭烟消，乃见舍利，如白珠幡，循环表柱，宛转而上，升高云际，萦旋而下。

{༤ གངས་རིའི་སྒོ་ལ་མཚོ།}

རྒྱལ་པོའི་གྲོང་ཁྱེར་གྱི་ནུབ་བྱང་དུ་རྒྱང་གྲག་(གྲགས)ཉིས་བརྒྱ་ལྷག་ཙམ་འདས་པ་ན་གངས་རིའི་སྒོ་ལ་མཚོ་ཅིག་(ཞིག)ཡོད་པར་ཆར་འབེབ་གཙོད་ཀྱི་སྐབས་མཆོད་ཅིང་བསྐུལ་ན་རེ་བ་བསྐོང་བ་བྱེད་དོ། །གཏམ་རྒྱུད་རྙིང་པ་ལས་ཀཤྨཱི་རའི་ཡུལ་འདི་ན་དགྲ་བཅོམ་པའི་འབྲས་བུ་སྔོན་དུ་བྱས་པ་ཞིག་ཡོད་པ་ལ། མཚོ་འདིར་གནས་པའི་ཀླུས་བཀུར་སྟི་བྱེད་པ་ཞིག་ཡོད། ཉིན་བཞིན་གདུགས་ཚོད་ལ་བབས་དུས་དགྲ་བཅོམ་པས་ཙ་(རྫུ)འཕྲུལ་གྱིས་ཁྲི་སྟན་ལ་འདུག་ནས་ནམ་མཁར་ལྡིང་ཞིང་འགྲོ་འོང་བྱས་པ་ལ། ལན་ཅིག་ཉེ་(ཉེ)གནས་དགེ་ཚུལ་ཞིག་གིས་ཁྲི་སྟན་གྱི་འོག་ཏུ་ཡིབ་ཅིང་། དུས་ལ་བབས་པ་ན་ཁྲི་སྟན་ལ་འཛུས་ཏེ་འོང་བས། ཀླུའི་རྒྱལ་པོས་དཔོན་སློབ་གཉིས་ཀ་ལས་དགྲ་བཅོམ་པ་ལ་ལྷའི་ཞལ་ཟས་དང་། དགེ་ཚུལ་ལ་མིའི་ཟས་ཀྱིས་ཆོས་སྟོན་དྲངས་ཟིན་པ་དང་། དགྲ་བཅོམ་པས་ཀླུ་རྒྱལ་ལ་དམ་པའི་ཆོས་ཅི་རིགས་པར་བསྟན། དེ་ནས་དགེ་ཚུལ་གྱིས་ལྷུང་བཟེད་བཀྲུ་བཤལ་བྱེད་པ་ན་ལྷུང་བཟེད་

ལ་འབྱུར་བའི་འབྲུ་མཐོང་ཏེ་དྲི་བསྣམ་པས་བསོད་སྙོམས་ལ་ཁྱད་པར་ཡོད་པར་རིག་ནས་ཁོང་ཁྲོ་སྐྱེས་ཏེ་ཕྱིར་ལོག་པ་དང་སྨོན་ལམ་འདི་ལྟར་བཏབ་པོ(བོ)། །བདག་གིས་དུས་གསུམ་དུ་བསགས་པའི་དགེ་རྩ་རྣམས་ཕྱོགས་གཅིག་ཏུ་བསྡོམ་པའི་མཐུ་རྣམས་ཆབ་གཅིག་ཏུ་སྨིན་ཏེ། <PL.16>དོ་ནུབ་བདག་གླུ་ཆེན་པོར་སྐྱེས་ནས་གླུ་རྒྱལ་ཆེ་གེ་མོ་བསད་ལ་ཚབ་ཏུ་གྱུར་ཏེ་དེའི་སྲིད་ལ་དབང་བར་ཤོག་ཅིག་ཅེས་སྨོན་ལམ་བཏབ་པོ་(བོ)། བདེན་སྟོབས་བཙན་པས་དགེ་ཚུལ་དེ་ནུབ་མོ་དེར་ཚེ་འཕོས་ཏེ་གླུ་མ་ཙུང་བ་མཐུ་ཆེན་ཞིག་ཏུ་སྐྱེས་པས། འཚོ་བ་སྐྱོར་མཁན་གྱི་གླུ་དེ་ཡང་ནད་ཀྱིས་ཉམས་དམས་པར་གྱུར་པས། གླུ་རྒྱལ་མ་ཙུང་བ་དེས་དེ་བསད་དེ་དེའི་ཡུལ་ལ་དབང་བསྒྱུར་སྟེ། ཆར་པ་དང་སེར་བ་དང་རླུང་དམར་བཏང་ནས་རྩྭ་དང་ཤིང་དང་ལོ་ཏོག་ཐམས་ཅད་འཇོམ་པར་བྱེད། གཙུག་ལག་ཁང་མང་པོ་ལ་ཡང་གནོད་པ་བྱེད། གཙུག་ལག་ཁང་ཤིག་རལ་ཏུ་གྱུར་པ་དག་གསོས་ཡང་ཤིག་རལ་དུ་བཏང་བ་ལན་དྲུག་བདུན་བྱུང་བར། རྒྱལ་པོ་<u>ཀ་ཎི་ཥྐ་</u>དོགས་པ་སྐྱེས་ཏེ་དགྲ་བཅོམ་པ་ལ་དྲིས་བས་དགྲ་བཅོམ་པས་དེ་ལྟར་བྱུང་བའི་རྒྱུ་མཚན་བཤད་པས། རྒྱལ་པོ་ཁྲོས་ཏེ་དམག་དཔུང་བཏེགས་ཏེ་མཚོ་དེ་སྐེམ་པར་ཆས་སོ། དེ་ནས་གླུ་རྒྱལ་མ་ཙུང་བ་དེ་ཤིན་ཏུ་སྐྲག་ནས་བྲམ་ཟེ་རྒན་པོ་ཞིག་ཏུ་རྫུས་ཏེ་རྒྱལ་པོའི་ཞབས་ལམ་དུ་བསུས་ནས་ཞུས་པ། རྒྱལ་པོ་ཆེན་པོ་གསན་དུ་གསོལ། རྒྱལ་པོ་ཆེན་པོ་ཉིད་སྔོན་སྐྱེ་བ་དུ་མར་བསོད་ནམས་བསགས་པའི་མཐུས་མིའི་རྒྱལ་པོར་སྐྱེས་ཤིང་གང་བརྩམས་ཕལ་ཆེར་མི་འགྲུབ་པ་མེད་ན། ཅིའི་ཕྱིར་ངན་པ་གླུ་དང་དགྲ་ཟླ་བྱེད། གླུ་ནི་དུད་འགྲོའི་རིགས་སུ་གཏོགས་ཀྱང་གཟི་བརྗིད་དང་སྟོབས་ཆེ་བ་འཇིག་རྟེན་མིའི་དོ་ཟླ་མིན་ནོ། །རྒྱལ་པོ་ཆེན་པོ་དགོངས་ཤིག་དང་བརྗོད་ནས་རྒྱལ་ན་རིགས་དམན་དང་འགྲན་ཟླ་བྱས་པ་ལ་མཚར་མི་ཆེ། གལ་སྲི་ཕམ་ན་རྒྱལ་པོ་ཆེན་པོའི་མཚན་སྙན་ལ་མི་གནོད་དམ་ཞེས་ཀྱང་མ་གསན་པས། བྲམ་ཟེའི་ལུས་མི་སྣང་བར་གྱུར་མ་ཐག་རླུང་དམར་དང་ཁ་ཆར་བུ་ཡུག་དུས་གཅིག་ཏུ་བྱུང་ཞིང་། ཐོག་སེར་དྲག་པོ་བབས་པས་དམག་མི་ཐམས་ཅད་ཅི་བྱ་གཏོལ་མེད་དུ་གྱུར་བ་ན། རྒྱལ་པོས་དཀོན་མཆོག་སྐྱབས་སུ་ཕྲན་ནས་སྨོན་ལམ་བཏབ་པ་བདག་སྐྱེ་བ་མང་པོར་དགེ་བའི་རྩ་བ་བསགས་ཤིང་མིའི་རྒྱལ་པོར་གྱུར་ཞིང་། སྐྱེ་བ་འདི་ལ་ཡང་སྒོ་གསུམ་གྱི་དགེ་བ་ཅི་ནུས་སུ་བསགས་པ་བདེན་ན་བདེན་པ་དེའི་མཐུས་གླུ་མ་ཙུང་བ་འདི་ཅི་བདེ་བར་ཚར་ཆོད་པར་གྱུར་ཅིག་ཅེས་སྨོན་ལམ་བཏབ་མ་ཐག་གླུ་མ་ཙུང་བའི་མཐོང་སྣང་ལ་རྒྱལ་པོའི་ལག་པ་གཉིས་གཤོག་པ་གཉིས་སུ་གྱུར་ལུས་ཀྱང་འཇིགས་སུ་ཙུང་བའི་བྱ་ཁྱུང་མཆུ་སྟེར་ཡོངས་སུ་རྫོགས་པ་མེའི་རལ་པ་དང་གཤོག་པ་དང་མཇུག་མ་ཅན་དུ་གྱུར་

ནས་ཀླུ་རྣམས་རྨེག་མེད་དུ་བཅོམས། དེ་ནས་རྒྱལ་པོས་དམག་མི་རྣམས་བསྡུན་ཏེ་མི་རེས་རྡོ་རེ་ཁུར་དུ་བཅུག་ནས། མཚོ་དེ་བསུབ་པར་གཟས་པ་ན་ཀླུ་མ་ཏུང་བ་དེས་ལུས་དངོས་སུ་བསྟན་ནས། ཀླུ་དེས་རྒྱལ་པོ་ལ་མགོ་བཏུད་དེ་ནོངས་པ་བཟོད་པར་གསོལ་ཞིང་ཞུ་བ། རྒྱལ་པོ་ཆེན་པོ་དགོངས་ཤིག་རྒྱལ་པོ་ཆེན་པོ་ངན་བུ་དང་འདི་ལྟ་བུའི་ཤ་ཁོན་བྱས་ན། ཕྱིས་བསྐལ་བ་ཕྱེད་དམ་བསྐལ་བ་གཅིག་གམ་གཉིས་སམ་གསུམ་མམ་བཞིའམ་ལྔའམ་དྲུག་བདུན་སོགས་སུ་ལན་ཆག་སྤྲེལ་ན། ལས་དཀར་ནག་གི་རྣམ་སྨིན་མི་སླུ་བ་ལགས་པས་ཁྱེ་ཅག་ཐར་བ་ཐོབ་པའི་<PL.17>དུས་ཏྲ་ཅང་རིང་བར་འགྱུར་རམ། རྒྱལ་པོ་ཆེན་པོ་དེའི་ཕྱིར་བདག་འཁོར་བཅས་མ་གསོད་གནས་མ་བཤིག་པར་བཟོད་པ་བཞེས་ཤིག །ཅི་དགར་དགོན་པ་དང་མཆོད་རྟེན་བཞེངས་ཤིག་བདག་གིས་གནོད་པ་མི་བྱེད་དོ། །འོན་ཀྱང་དེར་ཀླུ་རྣམས་གཉིད་སློག་བརྗེད་ངས་ཆེ་བས། རི་བོའི་སྤོ་ལ་སྤྲིན་ནག་ཅུང་ཙམ་བྱུང་མ་ཐག་གཎྜི་བརྡུངས་སུ་ཆུག་ཅིག་དང་དེས་དྲན་པ་གསོ་པར་འགྱུར་རོ། །ཞེས་ཞུས་པས་རྒྱལ་པོ་ཀ་ཎིཥྐས་བཟོད་པ་བཞེས་ཏེ་གཙུག་ལག་ཁང་དང་མཆོད་རྟེན་བཅས་བརྩིགས་ཤིང་། གཎྜི་བརྡུང་བ་ཀླུས་ཇི་སྐད་ཟེར་བ་ལྟར་བྱེད་པའི་སྲོལ་ད་ལྟ་ཡང་འདུག་གོ །མཆོད་རྟེན་ཕྱི་ནང་དུ་སྟོན་པའི་སྐུ་དུང་ཤཱ་རི་རམ་བྲེ་གང་ལྷག་བཞུགས་པར་བྱའོ། །

解 1：

完整翻译全文。

解 2：

大雪山龙池及其传说的注释见《大唐西域记校注》(上）151 页。

五、旧王及旧王妃伽蓝

王城西北大河南岸旧王伽蓝，内有释迦菩萨弱龄乳齿，长余一寸。其伽蓝东南有一伽蓝，亦名旧王，有如来顶骨一片，面广寸余，其色黄白，发孔分明。又有如来发，发色青绀，螺旋右萦，引长尺余，卷可半寸。凡此三事，每至六斋，王及大臣散花供养。

顶骨伽蓝西南，有旧王妃伽蓝，中有金铜窣堵，。高百余尺。闻诸土俗曰：其窣堵波中有佛舍利升余，每月十五日，其夜便放圆光，烛耀露盘，联晖达曙，其光渐敛，入窣堵波。

{༥ རྒྱལ་པོ་དང་རྒྱལ་པོ་བཙུན་མོ་རྙིང་པས་བཞེངས་པའི་གཙུག་ལག་ཁང་།}

རྒྱལ་པོའི་ཕོ་བྲང་གི་ནུབ་བྱང་མཚམས་སུ་ཆུ་ཀླུང་ཆེན་པོ་ཞིག་ཡོད་པའི་ལྷོ་འགྲམ་དུ་རྒྱལ་པོ་རྙིང་མས་བཞེངས་པའི་གཙུག་ལག་ཁང་དུ་སྟོན་པ་སྐུ་ན་ཕྲ་དུས་ཀྱི་ཆོམས་སྲིད་དུ་ཚོན་གང་ལྷག་ཡོད་པ་དང་། ཤར་ལྷོའི་མཚམས་སུ་གཙུག་ལག་ཁང་ཞིག་ཡོད་པར་སྟོན་པའི་དབུ་ཐོད་ཀྱི་ཚལ་བུ་སྲིད་དུ་ཚོན་གང་ལྷག་པ་ཁ་དོག་དཀར་སེར་འཚེར་བ་གཅིག་དང་དབུ་སྐྲ་མཐིང་ཁ་གཡས་སུ་འཁྱིལ་པ་དུང་གཡས་འཁྱིལ་གྱི་རྣམ་པ་ཅན་བརྒྱང་ན་ཁྲུ་གང་ལྷག་ཙམ་བསྐུམ་ན་ཚོན་ཕྱེད་ལས་མེད་པ་ཞིག་འདུག་གོ །རྟེན་འདི་དག་ལ་ཟླ་རེ་བཞིན་གྱི་གསོ་སྦྱོང་གི་ཉིན་རྒྱལ་པོ་ནས་དམངས་ཀྱི་བར་ཚོགས་ནས་ཁྲུས་གསོལ་དང་མཆོད་པ་ཆག་མེད་འབུལ་གྱིན་ཡོད་སྐད་དོ། །ཡང་དེར་རྒྱལ་པོ་འདིའི་བཙུན་མོ་རྙིང་པས་བཞེངས་པའི་གཙུག་ལག་ཁང་ཞིག་ཡོད་པར་གསེར་ཟངས་ལས་སྒྲུབ་པའི་མཆོད་རྟེན་དཔངས་སུ་འདོམ་ཉི་ཤུ་ལྷག་ཙམ་ཡོད་དོ། ། དཀར་ཆག་ཏུ་དེའི་ནང་དུ་སྟོན་པའི་རིང་བསྲེལ་བྲེ་གང་ལྷག་ཡོད་ཅེས་བཀོད་འདུག ཟླ་བ་འབྱུང་ངོ་ཚོག་གི་ཉའི་ནུབ་མོ་སྒྲོན་མེ་དང་འོད་སྣ་ཚོགས་འཕྲོ་ཞིང་སྣར་ཐིམ་པ་ཞིག་འདུག་གོ །

解 1:

完整翻译全文。

解 2:

旧王及旧王妃伽蓝的注释见《大唐西域记校注》(上) 155 页。

六、比罗娑洛山及龙泉

城西南有比罗娑洛山，唐言象坚。山神作象形，故曰象坚也。昔如来在世，象坚神奉请世尊及千二百大阿罗汉。山巅有大盘石，如来即之，受神供养。其后无忧王即盘石上起窣堵波，高百余尺，今人谓之象坚窣堵波也。亦云中有如来舍利，可一升余。

象坚窣堵波北山岩下有一龙泉。是如来受神饭已，及阿罗汉于中漱口嚼杨枝，因即种根，今为茂林。后人于此建立伽蓝，名鞞铎佉。唐言嚼杨枝。

自此东行六百余里，山谷接连，峰岩峭峻，越黑岭，入北印度境，至滥波国。北印度境。

{༦ མེ་ཏ་ཀུཧྣར་རི་དང་ཀླུ་མཚོ་ཞིག}

གྲོང་ཁྱེར་གྱི་ལྷོ་ནུབ་མཚམས་ན་མེ་ཏ་ཀུཧྣར་སྐྱེ། སྒང་པོ་རབ་བརྟན་ཟེར་བའི་རི་བོའི་ལྷ་དེ་སྒང་པོ་ཆེ་ཏ་སྤྲུལ་སྐྱེ་(ཧེ)སྟོན་པ་འཁོར་བཅས་གདན་དྲངས། རྡོ་ལེབ་ཆེན་པོ་ཞིག་ཡོད་པ་དེའི་སྟེང་དུ་བཅོམ་ལྡན་འདས་འཁོར་བཅས་བཞུགས་པ་ལ་གདུགས་ཚོད་ཕུལ་ལོ། །རྡོ་ལེབ་དེར་ཕྱིས་སུ་རྒྱལ་པོ་ཨ་ཤོ་ཀས་མཆོད་རྟེན་བཞེངས་པ་དཔངས་སུ་འདོམ་ཉི་ཤུ་ལྷག་ཡོངས་པ་ཞིག་ཡོད་དོ། །དེང་སང་མཆོད་རྟེན་སྒང་བརྟན་དུ་གྲགས་སོ། ། ནང་དུ་རིང་བསྲེལ་བྲེ་ཆུང་གང་ཡོད་ཟེར་རོ། །རི་བོ་དེའི་ཤར་ན་མཚོ་ཞིག་ཡོད་དེ། མཚོ་དེའི་ཀླུ་རྒྱལ་གྱིས་སྟོན་པ་འཁོར་བཅས་ལ་གདུགས་ཚོད་ཕུལ་ཆོས་མཉན་ནོ། །དགེ་འདུན་རྣམས་ཀྱིས་སོ་ཤིང་འཆོས་སྐྱེ་(ཧེ)བོར་བའི་དུམ་བུ་དག་ལས་ལྗང་མ་ཆེན་པོ་རེ་རེ་སྐྱེས་པ་ཡིན་ཟེར་རོ། །མཚོ་དེའི་མཐའ་སྐོར་ན་ཡོད་པའི་ཚལ་དེ་ལ་སོ་ཤིང་གི་ཚལ་ཞེས་གྲགས་སོ། །ཕྱིས་སུ་མགྲོན་པོ་ཞིག་གིས་དེར་གཙུག་ལག་ཁང་ཞིག་བཞེངས་པའི་མིང་ལ་སོ་ཤིང་ཚལ་གྱི་དགོན་པ་ཞེས་ཟེར་རོ། །

解 1：

完整翻译全文。

解 2：

比罗娑洛山及龙泉的注释见《大唐西域记校注》（上）157 页。

卷第二（三国）

滥波国

那揭罗曷国

健驮逻国

滥波国

滥波国周千余里，北背雪山，三垂黑岭。国大都城周十余里。自数百年，王族绝嗣，豪杰力竞，无大君长，近始附属迦毕试国。宜粳稻，多甘蔗，林树虽众，果实乃少。气序渐温，微霜无雪。国俗丰乐，人尚歌咏。志性怯弱，情怀诡诈，更相欺诮，未有推先。体貌卑小，动止轻躁。多衣白氎，所服鲜饰。伽蓝十余所，僧徒寡少，并多习学大乘法教。天祠数十，异道甚多。

从此东南行百余里，踰大岭，济大河，至那揭罗曷国。北印度境。

{ས་བཅད་གཉིས་པ། ཡུལ་གསུམ།}

{རམ་པའི་ཡུལ།}

དེ་ནས་ཤར་ཕྱོགས་སུ་ལུང་བ་ཆེན་པོའི་རྒྱུད་དེ་རྒྱང་གྲག་(གྲགས་)དྲུག་བརྒྱ་ལྷག་ཙམ་ཕྱིན་པ་ན་རྒྱ་གར་བྱང་ཕྱོགས་རམ་པའི་[7] ☆ ཡུལ་ལོ། །<PL.18>[བམ་པོ་དང་པོ་རྫོགས།]

དེའི་འཁོར་ཡུག་ཏུ་རྒྱང་གྲག་(གྲགས)སྟོང་ལྷག་རྒྱབ་གངས་རི་ལ་བརྟེན་པ། ལོགས་གཞན་གསུམ་ན་རི་ནག་པོ་རམ་འདེགས་ཀྱི་ཚུལ་དུ་གནས་སོ། །ལྟེ་བའི་མཁར་གྱི་མཐའ་སྐོར་རྒྱང་གྲགས་བཅུ་ལྷག་ཙམ་མོ། །ལོ་བརྒྱ་ཙམ་ཚུན་རྒྱལ་པོའི་རབས་ཆད་དེ་མཐུ་རྩལ་སུ་ཆེ་ཀྱིས་དབ་ཐོབ་ཀྱིས་སིལ་བུར་སོང་སྟེ་ཐུན་མོང་ལ་དབང་བའི་རྒྱལ་པོ་ནི་མེད་དོ། །ཕལ་ཆེ་རིགས་རྒྱལ་པོ་ཀ་པི་ཤི་ལ་ཞུ་བར་བྱེད་དོ། །ས་ཆ་གྲང་དྲོ་སྙོམས་པ་འབྲས་སེར་པོ་དང་དཀར་པོ་དང་བུར་ཤིང་མོད། ནགས་ཚལ་མང་ཡང་བཟའ་ཤིང་དཀོན་ནོ། །གྲང་སིལ་དང་སད་ཙམ་ལས་ཁ་བ་མི་འབབ། མིའི་རང་བཞིན་སྣུ་གར་ལ་དགའ་ཞིང་གཡོ་སྒྱུ་དང་

ཁྲམས་ཆེ། སྟོང་ཙུར་ཆེ་ཞིང་ཕལ་ཆེར་བློ་མི་བརྟན། སྒྲ་རབས་པ་དག་གི་ལུགས་སྲོལ་བཟང་པོ་ཡལ་ནས་གང་བྱུང་བྱུང་དུ་འགྲོ། གོས་སུ་ཐེར་མ་དང་རས་དཀར་གྱོན་ནོ། །གཙུག་ལག་ཁང་བཅུ་ལྷག་ལ་དགེ་འདུན་ཙུང་ངུ་ཐིག་པ་ཆེ་ལ་སྤྱོད་པ་ཤ་སྟག་གོ །ཕྱི་རོལ་པའི་ལྷ་ཁང་ཡང་བཅུ་ཕྲག་དུ་མ་ཡོད་པར་ཕྱི་རོལ་པ་ཤིན་ཏུ་མང་ངོ་། །

解 1：

（1）完整翻译全文。

（2）小标题为“卷二,三国 滥波国”。

（3）最后的批注为：第一卷完。

（4）原文中此处为“印度总述”，译者没有翻译，原因 1：主要是与佛教没有直接的关系，而且内容太杂；原因 2：已经有前人多拉纳塔著的《印度佛教史》中对印度做了详尽的介绍。

（5）第一句是上一个故事的最后“自此东行六百余里，山谷接连，峰岩峭峻，越黑岭，入北印度境，至滥波国。北印度境”一句。

解 2：

滥波国 梵 Lampāka（今阿富汗喀布尔省）

那揭罗曷国

那揭罗曷国东西六百余里，南北二百五六十里，山周四境，县隔危险。国大都城周二十余里。无大君长主令，役属迦毕试国。丰谷稼，多花果。气序温暑，风俗淳质。猛锐骁雄，轻财好学。崇敬佛法，少信异道。伽蓝虽多，僧徒寡少。诸窣堵波荒芜圮坏。天祠五所，异道百余人。

{ན་ག་རའི་ཡུལ}

དེ་ནས་ཤར་ལྷོའི་མཚམས་སུ་རྒྱང་གྲག་(གྲགས་)བརྒྱ་ཙམ་ཕྱིན་པ་ན་ཆུ་ཀླུང་ཆེན་པོ་ཅིག་(ཞིག)དང་ལ་གཡང་ཆེན་པོ་ཅིག་(ཞིག)འདས་པ་ན་ན་ག་རའི་༢ ☆ ཡུལ་ལོ། །དེའི་ཤར་ནུབ་ཏུ་རྒྱང་གྲག་(གྲགས)

དྲུག་བརྒྱ་ལྷག་ལྷོ་ཤར་དུ་རྒྱང་གྲག་(གྲགས)ཉིས་བརྒྱ་དང་བཅུ་ཕྲག་ལྔ་དྲུག་ཙམ་བགྲོད་པ་གཞུང་མཁར་ཐ་གྲུར་རྒྱང་གྲག་(གྲགས)ཉི་ཤུ་ལྷག་སྟེ་དཔོན་ཆེན་པོ་མེད་པ་ཀ་པི་ཤིའི་འོག་ཏུ་གཏོགས་སོ། །ས་གྲང་དྲོ་སྙོམས་ཤིང་གཤིན་པ་མིའི་རང་བཞིན་ནི་སྙོད་ལ་གྲུང་པ་བརྟུལ་ཕོད་ཆེ་བ་སློབ་གཉེར་ལ་ཤུགས་དྲག་ཆེ་ཞིང་ནང་པའི་བསྟན་པ་ལ་དགའ་ཕྱི་རོལ་པ་ལ་ཕལ་གྱིས་ཚད་མར་མི་འཛིན་ནོ། །གཙུག་ལག་ཁང་ཤིན་ཏུ་མང་ཡང་དགེ་འདུན་དེ་ཙམ་མི་མང་ངོ་། །ཕྱི་རོལ་པའི་ལྷ་ཁང་གོམ་(གོག)པོ་ལྔ་ཙམ་ལ་ཁོ་རང་གི་གྲུབ་མཐའ་འཛིན་པ་བརྒྱ་ལྷག་ཙམ་གནས་སོ། །

解 1：

（1）完整翻译全文。

（2）第一句是上一个国家的最后一句“从此东南行百余里，踰大岭，济大河，至那揭罗曷国。北印度境。”小字“北印度境”没有翻译，不影响全文的含义，故省略了。

解 2：

那揭罗曷国　梵　Nagarahāra（今阿富汗喀布尔省）

一、城附近诸遗迹

城东二里有窣堵波，高三百余尺，无忧王之所建也。编石特起，刻雕奇制，释迦菩萨值然灯佛敷鹿皮衣布发掩泥得受记处。时经劫坏，斯迹无泯。或有斋日，天雨众花，群黎心竞，式修供养。其四伽蓝，少有僧徒。次南小窣堵波，是昔掩泥之地，无忧王避大路，遂僻建焉。

城内有大窣堵波故基。闻诸先志曰：昔有佛齿，高广严丽。今既无齿，唯余故基。其侧有窣堵波，高三十余尺。彼俗相传，不知源起，云从空下，峙基于此。既非人工，寔多灵瑞。

城西南十余里有窣堵波，是如来自中印度凌虚游化，降迹于此，国人感慕，建此灵基。其东不远有窣堵波，是释迦菩萨昔值然灯佛于此买花。

{༡ གྲོང་ཁྱེར་ཉེ་འདབས་ཀྱི་རྗེས་ཤུལ།}

གྲོང་ཁྱེར་གྱི་ཤར་དུ་རྒྱང་གྲག་(གྲགས)གསུམ་ཙམ་ན་ཆོས་རྒྱལ་མྱ་ངན་མེད་ཀྱིས་བཞེངས་པའི་མཆོད་རྟེན་དཔངས་སུ་འདོམ་དྲུག་ཅུ་ལྷག་ཡོད་དོ། །དེར་རྗོ་ལ་སྟོན་བྱང་ཆུབ་སེམས་དཔའི་སྤྱོད་པ་སྤྱོད་པའི་དུས་བཅོམ་ལྡན་འདས་མར་མེ་མཛད་ཀྱི་དྲུང་དུ་ལུང་བསྟན་ཐོབ་པའི་རྣམ་འགྱུར་རལ་པ་སྤྲུང་པ་ཤ་(ཤྭ)བའི་པགས་པ་གོས་སུ་གྱོན་པ་བྲིས་འདུག་དེའི་གནས་ཀྱང་ཡུལ་འདི་ཉིད་ཡིན་སྐད་དོ། །བསྐལ་པ་འཇིག་ཀྱང་རི་མོ་འདི་དག་མི་འཇིག་ཟེར་ཞིང་། གསོ་སྦྱོང་གི་དུས་རྣམས་སུ་མེ་ཏོག་གི་ཆར་འབབ་པ་སོགས་སྣང་བས་སྐྱེ་བོ་ཕྱུག་མཆོད་ཏབ་ཐོབ་ཀྱིས་བྱེད་པའི་སྲོལ་མཆིས། །དེའི་ནུབ་ཕྱོགས་སུ་དགེ་འདུན་ཉུང་ཤས་བཞུགས་པའི་དགོན་པ་ཅིག་(ཞིག)དང་། །དེའི་ལྷོ་ངོས་སུ་ཡང་ཨ་ཤོ་ཀས་བཞེངས་པའི་མཆོད་རྟེན་ཆུང་བ་ཞིག་འདུག་གོ །གྲོང་ཁྱེར་གྱི་ནང་དུ་མཆོད་རྟེན་ཆེན་པོ་ཞིག་ཡོད་པ་དེའི་བུམ་ནང་དུ་སྟོན་པའི་ཚེམས་བཞུགས་ཟེར་ཡང་ད་ལྟ་མི་འདུག་གོ །དེ་དང་མི་རིང་བར་མཆོད་རྟེན་སྲིད་དུ་ཁྲུ་གསུམ་ཅུ་ལྷག་ཙམ་འདུག་པ་དེའི་ལོ་རྒྱུས་ཤེས་མཁན་མི་འདུག་བཟོ་ཁྱད་དུ་འཕགས་པ་མིའི་བཟོ་<PL.19>བོས་བསྐྲུན་པར་མི་ནུས་པ་ཕལ་མོ་ཆེས་ངོ་མཚར་དུ་འཛིན་པ་ཞིག་སྣང་ངོ་། །༈ ཕོ་བྲང་གི་ལྷོ་ནུབ་མཚམས་སུ་རྒྱང་གྲག་(གྲགས)བཅུ་ཙམ་སོང་བ་ན་མཆོད་རྟེན་ཅིག་(ཞིག)ཡོད་པ་དེ། སྔོན་སྟོན་པ་ཞལ་བཞུགས་དུས་གྲོང་ཁྱེར་རྒྱུ་ཞིང་གཤེགས་པའི་ཚེ་འདིར་ཕྱོན་ཏེ་གདན་བཤམས་པ་ལ་དར་ཅིག་བཞུགས་པའི་ཤུལ་དུ་ཡུལ་མི་ཐུབ་མོང་ནས་མོས་གུས་ཀྱིས་བཞེངས་པ་ཡིན་སྐད་དོ། །དེའི་ཤར་ཕྱོགས་སུ་མི་རིང་བར་མཆོད་རྟེན་ཅིག་(ཞིག)ཡོད་པ་དེ། སྔོན་སངས་རྒྱས་མར་མེ་མཛད་ཀྱི་དུས་སུ་བདག་ཅག་གི་སྟོན་པས་སྔོན་སྤྱོད་པ་སྤྱོད་པའི་ཚེ་གནས་འདིར་མེ་ཏོག་འཚོར་(འཚོལ)སྐད་དོ། །

解 1：

完整翻译全文。

解 2：

城附近诸遗迹的注释见《大唐西域记校注》（上）222 页。

二、小石岭佛影窟

城西南二十余里至小石岭，有伽蓝，高堂重阁，积石所成。庭宇寂寥，绝无僧侣。

中有窣堵波，高二百余尺，无忧王之所建也。

伽蓝西南，深涧峭绝，瀑布飞流，县崖壁立。东岸石壁有大洞穴，瞿波罗龙之所居也。门径狭小，窟穴冥闇，崖石津滴，磎径余流。昔有佛影，焕若真容，相好具足，俨然如在。近代已来，人不遍睹，纵有所见，髣髴而已。至诚祈请，有冥感者，乃暂明视，尚不能久。昔如来在世之时，此龙为牧牛之士，供王乳酪，进奉失宜。既获谴责，心怀恚恨，即以金钱买花，供养受记窣堵波，愿为恶龙破国害王。即趣石壁，投身而死。遂居此窟，为大龙王，便欲出穴，成本恶愿。适起此心，如来已鉴，愍此国人为龙所害，运神通力，自中印度至。龙见如来毒心遂止，受不杀戒，愿护正法。因请如来："常居此窟，诸圣弟子，恒受我供。"如来告曰："吾将寂灭，为汝留影。遣五罗汉常受汝供。正法隐没，其事无替。汝若毒心奋怒，当观吾留影，以慈善故，毒心当止。此贤劫中，当来世尊。亦悲愍汝，皆留影像。"影窟门外有二方石，其一石上有如来足蹈之迹，轮相微现，光明时烛。影窟左右多诸石室，皆是如来诸圣弟子入定之处。影窟西北隅有窣堵波，是如来经行之处。其侧窣堵波，有如来发爪。邻此不远有窣堵波，是如来显畅真宗说蕴界处之所也。影窟西有大盘石，如来尝于其上濯浣袈裟，文影微现。

{༢ ཕ་བོང་ཞིག་གི་སྟེང་དུ་གཙུག་ལག་ཁང་།}

གྲོང་ཁྱེར་གྱི་ལྷོ་ནུབ་ཕྱོགས་སུ་རྒྱང་གྲག་(གྲགས)ཉི་ཤུ་ཙམ་གྱི་སར་ཕ་བོང་ཞིག་གི་སྟེང་དུ་གཙུག་ལག་ཁང་རྫོ་འབའ་ཞིག་ལས་བཞེངས་པ་ཁང་བརྩེགས་དུ་མ་དང་ལྡན་པར། དགེ་འདུན་ལྟ་ཞོག་ཕྱུག་བདར་མཁན་ཙམ་ཡང་མི་སྣང་ངོ་། །ཁྲི་ཉི་ཤུ་ལྷག་པའི་མཆོད་རྟེན་ཨ་ཤོ་ཀས་བཞེངས་པ་ཅིག་(ཞིག)ཡོད་དོ། །གཙུག་ལག་ཁང་དེའི་ལྷོ་ནུབ་མཚམས་སུ་འོབས་ཤིན་ཏུ་ཟབ་པ་ཡོགས་གཉིས་ཀྱི་བྲག་གཡང་མཐོ་བ་གཡས་མའི་སྟེང་ནས་ཆུ་བྲག་གི་སྟེང་ནས་ཕྱུར་ཏེ་འབབས་པ། གཡོན་མར་བྲག་ལག་མཐིལ་ལྟར་མཉམ་པའི་དབུས་ན་བྲག་ཁུང་ཀླུའི་རྒྱལ་པོ་ཀུ་ས་ར་གནས་སོ། །སྒོ་ཤིན་ཏུ་དོགས་(དོག)པ་ནང་མུན་ནག་འཐིབས་པ་ཆུ་རྒྱུན་དུ་འཐིག་པ་དེ་བཞིན་གཤེགས་པའི་སྐུའི་གྲིབ་མ་བཞག་པ་ཡིན་ཞེས་པ་གྲིབ་སྐུ་དང་འདྲ་བ་མཚན་དཔེའི་འོད་གསལ་པོ་འཆར་བ་སྣང་ཟེར་ཀྱང་(ཡང)ད་ལྟ་གསལ་པོ་མེད་ཀྱང་། སྐལ་བ་དང་ལྡན་པ་འགས་གསོལ་བ་རྩེ་གཅིག་ཏུ་བཏབ་ན་རིམ་གྱིས་གསལ་པོ་འཆར་ཡང་ཡུན་རིང་མི་གནས་

ཟེར་རོ། །ཐུབ་མོང་གི་སྣང་ངོར་དབྱིབས་རགས་པ་ཙམ་ལས་མི་མཐོང་ངོ་། །ལོ་རྒྱུས་ནི་སྔོན་བཅོམ་ལྡན་འདས་ཞལ་བཞུགས་པའི་དུས་ན་ཀླུ་རྒྱལ་འདི་བ་ལང་རྫི་ཞིག་ཏུ་གྱུར་པ་རྒྱལ་པོ་ལ་ཞོ་དང་འོ་མ་འབུལ་བའི་དུས་ཚིག་ནོར་བའི་རྐྱེན་གྱིས། རྒྱལ་པོ་དྲག་ཏུ་ཁྲོས་ཤིང་སྨྱོས་པས་སེམས་བསུན་ཏེ་གསེར་གྱི་དོང་ཚོས་མེ་ཏོག་ཉོས་ཏེ་རིང་བསྲེལ་ཅན་གྱི་མཆོད་རྟེན་ལ་མཆོད་པར་ཕུལ་ཏེ་སྨོན་ལམ་ལོག་པ་བཏབ་ནས་བྲག་འདི་ལ་མགོ་ཤུགས་ཀྱི་བཏབ་པས་ཀླད་པ་གས་ཏེ་བཀུམ་པས། བྲག་ཕུག་དེའི་ནང་དུ་ཀླུའི་རྒྱལ་པོ་གདུག་པ་ཅན་དུ་སྐྱེས་པ་ལ། བཅོམ་ལྡན་འདས་ཀྱིས་མཁྱེན་ནས་ཡུལ་དེའི་མི་རྣམས་སྐྱབ་པའི་ཕྱིར་ཡུལ་དབུས་ནས་རྫུ་འཕྲུལ་གྱིས་འདིར་གཤེགས་ཀླུ་རྒྱལ་ལ་ཞལ་བསྟན་ཞིང་། ཀླུའི་སེམས་རྒྱུད་བྱིན་གྱིས་བརླབས་ཏེ་གདུག་སེམས་ཞི་བར་མཛད་དེ་སྲོག་གཅོད་སྤོང་བའི་སྡོམ་གཅིག་བསྲུང་བའི་དགེ་བསྙེན་གྱི་སྡོམ་པ་གནང་། ཀླུ་རྒྱལ་གྱིས་དམ་པའི་ཆོས་སྐྱོང་བར་ཁས་བླངས་སོ། །སྟོན་པ་འཁོར་བཅས་ལ་བཀུར་སྟི་བྱེད་པར་དམ་བཅས་སོ། །བཅོམ་ལྡན་འདས་མྱ་ངན་ལས་འདའ་ཁར་ཀླུ་དེ་ལ་བཀའ་ཆེམས་སུ་ཁྱོད་ཀྱི་སེམས་འཁྲུག་ཅིང་ཞེ་སྡང་འབར་བའི་ཚེ་ངའི་གྲིབ་མ་འདི་ལ་ལྟོས་ཤིག་དང་གདུག་སེམས་ཞི་བར་འགྱུར་རོ། །བསྐལ་པ་<PL.20>བཟང་པོ་འདིའི་མ་འོངས་པའི་སངས་རྒྱས་ཐམས་ཅད་ཀྱང་ཁྱོད་ལ་བརྩེ་བས་གཟིགས་པར་འགྱུར་ཞིང་སོ་སོ་ནས་ཀྱང་རིམ་པ་ལྟར་སྐུའི་གྲིབ་མ་འཇོག་པར་འགྱུར་ཞེས་དབུགས་དབྱུང་མཛད་དོ། །ཁྲུང་བུའི་ཕྱི་ལོགས་ཀྱི་ཕྱོགས་གཉིས་སུ་རྡོ་ལེབ་གྲུ་བཞི་པ་རེ་རེ་ཡོད་པར་གཅིག་ལ་ནི་སངས་རྒྱས་ཀྱི་སྐུའི་གྲིབ་མ་དང་ཅིག་ཤོས་ལ་བཅོམ་ལྡན་འདས་ཀྱི་ཞབས་རྗེས་འཁོར་ལོའི་རྩིབ་གསལ་མི་གསལ་ཙམ་སྣང་བ་དང་ཉེ་སྐོར་དུ་བཅོམ་ལྡན་འདས་འཁོར་དང་བཅས་པའི་བསམ་གཏན་གྱི་ཁང་བུ་ཡིན་ཟེར་བའི་བྲག་ཕུག་ཏུ་མ་མཐེས་སོ། །བྲག་ཕུག་དེའི་ནུབ་བྱང་མཚམས་སུ་བཅོམ་ལྡན་འདས་ཀྱིས་བཅག་སར་མཆོད་རྟེན་ཅིག་(ཞིག)དང་སྟོན་པའི་དབུ་སྐྲ་དང་སྲུག་སེན་བཞུགས་པའི་མཆོད་རྟེན་ཅིག་(ཞིག)ཡོད་དོ། །དེ་དང་མི་རིང་བར་སྟོན་པས་ཕུང་པོ་དང་ཁམས་དང་སྐྱེ་མཆེད་གསུངས་པའི་གནས་སུ་བཞེངས་པའི་མཆོད་རྟེན་ཞིག་ཡོད་དོ། །གྲིབ་མ་ཡོད་པའི་རྡོའི་གཡས་སུ་ཕ་བོང་ལེབ་མོ་ཞིག་གི་སྟེང་དུ་བཅོམ་ལྡན་འདས་ཀྱིས་ཆོས་གོས་རྣམས་བཀྲུས་ཏེ་ཉི་མར་བསྐྱོས་པའི་རི་མོ་ལམ་ཙམ་མཐོང་བ་ཡོད། །

解 1：

完整翻译全文。

解 2：

小石岭佛影窟的注释见《大唐西域记校注》（上）226 页。

三、醯罗城

城东南三十余里，至醯罗城，周四五里，竖峻险固。花林池沼，光鲜澄镜。城中居人，淳质正信。复有重阁，画栋丹楹。第二阁中有七宝小窣堵波，置如来顶骨。骨周一尺二寸，发孔分明，其色黄白，盛以宝函，置窣堵波中。欲知善恶相者，香末和泥以印顶骨，随其福感，其文焕然。又有七宝小窣堵波，以贮如来髑髅骨。状若荷叶，色同顶骨，亦以宝函缄络而置。又有七宝小窣堵波，有如来眼睛。睛大如柰，光明清彻，曒映中外。又以宝函缄封而置。如来僧伽胝袈裟，细氎所作，其色黄赤，置宝函中，岁月既远，微有损坏。如来锡杖，白铁作镮，栴檀为笴，宝筒盛之。近有国王闻此诸物并是如来昔亲服用，恃其威力，迫胁而归。既至本国，置所居宫，曾未浃辰，求之已失。爰更寻访，已还本处。斯五圣迹，多有灵异。迦毕试王令五净行给侍香花。观礼之徒，相继不绝。诸净行等欲从虚寂以为财用，人之所重，权立科条，以止喧杂。其大略曰："诸欲见如来顶骨者，税一金钱。若取印者，税五金钱。"自余节级，以次科条。科条虽重，观礼弥众。

重阁西北有窣堵波，亦甚高大，而多灵异。人以指触，便即摇震，连基倾动，铃铎和鸣。

从此东南山谷中行五百余里，至健驮逻国。旧曰乾陁卫，讹也。北印度境。

{༣ གྲོང་ཁྱེར་ཧེ་རོ།}

གྲོང་ཁྱེར་དེའི་ཤར་ཕྱོགས་སུ་རྒྱང་གྲག་(གྲགས)སུམ་ཅུ་ལྷག་པའི་སར་གྲོང་ཁྱེར་ཧེ་རོ་ཞེས་པ་ཁོར་ཡུག་རྒྱང་གྲག་(གྲགས)བཞི་ལྔ་ཙམ་ཤིན་ཏུ་བརྟན་པ་མེ་ཏོག་དང་བཟའ་ཤིང་གི་ར་བས་གདམ་པ། མཚོ་དང་རྫིང་བུ་མང་པོས་བརྒྱན་པ་ཡོད་དོ། །གྲོང་ཁྱེར་གྱི་མི་ཕལ་ཆེར་མཛངས་ལ་གྲུང་པ་ཡང་དག་པའི་དད་པ་ཅན། ཁང་པ་ཉིས་བརྩེགས་དང་ཡང་བརྩེགས་ཀྱི་ནང་རིན་ཆེན་སྣ་བདུན་ལས་འགྲུབ་པའི་མཆོད་རྟེན་ཆུང་བ་ཞིག་གི་ནང་ན་བཅོམ་ལྡན་འདས་དབུ་འཚལ་མཐའ་སྐོར་དུ་ཁྲུ་གང་དང་ཚོན་དོ་དབུ་སྐྲའི་

བུ་ག་རྣམས་ཤིན་ཏུ་གསལ་བ་ཁ་དོག་དཀར་སེར་འཚེར་བ། རིན་པོ་ཆེའི་རྐམ་(སྐམ་)ཚུང་དུ་བཅུག་པ་མཆོད་རྟེན་གྱི་ནང་དུ་བཞུགས་སོ། །ཡུལ་གྱི་མི་རྣམས་པྲ་རྟགས་བྱེད་ཚེ་དྲི་བཟང་བསྲེས་པའི་རྣག་(སྣག)ཚ་བྱུག་པའི་བཏབ་ལེགས་ཉེས་ཀྱི་རི་མོ་གསལ་བར་འཆར་རོ། །ཡང་རིན་པོ་ཆེ་སྣ་བདུན་གྱི་མཆོད་རྟེན་གཉིས་ཡོད་པའི་གཅིག་གི་ནང་དུ་སྟོན་པའི་དབུ་རིལ་པོ་དབྱིབས་པདྨའི་ལོ་མ་དང་འདྲ་ཁ་དོག་དབུ་ཚལ་གྱི་མདོག་དང་འདྲའོ། །ཅིག་ཤོས་ཀྱི་ནང་དུ་སྟོན་པའི་སྤྱན་འབྲས་ཤིང་ཏོག་ཨ་མྲ་གསལ་ཞིང་འཚེར་བ། ཡང་རིན་ཆེན་སྣ་བདུན་གྱི་སྒྲོམ་ནང་སྟོན་པའི་སྐུ་ཆོས་རྒྱུ་ཤིན་ཏུ་སྲབ་པ་ཁ་དོག་དམར་སེར་པོ་ཏ་ཙང་མང་པོ་འདས་པས་ཅུང་ཟད་ཚུད་ཟོས་པ། སྟོན་པའི་མཁར་སིལ་ཨ་ལོང་བཅས་ལྕགས་དཀར་ལས་གྲུབ་པ་ཙན་དན་གྱི་འཆང་ཟུང་(བཟུང)ཅན། རིན་པོ་ཆེའི་པྲ་ཆོམ་གྱིས་བརྒྱན་པའི་སྒྲོམ་གྱི་ནང་དུ་བཅུགས་ཏེ་བཞག་པ། བྱིན་རྟེན་ལྷ་པོ་ཤིན་ཏུ་བྱིན་རླབས་དང་ངོ་མཚར་ཆེ་བ་ཞིག་སྟེ། ལན་ཅིག་རྒྱལ་པོ་དབང་དང་སྟོབས་ཆེ་བ་ཞིག་གིས་ཕྲོག་ནས་རང་གནས་སུ་ཁྱེར་ཏེ་ཕྲ་(པོ)བྲང་ནང་དུ་མཆོད་པའི་གྲབས་བྱས་པར་འཕྲུལ་དུ་མི་སྣང་བར་གྱུར་ཏེ་དར་ཅིག་ལ་རང་གནས་སུ་བཞུགས་འདུག་སྐད་དོ། །ཀ་ནི་ཤི་རྒྱལ་པོས་ཡུལ་གྱི་མི་རྣམས་ཀྱི་སེམས་ཀྱི་ཚོད་བགམ་པའི་ཕྱིར་དགེ་<PL.21>བསྙེན་ལྷ་ལ་གཏད་ནས་སྣ་དྲངས་ཏེ། སྐྱེ་བོ་མང་པོས་མཆོད་རྫས་འཛིན་བཅུག་ནས་རྟེན་རྣམས་སྤྱན་དྲངས། རྟེན་མཇལ་འདོད་པ་རྣམས་ལས་རྟེན་རེ་ལ་གསེར་ཏམ་རེ་འབུལ་བ་དང་། པྲ་རྟགས་ཞུ་བ་རྣམས་ལས་གསེར་ཏམ་ལྔ་རེ་འབུལ་དགོས་ཞེས་དྲིལ་བསྒྲགས་ནས་ཚོང་འདུས་སུ་འགྲིམས་པས་འབུལ་མཁན་མང་དུ་བྱུང་ཞིང་། རིམ་པས་གྲངས་བསྣན་ཏེ་ཕླངས་བས་བསྙེབ་ལན་བཅུ་ཕྲག་དུ་མའི་བར་བྱས་ཀྱང་མཇལ་མཁན་ཕྱི་བ་ཙམ་ཡང་མ་བྱུང་སྐད་དོ། །ཁང་བརྩེགས་དེའི་ནུབ་བྱང་མཚམས་སུ་མཆོད་རྟེན་ཅིག་(ཞིག)དེ་ཙམ་མི་མཐོ་ཡང་ཡ་མཚན་ཤིན་ཏུ་ཆེ་སྟེ་སྐྱེ་བོ་དག་གིས་མཛུབ་མོ་བཙུགས་པའམ་ལུས་ཀྱིས་སྣྲ་གྲགས་པར་འགྱུར་བ་ཡོད་དོ། །

解 1：

完整翻译全文。

解 2：

醯罗城的注释见《大唐西域记校注》（上）230 页。

健驮逻国

健驮逻国东西千余里，南北八百余里，东临信度河。国大都城号布路沙布逻，周四十余里。王族绝嗣，役属迦毕试国。邑里空荒，居人稀少，宫城一隅有千余户。谷稼殷盛，花果繁茂，多甘蔗，出石蜜。气序温暑，略无霜雪。人性恇怯，好习典艺，多敬异道，少信正法。自古已来，印度之境。作论诸师则有那罗延天、无着菩萨、世亲菩萨、法救、如意、胁尊者等本生处也。僧伽蓝十余所，摧残荒废，芜漫萧条。诸窣堵波颇多颓圮。天祠百数异道杂居。

王城内东北有一故基，昔佛钵之宝台也。如来涅盘之后，钵流此国，经数百年，式遵供养，流转诸国，在波剌斯。

{གནྡྷ་རའི་ཡུལ།}

དེ་ནས་ཤར་ལྷོའི་མཚམས་སུ་རི་ཤུལ་བརྒྱུད་དེ་རྒྱང་གྲག་(གྲགས)ལྔ་བརྒྱ་ཙམ་བགྲོད་པ་ན་གནྡྷ་རའི་༢ ☆ ཡུལ་ལོ། [གཟྲར]། དེའི་ཤར་ནུབ་ཏུ་རྒྱང་གྲག་(གྲགས)སྟོང་ལྷག་ལྷོ་བྱང་དུ་རྒྱང་གྲག་(གྲགས)བརྒྱད་བརྒྱ་ལྷག །ཤར་དུ་སིནྡྷུའི་ཀླུང་ལ་ཀྱོག་པ་དབུས་ཀྱི་མཁར་ལ་པུ་ཤ་པུར་ཟེར་རོ། །མཐའ་སྐོར་དུ་རྒྱང་གྲག་(གྲགས)བཞི་བཅུ་ལྷག་ཙམ། བདག་པོ་ནི་རྒྱལ་རིགས་ཡིན་ཀྱང་(ཡང་)ད་ལྟ་རབས་ཆད་ནས་ཀ་པི་ཤིའི་མངའ་འོག་ཏུ་གཏོགས་སོ། །ཕོ་བྲང་ནང་ཤིག་རལ་གྱིས་སྟོངས་ལ་ཁད་དུ་འདུག་གོ །གྲོ་གཅིག་ན་མི་ཁྱིམ་སྟོང་ལྷག་ཙམ་ལས་མེད་དོ། །ས་ཆ་གྲང་དྲོ་སྙོམས་པ་དབྱར་ཙུང་ཟད་དྲོད་ཆེ། བྲུས་མ་དང་ཡུར་འདེབས་སོ། །བཟའ་ཤིང་ཤིན་ཏུ་ལྷག་པར་མང་ཞིང་བྲད་པར་བུར་ཤིང་མང་། སད་དང་གངས་མི་འབབས་(འབབ)སོ། །མིའི་རང་བཞིན་སྙིང་ཁམས་སྡར་ཤས་ཆེ་ཞིང་སློབ་གཉེར་ལ་འགྲུས་པ། དད་པ་ཆུང་ཞིང་ཕལ་ཆེར་མུ་སྟེགས་ལ་མོས་པ། ཡུལ་འདི་ཁྱབ་འཇུག་ལྷ། འཕགས་པ་ཐོགས་མེད་སྐུ་མཆེད། དགྲ་བཅོམ་ཆོས་སྐྱོབ། འཕགས་པ་ཡིད་བཞིན། དགེ་སློང་རྩིབ་ལོགས་སོགས་ཀྱི་འཁྲུངས་ཡུལ་ཡིན་ནོ། །གཙུག་ལག་ཁང་སྟོང་ལྷག་ཡོད་ཀྱང་ཞིག་རལ་ཆེ། མཆོད་རྟེན་ཀྱང་རབ་ཏུ་མང་ཞིང་། ཕྱི་རོལ་པའི་ལྷ་ཁང་ཡང་བརྒྱ་ཕྲག་དུ་མ་དང་། ཕྱི་རོལ་པའི་གྲུབ་མཐའ་སྨྲ་བ་དག་ཀྱང་མང་ལ་འདྲེས་མར་གནས་སོ། །རྒྱལ་པོའི་ཕོ་བྲང་ནང་བྱང་ཤར་མཚམས་སུ་སྟེགས་བུ་རྙིང་བ་ཅིག་(ཞིག་)སྣང་བ་སྟོན་པའི་

གསོལ་ལྷུང་གྱི་ཁྲི་ཡིན་ཟེར་བ་ཡོད་དོ། །སངས་རྒྱས་མྱ་ངན་ལས་འདས་ནས་ལྷུང་བཟེད་རིམ་གྱིས་ཕེབས་པ་ཡུལ་འདིའི་སྐྱེ་བོའི་ཕྱག་མཆོད་སོགས་བསོད་ནམས་ཀྱི་ཞིང་དུ་གྱུར་ཏེ། ལོ་བརྒྱ་ཕྲག་དུ་མ་འདས་ནས་རིམ་པས་པ་ར་སའི་གྲོང་ཁྱེར་དུ་ཁྱེར་རོ། །

解 1：

（1）完整翻译全文。

（2）第一句是上一个国家的最后一句"从此东南山谷中行五百余里，至健驮逻国。旧曰乾陁卫，讹也。北印度境。"小字"北印度境"没有翻译，不影响全文的含义，故省略了。

（3）批注为国名之藏文的另一种写法。

解 2：

健驮逻国 梵 Gandhāra（今巴基斯坦旁遮普邦白沙瓦）

一、卑钵罗树及迦腻色迦王大窣堵波

城外东南八九里有卑钵罗树，高百余尺，枝叶扶疏，荫影蒙密。过去四佛已坐其下，今犹现有四佛坐像，贤劫之中九百九十六佛皆当坐焉。冥衹警卫，灵鉴潜被。释迦如来于此树下南面而坐，告阿难曰："我去世后，当四百年。有王命世，号迦腻色迦。此南不远起窣堵波，吾身所有骨肉舍利，多集此中。"

卑钵罗树南有窣堵波，迦腻色迦王之所建也。迦腻色迦王以如来涅盘之后第四百年，君临膺运，统赡部洲，不信罪福，轻毁佛法。畋游草泽，遇见白兔，王亲奔逐，至此忽灭。见有牧牛小竖于林树间作小窣堵波，其高三尺。王曰："汝何所为？"牧竖对曰："昔释迦佛圣智悬记，当有国王于此胜地建窣堵波，吾身舍利多聚其内。大王圣德宿殖，名符昔记，神功胜福，允属斯辰，故我今者先相警发。"说此语已，忽然不现。王闻是说，嘉庆增怀。自负其名大圣先记，因发正信，深敬佛法。周小窣堵波，更建石窣堵波，欲以功力弥覆其上，随其数量，恒出三尺。若是增高，踰四百尺。基趾所峙，周一里半。层基五级，高一百五十尺。方乃得覆小窣堵波。王因喜庆，复于其上更起二十五层金铜相轮，即以如来舍利一斛而置其中，式修供养。营建纔讫，见小窣堵波在大基东南隅下傍出其半，王心不平，便即掷弃，遂住窣堵波第二级下石基中半现，复于本处更出小窣堵波。王乃退而叹曰：“嗟夫，人事易迷，神功难掩，灵圣所扶，愤怒何及！”惭惧既已，谢咎而归。其二窣堵波今犹现在。有婴疾病欲祈康愈者，涂香散华，至诚归命，多蒙瘳差。

{༡ བི་ས་རའི་ཤིང་དང་རྒྱལ་པོ་ཀ་ནིཥྐ།}

དེའི་ཕྱི་རོལ་གྱི་ཤར་ལྷོའི་མཚམས་སུ་རྒྱང་གྲག་(གྲགས)བརྒྱད་དགུ་ཙམ་ཕྱིན་པ་ན་བི་ས་རའི་ཤིང་སྲིད་དུ་ཁྲི་བརྒྱ་ལྷག་པ་ཡལ་ག་དང་ལོ་མ་རབ་ཏུ་རྒྱས་པ་བསྐལ་པ་བཟང་པོའི་སངས་རྒྱས་སྟོང་གི་འདས་པ་རྣམ་བཞི་བཞུགས་ཤིང་སྟན་ཁྲི་དང་སྐུ་བརྙན་ཀྱང་(ཡང)ཡོད། མ་བྱོན་པ་དགུ་བརྒྱ་དགུ་བཅུ་ཙ་དྲུག་པོ་རྣམས་བཞུགས་པར་འགྱུར། སྟོན་པས་ཀྱང་དེར་ལྷོ་ཕྱོགས་སུ་ཞལ་ཕྱོགས་ནས་བཞུགས་ཏེ། ཀུན་དགའ་བོ་ལ་བསྒྲུལ་བ། <PL.22>ང་མྱ་ངན་ལས་འདས་ནས་ལོ་བཞི་བརྒྱ་འདས་པ་ན་རྒྱལ་པོ་ཀ་ནི་ཥྐ་[ཀ་ནིཥྐ]ཞེས་བྱ་བ་བྱུང་བར་འགྱུར་ཏེ། གནས་དེ་ནས་ལྷོ་ཕྱོགས་སུ་མི་རིང་བའི་སར་ངའི་ཤ་དང་རུས་པའི་རིང་བསྲེལ་མང་པོ་བཞུགས་པའི་མཆོད་རྟེན་བརྩིགས་པར་འགྱུར་རོ་ཞེས་ལུང་བསྟན་ཏོ། །ལུང་བསྟན་པ་ལྟར་སངས་རྒྱས་མྱ་ངན་ལས་འདས་ནས་ལོ་བཞི་བརྒྱ་ལོན་པ་ན་རྒྱལ་པོ་ཀ་ནི་ཥྐ་[ཀ་ནིཥྐ]ཞེས་བྱ་བ་བྱུང་སྟེ་ཛམ་(འཛམ)གླིང་ན་དབང་ཆེ་བར་གྱུར་ཏེ། ལས་རྒྱུ་འབྲས་ལ་ཡིད་མི་ཆེས་ཤིང་དཀོན་མཆོག་ལ་བསྐུར་བ་འདེབས་སོ། །ལན་ཅིག་རི་དྭགས་བཤོར་ཞིང་སོང་བ་ན་རི་བོང་དཀར་པོ་ཅིག་(ཞིག)བྱུང་བར་རྒྱལ་པོ་རྟ་རྒྱུགས་ཀྱིས་རི་བོང་དེའི་རྗེས་སུ་བསྙེགས་པས་སྐྱང་ཚུང་ཅིག་(ཞིག)བཀྲལ་བ་དང་རི་བོང་དེ་མི་མཐོང་པར་གྱུར་ཏེ། བུ་ཆུང་བ་ལང་འཚོ་བ་ཞིག་ཏུ་གྱུར་ཏེ་མཆོད་རྟེན་ཁྲུ་གསུམ་ཡོད་པ་ཅིག་(ཞིག)བརྩིགས་འདུག

དེར་རྒྱལ་པོ་རྒྱུ་མཚན་དྲིས་པས་དེས་སྔོན་སྟོན་པས་འདི་ལྟར་ལུང་བསྟན་པས་སྐུ་སྐལ་ཐོབ་པར་རིང་བ་ཡིན་ཞུས་པས། རྒྱལ་པོ་ཡ་མཚན་དང་དད་པ་ཚད་མེད་པ་སྐྱེས་སོ། །ས་དེའི་ཡོགས་ཅིག་(ཞིག)ཏུ་མཆོད་རྟེན་ཁྲུ་བཞི་བརྒྱ་ཡོངས་པ་ཅིག་(ཞིག)བྱས་བརྩུག་ཀྱང་མཆོད་རྟེན་ཆུང་བ་དེ་མཐོ་བར་གྱུར་བས་རྒྱལ་པོ་འཁྲུགས་སྟེ་(ཏེ)རང་གིས་བརྩིགས་པ་བཤིག་ནས་གཏོར། ཡང་བརྩིགས་པ་སྔ་མ་བཞིན་གྱུར་བས་རྒྱལ་པོ་སེམས་ཁོང་དུ་ཆུད་ཅིང་སྨྲས་པ། འཇིག་རྟེན་མིའི་བྱ་བ་ནི་ཚོད་གཟུང་བ་སླ་ཡི། སངས་རྒྱས་ཀྱི་སྤྱོད་ཡུལ་ནི་དཔག་པར་མི་ནུས་སོ་ཞེས་གསུངས་ནས་འགྱོད་འཚངས་ཤིན་ཏུ་དྲག་པོ་བྱས་ནས་ལོགས་སོ། །རྒྱལ་པོ་བཞེངས་པའི་མཆོད་རྟེན་གྱི་ནང་དུ་རིང་བསྲེལ་བྲེ་ལྔ་བཞུགས་སོ། །གསེར་ཟངས་ཀྱི་

གདུགས་འཁོར་གྱིས་བརྒྱན་པར་བྱས་སོ། །སྤྲུལ་པའི་བུ་ཆུང་གི་མཆོད་རྟེན་གཉིས་ད་ལྟ་ཡོད། བྱིས་པ་སྤྲོ་ནད་ཀྱིས་ཟིན་པ་དག་སེམས་རྩེ་གཅིག་གིས་སྤོས་དང་མེ་ཏོག་གིས་མཆོད་ཅིང་དྲི་ཞིམ་ཕུལ་ཏེ་གསོལ་བ་བཏབ་ན་ཕལ་ཆེར་ཕྲལ་དུ་ནད་ལས་གྲོལ་བར་འགྱུར་རོ། །

解 1：

完整翻译全文。

解 2：

卑钵罗树及迦腻色迦王小窣堵波的注释见《大唐西域记校注》（上）238 页。

二、大窣堵波周近诸佛像

大窣堵波东面石陛南，镂作二窣堵波，一高三尺，一高五尺，规摹形状，如大窣堵波。又作两躯佛像，一高四尺，一高六尺，拟菩提树下加趺坐像。日光照烛，金色晃曜。阴影渐移，石文青绀。闻诸耆旧曰：数百年前，石基之隙有金色蚁，大者如指，小者如麦，同类相从，啮其石壁，文若雕镂，厕以金沙，作为此像，今犹现在。

大窣堵波石陛南面有画佛像，高一丈六尺。自胸已上，分现两身；从胸已下，合为一体。闻诸先志曰：初有贫士，佣力自济，得一金钱，愿造佛像。至窣堵波所，谓画工曰："我今欲图如来妙相。有一金钱，酬功尚少，宿心忧负，迫于贫乏。"时彼画工鉴其至诚，无云价直，许为成功。复有一人事同前迹，持一金钱求画佛像。画工是时受二人钱，求妙丹青，共画一像。二人同日俱来礼敬，画工乃同指一像示彼二人，而谓之曰："此是汝所作之佛像也。"二人相视，若有所怀。画工心知其疑也，谓二人曰："何思虑之久乎？凡所受物，毫厘不亏。斯言不谬，像必神变。"言声未静，像现灵异，分身交影，光相照着。二人悦服心信欢喜。

大窣堵波西南百余步，有白石佛像，高一丈八尺，北面而立，多有灵相，数放光明。时有人见像出夜行，旋绕大窣堵波。近有群贼欲入行盗，像出迎贼，贼党怖退，像归本处，住立如故。群盗因此改过自新，游行邑里，具告远近。

大窣堵波左右，小窣堵波鱼鳞百数。佛像庄严，务穷工思，殊香异音，时有闻听，灵仙圣贤，或见旋绕。此窣堵波者，如来悬记。七烧七立，佛法方尽。先贤记曰：成坏已三。初至此国，适遭大火。当见营构，尚未成功。

{༢ མཆོད་རྟེན་ཆེན་པོའི་ཉེ་འཁོར་གྱི་སྐུ་འདྲ།}

མཆོད་རྟེན་དེའི་ཤར་ལོགས་སུ་རྡོའི་སྟེགས་བུའི་སྟེང་དུ་རྡོ་ལ་བརྐོས་པའི་མཆོད་རྟེན་གཉིས་ཡོད་པ། གཅིག་ནི་ཁྲུ་གསུམ་ཅིག་ཤོས་ཁྲུ་ལྔ་དབྱིབས་དང་རྒྱབ་སོགས་གོང་གི་མཆོད་རྟེན་དང་འདྲ་བ་ཡོད་དོ། །ཡང་རྡོ་ལ་བརྐོས་པའི་སྐུ་བརྙན་གཉིས་གཅིག་ནི་ཁྲུ་དྲུག་པ་བྱང་ཆུབ་ལྗོན་ཤིང་གི་དྲུང་དུ་སྐྱིལ་ཀྲུང་མཛད་དེ་བཞུགས་པའི་རྣམ་པ་ཅན། ཉི་འོད་ཀྱིས་རེག་ན་གསེར་མདངས་འཕྲོ་བ་རི་མོ་རྣམས་མཐིང་མདོག་ཏུ་སྣང་བ་ཡོད་དོ། །གཏམ་རྒྱུད་རྙིང་བ་ན་ལོ་བརྒྱ་ཕྲག་ཏུ་མའི་སྔ་རོལ་ན་རྡོ་བསེབ་ནས་གྲོགས་(གྲོག)མ་ཆེ་བ་གསེར་མདོག་ཅན་སོར་ཚད་ཙམ་དང་ཆུང་བ་གྲོའམ་ནས་ཙམ་མང་པོ་བྱུང་ནས་རྡོ་ལ་ཟོས་སྟེ་(ཏེ)རི་མོར་བྱུང་བ་ཡིན་ཟེར་རོ། །མཆོད་རྟེན་ཆེན་པོའི་ལྷོ་ངོས་སུ་ཐུབ་པའི་བྲིས་སྐུ་སྲིད་དུ་འདོམ་གསུམ་ཁྲུ་གང་བ་སྟོད་ཆ་སྐུ་གཉིས་ཡིན་པ་ལ་སྨད་ཆ་གཅིག་ཏུ་སྣང་བ་ཞིག་ཡོད་དེ་གཏམ་རྙིང་བ་ན། སྟོན་ཕྱུག་པོ་ཞིག་སློང་མོ་བྱས་པ་ལས་གསེར་ཊམ་གཅིག་རྙེད་དེ་<PL.23>སྟོན་པའི་འདྲ་སྐུ་ཞིག་བྲིས་བར་འདོད་ནས་ལྷ་བྲིས་པ་ལ་གསེར་ཛམ་(ཏམ་)དེ་ཕུལ་ཏེ་ཞུས་པས་བཟོ་བས་ཁས་བླངས་སོ། །གཞན་ཞིག་གིས་ཀྱང་དེ་ལྟར་བྱས་པས་ཡང་ཁས་བླངས་སོ། །དེ་ནས་ལྷ་བཟོས་བྲིས་པས་གཟུགས་གཅིག་བཞེངས་ཟིན་པ་ན་འཁོར་གཉིས་ལྷན་དུ་ཡོང་ནས་སོ་སོ་ནས་སྐུ་འདྲ་དྲིས་པར། བཟོ་པོས་བཞེངས་ཟིན་པའི་སྐུ་འདྲ་གཅིག་གོ་དེ་ལ་མཛུབ་མོས་རིམ་པར་བསྟན་པས་ཁོང་གཉིས་ཐེ་ཚོམ་པ་ན་བཟོ་བོས་ཁྱོད་གཉིས་ཀྱི་གསེར་ཛམ་(ཏམ)ཆུང་ཟེད་པ་མ་ཡིན། ལྷས་རྫུ་འཕྲུལ་བསྟན་པ་ཡིན་ལས་ཆེ་ཟེར་བའི་མོད་ལ་དེ་ལྟར་དུ་གྱུར་པས་ཁོང་གཉིས་དགའ་མགུས་ཕྱག་བཙལ་(འཚལ)ནས་སོང་སྐད་དོ། །མཆོད་རྟེན་ཆེན་པོའི་ལྷོ་ནུབ་ཕྱོགས་སུ་གོམ་པ་བརྒྱ་ཙམ་གྱི་སར་རྡོ་སྐུ་བཞེངས་སྟབས་མ་སྲིད་དུ་འདོམ་གསུམ་དང་ཁྲུ་གསུམ་ཡོངས་པ་ཞལ་བྱང་དུ་གཟིགས་པ་ཞིག་ཡོད། ནུབ་ལ་ལར་རྡོ་སྐུ་དེས་མཆོད་རྟེན་ལ་སྐོར་བ་མཛད་དོ། །ཡང་ལན་ཅིག་ཇག་རྐུན་མང་པོ་ཞིག་དེར་ཕྱིན་པ་ན་རྡོ་སྐུ་དེས་བསུ་བ་མཛད་པས་ཇག་རྐུན་རྣམས་སྐྲག་ནས་ཕྱིར་ལོག་པ་དང་རྡོ་སྐུ་དེ་རང་གནས་སུ་གཤེགས། ཇག་རྐུན་རྣམས་དེ་ཕྱིན་ཆད་སྦྱོང་ངན་དོར་ཟེར་རོ། །ཡང་མཚན་མོ་ལ་ལར་ཐག་ཉེ་བའི་ལྗོངས་རྣམས་ཀྱུ་ཞིང་གཤེགས་བཞུད་མཛད་པ་ཡང་མཐོང་ཟེར་རོ། །

解 1：

翻译了三份之二的内容，最后一段“大窣堵波左右…………尚未成功”没有翻译。

解 2：

大窣堵波周近诸佛像的注释见《大唐西域记校注》（上）244 页。

三、迦腻色迦王伽蓝与胁尊者、世亲、如意遗迹

大窣堵波西有故伽蓝，迦腻色迦王之所建也。重阁累榭，层台洞户，旌召高僧，式昭景福。虽则圮毁，尚曰奇工。僧徒减少，并学小乘。自建伽蓝，异人间出。诸作论师及证圣果，清风尚扇，至德无泯。

第三重阁，有波栗湿缚唐言胁。尊者室，久已倾顿，尚立旌表。初尊者之为梵志师也，年垂八十，舍家染衣。城中少年便诮之曰：“愚夫朽老，一何浅智！夫出家者，有二业焉，一则习定，二乃诵经。而今衰耄，无所进取。滥迹清流，徒知饱食。”时胁尊者闻诸讥议，因谢时人而自誓曰：“我若不通三藏理，不断三界欲，得六神通，具八解脱，终不以胁而至于席。”自尔之后，唯日不足，经行宴坐，住立思惟，昼则研习理教，夜乃静虑凝神。绵历三岁，学通三藏，断三界欲，得三明智，时人敬仰，因号胁尊者焉。

胁尊者室东有故房，世亲菩萨于此制《阿毘达磨俱舍论》，人而敬之，封以记焉。

世亲室南五十余步第二重阁，末笯曷剌他唐言如意。论师于此制《毘婆沙论》。论师以佛涅盘之后一千年中利见也。少好学，有才辩，声问遐被，法俗归心。时室罗伐悉底国毘讫罗摩阿迭多王唐言超日。威风远洽，臣诸印度，日以五亿金钱周给贫窭孤独。主藏臣惧国用乏匮也，乃讽谏曰：“大王威被殊俗，泽及昆虫，请增五亿金钱，以赈四方匮乏。府库既空，更税有土，重敛不已，怨声载扬，则君土有周给之恩，臣下被不恭之责。”王曰：“聚有余，给不足，非苟为身侈靡国用。”遂加五亿，惠诸贫乏。其后畋游，逐豕失踪，有寻知迹者，赏一亿金钱。如意论师一使人剃发，辄赐一亿金钱。其国史臣依即书记。王耻见高，心常怏怏，欲众辱如意论师。乃招集异学德业高深者百人而下令曰：“欲收视听，游诸真境，异道纷杂，归心靡措。今考优劣，专精遵奉。”洎乎集论，重下令曰：“外道论师并英俊也，沙门法众宜善宗义，胜则崇敬佛法。负则诛戮僧徒。”于是如意诘诸外道，九十九人已退飞矣，下席一人，视之蔑如也。因而剧谈，论及火烟，王与

外道咸諠言曰：“如意论师辞义有失。夫先烟而后及火，此事理之常也。”如意虽欲释难，无听览者，耻见众辱，齰断其舌。乃书诫告门人世亲曰：“党援之众，无竞大义。群迷之中，无辩正论。”言毕而死。居未久，超日王失国，兴王膺运，表式英贤。世亲菩萨欲雪前耻，来白王曰：“大王以圣德君临，为含识主命。先师如意学穷玄奥，前王宿憾，众挫高名。我承导诱，欲复先怨。”其王知如意哲人也，美世亲雅操焉，乃召诸外道与如意论者。世亲重述先旨，外道谢屈而退。

{༢ དགེ་སློང་རྩིབ་ལོགས་དང་སློབ་དཔོན་དབྱིག་གཉེན་བཅས་ཀྱི་རྗེས་ཤུལ་སྐོར།}

དགེ་སློང་རྩིབ་ལོག་(ལོགས)ནི་སྟོན་ཁྲམ་ཟེའི་རིག་བྱེད་པ་ཞིག་སྟེ་ལོ་བརྒྱད་ཅུ་ལོན་ནས་རབ་ཏུ་བྱུང་བ་གསར་བུ་དག་གིས་འཕྱས་པ། རབ་ཏུ་བྱུང་བ་ནི་དགོས་པ་གཉིས་སྟེ། གཅིག་ནི་སེམས་ནང་དུ་འཇོག་ཅིང་མཉམ་པར་བཞག་ནས་བསམ་གཏན་ཁོ་ནར་གཞོལ་བ་དང་། གཅིག་ནི་གསུང་རབ་ཡན་ལག་བཅུ་གཉིས་ཁ་ཏོན་དུ་བྱེད་པ་ལ་ཁྱེད་རྒས་ཤིང་ཁོག་(འཁོགས)པས་དེ་གཉིས་གང་ཡང་མི་ནུས་པས་ཅིའི་ཕྱིར་དུ་རབ་ཏུ་བྱུང་ཞེས་སྨྲས་པས། རྩིབ་ལོགས་ན་རེ་བརྩོན་འགྲུས་བསྐྱེད་ན་མི་ནུས་བྱ་བ་མེད་དོ་ཟེར་ནས། བདག་གིས་སྡེ་སྣོད་གསུམ་ལ་མ་སྦྱངས་ན་ཁམས་གསུམ་གྱི་རྩ་བ་མི་ཆོད། མངོན་ཤེས་དྲུག་མི་འཐོབ་པས་རྣམ་པར་ཐར་པ་བརྒྱད་མངོན་དུ་མ་བྱས་ཀྱི་བར་ཉལ་ཏེ་དངལ་(ངལ)མི་གསོའོ་ཞེས་དམ་བཅས་ཤིང་། ལོ་གསུམ་གྱི་རིང་རྩིབ་ལོགས་སྟན་ལ་མ་རེག་པས་མཚན་ལ་དགེ་སློང་རྩིབ་ལོགས་སུ་གྲགས་སོ། །དགེ་སློང་རྩིབ་ལོགས་སྡེ་སྣོད་གསུམ་ལ་སྦྱངས་པ་མཐར་ཕྱིན། ཁམས་གསུམ་གྱི་རྩ་བ་བཅད་མངོན་ཤེས་དྲུག་དང་རྣམ་ཐར་བརྒྱད་ཐོབ་པས། ཐམས་ཅད་ངོ་མཚར་དུ་གྱུར་རོ། །ཁོང་གི་བཞུགས་ཁང་ལ་དགེ་སློང་རྩིབ་ལོགས་ཀྱི་བཞུགས་གནས་ཤེས་(ཞེས)ཡི་གེར་བྲིས་ནས་དྲན་གསོས་སུ་བྱའོ། །༄ དེའི་ཤར་ལོགས་སུ་དབྱིག་གཉེན་གྱིས་ཆོས་མངོན་པ་མཛོད་བརྩམས་པའི་གནས་ཁང་ཡོད་དོ། །དེའི་ལྷོ་ངོས་སུ་སློབ་དཔོན་ཨ་ནུ་ཧི་ཏ་སྟེ་ཡིད་བཞིན་ཞེས་བྱ་བས་ལྷག་མཐོང་ཆེན་མོ་མཛད་པའི་གནས་ཡིན་པ་འདུག་གོ །སློབ་དཔོན་དེ་ནི་(སངས་རྒྱས་ཞེས་པའི་ཡིག་འབྲུ་གཉིས་ཆད་)མྱ་ངན་ལས་འདས་ནས་ལོ་སྟོང་ཙམ་ལོན་པའི་དུས་སུ་བྱུང་སྟེ། གཞོན་ནུའི་དུས་ནས་སྤོབས་པ་ཆེ་ཞིང་ཡོན་ཏན་སློབ་པ་ལ་འདུན་པ་ཆེ་<PL.24>ཞིང་ཡུལ་ཐག་ཉེ་རིང་གི་མི་རྣམས་ཀྱི་ཡིད་འཕྲོག་པ་ཞིག་སྟེ། ལན་ཅིག་མཉན་ཡོད་དུ་

རྒྱལ་པོ་ཤིང་མ་ཨ་དི་ཏྱ་སྡེ་ཤུལ་བྱུང་ཉི་མ་ཞེས་བྱ་བ་མངའ་ཐང་ཤིན་ཏུ་ཆེ་བ་བྱུང་ཞིང་། གཏོང་ཕོད་ཆེ་བས་ངན་སྐྱོང་ལ་ཉིན་བཞིན་གསེར་ཏམ་ས་ཡ་ལྷ་སྦྱིན་པ་གཏོང་བ་ལ། སློབ་དཔོན་[བློན་པོ]བང་མཛོད་གཉེར་མཁན་གྱིས་བང་མཛོད་སྟོངས་སུ་དོགས་ནས་ཐབས་ཀྱིས་ལྷ་དགོངས་སུ་གསོལ། སྦྱིན་པ་ཏ་ཙང་ཚད་ལས་ཐལ་བས་འབངས་རྣམས་ཀྱི་ཁྲལ་ཏ་ཙང་ལྕི་བར་འགྱུར་བས་མི་ཐམས་ཅད་ཀྱིས་སྨྲར་བ་འདེབས་ཀྱིན་འདུག་ཞེས་ཞུས་པས། རྒྱལ་པོས་སྨྲས་པ་བང་མཛོད་གང་ལས་ནོར་ལྷག་བྱུང་བ་ལས་སྦྱིན་པ་གཏོང་(བཏང)སྟེ། འཁྲུགས་(འཁྲུག)ཅིང་ལྟོགས་པ་ལ་ཕན་བཏགས་བྱས་ཀྱི་རང་ཉིད་ཀྱི་གྲགས་པ་འདོད་ནས་བང་མཛོད་སྟོངས་སུ་བཅུག་ནས་ཁྲལ་སྣན་(བསྣན)པ་མིན་ཟེར་ནས་གསན་ཡང་རི་དྭགས་བཤོར་བར་སོང་ཙ་ན་ཕག་རྔོད་ཅིག་བྱུང་བ་བདས་པས་མ་ཟིན། མི་ཅིག་རྗེས་ཚོལ་དུ་བཏང་བས་རྙེད་ནས་གསེར་གྱི་ཏམ་ཁྲི་ཕྲག་གཅིག་བྱ་དགར་བསྩལ་ལོ། །སློབ་དཔོན་ཡིད་བཞིན་གྱིས་སྐྲ་ཐེངས་རེ་བསིལ་བ་ལ་གསེར་ཏམ་ཁྲི་ཕྲག་རེ་སྟེར་བའི་ཡུལ་མི་རྣམས་ལ་གྲགས་ཆེ་བས། རྒྱལ་པོས་སློབ་དཔོན་ལ་འགྲན་སེམས་སྐྱེས་ཏེ་དམའ་དབབ་བའི་ཕྱིར་ཕྱི་རོལ་པའི་མཁས་པར་གྲགས་པ་བརྒྱ་ཙམ་བསྡུས་ཏེ། བགྲོ་གླེང་བྱེད་དུ་བཅུག་པའི་སྐབས་སུ་ཕྱི་རོལ་པ་དགུ་བཅུ་རྩ་དགུའི་སྤོབས་པ་ཆད་པར་གྱུར་ཏེ་འཕྲོས་སྟབས་ཀྱིས་ལོག་པ་ལས་ཕྱི་པའི་མི་གཅིག་ལུས་པ་ལས། དར་ཅིག་ལ་མེ་དང་དུ་བ་ཞེས་འཆད་པ་ལ་ཕྱི་རོལ་པ་གཅིག་བུ་དེས་དུ་བ་སྔོན་དུ་འབྱུང་བས་དུ་བ་དང་མེ་ཟེར་ན་འཐད་དེ། ཀོ་རིམ་འཁྲུག་ཞེས་(ཅེས)རྫོད་པས་རྒྱལ་པོ་ཡང་ཕྱོགས་རིས་ཀྱིས་ཕྱི་རོལ་པའི་ཚ་བཟུང་བས། སློབ་དཔོན་གྱིས་དོག་(དོགས)པ་བསལ་ན་ནུས་མོད་ཀྱི་རྒྱལ་པོ་ལ་བཀུར་བའི་བསམ་པས་ཅང་མི་ཟེར་བར་དབྱིག་གཉེན་ལ་བཀའ་ཆེམས་ཤིག་བསྐུར་ནས་དེ་ཉིད་དུ་མྱ་ངན་ལས་འདས་སོ། །དེ་ནས་མ་འགྱངས་པར་རྒྱལ་པོའི་རྒྱལ་ས་ཤོར། རྒྱལ་པོ་ཕྱི་མའི་དུས་སུ་དབྱིག་གཉེན་གྱིས་སློབ་དཔོན་ཡིད་བཞིན་གྱི་བཀའ་ཆེམས་ཡོད་ཚུལ་ཞུས་པས། རྒྱལ་པོ་(པོས)ཕྱི་རོལ་པ་སྔ་མ་དེ་དག་དང་གསར་བ་འགའ་བཅས་བསྡུས་ནས་རྩོད་དུ་བཅུག་པས་དབྱིག་གཉེན་གྱིས་ཕྱི་རོལ་པ་ཐམས་ཅད་རྨིག་མེད་དུ་ཕམས་སོ། །

解 1：

（1）完整翻译全文。

（2）批注为译者自己改正错字。

解 2：

迦腻色迦王伽蓝与胁尊者、世亲、如意遗迹的注释见《大唐西域记校注》（上）247 页。

四、布色羯逻伐底城及诸遗迹

迦腻色迦王伽蓝东北行五十余里，渡大河，至布色羯逻伐底城，周十四五里。居人殷盛，闾阎洞连。城西门外有一天祠。天像威严，灵异相继。

城东有窣堵波，无忧王之所建也，即过去四佛说法之处。先古圣贤自中印度降神导物，斯地寔多，即伐苏蜜呾罗唐言世友。旧曰和须蜜多，讹也。论师于此制《众事分阿毘达磨论》。

城北四五里有故伽蓝，庭宇荒凉，僧徒寡少，然皆遵习小乘法教，即达磨呾逻多唐言法救。旧曰达磨多罗，讹也。论师于此制《杂阿毘达磨论》。

伽蓝侧有窣堵波高数百尺，无忧王之所建也，雕木文石，颇异人工。是释迦佛昔为国王，修菩萨行，从众生欲，惠施不倦，丧身若遗，于此国土千生为王，即斯胜地千生舍眼。

舍眼东不远有二石窣堵波，各高百余尺，右则梵王所立。左乃天帝所建，以妙珍宝而莹饰之。如来寂灭，宝变为石。基虽倾陷，尚曰崇高。

梵释窣堵波西北行五十余里，有窣堵波，是释迦如来于此化鬼子母，令不害人，故此国俗祭以求嗣。

化鬼子母北行五十余里，有窣堵波，是商莫迦菩萨旧曰映摩菩萨，讹也。恭行鞠养，侍盲父母，于此采果，遇王游猎，毒矢误中。至诚感灵，天帝传药，德动明圣，寻即复稣。

{༤ པུ་ཥྐར་ཝ་ཏིའི་ཡུལ་དང་དེའི་རྒྱུད་རྗེས་ཤུལ་སྐོར།}

རྒྱལ་པོ་ཀ་ནི་ཥྐའི་[ཀ་ནིཥྐ།]གཙུག་ལག་ཁང་གི་བྱང་ཤར་མཚམས་ན་རྒྱང་གྲག་(གྲགས)ལྔ་བཅུ་ལྷག་ཙམ་ན་ཆུ་ཀླུང་ཆེན་པོ་གཅིག་བརྒལ་བ་ན་པུ་ཥྐར་ཝ་ཏིའི་ཡུལ་ལོ། །དེའི་ལྟེ་བའི་མཁར་ཁོར་ཡུག་ཏུ་རྒྱང་གྲག་(གྲགས)བཅུ་བཞི་ལྷག་ཙམ་གྲོང་ཁྱེར་མི་ཁྱིམ་གྱིས་གང་བ་ཁང་བརྩེགས་དང་ཡང་བརྩེགས་མང་

བ། ནུབ་སྒོའི་ཕྱི་ལོགས་ན་ལྷ་ཁང་ཅིག་(ཞིག)ཡོད་པར་ལྷའི་གཟུགས་བརྙན་བཟོ་ཁྱད་དུ་འཕགས་ཤིང་བྱིན་རླབས་ཤིན་ཏུ་ཆེ་བར་གྲགས་པ་དང་། ཤར་སྒོའི་ཕྱི་རོལ་ན་རྒྱལ་པོ་ཨ་ཤོ་ཀས་བཞེངས་པའི་མཆོད་རྟེན་ཅིག་(ཞིག)ཡོད་པའི་རྨང་གཞི་ནི་འདས་པའི་སངས་རྒྱས་རྣམ་བཞིས་ཆོས་བསྟན་པའི་གནས་ཡིན་ཟེར་རོ། །རྒྱ་གར་ཡུལ་དབུས་ཀྱི་མཁས་པ་ཕལ་ཆེར་གནས་<PL.25>འདིར་བསྟན་བཅོས་མཛད་པ་མང་ངོ་། །སློབ་དཔོན་བ་སུ་མི་ཏྲ་སྟེ་དབྱིག་བཤེས་དགྲ་བཅོམ་ཆོས་སྐྱབ་ལ་སོགས་པ་མང་ངོ་། །ཕོ་བྲང་བྱང་ཕྱོགས་ན་རྒྱང་གྲག་(གྲགས)བཞི་ལྔ་ཙམ་གྱི་སར་གཙུག་ལག་ཁང་རྙིང་པ་ཞིག་རལ་ཆེ་བ་ཞིག་ཡོད། དགེ་འདུན་ཆེས་ཉུང་བ་ལ་ཐེག་དམན་པ་ཤ་སྟག་གོ །དེའི་ལོགས་ཤིག་ན་ཨ་ཤོ་ཀས་བཞེངས་པའི་མཆོད་རྟེན་དཔངས་སུ་ཁྲུ་བརྒྱ་ལྷག་ཡོད་པ་དང་སྐུ་འདྲ་བཟོ་ཤིན་ཏུ་བཟང་བ་དང་། བདག་ཅག་གི་སྟོན་པས་སྔོན་བྱང་ཆུབ་སྤྱོད་པ་ན་གནས་འདི་ཉིད་དུ་སྐྱེ་བ་ལན་སྟོང་དུ་རྒྱལ་པོར་གྱུར་པ་ན་མིག་ལན་དུ་མར་སྦྱིན་པར་བཏང་ཟེར་བ་དེར་རྫོའི་མཆོད་རྟེན་རིན་པོ་ཆེའི་ཕྲ་ཚོམ་གྱིས་མཛེས་པ་གཉིས་ཚང་པ་(ཚངས་པ)དང་དབང་པོས་རེ་རེ་བཞེངས་ཟེར་ཡོད་དོ། །༈ དེ་ནས་ནུབ་བྱང་མཚམས་སུ་རྒྱང་གྲག་(གྲགས)ལྔ་བཅུ་ཙམ་གྱི་སར་སྟོན་པས་གནོད་སྦྱིན་མོ་ཕྲོག་མ་འདུལ་བའི་གནས་ཡིན་ཞེས་ཡོད། ཡུལ་མི་རྣམས་སྲིའུ་འདོད་པས་ཕྲོག་མ་མཆོད་སྲོལ་འདུག་གོ །དེ་ནས་བྱང་ཕྱོགས་སུ་རྒྱང་གྲག་(གྲགས)ལྔ་བཅུ་ཙམ་ཕྱིན་པ་ན་སྔོན་བྱང་ཆུབ་སེམས་པ་ཤྱཱ་ཀས་གནས་འདིར་ཕ་མ་དབུལ་ཞིང་མིག་ལོང་བ་ཤིང་རྟོག་གིས་སྲི་ཞུ་བྱེད་པ་ལ། རྒྱལ་པོས་རི་དྭགས་བཤོར་བ་དང་ཕྲད་པས་མི་ཞིག་གིས་རི་དྭགས་ལ་མདའ་འཕངས་པ་ཤྱཱ་ཀར་ཕོགས་སྟེ་བརྒྱལ་བ་ཕ་མའི་རིམ་གྲོ་བྱེད་པའི་སེམས་རྩེ་གཅིག་པའི་མཐུས་བརྒྱ་བྱིན་གྱིས་སྨན་བླུད་ནས་གསོས་པའི་གཏམ་རྒྱུད་འདུག་གོ །

解 1：

（1）完整翻译全文。

（2）批注为藏文国王名称的另一个写法。

解 2：

布色羯逻伐底城及诸遗迹的注释见《大唐西域记校注》（上）251 页。

五、跋虏沙城

商莫迦菩萨被害东南行二百余里，至跋虏沙城。城北有窣堵波，是苏达拏太子唐言善牙。以父王大象施婆罗门，蒙谴被摈，顾谢国人，既出廓门，于此告别。其侧伽蓝，五十余僧，并小乘学也。昔伊湿伐逻唐言自在。论师于此制《阿毘达磨明灯论》。

跋虏沙城东门外有一伽蓝，僧徒五十余人，并大乘学也。有窣堵波，无忧王之所建立。昔苏达拏太子摈在弹多落迦山，旧曰坛特山，讹也。婆罗门乞其男女，于此鬻卖。

{༥ གྲོང་ཁྱེར་ཞྭ་རུ་ཤ།}

དེའི་ཤར་ལྷོར་རྒྱང་གྲག་(གྲགས)ཉིས་བརྒྱ་ལྷག་ཕྱིན་པར་རྒྱལ་བུ་ནོར་བཟང་གིས་ཡབ་རྒྱལ་པོའི་ཆིབས་པ་གླང་པོ་ཆེ་བྲམ་ཟེ་ལ་སྦྱིན་པར་གནང་བས་ཡབ་ཀྱིས་བཀའ་བཀྱོན་གྱིས་བསྐྲད་པ་ཡུལ་མི་རྣམས་ཀྱིས་བསྐྱེལ་ཐུང་བྱས་པའི་ས་ཡོད་དོ། །དེར་གྲོང་ཁྱེར་ཞྭ་རུ་ཤ་ཞེས་པ་དེར་མཆོད་རྟེན་ཅིག་(ཞིག)དང་གཙུག་ལག་ཁང་ལྔ་བཅུ་ལྷག་ལ་དགེ་འདུན་ཐེག་ཆུང་པ་ཁོ་ན་བཞུགས་སོ། །དེར་སྔོན་སློབ་དཔོན་དབང་ཕྱུག་སྡེས་ཆོས་མངོན་པའི་གཏན་ཚིག་ཞེས་བྱ་བའི་བསྟན་ཆོས་མཛད་པའི་གནས་ཡོད་དོ། །

解 1：

只翻译了第一自然段的内容。

解 2：

跋虏沙城的注释见《大唐西域记校注》（上）256 页。

六、弹多落迦山及其他诸遗迹

跋虏沙城东北二十余里至弹多落迦山，岭上有窣堵波，无忧王所建。苏达拏太子于此栖隐。其侧不远有窣堵波，太子于此以男女施婆罗门，婆罗门捶其男女，流血染地，今诸草木犹带绛色。岩间石室，太子及妃习定之处。谷中林树，垂条若帷，并是太子昔所游止。其侧不远有一石庐，即古仙人之所居也。

仙庐西北行百余里，越一小山至大山。山南有伽蓝，僧徒甚少。并学大乘。其侧窣堵波，无忧王之所建也，昔独角仙人所居之处。仙人为淫女诱乱，退失神通，淫女乃驾其肩而还城邑。

跋虏沙城东北五十余里至崇山。山有青石大自在天妇像，毘摩天女也。闻诸土俗曰：此天像者，自然有也。灵异既多，祈祷亦众。印度诸国，求福请愿，贵贱毕萃，远近咸会。其有愿见天神形者，至诚无贰，绝食七日，或有得见，求愿多遂。山下有大自在天祠，涂灰外道式修祠祀。

{༦ རི་བོ་ཏ་ནྟ་ཀ་ར་དང་གཞན་གྱི་རྗེས་ཤུལ།}

གྲོང་ཁྱེར་ཕྲ་ཏུ་ཤའི་ཤར་སྒོའི་ཕྱི་ལོགས་སུ་གཙུག་ལག་ཁང་ཆེན་པོ་ཞིག་ཡོད་པར་དགེ་འདུན་ལྔ་བཅུ་ལྷག་ཙམ་གནས་པ་རྣམས་ཐེག་ཆེན་གྱི་གྲུབ་མཐའ་འཛིན་ནོ། །ཡང་ཨ་ཤོ་ཀས་བཞེངས་པའི་མཆོད་རྟེན་ཅིག་(ཞིག)དང་། རྒྱལ་བུ་ནོར་བཟང་ལ་བུ་དང་བུ་མོ་གཉིས་ཡོད་པ་བྲམ་ཟེ་སློང་མོ་པ་ལ་སྦྱིན་པར་བཏང་བའི་གནས་དང་གྲོང་ཁྱེར་གྱི་བྱང་དུ་རྒྱང་གྲག་(གྲགས)ཉི་ཤུ་ལྷག་པར་རི་བོ་ཏ་ནྟ་ཀ་ར་ཞེས་བྱ་བ་རྒྱལ་བུ་ནོར་བཟང་ཡབ་ཡུམ་དཀའ་སྤྱད་མཛད་པའི་བྲག་ཕུག་གཉིས་ཡོད་དོ། །བྲམ་ཟེས་རྒྱལ་བུའི་བུ་བུ་མོ་གཉིས་འཁར་བས་བརྡུངས་ཏེ་ཁྲག་ཟག་པ་ལས་བྱུང་བ་ཡིན་ཟེར་བའི་རྩ་(རྩྭ)དང་ཤིང་གེལ་བ་ཐམས་ཅད་ཀྱི་མདོག་དམར་སྨུག་ཏུ་འདུག་གོ །༄ དེའི་ལོགས་ཤིག་ན་སྔོན་གྱི་དྲང་སྲོང་ཞིག་གི་སྤྲུལ་བུ་ཡིན་ཟེར་འཇག་མའི་སྤྲུལ་བུ་རྙིང་བ་ཅིག་(ཞིག)འདུག་གོ །དེའི་ནུབ་བྱང་ཕྱོགས་སུ་རྒྱང་གྲག་(གྲགས)བརྒྱ་ལྷག་ཙམ་ན་རི་ཆུང་ཅིག་(ཞིག)བརྒལ་ནས་རི་ཆེན་པོ་ཡོད་པའི་སྒོ་ན་གཙུག་ལག་ཁང་འབྲིང་ཙམ་ལ་དགེ་<PL.26>འདུན་ཏ་ཙང་མི་མང་བ་གནས་ཏེ་ཐེག་ཆེན་གྱི་གྲུབ་མཐའ་སྨྲ་བ་དག་གོ །དེའི་ལོགས་ཤིག་ཨ་ཤོ་ཀས་བཞེངས་པའི་མཆོད་རྟེན་ཡོད། དེར་སྔོན་དྲང་སྲོང་རྣ་གཅིག་པ་ཞེས་བྱ་བ་གནས་པ་ལ་སྨད་ཚོང་མས་བསླུས་ནས་རྫུ་འཕྲུལ་ཉམས་པའི་མཐར་སྨད་ཚོང་མས་བུ་ཕྲག་པར་ཁུར་ནས་གྲོང་ཁྱེར་དུ་ལོག་གོ་ཟེར་རོ། །༄ གྲོང་ཁྱེར་ཕྲ་ཏུ་ཤའི་བྱང་ཤར་མཚམས་ན་རི་མཐོ་བ་ཞིག་ཡོད་པ་དེར་རྫོ་སྔོན་པོ་ལས་རང་བྱོན་དུ་གྲུབ་པའི་དབང་ཕྱུག་ཆེན་པོའི་སྐུ་བརྙན་ཡོད། དེ་བྱིན་རླབས་ངོ་མཚར་ཆེ་བས་ཡུལ་ཐག་ཉེ་རིང་མེད་པ་ནས་གསོལ་འདེབས་ཕྱག་མཆོད་དུ་ཚོགས་པ་ཤིན་ཏུ་མང་ཞིང་མི་ཕྱེད་པའི་དད་པ་ཅན་ཕྱིན་པ་ཙམ་གྱིས་མཐོང་བ་དང་། དད་པ་ཅུང་ཞན་པས་ཞག་བདུན་དུ་སྨྱུང་བ་བྱས་པས་མཐོང་བ་སོགས་ཅི་རིགས་པ་དག་འདུག་གོ །རིའི་ཞོལ་ན་དབང་ཕྱུག་ཆེན་པོའི་ལྷ་ཁང་ན་ཕྱི་རོལ་པ་ལུས་ལ་ཐལ་བ་བྱུགས་པ་

འབའ་ཞིག་གནས་སོ། །དབང་ཕྱུག་གི་སྨྱུག་པོ་ལྷ་བི་མ་ལའི་མཆོད་གནས་ཀྱི་ལྷ་ཁང་ཀྱང་(ཡང)འདུག་གོ །

解 1：

完整翻译全文。

解 2：

弹多落迦山及其他诸遗迹的注释见《大唐西域记校注》（上）259 页。

七、乌铎迦汉荼城

昆摩天祠东南行百五十里，至乌铎迦汉荼城，周二十余里，南临信度河。居人富乐，宝货盈积，诸方珍异，多集于此。

{༧ ཨུ་ད་ཀ་ཧན་ཙའི་གྲོང་ཁྱེར།}

དེའི་ཤར་ལྷོའི་མཚམས་སུ་རྒྱང་གྲག་(གྲགས)བརྒྱ་དང་ལྔ་བཅུ་ཙམ་གྱི་སར་ཨུ་ད་ཀ་ཧན་ཙའི་གྲོང་ཁྱེར། དེའི་མཐའ་སྐོར་དུ་རྒྱང་གྲག་(གྲགས)ཉི་ཤུ་ལྷག་པ་ལྷོ་ངོས་སུ་ཆུ་ཀླུང་སིན་རྡུ་འབབས་པ། ནང་མི་ཁྱིམ་གྱིས་གཏམ་(གཏམས)པ་ཕྱུག་ལ་བདེ་བ། ཕྱོགས་ཀུན་ནས་རིན་པོ་ཆེའི་རིགས་འདུས་པས་ཚོང་པའི་ཚོགས་མང་ངོ་། །

解 1：

完整翻译全文。

解 2：

乌铎迦汉荼城的注释见《大唐西域记校注》（上）261 页。

八、娑罗睹逻邑及波你尼仙

乌铎迦汉荼城西北行二十余里，至婆罗睹逻邑，是制《声明论》波你尼仙本生处也。遂古之初，文字繁广，时经劫坏，世界空虚，长寿诸天，降灵道俗。由是之故，文籍生焉。自时厥后，其源泛滥。梵王、天帝，作则随时，异道诸仙，各制文字，人相祖述，竞习所传，学者虚功，难用详究。人寿百岁之时，有波你尼仙，生知博物，愍时浇薄，欲削浮伪，删定繁猥，游方问道，遇自在天，遂申述作之志。自在天曰：“盛矣哉，吾当佑汝！”仙人受教而退，于是研精覃思，采摭群言，作为字书，备有千颂，颂三十二言矣。究极今古，总括文言，封以进上。王甚珍异，下令国中，普使传习，有诵通利，赏千金钱。所以师资传授，盛行当世。故此邑中诸婆罗门硕学高才，博物强识。

裟罗睹逻邑中有窣堵波，罗汉化波尔尼仙后进之处。如来去世，垂五百年，有大阿罗汉，自迦湿弥罗国游化至此，乃见梵志捶训稚童。时阿罗汉谓梵志曰：“何苦此儿?”梵志曰：“令学《声明论》，业不时进。”阿罗汉逌尔而笑，老梵志曰：“夫沙门者，慈悲为情，愍伤物类。仁今所笑，愿闻其说!”阿罗汉曰：“谈不容易，恐致深疑。汝颇尝闻波尔尼仙制《声明论》，垂训于世乎?”婆罗门曰：“此邑之子，后进仰德，像设犹在。”阿罗汉曰：“今汝此子，即是彼仙，犹以强识，翫习世典，唯谈异论，不究真理，神智唐捐，流转未息。尚乘余善，为汝爱子。然则世典文辞，徒疲功绩，岂若如来圣教，福智冥滋。曩者南海之滨有一枯树，五百蝙蝠于中穴居。有诸商侣止此树下，时属风寒，人皆饥冻，聚积樵苏，蕴火其下。烟焰渐炽，枯树遂燃。时商侣有一贾客，夜分已后，诵《阿毘达磨藏》，彼诸蝙蝠虽为火困，爱好法音，忍而不去，于此命终。随业受生，俱得人身，舍家修学，乘闻法声，聪明利智，并证圣果，为世福田。近迦腻色迦王与胁尊者招集五百贤圣于迦湿弥罗国，作《毘婆沙论》，斯并枯树之中五百蝙蝠也。余虽不肖，是其一数。斯则优劣良异，飞伏县殊。仁今爱子，可许出家。出家功德，言不能述。”时阿罗汉说此语已，示神通事，因忽不现。婆罗门深生敬异。叹善久之，具告邻里，遂放其子出家修学。因即回信，崇重三宝。乡人从化，于今弥笃。

从乌铎迦汉荼城北踰山涉川，行六百余里，至乌仗那国。唐言苑。昔轮王之苑囿也。旧云乌场，或曰乌荼，皆讹。北印度境。

{༤ བ་ར་ཏུ་རའི་ལྗོངས་དང་བྲམ་ཟེ་པ་ཎི།}

གྲོང་ཁྱེར་དེའི་ནུབ་བྱང་མཚམས་སུ་རྒྱང་གྲག་(གྲགས)ཉི་ཤུའི་སྐོར་ན་བ་ར་ཏུ་རའི་(ཧྲི་ཏུ་ཀ)ལྗོངས་སྟེ་(ཏེ)། འདི་ནི་བྲམ་ཟེ་པ་ཎིའི་འཁྲུངས་ཡུལ་སྟེ(ཏེ)། བྲམ་ཟེ་པ་ཎི་ཞེས་བྱ་བ་བསྐལ་པ་དང་པོའི་དུས་ལྷ་ཚངས་པ་དེར་བྱོན་ཏེ་སྔོན་གྱི་དྲང་སྲོང་རྣམས་ལ་སྒྲ་བའི་བསྟན་བཅོས་བཤད་པས་དེར་གནས་པའི་

སྐྱེ་བོ་ཕལ་ཆེར་སྨྲ་རིག་ལ་དགའ་བ་དང་སྦྱངས་པ་མང་ངོ་། །རི་ཞིག་ན་སྨྲ་ཉུབ་ནས་ཧོར་ཁོངས་སུ་ལུས་པ་ལ་ལོ་བརྒྱ་བའི་དུས་སུ་བྲམ་ཟེ་པ་ཎི་སྐྱེས་ནས་དབང་ཕྱུག་ཆེན་པོ་བསྒྲུབ་པས་འགྲུབ་སྟེ་ཞལ་མངོན་སུམ་དུ་མཐོང་། དབང་ཕྱུག་གིས་སྨྲ་བའི་བསྟན་བཅོས་ཀྱི་ས་བོན་བསྐུལ། ཏེ་ཀྐ་བརྩམ་ཞིག་ཅེས་ལུང་བསྟན་ལྟར་བརྩམས་པས་ཚིག་རྐང་བཞི་དེར་ཡི་གེ་སུམ་ཅུ་རྩ་གཉིས་རེ་ཡོད་པའི་ཤློ་ཀ་སྟོང་ཚང་བ་ཞིག་མཛད་དོ། །དེའི་གདུང་འཛིན་བྲམ་ཟེ་སྨྲ་ལ་མཁས་པ་མང་པོ་བྱུང་ཞིང་འབྱུང་བར་འགྱུར་བཞིན་པ་དང་ད་དུང་ཡང་འབྱུང་བར་འགྱུར་བར་སྣང་ངོ་། །༈ སྟོན་པ་མྱ་ངན་ལས་འདས་ནས་ལོ་ལྔ་བརྒྱ་ན་ཁ་ཆེའི་ཡུལ་ནས་དགྲ་བཅོམ་པ་ཞིག་འདིར་བྱོན་ཏེ། ལྗོངས་རྒྱུ་པ་ན་བྲམ་ཟེ་ཞིག་གིས་ཁྱིའུ་ཅིག་(ཞིག)ལ་སྨྲ་སློབ་པའི་ཕྱིར་སྦྱོས་ཤིང་བརྡུངས་པ་མཐོང་ནས་རྒྱུ་མཚན་དྲིས་པར་སྨྲ་རིག་པར་བརྩོན་འགྲུས་མི་བསྐྱེད་པ་ཟེར་རོ། །དེར་དགྲ་བཅོམ་པ་བཞད་མོ་ཞིག་ཤོར། དེ་ལ་བྲམ་ཟེ་དེས་དྲིས་པ། དགེ་སྦྱོང་གི་ཆོས་ལུགས་ནི་བྱམས་པ་དང་སྙིང་རྗེའི་བདག་ཉིད་ཅན་ཡིན་པས་བདག་ལ་ཕྱ་བ་མི་འོས་ཟེར། དགྲ་བཅོམ་པ་ན་རེ་ཕྱ་བ་མིན་ལོ་རྒྱུས་ཤིག་དྲན་བྱུང་གསུངས། བྲམ་ཟེ་དེས་མཉན་པར་འདོད་བྱས་པས། དགྲ་བཅོམ་པས་དེ་བཤད་ན་ཁྱོད་ཡིད་ཆེས་སམ་དྲིས་པས་སྐྱོན་མེད་ཤོད་ཟེར་རོ། །<PL.27>དགྲ་བཅོམ་པ་སྔོན་གྱི་དུས་སྨྲ་རིག་ལ་ཤིན་ཏུ་མཁས་པ་བྲམ་ཟེ་པ་ཎི་ཞེས་བྱ་བ་ཁྱོད་ཀྱིས་ཐོས་སམ་ཞེས་དྲིས་སོ། །བྲམ་ཟེ་ན་རེ་ཤིན་ཏུ་ཡང་ཤེས་ཏེ་ལྗོངས་འདི་ནི་སློབ་དཔོན་དེའི་འཁྲུངས་ཡུལ་ཡིན་པས་མི་ཐམས་ཅད་ཀྱིས་སྨྲ་ལ་སློབ་གཉེར་བྱེད་པའི་རྒྱུ་མཚན་དེ་ཡིན་ཟེར་རོ། །དགྲ་བཅོམ་པས་སྨྲས་པ་ཁྱིའུ་འདི་ནི་པ་ཎིའི་སྐྱེ་བ་ཡིན་པ་ཁྱེད་ཀྱིས་མི་ཤེས་ཤིང་སློབ་དཔོན་ཡང་ད་དུང་ཐར་པ་མ་ཐོབ་འདུག སྙིང་རེ་རྗེ་ལོ་རྒྱུས་ནི་ལྷོའི་རྒྱ་མཚོའི་འགྲམ་ན་ལོ་མང་ལོན་པའི་ཤིང་སྡོང་ཅིག་(ཞིག)ཡོད་པའི་ནང་ན་ཕ་ཝང་ལྔ་བརྒྱས་ཚང་བྱས་སོ། །ལན་ཅིག་ཚོང་པ་མང་པོ་དེར་སླེབས་ཏེ་ཚོང་པ་མང་པོ་གྲང་ལྷག་ཆེ་བས་ཤིང་སྡོང་དེའི་དྲུང་ན་མེ་སྤར་ཞིང་མེར་བསྲོ་ཞིང་འདུག་ཚོང་པ་དེ་དག་གི་ནང་ན་ཚོང་པ་གཅིག་གིས་ཆོས་མངོན་པ་འདོན་གྱིན་ཡོད་པ་ལ་ཕ་ཝང་དེ་དག་གིས་མེ་ལ་ཐེ་ཙམ་གདུང་ཀྱང་། ཆོས་ཀྱི་སྒྲ་ལ་ཆགས་པས་གཞན་དུ་མ་བྲོས་པར་དེ་ཉིད་དུ་ཤིའོ། །དེ་ནས་ཕ་ཝང་དེ་དག་ཁ་ཆེའི་ཡུལ་དུ་ཐམས་ཅད་མིར་སྐྱེས་ནས། ཐམས་ཅད་ཀྱང་བློ་བརྟན་ལ་རིག་པ་རྣོ་བ་དང་ཐམས་ཅད་རབ་ཏུ་བྱུང་ནས་སྡེ་སྣོད་གསུམ་ཀར་སྦྱང་བ་ཆེ་བར་གྱུར་ལ་དགྲ་བཅོམ་པའི་གོ་འཕང་ཐོབ་བོ། །རྒྱལ་པོ་ཀ་ཎི་ཥྐ་དང་། འཕགས་པ་རྩིབས་ལོགས་གཉིས་ཀྱིས་ཁ་ཆེ་ནས་མཁས་པ་བསྡུས་ནས་

ལྷག་མཐོང་གི་བསྟན་བཅོས་མཛད་པ་པོ་ནི་ཁ་ཆེ་ནས་བྱོན་པའི་མཁས་པ་ལྔ་བརྒྱ་པོ་དེ་དག་ཡིན་འདུག་ཁོ་བོ་ཡང་དེའི་གྲངས་སུ་གཏོགས་སོ། །དེ་ལྟ་ན་ཐ་སྙད་རིག་པས་ཐར་པ་འཐོབ་མི་ནུས་པར་ངེས་པས་བུ་ལ་བྱམས་ན་རབ་ཏུ་བྱུང་བར་གནང་སྟེ། སངས་རྒྱས་ཀྱི་ཆོས་ལ་བརྟེན་པར་བྱས་ན་ལེགས་ཞེས་ཟེར་རོ། །བྲམ་ཟེས་ཐ་སྙད་རིག་པ་སྙིང་པོ་མེད་པར་ཡིད་ཆེས། དགྲ་བཅོམ་དེར་རྫུ་འཕྲུལ་སྟན་ཏེ་མི་སྣང་བ་འགྱུར་པ་དང་བྲམ་ཟེ་ལྷག་པར་ངོ་མཚར་ཏེ་ཉེ་སྐོར་བ་རྣམས་ལ་ཚུལ་དེ་བསྒྲགས་ཏེ་བྲམ་ཟེས་བུ་རབ་ཏུ་བྱུང་ངོ། །

解 1：

完整翻译全文。

解 2：

娑罗睹逻邑及波尔尼仙的注释见《大唐西域记校注》（上）263 页。

卷第三（八国）

乌仗那国

乌仗那国周五千余里，山谷相属，川泽连原。谷稼虽播，地利不滋，多蒲萄，少甘蔗。土产金铁，宜郁金香。林树蓊郁，花果茂盛。寒暑和畅，风雨顺序。人性怯懦，俗情谲诡，好学而不功，禁咒为艺业。多衣白氎，少有余服。语言虽异，大同印度，文字礼仪，颇相参预。崇重佛法，敬信大乘。夹苏婆伐窣堵河，旧有一千四百伽蓝，多已荒芜。昔僧徒一万八千，今渐减少，并学大乘，寂定为业。善诵其文，未究深义。戒行清洁，特闲禁咒。律仪传训，有五部焉：一法密部，二化地部，三饮光部，四说一切有部，五大众部。天祠十有余所，异道杂居。坚城四五，其王多治曹揭厘城。城周十六七里，居人殷盛。

{ས་བཅད་གསུམ་པ། ཡུལ་བརྒྱད།}

{ཨུརྫ་ནའི་ཡུལ།}

ཨུད་ད་ཀ་ཧན་ཁའི་གྲོང་ཁྱེར་ནས་བྱང་ཕྱོགས་སུ་རི་དྭ་མ་དང་ཀླུང་དྭ་མ་བརྒལ་ཞིང་རྒྱང་གྲག་(གྲགས)དྲུག་བརྒྱ་ཕྱིན་པ་ན་ཨུརྫ་ནའི་༡ ☆ [ཨོ་ཊེ་ཡ་ཊ] ཡུལ་ལོ། །[བམ་པོ་གཉིས་པ་རྫོགས།] དེའི་མཐའ་སྐོར་དུ་ལི་བར་ལྔ་སྟོང་ལྷག་ཙམ། རི་ཀླུང་འབབ་ཆུ་ཐང་སློམ་འབྲེལ་མར་གནས་པ་འབྲུ་མང་ཡང་འདེབས་ཐུང་ཡང་། ཞིང་ས་གཤིན་པོ་མེད་དོ། །དགུན་འབྲུམ་མོད་བུར་ཤིང་ཉུང་ལྕགས་དང་གསེར་བྱུང་ངོ་། །ཁུར་ཀུམ་འདེབས་ཐུང་དང་ལྗོན་ཤིང་ནགས་ཚལ་ཤིང་ཏོག་དང་མེ་ཏོག་གི་རིགས་མང་། གྲང་

ཏྲ་སྒོམས་པ་དྲོད་ཤས་ཅུང་ཟད་ཆེ་བ། མིའི་རང་བཞིན་ཕལ་ཆེར་སེམས་སྟར་མ། གཡོ་སྒྱུ་ཁྲམ་གསུམ་ལ་གོམས་པ་སློབ་གཉེར་ལ་དགའ་བ་ཙམ་ཡིན་ཀྱང་(ཡང)རྩལ་སྦྱོབས་ཆུང་བས་ཐར་ཕྱིན་པ་དཀོན་ཞིང་། རིག་སྔགས་དང་ཐབས་སྦྲན་ཚོགས་ལ་སློབ་པར་བྱེད། རས་རྐྱང་དཀར་པོ་གྱོན་ཞིང་གོས་གཞན་མི་གྱོན། སྐད་རིགས་ཅུང་ཟད་ཟུར་ཆག་པས་མི་འདྲ་བ་མ་གཏོགས་རྒྱ་གར་དང་འདྲ། ཡིག་རིགས་དང་སྤྱོད་ལམ་ཕལ་ཆེར་རྒྱ་གར་དང་མཐུན་ནོ། །དཀོན་མཆོག་བླ་མར་བཀུར་བ་ཐེག་ཆེན་ལ་སྤྱོད་པ། སུ་ཧྣ་ཕ་ཙ་ཏའི་གླུང་ཆུན་<PL.28>ཆད་གཙུག་ལག་ཁང་སྟོང་དང་བཞི་བརྒྱ་ཡོད་པ་ཕལ་ཆེར་ཞིག་རལ་ཏུ་སོང་བ་མང་ལ། དེ་དག་ལ་གནས་པའི་དགེ་འདུན་སྟོམ་(བསྟོམས)པར་དགེ་འདུན་ཁྲི་བརྒྱད་སྟོང་བཞུགས་ཀྱང་ཕལ་ཆེར་འགྲིབ་པས་ཐེག་པ་ཆེ་ཆུང་གི་གྲུབ་མཐའ་ལ་ཞུགས་པ་འདྲིས་མར་གནས་ཤིང་། བསམ་གཏན་ལ་དགའ་ཞིང་གསང་སྔགས་ལ་དགག་བྱ་ཆེ་བ་འདུལ་བའི་སྤྱོད་པ་གཙང་བ། ཆོས་སྲུང་། ས་སྲུང་། ཉེ་སྲུང་། ཐམས་ཅད་ཡོད་སྨྲ། ཕལ་ཆེར་སྡེ་པ་སྡེ་སྡེ་ལྔའི་ཉན་ཐོས་པ་དག་གནས་སོ། །དེའི་རྒྱལ་པོ་ཚུལ་དང་ལྡན་པ་ཞིག་གྲོང་ཁྱེར་མཆུ་ལར་གནས། གྲོང་ཁྱེར་དེའི་མཐའ་སྐོར་དུ་ལི་བར་བཅུ་ཕྲག་གཅིག་དང་དྲུག་བདུན་ཙམ་མི་ཁྱིམ་མང་པོས་གང་བའོ། །

解 1：

（1）完整翻译了全文。

（2）第一句是上一个国家的最后一句“从乌铎迦汉荼城北踰山涉川，行六百余里，至乌仗那国。唐言苑。昔轮王之苑囿也。旧云乌场，或曰乌荼，皆讹。北印度境。”小字“唐言苑。昔轮王之苑囿也。旧云乌场，或曰乌荼，皆讹。北印度境。”没有翻译，因不影响全文的含义，故省略了。

（3）《大唐西域记校注》中对乌仗那国的注解说：“乌仗那国，梵文 Udyana, Uddiyana, Odiyana, Oddiyana，巴利文 Uyyana, Ujjana”[①] 很明显，译文“乌杂纳”为巴利文 Ujjana，“乌知雅纳”为梵文 Udyana 的音译。

（4）批注意为“第二卷完”

解 2：

乌仗那国　梵　Udyāna（今巴基斯坦旁遮普邦白沙瓦）

---

① 玄奘、辩机原著，季羡林等校注. 大唐西域记校注. 北京：中华书局，2000：271.

一、忍辱仙遗迹

瞢揭厘城东四五里有窣堵波，极多灵瑞，是佛在昔作忍辱仙，于此为羯利王唐言斗诤。旧云哥利，讹也。割截支体。

{༡ བཟང་སྲོང་བཟོད་པའི་རྗེས་ཤུལ།}

དེའི་ཤར་ཕྱོགས་སུ་རྒྱང་གྲག་(གྲགས)བཞི་ལྔ་ཙམ་ན་མཆོད་རྟེན་བྱིན་རླབས་ཆེ་བ་ཞིག་ཡོད་པ་སྟོན་སྟོན་པ་དྲང་སྲོང་བཟོད་པར་སྨྲ་བ་ཞེས་བྱ་བར་གྱུར་བའི་ཚེ་ཡན་ལག་དང་ཉིང་ལག་ཀ་ལིང་ཀའི་རྒྱལ་པོས་བཅད་པའི་གནས་སོ། །

解 1：

（1）完整翻译全文。

（2）原文中的“唐言斗诤。旧云哥利”翻译为“嘎林嘎国王”。

解 2：

辱仙遗迹的注释见《大唐西域记校注》（上）274 页。

二、阿波逻罗龙泉及佛遗迹

瞢揭厘城东北行二百五六十里入大山，至阿波逻罗龙泉，即苏婆伐窣堵河之源也。派流西南，春夏含冻，晨夕飞雪。雪霏五彩，光流四照。此龙者，迦叶波佛时生在人趣，名曰殑祇，深闲咒术，禁御恶龙，不令暴雨。国人赖之，以蓄余粮。居人众庶感恩怀德，家税斗谷以馈遗焉。既积岁时，或有逋课，殑祇含怒，愿为毒龙，暴行风雨，损伤苗稼。命终之后，为此池龙，泉流白水，损伤地利。释迦如来大悲御世，愍此国人独遭斯难，降神至此，欲化暴龙。执金刚神杵击山崖，龙王震惧。乃出归依，闻佛说法，心净信悟。如来遂制勿损农稼。龙曰：“凡有所食，赖收人田。今蒙圣教，恐难济给。愿十二岁一收粮储！”如来含覆，愍而许焉。故今十二年一遭白水之灾。

阿波逻罗龙泉西南三十余里，水北岸大盘石上有如来足所履迹，随人福力，量有短长。是如来伏此龙已，留迹而去，后人于上积石为室，遐迩相趋，花香供养。顺流而下三十余里，至如来濯衣石，袈裟之文焕焉如镂。

{༢ གླུ་རྒྱལ་སོག་མ་མེད་གནས་པའི་ཆུ་མིག་དང་སྟོན་པའི་རྗེས་ཤུལ།}

དེ་ནས་བྱང་ཤར་མཚམས་སུ་རྒྱང་གྲག་(གྲགས)ཉིས་བརྒྱ་ལྔ་བཅུ་ཙམ་ན་རི་ཆེན་པོ་ཞིག་ཡོད་པའི་ལམ་དུ་ཞུགས་ཏེ་ཕྱིན་པ་ན། གླུ་རྒྱལ་སོག་མ་མེད་གནས་པའི་ཆུ་མིག་སྭ་སྟ་བཙུགས་པའི་གླུང་གི་ཆུ་རྒྱུན་ལྷོ་ནུབ་མཚམས་སུ་འབབ་ཅིང་། དཔྱིད་དབྱར་གཉིས་ཀྱི་དུས་སུ་འཁྱག་དུམ་དང་འདྲེས་ནས་འབབས་ལ། ཁ་བ་རླུང་གི་བདས་ཆེ་ཕྱི་མ་ཁ་དོག་ལྔ་གཡེངས་པར་སྣང་ངོ་། །གླུ་སོག་མ་མེད་ཀྱི་ལོ་རྒྱུས་ནི་སངས་རྒྱས་འོད་སྲུང་གི་དུས་སུ་ག་གི་ཞེས་བྱ་བ་རིག་སྔགས་འཆང་མཐུ་ཅན་ཞིག་ཏུ་གྱུར་ཏེ་རྟག་ཏུ་ཞིང་ལ་སེར་བ་བསྲུང་བར་བྱས་ཤིང་། ཡུལ་མི་རྣམས་ཀྱིས་རེ་སྙོས་མཆའ་(འཆའ)ཡུལ་དུ་གྱུར་ཏོ། །ཡུལ་མི་ཚང་མས་ཞིང་ལས་སྟོན་ཐོག་བསྡུས་པ་དང་འབྲུའི་ཤུད་བྲེ་ཆེན་རེ་འབུལ་བར་ཆད་བྱས་ཡོད་པ་ལ། ལན་ཅིག་ཡུལ་མི་རྣམས་ཀྱིས་ཁས་བླངས་པའི་འབྲུ་ཤུད་མི་འབུལ་བ་དག་བྱུང་བས། སྔགས་འཆང་ག་གི་ཁྲོས་ནས་འཆི་བར་སྨོན་ལམ་བཏབ་ཏེ་ཤི་ནས་གླུ་གདུག་པ་ཅན་ཞིག་ཏུ་གྱུར་ནས། ཞིང་ལ་སེར་བ་འབེབ་རེ་ལ་སོག་མ་ཙམ་ཡང་ལུས་པ་མེད་པར་བྱེད་པས་མིང་ལ་སོག་མེད་ཅེས་གྲགས་སོ། །བདག་ཅག་གི་སྟོན་པའི་དུས་སུ་ཡུལ་དེའི་སྐྱེ་བོ་མང་པོ་ལ་ཐུགས་བརྩེ་བས་ཕྱག་ན་རྡོ་རྗེར་སྤྲུལ་ནས། གནས་དེའི་རི་བྲག་རྣམས་ལ་རྡོ་རྗེ་འཕངས་པས་གླུ་རྒྱལ་འཁོར་བཅས་སྟངས་ཏེ་སྐྱབས་སུ་གསོལ་བས། བཅོམ་ལྡན་འདས་ཀྱིས་ཆོས་གསུངས་པས་བདེན་པ་མཐོང་ཀྱང་(ཡང)། ཡུལ་མི་རྣམས་ཀྱི་དམ་བཅའ་དང་བསོད་ནམས་ཞན་པའི་སྐབས་དང་མཐུན་པའི་ཕྱིར་ཀྱི་སྨོན་ལམ་ལོག་པའི་མཐུ་དྲག་པས། ལོ་བཅུ་གཉིས་སྐོར་རེ་ལ་ཆུ་བོ་ལུད་དེ་གནོད་པ་གཏོང་བར་ཞུས་པས། སྟོན་པས་ཀྱང་གནང་ངོ་། །ད་ལྟ་དང་(ཡང)ལོ་བཅུ་གཉིས་སྐོར་རེ་ལ་ཆུ་བོ་ལུད་པའི་གནོད་པ་རེ་འོང་བར་སྣང་ངོ་། །སོག་མ་མེད་ཀྱི་ཆུ་མིག་གི་ལྷོ་ནུབ་མཚམས་སུ་རྒྱང་གྲག་(གྲགས)སུམ་ཅུ་ལྷག་པའི་སར་ཕ་བོང་ཆེན་པོ་ཅིག་(ཞིག)གི་སྟེང་དུ་དེ་བཞིན་གཤེགས་པའི་ཞབས་རྗེས་ཆེ་ཆུང་བལྟ་མཁན་གྱི་བསོད་ནམས་ལ་རག་ལས་པ་ཅིག་(ཞིག)ཡོད། དེ་ནི་གླུ་སོག་མ་མེད་བཏུལ་པའི་རྟགས་སུ་བཞག་པ་ཡིན་སྐད། ཕྱིས་སུ་<PL.29>ཡུལ་མི་རྣམས་ཀྱིས་དེའི་སྟེང་དུ་ར་བས་བསྐོར་ཞིང་མཆོད་པ་བྱེད་ཀྱིན་འདུག་གོ། དེ་ནས་འབབ་ཆུའི་འགྲམ་བརྒྱུད་དེ་རྒྱང་གྲག་(གྲགས)སུམ་ཅུ་ལྷག་ཕྱིན་པ་ན། སྟོན་པས་ཆོས་གོས་བཀྲུས་ཏེ་སྐམ་པའི་རྡོ་ལེབ་ཞིག་(ཅིག)ལ་ཆོས་གོས་ཀྱི་སྣུད་རིས་གསལ་བར་སྣང་ངོ་། །

解 1：

完整翻译全文。

解 2：

阿波逻罗龙泉及佛遗迹的注释见《大唐西域记校注》（上）276 页。

三、醯罗山

瞢揭厘城南四百余里至醯罗山，谷水西派，逆流东上。杂华异果，被涧缘崖。岩危险，溪谷盘纡，或闻諠语之声，或闻音乐之响。方石如塔，宛若工成。连延相属，接布崖谷。是如来在昔为闻半颂旧曰偈，梵文略也。或曰偈他，梵音讹也。今从正音，宜云伽他。伽他者唐言颂。颂三十二言也。之法，于此舍身命焉。

{༣ རི་བོ་ཧེ་ཏུ།}

གྲོང་ཁྱེར་མདྷ་ལའི་ལྷོ་ངོས་སུ་རྒྱང་གྲག་(གྲགས)བཞི་བརྒྱ་ཙམ་ན་རི་བོ་ཧེ་ཏུ་ཟེར་བ་ཡོད། དེའི་ཆུ་བོ་ཐམས་ཅད་ནུབ་ཀྱི་ཕྱོགས་སུ་འབབ་ཅིང་སྟེང་དུ་མེ་ཏོག་སྣ་ཚོགས་པ་དང་ཡ་མཚན་པའི་ཤིང་ཏོག་དང་། ཇོའི་མཐེ་ཁྲ་གང་བ་ཞིག་འདུག་གོ། སྐབས་སྐབས་སུ་ཆ་མེད་པར་གཏམ་གླེང་བ་དང་རོལ་མོའི་སྒྲ་ཐོས་པ་ཡོད་པ་སྔོན་སྔོན་པས་བྱང་ཆུབ་སེམས་དཔའི་སྤྱོད་པ་སྤྱོད་པའི་ཚེ་ཚོས་ཚིག་བཅད་ཕྱེད་ཀྱི་ཕྱིར་ཏུ་ལུས་མཆོད་སྦྱིན་དུ་བཏང་བའི་ས་ཡིན་སྐད་དོ། །

解 1：

（1）完整翻译全文。

（2）原文中的一行小字“旧曰偈，梵文略也。或曰偈他，梵音讹也。今从正音，宜云伽他。伽他者唐言颂。颂三十二言也”的意思完全翻译在文中。

解 2：

醯罗山的注释见《大唐西域记校注》（上）279 页。

四、摩诃伐那伽蓝

瞢揭厘城南二百余里大山侧，至摩诃伐那唐言大林。伽蓝。是如来昔修菩萨行，号萨缚达多王，唐言一切施。避敌弃国，潜行至此，遇贫婆罗门方来乞匄，既失国位，无以为施，遂令羁缚，擒往敌王，冀以赏财，回为惠施。

{༤ མ་ཧཱ་བ་ནའི་གཙུག་ལག་ཁང་།}

གྲོང་ཁྱེར་མངྒ་ལ་ནས་ལྷོར་རྒྱང་གྲག་(གྲགས)ཉིས་བརྒྱ་ཙམ་སོང་བ་ན། རི་ཆེན་པོ་ཅིག་(ཞིག)ཡོད་པའི་ཟོགས་སུ་མ་ཧཱ་བ་ན་སྟེ་ནགས་ཆེན་པོ་ཞེས་བྱ་བའི་གཙུག་ལག་ཁང་ཡོད་པ། སྔོན་བདག་ཅག་གི་སྟོན་པས་བྱང་ཆུབ་སེམས་དཔའི་སྤྱོད་པ་སྤྱད་དུས་སརྦ་ད་ད་སྟེ་ཐམས་ཅད་གཏོང་བ་ཞེས་པའི་རྒྱལ་པོར་གྱུར་སྐབས་ཕས་རྒོལ་གྱིས་ཕམ་སྟེ་རྒྱལ་སྲིད་སྤོར་བས་གསང་སྟབས་ཀྱིས་ཡུལ་འདིར་ཕྱིན་པ་དང་བྲམ་ཟེ་དབུལ་པོ་ཞིག་དང་ཕྲད་དེ་སློང་མོ་པ་ལ་སྟེར་རྒྱུ་མེད་ཅིང་ཕྱིར་ལྡོག་མི་ནུས་པར་གྱུར་བར་གཞན་གྱིས་བཟུང་བ་དང་། ཕ་རོལ་པོས་སླར་ལ་བྱམས་པར་གྱུར་ཏེ་ནོར་མང་པོ་བྱིན་པས་སླར་ཡང་སྦྱིན་པ་པོར་གྱུར་ཏོ། །

解 1：

（1）完整翻译全文。

（2）原文中的小字“唐言大林”和“唐言一切施”的意思完全翻译在文中。

解 2：

摩诃伐那伽蓝的注释见《大唐西域记校注》（上）280 页。

五、摩愉伽蓝

摩诃伐那伽蓝西北，下山三四十里，至摩愉唐言豆。伽蓝。有窣堵波高百余尺，其侧大方石上有如来足蹈之迹。是佛昔蹈此石，放拘胝光明，照摩诃伐那伽蓝，为诸人天说本生事。其窣堵波基下有石，色带黄白，常有津腻。是如来在昔修菩萨行，为闻正法，于此析骨书写经典。

{༥ མ་ཤའི་གཙུག་ལག་ཁང་།}

མ་ཧྣ་པ་ནའི་ནུབ་བྱང་དུ་རྒྱང་གྲགས་སུམ་ཅུ་བཞི་བཅུ་ལྷག་ཙམ་གྱི་སར་མ་ཤ་སྟེ་སྲིན་མ་ཞེས་བྱ་བའི་གཙུག་ལག་ཁང་ལ་མཆོད་རྟེན་དཔངས་སུ་ཁྲུ་བརྒྱ་ཙམ་གྱི་ཡོགས་ལ་སྟོན་པའི་ཞབས་རྗེས་ཡོད་པའི་རྡོ་ལེབ་ཞིག་(ཅིག)ཡོད་པ་དེ། སྔོན་སྟོན་པས་རྡོ་འདི་ལ་ཞབས་རྗེས་བཀོད་པ་ལས་འོད་ཟེར་བཀྱེས་ཏེ་མ་ཧྣ་པ་ན་ལ་ཕོག་པར་མཛད་པས། དེར་ལྷ་མི་མང་པོ་འདུས་པ་ལ་བཅོམ་ལྡན་འདས་ཀྱིས་ཚེ་འདི་ཕྱིའི་རྒྱུ་འབྲས་ཀྱི་མདོ་གསུངས་སྐད་དོ། །མཆོད་རྟེན་གྱི་རྨང་གཞིའི་རྡོ་ཐམས་ཅད་མདོག་དཀར་སེར་འདྲེས་མ་སྨུམ་པ། སྔོན་དུས་སྟོན་པ་བྱང་ཆུབ་ཀྱི་སྤྱོད་པ་སྤྱོད་པའི་ཚེ་གནས་འདིར་ཆོས་ཡང་དག་པ་དྲིས་ཏེ་རུས་པས་སྨྱུ་གུ་བྱས་ཏེ་གསུང་རབ་བྲིས་པའི་རྒྱུ་མཚན་གྱིས་དེ་ལྟར་གྱུར་སྐད་དོ། །

解 1：

（1）完整翻译全文。

（2）原文中的小字“唐言豆”的意思完全翻译在文中。

解 2：

摩愉伽蓝的注释见《大唐西域记校注》（上）281 页。

六、尸毘迦王本生故事

摩愉伽蓝西六七十里，至窣堵波，无忧王之所建也。是如来昔修菩萨行，号尸毘迦王，唐言与。旧曰尸毘王，讹。为求佛果，于此割身，从鹰代鸽。

{༦ ཤི་བི་ཀའི་རྒྱལ་པོའི་ལོ་རྒྱུས།}

མ་ཤེ་དགོན་པའི་ནུབ་རོལ་ཏུ་རྒྱང་གྲག་(གྲགས)བདུན་ཅུ་ཙམ་གྱི་སར་མྱ་ངན་མེད་ཀྱིས་བཞེངས་པའི་མཆོད་རྟེན་ཡོད་པ། སྔ་དུས་བདག་ཅག་གི་སྟོན་པ་བྱང་ཆུབ་སེམས་དཔའ་རྒྱལ་པོ་ཤེ་བི་ཀར་གྱུར་ཏེ་ཕུག་རོན་གྱི་སྲོག་བསླུ་བའི་ཕྱིར་དུ་ཁྲ་ལ་སྐུ་ཤ་བཏང་བའི་གནས་སོ། །

解 1：

完整翻译全文。

解 2:

尸毘迦王本生故事的注释见《大唐西域记校注》(上) 283 页。

七、萨裒杀地僧伽蓝及佛本生故事

代鸽西北二百余里，入珊尼罗阇川，至萨裒杀地唐言蛇药。僧伽蓝。有窣堵波高八十余尺。是如来昔为帝释，时遭饥岁，疾疫流行，医疗无功，道死相属。帝释悲愍，思所救济，乃变其形为大蟒身，僵尸川谷，空中遍告。闻者感庆，相率奔赴，随割随生，疗饥疗疾。其侧不远有苏摩大窣堵波。是如来昔为帝释，时世疾疫，愍诸含识，自变其身为苏摩蛇，凡有噉食，莫不康豫。珊尼罗阇川北石崖边，有窣堵波，病者至求，多蒙除差。如来在昔为孔雀王，与其群而至此，热渴所逼，求水不获。孔雀王以喙啄崖，涌泉流注，今遂为池，饮沐愈疾。石上犹有孔雀踪迹。

{༢ སརྦ་ཥ་འི་གཙུག་ལག་ཁང་།}

དེ་ནས་ནུབ་ཕྱོགས་སུ་རྒྱང་གྲག་(གྲགས)ཉིས་བརྒྱ་ལྷག་པའི་སར་ཤ་ནི་རྣ་ཙ་ཞེས་པའི་ལྗོངས་ཀྱི་ཐང་ཆེན་པོར་སརྦ་ཥ་སྡེ་སྦྲུལ་སྨན་གྱི་གཙུག་ལག་ཁང་ཡོད་པ། དེ་ནི་སྔོན་པས་བྱང་ཆུབ་སེམས་དཔའ་བརྒྱ་བྱིན་དུ་གྱུར་པ་ན་གནས་འདིར་ཡུལ་མི་ཐམས་ཅད་དབུལ་ཞིང་རིམ་ནད་མཆེད་པས་སྐྱེ་བོ་མང་པོ་འཆི་བ་ལ། སྙིང་རྗེ་ཆེན་པོས་མ་བཟོད་པར་སྦྲུལ་ཆེན་པོ་ཞིག་ཏུ་སྤྲུལ་ཏེ་འགྱེལ་བ་ཡུལ་གྱི་མི་རྣམས་ཀྱིས་ཅི་དགར་བཅད་དེ་ཟོས་པས། དབུལ་བ་བསལ་ཞིང་རིམ་ནད་ལས་ཐར་བར་མཛད་པས་མིང་དེ་ལྟར་དུ་གྲགས<PL.30>སོ། །དེར་མཆོད་རྟེན་དཔངས་སུ་ཁྲུ་བརྒྱད་ཅུ་ལྷག་གཅིག་ཡོད། དེར་བྲག་བརྟན་པ་ཅིག་(ཞིག)གི་བུ་ག་ནས་ཆུ་གཙང་འབབ་པ་ཅིག་(ཞིག)འདུག་པ། དེ་ནི་སྔོན་བདག་ཅག་གི་སྟོན་པ་རྨ་བྱའི་རྒྱལ་པོར་གྱུར་བའི་ཚེ་ས་འདིར་ཕྱོགས་གཞན་ནས་འོངས་པ་ལ་ལྗོངས་ཐང་ལ་ཆུ་མེད་པས་འཁོར་བཅས་སྐོམ་གྱིས་གདུངས་བ་ལ། རྨ་བྱའི་རྒྱལ་པོའི་མཆུས་བྲག་རྗོལ་ཏེ་ཆུ་བྱུང་བ་ད་ལྟའི་བར་དུ་སྐོམ་གྱི་གདུང་བ་སེལ་ཞིང་ཚིམ་པར་འགྱུར་ཏེ། བྲག་གི་ཐོག་ཏུ་རྨ་བྱའི་ཁྲུ་བབས་པའི་སྟེར་རྗེས་ཡོད་པར་སྣང་ངོ་། །

解 1:

(1) 完整翻译全文。

（2）原文中的小字“唐言蛇药。”的意思完全翻译在文中。

解 2：

萨裒杀地僧伽蓝及佛本生故事的注释见《大唐西域记校注》（上）285 页。

八、上军王窣堵波

普揭鳌城西南行六七十里，大河东有窣堵波，高六十余尺，上军王之所建也。昔如来将寂灭，告诸大众：“我涅槃后，乌仗那国上军王宜与舍利之分。”及诸王将欲均量，上军王后来，遂有轻鄙之议。是时天人大众重宣如来顾命之言，乃预同分，持归本国，式遵崇建。窣堵波侧大河滨有大石，状如象，昔上军王以大白象负舍利归，至于此地，象忽蹎仆，因而自毙，遂变为石，即于其侧起窣堵波。

{༨ རྒྱལ་པོ་སྡེ་མཆོག་གིས་བཞེངས་པའི་མཆོད་རྟེན།}

གྲོང་ཁྱེར་མངྒ་ལའི་ལྷོ་ནུབ་མཚམས་སུ་རྒྱང་གྲག་(གྲགས)དྲུག་ཅུ་ཙམ་ན་ཆུ་ཀླུང་ཆེན་པོ་ཞིག་ཡོད་པའི་ཤར་ཕྱོགས་སུ་ཁྲུ་དྲུག་ཅུ་ལྷག་གི་མཆོད་རྟེན་རྒྱལ་པོ་སྡེ་མཆོག་གིས་བཞེངས་པ། དེ་སྔོན་སྟོན་པ་མྱ་ངན་ལས་འདས་ཁར་འཁོར་རྣམས་ལ་བཀའ་བསྩལ་པ། ང་མྱ་ངན་ལས་འདས་པའི་འོག་ཏུ་ཨུདྱཱ་ནའི་རྒྱལ་པོ་སྡེ་མཆོག་ལ་གདུང་སྐལ་སྦྱིན་དགོས་པར་གསུངས་སོ། །དེར་རྒྱལ་པོ་སྡེ་མཆོག་འོང་བ་ཕྱིས་པས་རྒྱལ་པོ་གཞན་རྣམས་ཀྱིས་མི་སྤྱེར་བར་བརྩམས་པ་ན། རྒྱལ་པོ་སྡེ་མཆོག་མ་དགའ་བས་སྤྱི་དག་བརྟོན་པས་འཁོར་རྣམས་ཀྱིས་སྟོན་པའི་བཀའ་ཆེམས་བསྒྲགས་པས་གདུང་སྐལ་ཐོབ་སྟེ་རང་གི་གནས་སུ་གདན་དྲངས་ནས་མཆོད་རྟེན་བཞེངས་སོ། །དེའི་ཕྱོགས་ཤིག་ན་ཆུ་ཀླུང་ཞིག་རྒྱུ་བའི་འགྲམ་དུ་གླང་པོ་ཆེ་འདྲ་བའི་ཕ་བོང་ཆེན་པོ་ཞིག་ཡོད་པ་དེ། རྒྱལ་པོ་སྡེ་མཆོག་གིས་སྟོན་པའི་རིང་བསྲེལ་གླང་པོ་ཆེའི་རྒྱབ་ཏུ་བཀལ་ནས་འོངས་པ་ས་འདིར་སླེབས་མ་ཐག་གླང་ཆེན་ལྡོ་བུར་ས་ལ་འགྱེལ་ཏེ་ཤི་བ་རྡོའི་ཕ་བོང་དུ་གྱུར་ཞེས་ཟེར་རོ། །གདུང་རྟེན་ཡང་དེ་དང་མི་རིང་བར་གནས་སོ། །

解1：

完整翻译全文。

解 2：

上军王窣堵波的注释见《大唐西域记校注》（上）286 页。

九、赤塔、奇特塔及观自在菩萨精舍

瞢揭厘城西五十余里，渡大河，至卢醯呾迦唐言赤。窣堵波，高五十余尺，无忧王之所建也，昔如来修菩萨行，为大国王，号曰慈力，于此刺身血以饭五药叉。旧曰夜叉，讹也。

瞢揭厘城东北三十余里，至遏部多唐言奇特。石窣堵波，高四十余尺。在昔如来为诸人天说法开导，如来去后从地踊出，黎庶崇敬，香花不替。

石窣堵波西渡大河三四十里，至一精舍，中有阿缚卢枳低湿伐罗菩萨像，唐言观自在。合字连声，梵语如上；分文散音，即阿缚卢枳多，译曰观，伊湿伐罗，译曰自在。旧译为光世音，或观世音，或观世自在，皆讹谬也。威灵潜被，神迹昭明，法俗相趋，供养无替。

{༩ ལོ་ཧི་ར་ཀ་ཅཻར་མཆོད་རྟེན་དང་འཕགས་པ་སྤྱན་རས་གཟིགས་དབང་ཕྱུག་གི་སྐུ་བརྙན།}

གྲོང་ཁྱེར་མཐྲ་ལའི་ནུབ་ཏུ་རྒྱང་གྲག་(གྲགས)ལྔ་བཅུ་ལྷག་ཙམ་སོང་བ་ནས་ཆུ་ཀླུང་བརྒལ་བ་ན། ལོ་ཧི་ར་ཀ་ཅཻར་ཏེ་མཆོད་རྟེན་དམར་པོ་དཔངས་སུ་ཁྲུ་ལྔ་བཅུ་ལྷག་ཡོད་པ་རྒྱལ་པོ་ཨ་ཤོ་ཀས་བཞེངས་པ་ཡོད་པ་དེ། སྟོན་བདག་ཅག་གི་སྔོན་པ་བྱང་ཆུབ་སེམས་དཔའི་སྤྱོད་པ་སྤྱོད་པའི་སྐབས་བྱམས་པའི་སྟོབས་ཞེས་བྱ་བའི་རྒྱལ་པོར་གྱུར་བའི་ཚེ་སྐུ་ལས་ཤ་བཅད་ཅིང་ཁྲག་གིས་གནོད་སྦྱིན་ལྔ་གསོས་པའི་གནས་ཡིན་སྐད་དོ། །གྲོང་ཁྱེར་མཐྲ་ལ་བྱང་ཤར་མཚམས་སུ་རྒྱང་གྲག་(གྲགས)སུམ་ཅུ་ལྷག་ཙམ་གྱི་སར་ཨ་རྦུ་ཏ་སྟེ་ངོ་མཚར་ཞེས་བྱ་བའི་མཆོད་རྟེན་དཔངས་སུ་ཁྲུ་བཞི་བཅུ་ལྷག་ཡོད་པ། དེ་སྟོན་སྟོན་པ་ཞལ་བཞུགས་པའི་སྐབས་གནས་འདིར་ལྷ་དང་མི་ལ་ཆོས་བསྟན་པའི་གནས་སྟེ་(ཏེ)། སྟོན་པ་འདས་པའི་རྗེས་སུ་ས་འོག་ནས་བརྫོལ་ཏེ་བྱུང་བ་ཡིན་པས་ངོ་མཚར་དུ་གྲགས་སོ། །དམངས་མ་རྣམས་ཀྱིས་རྒྱུན་དུ་མེ་ཏོག་དང་སྤོས་ཀྱིས་མཆོད་པ་ཕུན་སུམ་ཚོགས་པ་འབུལ་བཞིན་པའོ། །༔ དེ་ནས་ནུབ་བྱང་ཕྱོགས་སུ་རྒྱང་གྲག་(གྲགས)བཞི་བཅུ་ཙམ་གྱི་སར་ཀུན་དགའ་ར་བ་ཞིག་ན་འཕགས་པ་སྤྱན་རས་གཟིགས་དབང་ཕྱུག་གི་སྐུ་བརྙན་ཞིག་བཞུགས་པ་དེ་བྱིན་རླབས་ཤིན་ཏུ་ཆེ་བས་ཡུལ་ཉེ་རིང་གི་མི་དག་ཕྱུག་དང་མཆོད་པ་

བྱེད་པར་གྲོགས་མེད་གཅིག་བུ་དང་། གྲོགས་དང་སྔོངས་པ་བགྲངས་ཡས་པ་རྒྱུན་མི་འཆད་དུ་འདུས་པ་ཡོད་དོ། །

解 1:

（1）完整翻译全文。

（2）原文中的小字“唐言赤。”的意思完全翻译在文中。

（3）原文中的“唐言观自在。合字连声，梵语如上；分文散音，即阿缚卢枳多，译曰观，伊湿伐罗，译曰自在。旧译为光世音，或观世音，或观世自在，皆讹谬也”一行小字没有逐字翻译，但意思已经表达清楚了。

解 2:

赤塔、奇特塔及观自在菩萨精舍的注释见《大唐西域记校注》（上）287—289 页。

十、蓝勃卢山龙池及乌仗那国王统传说

观自在菩萨像西北百五十里至蓝勃卢山。山岭有龙池，周三十余里，渌波浩汗，清流皎镜。

昔毘卢释迦王前伐诸释，四人拒军者，宗亲摈逐，各事分飞。其一释种，既出国都，跋涉疲弊，中路而止。时有一雁飞趣其前，既以驯狎，因即乘焉。其雁飞翔，下此池侧。释种虚游，远适异国，迷不知路，假寐树阴。池龙少女游览水滨，忽见释种，恐不得当也，变为人形，即而摩拊。释种惊寤，因即谢曰：“羁旅羸人，何见亲拊？”遂欵殷勤，凌逼野合。女曰：“父母有训，祇奉无违。虽蒙惠顾，未承高命。”释种曰：“山谷杳冥，尔家安在？”曰：“我此池之龙女也，敬闻圣族流离逃难，幸因游览，敢慰劳弊。命有燕私，未闻来旨。况乎积祸，受此龙身，人畜殊途，非所闻也。”释种曰：“一言见允，宿心斯毕。”龙女曰：“敬闻命矣，唯所去就。”释种乃誓心曰：“凡我所有福德之力，令此龙女举体成人！”福力所感，龙遂改形，既得人身，深自庆悦，乃谢释种曰：“我积殃运，流转恶趣，幸蒙垂顾，福力所加，旷劫弊身，一旦改变。欲报此德，糜躯未谢。心顾陪游，事拘物议。愿白父母，然后备礼。”龙女还池，白父母曰：“今者游览，忽逢释种，福力所感，变我为人。情存好合，敢陈事实。”龙王心欣人趣，情重圣族，遂从女请。乃

出池而谢释种曰："不遗非类，降尊就卑，愿临我室，敢供洒扫！"释种受龙王之请，遂即其居。于是龙宫之中，亲迎备礼，燕尔乐会，肆极欢娱。释种睹龙之形，心常畏恶，乃欲辞出。龙王止曰："幸无远舍，邻此宅居，当令据疆土，称大号，总有臣庶，祚延长世。"释种谢曰："此言非冀。"龙王以宝剑置箧中，妙好白氎而覆其上，谓释种曰："幸持此氎以献国王，王必亲受远人之贡，可于此时害其王也。因据其国，不亦善乎？"释种受龙指诲，便往行献，乌仗那王躬举其氎，释种执其袂而刺之。侍臣卫兵諠乱阶陛，释种麾剑告曰："我所杖剑，神龙见授，以诛后伏，以斩不臣。"咸惧神武，推尊大位。于是沿弊立政，表贤恤患。已而动大众，备法驾，即龙宫而报命，迎龙女以还都。龙女宿业未尽，余报犹在，每至燕私，首出九龙之头。释种畏恶，莫知图计，伺其寐也，利刃断之。龙女惊寤曰："斯非后嗣之利，非徒我命有少损伤，而汝子孙当苦头痛。"故此国族常有斯患，虽不连绵，时一发动。释种既没，其子嗣位。是嗢呾罗犀那王唐言上军。

上军王嗣位之后，其母丧明。如来伏阿波逻罗龙还也，从空下其宫中，上军王适从游猎。如来因为其母，略说法要。遇圣闻法，遂得复明。如来问曰："汝子我之族也，今何所在？"母曰："旦出畋游，今将返驾。"如来与诸大众寻欲发引，王母曰："我惟福遇，生育圣族，如来悲愍又亲降临，我子方还，愿少留待。"世尊曰："斯人者我之族也，可闻教而信悟，非亲诲以发心。我其行矣。还语之曰：如来从此往拘尸城裟罗树间入涅槃，宜取舍利，自为供养。"如来与诸大众凌虚而去。上军王方游猎，远见宫中光明赫奕，疑有火灾，罢猎而返。乃见其母复明，庆而问曰："我去几何，有斯祥感，能令慈母复明如昔！"母曰："汝出之后，如来至此，闻佛说法，遂得复明。如来从此至拘尸城娑罗树间，当入涅槃，召汝速来，分取舍利。"时王闻已，悲号顿躄，久而醒悟，命驾驰赴，至双树间，佛已涅槃。时诸国王轻其边鄙，宝重舍利，不欲分与。是时天人大众重宣佛意，诸王闻已，遂先均授。

{༧༠ རཾ་རྒྲ་ལོའི་རི་བོ་ཡོད་པའི་སྟོ་ལ་ཀླུ་ཆེན་དང་རྒྱལ་པོ་འཕགས་སྐྱེས་པའི་ལོ་རྒྱུས།}

སྤྱན་རས་གཟིགས་ཀྱི་ཀུན་དགའ་ར་བ་ནས་ཤུབ་བྱང་དུ་རྒྱང་གྲག་(གྲགས)ཆིག་བརྒྱ་དང་ལྔ་བཅུ་ལྷག་<PL.31>ཙམ་ན་རཾ་རྒྲ་ལོ་ཟེར་བའི་རི་བོ་ཡོད་པའི་སྟོ་ལ་ཀླུ་ཆེན་པོ་ཞིག་གནས་པའི་མཆོད་པའི་

མཐའ་སྐོར་དུ་ལི་དབར་སུམ་ཅུ་ལྷག་ཙམ་མཚོ་དེ་དྭངས་པ་བསིལ་བ་རྙོག་པ་མེད་པ་སྐབས་སུ་ཐ་རླབས་གཡོ་བ་དཀར་ལ་མེ་ལོང་ཆེན་པོ་འདྲ་བ་ཅིག་(ཞིག)ཡོད་པ་དེ། སྔོན་རྒྱལ་པོ་འཕགས་སྐྱེས་པོས་ཤཱཀྱའི་རྣམས་ཉེས་མེད་དུ་བཅོམ་པའི་སྐབས། ཤཱཀྱའི་དཔའ་བོ་མི་བཞིས་ཕྱི་བསྲུང་བྱེད་ཅིང་ཡོད་པ་སོ་སོ་ཐར་ནས་སོང་ངོ་། །ཤཱཀྱའི་རིགས་ཀྱི་མི་གཅིག་གིས་ལམ་སྐོར་ནས་ཐབས་ཟད་པ་ན་ཁྲུང་ཁྲུང་ཞིག་དེའི་དྲུང་དུ་བབས་ཅིང་(ཞིང)བསྡུན་པ་ཞིག་འདུག་པས་དེ་ལ་ཞོན་ཏེ་རང་གར་བཏང་བ་མཆོད་རྟེན་དེའི་འགྲམ་དུ་བབས་ཤཱཀྱའི་རིགས་ཀྱི་མི་དེ་ལྷོན་པའི་གྲིབ་བསིལ་དུ་ཉལ་བར་ཀླུའི་བུ་མོ་ཞིག་ཆགས་ཏེ་མི་མོར་སྤྲུལ་པ་ཆགས་པ་སྤྱོད། དེ་ནས་ཀླུ་མོས་སྨྲ་བ་རེ་ཞིག་འུ་ཅག་གི་འདོད་པ་འགྲུབ་ཀྱང་། ཕ་མས་མ་གནང་བས་ཤིན་ཏུ་གསང་བ་གྱིས་ཤིག །ཤཱཀྱའི་རིགས་ཀྱིས་རྒྱུ་མཚན་དྲིས་པས་ཀླུ་མོ་ཡིན་པར་ཤེས་ཏེ་ཤཱཀྱའི་རིགས་ཀྱིས་གཏན་འཁྲོགས་བྱེད་པར་འདོད་ནས། སྨོན་ལམ་བཏབ་པ་དཀོན་མཆོག་གསུམ་གྱི་བདེན་པ་དང་། བདག་གི་དུས་གསུམ་དུ་བསགས་པའི་དགེ་བའི་རྩ་བ་རྣམས་གཅིག་ཏུ་བསྡོམ་པའི་མཐུ་ལ་བརྟེན་ནས། ཀླུ་མོ་འདི་ཐར་སྤྲུལ་པ་ཇི་ལྟ་བ་བཞིན་གྱི་མི་མོར་སྤྲུལ་པར་གྱུར་ཅིག་ཅེས་སྨོན་ལམ་བཏབ་མ་ཐག །དཀོན་མཆོག་དང་བསོད་ནམས་ཀྱི་མཐུ་དང་སྨོན་ལམ་གྱི་སྟོབས་ཀྱིས་ཀླུ་མོ་དེ་རིམ་གྱིས་མི་མོར་སྤྲུལ་ལོ། །དེར་ཀླུ་མོ་རབ་ཏུ་དགའ་ཞིང་མགུ་སྟེ། ཕ་མའི་དྲིན་བསགས་ཕྱིར་རེ་ཞིག་རང་གནས་སུ་ལོག་སྟེ་རང་གི་ཕ་མ་ལ་གནས་ཚུལ་སྨྲས་པས། ཕ་མ་གཉིས་ཀྱང་དགའ་བ་སྐྱེས་ཏེ། ཤཱཀྱའི་རིགས་དེ་ཀླུའི་ཕོ་བྲང་དུ་དྲངས་ཏེ་ལོངས་སྤྱོད་སྣ་དགུས་ཚིམ་པར་བྱས་སོ། །ཉིན་བཞིན་དགའ་སྟོན་བྱས་པས་ལོངས་སྤྱོད་ཀྱི་ཉམས་པར་གྱུར་ཀྱང་། ཀླུའི་ལུས་ངན་ནས་ཤཱཀྱའི་རིགས་བསུན་ནས་རང་རང་གནས་སུ་ལྡོག་པར་ཞུས་པས་ཀླུའི་རྒྱལ་པོས་གནང་སྟེ་ཐག་རིང་དུ་མ་སོང་བར་ཨཛྫ་ནའི་ཡུལ་གྱི་རྒྱལ་ས་ཐོབ་ན་འུ་ཅག་ལྷན་དུ་སྡོད་ཆོག་པ་ཡོང་ཟེར་བས། རྒྱལ་ས་ཐོབ་པའི་ཐབས་ཚུལ་དྲིས་ཙ་ན། རལ་གྲི་ཅིག་(ཞིག)དང་རས་མཆོག་ཅིག་བྱིན་ཏེ་འདི་སྐད་བསླབ་བོ། རས་འདི་ཨུཛྫ་ནའི་རྒྱལ་པོར་ཕུལ་ཅིག་(ཞིག)དང་ཁོ་དགའ་ནས་ཞིབ་ཏུ་བལྟ་བར་འགྱུར་བས་སྐབས་རྙེད་པར་འགྱུར་བས་རལ་གྲི་འདིས་བསྣུན་ཅིག་(ཞིག)དེས་སྤྱི་ཀོང་པར་བྱས་པས་འཁོར་ཐམས་ཅད་དབང་དུ་འགྱུར་རོ་ཞེས་བསླབས་པ་ལྟར། རས་ཡུག་རྒྱལ་པོ་ལ་འབུལ་བའི་ཟོལ་གྱིས་ཨཛྫ་ནའི་རྒྱལ་པོ་བཀུམས་ཏེ་ཡུལ་ཐོབ་པར་གྱུར་ཏོ། །དེ་ནས་ཤཱཀྱའི་རིགས་དེས་རྒྱལ་སྲིད་ཆོས་བཞིན་བསྐྱངས་པས་སྙན་གྲགས་རྒྱས་པར་གྱུར་ཏེ། དཔུང་ཆེན་རྣམས་བཞི་རྫོགས་པར་བྱས་ནས་ཀླུ་རྒྱལ་ཡབ་ཡུམ་གཉིས་ལ་དྲིན་གཟོ་བ་དང་། མནའ་མ་བསུ་བར་ཕྱིན་ཏེ་ཀླུའི་བུ་མོ་ཨུཛྫ་ནའི་ཡུལ་དུ་

གྲགས་སོ། །འོན་ཀྱང་ཀླུའི་བུ་མོ་དེ་ངན་སོང་གི་བག་ཆགས་དང་ལྡན་པས་གཉིད་དུ་ནམ་ལོག་པ་ན་མགོ་བོའི་སྟེང་དུ་སྦྲུལ་གྱི་གདེངས་ཀ་དགུ་རྒྱངས་ཏེ་བྱུང་བར། ཤཱཀྱའི་རིགས་སྐྲག་ཅིང་བསྣུན་པས་ལན་ཅིག་གཉིད་ལོག་དུས་སླགས་རྗེད་དེ་རལ་གྲིས་བཅད་དེ། དེར་ཀླུ་མོ་བླངས་(PL.32)ཏེ་ཁྲིད་ཀྱི་ལས་འདི་རིགས་རྒྱུད་ལ་གནོད་དོ་ཟེར་རོ། །དེ་ལས་སྐྱེས་པ་ནི་རྒྱལ་པོ་སྡེ་མཆོག་གོ། ཕྱིས་སུ་ཤཱཀྱའི་རིགས་འདས་པ་ན་སྡེ་མཆོག་གིས་རྒྱལ་སྲིད་བསྐྱངས་སོ། །དེ་ཕྱིན་ཆད་ཀྱི་རིགས་བརྒྱུད་ན་རིམས་ལ་སྐབས་སྐབས་སུ་མགོ་བོ་ན་པའི་ནད་ཀྱིས་གདུངས་པར་གྱུར་ཏོ། །དེ་ནས་བཅོམ་ལྡན་འདས་ཀུ་ཤའི་གྲོང་ཁྱེར་ནས་ནམ་མཁར་འཕགས་ཏེ་ཨུདྱཱ་ནའི་ཡུལ་དུ་ཀླུ་ཚེ་རིང་བས་ཀླུ་མོ་དེ་དུས་སུ་ཡང་འཚོ་ཞིང་། རྒྱལ་པོ་སྡེ་མཆོག་རི་དྭགས་བཤོར་བར་སོང་བ་ལས་རང་ཡུལ་དུ་འོད་ཕུང་འབར་རྒྱངས་མ་ནས་མཐོང་ངོ་། མཐོང་ནས་ཡུལ་དུ་མེ་མཆེད་པ་མིན་ནམ་བསམས་ནས་མྱུར་བར་རང་ཡུལ་དུ་ལོག་གོ །དེར་བཅོམ་ལྡན་འདས་ཀྱིས་ཀླུ་མོ་ལ་ཁྱོད་ཀྱི་བུ་དེ་ངའི་ཉེ་དུ་ཡིན་ནོ་ཞེས་བརྒྱུད་དེ་ཆོས་བསྟན་པས་གྲོལ་བ་ཐོབ་པོ་གསུངས་ཤིང་ཀླུ་མོ་ལ་ཅི་རིགས་པའི་ཆོས་བཤད་ཅིང་རྒྱལ་པོ་མ་བསྒུག་པར་ཤིང་ས་ལའི་དྲུང་དུ་གཤེགས་སོ། །རྒྱལ་པོ་སྡེ་མཆོག་འཁོར་པ་དང་ཡུམ་གྱིས་གནས་ཚུལ་སྨྲས་ཏེ་ཁྱོད་མགྱོགས་པར་སོང་ལ། བཅོམ་ལྡན་འདས་ཀྱིས་གདུང་སྐལ་ཞུས་ཤིག་ཟེར་བ་ལྟར་འོངས་སོ། །རྒྱལ་པོ་སྡེ་མཆོག་འོངས་འཕྱིས་པས་གདུང་སྐལ་ཀྱང་ཕྱིས་ཐོབ་པའི་རྒྱུ་མཚན་དེ་ལྟར་རོ་ཞེས་ཟེར་རོ། །རྒྱལ་པོའི་མིང་ལ་ཨུཏྟ་སེ་ན་ཟེར། སེ་ན་ཞེས་པ་སྡེར་བསྒྱུར་ན་ལེགས་སམ་སྙམ་མོ། །

解 1：

（1）较完整地翻译了全文。

（2）最后译者增加了："该国王名曰嗢呾罗犀那，把'犀那'二字意译成藏文 sder 是否准确？"一句。

解 2：

蓝勃卢山龙池及乌仗那国王统传说的注释见《大唐西域记校注》（上）292—294 页。

十一、达丽罗川

瞢揭厘城东北，踰山越谷，逆上信度河。途路危险，山谷杳冥，或覆絙索，或牵铁锁。栈道虚临，飞梁危构，椽杙蹑蹬，行千余里，至达丽罗川，即乌仗那国旧都也。多出黄金及郁金香。达丽罗川中大伽蓝侧，有刻木慈氏菩萨像，金色晃昱，灵鉴潜通，高百余尺，末田底迦旧曰末田地，讹略也。阿罗汉之所造也。罗汉以神通力，携引匠人升睹史多天旧曰兜率他也，又曰兜术他，讹也。亲观妙相。三返之后，功乃毕焉。自有此像，法流东派。

从此东行，踰岭越谷，逆上信度河，飞梁栈道，履危涉险，经五百余里，至钵露罗国。北印度境。

{༡༡ ཐ་རི་རའི་ཐང་།}

གྲོང་ཁྱེར་མནྡལ་ནས་བྱང་ཤར་མཚམས་སུ་རི་ཀླུང་འགའ་བརྒལ་བ་ན་སིན་ཧུའི་ཀླུང་འགྲམ་བརྒྱུད་དེ་འགྲོ་བའི་ལམ་འཕྲང་ཤིན་ཏུ་བགྲོད་དཀའ་ཞིང་། སྐབས་འགའ་ཞིག་ན་ལྕགས་ཐག་ལ་ཤིང་ལེབ་བཏགས་པ་དང་། སྐབས་འགའ་ན་ཤིང་སྐམ་པོའི་ཡལ་ག་ལ་ཤིང་ལེབ་ཀྱི་ཐེམ་སྐས་བཏགས་པ། སྐབས་འགའ་ཤིག་(ཞིག)ཏུ་ཤིང་རིང་པོའི་སྣེ་གཉིས་ལ་བཙུགས་ཏེ་བར་སྟོང་བཞག་པའི་བར་དུ་ས་རྫ་ཤིང་སོགས་ཅི་རིགས་པ་བཏགས་པ་ལམ་ཤིན་ཏུ་བགྲོད་དཀའ་བ་རྒྱང་གྲག་(གྲགས)སྟོང་ཕྲག་གཅིག་ཕྱིན་པ་ན་ཐ་རི་ར་ཞེས་བྱ་བའི་ཐང་དུ་སླེབས་སོ། །དེ་ནི་ཨུཌྜཱནའི་ཡུལ་སྙིང་ཡིན་ཟེར་རོ། །དེར་གསེར་དང་གུར་གུམ་མོད་དོ། །དེའི་དབུས་སུ་གཙུག་ལག་ཁང་ཞིག་ཡོད་པའི་ལོགས་སུ་ཤིང་ལས་བཞེངས་ཏེ་གསེར་བྱུག་པའི་བྱམས་པའི་སྐུ་བརྙན་གསེར་མདངས་འོད་དུ་འབར་བ་དཔངས་སུ་ཁྲུ་བརྒྱ་ལྷག་ཙམ་ཡོད་པ་དགྲ་བཅོམ་པ་ཉི་མ་གུང་པས་བཞེངས་པ་སྟེ། དེ་ཡང་དགྲ་བཅོམ་པས་བཟོ་བོ་ཁྲིད་དེ་དགའ་ལྡན་དུ་ལན་གསུམ་ཕྱིན་ཏེ་མཐར་ངེས་པ་བརྙེད་ནས་བཞེངས་པ་ཡིན་ཟེར་རོ། །སྐུ་གཟུགས་འདི་ཉིད་ལ་དཔེ་བླངས་ཏེ་བྱམས་མགོན་གྱི་སྐུ་གཟུགས་ཆེ་བ་རྒྱ་ནག་དང་། བོ་ཊ་མ་ལ་སོགས་པའི་གནས་རྣམས་སུ་མང་དུ་ཡོད་དོ། །

解 1：

完整翻译全文。

解 2：

达丽罗川的注释见《大唐西域记校注》（上）297 页。

钵露罗国

钵露罗国周四千余里，在大雪山间，东西长，南北狭。多麦豆，出金银，资金之利，国用富饶。时唯寒烈，人性犷暴。薄于仁义，无闻礼节。形貌麁弊，衣服毛褐。文字大同印度，言语异于诸国。伽蓝数百所，僧徒数千人，学无专习，戒行多滥。

从此复还乌铎迦汉荼城南渡信度河。河广三四里，西南流，澄清皎镜，汩淴漂流，毒龙恶兽，窟穴其中。若持贵宝奇花果种及佛舍利渡者，船多飘没。渡河至呾叉始罗国。北印度境。

{བ་རུ་རའི་ཡུལ།}

ཐང་པོ་ཆེ་དེ་ལས་ཤར་དུ་སྟར་སྨོས་པ་བཞིན་གྱི་བགྲོད་དཀའ་བའི་ལམ་རྒྱང་གྲག་(གྲགས)ལྔ་བརྒྱ་ལྷག་ཕྱིན་པ་ན་བ་རུ་རའི་ཡུལ་དུ་སླེབས་སོ། །བ་རུ་རའི་（译文中遗漏藏文编号，此处应为第二国 ༢☆）ཡུལ་དེའི་མཐའ་སྐོར་དུ་ལེ་བར་བཞི་སྟོང་ལྷག་ཙམ་ཡོད་པ་གངས་རི་ཆེན་པོའི་གཉིས་ཀྱི་བར་ན་ཡོད་ལ། རི་རྒྱུད་ཀྱི་ཤར་ནུབ་གཉིས་རིང་སྐྱེ་ལྷོ་བྱང་དོགས་(དོག)པ། གྲོ་དང་སྲན་མ་འདེབས་པ་གསེར་དངུལ་གཉིས་ཀ་མོད་ཅིང་། གསེར་ཏམ་ལ་ལོངས་སྤྱོད་སྐྱིས་བུ་རྣམས་ཕྱུག་ལ་ལོངས་སྤྱོད་ཆེ་བ་རྩུབ་པ་མི་ཆོས་སྲབ་པ། དད་གུས་<PL.33>ཚུང་བ་སྐད་དང་ཡི་གེ་ཕལ་ཆེར་རྒྱ་གར་དང་མཚུངས་ལ་ཡུལ་གཞན་རྣམས་དང་ཆེས་མི་མཐུན་ནོ། །

解 1：

翻译不完整，没有翻译“伽蓝数百所…………北印度境”一段。

解 2：

钵露罗国　藏语　Balūra(旧称勃律，今巴基斯坦实际控制区克什米尔吉尔吉特地区)

呾叉始罗国

呾叉始罗国周二千余里。国大都城周十余里。酋豪力竞，王族绝嗣，往者役属迦毕试国，近又附庸迦湿弥罗国。地称沃壤，稼穑殷盛，泉流多，花草茂。气序和畅，风俗轻勇。崇敬三宝，伽蓝虽多，荒芜已甚。僧徒寡少，并学大乘。

一、医罗钵呾罗龙王池

大城西北七十余里，有医罗钵呾罗龙王池，周百余步。其水澄清，杂色莲华同荣异彩。此龙者，即昔迦叶波佛时坏医罗钵罗树苾刍者也。故今彼土请雨祈晴，必与沙门共至池所，弹指慰问，随愿必果。

{རཀྵ་ཤི་རའི་ཡུལ།}

ཡུལ་རཀྵ་ཤི་ར་[ཨིསྨ་པ་རཏྣ་ཟེར།]（译文遗漏编号，此处应为第三国 ༣ ☆）ནི་ཁོར་ཡུག་ཏུ་ལེ་བར་ཉིས་སྟོང་དང་། དབུས་ཀྱི་གྲོང་ཁྱེར་ཆེན་པོའི་མཐའ་སྐོར་དུ་ལེ་བར་བཅུ་ལྷག་ཡོད་དོ། །ནུབ་བྱང་མཚམས་སུ་རྒྱང་གྲག་(གྲགས)བདུན་ཅུ་ལྷག་པ་ན་ཨེ་ལ་པ་ཏྲ་སྟེ། ཀླུའི་ཨེ་ལས་འདབ་ཀྱི་མཚོའི་མཐའ་སྐོར་དུ་གོམ་པ་བརྒྱ་ལྷག་པ་ལ་ནང་དུ་ཆུ་ཤིན་ཏུ་དྭངས་སར་མེ་ཏོག་པདྨའི་དབྱིབས་འདྲ་བ་ལ་ཁ་དོག་སྣ་ཚོགས་པ་ཡོད་དོ། །ཀླུ་འདི་ནི་སངས་རྒྱས་འོད་སྲུངས་ཀྱི་དུས་སུ་དགེ་སློང་ཨེ་ལེ་འདབ་ཞེས་བྱ་བ་སྟེ། ཐན་པ་བྱུང་ཚེ་ངེས་པར་དགེ་སློང་ཞིག་མཚོ་འགྲམ་དུ་ཕྱིན་ཏེ་སེ་གོལ་གཏོགས་ཏེ་གོ་བར་བྱས་ནས་གསོལ་བ་བཏབ་ན་གདོན་མི་ཟ་བར་དོན་འགྲུབ་པོ། །

解 1：

（1）“呾叉始罗国与医罗钵呾罗龙王池”一并翻译，造成了以下序号与汉文不同。

（2）呾叉始罗国中“酋豪力竞…………并学大乘”没有翻译。

（3）医罗钵呾罗龙王池的注释见《大唐西域记校注》（上）302 页。

（4）批注意为呾叉始罗又称伊萨玛巴仁达，此称呼存疑。

解 2：

呾叉始罗国　梵　Taksasilā（今巴基斯坦拉瓦尔品第区域）

二、四宝藏之一所

龙池东南行三十余里，入两山间，有窣堵波，无忧王之所建也，高百余尺。是释迦如来悬记当来慈氏世尊出兴之时，自然有四大宝藏，即斯胜地，当其一所。闻诸先志曰：或时地震，诸山皆动，周藏百步，无所倾摇。诸有愚夫妄加发掘，地为震动，人皆蹎仆。

傍有伽蓝，圮损已甚，久绝僧徒。

{༡ གཏེར་ཆེན་བཞི་འབྱུང་ས།}

དེ་ནས་ཤར་ལྷོའི་མཚམས་སུ་རྒྱང་གྲག་(གྲགས)སུམ་ཙུ་ལྷག་པ་རི་གཉིས་ཀྱི་བར་དུ་ཞུགས་པ་ན། རྒྱལ་པོ་ཨ་ཤོ་ཀས་བཞེངས་པའི་མཆོད་རྟེན་དཔངས་སུ་ཁྲུ་བརྒྱ་ལྷག་ལོང་བ་ཡོད་དོ། །འདི་ནི་སྟོན་སྟོན་པའི་བཀའ་ལས་མ་འོངས་པའི་དུས་ན་རྗེ་བཙུན་བྱམས་པ་མགོན་པོ་འཇིག་རྟེན་དུ་འབྱོན་པའི་དུས་སུ་གཏེར་ཆེན་པོ་བཞི་འབྱུང་བར་ལུང་བསྟན་པའི་ནང་གི་གཅིག་ཡིན་ནོ། །དུས་ཀྱི་ས་གཡོ་བ་ཇི་ཙམ་ཆེ་བ་བྱུང་ཡང་ས་འདིར་ཁོར་ཡུག་ཏུ་ཁོམ་པ་བརྒྱ་ཙམ་གྱི་ཚད་དུ་གནོད་པ་མི་འབྱུང་ཞེས་གསུངས་སོ། །མི་བླུན་པོ་འགའ་ཞིག་གིས་གཏེར་ཆེན་པོ་ཡོད་པར་གྲགས་པ་ཐོས་པས། གཏེར་དེ་འདོན་འདོད་ཀྱིས་ས་སྔོ་བ་དང་བརྐོ་བ་བྱེད་པ་ན། འགྲོ་ས་དང་འདུག་པ་མི་རྟོགས་ཅིང་ས་ལ་འགྱེ་པ་དང་འཁྱིལ་བ་འབྱུང་སྐད་དོ། །དེའི་ཞོགས་སུ་གཙུག་ལག་ཁང་ཅིག་(ཞིག)ཡོད་པ་ཧ་ཅང་ཞིག་རལ་ཆེ་བས་དགེ་འདུན་མི་ཆགས་སོ། །

解 1：

完整翻译全文。

解 2：

四宝藏之一所的注释见《大唐西域记校注》(上) 303 页。

三、舍头窣堵波

城北十二三里有窣堵波，无忧王之建也。或至斋日，时放光明，神花天乐，颇有见闻。闻诸先志曰：近有妇人，身婴恶癞，偶至窣堵波，责躬礼忏。见其庭宇有诸粪秽，掬除洒扫，涂香散花，更采青莲，重布其地。恶疾除愈，形貌增妍，身出名香，青莲同馥。斯胜地也，是如来在昔修菩萨行，为大国王，号战达罗钵剌婆，唐言月光。志求菩提，断头惠施。若此之舍，凡历千生。

四、童受论师制论处

舍头窣堵波侧有僧伽蓝。庭宇荒凉僧徒减少。昔经部拘摩罗逻多唐言童受。论师于此制述诸论。

{༤ རྒྱལ་པོ་ཨ་ཤོ་ཀས་བཞེངས་པའི་མཆོད་རྟེན།}

གྲོང་ཁྱེར་དེའི་རྒྱབ་ཏུ་རྒྱང་གྲག་(གྲགས)བཅུ་ཕྲག་གཉིས་སུམ་ན། རྒྱལ་པོ་ཨ་ཤོ་ཀས་བཞེངས་པའི་མཆོད་རྟེན་ཡོད་པ། སྐབས་སྐབས་སུ་གསོ་སྐྱོང་གི་ཉིན་པར་འོད་ཕུང་འགྱེད་པ་དང་། མེ་ཏོག་གི་ཆར་འབབས་པ་དང་། ལྷའི་རོལ་མོའི་སྒྲ་དང་འབྱིན་པ་སོགས་ཐོས་པ་ཡོད་དོ། །གཏམ་རྒྱུད་ལ་ཉེ་ལམ་བྱུང་མེད་ལུས་སྲུལ་པོ་བལྟར་མི་བཟོད་པ་ཞིག་སྨས་པའི་ཚུལ་གྱིས་མཆོད་རྟེན་གྱི་རྩར་ཕྱིན་ཏེ་ཕྱག་སྐོར་སྟོན་དུ་འགྲོ་བས་ནོངས་བཤགས་བྱས་པས། ལུས་སྲུལ་(ཧྲུལ)པོ་དེ་ཉིད་དུ་དོར་ནས་གཟུགས་བཟང་བ་དང་དྲི་ཞིམ་མར་གྱུར་ཞིང་། ས་ཕྱོགས་དེར་མེ་ཏོག་སྣ་ཚོགས་འགྲེམས་པ་དང་ལྷག་པར་དྲི་ཞིམ་འཐུལ་པའི་ཨུཏྤ་ལས་ས་ཕྱོགས་དེ་ཀ་གཡོག་པར་གྱུར་རོ་ཟེར་རོ། །གནས་འདི་སྟོན་བདག་ཅག་གི་སྟོན་པ་བྱང་ཆུབ་སེམས་དཔར་གྱུར་བའི་ཚེ་རྒྱལ་པོ་ཙནྡྲ་པྲ་བྷ་སྟེ་ཟླ་བའི་འོད་ཞེས་བྱ་བར་གྱུར་པ་ན། བྱང་ཆུབ་དམ་པ་འཚོལ་བའི་ཕྱིར་མགོ་བོ་སྦྱིན་པར་བཏང་བའི་གནས་ཡིན་ནོ། །དེའི་ལོགས་ན་གཙུག་ལག་ཁང་རྙིང་པ་ཅིག་(ཞིག)ཡོད་པར་དགེ་འདུན་ཤིན་ཏུ་ཉུང་ངོ་། །སྔོན་མདོ་སྡེ་པའི་སློན་པོ་ཀུ་མཱ་ར་ད་ཏ་སྟེ་གཞོན་ནུ་སྦྱིན་གྱིས་མངོན་པའི་རྒྱ་ཆེར་འགྲེལ་ཞིག་མཛད་པའི་གནས་སོ། །

解 1：

（1）完整翻译全文。

（2）将“舍头窣堵波与童受论师制论处”一并翻译，造成与原文序号不一致。

解 2：

舍头窣堵波与童受论师制论处的注释见《大唐西域记校注》（上）304—306 页。

五、南山窣堵波及拘浪拏太子故事

城外东南南山之阴，有窣堵波，高百余尺，是无忧王太子拘浪拏为继母所诬抉目之处，无忧王所建也。盲人祈请，多有复明。

此太子正后生也，仪貌妍雅，慈仁夙着。正后终没，继室憍淫，纵其惽愚，私逼太子。太子沥泣引责，退身谢罪。继母见违，弥增忿怒，候王闲隙，从容言曰："夫呾叉始罗，国之要领，非亲子弟，其可寄乎？今者太子仁孝着闻，亲贤之故，物议斯在。"王或闻说，雅悦奸谋，即命太子而诫之曰："吾承余绪，垂统继业，唯恐失坠，忝负先王。呾叉始罗国之襟带，吾今命尔作镇彼国。国事殷重，人情诡杂，无妄去就，有亏基绪。凡有召命，验吾齿印。印在吾口，其有谬乎？"于是太子衔命来镇，岁月虽淹，继室弥怒，诈发制书，紫泥封记，候王眠睡，窃齿为印，驰使而往，赐以责书。辅臣跪读，相顾失图。太子问曰："何所悲乎？"曰："大王有命，书责太子，抉去两目，逐弃山谷，任其夫妻，随时生死。虽有此命，尚未可依。今宜重请，面缚待罪。"太子曰："父而赐死，其可辞乎？齿印为封，诚无谬矣。"命旃荼罗抉去其眼。眼既失明，乞贷自济，流离展转，至父都城。其妻告曰："此是王城。嗟乎，饥寒良苦！昔为王子，今作乞人，愿得闻知，重申先责！"于是谋计入王内厩，于夜后分，泣对清风，长啸悲吟，箜篌鼓和。王在高楼，闻其雅唱，辞甚怨悲，怪而问曰："箜篌歌声，似是吾子。今以何故而来此乎？"即问内厩："谁为歌啸？"遂将盲人而来对旨，王见太子，衔悲问曰："谁害汝身遭此祸衅？爱子丧明，犹自不觉，凡百黎元，如何究察？天乎天乎，何德之衰！"太子悲泣，谢而对曰："诚以不孝，负责于天，某年日月，忽奉慈旨。无由致辞，不敢逃责。"其王心知继室为不轨也，无所究察，便加刑辟。时菩提树伽蓝有瞿沙唐言妙音。大阿罗汉者，四辩无碍，三明具足。王将盲子陈告其事，唯愿慈悲，令得复明。时彼罗汉受王请已，即于是日宣令国人："吾于后日欲说妙理，人持一器，来此听法，以盛泣泪也。"于是远近相趋，士女云集。是时阿罗汉说十二因缘，凡厥闻法，莫不悲耿，以所持器盛其沥泣。说法既已，总收众泪，置之金盘，而自誓曰："凡吾所说，诸佛至理，理若不真，说有纰缪，斯则已矣。如其不尔，愿以众泪洗彼盲眼，眼得复明，明视如昔！"发是语讫，持泪洗眼，眼遂复明。王乃责彼辅臣，诘诸僚佐，或黜或放，或迁或死。诸豪世禄移居雪山东北沙碛之中。

从此东南越诸山谷，行七百余里，至僧诃补罗国。北印度境。

{༣ ཤར་ལྷོའི་མཚམས་ཀྱི་མཆོད་རྟེན་ཞིག་དང་རྒྱལ་པོ་མྱ་ངན་མེད་ཀྱི་བུ་ཀུ་ན་ལའི་ལོ་རྒྱུས།}

གྲོང་ཁྱེར་གྱི་ཕྱི་རོལ་ཤར་ལྷོའི་མཚམས་སུ་རི་ཆེན་པོ་ཞིག་ཡོད་པ་དེའི་རྒྱབ་ལོགས་སུ་ཁྲི་བརྒྱ་ལྷག་ཡོད་པའི་མཆོད་རྟེན་ཅིག་(ཞིག)ཡོད་པ། དེ་ནི་རྒྱལ་པོ་མྱ་ངན་མེད་ཀྱི་བུ་ཐུ་བོ་རྒྱལ་ཚབ་ཀུ་ན་ལ་ཞེས་བྱ་བའི་མིག་མ་ཡར་གྱིས་ཕྱུང་པའི་ས་ཡིན། དེར་རྒྱལ་པོ་མྱ་ངན་མེད་ཀྱིས་མཆོད་རྟེན་དེ་བཞེངས་སོ། །མིག་ལོང་བའི་སྐྱེ་བོ་ཕལ་ཆེར་གྱིས་ཕྱག་མཆོད་<PL.34>བསྐོར་བ་བྱས་ན་སླར་ཡང་མིག་ཐོབ་པར་གྱུར་པ་ཡོད་དེ། དེའི་གཏམ་རྒྱུད་ནི་མྱ་ངན་མེད་ཀྱི་བཙུན་མོ་དམ་པ་ལས་སྲས་ཀུ་ན་ལ་འཁྲུགས་ཤིང་། སྲས་དེ་གཟུགས་མཛེས་ཤིང་གཙང་ལ་སྙིང་རྗེའི་སེམས་དང་ལྡན་ཅིང་(ཞིག)སྲས་ཀྱི་སྐྱིད་ཡུམ་འདས་ཏེ། མྱ་ངན་མེད་ཀྱིས་བཙུན་མོ་ཞིག་ཁབ་ཏུ་བཞེས་སོ། །བཙུན་མོ་དེ་རྒྱགས་ཤིང་འདོད་ཆགས་ཆེ་བ་ཞིག་སྟེ། ལན་ཅིག་འདོད་པས་སྨོས་ནས་རྒྱལ་ཚབ་ཀུ་ན་ལ་དང་སྤྲད་པར་འདོད་པ་ན་ཀུ་ན་ལས་གཏན་ནས་མི་འོས་པའི་ལས་འདི་འདྲ་མི་རུང་ཞེས་མ་ཉན་པས། མ་ཡར་གྱིས་ཁོན་དུ་བཟུང་སྟེ་སྐབས་ཤིག་སླག་ཉེད་དེ་རྒྱལ་པོ་ལ་གསོལ་བ་བདག་ཅག་གི་ཡུལ་རཀྵ་ཤི་ར་འདིར་གལ་ཆེ་བ་ནི་ཕྱིའི་ལྟུགས་རི་སྟེ། དེའི་སྲོ་བསྲུང་རྒྱལ་པོ་མཉེས་ཤིང་ཀུན་གྱིས་བཀུར་བ་ཞིག་མ་གཏོགས་གཞན་ལ་ཡིད་བརྟན་དཀའ་བས། དེར་རྒྱལ་ཚབ་འདི་ཉིད་སེམས་དཔའ་ཞིང་སྟོན་(སྟོབས)དང་ལྡན་པའི་གྲགས་པས་སྐྱེ་བོ་ཉེ་རིང་མེད་པར་མཐའ་དག་མགུ་བ་དང་དགའ་བར་སྣང་བས། ལྟུགས་རིའི་སྲོ་དེ་བསྲུང་བར་བཏང་ན་ཨུ་བུ་ཅག་ཡུན་རིང་དུ་བདེ་བར་འཚོ་བར་མི་འགྱུར་རམ་ཞེས་ཞུས་པས། རྒྱལ་པོས་མ་བརྟགས་(བརྟག)པར་བཙུན་མོས་ཞུས་པ་ལྟར། སྲས་ལ་ཁྱོད་ལྟུགས་རིའི་སྲོ་བསྲུང་ལ་བསྐོ་ཡིས་ངེད་ཀྱི་བཀའ་ཤོག་གང་བསྐུར་བ་མ་ངེས་ཀྱི་སོའི་རྟགས་འདེབས་པས་རྟགས་ལ་རྟོག་ཤིག སོ་ནི་ངའི་ཁའི་ནང་དུ་ཡོད་པས་བསླུ་བར་མི་འགྱུར་རོ་ཞེས་གསུངས་སོ། །རྒྱལ་བུ་ཀུ་ན་ལ་བཀའ་མནོས་ནས་སོང་ངོ་། །ལན་ཅིག་བཙུན་མོ་དེས་ཡི་གེ་རྫུས་མ་བྲིས་པར་ཡབ་ཀྱིས་བཀའ་བཀྲོན་ཕབས་སྟེ། ཀུ་ན་ལའི་མིག་གཉིས་ཕྱུང་ལ་ས་ཆ་རྒྱུས་མེད་དུ་སྤྱུག་ཅིག་ཅེས་པའི་ཡི་གེ་བྲིས་ནས་རྒྱལ་པོ་ཉིན་མོ་གཉིད་ལོག་པ་ན་སོ་རྟགས་བསྐྱུས་ཏེ་བྱ་མ་རྟར་གཏད་དེ་བསྐུར་རོ། །དེར་ནང་བློན་རྣམས་ཀྱིས་མ་དགའ་སྟེ་རྒྱལ་པོ་ལ་སླར་ཞུ་བར་བགྲོས་པ་ལ། རྒྱལ་བུ་ཀུ་ན་ལས་ཡབ་ཀྱིས་བཀའ་བཀྲོན་ལན་ཅིག་བབས་ཕྱིན་སླར་ཞུས་ན་ཡབ་མི་མཉེས་པར་གྱུར་ན་ཡབ་ཀྱི་སྲིད་ཞུ་ལ་གནོད་པར་འགྱུར་རོ་སྙམ་ནས་མ་ཉན་པར་བཤན་པ་བཀུག་ཏེ་མིག་གཉིས་ཕྱུང་ཏེ་ཁྱོ་ཤུག་གཉིས་སློང་མོ་བ

བྱས་ཤིང་ཕྱོགས་ཆ་མེད་པར་འཁྱམས་སོ། །དེ་ནས་ལན་ཅིག་ཡབ་ཀྱི་ཕོ་བྲང་དུ་སློང་མོར་ཕྱིན་ཏེ་པི་ཝང་བརྡུང་ཞིང་སྐྱོ་གླུ་ལེན་ཅིང་(ཞིང)སློང་མོ་བྱས་པས། རྒྱལ་པོས་ཁང་པའི་ཡང་ཐོག་ནས་ཐོས་ཏེ། སློང་མོ་བྱེད་པ་འདི་ནི་པི་ཝང་དང་གླུ་ལ་མཁས་པ་བདག་གི་བུ་དང་འདྲ་བ་འདི་སུ་ཞིག་ཞེས་དྲིས་པས། ནང་མི་རྣམས་ཀྱིས་མིག་ལོང་བའི་སློང་མོ་པ་ཞིག་ལགས་ཟེར་བས། ཐོས་ཤིག་གསུངས་ལྟར་རྒྱལ་པོའི་དྲུང་དུ་ཁྲིད་ཡོང་བ་དང་། རྒྱལ་པོས་ངོ་ཤེས་ནས་དྲུས་ཏེ་བུ་ཁྱོད་ལ་སུ་ཞིག་གིས་གནོད་པ་འདི་ལྟ་བུ་བྱས་ཞེས་དྲིས་བར། རྒྱལ་བུས་ཡབ་ཀྱི་བཀའ་མ་བཟློག་པས་ཡིན་ནོ། བཀའ་ཤོག་ལ་རྟགས་ཅི་འདྲ་འདུག་དྲིས་པར་ཚེམས་རྟགས་འཁྲུལ་མེད་འདུག་ཞེས་ཞུས་པས། རྒྱལ་པོས་བཙུན་མོ་ངན་པ་དེས་བསླུས་པར་རྟོགས་ཏེ་བཙུན་མོ་དེ་དེ་ཉིད་དུ་བསད་དོ། །༈ དེ་ནས་བྱང་ཆུབ་ལྡོན་ཤིང་གི་དགོན་པར་དགྲ་བཅོམ་པ་ཀུ་ཤ་ཞེས་བྱ་བ་རྫུ་འཕྲུལ་དང་མངོན་ཤེས་ཐོགས་པ་མེད་པ་ཞིག་བཞུགས་པ་དེ་སྤྱན་དྲངས་ཏེ་གནས་ཚུལ་རྣམས་གསོལ་བས། དགྲ་བཅོམ་པས་ཆོས་ཟབ་མོ་ཞིག་འཆད་ཀྱིས་<PL.35>འབངས་མི་རྣམས་ཀྱིས་རིན་པོ་ཆེའི་སྣོད་རེ་ཐོགས་ཏེ་མཉན་དུ་ཤོག་ཅིག་ཅེས་དྲིལ་བསྒྲགས་པ་ལྟར་མི་ཐམས་ཅད་ཀྱིས་རིན་པོ་ཆེའི་སྣོད་རེ་ཐོགས་ཏེ་ཞག་མ་གསུམ་དུ་འདུས་པ་ན་དགྲ་བཅོམ་པས་རྟེན་འབྲེལ་བཅུ་གཉིས་ལས་བརྩམས་ཏེ་ཆོས་བཤད་པས་སྐྱེ་བོ་ཐམས་ཅད་ཆོས་ཀྱི་ཤུགས་ཀྱི་(ཀྱིས)མིག་ནས་མཆི་མ་ཟག་པ་བསྡུས་ནས་གསེར་གཞོང་གཅིག་ཏུ་བླུགས་ཏེ། རྒྱལ་བུས་གཙོས་ཡོང་བ་ཐམས་ཅད་ཀྱིས་(ལ)མིག་བཀྲུ་རུ་བཅུག་ཅིང་བདེན་སྟོབས་བརྗོད་པས་ལོང་བ་ཐམས་ཅད་ཀྱི་མིག་གསལ་བ་དང་ལྡན་པར་གྱུར་ཏེ། དེ་ནས་རྒྱལ་པོས་སྟར་བཀའ་ཤོག་རྫུས་མ་མ་ཞུས་ཤེས་(ཞེས)ཁྲོས་པས། བློན་པོ་འགའ་ཞིག་བསད། འགའ་ཞིག་བཀུམས། འགའ་ཞིག་དམའ་ཕབས་ཁྲིམས་ཀྱིས་ཚར་བཅད་དོ། །

解 1:

完整翻译全文。

解 2:

南山窣堵波及拘浪拏太子故事的注释见《大唐西域记校注》(上)307 页。

僧诃补罗国

僧诃补罗国周三千五六百里，西临信度河。国大都城周十四五里，依山据岭，坚峻险固。农务少功，地利多获。气序寒，人性猛，俗尚骁勇，又多谲诈。国无君长主位，役属迦湿弥罗国。

{སིཧྨ་ག་པུ་རའི་ཡུལ།}

གྲོང་ཁྱེར་དེ་ནས་ཤར་ལྷོར་རི་སུ་ལ་བརྒྱུད་དེ་རྒྱང་གྲག་(གྲགས)བདུན་བརྒྱ་ལྷག་ཙམ་ཕྱིན་པ་ན། སིཧྨ་ག་པུ་རའི་˂ ☆ ཡུལ་ཁོར་ཡུག་ཏུ་ལི་བར་སུམ་སྟོང་ལྔ་བརྒྱ་ལྷག་ཡོད་པ། དབུས་ཀྱི་མཁར་ཆེན་ཁོར་ཡུག་ཏུ་ལི་བར་བཅོ་ལྔ་ལྷག་ཙམ་རི་ལ་བརྟེན་པ་བྲག་རྫོང་དང་གྲུ་གྲུ་མང་ཞིང་ཤིན་ཏུ་བགྲོད་དཀའ་བ་བརྟན་པ་འཕྲང་བགྲོད་དཀའ་བ། མིའི་རང་བཞིན་དཔའ་བ་གདུག་པ་བསླུ་བྲིད་ཆེ་བ་ཆེད་གཉེར་གྱི་དཔོན་མེད་ཅིང་ཀཤྨི་ར་སྐྱེ་ཁ་ཆེའི་འབངས་སུ་གཏོགས་སོ། །

解 1：

完整翻译全文。

解 2：

僧诃补罗国　梵　Siühapura（今巴基斯坦拉瓦尔品第区域）

一、城附近寺塔及白衣外道本师初说法处

城南不远有窣堵波，无忧王之所建也，庄饰有亏，灵异相继。傍有伽蓝，空无僧侣。

城东南四五十里至石窣堵波，无忧王建也，高二百余尺。池沼十数，映带左右。雕石为岸，殊形异类。激水清流，汩淴漂注，龙鱼水族，窟穴潜泳。四色莲华，弥漫清潭。百果具繁，同荣异色。林沼交映，诚可游玩。傍有伽蓝，久绝僧侣。

窣堵波侧不远，有白衣外道本师悟所求理初说法处，今有封记。傍建天祠。其徒苦行，昼夜精勤，不遑宁息。本师所说之法，多窃佛经之义，随类设法，拟则轨仪，大者谓苾刍，小者称沙弥，威仪律行，颇同僧法。唯留少发，加之露形，或有所服，白色为异。据斯流别，稍用区分。其天师像，窃类如来，衣服为差，相好无异。

{༡ གྲོང་ཁྱེར་ཉེ་འདབས་མཆོད་རྟེན་དང་དྲང་སྲོང་གོས་དཀར་ཅན་གྲོལ་བ་ཐོབ་པའི་ལོ་རྒྱུས་སྐོར།}

གྲོང་ཁྱེར་གྱི་ལྷོ་ངོས་མི་རིང་བར་ཨ་ཤོ་ཀས་བཞེངས་པའི་མཆོད་རྟེན་བཟོ་དེ་མཚར་ཁྱད་དུ་འཕགས་པ་དེར་སྔོན་དུས་གཙུག་ལག་ཁང་ཤིག་(ཞིག)ཡོད་པ་ཤིགས་ཏེ་ད་ལྟ་དགེ་འདུན་བཞུགས་པ་ནི་མེད་དོ། །

༈ གྲོང་ཁྱེར་གྱི་ཤར་ལྷོའི་མཚམས་སུ་རྒྱང་གྲག་(གྲགས)ལྔ་བཅུ་ཙམ་ན་ཨ་ཤོ་ཀས་བཞེངས་པའི་རྫོའི་མཆོད་རྟེན་དཔངས་སུ་ཉིས་བརྒྱ་ལྷག་ཡོད་པའི་འཁོར་ཡུག་ཏུ་མཚོ་རྫིང་མང་པོ་ཡོད་པ་ཐམས་ཅད་དྭངས་ཤིང་རྫོའི་ཁ་ཁྱེར་ཅན་ཉ་སྦལ་སོགས་ཀླུའི་རིགས་ཀྱི་སེམས་ཅན་མང་པོས་གང་བ་ནང་མེ་ཏོག་པདྨ་སྣ་བཞིས་ཚལ་གྱིས་ཁེབས་པ། ཕྱི་རོལ་ཏུ་ཤིང་ཏོག་སྣ་ཚོགས་ཀྱི་ལྗོན་པས་གཏམ་པ་དགའ་(དགེ)འདུན་པ་མང་པོ་འདུ་བར་གྱུར་པའི་གནས་ཏེ། དེར་གཙུག་ལག་ཁང་རྙིང་པ་དག་ཡོད་ཀྱང་གནའ་དུས་ནས་དགེ་འདུན་གྱི་སྡེ་མ་ཆགས་ཤིང་། དེའི་ཉེ་སྐོར་དུ་སྔོན་དྲང་སྲོང་གོས་དཀར་ཅན་ཞེས་བྱ་བ་ཞིག་གི་གྲོལ་བ་ཐོབ་ཟེར་བའི་སློབ་རྒྱུད་དཀའ་ཐུབ་སྤྱོད་པའི་རང་བཞིན་ད་དུང་ཡོད་ཅིང་། དྲང་སྲོང་དེའི་གཟུགས་བརྙན་གྱི་མཆོད་ཁང་ཀྱང་(ཡང)སྣང་ཕལ་ཆེར་ནང་བའི་ཆོས་ལྟར་བཅོས་པ་སྟེ། རྒན་པ་དགེ་སློང་དང་གཞོན་པ་དགེ་ཚུལ་དུ་འབོད་པ། སྐྲ་བྲེག་ཀྱང་ཐོར་ཅོག་ཙམ་བཞག་པ་ལུས་གཅེར་བ་དང་གོས་དཀར་གྱོན་པ་དེ་དག་གི་སྟོན་པ་དྲང་སྲོང་གི་གཟུགས་བརྙན་ཀྱང་(ཡང)མཚན་དཔེས་བརྒྱན་ཅིང་(ཞིང)ན་བཟའ་སོགས། བདག་ཅག་གི་སྟོན་པའི་སྐུ་བརྙན་ལ་དཔེ་བྱས་པར་སྣང་ངོ་། །

解 1：

完整翻译全文。

解 2：

城附近寺塔及白衣外道本师初说法处的注释见《大唐西域记校注》(上) 316 页。

二、大石门及王子舍身饲虎处

从此复还呾叉始罗国北界，渡信度河，南东行二百余里，度大石门，昔摩诃萨埵王子于此投身饲饿乌择。音徒。其南百四五十步有石窣堵波。摩诃萨埵愍饿兽之无力也，行至此地，干竹自刺，以血啖之，于是乎兽乃噉焉。其中地土洎诸草木，微带绛色，犹血染也。人履其地，若负芒刺，无云疑信，莫不悲怆。

舍身北有石窣堵波，高二百余尺，无忧王之所建也，雕刻奇制，时烛神光。小窣堵波及诸石龛动以百数，周此茔域。其有疾病，旋绕多愈。

{༢ རྡོ་སྒོ་ཆེན་པོ་དང་རྒྱལ་བུ་མ་ཧཱ་པཐར་ལུས་སྟག་མོ་ལ་སྦྱིན་པ་བཏང་བའི་ལོ་རྒྱུས།}

དེ་ནས་ཆུ་ཀླུང་སིན་ཧྲུ་བརྒལ་ནས་ཤར་ལྷོའི་མཚམས་སུ་རྒྱང་གྲག་(གྲགས)ཉིས་བརྒྱ་ཙམ་བརྒལ་བ་ན། རྡོ་སྒོ་ཆེན་པོ་ཞེས་བྱ་བར་སླེབས་སྟེ། དེ་ནི་སྔོན་བདག་ཅག་གི་སྟོན་པ་རྒྱལ་བུ་མ་ཧཱ་པཐར་གྱུར་པ་ལུས་སྟག་མོ་ལ་སྦྱིན་པ་བཏང་བའི་གནས་ཏེ། དེའི་རྩ་(རྩྭ)གེལ་བ་ཐམས་ཅད་ཚོས་ཀྱི་ཁ་བསྒྱུར་བ་འདྲ་བ་ཁྲག་གི་མདོག་ཏུ་སྣང་ངོ་། །འདིར་རྒྱལ་པོ་ཨ་ཤོ་ཀས་བཞེངས་པའི་མཆོད་རྟེན་དཔངས་སུ་ཁྲུ་ཉིས་བརྒྱ་ལྷག་ཙམ་ལོངས་ཡོད་དོ། །གཞན་ཡང་རྡོའི་ཁང་ཆུང་མང་པོ་ཡོད་པའི་མཐར་དུར་ཁྲོད་ཀྱི་གནས་དང་། རིམས་ནད་ཀྱིས་ཐེབས་པ་དག་གིས་བསྐོར་བ་བྱས་ན་ཕལ་ཆེར་ནད་ལས་<PL.36>གྲོལ་བར་གྱུར་པ་མང་དག་བྱུང་ངོ་། །མཆོད་རྟེན་གྱི་ཤར་ཕྱོགས་སུ་གཙུག་ལག་ཁང་ཡོད་པར་དགེ་འདུན་བརྒྱ་ལྷག་གནས་པ་རྣམས་ཐེག་ཆེན་ཁས་ལེན་པའོ། །

解 1：

简略翻译了第一段。

解 2：

大石门及王子舍身饲虎处的注释见《大唐西域记校注》(上) 318 页。

三、孤山中伽蓝

石窣堵波东有伽蓝，僧徒百余人，并学大乘教。从此东行五十余里，至孤山，中有伽蓝，僧徒二百余人，并学大乘法教。花果繁茂，泉池澄镜。傍有窣堵波，高二百余尺，是如来在昔于此化恶药叉令不食肉。

从此东南山行五百余里，至乌剌尸国。北印度境。

{༣ རི་ཆིག་རྐྱ་ཅིག་(ཞིག)ནང་གི་གཙུག་ལག་ཁང་ཞིག}

དེ་ནས་ཤར་ཕྱོགས་སུ་རྒྱང་གྲག་(གྲགས)ལྔ་བཅུ་ལྷག་ཕྱིན་པ་ན། རི་ཆིག་རྐྱ་ཅིག་(ཞིག)ནང་གི་

གསེབ་ན་གཙུག་ལག་ཁང་ཞིག་ན་དགེ་འདུན་ཉིས་བརྒྱ་ལྷག་བཞུགས་པ་ཐམས་ཅད་ཀྱང་ཐེག་ཆེན་སློབ་པ་ཁོ་ནའོ། །བཟའ་ཤིང་གི་རྣ་བ་དང་ཚུ་སིག་དང་མཚོ་དང་རྫིང་བུ་ཚུ་དྭངས་མོས་གང་བ་དོན་མཐུན་པ་རོལ་པའི་གནས་ཏེ། དེར་མཆོད་རྟེན་དཔངས་སུ་ཁྲུ་སུམ་བརྒྱ་ལྷག་པ་ཞིག་ཡོད་དོ། །དེ་སྔོན་སྔོན་པ་གནོད་སྦྱིན་མ་ཏུང་པ་ཞིག་བཏུལ་ནས་ཤ་མི་ཟ་བར་དམ་བཅའ་ཕུལ་བའི་གནས་ཡིན་ཟེར་རོ། །

解 1：

完整翻译全文。

解 2：

孤山中伽蓝的注释见《大唐西域记校注》(上) 319 页。

乌剌尸国

乌剌尸国周二千余里，山阜连接，田畴隘狭。国大都城周七八里。无大君长，役属迦湿弥罗国。宜稼穑，少华果。气序温和，微有霜雪。俗无礼义，人性刚猛，多行诡诈，不信佛法。大城西南四五里，有窣堵波，高二百余尺，无忧王所建也。傍有伽蓝，僧徒寡少，并皆学大乘法教。从此东南，登山履险，度铁桥，行千余里，至迦湿弥罗国。旧曰罽宾，讹也。北印度境。

{ཨུ་ར་ཤིའི་ཡུལ།}

དེ་ནས་ཤར་ལྷོའི་མཚམས་སུ་རི་བོ་ཞིག་འདས་ནས་རྒྱང་གྲག་(གྲགས)ལྔ་བརྒྱ་ཙམ་སོང་བ་ན་ཨུ་ར་ཤིའི་༥ ☆ ཡུལ་དེའི་ཁོར་ཡུག་ཏུ་ལེ་བར་ཉིས་སྟོང་ལྷག་པ་རི་བྲག་དང་སྣང་དག་གིས་གཏམས་པ། ལམ་ཐང་དང་པོ་ལ་ཞིང་ས་བཟང་བ། རང་མགོ་ཐོན་པའི་དཔོན་ཞིག་མེད་པས་ཁ་ཆེའི་མངའ་འོག་ཏུ་གཏོགས་སོ། །འབྲུ་ཞིང་འདེབས་པ་ཤིང་ཏོག་དང་མེ་ཏོག་ཆེས་དཀོན་པ། ཡུལ་གྲང་ཏྲོ་སྨོམ་པ་ཐུང་ཟད་བསིལ་བ་མི་རྣམས་སྤྱོ་ཐུང་བ་མི་ཆོས་མི་ཤེས་ཤིང་། དཔའ་རྩལ་ཆེ་བ་རྟུལ་ཕོད་པ་བསླུ་བྲིད་འདྲིས་མར་ཡོད་པ། དཀོན་མཆོག་ལ་མི་དད་དོ། །དབུས་ཀྱི་མཁར་གྱི་ལྷོ་ནུབ་ཀྱི་མཚམས་སུ་རྒྱང་གྲག་(གྲགས)བཞི་ལྔ་ཙམ་ན་ཨ་ཤོ་ཀས་བཞེངས་པའི་མཆོད་རྟེན་ཁྲུ་ཉིས་བརྒྱ་ལྷག་ཡོད་པའི་ལོགས་ན་དགོན་སྡེ་ཞིག་ཡོད་པར་དགེ་འདུན་ཉུང་ཤས་བཞུགས་པ་ཐེག་ཆེན་སློབ་པའོ། །

解 1：

（1）完整翻译全文。

（2）第一句是上一个国家的最后一句“从此东南山行五百余里，至乌剌尸国。北印度境。”小字“北印度境”没有翻译，不影响全文的含义，故省略了。

解 2：

乌剌尸国　梵　Urasā（今巴基斯坦拉瓦尔品第区域）

迦湿弥罗国

迦湿弥罗国周七千余里，四境负山。山极峭峻，虽有门径，而复隘狭，自古邻敌无能攻伐。国大都城西临大河，南北十二三里，东西四五里。宜稼穑，多花果。出龙种马及郁金香、火珠、药草。气序寒劲，多雪少风。服毛褐，衣白氎。土俗轻僄，人多怯懦。国为龙护，遂雄邻境。容貌妍美，情性诡诈。好学多闻，邪正兼信。伽蓝百余所，僧徒五千余人。有四窣堵波，并无忧王建也，各有如来舍利升余。

{ཀསྨི་ར་བའི་ཡུལ།}

དེ་ནས་ཤར་ལྷོའི་མཚམས་སུ་རི་བོ་བརྒལ་ཏེ་ལུང་ཞུར་ཞིག་ལ་ལྕགས་ཐག་ལ་འཇུས་པ་སོགས་ཀྱིས་རྒྱང་གྲག་(གྲགས)སྟོང་ལྷག་ཕྱིན་པ་ན་ཀསྨི་ར་༤ ☆ [ཕལ་ཆེར་ཀ་ཤི་མེར་ཟེར།] སྐྱེ་སྒྲ་ཐད་བསྒྱུར་བྱས་ན་རིག་(རིགས)ངན་སྐྱེ་ཁ་ཆེའི་ཡུལ་དེའི་མཐའ་སྐོར་དུ་ལི་བར་བདུན་སྟོང་ལྷག་གོ། ཕྱོགས་བཞིར་འབར་འབུར་ཤང་ཤོང་པོ་ནས་བསྐོར་བ་འཇུག་སྒོའི་ལམ་ཡོད་ཀྱང་འཕྲང་ཏ་ཙང་དོགས་(དོག)པས་བགྲོད་དཀའ་བ་སྟོན་ནས་ད་བར་ཕ་རོལ་གྱི་དགྲ་འཇུག་མ་སྤྱོང་ཟེར་རོ། །དཀྱིལ་མཁར་གྱི་ནུབ་ཕྱོགས་སུ་ཆུ་ཀླུང་ཆེན་པོར་[ཡ་མུ་ན]གཞོལ་བ། ལྷོ་བྱང་རྒྱང་གྲག་(གྲགས)སུམ་ཅུ་ལྷག་ཤར་ནུབ་རྒྱང་གྲག་(གྲགས)བཞི་ལྔ་ཙམ་པ། ས་ཞིན་དུ་གཤིན་པ་མེ་ཏོག་དང་ཤིང་ཏོག་གི་རིགས་ཤིན་ཏུ་མང་། ཀླུའི་རིགས་ལས་བྱུང་བའི་རྟ་ཁྲ་ཡོད་དོ། །གུར་གུམ་དང་རང་བྱུང་མེ་ཤེལ་དང་སྨན་གྱི་རིགས་སྣ་ཚོགས་སྐྱེ་ཡང་གྲང་ངར་ཅུང་ཟད་ཆེ་བ། ཁ་བ་ཆེ་ཞིང་རླུང་ཆུང་བ། གོས་སུ་རས་དང་ཐེར་མ་གྱོན་པ། མིའི་རང་བཞིན་ཀློ་སྟར་མ་གཡོ་སྒྱུ་ཅན་མང་བ་བྱད་གཟུགས་བཟང་བ་ནི་འབངས་དང་རྒྱལ་ཁབ་ཀྱི་སྲུང་མ་ཀླུས་བྱས་པས་སོ་ཟེར་རོ། །སློབ་གཉེར་

ལ་དགའ་ཡང་ཕྱི་པ་ནང་པ་གཉིས་མཉམ་པར་སྤྱོད་པ། གཙུག་ལག་ཁང་བརྒྱ་ལྷག་ཡོད་པར་དགེ་འདུན་སྟོང་ཕྲག་གནས་པ། དེར་མཆོད་རྟེན་ཆེན་པོ་བཞི་ཡོད་པ་ཐམས་ཅད་རྒྱལ་པོ་ཨ་ཤོ་ཀས་བཞེངས་པའོ། །

解 1:

（1）完整翻译全文。

（2）第一句是上一个国家的最后一句“从此东南，登山履险，度铁桥，行千余里，至迦湿弥罗国。旧曰罽宾，讹也。北印度境。”小字“北印度境”没有翻译，不影响全文的含义，故省略了。

（3）批注 1 意为“一般叫嘎西密尔”。译者增言道：“此名称直译是贱种的意思”，此说法需要进一步查证。

（4）批注 2 意为大河称“雅姆纳”，但《大唐西域记校注》（上）第 323 页注释中的河名“Jhelum 傑鲁姆”，经过查找证明此河不是印度的雅穆纳河，而是巴基斯坦的杰鲁姆河。

（5）《大唐西域记校注》中对迦湿弥罗国的注解：“迦湿弥罗国，梵文 Kasmira”[①] 译文“嘎斯密热”“嘎西密尔”均属梵文 Kasmira 的音译。

解 2:

迦湿弥罗国　梵　Kāsmīra（今印控克什米尔斯利那加地区）

一、开国传说

《国志》曰：国地本龙池也。昔佛世尊自乌仗那国降恶神已，欲还中国，乘空当此国上，告阿难曰：“我涅盘之后，有末田底迦阿罗汉当于此地建国安人，弘扬佛法。”如来寂灭之后第五十年，阿难弟子末田底迦罗汉者，得六神通，具八解脱，闻佛悬记，心自庆悦，便来至此，于大山岭。宴坐林中，现大神变。龙见深信，请资所欲。阿罗汉曰：“愿于池内惠以容膝！”龙王于是缩水奉施。罗汉神通广身，龙王纵力缩水，池空水尽，龙飜请地。阿罗汉于此西北为留一池，周百余里，自余枝属，别居小池。龙王曰：“池地总施，愿恒受供！”末田底迦曰：“我今不久无余涅盘，虽欲受请，其可得乎？”龙王重请：“五百罗汉常受我供，乃至法尽；法尽之后，还取此国，以为居池。”末田底迦从其所请。

---

① 玄奘、辩机原著，季羡林等校注. 大唐西域记校注. 北京：中华书局，2000：321.

时阿罗汉既得其地，运大神通力，立五百伽蓝，于诸异国买鬻贱人，以充役使，以供僧众。末田底迦入寂灭后，彼诸贱人自立君长。邻境诸国鄙其贱种，莫与交亲，谓之讫利多。唐言买得。今时泉水已多流滥。

{༡ ཡུལ་འཛགས་ཚུལ་སྐོར།}

མཆོད་རྟེན་སོ་སོར་དེ་བཞིན་གཤེགས་པའི་རིང་བསྲེལ་བྲེ་ལྷག་སྙིང་པོར་བཞུགས་སོ། །གཏམ་རྒྱུད་ཉིང་པ་ན་ཡུལ་འདི་ཀླུ་ཆེན་གནས་པའི་མཚོ་ཆེན་པོ་ཞིག་སྟེ། སྔོན་སྟོན་པས་ཡུལ་ཨུ་དྱཱ་ནར་གནོད་སྦྱིན་ངན་པ་གདུལ་ནས་ཕྱིར་གཤེགས་སྐབས་ནམ་མཁའ་ལས་རྫུ་འཕྲུལ་གྱིས་འདིར་སླེབས་ཏེ་ཀུན་དགའ་བོ་ལ་བཀའ་སྩལ་བ། ང་མྱ་ངན་ལས་འདས་པའི་འོག་ཏུ་ཉི་མ་གུང་བ་ཞེས་པའི་དགྲ་བཅོམ་པས་འདིར་སངས་རྒྱས་ཀྱི་བསྟན་པ་རྒྱ་ཆེར་སྤེལ་བར་འགྱུར་རོ། །དེ་ནི་ཁྱོད་<PL.37>ཀྱི་སློབ་མ་ཡིན་ནོ་ཞེས་ལུང་བསྟན་ནོ། །དེ་བཞིན་གཤེགས་པ་མྱ་ངན་ལས་འདས་ནས་ལུང་བསྟན་པ་ལྟར་ལོ་ལྔ་བཅུའི་ཐོག ཀུན་དགའ་བོའི་སློབ་མ་དགྲ་བཅོམ་པ་ཉི་མ་གུང་པ་ཞེས་པ་མངོན་ཤེས་དྲུག་དང་རྣམ་ཐར་བརྒྱད་ཐོབ་པ་དེ་ཡུལ་འདིར་འོངས་སྟེ། རི་བོ་ཆེན་པོའི་སྒོ་ལ་མཉམ་པར་བཞག་སྟེ་བཞུགས་པས་ཀླུ་ཆེན་པོས་མཐོང་དེ་དད་ཅིང་། དགྲ་བཅོམ་པ་ལ་ཅི་འདོད་དྲིས་པས་མཚོ་འདི་ནི་མཐིལ་གནང་བར་ཞུ་ཞེས་པས་ཀླུས་མཚོ་སྐེམ་པར་བྱས་ནས་མཚོའི་མཐིལ་ཕུལ། མཚོའི་ཆུ་ཐམས་ཅད་ནུབ་བྱང་མཚམས་སུ་ལུད་པར་བྱས་སོ། །མཚོ་དེའི་རྒྱ་ཁྱོན་ལེ་བར་བརྒྱ་དང་མཚོ་ཕྲན་ཀྱང་མང་པོ་ཡོད་དོ། །ཉི་མ་གུང་པས་ཀླུའི་འདོད་པ་དྲིས་པས། འཕགས་པ་ཁྱོད་ཆོས་གནས་སུ་ཞུ་བྱས་པར། ང་ཡུན་རིང་མི་གནས་པར་མྱ་ངན་ལས་འདས་པས་གནང་མི་ཐུབ་ཟེར། ཀླུས་ཡང་གསོལ་བ་འཕགས་པའི་སློབ་མ་ལྔ་བརྒྱ་པོ་ཐམས་ཅད་དགྲ་བཅོམ་ཐོབ་པ་ཤ་སྟག་ལགས་པས་རིམ་པར་མཆོད་ཅིང་བསྐལ་བའི་མཐར་ཡུལ་འདི་སླར་ཡང་མཚོ་རུ་གྱུར་ཏེ་ངེད་ཀླུ་རྣམས་གནས་པའི་ཡུལ་བྱེད་པར་གསོལ་ཞེས་ཞུས་པ་བཞིན་གནང་ངོ་། །དེ་ནས་དགྲ་བཅོམ་པ་ཉི་མ་གུང་པས་རྫུ་འཕྲུལ་གྱིས་(ཀྱི)མཐུས་གཙུག་ལག་ཁང་ལྔ་བཞེངས་ཡུལ་གཞན་ནས་འབྲུའི་ཕྱེ་ཡིས་ཉོས་བའི་རིགས་དམན་མང་པོ་གནས་པ་མང་པོ་ལ་སྦྱིན་པ་བཏང་པས་གནས་འདིར་འདུས་པ་ལས་མིའི་ཡུལ་ཆགས་པའི་འབངས་ལ་ཀྲི་ཏ་ཞེས་འབོད་བོད་སྐད་དུ་ཉོས་ཐོབ་ཟེར་ཕྱིས་སུ་མི་མང་པོ་འཕེལ་ནས་རྒྱལ་པོ་ཡང་བྱུང་མོད་ཀྱིས། རྒྱ་གར་དང་ཡུལ་གཞན་དག་གིས་རིགས་དམའ་བར་འཛིན་པས་ཉེ་འབྲེལ་མི་བྱེད་

ཟེར་རོ། །

解 1：

（1）完整翻译全文。

（2）第 1 句是上一个“迦湿弥罗国”的最后“各有如来舍利升余”一句。

（3）原文中的小字“唐言买得。”改变以往将意思柔在文中翻译，而翻译成了“藏语叫买得”一句。

解 2：

开国传说的注释见《大唐西域记校注》（上）326 页。

二、五百罗汉僧传说

摩揭陀国无忧王以如来涅盘之后第一百年，命世君临，威被殊俗，深信三宝，爱育四生。时有五百罗汉僧，五百凡夫僧，王所敬仰，供养无差。有凡夫僧摩诃提婆唐言大天。阔达多智，幽求名实，潭思作论，理违圣教。凡有闻知，群从异议。无忧王不识凡圣，因情所好，党援所亲，召集僧徒，赴殑伽河，欲沈深流，总从诛戮。时诸罗汉既逼命难，咸运神通，凌虚履空，来至此国，山栖谷隐。时无忧王闻而惧，躬来谢过，请还本国。彼诸罗汉确不从命。无忧王为罗汉建五百僧伽蓝，总以此国持施众僧。

{༢ དགེ་སློང་ལྔ་བརྒྱ་པའི་ལོ་རྒྱུས།}

ཡུལ་མ་ག་དྷར་སྟོན་པ་མྱ་ངན་ལས་འདས་ནས་ལོ་བརྒྱ་སོང་ན་མྱ་ངན་མེད་ཀྱིས་དབང་བསྒྱུར་བའི་སྐབས། སོ་སྐྱེའི་དགེ་སློང་ལྷ་ཆེན་པོ་ཞེས་པས་བསྟན་པ་དང་འགལ་བའི་བསྟན་བཅོས་བྱས་པས་ཕལ་ཆེར་དེའི་རྗེས་སུ་འབྲངས་པས་རྒྱལ་པོས་ཡང་དག་ལྟར་སྣང་དབྱེ་དཀའ་བ་བྱུང་བས། དགེ་འདུན་རྣམས་ཆུ་བོ་གངྒའི་འགྲམ་དུ་བསྡུས་ཏེ་ཅང་ཐང་གིས་བཀལ་དུ་བཙུགས་པས་འགའ་ཞིག་ཆུར་ནུབ་ནས་འཚུབ་ཏེ་ཤི། དགྲ་བཅོམ་ཐོབ་པ་གང་དག་བར་སྣང་ལ་འཕགས་ཏེ་ཡུལ་དེར་འོངས་སོ། །ཕྱིས་རྒྱལ་པོ་ཨ་ཤོ་ཀ་འགྱོད་པ་སྐྱོ་སྟེ་བཤགས་བསྐམ་ཕུལ་ཏེ་སྤྱན་དྲངས་ཀྱང་མ་གནང་བས། ཡུལ་དེ་ཉིད་དུ་གཙུག་ལག་ཁང་ལྔ་བརྒྱ་བཞེངས་ནས་རིམ་གྲོ་བྱས་སོ། །

解 1：

完整翻译全文。

解 2：

五百罗汉僧传说的注释见《大唐西域记校注》(上) 328 页。

三、迦腻色迦王第四结集

健驮逻国迦腻色迦王以如来涅盘之后第四百年，应斯抚运，王风远被，殊俗内附，机务余暇，每习佛经。日请一僧入宫说法，而诸异议部执不同。王用深疑，无以去惑。时胁尊者曰："如来去世，岁月逾邈。弟子部执，师资异论，各据闻见，共为矛楯。"时王闻已，甚用感伤，悲叹良久，谓尊者曰："猥以余福，聿遵前绪，去圣虽远，犹为有幸。敢忘庸鄙，绍隆法教，随其部执，具释三藏。"胁尊者曰："大王宿殖善本，多资福佑，留情佛法，是所愿也!"王乃宣令远近，召集圣哲。于是四方辐凑，万里星驰，英贤毕萃，叡圣咸集。七日之中，四事供养。既欲法议，恐其諠杂，王乃具怀白诸僧曰："证圣果者住，具结缚者还。"如此尚众。又重宣令："无学人住，有学人还。"犹复繁多。又更下令："具三明、备六通者住，自余各还。"然尚繁多。又更下令："其有内穷三藏、外达五明者住，自余各还。"于是得四百九十九人。王欲于本国，苦其暑湿，又欲就王舍城大迦叶波结集石室。胁尊者等议曰："不可。彼多外道，异论纠纷，酬对不暇，何功作论？众会之心，属意此国。此国四周山固，药叉守卫，土地膏腴，物产丰盛，贤圣之所集往，灵僊之所游止。"众议斯在，佥曰："允谐。"其王是时与诸罗汉自彼而至，建立伽蓝，结集三藏，欲作《毘婆沙论》。是时尊者世友户外纳衣，诸阿罗汉谓世友曰："结使未除，净议乖谬，尔宜远迹，勿居此也。"世友曰："诸贤于法无疑，代佛施化，方集大义，欲制正论。我虽不敏，粗达微言，三藏玄文，五明至理，颇亦沉研，得其趣矣。"诸罗汉曰："言不可以若是，汝宜屏居，疾证无学，已而会此，时未晚也。"世友曰："我顾无学，其犹涕唾。志求佛果，不趋小径。掷此缕丸，未坠于地，必当证得无学圣果。"时诸罗汉重诃之曰："增上慢人，斯之谓也。无学果者，诸佛所赞，宜可速证，以决众疑。"于是世友即掷缕丸空中，诸天接缕丸而请曰："方证佛果，次补慈氏，三界特尊，四生攸赖，如何于此欲证小果?”时诸罗汉见是事已，谢咎推德，请为上座，凡有疑议，咸取决焉。是五百贤圣，先造十万颂《邬波第铄论》，旧曰优波提舍论，讹也。释素呾缆藏。旧曰修多罗藏，讹也。次造十万颂《毘柰耶毘婆沙论》，释毘奈耶藏。旧曰毘那耶藏，讹也。后造十万颂《阿毘达磨毘婆沙论》，释阿毘达磨藏。或曰阿毘昙藏，略也。凡三十万倾，九百六十万言，备释三藏，悬诸千古，莫不穷其枝叶，究其浅深，大义重明，微言再显，广宣流布，后进赖焉。迦腻色迦王遂以赤铜为鍱，镂写论文，石函缄封，建窣堵波，藏于其中。命药叉神周卫其国，不令异学持此论出。欲求习学，就中受业。于是功既成毕，还军本都。出此国西门之外，东面而跪，复以此国总施僧徒。

{༣ རྒྱལ་པོ་ཀ་ཎི་ཥྐ།}

ཡུལ་ཀཱ་ཤྨཱ་ར་ན་[ཀཱ་ཤྨཱིར།] རྒྱལ་པོ་ཀ་ཎི་ཥྐས། སྟོན་པ་མྱ་ངན་ལས་འདས་ནས་ལོ་བཞི་བརྒྱའི་སྐོར་ན་ཡུལ་ཐམས་ཅད་ལ་དབང་ཞིང་སྐྱོང་བར་ཉིན་རེ་བཞིན་ཆོས་སླ་བ་པོ་རེ་རེ་རྒྱལ་པོའི་ཕོ་བྲང་ནང་དུ་བཀུར་སྟི་བྱ་ཞིང་ཆོས་འཆད་དུ་བཙུག་པས། དེ་དག་གིས་བཤད་པ་མཐུན་པར་མ་གྱུར་པས་རྒྱལ་པོ་ཐེ་ཚོམ་ཟོས་ཏེ། དགེ་སློང་རྩིབས་ལོགས་ལ་དྲིས་པས། དགེ་སློང་རྩིབས་ལོགས་ཀྱིས་ཇོ་བོ་ནི་སྟོན་པའི་བསྟན་གཅིག་བུ་ཡིན་ཅིང་གློན་པོ་སོ་སོའི་[སློབ་དཔོན་]གློ་ལ་རྟོགས་པ་མཐོ་དམན་ཡོད་པས་སློབ་མ་རྣམས་ལའང་གོ་ཚུལ་རྣམ་པ་མང་བས་ལན་གསུངས་སོ། །དེ་ནས་རྒྱལ་པོས་དགེ་སློང་རྩིབས་ལོགས་ལ་བཀའ་བསྡུ་བར་གསོལ་བས། དགེ་སློང་གིས་ཞལ་གྱིས་བཞེས་སྟེ་བཀའ་བསྡུ་བར་བརྩམས་པ་ན། རྒྱལ་པོས་དྲིལ་བསྒྲགས་ཏེ་ཕྱོགས་བཞི་ནས་དགེ་འདུན་རིས་སུ་མ་ཆད་པ། ནང་སྡེ་སྡོད་གསུམ་དང་ཕྱི་རིགས་པའི་གནས་ལྔ་ལ་མཁས་པ་བསྡུས་པས། དགེ་འདུན་ལྔ་བརྒྱ་ལ་གཅིག་གི་མ་ཚོག་པ་<PL.38>བཞི་བརྒྱ་དགུ་བཅུ་རྩ་དགུ་བྱུང་ངོ་། །རྒྱལ་པོས་ཡུལ་ཧྲན་གཤེར་ཆེ་བས་གནོད་པ་བྱུང་དོགས་ཀྱིས་རྒྱལ་པོའི་ཁབ་ཀྱི་འོད་སྲུང་ཆེན་པོས་བཀའ་བསྡུ་མཛད་པའི་བྲག་ཕུག་ལ་བསྡུ་བ་བྱེད་པར་འདོད་ཀྱང་། རྩིབས་ལོགས་སོགས་ལ་བགྲོས་བསྡུན་གྱིས་རྒྱལ་པོའི་ཁབ་ཏུ་ལྷ་བ་ཐ་དད་པ་མང་བས་ཆོས་ཀྱི་བར་ཆད་དུ་གྱུར་དོགས་ནས། ཡུལ་འདི་ཕྱོགས་བཞི་ནས་གང་བྱུང་འཇུག་དཀའ་བས། གནོད་སྦྱིན་སྟོབས་ཆེན་གྱིས་དངོས་སུ་བསྲུང་བས་བར་ཆད་མེད་ཅིང་ལོངས་སྤྱོད་ཀྱང་འདངས་ངེས་སྙམ་ཏེ། དགྲ་བཅོམ་ལྔ་བརྒྱ་ལ་གཅིག་གིས་མ་ལོགས་པའི་ཚབས་སུ་སློབ་དཔོན་དབྱིག་བཤེས་ཏུང་ངམ་མི་ཏུང་ཞེས་ཐམས་ཅད་ཐེ་ཚོམ་

ཐོས་ཏེ། ཟན་རིལ་གྱི་བརྟགས་སྒྲིལ་བྱས་པས་ཟན་རིལ་པ་ལ་མ་ལྷུང་བར་བར་སྣང་ན་ལྷ་རྣམས་ཀྱིས་བཟུང་འདུག་པས་ཐམས་ཅད་ངོ་མཚར་གྱུར་ནས་བློ་ཐག་ཆོད་དེ་གྲངས་ཚང་བར་བྱས་ཏེ། དགྲ་བཅོམ་པ་ལྔ་བརྒྱ་བཀའ་བསྡུ་བར་གསུམ་པ་མཛད། སྡེ་སྣོད་གསུམ་ཀ་ལ་སློ་ཀ་འབུམ་རེ་བྱུང་ངོ་། །རྒྱལ་པོ་ཀ་ནིཥྐས་སྡེ་སྣོད་གསུམ་ཀ་སློ་ཀ་གསུམ་འབུམ་མ་ལུས་པ་ཟངས་གླིང་ལ་བརྐོས་ཏེ་ཟ་མ་ཏོག་ཏུ་བཙུག་ཏེ་མཆོད་རྟེན་གྱི་ནང་དུ་རྒྱས་བཏབ་བོ། །དེ་ཡང་གནོད་སྦྱིན་དཀར་ཕྱོགས་པ་རྣམས་ལ་གཉེར་གཏད་བྱས་ཤིང་། བློར་འཛིན་འདོད་དང་གླིགས་བམ་ཞུ་འདོད་པ་བྱུང་བ་ལ་རེ་ཞིག་གཡར་པོ་བྱེད་ཅིང་། རིང་པོར་མི་ཐོགས་པར་ཚུར་ལེན་ཅིང་མཆོད་རྟེན་གྱི་ནང་དུ་འཇུག་པར་བྱེད་དོ། །

解 1：

（1）大意翻译全文。

（2）“其王是时与诸罗汉自彼而至，建立伽蓝，结集三藏，欲作《毘婆沙论》。是时尊者世友户外纳衣，诸阿罗汉谓世友曰：‘结使未除，净议乖谬，尔宜远迹，勿居此也。’世友曰：‘诸贤于法无疑，代佛施化，方集大义，欲制正论。我虽不敏，粗达微言，三藏玄文，五明至理，颇亦沉研，得其趣矣。’诸罗汉曰：‘言不可以若是，汝宜屏居，疾证无学，已而会此，时未晚也。’世友曰：‘我顾无学，其犹涕唾。志求佛果，不趋小径。掷此缕丸，未坠于地，必当证得无学圣果。’时诸罗汉重诃之曰：‘增上慢人，斯之谓也。无学果者，诸佛所赞，宜可速证，以决众疑。’”此段没有翻译，存疑。

（3）汉文题目“迦腻色迦王第四结集”译文是“迦腻色迦王”没有第几次结集。

解 2：

迦腻色迦王第四结集的注释见《大唐西域记校注》（上）335 页。

四、雪山下王讨罪故事

迦腻色迦王既死之后，讫利多种复自称王，斥逐僧徒，毁坏佛法。睹货逻国呬摩呾罗王，唐言雪山下。其先释种也，以如来涅盘之后第六百年，光有疆土，嗣膺王业，树心佛地，流情法海。闻讫利多毁灭佛法，招集国中敢勇之士，得三千人，诈为商旅，多赍宝货，挟隐军器，来入此国。此国之君，特加宾礼。商旅之中，又更选募得五百人，猛烈多谋，各袖利刃，俱持重宝，躬赍所奉，持以献上。时雪山下王去其帽，即其座，讫利多王惊慑无措，遂斩其首，令群下曰：“我是睹逻国雪山下王也。怒此贱种，公行虐政。故于今者诛其有罪。凡百众庶，非尔之辜。”然其国辅宰臣迁于异域。既平此国，召集僧徒，式建伽蓝，安堵如故。复于此国西门之外，东面而跪，持施众僧。

其讫利多种，屡以僧徒覆宗灭祀，世积其怨，嫉恶佛法。岁月既远，复自称王，故今此国不甚崇信。外道天祠，特留意焉。

{༥ ཧྨི་ཏ་རའི་རྒྱལ་པོས་རྒྱལ་ངན་ཚར་བཅད་པའི་ལོ་རྒྱུས།}

རྒྱལ་པོ་ཀ་ནི་ཥྐ་འདས་པ་ན་སྟོན་པ་འདས་ནས་ལོ་དྲུག་བརྒྱའི་སྐབས་སུ་ཧི་དའི་རིགས་ལས་རྒྱལ་པོར་གྱུར་པ་གཅིག་གིས་དགེ་འདུན་རྣམས་ལ་འཚེ་ཞིང་འདུ་བའི་སྒོ་འཕྲོག་པར་བྱེད་པ་ལ། ཧྨི་ཏ་རའི་[ཏུ་རཀྵི]རྒྱལ་པོ་ཏི་མ་ཧྲ་ར་ཞེས་བྱ་བ་ཐོག་མར་ཤཱ་ཀྱའི་རིགས་ལས་རབ་ཏུ་བྱུང་བ་གཅིག་གིས་ཚོང་པར་བརྫུས་ནས་ཡུལ་འདིར་ཡོང་བ་ཧི་དའི་རིགས་ཀྱི་རྒྱལ་ངན་ཚར་བཅད་ནས་བསྟན་པ་གསོས་སོ། །ཡུལ་འདིར་ད་ལྟའི་བར་དུ་ཕྱི་རོལ་པའི་ལྷ་ཁང་དང་བསྟི་གནས་མེད་དོ། །

解 1：

（1）只翻译了大概意思。

（2）“闻讫利多毁灭佛法，招集国中敢勇之士，得三千人，诈为商旅，多赍宝货，挟隐军器，来入此国。此国之君，特加宾礼。商旅之中，又更选募得五百人，猛烈多谋，各袖利刃，俱持重宝，躬赍所奉，持以献上。时雪山下王去其帽，即其座，讫利多王惊慑无措，遂斩其首，令群下曰：‘我是睹逻国雪山下王也。怒此贱种，公行虐政。故于今者诛其有罪。凡百众庶，非尔之辜。’然其国辅宰臣迁于异域。”此段细节描写只译了大意。

解 2：

雪山下王讨罪故事的注释见《大唐西域记校注》（上）340 页。

五、佛牙伽蓝及传说

新城东南十余里，故城北大山阳，有僧伽蓝，僧徒三百余人。其窣堵波中有佛牙，长可寸半，其色黄白，或至斋日，时放光明。昔讫利多种之灭佛法也，僧徒解散，各随利居。有一沙门游诸印度，观礼圣迹，申其至诚。后闻本国平定，即事归途，遇诸群象横行草泽，奔驰震吼。沙门见已，升树以避。是时群象相趋奔赴，竞吸池水，浸渍树根，互共排掘，树遂蹎仆。既得沙门，负载而行，至大林中，有病象疮痛而卧。引此僧手，至所苦处，乃枯竹所刺也。沙门于是拔竹傅药，裂其裳，裹其足。别有大象持金函授与病象，象既得已，转授沙门。沙门开函，乃佛牙也。诸象围绕，僧出无由。明日斋时，各持异果，以为中馔。食已，载僧出林数百里外，方乃下之，各跪拜而去。沙门至国西界，渡一驶河，济乎中流，船将覆没。同舟之人互相谓曰：“今此船覆，祸是沙门。必有如来舍利，诸龙利之。”船主检验，果得佛牙。时沙门举佛牙俯谓龙曰：“吾今寄汝，不久来取。”遂不渡河，回船而去，顾河叹曰：“吾无禁术，龙畜所欺。”重往印度，学禁龙法。三岁之后，复还本国，至河之滨，方设坛场，其龙于是捧佛牙函以授沙门。沙门持归，于此伽蓝而修供养。

{༥ སྟོན་པའི་ཚེམས་ཡོད་པའི་མཆོད་རྟེན།}

གྲོང་ཁྱེར་གྱི་ཤར་ལྷོའི་མཚམས་སུ་ལེ་བར་བཅུ་ལྷག་ཙམ་ན་རི་བོ་ཆེན་པོ་ཞིག་གི་ངོས་སུ་གཙུག་ལག་ཁང་ཅིག་(ཞིག)ཡོད་པར་དགེ་འདུན་གསུམ་བརྒྱ་གནས་སོ། །འདིར་མཆོད་རྟེན་གཅིག་ཡོད་པར་སྟོན་པའི་ཚེམས་ཤིག་བཞུགས་པའི་ཚད་ནི་ཚོན་གང་ཕྱེད་བཅས་མདོག་ཅུང་ཟད་སེར་ལ་དཀར་བ་གདའོ། །དེ་ཡང་སྔོན་ཧྲི་དའི་རིགས་ཀྱི་སྡིག་རྒྱལ་དེས་བསྣུན་པ་བཤིག་པའི་སྐབས་སུ། བཙུན་པ་ཅིག་(ཞིག)ཡུལ་དབུས་སུ་འབྲོས་ཐབས་ཀྱིས་གནས་བསྐོར་ལ་ཕྱིན་པ་ཕྱིས་རང་ཡུལ་བདེ་འཇགས་སུ་གྱུར་པ་ཐོས་ཏེ་ལོག་པ་ན། ལམ་དུ་གླང་པོ་ཆེའི་ཁྲུ་ཅིག་ཕྱོགས་ངེས་མེད་དུ་རྒྱུགས་ཅིང་ང་རོ་དྲག་པོ་འདོན་ཅིང་(ཞིང)བྱུང་བར་བཙུན་པ་ཤིང་ལ་འཛེགས་ཏེ་བལྟས་པས་གླང་པོའི་ཁྲུ་དེར་སྣུག་དུམ་གྱིས་སྨས་པའི་གླང་པོ་ཆེ་ཞིག་ཡོད་པ། བཙུན་པས་སྙིང་བརྩེ་བས་སྣུག་དུམ་བཏོན་ཏེ་སྨན་བྱུང་(བྱུགས)གོས་ཀྱིས་དཀྲིས་པས། གླང་པོ་ཆེ་གཞན་ཞིག་སྣས་གསེར་གྱི་སྒམ་ཆུང་ཅིག་(ཞིག)བཟུང་ཏེ་(སྟེ)གླང་ཆེན་སྨས་པ་ལ་བྱིན་དེས་བཙུན་པ་ལ་བྱིན། བཙུན་པས་ཕྱི་(ཕྱེ)སྟེ་བལྟས་ཙ་ན་སྟོན་པའི་ཚེམས་ཅིག་(ཤིག)བཞུགས་འདུག དེའི་སང་ཉིན་གླང་ཁྲུས་ཤིང་ཏོག་མི་འདྲ་བ་སྣ་ཚོགས་ཀྱིས་ཚེམས་ལ་མཆོད་པ་བྱས་སོ། །གླང་བཙུན་པ་རྒྱབ་ལ་བཏེགས་ཏེ་ནགས་ཚལ་འཁྲིམ་ཏེ་(སྟེ)ལེ་བར་བརྒྱ་ཕྲག་དུ་མ་འདས་པའི་སར་བཙུན་པ་བཞག་ཏེ་(སྟེ)བསྐོར་ནས་འདུད་ཚུལ་དང་ཕྱག་བྱའི་ཚུལ་བྱས་ནས་སོང་<PL.39>ངོ་། །བཙུན་པས་རང་

ཡུལ་དུ་ཕྱིན་སྟེ་(ཏེ)ས་མཚམས་ཀྱི་ཆུ་ཀླུང་སྒྲོལ་བར་གྲུ་ལ་བཞུགས་པ་ན། ཀླུང་གི་བར་དུ་ཕྱིངས་པར་བརྩམས་པ་ན་གྲུ་ལ་གནས་པའི་མི་རྣམས་ཀྱིས་ངེས་པར་བཙུན་པ་འདིས་ལན་ཏེ་འདི་ལ་སྡོན་པའི་རིང་བསྲེལ་ཅིག་(ཞིག)ཡོད་པ་འདྲ། ཀླུས་དེ་ཐོབ་པར་འདོད་པས་སོ་ཞེས་ཟེར་བར་ཀླུ་རྣམས་དང་གྲུ་མཁན་གྱིས་བལྟས་ཅ་ན་བསྟོན་པའི་ཚེམས་ཡོད་པ་མཐོང་ངོ་། །དེར་བཙུན་པས་ཚེམས་དེ་ཀླུ་རྣམས་ལ་རེ་ཞིག་བཅོལ་སྐར་ལེན་དུ་འོང་བར་ཁས་སླངས་སོ། །ཀླུང་མ་བསྒྲག་(བརྒལ)པར་ཕྱིར་ལོག །དེ་ནས་ལོ་གསུམ་གྱི་རིགས་(རིང)ལ་ཀླུ་འདུལ་པའི་ཐབས་བསླབ་ནས། སླར་ཀླུང་དེ་ཉིད་ཀྱི་འགྲམ་དུ་དཀྱིལ་འཁོར་བཤམས་ཏེ་ཀླུ་རྣམས་གཟིར་བས། ཞར་གྱི་ཀླུ་བུང་ནས་ཟ་མ་ཏོག་ཚེམས་ཡོད་པ་དེ་ཕུལ། དེ་ནས་བཙུན་པ་དེ་རང་ཡུལ་དུ་ལོག་ནས་མཆོད་རྟེན་བཞེངས་པ་ཚེམས་དེ་བཞུགས་སུ་གསོལ་ཏེ(ལོ)། །

解 1:

完整翻译全文。

解 2:

佛牙伽蓝及传说的注释见《大唐西域记校注》(上) 341 页。

六、小伽蓝及众贤论师遗迹

伽蓝南十四五里，有小伽蓝，中有观自在菩萨立像。其有断食誓死为期愿见菩萨者，即从像中出妙色身。

小伽蓝东南三十余里，至大山，有故伽蓝，形制宏壮，芜漫良甚。今唯一隅，起小重阁。僧徒三十余人，并学大乘法教。昔僧伽跋陀罗唐言众贤。论师于此制《顺正理论》。伽蓝左右诸窣堵波，大阿罗汉舍利并在。野兽山猿采花供养，岁时无替，如承指命。然此山中多诸灵迹，或石壁横分，峰留马迹。凡厥此类，其状谲诡，皆是罗汉沙弥，群从游戏，手指麾画，乘马往来。遗迹若斯，难以详述。

{༦ གཙུག་ལག་ཆུང་བ་དང་སློབ་དཔོན་དགེ་འདུན་བཟང་པོའི་རྗེས་ཤུལ།}

གཙུག་ལག་ཁང་དེའི་ལྷོ་ཕྱོགས་སུ་རྒྱང་གྲག་(གྲགས)བཅུ་བཞི་ལྔ་ཙམ་ན། རྗེ་བཙུན་སྤྱན་རས་གཟིགས་ཀྱི་སྐུ་བརྙན་བཞེངས་སྟབས་ཅན་ངོ་མཚར་བ་ཅིག་(ཞིག)བཞུགས་སོ། །དེ་ནི་རྟུལ་ཤུགས་(ཞུགས)

པ་ཞིག་གིས་བཟའ་བཏུང་བཅད་ནས་ཞལ་མ་མཐོང་བར་དུ་འཆི་བའི་དུས་བྱས་ཀྱང་སྐྱུང་གནས་མི་གཏོང་པར་དམ་བཅས་པས་སྤྱན་རས་གཟིགས་ཀྱི་སྐུ་བརྙན་དེས་ཞལ་དངོས་སུ་བསྟན་པའི་ལོ་རྒྱུས་ཅན་ཅིག་(ཞིག)བཞུགས་སོ། །༈ གཙུག་ལག་ཁང་ཆུང་བ་དེའི་ཤར་ལྷོའི་ཕྱོགས་སུ་རྒྱང་གྲག་(གྲགས)སུམ་ཙུ་ཙམ་ན་རི་བོ་ཆེན་པོ་ངོས་ལ་ཁང་བརྩེགས་ཅིག་(ཞིག་)ཁང་ཆུང་དུ་མ་དང་བཅས་པར་དགེ་འདུན་སུམ་ཙུ་ལྷག་ཙམ་ཐེག་ཆེན་ཁོ་ན་སློབ་པ་ཡོད་པ་དེ་ནི། སྟོན་སློབ་དཔོན་དགེ་འདུན་བཟང་པོས་ཚད་མའི་བསྟན་བཅོས་ཆེན་པོ་མཛད་པའི་གནས་ཡིན་ཟེར་རོ། །དེའི་གཡས་གཡོན་ཕྱོགས་མཚམས་རྣམས་སུ་དགྲ་བཅོམ་པ་གང་དག་གི་གདུང་བཞུགས་པའི་མཆོད་རྟེན་མང་པོ་དེ་དག་ལ་སྲིའུ་དང་རི་དྭགས་རྣམས་ཤིང་ཏོག་དང་མེ་ཏོག་དང་མེ་ཏོག་གི་རིགས་བཏུས་ནས་མཆོད་པ་ཡོད་དོ། །རི་དེའི་རྗེ་དང་བྲག་རྣམས་སུ་ངོ་མཚར་བའི་རི་མོའི་བཀོད་པ་སྣ་ཚོགས་པ་དང་། དགྲ་བཅོམ་པ་རྣམས་དང་བཙུན་པ་དེ་ཀས་རྟེད་མོའི་ཚུལ་གྱིས་བྲིས་པ་ཡིན་གཟེར་(ཟེར)བ་བརྗོད་ཀྱིས་མི་ལང་བ་ཞིག་ཡོད་དོ། །

解 1:

完整翻译全文。

解 2:

小伽蓝及众贤论师遗迹的注释见《大唐西域记校注》(上)343 页。

七、索建地罗论师及象食罗汉遗迹

佛牙伽蓝东十余里，北山崖间有小伽蓝，是昔索建地罗大论师于此作《众事分毘婆沙论》。小伽蓝中有石窣堵波，高五十余尺，是阿罗汉遗身舍利也。先有罗汉，形量伟大，凡所饮食，与象同等。时人讥曰：“徒知饱食，安识是非？”罗汉将入寂灭也，告诸人曰：“吾今不久当取无余，欲说自身所证妙法。”众人闻之，相更讥笑，咸来集会，共观得失。时阿罗汉告诸人曰：“吾今为汝说本因缘，此身之前报受象身，在东印度，居王内厩。是时此国有一沙门，远游印度，寻访圣教诸经典论。时王持我施与沙门，载负佛经，而至于此。是后不久，寻即命终。乘其载经福力所致，遂得为人，复钟余庆，早服染衣，勤求出离，不遑宁居，得六神通，断三界欲。然其所食，余习尚然，每自节身，三分食一。”虽有此说，人犹未信。即升虚空，入火光定，身出烟焰，而入寂灭。余骸坠下，起窣堵波。

{༢ སློབ་དཔོན་ཆེན་པོ་སུ་གྷྣ་ར་དང་དགྲ་བཅོམ་པ་ཞིག་གི་ལོ་རྒྱུས།}

སྟོན་པའི་ཚེམས་བཞུགས་པའི་གཙུག་ལག་ཁང་ནས་ཤར་འདབས་སུ་རྒྱང་གྲག་(གྲགས)བཅུ་ལྷག་ཙམ་གྱི་སར་གཙུག་ལག་ཁང་ཆུང་བ་ཞིག་ཡོད། དེར་སློབ་དཔོན་ཆེན་པོ་སུ་གྷྣ་ར་ཞེས་བྱ་བས་ཆོས་ཐམས་ཅད་ཀྱི་རྣམ་པར་དབྱེ་བ་ཞེས་བྱ་བའི་བསྟན་བཅོས་མཛད་པའི་གནས་སོ། །དེའི་ནང་དུ་རྫོའི་མཆོད་རྟེན་དཔངས་སུ་འདོམ་ལྔ་བཅུ་ཙམ་ཡོད་པར། དགྲ་བཅོམ་པ་ཞིག་གི་གདུང་བཞུགས་སོ། །དེའི་ལོ་རྒྱུས་ནི། དགྲ་བཅོམ་པ་ཞིག་ཟ་འཐུང་སྣང་པོ་ཆེ་དང་འདྲ་བ་ལས་གཞན་པའི་སྟོན་[ཡོན་ཏན]ཕལ་ཆེ་བས་མ་མཐོང་བས། ཟ་བ་དང་ཉལ་བ་ཁོ་ནས་དུས་འདའ་བའི་དགེ་བཤེས་ཟེར་ཞིང་འཕྱ་བར་དགྲ་བཅོམ་པ་འདའ་ཁར། ང་ནི་མི་རིང་བར་འདའ་བས་ཐམས་ཅད་འདུས་སྟེ་ངའི་ཡོན་ཏན་ལ་ལྟོས་ཤིག་ཅེས་པས་ཐམས་ཅད་ཀྱིས་ལྟག་པར་ཡ་ག་སྒྲོག་ཅིང་འདུས་པ་ན། དགྲ་བཅོམ་པ་(པས)ཀུན་ལ་སྨྲས་པ་ང་སྐྱེ་བ་སྔ་མར་རྒྱ་གར་ཤར་ཕྱོགས་སུ་སྣང་པོ་ཆེ་ཞིག་ཏུ་གྱུར་ཏེ། ཡུལ་འདིའི་བཙུན་པ་ཞིག་རྒྱ་གར་ཤར་ཕྱོགས་ཀྱི་མཐའི་བར་དུ་གནས་སྐོར་དང་ཆོས་ཚོལ་དུ་ཕྱིན་ཏེ་རྒྱ་གར་ཤར་ཕྱོགས་ཀྱི་རྒྱལ་པོའི་བཀས། ཛི་སྙིད་<PL.40>པའི་ཆོས་གླེགས་བམ་དུ་ཆུད་པ་མཐའ་དག་པ་ངའི་རྒྱབ་ལ་བཀལ་ཏེ་ཕྱིན་པས་(པའི)། རྒྱུ་མཚན་གྱིས་མིའི་ལུས་ཐོབ་ཅིང་རབ་ཏུ་བྱུང་ནས་དུར་སྐྱིག་ཕྱིན་པ་དང་མངོན་པར་ཤེས་པ་དྲུག་ཐོབ་ཅིང་ཁམས་གསུམ་ལས་རྣམ་པར་འདས་མོད་ཀྱི། འོན་ཀྱང་སྐྱེ་བ་སྔོན་མའི་ལུས་ཀྱི་གནས་ངན་ལེན་གྱིས་ཟ་འཐུང་ཉལ་གསུམ་ནི་སྣང་པོ་ཆེ་དང་འདྲ་བར་གྱུར་ཏོ་ཞེས་གསུངས་ཀྱང་ཕལ་ཆེར་ད་དུང་ཡིད་མ་ཆེས་པར། དེ་ཉིད་དུ་ནམ་མཁར་འཕགས་ཏེ་མེའི་ཁམས་ལ་སྙོམས་པར་ཞུགས་ཏེ་མྱ་ངན་ལས་འདས་ཤིང་བསམ་གཏན་གྱི་མེས་བཞུས་སོ། །

解 1:

（1）完整翻译全文。

（2）批注为译者自己改正错字。

解 2:

索建地罗论师及象食罗汉遗迹的注释见《大唐西域记校注》（上）344 页。

八、圆满与觉取论师遗迹

王城西北行二百余里，至商林伽蓝，布刺拏唐言圆满。论师于此作《释毘婆沙论》。城西行百四五十里，大河北接山南，至大众部伽蓝，僧徒百余人。佛地罗唐言觉取。论师于此作《大众部集真论》。

从此西南，踰山涉险，行七百余里，至半笯奴故反。嗟国。北印度境。

{༡ གང་པོ་དང་སངས་རྒྱས་འགྲེལ་པ་མཁས་ཅན་གཉིས་ཀྱི་རྗེས་ཤུལ།}

ཡུལ་དེ་ཀའི་རྒྱལ་པོའི་ཕོ་བྲང་གི་ལྷོ་ནུབ་མཚམས་སུ་རྒྱང་གྲག་(གྲགས)ཉིས་བརྒྱ་ལྷག་ཙམ་ན་ཤང་ལིནྡྲའི་[ཡ་མུ་ན]ནགས་ཚལ་ཞེས་བྱ་བར་གཙུག་ལག་ཁང་ཞིག་ན་སློན་དཔྱ་བཅོམ་པ་པྣུཇ་སྡེ་གང་པོ་ཞེས་བྱ་བའི་ལྷག་མཐོང་གི་རང་འགྲེལ་མཛད་ཟེར་རོ། །༈ གྲོང་ཁྱེར་དེའི་ནུབ་ཕྱོགས་སུ་རྒྱང་གྲག་(གྲགས)བརྒྱ་ཕྲག་བཞི་ལྔ་ཙམ་ན་ཆུ་ཀླུང་ཆེན་པོ་ཞིག་བྱང་རི་ནས་ལྷོ་རིའི་བར་མཐར་གྱིས་བརྒྱུད་དེ་ཕྱིན་པ་ན་དགེ་འདུན་ཕལ་ཆེར་སྡེ་བའི་བཙུན་པ་བརྒྱ་ལྷག་གནས་པའི་གཙུག་ལག་ཁང་ཞིག་ཡོད་པར། སྔ་དུས་སློབ་དཔོན་བུདྡྷ་རས་དགེ་འདུན་ཕལ་ཆེན་སྡེ་བའི་བཀའ་བསྡུས་པའི་ཡང་དག་འགྲེལ་ཆེན་མཛད་དོ། །

解 1:

（1）完整翻译全文。

（2）批注意为商林伽蓝称“亚穆纳”，此伽蓝坐落在亚穆纳河岸而得名。

解 2:

圆满与觉取论师遗迹的注释见《大唐西域记校注》（上）346 页。

半笯嗟国

半笯嗟国周二千余里，山川多，畴垄狭。谷稼时播，花果繁茂，多甘蔗，无蒲萄。庵没罗果、乌淡跋罗、茂遮等果，家植成林，珍其味也。气序温暑，风俗勇烈。裳服所制，多衣氎布。人性质直，淳信三宝。伽蓝五所，并多荒圮。无大君长，役属迦湿弥罗国。城北伽蓝，少有僧徒。伽蓝北有石窣堵波，寔多灵异。

从此东南行四百余里，至曷逻阇补罗国。北印度境。

{ཟྷ་ནུ་ཀླའི་ཡུལ།}

དེ་ནས་ལྷོ་ནུབ་ཀྱི་མཚམས་སུ་ལམ་འབར་འབུར་དང་ཤང་ཤོང་མི་སྙོམས་པ་འགྲོ་དཀའ་བ་རྒྱང་གྲག་(གྲགས་)བདུན་བརྒྱ་ཙམ་བགྲོད་པ་ན། ཟྷ་ནུ་ཀླའི་༧ ☆ ཡུལ་ལོ་དེའི་ཁོར་ཡུག་ཏུ་ལི་བར་ཉིས་སྟོང་ཙམ། རི་ཐང་འདྲེས་མར་ཡོད་ཅིང་ས་སྙོམས་ཞིང་གཤིན་པ་ནགས་ཚལ་ཀྲུན་འབྲུམ་མ་གཏོགས་ཤིང་ཏོག་མེ་ཏོག་གི་རིགས་མང་བ་བུར་ཤིང་དང་ཨ་སྲ་ལྷག་པར་མང་ཞིང་། རྟ་དང་དྲེའུ་ཤིན་ཏུ་དཀོན་ནོ། །ནམ་དུས་བསིལ་དྲོད་སྙོམས་ཤིང་མི་རྣམས་དཔའ་རྩལ་ཆེ་ལ་དྲང་ཞིང་དཀོན་མཆོག་ལ་དད་འདུན་ཅན། །གྱོན་པ་རས་དང་ཐེར་མ་སོགས་སོ། །གཙུག་ལག་ཁང་ཞིག་རལ་ཆེ་པས་གོག་རྙིང་ལྷ་ཡོད་པར་དགེ་འདུན་ཡང་ཤིན་ཏུ་དཀོན་ནོ། །སྡེ་དཔོན་སིལ་བུ་ཆུང་ངུ་ལས་རང་ཚུགས་ཐུབ་པའི་རྒྱལ་པོ་མེད་དོ། །ཐེ་བ་ཐམས་ཅད་ཀ་ཤྨི་རར་ཞུས་ནས་དབྱེ་འབྱེད་ཐག་གཅོད་བྱེད་འཇུག་པ་ཞིག་གོ །ཇོའི་མཆོད་རྟེན་བྱིན་རླབས་ཆེ་བས་ངོ་མཚར་བའི་རྟགས་མཚན་འཁྲུལ་མེད་དུ་དངོས་སུ་སྟོན་པ་ཞིག་ཡོད་དོ། །

解 1:

（1）完整翻译全文。

（2）第一句是上一个国家的最后一句“从此西南，踰山涉险，行七百余里，至半笯奴故反。嗟国。北印度境”。小字“北印度境”没有翻译，不影响全文的含义，故省略了。

解 2:

半笯嗟国　梵　Parnotsa（今印控克什米尔地区布恩奇）

曷逻阇补罗国

曷逻阇补罗国周四千余里。国大都城周十余里，极险固，多山阜。川原隘狭，地利不丰，土宜气序，同半笯嗟国。风俗猛烈，人性骁勇。国无君长，役属迦湿弥罗国。伽蓝十所，僧徒寡少。天祠一所，外道甚多。自滥波国至于此土，形貌粗弊，情性獷暴。语言庸鄙，礼义轻薄，非印度之正境，乃边裔之曲俗。从此东南，下山渡水，行七百余里，至磔迦国。北印度境。

{ཀ་ཏ་ཤྲ་བླུ་རའི་ཡུལ།}

དེ་ནས་ཤར་ལྷོའི་མཚམས་སུ་རྒྱང་གྲག་(གྲགས་)བཞི་བརྒྱ་ཙམ་ན་ཀ་ཏ་ཤྲ་བྷུ་ར་ ☆ [ཀ་སི་ཏྲ་ལྷར] ཞེས་བྱ་བ་ཁོར་ཡུག་ཏུ་ལེ་བར་བཞི་སྟོང་ལྷག་ཡོད་པ་ལ། ལྟེ་བའི་མཁར་གྱི་མཐའ་སྐོར་དུ་ལེ་བར་བཅུ་ཙམ། རི་སྲུལ་གྱི་རྒྱུད་རིང་བ་འདྲིས་ཤིང་ཐོམ་པ་མ་གཏོགས་པས་བསྒྲོད་དཀའ་བ། ས་ཁད་མི་སྙོམས་ཤིང་རྩུབས་པ། མི་རྣམས་ཀྱི་རང་བཞིན་དང་ནམ་དུས་བསིལ་དྲོད་སོགས་ཧ་ལམ་ཛྷ་ནུ་ཧྲའི་ཡུལ་དང་མཚུངས་སོ། །མི་རྣམས་ཀྱི་དཔའ་རྩལ་ཆེ་ཞིང་རྟུལ་ཕོད་པ་ལ་བརྩི་བ། སྐྱེར་དཔོན་ཆེན་པོ་མེད་པས་ཁ་ཆེའི་འོག་ཏུ་གཏོགས་སོ། །གཙུག་ལག་ཁང་བཅུ་ཡོད་པར་དགེ་འདུན་ཉུང་ཤས་ལས་མེད་དོ། །ཕྱི་རོལ་པའི་ལྷ་ཁང་ཆེན་པོ་ཅིག་(ཞིག)ཡོད་པར་ཕྱི་བ་ཤིན་ཏུ་མང་པོ་གནས་སོ། །ཡུལ་རམ་པ་ནས་བཟུང་ཡུལ་འདི་ཀའི་བར་གྱི་མིའི་བྱད་དབྱིབས་བྱ་སྤྱོད་རྩུབ་ཅིང་འཇིག་རྟེན་གྱི་ཆོས་ལུགས་ཐམས་ཅད་འཚོལ་བ་གང་ཡང་ཡུལ་དབུས་དང་མི་འདྲའོ། །

解 1:

（1）完整翻译全文。

（2）第一句是上一个国家的最后一句“从此东南行四百余里，至曷逻阇补罗国。北印度境”。小字“北印度境”没有翻译，不影响全文的含义，故省略了。

（3）批注意为此国又称“嘎斯达拉”。

解 2:

曷逻阇补罗国　梵　Rājapura（今印控克什米尔布恩奇西南）

卷第四（十五国）

磔迦国	至那仆底国
阇烂达罗国	屈居勿反露多国
设多图卢国	波理夜呾罗国
秣菟罗国	萨他泥湿伐罗国
窣禄勤那国	秣底补罗国
婆啰吸摩补罗国	瞿毘霜那国
垩醯掣呾罗国	毘罗删那国
劫比他国	

磔迦国

磔迦国周万余里，东据毘播奢河，西临信度河。国大都城周二十余里。宜粳稻，多宿麦，出金、银、鍮石、铜、铁。时候暑热，土多风飙。风俗暴恶，言辞鄙亵。衣服鲜白，所谓憍奢耶衣、朝霞衣等。少信佛法，多事天神。伽蓝十所，天祠数百。此国已往多有福舍，以赡贫匮。或施药，或施食，口腹之资，行旅无累。

{ས་བཅད་བཞི་པ། ཡུལ་བཅོ་ལྔ།}

{ཊྲེ་ཀའི་ཡུལ།}

དེ་ནས་ཤར་ལྷོའི་མཚམས་སུ་རི་དང་ཆུ་བོ་བརྒལ་ནས་རྒྱང་གྲག་(གྲགས)བདུན་བརྒྱ་ལྷག་ཕྱིན་པར་<PL.41>[པཉྫབ།]ཊྲེ་ཀའི་(☆ ཡུལ་ལོ། །དེའི་མཐའ་སྐོར་དུ་ལི་བར་ཁྲི་ཚོ་གཅིག་ལྷག་ཡོད་དོ། །ཤར་བི་ཏཱསྟཱའི་ཆུ་ཀླུང་ཐུག་ཙིང་ནུབ་ཆུ་ཀླུང་སིནྡྷུ་ལ་རེག་པ། ལྟེ་བའི་མཁར་ཁོར་ཡུག་ཏུ་ལི་བར་ཉི་ཤུ་ལྷགས་ཚ་ཞིང་ཏྲོད་ཤས་ཆེ་བས་འབྲས་སོགས་ཆུ་ཞིང་སྣ་ཚོགས་དང་། ནས་གྲོ་སོགས་འདེབས་སོ། །གསེར་དངུལ་ཟངས་ལྕགས་འབྱུང་ངོ་། །མིའི་རང་བཞིན་སྒྲོ་ཐུང་ལ་རྟབ་རྟོབ་ཆེ། སྲིན་བལ་གྱི་གོས་ཕྱུག་པོའི་རིགས་

ཀྱིས་ལོངས་སྤྱོད་ཅིང༌། རས་དང་ཐེར་མ་རྣམས་དམངས་དང་ཐུན་མོང་གིས་སྤྱོད་དོ། །ནང་པ་ཆེས་དཀོན་ཞིང་ཕྱི་རོལ་པ་ཆེས་མང་ངོ༌། །ནང་པའི་གཙུག་ལག་ཁང་བཅུ་ཙམ་དང་ཕྱི་པའི་ལྷ་ཁང་བརྒྱ་ཕྲག་ཏུ་མ་སྣང་ངོ༌། །འཁོར་ལྡན་རྣམས་ཀྱིས་མགོན་མེད་པ་དག་ལ་ཟས་དང་གོས་དང་སྨན་གྱི་སྦྱིན་པ་གཏོང་བའི་ཁང་པ་སོ་སོར་བཙིགས་མང་ཞིང་ཚད་མེད་དུ་སྦྱིན་པའི་སྲོལ་ཚུགས་སྣང་ངོ། །

解 1:

（1）完整翻译全文。

（2）批注意为此国又称“班杂瓦”。

解 2:

磔迦国　梵　Takka（今巴基斯坦旁遮普西部地区之阿萨鲁尔）

一、奢羯罗故城及大族王兴灭故事

大城西南十四五里，至奢羯罗故城。垣堵虽坏，基趾尚固，周二十余里。其中更筑小城，周六七里。居人富饶，即此国之故都也。

数百年前，有王号摩醯逻矩罗，唐言大族。都治此城，王诸印度。有才智，性勇烈，邻境诸国，莫不臣伏。机务余闲，欲习佛法，令于僧中推一俊德。时诸僧徒莫敢应命。少欲无为，不求闻达。博学高明，有惧威严。是时王家旧僮染衣已久，辞论清雅，言谈赡敏，众共推举，而以应命。王曰：“我敬佛法，远访名僧，众推此隶，与我谈论。常谓僧中贤明肩比，以今知之，夫何敬哉！”于是宣令五印度国，继是佛法并皆毁灭，僧徒斥逐，无复孑遗。摩揭陀国婆罗阿迭多王，唐曰幼日。崇敬佛法，爱育黎元。以大族王淫刑虐政，自守疆埸，不恭职贡。时大族王治兵将讨，幼日王知其声问，告诸臣曰：“今闻寇至，不忍斗其兵也，幸诸僚庶赦而不罪，赐此微躯，潜行草泽！”言毕出宫，依缘山野。国中感恩慕从者数万余人，栖窜海岛。大族王以兵付弟，浮海往伐。幼日王守其阨险，轻骑诱战。金鼓一震，群官周卫，乃命侍臣告大族曰：“汝露其面，吾欲有辞。”大族对曰：“臣主易位，怨敌相视，既非交好，何用面谈？”再三告示，终不从命。于是宣令数其罪曰：“三宝福田，四生攸赖，苟任豺狼倾毁胜业。福不佑汝，见擒于我。罪无可赦，宜从刑辟。”时幼日王母博闻强识，善达占相，闻杀大族也，疾告幼日王曰：“我尝闻大族奇姿多智，欲一见之。”幼日王命引大族至母宫中，幼日母曰：“呜呼，大族，幸勿耻也！世间无常，荣辱更事，吾犹汝母，汝若吾子。宜去蒙衣，一言面对。”大族曰：“昔为敌国之君，今为俘囚之虏，隳废王业，亡灭宗，。上愧先灵，下惭黎庶，诚耻面目，俯仰天地。不胜自丧，故此蒙衣。”王母曰：“兴废随时，存亡有运，以心齐物，则得丧俱忘；以物齐心，则毁誉更起。宜信业报，与时推移。去蒙对语，或存躯命。”大族谢曰：“苟以不才，嗣膺王业，刑政失道，国祚亡灭，虽在缧绁之中，尚贪旦夕之命。敢承大造，面谢厚恩！”于是去蒙衣，出其面。王母曰：“子其自爱，当终尔寿。”已而告幼日王曰：“先典有训，宥过好生。今大族王积恶虽久，余福未尽。若杀此人，十二年中，菜色相视。然有中兴之气，终非大国之王，当据北方，有小国土。”幼日王承慈母之命，愍失国之君，娉以稚女，待以殊礼，总其遗兵，更加卫从。未出海岛。

大族王弟还国自立。大族失位，藏窜山野，北投迦湿弥罗国。迦湿弥罗王深加礼命，愍以失国，封以土邑。岁月既淹，率其邑人，矫杀迦湿弥罗王，而自尊立。乘其战胜之威，西讨健驮逻国，潜兵伏甲，遂杀其王。国族大臣，诛锄殄灭。毁窣堵波，废僧伽蓝，凡一千六百所。兵杀之外，余有九亿人，皆欲诛戮，无遗噍类。时诸辅佐咸进谏曰：“大王威慑强敌，兵不交锋，诛其首恶。黎庶何？愿以微躬，代所应死。”王曰：“汝信佛法，崇重冥福，拟成佛果，广说本生，欲传我恶于未来世乎？汝宜复位，勿有再辞！”于是以三亿上族临信度河流杀之，三亿中族下沉信度河流杀之，三亿下族分赐兵士。于是持其亡国之货，振旅而归。曾未改岁，寻即徂落。于时云雾冥晦，大地震动，暴风奋发。时证果人愍而叹曰：“枉杀无辜，毁灭佛法，堕无间狱，流转未已！”

{༡ ཙ་ཀ་རའི་གྲོང་ཁྱེར་རྙིང་པ་ཞིག་དང་རིགས་ཆེན་རྒྱལ་པོ།}

གྲོང་ཁྱེར་ཆེན་པོའི་[ལྷ་ནོར]ལྷོ་ནུབ་ཏུ་རྒྱང་གྲག་(གྲགས)བཅུ་དང་བཞི་ཕྱེ་ཙམ་གྱི་སར་ཙ་ཀ་རའི་གྲོང་ཁྱེར་རྙིང་པའི་རྨང་གཞི་ཁོར་ཡུག་ཏུ་ལི་བར་ཉེ་ཤུ་ལྷག་པ་ལ་གྲོང་ཁྱེར་གསར་པ་ཁོར་ཡུག་ལི་བར་དྲུག་བདུན་ཙམ། མི་ཁྱིམ་མང་ལ་འབྱོར་བ། ལོ་བརྒྱ་ཕྲག་མང་པོའི་སྔ་རོལ་རྒྱལ་པོ་མ་ཧི་ཀུ་ལ་གྲོང་ཁྱེར་དེར་གནས་ཤིང་རྒྱ་གར་གྱི་ཡུལ་ཐམས་ཅད་ལ་དབང་བསྒྱུར་བ་ཅིག་(ཞིག)བྱུང་ཟེར་རོ། །རྒྱལ་པོ་དེས་རང་ཉིད་ཆོས་དང་འཇིག་རྟེན་གཉིས་ཀར་མཁས་སྙམ་ནས། ལན་གཅིག་ཕྱོགས་ཐམས་ཅད་ལ་ཁྲིལ་

བསྒྲགས་ནས་བཙུན་པ་མཁས་པའི་ཡུལ་དུ་ཕྱིན་པ་ཞིག་རྒྱལ་པོའི་བླ་མཆོད་བྱའོ། །ཞེས་བསྒྲགས་སོ། །དེ་ལྟར་ཐོས་ཀྱང་སྟོན་[ཡོན་ཏན]ཡོད་པ་དག་རང་ཚོད་རང་ལ་ཕྲོག་ཏུ་མ་གྱུར་བས་ཁས་ལེན་པ་མ་བྱུང་ངོ་། །རྒྱལ་པོའི་གཡོག་རྙིང་པ་རབ་ཏུ་བྱུང་བ་ཞིག་ཡོད་པ་དེས་རྙེད་བཀུར་འདོད་པས་བདག་རྒྱུགས་གམ་ཅེས་སྨྲས་པ་རྒྱལ་པོས་ཐོས་ནས་རྒྱལ་པོས་རྒྱ་གར་གྱི་ཡུལ་ཐམས་ཅད་ཀྱི་བཙུན་པ་ཟད་དམ་ཅི། གཡོག་ངན་འདི་དང་སུ་ཞིག་སོལ་མཆིད་བགྱིད། མགོ་རེག་འདི་ཆོས་ཅི་བྱེད་ཟེར་ཞིང་བཙུན་པ་ཡིན་ཚོད་ལུས་པ་མེད་པར་བསད། དཀོན་མཆོག་གི་རྟེན་རྣམས་ཀྱང་བཤིག་ནས་བསྟན་པ་ལན་ཅིག་(གཅིག)ནུབ་པར་བྱས་སོ། །༄ དུས་དེར་སཾ་ག་ཧྲའི་རྒྱལ་པོ་སྐྱུ་མའི་ཉེ་མ་ཞེས་བྱ་བས་རང་ཚུག་ཐུབ་པ་བྱས་ནས་མ་བཏུད་པས། མ་ཧེ་ཀུ་ལ་སྟེ་རིགས་ཆེན་པོ་ཞེས་བྱ་བས་རྒྱལ་པོས་འཐབ་པར་བརྩམས་པས། སྐྱུ་མའི་ཉེ་མས་བསམ་པ་བདག་གཅིག་བུའི་ཕྱིར་དུ་སྐྱེ་བོ་མང་པོ་སྡུག་བསྔལ་བར་གྱུར་ན་ཇི་ལྟར་བཟོད་དོ། །དེ་བས་བདག་གཅིག་བུ་སྦྱང་ཅིང་(ཞིང)འཁྲམས་པ་དགའ་སྙམ་ཏེ་གཅིག་བུར་ཕོ་བྲང་ནས་ཐོན་ཏེ། ཡུལ་རྒྱུ་(རྒྱུས)མེད་དུ་འཁྲམས་པར་བརྩམས་པས་ཡུལ་མི་རྣམས་ཀྱིས་རྒྱལ་པོ་བློས་མ་ཐོང་པས་ཡུལ་མི་མ་ལུས་པ་རྒྱལ་པོའི་རྗེས་སུ་འབྲངས་སོ། །དེ་ནས་རྒྱལ་པོ་རིགས་ཆེས་དམག་རྒྱབ་ཀྱང་ཡུལ་མི་ཀུན་རིགས་ཆེ་ལ་མི་དགའ་བས་རིགས་ཆེ་ཕམ་པས་བཟུང་སྟེ། རྒྱལ་པོ་སྐྱུ་མའི་དྲུང་དུ་བློན་པོ་རྣམས་ཀྱིས་རིགས་ཆེ་མདུན་དུ་ཁྲིད་བྱུང་བར། རིགས་ཆེ་གྱིས་གདོང་གོས་ཀྱིས་ཐུ་བས་བཀབ་ནས་མི་བལྟ་བས། སྐྱུ་མའི་ཉེ་མས་གདོང་བ་མ་འགེབས་ཤེས་(ཞེས)སྨྲས་ཀྱང་མི་ཉན་པས་ཁྲིམས་ལ་སྦྱོར་བར་བརྩམས་པ་ན། རིགས་ཆེ་གྱིས་རེ་ཞིག་ཕྱིར་འཛིན་དང་ལན་གཅིག་མཇལ་པར་འདོད་ཟེར་བ་སྐྱུ་མའི་ཉེ་མའི་ཡུམ་གྱིས་ཐོས་སོ། །རྒྱལ་པོ་སྐྱུ་མའི་ཉེ་མས་རིགས་ཆེན་ཡུམ་གྱི་ཕོ་བྲང་དུ་ཁྲིད་དེ་མཇལ་བཅུག་ཀྱང་། གནམ་ས་བལྟ་བ་ལ་ངོ་གཙང་ཟེར་<PL.42>ནས་གདོང་གཡོག་བསལ་མ་འདོད་པས། ཡུམ་གྱིས་སྨྲས་པ། འཇིག་རྟེན་པ་མཐོ་དམན་དུ་གྱུར་པ་ལ་ངེས་པ་མེད། གཉོངས་འགྱོད་བསྒྲིབས་པས་མི་ཉན་པ་མེད་དེ། འགྱོད་བཤགས་ཀྱིས་མི་འདགས་པའི་ལྟུང་བ་མེད་དོ། །ཁྱོད་བདག་གི་བུ་དང་འདྲ་བདག་ཁྱོད་ཀྱི་མ་དང་འདྲ་བས། ཁྱོད་ཀྱིས་ཉེས་པ་ཐམས་ཅད་བདག་ལ་མཐོལ་བཤགས་ཐོས་ཤིག་གདོང་གཡོག་སོལ་ཅིག་(ཞིག)ཞེས་(ཅེས)གསུངས་པས། རིགས་ཆེ་གདོང་གཡོགས་བསལ་ཏེ་བཏུད་ཅིང་ཕྱག་བཙལ་བ་ན། ཡུམ་གྱིས་དེའི་སེམས་གསོ་བའི་གཏམ་སྙན་པོས་དབུགས་ཕྱུང་ངོ་། །དེ་ནས་བུ་རྒྱལ་པོ་སྐྱུ་མའི་ཉེ་མ་ལ་སྨྲས་པ། རིགས་ཆེ་སྟོབས་འབྱིབ་ཀྱང་ད་དུང་བསོད་ནམས་ཀྱི་འཕྲོ་ལོ་བཅུ་གསུམ་གྱི་བར་སྤྱོད་པའི་སྐལ་བ་

ཡོད་པས། གནས་ཡུལ་ཕྲན་ཞིག་ཏུ་བཙེ་བས་བསྐྱངས་ཚོག་གསུངས་པ་ལྟར། འབངས་སྨེ་ཆུང་ངུ་ཞིག་གི་སྨེ་དཔོན་གྱི་བཀུར་སྟི་བསྟབས་ཏེ་ཡུམ་རང་གི་བུ་མོ་གཞོན་ནུ་མ་བག་མར་ཕྱིན་ཏེ་ཕོ་རང་གི་མངའ་འོག་གི་མི་ལྷག་ལུས་རྣམས་དང་ལྷན་དུ་རྒྱ་མཚོའི་ནང་གི་གླིང་ལག་ཞིག་(ཅིག)ཏུ་དབང་བར་བྱས་སྟེ་དྲིན་གྱིས་བསྐྱངས་སོ། །རིགས་ཆེ་གྱི་(ཡི)ནུ་བོས་ཕུ་བོ་དང་བྲལ་བ་ན་དམག་ཅུང་ཤས་ཤིག་ཁྲིད་དེ་ཇག་དཔོན་བྱེད་ཅིང་ཁ་ཆེར་གྲོས་པས། ཁ་ཆེའི་རྒྱལ་པོས་ས་གཞི་དང་ཁང་པ་སོགས་གནང་སྟེ་བདག་རྐྱེན་དགའ་མོ་སྦྱད་ཀྱང་། ཕོ་རའི་གཡོག་པོ་མཐུ་རྩལ་ཆེ་བ་ཞིག་ངོ་ལོག་ཏེ་(སྟེ)ཁ་ཆེའི་རྒྱལ་པོ་བཀུམས་ཏེ་རང་ཉིད་རྒྱལ་པོར་གྱུར་ཏོ། །རིམ་གྱིས་ནུབ་ཕྱོགས་སུ་གཡུལ་བཤམས་ཏེ་ཡུལ་ག་ནྡྷ་ར་བཅོམས་ཡུལ་དེའི་རྒྱལ་རིགས་དང་མི་ཆེན་ཟེར་ཚད་བསད། མཆོད་རྟེན་དང་གཙུག་ལག་ཁང་བཅས་སྟོང་དྲུག་བརྒྱ་བཤིག མི་གྲངས་ས་ཡ་དགུ་ཙམ་ལུས་པ་དག་བསོད་པར་བརྩམས་པ་ན། ཕོ་རའི་སློབ་དཔོན་ཆེན་པོར་གྱུར་པ་རྣམས་ཀྱིས་བཀག་ཀྱང་མ་ཉན་པར་བསད་པ་དང་རང་ལྷེབས་ཀྱི་ནོར་སིནྡྷུ་གླུང་དུ་མི་ཤོང་བར་བྱས་ཤིང་མི་ཟད་ལ་ཁད་དུ་བཏང་ངོ་། །མི་རིང་བར་སྡིག་རྒྱལ་དེ་ཤིའོ། །ཤི་བའི་ཉི་མར་གནམ་ཐིབས་པ་དང་ས་གཡོ་བ་དང་གླུང་དྲག་ལྡང་ཞིང་དྲག་ཆར་བབས་པ་སོགས་ལྟས་ངན་སྣ་ཚོགས་བྱུང་ཞིང་། སྐྱེས་བུ་དམ་པ་རྣམས་ཀྱང་ལས་ཀྱི་རྣམ་སྨིན་དྲན་ཅིང་(ཞིང)ཤུག་རིང་པོ་ན་འདོན་པ་བྱུང་ཟེར་རོ། །༈ ཙ་ཀ་རའི་གྲོང་རྫིང་ནང་དུ་གཙུག་ལག་ཁང་གཅིག་ལ་དགེ་འདུན་བརྒྱ་ལྷག་ཙམ་ཉན་ཐོས་སྡེ་པ་ཁོ་ན་གནས་སོ། །

解 1:

（1）完整翻译原文。

（2）第一句是上一个国家的最后一句“从此东南山谷中行五百余里，至健驮逻国。旧曰乾陁卫，讹也。北印度境”。小字“北印度境”没有翻译，不影响全文的含义，故省略了。

（3）批注“拉霍尔”为该城另一名称。

（4）批注“ཡོན་ཏན”（藏语音：员丹），意为能力、本事。

解 2:

奢羯罗故城及大族王兴灭故事的注释见《大唐西域记校注》（上）354 页。

二、世亲制论及其他遗迹

奢羯罗故城中有一伽蓝，僧徒百余人，并学小乘法。世亲菩萨昔于此中制《胜义谛论》。其侧窣堵波，高二百余尺，过去四佛于此说法，又有四佛经行遗迹之所。伽蓝西北五六里有窣堵波，高二百余尺，无忧王之所建也。是过去四佛说法之处。

新都城东北十余里，至石窣堵波，高二百余尺，无忧王之所建也，是如来往北方行化中路止处。《印度记》曰：窣堵波中有多舍利，或有斋日，时放光明。

从此东行五百余里，至那仆底国。北印度境。

{༢ སློབ་དཔོན་དབྱིག་གཉེན་དང་དེ་མིན་གྱི་རྗེས་ཤུལ།}

སྔོན་སློབ་དཔོན་དབྱིག་གཉེན་གྱིས་རྒྱལ་པས་དོན་དམ་བདེན་པ་བསྟན་པའི་མདོ་འགྲེལ་མཛད་པའི་གནས་ཡིན་ཟེར་བ་སྣང་ངོ་། །དེའི་ལོགས་སུ་མཆོད་རྟེན་དཔངས་སུ་ཁྲི་ཉིས་བརྒྱ་ལྷག་ཡོད་པ་འདས་པའི་སངས་རྒྱས་རྣམ་བཞིས་བཞུགས་པ་དང་འཆག་པའི་སྐྱོད་ལམ་མཛད་པའི་གནས་ཡིན་ཟེར་རོ། །༑ དེའི་ནུབ་བྱང་མཚམས་སུ་རྒྱང་གྲག་(གྲགས)ལྔ་དྲུག་ཙམ་ན་མཆོད་རྟེན་སྲིད་ཚད་གོང་ཙམ་པ་རྒྱལ་པོ་མྱ་ངན་མེད་ཀྱིས་བཞེངས་པ་འདས་པའི་སངས་རྒྱས་རྣམ་བཞིས་ཆོས་གསུངས་པའི་གནས་སོ། །ཙ་ར་ཀ་རའི་གྲོང་ཁྱེར་གསར་པའི་བྱང་ཤར་ཕྱོགས་སུ་རྒྱང་གྲག་(གྲགས)བཅུ་ཙམ་ན་སྟོན་བདག་ཅག་གི་སྟོན་པས་གྲོང་རྒྱུ་བར་མཛད་དེ་བྱང་ཕྱོགས་སུ་ཕེབས་པའི་ས་མཚམས་སྟེ་(ཏེ)དེར་མཆོད་རྟེན་གྱི་དཔངས་ཚད་གོང་དང་མཚུངས་པ་དཀར་ཆག་ནི་རིང་བསྲེལ་མང་པོ་བཞུགས་ཟེར་བ་རྒྱལ་པོ་མྱ་ངན་མེད་ཀྱིས་བཞེངས་པ་གསོ་སྦྱོང་གི་ཉིན་སོགས་དུས་བཟང་ལ་འོད་འཕྲོ་བ་ཡོད་དོ། །

解 1：

完整翻译全文。

解 2：

世亲制论及其他遗迹的注释见《大唐西域记校注》（上）365 页。

至那仆底国

至那仆底国周二千余里。国大都城周十四五里。稼穑滋茂，果木稀疏。编户安业，国用丰赡。气序温暑，风俗怯弱。学综真俗，信兼邪正。伽蓝十所，天祠八所。

{ཅི་ན་བྷུ་ཏྲའི་ཡུལ།}

དེ་ནས་ཤར་<PL.43>ཕྱོགས་སུ་རྒྱང་གྲག་(གྲགས)ལྔ་བརྒྱ་ལྷག་ཕྱིན་པ་ན་ཅི་ན་བྷུ་ཏྲ་༡༠ ☆ སྟེ་[ཛམྦུ་ཟེར]རྒྱ་ནག་གི་བུའི་ཡུལ་དེའི་མཐའ་སྐོར་ལི་བར་ཉིས་སྟོང་ལྷག་པའི་གཞུང་མཁར་ཁོར་ཡུག་ཏུ་ལི་བར་བཅུ་རྩ་བཞི་ལྔ་ཡོངས་པ་ས་གཞི་གཤིན་པ་འབྲུ་དང་ཤིང་ཏོག་གི་རིགས་ཆེས་མང་པ་ནམ་དུས་བསིལ་དྲོད་སྙོམས་པ། མིའི་རང་བཞིན་འཇམ་ལ་སྟར་མ་ཕྱི་ནང་གི་ཆོས་འདྲེས་མར་གནས་པ། གཙུག་ལག་ཁང་བཅུ་དང་ཕྱི་རོལ་པའི་ལྷ་ཁང་བརྒྱད་ཡོད་པ།

解 1:

(1) 完整翻译全文。

(2) 批注意为该国又称“瞻部”。

解 2:

至那仆氏国 梵 Cīnabhukti (今印度旁遮普邦)

一、国号由来

昔迦腻色迦王之御宇也，声振邻国，威被殊俗，河西蕃维，畏威送质。迦腻色迦王既得质子，赏遇隆厚，三时易馆，四兵警卫。此国则冬所居也，故曰至那仆底。唐言汉封。质子所居，因为国号。此境已往洎诸印度，土无梨、桃，质子所植，因谓桃曰至那你，唐言汉持来。梨曰至那罗阇弗呾逻。唐言汉王子。故此国人深敬东土，更相指语：“是我先王本国人也。”

{༡ ཅི་ན་བྷུ་ཏྲའི་ཡུལ་མིང་ཡོང་ཚུལ་སྐོར།}

དེ་སྔོན་རྒྱལ་པོ་ཀ་ནིཥྐས་ཡུལ་ཕལ་ཆེར་ལ་དབང་བའི་དུས་རྒྱ་ནག་རྒྱལ་པོ་གཅིག་གི་བུ་གཏའ་མར་བཟུང་བས་པ་ཀ་ནིཥྐས་བདག་རྐྱེན་ཚད་མེད་པ་བྱས་ཤིང་། དུས་བཞི་དང་བསྟུན་པའི་གནས་གཞི་སོ་སོར་སྟོད་དུ་འཇུག་པའི་ནང་གི་དགུན་གྱི་སྡོད་གནས་ཡིན་ནོ། །རྒྱ་གར་དུ་ལོ་གསུམ་ཁམ་བུ་དང་ཚུ་ལི་མེད་

པས་དེ་གཉིས་ཀྱི་འབྲུ་བུ་རྒྱ་ནག་ནས་ཁྱེར་ཏེ་བཏབ་པས་འབྲས་བུ་རིམ་པར་འཕེལ་བ་ལས། ལོ་གསུམ་ཁམ་བུའི་མིང་ལ་ཙི་ན་མི་སྟེ་རྒྱ་ནག་ནས་བྱུང་བ་ཟེར། ཙུ་ལི་ལ་ཙི་ན་རཱ་ཛཱ་བུ་ཏྲ་སྟེ་རྒྱ་ནག་རྒྱལ་པོའི་བུ་ཞེས་འབོད་པའོ། །རྒྱུ་མཚན་དེས་ཡུལ་དེའི་མི་རྣམས་ཀྱི་རྒྱ་ནག་གི་མི་ལ་ཤིན་ཏུ་མཛའ་ཞིང་སྲིད་ཆེ་པན་ཚུན་ལག་པ་ནས་འཛིན་པ་དེད་ཙཱའི་ཡུལ་ཉིང་གི་མི་ཞེས་ཟེར་རོ། །

解 1:

完整翻译全文。

解 2:

至那仆氏国国号的注释见《大唐西域记校注》(上) 368 页。

二、阇林伽蓝及迦多衍那论师遗迹

大城东南行五百余里，至答秣苏伐那僧伽蓝。唐言阇林。僧徒三百余人，学说一切有部，众仪肃穆，德行清高。小乘之学，特为博究。贤劫千佛，皆于此地集天人众，说深妙法。释迦如来涅盘之后，第三百年中，有迦多衍那旧曰迦旃延，讹也。论师者，于此制《发智论》焉。阇林伽蓝中有窣堵波，高二百余尺，无忧王之所建也，其侧则有过去四佛坐及经行遗迹之处。小窣堵波、诸大石室，鳞次相望，不详其数，并是劫初已来诸果圣人于此寂灭，差难备举，齿骨犹在。绕山伽蓝周二十里，佛舍利窣堵波数百千所，连隅接影。

从此东北行百四五十里，至阇烂达罗国。北印度境。

{༢ མེ་བཏང་བའི་ནགས་ཞེས་བྱ་བའི་གཙུག་ལག་ཁང་དང་སློབ་དཔོན་ཀ་ཏྱཱའི་བུ་རྗེས་ཤུལ།}

གྲོང་ཁྱེར་དེའི་ཤར་ལྷོའི་མཚམས་ན་རྒྱང་གྲག་(གྲགས)ལྔ་བརྒྱ་ཙམ་གྱི་སར་ཏཱ་མ་སུ་བ་ན་སྟེ་མེ་བཏང་བའི་ནགས་ཞེས་བྱ་བའི་གཙུག་ལག་ཁང་ན་ཐམས་ཅད་ཡོད་སྨྲ་བའི་སྡེ་པའི་དགེ་འདུན་སུམ་བརྒྱ་ལྷག་གནས་པ་སྤྱོད་ལམ་ཤིན་ཏུ་གཙང་བ་ཕོ་ན་གནས་སོ། །བསྐལ་པ་བཟང་པོའི་སངས་རྒྱས་ཀུན་གྱིས་གནས་འདིར་ཟབ་མོའི་ཚུལ་གྱིས་ཆོས་རྣམས་གསུངས་སོ། །གསུང་ངོ་། །གསུངས་པར་གྱུར་རོ་ཟེར་ལ། བདག་ཅག་གི་སྟོན་པ་མྱ་ངན་ལས་འདས་པའི་འོག་ཏུ་ལོ་སུམ་བརྒྱ་ཙམ་ན། འདིར་སློབ་དཔོན་ཀ་

ཏྲའི་བུ་ཞེས་བྱ་བས་གནས་འདིར་བསྟན་བཅོས་ཤེས་རབ་བསྐྱེད་པ་ཞེས་བྱ་བ་མཛད་ཟེར་རོ། །དགོན་པའི་ཕྱོགས་སུ་ཨ་ཤོ་ཀས་བཞེངས་པའི་མཆོད་རྟེན་དཔངས་སུ་ཁྲུ་ཉིས་བརྒྱ་ལྷག་པ། དེའི་ཕྱོགས་ན་འདས་པའི་སངས་(རྒྱས)བཞིའི་བཞུགས་ཁྲི་དང་ཞབས་ཀྱིས་བཅགས་པའི་སར་མཆོད་རྟེན་ཆུང་ངུ་དང་རྗེ་ཁང་ཆུང་ངུ་བགྲངས་པས་མི་ལོངས་པ་ཡོད་པ་ནི། བསྐལ་པ་དང་པོ་ནས་རིམ་པར་གཤེགས་བཞུགས་མཛད་པའི་སངས་རྒྱས་དང་རང་རྒྱལ་འཕགས་པ་རྣམས་ཀྱིས་བཅགས་ཤུལ་ཏེ། ད་དུང་ཡང་ཚེམས་དང་གདུང་གི་ཚལ་བུ་འགའ་ཞིག་ཏུ་སྣང་ངོ་། །དེའི་རི་བོའི་ཁོར་ཡུག་ཏུ་རྒྱང་གྲག་(གྲགས)ཉི་ཤུ་ལྷག་ཙམ་གྱི་ཁོངས་སུ་གཙུག་ལག་ཁང་དང་མཆོད་རྟེན་ཆུང་ཆུང་མང་པོ་གཅིག་གི་གྲིབ་མས་གཅིག་ནོན་པས་ཕན་ཚུན་དུ་འབྲེལ་བ།

解 1:

（1）完整翻译全文。

（2）原文中的“唐言闇林”翻译为“生火的森林”。

解 2:

闇林伽蓝及迦多衍那论师遗迹的注释见《大唐西域记校注》（上）369 页。

阇烂达逻国

阇烂达逻国东西千余里，南北八百余里。国大都城周十二三里。宜谷稼，多粳稻，林树扶疏，花果茂盛。气序温暑，风俗刚烈，容貌鄙陋，家室富饶。伽蓝五十余所，僧徒二千余人，大小二乘，专门习学。天祠三所，外道五百余人，并涂灰之侣也。此国先王，崇敬外道，其后遇罗汉，闻法信悟，故中印度王体其淳信，五印度国三宝之事，一以总监。混彼此，忘爱恶，督察僧徒，妙穷淑慝。故道德着闻者，竭诚敬仰；戒行亏犯者，深加责罚。圣迹之所，并皆旌建，或窣堵波，或僧伽蓝，印度境内无不周遍。

从此东北，踰峻岭，越洞谷，经危途，涉险路，行七百余里，

至屈居勿反。露多国。北印度境。

{ཛ་ལནྡྷ་རའི་ཡུལ།}

དེ་ནས་བྱང་ཤར་མཚམས་སུ་རྒྱང་གྲག་(གྲགས)བཞི་བཅུ་ལྔ་བཅུ་ཙམ་ཕྱིན་པ་ན་ཛ་ལནྡྷ་རའི་77 ☆ [གཾ་ར]ཡུལ་དེ་ཤར་ནུབ་ལེ་བར་སྟོང་ལྷག །ལྷོ་བྱང་རྒྱང་གྲག་(གྲགས)བརྒྱད་བརྒྱ་ཡོད་དོ། །གཞུང་མཁར་ཆེན་པོ་ནི་ཁོར་ཡུག་ཏུ་ལེ་བར་བཅུ་དང་གཉིས་གསུམ་ཡོད་དོ། །ནམ་དུས་བསིལ་དྲོད་སྙོམས་ཤིང་ཅུང་ཟད་ཤས་ཆེ་བ། བཟའ་ཤིང་གི་རྭ་བ་དང་ནགས་ཚལ་གྱིས་གཏམ་པ། འབྲས་དཀར་སེར་དམར་གསུམ་དང་། གྲོ་ནས་འདེབས་ཤིང་མེ་ཏོག་གི་རིགས་ཀྱང་མང་པོ་སྣང་ངོ་། །མིའི་བྱད་གཟུགས་མི་སྡུག་པ་དཔའ་རྩལ་དང་ལྡན་པ། སྤྱོད་པ་རྩིངས་ཞིང་ཁྲིམ་པ་ཕལ་ཆེར་ཕྱུག་པ། གཙུག་ལག་ཁང་ལྔ་<PL.44>བཅུ་ལྷག་ལ་དགེ་འདུན་ཉིས་སྟོང་ལྷག་ཙམ་གྱིས་ཐེག་པ་ཆེ་ཆུང་གཉིས་ཀ་ལ་སློབ་བཞིན་པ། ཕྱི་རོལ་པའི་ལྷ་ཁང་གསུམ་ལ་མུ་སྟེགས་པ་ལྔ་བརྒྱ་ཙམ་གནས་པ་ཐམས་ཅད་དབང་ཕྱུག་པ་ཐལ་བ་བྱུག་པ་པོ་ནའོ། །ཡུལ་འདིའི་བདག་པོ་རྣམས་ནི་ཕྱི་རོལ་པ་ལ་མོས་པ་ལ་ཕྱིས་དགྲ་བཅོམ་པ་ཞིག་དང་མཇལ་ནས་བདེན་པ་མཐོང་ངོ་དེ་ནས་བཟུང་ནང་པའི་ཆོས་ལ་མཆོག་ཏུ་བཀུར་ཞིང་། ཡུལ་གཞན་དག་ཀྱང་དེ་ལ་རྗེས་སུ་ཡི་རང་བ་དང་ལད་བཟློས་བྱེད་དོ། །དེར་གནས་ཀྱི་བཙུན་པ་རྣམས་ཁྲིམས་ལུགས་དམ་མོ། །

解 1:

（1）完整翻译全文。

（2）第一句是上一个故事的最后一句“从此东北行百四五十里，至阇烂达罗国。北印度境”。小字“北印度境。”没有翻译，不影响全文的含义，故省略了。

（3）批注意为该国又称“甘木热”。

解 2:

阇烂达逻国　梵　**Jālaüdhara**（今印度贾朗达尔地区）

屈露多国

屈露多国周三千余里，山周四境。国大都城周十四五里。土地沃壤，谷稼时播，花果茂盛，卉木滋荣。既邻雪山，遂多珍药。出金、银、赤铜及火珠、雨石。气序逾寒，霜雪微降。人貌麁弊，既瘿且尰，性刚猛，尚气勇。伽蓝二十余所，僧徒千余人，多学大乘，少习诸部。天祠十五，异道杂居。依岩据岭，石室相距，或罗汉所居，或仙人所止。国中有窣堵波，无忧王之建也，在昔如来曾至此国说法度人，遗迹斯记。

从此北路千八九百里，道路危险，踰山越谷，至洛护罗国。

此北二千余里，经途艰阻，寒风飞雪，至秣逻娑国。亦谓三波诃国。

自屈露多国南行七百余里，越大山，济大河，至设多图卢国。北印度境。

{ཀུ་ལུ་ཏའི་ཡུལ།}

དེ་ནས་བྱང་ཤར་མཚམས་སུ་ལམ་ཤིན་ཏུ་བགྲོད་དཀའ་བ་སྣང་གཤོང་དང་གྱི་གྱུ་མང་བ་རྒྱང་གྲག་(གྲགས)བདུན་བརྒྱ་ཙམ་བྱིན་པ་ན། ཀུ་ལུ་ཏའི་ཡུལ་༧༢ ☆ དེའི་མཐའ་སྐོར་དུ་ལི་བར་སུམ་སྟོང་ཙམ་སོ། །ལྗེ་བའི་མཁར་ཆེན་པོ་ནི་ཁོར་ཡུག་ཏུ་རྒྱང་གྲག་(གྲགས)བཅུ་དང་བཞི་ལྔ་ཙམ། ས་གཤིན་པ་འབྲས་སྣ་གསུམ་སོགས་ཀྱི་ཞིང་འདེབས་ཤིང་། དུས་བཞི་སོ་སོའི་མེ་ཏོག་དང་ཤིང་འབྲས་མི་དཀོན་པ། སྨན་གྱི་རིགས་རྣམ་པ་སྣ་ཚོགས་འབྱུང་བ། གསེར་དངུལ་ཟངས་མུ་ཏིག་དམར་པོ་སོགས་འབྱུང་ངོ་། །མིའི་རང་བཞིན་མི་བསྲུན་པ་ཀྱོགས་པ་དཔའ་རྩལ་ཆེ་བ་ནུས་སྟོབས་ཅན་དག་ལ་རབ་ཏུ་རྩེ་བ་གཙུག་ལག་ཁང་ཉི་ཤུ་ལྷག་ཙམ་ལ་སྡོམས་པའི་དགེ་འདུན་སྟོང་ལྷག་ཙམ་གནས་པ་གཙོ་བོར་ཐེག་ཆེན་དང་ཞར་ལ་ཐེག་དམན་སློབ་པར་བྱེད་དོ། །ཕྱི་རོལ་པའི་ལྷ་ཁང་བཅོ་ལྔ་ལ་ཕྱི་རོལ་པ་སྣ་ཚོགས་པ་གནས་སོ། །ཤིན་ཏུ་བགྲོད་དཀའ་བའི་གནས་ལ་རྟེན་ཏེ་འདུག་གནས་རྗེ་ཁང་ཡང་མང་པོ་ཡོད་དོ། །ཡུལ་གྱི་ནང་ན་རྒྱལ་པོ་ཨ་ཤོ་ཀས་བཞེངས་པའི་མཆོད་རྟེན་རྣམས་ཀྱང་སྣང་ངོ་། །སྟོན་པ་འཚོ་ཞིང་གཞེས་པའི་དུས་འདིར་བྱོན་ཟེར་རོ། །དེ་ནས་བྱང་ཕྱོགས་སུ་དེ་ལས་ཀྱང་ཤིན་ཏུ་བགྲོད་དཀའ་བརྒྱ་ཕྲག་བརྒྱད་དགུ་ཙམ་སོང་བ་ན་ལྷ་ཧུ་ལའི་ཡུལ་ལོ། །འདིའི་སྣང་གཤོང་མཐོ་དམའི་ས་དག་གཉིས་ལོག་གསུམ་ལོགས་སུ་ཡོད་པས་ཡུལ་སྤྱ་མ་དག་ལས་ཀྱང་ཆེ་བགྲོད་དཀའ་བའོ། །

解 1:

（1）完整翻译全文。

（2）第一句是上一个国家的最后一句“从此东北，踰峻岭，越洞谷，经危途，涉险路，行七百余里，至屈居勿反。露多国。北印度境。”小字“北印度境”没有翻译，不影响全文的含义，故省略了。

解 2：

屈露多国　梵　Kulūta（今印度西姆拉地区）

设多图卢国

设多图卢国周二千余里，西临大河。国大都城周十七八里。谷稼殷盛，果实繁茂。多金银，出珠珍。服用鲜素，裳衣绮靡。气序暑热，风俗淳和，人性善顺，上下有序。敦信佛法，诚心质敬。

王城内外伽蓝十所，庭宇荒凉，僧徒尠少。

城东南三四里，有窣堵波，高二百余尺，无忧王之所建也，傍有过去四佛坐及经行遗迹之所。

复从此西南，行八百余里，至波理夜呾罗国。中印度境。

{ཤ་ཏ་དྲུའི་ཡུལ།}

དེ་ནས་བྱང་ཕྱོགས་སུ་རྒྱང་གྲག་(གྲགས)ཉིས་སྟོང་ཙམ་ཕྱིན་པ་ན་མོ་ར་སའི་ཡུལ་དང་། སམ་ཛྷ་
ཏའི་ཡུལ་ཀྱང་(ཡང)ཟེར་རོ། །ཀུ་ཅུ་ཏའི་ཡུལ་ནས་ལྷོ་ཕྱོགས་སུ་རྒྱང་གྲག་(གྲགས)བདུན་བརྒྱ་ཙམ་ཕྱིན་
པ་ན་རི་ཆེན་པོ་འཛོམ་གས། ཆུ་ཀླུང་ཆེན་པོ་བརྒལ་ལྟེ་(ཏེ)ཤ་ཏ་དྲུའི་ཡུལ་དུ་སླེབས་སོ། །ཡུལ་ཤ་ཏ་དྲུའི་
༧༣ ☆ མཐའ་སྐོར་དུ་ལི་བར་ཉིས་སྟོང་ལྷག །གཞུང་མཁར་ཆེ་བ་ནི་ཁོར་ཡུག་ཏུ་བཅུ་ཕྲག་གཅིག་དང་
བདུན་བརྒྱད་ཙམ་བྲུས་མ་སྨི་མ་ཆེ་ཆུང་སོགས་ཞིང་སྨ་མང་པོ་འདེབས་པ། ཤིང་ཏོག་མེ་ཏོག་གི་རིགས་
ཀྱང་མང་བ་གསེར་དངུལ་མུ་ཏིག་འབྱུང་ངོ་། །ནམ་དུས་དྲོད་དང་གཤེར་ཆེས་ཆེ་བ། མིའི་རང་བཞིན་
འཇམ་ལ་སྙི་མཐུན་ཆེ་བ་བསྟུན་པ་དཀོན་མཆོག་ལ་དད་པ་རྒྱལ་པོའི་གྲོང་ཁྱེར་གྱི་ནང་ན་གཙུག་ལག་
ཁང་བཅུ་ཕྲག་ཡོད་ཀྱང་ཕལ་ཆེར་རྙིང་ཞིང་གོག་པ་དགེ་འདུན་ཤིན་ཏུ་ཉུང་ངོ་། །གྲོང་ཁྱེར་གྱི་ཤར་ལྷོའི་
མཚམས་སུ་རྒྱང་གྲག་(གྲགས)སུམ་བཞི་ཙམ་ན་རྒྱལ་པོ་ཨ་ཤོ་ཀས་བཞེངས་པའི་མཆོད་རྟེན་མཐོ་ཚད་ཁྲུ་
ཉིས་བརྒྱ་ལྷག་པ་ཡོགས་སུ་འདས་སངས་བཞིའི་བཞུགས་ཁྲིའི་ཤུལ་གདན་ཡོད་དོ། །

解 1：

（1）完整翻译全文。

（2）第一句是前一个国家的最后一句“此北二千余里，经途艰阻，寒风飞雪，至秣逻娑国。亦谓三波诃国。自屈露多国南行七百余里，越大山，济大河，至设多图卢国。北印度境”。小字“北印度境”没有翻译，不影响全文的含义，故省略了。

解 2：

设多图卢国 梵 satadru（今印度西姆拉地区）

波理夜呾罗国

波理夜呾罗国周三千余里。国大都城周十四五里。宜谷稼，丰宿麦，有异稻，种六十日而收获焉。多牛羊，少花果。气序暑热，风俗刚猛，不尚学艺，信奉外道。王，吠奢种也，性勇烈，多武略。伽蓝八所，倾毁已甚，僧徒寡少，习学小乘。天祠十余所，异道千余人。

从此东行五百余里，至秣菟罗国。中印度境。

{ས་རི་ཡ་ཏྲའི་ཡུལ།}

དེ་ནས་ལྷོ་ནུབ་མཚམས་སུ་རྒྱང་གྲག་(གྲགས)བརྒྱད་བརྒྱ་ལྷག་ཕྱིན་པ་ན་ས་རི་ཡ་ཏྲའི་༧༨ ☆ ཡུལ་དེའི་མཐའ་གྲུ་ལེ་བར་སུམ་སྟོང་ལྷག་ཙམ། དབུས་ཀྱི་མཁར་ཆེན་པོ་ནི་ཁོར་<PL.45>ཡུག་ཏུ་ལེ་བར་བཅུ་དང་བཞི་ལྔ་ཡོད་པ་ནམ་དུས་སྟོད་ལ་གཤེར་ཆེ་བ། བྲུས་མ་བཏབ་ནས་ཟླ་བ་གཉིས་ཙམ་ན་སྨིན་པ་ཡོད་དོ། །འབྲས་དང་གྲོ་ཡང་དེ་དང་མཚུངས་པ་ཡོད། ནོར་ལུག་སོགས་ཕྱུགས་རིགས་མོད་པ། བཟའ་ཤིང་དང་མེ་ཏོག་སྣ་ཚོགས་པ་འབྲངས་པ་ས་གཞི་ཧླན་གཤེར་ཆེ་བ། མིའི་རང་བཞིན་ནི་དཔའ་བ་དང་རྩལ་པོ་ཆེ་ལ་ཕོ་རབས་སུ་བརྩི་བ། རྒྱལ་པོ་ནི་ཕྱུ་ཙའི་རིགས་དཔའ་ཞིང་རྩལ་ཕོད་པ་ཁོ་ན་མཆོག་ཏུ་འཛིན་ཅིང་། རིག་གནས་གཞན་ལ་རྩིས་ཆུང་བ། ཕྱི་རོལ་བ་བླ་མར་འཛིན་པ། གཙུག་ལག་ཁང་བརྒྱད་ཚང་མ་ཞིག་རལ་ཏུ་(དུ)སོང་བ་དགེ་འདུན་གྱི་སྡེ་ཤིན་ཏུ་ཉུང་བ་ཐེག་ཆུང་ཁོ་ན་སྤྱོད་དོ། །ཕྱི་རོལ་པའི་དགོན་སྡེ་བཅུ་ལྷག་ཡོད་པར་ཕྱི་རོལ་པ་ཅིག་(ཆིག)སྟོང་ལྷག་གནས་སོ། །

解 1：

（1）完整翻译全文。

（2）第一句是前一个国家的最后一句“复从此西南，行八百余里，至波理夜呾罗国。中印度境”。小字“中印度境”没有翻译，不影响全文的含义，故省略了。

解 2：

波理夜呾罗国　梵　Pāriyātra（今印度首都新德里附近）

秣菟罗国

秣菟罗国周五千余里。国大都城周二十余里。土地膏腴，稼穑是务。庵没罗果家植成林，虽同一名而有两种，小者生青熟黄，大者始终青色。出细班氎及黄金。气序暑热，风俗善顺，好修冥福，崇德尚学。伽蓝二十余所，僧徒二千余人，大小二乘兼功习学。天祠五所，异道杂居。

{མ་ཐུ་རའི་ཡུལ།}

དེ་ནས་ཤར་ཕྱོགས་སུ་རྒྱང་གྲག་(གྲགས)ལྔ་བརྒྱ་ཕྱིན་པ་ན་མ་ཐུ་རའི་༧༥ ☆ ཡུལ་སྟེ་བཅོམ་བརླག་གི་ཡུལ་ཐ་གྲུ་ལེ་བར་ལྔ་སྟོང་ཙམ། མཐིལ་མཁར་ནི་ཁོར་ཡུག་ཏུ་རྒྱང་གྲག་(གྲགས་)ནི་ཉི་ཤུ་ལྷག ས་གཤིན་ལ་ཞིང་སྣ་ཚོགས་འདེབས་སོ། །ལྷག་པར་ཨ་མྲའི་ཤིང་སྡིན་པས་རྣ་བ་ཕལ་ཆེར་ཤིང་དེའི་ནགས་ཚལ་གྱིས་གཏམས་པ། ཨ་མྲ་ཞེས་པ་འབྲ་གོ་ཏེ་(སྟེ)རིགས་གཉིས་ལས་ཆུང་བ་ནི་སྐྱེ་བ་ན་ཁ་དོག་སྔོན་པོ་སྨིན་པ་ན་སེར་པོ་འགྱུར་རོ། །ཆེ་བ་ནི་སྨིན་པ་ན་ཡང་སྔོན་པོར་གནས་པ་སྟེ་རིགས་གཉིས་སོ། །ནམ་དུས་དྲོད་ཤས་ཆེ་བ། མིའི་རང་བཞིན་འཇམ་ལ་བསྟུན་པ་རྣམ་དཀར་ལ་དགའ་བ་ལས་འབྲས་ལ་རྩིགས་སུ་ཆེ་ཞིང་སྟོན་ཅན་ལ་བཀུར་བ། གཙུག་ལག་ཁང་ཉི་ཤུའི་སྐོར་ལ་དགེ་འདུན་ཕྱིན་སྟོམ་ཉིས་སྟོང་ཙམ་གནས་སྟེ། ཐེག་པ་ཆེ་ཆུང་སྤེལ་མར་སྤྱོད་པ་ཕྱི་རོལ་པའི་ལྷ་ཁང་ལྔ་ལ་ཕྱི་རོལ་པ་སྣ་ཚོགས་འདྲེས་པར་གནས་པའོ། །

解 1：

（1）完整翻译全文。

（2）第一句是前一个国家的最后一句“从此东行五百余里，至秣菟罗国。中印度境”。小字“中印度境”没有翻译，因不影响全文的含义，故省略了。

解 2：

秣菟罗国 梵 Mathurā（今印度马特拉地区）

一、释迦弟子等遗迹

有三窣堵波，并无忧王所建也。过去四佛遗迹甚多。释迦如来诸圣弟子遗身窣堵波，谓舍利子、旧曰舍利子，又曰舍利弗，讹略也。没特伽罗子、旧曰目干连，讹也。布剌拏梅呾丽衍尼弗呾罗、唐言满慈子。旧曰弥多罗尼子，讹略也。邬波厘、阿难陀、罗怙罗、旧曰罗喉罗，又曰罗云，皆讹略也。曼殊室利唐言妙吉祥。旧曰濡首，又曰文殊师利，或言曼殊尸利，译曰妙德，讹也。诸菩萨窣堵波等。每岁三长及月六斋，僧徒相竞，率其同好，赍持供具，多营奇玩，随其所宗，而致像设。阿毘达磨众供养舍利子，习定之徒供养没特伽罗子，诵持经者供养满慈子，学毘柰耶众供养邬波厘，诸苾蒭尼供养阿难，未受具戒者供养罗怙罗，其学大乘者供养诸菩萨。是日也，诸窣堵波竞修供养，珠幡布列，宝盖骈罗，香烟若云，花散如雨，蔽亏日月，震荡溪谷。国王大臣，修善为务。

{༡ སྟོན་པ་འཁོར་བཅས་ཀྱི་རྗེས་ཤུལ།}

ཡུལ་དེར་མཆོད་རྟེན་ཆེན་པོ་གསུམ་ཡོད་པ་ཐམས་ཅད་རྒྱལ་པོ་མྱ་ངན་མེད་ཀྱིས་བཞེངས་པ་ཡོགས་ན་འདས་སངས་བཞིའི་ཞབས་ཀྱིས་བཅགས་ཤུལ་དང་། ལྷག་པར་བདག་ཅག་གི་སྟོན་པ་འཁོར་བཅས་ཀྱི་ཤུལ་འཇགས་ཤིན་ཏུ་མང་བ། ཤཱ་རིའི་བུ་དང་མཽ་(མོའུ)(འ)གལ་གྱི་བུ་དང་། བྱམས་མའི་བུ་དང་། འཕགས་པ་ཉེ་བར་འཁོར་དང་། སྒྲ་གཅན་འཛིན་དང་། རྗེ་བཙུན་འཇམ་པའི་དབྱངས་ལ་སོགས་པའི་འཁོར་ཅི་རིགས་པའི་གདུང་བཞུགས་པའི་མཆོད་རྟེན་ཤིན་ཏུ་མང་ངོ་། །ལོ་སྟར་གྱི་ཟླ་བ་མཆོག་གསུམ་གྱི་གསོ་སྦྱོང་གི་ཉི་མ་དྲུག་ལ་འཕགས་ཡུལ་གྱི་དགེ་འདུན་རྣམས་ཏུར་སྐྱིད་ཀྱིས་མཆོད་རྫས་སྣ་ཚོགས་པ་ཁྱེར་ཏེ། ཆོས་མངོན་པ་རྣམས་མཆོད་རྟེན་དང་སྐུ་བརྙན་ལ། བསམ་གཏན་རྣམས་མོད་གལ་གྱི་བུའི་(མོའུ་འགལ་གྱི་བུ་)མཆོད་རྟེན་དང་སྐུ་བརྙན་ལ། མདོ་སྡེ་འདོན་པ་རྣམས་ཀྱིས་བྱམས་མའི་བུ་གང་པོའི་མཆོད་རྟེན་དང་། འདུལ་བ་འཛིན་པ་རྣམས་ཉེ་བར་འཁོར་གྱི་མཆོད་རྟེན་དང་སྐུ་བརྙན་ལ། དགེ་སློང་མའི་སྡེ་རྣམས་ཀྱིས་ཀུན་དགའ་བོའི་མཆོད་རྟེན་དང་སྐུ་བརྙན་ལ། བསྙེན་པར་མ་རྫོགས་པ་རྣམས་

ཀྱིས་སྲས་སྒྲ་གཅན་འཛིན་གྱི་མཆོད་རྟེན་དང་སྐུ་བརྙན་ལ། ཐེག་ཆེན་སློབ་པ་རྣམས་ཀྱིས་འཇམ་དཔལ་ལ་སོགས་པ་བྱང་ཆུབ་སེམས་དཔའ་རྣམས་ཀྱི་མཆོད་རྟེན་དང་གཟུགས་བརྙན་རྣམས་ལ་སྟེ། གནས་རྣམས་སོ་སོར་རྒྱལ་མཚན་དང་བ་དན་དང་བླ་བྲེ་རྣམས་ནམ་མཁར་བཀྲམ་པས། སྤོས་ཕོར་དང་བུམ་པ་ལ་སོགས་པ་རྣམས་ཁྲི་སྟན་ལ་བཤམས། ཚར་དུ་དངར་བའི་མཆོད་རྫས་<PL.46>སོ་སོ་ནས་འབུལ་ཞིང་། བདུག་སྤོས་ཀྱི་དུད་པ་སྤྲིན་དུ་འཁྲིགས། མེ་ཏོག་སྣ་ཚོགས་པ་དབྱིངས་སུ་འཐོར་བས་མཚོན་བྱུང་རྒྱལ་དུ་བྱས་པ་དག་དཔག་གིས་མི་ལང་ངོ་། །དེ་ཚེ་ཉི་ཟླ་འཁྱིལ་པ་སོགས་ལྟས་བྱུང་ན། ཡུལ་གྱི་རྒྱལ་པོ་དང་བློན་པོ་རྣམས་ཀྱི་རིམ་གྲོར་མཆོད་པ་འབུལ་བ་ཡང་ཐུ་མ་བཞིན་ནོ། །

解 1:

完整翻译全文。

解 2:

释迦弟子等遗迹的注释见《大唐西域记校注》（上）383 页。

二、乌波毱多遗迹

城东行五六里，至一山伽蓝，疏崖为室，因谷为门，尊者乌波毱多唐言近护。之所建也。其中则有如来指爪窣堵波。

伽蓝北岩间有石室，高二十余尺，广三十余尺。四寸细筹，填积其内。尊者近护说法，化导夫妻俱证罗汉果者，乃下一筹，异室别族，虽证不记。

{༢ དགྲ་བཅོམ་པ་ཉེར་སྦས་ཀྱི་རྗེས་ཤུལ།}

གྲོང་ཁྱེར་ཆེན་པོའི་ཤར་ཕྱོགས་སུ་རྒྱང་གྲག་(གྲགས)ལྔ་དྲུག་ཙམ་གྱི་སར་གཙུག་ལག་ཁང་ཆེན་པོ་ཞིག་བྲག་རིའི་བྱ་སྐྱིབས་བརྐོས་ནས་བྲག་ཕུག་ལ་སྒོ་དང་། རི་སུལ་དུ་འགྲོ་བའི་ལམ་བཟོས་པ། དགྲ་བཅོམ་པ་ཉེར་སྦས་ཀྱིས་བཞེངས་སོ། །དེ་ནས་བཅོམ་ལྡན་འདས་ཀྱི་སྲུག་སེན་བཞུགས་པའི་མཆོད་རྟེན་ཞིག་སྣང་ངོ་། །གཙུག་ལག་ཁང་དེ་ན་ལྷ་ཁང་དཔངས་སུ་ཁྲུ་ཉི་ཤུ་དང་རྒྱར་ཁྲུ་སུམ་ཅུ་རྩ་བཞི་ཤིན་ཏུ་ངོ་མཚར་ཞིང་ལེགས་པ་ཤིན་ཏུ་དྲང་བའི་ཚུལ་ཤིང་གི་གང་པ། དེ་ནི་དགྲ་བཅོམ་པ་ཉེར་སྲུང་གིས་ཆོས་བསྟན་ཏེ་སྦྱིན་བདག་དང་ཅན་བཟའ་ཚོ་ཟུང་ཅིག་ཅར་དགྲ་བཅོམ་ཐོབ་པའི་གནས་ཡིན་སྐད་དོ། །དེའི་མཐའ་

འཁོར་དེ་ལས་དམའ་བའི་རྗེ་ཁང་མང་པོར་རིགས་གཞན་དག་གྱོལ་བ་ཐོབ་ཟེར་བ་མང་ངོ་། །

解 1:

完整翻译全文。

解 2:

乌波毱多遗迹的注释见《大唐西域记校注》(上) 386 页。

三、弥猴献蜜及释迦等遗迹

石室东南二十四五里，至大涸池，傍有窣堵波。在昔如来行经此处，时有弥猴持蜜奉佛，佛令水和，普遍大众。猕猴喜跃，堕坑而死；乘兹福力，得生人中。

池北不远大林中，有过去四佛经行遗迹，其侧有舍利子、没特伽罗子等千二百五十大阿罗汉习定之处，并建窣堵波，以记遗迹。如来在世，屡游此国，说法之所并有封树。

从此东北行五百余里，至萨他泥湿伐罗国。中印度境。

{༣ སྤྲེའུ་ཞིག་གིས་སྟོན་པ་ལ་སྦྲང་རྩི་ཕུལ་བའི་ལོ་རྒྱུས་དང་སྟོན་པའི་རྗེས་ཤུལ།}

གཞན་ཡང་དེ་ནས་ཤར་ལྷོའི་མཚམས་སུ་རྒྱང་གྲག་(གྲགས)བཅུ་ཕྲག་གཉིས་དང་བཞི་ལྔ་ཙམ་གྱི་སར། རྫིང་སྐམ་ཅིག་(ཞིག)གིས་(གི)ལོགས་སུ་མཆོད་རྟེན་ཅིག་ཡོད་པ། སྔོན་སྟོན་པ་ཞལ་བཞུགས་པའི་དུས་གནས་འདིར་འཆག་པ་དང་བཞུགས་པ་མཛད་པའི་སྐབས་སྤྲེའུ་ཞིག་གིས་སྟོན་པ་ལ་སྦྲང་རྩི་ཕུལ་པར། སྟོན་པས་ཆུ་དང་སྦྱར་ཏེ་བཞེས་ཤིང་ལྷག་མ་དགེ་འདུན་རྣམས་ལ་བྱིམས་པར་མཛད་པས། སྤྲེའུ་དེ་དགའ་བཞིན་འོབས་སུ་ལྷུང་ནས་ཤི་ནས་མིར་སྐྱེས་པའི་ལོ་རྒྱུས་སྣང་ངོ་། །༄ སྐམ་རྫིང་དེའི་བྱང་ལོགས་སུ་མི་རིང་བར་ནགས་ཚལ་ཆེན་པོའི་ནང་དང་ཕྱི་རོལ་གཉིས་སུ་འདས་སངས་རྣམ་བཞིའི་ཞབས་ཀྱིས་བཅགས་པའི་ཤུལ་རྗེས་དང་། ཤཱ་རིའི་བུ་དང་མོད་གལ་(མོའུ་འགལ་)གྱི་བུ་སོགས་ཞབས་འབྲིང་པ་ཅིག་(ཞིག་)སྟོང་ཉིས་བརྒྱ་ལྔ་བཅུས་མཉམ་བཞག་མཛད་པའི་གནས་སོ་སོར་མཆོད་རྟེན་གནས་ཡོད་དོ། །དེ་ཡང་བཅོམ་ལྡན་འདས་ཞལ་བཞུགས་པའི་དུས་སུ་ཡུལ་འདིར་ཡང་ཡང་གྲོང་རྒྱུ་ཞིང་གཤེགས་བཞུགས་མཛད་པའི་ཚུལ་ཀར་ཆགས་(དཀར་ཆག)དག་དང་གསུང་རབ་རྣམས་སུའང་གསལ་བར་སྣང་ངོ་། །

解 1:

完整翻译全文。

解 2:

弥猴献蜜及释迦等遗迹的注释见《大唐西域记校注》(上)388 页。

萨他泥湿伐罗国

萨他泥湿伐罗国周七千余里。国大都城周二十余里。土地沃壤，稼穑滋盛。气序温暑，风俗浇薄。家室富饶，竞为奢侈。深闲幻术，高尚异能。多逐利，少务农，诸方奇货多聚其国。伽蓝三所，僧徒七百余人，并皆习学小乘法教。天祠百余所，异道甚多。

{ས་ཐཱ་ནེ་ཤ་ཝ་རའི་ཡུལ།}

དེ་ནས་བྱང་ཤར་མཚམས་སུ་རྒྱང་གྲག་(གྲགས)ལྔ་བརྒྱ་ཙམ་སོང་བ་ན་ས་ཐཱ་ནེ་ཤ་ཝ་རའི78 ☆ ཡུལ་མཐའ་སྐོར་ལེ་བར་བདུན་སྟོང་ཙམ་ལ། དབུས་ཀྱི་མཁར་ཁོར་ཡུག་ཏུ་ལེ་བར་ཉི་ཤུ་ལྷག་པར་ས་གཤིན་ཅིང་(ཞིང)ནམ་དུས་དྲོ་ཤས་ཆེ་བ། ཕྱུག་པོ་མང་ཞིང་མིའི་རང་བཞིན་ཡང་ལ་དྲེགས་འགྲན་ཆེ་བ། སྒྱུ་མ་མཁན་སོགས་ཡ་མཚན་པའི་རིགས་ལ་མཆོག་ཏུ་བརྩི། གཙུག་ལག་ཁང་གསུམ་ལ་དགེ་འདུན་བདུན་བརྒྱ་ལྷག་ཐེག་ཆུང་པོ་ན་ལ་སྦྱང་བ་ཕྱི་རོལ་པའི་ལྷ་ཁང་བརྒྱ་ལྷག་པར་མུ་སྟེགས་པ་ཤིན་ཏུ་མང་པོ་གནས་སོ། །ཕྱོགས་སྣ་ཚོགས་ནས་ཡོང་བའི་ཀ་ཅ་འཚར་བར་འཚོང་བའི་ཕྱིར་འདུའོ།

解 1:

(1) 完整翻译全文。

(2)“多逐利，少务农”没有翻译。

(3) 第一句是前一个故事的最后一句“从此东北行五百余里，至萨他泥湿伐罗国。中印度境”。小字“中印度境”没有翻译，不影响全文的含义，故省略了。

解 2:

萨他泥湿伐罗国　梵　Sthanesvara（今印度塔内莎尔地区）

一、福地

大城四周二百里内，彼土之人谓为福地。闻诸先志曰：昔五印度国二王分治，境壤相侵，干戈不息。两主合谋，欲决兵战，以定雌雄，以宁氓俗。黎庶胥怨，莫从君命。王以为众庶者难与虑始也，神可动物，权可立功。时有梵志素知高才，蜜赍束帛，命入后庭，造作法书，藏诸岩穴。岁月既久，树皆合拱。王于朝坐，告诸臣曰："吾以不德，忝居大位，天帝垂照，梦赐灵书，今在某山，藏于某岭。"于是下令营求，得书山林之下。群官称庆，众庶悦豫。宣示远近，咸使闻知。其大略曰："夫生死无崖，流转无极，含灵沦溺，莫由自济。我以奇谋，令离诸苦。今此王城周二百里，古先帝世福利之地。岁月极远，铭记堙灭。生灵不悟，遂沉苦海。溺而不救，夫何谓欤？汝诸含识，临敌兵死，得生人中，多杀无辜，受天福乐。顺孙孝子，扶侍亲老，经游此地，获福无穷。功少福多，如何失利？一丧人身，三途冥漠。是故含生各务修业！"于是人皆兵战，视死如归。王遂下令招募勇烈，两国合战，积尸如莽。迄于今时，遗骇遍野。时既古昔，人骸伟大，国俗相传，谓之福地。

{༡ བསོད་ནམས་ཀྱི་ཞིང་ས།}

གཏམ་རྒྱུད་རྙིང་པར་སྔོན་རྒྱ་གར་རྒྱལ་པོ་གཉིས་ཙམ་ལས་མེད་ཅིང་ཁྲམ་ཟེ་ངན་པས་བསླུས་ཏེ་ཕན་ཚུན་འཐབ་ཅིང་བརྩད་པས་གཡུལ་དུ་བསད་ན་ཐར་པ་འཐོབ་པ་དང་། ཉེས་མེད་མང་པོ་བསད་པ་ལ་རྣམ་སྨིན་ལྷའི་བདེ་བ་འཐོབ་པར་འདོད་དེ། འཐབ་མོས་ཤི་བ་མང་<PL.47>པོའི་མི་རུས་སྤུངས་པ་ལ་བསོད་ནམས་ཀྱི་ཞིང་དུ་འཛིན་པའི་རྒྱུན་ད་ལྟའི་བར་དུ་སྣང་ངོ་། །

解 1：

只翻译了"闻诸先志曰：昔五印度国二王分治，境壤相侵，干戈不息。两主合谋，欲决兵战，以定雌雄，以宁氓俗"和"多杀无辜，受天福乐"以及"人骸伟大，国俗相传，谓之福地"这三段。

解 2：

福地的注释见《大唐西域记校注》（上）390 页。

二、佛舍利窣堵波及俱昏荼僧伽蓝

城西北四五里，有窣堵波，高二百余尺，无忧王之所建也。砖皆黄赤色，甚光净。中有如来舍利一升，光明时照，神迹多端。

城南行百余里，至俱昏去声。荼僧伽蓝，重阁连甍，层台间峙。僧徒清肃，威仪闲雅。

从此东北行四百余里，至窣禄勤那国。中印度境。

{༢ སྟོན་པའི་རིང་བསྲེལ་ཡོད་པའི་མཆོད་རྟེན་ཞིག་དང་གོ་མི་ཏྲའི་གཙུག་ལག་ཁང་།}

གྲོང་ཁྱེར་གྱི་ནུབ་བྱང་ཕྱོགས་ན་རྒྱང་གྲག་(གྲགས)བཞི་ལྔ་ཙམ་མཆོད་རྟེན་དཔངས་སུ་ཁྲུ་ཉིས་བརྒྱ་ལྷག་པ། རྒྱལ་པོ་ཨ་ཤོ་ཀས་བཞེངས་པ་མཆོད་རྟེན་གྱི་ཕུམ་ནང་དུ་ཕུམ་པ་དམར་སེར་གྱི་ནང་དུ་སྟོན་པའི་རིང་བསྲེལ་བྲེའུ་ཆུང་གང་བཞུགས་པ་སྐབས་སུ་འོད་འཕྲོ་བ་ཞིག་འདུག་གོ །ཞོན་བྱོན་གྱི་ཕྲུག་རྗེས་མང་པོ་ཡང་ཡོད་དོ། །༄ གྲོང་ཁྱེར་དེའི་ལྷོ་ཕྱོགས་སུ་རྒྱང་གྲག་(གྲགས)བརྒྱ་ལྷག་ཙམ་ན། གོ་མི་ཏྲའི་གཙུག་ལག་ཁང་བརྩེགས་དང་། མགོ་རྒྱན་སྤྲེལ་བས་བརྒྱན་པ་དེར་བཞུགས་ཀྱི་དགེ་འདུན་རྣམས་ཚུལ་ཁྲིམས་འདུལ་སྤྱོད་ཤིན་ཏུ་གཙང་བའོ། །

解 1：

完整翻译正文。

解 2：

佛舍利窣堵波及俱昏荼僧伽蓝的注释见《大唐西域记校注》(上) 392 页。

窣禄勤那国

窣禄勤那国周六千余里，东临殑伽河，北背大山，阎牟那河中境而流。国大都城周二十余里，东临阎牟那河，荒芜虽甚，基趾尚固。土地所产，风气所宜，同萨他泥湿伐罗国。人性淳质，宗信外道。贵艺学，尚福慧。伽蓝五所，僧徒千余人，多学小乘，少习余部。商搉微言，清论玄奥。异方俊彦，寻论稽疑。天祠百所，异道甚多。

{ཙུ་ཏ་ལི་ནའི་ཡུལ།}

དེ་ནས་བྱང་ཤར་མཚམས་ན་རྒྱང་གྲག་(གྲགས)བཞི་བརྒྱ་ལྷག་ཙམ་གྱི་ས་ཕྱིན་པ་ན་ཙུ་ཏ་ལི་ནའི་
༧༢ ☆ ཡུལ་[ཊྲི་ལ]། དེའི་མཐའ་སྐོར་དུ་རྒྱང་གྲག་(གྲགས)དྲུག་སྟོང་ལྷག་ཤར་དུ་ཆུ་བོ་གངྒཱ་ལ་ཐུག་པ། རྒྱབ་རི་རྒྱུད་ཆེན་པོ་ལ་བརྟེན་པ། ཆུ་བོ་ཡ་མུ་ན་ཡུལ་གྱི་གཞུང་གཤགས་ཏེ་འབབ་པ། ལྟེ་བའི་མཁར་ཆེན་[ཧ་ཊི་ན་པུ་ར]ཁོར་ཡུག་ཏུ་ལི་བར་ཉི་ཤུ་ལྷག ཆུ་བོ་ཡ་མུ་ན་ལ་ཉེ་ཡང་རྒྱང་ཤིན་ཏུ་བརྟན་པ་ཆུའི་འཇིགས་པ་མེད་དོ། །ནམ་དུས་སའི་བསིལ་དྲོད་སོགས་ནི་ས་ཏ་ནི་ཤྭ་རའི་ཡུལ་དང་འདྲ་ཤས་ཆེ་བ། མིའི་རང་བཞིན་དྲང་ཞིང་ལིང་པ་ཡོན་ཏན་སློབ་པ་ལ་མོས་པ་ཡིན་ཀྱང་(ཡང)ཕྱི་རོལ་པ་ལ་ཞེན་ཆེ་བ། བསོད་ནམས་དང་རིག་པ་ཟུང་འབྲེལ་མཆོག་ཏུ་འཛིན་པའོ། །གཙུག་ལག་ཁང་ལྔ་ཙམ་ཡོད་པར་དགེ་འདུན་ཅིག་(ཆིག)སྟོང་ལྷག་ཐེག་དམན་ལ་སློབ་གཉེར་བྱེད་དོ། །ཕྱི་རོལ་བའི་ལྷ་ཁང་བརྒྱ་ཕྲག་གཅིག་ཡོད་པར་གསང་ཚིག་སྨྲ་བ་མང་དག་གནས་སོ། །

解 1：

（1）完整翻译全文。

（2）第一句是前一个故事的最后一句“从此东北行四百余里，至窣禄勤那国。中印度境”。小字“中印度境”没有翻译，不影响全文的含义，故省略了。

（3）批注 1 意为此国又称“知拉”。

（4）批注 2 意为都城称“哈迪纳布热”。

解 2：

窣禄勤那国　梵　Srughna（今印度塔内莎尔地区）

一、如来及阿罗汉发爪窣堵波

大城东南阎牟那河西，大伽蓝东门外有窣堵波，无忧王之所建也。如来在昔曾于此处说法度人。其侧又一窣堵波，中有如来发爪也。舍利子、没特伽罗诸阿罗汉发爪窣堵波周其左右，数十余所。如来寂灭之后，此国为诸外道所诖，误焉，信受邪法，捐废正见。今有五伽蓝者，乃异国论师与诸外道及婆罗门论议胜处，因此建焉。

{༧ སྟོན་པ་དང་དགྲ་བཅོམ་པ་ཆེན་པོའི་མཆོད་རྟེན།}

གྲོང་ཁྱེར་དེའི་ཤར་ལྷོའི་མཚམས་ཡ་མུ་ནའི་ནུབ་ཕྱོགས་སུ་གཙུག་ལག་ཁང་ཆེན་པོ་ཞིག་ཡོད་པའི་ཤར་སྒོའི་ཕྱིར། ཆོས་རྒྱལ་མྱ་ངན་མེད་ཀྱིས་བཞེངས་པའི་མཆོད་རྟེན་ཞིག་ཡོད་པ། སྔོན་སྟོན་པ་གཤེགས་བཞུད་མཛད་པའི་ཕྱག་རྗེས་རྣམས་དང་། སྟོན་པའི་དབུ་ལོ་དང་ཕྱག་སེན་བཞུགས་པའི་མཆོད་རྟེན་བཅུ་ཕྲག་ཏུ་མ། ཕྱོགས་གཡས་གཡོན་གཉིས་སུ་བསྒྲིགས་པ། སྟོན་པ་མྱ་ངན་ལས་འདས་རྗེས་ཕྱི་རོལ་པ་རྣམས་ཀྱིས་བསླུས་ནས་ཕྱི་རོལ་པར་བསྒྱུར་རོ་ཞེས་ཟེར་ཏེ། ད་ལྟ་གཙུག་ལག་ཁང་ལྔ་ཡོད་ཀྱང་ཚང་མ་བྲམ་ཟེ་ཕྱི་པ་གསང་ཚིག་སྨྲ་བ་དག་གིས་གང་ཏེ་(སྟེ)གནས་སོ། །

解 1：

完整翻译全文。

解 2：

如来及阿罗汉发爪窣堵波的注释见《大唐西域记校注》（上）393 页。

二、殑伽河源及提婆诱化故事

阎牟那河东行八百余里，至殑伽河。河源广三四里，东南流，入海处广十余里。水色沧浪，波流浩汗，灵怪虽多，不为物害。其味甘美，细沙随流，彼俗书记谓之福水。罪咎虽积，沐浴便除。轻命自沉，生天受福。死而投骸，不堕恶趣。扬波激流，亡魂获济。时执师子国提婆菩萨深达实相，得诸法性，愍诸愚夫，来此导诱。当是时也，士女咸会，少长毕萃，于河之滨，扬波激流。提婆菩萨和光汲引，俯首反激，状异众人。有外道曰：“吾子何其异乎？”提婆菩萨曰：“吾父母亲宗在执师子国，恐苦饥渴，冀斯远济。”诸外道曰：“吾子谬矣，曾不再思，妄行此事。家国绵邈，山川辽夐，激扬此水，给济彼饥，其犹却行以求前及，非所闻也。”提婆菩萨曰：“幽途罪累，尚蒙此水。山川虽阻，如何不济？”时诸外道知难谢屈，舍邪见，受正法，改过自新，愿奉教诲。

渡河东岸，至秣底补罗国。中印度境。

{༢ ཆུ་ཀླུང་གངྒཱའི་སྐོར།}

ཆུ་བོ་ཡ་མུ་ན་ལས་ཤར་དུ་རྒྱང་གྲག་(གྲགས)བརྒྱད་བརྒྱ་ཙམ་སོང་བ་ན། ཆུ་ཀླུང་གངྒཱ་སྟེ་ཞེངས་སུ་ལི་བར་བཞི་ལྔ་ཙམ། མཐར་རྒྱ་མཚོར་འབབ་པ་དང་ཉེ་བ་ན་ཞེངས་སུ་རྒྱང་གྲག་(གྲགས)བཅུ་ལྷག་པ་མདོག་སྔོ་ཞིང་ནག་པ་ཐ་གྲོང་དང་ཀླུ་རིགས་ཀྱི་ཆེ་ཡང་གནོད་པ་མེད་པ། རོ་མངར་ལ་བསིལ་བ་རྡུལ་དང་འདྲེས་མར་རྒྱུ་བས་ཅུང་ཟད་སྐྱོགས་པ། གཏམ་རྒྱུད་ཉིང་པ་ན་ཆུ་བོ་འདིར་ལུས་དང་ཡན་ལག་བཀྲུས་པས་སྡིག་སྒྲིབ་འདག་པ་དང་། ལྷེབ་སྟེ་མཆོང་པ་ན་ལྷའི་བདེ་བ་སྤྱོད་པར་འགྱུར་པའི་སྐྱེ་བ་ལེན་པར་གྲགས་པས་སྐྱེ་བོ་བླུན་རྫོངས་འགའ་གངྒཱར་མཆོང་ལྷེབས་མང་པོ་བྱུང་ངོ་། །སློན་སློབ་དཔོན་ཨ་རྱ་དེ་བས་རྫོངས་པ་དག་འདུལ་བའི་ཕྱིར་དུ་ས་ཕྱོགས་དེར་ཕེབས་ཏེ། སྟུག་མ་རིང་པོ་ཞིག་གཤགས་ཏེ་ཕ་བྱུས་ནས་ཆུ་འགྲོ་བར་མཛད་པས། མུ་སྟེགས་<PL.48>པ་འགས་ཅི་བྱེད་ཟེར། འཕགས་པ་ལྷས་བདག་གི་ཕ་མ་དང་སློབ་དཔོན་སིནྡྷ་གླིང་ན་ཡོད་པས། གངྒཱའི་ཆུ་མི་རྙེད་པས་ཁོ་བོས་རྒྱང་རིང་པོ་འདི་ནས་ཆུ་བླངས་ཏེ་རྫོངས་པ་ཡིན་ཞེས་པས། ཕྱི་རོལ་པས་སྨྲས་པ། བཞིན་བཟང་ཁྱོད་ཆེར་འཁྲུལ་ལམ། སིནྡྷ་ལ་འདི་ནས་དཔག་ཚད་མང་པོ་རི་ཀླུང་ཐང་གྲོང་ཇི་སྙེད་ཀྱི་བར་ཆོད་པ་ལགས་ན་ཆུ་དེར་སླེབས་པས་མི་ནུས་པས་ཕན་ཐོགས་པར་མི་འགྱུར་རོ་ཟེར་བས། སློབ་དཔོན་གྱིས་འོ་ན་ཤི་གསོན་གཉིས་འཇིག་རྟེན་ཐ་དད་པ་ལགས་པ་དགེ་སྡིག་གི་རྣམ་སྨིན་ཀྱང་(ཡང)དངོས་པོ་རགས་པ་མིན་པས། འདིར་ལྷེབས་ནས་ཤི་བ་འཇིག་རྟེན་ཕ་རོལ་ན་ལྷའི་བདེ་བ་ཇི་ལྟར་འཐོབ་ཅེས་གསུངས་པས། ཕྱི་རོལ་པ་ལན་གྱི་སྤོབས་པ་མེད་པར་གྱུར་ཏེ་རང་གི་གྲུབ་མཐའ་བཏང་ཏེ་ནང་བའི་གྲུབ་མཐའ་ལ་ཞུགས་སོ། །

解 1：

完整翻译全文。

解 2：

殑伽河源及提婆诱化故事的注释见《大唐西域记校注》（上）396 页。

秣底补罗国

秣底补罗国周六千余里。国大都城周二十余里。宜谷麦，多华果。气序和畅，风俗淳质。崇尚学艺，深闲咒术，信邪正者，其徒相半。王，戍达罗种也，不信佛法，敬事天神。伽蓝十余所，僧徒八百余人，多学小乘教说一切有部。天祠五十余所，异道杂居。

{མ་ཏི་པྲུ་རའི་ཡུལ།}

དེ་ནས་ཤར་ཕྱོགས་སུ་གངྒཱ་བརྒལ་བ་ན་མ་ཏི་ཕྲུ་རའི་ ☆ ཡུལ་ཡོ། །དེའི་ཐ་གྲུར་རྒྱང་གྲག་(གྲགས)དྲུག་སྟོང་དང་། གཞུང་མཁར་མཐའ་སྐོར་དུ་རྒྱང་གྲག་(གྲགས)ཉི་ཤུ་ལྷག །ནམ་དབུགས་དྲོ་བ་ནས་གྲོ་བྲུས་མ་འདེབས་ཤིང་མེ་ཏོག་གི་རིགས་མང་ངོ་། །མིའི་ངང་རྒྱུད་འཇམ་ཞིང་བསྲུན་པ། རིག་པ་བཀྲ་བ་ཐབས་དང་མཁྱུད་དཔྱད་སོགས་ལ་དགའ་བ། གཙུག་ལག་ཁང་བཅུ་ལྷག་ལ་ཕྱི་ནང་འདྲེས་མར་གནས་སོ། །རྒྱལ་པོ་སུ་དྲ་རའི་རིགས་ཡིན་ཐེར་བ་ཕྱི་རོལ་པ་ལ་མོས་པ། གཙུག་ལག་ཁང་བཅུ་ལྷག་པར་དགེ་འདུན་བརྒྱད་བརྒྱ་ལྷག་ཚང་མ་ཡོད་སྨྲ་བའི་སྡེ་པ་དང་། ཕྱི་རོལ་པའི་ལྷ་ཁང་ལྔ་བཅུ་ལྷག་ལ་ཕྱི་པ་ལུགས་སྣ་ཚོགས་པ་འདྲེས་སྡེ་གནས་སོ། །

解 1：

（1）完整翻译全文。

（2）第一句是前一个故事的最后一句“渡河东岸，至秣底补罗国。中印度境”。小字“中印度境”没有翻译，不影响全文的含义，故省略了。

解 2：

秣底补罗国　梵　Matipura（今印度塔内莎尔地区）

一、德光伽蓝及传说

大城南四五里，至小伽蓝，僧徒五十余人。昔瞿拏钵刺婆唐言德光。论师于此作《辩真》等论，凡百余部。论师少而英杰，长而弘敏，博物强识，硕学多闻。本习大乘，未穷玄奥，因览《毘婆沙论》，退业而学小乘，作数十部论，破大乘纲纪，成小乘执着。又制俗书数十余部，非斥先进所作典论，覃思佛经，十数不决。研精虽久，疑情未除。时有提婆犀那唐言天军。罗汉往来睹史多天，德光愿见慈氏，决疑请益。天军以神通力接上天宫。既见慈氏，长揖不礼。天军谓曰：“慈氏菩萨次绍佛位，何乃自高，敢不致敬！

方欲受业，如何不屈？”德光对曰：“尊者此言，诚为指诲。然我具戒苾刍，出家弟子，慈氏菩萨受天福乐，非出家之侣，而欲作礼，恐非所宜。”菩萨知其我慢心固，非闻法器，往来三返，不得决疑。更请天军重欲觐礼，天军恶其我慢，蔑而不对。德光既不遂心，便起恚恨，即趣山，林修发通定，我慢未除，不证道果。

{༧ ཡོན་ཏན་འོད་ཀྱི་གཙུག་ལག་ཁང་དང་དེའི་ལོ་རྒྱུས།}

གྲོང་ཁྱེར་དེའི་ལྷོ་ཕྱོགས་སུ་རྒྱང་གྲག་(གྲགས་)བཞི་ལྔ་ཙམ་གྱི་སར་གཙུག་ལག་ཁང་ཆུང་ངུ་ཞིག་ཡོད་པར་དགེ་འདུན་ལྔ་བཅུ་ལྷག་ཙམ་གནས་སོ། །འདི་ནི་སློབ་དཔོན་གུ་ཎ་པྲ་བྷ་སྟེ་ཡོན་ཏན་འོད་ཞེས་བྱ་བས་ཡང་དག་པའི་རྣམ་དབྱེ་ཟེར་བའི་བསྟན་བཅོས་པོ་ཏི་བརྒྱ་ལྷག་མཛད་པའི་གནས་སོ། །སློབ་དཔོན་དེ་ནི་ཆུང་ངུ་ནས་རིག་པ་གསལ་ཞིང་དབང་པོ་རྣོ་བ་ཞིག་སྟེ། སྐུ་ན་སྨིན་པ་དང་བསླབ་སྦྱང་ལ་རྩལ་ཐོན་པ་ཡིན་ཀྱང་(ཡང)། རྣམ་དཔྱོད་ཚད་དུ་མ་འཁྱོལ་བས་ལྷག་མཐོང་གི་སྐོར་ལ་ཐེ་ཚོམ་ཟོས་སྟེ(ཏེ)སྔར་ཐེག་དམན་དུ་ཡོག་པ། དེས་ཐེག་ཆེན་སུན་འབྱིན་པའི་བསྟན་བཅོས་གླེགས་བམ་བཅུ་ཕྲག་དུ་མ་དང་། འཇིག་རྟེན་པའི་ལུགས་ཀྱི་བསྟན་བཅོས་ཀྱང་བཅུ་ཕྲག་དུ་མ་མཛད་ཀྱང་མ་ཚིམས་པར་ཐེ་ཚོམ་ཟོས་པས། དེ་དུས་དེ་བ་སེ་ན་སྟེ་ལྷའི་སྡེ་ཞེས་བྱ་བའི་སློབ་དཔོན་གྱིས་རྗེ་བཙུན་བྱམས་པ་བསྒྲུབས་པས་འགྲུབ་ཏེ། དགའ་ལྡན་དུ་འགྲོ་འོང་བྱེད་པ། དགོས་པ་ཞིག་ལ་ཡོན་ཏན་འོད་གྲོགས་སུ་སྦྲན་ཏེ་ལྷན་དུ་དགའ་ལྡན་དུ་ཕྱིན་ཏེ་ཡོན་ཏན་འོད་བྱམས་མགོན་ལ་ཕྱག་མ་བཙལ་བར་འདུད་ཙམ་བྱས་པས། ལྷ་སྡེས་སྨྲས་པ། མ་ཕམ་པ་འདི་ནི་སྟོན་པའི་རྗེས་སུ་རྒྱལ་ཚབ་མཛད་པས་ཕྱག་འཚལ་བར་འོས་ཤིང་འདུད་ཙམ་མི་འོས་ཤེས་(ཞེས)སྨྲས་པ་ལ། ཚུར་ལན་དུ་སྨྲས་པ། བཞིན་བཟང་འཁྲུལ་ལམ། ཁོ་བོ་རབ་ཏུ་བྱུང་བ་ཆོས་གོས་གསུམ་ལྡན་ལགས་སྟེ(ཏེ)། མ་ཕམ་པ་འདོད་ལྷའི་ཆ་ལུགས་ཅན་ལ་ཕྱག་ཇི་ལྟར་འཚལ་ཟེར་བས། ལྷ་སྡེས་དེའི་ང་རྒྱལ་ལ་ཞེ་ལོག་དེ་ལྟར་ལན་གསུམ་བསྐྱར་ཏེ་དགའ་ལྡན་དུ་འགྲོ་འོང་བྱས་ཀྱང་ཐེ་ཚོམ་སེལ་མ་ནུས་པས་ཚེ་དེ་ལ་གྲོལ་བ་མ་ཐོབ་ཟེར་རོ། །

解 1：

完整翻译全文。

解 2：

德光伽蓝及传说的注释见《大唐西域记校注》（上）399 页。

二、大伽蓝及众贤与世亲故事

德光伽蓝北三四里，有大伽蓝，僧徒二百余人，并学小乘法教，是众贤论师寿终之处。论师迦湿弥罗国人也，聪敏博达，幼传雅誉，特深研究说一切有部《毘婆沙论》。时有世亲菩萨一心玄道，求解言外，破毘婆沙师所执，作《阿毘达磨俱舍论》。辞义善巧，理致清高。众贤循览，遂有心焉，于是沉研钻极十有二岁，作《俱舍雹论》二万五千颂，凡八十万言矣。所谓言深致远，穷幽洞微。告门人曰："以我逸才，持我正论，逐斥世亲，挫其锋锐，无令老叟独擅先名！"于是学徒四三俊彦持所作论，推访世亲。世亲是时在磔迦国奢羯罗城，远传声问众贤当至。世亲闻已，即治行装。门人怀疑，前进谏曰："大师德高先哲，名擅当时，远近学徒，莫不推谢。今闻众贤，一何惶遽？必有所下。我曹厚颜。"世亲曰："吾今远游，非避此子。顾此国中无复监达。众贤后进也，诡辩若流。我衰耄矣，莫能持论，欲以一言颓其异执，引至中印度，对诸髦彦，察乎真伪，详乎得失。"寻即命侣负笈远游。众贤论师当后一日至此伽蓝，忽觉气衰。于是裁书谢世亲曰："如来寂灭，弟子部执，传其宗学，各擅专门，党同道，疾异部。愚以寡昧，猥承传习，览所制《阿毘达磨俱舍论》，破毘婆沙师大义，辄不量力，沉究弥年，作为此论，扶正宗学。智小谋大，死其将至！菩萨宣畅微言，抑扬至理，不毁所执，得存遗文，斯为幸矣，死何悔哉！"于是历选门人有辞辩者，而告之曰："吾诚后学，轻凌先达，命也如何，当从斯没。汝持是书及所制论，谢彼菩萨，代我悔过。"授辞适毕，奄尔云亡。门人奉书，至世亲所而至辞曰："我师众贤已舍寿命。遗言致书，责躬谢咎，不坠其名，非所敢望！"世亲菩萨览书阅论，沉吟久之，谓门人曰："众贤论师聪敏后进，理虽不足，辞乃有余。我今欲破众贤之论，若指诸掌。顾以垂终之托，重其如难之辞，苟缘大义，存其宿志。况乎此论发明我宗。"遂为改题为《顺正理论》。门人谏曰："众贤未没，大师远迹。既得其论，又为改题。凡厥学徒，何颜受愧？"世亲菩萨欲除众疑而说颂曰："如师子王，避豕远逝。二力胜负，智者应知。"众贤死已，焚尸收骨，于伽蓝西北二百余步庵没罗林中，起窣堵波，今犹现在。

{༢ སློབ་དཔོན་འདུན་བཟང་དང་དབྱིག་གཉེན་གཉིས་ཀྱི་ལོ་རྒྱུས།}

ཡོན་ཏན་འོད་ཀྱི་གཙུག་ལག་ཁང་དེའི་བྱང་ཕྱོགས་སུ་<PL.49>རྒྱང་གྲག་(གྲགས)གསུམ་བཞི་ཙམ་གྱི་སར་གཙུག་ལག་ཁང་ཞིག་ལ་དགེ་འདུན་ཉིས་བརྒྱ་ལྷག་པ་ཐེག་དམན་པ་ཁོ་ནའོ། །སློབ་དཔོན་དགེ་འདུན་བཟང་པོ་མྱ་ངན་ལས་འདས་པའི་གནས་སོ། །འདི་ཁ་ཆེ་འདུན་བཟང་ཡིན་ནམ་བརྟགས། སློབ་དཔོན་ཀསྨི་ར་སྟེ་ཁ་ཆེའི་མི་རིགས་ཡོད་སྨྲ་བའི་སྡེ་པ་ལྷག་མཐོང་ཊཱི་ཀ་ཆེན་མཛད་པ་པོ་སྟེ། སློབ་དཔོན་དགེ་འདུན་བཟང་པོ་འདི་ཉིད་གཞོན་ནུའི་དུས་ནས་བློ་རྣོ་བར་གྲགས་ཤིང་ཐོས་མཁས་པ་ཆེན་པོར་གྱུར་ནས་ཡོད་སྨྲ་བའི་སྡེའི་ལྷག་མཐོང་ཊཱི་ཀ་ཆེན་མཛད་པས། སྐབས་དེར་སློབ་དཔོན་དབྱིག་གཉེན་གྱིས་གཟུང་འཛིན་སུན་འབྱིན་པའི་ཕྱིར་དུ་ཆོས་མངོན་པ་མཛོད་མཛད་པ་བརྗོད་བྱ་ཕུན་སུམ་ཚོགས་ཤིང་བརྗོད་བྱེད་ཟབ་ཅིང་བརླིང་བས་འདུན་བཟང་གིས་མཐོང་ནས་དོགས་པ་སྐྱེས་སྟེ། ལོ་བཅུ་གཉིས་ཀྱི་རིང་མཛོད་ཀྱི་སེར་བ་ཞེས་བྱ་བའི་བསྟན་བཅོས་ཤློ་ཀ་ཉིས་ཁྲི་ལྔ་སྟོང་ཚིག་བརྒྱད་ཁྲིར་ལོང་བ་ཞིག་མཛད་ནས་སློབ་མ་རྣམས་ལ་སྨྲས་པ། བདག་གི་བསྟན་བཅོས་རྣམ་དཔྱོད་ཕུལ་དུ་ཕྱིན་པས་ཤིན་ཏུ་བརྟགས་པར་བྱས་པས། དབྱིག་གཉེན་རིག་བྱེད་རྣན་པོའི་ང་རྒྱལ་བསྙིལ་དུ་ཉེ་ཡིན། རིག་བྱེད་རྣན་པོ་མི་གཅིག་གི་སྙན་གྲགས་ཀྱི་སྐལ་བའི་བདག་པོར་དབང་ཐོབ་ཏུ་སྟེར་མི་རུང་། ཁྱེད་ཚོས་ཁོང་ལ་བལྟ་རུ་ཆུག་ཅེས་གསུངས་པས། སློབ་མ་རྣམས་ཀྱིས་དབྱིག་གཉེན་བཙལ་བ་དང་། དེ་དུས་དབྱིག་གཉེན་ཀྱི་ཀ་ན་ཙ་ཀྱི་རའི་གྲོང་ཁྱེར་དུ་བཞུགས་པ་གཏམ་དེ་ཐོས་ནས་ཡུལ་གཞན་དུ་ཐེབས་པའི་གྲབས་མཛད་པར། སློབ་མ་རྣམས་ཐེ་ཚོམ་དུ་གྱུར་པ་ན། དབྱིག་གཉེན་གྱིས་སྨྲས་པ་བདག་རྒས་འཕོག་ཅིང་། ཁོང་གཞོན་ལ་དར་དྲག་ང་རྒྱལ་ཆེ་བས་བཀའ་བློ་མི་བདེ་བ་མི་འབྱུང་བའི་ངེས་པ་མེད་ཅིང་། ཡུལ་འདིར་ཚད་ཐུབ་ཀྱི་མཁས་པ་དཔང་འོས་པ་མེད་པས། ཡུལ་དབུས་སུ་ཕྱིན་ཏེ། སྐུ་ན་བགྲེས་པའི་མཁས་པ་དག་ལ་གཏུག་ཏེ་བསྟན་བཅོས་ཀྱི་དཔང་པོ་བཙལ་འདོད་པ་ཡིན་གསུངས་ནས་རྒྱ་གར་གྱི་ཡུལ་དབུས་སུ་ཆས་སོ། །དབྱིག་གཉེན་ཕྱིན་པའི་ཕྱི་ཉིན་འདུན་བཟང་དེ་ཀར་ཕྱིན་པ་དང་བློ་བུར་སེམས་འགྱུར་ང་རྒྱལ་ཆག་ཏེ་འགྱོད་པ་སྐྱེས་ཏེ། སློབ་མ་རྣམས་ལ་ཕྲིངས་ཡིག་གཏད་ནས་དབྱིག་གཉེན་ལ་འབུལ་དུ་བཏང་བར། འདི་སྐད་ཅེས་སྨྲང་སྟེ། ཀྱེ་མ་སློབ་དཔོན་ཆེན་པོ་ལགས། དེ་བཞིན་གཤེགས་པ་མྱ་ངན་ལས་འདས་སྟེ་ཚད་མའི་སྐྱེས་བུ་ནུབ་པ་དང་། རྗེས་འཇུག་རྣམས་སོ་སོ་ནས་གསུང་རབ་ལ་གོ་ཡུལ་མི་འདྲ་བར་གྱུར་པ་ན་གྲུབ་པའི་

མཐའ་ཡང་མང་པོར་གྱིས་ནས། སོ་སོའི་སློབ་མས་རང་རང་གི་སྡེ་བའི་ཁ་འཛིན་བྱས་པ་ལ་བརྟེན་ནས་མི་མཐུན་སྡེ་(ཏེ)ཚོད་པ་བྱེད་མོད་ཀྱང་། རྩ་བ་བྲུས་ན་ཐར་པ་དང་ཐམས་ཅད་མཁྱེན་པའི་རྒྱུར་མི་འགལ་བས་ན། བདག་ཚུར་མཐོང་གི་བློ་གྲོས་ཆུང་དུས་བརྟགས་ཆེ་མངོན་པའི་བསྟན་བཅོས་མཛོད་ནི་ཐམས་ཅད་ཡོད་སྨྲ་བའི་ལྟག་མཐོང་གི་བརྗོད་བྱ་ཆེད་དུ་དམིགས་པས་དགག་པར་སྣང་བས་རང་སྟོབས་ཀྱིས་མ་དཔོག་པར་ཊཱི་ཀ་ཆེན་འདི་བྱས་ཀྱང་། ད་དུང་ཐེ་ཚོམ་མ་ཆོད་ཅིང་བྱང་ཆུབ་སེམས་དཔའི་དགོངས་པ་ཡང་མ་ལོན་པར་སྣང་བས། ནོངས་ཀྱང་འགྱོད་ཐལ་ཆེ་བས་བྱང་ཆུབ་སེམས་དཔའ་སེམས་དཔའ་ཆེན་པོའི་སྤྱན་སྔར། མཐོལ་ཞིང་བཤགས་སོ་ཉེས་པར་མི་འགྱུར་བར་མཛད་དུ་གསོལ་ལོ། །བསྟན་བཅོས་འདི་ལ་ཉེ་བར་གཟིགས་ནས་མ་ཕྱིན་པ་དང་མ་ལོང་བ་རྣམས་ལ་ཇི་ལྟར་དགྲོས་དགྲོས་སུ་<PL.50>བཟོད་དུ་གསོལ་ཞེས་པ་སྣང་ངོ་། །འདུན་བཟང་དེ་ཉིད་དུ་འདས་སོ། །དབྱིག་གཉེན་གྱིས་ཡི་གེ་དང་བསྟན་བཅོས་རྣམས་ཞིབ་ཏུ་གཟིགས་ནས། ཤུགས་རིང་བཏོན་ཏེ་བསྟན་བཅོས་ཀྱི་ནང་གི་ཚིག་འགའ་ཞིག་དང་ལྷག་ཏུ་བསྟན་བཅོས་ཀྱི་མིང་ལ་ཡང་དག་པའི་དོན་རྣམ་པར་འབྱེད་པ་ཞེས་པ་འཚོས་པར་བཙམས་པ་ན། འདུན་བཟང་གི་སློབ་མ་འགས་སླས་པ། འདུན་བཟང་འཚོ་བའི་དུས་སུ་ཁོང་དང་མཇལ་མ་ནུས་པར་ཡུལ་གཞན་དུ་བྲོས་ཤིང་། ཁོང་འདས་པ་དང་ཁོང་གི་བསྟན་བཅོས་ལ་བསྡུགས་པ་མི་མཛད་ཅིང་མིང་བཟང་པོ་བརྗེ་བར་མཛད་ན་ངོ་ཚ་ཟེར་བས། དབྱིག་གཉེན་གྱིས་བདག་ཁོང་ལས་འཛིགས་ཏེ་ཐོལ་བ་མིན་པ་སྐྱེ་བོ་ཀུན་གྱིས་ཤེས། ཁོང་གིས་བྱས་པའི་བསྟན་བཅོས་སུན་འབྱིན་བྱེད་ཚེ་ཤེན་ཏུ་སྨྲ་མོད། འོན་ཀྱང་ཁོང་གི་བསྟན་བཅོས་ཀྱི་དོན་མཐར་མ་ཕྱིན་ཀྱང་། ཚིག་སྦྱོར་ཕུན་སུམ་ཚོགས་པར་འདུག་ཅིང་རང་རེའི་གྲུབ་མཐའ་དང་རྗེས་འཇུག་ལ་ཡང་ཕན་ཆེར་ཐོག་པ་འབྱུང་། དེར་མ་ཟད་འདའ་ཁར་ཡང་ཉེས་པ་འཆགས་ཤིང་སྟོན་གྱི་བབ་བཅོལ་གྱི་སྤྱོད་པར་ནོངས་འགྱོད་སྐྱེས་པ་སླེང་རེ་རྗེ། ཞེས་ཐུགས་བྱམས་དཔག་མེད་མཛད་ཟེར་རོ། །འདུན་བཟང་འདས་ཏེ་སྤུར་སྦྱངས་ནས་གཙུག་ལག་ཁང་དེའི་ནུབ་བྱང་མཚམས་སུ་གོམ་པ་ཉིས་བརྒྱ་ཙམ་ན་ཨ་མྲའི་ནགས་ཚལ་ཞིག་ཡོད་པའི་ནང་དུ་མཆོད་རྟེན་བརྩིགས་ཏེ་སྤྲས་པའི་མཆོད་རྟེན་ཡང་སྣང་ངོ་། །

解 1：

完整翻译全文。

解 2：

大伽蓝及众贤与世亲故事的注释见《大唐西域记校注》（上）403 页。

三、无垢友故事

庵没罗林侧有窣堵波，毘末罗蜜多罗唐言无垢友。论师之遗身。论师迦湿弥罗国人也，于说一切有部而出家焉。博综众经，研究异论，游五印度国，学三藏玄文，名立业成，将归本国。途次众贤论师窣堵波也，拊而叹曰："惟论师雅量清高，抑扬大义，方欲挫异部，立本宗业也，如何降年不永！我无垢友猥承末学，异时慕义，旷代怀德。世亲虽没，宗学尚传。我尽所知，当制诸论，令赡部洲诸学人等，绝大乘称，灭世亲名，斯为不朽，用尽宿心。"说是语已，心发狂乱，五舌重出，热血流涌。知命必终，裁书悔曰："夫大乘教者，佛法之中究竟说也。名味泯绝，理致幽玄。轻以愚昧，驳斥先进，业报皎然，灭身宜矣。敢告学人，厥鉴斯在。各慎尔志，无得怀疑！"大地为震，命遂终焉。当其死处，地陷为坑。同旅焚尸，收骸旌建。时有罗汉见而叹曰："惜哉！苦哉！今此论师任情执见，毁恶大乘，堕无间狱！"

{༣ སློབ་དཔོན་དྲི་མེད་བཤེས་གཉེན་གྱི་ལོ་རྒྱུས།}

དེའི་མཐའ་ལོགས་ཤིག་ན་སློབ་དཔོན་བི་མ་ལ་མི་ཏྲ་སྟེ་དྲི་མེད་བཤེས་གཉེན་གྱི་སྐུ་གདུང་བཞུགས་པའི་མཆོད་རྟེན་ཡོད་དོ། །སློབ་དཔོན་དེ་ནི་ཡུལ་ཁ་ཆེ་བ་ཐམས་ཅད་ཡོད་སྨྲ་བའི་སྡེ་ལས་རབ་ཏུ་བྱུང་བ། མདོ་དང་བསྟན་བཅོས་མི་སློབ་ཐེར་བ་མེད་དེ་རྒྱ་གར་ཕྱོགས་ལྔ་ན་མཁས་པར་གྲགས་སྟེ(ཏེ)། ལན་ཅིག་ཁ་ཆེ་འདུན་བཟང་གི་བསྟན་བཅོས་མཐོང་ནས་དད་དེ་ཡང་ཡང་བསྔགས་པ་མཛད་ཅིང་། མཁས་པ་དབྱིག་གཉེན་ལ་ཡང་དགག་པ་མཛད་ཅིང་གྲང་(གྲགས)ཆེ། ཐེག་ཆེན་ལ་ཡང་སྐུར་འདེབས་པ་ངོ་མཚར། མཁས་པ་ཆེན་པོ་མ་ཕོང་ཐེར་བས་གནས་དེ་ཉིད་དུ་སྨྲོ་འབོགས་ཀྱིས་བཏབ་ཏེ་ཁ་ནས་ཁྲག་ཐག་པ་མ་ཆད་པས། མི་འཚོ་བར་ཤེས་ནས་བཤགས་བསྟམ་གྱི་ཡི་གེ་མཛད་ཀྱང་། ན་ཚབས་ཆེ་དྲག་པས་འདས་ཤིང་དེ་དུས་ས་གཡོས་ཏེ་གས་གཤོང་བྱུང་ངོ་། །དེར་དགྲ་བཅོམ་པ་ཞིག་གིས་སྙིང་རྗེས་ཏེ་ཨུ་ཏུ་རིག་པ་རྫོ་དྲག་པ་ལ་གདེངས་བཟུང་སྟེ་ལས་འབྲས་ཁྱད་དུ་བསད་དེ་གང་དྲན་ལག་ཏུ་བླངས

ཞིང་། ཐེག་པ་ཆེ་ལ་སྨུར་བ་བཏབ་པས་མནར་མེད་དུ་ལྷུང་བར་གྱུར་ཏེ་ཟེར་རོ། །

解 1：

完整翻译全文。

解 2：

无垢友故事的注释见《大唐西域记校注》（上）405 页。

四、摩裕罗城

国西北境殑伽河东岸有摩裕罗城，周二十余里，居人殷盛。清流交带。出金俞石、水精宝器。去城不远，临殑伽河，有大天祠，甚多灵异。其中有池，编石为岸，引殑伽水为补，五印度人谓之殑伽河门，生福灭罪之所。常有远方数百千人集此澡濯。乐善诸王建立福舍，备珍羞，储医药，惠施鳏寡，周给孤独。

从此北行三百余里，至婆罗吸摩补罗国。北印度境。

{༤ མ་ཡུ་རའི་གྲོང་ཁྱེར།}

གྲོང་ཁྱེར་གྱི་ནུབ་བྱང་མཚམས་ཆུ་བོ་གངྒཱའི་གཡོན་ལོགས་སུ་མ་ཡུ་རའི་[ཧ་རི་དྭ་ར]ཡུལ་དེའི་ཁོར་ཡུག་ཏུ་རྒྱང་གྲག་(གྲགས)ཉི་ཤུ་ཡི་ཁྱིམ་གྱིས་ཡོངས་སུ་གཏམ་པ་མཐའ་ཆུ་རགས་ཀྱིས་བསྐོར་བ། ར་གན་དང་ཆུ་ཤེལ་ཡོད། གྲོང་ཁྱེར་ནས་མི་རིང་བར་གངྒཱའི་འགྲམ་དུ་ཕྱི་རོལ་པའི་ལྷ་ཁང་ཆེན་པོ་ཞིག་ན་ངོ་མཚར་བའི་རྟགས་སྣ་ཚོགས་པའི་མཚོ་ཞིག་ཡོད་པའི་དབུས་ན་རྡོ་ལེབ་ཆེན་པོ་ཞིག་གི་སྟེང་དུ་གངྒཱ་ཆུ་རྒྱུན་དྲངས་ཏེ་མཚོ་དེར་འབབ་པར་བྱས་པ་ལ། རྒྱ་གར་པ་ཕལ་གྱིས་གངྒཱའི་སྒོར་འབོད་ཅིང་། དེར་ཁྲུས་བྱས་ན་སྡིག་པ་ཟད་ཅིང་དགེ་རྩ་འཕེལ་བའི་གནམ་གྲགས་ཀྱིས་ས་ཐག་རིང་བ་དག་<PL.51>ནས་ཀྱང་མི་རྣམས་འདུས་ནས་ལུས་དང་ཡན་ལག་བཀྲུ་བ། ཕྱོགས་ལྷའི་རྒྱལ་པོ་རྣམས་ཀྱིས་བཟའ་བཏུང་དང་སྨན་སོགས་སྦྱིན་པར་གཏོང་བའི་གནས་སོ་སོ་དང་། ཕོ་ཡན་མོ་ཡན་དང་ཡུགས་ས་དང་ད་(དྭ)ཕྲུག་རྣམས་སྦྱིན་པས་ཚིམ་པར་བྱེད་པའི་ཁང་ཁྱིམ་ར་བ་སོགས་ཡོད་དོ། །

解 1：

完整翻译全文。

解 2:

批注意为摩裕罗城又称“哈日达拉”，为梵文 Haridvar 的音译，意为“殑伽河门”，注释见《大唐西域记校注》(上) 406 页。

婆罗吸摩补罗国

婆罗吸摩补罗国周四千余里，山周四境。国大教城周二十余里。居人殷盛，家室富饶。土地沃壤，稼穑时播。出鍮石、水精。气序微寒，风俗刚猛，少学艺，多逐利。人性犷烈，邪正杂信。伽蓝五所，僧徒寡少。天祠十余所，异道杂居。

此国境北大雪山中，有苏伐剌拏瞿呾逻国，唐言金氏。出上黄金，故以名焉。东西长，南北狭，即东女国也。世以女为王，因以女称国。夫亦为王，不知政事。丈夫唯征伐田种而已。土宜宿麦，多畜羊马。气候寒烈，人性躁暴。东接吐蕃国，北接于阗国，西接三波诃国。

从末底补罗国东南行四百余里，至瞿毗霜那国。中印度境。

{བྲ་ཧྀ་མ་པུ་རའི་ཡུལ།}

དེ་ནས་བྱང་དུ་རྒྱང་གྲག་(གྲགས)སུམ་བརྒྱ་ཙམ་ཕྱིན་པ་ན་བྲ་ཧྲི་མ་པུ་རའི་7/(☆ ཡུལ་[བྲ་རཾ་པུ་ལི]དེའི་ཐ་གྲུ་ལེ་བར་བཞི་སྟོང་། གཞུང་མཁར་གྱི་ཁོར་ཡུག་ཏུ་རྒྱང་གྲག་(གྲགས)ཉི་ཤུ་ལྷག་ལ་མི་ཁྱིམ་ཕྱུག་པོ་རབ་ཏུ་མང་པོས་གང་བ། མིའི་རང་བཞིན་དཔའ་བརྟུལ་ཆེ་བ་ནམ་དབུགས་བསིལ་དྲོད་སྙོམས་ལ་བསིལ་ཤས་ཅུང་ཟད་ཡོད། གསེར་རྫུས་མ་དང་ཆུ་ཤེལ་འབྱུང་སློབ་གཉེར་དང་རིག་བྱེད་སླ་བ་ཤིན་ཏུ་ཉུང་། ནང་པ་དང་ཕྱི་རོལ་པ་ལ་མོས་པའི་སྐྱེ་རིས་གཉིས་མཉམ་པ། ནང་པའི་གཙུག་ལག་ཁང་ལྔ་ཙམ་ལ་དགེ་འདུན་ཆེས་ཉུང་ངོ་། །ཕྱི་པའི་ལྷ་ཁང་བཅུ་ཕྲག་གཅིག་ལ་ཕྱི་པ་ལུགས་མི་འདྲ་བ་འདྲེས་མར་གནས་སོ། །༈ དེ་ནས་བྱང་ཕྱོགས་གངས་རི་ཆེན་པོའི་ཡུལ་ན་ཕཊྚ་གུ་མ་ཧྣ་ར་སྟེ་[གུ་སྣ་ལྗོ]གསེར་གྱི་རིགས་ཀྱི་ཡུལ་དེར་གསེར་སེར་པོ་འབྱུང་བས་མིང་དེ་ལྟར་གྲགས་སོ། །ཡུལ་དེའི་ཤར་ནུབ་ཏུ་རིང་ཞིང་བྱང་ངོས་དོགས(དོག)། བུད་མེད་ཀྱིས་རྒྱལ་པོ་བྱེད་དེའི་སྐྱེས་པ་ལ་ཡང་རྒྱལ་པོར་འབོད་ཀྱང་། རྒྱལ་པོའི་བྱ་བ་ཐམས་ཅད་མོ་རྒྱལ་གྱིས་བྱེད་པས་རྒྱལ་པོར་འབོད་ཅིང་། སྐྱེས་པ་འཐབ་རྩོད་དང་གཡུལ་སྤྲོད་པ་

དང་ཞིང་རྫོ་བ་སོགས་ཕྱིའི་ལས་ཀ་ན་ལ་དབང་བ་མ་གཏོགས་གཞན་ལ་མི་དབང་ངོ་། །ཕྱོ་ནས་འདེབས་ཤིང་ཏ་ཕྱུགས་མང་ངོ་། །མིའི་རང་བཞིན་ཏབ་ཏོབ་ཆེ་དཔའ་རྩལ་ཆེ། ཤར་ཕྱོགས་བོད་ཆེན་པོའི་ཡུལ་ལ་ཐུག་པ། བྱང་ཕྱོགས་ཨོ་རྒྱན་གྱི་ཡུལ་ལ་རེག་པ། ནུབ་ཕྱོགས་སཾ་ཧྲ་ཏའི་ཡུལ་ན་བསྒྲིགས་པའི་རྒྱལ་ཁམས་ཆེན་པོ་ཞིག་ཡོད་དོ། །

解 1：

（1）完整翻译全文。

（2）第一句是前一个故事的最后一句"从此北行三百余里，至婆罗吸摩补罗国。北印度境"。小字"北印度境"没有翻译，不影响全文的含义，故省略了。

（3）批注 1 意为该国又称"巴拉若穆布日"。

（4）批注 2 意为苏伐剌拏瞿呾逻国又称"谷玛洛"，《大唐西域记校注》中对婆罗吸摩补罗国的注解：在现今迦尔瓦尔（Garhwal）和古冒恩（Kumaon）地区。而批注"谷玛洛"应为 Kumaon 的音译。

解 2：

婆罗吸摩补罗国　梵　Brahmapura（今印度迦尔瓦尔地区）

瞿毗霜那国

瞿毗霜那国周二千余里。国大都城周十四五里，崇峻险固，居人殷盛。华林池沼，往往相间。气序土宜，同末底补罗国。风俗淳质，勤学好福，多信外道，求现在乐。伽蓝二所，僧众百余人，并皆习学小乘法教。天祠三十余所，异道杂居。

大城侧故伽蓝中，有窣堵波，无忧王之所建也，高二百余尺。如来在昔于此一月说诸法要。傍有过去四佛座及经行遗迹处。其侧有如来发爪二窣堵波，各高一丈余。

自此东南行四百余里，至恶醯掣呾逻国。中印度境。

{ཀོ་ཤ་སྙིའི་ཡུལ།}

མ་རི་པུ་རའི་ཡུལ་ནས་ཤར་ལྷོའི་མཚམས་སུ་ལེ་བར་བཞི་བརྒྱ་ལྷག་སོང་བ་ན་ཀོ་ཤ་སྙིའི་༢༠ ☆ཡུལ།

དེའི་མཐའ་འཁོར་རྒྱང་གྲག་(གྲགས)ཉིས་སྟོང་ལྷག་དང་། དབུས་མཁར་ཁོར་ཡུག་རྒྱང་གྲག་(གྲགས)བཅུ་ཕྲག་གཅིག་དང་བཞི་ལྔ་ཙམ་ཤང་ཤོང་ཆེ་ཞིང་འགྲོ་མི་བདེ་བ། མི་ཁྱིམ་མང་ལ་བཟའ་ཤིང་གི་ར་བར་ཤིང་ཏོག་དང་མེ་ཏོག་གི་རིགས་ལྷག་པར་མང་། ནམ་དུས་དང་ས་ཞིང་ཡུལ་མ་ཏི་པུ་ར་དང་ཕལ་ཆེར་མཐུན་པ། མིའི་རང་བཞིན་འཇམ་ཞིང་བསོད་ནམས་ལ་མོས་པ། ཕྱི་པ་ལ་དད་ཅིང་གཙུག་ལག་ཁང་གཉིས་ཙམ་ན་དགེ་འདུན་བརྒྱ་ལྷག་ཙམ་གནས་ཏེ་ཐམས་ཅད་ཀྱིས་ཐེག་ཆུང་པོ་ན་སློབ་པ། ཕྱིའི་ལྷ་ཁང་སུམ་ཅུ་ལྷག་ལ་ཕྱི་པའི་ལུགས་མི་འདྲ་བ་སྣ་ཚོགས་པ་འདྲེས་ཏེ་གནས་སོ། །༄ གྲོང་ཁྱེར་ཆེན་པོའི་ཕྱི་རོལ་ཏུ་(དུ)གཙུག་ལག་ཁང་གོས་སོ་ཞིག་ན་རྒྱལ་པོ་མྱ་ངན་མེད་ཀྱིས་བཞེངས་པའི་མཆོད་རྟེན་དཔངས་སུ་ཁྲུ་ཉིས་བརྒྱ་ལྷག་པ། སྔོན་སྟོན་པ་ཞལ་བཞུགས་སྐབས་ཡུལ་འདིར་ཟླ་བ་གཅིག་བཞུགས་ཏེ་ཆོས་བསྟན་ནོ། །འདས་སངས་རྣམ་བཞིའི་བཞུགས་ཁྲི་སོགས་ཀྱི་རྗེས་ཤུལ་དང་སྟོན་པའི་དབུ་སྐྲ་དང་སེན་མོ་བཞུགས་པའི་མཆོད་རྟེན་པངས་སུ་འདོམ་དོ་བ་གཉིས་སྣང་ངོ་། །

解 1：

（1）完整翻译全文。

（2）第一句是前一个故事的最后一句“从秣底补罗国东南行四百余里，至瞿毗霜那国。中印度境”。小字“中印度境”没有翻译，不影响全文的含义，故省略了。

解 2：

瞿毗霜那国　梵　Govisana（今印度卡昔浦尔地区）

恶醯掣呾罗国

恶醯掣呾罗国周三千余里。国大都城周十七八里，依据险固。宜谷麦，多林泉。气序和畅，风俗淳质。翫道笃学，多才博识。伽蓝十余所，僧徒千余人，习学小乘正量部法。天祠九所，异道三百余人，事自在天，涂灰之侣也。

城外龙池侧，有窣堵波，无忧王之所建也，是如来在昔为龙王七日于此说法。其侧有四小窣堵波，是过去四佛坐及经行遗迹之所。

自此东行二百六七十里，渡殑伽河西南至毗罗删拏国。中印度境。

{ཨ་ཧི་ཚེ་ཏྲའི་ཡུལ།}

དེ་ནས་ཤར་ལྷོ་མཚམས་སུ་རྒྱང་གྲགས་བཞི་བརྒྱ་ཕྱིན་པ་ན། ཨ་ཧི་ཚེ་ཏྲའི་༢༧ ☆ ཡུལ་དེའི་ཐ་གྲུར་ལེ་བར་སུམ་སྟོང་ལྷག་གཞུང་མཁར་ཁོར་ཡུག་ཏུ་རྒྱང་གྲག་(གྲགས་)བཅུ་དང་བདུན་བརྒྱད་ཡོད་པ། སྐད་འབར་འབྱུར་མ་བརྟེན་ཅིང་། ནམ་དབུགས་ཚ་གྲང་སྙོམ་པ། ནས་གྲོ་སྦྲུས་མ་འདེབས་པ་ནགས་ཚལ་དང་ཆུ་མིག་མང་བ། མིའི་རང་བཞིན་ཞི་ཞིང་<PL.52>ཀྱོང་ལ་དྲང་བ། སྟོན་[ཡོན་ཏན་]སློབ་པ་ལ་དགའ་བ། གཙུག་ལག་ཁང་བཅུ་ལྷག་ལ་དགེ་འདུན་སྟོང་ལྷག་གནས་ཤིང་གནས་བརྟན་སྡེ་པ་ཤ་སྟག་དང་། ཕྱི་པའི་ལྷ་ཁང་དགུ་ཙམ་ལ་ཕྱི་པ་སུམ་བརྒྱ་ལྷག་ལུགས་མི་གཅིག་པ་གནས་ཀྱང་གཙོ་ཆེར་དབྱུག་(འབྱུག)པ་མང་ཙམ་མོ། །གྲོང་ཁྱེར་གྱི་ཕྱི་རོལ་ཏུ་(དུ)ཀླུ་གནས་པའི་མཚོ་ཡོད་པར་སྟོན་བཅོམ་ལྡན་འདས་ཞལ་བཞུགས་དུས་འདིར་ཀླུ་རྣམས་ལ་ཞག་བདུན་ཆོས་གསུངས་པའི་གནས་ཡིན་ཟེར་ཞིང་། འདས་སངས་བཞིའི་ཤུལ་རྗེས་འགའ་ཞིག་ཀྱང་ཡོད་དོ། །

解 1：

（1）完整翻译全文。

（2）第一句是前一个故事的最后一句“自此东南行四百余里，至恶醯掣呾逻国。中印度境”。小字“中印度境”没有翻译，不影响全文的含义，故省略了。

解 2：

恶醯掣呾罗国　梵　Ahicchattra（今印度拉姆那加尔地区）

毗罗删拏国

毘罗那拏国周二千余里。国大都城周十余里。气序土宜同垩醯掣呾逻国。风俗猛暴，人知学艺，崇信外道，少敬佛法。伽蓝二所，僧徒三百人，并皆习学大乘法教。天祠五所，异道杂居。

大城中故伽蓝内，有窣堵波，基虽倾圮，尚百余尺。无忧王之所建也，如来在昔于此七日说《蕴界处经》之所。其侧则有过去四佛座及经行遗迹斯在。

从此东南行二百余里，至劫比他国。旧谓僧迦舍国，中印度境。

{སྲི་ཤནྡའི་ཡུལ།}

དེ་ནས་ལྷོ་ཕྱོགས་སུ་རྒྱང་གྲག་(གྲགས)ཉིས་བརྒྱ་དང་དྲུག་ཅུ་བདུན་ཅུའི་སར་གངྒཱ་བརྒལ་ནས་ལྷོ་ནུབ་མཚམས་སུ་སྲི་ཤནྡའི་༢༢ ☆ ཡུལ་ལོ། །དེའི་ཁ་གྲུར་རྒྱང་གྲག་(གྲགས)ཉིས་སྟོང་ཙམ་ལྟེ་བའི་མཁར་མཐའ་སྐོར་རྒྱང་གྲག་(གྲགས)བཅུ་ལྷག ནམ་དུས་ས་གཞི་སོགས་ཕལ་ཆེར་ཨོ་ཊི་ཙི་ཏ་དང་ཆ་མཚུངས་སོ། །མིའི་རང་བཞིན་ཅུང་རྒོད་ཅིང་གཏུམ་པ་སློབ་པ་ལ་དགའ་ཕྱི་རོལ་པ་ལ་མོས་སོ། །ནང་པ་ལ་དད་པ་ཆུང་ངོ་། གཙུག་ལག་ཁང་གཉིས་སུ་དགེ་འདུན་ཉིས་སྟོང་ཙམ་ཐེག་ཆེན་པའོ། །ཕྱི་པའི་ལྷ་ཁང་ལྔ་ལ་ཕྱི་པ་སྣ་ཚོགས་པ་གནས་སོ། །གྲོང་ཁྱེར་སྙིང་པའི་ནང་དུ་གཙུག་ལག་སྙིང་པའི་ནང་དུ་མཆོད་རྟེན་གྱི་རྨང་ཙམ་ཡོད་པ་ཁྲི་བརྒྱ་ལྷག་ཡོད་པར་སྟོན་པས་ཆོས་གསུངས་པའི་གནས་སོ། །

解 1：

（1）完整翻译全文。

（2）第一句是前一个故事的最后一句“自此东行二百六七十里，渡殑伽河西南至毘罗删拏国。中印度境”。小字“中印度境”没有翻译，不影响全文的含义，故省略了。

解 2：

毗罗删拏国　梵　Bilasand（今印度比尔沙尔地区）

劫比他国

劫比他国周二千余里。国大都城周二十余里。气序土宜，同毘罗那拏国。风俗淳和，人多学艺。伽蓝四所，僧徒千余人，并学小乘正量部法。天祠十所，异道杂居，同共遵事大自在天。

{ཀ་ཧྤི་ཏའི་ཡུལ།}

དེ་ནས་ཤར་ལྷོར་རྒྱང་གྲག་(གྲགས)ཉིས་བརྒྱ་ཙམ་སོང་བ་ན་ཀ་ཧྤི་ཏའི་སནྣ་ཤའི་༢༣ ☆ ཡུལ་ལོ། །དེའི་མཐའ་སྐོར་རྒྱང་གྲག་(གྲགས)ཉིས་སྟོང་ཙམ། ལྟེ་བའི་མཁར་རྒྱ་ཁྱོན་རྒྱང་གྲགས་ཉི་ཤུ་ཙམ། སྐྱེས་བྱུང་དང་མིའི་རང་བཞིན་སྲི་ཤནྡའི་ཡུལ་དང་མཚུངས་སོ། །གཙུག་ལག་ཁང་བཞི་ལ་དགེ་

འདུན་ཅིག་(ཞིག)སྟོང་ལྷག་གནས་པ་ཀུན་གནས་རྟན་སྡེ་པའོ། །ཕྱི་པའི་ལྷ་ཁང་བཅུ་ལ་ཕྱིན་པ་(ཕྱི་རོལ་བ)སྣ་ཚོགས་འདྲེས་ཏེ་གནས་པ་སོགས་སྔ་མ་བཞིན་ནོ། །

解 1：

（1）完整翻译全文。

（2）第一句是前一个故事的最后一句“从此东南行二百余里，至劫比他国。旧谓僧迦舍国，中印度境”。小字“中印度境”没有翻译，不影响全文的含义，故省略了。

解 2：

劫比他国　梵　Kapitha（今印度法鲁扎巴德地区）

一、大伽蓝三宝阶及其传说

城东二十余里，有大伽蓝，经制轮奂，工穷剞劂。圣形尊像，务极庄严。僧徒数百人，学正量部法。数万净人宅居其侧。伽蓝大垣内有三宝阶。南北列，东面下，是如来自三十三天降还所也。昔如来起自胜林上升天宫，居善法堂，为母说法。过三月已，将欲下降，天帝释乃纵神力，建立宝阶。中阶黄金，左水精，右白银。如来起善法堂，从诸天众，履中阶而下。大梵王执白拂，履银阶而右侍；天帝释持宝盖，蹈水精阶而左侍。天众凌虚，散华赞德。数百年前犹有阶级，逮至今时，陷没已尽。诸国君王悲慨不遇，叠以砖石，饰以珍宝，于其故基，拟昔宝阶。其高七十余尺，上起精舍，中有石佛像，而左右之阶，有释梵之像，形拟厥初，犹为下势。傍有石柱高七十余尺，无忧王所建。色绀光润，质坚密理。上作师子蹲踞向阶，雕镂奇形。周其方面，随人罪福，影现柱中。

宝阶侧不远，有窣堵波，是过去四佛坐及经行遗迹之所。其侧窣堵波，如来在昔于此澡浴。其侧精舍，是如来入定之处。精舍侧有大石基，长五十步，高七尺，是如来经行之处，足所履迹，皆有莲华之文。基左右各有小窣堵波，帝释、梵王之所建也。

{༡ གཙུག་ལག་ཁང་ཆེན་པོ་དེའི་ནང་དུ་རིན་པོ་ཆེའི་ཟེམ་སྐས་གསུམ་དང་དེའི་ལོ་རྒྱུས།}

གྲོང་ཁྱེར་གྱི་ཕྱིར་ལེ་བར་ཉི་ཤུ་ཙམ་ན་གཙུག་ལག་ཁང་ཆེན་པོ་ཅིག་(ཞིག)ན་སངས་རྒྱས་བྱང་སེམས་ཉན་ཐོས་རྣམས་ཀྱི་གཟུགས་བརྙན་བཟོ་ཁྱད་དུ་འཕགས་པ་དུ་མ་སྣང་ངོ་། །དེར་དགེ་འདུན་

གནས་བརྟན་སྡེ་པ་བརྒྱ་ཕྲག་དྲུ་མ་གནས་ཤིང་། ཁྲིམ་པ་ཚངས་པར་སྤྱོད་པ་ཁྲི་ཕྲག་ལྷག་པའི་གྲོང་རྡལ་ཞིག་ཀྱང་དེའི་མཐའ་ཡོགས་ཞིག་(ཤིག་ན)གནས་སོ། །གཙུག་ལག་ཁང་ཆེན་པོ་དེའི་ར་བའི་ནང་དུ་རིན་པོ་ཆེའི་ཐེམ་སྐས་གསུམ་དབུས་མ་གསེར་གཡས་མ་ཆུ་ཤེལ་གཡོན་མ་དངུལ་ལས་གྲུབ་པ། མདུན་ནས་རྒྱབ་ཏུ་བསྒྲིགས་པ་གཡོན་ངོས་འབབ་སྟེང་ཅན་སྟོན་བཅོམ་ལྡན་འདས་ཀྱིས་རྒྱལ་བྱེད་ཚལ་ནས་ཡུམ་ལ་ཆོས་སྟོན་པའི་ཕྱིར་སུམ་རྩེན་ལྷ་གནས་སུ་གཤེགས་ཏེ་མིའི་ཟླ་བ་གསུམ་བཞུགས་ཏེ་ཕྱིར་གཤེགས་པ་ན་བརྒྱ་བྱིན་གྱིས་རིན་པོ་ཆེའི་ཐེམ་སྐས་གསུམ་སྤྲུལ་ཏེ་དབུས་མ་ནས་སྟོན་པ་བརྒྱ་བྱིན་གྱིས་གདུང་དཀར་པོ་ཐོགས་ཏེ་གཡས་མ་ནས། ཚངས་ཆེན་ཟ་ཡབ་དཀར་པོ་ཐོགས་ནས་གཡོན་མ་ནས་ལྷའི་བུ་མང་པོས་མེ་ཏོག་གི་ཆར་འབེབས་བཞིན་སྟོན་པའི་ཞམ་རིང་བྱེད་པས་གནས་འདི་ཉིད་དུ་བབས་སོ། །གཏམ་རྒྱུད་ཀྱི་རྒྱུ་མཚན་ལ་བསམ་སྟེ་ཐེམ་སྐས་བཞེངས་པ་སྔར་ཁྲུ་བདུན་ཅུ་ལྷག་ཡོད་ཟེར། ད་ལྟ་རྗེས་ཙམ་ལས་མི་སྣང་ངོ་། །དེར་ལྷ་ཁང་ཆེན་པོ་ཞིག་ན་ཐུབ་པ་གྲོང་ཁྱེར་མའི་རྡོ་སྐུ་དང་གཡས་གཡོན་དུ་ཚངས་པ་བརྒྱ་བྱིན་གཉིས་ཀྱི་སྣང་བརྙན། ཟུར་བཞི་ན་རྡོའི་ཀ་བ་དཔངས་སུ་ཁྲུ་བདུན་ཅུ་ལྷག་རྩེ་མོ་ན་སེང་གེ་ཅོག་བུར་འདུག་པའི་གཟུགས་རྡོ་ལས་བརྐོས་པ་བཟོ་ཁྱད་དུ་འཕགས་པ་ཀ་བ་གྲུ་བཞིར་ཡོད་པའི་<PL.53>ཡོག་བཞི་ནས་བལྟས་ཚེ་དགེ་སྡིག་གི་རི་མོ་བཀྲ་བར་སྣང་བ་རྒྱལ་པོ་མྱ་ངན་མེད་ཀྱིས་བྱས་པ། དེའི་ཡོགས་སུ་མི་རིང་བར་འདས་པའི་སངས་རྒྱས་རྣམ་བཞིའི་ཤུལ་རྗེས་འགའ་ཞིག་དང་། སྟོན་པས་ཁྲུས་བཞེས་པ་དང་ཏིང་ངེ་འཛིན་གྱི་ཁང་ཤུལ་དུ་བཞེངས་པའི་མཆོད་རྟེན་དང་། །༑དེའི་ཡོགས་ན་ཕ་བོང་ཆེན་པོ་ངོས་ཡངས་པ་གོམ་པ་ལྔ་བཅུ་ཙམ་ཡོད་པར་སྟོན་པའི་ཞབས་རྗེས་པད་རིས་ཅན་དང་། གཡས་གཡོན་གཉིས་ན་རྡོའི་མཆོད་རྟེན་ཡོད་པ་ཚངས་པ་དང་བརྒྱ་བྱིན་གྱིས་བཞེངས་སོ། །

解 1：

完整翻译全文。

解 2：

大伽蓝三宝阶及其传说的注释见《大唐西域记校注》(上) 419 页。

二、莲华色苾刍尼见佛处及传说

释梵窣堵波前，是莲华色苾刍尼欲先见佛，化作转轮王处。如来自天宫还赡部洲也，时苏部底唐言善现。旧曰须扶提，或曰须菩提，译曰善吉，皆讹也。宴坐石室，窃自思曰："今佛还降，人天导从，如我今者何所宜行？尝闻佛说，知诸法空，体诸法性。是则以慧眼观法身也。"时莲华色苾刍尼欲初见佛，化为转轮王，七宝导从，四兵警卫，至世尊所，复苾刍尼。如来告曰："汝非初见。夫善现者，观诸法空，是见法身。

圣迹垣内，灵异相继。其大窣堵波东南有一池龙，恒护圣迹，既有冥卫，难以轻犯。岁久自坏，人莫能毁。

从此东南行减二百里，至羯若鞠阇国。唐言曲女城国。中印度境。

{༢ དགེ་སློང་མ་ཨུཏྤ་ལའི་མདོག་གིས་སྟོན་པ་མཇལ་བའི་གནས།}

སྟོན་དགེ་སློང་མ་ཨུཏྤ་ལའི་མདོག་གི་(གིས)རྒྱལ་པོ་འཁོར་བསྒྱུར་དུ་སྤྲུལ་ནས་སྟོན་པ་མཇལ་བའི་གནས་སོ། །དེ་དུས་འཕགས་པ་རབ་འབྱོར་རྫོ་ཁང་ན་བཞུགས་ཤིང་། འདི་སྙམ་དུ་ད་ལྟ་བཅོམ་ལྡན་འདས་ལྷ་ལས་མི་ཡུལ་དུ་བབས་ལྷ་རྣམས་ཀྱང་སྟོན་པ་བོར་ནས་ལྷ་གནས་སུ་ལོག སྟོན་པ་ཡང་མི་རིང་བར་མྱ་ངན་ལས་འདའ་བར་འདུག བདག་གིས་བརྟེན་ས་དང་ཐེ་ཚོམ་འདྲི་ས་མེད་པར་འགྱུར། བདག་ནི་བཅོམ་ལྡན་འདས་ཀྱིས་གསུང་རབ་ཁོ་ན་ལ་བརྟེན་པ་ལས་འོས་མ་མཆིས་པས། བཅོམ་ལྡན་འདས་ཀྱིས་རྣམ་པ་ཐམས་ཅད་དུ་ཆོས་ཐམས་ཅད་གཟུགས་བརྙན་རྫི་ལམ་ལྟ་བུར་གསུངས་སོ་ཞེས་བརྟགས་ཤིང་། བཅོམ་ལྡན་འདས་ཀྱིས་འཁོར་རྣམས་ལ་བཀའ་སྩལ་བ། རབ་འབྱོར་ནི་ཐོག་མར་བདེན་པ་མཐོང་སྟེ་ཆོས་ཐམས་ཅད་སྟོང་པ་ཉིད་དུ་མཐོང་སྟེ་ཆོས་ཉིད་དུ་རྣམ་པར་བལྟའོ་གསུངས་སོ། །ཞེས་རྟོག་པའི་གནས་སོ། །དེར་མཆོད་རྟེན་ཆེན་པོ་ཞིག་ཡོད་པའི་ཤར་ལྷོར་མཚོ་ཞིག་ཡོད་པར་ཀླུ་དཀར་ཕྱོགས་པ་ཅིག་གནས་ཏེ། སྟོན་པའི་ཞབས་རྗེས་རྣམས་མངོན་མཚན་མེད་པའི་སྒོ་ནས་བསྲུང་བར་བྱེད་དོ། །

解 1：

完整翻译全文。

解 2：

莲华色苾刍尼见佛处及传说的注释见《大唐西域记校注》（上）419 页。

卷第五（六国）

羯若鞠阇国　　阿踰陀国

阿耶穆佉国　　钵逻耶伽国

憍赏弥国　　鞞索山格反迦国

羯若鞠阇国

羯若鞠阇国周四千余里。国大都城西临殑伽河，其长二十余里，广四五里。城隍坚峻，台阁相望。花林池沼，光鲜澄镜。异方奇货，多聚于此。居人丰乐，家室富饶。华果具繁，稼穑时播。气序和洽，风俗淳质。容貌妍雅，服饰鲜绮。笃学游艺，谈论清远。邪正二道，信者相半。伽蓝百余所，僧徒万余人，大小二乘兼功习学。天祠二百余所，异道数千余人。

{ས་བཅད་ལྔ་པ། ཡུལ་དྲུག}

{ཀཱཧྣ་ཀུབྫའི་ཡུལ།}

དེ་ནས་ནུབ་བྱང་མཚམས་སུ་ལེ་བར་ཉིས་བརྒྱ་ལྷག་ཙམ་ན་ཧྣ་ཛ་ཀུ་ཏ་ཏའི་ཡུལ་ལོ། །[ལ་ཧ་ཟེར་བ་འདྲ་ཅིག་འདུག] [བམ་པོ་གསུམ་པ་རྫོགས།]དེའི་ཐ་གྲུ་ལེ་བར་བཞི་སྟོང་། དབུས་མཁར་གཡས་འགྲམ་གངྒཱ་དང་ཉེ་ཞིང་དཀྱུས་སུ་རྒྱང་གྲག་(གྲགས)ཉི་ཤུ་ལྷག་གོ །རྒྱང་གྲག་(གྲགས)བཞི་ལྔ་ཙམ་དབྱིབས་ནར་མོ་ཀ་ནྱི་ཀུབྫ་7 ☆ [ཀཱཧྣ་ཀུབྫ།] ཡིན། མཁར་རག་སོགས་བརྟན་ཅིང་(ཞིང)སྲ་བ། ཁང་བརྩེགས་དང་ཡང་བརྩེགས་མང་བ། བཟའ་ཤིང་དང་མེ་ཏོག་གི་རིགས་དང་མཚོ་དང་རྫིང་བུ་སོགས་ཤིན་ཏུ་མང་ངོ་། །ཡུལ་གཞན་ནས་སྤྱད་པ་ཡ་མཚན་པ་རྣམས་འདུ་ཡོང་ཆེ་བོ། མི་ཁྱིམ་ཕྱུག་པོ་མང་པོས་གཏམ་པ། ནམ་དབུགས་དང་ས་གཞི་ཚ་གྲང་སྙོམ་པ། སྐྱེ་བོ་རང་བཞིན་དུལ་ཞིང་འཇམ་པ་གཟུགས་བཟང་བ་ཤས་ཆེ། སྨྲ་བརྗོད་ལ་མཁས་སླམ་ཆེ་ཞིང་སློབ་གཉེར་ལ་དགའ། ཕྱི་པ་ནང་པ་གཉིས་ལ་དད་པ་མཉམ་

པ། གཙུག་ལག་ཁང་བརྒྱ་ལྷག་ཡོད་པར་དགེ་འདུན་ཁྲི་ཕྲག་གཅིག་ལྷག་ཡོད་ཅིང་ཐེག་པ་ཆེ་ཆུང་གཉིས་ཀར་སློབ་བོ། །ཕྱི་པ་ལྷ་ཁང་ཉིས་བརྒྱ་ལྷག་པར་མུ་སྟེགས་པ་སྟོང་ཕྲག་མང་པོ་གནས་སོ། །

解 1：

（1）完整翻译全文。

（2）译文国名“嘎尼沽杂”为巴利文 Kannakujja 音译，“甘亚沽杂”为梵文 Kanyakubja 音译。译者还增加一句：“有拉达的叫法”，此名称存疑。

（3）批注 2 意为第三卷完。

（4）第一句是前一个故事的最后一句“从此东南行减二百里，至羯若鞠阇国。唐言曲女城国。中印度境”。小字“中印度境”没有翻译，不影响全文的含义，故省略了。

解 2：

羯若鞠阇国　梵　kanyākubja（今印度卡脑季地区）

一、国号由来

羯若鞠阇国人长寿时，其旧王城号拘苏磨补罗，唐言花宫。王号梵授，福智宿资，文武允备，威慑赡部，声震邻国。具足千子，智勇弘毅。复有百女，仪貌妍雅。时有仙人居殑伽河侧，栖神入定，经数万岁，形如枯木。游禽栖集，遗尼拘律果于仙人肩上。暑往寒来，垂荫合拱。多历年所，从定而起。欲去其树，恐覆鸟巢，时人美其德，号大树仙人。仙人寓目河滨，游观林薄，见王诸女相从嬉戏，欲界爱起，染着心生。便诣华宫，欲事礼请。王闻仙至，躬迎慰曰：“大仙栖情物外，何能轻举？”仙人曰：“我栖林薮，弥积岁时。出定游览，见王诸女，染爱心生，自远来请！”王闻其辞，计无所出，谓仙人曰：“今还所止，请俟嘉辰。”仙人闻命，遂还林薮。王乃历问诸女，无肯应娉。王惧仙威，忧愁毁悴。其幼稚女候王事隙，从容问曰：“父王千子具足，万国慕化，何故忧愁，如有所惧？”王曰：“大树仙人幸顾求婚，而汝曹辈莫肯从命。仙有威力，能作灾祥，傥不遂心，必起瞋怒，毁国灭祀，辱及先王。深惟此祸，诚有所惧。”稚女谢曰：“遗此深忧，我曹罪也。愿以微躯，得延国祚！”王闻喜悦，命驾送归。既至仙庐，谢仙人曰：“大仙俯方外之情，垂世间之顾，敢奉稚女，以供洒扫！”仙人见而不悦，乃谓王曰：“轻吾老叟，配此不妍。”王曰：“历问诸女，无肯从命，唯此幼稚，愿充给使。”仙人怀怒，便恶咒曰：“九十九女，一时腰曲，形既毁弊，毕世无婚！”王使往验，果已背伛。从是之后，便名曲女城焉。

{༡ ཡུལ་མིང་ཡོང་ཚུལ།}

སྔོན་ཡུལ་འདིའི་མི་རྣམས་ཚེ་རིང་བ། དེའི་རྒྱལ་པོའི་མཁར་རྙིགས་(རྙིང)ཀྱི་མིང་ལ་ཀུ་སུ་མ་པུ་ར་སྟེ་མེ་ཏོག་གི་གྲོང་ཁྱེར་ཟེར་རོ། །རྒྱལ་པོའི་མིང་ལ་ཚངས་སྦྱིན་ཟེར། རིག་བྱེད་དང་ཕོ་རྩལ་མཐའ་དག་ལ་མཁས་སོ། །བུ་སྟོང་དང་བུ་མོ་ཆིག་བརྒྱ་ཡོད། བུ་སྟོང་པོ་ཐམས་ཅད་ཤེས་པ་གསལ་ཞིང་མཁས་པའི་གྲགས་པས་འཛམ་གླིང་ཁྱབ་པའི་དུས་སུ། གङྒཱའི་འགྲམ་ན་དྲང་སྲོང་ཅིག་(ཞིག)ཤིང་ལ་ཚང་བཅས་ཏེ་ལོ་ཁྲི་ཕྲག་དུ་མར་མཉམ་པར་བཞག་པ། ཤ་ལྤགས་སྐེམ་ཏེ་(སྟེ)སྡོང་རྣན་ལྟར་གྱུར་པ་ཞིག ལན་ཅིག་ཏིང་ངེ་<PL.54>འཛིན་ལས་ལངས་ཏེ་གङྒཱའི་འགྲམ་ན་འཆག་པ་དང་འདུག་པ་ན། རྒྱལ་པོའི་བུ་མོ་རྣམས་མེ་ཏོག་འཐུ་བ་མཐོང་ནས་ཆགས་པ་སྐྱེས་ཏེ་རྒྱལ་པོའི་ཕོ་བྲང་དུ་འོངས་སོ། །རྒྱལ་པོ་ལ་ཞུས་པས་རྒྱལ་པོ་དགའ་སྟེ་བསུ་བ་དང་འདུད་པ་སྔོན་དུ་འགྲོ་བས་དྲང་སྲོང་ཆེན་པོ་ཅི་འདོད་དེ་ཕེབས་པ་ཡིན་ཞེས་དྲིས་པར། དྲང་སྲོང་གིས་རྒྱལ་པོའི་བུ་མོ་འདོད་དོ་ཞེས་སྨྲས་སོ། །རྒྱལ་པོ་མ་དགའ་ཡང་དྲང་སྲོང་གིས་དམོད་པ་བྱེད་པར་དོགས་ནས་ཁས་བླངས་ཤིང་། འཕྲོད་སྦྱོར་བརྟགས་ཏེ་འབུལ་བར་ཁས་བླངས་སོ། །དྲང་སྲོང་ཕྱིར་ལོག་པ་དང་རྒྱལ་པོས་བུ་མོ་རྣམས་ལ་རིམ་པ་ལྟར་དྲིས་པས་སུ་ཡང་འགྲོ་མི་འདོད་པས་རྒྱལ་པོ་མི་དགའ་བར་གྱུར་པ་དང་། བུ་མོ་ཐ་ཆུང་གིས་རྒྱུ་མཚན་དྲིས་པས་བུ་མོ་རྣམས་ཀྱིས་མི་འདོད་པས་དྲང་སྲོང་གི་འདོད་པ་མི་རྫོགས་པ་དང་བཀག་ན་དྲང་སྲོང་གི་དམོད་པ་ལ་འཇིགས་ཚུལ་སྨྲས་པས། བུ་མོ་ཐ་ཆུང་གིས་སྨྲས་པ་འོ་ན་བདག་ཕྱིན་མི་ཉུང་ངམ་ཟེར་བས། རྒྱལ་པོས་དྲང་སྲོང་ལ་ཞུའོ་ཟེར་ནས་ཚུལ་དེ་དྲང་སྲོང་ལ་བཤད་པས། དེ་ཁྲོས་པས་དམོད་པ་བོར་ཞིང་སྔགས་བགྲངས་པས་བུ་མོ་དགུ་བཅུ་རྩ་དགུ་པོ་དུས་གཅིག་ལ་སྒུར་པོར་བྱས་སོ། །དེ་ནས་བཟུང་བུ་མོ་སྒུར་པོའི་གྲོང་ཁྱེར་ཞེས་གྲགས་སོ། །

解 1：

完整翻译全文。

解 2：

国号由来的注释见《大唐西域记校注》（上）427 页。

二、戒日王世系及即位治绩

今王本吠奢种也，字曷利沙伐弹那，唐言喜增。君临有土，二世三王。父字波罗羯罗伐弹那，唐言作光增。兄字曷逻阇伐弹那。唐言王增。王增以长嗣位，以德治政。时东印度羯罗拏苏伐剌那唐言金耳。国设赏迦王唐言月。每谓臣曰："邻有贤主，国之祸也。"于是诱请，会而害之。人既失君，国亦荒乱。时大臣婆尼唐言辩了。职望隆重，谓僚庶曰："国之大计，定于今日。先王之子，亡君之弟，仁慈天性，孝敬因心，亲贤允属，欲以袭位。于事何如？各言尔志。"众咸仰德，尝无异谋。于是辅臣执事咸劝进曰："王子垂听。先王积功累德，光有国祚。嗣及王增，谓终寿考，辅佐无良，弃身雠手，为国大耻，下臣罪也。物议时谣，允归明德，光临土宇，克复亲雠，雪国之耻，光父之业，功孰大焉，幸无辞矣！"王子曰："国嗣之重，今古为难。君人之位，兴立宜审。我诚寡德，父兄遐弃，推袭大位，其能济乎？物议为宜，敢忘虚薄！今者殑伽河岸有观自在菩萨像，既多灵鉴，愿往请辞！"即至菩萨像前断食祈请。菩萨感其诚心，现形问曰："尔何所求，若此勤恳？"王子曰："我惟积祸，慈父云亡，重兹酷罚，仁兄见害。自顾寡德，国人推尊，令袭大位，光父之业。愚昧无知，敢希圣旨！"菩萨告曰："汝于先身，在此林中为练若苾刍，而精勤不懈。承兹福力，为此王子。金耳国王既毁佛法，尔绍王位，宜重兴隆，慈悲为志，伤愍居怀。不久当王五印度境。欲延国祚，当从我诲，冥加景福，邻无强敌。勿升师子之座，勿称大王之号？"于是受教而退，即袭王位，自称曰王子，号尸罗阿迭多。唐言戒日。于是谓臣曰："兄雠未报，邻国不宾，终无右手进食之期。凡尔庶僚，同心戮力！"遂总率国兵，讲习战士，象军五千，马军二万，步军五万，自西徂东，征伐不臣。象不解鞍，人不释甲，于六年中，臣五印度，既广其地，更增甲兵，象军六万，马军十万。垂三十年，兵戈不起，政教和平，务修节俭，营福树善，忘寝与食。令五印度不得啖肉，若断生命，有诛无赦。于殑伽河侧建立数千窣堵波，各高百余尺。于五印度城邑、乡聚、达巷、交衢、建立精庐，储饮食，止医药，施诸羁贫，周给不殆。圣迹之所，并建伽蓝。五岁一设无遮大会，倾竭府库，惠施群有。唯留兵器，不充檀舍。岁一集会诸国沙门，于三七日中，以四事供养，庄严法座，广饰义筵，令相摧论，校其优劣，褒贬淑慝，黜陟幽明。若戒行贞固，道德淳邃，推升师子之座，王亲受法。戒虽清净，学无稽古，但加敬礼，示有尊崇。律仪无纪，秽德已彰，驱出国境，不愿闻见。邻国小王，辅佐大臣，殖福无殆，求善忘劳，即携手同座，谓之善友。其异于此，面不对辞，事有闻议，通使往复。而巡方省俗，不常其居，随所至止，结庐而舍。唯雨三月，多雨不行。每于行宫日修珍馔，饭诸异学，僧众一千，婆罗门五百。每以一日分作三时，一时理务治政，二时营福修善，孜孜不倦，竭日不足矣。

{༢ ཚུལ་ཁྲིམས་ཉི་མ་དང་རྒྱལ་སྲིད་སྐྱོང་བའི་སྐོར།}

ད་ལྟའི་རྒྱལ་པོའི་མིང་ལ་ཧ་རྵ་ཝྷ་ར་ན་ཟེར་རོ། །དེའི་ཕའི་མིང་ས་ར་ཀུ་ར་ཝྷ་ར་ན་ཟེར་རོ། །ཕུ་བོའི་མིང་རྗེ་ཙ་ཝྷ་ཏ་ན་ཟེར། རྒྱལ་པོ་འདིའི་བཙའ་ཁྲིམས་ལེགས་པས་རྒྱ་གར་ཤར་ཕྱོགས་ཀྱི་རྒྱལ་པོ་ཀྲི་ཤུ་ཕ་ཛ་སྟེ་གསེར་སྐྱན་ཅན་ཞེས་པ་ཕྲག་དོག་སྐྱེས་ཏེ་རང་ལས་ལྷག་པས་རྒྱལ་སྲིད་ལ་གནོད་ཀྱི་དོགས་ནས་བསླུ་ཐབས་ཀྱིས་མཛའ་བོ་བྱས་ནས་དགའ་སྟོན་གྱི་ཚུལ་གྱིས་མགྲོན་དུ་བོས་ཏེ་དུག་གིས་བཀུམས་སོ། །དེར་འབངས་རྣམས་ལ་བདག་པོ་མེད་པས་འཁྲུགས་པ་ལངས་ཤིང་བློན་པོ་ཆེན་པོ་པྣ་ཊི་ཞེས་བྱ་བས་བགྲོས་བརྗོད་ཏེ། ཧ་རྵ་ཝྷ་ར་ན་རྒྱལ་པོར་དབང་བསྐུར་བར། དེས་སྨྲས་པ་ཕོ་བོ་བསོད་ནམས་དམན་པས་ཡབ་ཀྱིས་རྣ་ཕྲུག་ཏུ་བོར། ཕུ་བོ་དགྲ་ལག་ཏུ་ཤོར་རྒྱལ་སྲིད་ཀྱི་བྱ་བ་དཀའ་ཚོགས་ཆེ་བས་ནུས་སམ་མི་ནུས་གྲུ་ཚོམ་དུ་མི་བྱེད་པར། གངྒའི་འགྲམ་ན་སྤྱན་རས་གཟིགས་ཀྱི་ལྷ་ཁང་ན་འཇིག་རྟེན་དབང་ཕྱུག་དངོས་དང་འདྲ་བའི་སྐུ་བརྙན་བརྟགས་པ་སྟོན་པ་ཤིན་ཏུ་རྣོ་བ་ཞིག་ཡོད་པར་ཕྱིན་ཏེ་བརྟགས་པ་བྱའོ་སྙམས་ཏེ། དེར་ཕྱིན་ཏེ་དམོད་བོར་བས་ཞལ་དངོས་སུ་བསྟན་ནས་ཅི་འདྲི་ཟེར། དེར་རྒྱ་མཚན་རྣམས་ཞོགས་པར་གསོལ་བ་དང་། བཀའ་སྩལ་བ། རིགས་ཀྱི་བུ་ཁྱོད་སྐྱེ་བ་སྔ་མར་རི་ནགས་འདིར་དཀའ་ཐུབ་སྤྱོད་པའི་དགེ་སློང་ཞིག་ཏུ་སྐྱེས་ཤིང་རྟུལ་ཞུག་མ་ཞིག་མ་རལ་པས་དགེ་བའི་རྩ་བ་དེའི་མཐུ་ལས་རྒྱལ་པོར་འགྱུར་པའི་སྐྱེ་བ་བླངས་པ་ཡིན་གྱིས། རྒྱལ་པོ་གསེར་སྐྱན་ཅན་གྱིས་ཕུ་བོ་བཀྲོངས་པར་མ་ཟད་སངས་རྒྱས་ཀྱི་བསྟན་པ་བསྡུབ་པར་བྱེད་པས། ཁྱོད་མྱུར་བར་ཕ་ཤུལ་བཟུང་ཏེ་(སྟེ)བསྟན་པ་དང་སེམས་ཅན་ལ་ཕན་པ་ཅི་ནུས་ཀྱིས། རྒྱལ་པོ་བྱེད་ཀྱང་གསེར་ཁྲི་ལ་མ་འདུག་རྒྱལ་པོ་ཆེན་པོའི་མིང་མ་འཛིན། ཁོ་བོས་མི་མངོན་པས་གྲོགས་བགྱིད་དོ་གསུངས་པའི་ལུང་ཐོབ་སྟེ། རྒྱལ་སར་བསྡད་པའི་མཚན་ཤྲཱི་ལྷ་དི་ཏྱ་སྟེ་ཚུལ་ཁྲིམས་ཉི་མའོ། །ལན་ཅིག་(གཅིག)རྒྱལ་པོ་ཚུལ་ཁྲིམས་ཉི་མས་ཕུ་བོའི་

ཤ་ཁོན་ལེན་པར་བསམ་ཏེ་གླང་པོ་ཆེ་ལྔ་སྟོང་རྟ་ཁྲི་ཕྲག་གཉིས། དཔུང་བུ་<PL.55>ཆུང་ཁྲི་ཚོ་གཉིས་བཏེགས་ཏེ་རྒྱ་གར་པ་ནས་བཟུང་མ་ཏུང་མ་དད་པའི་ཡོག་སྲིད་ཅན་རིས་མེད་པར་དམག་རྒྱབ་ཆེབས་ཀྱི་སྣ་མི་བསལ་དམག་མིའི་གོ་ཆ་མི་བགྲོལ་བར་ལོ་དྲུག་གི་རིང་བཏུལ་བར་མཛད་པས། རྒྱ་གར་གྱི་ཕྱོགས་ལྔ་ཀ་དབང་དུ་བསྡུས་མངའ་འོག་ཏུ་བཙུགས་ཏེ། གླང་པོ་ཆེའི་དཔུང་རྟ་པ་ཁྲི་ཕྲག་འབུམ་འཕེལ་བར་གྱུར་ཏོ། །དེ་ནས་བཟུང་ལོ་སུམ་ཅུའི་རིང་ལ་གོ་མཚོན་མི་བསྒྱུལ་རྒྱལ་ཁྲིམས་ཞི་དུལ་བདེ་འཇགས་ཀྱིས་གནས་སོ། །ཤ་ཟ་བ་ནི་སྲིན་པོའི་ཚུལ་ལོ་ཞེས་གསུངས་ཏེ། རྒྱ་གར་གྱི་ཕྱོགས་ལྔ་ཀར་ཤ་མི་ཟ་བའི་ཁྲིམས་དང་། སེམས་ཅན་གྱི་སྲོག་བཅད་ན་རང་སྲོག་དེའི་ལན་དུ་འཇལ་བའི་ཁྲིམས་དམ་པོ་བཅས་པས། ཤ་ཟ་བ་དང་སྲོག་གཅོད་ཀྱི་རྒྱུན་ཆད་དོ། །༑ གངྒའི་འགྲམ་ན་མཆོད་རྟེན་སྟོང་ཕྲག་དུ་མ་རེ་རེའི་དཔངས་སུ་ཁྲུ་བརྒྱ་ཕྲག་རེ་ལྷག་པ་བཞེངས་སོ། །རྒྱ་གར་ཕྱོགས་ལྔའི་གཙུག་ལག་ཁང་ཡོད་དོ་ཚོག་ལ་ཞིག་གསོས་མཛད་ལམ་འཕྲང་སྲང་ལམ་ཐམས་ཅད་ཀྱི་འགག་བསལ་ཡོན་པོ་བསྲང་རྗེལ་རལ་གསོས། ལམ་ཐག་རིང་ཐུང་ཀུན་གྱི་མི་རྣམས་ངལ་གསོས་བའི་གནས་རྣམས་སུ་ཤིང་ཁང་ར་བ་དང་བཅས་པ་ལ་བཟའ་བ་དང་བཏུང་བ་དང་། མལ་ཆ་དང་གསོ་སྨན་གྱི་ལས་བྱེད་བཅས་ལོ་ལྔ་རེ་ནས་གསར་རྙིང་བརྗེ་པ། མཚོན་ཆའི་རིགས་མ་གཏོགས་མི་སྦྱིན་པ་མེད་དོ། །ལོ་བཞིན་ཚོགས་ཆེན་རེ་ཚོགས་ནས་དེའི་སྐབས་སུ་བཤགས་བསྡམ་སྟོན་དུ་འགྲོ་བའི་གསོ་སྦྱོང་དང་། ཆོས་འདོན་དང་བགྲོ་གླེང་དང་ཆོས་སྤྱོད་བཅུ་ལ་གང་ལ་གང་ནུས་རྣམས་སོ་སོར་བྱེད་དུ་འཇུག་པ་དང་། འཆད་ཉན་གྱི་མཁན་པོ་ཆེས་མཁས་པ་དང་དཀའ་ཐུབ་ཆེས་བཟོད་པ་རྣམས་གསེར་ཁྲི་ལ་བཞུགས་སུ་བཙུགས་ཏེ་ཞལ་ཟས་དང་ཡོ་བྱད་རྣམས་རྒྱལ་པོ་རང་ཉིད་ཀྱིས་ཕྱག་གིས་འབུལ་བ་སོགས་བཀུར་གཟོས་ཆེན་པོ་བྱེད་པ་དང་། གཞན་ཡང་རྒྱལ་ཕྲན་དང་བློན་ཆེན་རྣམས་ཀྱང་བློ་དང་སྤྱོད་པ་རྣམས་རྒྱལ་པོ་དང་མཚུངས་སོ། །ལག་པ་སླེལ་ཞིང་མལ་གཅིག་པ་མཛད་ཅིང་དགེ་བའི་གྲོགས་སུ་འབོད་ཅིང་བཞུགས་ཁྲི་ཡང་ཐུན་མོང་དུ་མཛད་དོ། །དེ་དག་ལས་གཞན་པ་མཇལ་བ་དང་གཏམ་འདྲི་བ་སོགས་གཏན་ནས་མི་མཛད་ཅིང་། འཕྲད་དགོས་པ་བྱུང་ཚེ་ལོ་ཟླ་བ་བཅུག་ནས་གཏམ་འདྲི་བར་མཛད་དོ། །དབྱར་ཟླ་གསུམ་ཆར་བའི་དུས་མ་གཏོགས། ཟླ་བ་གཞན་རྣམས་ལ་འདྲོའོ། །དེ་ལྟར་མཐར་ཆགས་སུ་འཇིག་སྲིལ་ལ་གནས་པ་མང་ཞིང་། ཞལ་ཟས་ཕུལ་དུ་བྱུང་བ་བཤམས་ཏེ་ཐེག་པ་ཆེ་ཆུང་སོམ་པའི་དགེ་འདུན་ཆིག་ཁྲི་དང་བྲམ་ཟེ་རིག་བྱེད་པ་ལྔ་བརྒྱ་དང་ཐུན་མོང་དུ་སྤྱོད་དོ། །ཉིན་བཞིན་དུས་གསུམ་དུ་དགོས་པའི་ཐུན་གཉིས་སུ་ཆོས་སྤྱོད་ཁོ་ན་འདའ་ཞིང་། ཐུན་གཅིག་ལ་རྒྱལ་སྲིད་ཀྱི་བྱ་བ་

མཛད་པའོ། །

解1:

(1)翻译了大意。

(2)原文中的“国之大计，定于今日。先王之子，亡君之弟，仁慈天性，孝敬因心，亲贤允属，欲以袭位。于事何如？各言尔志。”众咸仰德，尝无异谋。于是辅臣执事咸劝进曰:“王子垂听。先王积功累德，光有国祚。嗣及王增，谓终寿考，辅佐无良，弃身雠手，为国大耻，下臣罪也。物议时谣，允归明德，光临土宇，克复亲雠，雪国之耻，光父之业，功孰大焉，幸无辞矣！”王子曰:“国嗣之重，今古为难。君人之位，兴立宜审。我诚寡德，父兄遐弃，推袭大位，其能济乎？物议为宜，敢忘虚薄！”没有逐句翻译，只是将主要意思翻译如下:“有位大臣名叫婆尼召集众人商量，然后推举了”。

解2:

戒日王世系及即位治绩的注释见《大唐西域记校注》(上)432页。

三、玄奘会见戒日王

初，受拘摩罗王请白，自摩揭陀国往迦摩缕波国。时戒日王巡方在羯朱嗢祇逻国，命拘摩罗王曰：“宜与那烂陀远客沙门速来赴会！”于是遂与拘摩罗王往会见焉。戒日王劳苦已曰：“自何国来？将何所欲？”对曰：“从大唐国来，请求佛法。”王曰：“大唐国在何方？经途所亘，去斯远近？”对曰：“当此东北数万余里，印度所谓摩诃至那国是也。”王曰：“尝闻摩诃至那国有秦王天子，少而灵鉴，长而神武。昔先代丧乱，率土分崩，兵戈竞起，群生荼毒，而秦王天子早怀远略，兴大慈悲，拯济含识，平定海内，风教遐被，德泽远洽，殊方异域，慕化称臣。氓庶荷其亭育，咸歌《秦王破阵乐》。闻其雅颂，于兹久矣。盛德之誉，诚有之乎？大唐国者，岂此是耶？”对曰：“然。至那者，前王之国号；大唐者，我君之国称。昔未袭位，谓之秦王，今已承统，称曰天子。前代运终，群生无主，兵戈乱起，残害生灵。秦王天纵含弘，心发慈愍，威风鼓扇，群凶殄灭，八方静谧，万国朝贡。爱育四生，敬崇三宝，薄赋敛，省刑罚，而国用有余，氓俗无宄。风猷大化，难以备举。”戒日王曰：“盛哉，彼土群生，福感圣主！”

{༣ རྒྱལ་པོ་ཚུལ་ཁྲིམས་ཉི་མས་ཐང་ཟན་བླ་མ་མཇལ་བ།}

བདག་ཐང་ཟན་སྐད་གཉིས་པའི་ཐ་ཤལ་དེ་ཀར་ཡོད་པའི་སྐབས་ཤིག་ཆོས་འཁོར་ཆེན་པོ་ཞིག་དང་ཐུག་པས། ཀ་མ་རུ་བའི་རྒྱལ་པོ་ལ་ཞུས་སྟེ་(ཏེ)། ན་ལནྡྲ་ལའི་དགོན་པར་རྒྱང་པེན་གྱི་སློབ་དཔོན་འགའ་འཁྱོར་བྱུང་བ་བལྟར་ཕྱིན་པས། རྒྱལ་པོ་ཚུལ་ཁྲིམས་ཉི་མ་དང་མཇལ་བསྟུན་དྲི་སོགས་མཛད་ཅིང་བག་ཕེབས་པར་མཛད། རིམ་གྱིས་མ་ཧཱ་ཙི་ན་ཞེས་པའི་ཡུལ་ཕྱོགས་གང་དུ་ཡོད་ཟེར་བས་མགོ་བཙམས་ཏེ་དྲི་བ་ཞིབ་ཏུ་མཛད་པས་དགྱེས་པ་ཆེན་པོ་མཛད་དོ། །ཨ་ལ་ལ་ཧོ༔ ཡུལ་དེའི་སྐྱེ་བོ་དག་བསོད་ནམས་ཤིན་ཏུ་ཆེའོ་ཞེས་གསུངས་སོ། །དེ་ལྟ་བུའི་རྒྱལ་པོ་ཚུལ་ཉི་ལྟ་<PL.56>བུའི་ཆོས་ལྡན་གྱི་རྒྱལ་པོ་དང་འཕྲད། ཆོས་སྲིད་གཉིས་ཀྱི་དཔལ་ཕུན་སུམ་ཚོགས་པ་ལ་རོལ་ཞིང་མི་ཆོས་དང་འཇིག་རྟེན་གྱི་སྐྱིད་པ་མཐོང་། འཇིག་རྟེན་འདིར་ཤིན་ཏུ་འཕྲད་དཀའ་བ་དང་ཕྲད་པ་ཤིན་ཏུ་ཡང་ངོ་མཚར་རྨད་དུ་བྱུང་བའོ། །

解 1：

从“王曰…………难以备举”一段没有翻译，原因应该是与佛教没太大关系。

解 2：

玄奘会见戒日王的注释见《大唐西域记校注》(上) 437 页。

四、曲女城法会

时戒日王将还曲女城设法会也，从数十万众，在殑伽河南岸；拘摩罗王从数万之众，居北岸。分河中流，水陆并进。二王导引，四兵严卫，或泛舟，或乘象，击鼓鸣螺，拊弦奏管，经九十日，至曲女城，在殑伽河西大花林中。是时诸国二十余王先奉告命，各与其国髦俊沙门及婆罗门、群官、兵士，来集大会。王先于河西建大伽蓝。伽蓝东起宝台，高百余尺，中有金佛像，量等王身。台南起宝坛，为浴佛像之处。从此东北十四五里，别筑行宫。是时仲春月也，从初一日以珍味馔诸沙门、婆罗门，至二十一日，自行宫属伽蓝，夹道为阁，穷诸莹饰，乐人不移，雅声递奏。王于行宫出一金像，虚中隐起，高余三尺，载以大象，张以宝幰。戒日王为帝释之服，执宝盖以左侍；拘摩罗王作梵王之仪，执白拂而右侍。各五百象军，被铠周卫。佛像前后各百大象，乐人以乘，鼓奏音乐。戒日王以真珠杂宝及金银诸花，随步四散，供养三宝。先就宝坛，香水浴像。王躬负荷，送上西台，以诸珍宝、憍奢耶衣数十百千，而为供养。是时唯有沙门二十余人预从，诸国王为侍卫。馔食已讫，集诸异学，商确微言，抑扬至理。日将曛暮，回驾行宫。如是日送金像，导从如初，以至散日。

其大台忽然火起，伽蓝门楼烟焰方炽。王曰："罄舍国珍，奉为先王建此伽蓝，式昭胜业。寡德无佑，有斯灾异！咎征若此，何用生为！"乃焚香礼请而自誓曰："幸以宿善，王诸印度，愿我福力，禳灭火灾！若无所感，从此丧命。"寻即奋身跳履门阃，若有扑灭，火尽烟消。诸王睹异，重增祇惧。已而颜色不动，辞语如故，问诸王曰："忽此灾变，焚烬成功，心之所怀，意将何谓？"诸王俯伏悲泣，对曰："成功胜迹，冀传来叶，一旦灰烬，何可为怀！况诸外道，快心相贺。"王曰："以此观之，如来所说诚也。外道异学守执常见。唯我大师，无常是诲。然我檀舍已周，心愿谐遂，属斯变灭，重知如来诚谛之说。斯为大善，无可深悲。"

于是从诸王东上大窣堵波，登临观览。方下阶陛，忽有异人持刃逆王。王时窘迫，却行进级，俯执此人，以付群官。是时群官惶遽，不知进救。诸王咸请诛戮此人。戒日王殊无忿色，止令不杀。王亲问曰："我何负汝，为此暴恶？"对曰："大王德泽无私，中外荷负。然我狂愚，不谋大计，受诸外道一言之感，辄为刺客，首图逆害。"王曰："外道何故兴此恶心？"对曰："大王集诸国，倾府库，供养沙门，镕铸佛像。而诸外道自远召集，不蒙省问，心诚愧耻，乃令狂愚，敢行凶诈。"于是究问外道徒属，有五百婆罗门，并诸高才，应命召集，嫉诸沙门蒙王礼重，乃射火箭焚烧宝台，冀因救火，众人溃乱，欲以此时杀害大王。既无缘隙，遂雇此人趋隘行刺。是时诸王大臣请诛外道。王乃罚其首恶，余党不罪。迁五百婆罗门出印度之境。于是乃还都也。

{༩ གྲོང་ཁྱེར་ཀནྱ་ཀུབྫ་ཀྱི་ཆོས་སྤྱོད་ཀྱི་ཚོགས་ཆེན།}

ལན་ཅིག་རྒྱལ་པོ་ཚུལ་ཉིས་པོ་བྲང་གཡོན་གྱི་གནས་སུ་ཕྱིར་ལྡོག་པར་བརྩམས་པ་ན། གནྡའི་འགྲམ་དུ་ཆོས་སྤྱོད་ཀྱི་ཚོགས་ཆེན་ཞིག་སྔ་མ་ལྟར་མཛད། ཡུལ་སོ་སོ་ནས་འདུས་པའི་རྒྱལ་ཕྲན་ཉི་ཤུ་ལྷག་འདུས་གནྡའི་གཡས་ཕྱོགས་ཀྱི་བསྐྱེད་ཚལ་ནས་བཟུང་གྲོང་ཁྱེར་སྐྱིད་གཡོན་ལ་ཐུག་པའི་བར་ཚུལ་ཉི་དང་ཀུ་མ་ར་གཉིས་ཀྱིས་དཔུང་ཚོགས་ཡན་ལག་བཞིའི་མི་མཆོག་དམན་འབྲིང་གསུམ་སྐྱེས་པ་

བུད་མེད་ཐན་གཞོན་དར་མ་འབུམ་ཕྲག་དུ་མས་རོལ་མོ་ཤེས་མཁན་གྱིས་འབུད་བརྡུང་བསྒྲེང་བ་དང་དཀྲོལ་བ་དང་། རོལ་མོ་སིལ་སྙན་གྱི་རིགས་སྣ་ཚོགས་པ་དཀྲོལ་ཞིང་། འགའ་ཞིག་གནྡྷའི་ཚུ་ལ་གྱུར་ཞུགས་ནས། རྒྱལ་མཚན་དང་བ་དན་དང་གདུག་དང་ཟ་ཡབ་དང་དར་དཔྱངས་དང་བཀྲ་ཤིས་ཁྲ་རིང་དང་། དོ་ཤལ་དང་དོ་ཤལ་ཕྱེད་པ་དང་སྣ་ཚོགས་པའི་འཕྱང་འཕྱུལ་ཟ་ར་ཚགས་ཐོགས་པ་དང་། འགའ་ཞིག་གིས་ཚུ་སྐྱེས་ཐང་སྐྱེས་གང་ཡང་རུང་བ་དང་། དར་ཟབ་ལས་བཅོས་བསྒྲེང་དེ་བཞིན་བདུག་སྤོས་དང་། ཕྱེ་ཕུར་དང་བཟའ་བ་དང་རེངས་བུར་བྱས་པ་སོགས་སྤོས་ཀྱི་རིགས་དང་། འབྲུ་མར་དང་རྫི་མར་གྱི་སྒྲོན་མེ་ཤུབས་ཅན་དང་རྫེན(འཛིན)པ་དང་། དྲི་བཟང་གི་སྨན་སྣའི་འདམ་རིན་པོ་ཆེའི་སྣོད་དུ་ཐུགས་པ་དང་། འབྲས་ཆན་དང་ཐུག་པ་དང་འཁུར་བ་སོགས་དང་གཡོས་སུ་སྦྱར་བ་དང་། དཀར་གསུམ་མངར་གསུམ་དང་ཤིང་ཏོག་གི་རིགས་སོགས་ལ་སྦྱར་བའི་ཞལ་ཟས་སྣ་ཚོགས་པ་མཆོད་པའི་རྒྱུན་བྱེད་བཞིན་པའོ། །ཡུལ་འདིའི་བསོད་ནམས་ཀྱི་ཞིང་གི་གཙོ་བོར་གྱུར་པ་ནི། སྔོན་པའི་གསེར་སྐུ་བོང་ཚད་རྒྱལ་པོའི་སྐུ་ཚད་དང་མཉམ་པ་དོ་ལེ་ལ་སྤྱན་དྲངས་ཏེ། གཡས་ཕྱོགས་སུ་རྒྱལ་པོ་ཚུལ་ཉིས་ལྷ་དབང་བརྒྱ་བྱིན་གྱི་ཆ་ལུགས་ཀྱིས་གདུགས་དཀར་པོ་ཐོགས། གཡོན་རོལ་ན་རྒྱལ་པོ་ཀུ་མ་ར་མེས་པོ་ཚངས་པའི་ཆ་ལུགས་ཀྱི་ཟ་ཡབ་དཀར་པོ་ཐོགས། གཞན་གཞོན་ནུ་དང་གཞོན་ནུ་མ་བཞིན་སྟུག་པ་མང་པོས་ལྷའི་བུ་བུ་མོའི་ཆ་ལུགས་བཟུང་བ་མང་པོས་མདུན་དུ་བདར། དེ་སྐབས་ཟླ་བ་གཉིས་པའི་དཀར་པོ་ཚེས་གཅིག་ནས་བཟུང་། ཡོ་ནས་པ་དང་དགེ་སློང་དང་བྲམ་ཟེ་རྣམས་དང་ངན་སློང་གི་རིགས་ལ་ཡར་མཆོད་མར་སྦྱིན་གང་ལ་གང་འོས་ཀྱིས་ཚིམས་པར་བྱ་བ་སོགས་སྟེར་བཤད་པ་ལྟར་རོ། །ལམ་བར་ལ་ཡང་རྒྱང་གྲག(གྲགས)ལྔ་བརྒྱ་ཙམ་ལ། ངལ་གསོ་བའི་གནས་འཛག་མ་ལ་བྱས་པའི་གུར་ཁང་ར་བ་རྒྱན་བཀོད་ཕུན་སུམ་ཚོགས་པས་སྤྲས་པ་རེ་དང་། འགྲོ་ཚུལ་ཀྱང་ཉིན་སྔར་སྔ་མ་དང་འདྲ་ལ། དེ་ཚེ་རྒྱལ་པོའི་ཉེ་འཁོར་དུ་དགེ་སློང་གཙང་མ་ཤ་སྟག་ཞམ་རིང་བྱེད་ཅིང་། ཆོས་ཀྱི་གཏམ་མཛད་བཞིན་ལ། ནུབ་ཅིག་འཛག་སྤྱིལ་ལ་མེ་ཤོར་བ་ཚབ་ཆེ་བས་རྒྱལ་པོ་ཚུལ་ཉིས་མཆོག་གསུམ་ལ་གསོལ་བ་བཏབ་ཅིང་བདེན་སྟོབས་བརྗོད་པས་མེ་རང་ཞིར་སོང་ཞིང་། མཆོད་རྫས་འགའ་ཞིག་སོགས་ཀ་ཙའི(ཅའི)རིགས་མ་གཏོགས་མི་ལ་གནོད་པ་ཅི་ཡང་མ་བྱུང་ངོ་། །དེ་སྐབས་སྤོ་བུར་དུ་མི་རྐྱང་ཅིག་རལ་གྲི་བཟུང་ནས་བྱུང་སྟེ་ཚུལ་ཉེ་ལ་གཟས་པར་བརྩམས་པ་ན། རྒྱལ་པོའི་བཞིན་ཡང་མི་གྱུར་ཞིང་གསུང་ཀྱང་སྐབ་སྟོབ་མེད་པར་ཞབས་<PL.57>འབྲང་གི་གྲུད་ཀྱིས་མི་རྐྱང་དེ་བཅིངས་ནས་རྒྱལ་པོའི་དྲུང་དུ་ཁྲིད་པར། རྒྱལ་

ཕྲན་རྣམས་དང་བློན་པོ་མཐའ་དག་གིས་མི་རྟོད་འདི་མ་བསད་ན་རྒྱལ་ཁྲིམས་རལ་པར་འགྱུར་རོ་ཞེས་ཞུས་ཀྱང་། རྒྱལ་པོ་ཚུལ་ཉིས་དེ་ལ་རྒྱུ་མཚན་འདྲི་དགོས་གསུངས་སྐེ་དྲིས་ཙ་ན། རྒྱལ་པོའི་ཐུགས་བསམ་རྣམ་པར་དག་པ་དང་མཛད་འཕྲིན་ཕུལ་དུ་བྱུང་བ་འདི་ལྷ་བུ་ལ་མུ་སྟེགས་པ་རྣམས་ཀྱིས་མ་བཟོད་ནས་བདག་ལྷ་བུའི་སློབ་པ་ལ་ཀ་ཙ་མང་པོའི་བཙན་ཅིན་པས་ཁས་བླངས་ཏེ། ཐོག་མར་འཛག་སྤྱི་ལ་མེ་རྒྱབ་ཏེ་སྤྱར་པས་མི་མང་པོ་སྐབ་སྟོབ་བྱེད་པས་སྐབས་རྙེད་པས་རྒྱལ་པོ་བཀྲོང་ཞིག་ཞེས་བཏང་བ་ལྟར་དོན་གྲུབ་ངེས་སྙམ་པ་ཕྱི་པའི་བྲམ་ཟེ་རྣམས་ཀྱིས་བསླུས་པས་ནོངས་ཟེར་རོ། །རྒྱལ་པོས་མི་གཞན་གྱིས་བསླུས་པས་ཁོ་རང་གིས་ཉེས་པ་མིན་གསུངས། དེའི་བསྒོས་ཀྱི་གཏེ་བོ་ཞིག་དང་བྲམ་ཟེ་ལྔ་བརྒྱ་རྒྱ་གར་གྱི་ཁོངས་སུ་མི་གཏོགས་པའི་མཐའ་འཁོབ་ཏུ་སྤྱུགས་སོ། །དེ་ནས་རྒྱལ་པོ་རང་གནས་སུ་ལོག་གོ།

解 1：

完整翻译全文。

解 2：

曲女城法会的注释见《大唐西域记校注》（上）442 页。

五、曲女城附近诸佛迹

城西北窣堵波，无忧王之所建也，如来在昔于此七日说诸妙法。其侧则有过去四佛坐及经行遗迹之所，复有如来发爪小窣堵波。

说法窣堵波南，临殑伽河，有三伽蓝，同垣异门。佛像严丽，僧徒肃穆，役使净人数千余户。

精舍宝函中有佛牙，长余寸半，殊光异色，朝变夕改。远近相趋，士庶咸集，式修瞻仰，日百千众。监守者繁其諠杂，权立重税，宣告远近，欲见佛牙，输大金钱。然而瞻礼之徒，寔繁其侣。金钱之税，悦以心竞。每于斋日，出置高座，数百千众烧香散花。花虽盈积，牙函不没。伽蓝前左右各有精舍，高百余尺，石基砖室。其中佛像，众宝庄饰，或铸金银，或镕鍮石。二精舍前各有小伽蓝。

伽蓝东南不远，有大精舍，石基砖室，高二百余尺。中作如来立像，高三十余尺，铸以鍮石，饰诸妙宝。精舍四周石壁之上，雕画如来修菩萨行所经事迹，备尽镌镂。

石精舍南不远有日天祠。祠南不远，有大自在天祠。并莹青石，俱穷雕刻，规摹度量，同佛精舍。各有千户，充其洒扫。鼓乐弦歌，不舍昼夜。

大城东南六七里，殑伽河南，有窣堵波，高二百余尺，无忧王之所建也，在昔如来于此六月说身无常苦空不净。其侧则有过去四佛坐及经行遗迹之所，又有如来发爪小窣堵波，人有染疾，至诚旋绕，必得痊愈，蒙其福利。

{༥ གྲོང་ཁྱེར་ཀནྱ་ཀུབྫ་ཉེ་འདབས་ཀྱི་སྟོན་པའི་རྗེས་ཤུལ།}

གྲོང་ཁྱེར་དེའི་ནུབ་བྱང་གི་མཚམས་སུ་རྒྱལ་པོ་ཨ་ཤོ་ཀས་བཞེངས་པའི་མཆོད་རྟེན་ཡོད་པ། དེ་ནི་སྟོན་སྟོན་པ་ཞག་བདུན་ལ་ཞབས་འཆགས་མཛད་དེ་ཆོས་གསུངས་པའི་གནས་ཡིན་ནོ། །དེའི་ཟོགས་ན་འདས་སངས་བཞི་འདས་པའི་རྗེས་སྣང་། སྟོན་པའི་སྤྲུག་སེན་དབུ་སྐྲ་བཞུགས་པའི་མཆོད་རྟེན་ཀྱང་(ཡང)ཡོད་དོ། །༄ དེའི་ལྷོ་ངོས་སུ་གཙུག་ལག་ཁང་གསུམ་ར་བ་གཅིག་པ་འཇུག་སྒོ་སོ་སོ་བ་ཞིག་ཡོད་པར་སྐུ་འདྲ་བཟོ་ཁྱད་དུ་འཕགས་ཞིང་། དགེ་འདུན་རྣམ་པར་དག་པ་དང་། མངག་གཞུག་པ་དགེ་བསྙེན་གྱི་ཚོགས་བཅས་སྟོང་ཕྲག་དུ་མ་ཡོད། སྟོན་པའི་ཚེམས་སྲིད་དུ་ཚོན་གང་དང་ཕྱེད་དུ་རིང་བ་དུས་དུས་སུ་མདོག་འགྱུར་བ་རིན་པོ་ཆེའི་སྒྲོམ་དུ་བཞུགས་སོ། །ཐག་ཉེ་རིང་གི་ཡུལ་ནས་སྐྱེ་བོ་མཆོག་དམན་རིས་སུ་མ་ཆད་པར་བལྟ་བའི་ཕྱིར་རྒྱུན་དུ་འདུས་པ། དུས་བཟང་ལ་སྐྱེ་བོ་མང་པོ་ཚོགས་པ་ན་སྒྲོམ་ཕྱི་སྡེ་ཁྲི་མཐོན་པོའི་སྟེང་དུ་བཞག་ནས་སྟོན་པ་ན་བལྟ་བ་སོ་སོའི་མཐོང་སྣང་མི་འདྲ་བ་སྣ་ཚོགས་སྟོན་པ། དེ་བལྟ་བ་ལ་གསེར་ཏམ་རེ་བླངས་ཀྱང་མི་སུན་པར་འདུག་གོ །༄ དེ་ནས་ཤར་ལྷོར་མི་རིང་བར་གཙུག་ལག་ཁང་ཞིག་ན་སྟོན་པའི་སྐུ་བརྙན་བཞེངས་སྐབས་མ་དཔངས་སུ་ཁྲུ་སུམ་ཅུ་ལྷག་པ། དེའི་ཡང་ལྷོ་ངོས་སུ་ཕྱི་པའི་ལྷ་ཁང་ཞིག་ན་དབང་ཕྱུག་ཆེན་པོའི་སྣང་བརྙན་ཨིནྡྲ་ནཱི་ལ་ལས་གྲུབ་པ། དེའི་ལྷ་ཁང་དང་སྟོན་པའི་སྐུ་བརྙན་བཞུགས་པའི་གཙུག་ལག་ཁང་གཉིས་ཚད་དང་མཉམ་པ། ཕྱག་དར་མཁན་དང་རྒྱུན་མཆོད་མཁན་རེ་ལྷ་འབངས་མི་ཁྱིམ་ཅིག་(ཅིག)སྟོང་ཡོད་དོ། །

解 1：

最后一段“大城东南六七里，………………蒙其福利”没有翻译，原因存疑。

解 2：

曲女城附近诸佛迹的注释见《大唐西域记校注》(上) 446 页。

六、纳缚提婆矩罗城

大城东南行百余里，至纳缚提婆矩罗城，据殑伽河东岸，周二十余里。华林清池，互相影照。

纳缚提婆矩罗城西北，殑伽河东，有一天祠，重阁层台，奇工异制。城东五里，有三伽蓝，同垣异门。僧徒五百余人，并学小乘说一切有部。伽蓝前二百余步，有窣堵波，无忧王之所建也。基虽倾陷，尚高百余尺，是如来昔于此处七日说法。中有舍利，时放光明。其侧则有过去四佛坐及经行遗迹之所。

伽蓝北三四里，临殑伽河岸，有窣堵波，高二百余尺，无忧王之所建也。昔如来在此七日说法，时有五百饿鬼来至佛所，闻法解悟，舍鬼生天。说法窣堵波侧有过去四佛坐及经行遗迹之所，其侧复有如来发爪窣堵波。

自此东南行六百余里，渡殑伽河，南至阿踰陀国。中印度境。

{༦ གྲོང་ཁྱེར་ནཝ་དེ་ཀུ་ལེ།}

གངྒཱའི་ཤར་གྱི་འགྲམ་ན་སྐྱིད་མོས་ཚལ་ཁོར་ཡུག་ཏུ་རྒྱང་གྲག་(གྲགས)ཉི་ཤུ་ཙམ་ཡོད་པར་མེ་ཏོག་དང་ཤིང་ཏོག་གི་ནགས་ཚལ། ཆུ་མིག་འབབ་ཆུ་དང་མཚོ་དང་རྫིང་བུ་སོགས་ཀྱིས་གང་བ། མཚོ་དེའི་ནང་དུ་དེའི་ཉེ་འཁོར་དུ་ཡོད་པའི་གྲོང་ཁྱེར་ན་ཝ་དེ་ཀུ་ལེའི་གཟུགས་བརྙན་གསལ་པོར་འཆར་བ། ཡང་གངྒཱའི་ཤར་ཕྱོགས་ན་ཕྱི་པའི་ལྷ་ཁང་ཅིག་(ཞིག)ཁང་བརྩེགས་དང་སྟེགས་བུ་མཛེ་བ་རྣམས་ཀྱིས་བསྐོར་བ་ངོ་མཚར་ཁྱད་འཕགས་ཞིག་(ཤིག་)སྣང་ངོ་། །ཡང་གཙུག་ལག་ཁང་གསུམ་ར་བ་གཅིག་ལ་སྒོ་ཐ་དད་པ་གསུམ་ཡོད་པ་ཅིག་(ཞིག)ལ་དགེ་འདུན་ལྔ་བརྒྱ་ཙམ་ཐེག་དམན་པ་ཐམས་ཅད་ཡོད་སྨྲ་བ་ཁོ་ན་གནས་སོ། །དེར་མཆོད་རྟེན་ཅིག་(གཅིག)དཔངས་སུ་ཁྲུ་བརྒྱ་ཕྲག་གཅིག་ལས་ལྷག་པ། རྨང་<PL.58>གཞི་ཞིག་པ་ཅིག་(གཅིག)མཆིས་པ་རྒྱལ་པོ་ཨ་ཤོ་ཀས་བཞེངས་པའོ། །ནང་དུ་སྟོན་པའི་རིང་སྲེལ་བཞུགས་སོ། །སྟོན་བཅོམ་ལྡན་འདས་ཀྱིས་གནས་འདིར་ཉིན་ཞག་བདུན་བཞུགས་ཏེ་ཆོས་གསུངས་འདས་སངས་རྣམ་བཞིའི་རྗེས་བཀོད་ཀྱང་སྣང་ངོ་། །གཙུག་ལག་ཁང་དེ་ནས་བྱང་དུ་ལེ་བར་གཉིས་གསུམ་འདས་པའི་ས་གངྒཱའི་འགྲམ་དང་ཉེ་བར་མཆོད་རྟེན་དཔངས་སུ་ཁྲུ་ཉིས་བརྒྱ་ལྷག སྟོན་བདག་ཅག་གི་སྟོན་པས་ཉིན་ཞག་བདུན་དུ་ཆོས་གསུངས་པ་ན་འདྲེ་ལྔ་བརྒྱ་ལྷགས་ཏེ་ཆོས་ཐོས་པས་འདྲེ་ལུས་སྤངས་ཏེ་ལྷར་སྐྱེས་པའི་ལོ་

རྒྱུས་ཅན་ཨ་ཤོ་ཀས་བཞེངས་པ་ཞིག་དང་། དེའི་ཟོགས་ན་འདས་སངས་རྣམ་བཞིའི་བཞུགས་ཁྲི་དང་རྗེས་བཀོད་ཅི་རིགས་པ་དང་བཅས་པ་སྣང་ངོ་། །ཡང་དེའི་ཟོགས་ན་སྟོན་པའི་སྐྲ་སེན་བཞུགས་པའི་མཆོད་རྟེན་ཡོད་དོ། །

解 1：

完整翻译全文。

解 2：

纳缚提婆矩罗城的注释见《大唐西域记校注》（上）447 页。

阿踰陀国

阿踰陀国周五千余里。国大都城周二十余里。谷稼丰盛，华果繁茂。气序和畅，风俗善顺，好营福，勤学艺。伽蓝百有余所，僧徒三千余人，大乘小乘，兼功习学。天祠十所，异道寡少。

{ཨ་ཡོ་ཀའི་ཡུལ།}

དེ་ནས་བྱང་ཤར་མཚམས་སུ་རྒྱང་གྲག་(གྲགས)དྲུག་བརྒྱ་ཙམ་ཕྱིན་པ་ན་གངྒཱའི་འགྲམ་དང་ཉེ་བ་ན་ཨ་ཤོ་ཀའི་༢ ☆ ཡུལ་ལོ། །དེའི་ཐ་གྲུར་རྒྱང་གྲག་(གྲགས)ལྔ་སྟོང་ལྷག་དང་། གཞུང་མཁར་ཆེན་པོའི་ཁོར་ཡུག་ཏུ་རྒྱང་གྲག་(གྲགས)ཉི་ཤུ་ལྷག་ཡོད་དོ། །ས་གཞི་གཤིན་ལ་ནམ་དབུགས་དྲོ་བ། བྲུས་མ་ཡུངས་དཀར་ནག་ནས་གྲོ་འབྲས་ཤིང་ཏོག་མེ་ཏོག་ཕུན་སུམ་ཚོགས་པ་མིའི་རང་བཞིན་དུལ་བ་བསྲུན་བ། དགེ་བའི་རྩ་བ་ལ་འདུན་ཅིང་འབད་པ་སློབ་གཉེར་ལ་དགའ་བ། གཙུག་ལག་ཁང་བརྒྱ་ལྷག་ཡོད་པར་དགེ་འདུན་གསུམ་སྟོང་ལྷག་གནས་པ། ཐེག་པ་ཆེ་ཆུང་གཉིས་ལ་འདྲེས་མར་སློབ་པ། ཕྱི་པའི་ལྷ་ཁང་བཅུ་ཕྲག་གཅིག་འདུག་ཀྱང་ཏི་ཐི་ཀ་(ཏིརྠིཀ)ཉུང་ཙམ་གནས་སོ། །

解 1：

（1）完整翻译全文。

（2）第一句是前一个国家的最后一句“自此东南行六百余里，渡殑伽河，南至阿踰陀国。中印度境。”小字“中印度境。”没有翻译，因不影响全文的含义，故省略了。

解 2:

阿踰陀国 梵 Ayudhā（今印度奥德地区）

一、世亲、胜受及佛遗迹

大城中有故伽蓝，是伐苏畔度菩萨唐言世亲。旧曰婆薮盘豆，译曰天亲，讹谬也。数十年中于此制作大小乘诸异论。其侧故基，是世亲菩萨为诸国王、四方俊彦、沙门、婆罗门等讲义说法堂也。

城北四五里，临殑伽河岸大伽蓝中，有窣堵波，高二百余尺，无忧王之所建也，是如来为天人众于此三月说诸妙法。其侧窣堵波，过去四佛坐及经行遗迹之所。伽蓝西四五里，有如来发爪窣堵波。

发爪窣堵波北，伽蓝余趾，昔经部室利逻多唐言胜受。论师于此制造经部《昆婆沙论》。

{༡ སློབ་དཔོན་དབྱིག་གཉེན་དང་དཔལ་སྦྱིན།}

གྲོང་ཁྱེར་ཆེན་པོའི་ནང་གཙུག་ལག་ཁང་རྙིང་པ་ཞིག་ཡོད་པ་ནི་བྱང་ཆུབ་སེམས་དཔའ་བ་སུ་བནྡྷུ་སྟེ་དབྱིག་གཉེན་གྱིས་ཐོག་མར་འདིར་གནས་ནས་ཐེག་པ་ཆེ་ཆུང་གི་བསྟན་བཅོས་ཤིག་མཛད་དེ་ཐམ་ཟེ་མང་པོ་དང་བགྲོ་གླེང་གི་སྒོ་ནས་ཕན་པར་མཛད་པའི་གནས་ཡིན་སྐད་དོ། །༈ གྲོང་ཁྱེར་དེའི་བྱང་ཕྱོགས་སུ་གངྒཱའི་འགྲམ་ན་གཙུག་ལག་ཁང་ཆེན་པོ་ཞིག་ན་མཆོད་རྟེན་དཔངས་སུ་ཁྲུ་ཉིས་བརྒྱ་ལྷག་པ་རྒྱལ་པོ་ཨ་ཤོ་ཀས་བཞེངས་པ། སྟོན་སྟོན་པ་ཞལ་བཞུགས་དུས་སུ་འདིར་ཟླ་བ་གསུམ་བཞུགས་ཏེ་ཆོས་གསུངས་ཟེར་རོ། །འདས་སངས་རྒྱས་བཞིའི་བཞུགས་ཁྲི་རྗེ་ལས་གྲུབ་པ་རྗེས་བཞག་བཀོད་པ་ཡོད་དོ། །༈ དེ་ནས་ནུབ་ཏུ་རྒྱང་གྲག་(གྲགས)བཞི་ལྔ་ཙམ་གྱི་སར་སྟོན་པའི་དབུ་ལོ་དང་སྤྲུག་སེན་གྱི་མཆོད་རྟེན་ཀྱང་ཡོད་དོ། །དེར་གཙུག་ལག་ཁང་ཞིག་ཡོད་པའི་རྨང་གཞི་སྟོན་མདོ་སྡེ་པའི་སློབ་དཔོན་ཤྲཱི་ལ་ཏ་སྟེ་དཔལ་སྦྱིན་གྱིས་མདོ་སྡེ་པའི་ལུགས་ཀྱི་ལྷག་མཐོང་མཛད་པའི་གནས་རྙིང་ཡིན་ཟེར་རོ། །

解 1:

完整翻译全文。

解 2：

世亲、胜受及佛遗迹的注释见《大唐西域记校注》(上) 451 页。

二、无著与世亲故事

城西南五六里，大庵没罗林中有故伽蓝，是阿僧伽唐言无著。菩萨请益导凡之处。无著菩萨夜升天宫，于慈氏菩萨所受《瑜伽师地论》、《庄严大乘经论》、《中边分别论》等，昼为大众讲宣妙理。庵没罗林西北百余步，有如来发爪窣堵波。其侧故基，是世亲菩萨从睹史多天下见无著菩萨处。无著菩萨健驮逻国人也，佛去世后一千年中，诞灵利见，承风悟道，从弥沙塞部出家修学，顷之回信大乘。其弟世亲菩萨于说一切有部出家受业，博闻强识，达学研机。无著弟子佛陀僧诃唐言师子觉。者，密行莫测，高才有闻。二三贤哲每相谓曰："凡修行业，愿觐慈氏。若先舍寿，得遂宿心，当相报语，以知所至。"其后师子觉先舍寿命，三年不报。世亲菩萨寻亦舍寿，时经六月，亦无报命。时诸异学咸皆讥诮，以为世亲菩萨及师子觉流转恶趣，遂无灵鉴。其后无著菩萨于夜初分，方为门人教授定法，灯光忽翳，空中大明。有一天仙乘虚下降，即进阶庭，敬礼无著。无著曰："尔来何暮！今名何谓？"对曰："从此舍寿命往睹史多天慈氏内众莲华中生。莲华纔开，慈氏赞曰：'善来广慧，善来广慧！'旋绕纔周，即来报命。"无著菩萨曰："师子觉者，今何所在？"曰："我旋绕时，见师子觉在外众中，耽着欲乐，无遐相顾，讵能来报？"无著菩萨曰："斯事已矣，慈氏何相？演说何法？"曰："慈氏相好，言莫能宣。演说妙法，义不异此。然菩萨妙音，清畅和雅，闻者忘倦，受者无厌。"

无著讲堂故基西北四十余里，至故伽蓝，北临殑伽河，中有砖窣堵波，高百余尺，世亲菩萨初发大乘心处。世亲菩萨自北印度至于此也，时无著菩萨命其门人，令往迎候，至此伽蓝，遇而会见。无著弟子止户牖外，夜分之后，诵《十地经》。世亲闻已，感悟追悔，甚深妙法，昔所未闻，诽谤之愆，源发于舌。舌为罪本，今宜除断。即执铦刀，欲自断舌。乃见无著住立告曰："夫大乘教者，至真之理也。诸佛所赞，众圣攸宗。吾欲诲尔，尔今自悟。悟其时矣，何善如之！诸佛圣教，断舌非悔。昔以舌毁大乘，今以舌赞大乘，补过自新，犹为善矣！杜口绝言，其利安在？"作是语已，忽不复见。世亲承命，遂不断舌，旦诣无著，谘受大乘。于是研精覃思，制大乘论，凡百余部，并盛宣行。

从此东行三百余里，渡殑伽河，北至阿耶穆佉国。中印度境。

{༢ སློབ་དཔོན་ཐོགས་མེད་དང་སློབ་དཔོན་དབྱིག་གཉེན་གྱི་ལོ་རྒྱུས་སྐོར།}

གྲོང་ཁྱེར་དེའི་ལྷོ་ནུབ་ཏུ་རྒྱང་གྲག་(གྲགས)ལྔ་དྲུག་ཙམ་ན་ཤིང་ཏོག་ཨ་མྲའི་ནགས་ཚལ་ཆེན་པོའི་ནང་གཙུག་ལག་ཁང་རྙིང་པ་ཞིག་ཡོད་པ་ནི། བྱང་ཆུབ་སེམས་དཔའ་འཕགས་པ་ཐོགས་མེད་ཀྱིས་སྔོན་དགའ་ལྡན་དུ་ཕེབས་སྟེ་རྒྱལ་བ་མ་ཕམ་པར་བྱམས་པའི་ཆོས་སྡེ་ལྔ་མནོས་ནས་ཕྱིར་ལོག་སྟེ། རྣལ་འབྱོར་སྤྱོད་པའི་ས་སྡེའི་རྩ་འགྲེལ་དང་། དབུས་མཐའ་རྣམ་འབྱེད། ཐེག་པ་ཆེན་པོའི་རྒྱན་རྩ་འགྲེལ་མཛད་པའི་གནས་ཡིན་ནོ། །ཨ་མྲའི་ནགས་ཀྱི་ནུབ་བྱང་མཚམས་གོམ་པ་བརྒྱ་ཙམ་ན་སྟོན་པའི་དབུ་སྐྲ་དང་སེན་མོའི་མཆོད་རྟེན་གཅིག་ཡོད། ཐོགས་མེད་ཀྱིས་ཆོས་བཤད་པའི་ལྡིང་ཁང་གི་ཤུལ་རྙིང་ནས་ནུབ་བྱང་མཚམས་སུ་ལེ་བར་བཞི་བཅུ་ལྷག་ཙམ་ན། གནྡྷའི་འགྲམ་དུ་<PL.59>སོ་ཕག་གི་གཙུག་ལག་ཁང་ཞིག་ཡོད་པ་ནི་སློབ་དཔོན་དབྱིག་གཉེན་གྱིས་ཐོག་མར་ཐེག་པ་ཆེན་པོའི་སེམས་སྐྱེད་པའི་གནས་སོ། །དེ་ཡང་ཐོགས་མེད་དང་དབྱིག་གཉེན་གཉིས་སྐུ་མཆེད་ཡིན་ཀྱང་(ཡང)། རབ་ཏུ་བྱུང་བའི་སྡེ་ཐ་དད་པས་མོས་པ་མི་མཐུན་ནོ། །གཙུག་ལག་ཁང་གིས་ཐེག་ཆེན་ལ་གཏན་ནས་མ་རངས་པ་ལ། ལན་ཅིག་(གཅིག)ཐོགས་མེད་དེར་ཕེབས་ཏེ་སློབ་མ་ཞིག་ལ་གསུངས་པ། ངའི་ནུ་བོ་འཁོར་གྱིས་སླེབས་པ་དང་ཁྱོད་ཀྱིས་མདོ་སྡེ་ས་བཅུ་པ་ཐོན་གསུངས་པ་ལྟར་མ་འགྲུངས་པར་དབྱིག་གཉེན་ཡུལ་དབུས་ནས་འབྱོན་པའི་ལམ་དུ་ཡང་ཐེག་ཆེན་ལ་ཐེ་ཚོམ་ཟ་བཞིན་པར་སླེབས་སོ། །ཐོགས་མེད་ཀྱི་སློབ་མ་བཙུན་པ་ཞིག་གིས་མདོ་སྡེ་ས་བཅུ་པ་འདོན་པ་གསན་ཏེ་བསམ་པ་གཏད་པས་ཐེ་ཚོམ་གྱི་དྲ་བ་བཅད་དེ་ཐེག་ཆེན་ལམ་རངས་པ་སྔར་བྱས་པ་ལ་འགྱོད་པ་སྐྱེས་ནས། སྔར་མ་རྟོགས་པའི་དུས་སུ་ཐེག་ཆེན་ལམ་རངས་པས་སྐུར་འདེབས་མང་པོ་བྱས་པ་ལྕེས་ཉེས་སོ་ཞེས་ལྕེ་གཅོད་པར་བརྩམས་པ་ན། ཐོགས་མེད་ཕེབས་ཏེ་གཟིགས་པས་དེ་ཅི་ཕན་སྔོན་ལྕེ་ལ་བརྟེན་ནས་བྱས་པའི་སྡིག་པ། ད་ལྟ་ལྕེ་ལ་བརྟེན་ནས་སྦྱོང་དགོས་གསུངས་པས། ཐེག་པ་ཆེན་པོའི་འགྲེལ་བའི་རིགས་དང་བསྟོད་པའི་བསྟན་བཅོས་ཀྱི་གླེགས་བམ་བརྒྱ་ལྷག་མཛད་པ་ད་ལྟར་དར་སོ་ཆེ་བར་སྣང་ངོ། །

解 1：

完整翻译全文。

解 2:

无著与世亲故事的注释见《大唐西域记校注》(上) 454 页。

阿耶穆佉国

阿耶穆佉国周二千四五百里。国大都城临殑伽河，周二十余里。其气序土宜，同阿踰陀国。人淳俗质，勤学好福。伽蓝五所，僧徒千余人，习学小乘正量部法。天祠十余所，异道杂居。

城东南不远，临殑伽河岸，有窣堵波，无忧王之所建也，高二百余尺，是如来昔于此处三月说法。其侧则有过去四佛坐及经行遗迹之所，复有如来发爪青石窣堵波。其侧伽蓝，僧徒二百余人。佛像庄饰，威严如在。台阁宏丽，奇制郁起。是昔佛陀驮婆唐言觉使。论师于此制说一切有部《大毘婆沙论》。

从此东南行七百余里，渡殑伽河南、阎牟那河北，至钵逻耶伽国。中印度境。

{ཨ་ཡ་མུ་ཁའི་ཡུལ།}

དེ་ནས་ཤར་ཕྱོགས་སུ་རྒྱང་གྲག་(གྲགས)སུམ་བརྒྱ་ཙམ་སོང་སྟེ་གངྒཱ་བརྒལ་བ་ན། ཨ་ཡ་མུ་ཁའི་
༣ ☆ ཡུལ་ལོ། །དེའི་ཁོར་ཡུག་ཏུ་རྒྱང་གྲག་(གྲགས)སྟོང་ཕྲག་གཉིས་དང་བཞི་བརྒྱ་ལྔ་བརྒྱ་ཙམ། ལྟེ་བའི་མཁར་ཆེན་ལ་ལེ་བར་ཉེ་ཤུ་ལྷག་ཙམ་གངྒཱ་ལ་ཐུག་པ། ནམ་དུས་དང་ས་གཞི་མིའི་རང་བཞིན་སོགས་ཡུལ་ཨ་ཡོ་ཀས་ཡུལ་དང་མཚུངས་སོ། །གཙུག་ལག་ཁང་ལྔ་ལ་དགེ་འདུན་སྟོང་ལྷག་གནས་ཤིང་ཐམས་ཅད་གནས་བརྟན་སྡེ་པའོ། །ཕྱི་པའི་ལྷ་ཁང་བཅུ་ལ་ཕྱི་པའི་ལུགས་སྣ་ཚོགས་འདྲེས་མར་གནས་སོ། །༈ གྲོང་ཁྱེར་གྱི་ཤར་ལྷོའི་མཚམས་སུ་མི་རིང་བར་གངྒཱའི་འགྲམ་དང་ཉེ་བར་རྒྱལ་པོ་མྱ་ངན་མེད་ཀྱིས་བཞེངས་པའི་མཆོད་རྟེན་སྲིད་དུ་ཁྲུ་ཉིས་བརྒྱ་ལྷག་ཡོད་པ་ཅིག་(ཞིག)དང་། སྟོན་སྟོན་པ་ཟླ་བ་གསུམ་བཞུགས་ཏེ་ཆོས་བསྟན་པའི་ཤུལ་རྟགས་དང་འདས་སངས་བཞིའི་རྗེས་བཀོད་ཀྱང་ཡོད་དོ། །སྟོན་པའི་སྐྲ་སེན་བཞུགས་པའི་མཆོད་རྟེན་རྡོ་སྔོན་པོ་ལས་གྲུབ་པ་དང་། གཙུག་ལག་ཁང་ལ་དགེ་འདུན་ཉིས་བརྒྱ་ལྷག་གནས་པ་དང་། སྟོན་ཐམས་ཅད་ཡོད་སྨྲས་སྡེ་པའི་ལྷག་མཐོང་མཛད་པ་པོ་བུདྡྷ་བ་ལ་སྡེ་སངས་རྒྱས་འབངས་ཟེར་བ་བཞུགས་པའི་གནས་ཡོད་དོ། །དེར་བཞུགས་པའི་སྐུ་རྟེན་རྣམས་ཀྱི་བཀོད་པ་

རྒྱན་བཟོ་ཁྱད་དུ་འཕགས་པ་ཞིག་གོ།

解 1：

（1）完整翻译全文。

（2）第一句是前一个国家的最后一句“从此东行三百余里，渡殑伽河，北至阿耶穆佉国。中印度境。”小字“中印度境。”没有翻译，因不影响全文的含义，故省略了。

解 2：

阿耶穆佉国　梵　Ayamukha（今印度阿拉哈巴德地区）

钵逻耶伽国

钵逻耶伽国周五千余里。国大都城据两河交，周二十余里。稼穑滋盛，果木扶疏。气序和畅，风俗善顺，好学艺，信外道。伽蓝两所，僧徒寡少，并皆习学小乘法教。天祠数百，异道寔多。

{སྦྲ་ར་ན་གའི་ཡུལ།}

དེ་ནས་ཤར་ལྷོའི་མཚམས་སུ་རྒྱང་གྲག་(གྲགས)བདུན་བརྒྱ་ཙམ་གྱི་སར་གངྒཱ་བརྒལ་ནས་ཆུ་བོ་ཡ་མུ་ནའི་ཚུར་རོལ་ན་སྦྲ་ར་ན་ག་༼ ☆ [པྲི་ཡཱ་ཀ] ཟེར་བའི་ཡུལ་ལོ། །དེའི་ཕ་གྲུར་རྒྱང་གྲག་(གྲགས)ལྔ་སྟོང་ལྷག་དབུས་མཁར་ཆེན་པོའི་ཁོར་ཡུག་ཏུ་ལེ་བར་ཉི་ཤུ་སྐྱགཾ་གངྒཱ་དང་ཡ་མུ་ན་སྟེ་ཆུ་ཀླུང་ཆེན་པོ་གཉིས་ལ་མཐའ་གཉིས་བརྟེན་པ། ནམ་དུས་དང་ས་གཞི་མི་སོགས་ཡུལ་སྔ་མ་གཉིས་དང་འདྲའོ་ཁྱད་པར་ཅུང་མི་འདྲ་ནི་ཕྱི་པ་ལ་དད་དོ། །གཙུག་ལག་ཁང་གཉིས་དང་དགེ་འདུན་ཉུང་ཞིང་ཐེག་དམན་པ་པོ་ནའོ། །ཕྱི་པའི་ལྷ་ཁང་བརྒྱ་ཕྲག་དུ་མ་ལ་ཧིནྡ་ཀ་ལུགས་སྣ་ཚོགས་པ་མང་པོ་མཆིས་སོ། །

解 1：

（1）完整翻译全文。

（2）《大唐西域记校注》中对钵逻耶伽国的注解：“钵逻耶伽国，梵文称 Prayaga”译文中的两个名称都是 Prayaga 的音译，其中后一个更准确些。

（3）第一句是前一个国家的最后一句“从此东南行七百余里，渡殑伽河南、阎牟那河北，至钵逻耶伽国。中印度境。”小字“中印度境。”没有翻译，因不影响全文的含义，故省略了。

（4）批注称钵逻耶伽国又叫“比日雅嘎”。

解 2：

钵逻耶伽国　梵　prayāga（今印度阿拉哈巴德地区）

一、如来遗迹及提婆故事

大城西南瞻博迦华林中，有窣堵波，无忧王之所建也。基虽倾陷，尚百余尺。在昔如来于此处降伏外道。其侧则有发爪窣堵波、经行遗迹。

发爪窣堵波侧，有故伽蓝。是提婆唐言天受。菩萨作《广百论》，挫小乘，伏外道处。初提婆菩萨自南印度至此伽蓝，城中有外道婆罗门，高论有闻，辩才无碍，循名责实，反质穷辞。雅知提婆博究玄奥，欲挫其锋。乃循名问曰：“汝为何名！”提婆曰：“名天。”外道曰：“天是谁?”提婆曰：“我。”外道曰：“我是谁?”提婆曰：“狗。”外道曰：“狗是谁?”提婆曰：“汝。”外道曰：“汝是谁?”提婆曰：“天。”外道曰：“天是谁?”提婆曰：“我。”外道曰：“我是谁?”提婆曰：“狗。”外道曰：“谁是狗?”提婆曰：“汝。”外道曰：“汝是谁?”提婆曰：“天。”如是循环，外道方悟。自时厥后，深敬风猷。

{༡ སྟོན་པའི་རྗེས་ཤུལ་དང་སློབ་དཔོན་ཨརྱ་དེ་བའི་ལོ་རྒྱུས།}

གྲོང་ཁྱེར་གྱི་ལྷོ་ནུབ་མཚམས་སུ་ཙམ་པ་ཀའི་ཚལ་ཆེན་པོ་དེར་སྔོན་སྟོན་པས་མུ་སྟེགས་པའི་སྟོན་པ་དྲུག་བཏུལ་བའི་གནས་སོ། རྒྱལ་པོ་ཨ་ཤོ་ཀས་བཞེངས་<PL.60.>པའི་མཆོད་རྟེན་ནང་དུ་སྟོན་པའི་དབུ་སྐྲ་དང་ཕྱག་སེན་བཞུགས་སོ། །གཙུག་ལག་ཁང་རྙིང་པ་ཞིག་ཡོད་པ་སྔོན་ཨ་རྱ་དེ་བས་ཡི་གེ་བརྒྱ་པ་ཞེས་བྱ་བའི་བསྟན་བཅོས་མཛད་དེ་ཐེག་དམན་སུན་ཕྱུང་ཏེ་མུ་སྟེགས་པ་ཚར་བཅད་པའི་གནས་སོ། །དེའི་ལོ་རྒྱུས་ནི་སྔོན་སློབ་དཔོན་ཨ་རྱ་དེ་བ་ཐོག་མར་ཡུལ་སིངྷ་ལ་ནས་འདིར་ཕེབས་སོ། །དེ་དུས་ཕྱི་རོལ་པ་རིག་གནས་ཆེན་པོ་ལ་མཁས་པ་ཞིག་གིས་དགེ་འདུན་གྱི་འདུ་སྒོ་འཕྲོག་པོ་བྲང་གཎྜི་མི་བརྡུང་བའི་བཅས་པ་བྱས་ཏེ། དགེ་འདུན་ལ་དབང་མེད་པས་གཎྜི་མ་བརྡུང་བར་ཆོས་སྟོན་གསོལ་བ་གཟིགས་

ནས་རྒྱུ་མཚན་དྲིས་པར་ཚུལ་དེ་བཤད་པས། ཨ་ཏྲ་དེ་བ་ཁང་བརྩེགས་ཀྱི་སྟེང་དུ་ཕྱིན་ཏེ་ སྐནྡེ་བརྡུང་བར་མུ་སྟེགས་པས་ཁྱོད་སུ་ཡིན། ལན་ལ་ལྷའོ། །ལྷ་ཟེར་སུ་ཡིན། ལན་ལ་ངའོ། །ང་སུ་ཡིན། ལན་ལ་ཁྱིའོ། །ཁྱི་སུ་ཡིན། ལན་ལ་ཁྱོད་དོ། །ཁྱོད་སུ་ཡིན། ལན་ལ་ལྷའོ། །ལྷ་སུ་ཡིན། ལན་ལ་ངའོ། །ང་སུ་ཡིན་ཁྱིའོ། །དེ་བཞིན་དུ་ཁྱི་སུ་ཡིན། ཁྱོད་དོ། །ཁྱོད་སུ་ཡིན། ལྷའོ། །ལྷ་སུ་ཡིན། དེ་ལྟར་རྒྱུན་མར་དྲི་བ་དྲིས་ལན་བྱས་པས་ཕྱི་བ་སྤོབས་པ་མེད་པར་གྱུར་ནས་ཕམ་པ་ཁས་བླངས་ཏེ་རྩོགས་པ་སྐྱེས་སོ། །

解 1：

完整翻译全文。

解 2：

如来遗迹及提婆故事的注释见《大唐西域记校注》(上) 461 页。

二、天祠及传说

城中有天祠，莹饰轮焕，灵异多端。依其典籍，此处是众生殖福之胜地也。能于此祠捐舍一钱，功踰他所惠施千金。复能轻生，祠中断命，受天福乐，悠永无穷。天祠堂前有一大树，枝叶扶疏，阴影蒙密。有食人鬼依而栖宅，故其左右多有遗骸。若人至此祠中，无不轻舍身命。既怵邪说，又为神诱，自古迄今，习谬无替。近有婆罗门，族姓子也，阔达多智，明敏高才，来至祠中，谓众人曰：“夫曲俗鄙志，难以导诱。吾方同事，然后摄化。”亦既登临，俯谓友曰：“吾有死矣！昔谓诡妄，今验真实。天仙伎乐，依空接引，当从胜境，捐此鄙形。”寻欲投身，自取殒绝。亲友谏喻，其志不移。遂布衣服遍周树下，及其自投，得全驱命。久而醒曰：“唯见空中诸天召命，斯乃邪神所引，非得天乐也。”

{༢ ཕྱི་པའི་ལྷ་ཁང་དང་དེའི་ལོ་རྒྱུས་སྐོར།}

གྲོང་ཁྱེར་གྱི་ནང་དུ་ཕྱི་པའི་ལྷ་ཁང་[པར་ནཱ་ཛ་ཟེར]ཞིག་ཡོད་དོ། །དེར་ཏམ་ཀ་བྱིན་ན་ཏམ་ཀ་སྟོང་དུ་འགྱུར་བའི་གྲགས་པ་ཅན་རྒྱན་བཀོད་ཀྱང་ཕུན་སུམ་ཚོགས་པ་ཞིག་སྣང་ངོ་། །ལྷ་ཁང་གི་མདུན་ན་ཤིང་སྡོང་ཆེན་པོ་ཞིག་འདུག་པར་བདུད་རིགས་ཀྱི་ལྷ་ཞིག་གནས་ཏེ། སྔོན་དད་ཅན་འགའ་ཞིག་བསླུས་

ནས་སྒྲོག་འདོར་བསད་མང་པོ་ཞིག་སྣང་བ་ཕྱིས་སུ་རིག་པ་རྫོ་བ་ཞིག་གིས་རྟོགས་ནས་བརྩུན་རྟེབས་(བརྟོལ)ཏེ་ཀུན་ལ་བཤད་པས་བསྒྲུ་བའི་རྒྱུན་ཡོངས་སུ་ཆད་པར་གྱུར་ཏོ། །

解 1：

（1）完整翻译全文。

（2）批注意为此天祠名称“巴尔纳杂”。

解 2：

天祠及传说的注释见《大唐西域记校注》（上）463 页。

三、大施场及修苦行者

大城东，两河交，广十余里，土地爽垲，细沙弥漫。自古至今，诸王豪族，凡有舍施，莫不至止，周给不计，号大施场。今戒日王者，聿修前绪，笃述惠施，五年积财，一旦倾舍。于其施场，多聚珍货。初第一日，置大佛像，众宝庄严，即持上妙奇珍而以奉施。次常住僧，次见前众，次高才硕学，博物多能，次外道学徒、隐沦肥遁，次鳏寡孤独、贫穷乞人。备极珍玩，穷诸上馔。如是节级，莫不周施。府库既倾，服玩都尽，髻中明珠，身诸璎珞，次第施与，初无所悔。既舍施已，称曰：“乐哉！凡吾所有，已入金刚坚固藏矣。”从此之后，诸国君王各献珍服，尝不踰旬，府库充仞。

大施场东合流口，日数百人自溺而死。彼俗以为欲求生天，当于此处绝粒自沉，沐浴中流，罪垢消灭。是以异国远方，相趍萃止，七日断食，然后绝命。至于山猿野鹿，群游水滨，或濯流而返，或绝食而死。当戒日王之大施也，有一猕猴居河之滨，独在树下，屏迹绝食，经数日后，自饿而死。故诸外道修苦行者，于河中立高柱，日将旦也，便即升之。一手一足，执柱端、蹑傍杙；一手一足，虚悬外申，临空不屈；延颈张目，视日右转，逮乎曛暮，方乃下焉。若此者其徒数十，冀斯勤苦，出离生死，或数十年未尝懈息。

从此西南入大林中，恶兽野象，群暴行旅，非多徒党，难之经涉。行五百余里，至憍赏弥国。旧曰拘睒弥国，讹也。中印度境。

{༣ སྦྱིན་པའི་གླིང་ཆེན།}

གྲོང་ཁྱེར་ཆེན་པོའི་ཤར་མཚམས་སུ་ཆུ་ཀླུང་གཉིས་བསྐོལ་བའི་སར་རྒྱར་རྒྱང་གྲག་(གྲགས)བཅུ་ལྷག་ཙམ་ཡོད་པར་[དྲ་ཛྙ་ནི་ཟེར]ས་གཞི་ཤིན་ཏུ་འཇམ་ལ་ཕྱེ་མས་གཏམས་པ། དེ་ནི་གནའ་དུས་མི་རྣམས་ཀྱིས་སྦྱིན་པའི་གླིང་ཆེན་པོར་འབོད་པ་ཕྱོགས་ཕྱོགས་ནས་རྒྱལ་པོ་རྒྱལ་ཕྲན་ཐམས་ཅད་འདིར་ཕྱོན་ཚད་ཀྱིས་སྦྱིན་པ་མི་སྦྱིན་པ་མེད་ལ་མུ་སྟེགས་པས་བསླུས་ནས་ལུས་སྦྱིན་པར་བཏང་བ་དང་། དེར་ཆུ་ཀླུང་ལ་ཁྲུས་བྱས་ན་སྡིག་པ་འདག་པའི་གྲགས་པས་གལ་ཏེ་བྱིང་བའམ་འཚུབ་སྟེ་ཤི་ན་ལྷ་གནས་སུ་སྐྱེས་པའི་གྲགས་པས་བསླུས་པ་དག་ཀྱང་སྣང་ངོ་། །༐ རྒྱལ་པོ་ཚུལ་ཁྲིམས་ཉི་མས་ཀྱང་དེར་ཕེབས་ཏེ་ཐོག་མར་སྟོན་པའི་སྐུ་ཆེ་བ་ཞིག་གིས་སྣ་དྲངས། དེ་ནས་ནང་བའི་དགེ་འདུན་དེ་ནས་བྲམ་ཟེ་རིག་བྱེད་པ་འདུས་པ། དེ་ནས་མགོན་མེད་བཞི་ནི། ཆུང་ངུ་ནས་ཕ་མ་མེད་པའི་དྭ་ཕྲུག་རྒས་ནས་བུ་ཤི་བ། རྒས་ཁར་ཁྱོ་ཤི་བའམ་ཤུག་ཤི་བ་བཞི་ལ་མགོན་མེད་བཞི་ཟེར་བ་རྒྱ་ནག་གི་ཐ་སྙད་དོ། །དེ་ནས་ངན་སློང་གི་ཚོགས་རིམ་གྱིས་འགྱོར་བའི་སྐྱེ་བོ་སྟོང་ཕྲག་དུ་མ་ལ་སོ་སོར་རེ་རེ་ནས་སྦྱིན་པ་རྣམ་བཞིས་ཡོངས་སུ་བསྐང་བར་མཛད། བཟའ་བཏུང་། གོས། མལ་ཆ། གསོས་སྨན་ཏེ་བཞི་ལ་ཟང་ཟིང་གི་སྦྱིན་པ་རྣམ་བཞི་ཟེར་རོ། །དེ་དག་རྫོགས་པ་དང་རྒྱལ་པོ་རང་ཉིད་ཕེབས་ཏེ་ལུས་ཀྱི་ལོངས་སྤྱོད་ཐམས་ཅད་དང་གཙུག་གི་ནོར་བུ་དང་། སྐུའི་དོ་ཤལ་གྱི་བར་ཆོམ་མེད་པར་བཏང་ནས། ཨ་ལ་ལ་ཧོ༔ བདག་གི་ལོངས་སྤྱོད་ཡོ་བྱད་ཐམས་ཅད་མི་ཤིག་པའི་རྡོ་རྗེའི་[བདན](གདན)གནས་མཛོད་གང་བར་བྱས་སོ་ཞེས་གསུངས་ཤིང་དགྱེས་པ་མཛད་དོ། །གཅིག་ཏུ་རྒྱལ་པོ་ཆོས་ལ་ཤིན་ཏུ་དགར་བ་དང་གཉིས་སུ་ན་ཡུལ་ཆོས་གཏན་ཆགས་སུ་བརྟན་པས། རྒྱལ་པོ་ཚུལ་<PL.61>ཉིས་ཀྱང་དེ་ལྟར་མཛད་པའི་མུན་ཕྱོགས་གཞན་གྱི་རྒྱལ་ཕྲན་མང་པོས་ཀྱང་དེ་དང་མཐུན་པར་བྱེད་ཅིང་། འགའ་ཞིག་ལུས་ཀྱི་སྦྱིན་པ་བྱེད་ཟེར་ཞིང་ཆུར་ལྡེབས་པ་དང་ཟས་བཅད་ནས་འཆི་བ་ཡང་ཡོད་དོ། །མི་ལྷ་ཞོག་ཏུད་འགྲོའི་རིགས་སུ་གཏོགས་པའང་ལད་མོ་བྱེད་པ་མཚིས་སྟེ། རྒྱལ་པོ་ཚུལ་ཉིས་སྦྱིན་པ་བཏང་པའི་རྗེས་སུ་སྤྲེའུ་ཞིག་ཤིང་དྲུང་དུ་བསྡད་དེ་ཞག་དུ་མ་འདས་པ་ན་ལྟོགས་ཏེ་ཤི་བ་མཐོང་ངོ་། །ཆུ་ཀླུང་གི་ནང་ན་རྡོའི་ཀ་བ་རིང་པོ་ཞིག་ཡོད་པར་འགའ་ཞིག་གིས་ཏུལ་ཞུགས་སྤྱོད་ཟེར་ནས་ལུས་གཅེར་བུར་ཕྱུང་། ཀང་པ་གཅིག་ཀ་བའི་རྩ་བ་ལ་རྟེན། ལག་པ་གཅིག་གི(ས)ཀ་བ་ནས་བཟུང་། ཀང་ལག་ཅིག་ཤོས་བསྐུམ་སྟེ་བར་སྣང་ལ་ཕྱར་སྟེ་མགུལ་བ་བརྒྱུད་ནས་གཡས་

སྐོར་གྱིས་ཉེ་མས་དཀྱིལ་འཁོར་མིག་ལ་མི་འཛུམ་པར་སྟང་མིག་ཏུ་བལྟ་བའི་དཀའ་ཐུབ་ཀྱིས་གྲོལ་བ་ཐོབ་པར་འདོད་པ་སོགས་མཐའ་ཡས་བྱུང་ངོ། །

解 1:

(1) 完整翻译全文。

(2) 批注意为此城名称“达惹巴尼”。

解 2:

大施场及修苦行者的注释见《大唐西域记校注》(上) 465 页。

憍赏弥国

憍赏弥国周六千余里。国大都城周三十余里。土称沃壤，地利丰植，粳稻多，甘蔗茂。气序暑热，风俗刚猛。好学典艺，崇树福善。伽蓝十余所，倾顿荒芜。僧徒三百余人，学小乘教。天祠五十余所，外道寔多。

{ཀཽ་ཤཱམྦིའི་ཡུལ།}

དེ་ནས་ལྷོ་ནུབ་ཀྱི་མཚམས་སུ་ནགས་ཚལ་ཆེན་པོའི་ནང་གླང་ཆེན་དང་སྟག་གཟིག་དོམ་དྲེད་སོགས་སེམས་ཅན་མ་རུངས་བས་གང་བ་མི་ཙུང་ངུས་རྒྱུ་འགྲུལ་འགྲོ་འདུག་བྱེད་མི་རུང་བའི་གནས་ཞིག་འདུག་པ། དེ་ནས་ཡང་ནུབ་བྱང་ཕྱོགས་སུ་རྒྱང་གྲག་(གྲགས)ལྔ་བརྒྱ་ལྷག་ཕྱིན་པ་ན་ཀཽ་ཤཱམྦིའི་༥ (译文原本中缺失序号) ཡུལ་ལོ། །དེའི་ཁོར་ཡུག་ལ་བར་དྲུག་སྟོང་ལྷག །གཞུང་མཁར་ཆེན་པོ་ཁོར་ཡུག་རྒྱང་གྲག་(གྲགས)སུམ་ཅུ་ལྷག་པ། ས་གཞི་ཤིན་ཏུ་གཤིན་པ་ནམ་དབུགས་ཚ་བ་འབྲས་རིགས་གསུམ་དང་བུར་ཤིང་མོད་པ། མིའི་རང་བཞིན་རྐོད་ཅིང་གཏུམ་པ་རྩལ་ཡོད་ཆེ་བ་སློབ་གཉེར་ལ་དགའ་བ་ཆོས་ལ་ཆེས་དགའ་བ། གཙུག་ལག་ཁང་བཅུ་ཕྲག་གཅིག་ལྷག་ཙམ་ལ་དགེ་འདུན་སུམ་བརྒྱ་ལྷག་ཐེག་དམན་སྤྱོད་པ་ཤ་སྟག་གནས་སོ། །ཕྱི་པའི་ལྷ་ཁང་ལྔ་བཅུ་ཙམ་ན་ཏཱིརྠི་ཀ་(ཏཱིརྠིཀ)ཤིན་ཏུ་མང་བ་འདུག་གོ །

解 1:

(1) 完整翻译全文。

(2) 第一句是前一个国家的最后一句“从此西南入大林中，恶兽野象，群暴行旅，非多徒党，难之经涉。行五百余里，至憍赏弥国。旧曰拘睒弥国，讹也。中印度境。”小字“旧曰拘睒弥国，讹也。中印度境。”没有翻译，因不影响全文的含义，故省略了。

解 2:

憍赏弥国　梵　Kausāmbi（今印度柯桑村）

一、刻檀佛像

城内故宫中有大精舍，高六十余尺，有刻檀佛像，上悬石盖，邬陀衍那王唐言出爱。旧云优填王，讹也。之所作也。灵相间起，神光时照。诸国君王恃力欲举，虽多人众，莫能转移，遂图供养，俱言得真，语其源迹，即此像也。初如来成正觉已，上升天宫为母说法，三月不还，其王思慕，愿图形像。乃请尊者没特伽罗子以神通力接工人上天宫，亲观妙相，雕刻栴檀。如来自天宫还也，刻檀之像起迎世尊。世尊慰曰：“教化劳耶？开导末世，寔此为冀？

精舍东百余步，有过去四佛坐及经行遗迹之所。其侧不远，有如来井及浴室。井犹充汲，室以颓毁。

{༡ ཙནྡན་ལས་གྲུབ་པའི་སྟོན་པའི་སྐུ་བརྙན།}

གྲོང་ཁྱེར་གྱི་ནང་ན་རྙིང་ཁང་ཞིག་ཏུ་ཆེ་བ་དཔངས་སུ་ཁྲུ་དྲུག་ཅུ་ལྷག་ཙམ་གྱི་ནང་ན་བདག་ཅག་གི་སྟོན་པའི་སྐུ་བརྙན་ཙནྡན་ལས་གྲུབ་པ་དབུའི་ཐོག་ན་རྡོའི་གདུང་བར་སྟེང་ན་ཡོད་པའི་ཙནྡན་རྗེ་བོའི་སྐུ་ཚབ་ཡིན་ཟེར་བ་ཕྱོགས་ཕྱོགས་ནས་རྒྱལ་པོ་མང་པོས་སྤྱན་འདྲེན་པར་འདོད་པས་མི་མང་པོས་བཏེགས་ཀྱང་འདེགས་མ་ནུས་སོ། །དེ་ཡང་སྟོན་པ་སྐུ་བལྟམས་ནས་ཞག་བདུན་གྱི་ཐོག　ཡུམ་སྒྱུ་མ་ལྷ་མཛེས་ཚེ་འཕོས་ནས་ལྷ་གནས་སུམ་ཅུ་རྩ་གསུམ་དུ་སྐྱེས་པ་དེ་ཉིད་ལ་ཆོས་སྟོན་པའི་ཕྱིར་གཤེགས་ནས། དེར་མིའི་ཟླ་བ་གསུམ་བཞུགས་པར། རྒྱལ་པོ་ཨུ་དྲ་ཡ་ནས་སྟོན་པ་དྲན་པས་མ་བཟོད་ནས་ཙན་དན་གོ་ཤིརྵ་ལས་བཞེངས་པའི་སྐུ་བརྙན་དེ་མ་ནི་ཙན་དན་རྗེ་བོའི་ལོ་རྒྱུས་སུ་གསལ་བ་ལྟར། སྐུ་བརྙན་འདི་ནི་དེའི་ཚབ་མ་ཡིན་ནོ། །བཞེངས་མཁན་ནི་ལོ་རྒྱུས་སུ་མ་མཐོང་ངོ་། །གྲོང་ཁྱེར་ནང་ཤར་ལྷོའི་མཚམས་སུ་ཁྱིམ་བདག་ཀོ་ཤ་ལའི་ཁྱིམ་ཤུལ་དེར་སྟོན་པའི་དབུ་སྐྲ་དང་ཕྱག་སེན་བཞུགས་པའི་མཆོད་རྟེན་ཡོད་དོ། །

解 1：

（1）大意翻译全文。

（2）译文的最后“城的东南有藏着佛之头发和指甲的佛塔”一句，为下一个故事“二、具史罗、世亲、无著”中的第一句“城内东南隅有故宅余趾，是具史罗旧云瞿师罗，讹也。长者故宅也，中有佛精舍及发爪窣堵波”。

解 2：

刻檀佛像的注释见《大唐西域记校注》（上）469 页。

二、具史罗、世亲、无著

城内东南隅有故宅余趾，是具史罗旧云瞿师罗，讹也。长者故宅也，中有佛精舍及发爪窣堵波。复有故基，如来浴室也。

城东南不远，有故伽蓝，具史罗长者旧园也。中有窣堵波，无忧王之所建立，高二百余尺，如来于此数年说法。其侧则有过去四佛座及经行遗迹之所。复有如来发爪窣堵波。伽蓝东南重阁上，有故砖室，世亲菩萨尝住此中作《唯识论》破斥小乘，难诸外道。伽蓝东庵没罗林中，有故基，是无著菩萨于此作《显扬圣教论》。

城西南八九里毒龙石窟，昔者如来伏此毒龙于中留影。虽则传记，今无所见。其侧有窣堵波，无忧王之所建也，高二百余尺。傍有如来经行遗迹及发爪窣堵波，病苦之徒，求愿多愈。

释迦法尽，此国最后。故上自君王，下及众庶，入此国境，自然感伤，莫不饮泣悲叹而归。

{༢ གོ་ས་ལའི་དང་དབྱིག་གཉེན། ཐོགས་མེད་བཅས་ཀྱི་རྗེས་ཤུལ།}

གྲོང་ཁྱེར་གྱི་ཕྱི་རོལ་ཏུ་ཤར་ལྷོའི་མཚམས་སུ་མི་རིང་བར་ཁྱིམ་བདག་གོ་ས་ལའི་སྐྱེས་མོལ་ཚལ་གྱི་ཤུལ་ཡིན་ཟེར་བའི་གཙུག་ལག་ཁང་ཅིག་དང་། དེར་རྒྱལ་པོ་མྱ་ངན་མེད་ཀྱིས་བཞེངས་པའི་མཆོད་རྟེན་དཔངས་སུ་ཁྲུ་ཉིས་བརྒྱ་ལྷག་དང་། འདས་པའི་སངས་རྒྱས་བཞིའི་བཞུགས་ཁྲི་རྗེ་ལས་གྲུབ་པ་དང་། རྗེས་བཀོད་ཏུ་མ་ཡང་སྣང་ངོ་། །༈ གཙུག་ལག་ཁང་དེའི་ཤར་ལྷོའི་མཚམས་སུ་སོ་ཕག་གི་ཁང་

པ་ཤིན་ཏུ་ཆེ་བ་ཞིག་ཡོད་པ་ནི། སྟོན་བྱང་ཆུབ་སེམས་དཔའ་དབྱིག་གཉེན་བཞུགས་ཏེ། སེམས་ཙམ་<PL.62>གྱི་བསྟན་བཅོས་མཛད་དེ་ཐེག་ཆུང་སུན་ཕྱུང་མུ་སྟེགས་ཚར་བཅད་པར་མཛད་དོ། །དེའི་ཤར་ཕྱོགས་སུ་ཨ་སྨྲའི་ནགས་ཚལ་ཆེན་པོ་ན། སྟོན་བྱང་ཆུབ་སེམས་དཔའ་ཐོགས་མེད་བཞུགས་ཤིང་བྱམས་ཆོས་སྡེ་ལྔ་ཡི་གེར་བཀོད་པའི་གནས་སོ། །༈ གྲོང་ཁྱེར་གྱི་ལྷོ་ནུབ་ཀྱི་མཚམས་སུ་ལེ་བར་བརྒྱད་དགུ་ཙམ་ན་གདུག་པ་ཅན་གྱི་ཀླུའི་ཛོ་ཁུང་གི་ཀླུ་སྟོན་སྟོན་པས་བཏུལ་ཟེར་རོ། །དེའི་ཕྱོགས་སུ་ཨ་ཤོ་ཀས་བཞེངས་པའི་མཆོད་རྟེན་སྲིད་དུ་ཁྲུ་ཉིས་བརྒྱ་ལྷག་པ་དང་། གཞན་ཡང་སྟོན་པའི་རྗེས་བཀོད་འགའ་ཞིག་སྐྱེ་བོས་མཐོང་ན་རང་དབང་མེད་པར་དད་པ་དང་བྱམས་པ་སྐྱེས་ཏེ་མིག་ནས་མཆི་མ་འཚོར་བ་དང་། ནད་པས་བྱིན་རླབས་ཞུས་པས་བདེ་བར་འགྱུར་བའི་ངོ་མཚར་ཅན་དུ་མ་བཞུགས་སོ། །

解 1：

（1）翻译了大部分含义。

（2）原文中的“虽则传记，今无所见”没有翻译，原因应该是译者不逐字逐句翻译。

解 2：

具史罗、世亲、无著的注释见《大唐西域记校注》（上）471 页。

三、迦奢布罗城及护法伏外道遗迹

龙窟东北大林中，行七百余里，渡殑伽河，北至迦奢布罗城，周十余里，居人富乐。城傍有故伽蓝，唯余基址，是昔护法菩萨伏外道处。此国先王扶于邪说，欲毁佛法，崇敬外道。外道众中召一论师，聪敏高才，明达幽微者，作伪邪书千颂，凡三万二千言，非毁佛法，扶正本宗。于是召集僧众，令相摧论。外道有胜，当毁佛法，众僧无负，断舌以谢。是时僧徒惧有退负，集而议曰：“慧日已沉，法桥将毁，王党外道，其可敌乎？事势若斯，计将安出？”众咸默然，无竖议者。护法菩萨年在幼稚，辩慧多闻，风范弘远，在大众中扬言赞曰：“愚虽不敏，请陈其略，诚宜以我疾应王命。高论得胜，斯灵佑也。征议堕负，乃稚齿也。然则进退有辞，法僧无咎。”佥曰：“允谐。”如其筹策，寻应王命，即升论座。外道乃提顿纲网，抑扬辞义，诵其所执，待彼异论。护法菩萨纳其言而笑曰：“吾得胜矣。将覆逆而诵耶？为乱辞而诵耶？”外道怃然而谓曰：“子无自高也！

能领语尽，此则为胜。顺受其文，后释其义。”护法乃随其声调，述其文义，辞理不谬，气韵无差。于是外道闻已，欲自断舌。护法曰：“断舌非谢，改执是悔。”即为说法，心信意悟。王舍邪道，遵崇正法。

护法伏外道侧有窣堵波，无忧王所建也，基虽倾陷，尚高二百余尺，是如来昔于此处六月说法。傍有经行之迹及发爪窣堵波。

自此北行百七八十里，至鞞索山格反。迦国。中印度境。

{༣ ཀ་ཙ་སྦུ་རའི་གྲོང་ཁྱེར་དང་དཔལ་ལྡན་ཆོས་སྐྱོང་གིས་མུ་སྟེགས་པ་བཏུལ་བའི་སྐོར།}

ཀླུ་ཁྱུང་གི་བྱང་ཤར་མཚམས་སུ་རྒྱང་གྲགས་བདུན་བརྒྱ་ཕྱིན་ཏེ་ཚུ་བོ་གང་྄ཱ་བརྒལ་བ་ན་ཀ་ཙ་སྦུ་རའི་[ཀཱ་ཙི་པུ་ར]གྲོང་ཁྱེར། དེའི་མཐའ་སྐོར་རྒྱང་གྲག་(གྲགས)བཅུ་ཕྲག་གཅིག་ལྷག་པ་ལ་མི་ཁྱིམ་གྱིས་གཏམས་པ། ཐམས་ཅད་ཕྱུག་པ་ནོར་གྱི་ནོམ་ཆེ་བ། ཡོགས་ཤིག་ན་གཙུག་ལག་ཁང་རྙིང་པའི་ཤུལ་དུ་ཁང་པ་ཞིག་ཡོད་པ་དགྲ་བཅོམ་པ་དཔལ་ལྡན་ཆོས་སྐྱོང་གིས་མུ་སྟེགས་པ་བཏུལ་བའི་གནས་ཡིན་ཟེར་རོ། །དེའི་ལོ་རྒྱུས་ནི། ལན་ཅིག་ཀོ་ཤམྦིའི་རྒྱལ་པོ་ཕྱི་རོལ་པ་ལ་ཤིན་ཏུ་མགུ་བར་གྱུར་བའི་སྐབས་ཤིག་རིག་པ་རྣོ་བའི་མུ་སྟེགས་པ་མང་དུ་ཐོས་པ་སྤོབས་པ་ཆེ་བ་ཞིག་རྒྱལ་པོ་གྲོགས་སུ་སྦྲན་ནས་ནང་པའི་བསྟན་པ་བསྣུབ་པར་ཁས་བླངས། ལོག་པའི་བསྟན་བཅོས་ཤློ་ཀ་སྟོང་ཡོངས་པ་ཚིགས་སུམ་ཁྲི་ཉིས་སྟོང་ཡོད་པ་ཞིག་བྱས་ནས། རྒྱལ་པོ་དཔང་དུ་བཞག་ནས་ནང་པ་དང་རྩོད་ཟེར་བ་ན། ནང་པའི་པཎྜི་ཏ་རྣམས་ཞུམ་པར་གྱུར་པ་ན་དཔལ་ལྡན་ཆོས་སྐྱོང་དེ་དུས་དགུང་ལོ་བཅུ་གཉིས་བཞེས་པ་བྱུང་སྟེ་རྩོད་པར་འདོད་གསུངས་པས་ཐམས་ཅད་ཚོགས་སྟེ། ཁ་འཆམ་པར་ནང་པ་རྒྱལ་ན་ཕྱི་རོལ་པས་ལྕེ་བཏུད་ཅིང་གྲུབ་མཐའ་ལ་འཇུག ཕྱི་རོལ་པ་རྒྱལ་ན་པཎྜི་ཏའི་ལྕེ་གཅོད་པར་བཅས་ནས་རྒྱལ་པོ་དབུས་དང་གཡས་གཡོན་གཉིས་སུ་ཕྱི་པ་ནང་པ་གཉིས་བསྡད་ནས། མུ་སྟེགས་པས་ཐོག་མར་བརྗོད་པ་རང་གིས་བརྩམས་པའི་ཆོས་གཞུང་སྐད་གསང་མཐོན་པོས་བཏོན་ཏེ། དེ་ནས་དེའི་འགྲེལ་བ་ཁོ་རང་གི་ལུགས་ལྟར་བཀྲལ་ལོ། །དེ་རྗེས་ནང་པས་བཀོལ་བའི་རེས་ལ་བབས་པ་ན་པཎྜི་ཏས་ཁོས་བྱས་པའི་རྩ་བ་དེ་ཁོ་ན་ལྟར་བཏོན་ནས། འགྲོལ་བའི་སྐབས་ནང་པའི་གྲུབ་མཐའ་ཁོ་ན་ལྟར་མཛད་ཅིང་སྒྲ་སྦྱོར་ཀྱང་གཞུང་དང་མཐུན་ཞིང་སཀྲ་ཡང་མ་ལོག་པས་མུ་སྟེགས་པ་རྨིག་མེད་དུ་ཕམ་སྟེ་ཁོ་རང་ངོ་མཚར་སྐྱེས་ཤིང་། རང་གི་

ལྡེ་གཙོད་པར་བཙམས་པ་ན་སློབ་དཔོན་གྱིས་བཀག་སྟེ་ནང་པའི་བསྟན་ལ་བཙོད་དོ། །* དེའི་ཕོགས་ན་སྟོན་པའི་དབུ་སྐྲ་དང་སྤྲུག་སེན་བཞུགས་པའི་མཆོད་རྟེན་རྒྱལ་པོ་ཨ་ཤོ་ཀས་བཞེངས་པ་རྫངས་གཞི་ཙུང་ཞིག་ཀྱང་མཆོད་རྟེན་གྱི་ཕུང་པོ་ཁྲུ་ཉིས་བརྒྱ་ལྷག་པ། དེ་སྟོན་པ་ཞལ་བཞུགས་དུས་ཟླ་བ་དྲུག་གི་རིང་ཆོས་གསུངས་པའི་གནས་ཡིན་ཟེར་རོ། །

解 1：

(1) 翻译大意。

(2) 所有原文中的对话，没有按对话翻译，只把对话的含义融在译文中了。

(3) 批注意为此城又称“嘎孜不若”。

解 2：

迦奢布罗城及护法伏外道遗迹的注释见《大唐西域记校注》(上) 474 页。

鞞索伽国

鞞索伽国周四千余里。国大都城周十六里。谷稼殷盛，华果具繁。气序和畅，风俗淳质，好学不倦，求福不回。伽蓝二十余所，僧众三千余人，并学小乘正量部法。天祠五十余所，外道甚多。

{བི་སུ་ཀཱ་ཤའི་ཡུལ།}

དེའི་བྱང་ཕྱོགས་སུ་རྒྱང་གྲག་(གྲགས)བརྒྱ་ཕྲག་གཅིག་དང་བཅུ་ཕྲག་བདུན་བརྒྱད་ཙམ་ཕྱིན་པ་ན་བི་སུ་ཀཱ་ཤའི་8 ☆ ཡུལ་ལོ། །དེའི་ཐ་གྲུར་རྒྱང་གྲག་(གྲགས)བཞི་སྟོང་ལྷག་ཡོད་དོ། །དབུས་ཀྱི་མཁར་ཆེན་ཁོར་ཡུག་ཏུ་ལེ་བར་བཅུ་དྲུག་ཡོད། ནམ་དབྱུགས་ཙྭ་ཞིང་ས་གཤིན་པ་བྲུས་མ་སོགས་འབྲུ་སྣ་ཚོགས་འདེབས་སོ། །<PL.63>ཤིང་ཏོག་དང་མེ་ཏོག་སྣ་ཚོགས་འཁྲུངས་པ་མིའི་རང་བཞིན་དྲང་ལ་གསུང་བ། ཡོན་ཏན་སློབ་དགའ་ཞིང་བརྩོན་འགྲུས་ཆེ་བ། གཙུག་ལག་ཁང་ཉི་ཤུ་ལྷག་པར་དགེ་འདུན་སུམ་སྟོང་ལྷག་ཚོགས་པ་ཐམས་ཅད་གནས་བརྟན་སྡེ་པའོ། །ཕྱི་པའི་ལྷ་ཁང་ལྔ་བཅུ་ལྷག་ལ་མུ་སྟེགས་པ་ཤིན་ཏུ་མང་བ་གནས་སོ། །

解 1:

（1）完整翻译全文。

（2）第一句是前一个国家的最后一句“从此西南入大林中，恶兽野象，群暴行旅，非多徒党，难之经涉。行五百余里，至憍赏弥国。旧曰拘睒弥国，讹也。中印度境。”最后的“旧曰拘睒弥国，讹也。中印度境。”一段字没有翻译，因不影响全文的含义，故省略了。

解 2:

鞞索伽国　梵　Visaka（今印度悉多浦尔地方）

一、大城附近诸遗迹

城南道左有大伽蓝，昔提婆设摩阿罗汉于此造《识身论》，说无我人；瞿波阿罗汉作《圣教要实论》，说有我人。因此法执，遂深诤论。又是护法菩萨于此七日中，摧伏小乘一百论师。伽蓝侧有窣堵波，高二百余尺，无忧王所建也，如来昔日六年于此说法导化。说法侧有奇树，高六七尺，春秋递代，常无增减，是如来昔尝净齿，弃其遗枝。因植根柢，繁茂至今。诸邪见人及外道众竞来残伐，寻生如故。其侧不远，有过去四佛坐及经行遗迹之所，复有如来发爪窣堵波。灵基连隅，林沼交映。

从此东北行五百余里，至室罗伐悉底国。旧曰舍卫，讹也。中印度境。

{གྲོང་ཁྱེར་ཉེ་འདབས་ཀྱི་རྗེས་ཤུལ།}

གྲོང་ཁྱེར་གྱི་ལྷོ་ངོས་སུ་ལམ་གྱི་གཡོན་རོལ་ན་གཙུག་ལག་ཁང་ཆེན་པོ་ཞིག་ཡོད་པ། སྔོན་དགྲ་བཅོམ་པ་དེ་བ་ས་ན་སྐྲེ་ལྷ་སྨེ་ཞེས་པས་རྣམ་ཤེས་ཀྱི་ཕུང་པོ་ཟེར་བའི་བསྟན་བཅོས་མཛད་དེ་བདག་དང་གཞན་མེད་པར་བསྟན་ནོ། །དགྲ་བཅོམ་པ་གོ་བ་ཞེས་བྱ་བས་བསྟན་པའི་སྙོམ་ཚིག་ཡང་དག་པ་ཞེས་པའི་བསྟན་བཅོས་མཛད་དེ་བདག་དང་གཞན་ཡོད་པར་བསྟན་ཏེ་དེ་གཉིས་ཀྱི་རྗེས་འབྲང་པན་ཚུན་རྩོད་པར་གྱུར་ཏོ། །ཡང་དགྲ་བཅོམ་པ་ཆོས་སྐྱོབས་ཀྱིས་འདིར་ཞག་བདུན་བཞུགས་ཏེ་ཐེག་དམན་སུན་དབྱུང་བར་མཛད་དོ། །དེར་རྒྱལ་པོ་ཨ་ཤོ་ཀས་བཞེངས་པའི་མཆོད་རྟེན་ཁྲུ་ཉིས་བརྒྱ་ལོང་བ། སྔོན་སྟོན་

པ་ཞལ་འཚོ་སྐབས་གནས་འདིར་ལོ་དྲུག་གི་རིང་བཞུགས་ནས་ཆོས་བསྟན་ཟེར་བ་དང་། ཡང་བཅོམ་ལྡན་འདས་ཀྱི་ཚེམས་ཤིང་བཙུགས་པ་ལས་སྐྱེས་པའི་ལྗོན་པ་སྲིད་དུ་ཁྲུ་བདུན་བརྒྱད་ཡོད་པ་ལོ་འདབ་སྟོན་མི་བྲུལ་འཕེལ་འགྲིབ་མི་མངའ་བས་ངོ་མཚར་ཆེ་བ། མུ་སྟེགས་པ་འགའ་ཞིག་གིས་སྔ་རེས་བཅད་ཀྱང་མི་འགྲངས་བར་འཚོབ་པར་གྱུར་བ་ཡོད་དོ། །དེ་དང་མི་རིང་བར་འདས་སངས་བཞིའི་བཞུགས་ཁྲི་སོགས་དང་། བདག་ཅག་གི་སྟོན་པའི་དབུ་སྐྲ་ཕྱག་སེན་བཞུགས་པའི་མཆོད་རྟེན་རྣམས་ཡོད་དོ། །

解 1：

完整翻译全文。

解 2：

大城附近诸遗迹的注释见《大唐西域记校注》(上) 477 页。

卷第六（四国）

室罗伐悉底国　　　　劫比罗伐窣堵国

蓝摩国　　　　　　　拘尸那揭罗国

室罗伐悉底国

室罗伐悉底国周六千余里。都城荒顿，疆场无纪。宫城故基周二十余里。虽多荒圮，尚有居人。谷稼丰，气序和。风俗淳质，笃学好福。伽蓝数百，圮坏良多。僧徒寡少，学正量部。天祠百所，外道甚多。

{ས་བཅད་དྲུག་པ། ཡུལ་བཞི།}

{ཤ་ར་ཤ་སྟིའི་ཡུལ།}

དེ་ནས་བྱང་ཤར་མཚམས་རྒྱང་གྲག་(གྲགས)ལྔ་བརྒྱ་ལྷག་ཕྱིན་པ་ན་ཤ་ར་ཤ་སྟིའི་༧ ☆ ཡུལ།

[བམ་པོ་བཞི་པ་རྫོགས།]ཤ་ར་ཤ་ས་སྟེ་མཉམ་དུ་ཡོད་པ་ཞེས་པ་ཁོར་ཡུག་ཏུ་རྒྱང་གྲག་(གྲགས)དྲུག་སྟོང་ལྷེ་བའི་མཁར་ཆེན་པོའི་ཁོར་ཡུག་ཏུ་རྒྱང་གྲག་(གྲགས)ཉི་ཤུ་ཡོད་པ་ཞིག་རལ་ཆེ། ནང་གི་རྒྱལ་ཁབ་ཞིག་ནས་མེད་འོན་ཀྱང་མི་ཁྱིམ་ཐོར་བུ་ཡོད་པ་ས་གཞི་ནི་གཤེར་ཆེ་བ་བྲུས་སོགས་འབྲུ་རིགས་འདེབས་པ། མིའི་རང་བཞིན་དུལ་བ་དབང་པོ་རྣོ་བ་སློབ་གཉེར་ལ་དགའ་བ། གཙུག་ལག་ཁང་གོག་པོ་བརྒྱ་ཕྲག་དུ་མ་ཡོད་ཀྱང་ཉན་ཐོས་གནས་བརྟན་སྡེ་པའི་དགེ་འདུན་ཤིན་ཏུ་ཉུང་ངུ་བཞུགས་སོ། །ཕྱི་རོལ་པའི་ལྷ་ཁང་བརྒྱ་ཕྲག་གཅིག་ལ་མུ་སྟེགས་པ་མང་པོ་གནས་སོ། །

解 1：

（1）完整翻译全文。

（2）第一句是前一个国家的最后一句“从此东北行五百余里，至室罗伐悉底国。旧曰舍卫，讹也。中印度境”。小字“中印度境”没有翻译，因不影响全文的含义，故省略了。

（3）批注意为第四卷完。

解 2:

室罗伐悉底国 梵 Srāvastī（今印度北方邦境内）

一、胜军王

此则如来在世之时，钵逻犀那恃多王唐言胜军。旧曰波斯匿，讹略也。所治国都也。故宫城内有故基，胜军王殿余趾也。次东不远，有一故基，上建小窣堵波，昔胜军王为如来所建大法堂也。

法堂侧不远故基上有窣堵波，是佛姨母钵逻阇钵底唐言生主。旧云波阇波提，讹也。苾刍尼精舍，胜军王之所建立。次东窣堵波，是苏达多唐言善施，旧曰须达，讹也。故宅也。

{༡ མགོན་མེད་ཟས་སྦྱིན་གྱི་བཞུགས་ཁང་གི་ཤུལ།}

དེ་ནི་སྟོན་སྟོན་པ་ཞལ་བཞུགས་པའི་དུས་ཀྱི་རྒྱལ་པོ་གསལ་རྒྱལ་གྱི་གྲོང་ཁྱེར་རོ། །ཕོ་བྲང་ནང་ན་རྒྱལ་པོ་གསལ་རྒྱལ་གྱི་ཁང་ཤུལ་དང་། དེའི་གཡོན་རོལ་ན་སྟོན་པའི་ཆོས་ཁྲིའི་ཤུལ་ན་མཆོད་རྟེན་ཞིག་ཕྱིས་སུ་བཞེངས་པ་དང་། དེའི་ཡོགས་ཤིག་ན་གཙུག་ལག་ཁང་རྙིང་པ་ཅིག་གི་ཤུལ་ནི་སྐུ་སྐྱེ་དགུའི་བདག་མོའི་བཞུགས་གནས་ཡིན་ཟེར་བ་དང་། ཡང་ཤར་ཕྱོགས་སུ་ཁྱིམ་བདག་མགོན་མེད་ཟས་སྦྱིན་གྱི་བཞུགས་ཁང་གི་ཤུལ་དང་། དེར་མཆོད་རྟེན་ཆེ་བ་ཞིག་དང་། སོར་ཕྲེང་ཅན་གྱི་ཁང་རྙིང་གི་ཤུལ་དང་། དེའི་ལོ་རྒྱུས་ནི་སོར་མོའི་འཕྲེང་བ་ལ་ཕན་པའི་མདོར་གསལ་བ་ལྟར་རོ། །

解 1:

完整翻译全文。

解 2:

胜军王的注释见《大唐西域记校注》(下) 485 页。

二、指鬘舍邪处

善施长者宅侧有大窣堵波，是鸯窭利摩罗唐言指鬘。旧曰央掘摩罗，讹也。舍邪之处。鸯窭利摩罗者，室罗伐悉底之凶人也，作害生灵，为暴城国，杀人取指，冠首为鬘。将欲害母，以充指数。世尊悲愍，方行导化。遥见世尊，窃自喜曰：“我今生天必矣。先师有教，遗言在兹，害佛杀母，当生梵天。”谓其母曰：“老今且止，先当害彼大沙门。”寻即杖剑往逆世尊。如来于是徐行而退，凶人指鬘疾驱不逮。世尊谓曰：“何守鄙志，舍善本，激恶源？”时指鬘闻诲，悟所行非，因即归命，求入法中。精勤不怠，证罗汉果。

解 1：

没有译文，不知何故，造成汉藏两个版本序号不一致。

解 2：

指鬘舍邪处的注释见《大唐西域记校注》（下）488 页。

三、逝多林给孤独园

城南五六里有逝多林，唐言胜林，旧曰祇陀，讹也。是给孤独园。胜军王大臣善施为佛建精舍。昔为伽蓝，今已荒废。东门左右各建石柱，高七十余尺。左柱镂轮相于其端，右柱刻牛形于其上，并无忧王之所建也。室宇倾圮，唯余故基，独一砖室岿然独在。中有佛像。昔者如来升三十三天为母说法之后，胜军王闻出爱王刻檀像佛，乃造此像。善施长者仁而聪敏，积而能散，拯乏济贫，哀孤恤老，时美其德，号给孤独焉。闻佛功德，深生尊敬，愿建精舍，请佛降临，世尊命舍利子随瞻揆焉。唯太子逝多园地爽垲。寻诣太子，具以情告。太子戏言：“金遍乃卖。”善施闻之，心豁如也，即出藏金，随言布地。有少未满，太子请留曰：“佛诚良田，宜植善种。”即于空地建立精舍，世尊即之，告阿难曰：“园地善施所买，林树逝多所施，二人同心，式崇功业。自今已去，应谓此地为逝多林给孤独园。

{༢ རྒྱལ་བྱེད་ཚལ་གྱི་ཤུལ།}

གྲོང་ཁྱེར་གྱི་ལྷོ་ངོས་ལ་རྒྱང་གྲག་(གྲགས)བཞི་ལྔ་ཙམ་གྱི་སར་རྒྱལ་བྱེད་ཚལ་གྱི་ཤུལ་དུ་སྟོན་གཙུག་ལག་ཁང་ཆེན་པོ་ཞིག་ཡོད་པ་ད་ལྟ་ཞིག་རལ་གྱིས་ཤུལ་ཙམ་ལས་མེད་དོ། །༄ གྲོང་ཁྱེར་གྱི་ཤར་སྒོའི་གཡས་གཡོན་གྱི་ལོགས་གཉིས་སུ་རྡོའི་ཀ་བ་རེ་རེའི་སྤྱིད་དུ་ཁྲུ་བདུན་ཅུ་ལྷག་ཙམ་ཡོད་པའི་དངོས་བཀྲ་ཤིས་པའི་རི་མོ་བཀོས་ཞིང་། གཡས་མའི་སྟེང་ན་བ་གླང་ཅིག་<PL.64>བཀོས་པ་སྣང་ངོ་། །གྲོང་ཁྱེར་གྱི་

ཕྱི་རོལ་ན་སོ་ཕག་གི་ཁང་པ་ཤིན་ཏུ་ཆེ་བ་གཅིག་གི་ནང་ན་སྐུ་བརྙན་ཆེན་པོ་ཞིག་ཡོད་པ་ནི། སྔོན་སྟོན་པ་ལྷ་ལས་བབས་གྲུབ་པ་ན་རྒྱལ་པོ་གསལ་རྒྱལ་གྱིས་རྒྱལ་པོ་ཨ་ཉ་ཡ་ནས་ཙནྡ་ཇོ་བོ་སྐུ་བཞེངས་པ་ཐོས་ཏེ་གསེར་ཟངས་ལས་སྐུ་བརྙན་འདི་བཞེངས་པར་གྲགས་སོ། །རྒྱལ་བུ་རྒྱལ་བྱེད་ཀྱི་ཚལ་མགོན་མེད་ཟས་སྦྱིན་གྱི་ཀུན་དགའ་ར་བ་ཟེར་བའི་ལོ་རྒྱུས་ནི་མདོ་སྡེ་མཛངས་བླུན་ན་གསལ་ལོ། །

解 1:

（1）翻译了部分内容。

（2）典故部分没有全文翻译，只指出此典故载于“贤愚经”中。

解 2:

逝多林给孤独园的注释见《大唐西域记校注》（下）490 页。

四、如来洗病比丘处

给孤独园东北有窣堵波，是如来洗病苾刍处。昔如来之在世也，有病苾刍含苦独处。世尊见而问曰：“汝何所苦？汝何独居？”曰：“我性疏懒，不耐看病，故今婴疾，无人瞻视。”如来是时愍而告曰：“善男子，我今看汝。”以手拊摩，病苦皆愈。扶出户外，更易敷蓐，亲为盥洗，改着新衣。佛语苾刍：“当自勤励。”闻诲感恩，心悦身豫。

{༣ སྟོན་པས་དགེ་སློང་ནད་པ་ལ་ཁྲུས་གནང་བའི་ལོ་རྒྱུས།}

དེའི་ཤར་ལོགས་ན་སྟོན་པས་དགེ་སློང་ནད་པ་ལ་ཁྲུས་གནང་བའི་གནས་སུ་བཞེངས་པའི་མཆོད་རྟེན་ཅིག་ཡོད་པ། དེའི་ལོ་རྒྱུས་ནི་དགེ་སློང་ཞིག་ནད་ཀྱིས་བཏབ་པས་འགུལ་བསྐྱོད་མི་ནུས་པ། བཅོམ་ལྡན་འདས་དེའི་དྲུང་དུ་གཤེགས་ནས་ཅི་ཉེས་དྲིས་པས། གསོལ་བ་བདག་བྱིས་པའི་དུས་ནད་ཀྱིས་ཐེབས་པས་གཙང་ཅན་ཞིག་སྡེ་ལེ་ལོ་ཆེ་བ་ཟུག་རྨ་མི་བཟོད་པ་ལགས་ཏེ་ནད་རོ་འཕར་བས་མི་བཟོད་ཅིང་ནད་གཡོག་མེད་པས་སྡུག་བསྔལ་པར་གྱུར་ཏོ། །ཞེས་གསོལ་བ་དང་། བཅོམ་ལྡན་འདས་ཀྱིས་ན་སར་ཕྱག་གིས་མཉེས་ཤིང་བྱིན་གྱིས་བརླབས་པས་ཞི་བདེ་ཐོབ་བོ། །བཅོམ་ལྡན་འདས་ཀྱིས་ནད་པའི་མཆན་འོག་ནས་བསྐྱོར་ནས་ཁང་པའི་ཕྱིར་བཏོན་ཏེ་བཤང་གཅི་བྱེད་དུ་བཙུག་ནས་ཡན་ལག་ལྷ་བཀྲུས་ཏེ་གོས་གསར་པ་བརྗེས་ཏེ། བཀའ་སྩལ་བ། ཚེ་དང་ལྡན་པ་བརྩོན་འགྲུས་རྩོམ་ཤིག་གི་བསླབ་ཚིག་གནང་

བས། དགེ་སློང་དེས་སྟོན་པའི་བཀའ་དྲིན་བསམ་ཞིང་བཀའ་ནོད་པས་སེམས་དགའ་ཞིང་གཟུགས་ཕུང་བདེ་བ་ཐོབ་བོ། །

解 1：

完整翻译全文。

解 2：

如来洗病比丘处的注释见《大唐西域记校注》（下）491 页。

五、舍利弗与目连试神通处及诸佛迹

给孤独园西北有小窣堵波，是没特伽罗子运神通力举舍利子衣带不动之处。昔佛在无热恼池，人天咸集，唯舍利子不时从会。佛命没特伽罗往召来集，没特伽罗承命而往。舍利子方补护法衣，没特伽罗曰：“世尊今在无热恼池，命我召尔。”舍利子曰：“且止，须我补竟，与子偕行。”没特伽罗曰：“若不速行，欲运神力举尔石室，至大会所。”舍利子乃解衣带置地曰：“若举此带，我身或动。”时没特伽罗运大神通，举带不动，地为之震。因以神足还诣佛所，见舍利子已在会坐。没特伽罗俛而叹曰：“乃今以知神通之力不如智能之力矣！”

举带窣堵波侧不远有井，如来在世，汲充佛用。其侧有窣堵波，无忧王之所建也，中有如来舍利。经行之迹，说法之处，并树旌表，建窣堵波。冥祇警卫，灵瑞间起，或鼓天乐，或闻神香。景福之祥，难以备叙。

{༩ ཤཱ་རིའི་བུ་དང་མོའུ་འགལ་གྱི་བུས་རྫུ་འཕྲུལ་གནང་ས་དང་སྟོན་པའི་རྗེས་ཤུལ།}

རྒྱལ་བྱེད་ཚལ་གྱི་ནུབ་བྱང་མཚམས་ན། སྔོད་(མོའུ)འགལ་གྱི་བུའི་རྫུ་འཕྲུལ་གྱི་ཐུགས་རྒྱལ་ཆག་པའི་གནས་ཡོད་དོ། །དེར་མཆོད་རྟེན་ཆུང་བ་ཞིག་ཡོད་པ་དེའི་ལོ་རྒྱུས་ནི། སྔོན་བཅོམ་ལྡན་འདས་མཚོ་མ་དྲོས་པར་གཤེགས་པ་ན་འཁོར་རྣམས་ཀུང་ཕྱི་བཞིན་འབྲངས་སྟེ་དེར་སླེབས་པ་ན། ཤཱ་རིའི་བུ་མ་གཏོགས་མ་སླེབས་པས། སྟོན་པས་ཤཱ་རིའི་བུ་བོས་ཤིག་ཞེས་མོའུ་འགལ་གྱི་བུ་ལ་བཀའ་བསྩལ་བ་ལྟར་ཕྱིན་ཏེ་བོས་པ་ན། ཤཱ་རིའི་བུ་གོས་ལ་ལྷན་པ་རྒྱབ་ཀྱིན་འདུག་པས་རེ་ཤིག་སྒུག་ཞིག་ལྷག་པ་རྫོགས་པ་

དང་འགྲོའི་ཟེར་བས། མོང་(མོའུ)འགལ་གྱི་བུས་ཁྱོད་རིངས་པར་མི་འགྱོན་ན། བདག་གི་རྫུ་འཕྲུལ་གྱིས་རྗོ་ཁང་བཅས་བཏེགས་ནས་ཁྱེར་རོ་ཟེར། དེར་ཤཱ་རིའི་བུས་མདུན་དུ་སྐེ་རགས་བཞག་ཡོད་དེ་བཏེགས་ནས་སྟོན་ལ་སོང་ཞིག་ཟེར་བ་ལྟར་སྐེ་རགས་བཏེགས་པས་བསྒུལ་བར་མ་ནུས་སོ། །དེ་དུས་ས་རྣམ་པ་དྲུག་ཏུ་གཡོས་སོ། །དེ་ནས་མོང་(མོའུ)འགལ་གྱི་བུའི་རྫུ་འཕྲུལ་གྱི་རྩལ་ནི་ཤེས་རབ་ཀྱི་རྩལ་གྱི་ཆར་ཡང་མི་ཕོད་དོ་ཟེར་ཞིང་སྟོན་པའི་གམ་དུ་ཕྱིན་པ་ན། ཤཱ་རིའི་བུ་སྟོན་འོངས་ཏེ་སྟོན་པའི་དྲུང་ན་འདུག་སྐད་དོ། །༈ དེའི་ཕོགས་ཤིག་ན་སྟོན་པ་ཞལ་འཚོ་དུས་སྐྱེམས་བཞེས་པ་དང་ཞལ་ཕྱག་འཁྲུ་བ་རྒྱུན་པར་མཛད་པའི་ཁྲོན་པ་ཞིག་ཡོད་པར་རྒྱལ་པོ་མྱ་ངན་མེད་ཀྱི་བཞེངས་པའི་མཆོད་རྟེན་རིང་བསྲེལ་གྱི་སྙིང་པོ་ཅན་ཅིག་འདུག་གོ །དེ་བྱིན་རླབས་ངོ་མཚར་ཅན་ཏེ། སྐབས་སྐབས་སུ་ལྷའི་ཟ་དང་རོལ་མོའི་སྒྲ་སྒྲོགས་པ་དང་། ལྷའི་དྲི་ངད་བྲོ་བ་ཡོད་དོ། །

解 1：

完整翻译全文。

解 2:

舍利弗与目连试神通处及诸佛迹的注释见《大唐西域记校注》(下) 492 页。

六、伽蓝附近三坑传说

伽蓝后不远，是外道梵志杀淫女以谤佛处。如来十力无畏，一切种智，人天宗仰，圣贤遵奉。时诸外道共相议曰:“宜行诡诈，众中谤辱。”乃诱雇淫女，诈为听法，众所知已，密而杀之，埋尸树侧，称怨告王。王命求访，于逝多园得其尸焉。是时外道高声唱言:“乔答摩大沙门常称戒忍，今私此女，杀而灭口。既淫既杀，何戒何忍?”诸天空中随声唱曰:“外道凶人，为此谤耳。”

伽蓝东百余步有大深坑，是提婆达多欲以毒药害佛，生身陷入地狱处。提婆达多。唐言天授。斛饭王之子也，精勤十二年，已诵持八万法藏。后为利故，求学神通，亲近恶友，共相议曰:“我相三十，减佛未几。大众围绕，何异如来。”思惟是已，即事破僧。舍利子、没特伽罗子。奉佛指告，承佛威神，说法诲喻，僧复和合。提婆达多恶心不舍，以恶毒药置指爪中，欲因作礼以伤害佛。方行此谋，自远而来，至于此也，地遂坼焉，生陷地狱。

其南复有大坑，瞿伽梨苾刍毁谤如来，生身陷入地狱。

瞿伽梨陷坑南八百余步，有大深坑，是战遮婆罗门女毁谤如来，生身陷入地狱之处。佛为人天说诸法要，有外道弟子遥见世尊，大众恭敬，便自念曰：“要于今日辱乔答摩，败其善誉，当令我师独擅芳声。”乃怀系木盂，至给孤独园，于大众中扬声唱曰：“此说法人与我私通，腹中之子，乃释种也。”邪见者莫不信然，贞固者知为讪谤。时天帝释欲除疑故，化为白鼠，啮断盂系。系断之声，震动大众，凡诸见闻，增深喜悦。众中一人起持木盂，示彼女曰：“是汝儿耶?”是时也，地自开拆，全身坠陷，入无间狱，具受其殃。凡此三坑，洞无涯底。秋夏霖雨，沟池泛溢，而此深坑尝无水止。

{༥ གཙུག་ལག་ཁང་ཉེ་འཁོར་དུ་ས་གཞོངས་ཆེན་པོ་གསུམ་གྱི་ལོ་རྒྱུས།}

གཙུག་ལག་ཁང་དེའི་རྒྱབ་ཕྱོགས་སུ་མི་རིང་བར་ཕྱི་རོལ་པ་ཞིག་གིས་སྐྱད་འཚོང་མ་བསད་ནས་བཅོམ་ལྡན་འདས་ལ་བསྐུར་འདེབས་གསོལ་བའི་གནས་ཤིག་ཡོད་དོ། །དེའི་ལོ་རྒྱུས་ནི། སྔོན་བཅོམ་ལྡན་འདས་ལ་ལྷ་དང་མི་རྣམས་ཀྱིས་རེ་བ་བསྐོས་ཆེ་ཞིང་བླ་ན་མ་<PL.65>མཆིས་པ་གྱུར་པ་ན། མུ་སྟེགས་པ་ལོག་སྲིད་ཅན་གྱིས་ཕྲག་དོག་གིས་མ་བཟོད་པར་སྐྱད་འཚོང་མ་ཞིག་ཆོས་མཉན་དུ་འཇུག་པའི་བསླད་གྱིས་བསླུས་ཏེ་ཚོགས་ཀྱི་ནང་དུ་གསང་ནས་བསད་དོ། །རྒྱལ་པོ་གསལ་རྒྱལ་བློན་འབངས་ཀུན་ལ་གཏམ་ངན་བསྒྲགས་པ་ན། བར་སྣང་ནས་ལྷ་རྣམས་ཀྱིས་མུ་སྟེགས་ངན་པས་བཅོམ་ལྡན་འདས་ལ་ཚིག་ངན་གྱི་སྐུར་བ་འདེབས་སུ་མ་འཇུག་ཞིག་ཞེས་བའི་སྒྲ་བྱུང་ངོ་། །༈ གཙུག་ལག་ཁང་དེའི་ཤར་དུ་གོམ་པ་བརྒྱ་ལྷག་ཙམ་གྱིས་སར་ས་གཞོངས་ཆེན་པོ་ཡོད་པ་ནི་ལྷས་བྱིན་གསོན་པོར་མནར་མེད་དུ་ལྷུང་བའི་གནས་ཡོད་དོ། །ལོ་རྒྱུས་ནི། ལྷས་བྱིན་ནི། རྒྱལ་པོ་བྲེའོ་ཟས་ཀྱི་བུ་སྟེ་དེ་བརྩོན་འགྲུས་ཀྱིས་ལོ་བཅུ་གཉིས་རིང་མདོ་སྡེ་བརྒྱད་ཁྲི་བློར་བཟུང་ཞིང་ཁ་ཏོན་དུ་བྱེད་ལ། ཕྱིས་བརྙེད་བཀུར་གྱི་ཕྱིར་དུ་བཅོམ་ལྡན་འདས་ལ་གདམས་ངག་ཞུས་ནས་སྒྲུབས་པས་རྫུ་འཕྲུལ་ཐོབ་ཏེ་ཁོ་རང་ལ་མཚན་བཟང་སུམ་ཅུ་ཡོད་པས་སྟོན་པ་ལ་འགྲན་སེམས་སྐྱེས་ཤིང་། དགེ་འདུན་དབྱེན་བྱས་པས་མོད་(མོའུ)འགལ་བུས་བཅོམ་ལྡན་འདས་བཀའ་མནོས་དེ་(ཏེ)ཁོ་བའི་རྫུ་འཕྲུལ་ཉམས་པར་མཛད་དེ། དབྱེ་བ་བཟླུམ་པར་མཛད་དོ། །ཡང་མི་དགེ་བའི་བཤེས་ཀྱི་གྲོགས་བྱས་ཏེ་རིག་དུག་མི་བཟད་པ་སེན་མོའི་སྲུབ་ཏུ་བཙུག་ཏེ་ཕྱག་བྱ་བའི་སླད་ཀྱིས་བཅོམ་

ལྡན་འདས་ཀྱི་སྐུ་ལ་བསྐུས་པའི་རྣམ་པར་སྨིན་པས་ས་གས་ཏེ་གསོན་པོར་དམྱལ་བར་ལྷུང་བར་གྱུར་ཏོ། །༈ དེའི་ལྷོ་ངོས་སུ་ཡང་ས་གཤོང་ཆེན་པོ་ཞིག་སྣང་སྟེ་དགེ་སློང་ཀོ་ཀ་ལི་ཀས་སྟོན་པ་ལ་གཏན་ནས་མ་རངས་པས་ན་རག་ཏུ་གསོན་པོར་ལྷུང་བའི་གཤོང་བུ་ཡིན་ནོ། །༈ དེའི་ལྷོ་ཕྱོགས་སུ་གོམ་པ་བརྒྱད་བརྒྱ་ན་ས་སྡིགས་མོ་དམྱལ་བར་ལྷུང་བའི་གཤོང་བུ་ཡོད་དོ། །དེའི་ལོ་རྒྱུས་ནི་ནང་པ་ལ་མི་དད་པའི་ཕྱི་རོལ་པ་བྲམ་ཟེ་མོ་ཞིག་གིས་ཤིང་གི་གཞོང་པ་ཤིག་པང་དུ་བཅངས་ནས་རྒྱལ་བྱེད་ཚལ་དུ་ཕྱིན་ཏེ་ཚོགས་པའི་ནང་དུ་སྐད་ཆེན་པོས། དགེ་སྦྱོང་གཽ་ཏ་མ་དགེ་སྦྱོང་གི་ཚུལ་ལས་ཡོངས་སུ་ཉམས་པ་ལགས་ལ་ངོ་མི་ཚ་བར་ཚོགས་པའི་མགོ་བོ་བསྐོར་རམ། འདི་ནི་ཁྱོད་ཀྱི་བུ་མིན་ནམ་ཞེས་བསྒྲགས་པ་ན། བརྒྱ་བྱིན་གྱིས་བྱི་བ་ཞིག་སྤྲུལ་ནས་སྣོད་གཡོག་གི་བཅིངས་ཐག་མུར་ནས་བཅད་པས་གཞོང་པ་ས་ལ་ལྷུང་ཏེ་ས་ཆེན་པོ་གཡོས་སོ། །དེ་ནས་མི་ཞིག་གིས་གཞོང་པ་དེ་བླངས་ཏེ་ཁྱོད་ཀྱི་བུ་འདི་ཡིན་ནམ་ཞེས་དྲིས་ཤིང་ཁྲེར་ཅིག་ཅེས་གཏད་པས། བྲམ་ཟེ་མོ་ཤིན་ཏུ་ངོ་ཚ་བའི་ངང་ལ་ས་གས་ཏེ་ན་རག་ཏུ་གསོན་པོར་ལྷུང་བར་གྱུར་ཏོ། །ས་གཤོང་འདི་གསུམ་ལ་དབྱར་གྱི་དུས་སུ་ཆར་ཆུ་ཅི་ཙམ་ཆེ་ཡང་ཆུས་མི་ཁེངས་སོ། །

解 1:

完整翻译全文。

解 2:

伽蓝附近三坑传说的注释见《大唐西域记校注》(下) 493—497 页。

七、影覆精舍

伽蓝东六七十步有一精舍，高六十余尺，中有佛像，东面而坐。如来在昔于此与诸外道论议。次东有天祠，量等精舍。日旦流光，天祠之影不蔽精舍。日将落照，精舍之阴遂覆天祠。

影覆精舍东三四里有窣堵波，是尊者舍利子与外道论议处。初善施长者买逝多太子园。欲为如来建立精舍，时尊者舍利子随长者而瞻揆，外道六师求角神力。舍利子随事摄化，应物降伏。

其侧精舍前，建窣堵波，如来于此摧诸外道，又受毘舍佉母请。

{༦ དྲི་གཙང་ཁང་གི་གྲིབ་མ་ཕྱི་པའི་ལྷ་ཁང་སྒྲིབ་པའི་སྐོར།}

གཙུག་ལག་ཁང་དེའི་ཤར་ངོས་སུ་དྲི་གཙང་ཁང་མཐོན་པོ་ཁྲུ་དྲུག་ཅུ་ལྷག་ཡོད་པའི་ནང་དུ་ཐུབ་པའི་སྐུ་བརྙན་ཞལ་ཤར་ཕྱོགས་སུ་གཟིགས་པ་ཞིག་ཡོད་པ། སྔོན་སྟོན་པ་ཞལ་འཚོ་བའི་དུས་ཀྱི་རོལ་པ་རྣམས་དང་བགྲོ་གླེང་གནང་བའི་གནས་ཡིན་ཟེར་རོ། །༄ དེའི་ཡང་ཤར་ངོས་སུ་ཕྱི་པའི་ལྷ་ཁང་གཅིག་ཆེ་ཆུང་མཐོ་དམའ་དྲི་གཙང་ཁང་དང་ཚད་མཉམ་པ་ཡོད་ཀྱང་ཉི་མ་ཤར་དུས་གྲིབ་མ་དྲི་གཙང་ཁང་ལ་མི་ཕོག་ཅིང་། ནུབ་དུས་དྲི་གཙང་ཁང་གི་གྲིབ་མ་ཕྱི་པའི་ལྷ་ཁང་སྒྲིབ་ཏེ་འདུག་པ་ངོ་མཚར་བ་ཞིག་སྣང་ངོ་། །

解 1：

只翻译了第一自然段。

解 2：

影覆精舍的注释见《大唐西域记校注》（下）498—500 页。

八、毘卢释迦王传说

受请窣堵波南，是毘卢释迦王旧曰毘琉离王，讹也。兴甲兵诛释种至此见佛归兵之处。毘卢释迦王嗣位之后，追怨前辱，兴甲兵，动大众，部署已毕，申命方行。时有苾刍闻以白佛。世尊于是坐枯树下，毘卢释迦王遥见世尊下乘礼敬，退立言曰：“茂树扶疏，何故不坐？枯株朽蘖，而乃游止？”世尊告曰：“宗族者，枝叶也。枝叶将危，庇荫何在？”王曰：“世尊为宗亲耳，可以回驾。”于是睹圣感怀，还军返国。

还军之侧，有窣堵波，是释女被戮处。毘卢释迦王诛释克胜，简五百女充实宫闱。释女愤恚，怨言不，詈其王“家人之子也”。王闻发怒，命令诛戮。执法者奉王教，刖其手足，投诸坑阱。时诸释女含苦称佛。世尊圣鉴，照其苦毒，告命苾刍，摄衣而往，为诸释女说微妙法，所谓羁缠五欲，流转三途，恩爱别离，生死长远。时诸释女闻佛指诲，远尘离垢，得法眼净，同时命终，俱生天上。时天帝释化作婆罗门，收骸火葬，后人记焉。

诛释女窣堵波侧不远，有大涸池，是毘卢释迦王陷身入地狱处。世尊观释女已，还给孤独园，告诸苾刍：“今毘卢释迦王却后七日，为火所烧。”王闻佛记，甚怀惶惧。至第七日，安乐无危。王用欢庆，命诸宫女往至河侧，娱游乐饮。犹惧火起，鼓棹清流，随波泛滥。炽焰飙发，焚轻舟，坠王身，入无间狱，备受诸苦。

{༢ རྒྱལ་པོ་འཕགས་སྐྱེས་ཀྱི་ལོ་རྒྱུས།}

དེའི་ཤར་ཕྱོགས་སུ་རྒྱང་གྲག་(གྲགས)གསུམ་བཞི་ཙམ་གྱི་སར་འཕགས་པ་ཤྲཱ་རིའི་བུས་ལྷུ་སྟེགས་ཕམ་པར་མཛད་པའི་གནས་སུ་<PL.66>བཞེངས་པའི་མཆོད་རྟེན་དང་། རྒྱལ་པོ་འཕགས་སྐྱེས་པོས་ཤཱཀྱ་རྣམས་ལ་དམག་དྲངས་ཏེ་ལམ་བར་དུ་སྟོན་པ་མཐོང་ནས་ཕྱིར་ལོག་པའི་སར་བཞེངས་པའི་མཆོད་རྟེན་དང་མཐའ་ཕྱོགས་སུ་ཤཱཀྱ་རྣམས་སྡུག་བསྔལ་བར་གྱུར་བའི་གནས་སུ་བཞེངས་པའི་མཆོད་རྟེན་ཡོད་དོ། །དེ་ནས་འཕགས་སྐྱེས་པོས་ཤཱཀྱ་རྣམས་བསད་པ་ཤཱཀྱ་མོ་རྣམས་ཕྱོགས་གཅིག་ཏུ་དྲིལ་ཏེ་འཕགས་སྐྱེས་པོ་ལ་བྲག་རིགས་དམན་པ་ཞེས་གཤེས་པ་འཕགས་སྐྱེས་པོས་ཐོས་ནས་ཁྲོས་ཤིང་འཁྲུགས་ཏེ་བཤན་པ་བསྒོ་བས་ཤཱཀྱ་མོ་རྣམས་ཀྱི་ཡན་ལག་བཅད་པ་ན། ཤཱཀྱ་མོ་རྣམས་ཀྱིས་བཅོམ་ལྡན་འདས་ཀྱི་མཚན་ནས་བརྗོད་ཅིང་སྨྲེ་ངག་བཏོན་པས། སྟོན་པས་དགེ་སློང་གཅིག་བཏང་ནས་ཆོས་བཤད་པས་ཤཱཀྱ་མོ་རྣམས་ཀྱི་སྒྲིབ་པ་དག་སྟེ་དུས་གཅིག་ལ་ཚེ་འདས་ནས་ལྷ་གནས་སུ་སྐྱེས་སོ། །དེར་བརྒྱ་བྱིན་གྱིས་བྲམ་ཟེ་ཞིག་ཏུ་སྤྲུལ་ནས་ཤཱཀྱ་མོ་རྣམས་ཀྱི་རུས་པ་ཕྱོགས་གཅིག་ཏུ་བསྡུས་ནས་མེས་སྲེགས་ཏེ། ཐལ་བ་སྦྱངས་པའི་སྟེང་དུ་ཕྱི་རབས་པ་རྣམས་ཀྱིས་ཐོ་བྱང་བཏབ་པ་ཞིག་སྣང་ངོ་། །༈ ཤཱཀྱ་རྣམས་བསད་སར་བཞེངས་པའི་མཆོད་རྟེན་གྱི་མཐའ་ཕྱོགས་སུ་མི་རིང་བར་རྫིང་རྙམ་ཞིག་སྣང་སྟེ་དེ་ནི་འཕགས་སྐྱེས་པོ་ཚ་བའི་དམྱལ་བར་ལྷུང་བའི་གནས་སོ། །དེའི་ལོ་རྒྱུས་ནི་རྒྱལ་པོ་འཕགས་སྐྱེས་པོས་ཤཱཀྱ་རྣམས་བསད་པས་རིགས་བཅད་པར་གྱུར་པ་ན། བཅོམ་ལྡན་འདས་ཀྱིས་དགེ་སློང་རྣམས་ལ་བཀའ་སྩལ་བ། སྡིག་ཅན་འདི་ད་ལྟ་ཞག་བདུན་ན་མེས་བསྲེག་སྟེ་ཤི་ནས་ཚ་དམྱལ་དུ་ལྷུང་བར་ལུང་བསྟན་པས། འཕགས་སྐྱེས་པོས་ཐོས་ནས་ཤིན་ཏུ་སྡུག་བསྔལ་བར་གྱུར་བ་དང་། ཉིན་ཞག་བགྲངས་ནས་ཉིན་ཞག་བདུན་ཐལ་ཏེ་ཅི་ཡང་མ་བྱུང་བར་གནས་པས་ཡིད་མི་ཆེས་པར་གྱུར་ཏེ་བུད་མེད་ཀྱི་ཚོགས་ཀྱིས་སྐོར་ཞིང་རྫིང་འགྲམ་དུ་ཕྱིན་ཏེ་དགའ་བས་རོལ་པའི་སྐབས་གློ་བུར་དུ་རྫིང་བུ་དེ་ཁོལ་ཞིང་མེ་ལྕེ་བ་ནི་ཆེད་དེ་རིམ་པ་ལྟར་མར་ནག་བསྐོལ་བ་ལྟར་གྱུར་ཞིང་མེ་ལྕེ་རབ་ཏུ་འབར་བའི་མེ་དཔུང་གིས་རྒྱལ་པོ་བསྲེག་པར་གྱུར་ཏེ་ཚ་དམྱལ་དུ་ལྷུང་ཞིང་སྡུག་བསྔལ་སྣ་ཚོགས་པ་མྱོང་བར་གྱུར་ཏོ། །

解 1：

前一故事的第二自然段“影覆精舍东三四里有窣堵波，是尊者舍利子与外道论议处。初善施长者买逝多太子园。欲为如来建立精舍，时尊者舍利子随长者而瞻揆，外道六师求角神力。舍利子随事摄化，应物降伏。

其侧精舍前，建窣堵波，如来于此摧诸外道，又受毘舍佉母请。”并入此故事中大意翻译全文。

解 2：

毘卢释迦王的注释见《大唐西域记校注》（下）502—503 页。

九、得眼林

伽蓝西北三四里，至得眼林，有如来经行之迹，诸圣习定之所，并树封记，建窣堵波。昔此国群盗五百，横行邑里，跋扈城国。胜军王捕获已，抉去其眼，弃于深林。群盗苦逼，求哀称佛。是时如来在逝多精舍，闻悲声，起慈心，清风和畅，吹雪山药，满其眼已，寻得复明。而见世尊在其前住，发菩提心，欢喜顶礼，投杖而去，因植根焉。

{༡ མིག་ཐོབ་པའི་ནགས་ཚལ།}

གཙུག་ལག་ཁང་དེའི་ནུབ་བྱང་གི་ཕྱོགས་སུ་རྒྱང་གྲགས་གསུམ་བཞི་ཙམ་ཕྱིན་པ་ན་མིག་ཐོབ་པའི་ནགས་ཡོད་ལ་དེར་སྟོན་པའི་རྗེས་བཀོད་དང་། འཕགས་པ་རྣམས་ཀྱིས་བསམ་གཏན་ལ་སྒོམས་པར་བཞུགས་པའི་གནས་དུ་མར་ཐོ་བྱང་མཆོད་རྟེན་ལ་སོགས་པའང་ཡོད་དོ། །དེའི་ལོ་རྒྱུས་ནི་སྔོན་སྟོན་པ་ཞལ་བཞུགས་པའི་དུས་ཇག་པ་ལྔ་བརྒྱ་གྲོང་དང་ལྗོངས་དང་གྲོང་རྡལ་མང་པོ་བཅོམ་ཞིང་འཇིག་རྟེན་མི་བདེ་བར་བྱེད་པས། རྒྱལ་པོ་གསལ་རྒྱལ་གྱིས་དཔུང་བཏགས་ཏེ་ཐམས་ཅད་བཟུང་སྟེ་ཚང་མའི་མིག་ཕྱུང་སྟེ། ནགས་ཚལ་དེའི་ནང་དུ་འཁྲམས་སུ་བཅུག་པས་ཇག་པ་དེ་དག་འཁྲུག་ལྟོག་གི་སྡུག་བསྔལ་གྱིས་ཉེན་ཏེ་སྨྲེ་ངག་བཏོན་པས། བཅོམ་ལྡན་འདས་ཀྱིས་རྒྱལ་བྱེད་ཚལ་ནས་དེ་སྐད་གསན་པས་གངས་རི་ལས་སྨན་བླངས་ཏེ་ཐམས་ཅད་ཀྱི་མིག་ལ་བྱུག་པས་སླར་སོས་ནས་མིག་ཐོབ་སྟེ་བལྟས་ཙ་ན། སྟོན་པ་མདུན་དུ་བཞུགས་པ་མཐོང་ནས་དགའ་སྟེ་ཉེས་པ་བཤགས་ཤིང་། བྱང་ཆུབ་ཏུ་སེམས་བསྐྱེད་པས་ནགས་ཀྱི་མིང་

དེ་ལྟར་ཐོགས་སོ། །

解 1：

完整翻译全文。

解 2：

得眼林的注释见《大唐西域记校注》（下）505 页。

十、故城

大城西北六十余里有故城，是贤劫中人寿二万岁时迦叶波佛本生城也。城南有窣堵波，成正觉已初见父处。城北有窣堵波，有迦叶波佛全身舍利，并无忧王所建也。

从此东南行五百余里，至劫比罗伐窣堵国。旧曰迦罗卫国，讹。中印度境。

{༤ སངས་རྒྱས་འོད་སྲུང་སྐུ་འཁྲུངས་པའི་གྲོང་ཁྱེར།}

གྲོང་ཁྱེར་ཆེན་པོའི་ཤར་<PL.67>ལྷོའི་མཚམས་སུ་རྒྱང་གྲག་(གྲགས)ལྔ་བརྒྱ་སོང་བ་ན་ཕོ་བྲང་རྙིང་པ་ཞིག་ཡོད་པ་ནི་མི་རྣམས་ཚེ་ལོ་ཉིས་ཁྲིའི་དུས་སུ་བྱུང་བའི་སངས་རྒྱས་འོད་སྲུང་གི་སྐུ་འཁྲུངས་པའི་གྲོང་ཁྱེར་རོ། །༈ དེའི་ལྷོ་ཕྱོགས་སུ་སྟོན་པ་སངས་རྒྱས་ནས་ཐོག་མར་ཡབ་དང་མཇལ་བའི་སར་རྒྱལ་པོ་མྱ་ངན་མེད་ཀྱིས་བཞེངས་པའི་མཆོད་རྟེན་ཡོད་དོ། །གྲོང་ཁྱེར་དེའི་རྒྱབ་རོལ་ན་སངས་རྒྱས་འོད་སྲུང་གི་སྐུ་གདུང་རིལ་པོར་བཞུགས་པའི་མཆོད་རྟེན་ཨ་ཤོ་ཀས་བཞེངས་པ་འདུག་གོ།

解 1：

（1）故事一开始汉文和藏文不一致，汉文称“大城西北六十余里”而藏文译为“大城东南五百余里”疑将本故事的最后“从此东南行五百余里”与“大城西北六十余里”混淆了，否则无法解释。

（2）全文完整翻译。

解 2：

故城的注释见《大唐西域记校注》（下）505 页。

劫比罗伐窣堵国

劫比罗伐窣堵国周四千余里。空城十数，荒芜已甚。王城颓圮，周量不详。其内宫城周十四五里，垒砖而成，基迹峻固。空荒久远，人里稀旷。无大君长，城各立主。土地良沃，稼穑时播。气序无愆，风俗和畅。伽蓝故基千有余所，而宫城之侧有一伽蓝。僧徒三千余人，习学小乘正量部教。天祠两所，异道杂居。

{ཀ་པི་ལ་ཝའི་ཡུལ།}

དེ་ནས་ཤར་ལྷོའི་མཚམས་སུ་རྒྱང་གྲགས་ལྔ་བརྒྱ་ཕྱིན་པ་ན་ཀ་པི་ལ་ཝའི་༢ ☆ ཡུལ་ལོ། །དེའི་ཐ་གྲུ་ཞི་དབར་བཞི་སྟོང་ལྷག་པའི་ནང་ན་གྲོང་ཁྱེར་སྟོང་ཐྲག་དུ་མ་ཡོད། རྒྱལ་པོའི་ཕོ་བྲང་[ཕོ་བྲང་གི་ཤུལ་ལ་དེང་སེང་ཀ་པི་ལིའི་ཟེར]ཀྱང་ཧ་ཅང་རྙིང་ཆེ་པས་མི་ཁྱིམ་ཀྱང་མེད་ལ་གང་དང་གང་གི་གནས་ཚུལ་གྱི་རྟགས་ཙམ་ཡང་མི་གནས་སོ། །ཐུན་མོངས་ལ་དབང་བའི་རྒྱལ་པོ་མེད་ཅིང་གྲོང་ཁྱེར་སིལ་བུ་རྣམས་ལ་བདག་པོ་སིལ་བུ་རྣམས་འདུག་གོ །ས་གཞི་ཤིན་ཏུ་གཤིན་པ་འབྲུ་ཕལ་ཆེར་འདེབས་པ། ཚ་གྲང་སྙོམ་པ་ལྷ་ཁང་དང་གྲོང་ཁྱེར་གོག་པོ་སྟོང་ཙམ་ལྷག་པ་དཀྱིལ་མཁར་གྱི་མཐའ་ལོགས་སུ་གཙུག་ལག་ཁང་གཅིག་ལ་དགེ་འདུན་གསུམ་སྟོང་ལྷག་ཐེག་དམན་གནས་བརྟན་སྡེ་པའོ། །ཕྱི་རོལ་པའི་ལྷ་ཁང་གཉིས་སུ་ཁོ་རང་གི་ལུགས་སྣ་ཚོགས་པ་འདྲེས་མར་གནས་སོ། །

解 1：

（1）完整翻译全文。

（2）第一句是前一个国家的最后一句“从此东南行五百余里，至劫比罗伐窣堵国。旧曰迦罗卫国，讹。中印度境”。小字“旧曰迦罗卫国，讹。中印度境”没有翻译，因不影响全文的含义，故省略了。

（3）批注意为“如今此城的遗址称嘎比里”。

解 2：

劫比罗伐窣堵国　梵　Kapilavastu（今印度北方邦境内）

一、释迦为太子时传说

宫城内有故基，净饭王正殿也，上建精舍，中作王像。其侧不远有故基，摩诃摩耶唐言大术。夫人寝殿也。上建精舍。中作夫人之像。其侧精舍。是释迦菩萨降神母胎处。中作菩萨降神之像。上座部菩萨以嗢呾罗頞沙荼月三十日夜降神母胎，当此五月十五日。诸部则以此月二十三日夜降母胎，当此五月八日。

菩萨降神东北有窣堵波，阿私多仙相太子处。菩萨诞灵之日，嘉祥辐凑。时净饭王召诸相师而告之曰："此子生也，善恶何若？宜悉乃心，正明言以对。"曰："依先圣之记，考吉祥之应，在家作转轮圣王，舍家当成等正觉。"是时阿私多仙自远而至，叩门请见。王甚庆悦，躬迎礼敬，请就宝座，曰："不意大仙今日降顾。"仙曰："我在天宫，安居宴坐。忽见诸天群从蹈舞。我时问言：'何悦豫之甚也？'曰："大仙当知，赡部洲中释种净饭王第一夫人今产太子，当证三菩提，圆明一切智。'我闻是语，故来瞻仰。所悲朽耄，不遭圣化。"

城南门有窣堵波，是太子与诸释角力掷象之处。'太子伎艺多能，独拔伦匹。净饭大王怀庆将返，仆夫驭象，方欲出城。提婆达多素负强力，自外而入。问驭者曰："严驾此象，其谁欲乘？"曰："太子将还，故往奉驭。"提婆达多发愤引象，批其颡蹴其臆，僵仆塞路，杜绝行途，无能转移，人众填塞。难陀后至而问之曰："谁死此象？"曰："提婆达多。"即曳之避路。太子至，又问曰："谁为不善，害此象耶？"曰："提婆达多害以杜门，难陀引之开径。"太子乃举象高掷，越度城堑。其象堕地，为大深坑，土俗相传为象堕坑也。其侧精舍中作太子像。其侧又有精舍，太子妃寝宫也，中作耶输陀罗，并有罗怙罗像。宫侧精舍作受业之像，太子学堂故基也。

{༡ སྟོན་པ་རྒྱལ་བུའི་དུས་ཀྱི་ལོ་རྒྱུས།}

དབུས་སུ་རྒྱལ་པོ་ཟས་གཙང་གི་ཕོ་བྲང་གི་ཤུལ་དུ་གཙུག་ལག་ཁང་བརྩིགས་པའི་ནང་དུ་རྒྱལ་པོའི་གཟུགས་བརྙན་དང་། དེ་དང་མི་རིང་བར་བཙུན་མོ་སྒྱུ་མ་ཆེན་མོའི་འདྲ་སྐུ་དང་བཅས་པ། དེ་དང་ཐག་ཉེ་བར་སྟོན་པ་ལྷུམས་ཞུགས་ཀྱི་གནས་ཏེ། དེར་སྟོན་པ་ལྷུམས་སུ་ཞུགས་པའི་གཟུགས་བརྙན་སྣང་

ངོ་། །༄ དེའི་བྱང་ཤར་མཚམས་ན་མཆོད་རྟེན་ཞིག་ཡོད་པ་དྲང་སྲོང་ཨ་ཛྙས་རྒྱལ་བུའི་མཚན་བཟང་བལྟས་པའི་གནས་སོ། །དེའི་ལོ་རྒྱུས་ནི། རྒྱལ་པོ་ཟས་གཙང་གིས་སྟོན་པ་བལྟམས་མ་ཐག་མཚན་མཁན་མང་པོ་བསྡུས་ནས་བལྟ་རུ་བཅུག་པས། མཚན་དཔེ་ཕྲ་ན་མ་མཆིས་པ་ལགས་ཏེ་ཁྱིམ་ན་གནས་ཚེ་འཁོར་ལོས་བསྒྱུར་བའི་རྒྱལ་པོར་འགྱུར་ལ། རབ་ཏུ་བྱུང་ན་བླ་ན་མེད་པ་ཡང་དག་པར་རྫོགས་པའི་སངས་རྒྱས་སུ་འགྱུར་རོ་ཞེས་ལུང་བསྟན་ཏེ་མཚན་མཁན་དུས་པས། རྒྱལ་པོས་ཅི་ནོངས་ཅེས་དྲིས་པས་དྲང་སྲོང་ཨ་ཛྙས་སྨྲས་པ། བདག་ལྷའི་གནས་སུ་ཏིང་ངེ་འཛིན་ལ་མཉམ་པར་བཞག་ཙ་ན། དེ་རིང་ལྷ་རྣམས་དགའ་བས་བྲོ་ལག་པས་གར་དང་རྐང་པས་བྲོ་བརྡུང་བཞིན་ས་ལ་བབས་པ་མཐོང་ཏེ་དྲིས་པས། འཛམ་བུ་གླིང་དུ་ཡུལ་དབུས་ཀྱི་རྒྱལ་པོ་ཟས་གཙང་གི་བུར་བདེ་བར་གཤེགས་པ་ཤཱཀྱའི་སེང་གེའི་སྐུ་འཁྲུངས་པས་བསུ་རུ་འགྲོའོ་ཞེས་ཟེར་བ་ཐོས་པས་དེས་པ་རྙེད་པ་ཡིན་ནོ། །འོན་ཀྱང་བདག་ལོ་རྒས་པས་དམ་པའི་ཆོས་ཉན་པ་མི་ཟིན་པས་སྐལ་པ་མི་འདུག་སྙམས་ནས་ངུས་པ་ལགས་སོ་ཟེར་རོ། །༄ གྲོང་ཁྱེར་གྱི་ལྷོ་སྒོའི་ཕྱི་རོལ་ན་སྟོན་པ་སྐུ་ན་གཞོན་དུས་སྲུན་ཟླ་ཤཱཀྱ་རྣམས་དང་སྟོབས་བགྱི་བའི་གནས་སུ་བཞེངས་པའི་མཆོད་རྟེན་ཡོད་དོ། །དེའི་ལོ་རྒྱུས་ནི་རྒྱལ་པོ་ཟས་གཙང་གིས་རྒྱལ་བུ་ཁམས་སེངས་སུ་ཕེབས་བཞེད་པས་གླང་པོའི་ཐོ་བོ་མ་གླང་ཆེན་ཁྲིད་ཤོག་གསུངས་པར་ལྷར་གླང་ཆེན་ཁྲིད་ནས་ཡོང་བ་ན། ལམ་དུ་ལྷས་བྱིན་དང་འཕྲད་དེ་ལྷས་བྱིན་གྱིས<PL.68>དྲིས་པས་གླང་ཐེས་རྒྱུ་མཚན་བསྙད་དོ། །ལྷས་བྱིན་རྩལ་སྟོབས་ཀྱིས་སྙེམས་པས་གླང་ཆེན་ལ་ཐལ་ལྕགས་བསྣུན་པས་གླང་ཆེན་ཤིའོ་གླང་རོ་ལམ་ཁར་འགྱེས་ཏེ་གནས་པ། གཅུང་དགའ་བོ་བྱོན་ནས་དྲིས་པས་གླང་ཐེས་རྒྱུ་མཚན་ཞུས་པས། གཅུང་གྱིས་གླང་པོའི་མཇུག་མ་ནས་བཟུང་ཏེ་ལམ་གྱི་ཡོགས་སུ་བོར་ཞིང་ལམ་བཀག་པ་བསལ་ལོ། །གཞོན་ནུ་དོན་གྲུབ་ཕེབས་ཏེ་དྲིས་པས་རྒྱུ་མཚན་རྣམས་ཞུས་པས་རྒྱལ་བུས་གླང་པོའི་སྣ་ནས་བཟུང་སྟེ་གྲོང་ཁྱེར་གྱི་ཕྱིར་བོར་བར་ས་ལ་གཤོང་བྱུང་བ་ལ་གླང་པོའི་གཤོང་ཞེས་གྲགས་སོ། །༄ དེའི་ཡོགས་སུ་གཙུག་ལག་ཁང་ཞིག་ན་རྒྱལ་བུའི་སྐུ་བརྙན་དང་དེ་དང་ཉེ་བར་གྲགས་འཛིན་མའི་གཟིམ་ཁང་གི་ཤུལ་དུ་ལྷ་ཁང་ཆེན་པོ་ཞིག་ན་གྲགས་འཛིན་མ་དང་། སྒྲས་སྒྲ་གཅན་འཛིན་དང་བཅས་པའི་སྐུ་བརྙན་བཞུགས་པ་དང་། གཙང་ཁང་ཞིག་ཀྱང་འདུག་པ་ནི་སྟོན་པས་བཟོ་བའི་གནས་ལ་སློབ་པའི་གནས་སོ། །དེར་ལོ་རྒྱུས་དེ་དང་མཐུན་པའི་སྟོན་པའི་སྐུ་བརྙན་ཀྱང་བཞུགས་སོ། །

解 1:

第一段的“上座部菩萨以嗢呾罗頞沙荼月三十日夜降神母胎，当此五月十五日。诸部则以此月二十三日夜降母胎，当此五月八日。”一节没有翻译。

解 2:

释迦为太子时传说的注释见《大唐西域记校注》(下) 510 页。

二、太子踰城处

城东南隅有一精舍，中作太子乘白马凌虚之像，是踰城处也。城四门外各有精舍，中作老、病、死人、沙门之像，是太子游观，睹相增怀，深厌尘俗，于此感悟，命仆回驾。

{༢ རྒྱལ་བུ་རྟ་དཀར་ལ་བཅིབས་པ།}

གྲོང་ཁྱེར་དེའི་ཤར་ལྷོའི་མཚམས་སུ་གཙང་ཁང་ཅིག་གི་ནང་ན་སྟོན་པའི་སྐུ་བརྙན་དབུ་རལ་ཅན་རྟ་དཀར་ལ་བཅིབས་པ་སྣང་ངོ་། །དེ་ནི་ཁྱིམ་ནས་ཁྱིམ་མེད་པར་རབ་ཏུ་འབྱུང་བར་གཤེགས་པའི་ཚུལ་ལོ། །༄ གྲོང་ཁྱེར་གྱི་སྒོ་བཞི་ཀར་གཙང་ཁང་ཆེ་བ་རེ་རེ་ཡོད་པར་གཞོན་ནུའི་སྐུ་བརྙན་རེ་དང་། སྐྱེ་ཀ་ན་འཆིའི་སྡུག་བསྔལ་གྱིས་ཉེན་པའི་རྣམ་པ་རེ་དང་། དགེ་སློང་གི་སྣང་བརྙན་དང་བཅས་པ་ཡོད་དོ། །

解 1:

完整翻译全文。

解 2:

太子踰城处的注释见《大唐西域记校注》(下) 513 页。

三、二古佛本生处

城南行五十余里，至故城，有窣堵波，是贤劫中人寿六万岁时迦罗迦村驮佛本生城也。城南不远，有窣堵波，成正觉已见父之处。城东南窣堵波，有彼如来遗身舍利。前建石柱，高三十余尺，上刻师子之像，傍记寂灭之事，无忧王建焉。

迦罗迦村驮佛城东北行三十余里，至故大城，中有窣堵波，是贤劫中人寿四万岁时迦诺迦牟尼佛本生城也。东北不远，有窣堵波，成正觉已度父之处。次北窣堵波，有彼如来遗身舍利。前建石柱，高二十余尺，上刻师子之像，傍记寂灭之事，无忧王建也。

{༣ འཛམ་བུ་གླིང་གི་མི་ལོ་ཁྲི་པའི་དུས་སངས་རྒྱས་གཉིས་ཀྱི་འཁྲུངས་ཡུལ།}

གྲོང་ཁྱེར་གྱི་ལྷོ་ཕྱོགས་ན་རྒྱང་གྲག་(གྲགས)ལྔ་བཅུ་ཙམ་གྱི་སར་མཆོད་རྟེན་ཅིག་ཡོད་པ་ནི། འཛམ་བུ་གླིང་གི་མི་ལོ་དྲུག་ཁྲི་པའི་དུས་སངས་རྒྱས་འཁོར་བ་འཇིག་སྐུ་འཁྲུངས་པའི་གནས་སོ། །༑ གྲོང་ཁྱེར་དེའི་ལྷོའི་ཕྱོགས་སུ་མི་རིང་བར་མཆོད་རྟེན་ཞིག་ཡོད་པ་དེའི་ནང་དུ་རིང་བསྲེལ་ཡོད་དོ། །དེའི་ཁོགས་སུ་སྲིད་དུ་ཁྲུ་སུམ་ཅུ་ལྷག་ཡོད་པའི་རྡོའི་ཀ་བ་སེང་གེའི་ཏོག་ཅན་སྟོན་པ་མྱ་ངན་ལས་འདས་རྗེས་མྱ་ངན་མེད་ཀྱི་བཞེངས་པ་ཡོད་དོ། །དེ་སངས་རྒྱས་འཁོར་བ་འཇིག་གི་ཕོ་བྲང་གི་ཤུལ་གྱི་བྱང་ཤར་མཚམས་སུ་རྒྱང་གྲག་(གྲགས)སུམ་ཅུ་ཙམ་གྱི་སར་གྲོང་ཁྱེར་ཆེན་པོ་ཞིག་གི་ནང་དུ་བསྐལ་བཟང་གི་དུས་སྟོང་གི་སངས་རྒྱས་ཀ་ནི་ཀ་མུ་ནི་སྟེ་གསེར་ཐུབ་སྐུ་འཁྲུངས་པའི་མཆོད་རྟེན་ཡོད་དོ། །དེའི་ཤར་དུ་མི་རིང་བར་མཆོད་རྟེན་ཞིག་ཡོད་པ་ནི་སྟོན་པས་ཡབ་བཏུལ་བའི་གནས་སོ། །༑ དེ་ནས་བྱང་ཕྱོགས་སུ་མཆོད་རྟེན་ཞིག་གི་ནང་དུ་རིང་བསྲེལ་དང་། དེའི་ཁོགས་རྡོའི་ཀ་བ་སེང་གེའི་ཏོག་ཅན་ཟུར་བཞི་པ་ཁྲུ་ཉི་ཤུ་ཡོད་པའི་ངོས་ན་སྟོན་པ་མྱ་ངན་ལས་འདས་པའི་རྣམ་ཐར་བརྐོས་པ་རྒྱལ་པོ་མྱ་ངན་མེད་ཀྱི་བཞེངས་པ་ཡོད་དོ། །

解 1：

完整翻译全文。

解 2：

二古佛本生处的注释见《大唐西域记校注》（下）514 页。

四、太子坐树阴处

城东北四十余里有窣堵波，是太子坐树阴观耕田，于此习定而得离欲。净饭王见太子坐树阴入寂定，日光回照，树影不移，心知灵圣，更深珍敬。

{༤ སྟོན་པ་གྲིབ་བསིལ་ལ་བཞུགས།}

གྲོང་ཁྱེར་གྱི་ཤར་ཕྱོགས་རྒྱང་གྲག་(གྲགས)བཞི་བཅུ་ཙམ་གྱི་སར་མཆོད་རྟེན་ཡོད་པ་ནི། སྟོན་པ་གཞོན་ནུའི་དུས་སུ་ཤིང་གི་གྲིབ་བསིལ་ལ་བཞུགས་ཏེ་ཞིང་རྨོ་བ་གཟིགས་པ་ན། ཡབ་རྒྱལ་པོས་གདན་དྲངས་པའི་ཚེ་གཞོན་ནུ་གཤེགས་ཀྱང་ཤིང་གྲིབ་མ་ཉམས་པར་གཞོན་ནུའི་རྗེས་སུ་འབྲངས་བ་མཐོང་ནས་ཡབ་དད་པ་སྐྱེས་པའི་གནས་སོ། །

解 1：

完整翻译全文。

解 2：

太子坐树阴处的注释见《大唐西域记校注》（下）516 页。

五、释种诛死处

大城西北有数百千窣堵波，释种诛死处也。毘卢释迦王既克诸释，虏其族类，得九千九百九十万人，并从杀戮，积尸如莽，流血成池。天警人心，收骸瘗葬。

诛释西南有四小窣堵波，四释种拒军处。初胜军王嗣位也，求婚释种，释种鄙其非类，谬以家人之女，重礼娉焉。胜军王立为正后，其产子男，是为毘卢释迦王。毘卢释迦欲就舅氏请益受业，至此城南，见新讲堂，即中憩驾。诸释闻之，逐而詈曰："卑贱婢子，敢居此室！此室诸释建也，拟佛居焉。"毘卢释迦嗣位之后，追复先辱，便兴甲兵，至此屯军。释种四人躬耕畎亩，便即抗拒，兵寇退散。已而入城，族人以为承轮王之祚胤，为法王之宗子，敢行凶暴，安忍杀害，污辱宗门，绝亲远放。四人被逐，北趣雪山，一为乌仗那国王，一为梵衍那国王，一为呬摩呾罗国王，一为商弥国王，奕世传业，苗裔不绝。

{༥ རྒྱལ་པོ་འཕགས་སྐྱེས་པོས་ཤཱཀྱ་བསྣུབས་པའི་གནས།}

གྲོང་ཁྱེར་གྱི་ནུབ་བྱང་མཚམས་ན་མཆོད་རྟེན་བརྒྱ་སྟོང་མང་པོ་ཡོད་པ་ནི། རྒྱལ་པོ་འཕགས་སྐྱེས་པོས་ཤཱཀྱ་བསྣུབས་པའི་གནས་སོ། །དེ་ནས་<PL.69>འཕགས་སྐྱེས་པོས་ཤཱཀྱའི་མི་དགུ་སྟོང་དགུ་བརྒྱ་དགུ་

ཁྲི་བསད་པ་ན་ལྷ་དང་མི་རྣམས་ཀྱིས་སྙིང་རྗེ་སྐྱེས་ཏེ། རུས་པ་རྣམས་ཕྱོགས་གཅིག་ཏུ་བསྡུས་ནས་མཆོད་རྟེན་དེ་དག་བརྩིགས་པ་ཡིན་ཟེར་རོ། །༈ དེ་ནས་རྒྱལ་པོ་གསལ་རྒྱལ་གྱིས་ཤཱཀྱ་རྣམས་དང་མཛའ་བར་གྱུར་ནས་བུ་མོ་སློང་བ་ན། ཤཱཀྱ་རྣམས་ཀྱིས་རིགས་ངན་ཟེར་ནས་མ་བྱིན་པར་བྲན་མོ་ཞིག་བུ་མོར་བརྫུས་ནས་བཏང་ངོ་། །གསལ་རྒྱལ་གྱིས་ཁབ་ཏུ་བླངས་པ་ལས་སྐྱེས་པའི་བུ་བི་ར་ཊ་ཀ་དེ་ཕྱིས་རྒྱལ་པོར་གྱུར་པ་ནི་ཞང་པོ་རྣམས་ལས་ས་ལེན་པར་ཕྱིན་ཏེ། འདུག་ཁང་གཙང་བ་ཞིག་མཐོང་། དེར་ངལ་བསོ་བ་ན་ཤཱཀྱ་རྣམས་ཀྱིས་ཐོས་ནས་བྲན་མོའི་བུ་ངན་པ་སོང་ཞིག ཁང་པ་འདི་བཅོམ་ལྡན་འདས་ཀྱི་ཆེད་དུ་དེ་ཤཱཀྱ་ཀྱིས་བཞེངས་པ་ཡིན། ཁྱོད་ལྟ་བུས་ཅི་བྱར་ཡོད་ཅེས་བསྒྲད་པས་བི་རུ་ཊ་ཀས་ཁོན་དུ་བཟུང་ནས་ཤཱཀྱ་རྣམས་ལ་དམག་དྲངས་པས་ཤཱཀྱའི་མི་བཞིས་ཞིང་རྫོད་ཅིང་གནས་པས་གཡུལ་བཟློག་པར་བྱས་ཤིང་། བི་རུ་ཊ་ཀ་དེ་ཙམ་གྱིས་མ་ཚིམ་པར་རབ་ཏུ་རྒྱལ་པར་འདོད་ནས་བསད་བརྡུང་ཆེ་བ་ན། གྲོང་གི་མི་རྣམས་ཕལ་ཆེས་པས། ཤཱཀྱ་དག་འཁོར་བསྒྱུར་གྱི་རིགས་ཡིན་པ་དང་། བཅོམ་ལྡན་འདས་ཀྱི་ཉེ་དུ་ཡིན་པས་གནོད་འཚེ་འདི་འདྲ་མི་འོས་ཅེས་སྨྲས་སོ། །ཤཱཀྱའི་མི་བཞི་པོ་གངས་རིའི་ཡུལ་དུ་ཞུགས་ཏེ་སོ་སོར་རྒྱལ་པོ་བྱས་པ་ནི་གཅིག་ནི་ཨུདྱཱ་ནའི་རྒྱལ་པོ་བྱས་སོ། །གཞན་གསུམ་རིམ་པ་བཞིན་ཧྥ་ཡ་ནའི་རྒྱལ་པོ། ཧེ་མ་ཏ་རའི་རྒྱལ་པོ། ཤང་མི་ཡུལ་གྱི་རྒྱལ་པོ་རྣམས་སོ། །དེ་དག་ནི་ཤཱཀྱའི་རིགས་ལས་མཆེད་པས་རྒྱལ་རབས་མ་ཆད་དོ། །

解 1：

完整翻译全文。

解 2：

释种诛死处的注释见《大唐西域记校注》（下）516 页。

六、释迦证法归见父王处

城南三四里尼拘律树林，有窣堵波，无忧王建也，释迦如来成正觉已还国见父王为说法处。净饭王知如来降魔军已，游行化导，情怀渴仰，思得礼敬。乃命使请如来曰：“昔期成佛，当还本生。斯言在耳，时来降趾。”使至佛所，具宣王意。如来告曰：“却后七日，当还本生。”使臣还以白王，净饭王乃告命臣庶洒扫衢路，储积华香，与诸群臣四十里外伫驾奉迎。是时如来与大众俱，八金刚周卫，四天王前导，帝释与欲界天侍左，梵王与色界天侍右，诸苾刍僧列在其后。维佛在众，如月映星，威神动三界，光明踰七曜，步虚空，至本生国。王与从臣礼敬已毕，俱共还国，止尼拘卢陀僧伽蓝。其侧不远，有窣堵波，是如来于大树下东面而坐受姨母金缕袈裟。次此窣堵波，是如来于此度八王子及五百释种处。

{༦ ཡབ་སྲས་མཇལ་ཏེ་ཟས་གཙང་ཆོས་ཉན་པའི་གནས།}

གྲོང་ཁྱེར་གྱི་ལྷོ་ཕྱོགས་ངོས་སུ་རྒྱང་གྲག་(གྲགས)སུམ་བཞི་ཙམ་ན་ཤིང་ཉ་གྲོ་དྷའི་ནང་ན་མཆོད་རྟེན་ཞིག་ཡོད་པ་ནི་ཡབ་སྲས་མཇལ་ཏེ་ཟས་གཙང་ཆོས་ཉན་པའི་གནས་སོ། །དེའི་ལོ་རྒྱུས་ནི་སྟོན་པས་བདུད་བཏུལ་ཏེ་མངོན་པར་རྫོགས་པར་སངས་རྒྱས་ནས་གྲོང་ཁྱེར་རྒྱུ་བ་ཐོས་ནས་བང་ཆེན་པ་བཏང་སྟེ་སྟོན་པ་ལ་གསོལ་བ། བཅོམ་ལྡན་འདས་ཉིད་སྔོན་དུས་བདག་ལ་(ལམ)མཆོག་ཐོབ་ན་མི་རིང་བར་ཁབ་ཏུ་འབྱོན་པར་ཞལ་གྱིས་བཞེས་པ་ལགས་ལ། ད་ལྟ་དུས་ལ་མ་བབས་སམ་ཞེས་གསོལ་བས་ཞག་བདུན་ན་འབྱོན་པར་གནང་ངོ་། །དེ་ནས་རྒྱལ་པོས་བཀའ་བསྒྲགས་ཏེ་གྲོང་ཁྱེར་གྱི་ཕྱི་རོལ་ས་ལེ་བར་བཞི་བཅུ་ཚུན་ཆད་ཀྱི་ལམ་སྲང་ཐམས་ཅད་ལ་སྤོས་ཆུས་ཆབ་ཆབ་བཏབ་ཕྱི་དོར་གཙང་མར་བྱས་ནས་བསུ་བའི་སྟ་གོན་བྱས་སོ། །དེ་ནས་ཆད་དུ་བབས་པའི་ཉིན་ནམ་མཁའི་དབྱིངས་ནས་སྟོན་པ་འཁོར་དང་བཅས་པ་ལག་ན་རྡོ་རྗེ་བརྒྱད་ཀྱིས་ཕྱོགས་མཚམས་བརྒྱད་བསྲུངས། རྒྱལ་པོ་ཆེན་པོ་བཞི་མདུན་དུ་བཟར། བརྒྱ་བྱིན་འདོད་ཁམས་ལྷའི་སྣ་དྲངས་གཡོན་ཕྱོགས་ནས་བསྐྱངས། གཡས་རོལ་ན་ཚངས་པས་སྣ་དྲངས་ཏེ་གཟུགས་ཁམས་ཀྱི་ལྷ་ཚོགས་ཀྱིས་བསྐྱངས། དགེ་སློང་གི་དགེ་འདུན་རྣམས་རྒྱབ་ནས་འབྲངས་བཞིན་པར་གཤེགས་པ་ན། རྒྱལ་པོ་ཟས་གཙང་འཁོར་བཅས་སྤུས་མོ་བཙུག་ཐལ་མོ་སྦྱར་སྤོས་སྣ་ཚོགས་ཀྱི་དུད་པ་བཏང་། རོལ་མོ་སྣ་ཚོགས་དུས་གཅིག་ཏུ་དཀྲོལ་ཞིང་བསུས་སོ། །ཉ་གྲོ་དྷའི་ཚལ་གྱི་གཙུག་ལག་ཁང་གི་ལོགས་སུ་མི་རིང་བར་མཆོད་རྟེན་ཞིག་ཡོད་པ་ན། སྲུ་སྐྱེ་རྒྱུའི་བདག་མོས་ཕུལ་པའི་གསེར་སྐུད་ཀྱིས་བཏང་བའི་ཆོས་གོས་བཞེས་པའི་གནས་སོ། །འདིར་བཅོམ་ལྡན་འདས་ཀྱིས་རྒྱལ་བུ་བརྒྱད་དང་ཤཱཀྱ་ལྔ་བརྒྱ་བཏུལ་ལོ། །

解 1：

完整翻译全文。

解 2:

释迦证法归见父王处的注释见《大唐西域记校注》(下) 519 页。

七、自在天祠及箭泉

城东门内路左有窣堵波，昔一切义成太子于此习诸技艺。门外有自在天祠。祠中石天像，危然起势，是太子在襁褓中所入祠也。净饭王自腊伐尼国迎太子还也，途次天祠。王曰：“此天祠多灵鉴，诸释童稚求佑必效，宜将太子至彼修敬”。是时傅母抱而入祠，其石天像起迎太子。太子已出，天像复坐。

城南门外路左有窣堵波，是太子与诸释角艺，射铁鼓。从此东南三十余里，有小窣堵波。其侧有泉，泉流澄镜。是太子与诸释引强校能，弦矢既分，穿鼓过表，至地没羽，因涌清流。时俗相传，谓之箭泉。夫有疾病，饮沐多愈。远方之人，持泥以归，随其所苦，渍以涂额，灵神冥卫，多蒙痊愈。

{༧ ཚངས་པའི་ལྷ་ཁང་ཞིག་དང་མདའི་ཆུ་མིག་གི་སྐོར།}

གྲོང་ཁྱེར་གྱི་ཤར་སྒོའི་ནང་རོལ་ན་<PL.70>མཆོད་རྟེན་ཞིག་ཡོད་པ་ནི། སྟོན་པ་བཟོ་བའི་གནས་ལ་མཁས་པར་བསླབ་པའི་གནས་སོ། །༄ སྒོའི་ཕྱི་རོལ་ལྷ་ཁང་ཆེན་པོ་ཞིག་ན་རྗེ་ལས་གྲུབ་པའི་ལྷ་ཆེན་པོའི་སྐུ་བརྙན་དེ་བསྟོད་པ་ལས་ཅུང་ཟད་ལགས་པའི་སྣ་ཅན་ནོ། །དེའི་ལོ་རྒྱུས་ནི་སྟོན་པ་ཤཱཀྱའི་རིགས་ཚང་མས་བུ་བཙས་ནས་རིང་པོ་མ་ལོན་པར་ལྷ་ཁང་དེར་ཞུགས་ནས་ལྷ་དེའི་སྐྱབས་འོག་ཏུ་འཇུག་པའི་སྲོལ་ཡོད་པས། སྟོན་པ་འཁྲུངས་ནས་རིང་པོ་མ་ལོན་པར་སྲོལ་སྙིང་བཞིན་མ་མས་པང་དུ་བླངས་ནས་ཁྱེར་ཏེ་ལྷ་ཁང་གི་ནང་དུ་ཞུགས་པ་ན། རྗེ་སྐུ་དེ་བསུ་བའི་ཚུལ་དུ་གེར་གྱིས་ལངས་སོ་ཟེར། །༄ ལྷོ་སྒོའི་ཕྱི་རོལ་ལམ་གྱི་གཡོན་རོལ་ན་མཆོད་རྟེན་ཞིག་ཡོད་པ་ན། གཞོན་ནུ་དོན་གྲུབ་ཤཱཀྱ་རྣམས་དང་འཕོངས་དགྱེ་བའི་དུས་སུ་ལྕགས་ཀྱི་རྔ་བརྟོལ་པར་མཛད་པའི་གནས་སོ། །དེ་ནས་ཤར་ལྷོའི་མཚམས་སུ་རྒྱང་གྲགས་སུམ་ཅུ་ན་མཆོད་རྟེན་ཆུང་དུ་ཞིག་གི་ཉེ་པར་ཆུ་མིག་ཅིག་ཡོད་པ་དེ་ནི། གཞོན་ནུའི་མདས་ལྕགས་རྔ་བརྟོལ་ནས་ས་ལ་ནུབ་པའི་ཤུལ་ནས་ཆུ་བྱུང་བ་སྟེ་མིང་ལ་མདའ་བའི་ཆུ་མིག་ཟེར་[དེང་སང་རྫ་ག་བན་པླ་ཡུ་རི་ཟེར།]བྲོ་འཚལ་བ་ཕལ་ཆེ་བས་བཀྲུ་བའམ་འཐུང་བས་གྲོལ་བ་ཡོད་དོ། །ཐག་རིང་གི་མགྲོན་པོ་

དག་དེའི་འདམ་ཁྱེར་ནས་ཡུལ་དུ་ཕྱིན་ཏེ་ལུས་ལ་བྱུག་ན་ལུས་མི་བདེ་བ་སེལ་དཔྲལ་བའམ་སྤྱི་བོར་བྱུག་ཀྱང་བདེ་བར་འགྱུར་རོ། །

解 1：

（1）完整翻译全文。

（2）批注为“箭泉如今称‘巴嘎班巴乌日’”。

解 2：

自在天祠及箭泉的注释见《大唐西域记校注》（下）521 页。

八、腊伐尼林及释迦诞生传说

箭泉东北行八九十里，至腊伐尼林，有释种浴池。澄清皎镜，杂华弥漫。其北二十四五步，有无忧华树，今已枯悴，菩萨诞灵之处。菩萨以吠舍佉月后半八日，当此三月八日，上座部则曰以吠舍佉月后半十五日，当此三月十五日。次东窣堵波，无忧王所建，二龙浴太子处也。菩萨生已，不扶而行于四方，各七步，而自言曰：“天上天下，唯我独尊。今兹而往，生分已尽。”随足所蹈，出大莲花。二龙踊出，住虚空中而各吐水，一冷一暖，以浴太子。浴太子窣堵波东，有二清泉，傍建二窣堵波，是二龙从地踊出之处。菩萨生已，支属宗亲莫不奔驰，求水盥浴。夫人之前，二泉涌出，一冷一暖，遂以浴洗。其南窣堵波，是天帝释捧接菩萨处。菩萨初出胎也，天帝释以妙天衣跪接菩萨。次有四窣堵波，是四天王抱持菩萨处也。菩萨从右胁生已，四大天王以金色□衣捧菩萨，置金机上，至母前曰：“夫人诞斯福子，诚可欢庆！诸天尚喜，况世人乎？”

四天王捧太子窣堵波侧不远，有大石柱，上作马像，无忧王之所建也。后为恶龙霹雳，其柱中折仆地。傍有小河，东南流，土俗号曰油河。是摩耶夫人产孕已，天化此池，光润澄净，欲令夫人取以沐浴，除去风虚。今变为水，其流尚腻。

从此东行旷野荒林中，二百余里，至蓝摩国。中印度境。

{༡ ལུམ་བི་ནིའི་ཚལ་དང་སྟོན་པ་སྐུ་འཁྲུངས་པའི་གནས།}

ཚུ་མིག་དེ་ནས་བྱང་ཤར་མཚམས་སུ་རྒྱང་གྲག་(གྲགས)བཅུ་ཕྲག་བརྒྱད་དགུ་ཙམ་སོང་བ་ན་ལུམ་བི་ནིའི་ཚལ་དེར་ཤཱཀྱ་རྣམས་ཀྱི་ཁྲུས་རྫིང་ཡོད་པར་ཆུ་བསིལ་ལ་དཀར་ཞིང་དངས་(དྭངས)པ། མཐའ་སྐོར་འབྲས་བུ་ཅན་གྱི་ཤིང་དང་མེ་ཏོག་སྣ་ཚོགས་ཀྱིས་གང་བའོ། །༄ དེ་ནས་བྱང་ཕྱོགས་སུ་གོམ་པ་སུམ་ཅུ་མ་ལོང་ཙམ་གྱི་སར་ཤིང་ཨ་ཤོདྷའི་ཡོད་པ་ནི། ད་ལྟ་སྐམ་འདུག་འདི་སྟོན་པ་སྐུ་འཁྲུངས་པའི་གནས་སོ། །༄ འཁྲུངས་པའི་དུས་ནི་རྒྱལ་ཟླ་བའི་དམར་ཕྱོགས་ཀྱི་བཅོ་ལྔ་སྟེ་རྒྱ་ནག་གི་ཟླ་བ་གསུམ་པའི་ཡར་ངོའི་ཚེས་བརྒྱད་ཡིན། འཕགས་པ་གནས་བརྟན་པས་ཟླ་བ་མར་ངོའི་ཉ་ནི་རྒྱ་ནག་གི་ཟླ་བ་གསུམ་པའི་བཅོ་ལྔར་ངོས་འཛིན་ནོ། །སྟོན་པའི་སྐུ་འཁྲུངས་པའི་གནས་ཀྱི་ཤར་ངོས་སུ་ཅུང་ཟད་གཡོལ་བར་མཆོད་རྟེན་ཅིག་ཡོད་པ་ཨ་ཤོ་ཀས་བཞེངས་པ་ཡོད་དོ། །དེ་ཀླུ་རྒྱལ་དགའ་བོ་ཉེ་དགའ་གཉིས་ཀྱིས་ཁྲུས་གསོལ་བའི་གནས་སོ། །དེའི་སྐབས་སུ་ཡུམ་སྒྱུ་མ་ལྷ་མཛེས་ཀྱི་མདུན་དུ་ཆུ་མིག་གཉིས་རྫོལ་བ་གཅིག་ནི་བསིལ་བ་ཅིག་ཤོས་དྲོན་མོ་གཉིས་ཀྱི་ཆུ་འདྲེས་བ་ལ་ཁྲུས་བྱས་སོ། །དེའི་མདུན་ངོས་སུ་མཆོད་རྟེན་ཅིག་ཡོད་པ་ནི། བརྒྱ་བྱིན་གྱིས་སྟོན་པ་འཁྲུངས་ཕྲལ་ཀ་ཤིའི་རས་ལ་བཟེད་ཏེ་འཛིན་པའི་གནས་སོ། །༄ དེ་དང་མི་རིང་བར་མཆོད་རྟེན་བཞི་ཡོད་པ་ནི། རྒྱལ་ཆེན་རིགས་བཞིས་སྲུས་པང་དུ་བླངས་པའི་གནས་སོ། །༄ སྟོན་པ་ཡུམ་གྱི་མཆན་ནས་འཁྲུངས་པ་ན་ལྷ་རྣམས་ཀྱིས་ཤིས་པ་བརྗོད་ཅིང་མེ་ཏོག་གི་ཆར་བབས་སོ། །ལྷ་རྣམས་ཀྱིས་ཡུམ་ལ་གསོལ་བ། ཨེ་མ་ཧོ༔ ངེད་ལྷ་རྣམས་དགའ་བས་ཚོམ་ན་མི་རྣམས་སྨོས་ཅི་དགོས་ཟེར་ཏོ། །༄ རྒྱལ་ཆེན་བཞིས་བཞེངས་པའི་མཆོད་རྟེན་གྱི་ལོགས་ས་མི་རིང་བར་རྡོའི་ཀ་བ་ཆེན་པོའི་སྟེང་ན་རྟའི་གཟུགས་བཀོད་ཡོད་པ་ནི་ཨ་ཤོ་ཀས་བཞེངས་པ་འདུག་ཀྱང་། ཕྱིས་ནག་པོའི་ཕྱོགས་ཀྱི་ཀླུ་ཞིག་གིས་ལྟེ་ཕབས་སྐེ་ས་ལ་འགྱེལ་བ་དེའི་ཤར་ལྷོའི་དངོས་སུ་ཆུ་མིག་ཞིག་ཡོད་པ་མར་གྱི་ཆུ་མིག་ཏུ་གྲགས་པ་ནི། སྟོན་པ་འཁྲུངས་པའི་སྐབས་<PL.71.>ལྷ་རྣམས་ཀྱིས་སྟོན་ལ་ཆུས་ཁྲུས་གསོལ་རྗེས་སུ་ རླུང་བསྲུང་བའི་ཕྱིར་སྨན་གྱིས་ཁྲུས་གསོལ་བར་ཡིན་ཀྱང་ཕྱིས་ཆུར་གྱུར་པ་སྟེ་དེང་སང་ཡང་སྨན་གྱི་མདངས་ཡོད་པར་སྣང་ངོ་། །

解 1：

完整翻译全文。

解 2：

腊伐尼林及释迦诞生传说的注释见《大唐西域记校注》（下）524 页。

蓝摩国

蓝摩国空荒岁久，疆场无纪，城邑丘墟，居人稀旷。

{རམ་པའི་ཡུལ།}

དེ་ནས་ཤར་ཕྱོགས་སུ་འབྲོག་དགོན་རྒྱང་གྲག་(གྲགས)ཉིས་བརྒྱ་ལྷག་བགྲལ་ཏེ་ཕྱིན་པ་ན་རམ་པའི་
༣ ☆ ཡུལ། མི་ཁྲིམ་ཤིན་ཏུ་ཉུང་བ་གྲོང་སྟོང་གོག་པོ་རྒྱངས།

解 1：

（1）完整翻译全文。

（2）第一句是前一个国家的最后一句“从此东行旷野荒林中，二百余里，至蓝摩国。中印度境”。小字“中印度境”没有翻译，因不影响全文的含义，故省略了。

解 2：

蓝摩国　梵　Rāma（今印度北方邦境内）

一、佛舍利窣堵波

故城东南有砖窣堵波，高减百尺。昔者如来入寂灭已，此国先王分得舍利，持归本国，式遵崇建。灵异间起，神光时烛。

窣堵波侧有一清池，龙每出游，变形蛇服，右旋宛转，绕窣堵波。野象群行，采花以散，冥力警察，初无间替。昔无忧王之分建窣堵波也，七国所建，咸已开发，至于此国，方欲兴功，而此池龙恐见陵夺，乃变作婆罗门，前叩象曰：“大王情流佛法，广树福田，敢请纡驾，降临我宅”。王曰：“尔家安在，为近远乎？”婆罗门曰：“我此池之龙王也，承大王欲建胜福，敢来请谒！”王受其请，遂入龙宫。坐久之，龙进曰：“我惟恶业，受此龙身，供养舍利，冀消罪咎。愿王躬往，观而礼敬。”无忧王见已，惧然谓曰：“凡诸供养之具，非人间所有也。”龙曰：“若然者，愿无废毁！无忧王自度力非其畴，遂不开发。出池之所，今有封记。

{༡ མཆོད་རྟེན་འོད་འཕྲོ་ཞིང་སྒྲོན་མེ་འབྱིན་པ་ཞིག}

དེའི་ཤར་ལྷོའི་མཚམས་ན་སོ་ཕག་གི་མཆོད་རྟེན་དཔངས་སུ་ཁྲུ་བརྒྱ་ལྷག་ཡོད་པ་དེ། སྟོན་པ་མྱ་ངན་ལས་འདས་རྗེས་ཡུལ་འདིའི་རྒྱལ་པོས་གདུང་སྐལ་ཐོབ་ནས་རང་ཡུལ་དུ་འཁྱེར་ནས། མཆོད་རྟེན་བཞེངས་པ་སྟེ་སྐབས་སྐབས་སུ་འོད་འཕྲོ་ཞིང་སྒྲོན་མེ་འབྱིན་པ་ཞིག་གོ །དེའི་ལོགས་ན་མཚོ་ཞིག་ཡོད་པར་ཀླུ་དཀར་ཕྱོགས་པ་ཞིག་གནས་སོ། །སྐབས་སྐབས་སུ་སྤྲུལ་དུ་སྤྲུལ་ནས་མཚོ་ལས་ཐོན་ཏེ། མཆོད་རྟེན་ལ་བསྐོར་བ་གཡས་སུ་སྐོར་བར་བྱེད་པ་ཞིག་དང་། ཡང་གླང་ཆོད་མང་པོས་མེ་ཏོག་སྣ་ཚོགས་པ་བཟུང་ཏེ་འཚོགས་ནས་མཆོད་རྟེན་གྱི་ཕྱོགས་མཚམས་རྣམས་སུ་བཀྲམ་སྟེ་མཆོད་པ་བྱེད་དོ། །

解 1：

只翻译了一部分，从“冥力警察，…………”至结尾没有翻译，原因为传说故事不会细翻译。

解 2：

佛舍利窣堵波的注释见《大唐西域记校注》(下) 529 页。

二、沙弥伽蓝

窣堵波侧不远，有一伽蓝，僧众尠矣，清肃皎然，而以沙弥总任众务。远方僧至，礼遇弥隆，必留三日，供养四事。闻诸先志曰：昔有苾刍同志相召，自远而至，礼窣堵波。见诸群象相趋往来。或以牙芟草。或以鼻洒水，各持异花，共为供养。时众见已，悲叹感怀。有一苾刍便舍具戒，愿留供养，与众辞曰：“我惟多福，滥迹僧中，岁月亟淹，行业无纪。此窣堵波有佛舍利，圣德冥通，群象践洒。遗身此地，甘与同群。得毕余龄，诚为幸矣！”众告之曰：“斯盛事也，吾等垢重，智不谋此。随时自爱，无亏胜业！”亦既离群，重申诚愿，欢然独居，有终焉之志。于是葺茅为宇，引流成池，采掇时花，洒扫莹域，绵历岁序，心事无殆。邻国诸王闻而雅尚，竞舍财宝，共建伽蓝。因而劝请，屈知僧务。自尔相踵，不泯元功，而以沙弥总知僧事。

{༢ གཙུག་ལག་ཁང་ཞིག}

མཆོད་རྟེན་དེའི་ཕྱོགས་སུ་མི་རིང་བར་གཙུག་ལག་ཁང་ཞིག་ཡོད་པར་དགེ་འདུན་ཉུང་ངུ་ལས་མེད་ཀྱང་། སྤྱོད་ལམ་ཤིན་ཏུ་གཙང་ཞིང་ཁྲིམས་དམ་པ་ཡུལ་གཞན་གྱི་དགེ་འདུན་ལས་ཁྱད་དུ་འཕགས་པ་ཆེ་བ་ཞིག་གོ། ཡུལ་རིང་པོའི་གནས་སྐོར་བ་ཕྱིན་པ་ན་ངེས་པར་ཞག་གསུམ་ངལ་གསོ་དང་རིམ་གྲོ་རྣམ་བཞིའི་བཀུར་སྟི་ཞུ་བཞིན་པའོ། །

解 1：

只翻译了一部分，从“闻诸先志曰：…………”至结尾没有翻译，原因为传说故事不会细翻译。

解 2：

沙弥伽蓝的注释见《大唐西域记校注》（下）530 页。

三、太子解衣剃发处

沙弥伽蓝东大林中，行百余里，至大窣堵波，无忧王之所建也，是太子踰城至此解宝衣去缨络命仆还处。太子夜半踰城，迟明至此，既允宿心，乃形言曰：“是我出笼樊，去羁锁，最后释驾之处也。”于天冠中，解末尼宝，命仆夫曰：“汝持此宝还白父王，今兹远遁，非苟违离，欲断无常，绝诸有漏。”阐铎迦旧曰车匿，讹也。曰：“讵有何心，空驾而返？”太子善言慰喻，感悟而还。回驾窣堵波东，有赡部树，枝叶虽凋，枯株尚在。

其傍复有小窣堵波，太子以余宝衣易鹿皮衣处。太子既断发易裳，虽去璎珞，尚有天衣，曰：“斯服太侈，如何改易？”时净居天化作猎人，服鹿皮衣，持弓负羽。太子举其衣而谓曰：“欲相贸易，愿见允从！”猎人曰：“善。”太子解其上服，授与猎人。猎人得已，还复天身，持所得衣，凌虚而去。

太子易衣侧不远，有窣堵波，无忧王之所建也，是太子剃发处。太子从阐铎迦取刀自断其发，天帝释接上天宫，以为供养。时净居天子化作剃发人，执持铦刀，徐步而至。太子谓曰：“能剃发乎？幸为我净之！”化人受命，遂为剃发。踰城出家时亦不定，或云菩萨年十九，或曰二十九，以吠舍佉月后半八日踰城出家，当此三月八日，或云以吠舍佉月后半十五日，当此三月十五日。

{༣ སྟོན་པ་དང་པོར་ཁྱིམ་ནས་ཁྱིམ་མེད་པར་འབྱུང་བའི་ས་གནས།}

དེའི་ཤར་ཕྱོགས་སུ་ནགས་འཐུག་པོ་ཞིག་བརྒྱུད་དེ་རྒྱང་གྲག་(གྲགས)བརྒྱ་ཙམ་སོང་བ་ན་མཆོད་རྟེན་ཆེན་པོ་ཞིག་ཡོད་པ་ནི་རྒྱལ་པོ་ཨ་ཤོ་ཀས་བཞེངས་པ་སྟེ། སྟོན་པས་དང་པོར་ཁྱིམ་མེད་པར་འབྱུང་བ་ན་མཚན་ཕྱེད་ན་རྟ་དང་ལྷན་བཅིབས་ནས་གྲོང་ཁྱེར་ལས་ཐལ་ཏེ་ཆིབས་ལས་ཕབས་པའི་གནས་སོ། །དེར་རྒྱལ་བུས་དབུ་རྒྱན་གསལ་གཙུག་གི་ནོར་བུ་བླངས་ནས་འདུན་པ་ལ་གཏད་དེ་གསུངས་པ། ཁྱོད་ལོགས་ལ་ཡབ་རྒྱལ་པོར་ཞུས་ཤིག་བདག་ནི་ཁྱིམ་ནས་ཁྱིམ་མེད་པར་ཕྱུང་ངོ་། །སྐྱེ་བའི་མཐའ་ཟད་འཁོར་བའི་བཙོན་ར་ནས་ཐོན་ནོ་ཞེས་གསོལ་ཅིག་པར་བསྒོས་ཏེ་འདུན་པ་སླར་བཏང་ངོ་། །༈ དེའི་ཤར་དུ་འཛམ་བུའི་ཤིང་ལོ་འདབ་བྲལ་ཞིང་སྐམས་པའི་ཤིང་རོ་ད་དུང་ཡོད་དོ། །༈ དེའི་ལོགས་ཤིག་ན་མཆོད་རྟེན་ཆུང་ངུ་ཞིག་ཡོད་པ་ནི། གཞོན་ནུས་རིན་པོ་ཆེའི་རྒྱན་ལྷག་མ་རྣམས་ཀྱིས་རྗེན་པའི་ལག་ནས་ཤ་(ཤྭ)བའི་པགས་པའི་གོས་དང་བརྗེས་པའི་གནས་སོ། །དེའི་ལོ་རྒྱུས་ནི་གཞོན་ནུ་གཙུག་གི་ནོར་བུ་ཡབ་ལ་སྤྲིངས་ཀྱང་། ད་དུང་གོས་རྒྱན་ལྷག་མ་རྣམས་ཏ་ཙང་འཆོར་པོར་འདུག་པས་རབ་ཏུ་བྱུང་བ་ལ་མི་འོས་སྙམ་དགོངས་ཙ་ན། གནས་གཙང་མའི་རིས་ཀྱི་ལྷས་རྗེན་པ་ཞིག་ཏུ་སྤྲུལ་ནས་སྐུའི་དྲུང་དུ་ཕྱིན་པ་ན། གཞོན་ནུས་རྒྱན་རྣམས་ཕྱག་ཏུ་ཐོགས་ནས་འུ་ཅག་གཉིས་བརྗེ་བར་འདོད་དམ་ཞེས་བས། རྗེན་པས་དགའ་བའི་མདངས་ཕྱུང་སྟེ་འདོད་ཞེས་ཞུས་པས། གཞོན་ནུས་གནང་སྟེ་བརྗེས་པས་ལྷས་ཐོངས་ནས་ལྷ་གནས་སུ་སོང་ངོ་། །༈ དེ་དང་མི་རིང་བར་ཨ་ཤོ་ཀས་བཞེངས་པའི་མཆོད་རྟེན་ཡོད་པ་ནི། སྟོན་པས་དབུ་སྐྲ་བསིལ་བའི་གནས་ཏེ་མཆོད་རྟེན་བཞེངས་སོ། །མཆོད་རྟེན་རྣམ་དག་གི་ཤུལ་རྙིང་ཡིན་མིན་བརྟག་གོ །༈ སྟོན་པ་རབ་ཏུ་བྱུང་<PL.72>བའི་དུས་ནི་མདོ་སྡེ་འགའ་ཞིག་ཏུ་དགུང་ལོ་བཅུ་དགུའི་ཐོག་ཡིན་ཟེར་ལ་ལས་ཉེར་དགུའི་ཐོག་ཡིན་ཟེར་རོ། །བཅུ་དགུར་བཞེད་པ་དག་གིས་རྒྱལ་ཟླ་བའི་ཡར་ངོས་འཛིན་པ་ལྟར་ན། རྒྱ་ནག་གི་ཟླ་བ་གསུམ་པའི་ཡར་ངོའི་ཚེས་བརྒྱད་ཡིན་པ་འཐད། ཉེར་དགུར་བཞེད་

པ་དག་རྒྱལ་ཟླ་བའི་ཡར་ངོའི་བཅོ་ལྔ་ལ་ངོས་འཛིན་ཏེ་རྒྱ་ནག་གི་ཟླ་བ་གསུམ་པའི་ཉའོ། །

解 1：

完整翻译全文。

解 2：

太子解衣剃发处的注释见《大唐西域记校注》（下）532—534 页。

四、灰炭窣堵波

太子剃发窣堵波东南，旷野中行百八九十里，至尼拘卢陀林，有窣堵波，高三十余尺。昔如来寂灭，舍利已分，诸婆罗门无所得获，于涅叠般那唐言焚烧。旧云阇维，讹也。地收余灰炭，持至本国，建此灵基，而修供养。自兹已降，奇迹相仍，疾病之人，祈请多愈。灰炭窣堵波侧故伽蓝中，有过去四佛坐及经行遗迹之所。故伽蓝左右，数百窣堵波。其一大者，无忧王所建也，崇基虽陷，高余百尺。

自此东北大林中行，其路艰险，经途危阻，山牛、野象、群盗、猎师，伺求行旅，为害不绝。出此林已，至拘尸那揭罗国。中印度境。

{༤ སྤུར་སྤུངས་ཐལ་བརྩིགས་པའི་མཆོད་རྟེན་ཞིག}

དེ་ནས་ཤར་ལྷོའི་མཚམས་སུ་འབྲོག་དགོན་ལེ་བར་བཙུ་ཐྲག་བརྒྱད་དགུའི་སར་ཉ་གྲོ་དྷའི་ནགས་ན་མཆོད་རྟེན་སྲིད་དུ་ཁྲུ་སུམ་ཅུ་ལྷག་ཡོད་དོ། །སྔོན་པ་མྱ་ངན་ལས་འདས་ནས་སྤུར་སྤུངས་བའི་ཐལ་བ་བྲམ་ཟེ་ཞིག་གིས་བསྡུས་ནས་མཆོད་རྟེན་བརྩིགས་པ་ཡིན་ནོ། །དེ་ལ་སེམས་ཅན་གཅིག་གིས་གསོལ་བ་བཏབ་པ་དང་མཆོད་པ་ཕུལ་ན་བྲོ་འཚལ་བ་སོགས་འཇིགས་པས་ཉེན་པ་མཐའ་དག་མཐོང་ཆོས་སྨྱོང་འགྱུར་གྱིས་ཕན་ཐོགས་པ་སྣང་ངོ་། །༈ དེ་དང་མི་རིང་བར་གཙུག་ལག་ཁང་ཞིག་ཡོད་པའི་ནང་དུ་འདས་སངས་བཞི་ཀའི་མཛད་ཤུལ་ཡོད་དོ། །གཙུག་ལག་ཁང་དེ་དང་ཉེ་བར་མཆོད་རྟེན་ཆེ་ཆུང་བརྒྱ་ཕྲག་ཏུ་མ་ཡོད་པའི་དཀྱིལ་ན་མཆོད་རྟེན་ཆེན་པོ་ཅིག་(ཞིག)ཡོད་པ་ནི་རྒྱལ་པོ་ཨ་ཤོ་ཀས་བཞེངས་པའོ། །

解 1：

完整翻译全文。

解 2：

灰炭窣堵波的注释见《大唐西域记校注》（下）534 页。

拘尸那揭罗国

拘尸那揭罗国城郭颓毁，邑里萧条，故城砖基，周十余里。居人稀旷，间巷荒芜。

{ཀུ་ཤའི་ཡུལ།}

དེའི་བྱང་ཤར་མཚམས་ན་ནགས་ཚལ་ཆེན་པོ་ཞིག་ཏུ་སྟུག་པར་ལམ་བགྲོད་དཀའ་བ་གླང་རྒོད་འབྲོང་སྟག་གཟིག་གིས་མཚོན་གཅན་གཟན་དང་ཇག་རྐུན་སོགས་མིའི་གནོད་པ་ཆེ་བས་རྒྱུ་འགྲུལ་ཆད་ལ་ཁད་པའི་ནགས་འདས་པ་ན་ཀུ་ཤའི་༵ ☆ ཡུལ་ཙ་མཆོག་གྲོང་ཡིན་ནོ། །

解 1：

（1）完整翻译全文。

（2）第一句是前一个国家的最后一句“自此东北大林中行，其路艰险，经途危阻，山牛、野象、群盗、猎师，伺求行旅，为害不绝。出此林已，至拘尸那揭罗国。中印度境。”小字“中印度境”没有翻译，因不影响全文的含义，故省略了。

解 2：

拘尸那揭罗国　梵　Kusinagara（今印度北方邦境内）

一、准陀故宅

内东北隅有窣堵波，无忧王所建，准陀旧曰纯陀，讹也。之故宅也。宅中有井，将营献供，方乃凿焉。岁月虽淹，水犹清美。

{༡ དགྲ་བཅོམ་པ་ཙུནྡའི་ཁང་སྟེང་གི་ཤུལ།}

འདི་ནི་གྲོང་ཁྱེར་སྙིང་པ་གོག་པོ་ཞིག་སྟེ་མཐའ་སྐོར་དུ་རྒྱང་གྲག་(གྲགས)བཅུ་ཙམ་གྱི་ནང་ཕྱང་ཤར་མཚམས་ན་རྒྱལ་པོ་ཨ་ཤོ་ཀས་བཞེངས་པའི་མཆོད་རྟེན་ཞིག་དང་། དགྲ་བཅོམ་པ་ཙུནྡའི་ཁང་སྟེང་གི་ཤུལ་ཡོད་དོ། །དེར་ཁྲོན་པ་ཞིག་ཡོད་པ་སྟོན་པ་ལ་ཞལ་ཟས་གསོལ་ཟིན་ནས་བྲུས་པ་ལ་བྱུང་ཟེར་ཏེ་ལོ་གྲངས་མང་པོ་ཐལ་ཡང་ཆུ་ནི་དངས་(དྭངས)ཤིང་བསིལ་ལ་མངར་རོ། །

解 1：

（1）完整翻译全文。

（2）一开始翻译了上一个故事中的“城郭颓毁，邑里萧条，故城砖基，周十余里。居人稀旷，闾巷荒芜”一段。接着翻译了“内东北隅有窣堵波，无忧王所建，准陀旧曰纯陀，讹也。之故宅也。宅中有井，将营献供，方乃凿焉。岁月虽淹，水犹清美”。

解 2：

准陀故宅的注释见《大唐西域记校注》（下）538 页。

二、娑罗林及释迦牟尼涅盘处

城西北三四里，渡阿恃多伐底河，唐言无胜。此世共称耳。旧云阿利罗跋提河，讹也。典言谓之尸赖拏伐底河，译曰有金河。西岸不远，至娑罗林。其树类槲，而皮青白，叶甚光润。四树特高，如来寂灭之所也。其大砖精舍中，作如来涅盘之像，北首而卧。傍有窣堵波，无忧王所建，基虽倾陷，尚高二百余尺。前建石柱，以记如来寂灭之事。虽有文记，不书日月。闻诸先记曰：佛以生年八十，吠舍佉月后半十五日入般涅盘，当此三月十五日也。说一切有部则佛以迦剌底迦月后半八日入般涅盘，此当九月八日也。自佛涅盘，诸部异议，或云千二百余年，或云千三百余年，或云千五百余年，或云已过九百、未满千年。

1. 雉王本生故事

精舍侧不远，有窣堵波，是如来修菩萨行时为群雉王救火之处。昔于此地有大茂林，毛群羽族，巢居穴处。惊风四起，猛焰飙急，时有一雉，有怀伤愍，鼓濯清流，飞空奋洒。时天帝释俯而告曰："汝何守愚，虚劳羽翮？大火方起，焚燎林野，岂汝微躯所能扑灭？"雉曰："说者为谁？"曰："我天帝释耳。"雉曰："今天帝释有大福力，无欲不遂，救灾拯难，若指诸掌，反诘无功，其咎安在？猛火方炽，无得多言。"寻复奋飞，往趣流水。天帝遂以掬水泛洒其林，火灭烟消，生类全命，故今谓之救火窣堵波也。

2. 救生鹿本生故事

雉救火侧不远，有窣堵波，是如来修菩萨行时为鹿救生之处。乃往古昔，此有大林，火炎中野，飞走穷窘，前有驶流之阨，后困猛火之难，莫不沉溺，丧弃身命。其鹿恻隐，身据横流，穿皮断骨，自强拯溺。蹇兔后至，忍疲苦而济之，筋力既竭，溺水而死。诸天收骸，起窣堵波。

{༢ ས་ལའི་ཚལ།}

གྲོང་ཁྱེར་གྱི་ནུབ་བྱང་ན་ལེ་བར་བཞི་གསུམ་ཙམ་ན་ཆུ་ཀླུང་གསེར་ལྡན་བརྒལ་བ་ན་ཤིང་ས་ལའི་ཚལ་ནི་སྟོན་པ་མྱ་ངན་ལས་འདས་པའི་གནས་སོ། །ཤིང་བཞི་པོ་ལྷག་པར་མཐོ་ལ་ཡལ་ག་ཟེད་ཅིང་དུད་པའི་རྣམ་པ་ཅན་ཤུན་པ་ཁ་དོག་སྔོ་སྐྱ་ལོ་མ་ལ་སྣུམ་ཆགས་པ་ལྟ་བུ། དེར་གཙུག་ལག་ཁང་ཡོད་པའི་ལྀང་ཁང་ཆེན་པོ་ཞིག་ཡོད་པར་སྟོན་པ་མྱ་ངན་ལས་འདས་པའི་སྐུ་བརྙན་གཟིམས་སྟབས་མ་དབུ་བྱང་ཕྱོགས་སུ་ སྟུས་གཏད་དེ་གློ་གཡས་མལ་ཁྲི་ལ་ཕབས་པ། དེའི་ལོགས་ཞིག་ན་རྒྱལ་པོ་ཨ་ཤོ་ཀས་བཞེངས་པའི་མཆོད་རྟེན་ཞིག་ཡོད་རྨངས་སྙིང་རྙིང་ཞིང་རལ་བ། ཁྲུ་ཉིས་བརྒྱ་ཡོད་པར་རྡོའི་ཀ་བར་སྟོན་པ་མྱ་ངན་ལས་འདས་པའི་ལོ་ཟླ་ཞག་གསུམ་བཀོས་འདུག་ཀྱང་རྙིང་པས་ཞིག་རལ་གྱིས་མི་གསལ་བར་གྱུར་རོ། །ཞིབ་པར་གཞིགས་པས་སྟོན་པས་མི་ཡུལ་དུ་ལོ་གྲངས་བརྒྱད་ཅུ་འཚོ་ཞིང་གཞེས་ནས་མྱ་ངན་ལ་འདས་པའི་ཉིན། རྒྱལ་ཟླ་བའི་མར་ངོའི་ཉ་ལ་མྱ་ངན་ལས་འདས་ཟེར་བ་ལྟར་ན། རྒྱ་ནག་གི་ཟླ་བ་གསུམ་པའི་ཉ་ལ་ངོས་འཛིན་དགོས་སོ། །༈ ཐམས་ཅད་ཡོད་སྨྲ་བའི་ལུགས་ལྟར་ན་སྨིན་དྲུག་ཟླ་བའི་མར་ངོའི་ཉ་ལ་སྟོན་པ་མྱ་ངན་ལས་འདས་པའི་ཚུལ་བསྟན་ཟེར་རོ། །དེ་ལྟར་ན་རྒྱ་ནག་དུ་ཟླ་བ་དགུ་པའི་ཡར་ངོའི་ཚེས་བརྒྱད་ལ་བྱེད་གོས་པར་<PL.73>སྣང་ངོ་། །སྟོན་པ་མྱ་ངན་ལས་འདས་པ་ནས་བཟུང་ད་ལྟའི་བར་ཟླ་བའི་གྲངས་ཡང་སྡེ་པ་ཐམས་ཅད་ཀྱི་ལུགས་མི་མཐུན་ཏེ། འགའ་ཞིག་གིས་ལོ་སྟོང་དང་ཉིས་བརྒྱ་ལྷག་ཟེར། ལ་ལས་སྟོང་སུམ་བརྒྱ་ལྷག་ཟེར་བ་དང་། ལ་ལས་དགུ་བརྒྱ་ལོ་སྟོང་དང་ཉིས་བརྒྱ་ལྷག་ཟེར། ལ་

ལས་སྟོང་སུམ་བརྒྱ་ལྷག་ཟེར་བ་དང་། ལ་ལས་དགུ་བརྒྱ་མ་ལོངས་ཟེར་ལ་ལུགས་སོ་སོས་རང་གི་ལུགས་ལ་ཚད་མར་བཟུང་ངོ་། །གཙུག་ལག་ཁང་དང་ཉེ་བར་མཆོད་རྟེན་ཞིག་ཡོད་པ་ནི་སྟོན་པ་བྱང་ཆུབ་ཀྱི་སྤྱོད་པ་སྤྱོད་པ་ན། བྱ་གོང་མ་སྲིག་གི་ཁྱུ་གཅིག་མེའི་འཇིགས་པ་ལས་བསྐྱབས་པའི་གནས་སོ། །༈ དེ་དང་མི་རིང་བར་མཆོད་རྟེན་ཞིག་ཡོད་པ་ནི། སྟོན་པས་བྱང་ཆུབ་ཀྱི་སྤྱོད་པ་སྤྱོད་པའི་ཚེ་སུ་རྣ་ར་གྲུར་པ་ན། ཤ་བའི་ཁྱུ་མེའི་འཇིགས་པ་ལས་སྐྱབས་ཕྱིར་སྒྲོག་དོར་བའི་གནས་སོ། །

解 1：

译文将“娑罗林及释迦牟尼涅盘处……”一段与两个本生故事合并翻译，但只完整地翻译了“娑罗林及释迦牟尼涅盘处……”一段，而两个本生故事只翻译了故事主题，未翻译故事典故。

解 2：

娑罗林及释迦牟尼涅盘处的注释见《大唐西域记校注》（下）541—544 页。

3. 善贤证果处

鹿掖溺西不远，有窣堵波，是苏跋陀罗唐言善贤。旧曰须跋陀罗，讹也。入寂灭之处。善贤者本梵志师也，年百二十，耆旧多智，闻佛寂灭，至双树间，问阿难曰：“佛世尊将寂灭，我怀疑滞，愿欲请问！”阿难曰：“佛将涅盘，幸无扰也！”曰：“吾闻佛世难遇，正法难闻，我有深疑，恐无所请。”善贤遂入，先问佛言：“有诸别众，自称为师，各有异法，垂训导俗。乔答摩旧曰瞿昙，讹略也。能尽知耶?”佛言：“吾悉深究。”乃为演说。善贤闻已，心净信解，求入法中受具足戒。如来告曰：“汝岂能耶? 外道异学修梵行者，当试四岁，观其行，察其性，威仪寂静，辞语诚实，则可于我法中净修梵行。在人行耳，斯何难哉！”善贤曰：“世尊悲愍，含济无私。四岁试学，三业方顺。”佛言：“我先已说，在人行耳。”于是善贤出家，即受具戒，勤励修习，身心勇猛。已而于法无疑，自身作证，夜分未久，果证罗汉。诸漏已尽，梵行已立，不忍见佛入大涅盘，即于众中入火界定，现神通事，而先寂灭。是为如来最后弟子，乃先灭度，即昔后渡塞兔是也。

4. 执金刚躄地处

善贤寂灭侧有窣堵波，是执金刚躄地之处。大悲世尊随机利见，化功已毕，入寂灭乐，于双树间，北首而卧。执金刚神密迹力士见佛灭度，悲恸唱言：“如来舍我入大涅盘，无归依，无覆护！”毒箭深入，愁火炽盛，舍金刚杵，闷绝躄地。久而又起，悲哀恋慕，互相谓曰：“生死大海，谁作舟楫？无明长夜，谁为灯炬？”

5. 释迦寂灭诸神异传说

金刚躄地侧，有窣堵波，是如来寂灭已七日供养之处。如来之将寂灭也，光明普照，人天毕会，莫不悲感，更相谓曰：“大觉世尊今将寂灭，众生福尽，世间无依。”如来右胁卧师子床，告诸大众：“勿谓如来毕竟寂灭，法身常住，离诸变易，当弃懈怠，早求解脱。”诸苾刍等嘘唏悲恸。时阿泥𠐬陀（户骨反。）陁（旧曰阿那律，讹也。）告诸苾刍：“止，止，勿悲！诸天讥怪。”时末罗众供养已讫，欲举金棺，诣涅叠般那所。时阿泥𠐬陀告言：“且止！诸天欲留七日供养。”于是天众持妙天花，游虚空，赞圣德，各竭诚心，共兴供养。

停棺侧有窣堵波，是摩诃摩耶夫人哭佛之处。如来寂灭，棺殓已毕，时阿泥𠐬陀上升天宫，告摩耶夫人曰：“大圣法王今已寂灭。”摩耶闻已，悲哽闷绝，与诸天众至双树间，见僧伽胝、钵及锡杖，拊之号恸，绝而复声曰：“人、天福尽，世间眼灭！今此诸物，空无有主。”如来圣力，金棺自开，放光明，合掌坐，慰问慈母：“远来下降，诸行法尔，愿勿深悲。”阿难衔哀而请佛曰：“后世问我，将何以对？”曰：“佛已涅槃，慈母摩耶自天宫降，至双树间，如来为诸不孝众生，从金棺起，合掌说法。”

{༣ བཅོམ་ལྡན་འདས་མྱ་ངན་ལས་འདས་རྗེས་ལོ་རྒྱུས།}

མཆོད་རྟེན་དེའི་ནུབ་རོལ་མི་རིང་བར་མཆོད་རྟེན་ཞིག་ཡོད་པ་ནི། ཀུན་དུ་རྒྱུ་རབ་བཟང་བཏུལ་ཏེ་དགྲ་བཅོམ་ཐོབ་ནས་སྟོན་པ་མྱ་ངན་ལས་འདས་པ་མཐོང་མི་ཐོད་ཟེར་ནས་མྱ་ངན་ལས་འདས་པའི་གནས་སོ། །༄ དེ་དང་མི་རིང་བར་མཆོད་རྟེན་ཞིག་ཡོད་པ་ནི། སྟོན་པ་མྱ་ངན་ལས་འདས་པ་ན་གནོད་སྦྱིན་ལག་ན་རྡོ་རྗེས་སྐྱི་དག་འདོན་བཞིན་ལུས་ས་ལ་བསྒྲི་ལྡོག་མཛད་པའི་གནས་སོ། །དེའི་ལོགས་ཞིག་ན་མཆོད་རྟེན་ཞིག་ཡོད་པ་ནི། བཅོམ་ལྡན་འདས་ཀྱི་སྐུར་ཞག་བདུན་དུ་མཆོད་པ་བྱེད་བཞིན་པར་རེ་ཞིག་ཞུགས་མ་གསོལ་བའི་གནས་སོ། །༄ དེ་དང་མི་རིང་བར་ཡུམ་སྒྱུ་མ་ལྷ་མཛེས་ལྷ་ལས་བབས་ཏེ། བཅོམ་ལྡན་འདས་བོས་ཤིང་སྐྱི་དག་གསོལ་བའི་གནས་སོ། །

解 1:

将(3)(4)(5)三个小故事合并一起只翻译了几个佛塔为什么而建，未翻译典故。

解 2:

三个小故事的注释见《大唐西域记校注》(下)546—552 页。

城北渡河三百余步，有窣堵波，是如来焚身之处。地今黄黑，土杂灰炭，至诚求请，或得舍利。如来寂灭，人天悲感，七宝为棺，千氎缠身，设香花，建幡盖，末罗之众奉舆发引，前后导从，北渡金河，盛满香油，积多香木，纵火以焚，二氎不烧，一极衬身，一最覆外。为诸众生分散舍利，惟有发、爪俨然无损。

焚身侧有窣堵波，如来为大迦叶波现双足处。如来金棺已下，香木已积，火烧不然，众咸惊骇，阿泥扌聿陁言："待迦叶波耳。"时大迦叶波与五百弟子自山林来，至拘尸城，问阿难曰："世尊之身，可得见耶？"阿难曰："千氎缠络，重棺周殓，香木已积，即事焚烧。"是时佛于棺内为出双足，轮相之上，见有异色。问阿难曰："何以有此？"曰："佛初涅槃，人天悲恸，众泪迸染，致使异色。"迦叶波作礼，旋绕兴赞，香木自然，大火炽盛。故如来寂灭，三从棺出：初出臂，问阿难治路；次起坐，为母说法；后现双足，示大迦叶波。

{༤ སྟོན་པའི་སྐུར་ལ་ཞུགས་ཕུལ་བའི་གནས།}

གྲོང་ཁྱེར་བྱང་ངོས་སུ་ཀླུང་བརྒལ་ནས་གོམ་པ་སུམ་བརྒྱ་ལྷག་ཕྱིན་པ་ན་མཆོད་རྟེན་ཅིག་ཡོད་པ་ནི། སྟོན་པའི་སྐུར་ལ་ཞུགས་ཕུལ་བའི་གནས་སོ། །[འདི་ཀ་ཡཱ་ཏ་ཟེར།] ༈ དེར་ཡོད་པའི་ས་གཞི་ཐམས་ཅད་རྟུལ་ནག་སེར་འདྲེས་མར་འདུག་པས། གང་ཟག་དད་པ་ཅན་གྱིས་བཙལ་ན་རིང་བསྲེལ་ཡུངས་འབྲུ་འདྲ་བ་ཡང་བརྙེད་པ་འདུག་གོ །ཞུགས་ཕུལ་བའི་རྗེས་སུ་དབུ་ལོ་དང་ཚེམས་དང་སེན་མོ་རྣམས་མེས་མ་ཞུས་པར་མ་ཟད་སྔར་གྱི་ཁོ་ན་ལྟར་བཞུགས་པ་སྒྲོམ་དུ་བཅུག་ཏེ་མཆོད་ཡུལ་བྱས་ཤིང་། སྐུར་སྦྱངས་པའི་མཆོད་རྟེན་གྱི་ལོགས་ཤིག་ན་མི་རིང་བར་མཆོད་རྟེན་ཞིག་ཡོད་པ་ནི། སྟོན་པས་སྐུ་གདུང་གི་ཟ་མ་ཏོག་ཞབས་གཉིས་བཏོན་ནས་འོད་སྲུང་ལ་བསྟན་པའི་གནས་སོ། །

解 1:

(1) 汉文是第 5 个故事中的第三自然段本无小标题，它的标题应为“5. 释迦寂灭诸神异传说”。

(2) 译者只翻译了主要内容，未翻译情节。

(3) 批注意为如来焚身之塔称“扎亚达”，为安加罗塔（Angara Chaitya）的音译。

(4) 藏译文小标题的意思是“佛焚化处”。

解 2:

释迦寂灭诸神异传说的注释见《大唐西域记校注》(下) 552 页。

6. 八王分舍利传说

现足侧有窣堵波，无忧王所建也，是八王分舍利处，前建石柱，刻记其事。佛入涅盘后，涅叠般那已，诸八国王备四兵至，遣直性婆罗门谓拘尸力士曰：“天人导师此国寂灭，故自远来，请分舍利！”力士曰：“如来降尊，即斯下土，灭世间明导，丧众生慈父，如来舍利，自当供养。徒疲道路，终无得获。”时诸大王逊辞以求，既不相允，重谓之曰：“礼请不从，兵威非远。”直性婆罗门扬言曰：“念哉！大悲世尊忍修福善，弥历旷劫，想所具闻。今欲相凌，此非宜也。今舍利在此，当均八分，各得供养，何至兴兵？”诸力士依其言，实时均量，欲作八分。帝释谓诸王曰：“天当有分，勿恃力竞。”阿那婆答多龙王、文邻龙王、医那钵呾罗龙王复作是议：“无遗我曹，若以力者，众非敌矣。”直性婆罗门曰：“勿諠诤也。宜共分之。”即作三分，一诸天，二龙众，三留人间，八国重分。天、龙、人王，莫不悲感。

{༥ རྒྱལ་པོ་བརྒྱད་ཀྱིས་རིང་བསྲེལ་བགོས་པའི་སྐོར།}

དེ་དང་མི་རིང་བར་རྒྱལ་པོ་ཨ་ཤོ་ཀས་བཞེངས་པའི་མཆོད་རྟེན་ཅིག་ཡོད་པ་ནི། རྒྱལ་པོ་བརྒྱད་ཀྱིས་རིང་བསྲེལ་བགོ་བཤའ་བྱས་པའི་གནས་སོ། །དེ་ཡང་ཆ་གསུམ་དུ་བགོས་སྟེ་ཆ་གཅིག་ལྷ། ཆ་གཅིག་ཀླུ། ཆ་གཅིག་མི་རྣམས་ཀྱིས་ཐོབ་བོ། །མི་ཡིས་ཐོབ་པའི་ཆ་གཅིག་པོ་ཡང་ཆ་བརྒྱད་དུ་བགོས་པ་རྒྱལ་པོ་བརྒྱད་ཀྱིས་ཆ་རེ་རེ་གདན་དྲངས་སོ། །

解1：

只翻译了第一句。

解2：

八王分舍利传说的注释见《大唐西域记校注》(下) 553页。

三、大邑聚及罗怙罗神蹟传说

分舍利窣堵波西南行二百余里，至大邑聚。有婆罗门，豪右巨富，确乎不杂，学究五明，敬崇三宝，接其居侧，建立僧坊，穷诸资用，备尽珍饰。或有众僧，往来中路，殷懃请留，罄心供养，或止一宿，乃至七日。其后设赏迦王毁坏佛法，众僧绝侣，岁月骤淹，而婆罗门每怀恳恻。经行之次，见一沙门，庬眉皓发，杖锡而来。婆罗门驰往迎逆，问所从至，请入僧坊，备诸供养，旦以淳乳煮粥进焉。沙门受已，纔一哜齿，便即置钵，沉吟长息。婆罗门持食跪而问曰："大德慧利随缘，幸见临顾，为夕不安耶？为粥不味乎？"沙门愍然告曰："吾悲众生福佑渐薄，斯言且置，食已方说："沙门食讫，摄衣即路。婆罗门曰："向许有说，今何无言？"沙门告曰："吾非忘也，谈不容易，事或致疑。必欲得闻，今当略说。吾向所叹，非薄汝粥，自数百年不尝此味。昔如来在世，我时预从，在王舍城竹林精舍，俯清流而涤器，或以澡漱，或以盥沐。嗟乎，今之淳乳，不及古之淡水！此乃人天福灭，使之然也。"婆罗门曰："然则大德乃亲见佛耶？"沙门曰："然。汝岂不闻佛子罗怙罗者，我身是也。为护正法，未入寂灭。"说是语已，忽然不见。婆罗门遂以所宿之房，涂香洒扫，像设仪肃，其敬如在。

复大林中行五百余里，至婆罗痆女黠反。斯国。旧曰波罗柰国，讹也。中印度境。

{༦ གྲོང་བརྡལ་ཆེན་པོ་ཞིག}

རིང་བསྲེལ་བགོས་པའི་མཆོད་རྟེན་ནས་ལྷོ་ནུབ་མཚམས་སུ་རྒྱང་གྲག་(གྲགས)ཉིས་བརྒྱ་ལྷག་ཙམ་ཕྱིན་པ་ན་གྲོང་བརྡལ་ཆེན་པོ་ཞིག་ཡོད་པར། བྲམ་ཟེའི་རིགས་ཤིང་ས་ལ་ཆེན་པོ་ལྟ་བུ་ལོངས་སྤྱོད་ཆེ་བ། རིགས་པའི་གནས་ལྔ་ལ་མཁས་པ། ལྟ་བ་རྣམ་པར་དག་པ་དང་ལྡན་པ། དཀོན་མཆོག་གསུམ་དང་དད་པ་ཐོབ་པ་ཞིག་ཡོད་པ་དེས་རང་གི་ཁང་པ་དང་ཐག་མི་རིང་བའི་སར་གཙུག་ལག་ཁང་ཆེན་པོ་

རྒྱན་གོས་ཕུན་སུམ་ཚོགས་པས་མཛེས་པ་ཞིག་<PL.74>བཞེངས་ཏེ་བཙུན་པ་གནས་སྐོར་པ་དག་དེར་ཕྱིན་པ་ན་གནས་བཏབ་ནས་ཉིན་ཞག་གཅིག་ནས་བདུན་བར་ཅི་རིགས་པར་སྤྱོད་ལམ་བཞིས་མཆོད་པ་བྱེད་དོ། །ཕྱིས་རྒྱལ་པོ་ཤཱཀྱ་བསྟན་པ་བསྣུབས་པ་འཁྲོ་བཤོལ་བའི། སྐབས་ཤིག་དགེ་སློང་ཞིག་གྲོང་རྒྱུ་ཞིང་ཕྱིན་པ་ན། བྲམ་ཟེས་མཐོང་ནས་དགའ་སྟེ་མྱུར་བ་མྱུར་བར་བསུས་ནས་གདན་དྲངས་སྟ་མ་བཞིན་མཆོད་དེ་འོ་ཐུག་གི་བཤོས་དྲངས་པས། དགེ་སློང་གིས་ཁམ་ཅིག་གསོལ་ནས་ཤུགས་རིང་བཏོན་པས་བྲམ་ཟེས་ཞལ་ཟས་ངན་ངོན་དུ་གྱུར་གྲགས། སྐུ་ལ་མི་བདེ་བ་བྱུང་ངམ་རྒྱུ་མཚན་ཅིས་ཐུགས་མ་བདེ་ཞེས་ཞུས་པས། དགེ་སློང་གིས་ཟས་མཐོང་ནས་སྟོན་པ་དྲན་ནོ་ཞེས་ཟེར་རོ། །བྲམ་ཟེས་འོ་ན་ཆེ་དང་ལྡན་པས་སྟོན་པ་མཇལ་ལགས་སམ་ཞེས་དྲིས་པས། དགེ་སློང་གིས་ཁྱོད་ཀྱིས་མ་ཐོས་སམ། སྲས་སྒྲ་གཅན་འཛིན་ཟེར་བ་དེ་བདག་ཡིན་ནོ་གསུངས་ནས་མི་སྣང་བར་གྱུར་ཏོ། །དུས་དེ་ནས་བཟུང་བྲམ་ཟེ་དེས་དགེ་འདུན་དཀོན་མཆོག་མཆོད་པའི་རྒྱུན་སྔར་བཞིན་ཚུགས་པར་བྱས་སོ། །

解 1：

没有翻译“沙门食讫，摄衣即路。婆罗门曰：‘向许有说，今何无言？’沙门告曰：‘吾非忘也，谈不容易，事或致疑。必欲得闻，今当略说。吾向所叹，非薄汝粥，自数百年不尝此味。昔如来在世，我时预从，在王舍城竹林精舍，俯清流而涤器，或以澡漱，或以盥沐。嗟乎，今之淳乳，不及古之淡水！此乃人天福灭，使之然也。’”一段。

解 2：

大邑聚及罗怙罗神蹟传说的注释见《大唐西域记校注》（下）555 页。

卷第七（五国）

婆罗痆女黠反斯国　　　　战主国

吠舍厘国　　　　　　　　弗栗恃国

尼波罗国

婆罗痆斯国

婆罗斯国周四千余里。国大都城西临殑伽河，长十八九里，广五六里。闾阎栉比，居人殷盛，家积巨万，室盈奇货。人性温恭，俗重强学。多信外道，少敬佛法。气序和，谷稼盛，果木扶疏，茂草靃靡。伽蓝三十余所，僧徒三千余人，并学小乘正量部法。天祠百余所，外道万余人，并多宗事大自在天，或断发，或椎髻，露形无服，涂身以灰，精勤苦行，求出生死。

大城中天祠二十所，层台祠宇，雕石文木。茂林相荫，清流交带。鍮石天像量减百尺，威严肃然，懔懔如在。

大城东北婆罗痆河西，有窣堵波，无忧王之所建也，高百余尺。前建石柱。碧鲜若镜，光润凝流。其中常现如来影像。

{ས་བཅད་བདུན་པ། ཡུལ་ལྔ།}

{ཝ་ར་ཎ་སིའི་ཡུལ།}

གནས་དེ་ནས་ནགས་སྟུ་མ་བརྒྱུད་དེ་རྒྱང་གྲག་(གྲགས)ལྔ་བརྒྱ་ཕྱིན་པ་ན་ཝ་ར་ཎ་སིའི་༥ ☆ ཡུལ་ལོ། །དེའི་མཐའ་སྐོར་ལེ་བར་བཞི་སྟོང་ལྷག ལྟེ་བའི་མཁར་ཆེན་ནི་ནུབ་ཏུ་ཆུ་བོ་གངྒཱ་ལ་གཉོལ་བ། དཀྱུས་སུ་རྒྱང་གྲགས་བཅུ་དང་བརྒྱད་དགུ་ཙམ། ཞེངས་སུ་རྒྱང་གྲག་(གྲགས)ལྔ་དྲུག་ཡོད། མི་ཁྱིམ་ཐལ་ཆེར་ཕྱུག་འབྱོར་ལོངས་སྤྱོད་ཆེ་བ། རང་བཞིན་དང་རྒྱུད་འཇམ་ལ་སྙིང་སྟོབས་ཆེ་ཞིང་། སློབ་གཉེར་ལ་དགའ་བ་ཐལ་ཆེ་བས་ཕྱི་པ་ལ་མོས། བཟའ་ཤིང་མོད་པ། གཙུག་ལག་ཁང་སུམ་ཅུ་ལྷག་པར་དགེ་

འདུན་སུམ་སྟོང་ལྷག་པ་ཚང་མ་སྡེ་པ་གནས་བརྟན་པའོ། །ཕྱི་བའི་ལྷ་ཁང་ལ་ཕྱི་པའི་མི་ཁྲི་ལྷག་པ་ཐམས་ཅད་དབང་ཕྱུག་པའོ། །སྐྲ་འབབ་པ་དང་གཅེར་བུར་རྒྱུ་བ་དང་། ལུས་ལ་ཐལ་བས་བྱུགས་པ་ཐར་པ་འཚོལ་བ་དག་གོ །གྲོང་ཁྱེར་གྱི་ནང་ན་ཕྱི་རོལ་པའི་ལྷ་ཁང་ཉི་ཤུ་ཙམ་ཡོད་པ་ནི། ཤིང་ལོ་འདབ་ཤིན་ཏུ་སྟུམ་པའི་ནགས་ཀྱི་ནང་དུ་སྲིད་དུ་ཁྲུ་བརྒྱར་ཉེ་བའི་ལྷ་ཆེན་གྱི་གཟུགས་བརྙན་རྗེ་ཡང་ཏེ་ཀ་ཧྣ་ད་ནྣ་ཐ་ལས་གྲུབ་པ་ཞིག་ཡོད་དོ། །

解 1:

（1）最后一句“大城东北……如来影像”没有翻译。

（2）第一句是前一个国家的最后一句“复大林中行五百余里，至婆罗痆女黠反。斯国。旧曰波罗柰国，讹也。中印度境”。小字“旧曰波罗柰国，讹也。中印度境”没有翻译，因不影响全文的含义，故省略了。

解 2:

婆罗痆斯国　梵　Bārānasi（今印度瓦拉纳西地区）

一、鹿野伽蓝

婆罗痆河东北行十余里，至鹿野伽蓝。区界八分，连垣周堵，层轩重阁，丽穷规矩。僧徒一千五百人，并学小乘正量部法。大垣中有精舍，高二百余尺，上以黄金隐起，作庵没罗果。石为基阶，砖作层龛。翕匝四周，节级百数，皆有隐起黄金佛像。精舍之中，有金俞石佛像，量等如来身，作转法轮势。

精舍西南有石窣堵波，无忧王建也，基虽倾陷，尚余百尺。前建石柱，高七十余尺。石含玉润，鉴照映彻。殷懃祈请，影见众像，善恶之相，时有见者，是如来成正觉已初转法轮处也。

其侧不远窣堵波，是阿若憍陈如等见菩萨舍苦行，遂不侍卫，来至于此而自习定。

其傍窣堵波，是五百独觉同入涅盘处又三窣堵波，过去三佛坐及经行遗迹之所。

{༡ ཕར་ནའི་ཆུ་ཀླུང་མཐའ་སྐོར་གྱི་རྗེས་ཤུལ་སྐོར།}

གྲོང་ཁྱེར་གྱི་བྱང་ཤར་མཚམས་སུ་ཕར་ནའི་ཆུ་ཀླུང་སྟེ། དེའི་གཡས་རོལ་དུ་རྒྱལ་པོ་ཨ་ཤོ་ཀས་བཞེངས་པའི་མཆོད་རྟེན་ཁྲུ་བརྒྱ་ལྷག་ཡོད་པར། རྡོའི་ཀ་བ་ཟུར་བཞི་པ་དོས་བཞི་ཤིན་ཏུ་དྭངས་ལ་མེ་ལོང་འདྲ་བ་ཞིག་ཡོད་པའི་ངོས་སུ་དུས་བཟང་ལ་སྟོན་པའི་སྐུ་བརྙན་འཆར་བ་ཡོད་དོ། །ཕར་ནའི་ཆུ་ཀླུང་གི་བྱང་ཤར་མཚམས་སུ་རྒྱང་གྲག་(གྲགས)བཅུ་ལྷག་སོང་བ་ན། དྲང་སྲོང་ལྷུང་བ་རི་དྭགས་ཀྱི་ནགས་གི་གཙུག་ལག་ཁང་[ཕ་ར་ན་སིལ་ཆོས་འཁོར]ར་བ་པདྨ་འདབ་བརྒྱད་ཀྱི་དབྱིབས་ཅན་མཐའ་འཁོར་དུ་ལྡིང་ཁང་བྱ་འདབ་ཅན་གྱི་བསྐོར་བ། ཁང་བརྩེགས་ཀྱིས་བརྒྱན་པ་ལ་དགེ་འདུན་ཆིག་སྟོང་ལྔ་བརྒྱ་ལྷག་ཚང་མ་སྡེ་པ་གནས་བརྟན་པའོ། །ར་བའི་ནང་དུ་དྲི་གཙང་ཁང་ཆེན་པོ་ཁྲུ་ཉིས་བརྒྱ་ལྷག་པ། ཡོགས་བཞིར་བང་རིམ་བཞི་པ་བརྒྱ་ཕྲག་ཡོངས་པ། དེའི་ཐོག་ན་གསེར་ལས་བྱས་པའི་ཧོག་ཤིང་ཧོག་ཨ་མྲའི་གཟུགས་དང་། རི་མོ་གསལ་མི་གསལ་གྱི་བར་དུ་སྟོན་པའི་གཟུགས་བརྙན་ཐུབ་པ་ཆོས་འཁོར་མར་གྲགས་པ། གཙང་ཁང་གི་ནང་དུ་ར་གན་ལས་གྲུབ་པའི་སྟོན་པའི་སྐུ་བརྙན་བོང་ཚད་བཅོམ་ལྡན་འདས་ཀྱི་སྐུ་ཚད་དང་མཉམ་པ་ཆོས་འཁོར་གྱི་ཕྱག་རྒྱ་ཅན་ཡོད་དོ། །<PL.75>དེའི་ལྷོ་ནུབ་མཚམས་ན་ཨ་ཤོ་ཀས་བཞེངས་པའི་མཆོད་རྟེན་ཧྲངས་ཞིག་རལ་བྱུང་ཀྱང་ད་ལྟ་ཁྲུ་བརྒྱ་ལྷག་ཙམ་སྣང་ངོ་། །དེའི་ཀ་བ་རྡོ་ལས་གྲུབ་[ཧིལ་ཕཊེ་ཤྭ་རི་ཟེར།]པའི་ངོས་སུ་བལྟས་ཏེ་བདེན་བརྡར་གྱིས་དམོད་གསོལ་བྱས་ཚེ་འབྱུང་འགྱུར་གྱི་ལེགས་ཉེས་མེ་ལོང་ལ་གཟུགས་བརྙན་མཐོང་བ་བཞིན་གསལ་བར་འཆར་བ་ཞིག་གོ །འདི་ནི་སྟོན་པ་ཚོགས་ཡོངས་སུ་རྫོགས་སྟེ་མཆོག་ཐོབ་སྟེ་ཐོག་མར་བདེན་བཞིའི་ཆོས་འཁོར་བསྐོར་བའི་གནས་སོ། །༄ ཡོགས་ཤིག་ན་མི་རིང་བར་མཆོད་རྟེན་ཞིག་ཡོད་པ་ནི། ཀུན་ཤེས་ཀཽཎྜི་ཉྱས་ཐོག་མར་སྟོན་པ་དང་མཇལ་བའི་གནས་སོ། །༄ དེ་དང་ཉེ་བར་མཆོད་རྟེན་ཞིག་ཡོད་པ་ནི་རང་རྒྱལ་ལྔ་བརྒྱ་དུས་གཅིག་ལ་མྱ་ངན་ལས་འདས་པའི་གནས་སོ། །

解 1:

（1）完整翻译全文。

（2）第一句是前一个国家的最后一句“大城东北婆罗痆河西，有窣堵波，无忧王之所建也，高百余尺。前建石柱。碧鲜若镜，光润凝流。其中常现如来影像”。

（2）批注 1 意为鹿野伽蓝称“瓦热纳斯经堂”，为梵文“Vārānasī”的音译。

（3）批注 2 意为无忧王建的石窣堵波称“迪旁哲秀日”。

解 2：

鹿野伽蓝的注释见《大唐西域记校注》（下）555 页。

1. 慈氏及护明受记窣堵波

三佛经行侧有窣堵波，是梅呾丽耶唐言慈，即姓也。旧曰弥勒，讹略也。菩萨受成佛记处。昔者如来在王舍城鹫峰山告诸苾刍：“当来之世，此赡部洲土地平正，人寿八万岁，有婆罗门子慈氏者，身真金色，光明照朗，当舍家成正觉，广为众生，三会说法，其济度者，皆我遗法植福众生也。其于三宝，深敬一心，在家出家，持戒犯戒，皆蒙化导，证果解脱。三会说法之中，度我遗法之徒，然后乃化同缘善友。”是时慈氏菩萨闻佛此说，从坐起，白佛言：“愿我作彼慈氏世尊。”如来告曰：“如汝所言，当证此果。如上所说，皆汝教化之仪也。”

慈氏菩萨受记西有窣堵波，是释迦菩萨受记之处。贤劫中人寿二万岁，迦叶波佛出现于世，转妙法轮，开化含识，授护明菩萨记曰：“是菩萨于当来世众生寿命百岁之时，当得成佛，号释迦牟尼。”

释迦菩萨受记南不远，有过去四佛经行遗迹，长五十余步，高可七尺，以青石积成，上作如来经行之像。像形杰异，威严肃然，肉髻之上，特出须发，灵相无隐，神鉴有征。于其垣内，圣迹寔多。诸精舍、窣堵波数百余所，略举二三难用详述。

{༢ སངས་རྒྱས་ཀྱིས་ལུང་བསྟན་པའི་གནས།}

ཡང་མཆོད་རྟེན་གསུམ་གཤིབས་སུ་ཡོད་པ་ནི་འདས་པའི་སངས་རྒྱས་རྣམ་གསུམ་གྱི་བཞུགས་ཁྲི་དང་མཛད་པའི་ཤུལ་འགའ་ཞིག་བཅས་ཡོད་པ་རྒྱལ་བ་མ་ཕམས་པ་ལུང་བསྟན་ཐོབ་པའི་གནས་སོ། །༈ དེའི་ལོ་རྒྱུས་ནི་བཅོམ་ལྡན་འདས་རྒྱལ་པོའི་ཁབ་བྱ་རྒོད་ཕུང་པོའི་རི་ལ་བཞུགས་པའི་སྐབས་ཤིག་ན། དགེ་འདུན་རྣམས་ལ་བཀའ་བསྩལ་བ། མ་འོངས་པའི་དུས་མི་རྣམས་ཚེ་ལོ་བརྒྱད་ཁྲིག་གཅིག་འདས་ནས་ཚེ་ལོ་བརྒྱངས་ཏེ་མི་ལོ་བརྒྱད་ཁྲི་བའི་དུས་ན་བྲམས་ཟེའི་རིགས་ལས་བྱམས་པ་ཞེས་བྱ་བ་ལུས་གསེར་བཙོ་མ་ལྟ་བུ་ལ་མཚན་བཟང་དང་དཔེ་བྱད་ཀྱིས་བརྒྱན་པ་ཅིག་བྱང་ཆུབ་ཏུ་མངོན་པར་རྫོགས་པར་སངས་རྒྱས་ནས་ཤིང་ན་ག་གེ་སར་གྱི་དྲུང་དུ་ལན་གསུམ་ཆོས་ཀྱི་འཁོར་ལོ་བསྐོར་བ་མཛད་པར་

འགྱུར་རོ་ཞེས་ལུང་བསྟན་ནོ། །༄ བྱམས་པའི་མཆོད་རྟེན་གྱི་ནུབ་རོལ་དུ་ཡང་མཆོད་རྟེན་ཅིག་ཡོད་པ་ནི། ཚེ་ལོ་ཉིས་ཁྲི་པའི་དུས་སངས་རྒྱས་འོད་སྲུང་གིས་བདག་ཅག་གི་སྟོན་པ་ལ་ལུང་བསྟན་ཏེ། མ་འོངས་པའི་ཚེ་ལོ་བརྒྱ་བའི་དུས་དེ་བཞིན་གཤེགས་པ་ཤཱཀྱ་ཐུབ་པ་ཞེས་བྱ་བར་མངོན་པར་རྫོགས་པར་འཚང་རྒྱ་བར་འགྱུར་རོ་ཞེས་ལུང་བསྟན་པའི་གནས་སོ། །༄ དེའི་ལྷོ་ངོས་སུ་མི་རིང་བར་འདས་པའི་སངས་རྒྱས་བཞིའི་མཛད་ཤུལ་རྗེ་སྟོན་ལས་བརྩིགས་པ་དགུས་སུ་གོམ་པ་ལྔ་བཅུ་ཙམ་སྲིད་དུ་ཁྲུ་བདུན་ཡོད་པའི་སྟེང་དུ། དེ་པ་སོ་སོའི་སྐུ་བརྙན་ཤིན་ཏུ་དོད་པ་གསལ་བར་བཞུགས་སོ། །ལྷས་བཞེངས་པ་ཞེས་ཟེར་རི་མོའི་བཟོ་བོས་བསྐྲུན་པར་དཀའ་བ་ཞིག་སྣང་ངོ་། །

解 1:

（1）只翻译了主要内容，第一自然段中“其于三宝，……皆汝教化之仪也。”一节没有翻译。

（2）第三自然段中“像形杰异，…………略举二三难用详述。”一节没有翻译。

解 2:

慈氏及护明受记窣堵波的注释见《大唐西域记校注》（下）562 页。

2. 三龙池及释迦遗迹

伽蓝垣西有一清池，周二百余步，如来尝中盥浴。次西大池，周一百八十步。如来尝中涤器。次北有池，周百五十步。如来尝中浣衣。凡此三池，并有龙止。其水既深，其味又甘，澄净皎洁，常无增减。有人慢心濯此池者，金毘罗兽多为之害。若深恭敬，汲用无惧。浣衣池侧大方石上，有如来袈裟之迹，其文明彻，焕如雕镂。诸净信者每来供养。外道凶人轻蹈此石，池中龙王便兴风雨。

{༢ སངས་རྒྱས་ཀྱི་རྗེས་ཤུལ་དང་ཀླུ་གསུམ་གྱི་ལོ་རྒྱུས།}

གཙུག་ལག་ཁང་དེའི་ནུབ་ཏུ་མཚོ་ཤིན་ཏུ་དྭངས་མོ་མཐའ་འཁོར་གོམ་པ་ཉིས་བརྒྱ་ཡོད་པ་ནི་སྟོན་པས་ཁྲུས་བགྱི་བར་མཛད་ཟེར་རོ། །༄ དེའི་ཡང་ནུབ་ཏུ་སྟོན་པས་ལྷུང་བཟེད་བཀྲུ་བའི་མཚོ་མཐའ་སྐོར་གོམ་པ་བརྒྱ་དང་བརྒྱད་ཅུ་ཡོད་པ་དང་། རྒྱབ་ལོགས་སུ་ཡང་སྟོན་པས་གོས་བཀྲུ་བའི་རྫིང་བུ་ཡོད་པ་དེར་མི་འགའ་ཞིག་གིས་མ་གུས་པས་རྐང་ལག་དང་ཕོར་པ་བཀྲུ་བ་སོགས་ཀྱིས་རྙོགས་པར་བྱས་ན་དེས་

པར་ཆུ་སྤྲིན་ཀུམ་བི་རས་གནོད་བྱེད་ཟེར་རོ། །ཕྱོགས་ན་རྡོ་ལེབ་གྲུ་བཞི་ཆེན་པོ་ཅིག་ཡོད་པའི་སྟེང་དུ་སྟོན་པའི་ན་བཟའ་ཀཥ་བགྲུས་སྟེ་བསྐམས་པས་སྣུད་པའི་རི་མོ་གསལ་ཙམ་ད་དུང་ཡོད་དོ། །རྡོ་དེ་དང་ཉེ་བར་ཡོད་པའི་རྫིང་བུའི་ནང་གི་ཀླུ་ནི་དཀར་ཕྱོགས་པ་ཞིག་སྟེ་ཆར་འབེབས་ལ་ཤིན་ཏུ་རྣོ་ཞིང་། ཕྱི་རོལ་པའམ་དད་པ་མེད་པ་ཞིག་དེ་དང་ཉེ་བར་སླེབས་ཙམ་ན་རླུང་ནག་དང་ཁ་ཆར་དྲག་པོ་འབེབས་པར་བྱེད་དོ། །

解 1：

完整翻译全文。

解 2：

三龙池及释迦遗迹的注释见《大唐西域记校注》（下）568 页。

3. 象、鸟、鹿王本生故事

池侧不远有窣堵波，是如来修菩萨行时为六牙象王，猎人利其牙也，诈服袈裟，弯弧伺捕，象王为敬袈裟，遂捩牙而授焉。

捩牙侧不远有窣堵波，是如来修菩萨行时愍世无礼，示为鸟身，与彼猕猴、白象，于此相问谁先见是尼拘律树，各言事迹，遂编长幼，化渐远近，人知上下，道俗归依。

其侧不远大林中有窣堵波，是如来昔与提婆达多俱为鹿王断事之处。昔于此处大林之中，有两群鹿，各五百余。时此国王畋游原泽，菩萨鹿王前请王曰："大王校猎中原，纵燎飞矢，凡我徒属，命尽兹晨，不日腐臭，无所充膳。愿欲次差，日输一鹿。王有割鲜之膳，我延旦夕之命。"王善其言，回驾而返。两群之鹿，更次输命。提婆群中有怀孕鹿，次当就死，白其王曰："身虽应死，子未次也。"鹿王怒曰："谁不宝命？"雌鹿叹曰："吾王不仁，死无日矣！"乃告急菩萨鹿王，鹿王曰："悲哉慈母之心，恩及未形之子！吾今代汝。"遂至王门，道路之人传声唱曰："彼大鹿王今来入邑。"都人士庶莫不驰观。王之闻也，以为不诚。门者白王，王乃信然，曰："鹿王何遽来耶？"鹿曰："有雌鹿当死，胎子未产，心不能忍，敢以身代！"王闻叹曰："我人身鹿也，尔鹿身人也！"于是悉放诸鹿，不复输命，即以其林为诸鹿薮，因而谓之施鹿林焉。鹿野之号自此而兴。

{༥ གླང་དང་བྱ་ཤྭ་བཅས་ཀྱི་ལོ་རྒྱུས།}

དེ་དང་ཉེ་བའི་ས་ན་གླང་པོའི་<PL.76>མཆོད་རྟེན་ཞེས་བྱ་བ་ཅིག་ཡོད་པ་ནི། སྔོན་སྟོན་པས་བྱང་ཆུབ་ཀྱི་སྤྱོད་པ་སྤྱོད་པ་ན་གླང་ཆེན་མཆེ་བ་དྲུག་ལྡན་དུ་སྐྱེ་བ་བཞེས་པའི་ཚེ་རྔོན་པ་ཞིག་མཆེ་བ་འདོད་ནས་དགེ་སྦྱོང་ཞིག་ཏུ་བརྫུས་ཏེ་གླང་ཆེན་གྱི་ཉེ་བར་སླེབས་པ་དང་རྔོན་པས་ཆོས་གོས་ཕུད་དེ་གླང་པོ་ཆེའི་སྟེང་དུ་དོར་ནས་མདའ་གཞུ་ཕྱུང་བས། གླང་པོ་ཆེས་གུས་པ་བསྐྱེད་དེ་རང་ཉིད་ཀྱིས་མཆེ་བ་རྔོན་པ་ལ་གནས་སོ་མཆེ་བ་བླངས་པའི་མཆོད་རྟེན་དང་མི་རིང་བར་བྱའི་མཆོད་རྟེན་བཞེངས་པ་ཞིག་ཡོད་དོ། །དེ་ནི་སྔོན་སྟོན་པ་སྔོན་སློབ་པ་ལམ་གྱི་སྐབས་སུ་བྱའི་སྐྱེ་བ་བཞེས་པ་ན་སྤྲེའུ་ཅིག་(ཞིག་)དང་གླང་པོ་ཆེ་ཅིག་(ཞིག་)དང་གསུམ་འགྲོགས་ཤིང་མཛའ་བར་གྱུར་པ་ན། ཤུས་ཉུ་གྲོདྷའི་ཤིང་སྔོན་ལ་མཐོང་བ་དེ་ལ་ཆེ་ཤོས་སུ་བྱེད་ཅིང་ཕུ་པོ་བཙོལ་ལོ་ཟེར་ནས་ཕན་ཚུན་མཐའ་བོར་བའི་གནས་ཡོད་དོ། །༄ དེ་དང་མི་རིང་བར་ནགས་ཚལ་ཞིག་གི་ནང་དུ་ཤ་(ཤྭ)བའི་མཆོད་རྟེན་ཟེར་བ་ཞིག་ཡོད་དོ། །དེ་སྔོན་འདས་པའི་དུས་སུ་སྟོན་པ་དང་ལྷས་བྱིན་གཉིས་དུས་མཉམ་དུ་ཤ་(ཤྭ)བའི་ལུས་བླངས་ཤིང་སོ་སོར་ཤྭ་བའི་བདག་པོར་གྱུར་ཧོ་(ཏོ)དེའི་ཚེ་ཡུལ་འདིའི་རྒྱལ་པོ་དམག་གི་དཔུང་ཚོགས་བཅས་རི་དྭགས་ཤོར་བ་ན་བྱང་ཆུབ་སེམས་དཔའ་ཤ་(ཤྭ)བས་རྒྱལ་པོ་ལ་གསོལ་བ། ངེད་ཤ་(ཤྭ)བ་རྣམས་དུས་གཅིག་ལ་བསད་ན་ལྷག་ལུས་རྣམས་རུལ་ནས་གསོལ་མི་ཏུང་བར་འགྱུར་བས་རེས་མོས་སུ་རིམ་གྱིས་བསད་ན་རེ་ཞིག་གི་བར་དུ་ཤ་(ཤྭ)བ་རྣམས་མི་འཆི་ཞིང་རྒྱལ་པོའི་གསོལ་ཤ་ཡང་ཉི་མ་རེ་རེ་བཞིན་ཤ་གསར་བ་གསོལ་བར་འགྱུར་བས་ཞལ་ཟས་མ་ཏུང་བར་མི་འགྱུར་རོ་ཞེས་ཞུས་པ་བཞིན་རྒྱལ་པོས་ཀྱང་གནང་ངོ་། །ཕྱིས་ཉིན་གཅིག་ཤ་(ཤྭ)བ་ཡུ་མོ་སྦྲུམ་མ་ཞིག་ལ་གསོད་པའི་རེས་བབས་པ་ན། ཡུ་མོ་དེས་རང་གི་བདག་པོ་ལྷས་བྱིན་གྱི་སྐྱེ་བ་ཤ་(ཤྭ)བ་ལ་ཞུས་པ། རེས་མོས་བདག་ལ་བབས་པས་བསད་ཀྱང་ཉེས་པ་མེད་མོད། འོན་ཀྱང་ཁོང་ན་ཡོད་པའི་སྦྲུ་གུ་ཉེས་མེད་དུ་འཆི་བ་སྙིང་རེ་རྗེ་ཞུས་པས་ལྷས་བྱིན་གྱི་སྐྱེས་པའི་ཤ་(ཤྭ)བ་ན་རེ། ཁྲོས་ནས་སྲོག་ལ་མི་གཅེས་པ་སུ་ཡོད་ཁྱོད་ཀྱི་ཚབ་ཏུ་སུ་ལ་བསྒོ་ཟེར་ཞིང་སྤྱོས་སོ། །དེ་ནས་ཤ(ཤྭ)བ་ཡུ་མོ་དེས་བྱང་ཆུབ་སེམས་དཔའ་སྙིང་རྗེ་ཆེན་པོ་[ཤྭ་བ་ལ་བླར་བཞིན་གསོལ་བར་བྱང་ཆུབ་སེམས་དཔའ]སྐྱེས་ནས་སྨྲས་པ། མ་འཇིགས་ཤིག་མ་འཇིགས་ཤིག ཁྱོད་ཀྱི་ཚབ་ཏུ་བདག་འགྲོའོ་ཞེས་འཆི་བའི་རེས་མོས་དང་དུ་བླངས་སོ། །དེ་ནས་བྱང་ཆུབ་སེམས་དཔའ་ཤ་(ཤྭ)བ་རྒྱལ་པོའི་རྩ་བར་ཕྱིན་ནས་བདག་གི་རེས་མོས

བབས་ཟེར་བས་རྒྱལ་པོས་ངོ་ཤེས་ནས་ཤ་(ཤཱ)བའི་རྒྱལ་པོ་ཅི་ལ་འོང་དྲིས་པས། ཡུ་མོས་ཕྲུ་གུ་ལ་འཕངས་ཆེས་པས་ཡུ་མོའི་ཚབ་ཏུ་བདག་འོངས་པ་ཡིན་ནོ་གསུངས་པས། རྒྱལ་པོ་ཤུགས་རིང་བརྟོན་ཏེ་སྨྲས་པ་ཁྱེད་ནི་ཤ་(ཤཱ)བའི་ལུས་ཅན་གྱི་མི་རུ་འདུག བདག་སོགས་ནི་མིའི་ཤ་ཚུགས་ཀྱི་ཕྱུགས་ཡིན་པར་འདུག་ཟེར་ནས། ཤ་(ཤཱ)བ་ལྷག་མ་མ་ལུས་པ་མ་བསད་པར་མི་འཇིགས་པའི་སྦྱིན་པ་བསྩལ་བས། ནགས་ཚལ་དེ་ལ་མི་འཇིགས་པའི་ཚལ་དུ་མིང་ཆགས་སོ། །རྒྱུ་མཚན་དེ་ལ་བརྟེན་ནས་རི་དྭགས་ཀྱི་ནགས་ཟེར་ཕྱིས་གནས་དེར་མཆོད་རྟེན་ཅིག་བཞེངས་སོ། །

解 1：

完整翻译全文。

解 2：

象、鸟、鹿王本生故事的注释见《大唐西域记校注》（下）569 页。

4. 憍陈如等五人迎佛窣堵波

伽蓝西南二三里，有窣堵波，高三百余尺，基趾广峙，莹饰奇珍，既无层龛，便置覆钵，虽建表柱，而无轮铎。其侧有小窣堵波，是阿若憍陈如等五人弃制迎佛处也。

婆曷刺他悉陀（唐言一切义成。旧曰悉达多讹略也）太子踰城之后。栖山隐谷忘身殉法。净饭王乃命家族三人舅氏二人曰。我子一切义成舍家修学。孤游山泽独处林薮。故命尔曹随知所止。内则叔父伯舅。外则既君且臣。凡厥动静宜知进止。五人衔命相望营卫。凡即勤求欲期出离。每相谓曰。夫修道者。苦证耶。乐证耶。二人曰。安乐为道。三人曰。勤苦为道。二三交争未有以明。于是太子思惟至理。为伏苦行外道。节麻米以支身。彼二人者见而言曰。太子所行非真实法。夫道也者乐以证之。今乃勤苦非吾徒也。舍而远遁思惟果证。太子六年苦行未证菩提。欲验苦行非真。受乳糜而证果。斯三人者闻而叹曰。功垂成矣。今其退矣。六年苦行一日捐功。于是相从求访二人既相见已匡坐高论。更相议曰。昔见太子一切义成。出王宫就荒谷。去珍服披鹿皮。精勤励志贞节苦心。求深妙法。期无上果。今乃受牧女乳糜败道亏志。吾知之矣无能为也。彼二人曰。君何见之晚欤。此猖蹶人耳。夫处乎深宫安乎尊胜。不能静志远迹山林。弃转轮王位。为鄙贱人行。何可念哉言增忉怛耳。菩萨浴尼连河。坐菩提树成等正觉。号天人师寂然宴默。

惟察应度曰。彼郁头蓝子者。证非想定堪受妙法。空中诸天。寻声报曰郁头蓝子命终已来经今七日。如来叹惜如何不遇。垂闻妙法遽从变化。重更观察营求世界。有阿蓝迦蓝得无所有处定可授至理诸天又曰。终已五日。如来再叹。愍其薄佑。又更谛观谁应受教。唯施鹿林中有五人者可先诱导。如来尔时起菩提树趣鹿野园。威仪寂静神光晃曜。毫含玉彩身真金色。安详前进。导彼五人。斯五人遥见如来。互相谓曰。一切义成彼来者。是岁月遽淹圣果不证。心期已退故寻吾徒。宜各默然勿起迎礼。如来渐近威神动物。五人忘制拜迎问讯。侍从如仪。如来渐诱示之妙理。两安居毕方获果证。

{༥ ཀུན་ཤེས་ཀཽ་ཎྜི་ནྱ་སོགས་ལྔ་སྡེ་བཟང་པོ་བཏུལ་བའི་གནས།}

གཙུག་ལག་ཁང་དེའི་ལྷོ་ནུབ་མཚམས་ན་མཆོད་རྟེན་དཔངས་སུ་ཁྲུ་གསུམ་བརྒྱ་ལྷག་ཅིག་ཡོད་པ་རྨང་གཞི་ཤིན་ཏུ་ཡངས་པ་རིན་པོ་ཆེ་སྣ་ཚོགས་ཀྱིས་བརྒྱན་པ། བུམ་པ་ལྷུང་བཟེད་ཁ་བུབས་པ་ལྟ་བུ་ལ་གདུགས་དང་<PL.77>ཆར་ཁེབས་དང་དྲིལ་བུ་གཡེར་ཁ་སོགས་མེད་དོ་དེའི་ཕོགས་ཤིག་ན་མཆོད་རྟེན་ཆུང་བ་ཞིག་ཡོད་པ་ནི། ཀུན་ཤེས་ཀཽ་ཎྜི་ནྱ་སོགས་ལྔ་སྡེ་བཟང་པོ་བཏུལ་བའི་གནས་སོ། །

解 1：

只翻译了主题，第二自然段中“婆曷刺他悉陀，…………两安居毕方获果证”没有翻译。

解 2：

憍陈如等五人迎佛窣堵波的注释见《大唐西域记校注》（下）574—576 页。

二、烈士池及传说

施鹿林东行二三里，至窣堵波，傍有涸池，周八十余步，一名救命，又谓烈士。闻诸先志曰：数百年前一隐士，于此池侧结庐屏迹，博习伎术，究极神理，能使瓦砾为宝，人畜易形，但未能驭风云，陪仙驾。阅图考古，更求仙术，其方曰：“夫神仙者，长生之术也，将欲求学，先定其志，筑建坛场，周一丈余。命一烈士，信勇昭著，执长刀，立坛隅，屏息绝言，自昏达旦。求仙者中坛而坐，手按长刀，口诵神咒，收视反听，迟明登仙。所执铦刀，变为宝剑，凌虚履空，王诸仙侣。执剑指麾，所欲皆从。无衰无老，不病不死。”是人既得仙方，行访烈士，营求旷岁，未谐心愿。后于城中遇见一人，悲号逐路。隐士睹其相，心甚庆悦，即而慰问：“何至怨伤？”曰：“我以贫窭，佣力自济，其主见知，特深信用，期满五岁，当酬重赏。于是忍勤苦，忘艰辛，五年将周，一旦违失，既蒙笞辱，又无所得，以此为心，悲悼谁恤！”隐士命与同游，来至草庐，以术力故，化具肴馔。已而令入池浴，服以新衣。又以五百金钱遗之曰：“尽当来求，幸无外也。”自时厥后，数加重赂，潜行阴德，感激其心。烈士屡求效命，以报知己。隐士曰：“我求烈士，弥历岁时，幸而会遇，奇貌应图，非有他故，愿一夕不声耳！”烈士曰：“死尚不辞，岂徒屏息？”于是设坛场，受仙法，依方行事，坐待日曛。曛暮之后，各司其务。隐士诵神咒，烈士按铦刀。殆将晓矣，忽发声叫。是时空中火下，烟焰云蒸，隐士疾引此人入池避难。已而问曰：“诫子无声，何以惊叫？”烈士曰：“受命后，至夜分，惛然若梦，变异更起。见昔事主躬来慰谢，感荷厚恩，忍不报语。彼人震怒，遂见杀害，受中阴身，顾尸叹惜。犹愿历世不言，以报厚德。遂见托生南印度大婆罗门家，乃至受胎出胎，备经苦厄。荷恩荷德，尝不出声。洎乎受业、冠婚、丧亲、生子、每念前恩，忍而不语。宗亲戚属咸见怪异。年过六十有五，我妻谓曰：‘汝可言矣。若不语者，当杀汝子。’我时惟念，已隔生世，自顾衰老，唯此稚子，因止其妻，令无杀害，遂发此声耳。”隐士曰：“我之过也。此魔娆耳。”烈士感恩，悲事不成，愤恚而死。免火灾难，故曰救命；感恩而死，又谓烈士池。

{༄ རྩལ་ལྡན་ཟེར་བའི་ལོ་རྒྱུས་སྙོར།}

མི་འཇིགས་སྦྱིན་པའི་ཚལ་གྱི་ཤར་ཕྱོགས་སུ་རྒྱང་གྲག་(གྲགས)གསུམ་བཞི་ཙམ་ཕྱིན་པ་ན། མཆོད་རྟེན་དང་མཚོ་ཆེན་སྐམས་པའི་ཤུལ་མཐའ་འཁོར་དུ་གོམ་པ་བརྒྱད་ཅུ་ལྷག་ཙམ་ཡོད་པའི་མིང་ལ་གཅིག་ཏུ་སྲོག་སྐྱོབས་དང་། ཡང་མིང་ལ་གཅིག་ཏུ་རྩལ་ལྡན་ཟེར་བ་ཡོད་པ་ནི། ལོ་བརྒྱ་ཕྲག་དུ་མའི་སྔ་རོལ་སྔས་པའི་རྣལ་འབྱོར་པ་ཞིག་འདིར་བཞུགས་ནས་རྫུ་འཕྲུལ་སྣ་ཚོགས་དང་། འཆི་མེད་ཚེའི་རིག་འཛིན་ཐོབ་ཟེར་ལོ(རོ)། །དེའི་ལོ་རྒྱུས་ནི། མཚོ་སྐམ་དེ་གནས་དུས་མཚོ་རྒྱ་ཆེ་ལ་གཏིང་ཟབ་པ་ཞིག་སྟེ་རྣལ་འབྱོར་པ་དེ་དེའི་འགྲམ་དུ་འཇག་མའི་སྤྱིལ་བུ་གཅིག་བཅས་ནས། རིག་པ་སྒྲུབ་པ་དང་སྔགས་པ་སྣ་ཚོགས་སྦྱངས་ནས། མངོན་ཤེས་དང་རྫུ་འཕྲུལ་དཔག་ཏུ་མེད་པ་ཐོབ་ཀྱང་། ད་དུང་ཚེའི་རིག་འཛིན་མ་གྲུབ་

པས་རང་གི་ལྷ་ལ་གསོལ་བ་བཏབ་པ་ན། ལྷས་དཀྱིལ་འཁོར་འདོམ་གང་གྲུ་བཞི་པ་ཞིག་བསྟན་ནས་དེར་སྡོད་ལ་རིག་པ་འདི་རྒྱུན་མ་ཆད་པར་སྒྲོགས་ཤིག སྐྱེས་བུ་མཚན་ལྡན་དཔའ་རྩལ་ཡོད་པ་ཅིག་བཙལ་ཏེ་གྲོགས་བྱེད་དུ་བཅུག་དེའི་ལག་པར་སྲུ་གྲི་ཞིག་གཏོད་ལ། གཉིས་ཀས་སྔ་བ་བཅད་ནས་བསྒྲུབ་པས་ནམ་ཞིག་ན་རྟགས་སུ་སྲུ་གྲི་དེ་རིན་པོ་ཆེའི་རལ་གྲིར་གྱུར་པ་ན། དེར་རལ་གྲི་དེ་ལག་པར་ཐོགས་ན་གར་འདོད་པ་ཕྱིན་ཆོག་པ་དང་གང་བསམ་ཚད་ཆོགས་མེད་པར་འགྲུབ་པར་འགྱུར་རོ་ཞེས་ལུང་བསྟན་ནོ། །རྣལ་འབྱོར་པས་གཞན་རྣམས་བསྒྲུབ་སླ་ཡང་སྒྲུབ་གྲོགས་དེ་འདྲ་ཤིན་ཏུ་རྙེད་དཀའ་བས་ཡི་མུག་ནས་བསྡད་པར་མི་ཞིག་རྒྱང་རིང་པོ་ནས་སྐྱི་ངག་འདོན་བཞིན་འོངས་བ་མཐོང་ངོ་། །མཐོང་ནས་མཚན་བརྟགས་པས་ལྷས་བསྟན་པ་དང་མཐུན་པས་དགའ་སྤྲོ་དུ་བའི་རྒྱུ་མཚན་དྲིས་པ་ན། སྨྲས་པ་བདག་ནི་དབུལ་ཞིང་ཕོངས་པས་ཐབས་ཟད་དེ་རྩལ་མཐུས་འཚོ་བ་འཚོལ་བ་ན། མི་ཕྱུག་པོ་ཞིག་གིས་ཁོ་བོ་མཚན་ལྡན་དུ་བཟུང་ནས་ལོ་གསུམ་བཞི་ཙམ་གཡོག་བགྱིས་ཞིང་བྱ་དགའ་ཆེན་པོ་ཆེ་མ་ཟད་པར་དུ་འོངས་སྐྱོད་དུ་འདངས་བ་སྟེར་རོ་ཞེས་ཟེར་བ་ལྟར་ཁོ་བོས་དཀའ་བ་ཆེན་པོ་བསྟེན་ཏེ་གཡོག་བྱས་ནས་ལོ་ལྔ་ཙམ་སོང་བར་ཉིན་ཅིག་ཁས་སྣངས་པ་བཅག་ནས་ཅི་ཡང་མི་སྟེར་བར་མ་ཟད་གཞུ་བཙོག་སོགས་ཀྱིས་ངོ་ཚ་སྤྱོད་དུ་བཅུག་པས་མ་བཟོད་པར་ཐོས་པ་ཡིན་ཟེར་བས། རྣལ་འབྱོར་པས་སྙིང་རེ་རྗེ་སྙམས་སོ། །རྩལ་ལྡན་དེ་ཁོ་བོ་འགྲོའོ་ཞེས་པས་རྣལ་འབྱོར་བས་བཀག་ནས་དེ་ལ་བསྒྲུབ་གྲོགས་བཙོལ་ཏེ་དྲིན་གྱིས་བསྐྱངས་སོ། །ཉིན་སྟ་མ་ལས་ཉིན་རྗེས་མར་ལྷག་པར་དྲིན་གྱིས་བསྐྱངས་པས་ཅི་བཞེད་ཞེས་དྲིས་པ་ན། རྣལ་འབྱོར་བས་སྨྲས་པ། གཞན་ཅི་ཡང་མི་འདོད་དེ་ཨུ་ཙག་གཉིས་གྲུབ་རྟགས་འཐོན་པའི་དུས་ལ་བབས་ཀྱིས། ཉིན་ཞག་ཐོག་ཐག་གཅིག་ལ་སྔ་བ་བཅད་དེ་སྡོད་ཐུབ་པ་ཅིག་འདོད་ཞེས་པ་ལ། རྩལ་ལྡན་གྱི་ཇོ་བོས་དྲིན་དེ་ཙམ་ཆེས་བ་ལགས་པས་སྲོག་འདོར་དགོས་ཀྱང་དགའ་བས་དང་དུ་ལེན་དགོས་ན་མི་སྨྲ་བའི་རྟུལ་ཞུགས་ཙམ་ལྟ་ཅི་སྨོས་ཞེས་ཟེར་བས། རྣལ་འབྱོར་པ་<PL.78>དགའ་ནས་ཆོ་ག་བཞིན་གྱི་དཀྱིལ་འཁོར་བཤམས་པའི་དབུས་སུ་རལ་གྲི་བཟུང་ནས་བསྡད། རྩལ་ལྡན་ལ་ཤངས་ལང་ཅིག་ལག་ཏུ་གཏད་ནས་འཛིན་དུ་བཅུགས་ནས་སྲུང་མར་བསྐོས་གཉིས་ཀས་སྔ་བ་བཅད་དེ། རྣལ་འབྱོར་པས་རིག་སྔགས་བགྲང་བཞིན་འདུག་པ་ན་བདུད་ཀྱི་བར་ཆད་བྱུང་སྟེ། བར་སྣང་ལས་མེ་ལྕེ་ལྡང་སྟེ་འབར་བ་མཐོང་བས་རྩལ་ལྡན་གྱིས་སྐད་ཤོར། རྣལ་འབྱོར་པས་རྩལ་ལྡན་ཐེང་བུར་འཇུག་ཏུ་བཅུག་ནས་མེའི་འཇིགས་པ་ལས་བསྐྱབས་ནས་སྐད་བཏོན་པའི་རྒྱུ་མཚན་དྲིས་ཙ་ན། སྨྲས་པ་ངལ་བས་དུབ་ཏེ་གཉིད་དུ་

སོང་བས་རྨི་ལམ་ན་རྗེ་བོ་རྙིང་པ་འོངས་ནས་བདག་ལ་དྲིན་བསབ་ཏུ་འོངས་ཟེར་བ་ལ་བདག་གིས་མི་སྨྲ་བའི་ཡི་དམ་བརྟན་པོས་ལན་མ་ལོག་པས་ཁོ་ཁྲོས་ནས་བདག་བསད་པ་རྣམ་ཤེས་རྒྱ་གར་ལྷོ་ཕྱོགས་སུ་བྲམ་ཟེའི་རིགས་སུ་སྐྱེས་ཏེ། སྔར་གྱི་དམ་བཅའ་བརྟན་པའི་བག་ཆགས་ཀྱིས་ཆེ་ལོ་དྲུག་ཅུའི་བར་ཅང་མི་ཟེར་ཞིང་ཁྱིམ་ཐབས་ཡང་བླངས་བུ་ཡང་སྐྱེས་པའི་བར་འདས་ཀྱང་ཡི་དམ་མ་བཏང་བས། ལན་ཅིག་ཆུང་མས་བུ་ཆུང་བཟུང་ནས་ཁྱོད་ཤིང་ས་ལ་ལྟ་བུའི་བྲམ་ཟེའི་བུར་སྐྱེས། ལོངས་སྤྱོད་ཀྱང་ཆེ་བུ་དང་ཆུང་མ་ཡང་ཚང་ལོ་རྒས་ཤིང་འཆི་ལ་ཐུག་ཀྱང་ད་དུང་སྐད་མི་འབྱིན་པའི་རྒྱུ་མཚན་ཅི་ཡིན། ཁྱོད་ད་ལྟ་གཏམ་མི་སྨྲ་ན་བདག་ལས་སྐྱེས་པའི་བུ་འདི་གསོད་དོ་ཞེས་བུའི་མགུལ་བ་བསྣུག་པས། བདག་བུ་སྡུག་ལ་གཅེས་ཆེས་པས་ཐོང་ཞེས་སྐད་ཤོར་བ་ལགས། ཡི་དམ་ཤོར་ཐལ་བ་བཟོད་པར་གསོལ་ཟེར་བས། རྣལ་འབྱོར་པ་ན་རེ་ངས་ཉེས་བདུད་ཀྱི་བར་ཆད་བྱུང་སོང་ཟེར་རོ། །དེ་ལྟར་རྩལ་ལྡན་མིའི་འཇིགས་པ་ལས་བསྐྱབས་པས་མཆོ་སྐམ་དེའི་མིང་གཅིག་ལ་སྲོག་སྐྱོབ་དང་མིང་གཅིག་ལ་རྩལ་ལྡན་འབོད་པ་ཡོད་ཀྱང་། རྩལ་ལྡན་སྲོག་སྐྱོབ་ཤེས་(ཅེས)ཕྱོགས་གཅིག་ཏུ་བསྡོམ་ནས་འབོད་པ་འཐད་དོ། །

解 1：

完整翻译全文。

解 2：

烈士池及传说的注释见《大唐西域记校注》（下）578 页。

三、三兽窣堵波

烈士池西有三兽窣堵波，是如来修菩萨行时烧身之处。劫初时，于此林野有狐、兔、猿，异类相悦。时天帝释欲验修菩萨行者，降灵应化为一老夫，谓三兽曰："二三子善安隐乎？无惊惧耶？"曰："涉丰草，游茂林，异类同欢，既安且乐。"老夫曰："闻二三子情厚意密，忘其老弊，故此远寻。今正饥乏，何以馈食？"曰："幸少留此，我躬驰访。"于是同心虚己，分路营求，狐沿水滨衔一鲜鲤，猿于林树采异华果，俱来至止，同进老夫。唯兔空还，游跃左右。老夫谓曰："以吾观之，尔曹未和。猿狐同志，各能役心，唯兔空返，独无相馈。以此言之，诚可知也。"兔闻讥议，谓狐、猿曰："多聚樵苏，方有所作。"狐、猿竞驰，衔草曳木，既已蕴崇，猛焰将炽。兔曰："仁者，我身卑劣，所求难遂，敢以微躯，充此一餐！”辞毕入火，寻即致死。是时老夫复帝释身，除烬收骸，伤叹良久，谓狐、猿曰：“一何至此！吾感其心，不泯其迹，寄之月轮，传乎后世。”故彼咸言，月中之兔自斯而有。后人于此建窣堵波。

从此顺殑伽河流东行三百余里，至战主国。中印度境。

{༢ རི་དྭགས་གསུམ་གྱི་མཆོད་རྟེན།}

[མཆོད་རྟེན]དེའི་གཡས་རོལ་ན་རི་དྭགས་གསུམ་གྱི་མཆོད་རྟེན་ཞེས་བྱ་བ་ཡོད་དོ། །དེའི་ལོ་རྒྱུས་ནི། སྔོན་བདག་ཅག་གི་སྟོན་པས་བྱང་ཆུབ་ཀྱི་སྤྱོད་པ་སྤྱོད་པའི་ཚེ། དུས་གཅིག་རི་བོང་གི་སྐྱེ་བ་བཞེས་པ་ན་ཕ་དང་སྤྲེའུ་གཅིག་བཅས་མཛའ་བར་གྱུར་བ་ན། བརྒྱ་བྱིན་གྱིས་ཚོད་བགམ་པའི་ཕྱིར་དུ་རྒན་པོ་ཅིག་ཏུ་སྤྲུལ་ནས་དེ་དག་གི་ཚར་ཕྱིན་ཏེ། ཁམས་འདྲི་བ་སོགས་མཛད་ཅིང་བག་ཕེབས་པ་ན་བཟའ་བཏུང་བསྙངས་པས་རི་དྭགས་གསུམ་གྱིས་ཆ་མཉམ་དུ་ཁས་བླངས་ནས་སོ་སོར་འཚོལ་དུ་ཕྱིན་ནོ། །ཕ་ཡིས་ཆུ་ཀླུང་བརྒྱུད་དེ་ཉ་བཟུང་ནས་ཡོང་། སྤྲེའུས་ཤིང་ཏོག་བཏུས་ནས་ཡོང་། རི་བོང་ལག་པ་སྟོང་པར་འཁོར་ནས་གྲོགས་གཉིས་ལ་རྩ་ཤིང་བསྡུས་ལ་སྤུངས་ཤིག་དང་ཟས་ཕྱིར་འོང་ངོ་ཟེར་བས། སྤྲེའུ་དང་ཕས་རྩ་ཤིང་བཏུས་ཤིང་སྤུངས་བ་ལ་རི་བོང་གིས་མེ་སྦར་ཏེ་སྨོན་ལམ་བཏབ་པ། དྲང་སྲོང་ཆེན་པོའི་བསོད་སྙོམས་བསྙངས་པར་གྲོགས་གཉིས་རྩལ་སྟོབས་དང་ལྡན་པས་སོ་སོ་ནས་བསྙེན་བཀུར་བསྒྲུབས་སོ། །བདག་ནི་རྩལ་ཆུང་བས་འདོད་པ་བཞིན་མ་གྱུར་པ་རང་གི་ལུས་མཆོད་པར་འབུལ་གྱིས་བདག་གི་བསོད་ནམས་ཀྱི་ཚོགས་རྫོགས་པར་བྱ་བའི་ཕྱིར་ཅི་བདེ་བར་ལོངས་སྤྱོད་དུ་གསོལ། བདག་ཀྱང་དགེ་བའི་རྩ་བ་འདི་ལ་བརྟེན་ནས་བླ་ན་མེད་པ་ཡང་དག་པར་རྫོགས་པའི་བྱང་ཆུབ་མངོན་པར་རྫོགས་པར་འཚང་རྒྱ་བར་གྱུར་ཅིག་ཅེས་སྨོན་ལམ་བཏབ་སྟེ་མེར་མཆོངས་པས་བརྒྱ་བྱིན་ལུས་མངོན་པར་བྱས་ཏེ། འཛིན་<PL.79>སྙམས་ཀྱང་མ་ཟིན་པས་ཤིའོ་བརྒྱ་བྱིན་གྱིས་བི་ཤྭ་ཀརྨ་ལ་བཅོལ་ནས་བྱང་ཆུབ་སེམས་དཔའ་རི་བོང་གི་གཟུགས་བྲིས་ནས་ཟླ་བའི་དཀྱིལ་འཁོར་གྱི་ནང་དུ་མཆོད་པར་མཛད་དེ། ཕྱིས་འཇིག་རྟེན་དུ་གྲགས་པར་མཛད་དེ་ཕུར་བསྡུས་ནས་ལྷས་མཆོད་རྟེན་བརྩིགས་ཕྱིས་དང་ལྡན་རྣམས་ཀྱིས་གནས་དེར་མཆོད་རྟེན་གསུམ་ཚང་བར་བརྩིགས་སོ། །

解 1：

（1）完整翻译全文。

（2）译文开头的注解意为“佛塔”。

解 2：

三兽窣堵波的注释见《大唐西域记校注》（下）580 页。

战主国

战主国周二千余里。都城临殑伽河，周十余里。居人丰乐，邑里相邻。土地膏腴，稼穑时播。气序和畅，风俗淳质。人性犷烈，邪正兼信。伽蓝十余所，僧徒减千人，并皆遵习小乘教法。天祠二十，异道杂居。

{ཙཧྲུའི་ཡུལ།}

དེ་ནས་ཆུ་བོ་གངྒཱ་བརྒྱུད་དེ་ཤར་ཕྱོགས་སུ་རྒྱང་གྲག་(གྲགས)སུམ་བརྒྱ་ཕྱིན་པ་ན་ཙཧྲུའི་(原文中此处没有标编码，应该是 (༤)ཡུལ་ལོ། དེའི་ཐ་གྲུར་ལེ་བར་ཉིས་སྟོང་ལྷག་དཀྱིལ་མཁར་ཆེན་པོའི་གངྒཱའི་འགྲམ་དང་ཉེ་བར་རྒྱང་གྲག་(གྲགས)བཅུ་ཕྲག་གཅིག་ལྷག་ལ། ས་གཞི་ཚ་གྲང་སྙོམས་པ་ཞིང་ལ་འབྲུ་སྣ་གང་ཡང་རུང་བ་འདེབས་སོ། །མིའི་རང་བཞིན་དྲང་ཞིང་བརྟན་པ་རུང་ཟད་རྒོད་ཅིང་རྩལ་ཆེ་བ། ཕྱི་ནང་གཉིས་ཀར་དག་སྣང་མཉམ་པ། གཙུག་ལག་ཁང་བཅུ་ལྷག་པར་དགེ་འདུན་སྟོང་ལྷག་གནས་པ་ཐེག་དམན་པ་ཤ་སྟག་དང་། ཕྱི་པའི་ལྷ་ཁང་ཉི་ཤུ་ཙམ་ལ་མུ་སྟེགས་ཀྱི་ལུགས་སྣ་ཚོགས་པ་འདྲེས་ཏེ་འདུག་གོ །

解 1：

（1）完整翻译全文。

（2）第一句是前一个国家的最后一句“从此顺殑伽河流东行三百余里，至战主国。中印度境”。小字“中印度境”没有翻译，因不影响全文的含义，故省略了。

解 2：

战主国　梵　Garjanapati（今印度瓦拉纳西地区）

一、佛舍利窣堵波

大城西北伽蓝中窣堵波，无忧王之所建也。《印度记》曰：此中有如来舍利一斗。昔者世尊尝于此处，七日之中，为天、人众显说妙法。其侧则有过去三佛坐及经行遗迹之处。邻此复有慈氏菩萨像，形量虽小，威神嶷然，灵鉴潜通，奇迹间起。

{༡ སྟོན་པའི་རིང་བསྲེལ་གྱི་མཆོད་རྟེན།}

དྲང་སྲོང་ཆེན་པོའི་ནུབ་བྱང་མཚམས་སུ་གཙུག་ལག་ཁང་ཞིག་ཡོད་པར་མཆོད་རྟེན་ཅིག་ཡོད་པ་དེ་རྒྱལ་པོ་ཨ་ཤོ་ཀས་བཞེངས་ཤིང་། ཀར་ཆགས་ན་མཆོད་རྟེན་དེའི་ནང་དུ་སྟོན་པའི་རིང་བསྲེལ་བྲེ་གང་བཞུགས་ཏེ། སྔོན་སྟོན་པས་ས་གཞི་འདི་ཉིད་དུ་ཞག་བདུན་བཞུགས་པར་མཛད་དེ་ལྷ་དང་མི་ལ་ཆོས་བསྟན་ཟེར་བ་དང་། དེའི་ཟོགས་སུ་འདས་སངས་གསུམ་གྱི་བཞུགས་ཁྲི་དང་ཤུལ་རྣམས་ཡོད་ཅིང་། རྗེ་བཙུན་བྱམས་པའི་སྐུ་བརྙན་བཟོ་ཁྱད་དུ་འཕགས་པ་ཞིག་ཡོད་དོ། །

解 1：

完整翻译全文。

解 2：

佛舍利窣堵波的注释见《大唐西域记校注》（下）582 页。

二、不穿耳伽蓝

大城东行二百余里，至阿避陀羯刺拏僧伽蓝，唐言不穿耳。周垣不广，雕饰甚工，花池交影，台阁连甍。僧徒肃穆，众仪庠序。闻诸先志曰：昔大雪山北睹货逻国有乐学沙门，二三同志礼诵余闲，每相谓曰：“妙理幽玄，非言谈所究；圣迹昭著，可足趾所寻。宜询莫逆，亲观圣迹。”于是二三交友杖锡同游，既至印度，寓诸伽蓝，轻其边鄙，莫之见舍。外迫风露，内累口腹，颜色憔悴，形容枯槁。时此国王出游近郊，见诸客僧。怪而问曰：“何方乞士，何所因来？耳既不穿，衣又垢弊。”沙门对曰：“我睹货逻国人也。恭承遗教，高蹈俗尘，率其同好，观礼圣迹。慨以薄福，众所同弃，印度沙门，莫顾羁旅。欲还本土，巡礼未周，虽迫勤苦，心遂后已。”王闻其说，用增悲感，即斯胜地建立伽蓝，白氎题书为之制曰："我惟尊居世上，贵极人中，斯皆三宝之灵佑也。既为人王，受佛付嘱，凡厥染衣，吾当惠济。建此伽蓝，式招羁旅。自今已来，诸穿耳僧，我此伽蓝不得止舍。"因其事迹，故以名焉。

{༢ རྣ་བ་མ་ཕུག་པའི་གཙུག་ལག་ཁང་གི་ལོ་རྒྱུས།}

གྲོང་ཁྱེར་དེའི་ཤར་ཕྱོགས་རྒྱང་གྲག་(གྲགས)ཉིས་བརྒྱ་ཕྱིན་པའི་སར་ཨ་ཤྩ་ཪྻ་ར་ནའི་གཙུག་ལག་ཁང་སྟེ། བསྒྱུར་ན་རྣ་བ་མ་ཕུག་པ་ཞེས་པ་སྟེ། ལོ་རྒྱུས་ནི་གནའ་དུས་སུ་གངས་རིའི་སྲུལ་གྱི་ཡུལ་ཐོད་ཀར་ནས་བཙུན་པ་གསུམ་འགྲོགས་ནས་གནས་སྐོར་བྱས་བར་རིམ་གྱིས་བགྲོད་དེ་འདིར་སླེབས་པ་དང་། ཡུལ་འདིའི་རྒྱལ་པོ་རི་དྭགས་བཤོར་བར་ཐོན་པ་དང་འཕྲད་ནས། རྒྱལ་པོས་རྒྱུ་མཚན་དྲིས་པ་ཡུལ་ཕྱོགས་གང་གི་སྤྲང་པོ་ཡིན་རྣ་བ་མ་ཕུག་པ། གོས་ཀྱང་རྩུལ་བ་བཞིན་ཀྱང་སྐྲ་སེང་སེང་པོ་ཁྱེད་ཚོ་གང་ནས་འོང་གང་དུ་འགྲོ་དོན་གང་ལ་འགྲོ་ཞེས་དྲིས་པ་ན། གསོལ་བ་ངེད་ཚོ་སྤྲང་པོ་རང་ག་པ་མིན་དགེ་སློང་ལགས་ཏེ། ཆུང་ངུ་ནས་རབ་ཏུ་བྱུང་བ་སེམས་ཀྱི་འཆར་སྒོ་ལ། ཐུབ་པའི་གསུང་རབ་ཤིན་ཏུ་ཟབ་ཅིང་བརླིང་བ། ཅི་ཙམ་བསླབ་ཀྱང་རྫོགས་པར་དཀའ་བ། མ་རྫོགས་ཕྱིན་ངལ་བ་དོན་མེད་དུ་ཟད་པས། སེམས་རྩེ་གཅིག་པས་དམ་བཅས་ནས་འཛམ་བུ་གླིང་གི་གནས་ཆེན་ཐམས་ཅད་དུ་ཕྱལ་ཞིང་མཇལ་པར་བྱས་ན་བྱིན་རླབས་རྒྱུད་ལ་འཇུག་པའང་སྲིད་སྙམས་ནས། ངེད་མི་གསུམ་གྱིས་མཁར་སིལ་ལྷུང་ཟེད་ཐོགས་ནས་ཐོན་ཏེ་རིམ་བགྲོད་ཀྱིས་འདིར་སླེབས་སོ། །རྒྱ་གར་གྱི་ཡུལ་ལུགས་ལ་རྒྱུས་མེད་པ་དག་ཁྲུར་འཇུག་དཀའ་ཞིང་རང་ཡུལ་ལ་ལྡོག་སྙམ་ཀྱང་ལམ་རྒྱགས་མེད་ཐོག་ལམ་ཡང་མི་ཤེས་པས་སྡུག་བསྔལ་བར་གྱུར་ལག་(ལགས)ཟེར་བ་དང་། རྒྱལ་པོ་དད་ཅིང་སྙིང་བརྩེ་བས་གནས་དེ་ཀར་གཙུག་ལག་ཁང་ཞིག་བཞེངས་ནས་བཞུགས་སུ་བཅུག་སྟེ་མཛོད་ནས་འཚོ་བ་སྦྱར་བས་མིང་དེ་ལྟར་དུ་ཐོག་ཟེར་རོ། །དུས་དེ་ནས་བཟུང་ད་ལྟའི་བར་དུ་ལམ་གྱིས་དུབ་པའི་དགེ་སློང་གནས་སྐོར་བ་དག་འདིར་སླེབས་པ་ན་ཡུན་རིང་དུ་བཞུགས་པར་གསོལ་<PL.80>ཞིང་ཞབས་གཏོགས་བྱེད་བཞིན་པའོ། །

解 1：

只翻译了主要的含义，没有翻译细节。

解 2:

不穿耳伽蓝的注释见《大唐西域记校注》(下) 583 页。

三、摩诃娑罗邑及诸多遗迹

阿避陀羯刺拏伽蓝东南行百余里，南渡殑伽河，至摩诃娑罗邑，并婆罗门种，不遵佛法。然见沙门，先访学业，知其强识，方深礼敬。

殑伽河北有那罗延天祠，重阁层台，奂甚丽饰。诸天之像，镌石而成，工极人谋，灵应难究。

那罗延天祠东行三十余里，有窣堵波，无忧王之所建也，大半陷地。前建石柱，高余二丈，上作师子之像，刻记伏鬼之事。昔于此处有旷野鬼，恃大威力，噉人血肉，作害生灵，肆极妖祟。如来愍诸众生不得其死，以神通力，诱化诸鬼，导以归依之敬，齐以不杀之戒。诸鬼承教，奉以周旋，于是举石请佛安坐，愿闻正法，克念护持。自时厥后，无信之徒竞共推移鬼置石座，动以千数，莫之能转。茂林清池，周基左右，人至其侧，无不心惧。

伏鬼侧不远，有数伽蓝，虽多倾毁，尚有僧徒，并皆遵习大乘教法。

从此东南行百余里，至一窣堵波，基已倾陷，余高数丈。昔者如来寂灭之后，八国大王分舍利也，量舍利婆罗门蜜涂瓶内，分授诸王，而婆罗门持瓶以归，既得所粘舍利，遂建窣堵波，拜瓶置内，因以名焉。后无忧王开取舍利瓶，改建大窣堵波。或至斋日，时烛光明。

从此东北度殑伽河，行百四五十里，至吠舍厘国旧曰昆舍离国，讹也。中印度境。

{༣ མ་ཧཱ་ས྄ཱ་དང་དེ་མིན་གྱི་རྗེས་ཤུལ།}

གཙུག་ལག་ཁང་དེ་ནས་ཤར་ཕྱོགས་སུ་རྒྱང་གྲག་(གྲགས)བརྒྱ་ཙམ་ཕྱིན་པ་ན། ཆུ་བོ་གངྒཱ་ཐུག་པ་ན་མ་ཧཱ་ས྄ཱ་ར་ཞེས་བྱ་བའི་ལྗོངས་ཡོད་དོ། །དེར་གནས་པའི་བྲམ་ཟེ་རྣམས་ནི་དགེ་འདུན་རྣམས་དང་མཇལ་བ་ན། དང་པོར་བསླེན་བཀུར་མི་བྱ་བར་ཐོག་མ་ཉིད་དུ་བགྲོ་གླེང་བྱེད། དེ་ནས་འཆད་མཁས་པ་ལ་བཀུར་སྟི་བྱེད་ཅིང་། མི་མཁས་ན་བཏང་སྙོམས་སུ་འཇོག་པ་ཡུལ་ཆོས་ཡིན་སྐད་དོ། །དེའི་ཐད་

ཀྱི་གནྣའི་བྱང་ཕྱོགས་སུ་ལྷ་སྲིད་མེད་ཀྱི་བུའི་ལྷ་ཁང་ཁང་བརྩེགས་དང་སྟེགས་བུ་སོགས་ཀྱིས་བརྒྱན་པ་ལ་ལྷ་བཟོ་ཡང་ཁྱད་དུ་འཕགས་པས་བཞེངས་པའི་ལྷ་སྐུ་བྱིན་རླབས་ཀྱི་ཚན་ཁའི་གྲགས་པ་ཤིན་ཏུ་ཆེ་བ་ཞིག་ཡོད་དོ། །༈ དེ་ནས་ཤར་ཕྱོགས་སུ་རྒྱང་གྲག(གྲགས)སུམ་ཙུ་ཙམ་ཕྱིན་པ་ན་རྒྱལ་པོ་ཨ་ཤོ་ཀས་བཞེངས་པའི་མཆོད་རྟེན་གཅིག་གི་མདུན་དུ་རྡོའི་ཀ་བའི་ལོགས་ན། འདྲེ་བཏུལ་བའི་ལོ་རྒྱུས་བརྐོས་འདུག་གོ། དེའི་ལོ་རྒྱུས་ནི། སྔོན་སྟོན་པ་ཞལ་བཞུགས་པའི་དུས་གནས་དེར་ཤ་ཟ་མ་ཧུང་བ་ཞིག་གནས་པ་ལ། མིའི་ཤ་ཁྲག་ཁོ་ན་ལ་ལོངས་སྤྱོད་པས་སྟོན་པས་སེམས་ཅན་ཐམས་ཅད་ལ་སྙིང་བརྩེ་བས་ཤ་ཟ་དེ་བཏུལ་ཞིང་སྲོག་མི་གཅོད་པའི་སྣ་གཅིག་སྤྱོད་པའི་དགེ་བསྙེན་གྱི་སྡོམ་པ་ཕོགས་སོ། །ཤ་ཟ་དེས་དམ་པའི་ཆོས་སྐྱོང་བར་ཁས་བླངས་ནས་རྡོའི་ཀ་བ་དེ་ལ་བརྟེན་ཏེ་གནས་པས་ཕྱིས་དེར་ཕྱིན་པའི་སྐྱེ་བོ་སུ་ཟིངས་མི་བྱེད་པ་མེད་ཟེར་རོ། །༈ དེ་དང་མི་རིང་བར་གཙུག་ལག་ཁང་དུ་མ་ཡོད་དོ། །ཕལ་ཆེར་ཞིག་རལ་ཆེ་ཡང་ད་དུང་ཐེག་ཆེན་སྤྱོད་པའི་དགེ་འདུན་གནས་སོ། །༈ གནས་དེ་ནས་ཤར་ལྷོའི་མཚམས་སུ་རྒྱང་གྲགས་བརྒྱ་ལྷག་ཕྱིན་པ་ན། མཆོད་རྟེན་ཞིག་རྨང་གཞི་རལ་ཡང་ལྷག་ལུས་འདོམ་བརྒྱད་ཉེ་བ་ཡོད་པ་ནི། སྟོན་པ་མྱ་ངན་ལས་འདས་རྗེས་རིང་བསྲེལ་བགོད་པའི་ཚེ། བྲམ་ཟེ་དད་པ་ཅན་ཞིག་གིས་གསེར་བུམ་ཐོགས་ཏེ་རྒྱལ་པོ་བརྒྱད་ཀྱི་རྗེས་སུ་ཞུགས་ནས་རིང་བསྲེལ་རྣམས་ཀྱིས་བྲམ་ཟེའི་ལག་ཏུ་ཐོགས་པའི་གསེར་བུམ་གཞལ་ཏེ་ཆ་བརྒྱད་དུ་བགོས་ཟིན་པ་དང་རྒྱལ་པོ་རྣམས་ཀྱིས་པ་ན་བྲམ་ཟེས་གསེར་བུམ་ལ་རིང་བསྲེལ་འབྱར་བ་ལག་ཏུ་ཐོགས་ཏེ་ལུས་པ་རྣམས་བསྡུས་ནས་མཆོད་རྟེན་བཞེངས་ཤིང་རིང་བསྲེལ་གསེར་བུམ་བཅས་ནང་དུ་བཞུགས་གསོལ་ལོ། །ཕྱིས་རྒྱལ་པོ་ཨ་ཤོ་ཀས་སླར་ཕྱེ་ནས་རིང་བསྲེལ་རྣམས་ཕྱུངས་ནས་གསེར་བུམ་གསར་བ་ལ་སླར་བཞུགས་པའི་མཆོད་རྟེན་གསར་དུ་བཙེས་སོ། །དེ་ནི་གསོ་སྦྱོང་གི་ཉིན་མར་འོད་ཟེར་འཕྲོད་པ་ཞིག་གོ །

解 1：

完整翻译全文。

解 2：

摩诃娑罗邑及诸多遗迹的注释见《大唐西域记校注》（下）584 页。

吠舍厘国

吠舍厘国周五千余里。土地沃壤，花果茂盛。庵没罗果、茂遮果，既多且贵。气序和畅，风俗淳质，好福重学，邪正杂信。伽蓝数百，多已圮坏。存者三五。僧徒稀少。天祠数十，异道杂居，露形之徒，寔繁其党。吠舍厘城已甚倾颓，其故基趾周六七十里，宫城周四五里，少有居人。

{བཻ་ཤཱ་ལཱིའི་ཡུལ།}

ཡུལ་དེ་ནས་བྱང་ཤར་མཚམས་སུ་གྔཱ་བརྒྱུད་དེ་རྒྱང་གྲག་(གྲགས)བརྒྱ་ཕྲག་གཅིག་དང་བཅུ་ཕྲག་བཞི་ལྔ་ཙམ་ཕྱིན་པ་ན་ཡངས་པ་ཅན་གྱི་ཡུལ་ལོ། །[བམ་པོ་ལྔ་པ་རྫོགས།] བཻ་ཤཱ་ལཱི་སྟེ་༡ ☆ ཡུལ་ཡངས་པ་ཅན་ནི། མཐའ་འཁོར་རྒྱང་གྲག་(གྲགས)སྟོང་ཕྲག་ལྔ་ལྷག་ས་གཞི་ཤིན་ཏུ་གཤིན་པ། ཤིང་ཏོག་ཨ་མྲ་བུར་ཤིང་ལ་སོགས་པའི་བཟའ་ཤིང་ཡོད་པ། ལོ་ཏོག་སྣ་ཚོགས་འདེབས་རུང་བ། མིའི་རང་བཞིན་བསྟུན་ལ་ལྷོད་པ་ཕལ་ཆེར་དཀར་ཕྱོགས་ལ་དགའ་བ། ཕྱི་ནང་གཉིས་ཀ་ལ་དག་སྣང་མཉམ་པ། གཙུག་ལག་ཁང་བརྒྱ་ཕྲག་ལྷག་ཙམ་ལ་གོག་པོ་ཁོ་ན་དང་། རེ་རེ་ལ་དགེ་འདུན་གཉིས་གསུམ་ཙམ་ལས་མེད་དོ། །ཕྱི་རོལ་པའི་ལྷ་ཁང་བཅུ་<PL.81>ཕྲག་དུ་མ་ལ་ཕྱི་རོལ་པ་ལུགས་ཐ་དད་པ་འདྲེས་མར་གནས་སོ། །དཀྱིལ་མཁར་[བེ་ཧར་སྐར]ཕྱི་མཁར་ཁོར་ཡུག་ཏུ་རྒྱང་གྲག་(གྲགས)བརྒྱད་ཅུར་ཉེ་བ། གྲོང་ཁྱེར་གྱི་ནང་མཁར་ལུས་ནི་རྒྱང་གྲག་(གྲགས)བཞི་ལྔ་ཙམ་ཡོད་པ་གྲོང་ཁྱེར་ནས་ནུབ་བྱང་མཚམས་ལེ་བར་ལྔ་དྲུག་ཙམ་གྱི་སར་གཙུག་ལག་ཁང་ཞིག་ལ་གནས་བརྟན་སྡེ་པའི་དགེ་འདུན་ཉུང་ཤས་བཞུགས་སོ། །

解 1：

（1）完整翻译全文。

（2）第一句是前一个国家的最后一句“从此东北度殑伽河，行百四五十里，至吠舍厘国旧曰毘舍离国，讹也。中印度境”。小字“中印度境”没有翻译，因不影响全文的含义，故省略了。

（3）批注意为宫城名谓“白哈嘎”。

解 2：

吠舍厘国　梵　Vaisāli（今印度穆扎法尔布尔地区）

一、佛说毘摩罗诘经所

宫城西北五六里，至一伽蓝，僧徒寡少，习学小乘正量部法。傍有窣堵波，是昔如来说《毘摩罗诘经》，长者子宝积等献宝盖处。其东有窣堵波，舍利子等于此证无学之果。

{༡ བསྟན་པས་མདོ་སྡེ་དྲི་མེད་གྲགས་པ་གསུངས་སའི་གནས།}

དེའི་ཕོགས་ཞིག་ན་མཆོད་རྟེན་ཞིག་ཡོད་པ་ནི། སྔོན་སྟོན་པས་མདོ་སྡེ་དྲི་མེད་གྲགས་པས་བསྟན་པ་གསུངས་ཤིང་། ཁྱིམ་བདག་དེའི་བུ་ཁྱེའུ་རིན་ཆེན་བརྩེགས་ཀྱིས་རིན་པོ་ཆེའི་གདུགས་དབུལ་བའི་གནས་སོ། །༄ དེའི་ཤར་འདབས་སུ་མཆོད་རྟེན་ཞིག་ཡོད་པ་ནི། འཕགས་པ་ཤཱ་རིའི་བུས་མི་སློབ་པའི་འབྲས་བུ་ཐོབ་པའི་གནས་སོ། །

解 1：

完整翻译全文。

解 2：

佛说毘摩罗诘经所的注释见《大唐西域记校注》（下）589 页。

二、佛舍利窣堵波及诸遗迹

舍利子证果东南，有窣堵波，是吠舍厘王之所建也。佛涅盘后，此国先王分得舍利，式修崇建。《印度记》曰：此中旧有如来舍利一斛，无忧王开取九斗，唯留一斗。后有国王复欲开取，方事兴功，寻则地震，遂不敢开。

其西北有窣堵波，无忧王之所建也，傍有石柱，高五六十尺，上作师子之像。石柱南有池，是群猕猴为佛穿也，在昔如来曾住于此。池西不远，有窣堵波，诸猕猴持如来钵上树取蜜之处。池南不远，有窣堵波，是诸猕猴奉佛蜜处。池西北隅犹有猕猴形像。

{༢ སྟོན་པའི་རིང་བསྲེལ་བཞུགས་པའི་མཆོད་རྟེན་དང་དེ་མིན་གྱི་རྗེས་ཤུལ།}

དེའི་ཤར་ལྷོའི་མཚམས་སུ་མཆོད་རྟེན་ཅིག་ཡོད་པ་ཡངས་པ་ཅན་གྱི་རྒྱལ་པོས་བཞེངས་པ་ཀར་

(དཀར)ཆག་ན་མཆོད་རྟེན་དེའི་ནང་དུ་སྟོན་གྱི་དེ་བའི་རིང་བསྲེལ་བྲེའོ་ཆེ་གང་བཞུགས་པ། རྒྱལ་པོ་ཨ་ཤོ་ཀས་ཕྱེ་སྟེ་བྲེ་ཆུང་དགུ་ཕྱོགས་གཞན་དུ་ཁྱེར་ནས་བྲེ་ཆུང་གང་ཙམ་ལུས་ཟེར་རོ། །ཡུལ་གྱི་རྒྱལ་པོས་སླར་ཡང་ཕྱེ་བར་འདོད་ནས་ལས་མགོ་བཙམས་པ་ན་ས་གཡོས་པས་འཇིགས་ཏེ་མ་ཕྱེ་ཟེར་རོ། །༄ དེའི་ནུབ་བྱང་མཚམས་སུ་མཆོད་རྟེན་གཅིག་རྒྱལ་པོ་ཨ་ཤོ་ཀས་བཞེངས་པ་ཟུར་བཞིར་རྫོའི་ཀ་བ་ཟུར་བཞི་པ། སྲིད་དུ་ཁྲུ་བཅུ་ཕྲག་ལྔ་དྲུག་ཙམ་སེང་གེའི་ཏོག་ཅན་དུ་སྣང་ངོ་། །དེའི་མདུན་རོལ་ན་སྤྲེའུའི་ཚོགས་ཀྱིས་ས་བྲུས་ནས་ཆུ་བཏོན་ཏེ་སྟོན་པ་ལ་སྐྱེམས་སུ་ཕུལ་བའི་རྫིང་བུ་ཡོད་དོ། །རྫིང་བུའི་ནུབ་རོལ་ན་མཆོད་རྟེན་ཅིག་ཡོད་པ་ནི། སྔོན་སྟོན་པ་འདིར་བཞུགས་པའི་སྐབས་སུ་སྤྲེའུ་ཞིག་སྟོན་པའི་བཞེས་ལྷུང་ཁྱེར་ཏེ་ཤིང་ལ་འཛེགས་ཏེ་སྦྲང་རྩི་བླངས་ནས་ཕུལ་བའི་གནས་སོ། །༄ དེ་ནས་ནུབ་བྱང་མཚམས་སུ་གཙུག་ལག་ཁང་ཞིག་གི་ནང་དུ་སྤྲེའུ་དག་གི་གཟུགས་བརྙན་སྣང་ངོ་། །

解 1：

完整翻译全文。

解 2：

佛舍利窣堵波及诸遗迹的注释见《大唐西域记校注》（下）590 页。

三、无垢称及宝积故宅

伽蓝东北三里有窣堵波，是毗摩罗诘唐言无垢称，旧曰净名，然净则无垢，名则是称，义虽取同，名乃有异。旧曰维摩诘，讹略也。故宅基趾，多有灵异。去此不远，有一神舍，其状垒砖，传云积石，即无垢称长者现疾说法之处。去此不远有窣堵波，长者子宝积之故宅也。去此不远有窣堵波，是庵没罗女故宅，佛姨母等诸苾刍尼于此证入涅盘。

{༣ དྲི་མེད་གྲགས་པ་དང་རིན་ཆེན་བརྩེགས་ཀྱི་ཁང་ཤུལ།}

གཙུག་ལག་ཁང་དེའི་བྱང་ཤར་མཚམས་སུ་རྒྱང་གྲག་(གྲགས)གསུམ་བཞི་སར་མཆོད་རྟེན་(ཞིག)ཡོད་པ་ནི། ཝི་ཙི་བི་དྲི་མེད་གྲགས་པའི་གནས་རྙིང་ཤུལ་ལོ། །འགའ་ཞིག་དྲི་མེད་གྲགས་པ་ཡིན་ཟེར། ལ་ལས་གཙང་མིང་ཅན་ཟེར་ལ་དྲི་མེད་དང་གཙང་ཞེས་པ་དོན་གཅིག་གོ། མིང་དང་གྲགས་པ་དོན་གཅིག་པས་

འགྱུར་ཁྱད་ཅམ་སོ། །མཆོད་རྟེན་འདི་བྱིན་རླབས་ཀྱི་མངོན་མཚན་ཆེ་བ་ཞིག་གོ །༈ དེ་དང་མི་རིང་བར་རིག་པའི་ལྷ་ཁང་ཞིག་པ་ཡོད་དོ། །དབྱིབས་ཀྱི་མོས་བརྩིགས་པ་འདྲ་བ་དེ་ནི་དྲི་མེད་གྲགས་པ་བསྟན་ཚུལ་བསྟན་པའི་གནས་སོ། །ཡང་དེ་དང་མི་རིང་བར་མཆོད་རྟེན་ཅིག་(ཞིག)ཡོད་པ་ནི། དྲི་མེད་གྲགས་པའི་བུ་རིན་ཆེན་བརྩེགས་ཀྱི་ཁང་ཤུལ་ལོ། །དེ་དང་མི་རིང་བར་མཆོད་རྟེན་ཞིག་ཡོད་པ་ནི་བུ་མོ་ཨ་མྲའི་ཁང་ཤུལ་ལོ། །སྲུ་སྐྱེ་དགུའི་བདག་མོ་སོགས་དགེ་སློང་མ་མང་པོ་མྱ་ངན་ལས་འདས་པའི་གནས་ཡིན་སྐད་དོ། །

解 1：

完整翻译全文。

解 2：

无垢称及宝积故宅的注释见《大唐西域记校注》（下）592 页。

四、庵没罗女园及佛预言涅盘处

伽蓝北三四里有窣堵波，是如来将往拘尸那国入般涅盘，人与非人随从世尊至此伫立。次西北不远有窣堵波，是佛于此最后观吠舍厘城。其南不远有精舍，前建窣堵波，是庵没罗女园，持以施佛。

庵没罗园侧有窣堵波，是如来告涅盘处。佛昔在此告阿难曰："其得四神足者能住寿一劫，如来今者当寿几何？"如是再三，阿难不对，天魔迷惑故也。阿难从坐而起，林中宴默。时魔来请佛曰："如来在世，教化已久，蒙济流转，数如尘沙。寂灭之乐，今其时矣。"世尊以少土置爪上，而告魔曰："地土多耶？爪土多耶？"对曰："地土多也。"佛言："所度者如爪上土，未度者如大地土。却后三月，吾当涅盘。"魔闻欢喜而退。阿难林中忽感异梦，来白佛言："我在林间，梦见大树，枝叶茂盛，荫影蒙密，惊风忽起，摧散无余。将非世尊欲入寂灭？我心怀惧，故来请问！"佛告阿难："吾先告汝，汝为魔蔽，不时请留。魔王劝我早入涅盘，已许之期，斯梦是也。

{༤ སྟོན་པས་བདུད་སྡིག་ཏོ་ཅན་ལ་མྱ་ངན་ལས་འདའ་བར་ཞལ་འཆེ་བའི་གནས།}

གཙུག་ལག་ཁང་དེའི་རྒྱབ་ཕྱོགས་སུ་རྒྱང་གྲག་(གྲགས)གསུམ་བཞི་ཙམ་ན་མཆོད་རྟེན་ཞིག་

ཡོད་པ་ནི། སྔོན་པ་ཀུ་ཤའི་གྲོང་ཁྱེར་དུ་གཤེགས་ཁར་གནས་འདིར་རེ་ཞིག་ཞབས་བཅག་པའི་གནས་སོ། །དེ་དང་མི་རིང་བར་མཆོད་རྟེན་ཅིག་(ཞིག)ཡོད་པ་ནི། སྔོན་པ་ཀུ་ཤའི་གྲོང་ཁྱེར་དུ་གཤེགས་པའི་སྔོན་དུ་དར་ཅིག་བཅགས་སྐེ་ཡངས་པ་ཅན་གྱི་གྲོང་ཁྱེར་གཟིགས་པའི་ཐ་མ་བསྟན་<PL.82>པའི་གནས་སོ། །༑ དེའི་མདུན་ངོས་སུ་ལྷིང་ཁང་ཆེ་བ་ཞིག་དང་མཆོད་རྟེན་ཆེ་བ་ཅིག་(ཞིག)བཅས་ཡོད་པ་ནི། སྔོན་པས་བདུད་སྡིག་ཏོ་ཅན་ལ་མྱ་ངན་ལས་འདའ་བར་ཞལ་འཆེ་བའི་གནས་སོ། །དེའི་ལོ་རྒྱུས་ནི་སྔོན་སྔོན་པ་གནས་དེར་བཞུགས་ཏེ་ཀུན་དགའ་བོ་ཞེས་བོས་ཏེ། གང་དག་རྫུ་འཕྲུལ་གྱི་རྐང་པ་བཞི་ཐོབ་པ་དག་གིས་ཚེ་ལོ་བསྐལ་ཆེན་གཅིག་གི་བར་དུ་འཚོ་ཐུབ་ལ། བདག་ལ་དང་ཚེའི་ལྷག་མ་ཅི་ཙམ་ཞེས་ལན་གསུམ་གྱི་བར་གསུངས་ཀྱང་། ཀུན་དགའ་བོའི་རྣ་བ་བདུད་ཀྱིས་བཀབས་པས་ཅང་མ་གསོལ་ཏོ་(ལོ)དེ་ནས་ཀུན་དགའ་བོ་སྐྱོ་བ་སྐྱེས་ནས་ལངས་སྟེ་ནགས་ཚལ་ཞིག་ཏུ་སྒྲོ་སེམས་སུ་སོང་བའི་བར་དུ་བདུད་སྡིག་ཏོ་ཅན་འོངས་ནས། བཅོམ་ལྡན་འདས་ལ་གསོལ་བ། བཅོམ་ལྡན་འདས་ནི་ལྷ་ལས་ནི་བབས། མངོན་པར་རྫོགས་པ་ནི་སངས་རྒྱས། བདག་ཅག་ཀྱང་བཏུལ། ཆོས་ཀྱི་འཁོར་ལོ་ནི་བསྐོར། སེམས་ཅན་གྲངས་མེད་དཔག་གིས་མི་ལངས་བ་ཡང་བཏུལ་བར་མཛད་མོད་ཀྱིས། ད་དུང་མི་གནས་པའི་མྱང་འདས་ཀྱི་བདེ་བ་ནི་མངོན་དུ་མ་མཛད་དོ། །ད་ནི་དུས་ལ་བབས་སྐབས་བས་མཁྱེན་པར་མཛོད་ཅིག་གསོལ་བ་དང་། སྔོན་པས་ཕྱག་སེན་གྱི་ངོས་སུ་ས་རྡུལ་ཉུང་ངུ་ཙམ་ཞིག་བཟུང་ནས་བདུད་སྡིག་ཅན་ལ་བཀའ་བསྩལ་བ། ས་ཆེན་པོའི་རྡུལ་མང་ངམ་སེན་མོ་འདིའི་ཐོག་གི་རྡུལ་མང་། གསོལ་བ་ས་ཆེན་པོའི་རྡུལ་ཆེས་མང་སྟེ་ཕྱག་སེན་སྟེང་གི་རྡུལ་ཉུང་ངོ་། །བཅོམ་ལྡན་འདས་ཀྱིས་བཀའ་བསྩལ་བ། ངས་བསྟན་པས་དགྲོལ་བའི་སེམས་ཅན་ནི་སེན་མོའི་སྟེང་གི་རྡུལ་དང་མཉམ་ལ། མ་གྲོལ་བའི་སེམས་ཅན་ནི་ས་ཆེན་པོའི་རྡུལ་དང་མཉམ་མོ། །འོན་ཀྱང་ཟླ་བ་གསུམ་ན་མྱ་ངན་ལས་འདའ་བར་བགྱིའོ་ཞེས་ཞལ་གྱིས་བཞེས་སོ། །དེར་ཀུན་དགའ་བོས་དབེན་པའི་ནགས་ཁྲོད་དུ་གནས་བཞིན་གཉིད་དུ་སོང་བ་དང་རྨི་ལམ་ཡང་བ་ཞིག་རྨིས་སོ། །རྨི་ལམ་ན་ལྗོན་ཤིང་ཆེན་པོ་ཞིག་མེ་ཏོག་དང་ལོ་མ་འབྲས་བུ་ཕུན་སུམ་ཚོགས་པས་བརྒྱན་པ་དེའི་གྲིབ་བསིལ་ན་སྐྱེ་བོ་མང་པོ་ངལ་གསོ་བཞིན་གནས་པ་བློ་བུར་དུ་རླུང་དྲག་པོ་ལངས་ནས་ཤིང་དེ་རྩ་བ་ནས་བསྒྱེལ་སྟེ་ཁྱེར་སོང་བ་རྨིས་པས་སད་དེ་སད་ནས་རིངས་པ་རིངས་པར་སྟོན་པའི་མདུན་དུ་འོང་ནས། གསོལ་བ་བཅོམ་ལྡན་འདས་མྱ་ངན་ལས་འདའ་བར་བཞེད་པ་ལགས་སམ་བདག་གིས་རྨི་ལམ་ངན་པ་འདི་ལྟ་བུ་རྨིས་སོ་ཞེས་གསོལ་བ་དང་། བཀའ་བསྩལ་བ། དེ་

ཁོ་ན་ལྟར་ཡིན་ཏེ་ངས་ཁྱོད་ལ་ཡང་ཡང་གསུངས་ཀྱང་ཁྱོད་ཀྱི་ཟ་བ་བདུད་ཀྱིས་བཀབས་པས་མ་ཚོར་རོ། །ད་ལམ་བདུད་སྡིག་ཅན་གྱིས་ང་མྱ་ངན་ལས་འདའ་བར་ནན་གྱིས་གསོལ་བ་བཏབ་པས། ངས་ཟླ་བ་གསུམ་ན་མྱ་ངན་ལས་འདའ་བར་ཞལ་གྱིས་འཆེས་སོ། །ཁྱོད་ཀྱི་རྨི་ལམ་དེ་ནི་དེའི་ལྟས་སོ་ཞེས་གསུངས་སོ། །

解 1：

完整翻译全文。

解 2：

庵没罗女园及佛预言涅盘处的注释见《大唐西域记校注》(下)592 页。

五、千佛本生故事

告涅盘期侧不远有窣堵波，千子见父母处也。昔有仙人隐居岩谷，仲春之月，鼓濯清流，麀鹿随饮，感生女子，姿貌过人，唯脚似鹿。仙人见已，收而养焉。其后命令求火，至余仙庐，足所履地迹有莲花。彼仙见已，深以奇之，令其绕庐，方乃得火。鹿女依命，得火而还。时梵豫王畋游见花，寻迹以求，悦其奇怪，同载而返。相师占言，当生千子。余妇闻之，莫不图计。日月既满，生一莲花，花有千叶，叶坐一子。余妇诬罔，咸称不祥，投殑伽河，随波泛滥。乌耆延王下流游观，见黄云盖乘波而来，取以开视，乃有千子，乳养成立，有大力焉。恃有千子，拓境四方，兵威乘胜，将次此国。时梵豫王闻之，甚怀震惧，兵力不敌，计无所出矣。是时鹿女心知其子，乃谓王曰："今寇戎临境，上下离心，贱妾愚忠，能败强敌。"王未之信也，忧惧良深。鹿女乃升城楼，以待寇至。千子将兵，围城已匝。鹿女告曰："莫为逆事！我是汝母，汝是我子。"千子谓曰："何言之谬？"鹿女手按两乳，流注千岐，天性所感，咸入其口。于是解甲归宗，释兵返族，两国交欢，百姓安乐。

千子归宗侧不远有窣堵波。是如来行经旧迹。指告众曰。昔吾于此归宗见亲。欲知千子即贤劫千佛是也。

{༥ བུ་སྟོང་གིས་ཕ་མ་དང་མཇལ་བའི་གནས།}

གནས་དེ་དང་མི་རིང་བར་མཆོད་རྟེན་ཅིག་(ཞིག)ཡོད་པ་ནི། བུ་སྟོང་གིས་ཕ་མ་དང་མཇལ་བའི་

གནས་སོ། །དེའི་རྒྱུས་ནི། གནའ་དུས་ན་དྲང་སྲོང་རི་ཁྲོད་ན་གནས་པ་ཞིག་གིས་སོས་ཀའི་དུས་སུ་ཆུ་ཀླུང་དྭངས་མོའི་ནང་དུ་ཞུགས་ནས་ལུས་རིལ་པོ་བཀྲུས་ཏེ་དག་པར་བྱས་སོ། །དེ་ན་ཡུ་མོ་ཞིག་གིས་མཐོང་སྙི་ཆགས་སེམས་སྐྱེས་ཤིང་ཆུ་དེ་འཐུང་ངོ་། །དེས་རྐྱེན་བྱས་སྦྱི་སྦྲུམ་པར་གྱུར་པ་ལས་བུ་མོ་མཚན་ལྡན་ཞིག་སྐྱེས་སོ། །བུ་མོ་དེའི་རྐང་པའི་བྱིན་པ་མན་ཆད་ནི་ཤ་བའི་རྐང་པ་འདྲ་བ། དྲང་སྲོང་དེས་བུ་མོ་དེ་<PL.83>བླངས་ནས་ལེགས་པར་བསྐྱངས་ཏེ་ཆེར་སྐྱེས་པ་ན། དེའི་རྐང་པ་བཞག་པའི་རྗེས་ཐམས་ཅད་ལ་མེ་ཏོག་པདྨ་སྐྱེས་པར་གྱུར་ཏོ། །དྲང་སྲོང་དེས་ཚུལ་དེ་མཐོང་ནས་ངོ་མཚར་ཞིང་ལྷག་པར་ལེགས་པར་བསྐྱངས་སོ། །དེའི་དུས་སུ་རྒྱལ་པོ་ཚངས་པ་འཚོ་ཞེས་བྱ་བ་རི་དྭགས་བཤོར་བར་བྱུང་སྟེ་རྐང་རྗེས་ཀྱི་པདྨ་མཐོང་ནས་ཤུལ་རྗེས་འཚོལ་བཞིན་སོང་སྟེ། དྲང་སྲོང་གི་འཇག་སྦྱིལ་ནས་བུ་མོ་དེ་བརྙེད་དེ་མཚན་མཁན་ལ་བསྟན་པས། བུ་རྩལ་ལྡན་སྟོང་ཚང་བ་སྐྱེ་བར་ལུང་བསྟན་ནོ། །མཚན་དང་གཟུགས་བཟང་བས་དགའ་སྟེ་ཁབ་ཏུ་བཞེས་ནས་ཟླ་བ་བཅུ་རྫོགས་པ་ན་མེ་ཏོག་ཁ་མ་ཕྱེ་བ་ཞིག་སྐྱེས་སོ། །དེ་ནས་མེ་ཏོག་ཁ་ཕྱེ་བ་ན་འདབ་མ་སྟོང་ཚང་བ་འདབ་མ་རེ་རེ་ན་བུ་རེ་རེ་འདུག་གོ །དེར་མས་མི་ཤེས་པར་དོགས་ཏེ་ཆུ་བོ་གངྒཱ་ལ་བསྐྱུར་རོ། །དེར་རྒྱལ་པོ་ཨུ་ཏི་ཡ་ན་ཞེས་བྱ་བ་ཀླུང་རྒྱུན་བལྟ་བའི་ཕྱིར་གཟས་ལས་སོང་བ་ན། སྤྲིན་སེར་པོ་གདུགས་འདྲ་བ་ཅིག་(ཞིག)ཟ་ཀློང་ཁེབས་སོ། །དེར་སླེབས་པ་དང་བལྟས་ཅ་ན་བུ་ཕོ་སྟོང་སྣང་ངོ་། །དེ་ནས་རྒྱལ་པོ་དེས་བུ་དེ་དག་ལ་མ་མ་སོ་སོར་གཏད་དེ་ནུ་ཞོ་བསྣུན་ནས་གསོས་སོ། །ཆེར་སྐྱེས་པ་ན་རེ་རེ་བཞིན་རྩལ་སྟོབས་ཆེ་བར་འདུག་པས་ཕྱོགས་ཐམས་ཅད་ཀྱི་སྐྱེ་བོ་ཚང་མས་མི་འཇིགས་པ་མེད་དོ། །རྒྱལ་པོ་ཚངས་པ་འཚོས་འཇིགས་ཤིང་མི་བདེ་བ་ལ་ལན་གཅིག་རྒྱལ་པོ་ཚངས་པ་འཚོའི་གྲོང་སུ་བུ་སྟོང་མིས་དམག་དཔུང་བཏེགས་ཏེ་བྱུང་བས། རྒྱལ་པོ་ཤིན་ཏུ་འཇིགས་ཤིང་ཐབས་རྟུགས་པས་བཙུན་མོ་གསར་པས་སྨྲས་པ། ལྷ་མ་འཇིགས་ཤིག་འདི་དག་ནི་བདག་ཅག་གི་བུ་ཡིན་ནོ་ཞེས་ཞུས་པས་རྒྱལ་པོ་ཡིད་མ་ཆེས་པ་ན། བཙུན་མོས་གྲོང་གི་ཁང་བརྩེགས་ཀྱི་སྟེང་དུ་ཕྱིན་ནས་དེ་དག་ལ་སྨྲས་པ། ལོག་སྤྱོད་མ་བྱེད་ཅིག་ང་ནི་ཁྱེད་རྣམས་ཀྱི་མ་ཡིན་ནོ་ཟེར་བ་ལ། བུ་རྣམས་ཀྱིས་ཅིས་ཤེས་ཟེར་ཞིང་མ་རངས་པའི་ཚུལ་བསྟན་པས། བཙུན་མོས་ནུ་མ་གཉིས་བཏོན་ནས་བཙིར་བས་ནུ་མ་གཉིས་ནས་ནུ་ཞོའི་རྒྱུན་སྟོང་བྱུང་བ་བུ་སོ་སོའི་ཁར་མདའ་འཕངས་པ་བཞིན་བབས་པས་ཚིམས་པར་གྱུར་ཅིང་། འབངས་གཉིས་ཕན་ཚུན་མི་འཐབ་ཅིང་མཛའ་བར་གྱུར་ཏོ། །ཅེས་སྟོན་པས་འཁོར་རྣམས་ལ་བཀའ་བསྩལ་ཞིང་བུ་སྟོང་པོ་དེ་དག་ནི་བསྐལ་བཟང་གི་སངས་རྒྱས་སྟོང་དུ་ལུང་བསྟན་ཏོ། །

解 1：

完整翻译全文。

解 2：

千佛本生故事的注释见《大唐西域记校注》（下）596 页。

六、重阁讲堂及诸圣迹

述本生东有故基，上建窣堵波，光明时烛，祈请或遂，是如来说普门陀罗尼等经，重阁讲堂余趾也。

讲堂侧不远有窣堵波，中有阿难半身舍利。去此不远有数百窣堵波，欲定其数，未有克知，是千独觉入寂灭处。

吠舍厘城内外周隍，圣迹繁多，难以具举。形胜故墟，鱼鳞间峙。岁月骤改，炎凉亟移，林既摧残，池亦枯涸，朽株余迹，其详验焉。

大城西北行五六十里，至大窣堵波，栗呫昌叶反。婆子旧云离车子，讹也。别如来处。如来自吠舍厘城趣拘尸那国，诸栗呫婆子闻佛将入寂灭，相从悲号送。世尊既见哀慕，非言可喻，即以神力化作大河，崖岸深绝，波流迅急。诸栗呫婆悲恸以止，如来留钵，为作追念。

{༦ སྔོན་པའི་རྗེས་ཤུལ།}

གྲོང་ཁྱེར་ཆེན་པོའི་ནུབ་བྱང་ཕྱོགས་སུ་རྒྱང་གྲག་(གྲགས)བཅུ་ཕྲག་ལྔ་དྲུག་ཙམ་གྱི་སར་མཆོད་རྟེན་ཆེན་པོ་ཞིག་ཡོད་པ་ནི། ལི་ཙ་བིའི་རིགས་ཐམས་ཅད་ཀྱིས་བཅོམ་ལྡན་འདས་བསྐྱལ་ནས་སྐྱི་དག་ཆེན་པོ་བྱུང་ཏེ་གཏན་བྲལ་བྱས་པའི་གནས་སོ། །དེར་བཅོམ་ལྡན་འདས་ཀྱིས་ཐུགས་བརྩེ་བ་ཆེན་པོས་ཆུ་ཀླུང་རབ་མེད་པ་ཞིག་སྤྲུལ་ནས། ཆུ་རྒྱུན་སྟེང་དུ་གསོལ་ལྷུང་བཞག་སྟེ་རྒྱུན་ཕྱོགས་སུ་བསྐྱུར་བ་ལི་ཙ་བི་རྣམས་ཀྱིས་དྲན་རྟེན་དུ་འཛོག་པར་མཛད་དོ། །

解 1：

只翻译了“大城西北行五六十里，…………为作追念”一段。

解 2:

重阁讲堂及诸圣迹的注释见《大唐西域记校注》(下) 596 页。

七、故城及大天王本生故事

吠舍厘城西北减二百里，有故城，荒芜岁久，居人旷少，中有窣堵波。是佛在昔为诸菩萨、人、天大众引说本生，修菩萨行，曾于此城为转轮王，号曰摩诃提婆，唐言大天。有七宝应，王四天下，睹衰变之相，体无常之理，冥怀高蹈，忘情大位，舍国出家，染衣修学。

{༢ གྲོང་ཁྱེར་རྙིང་པ་ཞིག་དང་ལྷ་ཆེན་པོའི་སྐྱེ་བའི་ལོ་རྒྱུས།}

ཡངས་པ་ཅན་གྱི་ནུབ་བྱང་མཚམས་ན་རྒྱང་གྲག་(གྲགས)ཉིས་བརྒྱ་ཙམ་ན་གྲོང་ཁྱེར་རྙིང་པ་ཞིག་ཡོད་པར་མི་ཁྱིམ་ཤིན་ཏུ་ཉུང་བའི་ནང་ན་མཆོད་རྟེན་ཞིག་རལ་ཆེ་བ་ཞིག་ཡོད་པ་ནི། སྔོན་པས་སྔོན་གྱི་སྐྱེ་བ་གཅིག་དྲན་དེ་འཁོར་རྣམས་ལ་གསུངས་པའི་གནས་སོ། །དེའི་ལོ་རྒྱུས་ནི་སྔོན་སྔོན་པ་འཚོ་ཞིང་གཞིས་པའི་དུས་གཅིག་ན་འདིར་གདན་བཞམས་པ་ལ་བཞུགས་ནས་ལྷ་མིའི་འཁོར་ཚོགས་རྒྱ་མཚོ་ལ་བཀའ་བསྩལ་བ། ངས་སྔོན་བྱང་ཆུབ་སེམས་དཔའི་<PL.84>སྤྱོད་པ་སྤྱོད་པ་ན་སྐབས་ཅིག་(ཤིག)གྲོང་ཁྱེར་འདིར་གླིང་བཞི་ལ་དབང་བའི་འཁོར་ལོས་བསྒྱུར་བའི་རྒྱལ་པོ་མ་ཧཱ་དེ་བ་སྟེ་ལྷ་ཆེན་པོ་ཞེས་བྱ་བར་སྐྱེ་བ་ན། མི་རྟག་པ་སོགས་འཁོར་བའི་ཆོས་ལ་ཡིད་མངོན་པས་བྱུང་སྟེ་ཁྱིམ་ནས་ཁྱིམ་མེད་པར་རབ་ཏུ་བྱུང་ནས་ངུར་སྨྲིག་གྱོན་ཞིང་སྡེ་སྣོད་གསུམ་ལ་སྦྱངས་སོ་ཞེས་གསུངས་སོ། །

解 1:

完整翻译全文。

解 2:

故城及大天王本生故事的注释见《大唐西域记校注》(下) 596 页。

八、七百贤圣结集

城东南行十四五里，至大窣堵波，是七百贤圣重结集处。佛涅盘后百一十年，吠舍厘城有诸苾刍，远离佛法，谬行戒律。时长老耶舍陀住憍萨罗国，长老三菩伽住秣兔罗国，长老厘波多住韩若国，长老沙罗住吠舍厘国，长老富阇苏弥罗住娑罗梨弗国。诸大罗汉心得自在，持三藏，得三明，有大名称，众所知，。皆是尊者阿难弟子。时耶舍陀遣使告诸贤圣，皆可集吠舍厘城，犹少一人，未满七百。是时富阇苏弥罗以天眼见诸大贤圣集议法事，运神足至法会。时三菩伽于大众中右袒长跪，扬言曰："众无哗，钦哉念哉！昔大圣法王善权寂灭，岁月虽淹，言教尚在。吠舍厘城懈怠苾刍，谬于戒律，有十事出，违十力教。今诸贤者深明持犯，俱承大德阿难指诲，念报佛恩，重宣圣旨。"时诸大圣莫不悲感，即召集诸苾刍，依毘柰耶，诃责制止，削除谬法，宣明圣教。

{༡ བདུན་སངས་རྒྱས་བཅོམ་ལྡན་འདས་ཀྱི་བཀའ་བསྡུ་བར་མཛད་པའི་གནས།}

གྲོང་ཁྱེར་གྱི་ཤར་ལྷོའི་མཚམས་སུ་རྒྱང་གྲག་(གྲགས)བཅུ་ཕྲག་བཞི་ལྔ་ཙམ་གྱི་སར་མཆོད་རྟེན་ཆེན་པོ་ཅིག་ཡོད་པ་ནི། སྟོན་པ་མྱ་ངན་ལས་འདས་ནས་ལོ་བརྒྱད་(བརྒྱ་)དང་བཅུ་ན་གནས་བརྟན་གྲགས་པ་ལ་སོགས་པ་བདུན་སངས་རྒྱས་བཅོམ་ལྡན་འདས་ཀྱི་བཀའ་བསྡུ་བར་མཛད་པའི་གནས་སོ། །དེའི་ལོ་རྒྱུས་ནི། སྟོན་པ་མྱ་ངན་ལས་འདས་ནས་ཡུན་རིང་ལོན་པ་ན། བཙུན་པ་རྣམས་འདུལ་བ་དང་འགལ་ཞིག་བྱུང་བས་དེ་དག་སུན་འབྱིན་པའི་ཕྱིར། དགྲ་བཅོམ་པ་གྲགས་པ་ཀོ་ས་ལ་གནས་བརྟན་སམྦྷོ་ག་པས་ཡུལ་མ་ཐུ་ར་སྟེ་བཅོམ་བརྟག་ན། དགྲ་བཅོམ་པ་ཏེ་བ་ཏ་ཡུལ་སྣ་ཀྐུ་ན། དགྲ་བཅོམ་པ་ཤ་ར་ཡངས་པ་ཅན་ན། དགྲ་བཅོམ་པ་ཟླ་ཙ་སྦྱུ་མི་ཡུལ་ཤ་ར་ལི་ལ་གནས་པ་སོགས་དགྲ་བཅོམ་པ་གཅིག་གིས་མ་ལོང་བ་བདུན་བརྒྱ་ཐམས་ཅད་ཀུན་དགའ་བོའི་སློབ་མ་ཤ་སྐྱག་འདུས་ནས་མི་ཊུང་བའི་གཞི་བཅུ་སུན་ཕྱུང་ངོ་། །

解 1：

翻译了主要内容。

解 2：

七百贤圣结集的注释见《大唐西域记校注》（下）602 页。

九、湿吠多补罗伽蓝

七百贤圣结集南，行八九十里，至湿吠多补罗僧伽蓝，层台轮焕，重阁翚飞。僧众清肃，并学大乘。其傍则有过去四佛坐及经行遗迹之处。其侧窣堵波，无忧王之所建也，如来在昔南趣摩揭陀国北顾吠舍厘城中途止息遗迹之处。

{༩ ཤི་བེ་ཏ་པྲུ་རའི་གཙུག་ལག་ཁང་།}

དེའི་ལྷོ་ཕྱོགས་སུ་རྒྱང་གྲག་(གྲགས)དགུ་བརྒྱད་(བརྒྱད་དགུ)འདངས་པའི་སར། ཤི་བེ་ཏ་པྲུ་རའི་གཙུག་ལག་ཁང་ཞེས་བྱ་བ་སྟེགས་བུ་ཁང་བརྩེགས་རིག་པ་དུ་མས་བརྒྱན་པ་ཞིག་ཡོད་པར་དགེ་འདུན་ཐེག་ཆེན་པ་སྤྱོད་ལམ་ཤིན་ཏུ་གཙང་ལ་དམ་པ་དག་གནས་སོ། །༔ དེའི་ལོགས་ཞིག་ན་འདས་སངས་བཞི་ཀའི་རྗེའི་བཞུགས་ཁྲི་མཛད་ཤུལ་རྣམས་ཡོད་དོ། །༔ དེ་དང་མི་རིང་བར་རྒྱལ་པོ་ཨ་ཤོ་ཀས་བཞེངས་པའི་མཆོད་རྟེན་ཡོད་པ་ནི། སྔོན་སྟོན་པ་ཡུལ་དབུས་མཾ་ཀླ་ཏར་གཤེགས་པ་ན། ལམ་བར་ཡངས་པ་ཅན་ལ་ཕྱི་སྤྱན་གཟིགས་ནས་འཆག་པ་མཛད་པའི་གནས་སོ། །

解 1：

完整翻译全文。

解 2：

湿吠多补罗僧伽蓝的注释见《大唐西域记校注》(下) 605 页。

十、阿难分身寂灭传说

湿吠多补罗伽蓝东南行三十余里，殑伽河南北岸各有一窣堵波，是尊者阿难陀分身与二国处。阿难陀者，如来之从父弟也，多闻总持，博物强识，佛去世后，继大迦叶任持正法，导进学人。在摩揭陀国，于林中经行，见一沙弥讽诵佛经，章句错谬，文字纷乱。阿难闻已，感慕增怀，徐诣其所，提撕指授。沙弥笑曰："大德耄矣，所言谬矣！我师高明，春秋鼎盛，亲承示诲，诚无所误。"阿难默然退而叹曰："我年虽迈，为诸众生，欲久住世，住持正法。然众生垢重，难以诲语。久留无利，可速灭度。"于是去摩揭陀国，趣吠舍厘城，渡殑伽河泛舟中流。摩揭陀王闻阿难去，情深变德，即严戎驾，疾驱追请，数百千众，营军南岸。吠舍厘王闻阿难来，悲喜盈心，亦治军旅，奔驰迎候，数百千众，屯集北岸。两军相对，旌旗翳日。阿难恐斗其兵，更相杀害，从舟中起，上升虚空，示现神变，即入寂灭。化火焚骸，骸又中折。一堕南岸，一堕北岸。于是二王各得一分，举军号恸，俱还本国，起窣堵波，而修供养。

从此东北行五百余里，至弗栗恃国。北人谓三伐恃国。北印度境。

{༧༠ ཀུན་དགའ་བོས་སྐུ་གདུང་ཕྱོགས་གཉིས་སུ་ཕྱེ་བའི་གནས།}

ཤི་བེ་ཏ་སྦུ་རའི་གཙུག་ལག་ཁང་གི་ཤར་ལྷོའི་མཚམས་སུ་རྒྱང་གྲག་(གྲགས)སུམ་ཙམ་སོང་བ་ན། གངྒཱའི་ཀླུང་གི་ལྷོ་བྱང་འགྲམ་དང་ལྷོ་འགྲམ་གཉིས་ཀར་ཉེ་བར་མཆོད་རྟེན་རེ་རེ་ཡོད་པ་ནི། ཀུན་དགའ་བོས་སྐུ་གདུང་ཕྱོགས་གཉིས་སུ་ཕྱེ་བའི་གནས་སོ། །དེའི་ལོ་རྒྱུས་ནི། སྟོན་པ་མྱ་ངན་ལས་འདས་འོད་སྲུང་ཆེན་པོས་གནས་བརྟན་མཛད་སྐབས་ཀུན་དགའ་བོས་དགྲ་བཅོམ་ཐོབ། འོད་སྲུང་ཆེན་པོ་འདས་རྗེས་འཕགས་པ་ཀུན་དགའ་བོས་བསྟན་པ་བསྐྱངས་ཏེ། མ་ག་ཏར་གནས་པ་ལ་ནགས་གསེབ་ཞིག་ཏུ་བཞུགས་འཆག་མཛད་པར། བཙུན་པར་གསར་བུ་པ་ཞིག་གིས་མདོ་སྡེའི་ཚིག་ལོག་པར་འདོན་པ་གསན་ནས། འཕགས་པ་དེ་དང་ཉེ་བར་ཕྱིན་ཏེ་སེ་གོལ་གཏོགས་ཏེ་ཚིག་ལོག་པ་ཡང་དག་པར་བཅོས་པས། གསར་བུ་པ་མ་རངས་ནས་འཕགས་པ་རྒས་པས་འཁྲུལ་བ་ལགས་སམ་ཟེར་བས། ཐུགས་སུན་ནས་ཡངས་པ་ཅན་དུ་ཆས་པས་མ་ག་ཏའི་རྒྱལ་པོས་ཐོས་ནས་དཔུང་བཏེགས་ནས་ཕྱིར་སྤྱན་འདྲེན་པར་བསླེགས་སོ། །ཡངས་པ་ཅན་གྱི་རྒྱལ་པོས་ཀྱང་དཔུང་བཏེགས་ནས་བསུ་བར་ཐོན་ནོ། །འཕགས་པ་གྲུ་ལ་ཞུགས་སྟེ་ཕེབས་པ་ན། གངྒཱའི་འགྲམ་ལོགས་གཉིས་ན་རྒྱལ་པོ་གཉིས་ཀྱི་དམག་མི་བརྒྱ་སྟོང་དུ་མས་རྒྱལ་མཚན་དང་བ་དན་དུ་མཆོན་བསྒྲེངས་པས་བར་སྣང་འགེབ་པ་ཙམ་དང་། རོལ་མོའི་སྒྲས་ས་གཡོ་བ་ཙམ་སྒྲོགས་པས། <PL.85>འཕགས་པས་འཐབ་བརྩོད་བསྐྱེད་དགོས། གྲུ་ནས་ནམ་མཁར་འཕགས་ཏེ་རྫུ་འཕྲུལ་བཅོ་བརྒྱད་བསྟན་ཏེ་བསམ་གཏན་གྱི་མེས་ལྷག་མེད་དུ་སྦྱངས་པས། རིང་བསྲེལ་ཆ་གཉིས་སུ་གྱུར་ནས་གངྒཱའི་འགྲམ་གཉིས་སུ་ལྷུང་བ་ཕྱོགས་རེའི་རྒྱལ་པོས་རང་རང་གི་ཡུལ་ཕྱོགས་སུ་མཆོད་རྟེན་བརྩིགས་ཟེར་རོ། །

解 1：

完整翻译全文。

解 2：

阿难分身寂灭传说的注释见《大唐西域记校注》（下）607 页。

弗栗恃国

弗栗恃国周四千余里，东西长，南北狭。土地膏腴，花果茂盛。气序微寒，人性躁急。多敬外道，少信佛法。伽蓝十余所，僧徒减千人，大小二乘兼功通学。天祠数十，外道寔众。国大都城号占戍挐，多已颓毁。故宫城中尚有三千余家，若村若邑也。大河东北有伽蓝，僧徒寡少，学业清高。

{བྲྀ་རི་ཤིའི་ཡུལ།}

དེ་ནས་བྱང་ཤར་མཚམས་སུ་རྒྱང་གྲག་(གྲགས)ལྔ་བརྒྱ་ལྷག་ཙམ་ཕྱིན་པ་ན་བྲྀ་རི་ཤིའི་ཡུལ་ལོ། །(此处没有标编码，应该是༢)དེའི་རྒྱར་རྒྱང་གྲག་(གྲགས)བཞི་སྟོང་ལྷག་ཤར་ནུབ་ཡངས་ལྷོ་བྱང་དོགས་(དོག)པ། ས་གཞི་བསིལ་དྲོད་སྙོམས་ལ་ཨེན་ཙམ་བསིལ་ཤས་ཆེ་བ། གཤིན་པ་མེ་ཏོག་དང་ཤིང་ཏོག་གི་རིགས་ཡོད་པ། འབྲུ་སྣ་ཚོགས་ཅི་ཡང་སྐྱེད་ཏུང་བ། མིའི་རང་བཞིན་རྩལ་ཆེ་ལ་ཧ་ལམ་གཏུམ་པ། ཕལ་ཆེར་ཕྱི་པར་དགའ། ནང་པའི་ཕྱོགས་སུ་མོས་པ་ཆུང་གཙུག་ལག་ཁང་བཅུ་ལྷག་ཙམ་ལ་དགེ་འདུན་སྟོང་ཕྲག་གཅིག་ཙམ་གནས་ཐེག་པ་ཆེ་ཆུང་འདྲེས་མར་སྤྱོད་པ། ཕྱི་པའི་ལྷ་ཁང་བཅུ་ཕྲག་དུ་མར་ཕྱི་རོལ་པ་ཆེས་མང་པོ་གནས་སོ། །དབུས་ཀྱི་མཁར་ཆེན་གྱི་མིང་ལ་ཏན་ཞུ་ན་ཐ་[ནྣ་ཐ་པུ་རི་ཟེར་འབྲས་བཀྲོང་(ལྗོངས)ལ་ཉེ]ཟེར་རོ་ཞིག་རལ་ཆེ་ཞིང་མི་ཁྱིམ་སུམ་སྟོང་ལྷག་ཡོད་པ་གྲོང་མ་ལྗོངས་ཤིག་གོ །༈ ཆུ་ཀླུང་ཆེན་པོའི་བྱང་ཤར་མཚམས་སུ་གཙུག་ལག་ཁང་ཞིག་ལ་དགེ་འདུན་ཉུང་ཙམ་བཞུགས་ཀྱང་སྤྱོད་ལམ་གཙང་ཞིང་འདུལ་ཁྲིམས་ནི་དམ་པོ་ཡོད་དོ། །

解 1：

（1）完整翻译全文。

（2）批注意为都城为“纳达布日，与锡金接壤”。

（3）第一句是前一个国家的最后一句“从此东北行五百余里，至弗栗恃国。北人谓三伐恃国。北印度境”。小字“北印度境”没有翻译，因不影响全文的含义，故省略了。

解 2：

弗栗恃国　梵　Vrji（今印度达尔般迦县）

一、化度渔人处及诸遗迹

从此西行，依河之滨有窣堵波，高余三丈，南带长流，大悲世尊度渔人处也。越在佛世，五百渔人结畴附党，渔捕水族，于此河流得一大鱼，有十八头，头各两眼。诸渔人方欲害之，如来在吠舍厘国，天眼见，兴悲心，乘其时而化导，因其机而启悟，告诸大乘："弗栗恃国有大鱼，我欲导之，以悟诸渔人。尔宜知时。"于是大众围绕，神足凌虚，至于河滨，如常敷座。遂告诸渔人："尔勿杀鱼！"以神通力，开方便门，威被大鱼，令知宿命，能作人语，贯解人情。尔时如来知而故问："汝在前身，曾作何罪？流转恶趣，受此弊身。"鱼曰："昔承福庆，生自豪族，大婆罗门劫比他者，我身是也。恃其族姓，凌蔑人伦，恃其博物，鄙贱经法。以轻慢心，毁讟诸佛；以丑恶语，詈辱众僧。引类形比，谓若驼、驴、象、马诸丑形对。由此恶业，受此弊身。尚资宿善，生遭佛世，目睹圣化，亲承圣教，因而忏谢，悔先作业。"如来随机摄化，如应开导。鱼既闻法，于是命终，承兹福力，上生天宫。于是自观其身，何缘生此，既知宿命，念报佛恩，与诸天众肩随戾止，前礼既毕，右绕退立，以天宝香华用供养。世尊指告渔人，为说妙法，于即感悟，输诚礼忏，裂网焚舟，归真受法。既服染衣，又闻至教，皆出尘垢，俱证圣果。

度渔人东北行百余里，故城西有窣堵波，无忧王所建，高百余尺，是佛在昔于此六月说法度诸天人。此北百四五十步，有小窣堵波，如来昔于此处为诸苾刍制戒。次西不远，有如来发爪窣堵波，如来昔于此处，近远邑人相趋辐凑，焚香散花，灯炬不绝。

从此西北千四五百里，踰山入谷，至尼波罗国。中印度境。

{༡ ཉ་དང་ཉ་པའི་ཚོགས་བཏུལ་བའི་གནས་དང་རྗེས་ཤུལ་གཞན་གྱི་སྐོར།}

དེ་ནས་ནུབ་ཏུ་[ཡིད་འོང་ལྡན་]ཀླུང་འགྲམ་ན་མཆོད་རྟེན་སྲིད་དུ་འདོམ་དྲུག་ལྷག་ཡོད་པ་ནི། སྟོན་པ་ཐུགས་རྗེ་ཆེན་པོ་དང་ལྡན་པས་ཉ་དང་ཉ་པའི་ཚོགས་བཏུལ་བའི་གནས་སོ། །དེའི་ལོ་རྒྱུས་ནི། སྔོན་སྟོན་པ་བཞུགས་པའི་སྐབས་ཅིག་(ཞིག)ན་ཉ་པའི་ཚོགས་ཀྱིས་རྒྱ་བརྒྱངས་ཏེ་ཉ་ཆེན་པོ་གཅིག་

བཟུང་བར་གྱུར་ཏོ། །ཉ་དེ་ལ་མགོ་བརྙན་སྣ་ཚོགས་པ་མི་འདྲ་བ་བ་བརྒྱད་མགོ་བོ་རེ་རེ་ལ་མིག་ཟུང་རེ་ཡོད་པ་ཉ་པ་ལྔ་བརྒྱས་གསོད་པར་བརྩམས་པར་བྱས་ན། སྟོན་པས་ཡངས་པ་ཅན་ནས་འཁོར་བཅས་ནམ་མཁར་འཕགས་ཏེ་དེར་གཤེགས་ནས་སྲོག་བསྐྱབས་ཕྱིར་གསོད་པ་བཀག་ཏེ། ཉ་པོ་ཆེ་ལ་བཀའ་བསྩལ་བ། ཁྱོད་ཀྱིས་སྐྱེ་བ་སྔ་མས་གནས་ཚུལ་གྱི་རྒྱུ་འབྲས་སྨྲོས་ཤིག་གསུངས་པས། ཉ་པོ་ཆེས་མིའི་སྐད་དུ་གསོལ་བ། བཅོམ་ལྡན་འདས་སྐྱབས་སུ་མཆིའོ་མཁྱེན་པར་མཛོད་ཅིག་བདག་སྐྱེ་བ་སྔ་མར་བྲམ་ཟེ་ཆེན་པོ་ཞིག་ལགས་ཏེ་རིག་པ་དང་ལྡན་ཞིང་རིགས་རུས་ཡོངས་སྤྱོད་ཀྱིས་བརླིམས་པས་འཕགས་པའི་དགེ་འདུན་ལ་བསྐུར་བ་བཏབས་པས་དུད་འགྲོ་མི་འདྲ་བ་འདི་དང་འདི་འདྲ་བའི་མགོ་བརྙན་ཅན་ཞེས་གཤིས་ཤིང་སྨོད་པའི་རྣམ་སྨིན་གྱིས། ད་ལྟ་ཛ་མོ་བོང་བུ་སླང་པོ་ཆེ་རྟ་ལ་སོགས་པ་དུད་འགྲོ་མི་འདྲ་བའི་མགོ་བཅོ་བརྒྱད་ཡོད་པའི་ཉ་ཆེན་པོར་སྐྱེ་བ་ཡིན་ལ། སྐྱེ་བ་གཞན་དག་ལ་དགེ་བའི་རྩ་བ་བསྐྱེད་པ་དང་སྐྱེ་བ་སྔ་མ་དེ་ཉིད་ལ་བསགས་པའི་རྣམ་སྨིན་ལ་འཇིགས་ཏེ་འགྱོད་པ་སྐྱེས་སྟེ་བཤགས་བསྡམ་ཅུང་ཟད་བྱས་པའི་མཐུས་ད་ལྟར་བཅོམ་ལྡན་འདས་ཀྱི་ཞལ་མཐོང་བ་ཡིན་ནོ། །ཞེས་གསོལ་བས། སྟོན་པས་ཉ་དང་ཉ་པའི་བློ་དང་འཚམས་པའི་ཆོས་བསྟན་ཅིང་བྱིན་གྱིས་བརླབས་པས། ཉ་ཆེན་པོ་དེ་དེ་ཉིད་དུ་ཚེ་འཕོས་ཏེ་སུམ་ཅུ་རྩ་གསུམ་པའི་ལྷར་སྐྱེས་སོ། །ཉ་པ་དེ་དག་ཀྱང་ཆོས་ཀྱིས་ཚིམ་ཏེ་རྒྱུད་གྲོལ་ཁྱིམ་ནས་ཁྱིམ་མེད་པར་རབ་ཏུ་བྱུང་ནས་བདེན་པ་མཐོང་ངོ་། །དེ་ནས་དེ་དག་གིས་ཉ་རྒྱ་བགྲོལ་ནས་བཤིགས་གྲུ་ཡང་མེར་བསྲེགས་སོ། །ཉ་ཆེན་པོ་ལྷར་སྐྱེས་པ་དེ་ཡང་ལྷའི་བུའི་ཚོགས་མང་པོའི་འཁོར་གྱིས་བསྐོར་ནས་འོངས་ཏེ། བཅོམ་<PL.86>ལྡན་འདས་ལ་ཕྱག་སྐོར་དང་མཆོད་པ་སྣ་ཚོགས་འབུལ་ཞིང་དྲིན་བཟོ་བའི་ཚུལ་བྱས་སོ། །༈ དེ་ནས་བྱང་ཤར་མཚམས་སུ་ལེ་བརྒྱ་ལྷག་ཙམ་སོང་བ་ན་གྲོང་ཁྱེར་རྙིང་པ་ཞིག་དང་། [ནམ་སྐམ་ཙི་རནྡྷ་པུ་རི་ཡིན]དེའི་ཡང་ནུབ་ཕྱོགས་སུ་རྒྱལ་པོ་མྱ་ངན་མེད་ཀྱིས་བཞེངས་པའི་མཆོད་རྟེན་ཞིག་ཡོད་པ་ནི། སྟོན་པས་ཟླ་བ་དྲུག་བཞུགས་ཏེ་ལྷ་དང་མི་ལ་ཆོས་བསྟན་པའི་གནས་སོ། །༈ དེ་ནས་བྱང་ཕྱོགས་སུ་གོམ་པ་བཙུ་ཕྲག་བཞི་ལྔ་ཙམ་གྱི་སར་མཆོད་རྟེན་ཆུང་དུ་ཞིག་ཡོད་པ་ནི། སྔོན་སྟོན་པ་ཞལ་བཞུགས་པའི་དུས་སུ་དགེ་སློང་རྣམས་ལ་བསླབ་གཞི་བཅའ་བའི་གནས་སོ། །༈ དེའི་གཡས་ངོས་སུ་མི་རིང་བའི་སར་སྟོན་པའི་དབུ་ལོ་དང་ཕྱག་སེན་བཞུགས་པའི་མཆོད་རྟེན་ཡོད་དོ། །དེ་ནི་སྟོན་པ་ཞལ་བཞུགས་པའི་དུས་ནས་བཟུང་ས་ཕྱོགས་ཉེ་བ་དང་རིང་བ་ནས་སྐྱེས་པོ་མང་པོ་ལམ་གྱི་དཀའ་ཚེགས་ལ་མ་འཇིགས་པར་འོངས་ནས་འཁོར་ལོ་འཁོར་བ་བཞིན་དུ་རྒྱུན་མ་ཆད་པར་

ཕྱུག་བསྐོར་མཆོད་པ་བྱེད་པ་ཞིག་གོ །

解 1：

（1）完整翻译全文。

（2）批注 1 西行的河滨叫“意翁旦”。

（3）批注 2 意为故城叫“南木根资然布日”。

解 2：

化度渔人处及诸遗迹的注释见《大唐西域记校注》（下）611 页。

尼波罗国

尼波罗国周四千余里，在雪山中。国大都城周二十余里，山川连属。宜谷稼，多花果。出赤铜，牦牛、命命鸟。货用赤铜钱。气序寒烈，风俗险诐，人性刚犷，信义轻薄。无学艺，有工巧。形貌丑弊，邪正兼信。伽蓝、天祠，接堵连隅。僧徒二千余人，大小二乘，兼功综习。外道异学，其数不详。

一、光胄王制声明论

王刹帝利栗呫婆种也，志学清高，纯信佛法。近代有王，号鸯输伐摩，唐言光胄。硕学聪叡，自制《声明论》，重学敬德，遐迩着闻。

二、小水池

都城东南有小水池，以人火投之，水即焰起。更投余物，亦变为火。

从此复还吠舍厘国，南渡殑伽河，至摩揭陀国。旧曰摩伽陀，又曰摩竭提，皆讹也。中印度境。

{ནེ་བ་ལའི་ཡུལ།}

དེ་ནས་ནུབ་བྱང་མཚམས་སུ་རྒྱང་གྲག་(གྲགས)ཅིག་སྟོང་བརྒྱ་ཕྲག་བཞི་ལྔ་ཙམ་ཕྱིན་པ་ན་ལ་[བ་ཕེ་དི་]ཆེན་པོ་ཞིག་ཡོད་པ་བརྒལ་ནས་རི་སུལ་ཞིག་ཏུ་སླེབས་པ་ན་ནེ་བ་ལ་ཙ ☆ སྣེ་བལ་པོའི་ཡུལ་

ལོ། །དེའི་མཐའ་གྲུར་རྒྱང་གྲག་(གྲགས)སྟོང་ཕྲག་བཞི་ལྷག་ཙམ་གངས་རིའི་ཁོངས་སུ་གནས་ཏེ། ལྗེ་བའི་མཁར་[ཡམ་བུ་]ཆེན་པོའི་མཐའ་སྐོར་དུ་རྒྱང་གྲག་(གྲགས)ཉི་ཤུ་ཙམ་ཡོད་པ། རི་ཐང་འདྲེས་མ་ས་གཤིན་པ་ཤིང་ཏོག་སྣ་ཚོགས་སྐྱེས་ཤིང་འབྲུ་སྣ་ཚོགས་པ་འདེབས་སོ། །གཡག་དང་ཤང་ཤང་མང་ཞིང་དང་ཟངས་འབྱུང་ངོ་། །ཟོངས་ལ་ཟངས་ཏམ་བཀོལ་བ། མིའི་རང་བཞིན་རྩལ་ཕོད་ཆེ་ཞིང་ཙུང་རྩུབ་པ། ནམ་དབུགས་ཉོ་ཡང་ཙུང་བསིལ་བ་བློ་ཡང་ལ་བཟོ་རིགས་ལ་མཁས་པ། བྱད་གཟུགས་ངན་ཤས་ཆེ་བ། ཕྱི་པ་ནང་པ་གཉིས་ཀར་དད་མོས་སློམས་པ། གཙུག་ལག་ཁང་དང་ཕྱི་པའི་ལྷ་ཁང་ཕན་ཚུན་དུ་འབྲེལ་མར་གནས་སོ། །དགེ་འདུན་ཁྲིན་སྟོམ་ཉིས་སྟོང་ལྷག་པ་ཐེག་པ་ཆེ་ཆུང་གཉིས་ལ་མཉམ་པར་སྤྱོད་པ། ཕྱི་པ་དང་ཐ་སྙད་རིག་པའི་གྲངས་ཞིབ་ཏུ་མ་ངེས་སོ། །རྒྱལ་པོ་ནི་རྒྱལ་རིགས་རི་རྫི་བའི་གདུང་བརྒྱུད་དོ། །མཁྱེན་པ་རྒྱ་ཆེ་བ་མིང་ལ་ཨཾ་ཤུ་བརྨ་ཞེས་བྱ་སྟེ་འོད་ཟེར་གོ་ཆ་ཟེར་རོ། །དཀོན་མཆོག་ལ་དད་པ་ཆེ་ཞིང་རིག་གནས་ཐམས་ཅད་ལ་མཁས་སོ། །ལྗེ་བའི་མཁར་ཆེན་གྱི་ཤར་ལྷོར་མཚོ་རྫིང་ཆུང་ངུ་ཞིག་ཡོད་པར་མེ་གཏོར་ན་ཆུ་དེ་མེ་རུ་འབར་ཞིང་དངོས་པོ་གཞན་དོར་ཀྱང་མེར་འགྱུར་སྐད་དོ། །

解 1:

（1）三段内容合并翻译全文。

（2）批注意为都城叫“雅姆布”。

（3）第一句是前一个国家的最后一句“从此西北千四五百里，踰山入谷，至尼波罗国。中印度境。”小字“中印度境”没有翻译，因不影响全文的含义，故省略了。

（4）两个小故事的的注释见《大唐西域记校注》（下）614—618 页。

解 2:

尼波罗国　梵　Nepāla（今尼泊尔加德满都地区）

卷第八（一国）

摩揭陁国上

摩揭陁国 上

摩揭陁国周五千余里，城少居人，邑多编户。地沃壤，滋稼穑，有异稻种，其粒粗大，香味殊越，光色特甚，彼俗谓之供大人米。土地垫湿，邑居高原。孟夏之后，仲秋之前，平居流水，可以泛舟。风俗淳质，气序温暑。崇重志学，遵敬佛法。伽蓝五十余所，僧徒万有余人，并多宗习大乘法教。天祠数十，异道寔多。

{ས་བཅད་བརྒྱད་པ། ཡུལ་གཅིག}

{མཾ་ཀླ་ཏ་ཡུལ།(སྟོད།)}

འདི་ནས་ཡོག་སྟེ་ཡངས་པ་ཅན་བརྒྱུད་གཏླ་བརྒལ་བ་ན་ཡུལ་མཾ་ཀླ་ཏ་༄ ☆ སྡེ་དབུས་འགྱུར་འཆང་ངོ། །ཡུལ་མཾ་ཀླ་ཏ་ཐ་གྲུ་རྒྱང་གྲག་(གྲགས)ལྔ་སྟོང་ལྷག་ལ་གྲོང་ཁྱེར་ཉུང་ཞིང་། ལྗོངས་མང་བ་ནམ་དབུགས་བསིལ་ཐྲོད་སྐྱོམས་ལ་ཐྲོད་ཤས་ཚུང་ཆེ་བ། ས་གཞི་དམའ་ཞིང་གཤེར་བ། སྐང་མཐོ་བ་རྣམས་སུ་ལྗོངས་བཏབ་པ། དབྱར་ཟླ་ར་བ་ནས་སྟོན་ཟླ་འབྲིང་པོའི་བར་ཆར་བ་ཆེ་པས་ཐང་སྐམ་ལ་ཡང་གྲུ་གཟིངས་ཀྱིས་བགྲོད་དགོས་པ། འབྲུ་སྣ་ཚོགས་འདེབས་ཏུང་ཡང་གཙོ་ཆེ་བ་ནི་འབྲས་དཀར་ཡིན་ཏེ་དེ་ནི་ཡུལ་གཞན་ན་མེད་པ་དྲི་ཞིམ་པ་ཁ་དོག་དཀར་ལ་འཚེར་བ། འབྲུ་རྡོག་ཆེ་བ་མིང་ལ་མི་ཆེན་ཞལ་ཟས་སུ་གྲགས་སོ། །མིའི་རང་བཞིན་དྲང་ལ་སྤྱོད་པ་དཀོན་མཆོག་ལ་དད་འདུན་ཆེ་བ་སློབ་པ་ལ་མོས་པ། གཙུག་ལག་ཁང་ལྔ་བཅུ་ལྷག་ལ་དགེ་འདུན་གྲངས་སྟོམ་ཁྲི་ཕྲག་ལྷག་གནས་པ་ཐེག་ཆེན་པོ་ན་ལ་སྤྱོད་དོ། །ཕྱི་པའི་<PL.87>ལྷ་ཁང་བཅུ་ཕྲག་དུ་མ་ཡོད་པར་ཕྱི་པའི་རིགས་མང་དག་ཅི་རིགས་པར་གནས་སོ། །

解 1：

（1）完整翻译全文。

（2）第一句是前一个国家的最后一句“从此复还吠舍厘国，南渡殑伽河，至摩揭陀国。旧曰摩伽陀，又曰摩竭提，皆讹也。中印度境”。小字“旧曰摩伽陀，又曰摩竭提，皆讹也。中印度境”没有翻译，因不影响全文的含义，故省略了。

解 2：

摩揭陀国（上）梵　Magadha（今印度比哈尔邦巴特那地方）

一、波吒厘子城及传说

殑伽河南有故城，周七十余里，荒芜虽久，基址尚在。昔者人寿无量岁时，号拘苏摩补罗城。唐言香花宫城。王宫多花，故以名焉。逮乎人寿数千岁，更名波吒厘子城。旧曰巴连弗邑，讹也。

初有婆罗门，高才博学，门人数千，传以受业。诸学徒相从游观，有一书生徘徊怅望，同俦谓曰：“夫何忧乎？”曰：“盛色方刚，羁游履影，岁月已积，艺业无成。顾此为言，忧心弥剧！”于是学徒戏言之曰：“今将子求娉婚亲。”乃假立二人为男父母，二人为女父母，遂坐波吒厘树，谓女声树也，采时果，酌清流，陈婚姻之绪，请好合之期。时假女父攀花枝心授书生曰：“斯嘉偶也，幸无辞焉！”书生之心欣然自得，日暮言归，怀恋而止。学徒曰：“前言戏耳，幸可同归。林中猛兽恐相残害。”书生遂留，往来树侧，景夕之后，异光烛野，管弦清雅，帷帐陈列。俄见老翁策杖来慰，复有一妪携引少女，并宾从盈路，袨服奏乐。翁乃指少女曰：“此君之弱室也。”酣歌乐宴，经七日焉。学徒疑为兽害，往而来之，乃见独坐树阴，若对上客。告与同归，辞不从命。后自入城，拜谒亲故，说其始末。闻者惊骇，与诸友人同往林中，咸见花树是一大第，僮仆役使，驱驰往来，而彼老翁从容接对，陈馔奏乐，宾主礼备。诸友还城，具告远近。期岁之后，生一子男，谓其妻曰：“吾今欲归，未忍离阻。适复留止，栖寄飘露。”其妻既闻，具以白父，翁谓书生曰：“人生行乐，讵必故乡？今将筑室，宜无异志。”于是役使之徒，功成不日，香花旧城迁都此邑。由彼子故，神为筑城，自尔之后，因名波吒厘子城焉。

{༡ ཟྷཛྷ[?]་རིའི་བུའི་གྲོང་ཁྱེར་དང་དེའི་ལོ་རྒྱུས།}

གནྜའི་ལྷོ་ངོས་སུ་[པཏ་ལི་པུཏ་དང་སད་པཏ་ན[?]་ཟེར།]གྲོང་ཁྱེར་སོག་པོ་ཁོར་ཡུག་ཏུ་རྒྱང་གྲག་(གྲགས)བདུན་བཅུ་ཙམ་ཅིག་ཡོད་པ་ཞིག་རལ་ཤིན་ཏུ་ཆེ་ཡང་རྨང་གཞི་ནི་ད་དུང་སྣང་ངོ་། །དེ་ནི་གནའ་དུས་ཚེ་ལོ་དཔག་ཏུ་མེད་པའི་དུས་ཀྱི་གྲོང་ཁྱེར་ཀུ་སུ་མ་བུ་ར་སྟེ་མེ་ཏོག་གི་གྲོང་ཁྱེར་རོ། །རྒྱལ་པོ་དེའི་སྐྱིད་སོས་ཚལ་ན་མེ་ཏོག་རིགས་སྣ་ཚོགས་པ་ཆེས་གང་བ་ཡོད་པས་མིང་དེ་ལྟར་དུ་ཆགས་ཟེར་རོ། །ཚེ་ལོ་སྟོང་ཕྲག་ཏུ་མའི་དུས་སུ་མིང་ལ་ཟྷཛྷ[?]་རིའི་བུའི་གྲོང་ཁྱེར་ཞེས་བཏགས་སོ། །དེའི་ལོ་རྒྱུས་ནི། གནའ་དུས་དེར་བྲམ་ཟེ་ཤེས་བ་ཆེ་ཤིང་མང་དུ་ཐོས་པ་ཅིག་ཡོད་པ་ལ་སློབ་མ་རིག་བྱེད་སློབ་མཁན་སྟོང་ཕྲག་ཏུ་མ་ཡོད་ཅིང་། ཉིན་ཅིག་དེའི་སློབ་མར་གྱུར་བའི་གཞོན་ནུ་ཞིག་བློ་བོ་རྣམས་དང་ལྷན་དུ་དགའ་འདུན་པར་འགྲོ་སྐབས་གཞོན་ནུས་ཨ་རེ་སྡུག་ཟེར་རོ། །བློ་བོ་རྣམས་ཀྱིས་དྲིས་ཙ་ན་ཚོད་དར་ལ་བབས་ཀྱང་མི་རིང་བར་ཚེ་ཡོལ། སློབ་གཉེར་ལ་རྩལ་མ་ཐོན་པར་ཐ་བ་ཡོང་ཟེར་བའི་ཚིག་ཡིན་ནོ། །གཞོན་ནུ་དེས་རྩེད་མོས་མི་གཉིས་ལ་ཁྱོས་ཕོ་ཁྱོས་མོ་བཅོལ། ཡང་མི་གཉིས་ལ་སྐྱུག་པོ་སྐྱུག་མོ་བཅོལ། གཞོན་ནུ་རང་ལ་མག་པར་བོས་ཏེ། ཤིང་ཟྷཛྷ[?]་རི་ལ་ཁོང་རང་གི་ཕར་འབོད་པའི་རྐྱེན་གྱིས་ཤིང་ཟྷཛྷ[?]་རིའི་ལྷའི་རྫུ་འཕྲུལ་གྱིས་གྲོང་ཁྱེར་དེ་གསར་པར་བསྐྲུར་ནས་མག་པ་ལ་བྱིན་པས། དུས་དེ་ནས་བཟུང་ཟྷཛྷ[?]་རིའི་བུའི་གྲོང་ཁྱེར་དུ་གྲགས་ཟེར་རོ། །

解 1:

（1）只翻译了主要内容。

（2）批注意为故城称“塞巴纳”。

解 2:

波咤厘子城及传说的注释见《大唐西域记校注》(下) 623 页。

二、无忧王地狱处

王故宫北有石柱，高数十尺，是无忧王作地狱处。释迦如来涅盘之后第一百年，有阿输迦唐言无忧，旧曰阿育，讹也。王者，频毘婆罗唐言影坚。旧曰频婆娑，讹也。王之曾孙也，自王舍城迁都波咤厘，重筑外郭，周于故城，年代浸远，唯余故基。伽蓝、天祠及窣堵波，余址数百，存者二三。唯故宫北临殑伽河小城中有千余家。

初，无忧王嗣位之后，举措苛暴，乃立地狱，作害生灵。周垣峻峙，隅楼特起，猛焰洪炉，铦锋利刃，备诸苦具，拟像幽涂。招募凶人，立为狱主。初以国中犯法罪人，无挍轻重，总入涂炭。后以行经狱次，擒以诛戮，至者皆死，遂灭口焉。时有沙门初入法众，巡里乞食，遇至狱门，狱吏凶人擒欲残害。沙门惶怖，请得礼忏。俄见一人缚来入狱，斩截手足，磔裂形骸，俯仰之间，支体糜散。沙门见已，深增悲悼，成无常观，证无学果。狱卒曰："可以死矣。"沙门即证圣果，心夷生死，虽入镬汤，若在清池，有大莲花而为之座。狱主惊骇，驰使白王。王遂躬观，深赞灵佑。狱主曰："大王当死。"王曰："何？"对曰："王先垂命，令监刑狱，凡至狱垣，皆从杀害。不云王入而独免死。"王曰："法已一定，理无再变。我先垂令，岂除汝身。汝久滥生，我之咎也。"即命狱卒投之洪炉。狱主既死，王乃得出，于是颓墙堙堑，废狱宽刑。

{༢ རྒྱལ་པོ་མྱ་ངན་མེད་ཀྱིས་བཙོན་ར་བྱས་པའི་གནས།}

དཀྱིལ་མཁར་གྱི་རྒྱལ་པོའི་ཁབ་རྙིང་པའི་བྱང་ངོས་ན་ཨ་ཤོ་ཀའི་བྱས་པའི་རྫོའི་ཀ་བ་སྲིད་དུ་ཁྲུ་བཅུ་ཕྲག་ཡོད་པ་ནི། རྒྱལ་པོ་མྱ་ངན་མེད་ཀྱིས་བཙོན་ར་བྱས་པའི་གནས་སོ། །༈ སྟོན་པ་མྱ་ངན་ལས་འདས་ནས་ལོ་བརྒྱ་ན་རྒྱལ་པོ་ཨ་ཤོ་ཀ་སྟེ་མྱ་ངན་མེད་ཅེས་བྱ་བ་བྱུང་སྟེ། དེ་ནི་རྒྱལ་པོ་གཟུགས་ཅན་སྙིང་པོའི་ཡང་ཚ་ཡིན་ཏེ་རྒྱལ་པོའི་ཁབ་ནས་སྤོས་སྟེ་ཀྵཏྲ་རིའི་རིགས་ཀྱི་གྲོང་ཁྱེར་གྱི་ཕྱི་རོལ་ཏུ་མཁར་རིམ་པ་གཉིས་པ་བརྩིགས་པ་ལོ་ཤིན་ཏུ་མང་པོ་སོང་བས་མཁར་སོག་ཏུ་སོང་ཀྱང་ཤུལ་རིས་ད་དུང་གནས་སོ། །གཙུག་ལག་ཁང་དང་ལྷ་ཁང་དང་མཆོད་རྟེན་རྙིང་པ་ཤིན་ཏུ་མང་བ་བརྒྱ་ཕྲག་དུ་མ་ཡོད་དོ། །ཕོ་བྲང་གསར་བ་ནི་རྒྱལ་པོའི་ཁབ་རྙིང་གི་རྒྱབ་ལོགས་གངྒཱ་དང་ཉེ་བར་གྲོང་ཁྱེར་ཆུང་བ་ཞིག་གི་ནང་དུ་མི་ཁྱིམ་སྟོང་ཕྲག་གཅིག་ལྷག་ཙམ་ཡོད་དོ། །རྒྱལ་པོ་མྱ་ངན་མེད་ཀྱིས་ཐོག་མར་ཁྲི་འདོན་བྱས་པ་ནས་བཟུང་ཐུ་ཞིང་གཏུམ་པས་རྒྱལ་སྲིད་བསྐྱངས་ཏེ་བཙོན་ར་བརྩིགས་སོ། །བཙོན་ར་དེར་མི་གསོན་པོར་འཚེད་པ་དང་བཅད་པ་དང་གཏུབ་པའི་མཚོན་ཆ་སྣ་ཚོགས་པ་བསགས་ཉེས་ཅན་དག་ཐོག་མར་ཐྱི་ཡང་གི་ཁྲིད་པར་ལ་མ་ལྟོས་པར། ཐོག་མར་གདོང་ལ་དུད་དྲིག་བྱུགས་ནས་དེར་ཁྲིད་དེ་ཁྲིམས་ལ་སྦྱོར་ཞིང་རིམ་པར་བཤད་གཏུབ་སོགས་བྱེད་དོ། །མི་རྐོད་མང་པོ་བཀུག་ནས་གྲོགས་བྱེད་དུ་བཅུག་ཏེ་ཕྱིན་ཆད་གསོན་པོར་

མི་ཐར་བས་སྐྱུད་ལམ་ཞེས་གྲགས་སོ། །ཉིན་གཅིག་དགེ་ཚུལ་ཞིག་བསོད་སྙོམས་ལ་བྱོན་པ་ན་བཙོན་ར་ཡིན་པར་མ་ཤེས་པར་དེར་ཕྱིན་པ་དང་བཙོན་བསྲུང་གིས་བཟུང་ནས་གསོད་པར་བརྩམས་པས། དགེ་ཚུལ་གྱིས་རེ་ཞིག་བསྒུག་པའི་གནང་བ་གསོལ་ཅེས་པས་ཙུང་ཟད་བསྒུག་པའི་མཚམས་སུ་ཉེས་ཅན་ཁྲིད་བྱུང་བས་བཙོན་བསྲུང་ཀྲད་པོས་དེ་བཟུང་ནས་ཡན་ལག་བཅད་པ་དང་<PL.88>ནང་རོལ་འདོན་པ་སོགས་བྱས་པས། དགེ་ཚུལ་གྱིས་དེ་མཐོང་བའི་རྐྱེན་གྱིས་མི་རྟག་པ་མཐོང་བས་རྟོགས་པ་མངོན་དུ་གྱུར་ཏེ་མི་སློབ་པའི་ལམ་ཐོབ་པོ། །དེ་ནས་བཙོན་བསྲུང་གིས་ད་ནི་གསོད་པའི་དུས་ལ་བབས་སོ་ཞེས་བསྐུལ་ཏེ་མར་ཁོལ་མའི་ནང་དུ་བཙུགས་སོ། །དགེ་ཚུལ་གྱིས་གྲོལ་བ་ཐོབ་པས་མར་གྱི་ནང་དུ་འཚེད་ཀྱང་བསིལ་ཞིང་དྭངས་པའི་པད་མཚོར་གནས་པ་དང་འདྲ་བར་གྱུར་བས། བཙོན་བསྲུང་ངོ་མཚར་ནས་བང་ཆེན་བཏང་ཏེ་རྒྱལ་པོ་ལ་སྙན་པས། རྒྱལ་པོས་ཀྱང་བལྟར་འོངས་ཏེ་རིག་ནས་བཤགས་པ་དང་བསྟོད་སྔགས་བྱས་སོ། །དེ་ནས་བཙོན་བསྲུང་གིས་གསོལ་བ་ད་ནི་རྒྱལ་པོ་ཉིད་འདའ་བ་འོས་སོ། །སྨྲས་པ་ཅིའི་ཕྱིར་གསོལ་བ་རྒྱལ་པོ་ཉིད་ཀྱིས་སྔོན་དམ་མ་བཅས་སམ་བཙོན་རར་སླེབས་ཚད་འཆི་བ་བྱའོ། །ཞེས་མ་གསུངས་སམ། སྨྲས་པ་བདེན་དེ་རང་བཟོ་རང་གིས་བཤིགས་པ་མི་རུང་ངོ་། །འོ་ན་ཁྱོད་འདིར་སྔ་བར་འོང་ནས་ཡུན་རིང་དུ་གནས་པས་སྔར་འཆི་བར་རིགས་སོ་ཞེས་པས་བཙོན་བསྲུང་དེ་ཉིད་མེའི་རླུབ་ཏུ་མཆོངས་སོ། །དེ་ནས་རྒྱལ་པོ་ཐར་ནས་ཕྱིན་ཆད་ཁྲིམས་ལྷོད་པོར་བཅོས་སོ། །

解 1：

完整翻译全文。

解 2：

无忧王地狱处的注释见《大唐西域记校注》（下）628 页。

三、无忧王建舍利塔

地狱南不远有窣堵波，基址倾陷，唯余覆钵之势，宝为厕饰，石作栏槛，即八万四千之一也，无忧王以人功建于宫焉。中有如来舍利一斗。灵鉴间起，神光时烛。无忧王废狱之后，遇近护大阿罗汉，方便善诱，随机导化。王谓罗汉曰：“幸以宿福，位据人尊，慨兹障累，不遭佛化。今者如来遗身舍利，欲重修建诸窣堵波。”罗汉曰：“大王以福德力，役使百灵，以弘誓心，匡护三宝，是所愿也，今其时矣。”因为广说献土之因，如来悬记兴建之功。无忧王闻以庆悦，召集鬼神而令之曰：“法王导利，含灵有庆。我资宿善，尊极人中。如来遗身，重修供养。今尔鬼神，戮力同心，境极赡部，户满拘胝，以佛舍利，起窣堵波。心发于我，功成于汝，胜福之利，非欲独有，宜各营构，待后告命！”鬼神受旨，在所兴功，功既成已，咸来请命。无忧王既开八国所建诸窣堵波，分其舍利，付鬼神已，谓罗汉曰：“我心所欲，诸处同时藏下舍利。心虽此冀，事未从欲。罗汉曰：”王命神鬼至所期日，日有隐蔽，其状如手，此时也，宜下舍利。“王承此旨，宣告鬼神。逮乎期日，无忧王观候光景。日正中时，罗汉以神通力，申手蔽日，营建之所，咸皆瞻仰，同于此时功绩咸毕。

{༣ རྒྱལ་པོ་མྱ་ངན་མེད་ཀྱིས་རིང་བསྲེལ་མཆོད་རྟེན་བཞེངས་པ།}

དེའི་ལྷོ་ཕྱོགས་སུ་མི་རིང་བར་མཆོད་རྟེན་རྙིང་པ་[གོཉྫར]ཅིག་(ཞིག)ཞིག་ནས་ བྲུམ་པ་ཙམ་ལུས་པ་ རྗེའི་ཕུ་ཤུ་ཅན་ཡོད་པ་ནི། ཆོས་ཕུང་བརྒྱད་ཁྲི་བཞི་སྟོང་གཅིག་ཚང་མ་བཞུགས་སྐེ། རྒྱལ་པོ་མྱ་ངན་མེད་ཀྱིས་མིའི་བཟོ་བོར་བཞེངས་སུ་བཙུག་པའོ། །ཡང་དེའི་ནང་དུ་དེ་བཞིན་གཤེགས་པའི་རིང་བསྲེལ་བྲེས་གང་བཞུགས་ཤིང་རྒྱུན་གྱི་མེ་ལོང་ལས་བྱིན་རླབས་ཀྱི་འོད་ཟེར་འཕྲོ་བར་སྣང་ངོ་། །ཕྱིས་རྒྱལ་པོས་དགྲ་བཅོམ་པ་ཞིག་དང་མཇལ་ནས་ཞུས་པ་དགྲ་བཅོམ་པ་ལགས་དགོངས་སུ་གསོལ། བདག་སྔོན་བསོད་ནམས་ཀྱི་མཐུ་ལས་མིའི་དབང་པོ་ཞིག་གི་ལུས་ཐོབ་ཀྱང་མ་རིག་པའི་དབང་གིས་མ་ཏུངས་བའི་ལས་སྣ་ཚོགས་བྱས་པ་ལ་གནོངས་ཤིང་འགྱོད་དེ་བཤགས་བསྡམས་བྱས་ཡང་དེས་མཆིམས་(མ་ཆིམས)བར་སྡར་བྱས་ཀྱི་སྡིག་པའི་ལས་ཀྱི་རྣམ་སྨིན་གྱི་གཉེན་པོ་འཛམ་བུ་གླིང་གི་གནས་ཆེན་རྣམས་སུ་དེ་བཞིན་གཤེགས་པའི་རིང་བསྲེལ་སྙིང་པོར་བཞུགས་པའི་མཆོད་རྟེན་བརྒྱད་ཁྲི་བཞི་སྟོང་བཞེངས་པར་ཁས་བླངས་པ་ལགས་ན་མི་ནུས་སུ་དོགས་ཞེས་ཞུས་པས། དགྲ་བཅོམ་པས་དོགས་མི་དགོས་ནུས་པར་འགྱུར་རོ་གསུངས་སོ། །ཅིའི་ཕྱིར་ན་ཁྱོད་ནི་སྔོན་པས་ལུང་བསྟན་པའི་རྒྱལ་པོ་ཡིན་པའི་ཕྱིར་ལྷ་འདྲེས་མི་གསུམ་གྱིས་གྲོགས་བྱེད་དུ་འོང་ངོ་ཞེས་གསུངས་སོ། །རྒྱལ་པོ་དགའ་ཞིང་མགུ་ནས་ཆོས་སྐར་བཟང་པོ་བདམ་པ་ན། ཉི་མ་ལག་པས་སྒྲིབ་པ་འདྲ་བ་ནམ་ཞིག་བྱུང་བ་ན་དེའི་དུས་ཡིན་ནོ། །འཛམ་བུ་གླིང་གི་གནས་ཆེན་ཐམས་ཅད་ལ་དེ་བཞིན་གཤེགས་པའི་རིང་བསྲེལ་གྱི་མཆོད་རྟེན་བརྒྱད་ཁྲི་བཞི་སྟོང་དུས་གཅིག་ལ་བཞེངས་པའི་མགོ་ཚུགས་སོ། །དེའི་དུས་སུ་དགྲ་བཅོམ་པས་རྫུ་འཕྲུལ་གྱིས་ལག་པ་བརྐྱངས་ནས་ཉི་མའི་དཀྱིལ་

འཁོར་བཟུངས་ཏེ། ཇི་སྙེད་བསྒྲུབ་ཟད་ཟད་དུ་ཉི་མ་མ་བཏང་ངོ་ཟེར་རོ། །

解 1：

（1）完整翻译全文。

（2）批注意为窣堵波叫“果嘎”。

解 2：

无忧王建舍利塔的注释见《大唐西域记校注》（下）633 页。

四、如来足迹石

窣堵波侧不远，精舍中有大石，如来所履，变迹犹存，其长尺有八寸，广余六寸矣。两迹俱有轮相，十指念带花文，鱼形映起，光明时照。昔者如来将取寂灭，北趣拘尸那城，南顾摩揭陀国，蹈此石上，告阿难曰：“吾今最后留此足迹，将入寂灭，顾摩揭陀也。百岁之后，有无忧王命世君临，建都此地，匡护三宝，役使百神。”及无忧王之嗣位也，迁都筑邑，掩周迹石，既近宫城，恒亲供养。后诸国王竞欲举归，石虽不大，众莫能转。近者设赏迦王毁坏佛法，遂即石所，欲灭圣迹，凿已还平，文彩如故。于是捐弃殑伽河流，寻复本处。其侧窣堵波，即过去四佛坐及经行遗迹之所。

五、无忧王大石柱

佛迹精舍侧不远有大石柱，高三十余尺。书记残缺，其大略曰：“无忧王信根贞固，三以赡部洲施佛、法、僧，三以诸珍宝重自酬赎。”其辞云云，大略斯在。

{༤ རྡོ་ཆེན་པོ་ཞིག་ལ་བཅོམ་ལྡན་འདས་ཀྱི་ཞབས་རྗེས།}

དེའི་མཐའ་ཡོགས་སུ་མི་རིང་བར་དྲི་གཙང་ཁང་ཆེན་པོའི་ནང་དུ་རྡོ་ཆེན་པོ་ཞིག་ལ་བཅོམ་ལྡན་འདས་ཀྱི་ཞབས་བྱུང་གི་རྗེས་ཡོད་པའི་ཚད་ནི་དཀྱུས་སུ་ཁྲུ་གང་དང་སོར་བརྒྱད་ཞེངས་སུ་སོར་དྲུག་ལྷག་ཙམ། ཞབས་མཐིལ་གཉིས་ལ་འཁོར་ལོའི་རི་མོ་དང་། སོར་མོ་བཅུ་ལ་མེ་ཏོག་གི་རི་མོར་འདྲེས་པའི་ཉ་དང་དུང་ལ་སོགས་པའི་བཀྲ་ཤིས་པའི་རི་མོ་འབུར་དུ་དོད་པ་འོད་འཚེར་བ་ཞིག་གོ །<PL.89>དེའི་ལོ་རྒྱུས་ནི་སྔོན་པ་མྱ་ངན་ལས་འདས་བར་བཞེད་དེ་ཤིང་ས་ལ་བྱུང་གི་དྲུང་དུ་གཤེགས་པ་ན། གནས་

འདི་ཉིད་ལ་རྫོའི་སྟེང་དུ་འཆག་ཅིང་ས་ཀྲ་ཏའི་གྲོང་ཁྱེར་ལ་ཕྱི་སྤྱན་གཟིགས་ནས་ཀུན་དགའ་བོས་ཏེ་བཀའ་བསྩལ་བ། ངས་མཾ་ཀྲ་ཏའི་གྲོང་ཁྱེར་ལ་གཟིགས་པའི་ཐ་མ་འདི་ཡིན་ནོ། །ད་ནས་ལོ་ཅིག་བརྒྱ་ཚོས་ལྡན་གྱི་རྒྱལ་པོ་མྱ་ངན་མེད་ཅེས་བྱ་བ་འབྱུང་སྟེ་ལྷ་སྦྱིན་གྱིས་གྲོགས་བྱས་ཏེ། འཛམ་བུ་གླིང་དུ་ངའི་རིང་བསྲེལ་གྱི་མཆོད་རྟེན་བརྒྱད་ཁྲི་བཞི་སྟོང་དུས་གཅིག་ལ་བཞེངས་པར་འགྱུར་རོ། །ཞེས་ལུང་བསྟན་པ་རྫོ་རིང་གི་ངོས་སུ་བརྐོས་པ་ཡོད་དོ། །རྫོ་རིང་ནི་རྒྱལ་པོ་རྣམས་ཀྱིས་སྟོན་པ་རིང་བསྲེལ་ཚར་བགོས་ནས་རྫོ་དེ་རང་རང་གི་ཡུལ་དུ་འཁྱེར་འདོད་དེ་ལ་ལས་བསྒྱུལ་མ་ནུས། འགའ་ཞིག་གིས་ཁྱེར་ཀྱང་མི་འགྱུངས་པར་སླར་ལོག་པ་ཡིན་ཟེར་རོ། །རྒྱལ་ཁབ་རྙིང་པའི་རྒྱབ་རོལ་དུ་རྫོའི་ཁང་པ་ཆེ་བ་ཞིག་ཡོད་པ་ནི། རྒྱལ་པོ་ཨ་ཤོ་ཀས་རབ་བྱུང་མཛད་པའི་གནས་ཏེ་ལྷ་འདྲེས་ཕོ་ནས་བརྩིགས་ཟེར་རོ། །

解 1：

合并翻译大意。

解 2：

第 4、5 两个故事的注释见《大唐西域记校注》（下）634—635 页。

六、摩醯因陀罗故事

故宫北有大石室，外若崇山，内广数丈，是无忧王为出家弟役使神鬼之所建也。初，无忧王有同母弟，名摩醯因陀罗，唐言大帝。生自贵族，服僭王制，奢侈纵暴，众庶怀怨。国辅老臣进谏王曰："骄弟作威，亦已太甚。夫政平则国治，人和则主安，古之则训，由来久矣。愿存国典，收付执法！"无忧王泣谓弟曰："吾承基绪，覆焘生灵，况尔同胞，岂忘惠爱？不先匡导，已陷刑法，上惧先灵，下迫众议。"摩醯因陀罗稽首谢曰："不自谨行，敢干国宪，愿赐再生，更宽七日！"于是置诸幽室，严加守卫，珍羞上馔，进奉无亏。守者唱曰："已过一日，余有六日。"至第六日已，既深忧惧，更励身心，便获果证。升虚空，示神迹，寻出尘俗，远栖岩谷。无忧王躬往谓曰："昔拘国制，欲致严刑。岂意清升，取证圣果。既无滞累，可以还国。"弟曰："昔羁受网，心驰声色；今出危城，志悦山谷。愿弃人间，长从丘壑！"王曰："欲静心虑，岂必幽岩？吾从尔志，当为崇树。"遂召命鬼神而告之曰："吾于后日广备珍羞，尔曹相率来集我会，各持大石，自为床座。"

诸神受命，至期毕萃。众会既已，王告神曰：“石座从横，宜自积聚，因功不劳，垒为虚室。”诸神受命，不日而成。无忧王躬往迎请，止此山庐。

{༥ དབང་ཕྱུག་ཆེན་པོའི་ལོ་རྒྱུས།}

རྒྱལ་པོ་ཨ་ཤོ་ཀས་རབ་ཏུ་བྱུང་རྗེས་ནུ་བོ་མ་ཧེ་ནྡྲ་སྟེ་དབང་ཕྱུག་ཆེན་པོ་ཞེས་བྱ་བས་རྒྱལ་སྲིད་འཕྲུད་དེ། ཨ་ཤོ་ཀའི་ཐོག་མའི་དུས་ཀྱི་མཛད་པ་བཞིན་བྱེད་པ་ན། བློན་པོ་རྣམས་ཀྱིས་འགག་(བཀག)ཅིང་ཨ་ཤོ་ཀས་ཀྱང་མི་རུང་གསུངས་ཡང་(ཀྱང)། མི་ཉན་པར་གཟི་བརྗིད་ཀྱི་དཔལ་གསོ་བ་ཡིན་ནོ་ཞེས་སྨྲས་པས། བློན་པོ་ཀུན་གྱི་ཐབས་ཟད་དོ། །ཉིན་ཅིག་(ཞིག)བློན་པོ་ཆེ་ཆུང་རྣམས་བསྡུས་ཏེ་རྒྱལ་ཁབ་བསྲུང་མཁན་རྣམས་ཀྱིས་ཕྱོགས་མཚམས་ལེགས་པར་བསྲུངས་ཤིག །ཞག་བདུན་གྱི་རིང་བདག་ལ་བཟའ་བཏུང་གྲུ་ནོམས་པ་བྱིན་ཅིག(ཞིག)ཞག་བདུན་གྱི་ཐོག་བདག་ལ་དོན་ཅིག་(ཞིག)ཡོད་དེ། དེ་བར་ཞག་ཏུ་(ཏུ)སོང་བདག་ལ་གོ་བར་གྱིས་ཤིག་ཅེས་སྨྲས་སོ། །དེ་ལྟར་རིམ་པས་ཞག་དྲུག་གོང་དུ་འདས་སོ་ཞག་གཅིག་ལུས་སོ་ཞེས་པ་ན་གོས་ཚང་བྱེད་པ་དང་ལུས་སེམས་སྒྲིམས་པས་འབད་རྩོལ་གྱིས་ཏིང་ངེ་འཛིན་ལ་ཞུགས་ནས་འགོག་སྙོམས་མངོན་དུ་བྱའོ། །དེ་ནས་ལུས་བར་སྣང་ལ་འཕགས་པ་སོགས་རྫུ་འཕྲུལ་བསྟན་ནོ། །ཕྱི་རབ་མེད་ནུ་བོའི་དྲུང་དུ་ཕྱིན་ཏེ་ད་དུང་རྒྱལ་སྲིད་སྐྱོང་བར་མཛོད་ཅིག་ཅེས་པ་ལ། དབང་ཆེན་གྱིས་སྨྲས་པ་བདག་སྔར་མི་ཤེས་རྨོངས་པའི་དབང་གིས་རྒྱལ་སྲིད་ལ་ཆགས་པས་གཟི་བརྗིད་ཀྱི་དཔལ་གསོད་སྙོམས་པས་རྟུལ་གྱི་གཡང་སར་མཆོངས་ལ་ཁད་པ། ད་ལྟ་འདམས་ལས་ཐང་སྟེ་ཞི་བ་མངོན་དུ་བྱས་ཟིན་པས་སྐར་མེའི་འོབས་སུ་ཆའམ། ཅེས་ཀྱང་དབེན་པའི་གནས་ལ་དགའོ་གསུངས་སྟེ་གསན་པར་མ་མཛད་དོ། །ཕུ་བོས་སྨྲས་པ། ལུས་དབེན་པས་ངོ་མཚར་ཅི་ཆེ། སེམས་དབེན་པ་ནི་རྒྱལ་བ་རྣམས་ཀྱིས་བསྔགས་མཛད་དོ། །འོན་ཀྱང་ཁྱོད་ཀྱི་བསམ་པ་བདག་གིས་བཟློག་མི་འདོད་དོ་ཟེར་ནས། ལྷ་འདི་རྣམས་བོས་ཏེ་སོ་སོ་ནས་རྗེ་བཟང་པོ་ངོས་སྙོམས་པ་གྲུ་བཞི་བ་རེ་རེ་ཁྱེར་ལ་མཆུ་ཞིངས་འདི་ཙམ་གྱི་ཁང་པ་བརྩིགས་ཤིག་ཅེས་གསུངས་པ་ལྟར་བཞེངས་སོ། །ཐོག་མར་ནུ་བོ་ལྷ་བཙུན་དགྲ་བཅོམ་པ་ལ་བཀུར་སྟི་བྱས་ཤིང་། ཕྱིས་དགེ་འདུན་རིས་མེད་ཀྱི་འགྲོན་ཁང་མཛད་དོ། །

解 1：

翻译了大意。

解 2：

摩醯因陀罗故事的注释见《大唐西域记校注》（下）637 页。

七、无忧王诸营造遗迹

故宫北地狱南有大石槽，是无忧王匠役神功，作为此器，饭僧之时以储食也。

故宫西南有小石山，周岩谷间，数十石室，无忧王为近护等诸阿罗汉役使鬼神之所建立。傍有故台余基积石，池沼涟漪，清澜澄鉴，邻国远人谓之圣水，若有饭濯，罪垢消灭。

山西南有五窣堵波，崇基已陷，余址尚高，远而望之，郁若山阜。面各数百步，后人于上重更修建小窣堵波。《印度记》曰：昔无忧王建八万四千窣堵波已，尚余五斗舍利，故别崇建五窣堵波。制奇诸处，灵异间起，以表如来五分法身。薄信之徒窃相评议，云是昔者难陀王建此五藏，以储七宝。其后有王，不甚淳信，闻先疑议，肆其贪求，兴动军师，躬临发掘。地震山倾，云昏日翳，窣堵波中大声雷震，士卒僵仆，象马惊奔。自兹已降，无敢觊觎。或曰：“众义虽多，未为确论。”循古所记，信得其实。

{༧ རྒྱལ་པོ་མྱ་ངན་མེད་ཀྱི་སྐྱེགས་རྙིང་པ་ཆེན་པོའི་ཤུལ།}

རྒྱལ་ཁབ་རྙིང་པའི་ལྷོ་ནུབ་ཏུ་བྲག་རི་ཆུང་བ་[ཤི་ལ་ཀྲ་བ་ཊི་ཟེར།]ཞིག་གི་སྲུལ་ན་རྫོ་ཁང་བཅུ་ཕྲག་མང་པོ་ཡོད་པ་ནི། རྒྱལ་པོ་ཨ་ཤོ་ཀས་འཕགས་པ་ཉེ་སྲུང་སོགས་མཆོད་གནས་དགྲ་བཅོམ་མང་པོ་ལ་བཀུར་སྟི་རྒྱུན་པར་མཛད་པའི་ཕྱིར། ལྷ་འདྲེ་འབའ་ཞིག་གིས་བཞེངས་པ་ཚུལ་སྣ་མ་བཞིན་ནོ། །དེའི་ཕོགས་ཤིག་ན་<PL.90>སྐྱིགས་རྙིང་པ་ཆེན་པོའི་ཤུལ་དང་། རྫོ་བརྩིགས་ཀྱིས་བསྐོར་བའི་པད་རྫིངས་ཤིན་ཏུ་དྭངས་པ་བསིལ་ལ་མངར་བ་དྲི་ཞིམ་ཅན་ཅིག་(ཞིག)ཡོད་པ་དེ་ཡུལ་ཉེ་རིང་བ་ཀུན་གྱིས་འཕགས་ཆུ་[ཕ་སྐྲ་དྲི་ཐ]འབོད་དོ། །དེར་ཁྲུས་བྱས་ན་སྡིག་སྒྲིབ་ཐམས་ཅད་བྱང་ཞིང་འདག་པའི་གྲགས་པ་ཅན་ནོ། །༄ བྲག་རི་རེ་ལྷོ་ནུབ་མཚམས་སུ་མཆོད་རྟེན་རྙིང་པ་[ཕོང་པོ་ལྔ་པའི་མཆོད་རྟེན]ལྔ་ཡོད་པ་ཞིག་རལ་གྱིས་ཤུལ་ཙམ་ལུས་པ་ནི། རྒྱངས་ནས་བལྟས་ཚེ་རིང་སྐད་ལྟ་བུར་སྣང་བའི་སྟེང་དུ་ཕྱིས་ཀྱི་དད་ལྡན་དག་གིས་མཆོད་རྟེན་རེ་བཞེངས་པ་ནི། ཆོས་འབྱུང་རྣམས་སུ་རྒྱལ་པོ་ཨ་ཤོ་ཀས་འཛམ་བུ་གླིང་གི་གནས་

ཆེན་རྣམས་སུ་མཆོད་རྟེན་བརྒྱད་ཁྲི་བཞི་སྟོང་བཞེངས་ནས། རིང་བསྲེལ་བྲེ་ལྔ་ལུས་པ་བྲེ་རེ་རེར་བགོས་ཏེ་མཆོད་རྟེན་བཞེངས་པ་དེ་བཞིན་གཤེགས་པ་ལྔའི་སྐུའི་མཚོན་བྱེད་ཀྱི་རྟགས་སོ་ཞེས་པ་དང་། ལ་ལས་སྔོན་རྒྱལ་པོ་དད་པ་བརྟན་པས་བཞེངས་ཤིང་གཟུངས་ཆེན་སྟེ་ལྔ་རེ་རེ་བཞུགས་པ་ལ་རིན་པོ་ཆེ་སྣ་ཚོགས་པས་བརྒྱན་པ། ཕྱི་པའི་རྒྱལ་པོ་དད་པ་མེད་ཅིང་འདོད་པ་ཆེ་བ་དག་གིས་མཆོད་རྟེན་བཤིགས་ནས་རིན་པོ་ཆེ་རྣམས་བླངས་སོ་ཟེར་རོ། །རིན་པོ་ཆེ་འགའ་ཙམ་ལུས་པ་དེ་ཡང་ལེན་པར་བརྩམས་པ་ནས་གཡོ་བ་དང་ཉི་མ་ཁྲིམ་པ་དང་། མཆོད་རྟེན་ནས་འབྲུག་ལྡིར་བས་གླ་མི་རྣམས་ས་ལ་འགྱེལ་བས་སྐྲགས་སྟེ་ལེན་པའི་འཕྲོ་བཤོལ་ཟེར། འགའ་ཞིག་གིས་བཀྲོས་ཐག་མ་ཆོད་པས་བཤོལ་ཟེར་ཅིང་རྣམ་པ་གཅིག་ཏུ་ཀར་ཆག་ན་མི་གསལ་ལོ། །

解 1:

（1）没有翻译“故宫北地狱南有大石槽，是无忧王匠役神功，作为此器，饭僧之时以储食也。”

（2）批注 1 意为大石槽称“西拉扎瓦支”。

（3）批注 2 意为池称“帕扎迪塔”。

（4）批注 3 意为五窣堵波代表佛教中的五蕴。

解 2:

无忧王诸营造遗迹的注释见《大唐西域记校注》（下）639 页。

八、鸡园僧伽蓝

故城东南有屈居勿反。屈咤阿滥摩唐言鸡园。僧伽蓝，无忧王之所建焉。无忧王初信佛法也，式遵崇建，修殖善种。召集千僧，凡圣两众，四事供养，什物周给。颓毁已久，基址尚在。

{༨ བྱ་གག་གི་སྐྱེད་ཚལ་ཞེས་པའི་གཙུག་ལག་ཁང་།}

རྒྱལ་ཁབ་རྙིང་པའི་ཤར་ལྷོའི་མཚམས་སུ་ཀུ་ཀྐུ་ཊ་ར་ནྨ་སྟེ། བྱ་གག་གི་སྐྱེད་ཚལ་ཞེས་བྱ་བའི་གཙུག་

ལག་ཁང་རྒྱལ་པོ་ཨ་ཤོ་ཀས་བཞེངས་པ་སྟེ། རྒྱལ་པོ་ཐོག་མར་བསྟན་པ་ལ་ཞུགས་པའི་སྐབས་སུ་བཞེངས་སོ། །རྒྱལ་པོས་གཙུག་ལག་ཁང་འདི་བཞེངས་སྟེ་སྐྱེས་འཕགས་འདྲེས་པའི་དགེ་འདུན་སྟོང་ཕྲག་སྤྱན་དྲངས་ཏེ་མཆོད་བཀུར་རྒྱུན་ཆད་མེད་པར་སྟེ་སྣངས་རྣམ་བཞི་རིམ་གྱིས་བྱས་སོ། །ད་ལྟ་ཆེས་རྙིང་ཡང་རྨངས་གཞི་ད་ལྟ་གསལ་བར་སྣང་ངོ་། །

解 1:

完整翻译全文。

解 2:

鸡园僧伽蓝的注释见《大唐西域记校注》(下)640 页。

九、阿摩落伽窣堵波

伽蓝侧有大窣堵波，名阿摩落伽。阿摩落伽者，印度药果之名也。无忧王构疾弥留，知命不济，欲舍珍宝，崇树福田。权臣执政，诫勿从欲。其后因食，留阿摩落，。玩之半烂，握果长息，问诸臣曰:“赡部洲主，今是何人?”诸臣对曰:“唯独大王。”王曰:“不然。我今非主，唯此半果，而得自在。嗟乎，世间富贵，危甚风烛，位据区宇，名高称谓。临终匮乏，见逼强臣，天下非己，半果斯在!”乃命侍臣而告之曰:“持此半果诣彼鸡园，施诸众僧，作如是说:‘昔一赡部洲主，今半阿摩落王，稽首大德僧前，愿受最后之施。凡诸所有，皆已丧失，唯斯半果，得少自在。哀愍贫乏，增长福种。’”僧中上座作如是言:“无忧大王宿期弘济，疟疾在躬，奸臣擅命，积宝非己，半果为施。承王来命，普施众僧。”即召典事，羹中总煮，收其果核，起窣堵波。既荷厚恩，遂旌顾命。

{༡ ཨ་མྲ་ཀ་ཞེས་པའི་མཆོད་རྟེན་ཆེ་བ་ཞིག}

དེའི་ལོགས་སུ་མཆོད་རྟེན་ཤིན་ཏུ་ཆེ་བ་ཨ་མྲ་ཀ་ཞེས་པ་ཞིག་ཡོད་དོ། །དེའི་ལོ་རྒྱུས་ནི་རྒྱལ་པོ་ཨ་ཤོ་ཀ་སྙུན་ཆེན་པོས་ཐེབས་ཅིང་རིམ་གྱིས་ལྷི་བར་གྱུར་བ་ན་དགེ་བའི་བྱ་བ་གཏད་འདོད་ནས་ཕྱི་ནང་གི་བློན་པོ་རྣམས་ཀྱིས་བར་ཆད་བྱེད་པར་དོགས་ཤིང་སྐབས་དེར་ཤིང་ཏོག་ཨ་མྲ་ཞིག་ཕུལ་བ་གསོལ་ཏེ་ཕྱེད་ལུས་པ་ན། བློན་པོ་རྣམས་ལ་གསུངས་པ་དུས་འདིར་འཛམ་བུ་གླིང་ན་སུ་དབང་ཆེ་ཞེས་དྲིས་

བར། བློན་པོ་རྣམས་ཀྱིས་ལྷ་ཉིད་དབང་ཆེའོ་ཞེས་སྨྲས་པས། མིན་ནོ་བདག་ད་ལྟ་ཤིང་ཏོག་འདི་གཅིག་བུ་ཙམ་ལས་དབང་བ་མེད་དོ་གསུངས་ནས་ཤུགས་རིང་བརྟན་ཅིང་གསུངས་པ། འཇིག་རྟེན་ཞེས་པ་མི་རྟག་པའི་དོན་ཡིན་བདག་སྟོན་གྲགས་ཆེན་པོ་དང་ལྡན་ཀྱང་ད་ལྟ་རླུང་དམར་ནང་གི་མར་མེ་བཞིན་དུ་གྱུར་གསུངས་ནས། ནང་བློན་ཞིག་ལ་ཤིང་ཏོག་ཨ་མྲ་གཏད་དེ་གསུངས་པ། ཁྱོད་སོང་ལ་བྱ་གག་ཚལ་གྱི་དགེ་འདུན་རྣམས་ལ་ཤིང་ཏོག་འདི་ཕུལ་ལ་འདི་སྐད་གསོལ་ཅིག ད་སྔ་འཛམ་བུ་གླིང་ཡོངས་ཀྱི་བདག་པོ་བྱས། ད་ལྟ་ཤིང་ཏོག་ཨ་མྲའི་ཕྱེད་ཙམ་དབང་། གནས་བརྟན་རྣམས་ལ་ཕྱག་བགྱིད་དགོངས་སུ་གསོལ། མཆོད་སྦྱིན་ཐ་མ་འདི་ནི་བཞེས་སུ་གསོལ། ཞེས་ཞུས་ལ་ཕུལ་ཅིག་ཅེས་གསུངས་ནས་གཏང་ངོ་། །བང་ཆེན་པ་དེས་ཀྱང་དེ་སྐད་བརྟན་ཅིང་ཕུལ་བས། དགེ་འདུན་རྣམས་ཀྱི་གཙོ་བོ་གནས་བརྟན་གྱིས་དང་དུ་ལེན་བཞིན་སྨྲས་པ། རྒྱལ་པོ་<PL.91>ཆེན་པོ་ཐུགས་མ་བརྩལ། འཇིག་རྟེན་ཆོས་ནི་འདི་ལྟ་སྟེ། ལུས་ཀྱིས་དཔོན་བློན་གོ་ལོག་སྟེ། ཡོ་བྱད་ཀུན་ལ་དབང་བཏང་སྟེ། ཤིང་ཏོག་ཕྱེད་ཙམ་དབང་བསྒྱུར་བ། སྦྱིན་པའི་ཐ་མ་དགེ་འདུན་རྣམས། ལུས་པ་མེད་པས་ལོངས་སྤྱོད་དོ། །གསུངས་ནས་ཤིང་ཏོག་ཟངས་ཆེན་པོའི་ནང་དུ་བསྐོལ་ནས་དགེ་འདུན་རྣམས་ལ་བྲིམས་སོ། །དེ་ནས་ཨ་མྲའི་ཚིག་གུ་ལ་མཆོད་རྟེན་འདི་བརྩིགས་པས་མིང་ཡང་དེ་ལྟར་ཆགས་ཞེར་རོ། །

解 1：

完整翻译全文。

解 2：

阿摩落伽窣堵波鸡园僧伽蓝的注释见《大唐西域记校注》（下）642 页。

十、建揵稚声窣堵波及提婆故事

阿摩落伽窣堵波西北故伽蓝中，有窣堵波，谓建揵稚声。

初，此城内伽蓝百数，僧徒肃穆，学业清高，外道学人，销声缄口。其后僧徒相次徂落，而诸后进莫继前修。外道师资，傅训成艺。于是命俦召侣，千计万数，来集僧坊，扬言唱曰："夫击揵稚，招集学人！"群愚同止，谬有扣击，遂白王请校优劣。外道诸师高才达学，僧徒虽众，辞论肤浅。外道曰："我论胜。自今已后，诸僧伽蓝不得击揵稚以集众也。"王允其请，依先论制。僧徒受耻，忍诟而退。十二年间，不击揵稚。时南印度那伽阏剌树那菩萨唐言龙猛，旧译曰龙树，非也。幼传雅誉，长擅高名，舍离欲爱，出家修学，深究妙理，位登初地。有大弟子提婆者。智慧明敏，机神警悟，白其师曰："波吒厘城诸学人等，辞屈外道，不击揵稚，日月骤移，十二年矣。敢欲摧邪见山，然正法炬！"龙猛曰："波吒厘城外道博学，尔非其俦，吾今行矣。"提婆曰："欲摧腐草，讵必倾山？敢承指诲，黜诸异学。大师立外道义，而我随文破析，详其优劣，然后图行。"龙猛乃扶立外义，提婆随破其理，七日之后，龙猛失宗。已而叹曰："谬辞易失，邪义难扶，尔其行矣，摧彼必矣！"提婆菩萨夙擅高名，波吒厘城外道之闻也，即相召集，驰白王曰："大王昔纡听览，制诸沙门不击揵稚，愿垂告命，令诸门候，邻境异僧勿使入城。恐相党援，轻改先制。"王允其言，严加伺候。提婆既至，不得入城，闻其制令，便易衣服，叠僧加胝，置草束中，褰裳疾驱，负戴而入。既至城中，弃草披衣，至此伽蓝，欲求止息。知人既寡，莫有相舍，遂宿揵稚台上，于晨朝时，便大振击。从闻伺察，乃客游比丘。诸僧伽蓝，传声响应。王闻究问，莫得其先，至此伽蓝，咸推提婆。提婆曰："夫揵稚者，击以集众。有而不用，悬之何为？"王人报曰："先时僧众论议堕负，制之不击，已十二年。"提婆曰："有是乎？吾于今日。重声法鼓。"使报王曰："有异沙门欲雪前耻。"王乃召集学人而定制曰："论失本宗，杀身以谢。"于是外道竞陈旗鼓，諠谈异义，各曜辞锋。提婆菩萨既升论座，听其先说，随义析破，曾不浃辰，摧诸异道。国王大臣莫不庆悦，建此灵基，以旌至德。

{༩ གྷཎྚིའི་སྒྲའི་མཆོད་རྟེན་དང་ཨརྱ་དེ་བའི་ལོ་རྒྱུས་སྐོར།}

མཆོད་རྟེན་དེའི་ནུབ་བྱང་གི་མཚམས་སུ་གཙུག་ལག་ཁང་རྙིང་པ་ཅིག་(ཞིག)གི་ཤུལ་དུ་མཆོད་རྟེན་ཅིག་(ཞིག་)ཡོད་པ་ནི། གྷཎྚིའི་སྒྲ་ཟེར་ཏེ་དེའི་ལོ་རྒྱུས་ནི། སྔོན་གཙུག་ལག་ཁང་བརྒྱ་ལྷག་ཡོད་ཅིང་དགེ་འདུན་སྟོང་ཕྲག་མང་པོ་བསླབ་པ་ལ་མཁས་ཤིང་། སྤྱོད་ལམ་གཙང་བ་མང་པོ་གནས་སོ། །ཕྱི་རོལ་པ་ཅི་ཙམ་ཡོད་ཀྱང་སློམས་ཆུང་རང་ཆོད་བཟུང་ནས་གནས་ལ་དུས་སྐྱིགས་མར་སོང་བས། དགེ་སློང་ཀན་པ་རྣམས་འདས་གསར་བུ་པ་རྣམས་འཁྲིབ་པས་ནང་པ་རྣམས་ཕྱི་རོལ་པ་ལ་དོ་ཟླར་མི་འགྱུར་པ་ན། རྒྱལ་པོས་ཕྱི་པ་དང་ནང་པ་དག་བསྡུས་ཏེ་ཕན་ཚུན་བརྗོད་པ་བྱེད་དུ་བཅུག་པ་ན་རེ་ཞིག་ནང་པ་ཕམ་པ་ལྟར་གྱུར་པས། དེ་ནས་བཟུང་གཙུག་ལག་ཁང་དེ་དག་ཏུ་གནས་པ་རྣམས་དགེ་འདུན་བསྡུ་བའི་

བཏྲ་ལ་ཀྜནྡིའི་བརྡུང་བ་ལ་ཆད་པས་གཅོད་པར་ཞུས་པས་རྒྱལ་པོས་གནང་སྟེ་ཀྜནྡིའི་སྒྲ་ལོ་བཅུ་གཉིས་ཀྱི་རིང་ཆད་དོ། །དེ་ནས་དགེ་འདུན་རྣམས་ཡི་མུག་སྟེ་འདུག་པ། དུས་དེ་ཉིད་དུ་རྒྱ་གར་ལྷོ་ཕྱོགས་སིང་ག་ལའི་གླིང་ན་ཨཱརྱ་དེ་བ་བྱུང་ངོ་། །དེའི་དུས་སུ་ནཱ་གརྫུ་ན་ཞེས་པའི་པཎྜི་ཏ་མཁས་ཤིང་གྲུབ་པ་བརྙེས་པ་བཞུགས་སོ། །སློབ་མའི་གཙོ་བོ་ཨཱརྱ་དེ་བ་སྟེ་འཕགས་པ་ལྷ་ཞེས་བྱ་བ་སྤྱངས་རྟོགས་ཀྱི་ཡོན་ཏན་སློབ་དཔོན་དང་མཉམ་པ་ཞིག་ཡོད་པས་རང་གི་སློབ་དཔོན་ལ་ཞུས་པ། ད་ལྟའི་དུས་ན་ཡུལ་དབུས་ཀྱི་དགེ་འདུན་ཐམས་ཅད་ཀྱི་དབང་མུ་སྟེགས་པ་ལ་ཤོར་ནས་ལོ་བཅུ་གཉིས་སོང་ཟེར་བ་ཐོས་པས། བདག་གིས་བརྩད་ན་ལྟར་སྣང་བཅོམས་ཤིང་ཡང་དག་པ་གཟེང་བསྟོད་བྱེད་འདོད་ཞུས་པས། སློབ་དཔོན་གྱིས་ཁྱོད་ཀྱིས་ནུས་སམ་ཚོད་བགམ་ཡིས་གསུངས་ནས་སློབ་དཔོན་གྱིས་མུ་སྟེགས་པའི་གྲུབ་མཐའ་བཟུང་། སློབ་མས་ནང་པའི་ཕྱོགས་བཟུང་ནས་བརྩད་པའི་ཚུལ་མཛད་པས་ཞག་བདུན་གྱི་ཐོག་སློབ་དཔོན་ཕམ་པ་ལྟར་གྱུར་པས་སློབ་དཔོན་གྱིས་གནང་སྟེ་བཏང་ངོ་། །ཨཱརྱ་དེ་བ་དེ་དུས་གྲགས་པ་ཆེན་པོ་དང་ལྡན་པས་སློབས་མ་ཐག་སྐྱེ་བོ་འགའ་ཞིག་དགའ། ལ་ལ་སྡུག་མོད་ཀྱང་དྲིལ་བསྒྲགས་སྟེ་ཕྱི་པ་ནང་པ་ལྷན་དུ་བསྡུས་ཏེ་ཚོགས་པ་ན་རྒྱལ་པོས་མུ་སྟེགས་པ་ལ་དབང་བྱིན་པས་མུ་སྟེགས་པས་གྲོང་ཁྱེར་གྱི་སྒོ་བསྡམ་དུ་བཅུག་ཏེ་རྒྱུ་འཕྲུལ་བཅད་པས། འཕགས་པ་ཨཱརྱ་དེ་བས་གོས་ཚས་བཅོས་ཆོས་གོས་སྣམས་ན་ཞུགས་སྟེ་གཙུག་ལག་ཁང་ཞིག་ལ་གནས་མལ་མཛད་དོ། །ནངས་པར་ལངས་ཏེ་ཀྜནྡིའི་ཁང་བར་ཞུགས་ཏེ་ཀྜནྡི་བླངས་ཏེ་བརྡུང་བར་བརྩམས་པ་ན་དགེ་འདུན་གཉུག་མར་གནས་པས་བཀག་ཀྱང་འཕགས་པས་མ་གསན་ཏེ་ཀྜནྡི་བརྡུངས་ཆོས་ཇ་ཡང་རྒྱ་ཆེར་བརྡུང་བས། རྒྱལ་པོས་ཐོས་ཏེ་དྲིས་པས་རྒྱུ་མཚན་རིག་ནས་རྒྱལ་པོའི་བཀའ་ཕྱི་ནང་རྩོད་པ་བྱེད་དུ་བཅུག་ཞིང་གང་ཕམ་པ་དེ་ལྟེབས་པར་བྱའོ་ཞེས་གསུངས་ནས་བརྩད་པས་ཕྱི་རོལ་པ་རྡེག་མེད་དུ་ཕམ་སྟེ་སློབ་དཔོན་རྒྱལ་ལོ། །དེར་རྒྱལ་བློན་སོགས་ནང་པ་ལ་མོས་པ་མཐའ་དག་དགའ་ཞིང་མགུ་ནས། གཙུག་ལག་ཁང་དེ་དག་གི་ཞིག་གསོས་<PL.92>བྱས་པས་མིང་གསར་བ་དེ་ལྟར་ཐོགས་ཤིང་མཆོད་རྟེན་ཀྱང་བཞེངས་སོ། །

解 1：

完整翻译全文。

解 2：

建揵稚声窣堵波及提婆故事的注释见《大唐西域记校注》（下）643 页。

十一、马鸣遗迹

建击揵稚窣堵波北有故基，昔鬼辩婆罗门所居处也。

初，此城中有婆罗门，葺宇荒薮，不交世路，祠鬼求福，魍魉相依，高论剧谈，雅辞响应。人或激难，垂帷以对。旧学高才，无出其右。士庶翕然，仰之犹圣。有阿湿缚窭沙唐言马鸣。菩萨者，智周万物，道播三乘，每谓人曰："此婆罗门学不师受，艺无稽古，屏居幽寂，独擅高名，将非神鬼相依，妖魅所附，何能若是者乎？夫辩资鬼授，言不对人，辞说一闻，莫能再述。吾今往彼，观其举措。"遂即其庐而谓之曰："仰钦盛德，为日已久。幸愿褰帷，敢申宿志！"而婆罗门居然简傲，垂帷以对，终不面谈。马鸣心知鬼魅，情甚自负，辞毕而退，谓诸人曰："吾已知矣，摧彼必矣。"寻往白王"唯愿垂许，与彼居士较论剧谈。"王闻骇曰："斯何人哉！若不证三明，具六通，何能与彼论乎？"命驾躬临，详鉴辩论。是时马鸣论三藏微言，述五明大义，妙辩纵横，高论清远。而婆罗门既述辞已，马鸣重曰："失吾旨矣，宜重述之"。时婆罗门默然杜口，马鸣叱曰："何不释难？所事鬼魅宜速授辞！"疾褰其帷，视占其怪，婆罗门惶遽而曰："止，止！"马鸣退而言曰："此子今晨声问失坠。虚名非久，斯之谓也。"王曰："非夫盛德，谁鉴左道？知人之哲，绝后光前。国有常典，宜旌茂实。"

{༧༠ འདྲེ་བྲམ་ཟེ་བའི་ལོ་རྒྱུས།}

དེའི་རྒྱབ་ལོགས་སུ་མཆོད་རྟེན་རྙིང་པ་ཞིག་ཡོད་པ་ནི་འདྲེ་བྲམ་ཟེའི་གནས་སོ། །དེའི་ལོ་རྒྱུས་ནི་དེར་འདྲེ་ཞིག་བྲམ་ཟེར་སྤྲུལ་པ་ཞིག་ཕུག་པ་དབེན་པ་ཞིག་ཏུ་སྦས་ནས་གནས་ཤིང་སྒྲ་ཚད་སོགས་རིག་ནས་(གནས)གང་ཡང་རུང་བ་ལ་མཁས་པས་གྲགས་ཤིང་། འདྲེ་སྲུན་མང་པོའི་འཁོར་བསྐུས་མཁས་པས་གླིང་གཅིག་ལ་འགྲན་གྱི་དོ་མེད་ཀྱི་སྟོང་འུར་ཐོབ་པ་ཞིག་ཡོད་པར། པཎྜི་ཏ་ཨ་ཤྭ་གྷོཥ་སྟེ་རྟ་དབྱངས་དེར་སླེབས་པ་དང་ཚུལ་དེ་གསན་ནས་དྲིས་པས། འདྲེ་བྲམ་ཟེ་དེ་ལ་སློབ་དཔོན་མེད་ཅིང་བརྒྱུད་པ་མི་གསལ་བས། དེ་ཙམ་གྱིས་སྟོང་འུར་དང་ལྡན་པ་འདི་ནི་ངེས་པར་མི་མ་ཡིན་ཞིག་མིར་བརྫུས་པ་ཡིན་ལས་ཆེ། ངེས་ན་མ་བཏུལ་ན་སེམས་ཅན་ལ་སྐར་གནོད་འཚེ་བྱེད་པར་འགྱུར་བས་བཏུལ་བར་བྱའོ་སྙམ་དུ་

དགོངས་ནས། རྒྱལ་པོ་ལ་བྲམ་ཟེ་དང་བགྲོ་གླེང་འཚོལ་བར་འདོད་ཞེས་ཞུས་པས། རྒྱལ་པོ་ན་རེ་སྡེ་སྣོད་གསུམ་དང་རིག་པའི་གནས་ལྔ་ཀ་ལ་མཁས་པའི་བྲམ་ཟེ་དེ་དང་བརྒལ་བར་འདོད་ཟེར་བ་མི་རུང་ངོ་ཞེས་པས། སློབ་དཔོན་གྱིས་དོན་ཅིག་ཡོད་དེ་གསུངས་ནས་མ་གསན་པས་རྒྱལ་པོས་གནང་ངོ་། །དེ་ནས་བྲམ་ཟེའི་ཐད་དུ་ཕེབས་ནས་བགྲོ་གླེང་བྱས་པས་རིག་པའི་གནས་གང་དང་གང་ལ་རྣམ་པ་ཐམས་ཅད་དུ་སློབ་དཔོན་རྒྱལ་བས། བྲམ་ཟེས་དར་ཅིག་སྨྲ་མེད་དུ་གྱུར་ན་སློབ་དཔོན་གྱིས་བྲམ་ཟེ་དེའི་ལུས་ཇི་འདྲ་བ་ཞིག་སྙམ་ནས་གཟིགས་པར་བཞེད་ནས་ཡོལ་བ་བསལ་བར་བརྩམས་པ་ན་བྲམ་ཟེས་ཐོང་ཤིག་ཐོང་ཤིག་བཟོད་པར་གསོལ་ལོ་ཞེས་ཞུས་ནས་ཇོངས་ཕམ་དང་དུ་བླངས་པོ་དེ་ཕྱིན་ཆད་མི་སྣང་བར་གྱུར་ཏོ། །

解 1：

完整翻译全文。

解 2：

马鸣遗迹的注释见《大唐西域记校注》（下）649 页。

十二、鞮罗择迦伽蓝及附近佛遗迹

城西南隅二百余里有伽蓝余迹，其傍有窣堵波，神光时烛，灵瑞间发，近远众庶，莫不祈请，是过去四佛坐及经行遗迹之所。

故伽蓝西南行百余里，至鞮罗释迦伽蓝。庭宇四院，观阁三层，崇台累仞，重门洞启，频毘娑罗王末孙之所建也。旌召高才，广延俊德。异域学人，远方髦彦，同类相趋，肩随戾止。僧徒千数，并学大乘。中门当涂有三精舍，上置轮相，铃铎虚悬；下建层基，轩槛周列。户牖栋梁，壖垣阶陛，金铜隐起，厕间庄严。中精舍佛立像高三丈，左多罗菩萨像，右观自在菩萨像。凡斯三像，鍮石铸成，威神肃然，冥鉴远矣。精舍中各有舍利一升，灵光或照，奇瑞间起。

鞮罗释迦伽蓝西南九十余里，至大山，云石幽蔚，灵僊攸舍。毒蛇暴龙，窟穴其薮；猛兽鸷鸟，栖伏其林。山顶有大盘石，上建窣堵波，其高十余尺，是佛入定处也。昔者如来降神止此，坐斯盘石，入灭尽定，时经宿焉。诸天灵圣，供养如来，鼓天乐，雨天花。如来出定，诸天感慕，以宝金银起窣堵波。去圣逾邈，宝变为石。自古迄今，人未有至，遥望高山，乃见异类。长蛇猛兽，群从右旋。天仙灵圣，肩随赞礼。

山东冈有窣堵波，在昔如来伫观摩揭陀国所履之处也。

{༧༧ སངས་རྒྱས་ཀྱི་བཞུགས་ཁྲི་སོགས་མཛད་ཤུལ་དང་པན་སྒྲི་ར་ཤཱཀྱ་ཞེས་པའི་གཙུག་ལག་ཁང་།}

གྲོང་ཁྱེར་གྱི་ལྷོ་ནུབ་མཚམས་སུ་རྒྱང་གྲག་(གྲགས)ཉིས་བརྒྱ་ལྷག་ཙམ་ན་གཙུག་ལག་ཁང་རྙིང་པ་གཅིག་གི་ཤུལ་གྱི་ལོགས་སུ་མཆོད་རྟེན་ཅིག་ཡོད་པ་ན་གསོ་སྦྱོང་གི་ཉི་མ་སོགས་དུས་བཟང་ལ་འོད་འཕྲོད་པ་དང་། མཚན་མོ་སྒྲོན་མེ་འབར་བ་ཉེ་རིང་མེད་པའི་མི་རྣམས་འཚོགས་ནས་ཕྱག་མཆོད་བྱེད་དོ། །འདས་པའི་སངས་རྒྱས་ཀྱི་བཞུགས་ཁྲི་སོགས་མཛད་ཤུལ་ཡང་ཡོད་དོ། །༈ གཙུག་ལག་ཁང་རྙིང་པ་དེའི་ལྷོ་ནུབ་ཀྱི་མཚམས་སུ་རྒྱང་གྲག་(གྲགས)བརྒྱ་ཙམ་འདིར་པན་སྒྲི་ར་ཤཱཀྱ་ཞེས་བྱ་བའི་གཙུག་ལག་ཁང་ཡོད་པ་ནི། རྒྱལ་པོ་གཟུགས་ཅན་སྙིང་པོའི་ཡང་ཚ་ཐ་མས་བཞེངས་པ། རྒྱང་ནས་བལྟས་ཚེ་ཁང་བརྩེགས་རིམ་པ་གསུམ་པ་མཐོ་ཞིང་མཛེས་པའི་བཀོད་པ་ཕུན་སུམ་ཚོགས་པ། རྒྱལ་པོ་དེའི་གྲགས་པ་དོན་དང་ལྡན་པ་ཡོན་ཏན་རྒྱ་ཆེ་བ་དང་ལྡན་པ་ཞིག་གོ། དེར་དགེ་འདུན་སྟོང་ཕྲག་དུ་མ་ཐེག་ཆེན་དབུ་མ་པ་ཤ་སྟག་གོ། དྲི་གཙང་ཁང་ཆེ་ཞིང་མཐོ་བ་གསུམ་ཡོད་པའི་སྟེང་ན་གསེར་གྱི་འཁོར་ལོ་དང་དྲིལ་བུ་འོག་ན་སྟེགས་བུ་མཐོ་བ་ཤུས་བསྐོར་བའི་དབུས་མར་རྟེན་གསུམ་བཞུགས་པའི་གཙོ་བོ་ནི་སྟོན་པ་གྲོང་ཁྱེར་མ་སྲིད་དུ་འདོམ་དྲུག གཡོན་མ་ནི་རྗེ་བཙུན་མ་སྒྲོལ་མའི་སྐུ་བརྙན་དང་། གཡས་ལ་སྤྱན་རས་གཟིགས་དབང་ཕྱུག་གོ། སྐུ་འདྲ་གསུམ་ཀ་གསེར་ཟངས་ལས་གྲུབ་པ། རིན་པོ་ཆེའི་རྒྱན་དུ་མས་བརྒྱན་པ་གཙང་ཁང་གསུམ་ཀར་སྟོན་པའི་རིང་བསྲེལ་བྲེ་གང་རེ་བཞུགས་པ། བྱིན་བརླབས་ཀྱི་མདངས་འཚེར་བ་མངོན་སུམ་དུ་འོད་འཕྲོ་བ་དང་བསྒྱུ་བ་སྣང་ངོ་། །དེའི་ལྷོ་ནུབ་ཀྱི་མཚམས་སུ་རྒྱང་གྲག་(གྲགས)དགུ་བཅུ་ཙམ་ན་རི་ཆེན་པོ་ཞིག་རྒྱངས་ནས་བལྟས་ཚེ་སྤྲིན་ཆེན་པོ་ལྟར་སྣང་བ་དྲང་སྲོང་རྣམས་དང་། <PL.93>སྤྲུལ་ཆེན་པོ་དང་གཅན་གཟན་མ་རུང་བ་གནས་པའི་སྦོ་ལ་རྫོ་ལེན་ཆེན་པོ་ཅིག་གི་སྟེང་དུ་མཆོད་རྟེན་དཔངས་སུ་ཁྲུ་བཅུ་ལྷག་པ་ཞིག་ཡོད་པ་ནི། སྟོན་པ་ཞག་གཅིག་ཏིང་ངེ་འཛིན་ལ་བཞུགས་པའི་གནས་སོ། །སྔར་རིན་པོ་ཆེ་འབབ་ཞིག་ལས་གྲུབ་པ་ཡིན་ཀྱང་། ད་ལྟ་ནི་རྫོའི་རང་བཞིན་དུ་གནས་འདུག་གོ། གནས་དུས་ནས་སྐྱེ་བོ་ཐམས་ཅད་དངོས་སུ་སླེབས་པ་མེད། རྒྱང་རིང་པོ་ནས་བལྟས་ཚེ། སྤྲུལ་རིང་པོ་དང་སེང་གེ་དང་གླང་པོ་ཆེ་དང་སྟག་གཟིག་དོམ་དྲེད་སོགས་གཅན་གཟན་གདུག་པ་ཅན་གྱི་ཁྲུ་དང་། ལྷ་དང་དྲང་སྲོང་གི་ཚོགས་ཀྱིས་གཡས་སུ་སྐོར་བ་བྱེད་པ་དང་ཕྱག་བྱེད་པ་དག་མཐོང་ངོ་ཟེར་

རོ། །༈ རི་དེའི་ཤར་ཕྱོགས་སུ་སྣང་མཐོ་བར་མཆོད་རྟེན་ཅིག་ཡོད་པ་ནི། སྟོན་པ་ཀུ་ཤའི་གྲོང་ཁྱེར་དུ་གཤེགས་ཁར་རི་དེར་འཛེགས་ཏེ་ཡུལ་མཾ་ག་ཏ་ལ་ཕྱི་སྤྱན་གཟིགས་པའི་གནས་སོ། །

解 1：

完整翻译全文。

解 2：

鞮罗择迦伽蓝及附近佛遗迹的注释见《大唐西域记校注》（下）651 页。

十三、德慧伽蓝及遗事

山西北三十余里，山阿有伽蓝，负岭崇基，疏崖峙阁。僧徒五十余人，并习大乘法教。瞿那末底唐言德慧。菩萨伏外道之处。

初，此山中有外道摩沓婆者，祖僧佉之法而习道焉。学穷内外，言极空有，名高前列，德重当时，君王珍敬，谓之国宝，臣遮宗仰，咸曰家师。邻国学人，承风仰德，侔之先进，诚博达也。食邑二城，环居封建。时南印度德慧菩萨幼而敏达，早擅精微，学通三藏，理穷四谛，闻摩沓婆论极幽微，有怀挫锐。命一门人裁书谓曰："敬问摩沓婆善安乐也！宜忘劳弊，精习旧学，三年之后，摧汝嘉声。"如是第二第三年中，每发使报。及将发迹，重裁书曰："年期已极，学业何如？吾今至矣，汝宜知之。"摩沓婆甚怀惶惧，诫诸门人及以邑户："自今之后，不得居止沙门异道。"递相宣告，勿有犯违。时德慧菩萨杖锡而来，至摩沓婆邑，人守约莫有相舍。诸婆罗门更詈之曰："断发殊服，何异人乎？宜时速去，勿此止也！"德慧菩萨欲摧异道，冀宿其邑，因以慈心，卑辞谢曰："尔曹世谛之净行，我又胜义谛之净行，净行既同，何为见拒？"婆罗门因不与言，但事驱逐，逐出邑外，入大林中。林中猛兽，群行为暴。有净信者恐为兽害，乃束蕴持仗，谓菩萨曰："南印度有德慧菩萨者，远传声问，欲来论议，故此邑主惧坠嘉声，重垂严制，勿止沙门。恐为物害，故来相援。行矣自安，勿有他虑。"德慧曰："良告净信，德慧者我是也。"净信闻已，更深恭敬，谓德慧曰："诚如所告，宜可速行。"即出深林，止息空泽，净信纵火持弓，周旋左右。夜分已尽，谓德慧曰："可以行矣。恐人知闻，来相图害。"德慧谢曰："不敢忘德。"于是遂行，至王宫，谓门者曰："今有沙门自远而至，愿王垂许，与摩沓婆论！”王闻惊曰：“此妄人耳！”即命使臣往摩沓婆所，宣王旨曰：“有异沙门来求谈论，今已莹洒论场，宣告远近，伫望来仪，愿垂降趾！”摩沓婆问王使曰：“岂非南印度德慧论师乎？”曰：“然。”摩沓婆闻，心甚不悦，事难辞免，遂至论场。国王、大臣、士庶、豪族，咸皆集会，欲听高谈。德慧先立宗义，洎乎景落，摩沓婆辞以年衰，智惛捷对，请归静思，方酬来难。每事言归，及旦升座，竟无异论。至第六日，欧血而死。其将终也，顾命妻曰：“尔有高才，无忘所耻！”摩沓婆死，匿不发丧，更服鲜绮，来至论会。众咸諠哗，更相谓曰：“摩沓婆自负才高，耻对德慧，故遣妇来，优劣明矣。”德慧菩萨谓其妻曰：“能制汝者，我已制之。”摩沓婆妻知难而退。王曰：“何言之密，彼便默然？”德慧曰：“惜哉，摩沓婆死矣！其妻欲来与我论耳。”王曰：“何以知之？愿垂指告！”德慧曰：“其妻之来也，面有死丧之色，言含哀怨之声，以故知之。摩沓婆死矣。能制汝者，谓其夫也。”王命使往观，果如所议。王乃谢曰：“佛法玄妙，英贤继轨，无为守道，含识沾化，依先国典，褒德有常。”德慧曰：“苟以愚昧，体道居贞，存正足，论济物，将弘汲引，先摧傲慢，方便摄化，今其时矣。唯愿大王以摩沓婆邑户子孙千代常充僧伽蓝人，则垂诫来叶，流美无穷。唯彼净信见匡护者，福延于世，食用同僧，以劝清信，以褒厚德。”于是建此伽蓝式旌胜迹。

初，摩沓婆论败之后，十数净行逃难邻国，告诸外道耻辱之事，招募英俊，来雪前耻。王既珍敬德慧，躬往请曰：“今诸外道不自量力，结党连群，敢声论鼓。唯愿大师摧诸异道！”德慧曰：“宜集论者。”于是外道学人欣然相慰：“我曹今日，胜其必矣。”时诸外道阐扬义理，德慧菩萨曰：“今诸外道逃难远游，如王先制，皆是贱人。我今如何与彼对论？”德慧有负座竖，素闻余论，颇闲微旨，待立于侧，听诸高谈。德慧拊其座而言曰：“床，汝可论。”众咸惊骇，异其所命。时负座竖便即发难，深义泉涌，清辩响应。三复之后，外道失宗，重挫其锐，再折其翮。自伏论已来，立为伽蓝邑户。

十四、戒贤伽蓝及伏外道事

德慧伽蓝西南二十余里，至孤山，有伽蓝，尸罗跋陀罗唐言戒贤。论师论义得胜，舍邑建焉。竦一危峰，如窣堵波，置佛舍利。

论师三摩呾吒国之王族，婆罗门之种也。少好学，有风操，游诸印度，询求明哲，至此国那烂陀僧伽蓝，遇护法菩萨，闻法信悟，请服染衣，谘以究竟之致，问以解脱之路。既穷至理，亦究微言，名擅当时，声高异域。南印度有外道，探赜索隐，穷幽洞微，闻护法高名，起我慢深嫉，不阻山川，击鼓求论，曰："我南印度之人也。承王国内有大论师，我虽不敏，愿与详议！"王曰："有之，诚如议也。"乃命使臣请护法曰："南印度有外道，不远千里，来求较论。唯愿降迹，赴集论场！"护法闻已，摄衣将往。门人戒贤者，后进之翘楚也，前进请曰："何遽行乎？"护法曰："自慧日潜晖，传灯寂照，外道蚁聚，异学蜂飞，故我今者将摧彼论。"戒贤曰："恭闻余论，敢摧异道！"护法知其俊也，因而允焉。是时戒贤年甫三十，众轻其少，恐难独任。护法知众心之不平，乃解之曰："有贵高明，无云齿岁。以今观之，破彼必矣。"逮乎集论之日，远近相趋，少长咸萃。外道弘阐大猷，尽其幽致。戒贤循理责实，深极幽玄。外道辞穷，蒙耻而退。

王用酬德，封此邑城。论师辞曰："染衣之士，事资知足，清净自守，何以邑为？"王曰："法王晦迹，智舟沦湑，不有旌别，无励后学。为弘正法，愿垂哀纳！"论师辞不获已，受此邑焉。便建伽蓝，穷诸规矩，舍其邑户，式修供养。

{༧༢ ཡོན་ཏན་འོད་རང་གི་གཙུག་ལག་ཁང་དང་སློབ་དཔོན་དང་ཚུལ་བཟང་པོའི་གཙུག་ལག་ཁང་།}

རི་དེའི་ནུབ་བྱང་དུ་རྒྱང་གྲག་(གྲགས)སུམ་ཙུ་ཙམ་ན་གཙུག་ལག་ཁང་ཞིག་ཡོད་པར་དགེ་འདུན་ལྔ་བཙུ་ཙམ་འདུས་པ་ཐེག་ཆེན་པ་ཤ་སྟག་སྟེ། གུ་ཎ་མ་ཏི་སྟེ་སློབ་དཔོན་ཡོན་ཏན་བློ་གྲོས་ཀྱིས་མུ་སྟེགས་པ་བཏུལ་བའི་གནས་སོ། །དེར་ཕྱིས་སུ་རིམ་པར་དགེ་འདུན་འཕེལ་མུ་སྟེགས་པ་བར་མ་ཆད་པར་བསྐྱུར་ཏེ་འདུས་པས་ལྡོངས་སུ་གྱུར་ཏོ། །དེའི་གཡས་ལོག་ན་ཡོན་ཏན་འོད་རང་གིས་བཞེངས་པའི་གཙུག་ལག་ཁང་ཞིག་ཡོད་དོ། །ནུབ་ཕྱོགས་སུ་རྒྱང་གྲག་(གྲགས)ཉི་ཤུ་ཙམ་ན་རི་ཆེག་སྐྱ་ཅིག་འདུག་པར་གཙུག་ལག་ཁང་ཅིག་ཡོད་པ་ནི། སློབ་དཔོན་ཤཱི་ལ་བྷ་དྲ་སྟེ་དང་ཚུལ་བཟང་པོས་བཞེངས་པ་སྟེ་སློབ་དཔོན་དེ་ནི་ས་མ་ས་ཐའི་ཡུལ་གྱི་རྒྱལ་པོའི་རིགས་ཉུས་གཅིག་པའི་ཉེ་དུ་བྲམ་ཟེ་ས་ལ་ཆེན་པོ་ལྷ་བུའི་རིགས་སུ་འཁྲུངས་སྟེ། གཞོན་ནུ་ནས་སློབ་གཉེར་ལ་མོས་པས་རྒྱལ་ཁམས་རིམ་སུ་མ་ཆད་པར་ཉུལ་ཏེ་མཁས་པ་ཆེན་པོ་

འཚོལ་གྱིན་ན་ལ་ཀྵའི་དགོན་པར་སླེབས་པ་ན། སློབ་དཔོན་མཁས་པ་ཆེན་པོ་ཤྲཱི་ཧྲཛྷ་རཤྨི་ཏ་སྟེ་དཔལ་ལྡན་ཆོས་སྐྱོང་དང་མཇལ་ནས། དེ་ཉིད་ཀྱིས་བཏུལ་ནས་རབ་ཏུ་བྱུང་ཞིང་བསྙེན་པར་རྫོགས་སོ། །ངང་ཚུལ་བཟང་པོའམ་ཚུལ་ཁྲིམས་བཟང་པོ་ཞེས་བྱ་བའི་སློབ་དཔོན་དེས་ཕྱི་རོལ་པ་གྲགས་པ་ཅན་མང་པོ་བཏུལ་སྙན་པའི་གྲགས་པ་འཛམ་བུ་གླིང་ཀུན་ཏུ་ཁྱབ་པར་གྱུར་པ་ན། རྒྱལ་པོས་གཟེངས་བསྟོད་ཀྱི་གཏང་རགས་སུ་གྲོང་ཁྱེར་གཅིག་ལྷ་འབངས་སུ་ཕུལ་བར། སློབ་དཔོན་གྱིས་དང་དུ་མ་བཞེས་སོ། །གོས་ངུར་སྨྲིག་གྱོན་པ་དག་ནི་ཆོག་ཤེས་དགོས་པས་བདག་ནི་རྒྱལ་པོའི་བཀའ་དྲིན་པ་རྗེན་ལྟོ་གོས་ལྷག་པ་ཆ་དུ་མས་འབྱོར་མོད། མི་ཁྱིམ་ཁྲལ་བུ་ལག་གི་ལྷ་འབངས་སྐྱོང་བ་གཡེང་བའི་རྒྱུ་ཡིན་པས་གོས་པ་མེད་གསུངས། རྒྱལ་པོས་ཡང་བསྐྱར་གྱིས་ཞུས་པས། སྟོན་པ་སྒྲོན་མེ་ཉུབ་ནས་ཡུན་རིང་སོང་བས་འཇིག་རྟེན་ན་འདྲ་མིན་སྨྲ་བ་བྱུང་སྟེ། སེམས་ཅན་རྣམས་ལམ་གོལ་ལམ་སྟོར་གྱིས་འཇིག་རྟེན་མོག་མོག་པོར་གྱུར་བའི་དུས་འདིར། སློབ་དཔོན་ཆེན་པོས་རྒྱལ་བ་ཀུན་གྱིས་མཐུན་པར་ལུང་བསྟན་པས་སྟོན་པ་གཉིས་པར་ཕེབས་པས། ཡོག་སྨྲ་མཐའ་དག་རྨིག་མེད་དུ་ཚར་བཅད་དེ་ཡང་དག་པའི་ལམ་གསལ་བར་མཛད་པའི་བཀའ་འདྲིན་བསབས་པ་དང་། ཕྱིས་ཀྱི་སློབ་གཉེར་བ་དག་བསྐུལ་ཞིང་གཟེངས་བསྟོད་པའི་ཕྱིར་དང་དུ་བཞེས་པར་ཅི་གནང་ཞེས་ནན་གྱིས་ཞུས་ཀྱང་དགེ་སྦྱོང་གི་ཚུལ་མིན་ཞེས་མ་བཞེས་པར་གཙུག་ལག་ཁང་གསར་པ་<PL.94>ཞིག་བཞེངས་བཞུགས་སོ། །གཙུག་ལག་ཁང་དེའི་རྟེན་དང་རྟེན་པ་རྣམས་ནི། རྒྱ་གཞུང་དག་ནས་བཤད་པ་དང་མཐུན་པ་ཁོ་ནའོ། །

解 1：

合并只翻译了主要内容，译者注重每一处的寺院和僧人的数量和所信奉的理论情况，传说故事部分不是重点，所以有所省略。

解 2：

两个故事的注释见《大唐西域记校注》（下）653—662 页。

十五、伽耶城与伽耶山

戒贤伽蓝西南行四五十里，渡尼连禅河，至伽耶城。甚险固，少居人。唯婆罗门有千余家，大仙人祚胤也，王所不臣，众咸宗敬。城北三十余里有清泉，印度相传谓之圣水，凡有饮濯，罪垢消除。

城西南五六里，至伽耶山，溪谷杳冥，峰岩危险，印度国俗，称曰灵山。自昔君王驭宇承统，化洽远人，德隆前代，莫不登封而告成功。山顶上有石窣堵波，高百余尺，无忧王之所建也。灵鉴潜被，神光时烛，昔如来于此演说《宝云》等经。

伽耶山东南有窣堵波，迦叶波本生邑也。其南有二窣堵波，则伽耶迦叶波、捺地迦叶波旧曰那提迦叶，讹也。泊诸迦叶，例无波字，略也。事火之处。

{༧༣ ག྄ཡ་རིའི་གྲོང་ཁྱེར་དང་ག་ཡ་གོ་རིའི་སྐོར།}

ཚལ་ཁྲིམས་བཟང་པོའི་གཙུག་ལག་ཁང་དེའི་ལྷོ་ནུབ་ཀྱི་མཚམས་སུ་རྒྱང་གྲག་(གྲགས)བཅུ་ཕྲག་བཞི་ལྔ་ཙམ་སོང་བ་ན། ནེ་ར་ཉྫ་ནའི་ཆུ་ཀླུང་བརྒལ་བ་ན་ག྄ཡ་གྲོང་ཁྱེར་རོ། །འབར་འབུར་ཤང་ཤོང་ཞིག་ཏུ་བསྒྲོད་པར་དཀའ་བ་གྲོང་ཁྱེར་ན་ཤིན་ཏུ་དཀོན་པ་བྲམ་ཟེ་རིགས་དྲུང་སྲོང་གི་རིགས་ཤ་སྟག་མི་ཁྱིམ་སྟོང་ལྷག་ཙམ་ལས་མེད་ལ། རྒྱལ་པོས་མི་བཀོལ་ཞིང་སྐྱེ་བོ་ཐམས་ཅད་ཀྱིས་བཀུར་སྟི་བྱེད་ཀྱིན་འདུག་གོ །༈ གྲོང་ཁྱེར་གྱི་བྱང་སྒོའི་ཕྱི་རོལ་ན་ཆུ་མིག་ཆེན་པོ་ཡོད་པ་ཀར་(དཀར)ཆག་ན་མིང་འཕགས་ཆུ་ཟེར། བཀྲུ་བཤལ་དང་འཐུང་བས་ཉེས་སྐྱོན་སྡིག་སྒྲིབ་འདག་པའི་གྲགས་པ་ཅན་ནོ། །གྲོང་ཁྱེར་གྱི་ལྷོ་ནུབ་ཏུ་ལེ་བར་དྲུག་བདུན་ཙམ་གྱི་སར་ག་ཡ་གོ་རི་སྟེ། ཤིན་ཏུ་བགྲོད་དཀའ་བ་རྒྱ་གར་ཡོངས་ལ་གནས་ཆེན་དུ་གྲགས་པ། རྒྱལ་པོ་ན་རིམ་གྱིས་ཁྲིར་ཕེབས་པའི་ཐོག་མར་འདིར་གསོལ་མཆོད་དུ་མི་འོང་པ་མེད་དོ། །དེའི་སྤྱི་ལ་མཆོད་རྟེན་ཁྲུ་བརྒྱ་ཙམ་རྒྱལ་པོ་ཨ་ཤོ་ཀས་བཞེངས་པ་ཡོད་དེ་དུས་ཀུན་དུ་བྱིན་རླབས་ཀྱི་འོད་འཕྲོད་པ་ཞིག་གོ །སྔོན་སྟོན་པས་གནས་འདིར་མདོ་སྡེ་དཀོན་མཆོག་སྤྲིན་ལ་སོགས་པ་གསུངས་སོ། །རི་དེའི་ཤར་ལྷོའི་མཚམས་སུ་མཆོད་རྟེན་ཞིག་ཡོད་པ་ནི། འཕགས་པ་འོད་སྲུངས་ཆེན་པོ་འཁྲུངས་པའི་ཡུལ་ལོ། །དེའི་ཡང་ལྷོ་ཕྱོགས་སུ་མཆོད་རྟེན་གཉིས་ཡོད་པ་ནི། ག་ཡ་འོད་སྲུང་གིས་སྦྱིན་སྲེག་གི་རྟུལ་ཞུགས་བྱས་པའི་གནས་སོ། །

解 1：

完整翻译全文。

解 2：

伽耶城与伽耶山的注释见《大唐西域记校注》(下) 664 页。

十六、前正觉山及佛成道故事

伽耶迦叶波事火东，渡大河，至钵罗笈菩提山。唐言前正觉山。如来将证正觉，先登此山，故云前正觉也。如来勤求六岁，未成正觉，后舍苦行，示受乳糜，行自东北，游目此山，有怀幽寂，欲证正觉。自东北冈登以至顶，地既震动，山又倾摇。山神惶惧，告菩萨曰："此山者，非成正觉之福地也。若止于此，入金刚定，地当震陷，山亦倾覆。"菩萨下自西南，山半崖中，背岩面涧，有大石室，菩萨即之，加趺坐焉。地又震动，山复倾摇。时净居天空中唱曰："此非如来成正觉处。自此西南十四五里，去苦行处不远，有卑钵罗树，下有金刚座，去来诸佛，咸于此座而成正觉。愿当就彼！"菩萨方起，室中龙曰："斯室清胜，可以证圣，唯愿慈悲，勿有遗弃！"菩萨既知非取证所，为遂龙意，留影而去。影在昔日，贤愚咸睹，洎于今时，或有得见。诸天前导，往菩提树。逮乎无忧王之兴也，菩萨登山上下之迹，皆树旌表，建窣堵波，度量虽殊，灵应莫异，或天花雨空中，或光照幽谷。每岁罢安居日，异方法俗，登修供养，信宿乃还。

{༡༨ བྱང་ཆུབ་པའི་སྔོན་གྱི་རི་དང་སྔོན་པ་མངོན་པར་རྫོགས་པའི་སྐོར།}

དེའི་ཤར་ཕྱོགས་སུ་ཆུ་ཀླུང་ཆེན་པོ་བརྒལ་བ་ན་སྤྲ་ཉེ་བོ་དྷི་སྟེ་བྱང་ཆུབ་པའི་སྔོན་གྱི་རི་ཞེར་བ་ཡོད་པ་ནི། སྟོན་པ་མངོན་པར་རྫོགས་པར་བྱང་ཆུབ་པའི་སྔོན་རོལ་ཏུ་རི་འདི་ལ་འཛེགས་ཏེ་བཞུགས་འཆགས་མཛད་ཟེར་རོ། །བཅོམ་ལྡན་འདས་ཀྱིས་ལོ་དྲུག་ཏུ་དཀའ་སྤྱད་མཛད་དེ་རྟུལ་ཞུགས་རྫོགས་པ་ན་འོ་ཐུག་བཞེས་པའི་གནས་སོ། །༈ རི་དེའི་བྱང་ཤར་འདབས་སུ་རི་བྱ་འདབ་འདྲ་བའི་སྤོར་གཤེགས་ཏེ་ཏིང་ངེ་འཛིན་ལ་སྙོམས་པར་ཞུགས་ནས་བྱང་ཆུབ་པར་བཞེད་པ་ན་ས་གཡོས་པས། རི་བོ་དེ་ལ་ལྷ་འཛེགས་ཏེ་བྱང་ཆུབ་སེམས་པར་གསོལ་བ། གནས་དེ་ནི་བྱང་ཆུབ་མངོན་དུ་མཛད་པའི་གནས་མིན་ཏེ་ཏིང་ངེ་འཛིན་གྱི་སྟོབས་མོ་ཐེག་ཟེར་རོ། །དེའི་ལྷོ་ནུབ་མཚམས་སུ་མི་རིང་བར་རྫོའི་ཁང་ཆུང་ཞིག་ཡོད་པར་ཕེབས་ཏེ་བསམ་གཏན་ལ་བཞུགས་པར་བརྩམས་པ་ན། གནས་གཙང་མའི་ལྷས་བཀྲ་ཤིས་པའི་ལུང་བསྟན་གྱིས་བསྐུལ་པར་རྟེན།

解 1：

"地又震动，……信宿乃还"一段没有翻译。

解 2：

前正觉山及佛成道故事的注释见《大唐西域记校注》（下）667 页。

十七、菩提树垣

前正觉山西南行十四五里，至菩提树。周垣垒砖，崇峻险固，东西长，南北狭，周五百余步。奇树名花，连阴接影；细沙异草，弥漫绿被。正门东辟，对尼连禅河，南门接大花池，西阨险固，北门通大伽蓝。壖垣内地，圣迹相邻，或窣堵波，或复精舍，并赡部洲诸国君王、大臣、豪族钦承遗教，建以记焉。

{༡༥ བྱང་ཆུབ་ལྗོན་ཤིང་།}

དེའི་ཡང་ལྷོ་ནུབ་མཚམས་སུ་རྒྱང་གྲག་(གྲགས)བཅུ་ཕྲག་བཞི་ལྔ་ཙམ་གྱི་སར། བྱང་ཆུབ་ལྗོན་ཤིང་ཡོད་པའི་གྲིབ་བསིལ་དུ་རྡོ་རྗེ་གདན་ཞེས་བྱ་བ་དུས་གསུམ་གྱིས་བྱང་ཆུབ་བརྙེས་པ་དང་བརྙེས་པར་གྱུར་བ་དང་བརྙེས་པར་འགྱུར་བའི་གནས་སུ་གཤེགས་པ་ན། རྡོ་ཁང་དེར་གནས་པའི་སྐུའི་འདོད་པ་ལྟར་སྐུའི་གྲིབ་མ་བཞག་ནས། ལྷའི་ཚོགས་ཀྱིས་ལམ་སྣ་དྲངས་ཏེ་བྱང་ཆུབ་སྙིང་པོར་གཤེགས་པའི་སར་གྱི་གནས་ཐམས་ཅད་དུ་མཆོད་རྟེན་བྱིན་རླབས་ཡོད་པ་ན་རྒྱལ་པོ་མྱ་ངན་མེད་ཀྱིས་བཞེངས་སོ། །དེ་ལ་བྱང་ཆུབ་སྙིང་པོའི་ར་བ་ནི་ཕྱི་མོ་དང་སོ་ཕག་དག་གིས་བརྩིགས་པ་ཤར་ནུབ་རིང་ཞིང་ལྷོ་བྱང་དོགས་པ་ཁོར་ཡུག་ཏུ་གོམ་པ་ལྔ་བརྒྱ་ལྷག་ཡོད་པ། སྟེང་ན་བྱང་ཆུབ་<PL.95>ཀྱི་ཤིང་སྣ་དང་མེ་ཏོག་སྣ་ཚོགས་ཀྱི་དྲ་བས་ཁེབས་ཏེ་སྒྲིལ་བ། སྒོ་ཆེན་ནི་ཤར་ཕྱོགས་སུ་བཏོད་པར་ནེ་ར་ཉྫ་ནའི་ཆུ་ཀླུང་ལ་གཏོད་པ། ལྷོ་སྒོར་པད་རྫིང་ཆེན་པོ་དང་། ནུབ་སྒོར་བྲག་བརྟན་པོ་ལ་གཏོད་པ། བྱང་སྒོར་གཙུག་ལག་ཁང་ཆེན་པོ་དང་སྒྲིལ་བ། སྐབས་སྐབས་སུ་སྟོན་བྱུང་གི་རྣམ་ཐར་བཟང་པོ་ཐར་ཆགས་སུ་ཡོད་པ། མཆོད་རྟེན་དང་དྲི་གཙང་ཁང་གིས་མཚོན་པའི་རྟགས་ཡོད་པ་ནི། ཡུལ་གཞན་རིགས་མི་གཅིག་པའི་རྒྱལ་པོ་རྣམས་དང་བློན་པོ་དཀའ་དང་རིགས་ཆེན་པོའི་སྐྱེ་བོ་དད་ལྡན་རྣམས་ཀྱིས་བཞེངས་པ་ཡིན་ནོ། །

解 1：

完整翻译全文。

解 2：

菩提树垣的注释见《大唐西域记校注》（下）669 页。

1. 金刚座

菩提树垣正中有金刚座。昔贤劫初成，与大地俱起，据三千大千世界中，下极金轮，上侵地际，金刚所成。周百余步，贤劫千佛坐之而入金刚定，故曰金刚座焉。证圣道所。亦曰道场。大地震动独无倾摇。是故如来将证正觉也。历此四隅地皆倾动。后至此处安静不倾。自入末劫正法浸微。沙土弥覆无复得见。佛涅盘后。诸国君王传闻佛说金刚座量。遂以两躯观自在菩萨像。南北标界东面而坐。闻诸耆旧曰。此菩萨像身没不见佛法当尽。今南隅菩萨没过胸臆矣。

{1. རྡོ་རྗེ་གདན།}

བྱང་ཆུབ་ལྗོན་པའི་ར་བའི་དཀྱིལ་དུ་རྡོ་རྗེའི་གདན་ནམ་བྱང་ཆུབ་སྙིང་པོ་ཡོད་དེ། དེ་ནི་བསྐལ་པ་བཟང་པོའི་སངས་རྒྱས་སྟོང་ཐོག་མར་འཚང་རྒྱ་བ་ན་བྱང་ཆུབ་ཆེན་པོའི་གནས་འདི་ཉིད་ཡིན་པས་མི་གཡོ་མི་འཇིགས་བརྟན་པ་སྲ་བ་སྟོང་གསུམ་གྱི་སྟོང་ཆེན་པོའི་འཇིག་རྟེན་གྱི་དཀྱིལ་ཏེ། འོག་གསེར་གྱི་འཁོར་ལོ་ལ་བརྟེན་པ་རང་བཞིན་ནི་རྡོ་རྗེ་རིན་པོ་ཆེ་འབའ་ཞིག་ལས་གྲུབ་པ་དང་། སངས་རྒྱས་ཐམས་ཅད་འདིར་བཞུགས་ནས་རྡོ་རྗེ་ལྟ་བུའི་ཏིང་ངེ་འཛིན་ལ་སྙོམས་པར་འཇུག་པས་ན་མིང་དེ་ལྟར་ཆགས་སོ། །

解 1：

（1）翻译大意。

（2）没有翻译“证圣道所。亦曰道场。大地震动独无倾摇。是故如来将证正觉也。历此四隅地皆倾动。后至此处安静不倾。自入末劫正法浸微。沙土弥覆无复得见。佛涅盘后。诸国君王传闻佛说金刚座量。遂以两躯观自在菩萨像。南北标界东面而坐。闻诸耆旧曰。此菩萨像身没不见佛法当尽。今南隅菩萨没过胸臆矣。”译者对传说故事或人物的历史有所省略，原因为不是重点。

解 2：

金刚座的注释见《大唐西域记校注》（下）669 页。

2. 菩提树及其事迹

金刚座上菩提树者，即毕钵罗之树也。昔佛在世，高数百尺，屡经残伐，犹高四五丈。佛坐其下成等正觉，因而谓之菩提树焉。茎干黄白，枝叶青翠，冬夏不凋，光鲜无变。每至如来涅盘之日，叶皆凋落，顷之复故。是日也，诸国君王、异方法俗，数千万众，不召而集，香水香乳，以溉以洗。于是奏音乐，列香花，灯炬继日，竞修供养。如来寂灭之后，无忧王之初嗣位也，信受邪道，毁佛遗迹，兴发兵徒，躬临剪伐。根茎枝叶，分寸斩截，次西数十步而积聚焉，令事火婆罗门烧以祠天。烛焰未静，忽生两树，猛火之中，茂叶含翠，因而谓之灰菩提树。无忧王睹异悔过，以香乳溉余根，洎乎将旦，树生如本。王见灵怪，重深欣庆，躬修供养，乐以忘归。王妃素信外道，密遣使人，夜分之后，重伐其树。无忧王旦将礼敬，唯见蘖株，深增悲慨，至诚祈请，香乳溉灌，不日还生。王深敬异，垒石周垣，其高十余尺，今犹见在。近设赏迦王者，信受外道，毁嫉佛法，坏僧伽蓝，伐菩提树，掘至泉水，不尽根柢，乃纵火焚烧，以甘蔗汁沃之，欲其燋烂，绝灭遗萌。数月后，摩揭陀国补刺拏伐摩王，唐言满胄。无忧王之末孙也，闻而叹曰："慧日已隐，唯余佛树，今复摧残，生灵何睹？"举身投地，哀感动物，以数千牛构乳而溉，经夜树生，其高丈余。恐后剪伐，周峙石垣，高二丈四尺。故今菩提树隐，于石壁出一丈余。

菩提树东有精舍，高百六七十尺，下基面广二十余步，垒以青砖，涂以石灰。层龛皆有金像，四壁镂作奇制，或连珠形，或天仙像，上置金铜阿摩落迦果。亦谓宝瓶，又称宝台。东面接为重阁，檐宇特起三层，榱柱栋梁，户扉寮牖，金银雕镂以饰之，珠玉厕错以填之。奥室邃宇，洞户三重。外门左右各有龛室，左则观自在菩萨像，右则慈氏菩萨像，白银铸成，高十余尺。

精舍故地，无忧王先建小精舍，后有婆罗门更广建焉。初，有婆罗门不信佛法，事大自在天，传闻天神在雪山中，遂与其弟往求愿焉。天曰："凡诸愿求，有福方果，非汝所祈，非我能遂。"婆罗门曰："修何福可以遂心？"天曰："欲植善种，求胜福田，菩提树者，证佛果处也。宜时速反，往菩提树，建大精舍，穿大水池，兴诸供养，所愿当遂。"婆罗门受天命，发大信心，相率而返，兄建精舍，弟凿水池。于是广修供养，勤求心愿，后皆果遂，为王大臣，凡得禄赏，皆入檀舍。

精舍既成，招募工人，欲图如来初成佛像。旷以岁月，无人应召。久之，有婆罗门来告众曰：“我善图写如来妙相。”众曰：“今将造像，夫何所须？”曰：“香泥耳。宜置精舍之中，并一灯照我，入已，坚闭其户，六月后乃可开门。”时诸僧众皆如其命，尚余四日，未满六月，众咸骇异，开以观之。见精舍内佛像俨然，结加趺坐，右足居上，左手敛，右手垂，东面而坐，肃然如在。座高四尺二寸，广丈二尺五寸，像高丈一尺五寸，两膝相去八尺八寸，两肩六尺二寸。相好具足，慈颜若真，唯右乳上图莹未周。既不见人，方验神鉴。众咸悲叹，殷懃请知。有一沙门宿心淳质，乃感梦见往婆罗门而告曰：“我是慈氏菩萨，恐工人之思不测圣容，故我躬来图写佛像。垂右手者，昔如来之将证佛果，天魔来娆，地神告至，其一先出，助佛降魔。如来告曰：‘汝勿忧怖，吾以忍力降彼必矣！’魔王曰：‘谁为明证？’如来乃垂手指地言；‘此有证。’是时第二地神踊出作证。故今像手仿昔下垂。”众知灵鉴，莫不悲感。于是乳上未周，填厕众宝，珠缨宝冠，奇珍交饰。设赏迦王伐菩提树已，欲毁此像，既睹慈颜，心不安忍，回驾将返，命宰臣曰：“宜除此佛像，置大自在天形。”宰臣受旨，惧而叹曰：“毁佛像则历劫招殃，违王命乃丧身灭族，进退若此，何所宜行！”乃召信心以为役使，遂于像前横垒砖壁，心惭冥闇，又置明灯。砖壁之前画自在天。功成报命，王闻心惧，举身生疱，肌肤攫裂，居未久之，便丧没矣。宰臣驰返，毁除障壁。时经多日，灯犹不灭。像今尚在，神工不亏。既处奥室，灯炬相继，欲睹慈颜，莫由审察，必于晨朝，持大明镜，引光内照，乃睹灵相。夫有见者，自增悲感。

{2. བྱང་ཆུབ་ཤིང་དང་དེ་མིན་གྱི་རྗེས་ཤུལ། }

བྱང་ཆུབ་ཀྱི་ཤིང་ལ་བི་ཧ་ར་བྲིཀྵ་ཟེར་རོ་[བོ་དྷི་བྲྀཀྵ]། །སྔོན་སྟོན་པ་འཚོ་ཞིང་གཞིས་དུས་ཤིང་དེའི་སྲིད་དུ་ཁྲུ་བརྒྱ་ཕྲག་དུ་མ་ཡོད་པ་ཕྱིས་རིམ་གྱིས་འགྲིབ་ནས་ཁྲུ་བརྒྱ་ཕྲག་ཅིག་ཙམ་གྱི་ཚད་དུ་གྱུར་སྣང་ངོ་། །སྔོན་སྟོན་པ་ཐོག་མར་མངོན་བྱང་རྫོགས་པར་མཛད་པའི་སྐབས་ཤིང་དེའི་དྲུང་དུ་ཏིང་ངེ་འཛིན་ལ་སྙོམས་པར་ཞུགས་པས་མཚན་ལ་བྱབ་(བྱང་ཆུབ)ཤིང་ཞེས་ཐོགས་སོ། །དེར་ཞལ་ཤར་དུ་ཕྱོགས་པའི་སྤྱན་རས་གཟིགས་ཀྱི་སྐུ་བརྙན་ཆེན་པོ་ཞིག་ཡོད་དེ། གཏམ་བརྒྱུད་རྣམས་ལ་སྐུ་བརྙན་འདི་ནམ་ཞིག་པའི་འོག་ཏུ་བག་ལ་ཞལ་ཟིན་པ་དང་རྒྱལ་བའི་བསྟན་པ་ཡང་ནུབ་ཟིན་པ་ཡིན་ཟེར་རོ། །ད་ལྟ་ཐུགས་ཁ་

མན་ཆད་པ་ལ་ནུབ་ཐལ་ཟེར་རོ། །བྱང་ཆུབ་ཤིང་གི་ཁ་དོག་ཅུང་ཟད་སེར་ལ་དཀར་ཤས་ཆེ་བ། དབྱར་རྒྱུན་ནམ་དུ་ཡང་ལོ་འདབ་དང་ལྡན་པ། སྟོན་པ་མྱ་ངན་ལས་འདས་ནས་ལོ་བརྒྱ་ན་ཨ་ཤོ་ཀ་རྒྱལ་པོར་གྱུར་པ་ན་ཐོག་མར་མུ་སྟེགས་པས་བསླུས་ནས། ནང་པའི་བསྟན་པ་ལ་གནོད་པ་བྱས་ཤིང་སྤྱོད་པ་མ་ཉུང་པ་སྤྱད་སྐབས། བྱང་ཆུབ་ལྗོན་ཤིང་ཡང་བཅད་གཏུབ་སོགས་ཀྱི་སྤྱོད་པ་གང་རྒྱུབ་བྱས་ཀྱང་མི་རིང་བར་མྱུ་གུ་གསར་བ་རྩེ་མོ་གཉིས་པ་ཞིག་སྐྱེས་པས་ཨ་ཤོ་ཀ་ངོ་མཚར་ཏེ། མེ་རོ་འོ་མས་བསད་རྩ་བ་སྐམ་པའི་སྟེང་དུ་འོ་མ་བླུགས་ཤིང་བསྐྱངས་པས་སྔར་སོས་སྟེ་སྔ་མ་བཞིན་དུ་གྱུར་ཏོ། །དེ་ནས་ཨ་ཤོ་ཀས་ནོངས་བཤགས་བྱས་ཏེ་སྔར་བསྲུང་ཞིང་བསྐྱངས་པ་དང་མཆོད་པ་ཕུལ་དུ་ཕྱིན་པ་བསྒྲུབས་སོ། །དེ་ནས་སྔར་ཡང་གནོད་པ་བསྲུང་ཕྱིར་སོ་ཕག་གིས་ར་བ་བརྩིགས་སོ། །དུས་ཕྱིས་ཀྱི་རྒྱལ་པོ་ཤང་ཁས་ཨ་ཤོ་ཀའི་ཐོག་མའི་སྐབས་བཞིན་མ་ཉུངས་པའི་བྱ་བ་ལ་ཞུགས་རྗེས། ཨ་ཤོ་ཀའི་གདུང་བརྒྱུད་ཐ་མ་རྒྱལ་པོ་པུརྞ་ཝ་རྨ་ཏེ་གང་བའི་གོ་ཆས་ཞིག་གསོས་ལེགས་པར་བྱས་ཡུན་དུ་སྐྱོབ་ཕྱིར་ཤིང་གི་ཐོག་ཏུ་སོ་ཕག་གི་ཁང་པ་བརྩིགས་ཏེ་ཕུབས་པའི་ཐོག་ན་ད་ལྟ་ལྗོན་ཤིང་དེའི་རྩེ་མོ་འདོམ་བཞི་ཙམ་བརྗོལ་ནས་ཐོག་འདུག་གོ།

དེའི་ཤར་ཕྱོགས་ན་གཙུག་ལག་ཁང་ཅིག་ཡོད་པའི་དྲི་གཙང་ཁང་དཔངས་སུ་ཁྲི་བརྒྱ་ཕྲག་གཅིག་དང་བདུན་བརྒྱད་ལྷག་ཚང་གི་རྒྱ་ཁྱོན་གོམ་པ་ཉི་ཤུ་ལྷག་ཕྱི་ནང་ཐམས་ཅད་སོ་ཕག་ཚོན་སྔོན་པོའི་བྱེ་མ་བྱུགས་པ་རྗོའི་སྦྲཊ་རྗོ་ལ་ཉིས་བརྩེགས་<PL.96>སུ་བརྩིགས་པ། གཞི་མིག་མདངས་རིས་སུ་བཀོས་པ་གསེར་ཟངས་ལས་བྱས་པའི་ཧོག་ཤིང་ཧོག་ཨ་མྲའི་དབྱིབས་ཅན། དེའི་གཡོན་རོལ་ན་ཁང་བརྩེགས་སྒྲིལ་མ་བྱ་འདབ་རིམ་པ་གསུམ་བརྩེགས་སུ་ཡོད་པའི་སྐར་ཁུང་ཐམས་ཅད་གསེར་དང་དངུལ་ཟངས་ཐལ་དུ་བཀོས་པས་བརྒྱན་པ། མུ་ཏིག་དང་རྗེ་སྙིང་སོགས་རིན་པོ་ཆེ་དུ་མས་ཕྲ་བཏབ་པ། འོག་ན་ཟག་ཁུང་ལྔ་བུར་བརྩིགས་པ་ཡོད་པའི་ནང་དུ་རྟེན་གསུམ་བཞུགས་པ་ནི། དབུས་སུ་སྟོན་པ་བཅོམ་ལྡན་འདས་ཀྱི་སྐུ་བརྙན་དང་[བོ་ཧྲི་ཀ་ཡ]། གཡོན་མ་ནི་སྤྱན་རས་གཟིགས་དབང་ཕྱུག་དང་། གཡས་མ་ནི་རྒྱལ་བ་མ་ཕམ་པའི་སྐུ་བརྙན་ཏེ་གསུམ་ཀ་དངུལ་རྐྱང་ལས་གྲུབ་པ་གསུམ་ཀའི་སྲིད་དུ་ཁྲུ་བཅུ་ཕྲག་ལྷག་མཆིས་པ་མདངས་འཚེར་གྱི་འོད་འབྱིན་བཞིན་པའོ། །དེའི་རྨངས་གཞི་རྙིང་པ་ནི། རྒྱལ་པོ་ཨ་ཤོ་ཀས་བཞེངས་པའི་མཆོད་རྟེན་ཞིག་ཡོད་པ། བྲམ་ཟེ་དད་པ་དང་ལྡན་པ་ཅིག་(ཞིག)གིས་གཙུག་ལག་ཁང་ཆེན་པོ་ཇེ་རྒྱས་སུ་བཏང་བ་ཡིན་ནོ། །དེའི་ལོ་རྒྱུས་ནི། བྲམ་ཟེ་ཕྱུག་པོ་ནང་ལ་མི་དད་པ་ཅིག་ཡོད་པ་དེ་དབང་ཕྱུག་ཆེན་པོ་ལ་དད་པ་ཆེ་བས། ལྷ་དབང་ཕྱུག་ཆེན་པོ་གངས་རི་ཏི་སེ་ལ་བཞུགས་པར་ནུ་བོ་ཅིག་(ཞིག)

ཡོད་པ་ཁྲིད་ནས་དབང་ཕྱུག་ཆེན་པོ་མཇལ་ཏེ་ཅི་བསམ་འགྲུབ་པའི་མཆོག་ཞུ་ཟེར་བས། ལྷ་ཆེན་གྱིས་བསོད་ནམས་ལ་རག་ལས་མོད། ཁྱོད་ཀྱི་བསོད་ནམས་ཀྱི་སྐལ་བ་བསྟན་ནོ་གསུངས་ཤིང་། སྟོན་པ་བཅོམ་ལྡན་འདས་ཤཱཀྱ་ཐུབ་པ་ནི་ལྷ་དང་བཅས་པའི་འཇིག་རྟེན་གྱི་མགོན་སྐྱབས་བླ་ན་མེད་པ་སྟེ། དེས་མངོན་པར་རྫོགས་པར་བྱང་ཆུབ་བརྙེས་པ་ནི་རྡོ་རྗེ་གདན་གྱི་སྦོ་བྱང་ཆུབ་ཤིང་གི་དྲུང་ཡིན་པས་སོ་ཞེས་གསུངས་སོ། །༄ དེ་དང་ཉེ་བའི་ས་ཆེ་གེ་མོ་ཞིག་ན་གཙུག་ལག་ཁང་ཆེན་པོ་ཞིག་ཡོད་པ་དེ་ཇེ་རྒྱས་སུ་བཏང་ནས་མཆོད་ཅིག་དང་བསོད་ནམས་མང་པོ་འཐོབ་ཅིང་གང་བསམ་འགྲུབ་པོ་ཞེས་ལུང་བསྟན་པས། བྲམ་ཟེ་སྤུན་གྱིས་ཞིག་གསོས་གསར་བཟོ་སྒྲུགས་མར་བྱས་ཤིང་། བྲམ་ཟེའི་ནུ་བོས་ཆེད་གཏད་ཀྱིས་རྫིང་བུ་གཙང་ཞིང་ལེགས་པ་བྲུས་ནས། དགེ་འདུན་ལ་བསྙེ་སྐྱངས་བྱས་སོ། །དེར་ཐོག་མར་རྟེན་བཞེངས་པར་བརྩམས་པ་ན་བཟོ་བོ་མཁས་པ་མ་རྙེད་ནས་ཐབས་ཅི་འདྲ་བས་རྙེད་བསམས་ནས་ཡུན་རིང་ཙམ་སོང་བ་ན། ལན་ཅིག་བྲམ་ཟེ་བཞི་འོང་ནས་རི་མོ་མཁས་པར་ཁས་བླངས་སོ། །དགོས་པའི་ཡོ་བྱད་དྲིས་པར། བཟོ་བས་སྤོས་ཀྱི་དྲི་འདམ་ཇེ་འདངས་དགོས་པ་ལས་གཞན་ཅི་ཡང་མི་དགོས་ཟེར་བ་ལྟར་སྒྲ་གོན་བྱས་ཏེ་བསྐྲུབས་པ་དང་། བཟོ་བོ་ཁང་པའི་ནང་དུ་མར་མེ་ཞིག་སྦར་ནས་ཟླ་བ་དྲུག་གི་བར་མཚམས་གཅོད་དགོས་ཟེར་རོ། །དེ་ལྟར་བྱས་ཏེ་ཟླ་བ་གཉིས་ཙམ་སོང་བ་ན་དགེ་འདུན་རྣམས་ཐེ་ཚོམ་ཟོས་ནས་སྒོ་ཕྱེ་སྟེ་བལྟས་ཙ་ན་སྐུ་འདྲ་ལྷང་ངེར་བཞུགས་འདུག རྡོ་རྗེའི་སྐྱིལ་དཀྲུང་གིས་སྟན་མཐོན་པོའི་སྟེང་ན་བཞུགས་པའི་སྟན་གྱི་དཔངས་ཁྲུ་བཞི་ཚོན་དེ་རྒྱར་འདོམ་དོ་དང་ཁྲུ་གཉིས་ཚོན་ལྔ། སྐུ་དངོས་སྲིད་དུ་འདོམ་དོ་ཁྲུ་གང་ཚོན་ལྔ་ཕུས་མི་གཉིས་ཀྱི་བར་ཁྲུ་བརྒྱད་ཚོན་བརྒྱད། ཕྲག་གོང་གཉིས་ཀྱི་བར་ཁྲུ་དྲུག་ཚོན་དོ། ཤར་ཕྱོགས་སུ་གདོང་ཕྱེད་པའི་ཚུལ་དུ་བཞུགས་པ། ཕྱག་རྒྱ་གཡས་པ་གནོན་ཏེ་སའི་ལྷ་མོ་དཔང་དུ་བཙུག་པའི་ཚུལ་དང་། གཡོན་མཉམ་བཞག་བདུད་བཏུལ་པའི་ཕྱག་རྒྱར་གྲགས་པ་ཡོངས་གྲགས་དབུས་མ་དང་། <PL.97>མཚན་དཔེ་ཡོངས་སུ་རྫོགས་པའི་དཔལ་འབར་བ། ནུ་མ་གཡས་པའི་གོང་དུ་ཅུང་ཟད་མ་ལོངས་པ་ནི་སྒོ་ཕྱེ་སྔ་བས་ལན་ནོ་ཟེར། དེ་ལྟར་སྐུ་བརྙན་གྲུབ་ཟིན་པ་དང་བཙུན་པ་དང་བརྒྱུད་བཟང་ཞིང་ཆོས་ལ་བརྩོན་པ་ཞིག་གི་རྨི་ལམ་ན། བྲམ་ཟེ་བཟོ་བོ་དེས་སྨྲས་པ། བདག་ནི་བྱང་ཆུབ་སེམས་དཔའ་བྱམས་པ་སྟེ། བཟོ་བོ་ཕལ་པ་དག་གིས་བཅོམ་ལྡན་འདས་ཀྱི་ཞལ་ཇི་ལྟ་བ་བཞིན་བཟོ་མི་ནུས་པས། བྲམ་ཟེ་བཟོ་བོ་ཞིག་ཏུ་བརྫུས་ནས་འོངས་པ་ཡིན་ནོ་ཞེས་གསུངས་ཟེར་རོ། །༄ སྔ་སོར་རྒྱལ་པོ་ཤཏྣས་བྱང་ཆུབ་ལྡོན་པ་ལ་མ་དད་པ་བྱས་པ་ན་སྐུ་བརྙན་འདི་ཉིད་བཤིག་པར་ནང་བློན་

བཏང་ཏེ་ཤུལ་དུ་ལྷ་ཆེན་པོའི་གཟུགས་བརྙན་བྲིས་ཤིག་ཅེས་བསྒོས་པས། ནང་བློན་དེས་དོགས་པ་ཟློས་ནས་བཤིགས་མ་ནུས་པས་ལྡོག་པའི་ཚེ། སྨོ་མ་འདམ་འབྱུར་གྱི་ཞལ་བ་བྱས་ནས་དབང་ཕྱུག་གི་གཟུགས་བརྙན་བྲིས་ནས་ལོག་ཏེ་བཀའ་བཞིན་སྒྲུབས་ཟིན་ཞེས་ཞུས་སོ། །རྒྱལ་པོ་ཤཤྐ་དེ་ནས་བཟུང་སེམས་ལ་འཛིགས་སྣང་ཆེར་སྐྱེས་ཤིང་མ་འགྱངས་པར་མཛེ་ནད་ཀྱི་མགོ་ལུས་རུལ་ཞིང་རྫོལ་ནས་ཤི་བ་དང་། ནང་བློན་དེས་འདག་འབྱུར་གྱི་ལྷ་སྐུ་བཤིགས་སྟེ་སྔར་ལུགས་བཞིན་དུ་བཏང་བ་ན། ཐོག་མའི་མར་མེ་མ་འདས་པར་སྣང་ངོ་། །དེ་བར་ལ་ལོ་མང་ཙམ་ཐལ་ཟིན་ནོ། །

解 1：

（1）翻译大意。

（2）批注 1 意为菩提树称“布迪巴热夏”。

（3）批注 2 意为雕塑称“博织哈热嘎亚”。

解 2：

菩提树及其事迹的注释见《大唐西域记校注》（下）672 页。

3. 如来成道时日

如来以印度吠舍佉月后半八日成等正觉，当此三月八日也。上座部则吠舍佉月后半十五日成等正觉，当此三月十五日也。是时如来年三十矣，或曰年三十五矣。

4. 如来成道及诸奉佛遗迹

菩提树北，有佛经行之处。如来成正觉已，不起于座，七日寂定。其起也，至菩提树北，七日经行，东西往来，行十余步，异花随迹，十有八文。后人于此垒砖为基，高余三尺。闻诸先志曰：此圣迹基，表人命之修短也。先发诚愿，后乃度量，随寿修短，数有增减。经行基北道右盘石上，大精舍中有佛像，举目上望。昔者如来于此七日观菩提树，目不暂舍。为报树恩，故此瞻望。

菩提树西不远，大精舍中有鍮石佛像，饰以奇珍，东面而立。前有青石，奇文异采。是昔如来初成正觉，梵王起七宝堂，帝释建七宝座，佛于其上七日思惟，放异光明，照菩提树。去圣悠远，宝变为石。菩提树南不远，有窣堵波，高百余尺，无忧王之所建也。菩萨既濯尼连河，将趣菩提树，窃自思念：“何以为座？”寻自发明，当须净草。天帝释化其身为刈草人，荷而逐路。菩萨谓曰："所荷之草，颇能惠耶？"化人闻命，恭以草奉。菩萨受已，执而前进。

受草东北不远，有窣堵波，是菩萨将证佛果，青雀群鹿呈祥之处。印度休征，斯为嘉应。故净居天随顺世间，群从飞绕，效灵显圣。

菩提树东大路左右，各一窣堵波，是魔王娆菩萨处也。菩萨将证佛果，魔王劝受轮王，策说不行，殷忧而返。魔王之女请往诱焉，菩萨威神，衰变治容，扶羸策杖，相携而退。

菩提树西北精舍中，有迦叶波佛像，既称灵圣，时烛光明。闻诸先记曰：若人至诚，旋绕七周，在所生处，得宿命智。迦叶波佛精舍西北二砖室，各有地神之像。昔者如来将成正觉，一报魔至，一为佛证。后人念功，图形旌德。

菩提树垣西不远，有窣堵波，谓郁金香，高四十余尺，漕矩咤国商主之所建也。昔漕矩咤国有大商主，宗事天神，祠求福利，轻蔑佛法，不信因果。其后将诸商侣，贸迁有无，泛舟南海，遭风失路，波涛飘浪，时经三岁，资粮罄竭，糊口不充。同舟之人朝不谋夕，戮力同志，念所事天，心虑已劳，冥功不济。俄见大山，崇崖峻岭，两日联晖，重明照朗。时诸商侣更相慰曰："我曹有福，过此大山，宜于中止，得自安乐。"商主曰："非山也，乃摩竭鱼耳。崇崖峻岭，须鬣也。两日联晖，眼光也。"言声未静，舟帆飘凑。于是商主告诸侣曰："我闻观自在菩萨于诸危厄，能施安乐。宜各至诚，称其名字。"遂即同声归命称念。崇山既隐，两日亦没。俄见沙门威仪庠序，杖锡凌虚而来拯溺，不踰时而至本国矣。因即信心贞固，求福不回，建窣堵波，式修供养，以郁金香泥而周涂上下。既发信心，率其同志，躬礼圣迹，观菩提树，未暇言归，已淹晦朔。商侣同游，更相谓曰："山川悠间，乡国辽远，昔所建立窣堵波者，我曹在此，谁其洒扫？"言讫，旋绕至此。忽见窣堵波，骇其由致。即前瞻察，乃本国所建窣堵波也。故今印度因以郁金为名。

菩提树垣东南隅尼拘律树侧窣堵波，傍有精舍，中作佛坐像。昔如来初证佛果，大梵天王于此劝请转妙法轮。

菩提树垣内四隅皆有大窣堵波。在昔如来受吉祥草已，趣菩提树，先历四隅，大地震动，至金刚座，方得安静。树垣之内，圣迹鳞次，差难遍举。

{༧༨ སྟོན་པ་མཆོག་མངོན་དུ་མཛད་པའི་དུས་དང་དེའི་རྗེས་ཤུལ།}

སྟོན་པ་མཆོག་མངོན་དུ་མཛད་པའི་དུས་ནི་རྒྱ་གར་པས་རྒྱལ་ཟླ་བའི་ཡར་ཚེས་བརྒྱད་ལ་ཡིན་ཟེར་བ་འགའ་ཞིག་སྟེ། དེ་ནི་རྒྱ་ནག་གི་ཟླ་བ་གསུམ་པའི་ཡར་ངོའི་ཚེས་བརྒྱད་ཡིན། འཕགས་པ་གནས་བརྟན་པས་རྒྱལ་ཟླ་བའི་མར་ངོའི་ཚེས་བརྒྱད་ཀྱང་ཟེར་བ་ལྟར་ན་རྒྱ་ནག་གི་ཟླ་བ་གསུམ་པའི་ཉ་ལ་ཡིན་པར་སྣང་ངོ་། །མངོན་པར་བྱང་ཆུབ་པའི་དགུང་ལོ་ཡང་དགུང་གྲངས་སུམ་ཅུ་ལ་བཞེད་པ་དང་སོ་ལྔ་ལ་བཞེད་པ་གཉིས་ཡོད་དེ། བྱང་ཆུབ་ཤིང་གི་རྒྱབ་ལོགས་སུ་སྟོན་པ་བཞུགས་འཆག་མཛད་པའི་གནས་ཡོད་དོ། །སྟོན་པ་སངས་རྒྱས་ནས་ཀྱང་ཞག་བདུན་གྱི་བར་ཏིང་ངེ་འཛིན་མ་བཏང་ཞིང་། ཞག་བདུན་འདས་པ་ན་བསམ་གཏན་ལས་བཞེངས་ནས་དེར་གཤེགས་འཆག་མཛད་པས་གོམ་པ་འདོར་སར་མེ་ཏོག་སྣ་ཚོགས་སྐྱེས་སོ། །ད་ལྟ་སོ་ཕག་གི་ར་བ་ཁྲུ་གསུམ་ཡོངས་པ་བརྩིགས་པ་ནི་བསྲུང་བའི་དོན་དུའོ། །༈ དེའི་རྒྱབ་རོལ་དུ་ཕ་བོང་ལེབ་མོ་ཞིག་གི་སྟེང་དུ་རྫོའི་ཁང་པའི་ནང་དུ་སྟོན་པའི་སྐུ་བརྙན་སྤྱན་གྱེན་གཟིགས་ཅིག་(ཤིག)ཡོད་པ་ནི། སྟོན་པ་སངས་རྒྱས་ནས་འདིར་ཞག་བདུན་གྱི་རིང་ལ་སྤྱན་མི་འཛུམ་པར་བྱང་ཆུབ་ཤིང་ལ་གཟིགས་པའི་གནས་སོ། །བྱང་ཆུབ་ཤིང་གི་གཡས་རོལ་མི་རིང་བར་གཙུག་ལག་ཁང་ཞིག་ཡོད་པའི་ནང་དུ་གསེར་ཟངས་ལས་གྲུབ་པའི་སྐུ་བརྙན་རྒྱན་ཐམས་ཅད་ཚང་བར་ཡོད་པ་ནི། སྟོན་པ་སངས་རྒྱས་ནས་རིང་པོ་མ་ལོན་པར་བརྒྱ་བྱིན་གྱིས་རིན་ཆེན་སྣ་བདུན་གྱིས་གཙང་ཁང་བཞེངས་ཏེ་ཕུལ་བ་ད་ལྟ་རིན་པོ་ཆེ་ནི་རྫི་བར་གྱུར་འདུག་གོ། བྱང་ཆུབ་ཤིང་གི་མདུན་ངོས་སུ་མི་རིང་བར་ཨ་ཤོ་ཀས་བཞེངས་པའི་མཆོད་རྟེན་ཁྲུ་བརྒྱ་ལྷག་ཡོད་པ་ནི། སྟོན་པས་རྩྭ་གདན་དགོངས་པ་ན་བརྒྱ་བྱིན་གྱིས་རྩྭ་འཚོང་བཀྲ་ཤིས་སུ་སྤྲུལ་ནས་རྩྭ་ཕུལ་བའི་གནས་སོ། །དེའི་གཡོན་ལོགས་མི་རིང་བར་མཆོད་རྟེན་ཅིག་ཡོད་པ་ནི། སྟོན་པས་རྩྭ་བཞེངས་ནས་རིམ་གྱིས་གཤེགས་ཤིང་བྱང་ཆུབ་ཤིང་དང་ཉེ་བ་ན་བྱ་སྐྱ་ཀ་དང་ཤ་(ཤྭ)བ་སོགས་ཀྱིས་བཀྲ་ཤིས་པའི་སྒྲ་སྒྲོགས་ཤིང་རྟེན་འབྲེལ་འགྲིགས་པའི་གནས་སོ། །བྱང་ཆུབ་ཤིང་གི་ཤར་ཕྱོགས་སུ་ཐེག་ལམ་ཆེན་པོའི་<PL.98>ལོགས་གཉིས་ལ་མཆོད་རྟེན་རེ་ཡོད་པ་ནི། བདུད་སྡིག་ཏོ་ཅན་གྱིས་སྟོན་པ་ལ་འཁོར་ལོ་བསྒྱུར་བའི་རྒྱལ་སྲིད་སྐྱོང་བར་བསླུལ་ཞིང་། བདུད་ཀྱི་བུ་མོ་མཛེས་མ་ཕུལ་བར་སྟོན་པས་མ་གནང་ཞིང་བུ་མོ་དག་རྒས་འགོག་པར་བྱིན་གྱིས་རླབས་པས། བདུད་ངོ་ཚ་ཞིང་ལོག་པའི་གནས་སོ། །བྱང་ཆུབ་ཤིང་ནུབ་བྱང་ཕྱོགས་སུ་གཙུག་ལག་ཁང་ཞིག་ཡོད་པའི་ནང་དུ་སངས་

རྒྱས་འོད་སྲུང་གི་སྐུ་བརྙན་བཞུགས་པ་ནི་ཤིན་ཏུ་བྱིན་རླབས་ཆེ་བར་གྲགས་པ་སྟེ་སྐབས་སྐབས་སུ་འོད་བྱིན་ནོ། །ཀར་(དཀར)ཆག་རྣམས་སུ་དད་ལྡན་རྣམས་ཀྱིས་བསྐོར་བ་ལན་བདུན་བྱས་ན་སྐྱེ་བ་དྲན་པའི་གཟུངས་འཐོབ་པར་བཤད་འདུག་གོ། དེའི་ཡང་ནུབ་བྱང་ཕྱོགས་སུ་སོ་ཕག་དང་ཀྱི་མོའི་གཙང་ཁང་ཆེ་བ་གཉིས་ཡོད་པ་རེ་རེའི་ནང་དུ་སའི་ལྷ་མོའི་སྐུ་བརྙན་རེ་རེ་བཞུགས་སོ། །

解 1：

（1）“如来成道时日” 全文翻译。

（2）“如来成道及诸奉佛遗迹” 翻译大意，其中没有翻译的内容如下：

a.“闻诸先志曰：此圣迹基，表人命之修短也。先发诚愿，后乃度量，随寿修短，数有增减。”

b.“是昔如来初成正觉，梵王起七宝堂，帝释建七宝座，佛于其上七日思惟，放异光明，照菩提树。去圣悠远，宝变为石。”

c.“菩萨既濯尼连河，将趣菩提树，窃自思念：‘何以为座？’寻自发明，当须净草。天帝释化其身为刈草人，荷而逐路。菩萨谓曰：‘所荷之草，颇能惠耶？’化人闻命，恭以草奉。菩萨受已，执而前进。”

解 2：

两个故事的注释见《大唐西域记校注》（下）678—683 页。

5. 菩提树垣附近诸迹

菩提树垣外，西南窣堵波，奉乳糜二牧女故宅。其侧窣堵波，牧女于此煮糜。次此窣堵波，如来受糜处也。

6. 南门外遗迹

菩提树垣南门外有大池，周七百余步，清澜澄镜，龙鱼潜宅，婆罗门兄弟承大自在天命之所凿也。次南一池，在昔如来初成正觉，方欲浣濯，天帝释为佛化成，池西有大石，佛浣衣已，方欲曝晒，天帝释自大雪山持来也。其侧窣堵波，如来于此纳故衣。次南林中窣堵波，如来受贫老母施故衣处。

帝释化池东林中，有目支邻陀龙王池，其水清黑，其味甘美。西岸有小精舍，中作佛像。昔如来初成正觉，于此宴坐，七日入定。时此龙王警卫如来，即以其身绕佛七匝，化出多头，俯垂为盖，故池东岸有其室焉。

目支邻陀龙池东林中精舍，有佛羸瘦之像。其侧有经行之所，长七十余步，南北各有卑钵罗树。故今土俗，诸有婴疾，香油涂像，多蒙除差。是菩萨修苦行处。如来为伏外道，又受魔请，于是苦行六年，日食一麻一麦，形容憔悴，肤体羸瘠，经行往来，攀树后起。

菩萨苦行卑钵罗树侧，有窣堵波，是阿若憍陈如等五人住处。初，太子之舍家也，彷徨山泽，栖息林泉，时净饭王乃命五人随瞻侍焉。太子既修苦行，憍陈如等亦即勤求。

憍陈如等住处东南，有窣堵波，菩萨入尼连禅那河沐浴之处。河侧不远，菩萨于此受食乳糜。其侧窣堵波，二长者献麨蜜处。佛在树下结加趺坐寂然宴默。受解脱乐过七日后方从定起。时二商主行次林外。而彼林神告商主曰。释种太子今在此中。初证佛果心凝寂定。四十九日未有所食。随有奉上获大善利。时二商主各持行资麨蜜奉上。世尊纳受。

长者献侧，有窣堵波，四天王奉钵处。商主既献麨蜜，世尊思以何器受之。时四天从四方来，各持金钵，而以奉上。世尊默然而不纳受，以为出家不宜此器。四天王舍金钵，奉银钵，乃至颇胝、琉璃、马脑、车渠、真珠等钵，世尊如是皆不为受。四天王各还宫，奉持石钵，绀青映彻，重以进献。世尊断彼此故，而总受之。次第重叠，按为一钵，故其外则有四际焉。

四天王献钵侧不远，有窣堵波，如来为母说法处也。如来既成正觉，称天人师，其母摩耶自天宫降于此处，世尊随机示教利喜。其侧涸池岸，有窣堵波。在昔如来见诸神变化有缘处。

现神变侧，有窣堵波。如来度优楼频螺迦叶波三兄弟及千门人处。如来方垂善道，随应降伏，时优楼频螺迦叶波五百门人请受佛教，迦叶波曰："吾亦与尔俱返迷途。"于是相从来至佛所。如来告曰："弃鹿皮衣，舍祭火具。"时诸梵志恭承圣教，以其服用，投尼连河。捺地迦叶波见诸祭器随流漂泛，与其门人候兄动静，既见改辙，亦随染衣。

伽耶迦叶波二百门人闻其兄之舍法也，亦至佛所，愿修梵行。

度迦叶波兄弟西北窣堵波，是如来伏迦叶波所事火龙处。如来将化其人，克伏所宗，乃止梵志火龙室。夜分已后，龙吐烟焰。佛既入定，亦起火光，其室洞然，猛焰炎炽。诸梵志师恐火害佛，莫不奔赴，悲号愍惜。优楼频螺迦叶波谓其徒曰：“以今观之，未必火也。当是沙门伏火龙耳。”如来乃以火龙盛置钵中，清旦，持示外道门人。

其侧窣堵波，五百独觉同入涅盘处也。

目支邻陀龙池南窣堵波，迦叶波救如来溺水处也。迦叶兄弟时推神通，远近仰德，黎庶归心。世尊方导逃徒，大权摄化，兴布密云，降澍暴雨，周佛所居，令独无水。迦叶是时见此云雨，谓门人曰：“沙门住处，将不漂溺？”泛舟来救，乃见世尊履水如地，蹈河中流，水分沙现。迦叶见已，心伏而退。

7. 东门外遗迹

菩提树垣东门外二三里，有盲龙室。此龙者，殃累宿积，报受生盲。如来自前正觉山欲趣菩提树，途次室侧，龙眼忽明，乃见菩萨将趣佛树。谓菩萨曰：“仁今不久当成正觉。我眼盲冥，于兹已久，有佛兴世，我眼辄明。贤劫之中，过去三佛出兴世时，已得明视。仁今至此，我眼忽开，以故知之，当成佛矣。

菩提树垣东门侧，有窣堵波，魔王怖菩萨之处。初，魔王知菩萨将成正觉也，诱乱不遂，忧惶无赖。集诸神众，齐整魔军，治兵振旅，将胁菩萨。于是风雨飘注，雷电晦冥，纵火飞烟，扬沙激石，备矛楯之具，极弦矢之用。菩萨于是入大慈定，凡厥兵杖变为莲花。魔军怖骇，奔驰退散。

其侧不远，有二窣堵波，帝释、梵王之所建也。

{༡༢ བྱང་ཆུབ་ཤིང་ཉེ་འདབས་ཀྱི་རྗེས་ཤུལ།}

བྱང་ཆུབ་ཤིང་གི་ར་བའི་ནུབ་བྱང་ཕྱོགས་ཏ་ཙང་མི་རིང་བར་ཀུར་ཀུམ་ཞེས་བྱ་བའི་མཆོད་རྟེན་སྲིད་དུ་ཁྲུ་བཞི་བཅུ་ཙམ་ཡོད་པ་ནི། ཡུལ་ཙུ་ཀུའི་ཚོང་པ་རྣམས་ཀྱིས་བཞེངས་སྐྱེ(ཏེ)། དེའི་ལོ་རྒྱུས་ནི། སྔོན་ཙུ་ཀུའི་ཡུལ་གྱི་ཚོང་པ་འགའ་ཞིག་གིས་ཕྱི་རོལ་པ་ཤ་སྟག་མཆོད་ཅིང་ནང་པ་ལ་མི་མོས་པ་འགའ་ཞིག་གིས་ལྷའི་རྒྱ་མཚོ་ཆེན་པོར་སོང་བ་ལ་ཟ་ཁྲོང་གིས་གྲུ་བོ་ཆེ་དེད་ནས་དམིགས་མེད་དུ་འཁྱམས་ཤིང་ལོ་གསུམ་གྱི་བར་མིའི་ཡུལ་ལྡོངས་གང་ལ་ཡང་མ་ཟིན་པར་ཐབས་རྟུག་(རྟུགས)པ་ན་རི་

ཆེན་པོ་འདྲ་བ་ཞིག་མཐོང་ངོ་། །དེ་ནས་མ་འགྱངས་པར་རི་བོ་འདྲ་བ་དེའི་ངོས་སུ་ཉི་མ་གཉིས་དུས་གཅིག་ཏུ་ཤར་བ་མཐོང་ནས། ཚོང་པ་རྣམས་བདག་ཅག་བསོད་ནམས་ཅན་ནོ་སྡིག་ཐོབ་བོ་ཞེས་དགའ་བ་ཆེན་པོ་བྱས་པས། དེད་དཔོན་རྒྱུས་ཅན་ཞིག་གིས་དེ་ལྟ་མིན་གྱིས་རི་ཆེན་པོ་འདྲ་བ་འདི་རི་མ་ཡིན་ཆུ་སྲིན་མ་ཀ་ར་ཡིན་ནོ། །ཉི་མ་ཟུང་ནི་ཉི་མ་མ་ཡིན་ཆུ་སྲིན་གྱི་མིག་གཉིས་ཡིན་ནོ་ཞེས་པས་ཐམས་ཅད་སྐྲག་ཅིང་ཀློང་ཀློང་པོར་གྱུར་བ་ན། དེད་དཔོན་དེས་གྲོགས་པོ་དག་ཉོན་ཅིག་སྤྱན་རས་གཟིགས་དབང་ཕྱུག་ཞེས་བྱ་བ་ནང་བའི་ལྷ་ཞིག་ཡོད་དོ། །དེའི་མཚན་བརྗོད་ཅིང་གསོལ་བ་བཏབ་ན་འཇིགས་པ་ཐམས་ཅད་ལས་སྐྱུར་བ་ཉིད་དུ་ཐར་བར་ནུས་པ་ཞིག་ཡོད་པས་འདི་ལྟ་བུའི་འཇིགས་པས་ཉེན་པའི་དུས་སུ། ཞུ་བུ་ཅག་གིས་མགོན་དུ་རེ་བ་སྐྱབས་སུ་རེ་བ་གཞན་གང་གིས་ཕན་མི་ཐོག་འདུག་པས། ཚོང་པ་གསམ་པའི་ཕྱིར་དེ་ལ་དར་ཅིག་སྐྱབས་བཅོལ་ཏེ་བཟློའོ་ཟེར་བས། ཚོང་པ་ཐམས་ཅད་ཀྱིས་དེས་ཟེར་བ་ལྟར་ཉན་རེ་མགྲིན་གཅིག་གིས་སྤྱན་རས་གཟིགས་ཀྱི་མཚན་ནས་འབོད་ཅིང་སྐྱབས་སུ་སྨྲན་པས་རི་ཆེན་པོ་དང་ཉི་མ་ཟུང་ཡང་མི་སྣང་བར་གྱུར་ཏོ། །དེ་ནས་བཙུན་པ་མཁར་སིལ་ཐོགས་པ་ཞིག་མཁའ་ལ་འཕུར་ནས་བགྲོ་(བགྲོད)བའི་ཕྱི་བཞིན་དེའི་རྗེས་སུ་འབྲངས་པས་ཡུད་ཙམ་ཞིག་ལ་རང་ཡུལ་དུ་ཕྱིན་ཏོ། །ཕྱིས་སུ་ཚོང་པ་རྣམས་གནས་མཇལ་ལ་སོང་བའི་ཚེ་འདིར་སླེབས་པ་དང་སྔར་གྱི་གནས་ཚུལ་དེ་དྲན་ནས་བཀའ་དྲིན་བསབ་ཕྱིར་མཆོད་རྟེན་འདི་བཞེངས་སོ། །གུར་གུམ་པོ་ནས་ཆག་ཆག་བྱས་པས་མཚན་དེ་ལྟར་ཆགས་ཟེར་རོ། །༈ བྱང་ཆུབ་ཤིང་གི་ར་བའི་ལྷོ་ནུབ་མཚམས་སུ་ཐུ་གྲོ་རྟའི་ལྡོན་པ་ཞིག་ཡོད་པའི་ལོགས་ལས་མི་རིང་བར་གཙུག་ལག་ཁང་ཞིག་ཡོད་པའི་ནང་དུ་སྟོན་པའི་སྐུ་བརྙན་ཆོས་ཀྱི་འཁོར་ལོའི་ཕྱག་རྒྱ་ཅན་ཐུབ་པ་ཆོས་འཁོར་མར་གྲགས་པ་ཞིག་ཡོད་པ་ནི། སྟོན་པ་མངོན་པར་རྫོགས་པར་སངས་རྒྱས་ནས་ཚངས་པ་ཆེན་པོས་ཆོས་འཁོར་བསྐོར་བར་བསྐུལ་བའི་གནས་སོ། །<PL.99.>བྱང་ཆུབ་ཤིང་གི་ར་བའི་ནང་གི་ཟུར་བཞིར་མཆོད་རྟེན་ཆེན་པོ་རེ་རེ་ཡོད་པ་སོགས་ནི་འཕགས་པ་རྣམས་ཀྱི་མཛད་ཤུལ་གྱི་རིས་རྟགས་མང་དུ་ཡོད་པ་ནི་ཞིབ་ཏུ་འགོད་དཀའ་བར་སྣང་ངོ་། །བྱང་ཆུབ་ཤིང་གི་ར་བའི་ཕྱི་རོལ་གྱི་ལྷོ་ནུབ་མཚམས་ན་འོ་ཐུག་འབུལ་བའི་བུ་མོའི་ཁྱིམ་ཤུལ་ལོ། །དེའི་ལོགས་ན་མཆོད་རྟེན་ཞིག་ཡོད་པ་ནི། སླང་རྫེའི་བུ་མོས་འོ་ཐུག་བསྐོལ་བའི་གནས་སོ། །བྱང་ཆུབ་ཤིང་གི་ར་བའི་ལྷོ་སྒོའི་ཕྱི་རོལ་ན་རྫིང་བུ་ཆེན་པོ་ཁོར་ཡུག་ཏུ་གོམ་པ་བདུན་བརྒྱ་ལྷག་ཙམ་ཡོད་པ་ནི། གང་དུ་སློས་པའི་བྲམ་ཟེའི་ནུ་བོས་དབང་ཕྱུག་གི་ལུང་ལ་བརྟེན་ནས་བྲུས་པའི་རྫིང་དེ་ཡིན་སྐད་དོ། །དེའི་མདུན་ངོས་སུ་རྫིང་བུ་ཞིག་ཡོད་པ

ནི། སྔོན་སྟོན་པ་སངས་རྒྱས་ནས་སྐུ་ཁྲུས་མཛད་པར་དགོངས་པ་ན་བརྒྱ་བྱིན་གྱིས་ཆུ་བོ་ཡན་ལག་བརྒྱད་ལྡན་གྱི་རྫིང་བུ་སྤྲུལ་ནས་ཕུལ་བ་ཡིན་ནོ། །དེའི་ནུབ་རོལ་ན་རྫ་ལེབ་ཆེ་བ་ཞིག་ཡོད་པ་ནི་བཅོམ་ལྡན་འདས་ཀྱི་ན་བཟའ་འགྲིམས་ཕྱིར་བརྒྱ་བྱིན་གྱིས་གངས་རི་ནས་ཁྱེར་འོངས་བ་ཡིན་ཟེར་རོ། །དེ་དང་མི་རིང་བར་མཆོད་རྟེན་ཞིག་ཡོད་པ་ནི། སྔོན་པས་ན་བཟའ་རྙིང་པ་གསོལ་བའི་གནས་སོ། །དེའི་ལྷོ་ངོས་སུ་མཆོད་རྟེན་ཞིག་ཡོད་པ་ནི། སྟོན་པ་ལ་བགྲིས་མོས་ན་བཟའ་ཕུལ་བའི་གནས་སོ། །བརྒྱ་བྱིན་གྱིས་ཕུལ་བའི་རྫིང་བུའི་གཡོན་ངོས་སུ་རྫིང་བུ་ཞིག་ཡོད་པ་ནི་ཀླུའི་རྒྱལ་པོ་བཏང་བཟུང་གི་གནས་སོ། །དེའི་ཕྱི་སྐྱིབས་ཏེང་དུ་གཙུག་ལག་ཁང་ཞིག་ཡོད་པའི་ནང་དུ། སྟོན་པའི་སྐུ་བརྙན་གཅིག་ཡོད་པ་ནི། སྔོན་སྟོན་པ་སངས་རྒྱས་ནས་སྐར་ཞག་བདུན་དུ་མཉམ་པར་བཞག་པའི་གནས་སོ། །དེའི་སྐབས་སུ་ཀླུའི་རྒྱལ་པོ་མུ་ཅི་ལིནྡ་སྟེ་བཏང་བཟུང་གིས་སྐུ་སྲུང་མཛད་པར་སྤྲུལ་གྱི་གདེངས་ཀ་གཤིབས་ཏེ་གདུགས་ཀྱི་ཚུལ་དུ་གྲིབ་བསིལ་ཕུལ་བ་ཡིན་ཟེར་རོ། །རྫིང་བུ་དེའི་ཕྱི་སྐྱིབས་ཏེང་དུ་གཙུག་ལག་ཁང་ཡོད་པའི་ནང་དུ་སྟོན་པའི་སྐུ་བརྙན་ཤིན་ཏུ་རིད་པ་དཀའ་ཐུབ་མཛད་པའི་ཚུལ་ཅན་ཞིག་སྣང་ངོ་། །དེའི་ཕྱོགས་ཤིག་ཏུ་སྟོན་པས་གཤེགས་བཅག་མཛད་པའི་ས་དཀྱུས་སུ་གོམ་པ་བདུན་ཙམ་ལྷག་ཙམ་ཕྱོགས་པ། མདུན་རྒྱབ་ཀྱི་ཕྱོགས་རྣམས་སུ་པི་ཛྙ་རའི་ཤིང་དུ་མ་ཡོད་ཅིང་། སྐྱེ་བོ་དམངས་མ་རྣམས་ཀྱི་བྱིས་པ་ནད་ཀྱིས་བཏབ་པ་དག་གནས་དེ་དག་གི་ཐུབ་པའི་སྐུ་བརྙན་རྣམས་ལ་དྲི་བཟང་དང་མར་གྱི་བྱུགས་ཞུས་གསོལ་བ་ཙམ་གྱིས་བྲོ་ནད་དྭངས་པར་གྱུར་བ་མང་ངོ་། །༔ སྐུ་ཤིན་ཏུ་རིད་པའི་རྣམ་པ་དེ་ནི། སྟོན་པས་ལོ་དྲུག་ཏུ་དཀའ་བ་སྤྱད་པའི་ཚེ་ཉི་མ་གཅིག་ལ་ནས་འབྲུ་རྡོག་གཅིག་ཙམ་དང་སྲན་འབྲུ་རྡོག་གཅིག་ཙམ་གསོལ་བའི་སྐབས་ཀྱི་སྐུ་ཡིན་ནོ། །༔ དཀའ་སྤྱད་མཛད་པའི་པི་ཛྙ་རི་ཤིང་གི་ཕྱོགས་ན་མཆོད་རྟེན་ཞིག་ཡོད་པ་ནི། ཀུན་ཤེས་ཀཽཎྜི་ནྱ་སོགས་ལྔ་སྡེ་བཟང་པོ་གནས་པའི་ཤུལ་རྙིང་ངོ་། །དེའི་ལྷོ་ནུབ་མཚམས་ན་ནེ་རཉྫ་ནའི་འགྲམ་ནས་མི་རིང་བར་མཆོད་རྟེན་ཅིག་ཡོད་པ་ནི། སྟོན་པ་འོ་ཐུག་བཞེས་པའི་གནས་ཡིན་ནོ། །དེའི་ཕྱོགས་ན་ཡང་མཆོད་རྟེན་ཞིག་ཡོད་པ་ནི། ཚོང་དཔོན་ག་གོན་དང་བཟང་པོ་གཉིས་ཀྱིས་སྦྱང་རྩི་དང་ནས་ཡོས་ཕུལ་བའི་གནས་སོ། །༔ དེ་དང་མི་རིང་བར་མཆོད་རྟེན་ཅིག་ཡོད་པ་ནི། རྒྱལ་ཆེན་བཞིས་ལྷུང་བཟེད་ཕུལ་བའི་གནས་སོ། །ཡང་དེ་དང་མི་རིང་བར་མཆོད་རྟེན་ཅིག་ཡོད་པ་ནི། སྟོན་པས་ཡུམ་སྒྱུ་མ་ཆེན་མོ་ལ་ཆོས་བསྟན་པའི་གནས་སོ། །དེའི་ཕྱོགས་ཤིག་ན་མཚོ་སྐམ་ཅིག་གི་འགྲམ་ན་མཆོད་རྟེན་ཅིག་ཡོད་པ་ནི། སྟོན་པས་ཐོག་མར་རྫུ་འཕྲུལ་བསྟན་པའི་གནས་སོ། །དེའི་ཕྱོགས་ན་མཆོད་རྟེན་

ཅིག་ཡོད་པ་ནི་འོད་སྲུང་མཆེད་གསུམ་བཏུལ་བའི་གནས་<PL.100>སོ། །དེ་དག་གི་སློབ་མ་ཉིས་བརྒྱས་ཀྱང་མཉམ་དུ་རབ་ཏུ་བྱུང་ངོ་། །༈ གནས་དེའི་ནུབ་བྱང་དུ་མཆོད་རྟེན་ཅིག་(ཞིག)ཡོད་པ་ནི། སྟོན་པས་ཀླུ་མེ་འབར་བཏུལ་བའི་གནས་སོ། །དེའི་ལོགས་སུ་མཆོད་རྟེན་ཞིག་ཡོད་པ་ནི། རང་རྒྱལ་ལྔ་བརྒྱས་ཅིག་ཅར་མྱ་ངན་ལས་འདས་པའི་གནས་སོ། །བྱང་ཆུབ་ཤིང་གི་ར་བའི་ཤར་སྒོའི་ཕྱིར་རྒྱང་གྲག་(གྲགས)གཉིས་གསུམ་གྱི་སར་ཀླུ་ཞར་མོའི་གནས་ཏེ། སྟོན་པ་བྱང་ཆུབ་ཀྱི་ཤིང་དྲུང་དུ་གཤེགས་ཁར་ཀླུ་དེའི་གནས་སུ་ལམ་ཞོར་རྒྱུད་དེ་ཕེབས་ཏེ། སྟོན་པའི་བྱིན་རླབས་ཀྱིས་ཀླུ་མིག་གློ་བུར་དུ་གསལ་ལ་སྒྲིབ་པ་མེད་པར་ཡུལ་མཐོང་བར་གྱུར་ཏོ། །བྱང་ཆུབ་ཤིང་གི་ར་བའི་ཤར་སྒོའི་ལོགས་ན་མཆོད་རྟེན་ཞིག་ཡོད་པ་ནི་སྟོན་པས་བདུད་སྡིག་ཏོ་ཅན་བཏུལ་བའི་གནས་སོ། །མཆོད་རྟེན་དེ་ཚངས་པ་དང་བརྒྱ་བྱིན་གཉིས་ཀྱིས་བཞེངས་པའོ། །

解 1:

（1）将第 5、6、7 节合并翻译了主要内容，典故或传说故事大多没有翻译。

（2）开始的一大段是第 4 个故事“如来成道及诸奉佛遗迹”中的后半部分传说，翻译得比较全面，即：从“菩提树垣西不远，有窣堵波，谓郁金香”开始，到“故今印度因以郁金为名”止。

解 2:

三个故事的注释见《大唐西域记校注》（下）685—692 页。

8. 北门外摩诃菩提僧伽蓝

菩提树北门外摩诃菩提僧伽蓝，其先僧伽罗国王之所建也。庭宇六院，观阁三层，周堵垣墙高三四丈，极工人之妙，穷丹青之饰。至于佛像，铸以金银，凡厥庄严，厕以珍宝。诸窣堵波高广妙饰，中有如来舍利。其骨舍利大如手指节，光润鲜白，皎彻中外。其肉舍利，如大真珠，色带红缥。每岁至如来大神变月满之日，出示众人。即印度十二月三十日，当此正月十五日也。此时也，或放光，或雨花。僧徒减千人，习学大乘上座部法，律仪清肃，戒行贞明。

昔者南海僧伽罗国，其王淳信佛法，发自天然。有族弟出家，想佛圣迹，远游印度，寓诸伽蓝，咸轻边鄙。于是返迹本国，王躬远迎。沙门悲哽，似若不能言。王曰："将何所负，若此殷忧？"沙门曰："凭恃国威，游方问道，羁旅异域，载罹寒暑，动遭凌辱，语见讥诮。负斯忧耻，讵得欢心？"王曰："若是者何谓也？"曰："诚愿大王福田为意，于诸印度建立伽蓝，既旌圣迹，又擅高名，福资先王，恩及后嗣。"曰："斯事甚美，闻之何晚？"于是以国中宝献印度王。王既纳贡，义存怀远，谓使臣曰："我今将何持报来命？"使臣曰："僧伽罗王稽首印度大吉祥王，大王威德远振，惠泽遐被。下土沙门，钦风慕化，敢游上国，展敬圣迹，寓诸伽蓝，莫之见馆，艰辛已极，蒙耻而归。窃图远谋，贻范来叶，于诸印度建此伽蓝，使客游乞士息肩有所，两国交欢，行人无替。"王曰："如来潜化，遗风斯在，圣迹之所，任取一焉。"使者奉辞报命，群臣拜贺，遂乃集诸沙门评议建立。沙门曰："菩提树者，去来诸佛咸此证圣。考之异议，无出此谋。"于是舍国珍宝，建此伽蓝，以其国僧而修供养。乃刻铜为记曰："夫周给无私，诸佛至教；慧济有缘，先圣明训。今我小子，丕承王业，式建伽蓝，用旌圣迹，福资祖考，惠被黎元。唯我国僧而得自在，及有国人亦同僧例。传之后嗣，永永无穷。"故此伽蓝多执师子国僧也。

9. 安居月日

菩提树南十余里，圣迹相邻，难以备举。每岁比丘解安居，四方法俗，百千万众，七日七夜，持香花，鼓音乐，遍游林中，礼拜供养。印度僧徒，依佛圣教，皆以室罗伐拏月前半一日入雨安居，当此五月十六日，以頞湿缚庾阇月后半十五日解雨安居，当此八月十五日。印度月名，依星而建，古今不易，诸部无差。良以方言未融，传译有谬，分时计月，致斯乖异，故以四月十六日入安居，七月十五日解安居也。

{༧༨ བྱང་སྒོའི་ཕྱི་ལོགས་ན་མ་ཧཱ་བོ་དྷིའི་གཙུག་ལག་ཁང་།}

བྱང་ཆུབ་ཤིང་གི་ར་བའི་བྱང་སྒོའི་ཕྱི་ལོགས་ན། མ་ཧཱ་བོ་དྷི་ཞེས་བྱ་བའི་གཙུག་ལག་ཁང་ཆེན་པོ་ཡོད་དེ། དེ་ནི་ཐོག་མར་སེང་གྷ་ལའི་རྒྱལ་པོས་བཞེངས་ཏེ། ནང་གསེས་ཀྱི་གླིང་དྲུག་ཡོད་པ་ཁང་བརྩེགས་རིམ་པ་གསུམ་ལྡན་དུ་བརྩེགས་པའི་དཔངས་སུ་འདོམ་བརྒྱད་ལོངས་པ། བཟོ་བའི་ཁྲོད་མིའི་བཟོ་བོས་བསྐྱུན་དུ་མེད་ཅིང་རྟེན་རྣམས་གསེར་དངུལ་རིན་པོ་ཆེའི་རིགས་ཀྱིས་བརྒྱན་པ་

མཐར་ཐུག་པ་ཞིག་སྟེ། དེའི་ནང་གི་མཆོད་རྟེན་ནི་དབུས་ཉིད་དུ་གནས་ལ། སྟོན་པའི་རིང་བསྲེལ་སྐུ་གདུང་ལས་གྲུབ་པ་ཁ་དོག་དཀར་པོ་མཐེབ་ཆེན་ཙམ་དུ་ཆེ་བ། སྐུ་ཤ་ལས་གྲུབ་པ་ནི་མུ་ཏིག་ཆེ་ཤོས་ཙམ་དུ་ཆེ་བ་ཁ་དོག་ཅུང་ཟད་དམར་ལ་འཚེར་བ་ལོ་བཞིན་གྱི་ཆོ་འཕྲུལ་ཆེན་པོའི་ཟླ་བའི་ནམ་གང་གི་ཉི་མ་ཤར་བའི་དུས་ཏེ། རྒྱ་ནག་པའི་ཟླ་བ་དང་པོའི་ཉ་ལ་སྒོ་འཕར་ཕྱེ་ནས་སྐྱ་སེར་ཚང་མས་ཕྱག་སྐོར་བྱེད་པ་དང་མཆོད་པ་བྱེད་བཞིན་པའོ། །དེར་འགའ་ཞིག་གིས་འོད་འགྱེད་པ་མཐོང་། ལ་ལས་མེ་ཏོག་གི་ཆར་འབེབས་པར་མཐོང་ངོ་། །དེར་གནས་པའི་དགེ་འདུན་ཆིག་སྟོང་ལྷག་ཙམ་ཐམས་ཅད་གནས་བརྟན་སྡེ་པ་ཐེག་ཆེན་སྤྱོད་པ་ཁོ་ནའོ། །བྱང་ཆུབ་ཤིང་གི་ལྷོ་ངོས་ནས་རྒྱང་གྲག་(གྲགས)བཅུ་ལྷག་ཙམ་ན་སྟོན་པ་ཤཱཀྱ་ཐུབ་པ་དང་འདས་པའི་སངས་རྒྱས་གསུམ་འཆག་པ་དང་འཕགས་པར་མཛད་པའི་ཤུལ་རིས་མང་ཙམ་ཡོད་ཅིང་། གར་(དཀར)ཆག་ཏུ་རྫོགས་པར་འབྲི་མི་ནུས་ལ་རགས་རིམ་ནི་དེ་ཙམ་མོ། །ལོ་སྟར་གྱི་དབྱར་གནས་ལན་གཉིས་མཛད་དེ། ཕྲོ་བཞིན་ཟླ་བའི་ཉ་ལ་དབྱར་ཁས་བླངས་ནས། ཟླ་བ་ཕྱི་མའི་ཉ་ལ་དགག་དབྱེ་བྱེད་པ་ཅིག་འདུག་གོ། མདོར་ན་རྒྱ་ནག་པའི་ཟླ་བ་བཞི་པའི་ཉ་ལ་དབྱར་གནས་པར་ཁས་བླངས་ཟླ་བ་བདུན་པའི་ཉ་ལ་དགག་དབྱེ་མཛད་དོ། །[བམ་པོ་དྲུག་པ་རྫོགས།]

解 1:

（1）8、9 合并只翻译了主要内容，没有翻译典故。

（2）译文中有一句“一年有两次夏安居”，疑是选择了写有“两”字的汉文版本。此问题在《大唐西域记校注》（下）699 页的“校勘”③中指出：“《新丽本》雨原作两，《京大本》据《石本》及《宋本》改。按《资福本》、《明北本》、《金陵本》作雨，《明南木》、《径三本》作两。《方志》及《珠林》作“夏安居”，以是推之，作雨为是。”

（3）批注意为“第六卷完”。

解 2:

北门外摩诃菩提僧伽蓝的注释见《大唐西域记校注》（下）694 页。

卷第九（一国）

摩揭陁国 下

十八、香象池

菩提树东渡尼连禅那河，大林中有窣堵波，其北有池，香象侍母处也。如来在昔修菩萨行，为香象子，居北山中，游此池测。其母盲也，采藕根，汲清水，恭行孝养，与时推移。属有一人游林迷路，彷徨往来，悲号恸哭。象子闻而愍焉，导之以示归路。是人既还，遂白王曰：“我知香象游舍林薮，此奇货也，可往捕之。”王纳其言，兴兵往狩。是人前导，指象示王，即时两臂堕落，若有斩截者。其王虽惊此异，仍缚象子以归。象子既已维絷多时，而不食水草。典厩者以闻，王遂亲问之。象子曰：“我母盲冥，累日饥饿，今见幽厄，讵能甘食？”王愍其情也，故遂放之。

其侧窣堵波前建石柱，是昔迦叶波佛于此宴坐。其侧有过去四佛坐及经行遗迹之所。

{ས་བཅད་དགུ་པ། ཡུལ་གཅིག}

{མཾ་གྷ་ཏ་ཡུལ།(སྨད)}

{༡༨ སྤོས་གླང་གི་མཚོ་རྫིང་།}

བྱང་ཆུབ་ཤིང་གི་ཤར་དུ་ནེ་རཉྫ་ནའི་ཆུ་ཀླུང་བརྒལ་ནས་ནགས་ཚལ་ཅིག་(ཞིག)ན་སྤོས་ཀྱི་གླང་པོའི་མཆོད་རྟེན་ཞེས་བྱ་བ་ཅིག་(ཞིག)ཡོད། དེའི་རྒྱུ་མཚན་ནི་སྔོན་སྟོན་པ་བྱང་ཆུབ་ཀྱི་སྤྱོད་པ་སྤྱོད་པའི་དུས་སྤོས་ཀྱི་གླང་པོ་ཞིག་གི་སྐྱེ་བ་བཞེས་ནས་གནས་དེ་གར་གནས་ཏེ། ཡུམ་ནི་གླང་མོ་ཞར་མ་ཞིག་གོ། དེ་ལ་སྤོས་གླང་གིས་མཚོ་རྫིང་ནས་པད་མའི་རྩ་བ་བླངས་ཏེ། ཡུམ་ལ་འཚོ་བ་སྐྱོར་གྱིན་ཡོད་པ་ན། དུས་

གཅིག་གི་ཚེ་སྐྱེས་བུ་ཞིག་ལམ་སྟོར་སྟེ་ཆ་མེད་དུ་རྒྱུ་ཞིང་སྒྲི་ སྟགས་གི་ཚོ་ངེ་འདེབས་ཤིང་སྡུག་བསྔལ་བ་མཐོང་ནས། སྤོས་གླང་གིས་མདུན་ནས་ཁྲིད་དེ་ལམ་རྙེད་པར་བྱས་སོ། །དེ་ནས་མི་དེས་ལམ་བརྒྱུད་དེ་རང་གནས་སུ་སླེབས་པ་དང་རྒྱལ་པོའི་གན་དུ་སོང་ནས་གནས་ག་གེ་ཞིག་ན་གླང་པོ་ཆེ་འདི་འདྲ་བ་ཞིག་འདུག་པས་<PL.101>རྒྱལ་པོས་བཟུང་དུ་གསོལ་བས། རྒྱལ་པོས་ཀྱང་འདོད་སེམས་སྐྱེས་ནས་དམག་དཔུང་བཏེགས་ཏེ་རི་དྭགས་བཤོར་བའི་ཚུལ་གྱིས་མི་དེས་ལམ་ཁྲིད་བྱས་ནས་ཆས་སོ། །དེར་སླེབས་ནས་སྤོས་ཀྱི་གླང་པོ་མཐོང་སྟེ་ལག་པས་མཛུབ་སྟོན་བྱས་པ་ན། མི་དེའི་ལག་པ་གཉིས་རལ་གྲིས་བཅད་པ་བཞིན་དུ་ས་ལ་ལྷུང་ངོ་། །རྒྱལ་པོ་ངོ་མཚར་སྐྱེས་ཡང་ཇི་མི་སྙམ་པར་བདས་ཏེ་གླང་པོ་ཆེ་བཟུང་ནས་རང་གནས་སུ་སླེབས་པ་དང་། གླང་པོ་ཆེ་སྐྲོང་མཁན་ལ་གཏད་དེ། གླང་པོ་ཆེ་འདི་ཤིན་ཏུ་རྙེད་པར་དཀའ་བས་ལེགས་པར་འཚོ་བརྒྱངས་གྱིས་ཤིག་གསུངས་སོ། །གླང་རྫིས་བཀའ་བསྒོས་ཏེ་ལེགས་པར་གསོས་ཀྱང་། སྤོས་ཀྱི་གླང་པོས་བཟའ་བཏུང་ཅུང་ཟད་ཙམ་ཡང་མ་སྤྱོད་པར་ཉིན་མཚན་དུ་ངུས་པས་གླང་རྫིས་ཐབས་ཟད་དེ་ཚུལ་དེ་རྒྱལ་པོ་ལ་གསོལ་བ་ན། སྤོས་ཀྱི་གླང་པོས་རང་གི་མ་མིག་ལོང་བས་བཟའ་བཏུང་མེད་པར་འོ་བརྒྱལ་པའི་ཚུལ་ཞུས་ཤིང་། དེ་ལྟར་བདག་གིས་རྒྱལ་པོའི་དྲིན་གྱིས་འདོད་ཡོན་ལ་ཅི་དགར་སྤྱོད་པ་ལ་སེམས་སྲུན་མི་ཚུག་ཟེར་བས། རྒྱལ་པོ་སྙིང་རྗེ་སྐྱེས་ནས་སྤོས་ཀྱི་གླང་པོ་ཆེ་དེ་སྔར་གྱི་གནས་དེ་ཉིད་དུ་བཏང་ངོ་། །སྔར་གླང་པོ་ཆེ་དེ་ཆོས་བཞིན་ཤི་བ་ལ་མཆོད་རྟེན་བརྩིགས་པ་ཡིན་ནོ། །དེའི་འོགས་ན་མཆོད་རྟེན་ཞིག་ཡོད་པ་ནི། འདས་པའི་སངས་རྒྱས་འོད་སྲུང་གིས་གཤེགས་འཆག་མཛད་པའི་གནས་སོ། །དེའི་འོགས་ཤིག་ན་འདས་པའི་སངས་རྒྱས་བཞིའི་བཞུགས་ཁྲི་དང་མཛད་ཤུལ་དག་ཡོད་དོ། །

解 1：

完整翻译全文。

解 2：

香象池的注释见《大唐西域记校注》（下）702 页。

十九、外道发恶愿处

四佛坐东，渡莫诃河，至大林中，有石柱，是外道入定发恶愿处。昔有外道郁头蓝子者，志逸烟霞，身遗草泽，于此法林栖神匿迹。既具五神通，得第一有定。摩揭陀王特深宗敬，每至中时，请就宫食。郁头蓝子凌虚履空，往来无替。摩揭陀王候时瞻望，亦既至已，捧接置座。王将出游，欲委留事，简擢中宫，无堪承命。有少息女，淑慎令仪，既亲且贤，无出其右。摩揭陀王召而命曰："吾方远游，将有所委，尔宜悉心，慎终其事！彼郁头蓝仙，宿所宗敬，时至来饭，如我所奉。"敕诫既已，便即巡览。少女承旨，瞻候如仪。大仙至已，捧而置座。郁头蓝子既触女人，起欲界染，退失神通，饭讫言归，不得虚游。中心愧耻，诡谓女曰："吾比修道业，入定怡神，凌虚往来，略无暇景，国人愿睹，闻之久矣。然先达垂训，利物为务，岂守独善，忘其兼济？今欲从门而出，履地而往，使夫睹见之徒，咸蒙福利。"王女闻已，宣告远近。是时人以驰竞，洒扫衢路，百千万众，伫望来仪。郁头蓝子步自王宫，至彼法林，宴坐入定，心驰外境，栖林则乌乌嘤哢，临池乃鱼鳖諠声，情散心乱，失神废定。乃生忿恚，即发恶愿："愿我当来为暴恶兽，狸身鸟翼，搏食生类。身广三千里，两翅各广千五百里，投林噉诸羽族，入流食彼水生。"发愿既已，忿心渐息，勤求顷之，复得本定。不久命终，生第一有天，寿八万劫。如来记之，天寿毕已，当果昔愿，得此弊身，从是流转恶道，未期出离。

{༢༠ ཨུ་སྐྱེགས་ངན་པ།}

དེའི་ཤར་དུ་ནགས་ཚལ་ཆེན་པོའི་ནང་དུ་རྫོའི་ཀ་བ་ཞིག་ཡོད་པ་ནི། ཨུ་སྐྱེགས་ངན་པ་ཞིག་གིས་ཏིང་ངེ་འཛིན་ལ་སྙོམས་པར་ཞུགས་ཏེ་སྨོན་ལམ་ལོག་པ་བཏབ་པའི་གནས་སོ། །དེའི་ལོ་རྒྱུས་ནི། གནའ་དུས་ཨུ་སྐྱེགས་པ་ཨུཏྟ་རའི་བུ་ཞེས་བྱ་བས་གནས་འདིར་བསམ་གཏན་བསྒྲུབས་ཏེ་མངོན་ཤེས་ལྔ་ཐོབ་ནས་ནམ་མཁའ་ལ་འཕུར་བ་སོགས་ཀྱིས་མ་ག་དའི་རྒྱལ་པོ་དད་པར་བྱས་པས། རྒྱལ་པོའི་གམ་དུ་ཉིན་སྐར་གྱིས་འགྲོ་ཞིང་རྒྱལ་པོས་ཉིན་སྐར་གྱི་བཀུར་སྟི་བྱེད་པ་ལ། རྒྱལ་པོ་ལན་ཅིག་ཡུལ་གཞན་དུ་ཆས་པ་ན། ཕོ་བྲང་སྲུང་མཁན་མ་རྙེད་པར་བསམ་པ་ལ་ངའི་བུ་མོ་གཞོན་ནུ་མས་ལས་མི་རྙེད་པས་ཁོ་མོ་ལ་གཏད་དགོས་སྙམ་ནས་བུ་མོ་གཞོན་ནུ་མ་དེ་བོས་ནས། རང་གནས་ཇི་ལྟར་སྐྱོང་ཚུལ་དང་ཁྱད་པར་ཨ་མཆོད་དྲང་སྲོང་ལ་བསྙེ་སྐབས་མ་ཆག་པ་བྱེད་དགོས་ཚུལ་གསུངས་ནས་ཡུལ་གཞན་དུ་ཆས་སོ། །དེ་ནས་བུ་མོ་གཞོན་མ་དེས་ཡབ་རྒྱལ་པོས་བཀའ་ཇི་ལྟར་བསྒོ་བ་བཞིན་དང་དུ་བླངས་སོ། །གཞོན་ནུ་མས་

དེ་ལྟར་ཡུན་རིང་བསྒྲུབ་པས་དྲང་སྲོང་གིས་བུ་མོ་ལ་ཆགས་སེམས་སྐྱེས་པས་རྫུ་འཕྲུལ་ཉམས་ཏེ། འགྲོ་འོང་ཐམས་ཅད་ལ་སྒོ་ནས་ཐོན་དགོས་པ་དང་། ཀང་ཐང་གིས་འགྲོ་དགོས་པ་བྱུང་བས་ངོ་ཚ་ནས་ཉིད་དེ་འཛིན་བསྒྱུར་ཏེ་བསྒོམ་པར་བཅམ་པའི་ཚེ། བྱ་སྐད་ཀྱི་ཅ་ཅོ་དང་ཆུའི་འགྲམ་དུ་གནས་པས་ཉ་བའི་ཚོགས་ཆུར་རྒྱུ་བ་དང་འཕར་བའི་སྒྲས་སེམས་རྣལ་དུ་གནས་སུ་མི་སྟེར་བས་སེམས་མི་གནས་པས་ཉིད་དེ་འཛིན་མ་གྲུབ་པས་སྨོན་ལམ་ལོག་པ་བཏབ་པ་ནི། སྐྱེ་བ་ཕྱི་མར་སྐམ་དང་ཆུ་གཉིས་ཀར་ཉུལ་ཐུབ་པ་དང་། བྱ་དང་ཉ་གཉིས་ཀའི་སྲོག་ལ་གནོད་པ་བྱེད་ཐུབ་པའི་རི་དྭགས་ཞིག་ཏུ་སྐྱེ་བར་གྱུར་ཅིག་ཅེས་སྨོན་ལམ་བཏབ་པའི་འབྲས་བུར། སྐྱེ་བ་དེའི་ཕྱི་མར་སྲམ་ཀྱི་སྐྱེས་བླངས་ཏེ། ལུས་རྐྱང་གྲག(གྲགས)<PL.102>སྲུམ་སྟོང་དང་། གཤོག་པ་གཉིས་སོ་སོར་རྐྱང་གྲག་(གྲགས)ཚིག་སྟོང་ལྔ་བརྒྱ་ཡོད་དོ། །སྐམ་པ་ནགས་ཚལ་ན་གནས་པའི་ཚེ་བྱེའུ་རྣམས་ཟོས། མཚོ་རྫིང་སོགས་རླན་གཤེར་ལ་གནས་པའི་ཚེ་ཉ་དང་སྦལ་བ་དག་ཟོས་པའི་སྡིག་ལས་རྒྱུན་མི་ཆད་དུ་བསགས་ཏེ་ཐར་བའི་གོ་སྐབས་མི་རྙེད་པ་ཞིག་ཏུ་གྱུར་ཟེར་རོ། །

解 1：

完整翻译全文。

解 2：

外道发恶愿处的注释见《大唐西域记校注》（下）705 页。

二十、鸡足山及大迦叶故事

莫诃河东，入大林野，行百余里，至屈屈居勿反。吒播陀山唐言鸡足。亦谓窭卢播陀山。唐言尊足。高峦峭无极，深壑洞无涯，山麓溪涧，乔林罗谷，冈岑岭嶂，繁草被岩，峻起三峰，傍挺绝崿，气将天接，形与云同。其后尊者大迦叶波居中寂灭，不敢指言，故云尊足。摩诃迦叶波者，声闻弟子也，得六神通，具八解脱。如来化缘斯毕，垂将涅盘，告迦叶波曰："我于旷劫，勤修苦行，为诸众生求无上法，昔所愿期，今已果满。我今将欲入大涅盘，以诸法藏嘱累于汝，住持宣布，勿有失坠。姨母所献，金缕袈裟，慈氏成佛，留以传付。我遗法中诸修行者，若比丘、比丘尼、邬波索迦、唐言近事男。旧曰伊蒲塞，又曰优波塞，又曰优婆塞，皆讹也。邬波斯迦、唐言近事女。旧曰优婆斯，又曰优婆夷，皆讹也。皆先济渡，令离流转。”迦叶承旨，住持正法。结集既已，至第二十年，厌世无常，将入寂灭，乃往鸡足山。山阴而上，屈盘取路，至西南冈。山峰险阻，崖径盘薄，乃以锡扣，剖之如割。山径既开，逐路而进，盘纡曲折，回互斜通，至于山顶，东北面出。既入三峰之中，捧佛袈裟而立，以愿力故，三峰敛覆，故今此山三脊隆起。当来慈氏世尊之兴世也。三会说法之后，余有无量憍慢众生，将登此山，至迦叶所，慈氏弹指，山峰自开。彼诸众生既见迦叶，更增憍慢。时大迦叶授衣致辞，礼敬已毕，身升虚空，示诸神变，化火焚身，遂入寂灭。时众瞻仰，憍慢心除，因而感悟，皆证圣果。故今山上建窣堵波，静夜远望，或见明炬。及有登山，遂无所睹。

{༣༡ རི་བོ་བྱ་རྐང་དང་རྗེ་བཙུན་འཕགས་པ་འོད་སྲུང་ཆེན་པོའི་ལོ་རྒྱུས།}

ཆུ་ཀླུང་ཆེན་པོ་བརྒལ་ནས་ཤར་ཕྱོགས་སུ་ནགས་ཚལ་ཆེན་པོ་ཞིག་བརྒྱུད་དེ་ཐང་ལ་རྒྱང་གྲག(གྲགས)བརྒྱ་ཙམ་བགྲོད་པ་ན་ཀུ་ཀུ་ཊ་པཱ་ད་སྐྱེ་བྱ་རྐང་ཞེས་བྱ་བའི་རི་བོ་ཡོད་དོ། །རི་དེ་ཤང་ཤོང་མི་མཉམ་ཞིང་འགྲོ་དཀའ་བ་བྲག་ཕུག་ཟབ་མོ་མང་པོ་ཡོད་པའི་བྲག་ཤིན་ཏུ་མཐོ་བ་གསུམ་ཡོད་པའི་དབུས་སུ་འཕགས་པ་འོད་སྲུང་ཆེན་པོའི་གདུང་བཞུགས་སོ། །འོད་སྲུང་གི་ཕྱག་ན་སྟོན་པ་ལ་སྐུ་སྐྱེས་རྒྱུའི་བདག་མོས་ཕུལ་བའི་ཆོས་གོས་ཐོགས་ཏེ་དྲན་པ་ཉེ་བར་བཞག་བཞིན་བཞུགས་པ། མ་འོངས་པ་ན་རྗེ་བཙུན་བྱམས་མགོན་འཇིག་རྟེན་དུ་བྱོན་ཏེ་ཆོས་ཀྱི་འཁོར་ལོ་བསྐོར་བ་ལན་གསུམ་གྱི་མཐར། རི་ལ་འཛེགས་ཏེ་རི་གསུམ་པོ་དེ་སོ་སོར་ཀྱིའོ། སེ་གོལ་གྱི་སྒྲས་ཏིང་ངེ་འཛིན་ལས་སད་པར་མཛད་ནས། འཕགས་པ་འོད་སྲུང་གིས་ཆོས་གོས་དེ་བྱམས་མགོན་ལ་ཕུལ་ནས། ཕྱག་དང་བསྐོར་བ་བྱས་ནས་ནམ་མཁར་འཕགས་ཏེ་རྫུ་འཕྲུལ་སྣ་ཚོགས་བསྟན་ཅིང་སེམས་ཅན་ལེ་ལོ་ཅན་རྣམས་ཆོས་ལ་བསྐུལ་ཏེ། ལྷག་མ་མེད་པའི་མྱ་ངན་ལས་འདའ་ཤིང་། རང་གི་བསམ་གཏན་གྱི་མེས་རང་ལུས་སྦྱོང་སྐད་དོ། །རི་བོ་དེའི་སྤོ་ལ་མཆོད་རྟེན་ཞིག་ཡོད་པ་རྒྱང་ནས་བལྟས་ཚེ་ཆེས་མདངས་གསལ་བ་ཞིག་ཏུ་མཐོང་ཡང་རི་ལ་འཛེགས་པ་ན་ཅང་མི་སྣང་བར་གྱུར་རོ། །

解 1：

翻译大意。

解 2:

鸡足山及大迦叶故事的注释见《大唐西域记校注》(下)708 页。

二十一、佛陀伐那山及杖林

鸡足山东北行百余里，至佛陀伐那山，峰崖崇峻，巘崿隐嶙。岩间石室，佛尝降止。傍有盘石，帝释、梵王摩牛头栴檀涂饰如来，今其石上余香郁烈。五百罗汉潜灵于此，诸有感遇，或得睹见，时作沙弥之形，入里乞食。隐显灵奇之迹，差难以述。

佛陀伐那山空谷中东行三十余里，至泄移结反。瑟知林唐言杖林。林竹修筱，被山弥谷。其先有婆罗门闻释迦佛身长丈六，常怀疑惑，未之信也。乃以丈六竹杖，欲量佛身，恒于杖端出过丈六，如是增高，莫能穷实。遂投杖而去，四植根焉。中有大窣堵波，无忧王之所建也。如来在昔于此七日为诸天人现大神通，说深妙法。

1. 胜军故事

杖林中近有邬波索迦阇耶犀那者，唐言胜军。西印度刹帝利种也，志尚夷简，情悦山林，迹居幻境，心游真际，内外典籍，穷究幽微，辞论清高，仪范闲雅。诸沙门、婆罗门、外道异学、国王、大臣、长者、豪右，相趋通谒，伏膺请益。受业门人，十室而六。年渐七十，耽读不倦，余艺捐废，唯习佛经，策励身心，不舍昼夜。印度之法，香末为泥，作小窣堵波，高五六寸，书写经文，以置其中，谓之法舍利也。数渐盈积，建大窣堵波，总聚于内，常修供养。故胜军之为业也，口则宣说妙法，导诱学人；手乃作窣堵波，式崇胜福；夜又经行礼诵，宴坐思惟。寝食不遑，昼夜无怠。年百岁矣，志业不衰。三十年间，凡作七拘胝唐言亿。法舍利窣堵波。每满一拘胝，建大窣堵波，而总置中，盛修供养，请诸僧众，法会称庆。其时神光烛曜，灵异昭彰。自兹厥后，时放光明。

2. 杖林附近诸迹

杖林西南十余里，大山阳有二温泉，其水甚热，在昔如来化出此水，于中浴焉。今者尚存，清流无减，远近之人，皆来就浴，沉痾宿疹，无不除差。其傍则有窣堵波，如来经行之处也。

<u>杖林</u>东南，行六七里，至大山。横岭之前有石窣堵波。昔<u>如来</u>雨三月为诸人天于此说法，时<u>频毘娑罗王</u>欲来听法，乃疏山积石，垒阶以进，广二十余步，长三四里。

大山北三四里，有孤山，昔<u>广博仙人</u>栖隐于此，鉴崖为室，余趾尚存。传教门人，遗风犹扇。

孤山东北四五里，有小孤山，山壁石室，广袤可坐千余人矣。<u>如来</u>在昔于此三月说法。石室上有大盘石，<u>帝释</u>、<u>梵王</u>摩牛头栴檀涂饰佛身，石上余香，于今郁烈。

3. 阿素洛宫异事

石室西南隅有岩岫，<u>印度</u>谓之<u>阿素洛</u>旧曰<u>阿修罗</u>，又曰<u>阿须伦</u>，又曰<u>阿须罗</u>，皆讹也。宫也。往有好事者，深闲咒术，顾俦命侣，十有四人，约契同志，入此岩岫。行三四十里，廓然大明，乃见城邑台观，皆是金银琉璃。是人至已，有诸少女伫立门侧，欢喜迎接，甚加礼遇。于是渐进，至内城门，有二婢使各捧金盘，盛满花香，而来迎候。谓诸人曰："宜就池浴，涂冠香花，已而后入，斯为美矣。"唯彼术士宜时速进。余十三人遂即沐浴。既入池已，恍若有忘，乃坐稻田中，去此之北平川中已三四十里矣。

4. 栈道

石室侧有栈道，广十余步，长四五里，昔<u>频毘娑罗王</u>将往佛所，乃斩石通谷，疏崖填川，或垒石，或鉴岩，作为阶级，以至佛所。

{༢༢ བྱད་རྡ་པ྄་ན་རི་བོ་དང་སྦུག་ཚལ་སྐོར།}

རི་བོ་བྱ་རྐང་གི་བྱང་ཤར་མཚམས་སུ་རྒྱང་གྲག་(གྲགས)བརྒྱ་ལྷག་ཕྱིན་པ་ན། བྱད་རྡ་པ྄་ན་ཞེས་བྱ་བའི་རི་བོ་ཡོད་པ་དེར་ཤིན་ཏུ་བགྲོད་དཀའ་བ་དེའི་ཡུལ་ནས་ཤར་དུ་རྒྱང་གྲག་(གྲགས་)སུམ་ཅུ་ལྷག་ཙམ་ན་<u>ཡིཥྚི</u>་ཞེས་བྱ་བའི་སྦུག་ཚལ་ཡོད་དེ། དེའི་ལོ་རྒྱུས་ནི། སྔོན་བྲམ་ཟེ་ཞིག་གིས་སྟོན་པའི་སྐུ་བཙན་གྱིས་ཚད་འཇོམ་གསུམ་ལྷག་པ་འདུག་ཞེས་ཐོས་ནས། མ་རངས་པའི་སེམས་ཀྱིས་དེར་སླེབས་ཏེ་སྦུག་དྲང་པོ་མང་པོ་བླངས་ནས་ཅི་ཙམ་ཡོད་ཟེར་བ་ལྟར་གཞལ་བས། དེ་ཐམས་ཅད་ལས་རིང་དུ་འཕེལ་བར་གྱུར་པས་སྦུག་དག་བོར་སྟེ་སོང་ཟེར་རོ། །དེའི་ནང་ན་མཆོད་རྟེན་ཞིག་ཡོད་པ་ནི་རྒྱལ་པོ་<u>ཨ་ཤོ་ཀས</u>་བཞེངས་སོ། །དེར་རྒྱ་གར་ནུབ་ཕྱོགས་ཀྱི་དགེ་བསྙེན་ཛ་ཡ་སེ་ན་སྟེ་རྒྱལ་བའི་སྡེ་ཞེས་བྱ་བ་ལོ་བརྒྱ་ལོན་པ་རྒྱལ་

རིགས་རི་ཁྲོད་པ་ཞིག་གནས་ཤིང་། དགེ་སློང་ལ་བསྙེན་ཞིང་ལོ་སུམ་ཅུའི་བར་སཙྪ་བྱེ་བ་བདུན་བྱས་ཟེར་བ་ཞིག་འདུག་གོ། དེར་སྔོན་སྟོན་པ་ཞག་བདུན་དུ་ལྷ་དང་མི་རྣམས་ལ་རྫུ་འཕྲུལ་གྱི་ཆོ་འཕྲུལ་ཆེན་པོའི་མདོ་སྡེ་བཤད་པའི་གནས་སོ། །༈ དེ་ནས་ཤར་ལྷོའི་མཚམས་སུ་རྒྱང་གྲག་(གྲགས)དྲུག་བདུན་ཙམ་སོང་བ་ན། རི་བོ་མཐོ་ལ་ཁྱོན་ཆེན་པོ་ཞིག་ཡོད་པའི་མདུན་རོལ་དུ་མཆོད་རྟེན་ཞིག་ཡོད་པ་ནི་སྔོན་སྟོན་པ་ཟླ་བ་གསུམ་གྱི་རིང་ལྷ་རྣམས་ལ་ཆོས་བསྟན་པའི་གནས་སོ། །དེར་རྒྱལ་པོ་གཟུགས་ཅན་སྙིང་པོས་ཀྱང་ཆོས་མཉན་ཟེར་རོ། །དེར་རྡོའི་སྐེགས་བུ་ཐེམ་སྐས་ཅན་སྲིད་དུ་རྒྱང་གྲག་(གྲགས)གསུམ་བཞི་ཙམ་ཞེངས་དུ་གོམ་པ་ཉི་ཤུས་ཙམ་ཅིག་(ཞིག)ཡོད་དོ། །རི་བོ་དེའི་རྒྱབ་ལོགས་སུ་རྒྱང་གྲག་(གྲགས)གསུམ་བཞི་ཙམ་གྱི་སར་རི་བོ་ཆིག་སྐྱ་ཆེ་བ་ཟེར་བ་ཡོད་དོ། །དེར་སྔོན་དྲང་སྲོང་མང་དུ་<PL.103>ཐོས་པ་ཞེས་བྱ་བ་དེ་སྨྲས་པའི་རྟུལ་ཞུགས་ཀྱིས་ད་དུང་གནས་ཤེས་(ཞེས)ཟེར་རོ། །དེར་ས་ཕུག་དང་སློབ་བརྒྱུད་དང་ལུགས་སྲོལ་རྣམས་ད་དུང་སྣང་ངོ་། །དེའི་བྱང་ཤར་མཚམས་རྒྱང་གྲག་(གྲགས)བཞི་ལྔ་ཙམ་ན་རི་བོ་ཆིག་སྐྱ་ཚང་དུ་བྱ་བ་ཞིག་ཡོད་པར་མི་ཆིག་སྟོང་ཤོང་བའི་རྫོ་ཁང་ཞིག་ཡོད་པ་རེད། སྔོན་སྟོན་པ་ཟླ་བ་གསུམ་བཞུགས་ནས་ཆོས་གསུངས་སྐད་དོ། །རྫོ་ཁང་དེའི་སྟེང་ན་ཕ་བོང་ལེབ་མོ་ཞིག་ཡོད་པ་ནི། ཚངས་པ་དང་བརྒྱ་བྱིན་གཉིས་ཀྱིས་ཙནྡ་གོ་ཤཱིའི་ཕྱེ་མས་སྟོན་པའི་སྐུ་ལ་བྱུག་པ་ཕུལ་བའི་གནས་ཏེ། དྲི་བསུང་འཐུལ་ཞིང་ཕྱེ་མ་སིལ་བུ་འགའ་ཞིག་ལུས་ལ་ད་དུང་ཡོད་དོ། །༈ དེའི་ལྷོ་ནུབ་ཏུ་བྲག་རི་མཚར་པོ་ཞིག་ཡོད་པའི་མིང་ལ་ལྷ་མིན་གྱི་བྲག་ཕུག་ཟེར་བ་ཡོད་དོ། །དེ་སྔོན་སྔགས་པ་ཞིག་ཕྱིན་ཏེ་ཞུགས་པས། གྲོང་ཁྱེར་ཆེན་པོ་མཛེས་པའི་རྒྱན་ལྡན་སྐེགས་བུ་ཁང་བརྩེགས་ཚལ་པད་རྫིང་བུ་མོ་མཛེས་མ་སོགས་ལོངས་སྤྱོད་ཀྱི་ནོམས་པ་དང་ལྡན་པ། ས་གཞི་ལག་མཐིལ་ལྟར་མཉམ་པ་འབྲས་ས་ལུའི་ཞིང་དང་ས་གཞི་རྒྱ་ཁྱོན་རྒྱང་གྲག་(གྲགས)བཅུ་ཕྲག་སུམ་བཞི་ཙམ་དུ་ཡངས་པ་འདུག་ཟེར་རོ། །རྫོ་ཁང་དེའི་ལོགས་ན་ཤིང་གི་སྐེགས་ལམ་ཞེངས་དུ་གོམ་པ་བཅུ་དང་རིང་ཚད་རྒྱང་གྲག་(གྲགས)བཞི་ལྔ་ཡོད་པ་ནི། སྔོན་རྒྱལ་པོ་གཟུགས་ཅན་སྙིང་པོ་སྟོན་པ་རིངས་པར་མཇལ་འདོད་ཀྱི་ལམ་སྐེགས་འདི་ཉིད་གསར་དུ་བཅོས་ཟེར་རོ། །

解 1:

合并翻译主要内容。

解 2:

佛陀伐那山及杖林的注释见《大唐西域记校注》(下)710—717 页。

二十二、上茅宫城（旧王舍城）

从此大山中东行六十余里，至矩奢揭罗补罗城。唐言上茅宫城。上茅宫城，摩揭陀国之正中，古先君王之所都，多出胜上吉祥香茅，以故谓之上茅城也。崇山四周，以为外郭。西通峡径，北辟山门，东西长，南北狭，周一百五十余里。内城余趾周三十余里。羯尼迦树遍诸蹊径，花含殊馥，色烂黄金，暮春之月，林皆金色。

{༢༣ ཀུ་ཤའི་གྲོང་ཁྱེར།}

རི་དེ་ནས་ཤར་དུ་རྒྱང་གྲག་(གྲགས)དྲུག་ཅུ་ལྷག་ཕྱིན་པ་ན་ཀུ་ཤའི་གྲོང་ཁྱེར་རོ། །བཀྲ་ཤིས་པའི་རྩ་ཀུ་ཤ་འབྱུང་བས་མིང་དེ་ལྟར་གྲགས་སོ། །༈ ཡུལ་མཾ་ཛྷ་ཏ་སྟེ་ཡུལ་དབུས་སྔོན་གྱི་རྒྱལ་པོ་རྣམས་གདན་བཞུགས་མཛད་པའི་གནས་སོ་[དེང་སང་བརྗོད་ཟེར།]རི་བྲག་གིས་ཕྱི་རོལ་གྱི་ར་བ་ལྟར་བསྐོར་བ། ཤར་ནུབ་རིང་ཞིང་ལྷོ་བྱང་དོགས་ཅམ་ཁོར་ཡུག་ཏུ་རྒྱང་གྲག་(གྲགས)བརྒྱ་དང་ལྔ་བཅུ་ཐམས་ཅད་པ་ཡོངས་པ། དེའི་ནང་ན་ཉེ་མཁར་རྙིང་པའི་རྩངས་གཞིའི་མཐའ་སྐོར་དུ་རྒྱང་གྲག་(གྲགས)སུམ་ཅུ་ལྷག་པ། ལམ་སྲང་ཐམས་ཅད་དུ་ཤིང་ཀ་ནི་ཀས་ཡོངས་སུ་གང་བས་སོས་ཀའི་དུས་སུ་མེ་ཏོག་གསེར་གྱི་མདོག་ཅན་འཆར་བས་གདམས་པ་ཤིན་ཏུ་མཛེས་པའི་མདངས་ཀྱིས་གསེར་ལས་གྲུབ་པའི་གྲོང་ཁྱེར་དང་ཁང་ཁྱིམ་དུ་མཐོང་ངོ་། །

解 1：

（1）完整翻译全文。

（2）批注意为“现在称嘎尔达”。

解 2：

上茅宫城（旧王舍城）的注释见《大唐西域记校注》（下）718 页。

1. 伏醉象遗迹

宫城北门外有窣堵波，是提婆达多与未生怨王共为亲友，乃放护财醉象，欲害如来。如来指端出五师子，醉象于此驯伏而前。

{1.གླང་པོ་བཏུལ་བའི་གནས།}

ནང་གི་གྲོང་ཁྱེར་གྱི་བྱང་སྒོའི་ཕྱི་ལ་མཆོད་རྟེན་ཞིག་ཡོད་པ་ནི། ལྷས་བྱིན་དང་མ་སྐྱེས་དགྲ་གཉིས་མཛའ་བར་གྱུར་ཏེ་བགྲོས་ནས་གླང་པོ་ནོར་སྐྱོང་བཏང་ཏེ་སྟོན་པ་ལ་ཐད་པས། སྟོན་པའི་ཕྱག་བརྒྱངས་པས་ཕྱག་སོར་ལྔ་ལས་སེང་གེའི་བྱུང་ཏེ་ནོར་སྐྱོང་འཁྱིལ་ནས་དྲན་མེད་དུ་གྱུར་ནས་རེ་ཞིག་ན་དྲན་པ་བརྙེད་དེ་ཤིན་ཏུ་བཏུལ་བར་གྱུར་པའི་གནས་སོ། །

解 1：

完整翻译全文。

解 2：

伏醉象遗迹的注释见《大唐西域记校注》（下）720 页。

2. 舍利弗证果故事

伏醉象东北有窣堵波，是舍利子闻阿湿婆恃比丘唐言马胜。说法证果之处。初，舍利子在家也，高才雅量，见重当时，门生学徒，传以受业。此时将入王舍大城，马胜比丘亦方乞食。时舍利子遥见马胜，谓门生曰："彼来者甚庠序，不证圣果，岂斯调寂？宜少伫待，观其进趣。"马胜比丘已证罗汉，心得自在，容止和雅，振锡来仪。舍利子曰："长老善安乐耶？师何人，证何法？若此之悦豫乎？"马胜谓曰："尔不知耶？净饭王太子舍转轮王位，悲愍六趣，苦行六年，证三菩提，具一切智，是吾师也。夫法者，非有非空，难用铨绪，唯佛与佛乃能究述。岂伊愚昧，所能祥议？"因为颂说，称赞佛法。舍利子闻已便获果证。

{2.ཤ་རིའི་བུ་གྲོལ་བ་ཐོབ་པའི་གནས།}

དེའི་བྱང་ཤར་མཚམས་ན་ཡང་མཆོད་རྟེན་ཞིག་ཡོད་པ་ནི། འཕགས་པ་ཤ་རིའི་བུ་འཕགས་པ་རྟ་ཐུལ་ལ་བརྟེན་ནས་གྲོལ་བ་ཐོབ་པའི་གནས་སོ། །དེའི་ལོ་རྒྱུས་ནི། ཤཱ་རིའི་ཁྱིམ་ལ་གནས་ཤིང་མཁས་པ་ཆེན་པོའི་གྲགས་པ་ཐོབ་སྟེ་སློབ་མ་ལྔ་སངས་རྒྱས་བསྐོར་ཏེ་རྒྱལ་པོའི་ཁབ་ཏུ་ཞུགས་པ་ན། འཕགས་པ་རྟ་ཐུལ་བསོད་སྙོམས་ལ་གཤེགས་པས་ཤཱ་རིའི་བུས་རྒྱང་རི་བོ་ནས་མཐོང་ཏེ་ཐོས་ནས་སྨྲས་པ། བཙུན་པ་ལུས་སེམས་བདེ་བར་གནས་སམ་ཆོས་གང་ཞིག་ཐོབ་པས་བྱད་གཟུགས་ཀྱི་ཉམས་པར་གྱུར་པ་ལགས་ཞེས་དྲིས་པས་ལན་བཏབ་པ། ཅི་ཁྱོད་ཀྱིས་མ་ཐོས་སམ་རྒྱལ་པོ་ཟས་གཙང་གི་སྲས་གཞོན་ནུ་དོན་གྲུབ་

འཁོར་ལོ་བསྒྱུར་བའི་རྒྱལ་སྲིད་སྤངས་ཏེ་སེམས་<PL.104>ཅན་རིགས་དྲུག་ལ་སྙིང་བརྩེ་བས་ལོ་དྲུག་ཏུ་དཀའ་བ་སྤྱད་ནས་མངོན་པར་རྫོགས་པར་བྱང་ཆུབ་བརྙེས་པ་ཐམས་ཅད་མཁྱེན་ཞིང་གཟིགས་པ་དེ་ནི་བདག་གི་སློབ་དཔོན་ཡིན་ནོ། །དེས་བསྟན་པའི་ཆོས་ཞེས་བྱ་བ་ནི་ཡོད་པ་མ་ཡིན་མེད་པ་ཡང་མིན་པ་བརྗོད་དུ་མེད་པ་བསམ་དུ་མེད་པ་སངས་རྒྱས་ཉག་གཅིག་དང་དེ་དང་མཉམ་པའི་གང་ཟག་གི་སྤྱོད་ཡུལ་ལས་གཞན་སུས་ཀྱང་རྟོགས་པར་ནུས་པ་མ་ཡིན་ནོ། །འཕགས་པ་ཤཱ་རིའི་བུས་དེ་སྐད་ཐོས་མ་ཐག་ཏུ་དོན་དེ་རྟོགས་ཏེ་དགྲ་བཅོམ་ཐོབ་པར་གྱུར་ཏོ། །

解 1：

完整翻译全文。

解 2：

舍利弗证果故事的注释见《大唐西域记校注》（下）721 页。

3. 胜密火坑故事

舍利子证果北不远，有大深坑，傍建窣堵波，是室利□多唐言胜密。以火坑、毒饭欲害佛处。胜密者，宗信外道，深着邪见。诸梵志曰：“乔答摩国人尊敬，遂令我徒无所恃赖。汝今可请至家饭会，门穿大坑，满中纵火，栈以朽木，覆以燥土。凡诸饮食，皆杂毒药。若免火坑，当遭毒食。”胜密承命便设毒会。城中之人皆知胜密于世尊所起恶害心，咸皆劝请，愿佛勿往。世尊告曰：“无得怀忧，如来之身，物莫能害。”于是受请而往，足履门阃，火坑成池，清澜澄鉴，莲花弥漫。胜密见已，忧惶无措，谓其徒曰：“以术免火，尚有毒食。”世尊饭食已讫，为说妙法。胜密闻已，谢咎归依。

{3. དཔལ་སྦས་དང་འོབས་ཟབ་མེའི་ལོ་རྒྱུས།}

དེ་དང་མི་རིང་བར་འོབས་ཟབ་མེ་ཡོད་པའི་ཉེ་ལོགས་སུ་མཆོད་རྟེན་ཞིག་ཡོད་པ་ནི། སྔོན་པས་མུ་སྟེགས་བྱེད་ཁྱིམ་བདག་ཤྲཱི་གུ་པྟ་སྟེ་དཔལ་སྦས་བཏུལ་བའི་གནས་སོ། །འོབས་དེ་ཡང་དཔལ་སྦས་ཀྱི་ཁྱིམ་ཤུལ་གྱི་སྒོ་རྩའོ། །དེའི་ལོ་རྒྱུས་ནི། ཁྱིམ་བདག་དཔལ་སྦས་ཤེས་(ཞེས)བྱ་བ་ཕྱི་རོལ་པ་ལ་དད་པ་ཞིག་ཡོད་དོ། །སྐབས་དེར་ཕྱི་རོལ་པ་ཞིག་གིས་དེང་སང་གཽ་ཏ་མས་འཇིག་རྟེན་བསླུས་ཏེ་བདག་སོགས་ལ་བརྙེད་བཀུར་སྲབ་ཏུ་སོང་བས་ཅི་ནས་ཀྱང་དགེ་སྦྱོང་དེ་སུན་འབྱིན་པར་བྱའོ་སྙམ་དུ་སེམས་ཤིང་ཁྱིམ་བདག་ལ་སྨྲས་པ། ཁྱོད་ཀྱི་སྒོ་རྩར་འོབས་ཟབ་པ་ཞིག་བྲུས་ལ་མེ་མུར་གྱིས་བཀང་སྟེ། བཟའ་བཏུང་

རྣམས་ལ་དུག་བསྲེས་ནས་དགེ་སློང་གཽ་ཏ་མ་བོས་ལ་བཤོལ་ཕུལ་ཞིག་དང་། མེ་འོབས་སུ་ལྷུང་ཏེ་མ་ཤི་ན་དུག་ཟོས་འཆིའོ་ཟེར་བ་ལྟར། དཔལ་སྦས་ཀྱིས་ཀྱང་དེས་བསྒོ་བ་ལྟར་བྱས་སྟེ་སྟོན་པ་སྤྱན་དྲངས་པར། ཕལ་མོ་ཆེས་ཁྱིམ་བདག་གི་བསམ་ལོག་པར་རིག་ནས་བཀག་ཀྱང་མ་གནང་ན། འགའ་ཞིག་ལྟད་མོའི་ཕྱིར་ཚོགས་སོ། །དེ་ནས་སྟོན་པ་འཁོར་བཅས་དཔལ་སྦས་ཀྱི་ཁྱིམ་དུ་གཤེགས་ནས་སྒོ་ཐེམ་དུ་ཞབས་བཞག་མ་ཐག་མེ་འོབས་ཆུ་བོ་ཡན་ལག་བརྒྱད་ལྡན་གྱི་ཛིང་བུར་གྱུར་ཏེ་མེ་ཏོག་པད་མའི་ཚལ་གྱིས་ཁེབས་པ་དྲི་ངད་ལྡང་བ་ཞིག་ཏུ་གྱུར་ནས་མེ་འོབས་དོན་མེད་པར་གྱུར་ཏོ། །དེ་ནས་རིམ་པ་ལྟར་བཤོས་དྲངས་པས་སྟོན་པ་འཁོར་བཅས་ཀྱིས་དལ་བུར་བཞེས་ཟིན་ནས། སྐབས་དང་མཐུན་པར་ཆོས་བསྟན་པས་དཔལ་སྦས་ཀྱིས་ལྟ་ལོག་ཡང་དག་པའི་ལམ་ལ་ཞུགས་སོ། །

解 1：

完整翻译全文。

解 2：

胜密火坑故事的注释见《大唐西域记校注》（下）723 页。

4. 时缚迦大医遗迹

胜密火坑东北，山城之曲，有窣堵波，是时缚迦大医旧曰耆婆，讹也。于此为佛建法堂，周其壖垣，种植花果，余趾蘖株，尚有遗迹。如来在世，多于中止。其傍复有时缚迦故宅，余基旧井，墟坎犹存。

{4. འཚོ་བྱེད་གཞོན་ནུའི་རྗེས་ཤུལ།}

འོབས་དེའི་བྱང་ཕྱོགས་སུ་གྲོང་ཁྱེར་གྱི་འགྲམ་ལོགས་ན་མཆོད་རྟེན་ཞིག་ཡོད་པ་ནི། འཚོ་བྱེད་གཞོན་ནུས་སྟོན་པའི་དོན་དུ་མཆོད་ཁང་བཞེངས་སྐྱེ(ཏེ)། ཁོར་ཡུག་ཏུ་མེ་ཏོག་དང་བཟའ་ཤིང་གིས་བཀང་བ་ཕུལ་བའི་གནས་སོ། །དེར་ཞབས་རྗེས་སོགས་ཀྱི་ཤུལ་རིས་ཀྱང་ཡོད་དོ། །དེའི་ལོགས་ཤིག་ན་འཚོ་བྱེད་གཞོན་ནུའི་ཁྱིམ་ཤུལ་སྣང་ངོ་། །

解 1：

完整翻译全文。

解 2：

时缚迦大医遗迹的注释见《大唐西域记校注》（下）724 页。

二十三、鹫峰及佛迹

宫城东北行十四五里，至姞栗陀罗矩吒山。唐言鹫峰，亦谓鹫台。旧曰耆阇崛山，讹也。接北山之阳，孤摽特起，既栖鹫鸟，又类高台，空翠相映，浓淡分色。如来御世，垂五十年，多居此山，广说妙法。频毘娑罗王为闻法故，兴发人徒，自山麓至峰岑，跨谷凌岩，编石为阶，广十余步，长五六里。中路有二小窣堵波，一谓下乘，即王至此徒行以进；一谓退凡，即简凡人不令同往。其山顶则东西长，南北狭。临崖西埵，有砖精舍，高广奇制，东辟其户，如来在昔多居说法。今作说法之像，量等如来之身。

精舍东有长石，如来经行所履也，傍有大石，高丈四五尺，周三十余步，是提婆达多遥掷击佛处也。其南崖下有窣堵波，在昔如来于此说《法花经》。精舍南山崖侧，有大石室，如来在昔于此入定。

佛石室西北石室，前有大盘石，阿难为魔怖处也。尊者阿难于此入定，魔王化作鹫鸟，于黑月夜分，据其大石，奋翼惊鸣，以怖尊者。尊者是时惊惧无措，如来鉴见，伸手安慰，通过石壁，摩阿难顶，以大慈言而告之曰："魔所变化，宜无怖惧！"阿难蒙慰，身心安乐。石上鸟迹，崖中通穴，岁月虽久，于今尚存。

精舍侧有数石室，舍利子等诸大罗汉于此入定。舍利子石室前，有一大井，枯涸无水，墟坎犹存。精舍东北石涧中，有大盘石，是如来晒袈裟之处，衣文明彻，皎如雕刻。其傍石上有佛脚迹，轮文虽暗，规摸可察。北山顶有窣堵波，是如来望摩揭陀城，于此七日说法。

{༢༣ བྱ་རྒོད་སྤུངས་པའི་རི་བོ་དང་སྟོན་པའི་གནས་རྗེས།}

གྲོང་ཁྱེར་གྱི་བྱང་ཤར་མཚམས་སུ་རྒྱང་གྲག་(གྲགས)བཅུ་ཕྲག་བཞི་ལྔ་ཙམ་སོང་བ་ན། རི་ཀ་ཏ་རི་ཏ[རི་ཀ་ཏ་རི་ཏ] [གྲི་དྲ་ཀུ་ཏ]སྟེ་བྱ་རྒོད་སྤུངས་པའི་རི་བོ་ཡོད་དོ། །བྱང་རི་རྒྱབ་ཡོལ་གྱི་ཚུལ་དུ་ཡོད་པའི་རྫས་གཅིག་འབུར་དུ་དོད་པ་བྲག་རི་རྒྱང་ནས་བལྟས་ན་བྱ་རྒོད་མང་པོ་ཚོགས་ནས་སྤུངས་པ་ལྟར་སྣང་བས་མིང་དེ་ལྟར་ཐོགས་སོ། །སྔོགས་བུ་བྱ་སྐྱིབས་མདོག་སྔོ་ལྗང་སྲབ་འཐུག་འདྲེས་མ་སྟེ། སྟོན་པ་འཚོ་ཞིང་གཞིས་པ་ན་རི་བོ་འདིར་ལོ་ལྔ་བཅུ་ལྷག་ཤར་ཕྱིན་ལ་སོགས་པའི་མདོ་སྡེ་མང་པོ་གསུངས་

སོ། །རྒྱལ་པོ་གཟུགས་ཅན་སྙིང་པོས་ཀྱང་ཆོས་བསྟན་པའི་ཕྱིར་འབངས་མི་ཆེད་མངགས་ཀྱིས་རྡོ་ལམ་ཐེམ་སྐས་མ་རྒྱར་གོམ་པ་བཅུ་ལྔག འགྱངས་སུ་རྒྱང་གྲག་(གྲགས)ལྔ་དྲུག་ཙམ། དཀྱིལ་དུ་མཆོད་རྟེན་ཆུང་དུ་གཉིས་ཡོད་པ་ནི་རྒྱལ་པོ་ཆིབས་ནས་<PL.105>འབབ་པའི་གནས་དང་། གཅིག་ཤོས་ལོག་སྟེ་གཤེགས་པའི་གནས་ཡིན་ཏེ་རྒྱལ་པོ་སྐྱེ་བོ་ཕལ་པ་དང་ཐུན་མོང་མ་ཡིན་པའི་ཕྱིར་རོ། །༈ རི་བོ་དེའི་སྤོ་ནི་ཤར་ནུབ་ཡངས་ལ་ལྷོ་བྱང་དུ་དོགས་པ་སྐྱིབས་དབྱིབས་ཅུང་ཟད་ནུབ་ཏུ་གཞོལ་བ། ཀྱ་མོའི་ལྡིང་ཁང་གི་ནང་དུ་སྟོན་པའི་སྐུ་བརྙན་ཆོས་འཁོར་མ་ཅིག་བཞུགས་པའི་དཔངས་སྟོན་པའི་སྐུ་བོང་དང་མཉམ་ཟེར་རོ། །༈ དེའི་ཤར་དུ་རྡོ་ལེབ་ཆེ་ལ་རིང་བ་ཞིག་ཡོད་པ་ནི། སྟོན་པས་མདོ་སྡེ་པདྨ་དཀར་པོ་གསུངས་པའི་གནས་སོ། །དེའི་ལྷོ་ངོས་ཀྱི་བྲ་སྐྱིབས་ཀྱི་འོག་ཏུ་རྡོ་ཁང་ཅིག་ཡོད་པ་ནི། སྟོན་པས་དར་ཅིག་ཏིང་ངེ་འཛིན་ལ་ཞུགས་པའི་གནས་སོ། །དེའི་ལྷོ་ངོས་ཀྱི་བྲ་སྐྱིབས་ཀྱི་འོག་ཏུ་རྡོ་ཁང་ཅིག་ཡོད་པ་ནི། སྟོན་པས་དར་ཅིག་ཏིང་ངེ་འཛིན་ལ་ཞུགས་པའི་གནས་སོ། །རྡོ་ཁང་དེའི་རྒྱབ་ངོས་སུ་ཡང་རྡོ་ཁང་ཅིག་ཡོད་པ་ནི། ཀུན་དགའ་བོ་བདུད་ཀྱིས་སྐྲག་པར་བྱས་པའི་གནས་སོ། །དེའི་ལོ་རྒྱུས་ནི། ཀུན་དགའ་བོ་འདིར་ཏིང་ངེ་འཛིན་ལ་སྙོམས་པར་ཞུགས་པ་ན་བདུད་སྡིག་ཅན་གྱིས་བྱ་རྒོད་དུ་སྤྲུལ་ནས་སྒྲ་བསྒྲགས་པས། ཀུན་དགའ་བོས་སྟོན་པ་ལ་སེམས་གཏད་པས་སྟོན་པས་ཕྱག་གཡས་པ་བརྐྱངས་ཏེ་མགོ་ལ་བཞག་ཏེ་དབུགས་དབྱུང་བར་མཛད་པས་ལུས་སེམས་བདེ་བ་ཐོབ་པོ། །རྡོ་ལེབ་དེར་བདུད་ཀྱིས་སྤྲུལ་པའི་བྱ་རྒོད་ཀྱི་རྐང་རྗེས་ད་དུང་ཡོད་དོ། །གཙང་ཁང་དེའི་ལོགས་གཡས་གཡོན་རྣམས་སུ་རྡོ་ཁང་མང་པོ་ཡོད་པ་ནི། འཕགས་པ་ཤཱ་རིའི་བུ་ལ་སོགས་པ་གནས་བརྟན་མང་པོ་དག་མཉམ་པར་བཞག་པའི་གནས་ཡིན་ནོ། །དེའི་ལོགས་ཤིག་ན་ཁྲོན་པ་སྐམ་པོ་ཞིག་ཡོད་པའི་ལོགས་སུ་རྡོ་ལེབ་ཆེན་པོ་ཞིག་ཡོད་པར་སྟོན་པས་ཆོས་གོས་ཉི་མ་ལ་བཀྲམ་པའི་རྡོ་སྟེ་སྣུད་རིས་རྣམས་བཀྲོས་པ་ལྟ་བུ་གསལ་བར་སྣང་ངོ་། །དེའི་ལོགས་ན་རྡོ་ལེབ་ཅིག་ལ་སྟོན་པའི་ཞབས་རྗེས་ཏ་ཙང་མི་གསལ་ཡང་འཁོར་ལོའི་རི་མོ་རགས་པ་སྣང་ངོ་། །རིའི་རྩེ་མོར་མཆོད་རྟེན་ཡོད་པ་ནི། སྟོན་པས་ཞག་བདུན་དུ་ཆོས་གསུངས་པ་ཞག་བདུན་དུ་དང་མཾ་ཀྵ་ཏའི་ཡུལ་གཟིགས་པའི་གནས་སོ། །

解 1：

（1）完整翻译全文。

（2）注释为鹫峰有两个不同的称呼，即："噶扎日扎"和"织扎姑扎"。

解 2:

鹫峰及佛迹的注释见《大唐西域记校注》(下) 726 页。

二十四、毗布羅山

山城北门西，有毗布羅山。闻之土俗曰：山西南崖阴，昔有五百温泉，今者数十而已，然犹有冷有暖，未尽温也。其泉源发雪山之南无热恼池，潜流至此。水甚清美，味同本池。流经五百枝小热地狱，火热上炎，致斯温热。泉流之口，并皆雕石，或作师子白象之首，或作石筒悬流之道，下乃编石为池。诸方异域，咸来此浴，浴者宿疾多差。

温泉左右，诸窣堵波及精舍，基址鳞次，并是过去四佛坐及经行遗迹之所。此处既山水相带，仁智攸居，隐沦之士，盖亦多矣。

{༢༥ རི་བོ་བྲྀ་བ།}

གྲོང་ཁྱེར་གྱི་ནུབ་སྒོའི་ཕྱི་རོལ་ཏུ་རི་བོ་བྲྀ་ཞེས་བྱ་བ་ཡོད་དོ། །དེའི་ལྷོ་ངོས་སུ་ཆུ་དྲོན་ལྔ་བརྒྱ་ཡོད་པར་གྲགས་ཀྱང་ད་ལྟར་བཅུ་ཕྲག་ཏུ་མ་ཞིག་ལས་མི་སྣང་ངོ་། །ལ་ལ་ནི་ཚ་ལ་ལ་ནི་གྲང་ལ་ལ་ནི་དྲོ་འཇམ་སྟེ་མཚོ་མ་དྲོས་པ་ནས་ས་འོག་བརྒྱུད་དེ་བཏོལ་བ་ཡིན་ཟེར་རོ། །ཕྱོགས་དང་མཚམས་ནས་འདུས་པའི་ནད་པ་དག་ཕལ་ཆེར་གྱིས་བཀྲུས་པས་སོས་པ་མང་པོ་མཆིས་སོ། །དྲོ་བའི་རྒྱུ་ནི་དམྱལ་མེས་བསྲོས་པའི་མཐུ་ཡིན་ཟེར་རོ། །གཏྲ་ལ་སོགས་པའི་ཆུ་བོ་བཞིའི་འབྱུང་ཁུངས་ནི། སེང་གེ་དང་གླང་པོ་སོགས་སེམས་ཅན་རིགས་མི་འདྲ་བ་བཞིའི་ཁ་ནས་འབྱུང་ཟེར་བ་ནི་དེ་དག་གི་དབྱིབས་དང་འདྲ་བའི་གནས་ལ་ཟེར་བ་དང་། ལ་ལས་རྫོ་ལས་བཟོས་པའི་སེམས་ཅན་དེ་དག་གི་ཁ་ནས་བྱུང་བ་ཡིན་ཟེར་རོ། །དེར་འདས་པའི་སངས་རྒྱས་བཞི་ཀའི་བཞུགས་ཁྲི་དང་མཛད་ཤུལ་དག་ཀྱང་ཡོད་དོ། །དེར་ཡང་རིག་བྱེད་ལ་མཁས་པ་དག་གཡེང་བས་འཇིགས་ནས་སྦས་ཏེ་གནས་པ་དང་། རྣལ་འབྱོར་བ་འདུ་འཛིས་དབེན་པར་གནས་པ་དང་། རྟུལ་ཞུགས་པ་དགེ་སྦྱོར་གྱི་སེམས་གཅིག་ཏུ་གཞོལ་བ་དང་། བསམ་གཏན་པ་རྩེ་གཅིག་པའི་སེམས་ཀྱིས་མཉམ་པར་འཇོག་པར་འདོད་ཞུགས་པ་དག་ཀྱང་མང་ཙམ་ཡོད་པར་སྣང་ངོ་། །

解 1:

完整翻译全文。

解 2:

毗布羅山的注释见《大唐西域记校注》(下)730 页。

1. 卑钵罗石室及比丘习定故事

温泉西有卑钵罗石室，世尊在昔恒居其中。后壁洞穴，是阿素洛宫也。习定比丘，多居此室，时出怪异，龙蛇师子之形，见之者心发狂乱。然斯胜地，灵圣所止，躡迹钦风，忘其灾祸。近有比丘，戒行贞洁，心乐幽寂，欲于此室匿迹习定。或有谏曰："勿往彼也。彼多灾异，为害不少，既难取定，亦恐丧身。宜鉴前事，勿贻后悔！"比丘曰："不然。我方志求佛果，摧伏天魔，若此之害，夫何足言？"便即振锡而往室焉，于是设坛场，诵禁咒。旬日之后，穴出少女，谓比丘曰："尊者染衣守戒，为含识归依，修慧习定，作生灵善导。而今居此，惊惧我曹，如来之教，岂若是耶？"比丘曰："我守净戒，遵圣教也；匿迹山谷，远諠杂也。忽此见讥，其咎安在？"对曰："尊者诵咒声发，火从外入，烧我居室，苦我枝属。唯愿悲愍，勿复诵咒！"比丘曰："诵咒自护，非欲害物。往者行人居此习定，期于圣果，以济幽涂，睹怪惊惧，丧弃身命，汝之辜也。其何辞乎？"对曰："罪障既重，智能斯浅。自今已来，屏居守分。亦愿尊者勿诵神咒！"比丘于是修定如初，安静无害。

{1. པི་པླ་རའི་རྡོ་ཁང་དང་བཙུན་པའི་བསམ་གཏན་གྱི་ལོ་རྒྱུས།}

པི་པླ་རའི་རྡོ་ཁང་གི་རྒྱབ་ཀྱི་ཕུག་པ་སྟོན་པ་ཞིག་ཡོད་པ་ནི། ལྷ་མིན་བྲག་ཕུག་ཏུ་གྲགས་སོ། །དེར་སྒོམས་པར་འཇུག་མཁན་ལ་སྐབས་སྐབས་<PL.106>སེང་གེ་དང་དུག་སྦྲུལ་དང་གཅན་གཟན་གྱི་རིགས་ཀྱི་རྣམ་པ་སྟོན་པ་ཡོད་པས། ཕལ་ཆེར་ལ་བློ་འཁྲུལ་བ་དང་བརྒྱལ་བ་སོགས་བར་ཆད་འབྱུང་བ་མང་བས་དུས་ཕྱི་བཙུན་པ་ཀུན་སྤྱོད་གཙང་བ་ཞིག་དེར་བསམ་གཏན་བསྒོམ་པར་བརྩམས་པ་ན། བློ་སེམས་དཀར་བ་ཞིག་གིས་གོང་གི་རྒྱུ་མཚན་དེ་རྣམས་བཤད་ནས་བཀག་པས། བཙུན་པས་བདག་ལ་སྲུང་བ་ཟབ་མོ་ཡོད་ཀྱིས་སྐྱོན་མེད་དོ་ཟེར་ཅིང་མ་ཉན། ཞག་ཤས་སོང་བ་དང་བུད་མེད་གཞོན་ནུ་མཛེས་མ་ཞིག་བྱུང་ནས། ཚེ་དང་ལྡན་པ་ཁྱོགས་གཞན་དུ་བཞུད་ཅིག་ཅེས་བསྐུལ་ལོ་ཅེས་ཉེས་དྲིས་པས། ཁྱེད་བསམ་གཏན་ལ་ཆིག་དྲིལ་མི་མཛད་ཅིང་རིག་སྔགས་བགྲངས་ཀྱིན་འདུག་པས་བདག་ཅག་མི་བཟོད་དོ། །ཅེས་པས་བཙུན་པ་ན་རེ་བདག་རིག་སྔགས་བཟླ་བ་ནི་རང་གི་ལུས་སེམས་སྲུང་བའི་དོན་

དུ་ཡིན་གྱིས་ཁྱེད་ཚོ་ལ་ཅི་གནོད་ཅེས་པས། བཞིན་བཟང་གིས་སྔགས་བཟླས་པའི་ཚེ་ཕོག་པ་མི་འབར་ནས་བདག་ཅག་གི་ཁང་ཁྱིམ་དང་ཡོ་བྱད་ཐམས་ཅད་བསྲེག་སྐྱེ་འོངས་པ་ལ། གོས་དུར་སྨྲིག་གྱོན་པ་ཁྱེད་ཚོས་རང་གཞན་ལ་མཉམ་པར་ཕན་འདོགས་བྱེད་དགོས་པ་ལ། ད་ཁྱེད་རང་ཉག་གཅིག་ལ་ཕན་པ་ཙམ་གྱི་དོན་དུ་གཞན་ལ་གནོད་པ་བསྐྱེལ་བའི་སྦྱོར་བ་ལ་མི་འཛེམས་པ་མི་རིགས་བྱས་སོ། །དེ་ལ་བཙུན་པ་ན་རེ། བདག་ནི་སངས་རྒྱས་ཀྱི་གོ་འཕང་དོན་དུ་གཉེར་བ་སེམས་ཅན་ལ་གནོད་པ་བསྐྱེལ་བ་ཅི་ལ་འོས། ཁྱེད་ཚོས་སྒྲུབ་པ་པོ་ལ་བར་ཆད་ཁོ་ན་བྱེད་པ་མ་བཟོད་པར། རང་སྲུང་བའི་དོན་དུ་རིགས་སྔགས་ཀྱིས་བསྲུང་བ་ཡིན་ནོ་ཅེས་པས་བུད་མེད་ན་རེ། བདག་ཅག་ཉོན་མོངས་པ་རགས་ཤིང་ཤེས་རབ་དམན་པས་བྱུང་རྐྱལ་དུ་བར་ཆད་བརྩོན་པའང་སྲིད་ཀྱིས་ཕྱིན་ཆད་སྡོམ་ཞིང་བཟོད་པར་གསོལ་ལོ་ཟེར་བ་ལ། བཙུན་པས་རིག་སྔགས་བསྒྲངས་བའི་འཕྲོ་བཞག་ནས་ཏིང་ངེ་འཛིན་བསྒྲུངས་པས་མི་མ་ཡིན་གྱི་ཚེ་འཕྲུལ་ཀྱང་དེ་ནས་བཟུང་སྟེ་རྒྱུན་ཆད་དོ་ཟེར་རོ། །

解 1：

完整翻译全文。

解 2：

卑钵罗石室及比丘习定故事的注释见《大唐西域记校注》（下）730 页。

2. 其他诸遗迹

毗布羅山上有窣堵波，昔者如来说法之处。今有露形外道多依此住，修习苦行，夙夜匪懈，自旦至昏，旋转观察。

山城北门左南崖阴，东行二三里，至大石室，昔提婆达多于此入定。

石室东不远，盘石上有班采，状血染，傍建窣堵波，是习定比丘自害证果之处。昔有比丘，勤励心身，屏居修定，岁月逾远，不证圣果。退而自咎，窃复叹曰：“无学之果，终不时证，有累之身，徒生何益！”便就此石自刺其颈，是时即证阿罗汉果，上升虚空，示现神变，化火焚身，而入寂灭。美其雅操，建以记功。

比丘证果东石崖上，有石窣堵波，习定比丘投崖证果之处。昔在佛世，有一比丘，宴坐山林，修证果定，精勤已久，不得果证。昼夜继念，无忘静定。如来知其根机将发也，遂往彼而成之，自竹林园至山崖下，弹指而召，伫立以待。此比丘遥睹圣众，身意勇悦，投崖而下，犹其净心，敬信佛语，未至于地，已获果证。世尊告曰：“宜知是时。”即升虚空，示现神变，用彰净信，故斯封记。

{2. རྗེས་ཤུལ་གཞན་གྱི་སྐོར། }

བི་ཧྲུ་རའི་རི་རྩེར་མཆོད་རྟེན་ཞིག་ཡོད་པ་ནི། སྔོན་སྟོན་པས་ཆོས་བཤད་པའི་གནས་སྟེ(ཏེ)། དེང་སང་ཕྱི་རོལ་པ་རྟུལ་ཞུགས་ཅན་མང་པོས་འདིར་བརྟེན་ཅིང་(ཞིང)རང་གི་བསམ་གཏན་དང་རྟུལ་ཞུགས་བསྐྱངས་ཤིང་གནས་སོ། །རིའི་མཁར་གྱི་བྱང་སྒོའི་གཡོན་པའི་བྱ་སྐྱིབས་ཀྱི་གྲིབ་བསིལ་རྒྱུད་དེ་ཤར་ཕྱོགས་སུ་རྒྱང་གྲག་(གྲགས)གཉིས་གསུམ་ཙམ་ཕྱིན་པ་ན་རྫ་ཁང་ཆེན་པོ་ཞིག་ཡོད་པ་ནི། སྔོན་བཙུན་པ་ལྷས་བྱིན་གྱི་བསམ་གཏན་གྱི་ཁང་བུའོ། །དེའི་ཤར་ཕྱོགས་སུ་མི་རིང་བར་རྫ་ལེབ་ཆེན་པོ་རི་མོ་ཁྲག་གིས་སྦགས་པ་ལྟ་བུ་དང་ཉེ་བར་མཆོད་རྟེན་ཞིག་ཡོད་པ་ནི། སྔོན་བཙུན་པ་བསམ་གཏན་ཞིག་ལྷེབས་ནས་གྲོལ་བ་ཐོབ་པའི་གནས་སོ། །དེའི་ལོ་རྒྱུས་ནི། གནའ་དུས་བཙུན་པ་བསམ་གཏན་པ་ཞིག་གིས་ལོ་ཟླ་ཅི་ཙམ་བསྒོམ་ཀྱང་མི་སློབ་པའི་ལམ་མ་ཐོབ་པས་སུན་ནས། ལུས་ཟེར་བ་ཁུར་ལྡི་བ་འདིས་ཅི་བྱ་ཟེར་ནས་ལྷེབས་པས་དགྲ་བཅོམ་ཐོབ་སྟེ་ནམ་མཁར་འཕགས་ནས་རྫུ་འཕྲུལ་སྣ་ཚོགས་བསྟན་ཏེ་བསམ་གཏན་གྱི་མེས་ཕུར་སྦྱངས་སོ། །དེར་དད་པ་ཅན་གྱིས་མཆོད་རྟེན་བརྩིགས་ནས་བརྗོད་བྱང་དུ་བཏབ་བོ། །དེའི་ཤར་གྱི་བྱ་སྐྱིབས་སྟེང་མཆོད་རྟེན་ཞིག་ཡོད་པ་ནི། བཙུན་པ་བསམ་གཏན་པ་ཞིག་རིའི་གཡངས་ལ་ལྷུང་ཏེ་གྲོལ་བ་ཐོབ་པའི་གནས་སོ། །དེའི་ལོ་རྒྱུས་ནི། སྔོན་སྟོན་པ་འཚོ་བཞིན་དུས་<PL.107>བཙུན་པ་བསམ་གཏན་པ་ཅིག་གིས་ལོ་ཟླ་ཡུན་རིང་སྒོམས་པར་ཞུགས་ཀྱང་གྲོལ་བ་མ་ཐོབ་པོ། །དུས་ཅིག་ན་དེའི་རྒྱུད་སྨིན་པར་ཉེ་བ་ན་སྟོན་པས་མཁྱེན་ཏེ། འོད་མའི་ཚལ་ནས་བྱ་སྐྱིབས་དེར་གཤེགས་ནས་སེ་གོལ་གྱི་སྒྲས་བསམ་གཏན་ལས་སད་པར་མཛད་པས། དེས་སྟོན་པ་འཁོར་བཅས་མཐོང་ནས་དགའ་ཞིང་མགུ་བའི་སེམས་ཀྱིས་ཀེར་གྱིས་ལངས་པར་རྐང་བཙུག་མ་བརྟན་པས་གཡང་སར་ལྷུང་བ་ན་དད་མོས་ཀྱིས་མཐུས་ས་ལ་ལྷུང་ཙམ་ལ་གྲོལ་བ་ཐོབ་པས། བཀའ་བསྩལ་བ། དུས་ལ་བབས་པར་ཤེས་པར་གྱིས་ཤིག་གསུངས་པས། སླར་བར་སྣང་ལ་འཕགས་ཏེ་རྫུ་འཕྲུལ་བསྟན་ནས་བསམ་གཏན་གྱི་མེས་ཕུར་སྦྱངས་པ་སོགས་གོང་བཞིན་ནོ། །

解 1：

完整翻译全文。

解 2:

其他诸遗迹的注释见《大唐西域记校注》(下) 732 页。

二十五、迦蘭陁竹園

山城北门行一里余，至迦蘭陁竹園，今有精舍，石基砖室，东辟其户。如来在世，多居此中，说法开化，导凡拯俗，今作如来之像，量等如来之身。

初，此城中有大长者迦兰陀，时称豪贵，以大竹园施诸外道。及见如来，闻法净信，追昔竹园居彼异众，今天人师无以馆舍。时诸神鬼感其诚心，斥逐外道而告之曰："长者迦兰陀当以竹园起佛精舍，汝宜速去，得免危厄。"外道愤恚，含怒而去。长者于此建立精舍，功成事毕，躬往请佛。如来是时遂受其施。

{༢༥ གཙུག་ལག་ཁང་འོད་མའི་ཚལ།}

རིའི་མཁར་གྱི་བྱང་སྒོ་ནས་རྒྱང་གྲག་(གྲགས)གང་ཙམ་གྱི་སར། བྱ་ཀ་ལནྡ་ཀའི་གཙུག་ལག་ཁང་འོད་མའི་ཚལ་ལོ། །ད་ལྟ་གཙུག་ལག་ཁང་ཡོད་པ། སྟོན་འཚོ་གཞིས་དུས་གནས་འདིར་ཆོས་ལན་གྲངས་མང་དུ་གསུངས་སོ། །དེའི་ལོ་རྒྱུས་ནི། ཐོག་མར་གྲོང་ཁྱེར་དེར་ཁྱིམ་བདག་ཀ་ལནྡ་ཀ་ཞེས་བྱ་བ་རིགས་བཙུན་པ་ལོངས་སྤྱོད་ཆེ་བ་ཞིག་ཡོད་པ་དེས། འོད་མའི་ཚལ་ཞེས་པའི་སྐྱེད་ཚལ་ཡོད་པར་ཕྱི་རོལ་པ་མང་པོ་མཆོད་ཀྱིན་ཡོད་པས། ཕྱིས་སྟོན་པ་དང་མཇལ་ཏེ་ཆོས་ཐོས་པས་སེམས་དག་སྟེ། སྔོན་གྱི་སྤྱོད་པ་ལ་འགྱོད་པ་སྐྱེས་ཏེ་སྐྱེད་ཚལ་དེ་སྟོན་པ་ལ་ཕུལ་ལོ། །ཕྱི་རོལ་པ་རྣམས་བསྐྲད་དེ་བཅོམ་ལྡན་འདས་ཀྱི་བཞུགས་གནས་སུ་ཀུན་དགའ་ར་བ་བཞེངས་སོ། །དེ་ནས་ལྷ་དཀར་ཕྱོགས་པ་ཞིག་གིས་ཁྱིམ་བདག་ལ་བསྒྲུལ་མ་འདི་སྐད་བཏབ་བོ། །ཁྱོད་མྱུར་བར་ཐོས་ན་ཐར་བར་འགྱུར་ཏོ། །ཕྱི་རོལ་པ་རྣམས་ཁོན་སེམས་ཀྱིས་སོང་ངོ་ཞེས་སྨྲས་པས། ཁྱིམ་བདག་རིངས་པ་རིངས་པར་སྟོན་པའི་དྲུང་དུ་ཐོས་ནས་སྐྱབས་ཞུས་སོ། །དེ་ནས་སྟོན་པ་སྤྱན་དྲངས་ཏེ་ཕུལ་བས་སྟོན་པས་བཞེས་སོ། །ད་ལྟའི་གཙུག་ལག་ཁང་དེའི་ནང་དུ་སྟོན་པའི་སྐུ་བརྙན་སྐུ་ཚད་དང་མཉམ་པ་ཞིག་མཆོད་ཡུལ་དུ་བཞུགས་སོ། །

解 1:

完整翻译全文。

解 2：

迦蘭陁竹園的注释见《大唐西域记校注》（下）734 页。

1. 佛舍利窣堵波

迦兰陀竹园东有窣堵波，阿阇多设咄路王唐言未生怨。旧曰阿阇世，讹略也。之所建也。如来涅盘之后，诸王共分舍利，未生怨王得以持归，式遵崇建，而修供养。无忧王之发信心也，开取舍利，建窣堵波，尚有遗余，时烛光景。

{1. སངས་རྒྱས་ཀྱི་རིང་སྲེལ་བཞུགས་པའི་གཙུག་ལག་ཁང་།}

དེར་མཆོད་རྟེན་ཞིག་ཡོད་པ་ནི། རྒྱལ་པོ་མ་སྐྱེས་དགྲས་བཞེངས་སོ། །སྟོན་པ་མྱ་ངན་ལས་འདས་པ་ན་སྐུ་གདུང་[རིང་སྲེལ]ཆ་བརྒྱད་དུ་བགོས་པ་ལས་མ་སྐྱེས་དགྲས་རང་བསྐལ་བླངས་ཏེ་རང་ཡུལ་དུ་འཁྱེར་ནས་མཆོད་རྟེན་འདི་བཞེངས་སོ། །ཕྱིས་རྒྱལ་པོ་ཨ་ཤོ་ཀའི་ཚེ་སྔོན་མེའི་འོད་འདྲ་བ་སྣང་ངོ་ཟེར་རོ། །

解 1：

（1）完整翻译全文。

（2）批注意为“佛舍利”。

解 2：

佛舍利窣堵波的注释见《大唐西域记校注》（下）736 页。

2. 阿难半身窣堵波

未生怨王窣堵波侧窣堵波有尊者阿难半身舍利。昔尊者将寂灭也，去摩揭陀国，趣吠舍厘城，两国交争，欲兴兵甲。尊者伤愍，遂分其身。摩揭陀王奉归供养，即斯胜地，式修崇建。

其傍则有如来经行之处。次此不远有窣堵波，是舍利子及没特伽罗子等安居之所。

{2. ཀུན་དགའ་བོའི་སྐུ་གདུང་ཕྱེད་མའི་མཆོད་རྟེན་ཞིག}

དེའི་ཕོགས་དང་ཉེ་བར་འཕགས་པ་ཀུན་དགའ་བོའི་སྐུ་གདུང་ཕྱེད་མའི་མཆོད་རྟེན་ཡོད་པ་དེའི་ལོ་རྒྱུས་སྔར་བཤད་པ་དེས་ཤེས་སོ། །དེའི་ཕོགས་ཤིག་ན་སྟོན་པ་བཞུགས་འཆག་མཛད་པའི་ཤུལ་ཡོད་དོ། །དེ་དང་མི་རིང་བར་འཕགས་པ་ཤྭ་རིའི་བུ་དང་མོའུ་འགལ་གྱི་བུ་སོགས་ཀྱིས་དབྱར་གནས་མཛད་པའི་གནས་ཡོད་དོ། །

解 1：

完整翻译全文。

解 2：

阿难半身窣堵波的注释见《大唐西域记校注》（下）737 页。

3. 第一结集

竹林园西南行五六里，南山之阴，大竹林中有大石室，是尊者摩诃迦叶在此与九百九十大阿罗汉，以如来涅盘后，结集三藏。前有故基。未生怨王为集法藏诸大罗汉建此堂宇。

初，大迦叶宴坐山林，忽烛光明，又睹地震，曰："是何祥变，若此之异？"以天眼观，见佛世尊于双树林间入般涅盘。寻命徒属趣拘尸城。路逢梵志，手执天花，迦叶问曰："汝从何来？知我大师今在何处？"梵志对曰："我适从彼拘尸城来，见汝大师已入涅盘。天人大众咸兴供养，我所持花，自彼得也。"迦叶闻已，谓其徒曰："慧日沦照，世界闇冥，善导遐弃，众生颠坠！"懈怠比丘更相贺曰："如来寂灭，我曹安乐。若有所犯，谁能诃制？"迦叶闻已，深更感伤，思集法藏，据教治犯。遂至双树，观佛礼敬。既而法王去世，人天无导，诸大罗汉亦取灭度。时大迦叶作是思惟："承顺佛教，宜集法藏。"于是登苏迷卢山，击大揵稚，唱如是言："今王舍城将有法事，诸证果人宜时速集！"揵稚声中，传迦叶教，遍至三千大千世界，得神通者闻皆集会。是时迦叶告诸众曰："如来寂灭，世界空虚，当集法藏，用报佛恩。今将集法，务从简静，岂恃群居，不成胜业？其有具三明、得六通、闻持不谬、辩才无碍，如斯上人，可应结集。自余果学，各归其居。"于是得九百九十人。除阿难在学地，大迦叶召而谓曰："汝未尽漏，宜出圣众。"曰："随侍如来，多历年所，每有法议，曾未弃遗。今将结集，而见摈斥？法王寂灭，失所依怙！"迦叶告曰："勿怀忧恼，汝亲侍佛，诚复多闻，然爱惑未尽，习结未断。"阿难辞屈而出，至空寂处，欲取无学，勤求不证。既已疲怠，便欲假寐，未及伏枕，遂证罗汉。往结集所，叩门白至。迦叶问曰："汝结尽耶？宜运神通，非门而入。"阿难承命，从钥隙入，礼僧已毕，退而复坐。是时安居初十五日也。于是迦叶扬言曰："念哉谛听！阿难闻持，如来称赞，集《素呾缆旧曰修多罗，讹也。藏。》优波厘持律明究，众所知识，集《毘奈耶旧曰毘那耶，讹也。藏》。我迦叶波集《阿毘达磨藏》。”雨三月尽，集三藏讫，以大迦叶僧中上座，因而谓之上座部焉。

大迦叶波结集西北，有窣堵波，是阿难受僧诃责，不预结集，至此宴坐，证罗汉果，证果之后，方乃预焉。

阿难证果西行二十余里，有窣堵波，无忧王之所建也，大众部结集之处。诸学无学数百千人，不预大迦叶结集之众，而来至此，更相谓曰：“如来在世，同一师学，法王寂灭，简异我曹。欲报佛恩，当集法藏。”于是凡圣咸会，贤智毕萃，复集《素呾缆藏》、《毘奈耶藏》、《阿毘达磨藏》、《杂集藏》、《禁咒藏》。别为五藏。而此结集，凡圣同会，因而谓之大众部。

{3. སྡེ་སྣོད་དང་པོའི་བཀའ་བསྡུ་མཛད་པའི་གནས།}

འོད་མའི་ཚལ་གྱི་ལྷོ་ནུབ་མཚམས་རྒྱང་གྲག་(གྲགས)ལྔ་དྲུག་གི་སར་མདུན་རིའི་རྒྱབ་ལོགས་སུ་སྨྱུག་ཚལ་སྨྱུག་པོའི་ནང་དུ་རྫོ་ཁང་ཆེན་པོ་ཞིག་ཡོད་པ་ནི། སྔོན་འོད་སྲུང་ཆེན་པོ་དགྲ་བཅོམ་པ་སྟོང་ལ་གཅིག་གིས་མཚང་བ་བསྡུས་ནས་སྡེ་སྣོད་གསུམ་གྱི་བཀའ་བསྡུ་མཛད་པའི་གནས་སོ། །དེའི་མདུན་ངོས་སུ་མི་རིང་བར་སོ་ཕག་གི་ལྡིང་ཁང་ཆེན་པོ་ཞིག་གི་ཤུལ་ཡོད་པ་ནི། ཡོན་བདག་རྒྱལ་པོ་མ་སྐྱེས་དགྲས་སྦྱིན་བདག་བྱས་སྟེ་དགྲ་བཅོམ་པ་རྣམས་འཚོགས་པའི་གནས་སུ་དྲི་གཙང་ཁང་ཆེན་པོ་ཞིག་བཞེངས་པ་<PL.108>དེ་ནི་ཤུལ་ཡིན་ནོ། །དེར་དགྲ་བཅོམ་གནས་བརྟན་པོ་ན་ཚོགས་པའི་གཙོ་བོར་འཕགས་པ་འོད་སྲུང་བཞུགས་པས་འོད་སྲུང་གི་རྗེས་སུ་འབྲངས་པ་ལ་གནས་བརྟན་སྡེ་པ་ཟེར་རོ། །༈ དེ་ནས་ནུབ་བྱང་མཚམས་སུ་མཆོད་རྟེན་ཞིག་ཡོད་པ་ནི། འཕགས་པ་ཀུན་དགའ་བོ་དགྲ་བཅོམ་ཐོབ་པའི་གནས་སོ། །༈ དེ་ནས་ནུབ་ཕྱོགས་སུ་རྒྱང་གྲགས་ཉི་ཤུ་ཙམ་ཕྱིན་པར་རྒྱལ་པོ་ཨ་ཤོ་ཀས་བཞེངས་པའི་མཆོད་རྟེན་ཞིག་ཡོད་པ་ནི། བཀའ་བསྡུ་གཉིས་པ་མཛད་པའི་གནས་སོ། །དེའི་ལོ་རྒྱུས་ནི། འོད་སྲུང་གིས་བཀའ་བསྡུ་མཛད་པའི་རྗེས་སུ། མཆོག་དམན་བར་མས་ཕན་ཚུན་བགྲོས་པ་ནི། སྔོན་སྟོན་པ་བཞུགས་པའི་དུས་སུ་བསྟན་པ་གཅིག་དང་སྟོན་པ་ཡང་གཅིག་ཏེ། ད་ལྟ་ལུགས་ཐ་དད་དུ་སོང་བ་མི་ལེགས་པས་སླར་ཅི་ནས་ཀྱང་གཅིག་ཏུ་འགྱུར་བར་བྱ་སྙམས་པས། སྦྱིན་བདག་རྒྱལ་པོ་ཨ་ཤོ་ཀས་བྱས་སྟེ་ཉེ་བར་འཁོར་གྱིས་འདུལ་བ། ཀུན་དགའ་བོས་མདོ་སྡེ། འོད་སྲུང་གིས་མངོན་པ་བསྡུས་སྟེ་འདུལ་བ་ལ་གཙོ་བོར་མོས་པས་ཉེ་བར་འཁོར་གྱི་རྗེས་འབྲང་རྣམས་ལ་སྐྱེས་འཕགས་རིས་སུ་མ་ཕྱེ་བར་ཕལ་མོ་ཆེས་བསྡུས་པས་ཕལ་ཆེན་

སྡེ་པར་འགོད་དོ། །

解 1：

典故细节第二自然段“初，…………集三藏讫”没有翻译。

解 2：

第一结集的注释见《大唐西域记校注》（下）738 页。

4. 迦兰陀池及石柱

竹林精舍北，行二百余步，至迦兰陀池，如来在昔多此说法。水既清澄，具八功德，佛涅盘后，枯涸无余。

迦兰陀池西北，行二三里，有窣堵波，无忧王所建也，高六十余尺。傍有石柱，刻记立窣堵波事，高五十余尺，上作象形。

{4. ཀ་ལནྡ་ཀའི་རྫིང་བུ་དང་རྡོའི་ཀ་བའི་ལོ་རྒྱུས།}

འོད་མའི་ཚལ་ནས་རྒྱབ་ཏུ་གོམ་པ་ཉིས་བརྒྱ་ལྷག་ཙམ་ཕྱིན་པ་ན་ཀ་ལནྡ་ཀའི་རྫིང་བུ་ཞེས་བྱ་བ་ཡན་ལག་བརྒྱད་ལྡན་གྱི་ཆུས་གང་བ་ཡོད་པ་ནི། སྟོན་པ་མྱ་ངན་ལས་འདས་རྗེས་རྫིང་དེ་སྐམ་ཏེ་དེང་སང་མིང་གི་ལྷག་པར་གྱུར་ཏོ། །དེ་ནས་ནུབ་ཏུ་རྒྱང་གྲག་(གྲགས)གཉིས་གསུམ་ཙམ་གྱི་སར་མཆོད་རྟེན་ཞིག་ཡོད་པ་ནི། རྒྱལ་པོ་ཨ་ཤོ་ཀས་བཞེངས་པ་དཔངས་སུ་ཁྲུ་དྲུག་ཅུ་ལྷག་པ་དང་། རྡོའི་ཀ་བ་སྟེང་དུ་ཁྲུ་ལྔ་བཅུ་ལྷག་པར་མཆོད་རྟེན་བཞེངས་པའི་རྒྱུ་མཚན་བཀོས་པ་ཡོད་པའི་ཏོག་ཏུ་གླང་པོ་ཆེའི་གཟུགས་བྱས་པ་ཡོད་དོ། །

解 1：

完整翻译全文。

解 2：

迦兰陀池及石柱的注释见《大唐西域记校注》（下）742 页。

二十六、王舍城

石柱东北不远，至曷罗阇姞利呬城。唐言王舍。外郭已坏，无复遗堵。内城虽毁，基址犹峻，周二十余里，面有一门。

初，频毘娑罗王都在上宫城也，编户之家频遭火害。一家纵逸，四邻罹灾。防火不暇，资产废业，众遮嗟怨，不安其居。王曰：“我以不德，下民罹患。修何德可以禳之？”群臣曰：“大王德化邕穆，政教明察，今兹细民不谨，致此火灾。宜制严科，以清后犯。若有火起，穷究先发，罚其首恶，迁之寒林。寒林者，弃尸之所，俗谓不祥之地，人绝游往之迹。令迁于彼，同夫弃尸，既耻陋居，当自谨护。”王曰：“善，宜遍宣告居人。”顷之，王宫中先自失火，谓诸臣曰：“我其迁矣。”乃命太子监摄留事，欲清国宪，故迁居焉。时吠舍厘王闻频毘娑罗王野处寒林，整集戎旅，欲袭不虞。边候以闻，乃建城邑，以王先舍于此，故称王舍城也。官属士庶，咸徙家焉。或云至未生怨王乃筑此城。未生怨太子既嗣王位。因遂都之。逮无忧王迁都波吒厘城，以王舍城施婆罗门。故今城中无复凡民，唯婆罗门减千家耳。

宫城西南隅有二小伽蓝，诸国客僧往来此止，是佛昔日说法之所。次此西北，有窣堵波，殊底色迦唐言星历。旧曰树提伽，讹也。长者本生故里。

城南门外，道左有窣堵波，如来于此说法及度罗怙罗。

{༢༧ རྒྱལ་པོའི་གྲོང་ཁྱེར།}

དེའི་བྱང་ཤར་མཚམས་སུ་མི་རིང་བར་རཱ་ཛ་གྲི་ཧ་སྟེ་རྒྱལ་པོའི་གྲོང་ཁྱེར་ཞེས་པ་ཡོད་དོ། །ཁྱི་མཁར་ཞིག་རལ་གྱིས་གོག་པོར་གྱུར་ཟིན་ཀྱང་མཁར་གྱི་རྨངས་གཞི་ད་དུང་ཡོད་དོ། །ཕོར་ཡུག་ཏུ་རྒྱང་གྲག་(གྲགས)ཉི་ཤུ་ལྷག་པའི་ངོས་སུ་སྒོ་གཅིག་ཡོད་པ་ནི། ཐོག་མར་རྒྱལ་པོ་གཟུགས་ཅན་སྙིང་པོས་ཀུ་ཤའི་གྲོང་ཁྱེར་ལ་གདན་སྡོད་བྱས་སྐབས་དུས་རྒྱུན་མེ་ལྕེ་མཆེད་དེ་ཁང་ཁྱིམ་ལ་གནོད་པ་བྱུང་བས། སྐྱེ་བོ་མང་པོ་གནས་མ་བདེ་བར་རྒྱལ་པོ་ཐབས་ཅི་དྲག་ཞེས་དྲིས་པར། སློབ་དཔོན་[བློན་པོ།]དག་གིས་ལྷའི་ཐུགས་ཏ་ཅང་འཛམ་པས། ད་ཕྱིན་ཆད་ཁྲིམས་དམ་པོ་འཆའ་བ་ལས་མེ་མི་མཆེད་པའི་ཐབས་མེད་ཞུས་པས། རྒྱལ་པོས་དེ་ལྟར་འཐད་པར་དགོངས་སྟེ་སུའི་ཁྱིམ་ལ་མེ་མཆེད་ན་གྲོང་ཁྱེར་གྱི་ནང་དུ་འདུག་ཏུ་མི་སྟེར་བར་དུར་ཁྲོད་དུ་བསྐྱུལ་བར་བྱའོ་ཞེས་པའི་བཀའ་ཁྲིམས་བཅས་སོ། །དེ་ནས་མ་འགྱངས་པར་རྒྱལ་པོ་རང་གི་མེ་ཐབ་ནས་མེ་མཆེད་དོ། །རྒྱལ་པོ་རང་ཁྲིམས་རང་གིས་བཤིགས་མི་རུང་གསུངས་ནས་དུར་ཁྲོད་དུ་སྤོ་བར་མཛད་དེ་ཐོག་མར་རྒྱལ་པོ་སྡོད་གནས་ཁང་ཁྱིམ་གཅིག་བུ་ལས་མེད་པས། ཡུལ་གཞན་

ཀྱི་རྒྱལ་པོས་ཐོས་ནས་གཞོམ་པར་བརྩམས་པ་ན། དུར་ཁྲོད་ཁྱིམ་དེ་སྲུང་བའི་དོན་དུ་ཁྱིམ་འགའ་བཏབ་ཕྱིས་སུ་རིམ་གྱིས་ཆེར་འཕེལ་ནས་གྲོང་ཁྱེར་དུ་གྱུར་རོ། །འགའ་ཞིག་རྒྱལ་པོ་མ་སྐྱེས་དགྲའི་དུས་སུ་ཧྥཐ་རའི་གྲོང་ཁྱེར་ལ་སྤྱོས་ཏེ་རྒྱལ་པོའི་ཁབ་ཏུ་བྲམ་ཟེ་རྣམས་<PL.109>ལ་གནང་ངོ་ཟེར་རོ། །ད་ལྟ་རིགས་གཞན་མེད་པར་བྲམ་ཟེའི་རིགས་ཁོ་ནའི་ཆིག་སྟོང་ཙམ་མཆིས་སོ། །༈ རྒྱལ་པོའི་ཁབ་ཀྱི་ལྷོ་ནུབ་མཚམས་སུ་གཙུག་ལག་ཁང་ཆུང་བ་གཉིས་ཡོད་པ་ནི། བཙུན་པ་གནས་སྐོར་བ་དག་དང་ཡུལ་གཞན་འོངས་བའི་འགྲོན་གསར་རྣམས་འདུག་པའི་གནས་སོ། །སྔོན་སྟོན་པས་ཆོས་གསུངས་པའི་ཤུལ་ཡིན་ཟེར་རོ། །དེ་ནས་ནུབ་བྱང་མཚམས་སུ་མི་རིང་བར་མཆོད་རྟེན་ཞིག་ཡོད་པ་ནི། དྲང་སྲོང་སྐར་མ་ལ་དགའ་བའི་ཁྱིམ་ཤུལ་ལོ། །གྲོང་ཁྱེར་གྱི་ལྷོའི་སྒོའི་ཕྱི་རོལ་གྱི་གཡོན་ཕྱོགས་སུ་མཆོད་རྟེན་ཞིག་ཡོད་པ་ནི། སྔོན་སྟོན་པས་ཆོས་བཤད་པའི་གནས་ཀྱང་ཡིན་ལ་སྲས་སྒྲ་གཅན་འཛིན་འདུལ་བའི་གནས་ཀྱང་ཡིན་ནོ། །

解 1：

（1）完整翻译全文。

（2）注释为译者自己改错，将སློབ་དཔོན་（意为大师）改为བློན་པོ།（意为大臣）。

解 2：

王舍城的注释见《大唐西域记校注》（下）743 页。

二十七、那烂陀僧伽蓝

从此北行三十余里，至那烂陀唐言施无厌。僧伽蓝。闻之耆旧曰："此伽蓝南庵没罗林中有池，其龙名那烂陀，傍建伽蓝，因取为称。从其实议，是如来在昔修菩萨行，为大国王，建都此地，悲愍众生，好乐周给，时美其德，号施无厌。由是伽蓝因以为称。其地本庵没罗园。五百商人以十亿金钱买以施佛。佛于此处三月说法，诸商人等亦证圣果。佛涅盘后未久，此国先王铄迦罗阿逸多唐言帝日。敬重一乘，遵崇三宝，式占福地，建此伽蓝。初兴功也，穿伤龙身。时有善占尼干外道。见而记曰："斯胜地也，建立伽蓝，当必昌盛，为五印度之轨则，逾千载而弥隆。后进学人，易以成业，然多欧血，伤龙故也。"其子佛陀毱多王唐言觉护。继体承统，聿遵胜业，次此之南又建伽蓝。呾他揭多毱多王唐言如来。笃修前绪，次此之东又建伽蓝。婆罗阿迭多唐言幼日。王之嗣位也，次此东北又建伽蓝。功成事毕，福会称庆，输诚幽显，延请凡圣。其会也，五印度僧万里云集。众坐已定，二僧后至，引上第三重阁。或有问曰：“王将设会，先请凡圣，大德何方，最后而至?”曰：“我至那国也。和上婴疹，饭已方行，受王远请，故来赴会。”问者惊骇，遽以白王。王心知圣也，躬往问焉。迟上重阁，莫知所去。王更深信，舍国出家。出家既已，位居僧末，心常怏怏，怀不自安：“我昔为王，尊居最上，今者出家，卑在众末!”寻往白僧，自述情事。于是众僧和合，令未受戒者以年齿为次。故此伽蓝独有斯制。其王之子伐阇罗唐言金刚。嗣位之后，信心贞固，复于此西建立伽蓝。其后中印度王此北复建大伽蓝。于是周垣峻峙同为一门。既历代君王继世兴建，穷诸剞劂，诚壮观也。帝日本大伽蓝者，今置佛像，众中日差四十僧就此而食，以报施主之恩。

僧徒数千，并俊才高学也。德重当时，声驰异域者，数百余矣。戒行清白，律仪淳粹。僧有严制，众咸贞素，印度诸国皆仰则焉。请益谈玄，渴日不足，夙夜警诫，少长相成。其有不谈三藏幽旨者，则形影自愧矣。故异域学人，欲驰声问，咸来稽疑，方流雅誉。是以窃名而游，咸得礼重。殊方异域欲入谈议，门者诘难，多屈而还，学深今古，乃得入焉。于是客游后进，详论艺能，其退飞者，固十七八矣。二三博物，众中次诘，莫不挫其锐，颓其名。若其高才博物，强识多能，明德哲人，联晖继轨。至如护法、护月，振芳尘于遗教；德慧、坚慧，流雅誉于当时。光友之清论，胜友之高谈，智月则风鉴明敏，戒贤乃至德幽邃。若此上人，众所知识，德隆先达，学贯旧章，述作论释，各十数部，并盛流通，见珍当世。

伽蓝四周，圣迹百数，举其二三，可略言矣。

{༤༨ གཙུག་ལག་ཁང་ཆེན་པོ་ན་ལེནྡྲ།}

དེ་ནས་བྱང་ཕྱོགས་སུ་རྒྱང་གྲག་(གྲགས)སུམ་ཙུ་ཙམ་བགྲོད་པ་ན། གཙུག་ལག་ཁང་ཆེན་པོ་ན་ལེནྡ་ཧྲེ་སྦྱིན་པས་མི་ངོམས་པའི་དགོན་པ་ཡོད་དོ། །དེ་ཐོག་མར་ཨ་མྲའི་ནགས་ཚལ་ཆེན་པོ་ཞིག་སྟེ། ཚོང་པ་ལྔ་བརྒྱས་རིན་གྱིས་ཉོས་ནས་སྟོན་པ་ལ་ཕུལ་བ། ས་དཔྱད་ཤིན་ཏུ་ལེགས་པ་ཞིག་ཏེ(སྟེ)། གནའ་དུས་རྒྱལ་པོ་ཤོ་ཀྲཱ་ཏི་ཏྱ་སྟེ་འཇིག་རྟེན་ཉི་མ་ཞེས་བྱ་བ་ཐེག་པ་གཅིག་པུ་ལ་མོས་པར་དཀོན་མཆོག་ལ་དད་མོས་ཆེ་བས་སངས་རྒྱས་ཀྱི་བསྟན་པ་ཡུན་དུ་དར་བའི་ས་གཞི་བཟང་པོ་ཞིག་བརྩལ་ཏེ་དགོངས་(དགོན)

པ་བཏབས་ནས། དགེ་འདུན་གྱི་ཆོས་གྲྭ་བཙུགས་པར་འདོད་ནས་རིས་མེད་ཀྱིས་དཔྱད་མཁན་ལ་བཅོལ་ནས་བཅལ་བར། གྲངས་ཅན་པའི་ས་དཔྱད་མཁས་པ་ཞིག་གིས་འདི་རྙེད་ནས་ཞུས་པ། རྒྱ་གར་ཕྱོགས་ལྷ་ཀར་འདི་དང་མཉམ་པའི་ས་ཕྱོགས་མེད་དོ། །འདིར་དགོན་པ་བཏབ་ན་དགེ་འདུན་ཐུགས་མཐུན་ཞིང་བསླབ་སྦྱངས་ལ་མཁས་པར་གྱུར་ལ། དུས་རྒྱུན་དུ་ཚོང་པ་བཟང་པོ་མི་འཆད་པར་འདུ་བར་འགྱུར་རོ་ཞེས་ལུང་བསྟན་ནས། གཙུག་ལག་ཁང་ཐོག་མར་ཨར་ལས་འཛུགས་སྐབས་སྐུ་ལ་གནོད་པ་ཐོགས་པས། དགེ་འདུན་ལ་ཁྲག་རྐྱུགས་པའི་ནད་མང་ཙམ་འབྱུང་ཟེར་རོ། །ད་ལྟ་ལོ་སྟོང་ལྷག་ཙམ་སོང་ཀྱང་དགེ་འདུན་གྱི་སྡེ་དང་ལོངས་སྤྱོད་འཕེལ་རྒྱས་ལས། འགྲིབ་རྒྱུད་ཙུང་ཙམ་ཡང་བྱུང་མ་མྱོང་ཞིང་། ཁྲག་རྐྱུགས་པའི་རྒྱུ་དེ་ལྟར་ཡིན་པར་སྣང་ངོ་། །རྒྱལ་པོ་དེའི་བུ་བུདྡྷ་གུཔྟ་སྡེ་སངས་རྒྱས་སྲས་པ་ཞེས་པས་སྲིད་སྐྱོང་ཞིང་ཤུལ་འཛིན་ཏོ། །ཚ་བོ་ཏ་ཐཱ་ག་ཏ་གུཔྟ་སྡེ། དེ་བཞིན་གཤེགས་པ་སྲས་པ་ཞེས་བྱ་བས་སྔ་མཕོ་བཞིན་གྱི་གཙུག་ལག་ཁང་དང་ར་བ་ཞིག་རལ་ཏུ་གྱུར་པ་རྣམས་ལེགས་པར་གསོས་སོ། །དེའི་རྒྱལ་པོ་ཕྱི་མ་བཱ་ལཱ་ཏི་རྒྱ་སྡེ་སྒྲ་མའི་ཉི་མ་ཞེས་བྱ་བས་ན་ལེནྡྲའི་ཤར་ངོས་དང་བྱང་ཤར་ཕྱོགས་སུ་གཙུག་ལག་ཁང་རེ་རྫོགས་པར་བཞེངས་ཏེ། སྐྱེས་འཕགས་མཆོག་དམན་ཚོགས་སྡེ་རབ་གནས་དང་དགའ་སྟོན་ཆེན་པོ་བྱེད་སྐབས་སློབ་དཔོན་(བློན་པོ)འགགས་རྒྱལ་པོ་ལ་ཞུས་པ། དེ་རིང་གི་འདུ་བ་ལ་ཕྱོགས་གང་གི་མི་གང་དག་གཙོ་བོར་བྱེད་ཁང་བརྩེགས་བྱི་དོར་བགྱིད་དོ། །བཀའ་བསྩལ་བ། དགེ་འདུན་སྤྱི་དང་ཁང་པར་ཡུལ་ཐག་རིང་ནས་འོངས་པ་དག་གོ་གསུངས་སོ། །སྔོན་སྟོན་མོའི་སྐབས་སུ་རྒྱལ་པོ་གཙོ་བོར་བྱེད་ཁང་བརྩེགས་ལ་དབང་། ད་ནི་གོ་ལོག་ཏུ་མཛད་པ་ཅི་ཞེས་ཐམས་ཅད་ངོ་མཚར་པར་གྱུར་པས། རྒྱལ་པོས་དཔེར་ན་རྒྱལ་སྲིད་སྤངས་ཏེ།<PL.110>རབ་ཏུ་བྱུང་བ་ལ་གོ་འཕང་མཐོན་པོར་གཤེགས་པར་བརྩི་ཡི། རབ་ཏུ་བྱུང་བ་ལས་བབས་ནས་རྒྱལ་སྲིད་འཛིན་པ་ལ་གོ་འཕང་མཐོན་པོར་གཤེགས་པ་ཞེས་མི་ཟེར་རོ་ཞེས་གསུངས་པས་ཐམས་ཅད་ངོ་མཚར་ནས་ཡི་རངས་སོ། །ཐང་ཟིང་བདག་ལ་མ་ཧཱ་ཙི་ནའི་མཁན་པོར་འབོད་ཅིང་བདག་རྐྱེན་དཔེ་མེད་བསྩལ་ལོ། །ཕྱིས་སུ་རྒྱལ་པོས་རྒྱལ་སྲིད་སྤངས་ནས་རབ་བྱུང་མཛད་དོ། །སྲས་བཛྲ་སྡེ་རྡོ་རྗེ་ཞེས་བྱ་བ་རྒྱལ་སྲིད་ལ་དབང་བསྐུར་རྒྱལ་སྲིད་སྐྱོང་ལུགས་ཡབ་མེས་དང་མཚུངས་སོ། །དབུས་ཀྱི་གཙང་ཁང་ལ་སྟོན་པའི་སྐུ་བརྙན་བཞུགས་པའི་རྩར་དགེ་འདུན་བཞི་བཅུ་ཐམ་པས་ཉིན་བཞིན་སྦྱིན་བདག་གི་སྐུ་རིམ་བྱེད་པ་དང་། གཞན་པ་དགེ་འདུན་སྟོང་ཕྲག་དུ་མས་བསླབ་སྦྱངས་ལ་བརྩོན་པ་ཡོད་ཅིང་། ཕལ་ཆེ་བ་གྲུབ་པའི་མཐའ་དང་རིག་གནས་དག་ལ་མཁས་པའོ། །རྒྱ་ལམ་ལ་མ་དང་

པ་དང་ཀུན་སྤྱོད་མི་གཙང་བ་ལེ་ལོ་ཆེ་བ་འགའ་ཞིག་བྱུང་ན་དེའི་གྲིབ་མ་ལ་ཆད་པ་བཅད་དེ་ངོ་ཚ་བར་བྱེད་པ་ལས། དངོས་སུ་དམའ་འབེབས་པ་སོགས་མེད་དོ། །པཎྜིཏ་ཕྱོགས་གང་ལ་ཡང་མཁས་ཤིང་འགྲན་གྱི་དོ་མེད་པ་དག་སྒོ་སྲུང་དུ་བསྒོས་ནས་ཕྱོགས་གཞན་ནས་རྩོལ་འདོད་པར་འོངས་པ་རྣམས་ནང་དུ་མ་ཞུགས་གོང་དུ་ཕན་ཚུན་བརྒལ་ཏེ་རྒྱལ་ན་ནང་དུ་གཏོང་ལ་ཕམ་ན་ནང་དུ་མི་གཏོང་བར་དེ་ཉིད་ནས་ལྡོག་ཏུ་འཇུག་གོ །

解 1：

完整翻译全文。

解 2：

那烂陀僧伽蓝的注释见《大唐西域记校注》（下）750 页。

1. 伽蓝附近诸迹

伽蓝西不远有精舍，在昔如来三月止此，为诸天、人广说妙法。次南百余步小窣堵波，远方比丘见佛处。昔有比丘自远方来，至此遇见如来圣众，内发敬心，五体投地。便即发愿求轮王位。如来见已，告诸众曰："彼比丘者，甚可愍惜。福德深远，信心坚固，若求佛果，不久当证。今其发愿，求转轮王，于当来世，必受此报。身体投地，下至金轮，其中所有微尘之数，一一尘是一轮王报也。既耽世乐，圣果斯远。"其南则有观自在菩萨立像，或见执香炉往佛精舍，周旋右绕。

观自在菩萨像南窣堵波中，有如来三月之间剃剪发爪，有婴疾病，旋绕多愈。其西垣外池侧窣堵波，是外道执雀于此问佛死生之事。次东南垣内五十余步，有奇树，高八九尺，其干两披。在昔如来嚼杨枝弃地，因植根柢，岁月虽久，初无增减。次东大精舍，高二百余尺，如来在昔于此四月说诸妙法。次北百余步，精舍中有观自在菩萨像，净信之徒兴供养者，所见不同，莫定其所。或立门侧，或出檐前。诸国法俗，咸来供养。

观自在菩萨精舍北有大精舍，高三百余尺，婆罗阿迭多王之所建也。庄严度量及中佛像，同菩提树下大精舍。其东北窣堵波，在昔如来于此七日演说妙法。西北则有过去四佛坐处。其南鍮石精舍，戒日王之所建立，功虽未毕，然其图量十丈而后成之。次东二百余步，垣外有铜立佛像，高八十余尺，重阁六层，乃得弥覆，昔满胄王之所作也。

满胄王铜佛像北二三里，砖精舍中有多罗菩萨像，其量既高，其灵甚察。每岁元日，盛兴供养。邻境国王、大臣、豪族，赍妙香花，持宝旛盖，金石递奏，丝竹相和，七日之中，建斯法会。其垣南门内有大井，昔佛在世，有大商侣热渴逼迫，来至佛所，世尊指其地以可得水。商主乃以车轴筑地，地既为陷，水遂泉涌。

已闻法，皆悟圣果。

{1. གཙུག་ལག་ཁང་དེ་ཉེ་འཁོར་དུ་འཕགས་པ་རྣམས་ཀྱི་མཛད་ཤུལ།}

དེའི་ཕྱིར་ནང་དུ་གཏོང་འོས་པའི་རྩོལ་བ་བཅུ་ལས་རེ་གཉིས་ཙམ་སྨེ་བརྒྱད་དགུ་ཙམ་ལྡོག་དགོས་པ་འགྱུར་རོ། །གཙུག་ལག་ཁང་དེའི་ཉེ་འཁོར་དུ་ངོ་མཚར་བ་འཕགས་པ་རྣམས་ཀྱི་མཛད་ཤུལ་ཤིན་ཏུ་མང་ཡང་ཆེ་ལོངས་ཙམ་ན། དགོན་པའི་ནུབ་ཕྱོགས་སུ་གཙུག་ལག་ཁང་ཞིག་ཡོད་པ་ནི། སྔོན་སྟོན་པ་ཟླ་བ་གསུམ་གྱི་རིང་ལྷ་དང་མིའི་འཁོར་རབ་ཏུ་མང་པོར་ཆོས་ཀྱི་འཁོར་ལོ་བསྐོར་བའི་གནས་སོ། །དེའི་མདུན་རོལ་གོམ་པ་བརྒྱ་ཙམ་ན་མཆོད་རྟེན་ཆུང་ངུ་ཞིག་ཡོད་པ་ནི། ཡུལ་ཐག་རིང་ནས་འོངས་པའི་བཙུན་པ་ཞིག་སྟོན་པ་འཁོར་བཅས་མཐོང་བའི་གནས་སོ། །དེའི་ལོ་རྒྱུས་ནི། ཐག་རིང་ནས་འོངས་པའི་བཙུན་པ་ཞིག་གནས་བསྐོར་བྱེད་ཀྱིན་རིམ་གྱིས་འདིར་སླེབས་པ་དང་སྟོན་པ་འཁོར་བཅས་གཤེགས་པ་མཐོང་ནས་དགའ་ཞིང་དད་དེ་ཡན་ལག་ལྔ་ས་ལ་གཏུགས་ཏེ་ཕྱག་འཚལ་ཞིང་འཁོར་ལོ་བསྒྱུར་བའི་རྒྱལ་པོ་འདོད་ནས་སྨོན་ལམ་བཏབ་བོ། །དེ་ལ་བཅོམ་ལྡན་འདས་ཀྱིས་འཁོར་རྣམས་ལ་གཟིགས་ཏེ་བཀའ་བསྩལ་བ། བཙུན་པ་འདི་སྙིང་རྗེ་ཅིའི་ཕྱིར་ན། བཙུན་པ་འདི་ནི་ཚེ་རབས་མང་པོར་དགེ་བའི་རྩ་བ་བསྐྱེད་པའི་ལས་ཅན་ཞིག་སྟེ། ང་དང་མཇལ་ནས་ཐར་པ་འདོད་ན་མི་འགྱུངས་པར་གྲོལ་བ་འཐོབ་པར་འགྱུར་པ་ལ་འཁོར་ལོ་བསྒྱུར་རྒྱལ་འདོད་པ་ནི་སྙིང་རེ་རྗེ་ཤིན་ཏུ་རབ་ཏུ་སྙིང་རེ་རྗེ། འོན་ཀྱང་ཡན་ལག་ལྔ་ས་ལ་གཏུགས་ཅིང་སྨོན་ལམ་བཏབ་པས་ས་ཆེན་པོའི་རྡུལ་གྱི་གྲངས་དང་མཉམ་པའི་འཁོར་ལོས་བསྒྱུར་པའི་རྒྱལ་པོ་ཉིད་དུ་སྐྱེས་པར་འགྱུར་རོ་ཞེས་ལུང་བསྟན་ཏོ། །དེའི་ལྷོ་ངོས་སུ་སྤྱན་རས་གཟིགས་དབང་ཕྱུག་གི་བཞེངས་སྐུ་ཞིག་ཡོད་པ་ནི། འགའ་ཞིག་གི་མཐོང་སྣང་ལ་སྐུ་འདིས་སྤོས་ཕོར་ཐོགས་བསྐྱམས་ནས་གཙུག་ལག་ཁང་གཡས་སུ་བསྐོར་བ་མཛད་ཅིང་གཤེགས་པ་མཐོང་ངོ་། །དེའི་མདུན་ངོས་སུ་མཆོད་རྟེན་ཞིག་<PL.111>ཡོད་པའི་ནང་དུ་སྟོན་པའི་ཟླ་བ་གསུམ་གྱི་དབུ་སྐྲ་དང་ཕྱག་སེན་བཞུགས་

ཤིང་ནད་པ་འགའ་ཞིག་གཡས་སྐོར་བྱས་པས་ནད་སེལ་བ་དག་མང་ངོ་། །དེའི་ར་བའི་ཕྱི་ན་རྫིང་བུ་ཞིག་ཡོད་པའི་ལོགས་སུ་མཆོད་རྟེན་ཞིག་ཡོད་པ་ནི། སྔོན་ཕྱི་རོལ་པ་ཞིག་གིས་ལག་ཏུ་བྱེའུ་ཞིག་བཟུང་ན་འདི་ཤི་བ་ཞིག་གམ་གསོན་པོ་ཞིག་ཞེས་སྟོན་པ་ལ་དྲིས་པའི་གནས་སོ། །དེའི་ཤར་ལྷོའི་མཚམས་ཀྱི་ར་བའི་ནང་དུ་གོམ་པ་ལྔ་བཅུ་ཙམ་གྱི་ས་ན་ཤིང་ངོ་མཚར་བ་ཅིག་(ཞིག)ཡོད་པའི་སྲིད་དུ་ཁྲུ་བཅུ་ཕྲག་བརྒྱད་དགུ་ཙམ་གྱི་སྟེང་ན་སྣར་ཡལ་ག་གཉིས་གྱིས་སོ། །དེ་སྔོན་སྟོན་པའི་ཚེམས་ཤིང་ལས་འཁྲུངས་ཟེར་ཏེ། ལོ་ཟླ་དེ་ཙམ་སོང་ཡང་ཤིང་དེ་ལ་འཕེལ་འགྲིབ་མེད་དོ་ཟེར་རོ། །དེའི་ཡང་ཤར་ཕྱོགས་སུ་དྲི་གཙང་ཁང་ཆེན་པོ་དཔངས་སུ་འདོམ་བཞི་བཅུ་ཙམ་ཡོད་པ་ནི། སྔོན་སྟོན་པས་ཟླ་བ་བཞི་བའི་རིང་བཞུགས་ནས་ལྷ་དང་མི་ལ་དམ་པའི་ཆོས་བསྟན་པའི་གནས་སོ། །དེ་ནས་བྱང་ངོས་སུ་གོམ་པ་བརྒྱ་ཙམ་ཕྱིན་པའི་སར་གཙང་ཁང་ཞིག་ཡོད་པའི་རྟེན་དུ་སྤྱན་རས་གཟིགས་ཀྱི་སྐུ་བརྙན་ཡོད་དོ། །དད་ལྡན་རྣམས་ཀྱི་སྣང་ངོར་རྣམ་པ་སྣ་ཚོགས་སྟོན་པ་ཞིག་གོ། དེའི་རྒྱབ་ངོས་སུ་གཙང་ཁང་ཆེན་པོ་དཔངས་སུ་ཁྲུ་སུམ་བརྒྱ་ཡོད་པ་ནི། བྲ་ཧྨ་ཏི་ཏྱ་སྡེ་རྒྱལ་པོ་ཚངས་པའི་ཉི་མས་བཞེངས་པ་ཚད་དང་རྒྱན་བཀོད་དང་ནང་གི་རྟེན་སོགས་བྱང་ཆུབ་ཤིང་གི་གཙང་ཁང་ཆེན་པོ་དང་ཤིན་ཏུ་མཐུན་པའོ། །དེའི་བྱང་ཤར་གྱི་མཚམས་སུ་མཆོད་རྟེན་ཞིག་ཡོད་པ་ནི། སྔོན་སྟོན་པས་ཞག་བདུན་བཞུགས་ནས་ཆོས་བཤད་པའི་གནས་སོ། །དེའི་ནུབ་བྱང་ཕྱོགས་སུ་འདས་པའི་སངས་རྒྱས་བཞིའི་བཞུགས་ཁྲི་ཡོད་དོ། །དེའི་མདུན་ངོས་སུ་ར་གན་ལས་གྲུབ་པའི་གཙང་ཁང་ཡོད་པ་ནི། རྒྱལ་པོ་ཚུལ་ཁྲིམས་ཉི་མས་བཙོས་པ་ཙུང་ཟད་མ་རྫོགས་ཀྱང་ཁྲུ་ཉི་ཤུ་རྩ་གཉིས་སྣང་ངོ་། །དེའི་ཤར་ཕྱོགས་སུ་གོམ་པ་ཉིས་བརྒྱ་ཙམ་སོང་བའི་ར་བའི་ཕྱི་རོལ་དུ་ཁང་བརྩེགས་དྲུག་ཡོད་པའི་ནང་ན། སྟོན་པའི་བཞེངས་སྐུ་གསེར་ཟངས་ལས་གྲུབ་པ་སྲིད་དུ་ཁྲུ་བརྒྱད་ཅུ་ལྷག་བཞུགས་སྟེ། རྟེན་གྱི་བོང་ཚད་ནི་ཁང་པ་དྲུག་བརྩེགས་ཀྱི་སྲིད་དུ་ལོངས་པ། རྒྱལ་པོ་པཱུརྞ་ཝ་རྨ་སྡེ་གང་བའི་གོ་ཆས་བཞེངས་པའོ། །དེའི་རྒྱབ་ལོགས་སུ་རྒྱང་གྲག་(གྲགས)གཉིས་གསུམ་ཙམ་གྱི་སར་སོ་ཕག་དང་རྒྱ་སོའི་གཙང་ཁང་ཤིན་ཏུ་ཆེ་བ་ཞིག་གི་ནང་དུ། རྟེན་རྗེ་བཙུན་སྒྲོལ་མའི་སྐུ་བརྙན་གྱི་བོང་ཚད་ཤིན་ཏུ་ཆེ་བ་བྱིན་རླབས་ཀྱི་ཚན་ཁ་ཤིན་ཏུ་དཔག་པར་དཀའ་བ་ཞིག་ཡོད་དོ། །ཡུལ་ཉི་(ཉེ)རིང་དུ་མའི་རྒྱལ་པོ་དང་བློན་པོ་དག་དང་། སྐྱེ་བོའི་རིགས་བཙུན་པ་རྣམས་ཀྱིས་དྲི་ཞིམ་པོའི་སྤོས་དང་མར་མེ་དང་དྲི་ཆབ་དང་ཞལ་ཟས་རོལ་མོ་སིལ་སྙན་སྣ་ཚོགས་དང་། ལག་ཆ་སྣ་ཚོགས་པའི་མཆོད་རྫས་ཀྱི་རིགས་མང་པོ་ཐོགས་ནས་མཆོད་ཅིང་། ཉི་མ་བདུན་གྱི་རིང་འཚོ་ནས་ཕྱག་སྐོར་བྱེད་པ་ནི་ལོ་སྐོར་གྱི་ལུགས་སོ། །དེའི་

ར་བའི་ལྷ་སྐྱོའི་ནང་དུ་ཁྲིན་པ་ཞིག་ཡོད་པ་ནི། དེད་དཔོན་ཆེན་པོ་ཞིག་སྐམ་པ་དང་ཚ་གདུང་གིས་གཟིར་ནས་སྡོན་པའི་དྲུང་དུ་རྒྱུག་ཅིང་སྐྱབས་བཅོལ་བས་སྟོན་པས་མདུན་གྱི་སར་ཕྱག་མཇུབ་གཏད་པ་ཙམ་གྱིས་ཆུ་བྱུར་གྱིས་བྱུང་པས་འཐུང་ཞིང་ཁྲུས་རོམ་རོམས་སུ་བྱས་ཤིང་དེ་ལ་ཆོས་བསྟན་པས་བདེན་པ་མཐོང་སྟེ་རྒྱུད་གྲོལ་ལོ། །

解 1：

完整翻译全文。

解 2：

伽蓝附近诸迹的注释见《大唐西域记校注》（下）759 页。

二十八、拘理迦邑及目连故里

伽蓝西南行八九里，至拘理迦邑，中有窣堵波，无忧王之所建也，是尊者没特伽罗子本生故里。傍有窣堵波，尊者于此入无余涅盘，其中则有遗身舍利。尊者大婆罗门种，与舍利子少为亲友。舍利子以才明见贵，尊者以精鉴延誉，才智相比，动止必俱，结要终始，契同去就。相与厌俗，共求舍家，遂师珊阇耶焉。舍利子遇马胜阿罗汉，闻法悟圣，还为尊者重述，闻而悟法，遂证初果。与其徒二百五十人俱到佛所，世尊遥见，指告众曰："彼来者，我弟子中神足第一。"既至佛所，请入法中。世尊告曰："善来，比丘！净修梵行，得离苦际。"闻是语时，须发落，俗裳变，戒品净，威仪调顺。经七日，结漏尽，证罗汉果，得神通力。

{༢༩ ཀུ་རུ་ཀའི་ལྗོངས་དང་མོའུ་འགལ་གྱི་བུ་བལྟམས་པའི་གནས།}

གཙུག་ལག་ཁང་དེ་ནས་ལྷོ་ནུབ་མཚམས་སུ་རྒྱང་གྲག་(གྲགས)དགུ་ཙམ་ཕྱིན་པ་ན་ཀུ་རུ་<PL.112>ཀའི་ལྗོངས་སོ། །དེའི་ནང་དུ་རྒྱལ་པོ་ཨ་ཤོ་ཀས་བཞེངས་པའི་མཆོད་རྟེན་ཞིག་ཡོད་པ་ནི། འཕགས་པ་མོའུ་འགལ་གྱི་བུ་བལྟམས་པའི་གནས་སོ། །དེའི་ལོགས་སུ་མཆོད་རྟེན་ཞིག་ཡོད་པ་ནི། འཕགས་པ་མོའུ་འགལ་གྱི་བུས་མི་གནས་པའི་མྱང་འདས་མངོན་དུ་བྱས་པའི་གནས་སོ། །དེའི་ནང་དུ་སྐུ་གདུང་ཀྱང་ཡོད་དོ། །འཕགས་པ་འདི་བྲམ་ཟེ་ཆེན་པོའི་རིགས་སྐྱེ་འཕགས་པ་ཤཱ་རིའི་བུ་དང་བྱིས་པའི་

དུས་ནས་མཛའ་གྲོགས་ཡིན། གྲོང་ཁྱེར་ལ་སླེབ་ནས་རབ་ཏུ་བྱུང་སློབ་དཔོན་དུ་ཤཱརྡྷ་ཡེ་བརྟེན་ཏོ། །ཤཱ་རིའི་བུ་ནི་དགྲ་བཅོམ་པ་ཏ་ཐུལ་ལས་ཆོས་མཉན་པས་གྲོལ། འཕགས་པ་འདི་དེ་ལས་བརྒྱུད་དེ་མཉན་པས་རྒྱུན་ཞུགས་ཐོབ།

解 1：

只翻译了主要内容。

解 2：

拘理迦邑及目连故里的注释见《大唐西域记校注》(下)763 页。

二十九、频毗娑罗王迎佛遗迹

没特伽罗子故里东行三四里，有窣堵波，频毗娑罗王迎见佛处。如来初证佛果，知摩揭陀国人心渴仰，受频毗娑罗王请，于晨朝时着衣持钵，与千比丘左右围绕，皆是耆旧螺髻梵志，慕法染衣，前后羽从，入王舍城。时帝释天王变为摩那婆，首冠螺髻，左手执金瓶，右手持宝杖，足蹈空虚，离地四指，在大众中前导佛路。时摩揭陀国频毗娑罗王与其国内诸婆罗门、长者、居士百千万众，前后导从，出王舍城奉迎圣众。

{༣༠ རྒྱལ་པོ་གཟུགས་ཅན་སྙིང་པོས་སྟོན་པ་བསུས་ཏེ་མཇལ་བའི་གནས།}

མོའུ་འགལ་བུའི་གྲོང་ཤུལ་ཡོད་པའི་ལྟོངས་དེའི་ཤར་ཕྱོགས་སུ་རྒྱང་གྲག་(གྲགས)གསུམ་བཞི་ཙམ་ཕྱིན་པ་ན་མཆོད་རྟེན་ཞིག་ཡོད་པ་ནི། རྒྱལ་པོ་གཟུགས་ཅན་སྙིང་པོས་སྟོན་པ་བསུས་ཏེ་མཇལ་བའི་གནས་སོ། །དེར་སྟོན་པས་མ་ག་དྷའི་སྐྱེ་བོ་མཆོག་དམན་དག་གི་འདོད་པ་ལྟར་ཆོས་གོས་གསོལ་ལྷུང་བཟེད་བསྣམས་ཏེ་གྲོང་དུ་འཇུག་པར་ཆས་པའི་ཚེ། དགེ་སློང་སྟོང་གིས་བསྐོར་བྲམ་ཟེ་རལ་པའི་ཐོར་ཅོག་ཅན་དང་གོས་ངུར་སྨྲིག་གྱོན་པ་མང་པོས་གཡས་གཡོན་མདུན་རྒྱབ་ནས་གཞོག་པ་བརྒྱངས་པ་བཞིན་བརྫལ། ལྷའི་དབང་པོས་མིར་སྤྲུལ་སྟེ་དབུ་རྒྱན་ཐམས་ཅད་ཀྱིས་བརྒྱན། ལག་པ་གཡས་པ་ན་རིན་པོ་ཆེའི་མཁར་བ་དང་། གཡོན་པ་ན་གསེར་གྱི་བུམ་པ་ཐོགས་ཏེ་ཕྱི་ནས་འབྲངས། རྒྱལ་པོ་ཆེན་པོ་བཞིས་མདུན་དུ་བརྡར་ཏེ་གྲོང་དུ་འཇུག་པར་ཆས་ཤིང་། རྒྱལ་པོ་གཟུགས་ཅན་སྙིང་པོ་འཁོར་བརྒྱ་སྟོང་ཁྲི་ཕྲག་མང་པོ་དང་བཅས་ལག་ན་མཆོད་རྫས་སྣ་ཚོགས་པ་ཐོགས་ནས་བསུས་ཤིང་། འདིར་སླེབས་པ་དང་ཇི་

ལྟར་ཤིང་སྡོང་རྩ་བ་ནས་བཅད་པ་ལྟར་བརྡུང་ཅིང་འཁྱིལ་ཏེ་ལྷ་ཕྱག་བྱས་སོ། །

解 1：

完整翻译全文。

解 2：

频毗娑罗王迎佛遗迹的注释见《大唐西域记校注》（下）764 页。

三十、迦罗臂拏迦邑及舍利子故里

频毗娑罗王迎佛东南，行二十余里，至迦罗臂拏迦邑，中有窣堵波，无忧王之所建也，是尊者舍利子本生故里，井今尚在。傍有窣堵波，尊者于此寂灭，其中则有遗身舍利。

尊者大婆罗门种，其父高才博识，深鉴精微，凡诸典籍，莫不究习。其妻感梦，具告夫曰："吾昨宵寐，梦感异人，身被铠甲，手执金刚，摧破诸山，退立一山之下。"夫曰："梦甚善。汝当生男，达学贯世，摧诸论师，破其宗致，唯不如一人，为作弟子。"果而有娠，母忽聪明，高论剧谈，言无屈滞。尊者年始八岁，名擅四方，其性淳质，其心慈悲，朽坏结缚，成就智能。与没特伽罗子少而相友，深厌尘俗，未有所归。于是与没特伽罗子于珊阇耶外道所而修习焉。乃相谓曰："斯非究竟之理，未能穷苦际也。各求明导，先尝甘露，必同其味。"时大阿罗汉马胜执持应器，入城乞食。舍利子见其威仪闲雅，即而问曰："汝师是谁？"曰："释种太子厌世出家，成等正觉，是我师也。"舍利子曰："所说何法，可得闻乎？"曰："我初受教，未达深义。"舍利子曰："愿说所闻！"马胜乃随宜演说，舍利子闻已，即证初果，遂与其徒二百五十人往诣佛所。世尊遥见，指告众曰："我弟子中智慧第一。"至已顶礼，愿从佛法。世尊告曰："善来，比丘！"闻是语时，戒品具足。过半月后，闻佛为长爪梵志说法，闻余论而感悟，遂证罗汉之果。其后阿难承佛告寂灭期，展转相语，各怀悲感。舍利子深增恋仰，不忍见佛入般涅盘，遂请世尊，先入寂灭。世尊告曰："宜知是时。"告谢门人，至本生里，侍者沙弥遍告城邑。未生怨王及其国人，莫不风驰，皆悉云会。舍利子广为说法，闻已而去。于后夜分，正意系心，入灭尽定，从定起已而寂灭焉。

迦罗臂拏迦邑东南四五里，有窣堵波，是尊者舍利子门人入涅盘处。或曰：迦叶波佛在世时，有三拘胝拘胝者，唐言亿。大阿罗汉同于此地无余寂灭。

{༣༧ ཀ་ལ་བི་ན་ཀའི་ལྷོ་ཤར་ལ་བཞུགས་པའི་ཤཱ་རིའི་བུའི་སློབ་མ་འདས་པའི་གནས།}

དེའི་ཤར་ཕྱོགས་སུ་རྒྱང་གྲག་(གྲགས)ཉི་ཤུ་ལྷག་བགྲོད་པ་ན་ཀ་ལ་བི་ན་ཀའི་ལྷོངས་སོ། །དེར་མཆོད་རྟེན་ཞིག་ཡོད་པ་ནི། འཕགས་པ་ཤཱ་རིའི་བུ་བལྟམས་པའི་གནས་ཏེ་དེ་ཉིད་ཀྱི་ཁྱིམ་ཤུལ་ཡོད་དོ། །དེའི་ལོགས་སུ་ཨ་ཤོ་ཀས་བཞེངས་པའི་མཆོད་རྟེན་ཞིག་ཡོད་པ་ནི། འཕགས་པ་དེའི་ཉིད་ཀྱི་སྐུ་གདུང་བཞུགས་པའི་མཆོད་རྟེན་ནོ། །འཕགས་པ་དེ་ནི་ཤིང་ས་ལ་ཆེན་པོ་ལྟ་བུའི་རིགས་སུ་འཁྲུངས་སྟེ། ཡུམ་གྱི་མིང་ཤཱ་རི་ཀ་ཟེར་ནུབ་ཅིག་ཡུམ་གྱི་རྨི་ལམ་ན། སྐྱེས་བུ་གསེར་གྱི་གོ་ཆ་གྱོན་པ་ཕྱག་ན་རྡོ་རྗེ་ཐོགས་པ་ཅིག་གིས་རྡོ་རྗེ་གསོར་ཞིང་རི་བྲག་ཐམས་ཅད་ཐལ་བར་བརླག རི་བྲག་མཐོན་པོ་ཆིག་སྐྲ་གཅིག་ལུས་པའི་རྩ་བར་འགྲེང་སྟེ་འདུག་པ་རྨིས་སོ། །སད་ནས་ཁྱོ་ཤུག་ལ་བཤད་པས་ཁྱོད་ཀྱི་རྨི་ལྟས་བཟང་པོ། རྒོལ་བ་ཐམས་ཅད་རྨིག་མེད་དུ་བཅོམས་པའི་སྐྱེས་བུ་འཁྲུན་གྱི་དོ་ཟླ་མེད་པ་གཅིག་ལ་བརྟེན་པར་ལུང་བསྟན་ནོ། །མི་རིང་བར་སྦྲོག་ཆགས་དང་ལྡན་པར་གྱུར་ནས་ཟླ་བ་བཅུ་རྫོགས་པ་ན<PL.113>འཕགས་པ་ཤཱ་རིའི་བུ་འཁྲུངས་སོ། །རིམ་གྱིས་ལོ་བརྒྱད་ལོན་པ་ན་རིག་པ་སྨྲ་བའི་ཁྱུ་མཆོག་ཏུ་གྱུར་ཏོ། །འཕགས་པ་མོའུ་དགལ་གྱི་བུ་དང་ཆུང་གྲོགས་བྱས་ཏེ་སྤྱོད་པར་འཕགས་པ་མོའུ་དགལ་གྱི་བུ་ནི་ཕྱི་རོལ་པའི་མཁས་པ་ཤན་ཙི་ཡེ་ལ་བསྟེན་ནོ། །ཤཱ་རིའི་བུས་དེའི་གྲུབ་མཐའ་དྲིས་བས་མཐར་ཐུག་པའི་ཡང་དག་པའི་ལམ་མ་ཡིན་པར་རྟོགས་སོ། །ལན་ཅིག་གྲོང་དུ་འཇུག་པའི་ལམ་བར་ན་འཕགས་པ་རྟ་ཐུལ་དང་མཇལ་དེ་དམ་པའི་ཆོས་ཐོས་པ་ཙམ་གྱིས་རྒྱུན་ཞུགས་ཐོབ་པ་སོགས་སྔར་བཤད་པ་བཞིན་ནོ། །དེ་ནས་འཁོར་ཉིས་བརྒྱ་ལྔ་བཅུ་དང་བཅས་སྟོན་པ་ཚོལ་བ་ན་སྟོན་པས་རྒྱང་རིང་པོ་ནས་གཟིགས་ཏེ་ལུང་བསྟན་པ་སོགས་འཕགས་པ་མོའུ་དགལ་གྱི་བུའི་སྐབས་དང་འདྲ་བ་ལ། དེའི་ཟླ་བ་ཕྱེད་ཙམ་ན་ཀུན་ཏུ་རྒྱུ་སེན་རིང་གིས་ཞུས་པའི་མདོ་མ་ཉན་རྗེན་གྱིས་དགྲ་བཅོམ་ཐོབ་བོ། །ཕྱིས་སུ་འཕགས་པ་ཀུན་དགའ་བོ་ལས་སྟོན་པ་མྱ་ངན་ལས་འདའ་བར་བཞེད་པ་ཐོས་པས་མ་བཟོད་ནས་མྱ་ངན་ལས་འདས་སོ། །

解 1：

完整翻译全文。

解 2:

迦罗臂拏迦邑及舍利子故里的注释见《大唐西域记校注》(下) 765 页。

三十一、帝释窟

舍利子门人窣堵波东行三十余里，至因陀罗势罗窭诃山。唐言帝释窟。其山岩谷杳冥，花林蓊郁。岭有两峰，岌然特起。西峰南岩间，有大石室，广而不高，昔如来尝于中止，时天帝释以四十二疑事。画石请问，佛为演释，其迹犹在。今作此像，拟昔圣仪，入中礼敬者，莫不肃然惊惧。山岩上有过去四佛坐及经行遗迹之所。东峰上有伽蓝，闻诸土俗曰：其中僧众，或于夜分，望见西峰石室佛像前，每有灯炬，常为照烛。

{༣༡ བརྒྱ་བྱིན་གྱི་བྲག་ཕུག}

གྲོང་དེའི་ཤར་ཕྱོགས་མཆམས་སུ་རྒྱང་གྲགས་བཞི་ལྔ་ཙམ་གྱི་སར་མཆོད་རྟེན་ཞིག་ཡོད་པ་ནི། ཤཱ་རིའི་བུའི་སློབ་མ་ཞིག་མྱ་ངན་ལས་འདས་པའི་གནས་སོ། །དེའི་ཤར་དུ་རྒྱང་གྲགས་སུམ་ཅུ་ལྷག་ཙམ་ན་དབང་པོའི་བྲག་ཕུག་ཡོད་དོ། །དེ་ནི་རི་ཤིན་ཏུ་འགྲོ་དཀའ་བ་མེ་ཏོག་དང་ཤིང་གི་ཚལ་སྣ་ཚོགས་ཀྱིས་བརྒྱན་པ་སྟེ། རི་བྲག་མཐོ་བ་གཉིས་ལས་གཡས་པའི་ངོས་ལ་རྫོ་ལེབ་མོ་ཆེ་བ་ཞིག་གི་སྟེང་དུ། སྔོན་སྟོན་པ་ལ་བརྒྱ་བྱིན་གྱིས་ཐེ་ཚོམ་བཞི་བཅུ་རྩ་གཉིས་དྲི་བ་མཛད་པའི་གནས་ཡིན་ནོ། །ད་ུས་ཕྱིས་དེའི་འདྲ་གཟུགས་ཡོད་དོ། །རིའི་སྟོ་ལ་འདས་སངས་བཞི་ཀའི་བཞུགས་ཁྲི་ཡང་ཡོད་དོ། །གཡོན་པའི་སྟོ་ལ་གཙུག་ལག་ཁང་ཅིག་ཡོད། དེ་ནས་མཚན་མོ་གཡས་རིའི་སྟོ་ན་ཡོད་པའི་རྗེ་སྐུའི་མདུན་ན་སྒྲོན་མེའི་སྣང་བ་མཐོང་ངོ་ཟེར་རོ། །རིའི་སྟོ་ན་གནས་པའི་དགེ་འདུན་རྣམས་ཐེག་ཆུང་སྤྱོད་པ་ཤ་སྟག་སྟེ། ཐེག་པ་ཆུང་ངུ་ཞེས་པའི་དོན་ནི་རིམ་གྱིས་འཇུག་པའི་དོན་ཏེ་རིམ་གྱིས་པ་ཟེར་བ་དང་དོན་གཅིག་གོ།

解 1:

完整翻译全文。

解 2:

帝释窟的注释见《大唐西域记校注》(下) 770 页。

1. 雁窣堵波

因陀罗势罗窭诃山东峰伽蓝前有窣堵波，谓亘许赠反娑。唐言雁。昔此伽蓝，习翫小乘。小乘渐教也，故开三净之食。而此伽蓝遵而不坠。其后三净，求不时获。有比丘经行，忽见群雁飞翔，戏言曰：“今日众僧中食不充，摩诃萨埵宜知是时。”言声未绝，一雁退飞，当其僧前，投身自殒。比丘见已，具白众僧，闻者悲感，咸相谓曰：“如来设法，导诱随机，我等守愚，遵行渐教。大乘者，正理也，宜改先执，务从圣旨。此雁垂诫，诚为明导，宜旌厚德，传记终古。”于是建窣堵波，式昭遗烈，以彼死雁，瘗其下焉。

{1. ཁྲུང་ཁྲུང་མཆོད་རྟེན་གྱི་ལོ་རྒྱུས།}

དེར་ཏང་སའི་མཆོད་རྟེན་ཞེས་པ་ཡོད་དེ། དེའི་ལོ་རྒྱུས་ནི། དེར་གནས་པའི་དགེ་འདུན་རྣམས་རྣམ་གསུམ་དག་པའི་ཤ་ལ་སྤྱོད་པ། སྐབས་ཤིག་ན་ལྷུ་གེ་ཆེན་པོ་ཞིག་བྱུང་བས་དགེ་འདུན་རྣམས་བཀྲེས་པས་ཉེན་པ་ན། ཉིན་ཅིག་ཁྲུང་ཁྲུང་གི་ཁྱུ་གཅིག་འཕུར་བ་མཐོང་ནས་བཙུན་པ་ཞིག་གིས་རྩེད་མོའི་ཚུལ་གྱིས་འདི་སྐད་ཅེས། ཁྲུང་ཁྲུང་གི་ཁྱུ་དེའི་ནང་ན་དུས་ཤེས་པ་ཞིག་ཡོད་ན་ཞེས་པས་ཁྲུང་ཁྲུང་ཅིག་ཁྱུ་ལས་ལྷུང་སྟེ་ལྷེབས་སོ། །དེར་དགེ་འདུན་ཚང་མས་འགྱོད་ཅིང་ངོ་ངས་པ་བཤགས་ནས་ཁྲུང་ཁྲུང་གི་རོ་དེ་ལ་མཆོད་རྟེན་བརྩིགས་སོ། །

解 1：

完整翻译全文。

解 2：

雁窣堵波的注释见《大唐西域记校注》(下) 771 页。

2. 鸽伽蓝

因陀罗势罗窭诃山东北，行百五六十里，至迦布德迦唐言鸽。伽蓝。僧徒二百余人。学说一切有部。伽蓝东有窣堵波。无忧王之所建也。昔佛于此。为诸大众一宿说法。时有罗者，于此林中网捕羽族，经日不获，遂作是言：“我惟薄福，恒为弊事。”来至佛所，扬言唱曰：“今日如来于此说法，令我网捕都无所得，妻孥饥饿，其计安出？”如来告曰：“汝应蕴火，当与汝食。”如来是时化作大鸽，投火而死。罗者持归，妻孥共食。其后重往佛所，如来方便摄化，罗者闻法，悔过自新，舍家修学，便证圣果，因名所建为鸽伽蓝。

{2. ཞུག་རོན་མཆོད་རྟེན་གྱི་ལོ་རྒྱུས།}

རི་དེའི་བྱང་ཤར་གྱི་མཚམས་སུ་རྒྱང་གྲག་(གྲགས)བརྒྱ་དང་བཅུ་ཕྲག་ལྔ་དྲུག་ཙམ་གྱི་སར་ཀ་པུ་སྟེ་ཀའི་གཙུག་ལག་ཁང་ཡོད་དོ། །དེར་དགེ་འདུན་ཉིས་བརྒྱ་ལྷག་པ་ཐམས་ཅད་ཡོད་སྨྲ་བའི་སྡེ་པའོ། །གཙུག་ལག་ཁང་གི་གཡོན་དུ་ཨ་ཤོ་ཀས་བཞེངས་པའི་ཀ་པུ་སྟེ་ཀའི་མཆོད་རྟེན་ཞེས་བྱ་བ་ཡོད་དོ། །དེའི་ལོ་རྒྱུས་ནི། སྔོན་པས་བྱང་ཆུབ་ཀྱི་སྤྱོད་པ་སྤྱོད་པ་ན་གནས་འདིར་ཆོས་བཤད་ཅིང་བཞུགས་པའི་དུས་ཤིག་ན་རྫོན་པ་ཞིག་གིས་རྒྱ་ཁྱེར་ཏེ་ཡོང་ནས་སྨྲས་པ། བདག་གིས་ཉི་མ་གཅིག་གི་རིང་བྱ་ཁྲུ་ལ་སྣག་བཙལ་ཀྱང་བྱ་གཅིག་ཀྱང་མ་བྱུང་བས་ཁྲིམ་གྱི་བུ་བུ་མོ་ཚང་མ་བཀྲེས་པས་གཟེར་བས་འདི་ལ་ཐབས་ཅིག་<PL.114>བསྐོལ་ཞིག་ཟེར་བས་བྱང་ཆུབ་སེམས་ཁྱོད་མི་དང་ཚུ་སྐྱ་གོན་གྱིས་ཤིག་གསུངས་པས་རྫོན་པ་ལོག་ག་ཅི་ཞིག་ན་བྱང་ཆུབ་སེམས་དཔའ་ཞུག་རོན་ཞིག་ཏུ་སྤྲུལ་སྟེ་ལྟེབས་པའི་ཤིའོ། །རྫོན་པས་ཞུག་རོན་གྱི་རོ་དེ་ཁྱེར་ནས་ཁྲིམ་མི་ཚང་མ་ཚིམས་པར་བྱས་སོ། །ཕྱིས་སུ་རྫོན་པས་ཚུལ་དེ་རིག་ནས་ནོངས་བཤགས་བྱས་ནས། སླར་བྱང་ཆུབ་སེམས་དཔའི་དྲུང་དུ་ཕྱིན་ནས་ཆོས་ཐོས་པས་དགྲ་བཅོམ་ཐོབ་ཟེར་རོ། །ཞུག་རོན་དེ་ལས་རིང་བསྲིལ་བྱུང་བ་ནི་ཁ་དོག་སྣ་ལྔ་ཁོ་ནར་སྣང་ཏེ་མཆོད་རྟེན་དེའི་ནང་དུ་བཞུགས་སོ། །

解 1：

完整翻译全文。

解 2：

鸽伽蓝的注释见《大唐西域记校注》（下）773 页。

三十二、孤山观自在像

迦布德迦伽蓝南二三里至孤山，其山崇峻，树林郁茂，名花清流，被崖缘壑。上多精舍灵庙，颇极剞劂之工。正中精舍有观自在菩萨像，躯量虽小，威神感肃，手执莲花，顶戴佛像。常有数人，断食要心，求见菩萨。七日，二七日，乃至一月，其有感者，见观自在菩萨妙相庄严，威光赫奕，从像中出，慰喻其人。昔南海僧伽罗国王清旦以镜照面，不见其身，乃睹赡部州摩揭陀国多罗林中小山上有此菩萨像。王深感庆，图以营求。

既至此山，寔唯肖似，因建精舍，兴诸供养。自后诸王，尚想遗风，遂于其侧建立精舍灵庙，香花伎乐，供养不绝。

{༣༣ རྗེ་བཙུན་སྤྱན་རས་གཟིགས་ཀྱི་སྐུ་བརྙན།}

དེའི་ལྷོ་ཕྱོགས་སུ་རྒྱང་གྲག་(གྲགས)གཉིས་གསུམ་ཙམ་གྱི་སར་རི་ཆིག་སྒྲུ་ཅིག་ཡོད་པ་མེ་ཏོག་ནགས་ཚལ་གྱི་བརྒྱན་པ་བྱ་སྐྱེབས་མཛེས་པས་བསྐོར་བར། དཀྱིལ་དུ་རྗེ་བཙུན་སྤྱན་རས་གཟིགས་ཀྱི་ལྷ་ཁང་ཡོད་པར་སྐུ་བརྙན་ཆུང་ཡང་དོད་ལེགས་ཤིང་བྱིན་རླབས་ཤིན་ཏུ་ཆེ་བ་སྟེ། དེར་དད་ལྡན་གྱིས་ཞག་བདུན་ནམ། འགའ་ཞིག་གིས་བདུན་ཕྲག་གཉིས་སམ་ཟླ་བ་ཕྱེད་ཙམ་དུ་སྨྱུང་བར་གནས་སྟེ་རྗེ་བཙུན་མཇལ་འདོད་ཀྱིས་གསོལ་བ་བཏབ་པས་སྐུ་བརྙན་ལས་དངོས་སུ་ཐོན་ཏེ་དབུགས་དབྱུང་མཛད་དོ་ཟེར་རོ། །༈ ལན་ཅིག་རྒྱ་གར་ལྷོ་ཕྱོགས་ཀྱི་སེངྒ་ལའི་རྒྱལ་པོས་མེ་ལོང་ལ་བལྟས་ཙ་ན་རང་གི་གཟུགས་བརྙན་མི་མཐོང་བས་སྐྲགས་ཏེ། འཛམ་གླིང་གི་རྟེན་ཡིན་ནོ་ཅོག་ལ་གསོལ་བ་བཏབ་ཀྱང་ཕན་པ་མ་བྱུང་མཐར་རྟེན་འདི་ཉིད་ལ་གསོལ་བ་བཏབ་པས་རང་གི་གཟུགས་བརྙན་རྫོགས་པར་མཐོང་བས་དད་དེ་མཆོད་རྒྱུན་བཙུགས་པ་ད་ལྟ་ཡང་ཡོད་དོ། །རྒྱུ་རྐྱེན་དེས་ཕྱོགས་གཞན་གྱི་རྒྱལ་པོ་དག་གིས་ཀྱང་མཆོད་པ་དང་དགོན་པ་གསར་འདེབས་ལྷ་ཁང་གསར་བ་བཞེངས་སྟེ་ཕུལ་བ་ཡང་མང་པོ་འདུག་གོ།

解 1：

完整翻译全文。

解 2：

孤山观自在像的注释见《大唐西域记校注》（下）774 页。

三十三、其他佛说法遗迹

孤山观自在菩萨像东南行四十余里，至一伽蓝，僧徒五十余人，并学小乘法教。伽蓝前有大窣堵波，多有灵异，佛昔于此为梵天王等七日说法。其侧则有过去三佛坐及经行遗迹之所。

伽蓝东北行七十余里，殑伽河南，至大聚落，人民殷盛，有数天祠，并穷雕饰。东南不远有大窣堵波，佛昔于此一宿说法。

从此东入山林中，行百余里，至落般腻罗聚落，伽蓝前有大窣堵波，无忧王之所建，佛昔于此三月说法。此北二三里有大池，周三十余里，四色莲花四时开发。

从此东入大山林中，行二百余里，至伊烂拏钵伐多国。中印度境。

{༣༥ འདས་སངས་གསུམ་ཀའི་བཞུགས་ཁྲི་དང་མཛད་ཤུལ་སྐོར།}

དེའི་ཤར་ལྷོའི་མཚམས་སུ་རྒྱང་གྲག་(གྲགས)བཞི་བཅུ་ལྷག་ཙམ་ཕྱིན་པ་ན་གཙུག་ལག་ཁང་ཞིག་ཡོད་པར་དགེ་འདུན་ལྔ་བཅུ་ལྷག་ཙམ་ཡོད་པ་ཐེག་དམན་པ་ཁོ་ནའོ། །དེའི་མདུན་ངོས་སུ་མཆོད་རྟེན་ཆེན་པོ་ཞིག་ཡོད་པ་ནི། ཕྱིན་རླབས་ཤིན་ཏུ་ཆེ་བར་གྲགས་པ་དེ་སྔོན་སྟོན་པས་ཞག་བདུན་དུ་ཚངས་པ་ཆེན་པོ་སོགས་ལ་ཆོས་བསྟན་པའི་གནས་སོ། །དེའི་ཕོགས་ན་འདས་སངས་གསུམ་ཀའི་བཞུགས་ཁྲི་དང་མཛད་ཤུལ་དག་ཀྱང་ཡོད་དོ། །དེའི་བྱང་ཤར་མཚམས་སུ་རྒྱང་གྲགས་བདུན་ཅུ་ལྷག་སོང་བའི་སར་གངྒཱའི་གླིང་ཡོད་པའི་ལྟོ་ངོས་སུ་གྲོང་ཆེན་མི་ཁྱིམ་གྱིས་སར་རབ་ཏུ་གཏམས་པ་ཞིག་ཡོད། དེའི་ཤར་ལྷོའི་མཚམས་ན་མཆོད་རྟེན་ཞིག་ཡོད་པ་ནི། སྟོན་པ་ཉིན་ཞག་གཅིག་བཞུགས་དེ་ཆོས་བསྟན་པའི་གནས་སོ། །༄ དེ་ནས་ཤར་ཕྱོགས་སུ་ནགས་ཆེན་པོའི་ནང་ན་བརྒྱུད་དེ་རྒྱང་གྲག་(གྲགས)བརྒྱ་ལྷག་ཕྱིན་པ་ན་རྒྱ་ཡི་ནི་ར་ཞེས་པའི་གྲོང་ཆེན་པོ་ཞིག་ཡོད་དོ། །དེར་གཙུག་ལག་ཁང་ཅིག་(ཞིག)དང་རྒྱལ་པོ་ཨ་ཤོ་ཀས་བཞེངས་པའི་མཆོད་རྟེན་ཡོད་པ་ནི། སྟོན་པ་ཟླ་བ་གསུམ་བཞུགས་ཏེ་ཆོས་གསུངས་པའི་གནས་སོ། །དེའི་བྱང་ཕྱོགས་སུ་རྒྱང་གྲག་(གྲགས)གཉིས་གསུམ་ཕྱིན་པ་ན་རྒྱ་ཁྱོན་རྒྱང་གྲག་(གྲགས)སུམ་ཅུ་ལྷག་ཡོད་པའི་མཚོའི་ནང་དུ་དུས་བཞི་ཀར་མེ་ཏོག་པདྨ་ཁ་ཞིང་རྒྱས་པ་ཞིག་ཡོད་དོ། །

解 1：

完整翻译全文。

解 2：

其他佛说法遗迹的注释见《大唐西域记校注》（下）775 页。

卷第十（十七国）

伊烂拏钵伐多国　　瞻波国
羯朱嗢祇罗国　　奔那伐弹那国
迦摩缕波国　　三摩呾咤国
耽摩栗底国　　羯罗拏苏伐剌那国
乌荼国　　恭御陀国
羯餕力甑反伽国　　憍萨罗国
案达罗国　　驮那羯磔迦国
珠利耶国　　达罗毘荼国
秣罗矩咤国

伊烂拏钵伐多国

伊烂拏钵伐多国周三千余里。国大都城北临殑伽河，周二十余里。稼穑滋植，花果具繁。气序和畅，风俗淳质。伽蓝十余所，僧徒四千余人，多学小乘正量部法。天祠二十余所，异道杂居。近有邻王，废其国君，以大都城持施众僧。于此城中建二伽蓝，各减千僧，并学小乘教说一切有部。

{ས་བཅད་བཅུ་པ། ཡུལ་བཅུ་བདུན།}

{ཨི་ར་ན་རྦ་ཏའི་ཡུལ།}

དེ་ནས་ཤར་ཕྱོགས་སུ་ནགས་སྟུག་པོ་བརྒྱུད་དེ་རྒྱང་གྲག་(གྲགས)ཉིས་བརྒྱ་བགྲོད་པ་ན་ཨི་ར་ན་རྦ་ཏའི་7 ☆ ཡུལ་ལོ། །[བམ་པོ་བདུན་པ་རྫོགས།]ཐ་གྲུར་རྒྱང་གྲག་(གྲགས)སུམ་སྟོང་ལྷག་པ། ལྟེ་བའི་མཁར་ཆེན་ནི། བྱང་ངོས་གངྒཱའི་འགྲམ་ལ་<PL.115>བརྟེན་པ་མཐའ་སྐོར་ལི་བར་ཉི་ཤུ་ཙམ་ཡོད་པ། ས་གཞི་ཤིན་ཏུ་གཤིན་ཅིང་འབྲུ་སྣ་ཚོགས་ཀྱི་ཞིང་དང་ལྗོན་པ་དང་མེ་ཏོག་དང་བཟའ་ཤིང་གི་རིགས་མོད་

པ། ནམ་དཔྱུགས་ཛྲ་ལ་འཛམ་པ་མིའི་རང་བཞིན་བརྟན་ཅིང་གཡུང་བ། གཙུག་ལག་ཁང་བཅུ་ལྷག་པར་དགེ་འདུན་བཞི་སྟོང་ལྷག་གནས་པ་ཐལ་ཆེར་གནས་བརྟན་སྡེ་པའོ། །ཕྱི་པའི་ལྷ་ཁང་ཉི་ཤུ་ལྷག་པར་མུ་སྟེགས་རིགས་སྣ་ཚོགས་འདྲེས་མར་འདུག་གོ། ད་ལྟ་ཉེ་འཁོར་གྱི་རྒྱལ་པོས་དབུས་ཀྱི་མཁར་གྲོག་ཏེ་གྲོང་ཁྱེར་གྱི་ནང་དུ་གཙུག་ལག་ཁང་ཆེན་པོ་བཞེངས་དགེ་འདུན་བསྡུས་ནས་བཀུར་སྟི་བྱེད་དོ། །དགེ་འདུན་རྣམས་ཐེག་དམན་པ་ཁོ་ནའོ། །

解 1：

（1）完整翻译全文。

（2）第一句是前一个故事的最后一句“从此东入大山林中，行二百余里，至伊烂拏钵伐多国。中印度境”。小字没有翻译，因不影响全文的含义，故省略了。

（3）注释为“第七卷完”之意。

解 2：

伊烂拏钵伐多国　梵　Iranaparvata（今印度比哈尔邦）

一、伊烂拏山

大城侧临殑伽河，有伊烂拏山，含吐烟霞，蔽亏日月，古今仙圣继踵栖神。今有天祠，尚遵遗则。在昔如来亦尝居此，为诸天人广说妙法。

大城南有窣堵波，如来于此三月说法，其傍则有过去三佛坐及经行遗迹之所。

{༡ རི་བོ་ཨི་ར་ཎ།}

གྲོང་ཁྱེར་དེ་དང་མི་རིང་བར་གངྒཱའི་འགྲམ་དུ་རི་བོ་ཨི་ར་ན་སྟེ་སྤྲིན་དང་ན་བུན་འཐིབ་སྟེ་ཉི་ཟླ་སྒྲིབ་བཞིན་པ་གནས་དྲང་སྲོང་གྲུབ་པ་དག་རྟག་པར་གནས་པའི་གནས། དེང་སང་ལྷ་ཁང་རྙིང་པའི་ཤུལ་རིས་ཀྱང་ཡུལ་ལོ། །སྔོན་སྟོན་པས་ལྷ་དང་མི་ལ་དམ་པའི་ཆོས་བསྟན་ཅིང་བཞུགས་སྐྱོང་བ་ཞིག་གོ། གྲོང་ཁྱེར་དེའི་ལྷོར་མཆོད་རྟེན་ཞིག་ཡོད་པ་ནི། སྔོན་སྟོན་པས་ཟླ་བ་གསུམ་གྱི་རིང་བཞུགས་ནས་ཆོས་བསྟན་པའི་གནས་སོ། །དེའི་ལོགས་སུ་འདས་པའི་སངས་རྒྱས་རྣམ་གསུམ་གྱི་བཞུགས་ཁྲི་དང་མཛད་ཤུལ་ཀྱང་ཡོད་དོ། །

解 1：

完整翻译全文。

解 2：

伊烂拏山的注释见《大唐西域记校注》(下) 780 页。

二、二百亿比丘故事

三佛经行西不远，有窣堵波，是室缕多频设底拘胝唐言闻二百亿。旧译曰亿耳，谬也。苾刍生处。

昔此城有长者，豪贵巨富，晚有继嗣，时有报者，辄赐金钱二百亿，因名其子闻二百亿。洎乎成立，未曾履地，故其足跖毛长尺余，光润细软，色若黄金。珍爱此儿，备诸玩好，自其居家以至雪山，亭传连隅，僮仆交路，凡须妙药，递相告语，转而以授，曾不踰时。其豪富如此。世尊知其善根将发也，命没特伽罗子而往化焉。既至门下，莫由自通。长者家祠日天，每晨朝时，东向以拜。是时尊者以神通力，从日轮中降立于前。长者子疑日天也，因施香饭而归，其饭香气遍王舍城。时频毘娑罗王骇其异馥，命使历问，乃竹林精舍没特伽罗子自长者家持来。因知长者子有此奇异，乃使召焉。长者承命，思何安步？泛舟鼓棹，有波风之危；乘车驭象，惧蹶踬之患。于是自其居家至王舍城，凿渠通漕，流满芥子，御舟安止，长緪以引。至王舍城，先礼世尊。世尊告曰："频毘娑罗王命使召汝，无过欲见足下毛耳。王欲观者，宜结跏坐。伸脚向王，国法当死。"长者子受诲而往，引入廷谒。王欲视毛，乃跏趺坐。王善其有礼，特深珍爱。亦既得归，还至佛所，如来是时说法诲喻，闻而感悟，遂即出家。于是精勤修习，思求果证，经行不舍，足遂流血。世尊告曰："汝善男子，在家之时，知鼓琴耶？"曰："知。""若然者，以此为喻。弦急则声不合韵，弦缓则调不和雅。非急非缓，其声乃和。夫修行者亦然。急则身疲心怠，缓则情舒志逸。"承佛指教，奉以周旋，如是不久，便获果证。

{༢ གྲོ་བཞིན་སྐྱེས་རྣ་བ་བྱེ་བ་ཉི་ཤུ་རི་བ་འབྱུངས་པའི་ཡུལ་གྱི་ལོ་རྒྱུས།}

དེའི་གཡས་སུ་མཆོད་རྟེན་ཞིག་ཡོད་པ་ནི། གྲོ་བཞིན་སྐྱེས་རྣ་བ་བྱེ་བ་ཉི་ཤུ་རི་བ་འབྱུངས་པའི་ཡུལ་

ལོ། །དེའི་ལོ་རྒྱུས་ནི། སྔོན་ཁྱིམ་བདག་ཕྱུག་པོ་གྲགས་པ་དང་ལྡན་པ་ལ་བུ་བཙའ་བར་ཉེ་བ་ན། དགེ་བའི་མཚན་ལྟས་དཔག་ཏུ་མེད་པ་བྱུང་བས། ཁྱིམ་བདག་གིས་གལ་ཏེ་བུ་ཞིག་བྱུང་ན་སུས་ཐོག་མར་བསྒྲགས་པའི་མི་ལ་ཇམ་བྱེ་བ་ཉི་ཤུ་སྟེར་རོ་ཞེས་ཁས་བླངས་ཤིང་། ཕྱོ་བཞིན་གྱི་ཟླ་བ་དང་ཉི་མ་ལ་བབས་པའི་ཉིན་བུ་མཚན་ལྡན་ཞིག་སྐྱེས་སོ། །ཁྱིམ་བདག་དགའ་ནས་ནོར་བུའི་རྣ་བརྒྱན་ཤིན་ཏུ་རིན་ཆེ་བ་ཞིག་སྟེར་རོ། །དེས་ན་ཕྱོ་བཞིན་སྐྱེས་རྣ་བ་བྱེ་བ་ཉི་ཤུ་རི་བར་འབོད་དོ། །དེའི་ཁང་བར་ཁྲུ་གང་ལྷག་པའི་གསེར་གྱི་མདོག་ཅན་གྱི་སྤུ་ཡོད་པ་ཞིག་གོ། དེར་ཁྱིམ་བདག་རབ་ཏུ་དགའ་ནས་བུ་དང་དེའི་ན་ཟླ་ཕལ་ཆེར་བསྐུས་སྐྱེ་བུའི་ཐབ་བྱེད་དུ་བཙུག་ཅིང་། ལྷན་དུ་རོལ་རྩེད་བྱེད་ཅིང་ལོངས་སྤྱོད་ཀྱང་ཆ་མཉམ་དུ་བགོས་པས་དེ་དག་ཀྱང་མ་འགྲངས་པར་ཕྱུག་པོར་གྱུར་ཏོ། །སྔོན་པས་དགེ་རྩ་སྨིན་པ་མཁྱེན་ནས་འཕགས་པ་མཽདྒལ་(མོའུ་འགལ)གྱི་བུ་ཆེན་པོ་མངགས་སྟེ་བཏུལ་ལོ། །ཁྱིམ་བདག་དེས་མཆོད་ཡུལ་དུ་ལྷའི་བུ་ཉི་མ་མཆོད་པས། བུས་ཉི་མ་རེའི་ཉི་མ་འཆར་དུས་སུ་ཤར་ཕྱོགས་སུ་ཕྱག་བཙལ་བ་ན། མཽདྒལ་(མོའུ་འགལ)གྱི་བུ་ནམ་མཁའ་འཕགས་ཏེ་རྫུ་འཕྲུལ་གྱིས་ཉི་མའི་དཀྱིལ་ནས་ཐོན་ཏེ་བབས་ནས་མདུན་དུ་འགྲེང་ཏེ་(སྟེ)འདུག་པར། བུས་ཐེ་ཚོམ་ཟོས་ཏེ་ལྷ་ཉི་མ་ལགས་སམ་དྲིས་པས་འཕགས་པས་འཚལ་ཞེས་དང་དུ་བླངས་བས་ཞལ་ཟས་དྲི་ཞིམ་པ་སྦྱར་ནས་ཕུལ་བས་དུས་དེ་ནས་བཟུང་དྲི་ཞིམ་གྱིས་རྒྱལ་པོའི་ཁབ་ཁྱབ་པར་གྱུར་ཏོ། །གཟུགས་ཅན་སྙིང་པོས་དྲི་དེ་ལ་ངོ་མཚར་སྐྱེས་ནས་བང་ཆེན་པ་བཏང་ཏེ་ཁྱིམ་ཐམས་ཅད་ལ་རིམ་གྱིས་བཙལ་སྟེ། འདམ་བུའི་ཚལ་དུ་འཕགས་པ་མཽདྒལ་གྱི་བུ་བཞུགས་པའི་ཁང་པར་དེ་འདྲ་བའི་དྲི་ཞིམ་ཐྲོ་བ་ཤེས་ནས་རྒྱུ་མཚན་དྲིས་པས་སྔར་གྱི་རྒྱུ་མཚན་སྨྲས་པས་རྒྱལ་པོས་རྣ་བ་བྱེ་བ་རི་འབོད་དུ་བཏངས་སོ། །དེ་ནས་སྔོན་པས་རྣ་བ་བྱེ་བ་ཉི་ཤུ་རི་ལ་བཀའ་བསྩལ་བ། རྒྱལ་པོས་ཁྱོད་<PL.116>འབོད་དུ་འོང་སྟེ་ཁྱོད་སོང་ལ་ཅི་ནས་ཀྱང་ཁང་པ་མ་བརྒྱངས་ཞིག་རྒྱལ་པོས་དྲིས་ཚེ་བཀའ་ཆད་ཡོད་དོ་གྱིས་གསུངས་ནས་བཏང་ངོ་། །དེ་ནས་ཁྱིམ་བདག་སྐྲགས་ནས་བཞོན་པ་ཞོན་ཀྱང་མི་བདེ་བར་འགྲེལ་བས། ཁང་གིས་བུ་ཁྲིད་དེ་འགྲོ་སླམས་ཀྱང་འཛིགས་པས་འདུག་མ་ཚུགས། གྲུ་ལ་ཞུགས་ན་འགྲོ་ཉུང་བ་ཙམ་དུ་མཐོང་ནས་ཁྱིམ་བདག་གིས་ཁྱིམ་ན་ཡུར་བ་བཀོས་ཏེ། རྒྱལ་པོའི་ཁབ་ཏུ་ཐུག་པའི་བར་ཡུར་བ་བཀོས་ན་ཉུང་ངམ་ཞེས་པས་རྒྱལ་པོས་གནང་ངོ་། །དེ་ནས་གྲུ་ལ་ཞུགས་ཏེ་རྒྱལ་པོའི་རྩར་ཕྱིན་པ་དང་། རྒྱལ་པོས་ཁང་པ་རྐྱོང་ཞིག་གསུངས་པས། རྒྱལ་པོའི་མདུན་དུ་ཁང་ལག་བརྒྱངས་བསྐྱུམས་མི་ཉུང་ཆད་པ་ཡོང་ཟེར་ནས་མ་ཉན་པས། དེ་ལ་རྒྱལ་པོ་གཟུགས་ཅན་སྙིང་པོ་མགུ་ནས་བདག་རྐྱེན་

དཔེ་མེད་བསྐུལ་ལོ། །དེ་ནས་སྟོན་པའི་དྲུང་དུ་གཏུགས་ཏེ་ཚུར་ཤོག་གིས་བསྙེན་པར་རྫོགས་ཏེ་བསླབ་པ་ལ་ཅི་ཙམ་འབད་ཀྱང་གྲོལ་བ་མ་ཐོབ་པས་དེ་ནས་ལྷག་པར་བརྩོན་པ་དྲག་པོ་བྱས་པས་རྐང་མཐིལ་གྱི་སྤུ་དེ་ཟག་ནས་ཁྲག་བྱུང་ངོ་། །དེར་སྟོན་པས་བཀའ་བསྐུལ་བ་ཁྱོད་ཁྱིམ་ན་གནས་པའི་ཚེ་རིག་པ་འགའ་ལ་རྩལ་ཐོན་ནམ། ཞུས་པ་པི་ཝང་ལ་མཁས་པར་གྲགས་ལགས་སོ། །བཀའ་བསྐུལ་བ་པི་ཝང་བརྡུང་བའི་ཚེ་རྒྱུད་ཏ་ཅང་གྲིམ་དྲག་ན་རྒྱུད་འཆད་ལ། ཏ་ཅང་ལྷོད་དྲག་ན་སྒྲ་སྙན་པོ་མི་འབྱུང་བ་དེ་བཞིན་དུ། ཉམས་ལེན་ཀྱང་གྲིམ་ལྷོད་འཚམས་པར་གྱིས་ཤིག་གསུང་ངོ་། །དེ་ལྟར་ཉམས་སུ་བླངས་པས་ཚོགས་མེད་པ་དགྲ་བཅོམ་ཐོབ་བོ། །

解 1：

完整翻译全文。

解 2：

二百亿比丘故事的注释见《大唐西域记校注》（下）781 页。

三、小孤山佛遗迹

国西界殑伽河南，至小孤山，重巘嶜崟，昔佛于此三月安居，降薄句罗药叉。山东南岩下大石，上有佛坐迹，入石寸余，长五尺二寸，广二尺一寸。其上则建窣堵波焉。次南石上则有佛置捃稚迦即澡瓶也，旧曰军持，讹略也。迹，深寸余，作八出花文。佛坐迹东南不远，有薄句罗药叉脚迹，长尺五六寸，广七八寸，深减二寸。药叉迹后有石佛坐像，高六七尺。次西不远，有佛经行之处。其山顶上有药叉故室。次北有佛足迹，长尺有八寸，广余六寸，深可半寸。其迹上有窣堵波。如来昔日降伏药叉，令不杀人食肉，敬受佛戒，后得生天。

此西有温泉六七所，其水极热。国南界大山林中，多诸野象，其形伟大。

从此顺殑伽河南岸，东行三百余里，至瞻波国。中印度境。

{༣ རི་བོ་ཆིག་སྐྱ་ཅིག་ཐོག་སྟོན་པའི་རྗེས་ཤུལ།}

གྲོང་ཁྱེར་གྱི་ནུབ་ཕྱོགས་གངྒའི་ཀླུང་དང་ཉེ་བའི་ལྷོར་རི་བོ་ཆིག་སྐྱ་ཅིག་ཡོད་ཤང་ཤོང་ཤིན་ཏུ་ཆེ་བ་

དེར་སྟོན་པས་དབྱར་གནས་པ་ཟླ་བ་གསུམ་མཛད་ཅིང་གནོད་སྦྱིན་བ་ཀུ་ལ་བཏུལ་བའི་གནས་སོ། །དེའི་ཤར་ལྷོའི་མཚམས་སུ་ཕ་བོང་ཆེན་པོའི་སྟེང་དུ་སྟོན་པ་ཞབས་སྐྱིལ་དཀྲུང་གི་བཞུགས་པའི་རྗེས་ཟབས་སུ་ཚོན་གང་ལྷག་ནུབ་པ་པདྨ་འདབ་བརྒྱད་ཀྱི་རིས་ཅན་སྣང་ངོ་། །དེའི་ཤར་ལྷོའི་མི་རིང་བར་གནོད་སྦྱིན་བ་ཀུ་ལའི་རྐང་རྗེས་དཀྱུས་སུ་ཁྲུ་གང་དང་ཚོན་ལྔ་དྲུག་ཙམ་དང་ཞེང་དུ་ཚོན་བདུན་བརྒྱད་ཟབས་སུ་ཚོན་དོ་ཉེ་བ་ཡོད་དོ། །དེའི་རྒྱབ་ཏུ་རྫོའི་སྐུ་འདྲ་དཔངས་སུ་ཁྲུ་བདུན་བརྒྱུད་ལོངས་ལ་འདུག་གོ། དེའི་ནུབ་ཏུ་མི་རིང་བར་སྟོན་པ་གཤེགས་འཆག་མཛད་པའི་གནས་ཡོད་དོ། །རིའི་སྤོ་ནི་གནོད་སྦྱིན་བ་ཀུ་ལའི་ཁྱིམ་ཉིད་ཡིན་ནོ། །དེའི་རྒྱབ་ཙམ་ན་སྟོན་པའི་ཞབས་རྗེས་དཀྱུས་སུ་ཁྲུ་གང་ཚོན་བརྒྱད་ཞེང་ཚོན་དྲུག་ཟབས་སུ་སོར་གང་ཡོད་པའི་སྟེང་དུ་མཆོད་རྟེན་ཞིག་ཀྱང་ཡོད་དོ། །སྟོན་པས་གནོད་སྦྱིན་དེས་མིའི་སྲོག་མི་གཅོད་མི་ཤ་མི་ཟ་བའི་དམ་བཅའ་བླངས་སོ། །དེ་ནས་བ་ཀུ་ལ་གནོད་སྦྱིན་གྱི་རྟེན་དོར་ནས་ལྷའི་སྐྱེ་བ་བླངས་སྐད་དོ། །དེའི་ནུབ་ཕྱོགས་སུ་ཆུ་ཚན་ཤིན་ཏུ་ཚ་བ་ཞིག་འདུག་གོ། གྲོང་ཁྱེར་ལྷོར་རི་ཆེན་པོའི་ནང་ན་སྤྲང་ཚོད་མང་པོ་ཡོད་པ་དག་ལུས་བོང་ཆེ་ལ་རགས་པ་ཡོད་དོ། །<PL.117>

解 1：

完整翻译全文。

解 2：

小孤山佛遗迹的注释见《大唐西域记校注》（下）785 页。

瞻波国

瞻波国周四千余里。国大都城北背殑伽河，周四十余里。土地垫湿，稼穑滋盛。气序温暑，风俗淳质。伽蓝数十所，多有倾毁。僧徒二百余人，习小乘教。天祠二十余所，异道杂居。

都城垒砖，其高数丈，基址崇峻，却敌高险。在昔劫初，人物伊始，野居穴处，未知宫室。后有天女降迹人中，游殑伽河，濯流自媚，感灵有娠，生四子焉。分赡部洲，各擅区宇，建都筑邑，封疆画界，此则一子之国都，赡部洲诸城之始也。

城东百四五十里，殑伽河南，水环孤屿，崖巘崇峻。上有天祠，神多灵感。凿崖为室，引流成沼，花林奇树，巨石危峰，仁智所居，观者忘返。国南境山林中，野象猛兽群游千数。

自此东行四百余里，至羯朱嗢祇罗国。彼俗或谓羯蝇揭罗国，中印度境。

{ཛམྦུའི་ཡུལ།}

དེ་ནས་གངྒཱའི་ཀླུང་གི་འབབས་ཕྱོགས་སུ་བརྒྱུད་དེ་ཤར་དུ་རྒྱང་གྲག་(གྲགས)སུམ་བརྒྱ་ལྷག་ཕྱིན་པ་ན་ཛམྦུ་༢ ☆ ཞེས་བྱ་བའི་ཡུལ་ཐ་གྲུར་རྒྱང་གྲག་(གྲགས)བཞི་སྟོང་ཙམ་དབུས་ཀྱི་མཁར་ཆེན་ནི་རྒྱབ་གངྒཱ་ལ་བརྟེན་པ། ཁོར་ཡུག་ཏུ་རྒྱང་གྲག་(གྲགས)བཞི་བཅུ་ཙམ་ཡོད་པ་ས་གཞི་དང་ནམ་དབྱུགས་དྲོ་ཞིང་བཏབ་གཤེར་ཆེ་བས་འབྲུ་སྣ་ཚོགས་སྐྱེ་ཞིང་མིའི་རང་བཞིན་གཡུང་ཞིང་བརྟན་པ་གཙུག་ལག་ཁང་བཅུ་ཕྲག་ཏུ་མ་ཡོད་ཀྱང་ཕལ་ཆེར་གོག་པོར་གྱུར་པ་མང་ངོ་། །དགེ་འདུན་ཉིས་བརྒྱ་ལྷག་ཀུན་ཐེག་དམན་པའོ། །མུ་སྟེགས་པའི་ལྷ་ཁང་བཅུ་ཕྲག་གཉིས་ལྷག་པར་ཕྱི་པ་རིགས་སྣ་ཚོགས་པ་འདྲེས་མར་གནས་སོ། །མཁར་གྱི་རྒྱུ་ནི་སོ་ཕག་དང་རྒྱ་སོས་བརྩིགས་པ་དཔངས་སུ་འདོམ་དོ་མི་འོངས་པ། གནའ་དུས་སྐྱེ་བོ་རྣམས་ཁང་ཁྱིམ་མེད་ཅིང་སྤྱིལ་བུ་དང་ཁྲུང་པོར་གནས་ཏེ་སོ་ཚིས་བསྐྱབ་པ་ལ། ཐོག་མར་གནས་འདིར་ཁང་ཁྱིམ་བཟོས་ཏེ་གནས་སོ། །མི་མ་ཡིན་གྱི་བུ་མོ་ཞིག་བྱུང་ནས་ཆུ་བོ་གངྒཱ་ལ་ཁྲུས་བྱས་ཏེ། མི་ཞིག་དང་འདུས་པ་ལས་སྦྲོག་ཆགས་ལྡན་པར་གྱུར་ཏེ་བུ་བཞི་བཙས་སོ་དེ་དག་ཆེར་སྐྱེ་བ་ན། འཛམ་བུའི་གླིང་ཆ་བཞིར་བགོས་སྟེ་སོ་སོར་ཁང་ཁྱིམ་བཟུང་དུ་བཅུག་པས། འདི་ནི་དེའི་ཆ་གཅིག་ཡིན་དེས་ན་འཛམ་བུ་གླིང་དུ་ཁང་ཁྱིམ་གྱི་དང་པོ་ཡིན་ནོ་ཟེར་རོ། །གྲོང་ཁྱེར་གྱི་ཤར་དུ་རྒྱང་གྲག་(གྲགས)བརྒྱ་དང་བཞི་བཅུ་ལྔ་བཅུ་ཙམ་ཕྱིན་པ་ན། གངྒཱའི་ལྷོ་འགྲམ་གྱི་རི་བོ་མཐོ་བ་ཞིག་ལ་ལྷ་ཁང་ངོ་མཚར་ཆེ་བ་ཞིག་སྣང་ངོ་། །ཆུ་མིག་ཆུ་ཡུར་བ་ལ་དྲངས་ཏེ་རྫིང་བུར་བསྐྱིལ་བ་མེ་ཏོག་དང་ཤིང་ཏོག་མཚར་པོའི་ཚལ་གྱིས་བརྒྱན་པ། དྲང་སྲོང་གྲུབ་པའི་རིགས་གསང་བའི་རྣལ་འབྱོར་པ་མང་པོ་གནས་ཤིང་། གླང་ཆེན་དང་གཅན་གཟན་ཁྱུར་འོངས་པ་རྒྱུའོ། །

解 1:

（1）完整翻译全文。

（2）第一句是前一个故事的最后一句“从此顺殑伽河南岸，东行三百余里，至瞻波国。中印度境”。小字没有翻译，因不影响全文的含义，故省略了。

解 2：

瞻波国　梵　Campā（今印度巴加尔普尔地区）

羯朱唱祇罗国

羯朱嗢祇罗国周二千余里。土地泉湿，稼穑丰盛。气序温，风俗顺。敦尚高才，崇贵学艺。伽蓝六七所，僧徒三百余人。天祠十所，异道杂居。自数百年王族绝嗣，役属邻国，所以城郭丘墟，多居村邑。故戒日王游东印度，于此筑宫，理诸国务。至则葺茅为宇，去则纵火，焚烧。国南境多野象。北境去殑伽河不远，有大高台，积垒砖石而以建焉。基址广峙，刻雕奇制，周其方面镂众圣像，佛及天形区别而作。

自此东渡殑伽河，行六百余里，至奔那伐弹那国。中印度境。

{ཧེ་ཛུ་ཀྲི་རིའི་ཡུལ།}

དེ་ནས་ཤར་ཕྱོགས་སུ་རྒྱང་གྲག་(གྲགས)བཞི་བརྒྱ་ལྷག་ཙམ་ཕྱིན་པ་ན་ཧེ་ཛུ་ཀྲི་རིའི་ཙ ☆ ཡུལ་ལོ། །དེའི་ཐ་གྲུར་རྒྱང་གྲག་(གྲགས)ཉིས་སྟོང་ལྷག་ཡོད་པ། ས་གཞི་རྡོ་ཞིང་འཇམ་པ་རླན་གཤེར་ཆེ་ཞིང་མི་རྣམས་བསྲུན་ལ་འཇམ་པ་ཡོན་ཏན་ལ་དགའ་བ་འབྲུ་སྣ་ཚོགས་འདེབས་པ། གཙུག་ལག་ཁང་དྲུག་བདུན་ཡོད་པར་དགེ་འདུན་སུམ་བརྒྱ་ལྷག་ཙམ་གནས་སོ། །ཕྱི་པའི་ལྷ་ཁང་བཅུ་ལ་མུ་སྟེགས་པ་རིགས་སྣ་ཚོགས་པ་འདྲེས་སྡེ་གནས་པ་རིགས་གསང་ནས་སོ་སོའི་རྩལ་ཞུགས་ལ་སྦྱོད་མཁན་ཡང་མང་པོ་མཆིས་སོ། །འབངས་ལ་དབང་བའི་རྒྱལ་པོའི་རིགས་ཆད་ནས་ལོ་བརྒྱ་ཕྲག་དུ་མ་སོང་ཞིང་། གྲོང་ཁྱེར་ཀྱང་ཞིག་སྟེ་ཤུལ་ཙམ་ཡང་མི་མངོན་ནོ། །ལྟོངས་ཕྲན་མང་པོ་ལ་མི་ཁྱིམ་གྱིས་གང་བ་ན་རྒྱལ་པོ་ཚུལ་ཁྲིམས་ཉི་མས་རྒྱ་གར་ཤར་ཕྱོགས་སུ་སྤྲོ་སངས་སུ་ཕེབས་སྐབས་འདིར་སླེབས་སྟེ། ཕེབས་ཕྲལ་འཇག་མའི་སྤྱིལ་པོ་བཅོས་ནས་བཞུགས་ཤིང་འགྲོ་དུས་སྤྱིལ་བུ་ལ་མེ་བཏང་ནས་རྗེས་མི་མངོན་པར་བྱས་སོ་ཟེར་རོ། །དེའི་ལྷོ་ཕྱོགས་སུ་གླང་ཆེན་མི་བསྲུན་པ་ཤིན་ཏུ་མང་ངོ་། །༄ དེ་ནས་བྱང་ཕྱོགས་སུ་བགྲོད་དེ་གངྒཱའི་འགྲམ་དང་ཉེ་བ་ན་སྟེགས་བུ་མཐོ་ཞིང་ཡངས་པ་ཅིག་ཡོད་དེ། སོ་ཕག་དང་རྡོ་གྲུ་བཞི་པ་འདྲེས་མས་བརྩིགས་པ་དེའི་ངོས་སུ་སངས་རྒྱས་དང་བྱང་ཆུབ་སེམས་དཔའ་དང་ལྷ་རྣམས་ཀྱི་གཟུགས་བརྙན་བརྐོས་པ་སྣ་

ཚོགས་པ་རབ་ཏུ་མང་བ་ཡོད་དོ། །

解 1：

（1）完整翻译全文。

（2）第一句是前一个故事的最后一句“自此东行四百余里，至羯朱嗢祇罗国。彼俗或谓羯蝇揭罗国，中印度境”。小字没有翻译，因不影响全文的含义，故省略了。

解 2：

羯朱嗢祇罗国　梵　Kajangala（今印度拉吉马哈尔城）

奔那伐弹那国

奔那伐弹那国周四千余里。国大都城周三十余里。居人殷盛，池馆花林往往相间。土地卑湿，稼穑滋茂。般核娑果既多且贵，其果大如冬瓜。熟则黄赤，剖之中有数十小果，大如鹤卵；又更破之，其汁黄赤，其味甘美。或在树枝，如众果之结实；或在树根，若伏苓之在土。气序调畅，风俗好学。伽蓝二十余所，僧徒三千余人，大小二乘，兼功综习。天祠百所，异道杂居，露形尼干，寔繁其党。

{བེ་ན་ཧྲ་ཐནྣའི་ཡུལ།}

དེ་ནས་ཤར་ཕྱོགས་<PL.118>སུ་གངྒཱ་བརྒལ་ཏེ་འགྲམ་བརྒྱུད་དེ་རྒྱང་གྲག་(གྲགས)དྲུག་བརྒྱ་ལྷག་ཙམ་ཕྱིན་པ་ན་བེ་ན་ཧྲ་ཐནྣའི་[པུ་ཎྜ་ཝ་རྡ] ༷ ☆ ཡུལ་ལོ། །དེའི་ཐ་གྲུར་རྒྱང་གྲག་(གྲགས)སྟོང་ཕྲག་བཞི་ཙམ། ལྟེ་བའི་མཁར་ཆེན་པོ་ནི་ཐ་གྲུར་རྒྱང་གྲག་(གྲགས)སུམ་ཅུ་ལྷག་ཙམ། མི་ཁྱིམ་རབ་ཏུ་མང་པོས་གཏམ་ཞིང་མགྲོན་ཁང་དང་མེ་ཏོག་གི་ཤིང་དང་བཟའ་ཤིང་གི་ར་བ་དག་གིས་གཏམས་པ། སྲུ་ན་ས་ཟེར་པའི་ཤིང་ཏོག་ཤིན་ཏུ་མོད་ཅིང་རིན་ཆེ་བ། དེ་ནི་དགུན་གའི་ག་གོན་[རྒྱ་ནག་སྐད་དུ་ཏུང་བཀྭའ་ཟེར་རོ།]དང་དབྱིབས་མཚུངས་ཞིང་སྨིན་པ་ན་ཁ་དོག་དམར་སེར་ཁ་བཤག་ཏེ་ཕྱེ་བ་ན་ནང་དུ་ཤིང་ཏོག་ཆུང་བ་ཁྲུང་ཁྲུང་གི་སྟོང་ང་ཙམ་པ་བཅུ་ཕྲག་དུ་མ་ནང་ཤ་ཡང་མདོག་དམར་སེར། འགའ་ཞིག་ནི་ཤིང་གི་ཡལ་ག་ལས་སྐྱེས་ལ་ལ་ཤིང་གི་རྩ་བར་འབྱུར་ནས་འབྱུང་བ་ཕ་ཀ་ལིག་[རྒྱ་ནག་སྐད་དུ་ཕུའུ་ལིང་ཟེར་རོ།]དང་མཚུངས་པ་དྲི་ཞིམ་གྲོ་བ་རོ་མངར་བ་ཡིད་དུ་འོང་བ་ཞིག་གོ། ཤིང་དེའི་ཡལ་ག་ནི་ཤིང་ཕལ་བ་

དང་འདྲའོ། །མིའི་རང་བཞིན་འཇམ་ལ་སྐར་མ་སློབ་གཉེར་ལ་བརྩོན་པ་ཆེ་བ། གཙུག་ལག་ཁང་གྲངས་ཉི་ཤུ་ལ་དགེ་འདུན་སྟོང་ཕྲག་གསུམ་ལྷག་པ་ཐེག་པ་ཆེ་ཆུང་སྤྲགས་མར་སྤྱོད་པ་དང་། ཕྱི་རོལ་པའི་ལྷ་ཁང་བརྒྱ་ཕྲག་གཅིག་ལ་གཅེར་བུ་པ་དང་གྲངས་ཅན་པ་འདྲེས་མར་གནས་སོ། །

解 1：

（1）完整翻译全文。

（2）第一句是前一个故事的最后一句“自此东渡殑伽河，行六百余里，至奔那伐弹那国。中印度境”。小字没有翻译，因不影响全文的含义，故省略了。

（3）批注 1 此国又叫“布纳瓦达”。

（4）批注 2“汉语称之为冬瓜”。

（5）批注 3“汉语称之为茯苓”。

解 2：

奔那伐弹那国　梵　pundra_vardhana（今孟加拉博格拉城）

一、跋始婆僧伽蓝

城西二十余里，有跋始婆僧伽蓝，庭宇显敞，台阁崇高。僧徒七百余人，并学大乘教法，东印度境硕学名僧多在于此。

其侧不远，有窣堵波，无忧王之所建也，昔者如来三月在此为诸天人说法之处。或至斋日，时烛光明。其侧则有四佛坐及经行遗迹之所。去此不远，复有精舍，中作观自在菩萨像。神鉴无隐，灵应有征，远近之人，绝粒祈请。

自此东行九百余里，渡大河，至迦摩缕波国。东印度境。

{བ་ཤི་བའི་གཙུག་ལག་ཁང་།}

གྲོང་ཁྱེར་གྱི་ནུབ་ཕྱོགས་རྒྱང་གྲག་(གྲགས)ཉི་ཤུ་ལྷག་ན། བ་ཤི་བའི་གཙུག་ལག་ཁང་ཡོད་དེ། དེར་ཉིང་ཁང་གསལ་ལ་དོད་ལེགས་པ་སྟེགས་བུ་ཁང་བརྩེགས་རྣམས་མཐོ་བ་བརྟན་ཆགས་པར་དགེ་འདུན་བརྒྱ་ལྷག་བཞུགས་པ་ཐེག་ཆེན་པ་པོ་ནའོ། །༑ རྒྱ་གར་ཤར་ཕྱོགས་སུ་རིག་གནས་ལ་མཁས་པར་གྲགས་

པ་དང་རྟོགས་པ་མཐོ་བར་གྲགས་པའི་བཙུན་པ་ཕལ་ཆེར་འདིར་གདན་ཆགས་པ་མང་ངོ་། དེའི་ཕྱོགས་སུ་མི་རིང་བར་ཨ་ཤོ་ཀས་མཆོད་རྟེན་བཞེངས་པ་ནི། སྔོན་པས་ཟླ་བ་གསུམ་བཞུགས་ཏེ་ལྷ་མི་རྣམས་ལ་ཆོས་བསྟན་པའི་གནས་སོ། །གསོ་སྦྱོང་གི་ཉིན་ལ་བབས་པ་ན་སྒྲོན་མེ་འཁྱེད་པ་ཞིག་གོ། དེ་དང་ཉེ་བར་འདས་སངས་བཞི་ཀའི་བཞུགས་ཁྲི་དང་མཛད་རྗེས་ཡོད་དོ། །དེའི་ནང་ཕྱོགས་སུ་ཉེ་བའི་སར་གཙུག་ལག་ཁང་ཅིག་ཡོད་པའི་ནང་དུ་འཕགས་པ་སྤྱན་རས་གཟིགས་དབང་ཕྱུག་གི་སྐུ་བརྙན་ཞིག་ཡོད་པ་ནི། བྱིན་རླབས་ཤིན་ཏུ་ཆེ་བ་ས་ཐག་ཉེ་རིང་ན་གནས་པ་ཐམས་ཅད་ཀྱིས་ཐུན་མོང་ལ་གྲགས་པས་སྨྱུང་བར་གནས་ཏེ་དངོས་སུ་མཐོང་བར་གསོལ་བ་བཏབ་པས་ཕལ་ཆེར་འདོད་པ་བཞིན་འགྲུབ་བོ། །

解 1:

完整翻译全文。

解 2:

跋始婆僧伽蓝的注释见《大唐西域记校注》(下)793 页。

伽摩缕波国

伽摩缕波国周万余里。国大都城周三十余里。土地泉湿，稼穑时播。般核娑果、那罗鸡罗果，其树虽多，弥复珍贵。河流湖陂，交带城邑。气序和畅，风俗淳质。人形卑小，容貌厘黑，语言少异中印度。性甚犷暴，志存强学，宗事天神，不信佛法。故自佛兴以迄于今，尚未建立伽蓝，招集僧侣。其有净信之徒，但窃念而已。天祠数百，异道数万。

{ཀ་མ་རཱུ་པའི་ཡུལ།}

དེ་ནས་ཤར་ཕྱོགས་སུ་རྒྱང་གྲག་(གྲགས)དགུ་བརྒྱ་བགྲོད་ནས་ཆུ་ཀླུང་[ཧྲར་ཕྱུ་ཏྲ]ཆེན་པོ་ཞིག་བརྒལ་བ་ན། ཀ་མ་རཱུ་པའི་༥ ☆ ཡུལ་དེའི་ཐ་གྲུ་རྒྱང་གྲག་(གྲགས)ཁྲི་ཚོ་གཅིག་ཡོད་དོ། །གཞུང་མཁར་ཁོར་ཡུག་ཏུ་རྒྱང་གྲག་(གྲགས)སུམ་ཅུ་ལྷག་ཡོད་པ། ས་གཞི་རྡོ་ལ་གཤེར་བ་འབྲུ་གང་ཡང་འདེབས་ཤིང་། ལྷག་པར་ཤིང་ཏོག་པྲ་ན་ས་དང་ན་ར་ཀི་ར་མོད་པ། ཤིང་ཏོག་དེ་དག་གི་ཤིང་ནགས་སུ་ལོངས་པ་ཡོད་ཀྱང་རིན་ཆེའོ། །མིའི་རང་བཞིན་བརྟར་མ་ལུས་བོང་ཆུང་བ་བཞིན་ནག་པ། ཆུ་ཀླུང་རིགས་མོ་དང་

མཆོ་རྫིང་འདྲིས་མར་གནས་པ། གྲོང་དང་ལྗོངས་ཡང་ཆལ་མར་གདལ་བ། སྐད་རིགས་མ་ཧཱ་ཏ་པ་ལས་ཅུང་མི་མཐུན་པ། །

解1：

（1）最后一段“性甚犷暴，志存强学，宗事天神，不信佛法。故自佛兴以迄于今，尚未建立伽蓝，招集僧侣。其有净信之徒，但窃念而已。天祠数百，异道数万”没有翻译。

（2）第一句是前一个故事的最后一句“自此东行九百余里，渡大河，至迦摩缕波国。东印度境”。小字没有翻译，因不影响全文的含义，故省略了。

（3）注释为“渡大河”中河的名称是“巴尔布达”。

解2：

伽摩缕波国　梵　Kāmarūpa（今印度阿萨姆邦高哈尔城）

一、拘摩罗王招请

今王本那罗延天之祚胤，婆罗门之种也，字婆塞羯罗伐摩，唐言日胄。号拘摩罗。唐言童子。自据疆土，奕叶君临，逮于今王，历千世矣。君上好学，众庶从化，远方高才，慕义客游。虽不淳信佛法，然敬高学沙门。初，闻有至那国沙门在摩揭陀那烂陀僧伽蓝，自远方来，学佛深法，殷勤往复者再三，未从来命。时尸罗跋陀罗论师曰：“欲报佛恩，当弘正法，子其行矣，勿惮远涉！拘摩罗王世宗外道，今请沙门，斯善事也。因兹改辙，福利弘远。子昔起广大心，发弘誓愿，孤游异域，遗身求法，普济含灵，岂徒乡国？宜忘得丧，勿拘荣辱，宣扬圣教，开导群迷，先物后身，忘名弘法”。于是辞不获免，遂与使偕行，而会见焉。拘摩罗王曰：“虽则不才，常慕高学，闻名雅尚，敢事延请。”曰：“寡能褊智，猥蒙流听。”拘摩罗王曰：“善哉！慕法好学，顾身若浮，踰越重险，远游异域，斯则王化所由，国风尚学。今印度诸国多有歌颂摩诃至那国《秦王破阵乐》者，闻之久矣，岂大德之乡国耶？”曰：“然。此歌者，美我君之德也。”拘摩罗王曰：“大意大德是此国人，常慕风化，东望已久。山川道阻，无有自致。”曰：“我大君圣德远洽，仁化遐被，殊俗异域，拜阙称臣者众矣。”拘摩罗王曰：“覆载若斯，心冀朝贡。今戒日王在羯朱嗢祇罗国，将设大施，崇树福慧，五印度沙门、婆罗门有学业者，莫不召集。今遣使来请，愿与同行。”于是遂往焉。

二、东境风土

此国东，山阜连接，无大国都，境接西南夷，故其人类蛮獠矣。详问土俗，可两月行，入蜀西南之境。然山川险阻，嶂气氛沴，毒蛇毒草，为害滋甚。国之东南，野象群暴，故此国中象军特盛。

从此南行千二三百里，至三摩呾吒国。东印度境。

{ལྷ་སྲིད་མེད་རྒྱལ་པོས་མཛལ་བ།}

རྒྱལ་པོ་ནི་ལྷ་སྲིད་མེད་ཀྱི་བུ་ལས་མཆེད་པ་བྲམ་ཟེའི་རིགས་པ་པ་སྐྲ་ཀ་ན་ཟེར་རོ་ཡུལ་མི་དམངས་ཀུན་<PL.119>དཀོན་མཆོག་ལ་དད་པ་མེད་ཅིང་གཙོ་བོ་གསུམ་གྱིས་གཙོས་འཇིག་རྟེན་པའི་ལྷ་ཁོ་ན་ལ་བརྟེན་ནོ། །དཀོན་མཆོག་ལ་མོས་པ་རེ་གཉིས་ཙམ་ཡོད་པ་ནི། གཙུངས་སྟགས་ཤུབ་བུས་བཟླ་བ་དང་ཡིད་ཀྱིས་གསོལ་བ་བཏབ་པ་ཙམ་བྱེད་པ་ལས་མངོན་མཚན་དུ་གཏན་ནས་མི་བྱེད་དོ། །མུ་སྟེགས་པའི་ལྷ་ཁང་བརྒྱ་ཕྲག་དུ་མ་ཡོད་པར་ཕྱི་པ་ཁྲི་ཕྲག་དུ་མ་གནས་སོ། །རྒྱལ་པོ་ཡང་མི་རབས་སྟོང་དུ་དབུ་ཚོག་བརྩན་པར་གནས་སོ། །སློབ་གཉེར་ལ་འགྲུས་པ་ཡོན་ཏན་ལ་དགའ་བ་ཕྱི་ནང་གི་ཕྱོགས་གསུམ་གཏོགས་ཀྱང་། རིས་མེད་ཀྱི་མཁས་པ་ལ་བཀུར་སྟི་ཆེའོ། །རྒྱལ་པོས་ཡུལ་འདི་དང་ཡུལ་གཞན་ཕལ་ཆེ་བས། ཙི་ནས་ཡུལ་གྱི་ཆེན་ཕྱང་གཡུལ་ལས་རྒྱལ་བའི་གླུ་གར་ཞེས་པ། དུས་རིངས་མོ་ནས་ཐོས་སོ། །ད་དུང་ཐའི་ཙུང་རྒྱལ་པོ་རྒྱལ་ས་མ་བཞེས་གོང་ཆེན་ཕྱང་དེ་དུས་ཀྱི་མཛད་པ་གསན་པར་འདོད་གསུངས་པས། ཐན་ཐང་ཟན་གིས་ཀྱང་དེའི་སྐན་ངག་བརྗོན་པས་ཤིན་ཏུ་དགའ་ཚོར་མཛད་ཅིང་། རྒྱ་གར་གྱི་སྐད་དུ་བསྒྱུར་དགོས་ཟེར་བས་དོན་བསྒྱུར་བྱས་ནས་ཕུལ་ཅིང་(ཞིང)། དེ་ལ་བརྟེན་རྒྱལ་པོ་འདི་དང་། རྒྱལ་པོ་ཚུལ་ཁྲིམས་ཉི་མ་ལ་བཙུན་ཕྲན་བདག་འཁོར་བཅས་ཀྱིས་མཉམ་དུ་འཚམས་ཞུས་ཤིང་ལེགས་སྐྱེས་འདི་བཞིན་འབུལ་དུ་བཏང་བ་ཡིན་ནོ། །བར་སྐབས་ཀྱི་གླིང་མོ་ཟུར་ཙམ་མོ། །དེ་ནི་རྒྱ་ནག་པོའི་ཡུལ་གྱིས་མཐའ་ཟི་ཆན་དང་ཟླ་བ་གཉིས་ཀྱི་ཡུན་ཙམ་གྱི་ལམ་གྱིས་བར་ཆོད་ཅིང་། ཡུལ་དེའི་ཤར་ལྷོའི་མཚམས་སུ་རི་ལ་གླང་ཆོད་མང་ཞིང་། དུག་སྦྲུལ་དང་དུག་གི་རྩ་དང་དུག་ཆུས་གནོད་པ་འབྱུང་བ་མང་ངོ། །

解 1：

故事一、二合并翻译大意。

解 2：

拘摩罗王招请的注释见《大唐西域记校注》（下）798—801 页。

三摩呾咤国

三摩呾咤国周三千余里，滨近大海，地遂卑湿。国大都城周二十余里。稼穑滋植，花果繁茂。气序和，风俗顺。人性刚烈，形卑色黑，好学勤励，邪正兼信。伽蓝三十余所，僧徒二千余人，并皆遵习上座部学。天祠百所，异道杂居，露形尼干，其徒甚盛。去城不远，有窣堵波，无忧王之所建也。昔者如来为诸天人于此七日说深妙法。傍有四佛坐及经行遗迹之所。去此不远，伽蓝中有青玉佛像，其高八尺，相好圆备，灵应时效。

{སམྦྷ་ཏ་ཐའི་ཡུལ།}

དེ་ནས་ལྷོ་ཕྱོགས་སུ་རྒྱང་གྲག་(གྲགས)སྟོང་ཕྲག་གཅིག་དང་བརྒྱ་ཕྲག་གཉིས་གསུམ་ཕྱིན་པ་ན། ས་མན་ཐའི་༤ ☆ [ཛོཊ་ཟེར།]ཡུལ་དེའི་ཐ་གྲུར་ལི་བར་སུམ་སྟོང་ལྷག་ལྷོའི་རྒྱ་མཚོ་དང་ཉེ་བ། གཞུང་མཁར་ཐ་གྲུར་རྒྱང་གྲག་(གྲགས)ཉི་ཤུ་ལྷག་དང་། ས་རྡོ་ལ་རླན་གཤེར་ཆེ་ཞིང་འབྲུ་སྣ་ཚོགས་དང་ཤིང་ཏོག་དང་མེ་ཏོག་གི་རིགས་ཤིན་ཏུ་མང་ངོ་། །ནམ་དགུགས་འཇམ་ཞིང་རྡོ་བ་མིའི་རང་བཞིན་ཕལ་ཆེར་བྱད་བཞིན་ནག་པ་གདུག་རྩུབ་ཆེ་བ། འོན་ཀྱང་སློབ་གཉེར་ལ་འདུན་པ་བརྩོན་འགྲུས་ཆེ་ཞིང་། ཕྱི་པ་དང་ནང་པ་མཉམ་པར་བཀུར་བ་གཙུག་ལག་ཁང་སུམ་ཅུ་ལྷག་པར་དགེ་འདུན་སྟོང་ཕྲག་གཉིས་ལྷག་གནས་པ་ཐམས་ཅད་གནས་བརྟན་སྡེ་པའོ། །ཕྱི་རོལ་པའི་ལྷ་ཁང་བརྒྱ་བར་ཉེ་བ་ལ་ཕྱི་རོལ་པ་རིགས་མང་པོ་དག་འདྲེས་སྡེ་གནས་སོ། །ཕལ་ཆེར་གཅེར་བུ་པ་དང་གྲངས་ཅན་ཤས་ཆེ་བའོ། །གྲོང་ཁྱེར་གྱི་ཕྱི་རོལ་མི་རིང་བར་ཨ་ཤོ་ཀས་བཞེངས་པའི་མཆོད་རྟེན་ཞིག་ཡོད་པ་ནི། སྟོན་པ་ཞག་བདུན་བཞུགས་ཏེ་ཆོས་བསྟན་པའི་གནས་སོ། །དེའི་ཡོགས་ན་འདས་སངས་བཞི་ཀའི་བཞུགས་ཁྲི་ཤུལ་རྗེས་ཡོད་དོ། །༈ དེ་ནས་མི་རིང་བར་གཙུག་ལག་ཁང་ཞིག་ཡོད་པའི་ནང་དུ་རྗེ་ཡང་རིགས་སྔོན་པོའི་སྐུ་བརྙན་དཔངས་སུ་

ཁྲུ་བརྒྱད་མཚན་དཔེ་རྫོགས་པ་བྱིན་རླབས་ཤིན་ཏུ་ཆེ་བར་གྲགས་པ་ཡོད་དོ། །

解 1：

（1）完整翻译全文。

（2）批注意为此国又名“赞达”。

（3）第一句是前一个故事的最后一句“从此南行千二三百里，至三摩呾吒国。东印度境”。小字没有翻译，因不影响全文的含义，故省略了。

解 2：

三摩呾吒国　梵　Samatata（今孟加拉首都达卡附近）

一、传闻六国

从此东北大海滨山谷中，有室利差呾罗国，次东南大海隅有迦摩浪迦国，次东有堕罗钵底国，次东有伊赏那补罗国，次东有摩诃瞻波国，即此云林邑是也，次西南有阎摩那洲国，凡此六国，山川道阻，不入其境，然风俗壤界，声闻可知。

自三摩呾吒国西行九百余里，至耽摩栗底国。东印度境。

{ཡུལ་དྲུག་པོའི་བཤད་སྒྲོལ།}

དེ་ནས་བྱང་ཤར་གྱི་མཚོ་འགྲམ་གྱི་རི་སུལ་དུ་ཤྲཱི་ཀྵ་ཏ་རའི་ཡུལ་ལོ། །དེའི་ཤར་ཕྱོགས་སུ་ཡུལ་ཀ་མ་ར་ཨོ་ཀ[མོར་ག་ཀོ]། དེའི་ཤར་ཕྱོགས་སུ་ཏྲ་པ་རི་[ཏྲི་པུ་ར]དང་[མི་ནུབ་རྒྱལ་ས་ཨ་མྲི་པུ་ར]ཨི་ཤཱ་ན་པུ་ར་དང་[མོན་ཤྲཱ་ལྷོ་]མ་ཧཱ་ཙམྤ་དང་། དེའི་ལྷོ་ནུབ་མཚམས་སུ་[ཡེ་ཀུ]ཡ་མུ་ནའི་ཡུལ་རྣམས་ཡོད་དོ། །ཡུལ་དྲུག་པོ་འདི་དག་པ་མི་སྐོམས་ཤིང་སྐད་གཤོང་འབར་འབུར་གྱིས་ཤིན་ཏུ་བསྒྲོད་<PL.120>དཀའ་བ། མིའི་རང་བཞིན་གདུག་པ་འགྲོགས་དཀའ་བ་རྒྱ་གར་དངོས་དང་འབྲེལ་བ་སྤྲབས་པ་དག་གོ །

解 1：

（1）完整翻译全文。

（2）批注 1 意为迦摩浪迦国又叫摩嘎果。

（3）批注 2 意为堕罗钵底国又叫底日布若。

（4）批注 3 意为伊赏那补罗国又叫阿米若布若。

（5）批注 4 意为摩诃瞻波国又叫门夏洛。

（6）批注 5 意为阎摩那洲国又叫沛沽。

解 2:

传闻六国的注释见《大唐西域记校注》（下）804 页。

耽摩栗底国

耽摩栗底国周千四五百里。国大都城周十余里，滨近海垂，土地卑湿。稼穑时播，花果茂盛。气序温暑，风俗躁烈。人性刚勇，邪正兼信。伽蓝十余所，僧众千余人。天祠五十余所，异道杂居。国滨海隅，水陆交会，奇珍异宝，多聚此国，故其国人大抵殷富。城侧窣堵波，无忧王所建也，其傍则有过去四佛坐及经行遗迹之所。

自此西北行七百余里，至羯罗拏苏伐剌那国。东印度境。

{རྒྨ་རི་ཏིའི་ཡུལ།}

སནྣ་ཏ་ཐའི་ཡུལ་ནས་ནུབ་ཏུ་རྒྱང་གྲག་(གྲགས)དགུ་བརྒྱ་ཙམ་སོང་བ་ན། རྒྨ་རི་ཏིའི་༧ ☆ ཡུལ་དེའི་ཐ་གྲུར་རྒྱང་གྲག་(གྲགས)ཆིག་སྟོང་བརྒྱ་ཕྲག་བཞི་ལྔ་ཙམ་དང་། གཞུང་མཁར་ཆེན་པོའི་ཁོར་ཡུག་ཏུ་རྒྱང་གྲག་(གྲགས)བཅུ་ཙམ། ས་གཞི་དང་ནམ་དབུགས་ཚ་གདུངས་ཆེ་ལ་དམའ་བས་རླན་གཤེར་ཆེ་ཞིང་འབྲུ་སྣ་ཚོགས་འདེབས་སོ། །མེ་ཏོག་དང་ཤིང་ཏོག་གི་རིགས་ཤིན་ཏུ་མང་ངོ་། །མིའི་རང་བཞིན་རྩལ་སྟོབས་ཆེ་ཞིང་དམུ་རྒོད། ཕྱི་ནང་གཉིས་ཀར་མོས་ཤིང་གཙུག་ལག་ཁང་བཅུ་ལྷག་པར་དགེ་འདུན་ཆིག་སྟོང་ལྷག་ཙམ་གནས་སོ། །མུ་སྟེགས་པའི་ལྷ་ཁང་ལྔ་བཅུ་ཡོད་པར་མི་རིགས་མི་གཅིག་པའི་ཕྱི་པ་འདྲེས་ནས་གནས་སོ། །ས་གཞི་རི་ཐང་འདྲེས་མ་ཤས་ཆེ་བ་རིན་པོ་ཆེའི་རིགས་མང་བས་དམངས་འབངས་ཕལ་ཆེར་ལོངས་སྤྱོད་ཆེའོ། །གྲོང་ཁྱེར་གྱི་ཕྱི་རོལ་མི་རིང་བར་ཨ་ཤོ་ཀས་བཞེངས་པའི་མཆོད་རྟེན་གྱི་ལོགས་སུ་འདས་པའི་སངས་རྒྱས་བཞི་ཀའི་བཞུགས་ཁྲི་དང་མཇལ་ཤུལ་ཡོད་དོ། །

解 1:

（1）完整翻译全文。

（2）第一句是前一个故事的最后一句“自三摩呾吒国西行九百余里，至耽摩栗底国。东印度境”。小字没有翻译，因不影响全文的含义，故省略了。

解 2：

耽摩栗底国　梵　Tāmralipt（今印度东南部地区）

羯罗拏苏伐剌那国

羯罗拏苏伐剌那国周四千四五百里。国大都城周二十余里，居人殷盛，家室富饶。土地下湿，稼穑时播。众花滋茂，珍果繁植。气序调畅，风俗淳和，好尚学艺，邪正兼信。伽蓝十余所，僧徒二千余人，习学小乘正量部法。天祠五十余所，异道寔多。别有三伽蓝，不食乳酪。遵提婆达多遗训也。

{ཀ་རྟ་ཧི་ས་ཕརྞའི་ཡུལ།}

དེ་ནས་ནུབ་ཕྱོགས་སུ་རྒྱང་གྲག་(གྲགས)བདུན་བརྒྱ་ཙམ་ཕྱིན་པ་ན། ཀ་རྟ་ཧི་ས་ཕརྞའི་ར ☆ [སྭ་ཟ་སྭ་བོར་]ཡུལ་ལོ། །དེའི་ཐ་གྲུར་རྒྱང་གྲག་(གྲགས)བཞི་སྟོང་བཞི་བརྒྱ་ལྔ་བརྒྱ་ཙམ། ལྟེ་བའི་མཁར་ཆེན་[ར་ཀ]གྱི་མཐའ་འཁོར་དུ་རྒྱང་གྲག་(གྲགས)ཉི་ཤུ་ལྷག་པར་མི་ཁྱིམ་གྱིས་གཏམ་པ་ཕལ་ཆེར་ལོངས་སྤྱོད་ཆེའོ། །ས་གཞི་དང་ནམ་དབུགས་རྩ་ཞིང་ས་དམའ་བས་རླན་གཤེར་ཆེ། མིའི་རང་བཞིན་འཇམ་ཞིང་བཟར་མ་བཟོ་ལ་མཁས་ཤིང་ཡོན་ཏན་སློབ་པ་ལ་དགའ་བ། འབྲུ་སྣ་ཚོགས་འདེབས་མེ་ཏོག་དང་ཤིང་ཏོག་གི་རིགས་མང་བ་རིན་པོ་ཆེའི་རིགས་ཀྱང་མང་པོ་འདུ་བ། ཕྱི་པ་ནང་པ་གཉིས་ལ་མ་མཉམ་པར་མོས་པ་གཙུག་ལག་ཁང་བཅུ་ཙམ་ཡོད་པར་དགེ་འདུན་གཉིས་སྟོང་ལྷག་ཙམ་བཞུགས་པ་ཐེག་པ་ཆུང་ངུ་སྡེ་པ་གནས་བརྟན་པའོ། །དེར་མི་ཐེ་པའི་གཙུག་ལག་ཁང་གསུམ་ཡོད་པའི་བཙུན་པ་རྣམས་ཞ་དང་འོ་མ་འཇོམས་པ་ལྷས་བྱིན་གྱི་རྗེས་འབྲངས་པོ་ནའོ། །མུ་སྟེགས་པའི་ལྷ་ཁང་ལྔ་བཅུ་ལྷག་པར་ཕྱི་པས་གང་པའོ། །

解 1：

（1）完整翻译全文。

（2）第一句是前一个故事的最后一句“自此西北行七百余里，至羯罗拏苏伐剌那国。

东印度境”。小字没有翻译，因不影响全文的含义，故省略了。

（3）批注意为该国又叫“索纳巴沃”，该都城叫“若嘎”。

解 2：

羯罗拏苏伐剌那国 梵 Karnasuvarna（今印度西孟加拉邦）

一、赤泥僧伽蓝

大城侧有络多末知僧伽蓝，唐言赤泥。庭宇显敞，台阁崇峻，国中高才达学，聪敏有闻者，咸集其中，警诫相成，琢磨道德。

初，此国未信佛法时，南印度有一外道，腹锢铜鍱，首戴明炬，杖策高步，来入此城。振击论鼓，求欲谈议。或者问曰：“首腹何异？”曰：“吾学艺多能，恐腹拆裂。悲诸愚闇，所以持照。”时经旬日，人无问者。询访髦彦，莫有异人。王曰：“合境之内，岂无明哲？客难不酬，为国深耻。宜更营求，访诸幽隐。”或曰：“大林中有异人，其自称曰沙门，强学是务，今屏居幽寂，久矣于兹。非夫体法合德，何能若此者乎？”王闻之，躬往请焉。沙门对曰：“我南印度人也，客游止此，学业肤浅，恐黜所闻，敢承来旨，不复固辞，论议无负，请建伽蓝，招集僧徒，光赞佛法！”王曰：“敬闻，不敢忘德。”沙门受请，往赴论场，外道于是诵其宗致三万余言，其义远，其文约，苞含名相，网罗视听。沙门一闻究览，辞义无谬，以数百言辩而释之，因问宗致。外道辞穷理屈，杜口不酬。既折其名，负耻而退。王深敬德，建此伽蓝。自时厥后，方弘法教。

伽蓝侧不远有窣堵波，无忧王所建也，在昔如来于此七日说法开导。其侧精舍，过去四佛坐及经行遗迹之所。有数窣堵波，并是如来说法之处，无忧王之所建也。

从此西南行七百余里，至乌荼国。东印度境。

{༡ གཙུག་ལག་ཁང་སོ་མ་ཕྱུ་རི།}

གྲོང་ཁྱེར་གྱི་ཕྱི་རོལ་དུ་ས་དམར་པོ་བྱུང་བའི་ར་བ་སོ་མ་ཕྱུ་རི་ཁང་བརྩེགས་སྟེགས་བུ་མཐོ་ཞིང་ཡངས་པ། ཞིང་ཁང་ཆེ་ཆུང་མང་པོ་ཡོད་པར་གསང་ཏེ་སྨས་པའི་རྟུལ་ཞུགས་སྤྱོད་པའི་མཁས་པ་དག་གནས་སོ། །ཐོག་མར་ཡུལ་འདིར་ནང་རིག་པ་སྤྱོད་པ་ཆེས་ཉུང་པ་ལ་ཕྱིས་སུ་ཕྱི་རོལ་པ་མཁར་བ་རིང་པོ་

ཐོགས་པ་ཞིག་ཡོང་ནས། བརྗོད་པར་འདོད་ཟེར་བ་རྒྱལ་པོས་ཐོས་ནས། དམ་བཅའ་དྲིས་པ་ན་ངས་ཤེས་པའི་རིག་གནས་ཆེས་མང་བས་གང་ནས་བརྩམས་ཀྱང་འགྲན་ཟླ་མེད་ཟེར་བས་བརྗོད་མཁན་སུ་ཡང་མ་བྱུང་ངོ་། །རྒྱལ་པོ་ངོ་ཚ་ནས་རྩད་བཅད་པ་ན་བཛྡེ་སྨྲས་པའི་རྟུལ་ཞུགས་འཛིན་པ་ཞིག་ཡོད་ཞེས་ཐོས་སོ། །རྒྱལ་པོ་དགའ་སྟེ་སྤྱན་དྲངས་ཏེ་བརྩད་བཙུག་པས་ཕྱི་རོལ་པ་རྨིག་མེད་དུ་ཕམ་པར་བྱས་སོ་ཟེར་རོ། །དེ་ནས་བཟུང་ནང་པ་ལ་བསྙེན་བཀུར་རྒྱ་ཆེར་འཕེལ་བར་གྱུར་ཏོ། །གཙུག་ལག་ཁང་དེའི་ཡོགས་སུ་མི་རིང་བར་ཨ་ཤོ་ཀས་བཞེངས་པའི་མཆོད་རྟེན་ཞིག་ཡོད་པ་ནི། སྟོན་པ་ཞག་བདུན་བཞུགས་ཏེ་ཆོས་གསུངས་པའི་གནས་སོ། །དེར་འདས་སངས་རྣམས་བཞིའི་བཞུགས་ཁྲི་དང་མཛད་ཤུལ་ཀྱང་ཡོད་དོ། །

解 1：

完整翻译全文。

解 2：

赤泥僧伽蓝的注释见《大唐西域记校注》（下）810 页。

乌荼国

乌荼国周七千余里。国大都城周二十余里。土地膏腴，谷稼茂盛。凡诸果实，颇大诸国。异草名花，难以称述。气序温暑，风俗犷烈，人貌魁梧，容色厘黮，言辞风调，异中印度。好学不倦，多信佛法。伽蓝百余所，僧徒万余人，并皆习学大乘法教。天祠五十所，异道杂居。诸窣堵波凡十余所，并是如来说法之处。无忧王之所建也。

{ཨུ་ཤུའི་ཡུལ།}

དེ་ནས་ལྷོ་ནུབ་<PL.121>ཏུ་རྒྱང་གྲག་(གྲགས)བདུན་བརྒྱ་ཙམ་བགྲོད་པ་ན་ཨུ་ཤུའི་[ཨོ་ཏི་བི་ཤ][ཨུ་རི་ས་ཡང་ཟེར] (☆ ཡུལ་ལོ། །དེའི་ཐ་གྲུར་རྒྱང་གྲག་(གྲགས)བདུན་སྟོང་ཙམ། དཀྱིལ་མཁར་ཆེ་བའི་[པད་བན]མཐའ་བསྐོར་དུ་རྒྱང་གྲག་(གྲགས)ཉི་ཤུ་ཙམ། ས་གཞི་ཤིན་ཏུ་གཤིན་ཅིང་ནས་དབུགས་རྫི་ཞིང་འཇམ་པ་འབྲུ་ཐམས་ཅད་འདེབས་ཤིང་། མེ་ཏོག་དང་ཤིང་ཏོག་གི་རིགས་ཤིན་ཏུ་མང་ཞིང་ཤིང་ཏོག་ཤིང་འབྲས་ལས་ཤིན་ཏུ་ཆེའོ། །རྩྭ་ངོ་མཚར་བ་རྣམས་ཀྱང་གྲངས་ཀྱིས་མི་ཆོད་དོ། །མིའི་རང་བཞིན་ལུས་

བོང་ཆེ་ཞིང་སྤྱོད་ལམ་རྩུབ་པ་གདོང་ནག་པ་གང་ཡང་རྒྱ་གར་དབུས་པ་དང་ཆེས་མི་འདྲའོ། །སྟོན་[ཡོན་ཏན]སློབ་པ་ལ་དགའ་ཞིང་འགྲུས་ཆེ་ལ་ཕལ་ཆེར་ནང་པ་ལ་དད་དོ། །གཙུག་ལག་ཁང་བརྒྱ་ལྷག་ལ་དགེ་འདུན་ཆིག་ཁྲི་ལྷག་ཐེག་ཆེན་པ་དང་། མུ་སྟེགས་པའི་ལྷ་ཁང་ལྔ་བཅུ་ལྷག་པར་ཕྱི་པ་རིགས་མི་གཅིག་པ་འདྲེས་སྡེ་གནས་སོ། །རྒྱལ་པོ་ཨ་ཤོ་ཀས་བཞེངས་པའི་མཆོད་རྟེན་བཅུ་ཕྲག་ཡོད་པ་ནི་ཐམས་ཅད་སྟོན་པས་ཆོས་གསུངས་པའི་གནས་སོ། །

解 1：

（1）完整翻译全文。

（2）第一句是前一个故事的最后一句“自此西北行七百余里，至羯罗拏苏伐剌那国。东印度境”。小字没有翻译，因不影响全文的含义，故省略了。

（3）批注 1 意为该国又叫“沃知比夏”或“乌日萨”。

（4）批注 2 意为都城又名“巴达坂”。

解 2：

乌荼国　梵　Udra（今印度奥里萨邦）

一、补涩波祇厘僧伽蓝

国西南境大山中，有补涩波祇厘僧伽蓝。其石窣堵波极多灵异，或至斋日，时烛光明。故诸净信，远近咸会，持妙花盖，竞修供养。承露盘下，覆钵势上，以花盖笴，置之便住，若磁石之吸针也。此西北山伽蓝中有窣堵波，所异同前。此二窣堵波者，神鬼所建，灵奇若斯。

{༡ པུཥྤི་ཊིའི་གཙུག་ལག་ཁང་།}

ཡུལ་དེའི་ལྷོ་ནུབ་མཚམས་སུ་རི་བོ་ཆེའི་སྦོ་ལ་པུཥྤི་ཊི་གཙུག་ལག་ཁང་ཡོད་དོ། །དེར་རྡོའི་མཆོད་རྟེན་མང་པོ་ཡོད་པ་བྱིན་རླབས་ཤིན་ཏུ་ཆེ་བར་སྣང་ངེ། གསོ་སྦྱོང་གི་ཉིན་སྒྲོན་མེ་འབྱེད་དོ། །དེའི་རྒྱུ་མཚན་ནི་ས་ཐག་ཉེ་རིང་གི་མི་རྣམས་ལམ་གྱི་ངལ་དུབ་ཁྱད་དུ་བསད་ནས་ཕྱག་མཆོད་དང་སྐོར་བའི་དོན་དུ་རྒྱུན་པར་འདུ་ཞིང་ཚོགས་པའོ། །

解 1：

“承露盘下…………灵奇若斯。”一节没有翻译。

解 2：

补涩波祇厘僧伽蓝的注释见《大唐西域记校注》（下）814 页。

二、折利呾罗城

国东南境临大海滨，有折利呾罗城，唐言发行。周二十余里。入海商人、远方旅客，往来中止之路也。其城坚峻，多诸奇宝。城外鳞次有五伽蓝，台阁崇高，尊像工丽。南去僧伽罗国二万余里，静夜遥望，见彼国佛牙窣堵波上宝珠，光明离然，如明炬之悬烛也。

自此西南大林中行千二百余里，至恭御陀国。东印度境。

{༢ ཙ་ཏྲ་ཧྲ་དྲེའི་གྲོང་ཁྱེར།}

ཡུལ་དེའི་ཤར་ལྷོའི་མཚམས་སུ་རྒྱ་མཚོའི་འགྲམ་དང་ཉེ་བར་[ཀལ་ཀཱུ་]ཙ་ཏྲ་ཧྲ་དྲེའི་གྲོང་ཁྱེར་ཏེ། རྒྱ་མཚོར་ཚོང་ལ་འགྲོ་བའི་དེད་དཔོན་འགྲོན་པོ་རྣམས་ངལ་གསོ་བའི་གནས་ཏེ་ཟབ་གྲུར་རྒྱང་གྲག(གྲགས)ཉི་ཤུ་ཙམ་ཡོད་དོ། །མི་རྣམས་ཤིན་ཏུ་དཔའ་ཞིང་བརྟན་པ་རིན་པོ་ཆེ་ངོ་ཤེས་མི་ཤེས་ཆེས་སོས་པ། ལྷོ་ཕྱོགས་སིཾ་ལའི་ཡུལ་དང་རྒྱང་གྲག(གྲགས)ཉི་ཁྲི་ཙམ་གྱིས་བར་ཐག་ཡོད་ཀྱང་། སིཾ་ལའི་ཡུལ་གྱི་རྒྱལ་པོའི་ཚེམས་བཞུགས་པའི་མཆོད་རྟེན་གྱི་ཏོག་གི་ནོར་བུ་ལས་སྣར་ཆེན་ནམ་མཁར་ཤར་བ་ལྟར་མཚན་མོ་འོད་འབར་བ་མཐོང་ངོ་། །

解 1：

“城外鳞次有五伽蓝，台阁崇高，尊像工丽”一节没有翻译。

解 2：

折利呾罗城的注释见《大唐西域记校注》（下）816 页。

恭御陀国

恭御陀国周千余里。国大都城周二十余里，滨近海隅，山阜隐轸。土地垫湿，稼穑时播。气序温暑，风俗勇烈。其形伟，其貌黑，粗有礼义，不甚欺诈。至于文字，同中印度，语言风调，颇有异焉。崇敬外道，不信佛法。天祠百余所，异道万余人。国境之内，数十小城，接山岭，据海交，城既坚峻，兵又敢勇，威雄邻境，遂无强敌。国临海滨，多有奇宝，螺贝珠玑，斯为货用。出大青象，超乘致远。

从此西南入大荒野，深林巨木，士霄蔽日，行千四五百里，至羯力甑反。伽国。南印度境。

{ཀུང་ཡུ་ཐའི་ཡུལ།}

ཡུལ་དེ་ནས་ལྷོ་ནུབ་མཚམས་སུ་ནགས་ཚེན་བརྒྱུད་དེ་རྒྱང་གྲག་(གྲགས)ཉིས་སྟོང་ལྷག་ཕྱིན་པ་ན་ཀུང་ཡུ་ཐའི་[ཀུ་རུ་ཀཱ] ༧༠ ☆ ཡུལ་ལོ། །དེའི་ཐ་གྲུར་རྒྱང་གྲག་(གྲགས)ཆིག་སྟོང་ཙམ། དཀྱིལ་གྱི་མཁར་ཆེན་པོ་[སུ་ར་པུ་ཏ་ན]རྒྱར་རྒྱང་གྲག་(གྲགས)ཉི་ཤུ་ཡོད། ལྷོའི་ཐོ་ཆེན་པོ་དང་ཞིན་ཏུ་ཉེ་བར་རི་བྲག་ཆེན་པོ་འགྲོ་དཀའ་བ་ཞིག་ཀྱང་ཡོད་དོ། །ས་གཞི་དམའ་ཞིང་གཤེར་ལ་འབྲུ་སྣ་ཚོགས་འདེབས་པ། ནམ་དབུགས་དྲོ་ཞིང་མིའི་རང་བཞིན་གཏུམ་པོ་རྩལ་ཤུགས་ཆེ་བ་ལུས་བོང་སྦོམ་ལ་གདོང་ནག་པོ་གདུག་རྩུབ་ཅན། ཚུལ་ལུགས་ཟབ་ཅིང་བསླུད་འཕྲིད་ཤས་ཆུང་ངོ་། །ཡི་གེ་དང་ཐ་སྙད་རིགས་གནས་རྒྱ་གར་གྱི་ཡུལ་དབུས་དང་མཐུན་པ། ཕྱི་རོལ་པ་ཁོ་ན་ལ་བརྟེན་ནོ། །མུ་སྟེགས་པའི་ལྷ་ཁང་བརྒྱ་ལྷག་པར་ཕྱི་རོལ་པ་ཁྲིག་ཁྲི་བརྒྱལ་ཙམ་གནས་པ་རིན་པོ་ཆེའི་རིགས་ངོ་གསར་བ་ཡང་མང་ཞིང་། མུ་ཏིག་དང་དུང་སོགས་རྒྱ་ལས་བྱུང་བའི་རིགས་ཀྱི་ཉེ་རིན་དུ་སྤྱོད་པ། གྲོང་ཁྱེར་གྱི་ཕྱི་རོལ་ན་ནགས་སྟུག་པོ་ཤིང་གི་ཡལ་གས་བར་སྣང་བསྒྲིབ་པ་ཙམ་ཡོད་དོ། །

解 1：

（1）第一句是前一个故事的最后一句“自此西南大林中行千二百余里，至恭御陀国。东印度境”。小字没有翻译，因不影响全文的含义，故省略了。

（2）批注 1 意为该国又名“故如嘎”。

（3）批注 2 意为都城名“苏热巴达那”。

（4）“国境之内，数十小城，接山岭，据海交，城既坚峻，兵又敢勇，威雄邻境，遂无强敌。国临海滨，多有奇宝，螺贝珠玑，斯为货用。出大青象，超乘致远”一节，只翻译大意。

解 2：

恭御陀国　梵　Kongoda（今印度奥里萨邦甘加姆县）

羯餕伽国

羯餕伽国周五千余里。国大都城周二十余里。稼穑时播，花果具繁，林薮联绵，动数百里。出青野象，邻国所奇。气序暑热，风俗躁暴，性多狷犷，志存信义。言语轻捷，音调质正，辞旨风则，颇与中印度异焉。少信正法，多遵外道。伽蓝十余所，僧徒五百余人，习学大乘上座部法。天祠百余所，异道甚众，多是尼干之徒也。

羯餕伽国，在昔之时民俗殷盛，肩摩毂击，举袂成帷。有五通仙栖岩养素，人或陵触，退失神通，以恶咒术残害国人，少长无遗，贤愚俱丧，人烟断绝，多历年所。颇渐迁居，犹未充实，故今此国人户尚少。城南不远有窣堵波，高百余尺，无忧王之所建也，傍有过去四佛坐及经行遗迹之所。国境北垂大山岭上，有石窣堵波，高百八尺，是劫初时人寿无量岁有独觉于此入寂灭焉。

自此西北山林中行千八百余里，至憍萨罗国。中印度境。

{ལིཾ་ཀྣའི་ཡུལ།}

དེ་ནས་ལྷོ་ནུབ་མཚམས་སུ་རྒྱང་གྲག་(གྲགས)བཞི་ལྔ་ཙམ་ཕྱིན་པ་ན་ལཀྣ་[ཧི་ལིང་ཀ] ༧༧ ☆ ཡུལ་ལོ། །དེའི་ཐ་གྲུར་རྒྱང་གྲག་(གྲགས་)ལྔ་སྟོང་ལྷག །དཀྱིལ་གྱི་མཁར་ཆེན་པོའི་རྒྱང་གྲག་(གྲགས)ཉི་ཤུ་ལྷག་པ་སྣང་<PL.122>ཊོད་སྔོན་པོ་ཁྱུར་ལོང་བ་རི་དང་ནགས་ཚལ་ན་རྒྱུ་བ། བསྔུན་པ་འགའ་ཞིག་ནི་སྟོབས་ཤིན་ཏུ་ཆེ་ཞིང་ཁྱུར་འདེགས་པའི་མཆོག་ཏུ་འགྱུར་པའོ། །ས་གཞི་དམའ་ལ་གཤེར་བ་འབྲུ་སྣ་ཚོགས་པ་དུས་བཞི་གང་ལ་ཡང་འདེབས་སོ། །མེ་ཏོག་དང་ཤིང་ཏོག་གི་རིགས་མང་པོ། མིའི་རང་བཞིན་གཏུམ་ཞིང་རྩུབ་པ་སྐད་མྱུར་བ་ཏབ་ཏོབ་ཆེ་བ་གང་གྱི་ཡུལ་དབུས་པ་དང་ཆེས་མི་འདྲའོ། །ནང་པ་ལ་མོས་པ་ཉིན་སྐར་ཙམ་དང་། ཕལ་ཆེར་ཕྱི་རོལ་པ་ཁོ་ན་ལ་བརྟེན་ནོ། །གཙུག་ལག་ཁང་བཅུ་ལྷག་ཙམ་ལ་དགེ་འདུན་ལྔ་བརྒྱ་ལྷག་གནས་བརྟན་སྡེ་པ་ཐེག་ཆེན་པ་ཤ་སྟག་གོ། མུ་སྟེགས་པའི་ལྷ་ཁང་ཆིག་བརྒྱ

ལྷག་གྲངས་ཅན་པ་ཤིན་ཏུ་མང་བ་གནས་སོ། །ཡུལ་འདི་ནི་གནའ་དུས་མི་ཁྱིམ་ཤིན་ཏུ་མང་བ་ལ། ཕྱི་དྲང་སྲོང་མངོན་ཤེས་ཐོབ་པ་ཞིག་གནས་ཐོག་མར་སྐྱེ་བོ་ལ་ཕན་པ་གྱུར་ཀྱང་། ཕྱིས་དུས་རྐྱེན་ཞིག་ལ་བརྙེན་མངོན་ཤེས་དང་རྫུ་འཕྲུལ་ཉམས་སོ། །དེ་ནས་དམངས་ལ་གནོད་པའི་ངན་སྔགས་ཁོ་ན་བགྲངས་སྡེ་གནོད་པ་བྱས་པས་ཡུལ་གྱི་མི་མང་པོ་ཆུད་ཟོས་སུ་བཏང་ཞིང་། ཁྱིམ་རྣམས་སུ་མེ་དང་དུ་བའི་རྒྱུན་མཆེད་པར་བརྩམས་པ་ན་ཡུལ་གཞན་དུ་སྤྱོས་ཏེ་རྒྱུད་ཚུགས་པར་གྱུར་ཀྱང་ད་དུང་རིགས་རྒྱུད་ཆེར་མ་འཕེལ་ལོ་གྲོང་ཁྱེར་གྱི་ལྷོ་ངོས་སུ་ཨ་ཤོ་ཀས་བཞེངས་པའི་མཆོད་རྟེན་ཅིག་(ཞིག)དང་འདས་པའི་སངས་རྒྱས་རྣམ་བཞིའི་བཞུགས་ཁྲི་དང་མཛད་ཤུལ་བཅས་ཡོད་དོ། །སའི་དབྱིབས་བྱང་ཕྱོགས་སུ་ཙུང་བཞོལ་བ། གྲོང་ཁྱེར་གྱི་བྱང་ཕྱོགས་སུ་རིའི་རྩེར་རྡོའི་མཆོད་རྟེན་དཔངས་སུ་ཁྲུ་བརྒྱ་ལྷག་ཡོད་པ་ནི། བསྐལ་པ་དང་པོ་ཚེ་ལོ་གྲངས་མེད་པའི་དུས་སུ་རང་སངས་རྒྱས་ཤིག་མྱ་ངན་ལས་འདས་པའི་གནས་ཡིན་སྐད་དོ། །

解 1：

（1）完整翻译全文。

（2）第一句是前一个故事的最后一句“行千四五百里，至羯力甑反。伽国。南印度境”。小字没有翻译，因不影响全文的含义，故省略了。

（3）该国名藏语称“楞伽”，批注意为又叫“吱楞嘎”，即：羯餕伽。

解 2：

羯餕伽国　梵　Kalinga（今印度奥里萨邦境内）

憍萨罗国

憍萨罗国周六千余里，山岭周境，林薮连接。国大都城周四十余里。土壤膏腴，地利滋盛。邑里相望，人户殷实。其形伟，其色黑，风俗刚猛，人性勇烈，邪正兼信，学艺高明。王，刹帝利也，崇敬佛法，仁慈深远。伽蓝百余所，僧徒减万人，并皆习学大乘法教。天祠七十余所，异道杂居。

{ཀོ་ས་ལའི་ཡུལ།}

རི་དེ་ནས་ནུབ་བྱང་མཚམས་སུ་རྒྱང་གྲག་(གྲགས)ཆིག་སྟོང་བརྒྱད་བརྒྱ་ཙམ་བགྲོད་པ་ན་ཀོ་ས་

ལའི༡༢ ☆ ཡུལ་ལོ། །དེའི་ཐ་གྲུར་རྒྱང་གྲག་(གྲགས)དྲུག་སྟོང་། དབུས་ཀྱི་མཁར་ཆེན་པོ་[ན་ཧ་སྦུ་ར]རྒྱང་གྲག་(གྲགས)བཞི་བཅུ་ལྷག་ཙམ་དུ་ཡངས་པ་རི་ཐང་ཆལ་པར་གདལ་བ། རི་བྲག་ནགས་ཚལ་མཚོ་རྫིང་སྤྱིལ་མར་ཡོད་པ། ས་གཤིན་མི་གཤིན་འདྲེས་ཡང་འབྲུ་སྣ་ཚོགས་འདེབས་པ། ལྗོངས་ཆེ་ཆུང་ཕན་ཚུན་མཐོང་བ། གྲོང་ལྗོངས་ཐམས་ཅད་ལ་མི་ཁྱིམ་གྱིས་གང་བ། མིའི་རང་བཞིན་ལུས་བོང་རགས་ཅིང་མདོག་ནག་པ་དྲག་ཤུལ་ཆེ་བ་ལ་གཏུམ་པ། ཕྱི་ནང་གཉིས་ཀ་ལ་དད་མོས་མཉམ་པ། ཡོན་ཏན་དོན་དུ་གཉེར་བ། བདག་པོ་རྒྱལ་རིགས་ཡིན་པ་ལ་མཁས་པར་གྲགས་པ་བྱམས་པ་སྙིང་རྗེ་ཆེ་ཞིང་དཀོན་མཆོག་སྤྱི་བོར་བཀུར་བ། གཙུག་ལག་ཁང་བརྒྱ་ལྷག་པར་དགེ་འདུན་ཁྲིར་ཉེ་བ་ཐམས་ཅད་ཐེག་ཆེན་པ། ལྷ་སྐྱེགས་པའི་ལྷ་ཁང་བདུན་ཅུ་ལྷག་པར་ཕྱི་པ་རིགས་མི་གཅིག་པ་འདྲེས་སྡེ་གནས་སོ། །

解 1：

（1）完整翻译全文。

（2）第一句是前一个故事的最后一句“自此西北山林中行千八百余里，至憍萨罗国。中印度境”。小字没有翻译，因不影响全文的含义，故省略了。

（3）批注意为都城名叫“那哈布日”。

解 2:

憍萨罗国　梵　Kosala（今印度钱德拉浦尔地区）

一、龙猛与提婆

城南不远，有故伽蓝，傍有窣堵波，无忧王之所建也。昔者如来曾于此处现大神通，摧伏外道。后龙猛菩萨止此伽蓝。时此国王号娑多婆诃，唐言引正。珍敬龙猛，周卫门庐。时提婆菩萨自执师子国来求论义，谓门者曰：“幸为通谒！”时门者遂为白。龙猛雅知其名，盛满钵水，命弟子曰：“汝持是水，示彼提婆。”提婆见水，默而投针。弟子持钵，怀疑而返。龙猛曰：“彼何辞乎？”对曰：“默无所说，但投针于水而已。”龙猛曰：“智矣哉，若人也！知几其神，察微亚圣，盛德若此，宜速命入。”对曰：“何谓也？无言妙辩，其在是欤！”曰：“夫水也者，随器方圆，逐物清浊，弥漫无间，澄湛莫测。满而示之，比我学之智周也。彼乃投针，遂穷其极。此非常人，宜速召进。”而龙猛风范，懔然肃物，言谈者皆伏抑首。提婆素挹风徽，久希请益，方欲受业，先骋机神，雅惧威严，升堂僻坐，谈玄永日，辞义清高。龙猛曰："后学冠世，妙辩光前，我惟衰耄，遇斯俊彦，诚乃写瓶有寄，传灯不绝，法教弘扬，伊人是赖。幸能前席，雅谈玄奥。"提婆闻命，心独自负，将开义府，先游辩囿，提振辞端，仰视质义。忽睹威颜，忘言杜口，避坐引责，遂请受业。龙猛曰："复坐。今将授子至真妙理，法王诚教。"提婆五体投地，一心归命，曰："而今而后敢闻命矣！"

{༡ མགོན་པོ་ཀླུ་སྒྲུབ་དང་ཨ་རྱ་དེ་བ།}

གྲོང་ཁྱེར་ལྷོ་ཕྱོགས་སུ་མི་རིང་བར་གཙུག་ལག་ཁང་ཅིག་(ཞིག)གི་ཡོགས་སུ་མཆོད་རྟེན་རྒྱལ་པོ་ཨ་ཤོ་ཀས་བཞེངས་པ་ནི་སྟོན་པས་ཆོ་འཕྲུལ་ཆེན་པོ་བསྟན་ཏེ་མུ་སྟེགས་པ་བཏུལ་ཞིང་། ཕྱིས་སུ་མགོན་པོ་ཀླུ་སྒྲུབ་ཀྱི་སྦྱིན་བདག་རྒྱལ་པོ་ས་ཏ་བ་ཧྣ་སྟེ་ཡང་དག་འདྲེན་པ་ཞེས་བྱ་བས། མགོན་པོ་ཀླུ་སྒྲུབ་བསྐུར་སྟིའི་ཕྱིར་དུ་ཕོ་བྲང་གི་སྒོ་བཞིར་བསྲུང་མ་བཞག་སྟེ། མི་གསར་བ་བྱུང་བ་ན་གང་བྱུང་བྱུང་ནང་དུ་མི་གཏོང་བ་ལ། སྐབས་ཤིག་ཨ་རྱ་དེ་བ་སིཾ་ཧ་ལའི་<PL.123>ཡུལ་ནས་ཕྱིན་ཏེ། སྒོ་སྲུང་བ་ལ་ཁྱོད་མགོན་པོ་ལ་སྨྲོན་ཅིག་(ཞིག)ཅེས་པ་ལྟར་ཞུས་པས། མགོན་པོས་རིང་མོ་ཞིག་ནས་འཕགས་པ་ལྷའི་སྙན་པ་གསན་པས་མཉེས་སྟེ། ཆུ་གཙང་ལྷུང་བཟེད་ཆུས་གང་བ་ཐོགས་ཏེ་ཉེ་གནས་ལ་བཏང་དེ་ཨ་རྱ་དེ་བ་སྟོན་ཞིག་གསུངས་སོ། །ཉེ་གནས་ཀྱིས་དེ་བཞིན་བྱས་པས་ཨ་རྱ་དེ་བས་ཅི་ཡང་མ་ཟེར་བར་ཁབ་ཤིག་(ཅིག)ལྷུང་བཟེད་ཀྱི་ནང་དུ་བོར་རོ། །དེ་ནས་ཉེ་གནས་ལོག་ནས་ཚུལ་དེ་ཞུས་པས། སློབ་དཔོན་གྱིས་ཨ་ཙ་མ་མཁས་པར་གྲགས་པ་དོན་ལ་གནས་སོ་གསུངས་སོ། །དོན་དེ་དྲིས་པ་ན་ཆུ་ཞེས་པ་སྐྱོམ་སེལ་ཅིང་(ཞིང)བསིལ་བ་དང་དབྱིབས་རང་བཞིན་གྱིས་མ་གྲུབ་པ་སྟོང་ལ་རགས་ལས་ཤིང་རྟོག་དྭངས་རྐྱེན་ལ་ལྟོས་སོ། །ལྷུང་བཟེད་ཆུས་གང་བ་ནི་བདག་གི་རྒྱུད་ཡོན་ཏན་གྱིས་གང་བའི་བརྡའ་ཡིན་ནོ། །ཁོང་གིས་ཁབ་ཅིག་བཞག་པ་ནི་ཤེས་རབ་རྣོ་བ་དེས་མཐར་འགྲོལ་བའི་བརྡའ་ཡིན་ནོ་གསུངས་ཤིང་སློབ་མའི་མཆོག་ཏུ་མཛད་དོ། །སློབ་མ་མང་པོ་ཡོད་ཀྱང་བསྟན་པའི་སྙིང་པོ་ནི། ལྷ་དཔལ་གྱི་རི་ལ་གཤེགས་ཁར་ཨ་རྱ་དེ་བ་གཅིག་བུ་ལ་གཏོད་པ་ཡིན་ནོ་གསུངས་སོ། །དེ་ནས་ནང་དུ་བཏང་བར་ཞལ་མཇལ་མ་ཐག་དགའ་བ་དཔག་མེད་བྱུང་ཏེ་ཡན་ལག་ལྔ་པ་ལ་གཏུགས་ཏེ་ཕྱག་བཙལ་ཞིང་མཇལ་ཕྲོགས་སྙིང་འཕྲད་པ་ལྟར་

ཐུགས་ཡིད་གཅིག་ཏུ་འདྲེས་པར་གྱུར་ཏོ། །

解 1：

完整翻译全文。

解 2：

龙猛与提婆的注释见《大唐西域记校注》（下）816 页。

二、龙猛自刎故事

龙猛菩萨善闲药术，餐饵养生，寿年数百，志貌不衰。引正王既得妙药，寿亦数百。王有稚子，谓其母曰："如我何时得嗣王位？"母曰："以今观之，未有期也。父王年寿已数百岁，子孙老终者盖亦多矣。斯皆龙猛福力所加，药术所致。菩萨寂灭，王必殂落。夫龙猛菩萨智能弘远，慈悲深厚，周给群有，身命若遗。汝宜往彼，试从乞头。若遂此志，当果所愿。"王子恭承母命，来至伽蓝，门者敬惧，故得入焉。时龙猛菩萨方赞诵经行，忽见王子，伫而谓曰："今夕何因，降迹僧坊？若危若惧，疾驱而至。"对曰："我承慈母余论，语及行舍之士，以为含生宝命，经语格言，未有轻舍报身，施诸求欲。我慈母曰：'不然。十方善逝、三世如来，在昔发心，逮乎证果，勤求佛道，修习戒忍，或投身饲兽，或割肌救鸽，月光王施婆罗门头，慈力王饮饿药叉血，诸若此类，羌难备举。求之先觉，何代无人。'今龙猛菩萨笃斯高志，我有所求，人头为用，招募累岁，未之有舍。欲行暴劫杀，则罪累尤多，虐害无辜，秽德彰显。惟菩萨修习圣道，远期佛果，慈沾有识，惠及无边，轻生若浮，贱身如朽，不违本愿，垂允所求！"龙猛曰："俞，诚哉是言也！我求佛圣果，我学佛能舍，是身如响，是身如泡，流转四生，去来六趣，宿契弘誓，不违物欲。然王子，有一不可者，其将若何？我身既终，汝父亦丧，顾斯为意，谁能济之？"龙猛俳徊顾视，求所绝命，以干茅叶自刎其颈，若利剑断割，身首异处。王子见已，惊奔而去。门者上白，具陈始末。王闻哀感，果亦命终。

三、跋逻末罗耆厘山

国西南三百余里，至跋逻末罗耆厘山，唐言黑蜂。岌然特起，峰岩峭险。既无崖谷，宛如全石。引正王为龙猛菩萨凿此山中，建立伽蓝。去山十数里，凿开孔道，当其山下，仰凿疏石。其中则长廊步檐，崇台重阁。阁有五层，层有四院，并建精舍，各铸金像，量等佛身，妙穷工思。自余庄严，唯饰金宝。从山高峰，临注飞泉，周流重阁，交带廊庑，疏寮外穴，明烛中宇。初，引正王建此伽蓝也，人力疲竭，府库空虚，功犹未半，心甚忧戚。龙猛谓曰："大王何故若有忧负？"王曰："辄运大心，敢树胜福，期之永固，待至慈氏。功绩未成，财用已竭，每怀此恨，坐而待旦。"龙猛曰："勿忧。崇福胜善，其利不穷，有兴弘愿，无忧不济。今日还宫，当极欢乐。后晨出游，历览山野，已而至此，平议营建。"王既受诲，奉以周旋，龙猛菩萨以神妙药，滴诸大石，并变为金。王游见金，心口相贺，回驾至龙猛所，曰："今日畋游，神鬼所惑，山林之中，时见金聚。"龙猛曰："非鬼惑也，至诚所感，故有此金。宜时取用，济成胜业。"遂以营建，功毕有余。于是五层之中，各铸四大金像，余尚盈积，充诸帑藏。招集千僧，居中礼诵。龙猛菩萨以释迦佛所宣教法及诸菩萨所演述论，鸠集部别，藏在其中。故上第一层唯置佛像及诸经论；下第五层居止净人资产什物；中间三层僧徒所舍。闻诸先志曰：引正王营建已毕，计工人所食盐价，用九拘胝拘胝者，唐言亿。金钱。其后僧徒忿诤，就王平议。时诸净人更相谓曰："僧徒诤起，言议相乖。凶人伺隙，毁坏伽蓝。"于是重阁反拒，以摈僧徒。自尔已来，无复僧众。远瞩山岩，莫知门径。时引善医方者入中疗疾，蒙面入出，不识其路。

从此大林中南行九百余里，至案达罗国。南印度境。

{༣ མགོན་པོ་ཀླུ་སྒྲུབ་མགུལ་བཅད་པའི་ལོ་རྒྱུས།}

མགོན་པོ་ཀླུ་སྒྲུབ་མང་དུ་ཐོས་པ་མན་ངག་གི་ཐབས་ཟབ་མོ་མང་པོ་ལ་མཁས་པས་འཆི་མེད་ཚེའི་རིག་འཛིན་བརྙེས་པ་ཡོན་བདག་རྒྱལ་པོ་ཡང་ཚེ་མགོན་པོ་རང་ཉིད་དང་མཉམ་པར་ཐུབ་པར་བྱིན་གྱིས་བརླབས་པས་ལོ་བརྒྱ་ཕྲག་དུ་མ་ལོན་ཀྱང་། མཆོད་ཡོན་གཉིས་བགྲེས་རྒུད་མི་མངའ་བས། རྒྱལ་པོ་ལ་བུ་ཐ་ཆུང་ཞིག་ཡོད་པ་རྒྱལ་སྲིད་ལ་རེངས་པའི་བློ་སློབ་ནས་ཡུམ་ལ་དྲིས་པ་ནམ་ཞིག་རྒྱལ་ས་འཛོབ། ཡུམ་

གྱིས་སྨྲས་པ། དུས་ནི་ཤེས་དཀའ་སྟེ་ཡབ་ལོ་བརྒྱ་ཐུབ་ཏུ་མ་ལོན་ཅིང་(ཞིང)བུ་ཚ་མང་པོ་དག་རྒས་ཤིང་ཁོག་ནས་ཆེ་དུས་བྱས་པ་མང་པོ་བྱུང་ཞེས་པས། བུ་ཐབས་རྟགས་ཏེ་ཡི་མུག་པས། ཡུམ་གྱིས་སྨྲས་པ། རེ་ཞིག་ཡི་མུག་མ་བྱེད་ཅིག་ཁྱོད་ཀྱི་ཕ་ཆེ་རིང་བ་ནི་མགོན་པོ་གླུ་སྒྲུབ་མཐུ་ཡིན་ཏེ་སློབ་དཔོན་རང་གི་ཆེ་དང་མཉམ་པར་བྱིན་གྱིས་བརླབས་པས། མགོན་པོ་འདས་ན་ཡབ་རྒྱལ་པོ་ཡང་འགྲོ་བས་ཁྱོད་སོང་ལ་མགོན་པོའི་དབུ་སློང་ཞིག །སོང་བྱང་ཆུབ་སེམས་དཔའ་སྙིང་རྗེ་ཆེན་པོ་དང་ལྡན་པ་ཡིན་པས་སྟེར་བའང་སྲིད་ཞེས་སྨྲས་པས། རྒྱལ་བུ་སློབ་དཔོན་གྱི་དྲུང་དུ་སོང་ནས་སྦྱིན་པའི་བརྟགས་པ་དང་ལོ་རྒྱུས་མང་དུ་ཞུས་ཤིང་མཐར་དབུ་བསླང་ངོ་། །དེར་སློབ་དཔོན་གྱིས་སྙིང་བརྩེ་སྐྱེས་ནས་མཉམ་པར་བཞག་སྟེ་གཟིགས་པས་རྩ་ཀུ་ཤ་དང་ལས་འབྲེལ་ཡོད་པར་གཟིགས་ནས་ཀུ་ཤའི་ལོ་མས་མགུལ་བཅད་དེ་སྦྱིན་པ་ན་རལ་གྱི་རྣོན་པས་ཐལ་བ་བཞིན་དུ་གྱུར་ཏོ། །དེར་རྒྱལ་བུ་སྐྲགས་ཏེ་བྲོས་སོ། །ཡབ་ཀྱང་དེ་མ་ཐག་གྲོངས་སོ། །ཕྱིར་རྒྱལ་པོ་ཡང་འདྲིན་གྱིས་གཙུག་ལག་ཁང་བཞེངས་པ་ཚུང་ཟད་མ་རྫོགས་པས་རྒྱལ་པོ་ཡང་དག་འདྲིན་སེམས་ལས་སུ་གྱུར་བར། སློབ་དཔོན་གྱིས་སྐྱོ་སངས་མཛད་ཅིང་གསེར་འགྱུར་གྱིས་རྡོ་བ་མང་པོ་གསེར་དུ་བསྒྱུར་ནས་གཙུག་ལག་མ་ལུས་པར་གྲུབ་ཅིང་། གསེར་རྐྱང་གིས་གཙང་ཁང་ཆེན་པོ་རིག་པ་ལྔ་པ་ཞིག་བཞེངས་<PL.124.>སོ། །ཐོག་ཁང་དུ་སྟོན་པའི་གསེར་སྐུ་ཆེ་བ་དང་གསུང་རབ་མང་པོ་གླེགས་བམ་དུ་བྲིས་ནས་བསྒྲིགས། བྱང་ཆུབ་སེམས་དཔའ་རྣམས་དང་འཕགས་པ་ཉན་ཐོས་རྣམས་གྱིས་གསུངས་པའི་བསྟན་བཅོས་དག་བསྒྲིགས་སོ། །དེ་དག་ནི་མཆོད་གནས་ཀྱི་གཙོ་བོ་ཡིན་ནོ། །གསེར་ལྷག་མས་ཏཾ་ཀ་བྱེ་བ་དགུ་ཡོད་པ། མགོན་པོ་འདས་རྗེས་མི་རིང་ཙམ་ན་ཕྱི་རབས་པ་སྐྱ་སེར་ཐམས་ཅད་གྱིས་བགོ་བཤའ་བྱས་པ་མ་སློམས་པས། དགེ་འདུན་རྣམས་ཕན་ཚུན་བརྩོད་པས་འཐོར་རོ། །ད་ལྟ་དགེ་འདུན་གཅིག་ཀྱང་མེད་པས་གཙུག་ལག་ཁང་ཁོག་པོ་ཙམ་དུ་འདུག་པར་འཚོ་བྱེད་འགའ་གནས་ནས་གཞན་ཕན་བྱེད་ཀྱིན་འདུག་གོ །

解 1:

合并只翻译了大概意思。

解 2:

龙猛自刎的注释见《大唐西域记校注》(下)829—832 页。

案达罗国

案达罗国周三千余里。国大都城周二十余里，号瓶耆罗。土地良沃，稼穑丰盛。气序温暑，风俗猛暴。语言辞调异中印度，至于文字，轨则大同。伽蓝二十余所，僧徒三千余人。天祠三十余所，异道寔多。

{ཨནྡྷྲའི་ཡུལ།}

དེ་ནས་ལྷོ་ཕྱོགས་སུ་ནགས་ཆེན་པོ་བརྒྱུད་དེ་ལི་དབར་དགུ་བརྒྱ་ཕྱིན་པ་ན་ཨནྡྷྲའི་༡༣ ☆ཡུལ་ལོ། །དེའི་ཁ་གྲུར་རྒྱང་གྲག་(གྲགས)སུམ་སྟོང་ཙམ་དབུས་ཀྱི་མཁར་ཆེན་འཁོར་ཡུག་ཏུ་རྒྱང་གྲག་(གྲགས)ཉི་ཤུ་ལྷག་ཡོད། གྲོང་ཁྱེར་གྱི་མིང་ནི་བཛྲ་སྐྱེ་རྗོ་རྗེ་ཟེར། ས་གཞི་ཤིན་ཏུ་གཤིན་པ། ལོ་བཞིན་གྱི་ཟླ་བ་གང་ལ་ཡང་འབྲུ་སྣ་ཚོགས་འདེབས་པ། ས་གཞི་དྲོ་ཞིང་རླན་གཤེར་ཆེ། ཡི་གེ་དང་སྐད་རིགས་རྒྱ་གར་ཕལ་ཆེ་བ་དང་མཐུན་ནོ། །གཙུག་ལག་ཁང་ཉི་ཤུ་ལྷག་ལ་དགེ་འདུན་སུམ་སྟོང་ལྷག་བཞུགས་སོ། །མུ་སྟེགས་པའི་ལྷ་ཁང་སུམ་ཅུ་ལྷག་པར་ཕྱི་པ་རིགས་སྣ་ཚོགས་པ་འདྲེས་མར་གནས་སོ། །

解 1:

（1）完整翻译全文。

（2）第一句是前一个故事的最后一句“从此大林中南行九百余里，至案达罗国。南印度境”。小字没有翻译，因不影响全文的含义，故省略了。

解 2:

案达罗国　梵　Andhra（今印度海德拉巴德地区）

一、阿折罗罗汉伽蓝

瓶耆罗城侧不远，有大伽蓝，重阁层台，制穷剞劂。佛像圣容，丽极工思。伽蓝前有石窣堵波，高数百尺，并阿折罗唐言所行。阿罗汉之所建也。

所行罗汉伽蓝西南不远，有窣堵波，无忧王之所建也。如来在昔于此说法，现大神通，度无量众。

二、陈那与因明论

所行罗汉伽蓝西南，行二十余里，至孤山。山岭有石窣堵波，陈那唐言授。菩萨于此作《因明论》。陈那菩萨者，佛去世后，承风染衣，智愿广大，慧力深固，愍世无依，思弘圣教。以为因明之论，言深理广，学者虚功，难以成业。仍匿迹幽岩，迁神寂定，观述作之利害，审文义之繁约。是时崖谷震响，烟云变采，山神捧菩萨高数百尺，唱如是言："昔佛世尊善权导物，以慈悲心，说《因明论》，综括妙理，深究微言。如来寂灭，大义泯绝。今者陈那菩萨福智悠远，深达圣旨，因明之论，重弘兹日。"菩萨乃放大光明，照烛幽昧。时此国王深生尊敬，见此光明相，疑入金刚定，因请菩萨证无生果。陈那曰："吾入定观察，欲释深经，心期正觉，非愿无生果也。"王曰："无生之果，众圣欣仰。断三界欲，洞三明智，斯盛事也，愿疾证之！"陈那是时心悦王请，方欲证受无学圣果。时妙吉祥菩萨知而惜焉，欲相警诫，乃弹指悟之而告曰："惜哉，如何舍广大心，为狭劣志，从独善之怀，弃兼济之愿！欲为善利，当广传说慈氏菩萨所制《瑜伽师地论》，导诱后学，为利甚大。"陈那菩萨敬受指诲，奉以周旋。于是覃思沉研，广因明论。犹恐学者惧其文微辞约也，乃举其大义，综其微言，作《因明论》，以导后进。自兹已后，宣畅《瑜伽》盛业，门人有知当世。

从此林野中南行千余里，至驮那羯磔迦国。亦谓大安达逻国，南印度境。

{སློབ་དཔོན་རྟུལ་ཞུགས་སྐྱོད་པའི་མཆོད་རྟེན།}

གྲོང་ཁྱེར་གྱི་མིང་ཐྲིང་ཤིར་ཟེར་རོ། །དེའི་ལོགས་སུ་གཙུག་ལག་ཁང་ཆེན་པོ་ཁང་བརྩེགས་དུ་མ་དང་ནང་རྟེན་སོགས་ནི་བཟོ་ཁྱད་དུ་འཕགས་པ་དང་ལྡན་པ། དེའི་ལྷོ་ངོས་སུ་རྡོའི་མཆོད་རྟེན་ཁྲུ་བརྒྱ་ཕྲག་དུ་མ་ཡོད་པ་ན། སློབ་དཔོན་རྟུལ་ཞུགས་སྐྱོད་པས་བཞེངས་སོ། །དེའི་ལྷོ་ནུབ་མཚམས་སུ་མི་རིང་བར་ཡང་རྡོའི་མཆོད་རྟེན་ཡོད་པ་ནི། རྒྱལ་པོ་ཨ་ཤོ་ཀས་བཞེངས་སྟེ། སྟོན་པ་འདིར་ཆོ་འཕྲུལ་ཆེན་པོ་བསྟན་ཏེ་སེམས་ཅན་གྲངས་མེད་པ་ཞིག་བཏུལ་ལོ། །རྟུལ་ཞུགས་སྐྱོད་པའི་མཆོད་རྟེན་གྱི་ལྷོ་ནུབ་མཚམས་སུ་རྒྱང་གྲག་(གྲགས)ཉི་ཤུ་ཙམ་སོང་བ་ན། རི་ཆུང་ཆིག་སྐྱ་ཅིག་ཡོད་པའི་རྩེར་མཆོད་རྟེན་ཞིག་

ཡོད་པ་ནི། ཛི་ན་ད་ཏྟ་སྟེ་རྒྱལ་བས་བྱིན་ཞེས་བྱ་བའི་བྱང་ཆུབ་སེམས་དཔས་འདིར་ཚད་མ་རིག་པའི་བསྟན་བཅོས་མཛད་དོ། །འདི་ནི་རྒྱལ་བའི་དགོངས་པ་མཐར་ཐུག་པ་ཏིལ་གྱིས་ཏིལ་བ་སྟེ། འཕགས་པ་འཇམ་དཔལ་གྱིས་བསྐུལ་བས་མཛད་པའོ། །བསྟན་བཅོས་འདི་བྱམས་ཆོས་སྡེ་ལྔ་དང་རམ་འདེགས་སུ་བསྒྲིགས་པ་ཡིན་གསུངས་སོ། །

解 1：

合并只翻译了主要内容。

解 2：

阿折罗罗汉伽蓝的注释见《大唐西域记校注》（下）836—838 页。

驮那羯磔迦国

驮那羯磔迦国周六千余里。国大都城周四十余里。土地膏腴，稼穑殷盛。荒野多，邑居少。气序温暑，人貌厘黑。性猛烈，好学艺。伽蓝鳞次，荒芜已甚，存者二十余所。僧徒千余人，并多习学大众部法。天祠百余所，异道寔多。

{དྷ་ན་ཀ་ཊ་ཀའི་ཡུལ།}

དེ་ནས་ལྷོ་ཕྱོགས་སུ་རྒྱང་གྲག་(གྲགས)སྟོང་ཙམ་སོང་བ་ན། ཨནྡྷ་ར་ཆེན་པོ་ཡང་ཟེར་དྷ་ན་ཀ་ཊ་ཀ་༡༨ ☆ ཟེར་བའི་ཡུལ་ཐ་གྲུར་རྒྱང་གྲག་(གྲགས)དྲུག་སྟོང་ཙམ། དབུས་ཀྱི་མཁར་ཆེན་རྒྱང་གྲག་(གྲགས)བཞི་བཅུ་ཙམ། ས་གཞི་གཤིན་པ་འབྲུ་སྣ་ཚོགས་ཟླ་བ་རེ་མོས་ཀྱིས་བསྐྲུད་དེ་འདེབས་པ། མིའི་རང་བཞིན་གཏུམ་རྒོད་དཔའ་རྩལ་ལྡན་ཞིང་བྱད་བཞིན་ནག་པོ་ཡོན་ཏན་དོན་དུ་གཉེར་བ་ལ་དགའ་བ། གཙུག་ལག་ཁང་ཉི་ཤུ་ལྷག་པར་དགེ་འདུན་སྟོང་ལྷག་གནས་བརྟན་སྡེ་པ་ཤ་སྟག་གོ། མུ་སྟེགས་པའི་ལྷ་ཁང་བརྒྱ་ལྷག་ལ་ཕྱི་རོལ་པ་ཤིན་ཏུ་མང་པོ་གནས་སོ། །

解 1：

（1）完整翻译全文。

（2）第一句是前一个故事的最后一句“从此林野中南行千余里，至驮那羯磔迦国。亦谓大安达逻国，南印度境”。小字没有翻译，因不影响全文的含义，故省略了。

解 2：

驮那羯磔迦国　梵　Dhānakataka（今印度阿马拉瓦底城）

一、东山西山二僧伽蓝

城东据山有弗婆势罗唐言东山。僧伽蓝，城西据山有阿伐罗势罗唐言西山。僧伽蓝，此国先王为佛建焉。奠川通径，疏崖峙阁，长廊步檐，枕岩接岫，灵神警卫，圣贤游息。自佛寂灭，千年之内，每岁有千凡夫僧同入安居。其解安居日，皆证罗汉，以神通力，凌虚而去。千年之后，凡圣同居。自百余年，无复僧侣。而山神易形，或作豺狼，或为猿狖，惊恐行人，以故空荒，阒无僧众。

{༡ ཤར་རི་དང་ནུབ་རི་ལ་གཙུག་ལག་ཁང་གཉིས་ཡོད་པ།}

གྲོང་ཁྱེར་གྱི་ཤར་ཕྱོགས་སུ་རྫུང་ལྦ་ཤི་ར་སྟེ། ཤར་རི་ལ་བརྟེན་པའི་གཙུག་ལག་ཁང་ཞིག་དང་། ནུབ་ཕྱོགས་སུ་ཨ་བ་ཤི་ར་སྟེ་ནུབ་རི་ལ་བརྟེན་པའི་གཙུག་<PL.125>ལག་ཁང་གཉིས་ཡོད་པ་ཡུལ་གྱི་རྒྱལ་པོ་སྔ་མས་སྟོན་པའི་དོན་དུ་བཞེངས་སོ། །སྟོན་འཕགས་པ་ཤ་སྟག་གནས་སྟེ། སྟོན་པ་མྱ་ངན་ལས་འདས་ནས་ལོ་སྟོང་འདས་པ་ན་ལོ་བཞིན་སོ་སྐྱེའི་དགེ་འདུན་སྟོང་ཕྲག་རེ་བཞུགས་ནས་དབྱར་གནས་དགག་དབྱེ་མཛད་དེ་ཚང་མས་དགྲ་བཅོམ་ཐོབ་ཏེ་རྫུ་འཕྲུལ་གྱིས་ནམ་མཁར་འཕུར་ནས་སོང་ལ་ཕྱིན་ནོ། །ཕྱིས་སུ་སྐྱེ་འཕགས་འདྲེས་མར་གནས་ཤིང་། ད་ལྟ་དགེ་འདུན་བཞུགས་པ་མེད་དོ། །

解 1：

完整翻译全文。

解 2：

东山西山二僧伽蓝的注释见《大唐西域记校注》（下）843 页。

二、清辩故事

城南不远有大山岩，婆毘吠伽唐言清辩。论师住阿素洛宫待见慈氏菩萨成佛之处。论师雅量弘远，至德深邃，外示僧佉之服，内弘龙猛之学，闻摩揭陀国护法菩萨宣扬法教，学徒数千，有怀谈议，杖锡而往。至波吒厘城，知护法菩萨在菩提树，论师乃命门人曰："汝行诣菩提树护法菩萨所，如我辞曰：'菩萨宣扬遗教，导诱迷徒，仰德虚心，为日已久，然以宿愿未果，遂乖礼谒。菩提树者，誓不空见，见当有证，称天人师。'护法菩萨谓其使曰："人世如幻，身命若浮，渴日勤诚，未遑谈议。"人信往复，竟不会见。论师既还本土，静而思曰："非慈氏成佛，谁决我疑？"于观自在菩萨像前诵《随心陀罗尼》，绝粒饮水，时历三岁。观自在菩萨乃现妙色身，谓论师曰："何所志乎？"对曰："愿留此身，待见慈氏！"观自在菩萨曰："人命危脆，世间浮幻，宜修胜善，愿生睹史多天，于斯礼觐，尚速待见。"论师曰："志不可夺，心不可贰。"菩萨曰："若然者，宜往驮那羯磔迦国城南山岩执金刚神所，至诚诵持《执金刚陀罗尼》者，当遂此愿。"论师于是往而诵焉。三岁之后，神乃谓曰："伊何所愿，若此勤励？"论师曰："愿留此身，待见慈氏。观自在菩萨指遣来请，成我愿者，其在神乎？"神乃授秘方而谓之曰："此岩石内有阿素洛宫，如法行请，石壁常开。开即入中，可以待见。"论师曰："幽居无睹，讵知佛兴？"执金刚曰："慈氏出世，我当相报。"论师受命，专精诵持，复历三岁，初无异想，咒芥子以击石岩壁，豁而洞开。是时百千万众观睹忘返，论师跨其户而告众曰："吾久祈请，待见慈氏，圣灵警佑，大愿斯遂。宜可入此，同见佛与。"闻者怖骇，莫敢履户，谓是毒蛇之窟，恐丧身命。再三告语，唯有六人从入。论师顾谢时众，从容而入。入之既已，石壁还合。众皆怨嗟，恨前言之过也。

自此西南行千余里，至珠利耶国。南印度境。

{༢ སློབ་དཔོན་ཚད་མ་པ་ན་ཐི་བི་ཀ་དང་ཚད་མའི་སྐོར།}

གྲོང་ཁྱེར་གྱི་ལྷོ་ཕྱོགས་སུ་རི་སྐྱིབས་ཤིག་ཡོད་པ་ནི། སློབ་དཔོན་ཚད་མ་པ་ན་ཐི་བི་ཀ་སྔེ་སྟོབས་པ་དག་པ་ཞེས་བྱ་བ་འདིར་གནས་པ་ལ་སྐབས་ཤིག་ན་མ་ག་ཏར་སློབ་དཔོན་དཔལ་ལྡན་ཆོས་སྐྱོང་བླ་སྒྲུབ་ཀྱི་ལུགས་ལ་མཁས་པར་ཐོས་ནས་མཇལ་བར་འདོད་ནས་བྱོན་ཏེ་ན་ར་ཐ་རིའི་གྲོང་ཁྱེར་གྱི་བར་དུ་སླེབས་ནས་ཕོ་ཉ་པ་བཏང་སྟེ་སྨྲན་པས། དཔལ་ལྡན་ཆོས་སྐྱོང་གིས་དང་དུ་མ་བླངས་པར་སྐྱུ་མའི་ཕུང་པོ་མི་རྟག་པས་ཚེ་ལ་ལོང་མེད། བགྲོ་གླེང་ལ་ཟད་དུས་མེད། ཐེ་ཚོམ་ལ་བཅད་དུས་མེད། གཅིག་བཀག་ཐལ་ཡང་གཅིག་སྐྱེས་པས་སྙིང་པོ་ལོངས་ཤིག་གསུངས་སོ། །དེ་ནས་སྟོབས་པ་དག་པ་རི་ལ་ལོགས་ཏེ་ཨ་

སུ་རའི་ཕུག་ཏུ་ཞུགས་ཏེ་ཚེ་རིང་བར་བྱིན་གྱིས་བརླབས་ནས། རྗེ་བཙུན་བྱམས་པ་སྐྱུབ་ཏེ་ཐེ་ཚོམ་འདྲི་བ་ལས་འོས་མ་མཆིས་སྙམ་ཏེ། འཕགས་པ་སྤྱན་རས་གཟིགས་དབང་ཕྱུག་གི་སྐུ་བརྙན་གྱི་མདུན་དུ་བསྡད་ནས། ཉིན་མཚན་དུ་སྙུང་བར་གནས་ཏེ་ཆུ་རྐྱང་ལ་བརྟེན་ཏེ། སྤྱན་རས་གཟིགས་ཀྱི་གཟུངས་བགྲངས་པས་ལོ་གསུམ་ན་སྤྱན་རས་གཟིགས་ཀྱིས་ཞལ་དངོས་སུ་བསྟན་ཏེ། ཅི་འདོད་དྲིས་པ་ན་བྱམས་པ་སྐྱུག་ཚུལ་ཞུས་པར་ཡུན་རིང་འགྲུངས་པས་སྨོན་ལམ་ཐོབ་ལ་དགའ་ལྡན་དུ་སྐྱེས་ནས་དྲི་བ་ཀྱིས་གསུངས་སོ། །དེར་དམ་བཅའ་བསླེལ་མི་ཐུང་ཁས་ལེན་བཅག་མི་ཐུང་ཟེར་ནས་མ་ཉན། འཕགས་པས་བཀའ་བསྩལ་བ་འོ་ན་ཕྱག་ན་རྡོ་རྗེའི་གཟུངས་ཐོན་ཞིག་ཐབས་རྙེད་དོ་གསུངས་སོ། །བཀའ་བཞིན་བགྱིས་ཏེ་ཡང་ལོ་གསུམ་སོང་བ་ན་ཕྱག་ན་རྡོ་རྗེའི་ཞལ་བསྟན་ཏེ། བྲ་སྐྱིབས་འདིར་ལྷ་མིན་ཕུག་ཡོད་དེར་ཞུགས་ནས་སྐྱུག་ཞིག་བྱམས་པ་འཛིག་རྟེན་དུ་བྱོན་པ་ན་དེད་ཀྱིས་སྟོན་པོ་གསུངས་ནས་རྡོ་རྗེས་བརྡུན་པས་བྲག་ལ་སྒོ་ཞིག་བྱུང་ཏེ་ཕྱི་པས་ནང་དུ་ཞུགས་ཤིག་གསུང་བ་ན། མི་དྲུག་ཙམ་དང་ལྷན་དུ་ཞུགས་པས་བྲག་སྟེ་མ་བཞིན་དུ་གྱུར་ཟེར་རོ། །

解 1:

完整翻译全文。

解 2:

清辩故事的注释见《大唐西域记校注》(下)845 页。

珠利耶国

珠利耶国周二千四五百里。国大都城周十余里。土野空旷，薮泽荒芜，居户寡少，群盗公行。气序温暑，风俗奸宄，人性犷烈，崇信外道。伽蓝颓毁，粗有僧徒。天祠数十所，多露形外道也。城东南不远，有窣堵波，无忧王之所建也。如来在昔曾于此处现大神通，说深妙法，摧伏外道，度诸天人。

{ཙུ་རི་ཡའི་ཡུལ།}

དེ་ནས་ལྷོ་ནུབ་མཚམས་སུ་རྒྱང་གྲག་(གྲགས)ཆིག་སྟོང་ལྔག་བགྲོད་པ་ན་ཙུ་རི་ཡེ་༧༥ ☆ ཞེས་བྱ་

བའི་ཡུལ་ལོ། །དེའི་ཐ་གྲུར་རྒྱང་གྲག་(གྲགས)གཉིས་སྟོང་དང་བརྒྱ་ཕྲག་བཞི་ལྔ་ཙམ། དཀྱིལ་མཁར་ཆེན་པོའི་མཐའ་སྐོར་དུ་རྒྱང་གྲག་(གྲགས)བཅུ་ལྷག ཉེ་འཁོར་གྱི་རི་ཐང་རྣམས་སུ་ནགས་ཚལ་དང་ཞིང་གེལ་བ་མང་པོ་ཡོད་ཅིང་། ཇག་རྐུན་ཁྱུར་ཚོགས་པ་མངོན་ཚན་དུ་སྤྱོད་པ་གཅིག་ཏུ་མུ་སྟེགས་པ་ལ་དད་པའོ། །གཙུག་ལག་ཁང་གོག་པོ་ཁ་ཤས་ཡོད་ཀྱང་དགེ་འདུན་ཆེས་ཉུང་བས་དགེ་འདུན་སྡེ་ཚད་ལ་ཁད་པ། མུ་སྟེགས་པའི་ལྷ་ཁང་བཅུ་ཕྲག་དུ་མ་ལ་ཕྱི་པ་གཅེར་བུ་བས་གང་སྡེ་གནས་པ། གྲོང་ཁྱེར་གྱི་ཤར་ལྷོའི་ཕྱོགས་སུ་རྒྱལ་པོ་ཨ་ཤོ་ཀས་བཞེངས་པའི་མཆོད་རྟེན་ཞིག་ཡོད་པ་ནི། སྟོན་པས་ཆོ་འཕྲུལ་བསྟན་ཏེ་མུ་སྟེགས་པ་མང་པོ་བཏུལ་བའི་གནས་སོ། །

解 1：

（1）完整翻译全文。

（2）第一句是前一个故事的最后一句“自此西南行千余里，至珠利耶国。南印度境”。小字没有翻译，因不影响全文的含义，故省略了。

解 2：

珠利耶国　梵　Colya（今印度安德拉邦境内）

一、提婆遗事

城西不远，有故伽蓝，提婆菩萨与罗汉论议之处。初，提婆菩萨闻此伽蓝有嗢呾罗唐言上。阿罗汉，得六神通，具八解脱，遂来远寻，观其风范。既至伽蓝，投罗汉宿。罗汉少欲知足，唯置一床。提婆既至，无以为席，乃聚落叶，指令就坐。罗汉入定，夜分方出。提婆于是陈疑请决，罗汉随难为释，提婆寻声重质，第七转已，杜口不酬，窃运神通力，往睹史多天请问慈氏。慈氏为释，因而告曰：“彼提婆者，旷劫修行，贤劫之中，当绍佛位，非尔所知，宜深礼敬。”如弹指顷，还复本座。乃复抑扬妙义，剖析微言。提婆谓曰：“此慈氏菩萨圣智之释也，岂仁者所能详究哉？”罗汉曰：“然，诚如来旨。”于是避席礼谢，深加敬叹。

从此南入林野中行千五六百里，至达罗毘荼国。南印度境。

{འཕགས་པའི་ལོ་རྒྱུས།}

ནུབ་ཏུ་གཙུག་ལག་ཁང་ཞིག་ཡོད་པ་ནི། འཕགས་པ་<PL.126>ལྷས་གནས་བརྟན་བསམ་གཏན་འདུལ་བའི་གནས་སོ། །དེའི་ལོ་རྒྱུས་ནི། དེར་གནས་བརྟན་ཨུཏྟ་ར་སྟེ་བླ་མ་ཞེས་བྱ་བ་མངོན་ཤེས་ལྔ་དང་རྣམ་ཐར་བརྒྱད་ཐོབ་ཞིག་ཡོད་པ་གནས་སོ། །འཕགས་པས་བགྲོ་གླེང་མཛད་པར་བཞེད་ནས་ཕེབས་པ་ན། གནས་བརྟན་གྱིས་མཉམ་པར་བཞག་ཅིང་འདུག གནས་ཚོག་ཤེས་ལ་གོམས་པས་མལ་སྟན་ཁྲིའུ་གཅིག་བུ་ལས་མེད་ལ། སློབ་དཔོན་ཕྱིན་ཏེ་ལོ་མའི་ཕུང་པོ་ཞིག་ཡོད་པ་ལ་བཞུགས་ནས་དོགས་པ་ཐུགས་ལ་ཡོད་པ་དྲིས་པ་ན་ལན་ཅི་ཡང་མ་བྱུང་། དེ་ནས་སློབ་དཔོན་དགའ་ལྡན་དུ་རྫུ་འཕྲུལ་གྱིས་ཕྱིན་ཏེ། བྱམས་པ་ལ་དྲི་བ་དྲིས་ལན་མཛད་ཚུལ་གནས་བརྟན་ལ་གསུངས་པས་ཡིད་ཆེས་སྐྱེས་ཤིང་། བསྐལ་བཟང་གི་སངས་རྒྱས་སྟོང་གི་ནང་ཚན་ཅིག་ཡིན་ཚུལ་གྱི་བསྟོད་བསྔགས་བརྗོད་ནས་སྟན་ལས་ལངས་ཏེ་ནོངས་བཤགས་ཕུལ་ལོ། །

解 1：

完整翻译全文。

解 2：

提婆遗事的注释见《大唐西域记校注》（下）850 页。

达罗毗荼国

达罗毗荼国周六千余里。国大都城号建志补罗，周三十余里。土地沃壤，稼穑丰盛。多花果，出宝物。气序温暑，风俗勇烈。深笃信义，高尚博识，而语言文字，少异中印度。伽蓝百余所，僧徒万余人，皆遵学上座部法。天祠八十余所，多露形外道也。如来在世，数游此国，说法度人，故无忧王于诸圣迹，皆建窣堵波。

{དྲ་བི་ཌྲའི་ཡུལ།}

དེ་ནས་ལྷོ་ཕྱོགས་སུ་ནགས་ཚེན་པོའི་ནང་བརྒྱུད་ཅིང་རྒྱང་གྲག་(གྲགས)སྟོང་དང་བརྒྱ་ཕྲག་བཞི་ལྔ་ཙམ་ཕྱིན་པ་ན་དྲ་བི་ཌྲའི་༧༨ ☆ [དྲ་བ་ལི]ཡུལ་ལོ། །དེའི་ཐ་གྲུ་རྒྱང་གྲག་(གྲགས)དྲུག་སྟོང་ཙམ་

དང་། དབུས་མཁར་ཆེན་པོ་ནི་ཀཉྩི་པུ་ར་ཟེར་ཞིང་མཐའ་སྐོར་རྒྱང་གྲག་(གྲགས)སུམ་ཅུ། ས་གཞི་གཤིན་པ་མེ་ཏོག་དང་ཤིང་ཏོག་སྣ་ཚོགས་མོད་པ། ལོ་སྐོར་གྱིས་འབྲུ་རིགས་སྤྱེལ་མར་འབྱུང་བ་རིན་པོ་ཆེའི་རིགས་ཀུང་ངོ་ཤེས་མི་ཤེས་མང་པོ་འདུ་བ། ནམ་དབུགས་ཙྪ་བ་མིའི་རང་བཞིན་དཔའ་བ་རྟུལ་ཕོད་པ་ཡོན་ཏན་དོན་གཉེར་ལ་དགའ་བ། སྐད་རིགས་དང་ཡི་གེ་རྒྱ་གར་གྱི་ཡུལ་དབུས་དང་ཏ་ལམ་མཐུན་ཤས་ཆེ་བ། གཙུག་ལག་ཁང་བརྒྱ་ཕྲག་ཅིག་ལྷག་པར་དགེ་འདུན་ཆིག་ཁྲི་ལྷག་བཞུགས་ཤིང་གནས་བརྟན་སྡེ་པ་ཁོ་ནའོ། །མུ་སྟེགས་པའི་ལྷ་ཁང་བཅུ་ལྷག་པར་ཕྱི་རོལ་གཙེར་བུ་བ་མང་ཙམ་གནས་སོ། །སྔོན་པས་སྟོན་ཡུལ་འདིར་གཤེགས་བཞུགས་མཛད་ཤུལ་ཐམས་ཅད་ལ་ཕྱིས་རྒྱལ་པོ་ཨ་ཤོ་ཀས་སོ་སོར་མཆོད་རྟེན་རེ་བཞེངས་པ་དག་ཡོད་དོ། །

解 1：

（1）完整翻译全文。

（2）第一句是前一个故事的最后一句“从此南入林野中行千五六百里，至达罗毘荼国。南印度境”。小字没有翻译，因不影响全文的含义，故省略了。

（3）批注意为国家又名“达热巴里”。

解 2：

达罗毘荼国　梵　Dravida（今印度安德拉邦境内）

一、护法遗事

逮志补罗城者，即达磨波罗唐言护法。菩萨本生之城。菩萨此国大臣之长子也，幼怀雅量，长而弘远，年方弱冠，王姬下降。礼筵之夕，忧心惨凄，对佛像前殷懃祈请。至诚所感，神负远遁，去此数百里，至山伽蓝，坐佛堂中，有僧开户，见此少年，疑其盗也，更诘问之。菩萨具怀指告，因请出家。众咸惊异，遂允其志。王乃宣命，推求遐迩，乃知菩萨神负远尘。王之知也，增深敬异。自染衣已，笃学精勤，令问风范，语在前记。

城南不远，有大伽蓝，国中聪叡，同类萃止。有窣堵波，高百余尺，无忧王所建也。如来在昔于此说法，摧伏外道，广度人天。其侧则有过去四佛坐及经行遗迹之所。

自此南行三千余里，至秣罗矩吒国。亦谓枳秣罗国，南印度境。

{དཔལ་ལྡན་ཆོས་སྐྱོང་གི་ལོ་རྒྱུས།}

གྲོང་ཁྱེར་ཀཱཉྩི་པུ་ར་ནི་བྱང་ཆུབ་སེམས་དཔའ་དཔལ་ལྡན་ཆོས་སྐྱོང་གི་འཁྲུངས་ཡུལ་ལོ། །དེའི་ལོ་རྒྱུས་ནི། སློབ་དཔོན་དེ་ནི་ཡུལ་འདིའི་སློབ་དཔོན་(བློན་པོ)ཆེན་པོ་ཞིག་གི་བུར་འཁྲུངས་གཞོན་ནུའི་དུས་སུའང་། དམངས་མ་དང་མི་འདྲ་བར་ན་ཕྲ་མོ་ནས་རྒྱལ་ཁམས་ཉུལ་བ་ལ་དགའ་བ་ཞིག་ཡིན་པས། སངས་རྒྱས་བྱང་སེམས་ཀྱི་སྐུ་བརྙན་བཞུགས་ཆེད་ལ་ཕྱིན་ཅིང་ཞིབ་གཟིགས་གནང་བས་མི་ཕལ་ཆེར་གྱིས་ཤུས་བྱེད་པར་དོགས་ནས་རྒྱུ་མཚན་དྲིས་པ་ན་གཟུགས་བརྙན་གྱི་རྒྱུ་མཚན་དང་མཚན་ཉིད་ཕན་ཡོན་དང་བཅས་གང་དྲིས་ཐམས་ཅད་ལ་ལན་ཐོགས་རྒྱུག་མེད་པས། ཐམས་ཅད་ཀྱིས་རབ་ཏུ་བྱུང་བར་བསྐུལ་ལོ། །མི་རིང་བར་རྒྱལ་པོས་ཀྱང་གསན་ནས་ངོ་མཚར་བའི་སྐྱེས་དང་བཅས་རབ་ཏུ་བྱུང་བར་བསྐུལ་མ་མཛད་པར་རྗེན་རབ་ཏུ་བྱུང་སྟེ། ནང་བའི་མཁས་པ་རྣམས་དང་ཕྱི་པའི་མཁས་པ་ཐམས་ཅད་ཀྱིས་འགྲན་གྱིས་དོ་མེད་པ་ཞིག་གོ། ༈ དེའི་ལྷོ་ཕྱོགས་སུ་མི་རིང་བར་གཙུག་ལག་ཁང་ཆེན་པོ་དང་མཆོད་རྟེན་དཔངས་སུ་རྟེན་ཁྲུ་བརྒྱ་ལྷག་པ་ཅིག་བཅས་ཡོད་པ་ནི། སྔོན་པས་ཆོ་འཕྲུལ་ཆེན་པོ་བསྟན་པས་མུ་སྟེགས་པ་མང་པོ་བཏུལ་ཞིང་ལྷ་མི་དཔག་ཏུ་མེད་པ་ལ་ཆོས་བསྟན་པའི་གནས་སོ། །དེའི་ཟོགས་སུ་འདས་སངས་བཞི་ཀའི་བཞུགས་ཁྲི་དང་མཛད་ཤུལ་རྣམས་ཡོད་དོ། །

解 1:

完整翻译全文。

解 2:

护法遗事的注释见《大唐西域记校注》(下)856 页。

秣罗矩咤国

秣罗矩咤国周五千余里。国大都城周四十余里。土田舄卤，地利不滋。海渚诸珍，多聚此国。气序炎热，人多厘黑。志性刚烈，邪正兼崇。不尚游艺，唯善逐利。伽蓝故基，寔多余址，存者既少，僧徒亦寡。天祠数百，外道甚众，多露形之徒也。

城东不远，有故伽蓝，庭宇荒芜，基址尚在，无忧王弟大帝之所建也。其东有窣堵波，崇基已陷，覆钵犹存，无忧王之所建立。在昔如来于此说法，现大神通，度无量众，用彰圣迹，故此标建。岁久弥神，祈愿或遂。

{མ་ར་ཀུ་ཏའི་ཡུལ།}

དེ་ནས་ལྷོ་ངོས་སུ་རྒྱང་གྲག་(གྲགས)གསུམ་སྟོང་<PL.127>ཙམ་ཕྱིན་པ་ན་མ་ར་ཀུ་ཏའི་༡༧ ☆ ཡུལ་ལོ། །དེའི་ཐ་གྲུར་རྒྱང་གྲག་(གྲགས)ལྔ་སྟོང་ལྷག་དང་། དཀྱིལ་མཁར་ཆེན་པོའི་[མ་ཏུ་ར་]མཐའ་སྐོར་ཏུ་རྒྱང་གྲག་(གྲགས)བཞི་བཅུ་ལྷག་དང་། ས་གཞི་ཚ་སྒོ་ཆེ་ལ་ནམ་དབུགས་ཤིན་ཏུ་ཚ་བ། རྒྱ་མཚོ་དང་ཉེ་བས་རིན་པོ་ཆེའི་རིགས་མང་པོ་འདུ་ཞིང་ཚོགས་པ། མིའི་རང་བཞིན་རྩུབ་ལ་བཞིན་མདོག་ནག་པོ། ཡོན་ཏན་སློབ་པ་ལ་མི་མོས་པ་ཚོགས་ཕོ་ན་ལ་མི་ཚེ་སྐྱེལ་བ། གཙུག་ལག་ཁང་གོག་པོའི་ཤུལ་འགའ་ཡོད་པ་ལས་དགེ་འདུན་གྱི་མིང་ཙམ་ཡང་མེད་དོ། །མུ་སྟེགས་པའི་ལྷ་ཁང་བརྒྱ་ཕྲག་ཏུ་མ་ཡོད་པར་ཕྱི་རོལ་གཅེར་བུ་པ་མང་ཙམ་འདུག་གོ།

解 1：

（1）“城东不远，…………祈愿或遂”一节没有翻译。

（2）第一句是前一个故事的最后一句“自此南行三千余里，至秣罗矩吒国。亦谓枳秣罗国，南印度境”。小字没有翻译，因不影响全文的含义，故省略了。

（3）批注意为都城名叫“玛都热”。

解 2：

秣罗矩吒国　梵　Malakūta（今印度安德拉邦境内）

一、秣剌耶山

国南滨海，有秣剌耶山，崇崖峻岭，洞谷深涧。其中则有白檀香树，栴檀你婆树。树类白檀，不可以别，唯于盛夏，登高远瞻，其有大蛇萦者，于是知之。犹其木性凉冷，故蛇盘也。既望见已，射箭为记，冬蛰之后，方乃采伐。羯布罗香树，松身异叶，花果斯别。初采既湿，尚未有香，木干之后，循理而析，其中有香，状若云母，色如冰雪，此所谓龙脑香也。

{༡ རི་བོ་མ་ལ་ཡ།}

གྲོང་ཁྱེར་གྱི་ཤར་ཕྱོགས་སུ་རི་བོ་མ་ལ་ཡ་ཡོད་དོ། །དེ་ནི་བགྲོད་དཀའ་བ་རྩུབ་པ་རྗེ་དང་གསེག་མས་གཏམ་པ་བྲག་ཕུག་ཟབ་མོ་དང་འགའ་ཞིག་སངས་ཐལ་དུ་ཡོད་པ། དེར་ཙན་དན་དང་ཙན་དན་ཞེས་པའི་ཤིང་གི་ནགས་ཚལ་ཡོད་དོ། །ཙན་དན་ནི་དབྱིབས་དང་ཁ་དོག་རྣམ་པ་ཐམས་ཅད་ཙན་དན་དཀར་པོ་དང་འདྲ་ལ། ཁྱད་པར་ཙུང་ཟད་མི་འདྲ་བ་ནི་ཤིང་དེ་ཤིན་ཏུ་ཆེ་ལ་མཐོ་བ། དྲི་བསུང་རྒྱང་རིང་དུ་ཐོ་བ་དགུན་དུས་མ་གཏོགས་ལེན་དཀའ་བ། རྒྱུ་མཚན་ནི་ཤིང་དེ་ཤིན་ཏུ་བསིལ་བས་དུག་སྦྲུལ་གྱིས་དཀྲིས་ཏེ་གནས་པའི་ཕྱིར་རོ། །དགུན་དུས་སུ་དུག་སྦྲུལ་ཉལ་ཟིན་པའི་དུས་སུ་ལེན་ནོ། །དེའི་ཐང་ཆུ་ནི་ཀརྦུ་ར་སྣེ་ག་བུར་རོ། །དབྱིབས་དང་ཁ་དོག་འཕྲུགས་རོམ་དང་འདྲའོ། །

解 1：

完整翻译全文。

解 2：

秣剌耶山的注释见《大唐西域记校注》（下）860 页。

二、布呾洛迦山

秣剌耶山东有布呾洛迦山，山径危险，岩谷敧倾。山顶有池，其水澄镜，流出大河，周流绕山二十匝，入南海。池侧有石天宫，观自在菩萨往来游舍。其有愿见菩萨者，不顾身命，厉水登山，忘其艰险，能达之者，盖亦寡矣。而山下居人，祈心请见，或作自在天形，或为涂灰外道，慰喻其人，果遂其愿。

从此山东北，海畔有城，是往南海僧伽罗国路。闻诸十俗曰：从此入海，东南可三千余里，至僧伽罗国。唐言执师子，非印度之境。

{༢ རི་བོ་པོ་ཏ་ལ།}

དེའི་ཤར་ཕྱོགས་སུ་མི་རིང་བར་པོ་ཏ་ལ་སྟེ་འཕགས་པ་སྤྱན་རས་གཟིགས་དང་རྗེ་བཙུན་མ་སྒྲོལ་མ་དངོས་སུ་བཞུགས་པའི་གནས་སོ། །རི་དེ་ཤིན་ཏུ་བགྲོད་དཀའ་བ་སྒྱོ་ལ་མཚོ་ཆུ་ཡན་ལག་བརྒྱད་ལྡན་

ཅིག་ཡོད་པ་ལས་ཆུ་མིག་བྱུང་སྟེ་འོག་ཏུ་འབབ་ཞིང་རི་ལ་གཡས་སྐོར་དུ་ལན་ཉི་ཤུ་བསྐོར་ནས་མཐར་ལྷོའི་རྒྱ་མཚོར་འབབ་བོ། །མཚོ་དེའི་གཡས་ཕྱོགས་སུ་ལྷ་ཁང་ཡོད་པ་ནི་འཕགས་པ་གཟིགས་འཆག་མཛད་པའི་གནས་སོ། །རི་དེའི་ཉེ་འཁོར་དུ་གནས་པ་དག་གི་འཕགས་པ་མཐོང་བར་མོས་པའི་སེམས་རྩེ་གཅིག་བསྐྱེད་ཅིང་གསོལ་བ་བཏབ་ན་མཐོང་སྣང་སྣ་ཚོགས་པའི་ཞལ་སྟོན་པ་ཡོད་དོ། །འགའ་ཞིག་ལ་ལྷའི་གཟུགས་དང་། ལ་ལར་ཕྱུག་ན་རིལ་བ་སྤྱི་བླུགས་དང་སྐུ་ལ་ཐལ་བས་བྱུགས་པ། དྲང་སྲོང་གི་རྣམ་པ་ཅན་སྟོན་པ་སོགས་མང་པོ། ཡུལ་ཐག་རིང་གི་དད་པ་ཅན་དག་གིས་ཀུང་ལ་གླུང་བརྒལ་ཏེ་ལམ་གྱི་ངལ་དུབ་ཁྱད་དུ་བསད་དེ་རྒྱ་ལམ་ལ་འགྲོར་བ་དག་གིས་མཐོང་ཚུལ་ཀུང་གོང་དང་མཚུངས་སོ། །

解 1：

（1）完整翻译全文。

（2）“观自在菩萨往来游舍。”译者翻译很有藏文特色，说：“是观音菩萨和尊者卓玛居住的地方。”

解 2：

布呾洛迦山的注释见《大唐西域记校注》（下）861 页。

大唐西域记卷第十一（二十三国）

僧伽罗国（虽非印度之国路次附出）

摩诃刺他国

摩腊婆国

契吒国

阿难陀补罗国

瞿折罗国

掷枳陀国

信度国

钵伐多国

狼揭罗国

波剌斯国（虽非印度之国路次附出旧曰波斯）

阿舆荼国

荼建那补罗国

跋禄羯昌叶反婆国

阿咤厘国

伐腊毘国

苏剌他国

邬阇衍那国

摩醯湿伐罗补罗国

茂罗三部卢国

阿点婆翅罗国

臂多势罗国

伐剌拏国

僧伽罗国

僧伽罗国周七千余里。国大都城周四十余里。土地沃壤，气序温暑。稼穑时播，花果具繁。人户殷盛，家产富饶。其形卑黑，其性犷烈，好学尚德，崇善勤福。

{ས་བཅད་བཅུ་གཅིག་པ། ཡུལ་ནི་ཉི་ཤུ་རྩ་གསུམ།}

{སིངྒ་ལའི་ཡུལ།}

པོ་ཏ་ལའི་ཤར་ལྷོའི་མཚམས་སུ་ཐོ་[རྒྱ་མཚོ]ཆེན་པོའི་ནང་དུ་གྲུ་ཞུགས་ཏེ། རྒྱང་གྲག་(གྲགས)སུམ་སྟོང་ལྷག་ཕྱིན་པ་ན་སིངྒ་ལའི་7 ☆ ཡུལ་ལོ། །[བམ་པོ་བརྒྱད་པ་རྫོགས།]ཡུལ་དེའི་ཐ་གྲུར་རྒྱང་གྲག་(གྲགས)བདུན་སྟོང་ལྷག་པར། དབུས་ཀྱི་མཁར་ཆེན་པོའི་རྒྱང་གྲགས་བཞི་བཅུ་ལྷག་ཙམ། ས་ཞིང་དུ་

གཤིན་པ་ནམ་དབུགས་དྲོད་ཤས་ཆེ་བ་འབྲུ་དུས་བཞིར་སྨིན་པ། མེ་ཏོག་དང་ཤིང་ཏོག་གི་རིགས་མང་བ་མི་ཁྲིམ་མང་ཞིང་ཕལ་ཆེ་བ་ལོངས་སྤྱོད་དང་ལྡན་པ། གནའ་དུས་ནས་རིན་པོ་ཆེའི་འབྱུང་གནས་ཡིན་པས་རིན་པོ་ཆེའི་རིགས་ཤིན་ཏུ་མང་ངོ་། །རིན་པོ་ཆེའི་གཞན་དུ་ཁྱེར་བ་ན་དཀོར་བདག་ལྷ་འདྲེས་རྗེས་བསྙེགས་སུ་ཡོང་ངོ་། །

解 1:

（1）完整翻译全文。

（2）第一句是前一个故事的最后一句“从此入海，东南可三千余里，至僧伽罗国。唐言执师子，非印度之境”。小字没有翻译，因不影响全文的含义，故省略了。

（3）批注意为“第八卷完”。

解 2:

僧伽罗国　梵　Simhala（今斯里兰卡阿努拉德普拉境内）

一、执狮子传说

此国本宝渚也，多有珍宝，栖止鬼神。其后南印度有一国王，女娉邻国，吉日送归，路逢师子，侍卫之徒弃女逃难。女居舆中，心甘丧命。时师子王负女而去，入深山，处幽谷，捕鹿采果，以时资给。既积岁月，遂孕男女，形貌同人，性种畜也。男渐长大，力格猛兽。年方弱冠，人智斯发，谓其母曰：“我何谓乎？父则野兽，母乃是人。既非族类，如何配偶？”母乃述昔事以告其子，子曰：“人畜殊途，宜速逃逝。”母曰：“我先已逃，不能自济。”其子于后逐师子父，登山踰岭，察其游止，可以逃难。伺父去已，遂担负母妹，下趋人里。母曰：“宜各慎密，勿说事源。人或知闻，轻鄙我等。”于是至父本国，国非家族，宗祀已灭。投寄邑人，人谓之曰：“尔曹何国人也？”曰：“我本此国，流离异域。子母相携，来归故里。”人皆哀愍，更共资给。其师子王还无所见，追恋男女，愤恚既发，便出山谷，往来村邑，咆哮震吼，暴害人物，残毒生类。邑人辄出，遂取而杀。击鼓吹贝，负弩持矛，群从成旅，然后免害。其王惧仁化之不洽也，乃纵猎者，期于擒获。王躬率四兵，众以万计，掩薄林薮，弥跨山谷。师子震吼，人畜僻易。既不擒获，寻复招募，其有擒执师子除国患者，当酬重赏，式旌茂绩。其子闻王之令，乃谓母曰："饥寒已甚，宜可应募，或有所得，以相抚育。"母曰："言不可若是，彼虽畜也，犹谓父焉。岂以艰辛，而兴逆害？"子曰："人畜异类，礼义安在？既以违阻，此心何冀？"乃袖小刀，出应招募。是时千众万骑，云屯雾合。师子踞在林中，人莫敢近，子即其前，父遂驯伏。于是乎亲爱忘怒，乃剚刃于腹中，尚怀慈爱，犹无忿毒。乃至刳腹，含苦而死。王曰："斯何人哉，若此之异也？"诱之以福利，震之以威祸，然后具陈始末，备述情事。王曰："逆哉，父而尚害，况非亲乎？畜种难驯，凶情易动。除民之害，其功大矣。断父之命，其心逆矣。重赏以酬其功，远放以诛其逆，则国典不亏，王言不贰，于是装二大船，多储粮糗。母留在国，周给赏功。子女各从一舟，随波飘荡。其男船泛海，至此宝渚，见丰珍玉，便于中止。其后商人采宝，复至渚中，乃杀其商主，留其子女。如是繁息，子孙众多，遂立君臣，以位上下，建都筑邑，据有疆域。以其先祖擒执师子，因举元功而为国号。其女船者，泛至波剌斯西。神鬼所魅，产育群女，故今西大女国是也。故师子国人形貌卑黑，方颐大颡，情性犷烈，安忍鸩毒，斯亦猛兽遗种。故其人多勇健，斯一说也。

二、僧伽罗传说

佛法所记，则曰：昔此宝洲大铁城中，五百罗刹女之所居也。城楼之上竖二高幢，表吉凶之相。有吉事吉幢动，有凶事凶幢动。恒伺商人至宝洲者，便变为美女，持香华，奏音乐，出迎慰问，诱入铁城。乐燕会已，而置铁牢中，渐取食之。时赡部洲有大商主僧伽者，其子字僧伽罗。父既年老，代知家务，与五百商人入海采宝，风波飘荡，遇至宝洲。时罗刹女望吉幢动，便赍香华，鼓奏音乐，相携迎候，诱入铁城。商主于是对罗刹女王欢娱乐会。自余商侣，各相配合，弥历岁时，皆生一子。诸罗刹女情疏故人，欲幽之铁牢，更伺商侣。时僧伽罗夜感恶梦，知非吉祥，窃求归路，遇至铁牢，乃闻悲号之声。遂升高树，问曰："谁相枸絷而此怨伤？"曰："尔不知耶？城中诸女，并是罗刹。昔诱我曹入城娱乐。君既将至，幽牢我曹，渐充所食，今已太半，君等不久亦遭此祸。"僧伽罗曰："当图何计，可免危难？"对曰："我闻海滨有一天马，至诚祈请，必相济渡。"僧伽罗闻已，窃告商侣，共望海滨，专精求救。是时天马来告人曰："尔辈各执我毛鬣不回顾者，我济汝曹，越海免难，至赡部洲，吉达乡国。"诸商人奉指告，专一无贰，执其髦鬣。天马乃腾骧云路，越济海岸。诸罗刹女忽觉夫逃，递相告语，异其所去，各携稚子凌虚往来。知诸商人将出海滨，遂相召命，飞行远访。尝未踰时，遇诸商侣，悲歎俱至，涕泪交流，各掩泣而言曰："我惟感遇，幸会良人，室家有庆，恩爱已久。而今远弃，妻子孤遗，悠悠此心，谁其能忍？幸愿留顾，相与还城！"商人之心未肯回虑。诸罗刹女策说无功，遂纵妖媚，备行矫惑。商侣爱恋，情难堪忍，心疑去留，身皆退堕。罗刹诸女更相拜贺，与彼商人，携持而去。僧伽罗者，智能深固，心无滞累，得越大海，免斯危难。时罗刹女王空还铁城，诸女谓曰："汝无智略，为夫所弃，既寡艺能，宜勿居此。"时罗刹女王持所生子，飞至僧伽罗前，纵极媚惑，诱请令还。僧伽罗口诵神咒，手挥利剑，叱而告曰："汝是罗刹，我乃是人。人鬼异路，非其匹合。若苦相逼，当断汝命。"罗刹女知诱惑之不遂也，凌虚而去，至僧伽罗家，诈其父僧伽曰："我是某国王女，僧伽罗娶我为妻，生一子矣。赍持宝货，来还乡国，泛海遭风，舟楫漂没。唯我子母及僧伽罗，仅而获济。山川道阻，冻馁艰辛，一言忤意，遂见弃遗。詈言不逊，骂为罗刹。归则家国辽远，止则孤遗羁旅，进退无依，敢陈情事！"僧伽曰："诚如所言，宜时即入室。"居未久，僧伽罗至。父谓之曰："何重财宝，而轻妻子？"僧伽罗曰："此罗刹女也。"则以先事具白父母，而亲宗戚属，咸事驱逐。时罗刹女遂以诉王，王欲罪僧伽罗，僧伽罗曰："罗刹之女，情多妖惑。"王以为不诚也，而情悦其淑美，谓僧伽罗曰："必弃此女，今留后宫。"僧伽罗曰："恐为灾祸。斯既罗刹，食唯血肉。"王不听僧伽罗之言，遂纳为妻。其后夜分，飞还宝渚，召余五百罗刹鬼女，共至王宫，以毒咒术，残害宫中，凡诸人畜，食肉饮血，持其余尸，还归宝渚。旦日，群臣朝集，王门闭而不开，候听久之，不闻人语。于是排其户，辟其门，相从趋进，遂至宫庭，阒其无人，唯有骸骨。群官僚佐相顾失图，悲号恸哭，莫测祸源。僧伽罗具告始末，臣庶信然，祸自招矣。于是国辅老臣群官宿将，历问明德，推据崇高，咸仰僧伽罗之福智也，乃相议曰："夫君人者，岂苟且哉？先资福智，次体明哲。非福智无以亨宝位，非明哲何以理机务？僧伽罗者，斯其人矣。梦察祸机，感应天马，忠以谏主，智足谋身。历运在兹，惟新成咏。"众庶乐推，尊立为王。僧伽罗辞不获免，允执其中，恭揖群官，遂即王位。于是沿革前弊，表式贤良，乃下令曰："吾先商侣在罗刹国，死生莫测，善恶不分。今将救难，宜整兵甲。拯危恤患，国之福也。收珍藏宝，国之利也。"于是治兵，浮海而往。时铁城上凶幢遂动，诸罗刹女睹而惶怖，便纵妖媚，出迎诱诳。王素知其诈，令诸兵士口诵神咒，身奋武威。诸罗刹女蹎坠退败，或逃隐孤岛，或沉溺洪流。于是毁铁城，破铁牢，救得商人，多获珠宝。招募黎庶，迁居宝洲，建都筑邑，遂有国焉。因以王名而为国号。僧伽罗者，则释迦如来本生之事也。

三、佛教二部

僧伽罗国。先时唯宗淫祀。佛去世后第一百年。无忧王弟摩醯因陀罗。舍离欲爱志求圣果。得六神通具八解脱。足步虚空来游此国。弘宣正法流布遗教。自兹已降风俗淳信。伽蓝数百所。僧徒二万余人。遵行大乘上座部法。佛教至后二百余年各擅专门。分成二部。一曰摩诃毘诃罗住部。斥大乘习小教。二曰阿跋邪祇厘住部。学兼二乘弘演三藏。僧徒乃戒行贞洁定慧凝明。仪范可师济济如也。

{༡ སེང་གེ་འཛིན་གྱི་ལོ་རྒྱུས།}

སིཾ་ལ་སྟེ་སེང་གེ་འཛིན་ཞེས་བྱའོ། །དེའི་ལོ་རྒྱུས་ནི། རྒྱ་གར་ལྷོ་ཕྱོགས་ཀྱི་ཡུལ་གཞན་<PL.128> ཞིག་གི་རྒྱལ་པོ་དང་ཡུལ་འདིའི་གཉིས་ཉེ་དུ་བྱས་སྟེ་བུ་མོ་ཕྱོགས་སུ་བཏེགས་ནས་རྫོངས་པ་ན། བློ་བུར་དུ་སེང་གེའི་རྒྱལ་པོ་བྱུང་ནས་བུ་མོ་ཁྱོགས་སོ། །གཡོགས་འཁོར་རྣམས་བྲོས་ཤིང་འཐོར། སེང་རྒྱལ་གྱིས་བུ་མོ་བང་དུ་བཟུང་ནས་ནགས་སྟུག་པོར་སོང་ངོ་། །རི་དྭགས་ཀྱི་ཤ་དང་ཤིང་ཏོག་གིས་གསོས་རིམ་གྱིས་བུ་དང་བུ་མོ་སྐྱེས་ཤིང་ཐམས་ཅད་མིའི་གཟུགས་ལ་རང་བཞིན་དུད་འགྲོ་ཡིན་པས་གླིན་ཅིང་ལྐུག་པར་གཅན་གཟན་དུ་གྱུར་བའི་སེང་གེ་ཡིན་པས། སྟོབས་ཆེ་ཞིང་གཏུམ་པ་རྐོད་པོ་སྟེ་འོན་ཀྱང་མི་སྐད་ཤེས་པ་ཞིག་གོ། ལན་ཅིག་བུ་ཆེ་བས་མ་ལ་སླས་པ། ང་དར་ལ་བབས་ཀྱིས་ཁྱིམ་ཐབ་ཚོལ་བའི་དུས་ལ་བབས་སོ། །མས་སྔོན་གྱི་ལོ་རྒྱུས་སླས་པས། ཕ་སེང་རྒྱལ་གཞན་དུ་ཕྱིན་པའི་སྐབས་སུ་མ་རྒྱབ་ཏུ་ཁུར་ནུ་མོ་ཁྲིད་དེ་འབྲོས་པ་ན་མས་བུ་ལ་སླས་པ། ངས་ཁྱོད་ལ་སླས་པ་ལྟར་གྱི་སྔོན་གྱི་ལོ་རྒྱུས་མ་བཤད་ཅིག ཁོང་དམངས་མས་དམའ་འབེབས་ཅིང་མིར་མི་བརྩི་བ་འབྱུང་སྲིད་ཀྱིས་ཟེར་རོ། །བུ་མོ་རང་གི་ཡབ་རྒྱལ་གི་གནས་སུ་ཕྱིན་པ་ན་སྔར་གྱི་མི་དང་དངོས་པོ་གཞན་དུ་གྱུར་འདུག་པས། ལྡོངས་གཞན་དུ་ཕྱིན་པ་ན། སྐྱེ་བའི་ཚོགས་ཀྱིས་ཡུལ་གང་ནས་ཡོང་ཞེས་དྲིས་པ་ན། ཙ་བུ་ཅག་ཡུལ་གཅིག་པ་ལགས་པ་

སྟེ། དུས་ཤིག་ནས་མགོན་མེད་སྐྱབས་མེད་དེ་ཡུག་ས་ད་ཕྲུག་ཏུ་འཁྱམས་པ་ཡིན་ཟེར་བས་ཕལ་ཆེ་བས་སྙིང་རྗེ་སྐྱེས་ནས་བྱུང་རྒྱལ་དུ་ཟས་ཕྱིན་ནས་གསོས་སོ། །སེང་གེའི་རྒྱལ་པོ་རང་གནས་སུ་ལོག་ནས་བུ་དང་མཆིས་འབྲངས་མི་སྣང་བས་ཞེ་སྡང་ལངས་ཏེ་རང་གི་གནས་ནས་ཐོན་ཏེ་ཕྱོགས་ཕྱོགས་སུ་རྒྱུགས་ནས་ང་རོ་བསྒྲགས་པ་ན་མི་རྣམས་སྐྲག་ཅིང་གནོད་པར་གྱུར་བས་རྒྱལ་པོས་དཔུང་སྡེ་བཞི་དྲངས་ཀྱང་མ་ཐུལ་བས། ཁྲིལ་བསྒྲགས་ཏེ་སེང་གེ་འདི་བསད་དམ་གདུལ་ནུས་པ་ལ་བྱ་དགའ་ཆེན་པོ་སྟེར་རོ་ཞེས་པས། བུས་ཀྱི་རྣོན་པོ་ཞིག་ཕུ་དུང་དུ་སྦས་སྟེ་བྱུང་བ་དང་རྒྱལ་པོས་ཁོ་བཏང་བར། སེང་གེའི་རྒྱལ་པོས་བུ་མཐོང་ནས་དགའ་ཡལ་ཡལ་སྐྱེས་སྟེ་རྒྱུགས་ཅིང་འོངས་པས་འཁྲུད་པར་བརྩམས་པ་ན། བུས་སེང་གེའི་ཁྲང་གི་འོག་ཏུ་གྲི་རྒྱབས་པས་ཤིའོ། །དེ་ནས་རྒྱལ་པོ་ཏ་ལས་སྟེ་གྲུ་གཟིང་ཆེན་པོ་གཉིས་བཅོས་གྲུའི་ཕུག་རྣམས་སུ་ཐང་ཁས་བླངས་པ་བཞིན་ཡོངས་སྤྱོད་ཀྱི་ཀ་ཙ་འདངས་འདངས་སུ་བཙུག　གཅིག་གི་ངོས་སུ་སེང་པོ། ཅིག་ཤོས་ཀྱི་ངོས་ལ་སེང་མོ་རྣམས་བཙུག་ནས་རྒྱ་མཚོ་ཆེན་པོའི་ནང་དུ་རང་དགར་ཡོངས་སུ་བཏང་བ་རིན་པོ་ཆེའི་གླིང་འདི་ཀར་སླེབས་ནས་ཐོགས་ཏེ་བསྡད་པ་ལས་མཆེད་པ་ཡིན་ཟེར་རོ། །འོན་ཀྱང་ཡུལ་དེའི་མི་རྣམས་ཡོན་ཏན་སློབ་པ་ལ་དགའ་ཞིང་ཆོས་ལུགས་ལ་གཟབ་པ། མིའི་ལུས་པོང་དམའ་ལ་བྱད་ནག་པོ་སྒྲོ་ཐུང་བ་དགེ་སྦྱོར་ལ་བརྩོན་པ་དག་གོ། ཡུལ་འདིའི་མི་རྣམས་སྔ་ནས་དཀོན་མཆོག་ལ་དད་པ་ཡིན་ཅིང་། རྒྱལ་པོ་ཨ་ཤོ་ཀའི་ནུ་བོ་རྒྱལ་པོ་དབང་ཆེས་ལྷག་པར་མཛད་དོ། །གཙུག་ལག་ཁང་ཆིག་བརྒྱ་ཙམ་ལ་དགེ་འདུན་ཉིས་ཁྲི་ལྷག་ཚོགས་ཤིང་ཐེག་ཆེན་པ་སྡེ་པ་གནས་བརྟན་པའོ། །དགེ་འདུན་འདུལ་ཁྲིམས་དག་ཅིང་ཀུན་སྤྱོད་གཙང་བ་རིགས་འཛིན་བརྟན་ཅིང་རང་གཞན་ལ་ཕན་ཆེའོ། །

解 1:

（1）各小故事没有标题。

（2）故事一和三合并翻译。

（3）故事二没有翻译。

解 2:

执狮子传说的注释见《大唐西域记校注》（下）872—879 页。

四、佛牙精舍

王宫侧有佛牙精舍，高数百尺。莹以珠珍，饰之奇宝。精舍上建表柱，置钵昙摩罗加大宝，宝光赫奕联晖，照曜昼夜，远望烂若明星。王以佛牙日三灌洗，香水香末，或濯或焚，务极珍奇，式修供养。

{༤ སྙན་པའི་ཚེམས།}

རྒྱལ་པོའི་<PL.129>ཕོ་བྲང་གི་ཝོགས་སུ་མི་རིང་བར་སྙན་པའི་ཚེམས་ཀྱི་གཙུག་ལག་ཁང་དུ་ཚེམས་བཞུགས་པའི་མཆོད་རྟེན་ཡོད་དོ། །དེ་ལ་པདྨ་ར་ག་ཏོག་བྱས་པ་དེའི་གཟི་འོད་ཉིན་མཚན་ཀུན་ཏུ་འབར་བ་མཐོངས་སུ་སྐར་མ་སྐྱ་རེངས་ཤར་བ་ལྟར་སྣང་ངོ་། །རྒྱལ་པོ་ཡང་ཉིན་བཞིན་སྙན་པའི་ཚེམས་ལ་ལན་གསུམ་དུ་སྤོས་ཀྱིས་བདུག་པ་སོགས་ཀྱིས་མཆོད་ཅིང་བཀུར་སྟི་བྱེད་ཀྱིན་འདུག་གོ །

解 1：

完整翻译全文。

解 2：

佛牙精舍的注释见《大唐西域记校注》（下）881 页。

五、俯首佛像传说

佛牙精舍侧有小精舍，亦以众宝而为莹饰。中有金佛像，此国先王等身而铸，肉髻则贵宝饰焉。其后有盗伺欲窃取，而重门周槛，卫守清切。盗乃凿通孔道，入精舍而穴之，遂欲取宝，像渐高远。其盗既不果求，退而叹曰：“如来在昔修菩萨行，起广大心，发弘誓愿，上自身命，下至国城，悲愍四生，周给一切。今者如何遗像吝宝！静言于此，不明昔行。”像乃俯首而授宝焉。是盗得已，寻持货卖。人或见者，咸谓之曰：“此宝乃先王金佛像顶髻宝也，尔从何获，来此鬻卖？”遂擒以白王，王问所从得。盗曰：“佛自与我，我非盗也。”王以为不诚，命使观验，像犹俯首。王睹圣灵，信心淳固，不罪其人，重赎其宝，庄严像髻，重置顶焉。像因俯首，以至于今。

六、斋僧及采宝

王宫侧建大厨，日营万八千僧食。食时既至，僧徒持钵受馔，既得食已，各还其居。自佛教流被，建斯供养，子孙承统继业至今。十数年来，国中政乱，未有定王，乃废斯业。

国滨海隅，地产珍宝，王亲祠祭，神呈奇货。都人士子，往来求采，称其福报，所获不同。随得珠玑，赋税有科。

{༡ སྐུ་བརྙན་སྒུར་པའི་ལོ་རྒྱུས།}

མཆོད་རྟེན་གཙུག་ལག་ཁང་དང་བཅས་རིན་པོ་ཆེ་སྣ་ཚོགས་ཀྱིས་བརྒྱན་པ། ནང་དུ་གསེར་སྒྲུངས་ལས་གྲུབ་པའི་སྟོན་པའི་སྐུ་བརྙན་རྒྱལ་པོའི་སྐུ་ཚད་དང་མཉམ་པ་ལ་དབུའི་གཙུག་ཏོར་ལ་རིན་ཐང་མེད་པའི་རིན་པོ་ཆེས་བརྒྱན་པའོ། །ཇག་རྐུན་བསྲུང་ཕྱིར་སྐུ་བརྙན་ཙམ་གྱི་ཕྱི་རོལ་ན་ཕྱུ་ཤུས་བསྐོར་བ། ལན་ཅིག་རྐུན་མ་ཞིག་བྱུང་སྟེ་ནང་གི་ཁང་པའི་རྩིགས་པ་ཕུག་ཏེ་ཞུགས་ནས། ལག་པ་བརྐྱངས་ཏེ་ནོར་བུ་ལེན་པར་བརྩམ་པ་ན་ལག་པ་བརྐྱང་བས། རིན་པོ་ཆེ་ཇེ་རིང་དུ་སོང་སྟེ་ལག་པས་མ་རྙེབས་ནས། རྐུན་མས་སྟོན་པ་ཁྱོད་སྔོན་བྱང་ཆུབ་ཀྱི་སྤྱོད་པ་སྤྱོད་ན་སྦྱིན་པ་ཆེན་པོ་ཕངས་མེད་དུ་བཏང་། ས་གཞི་མཁར་རྫོང་རྟ་གླང་ནས་བཟུང་། བུ་དང་བུ་མོ་ཆུང་མ་བྲན་ཤ་ཁྲག་ལུས་སྲོག་གི་བར་གང་ལ་ཡང་ཕངས་པ་མི་མཛད་པར་དབུལ་ཕོངས་ལ་བཏང་ཞིང་། ད་ལྟ་མངོན་པར་རྫོགས་པར་སངས་རྒྱས་ནས་དམ་པའི་ཆོས་བསྟན་ཟག་པ་མེད་པའི་མྱ་ངན་ལས་འདས་པ་མངོན་དུ་མཛད་རྒྱལ་བའི་མཛད་པ་ཐམས་ཅད་རྫོགས་པར་མཛད་ནས། ཅིའི་ཕྱིར་གཟུགས་བརྙན་གྱི་རིན་པོ་ཆེ་ཞིག་ལ་འདི་བཞིན་གཅེས་པར་མཛད་ཅེས་འཁང་བས། རྟེན་སྐུ་བརྙན་དེ་སྒུར་ནས་རྐུན་མས་རིན་པོ་ཆེ་བླངས་ནས་ཕྱིར་ཐོན་ཏེ། རིན་པོ་ཆེ་དེ་བཙོང་བ་ན་འགའ་ཞིག་གིས་ངོ་ཤེས་སྟེ་བཟུང་ནས་རྒྱལ་པོའི་དྲུང་དུ་སྐྱེལ་ལོ། །རྒྱལ་པོས་རྒྱུ་མཚན་དྲིས་པས་རྐུན་མས་ཇི་བཞིན་པར་ཞུས་པས། རྒྱལ་པོས་སྐུ་བརྙན་ལ་བལྟས་པས་སྐུ་བརྙན་དེ་སྒུར་ཞིང་འདུག་པ་མཐོང་ནས་རྒྱལ་པོ་ཡིད་ཆེས་ནས་རྐུན་མ་དེ་ལས་རིན་དཔེ་མེད་པས་ཉོས་ཏེ། སླར་དབུའི་རྒྱན་དུ་ཕུལ་ལོ། །སྐུ་བརྙན་དེ་ད་ལྟར་ཡང་སྒུར་པོར་འདུག་གོ །སྟོན་པའི་བསྟན་པ་ཡུལ་འདིར་དར་བ་ནས་བཟུང་རྒྱལ་པོའི་བཞུགས་ཁང་དང་ཉེ་བར། ཇོ་ཁང་མང་པོར་ཉིན་བཞིན་དགེ་འདུན་ཁྲི་བརྒྱད་སྟོང་ཇོ་མགྲོན་དུ་པོས་ནས་གདུགས་ཚོད་འབུལ་བ། རྒྱལ་རབས་མང་པོར་མ་ཆད་པ་ཡོད་ཀྱང་། དེང་སང་ལོ་

བཅུ་ཐྲག་ཏུ་མར་རྒྱལ་སྲིད་འབྲུགས་སྐེ་རྒྱལ་པོ་ངེས་མེད་བྱུང་བས་སྔར་གྱི་སྲོལ་དེ་ཅི་མི་སྣམས་པས་རང་ཉུབ་ཏུ་སོང་ངོ་། །

解 1：

合并完整翻译全文。

解 2：

俯首佛像传说的注释见《大唐西域记校注》（下）883 页。

七、骏迦山与那罗稽罗洲

国东南隅有骏勒磴反。迦山，岩谷幽峻，神鬼游舍，在昔如来于此说《骏迦经》。旧曰《楞伽经》，讹也。

国南浮海数千里，至那罗稽罗洲。洲人卑小，长余三尺，人身鸟喙。既无谷稼，唯食椰子。

那罗稽罗洲西浮海数千里，孤岛东崖有石佛像，高百余尺，东面坐，以月爱珠为肉髻。月将回照，水即悬流，滂霈崖岭，临注溪壑。时有商侣，遭风飘浪，随波泛滥，遂至孤岛。海咸不可以饮，渴乏者久之，是时月十五日也。像顶流水，众皆获济。以为至诚所感，灵圣拯之，于即留停，遂经数日。每月隐高岩，其水不流。时商主曰："未必为济我曹而流水也。尝闻月爱珠，月光照即水流注耳。将非佛像顶上有此宝耶？"遂登崖而视之，乃以月爱珠为像肉髻。当见其人。说其始末。

国西浮海数千里，至大宝洲，无人居止，唯神栖宅。静夜遥望，光烛山水。商人往之者多矣，咸无所得。

自达罗毗荼国北，入林野中，历孤城，过小邑，凶人结党，作害羁旅，行二千余里，至荼建那补罗国。南印度境。

{རི་བོ་ལངྐ་དང་ན་ར་ཀི་རའི་གླིང་།}

ཡུལ་དེའི་ཤར་ལྷོའི་མཚམས་སུ་རི་བོ་ལངྐ་ཡོད་དོ། །དེ་ཤིན་ཏུ་འགྲོ་དཀའ་བ་སྲིན་པོའི་གནས་སྟེ(ཏེ)། འབྱུང་པོའི་ཁང་ཁྱིམ་དག་ཡོད་ཅིང་སྔོན་སྟོན་པས་གནས་འདིར་ལངྐར་གཤེགས་པའི་མདོ་

གསུངས་སོ། །༄ གྲོང་ཁྱེར་གྱི་ལྷོ་ཕྱོགས་ཕ་ཚའི་(བ་ཚ)རྒྱ་མཚོར་རྒྱང་གྲག་(གྲགས)སྟོང་ཕྲག་དུ་མ་ཕྱིན་པ་ན། ན་ར་ཀེ་རའི་གླིང་ངོ་། །དེའི་མི་རྣམས་ཆུང་ཞིང་ནག་པོ་ལུས་མཐོ་བ་རྣམས་ཁྲུ་གསུམ་ལས་མེད་པ་བྱ་མཆུ་ཅན་ལོ་ཏོག་འདེབས་པ་མེད་དོ། །ཤིང་འབྲས་ཟ་བ་བཟའ་ཤིང་དེ་དག་སྲིད་དུ་འདོམ་ཉི་ཤུ་ལྷག་མ་དེ་ལས་ཀྱང་མཐོ་བ་འབྲས་བུ་བཟང་ཟུང་མེ་ཏོག་ནི་ཆང་བཙོ་ཟུང་བའོ། །རྒྱ་མཚོའི་འགྲམ་གྱི་ཤར་དུ་གླིང་ཆུང་ཞིག་ཡོད་པར་[ཙྪ་ན་ཀ་ཡ]རྗོ་སྐུ་དཔངས་སུ་<PL.130>ཁྲི་བརྒྱ་ལྷག་ཞལ་ཤར་དུ་ཕྱོགས་ཏེ་བཞུགས་པའི་གཙུག་ཏོར་ནི་ཟླ་འོད་ད་ཞེས་བྱ་བའི་ནོར་བུ་རིན་པོ་ཆེ་དེར་ཕོག་སྟེ། དེའི་འོད་མདངས་རྒྱ་མཚོར་ཕོག་པས་རྒྱ་མཚོ་ཆེན་པོའི་ཐ་རླབས་ནོར་བུའི་ཁ་དོག་གིས་གཡེང་བ་འདྲ་བ་སྐབས་ཤིག་ན་ཚོང་པ་དག་གྲུར་ཞུགས་ནས་རླུང་གིས་བདས་ཤིང་གཡེང་བས་ཉིན་ཅིག་ཐམས་ཅད་རབ་ཏུ་སྐྲོམ་པས་གདུངས་བ་ལ། དེད་དཔོན་གྱིས་བསྐུལ་ནས་ཐམས་ཅད་སྟོད་ལག་ཏུ་ཐོགས་ལ་ཐུགས་རྗེ་ཆེན་པོ་ལ་སེམས་རྩེ་གཅིག་ཏུ་མགྲིན་གཅིག་ཏུ་གསོལ་བ་ཐོབ་ཅིག་ཟེར་བ་ལྟར་བྱས་པས། སྟོད་ཐམས་ཅད་ཆུ་གཙང་གིས་བྱུར་གྱིས་གང་བ་བྱུང་ཞིང་ཐམས་ཅད་ངོམས་སོ། །དེར་དེད་དཔོན་གྱིས་འཕགས་པའི་ཐུགས་རྗེའི་མཐུ་ཡིན་མོད་ཀྱང་། བདག་གིས་ཐོས་པར་རྗོ་སྐུ་འདིའི་གཙུག་ཏོར་ཟླ་འོད་ཞེས་བྱ་བའི་ནོར་བུས་བྱས་ཟེར། ནོར་བུ་ཟླ་འོད་དེ་ཟླ་འོད་ཀྱིས་ཕོག་པ་ན་ཆུ་རང་བབས་སུ་འབྱུང་ངོ་ཟེར། བདེན་རྫུན་བལྟ་དགོས་ཟེར་ནས་འཛེགས་ཏེ་བལྟས་པ་ན་དེ་ཁོ་ནར་འདུག་པས་ཡིད་ཆེས་སོ། །༄ གླིང་དེའི་ནུབ་ཕྱོགས་སུ་གྲུར་ཞུགས་ནས་རྒྱང་གྲག་(གྲགས)སྟོང་ཕྲག་དུ་མ་བརྒལ་བ་ན། རིན་པོ་ཆེའི་གླིང་ཆེན་པོ་ཞེས་བྱ་བ་ཡོད་དོ། །དེར་མིའི་སྐྱེ་བོ་ཆགས་པ་མེད་ཅིང་ལྷ་དང་དྲང་སྲོང་འབའ་ཞིག་གནས་ཟེར་རོ། །མཚན་མོ་རྒྱང་རིང་ནས་བལྟས་ཚེ་སྒྲོན་མེར་སྣང་བ་མང་བས་ཚོང་པ་དག་འགྲོ་བ་མང་ཡང་དེར་སླེབས་པ་ན་ཅི་ཡང་མེད་དོ་དེ་བརྒྱུད་དེ། ཉ་བི་ཏའི་ཡུལ་དུ་འགྲོ་བ་མང་ངོ་། །༄ དེ་ནས་སྐམ་སར་བབས་ཏེ་ནགས་དང་རི་ཆེག་སྐྱ་ཐོར་བུ་དང་ལྟོངས་མང་པོ་སྤྱིལ་མ་བརྒལ་བ་ན་ཧག་པ་ཁྲུར་ལོགས་པ་མང་བས་མི་ཤིན་ཏུ་མང་པོ་འགྲོགས། །

解 1：

完整翻译全文。

解 2：

骏迦山与那罗稽罗洲的注释见《大唐西域记校注》（下）885 页。

恭建那补罗国

茶建那补罗国周五千余里。国大都城周三十余里。土地膏腴，稼穑滋盛。气序温暑，风俗躁烈，形貌黧黑，情性犷暴。好学业，尚德艺。伽蓝百余所，僧徒万余人，大小二乘兼功综习。天祠数百，异道杂居。

{ཀོངྐ་ན་པུ་རིའི་ཡུལ།}

རྒྱང་གྲག་(གྲགས)ཉིས་སྟོང་ལྷག་སོང་བ་ན། ཀོངྐ་ན་པུ་རིའི་༢ ☆ [ཀོངྐུ་ན]ཡུལ་དེའི་ཐ་གྲུར་ལེ་བར་ལྔ་སྟོང་ལྷག །དཀྱིལ་མཁར་ཆེན་པོ་མཐའ་འཁོར་དུ་ལེ་བར་སུམ་ཅུ་ལྷག་ས་གཞི་གཤིན་ཅམ་ནམ་དབུགས་རྟོད་ཤས་ཆེ་བ་འབྲུ་རིགས་གང་ཡང་འདེབས་པ། མིའི་རང་བཞིན་ལུས་རགས་པ་རྩུབ་ལ་གཏུམ་པ་སྦྲོ་ཐུང་བ། ཡོན་ཏན་སློབ་པ་ལ་དགའ་ཞིང་ཡོན་ཏན་ཅན་བཀུར་བ། གཙུག་ལག་ཁང་བརྒྱ་ལྷག་པར་དགེ་འདུན་ཁྲི་ཚོ་ལྷག་བཞུགས་ཤིང་ཐེག་པ་ཆེ་ཆུང་མཉམ་པར་སྤྱོད་པ། མུ་སྟེགས་པའི་ལྷ་ཁང་ཡང་བརྒྱ་ཕྲག་དུ་མ་ཡོད་པར་ཕྱི་རོལ་པའི་ལྟ་བ་སྣ་ཚོགས་པ་མང་ངོ་འདྲེས་ཏེ་གནས་སོ། །

解 1：

（1）完整翻译全文。

（2）第一句是前一个故事的最后一句“行二千余里，至茶建那补罗国。南印度境”。小字没有翻译，因不影响全文的含义，故省略了。

（3）批注意为此国又叫“恭沽那”。

解 2：

恭建那补罗国　梵　Konkanapura（今印度安德拉邦境内）

一、王宫城附近诸遗迹

王宫城侧有大伽蓝，僧徒三百余人，寔唯俊彦也。其伽蓝大精舍高百余尺，中有一切义成太子宝冠，高减二尺，饰以宝珍，盛以宝函。每至斋日，出置高座，香花供养，时放光明。

城侧大伽蓝中有精舍，高五十余尺，中有刻檀慈氏菩萨像，高十余尺。或至斋日，神光照烛，是闻二百亿罗汉之所造也。

城北不远，有多罗树林，周三十余里。其叶长广，其色光润，诸国书写，莫不采用。林中有窣堵波，是过去四佛坐及经行遗迹之所，其侧则有闻二百亿罗汉遗身舍利窣堵波也。

城东不远，有窣堵波，基已倾陷。余高三丈。闻诸先志曰：此中有如来舍利。或至斋日，时烛灵光。在昔如来于此说法，现神通力，度诸群生。城西南不远，有窣堵波，高百余尺，无忧王之所建也，是闻二百亿罗汉于此现大神通，化度众生。傍有伽蓝，唯余基趾，是彼罗汉之所建也。

从此西北入大林野，猛兽暴害，群盗凶残。行二千四五百里，至摩诃剌侘国。南印度境。

{༡ རྒྱལ་པོའི་ཁང་ཁྱིམ་ནི་འཁོར་གྱི་རྗེས་ཤུལ།}

རྒྱལ་པོའི་ཁང་ཁྱིམ་གྱི་ཕྱོགས་སུ་མི་རིང་བར་གཙུག་ལག་ཁང་ཆེན་པོ་ཞིག་ལ་དགེ་འདུན་སུམ་བརྒྱ་ལྷག་བཞུགས་ཤིང་འདུལ་ཁྲིམས་ཤིན་ཏུ་དམ་པ་ཀུན་སྤྱོད་གཙང་བ་དག་གོ །དེར་གཙང་ཁང་ཆེན་པོ་རྒྱར་ཁྲུ་བརྒྱ་ལྷག་ཡོངས་པའི་ནང་དུ་རྒྱལ་བུ་དོན་ཐམས་ཅད་གྲུབ་པའི་ཐོག་ཞུ་ཁྲུ་དོ་ཙམ་གྱིས་མཐོ་བ་རིན་པོ་ཆེའི་ཟ་མ་ཏོག་ཏུ་བཞུགས་པ། ཟླ་ངོ་བཞིན་དུ་གསོ་སྦྱོང་གི་ཉིན་ཟ་མ་ཏོག་ནས་ཕྱུང་ཏེ་སྟན་ཁྲི་མཐོན་པོར་བཞུགས་སུ་གསོལ་ཏེ་ཕྱག་མཆོད་བསྐོར་བ་སོགས་བྱེད་ཅིང། དབུ་རྒྱན་ལས་ཀྱང་འོད་ཀྱི་ཕུང་པོ་འགྱེད་དོ། །གྲོང་ཁྱེར་གྱི་ཕྱོགས་སུ་གཙུག་ལག་ཁང་ཞིག་ཡོད་པར་གཙང་ཁང་ཁྲུ་ལྔ་བཅུ་ལྷག་པར་ཙནྡ་ལས་གྲུབ་པའི་རྗེ་བཙུན་བྱམས་པའི་འདྲ་སྐུ་ཁྲུ་བཅུ་ལྷག་གསོ་སྦྱོང་གི་དུས་བཟང་ལ་བྱིན་རླབས་ཀྱི་འོད་འཕྲོ་བ་ཞིག་གོ །དེ་ནི་གྲོ་བཞིན་སྐྱེས་ཛ་བ་བྱེ་བ་ཉི་ཤུ་རི་བས་<PL.131>བཞེངས་པ་ཡིན་ནོ། །གྲོང་ཁྱེར་གྱི་བྱང་ཕྱོགས་སུ་ཤིང་ཏ་ལའི་ནགས་གྲུར་རྒྱང་གྲག་(གྲགས)སུམ་ཅུ་ལྷག་ཡོད་དོ། །ཤིང་རྣམས་ཀྱི་ལོ་མ་རིང་ཞིང་མདངས་འཚེར་བ། ཡུལ་ཐམས་ཅད་ནས་གསུང་རབ་འབྲི་བ་ཐལ་ཆེ་བས་ནགས་འདི་ནས་ལོ་མ་ལེན་པ་མང་ངོ་། །ནགས་དེའི་ནང་ན་མཆོད་རྟེན་གཅིག་དང་འདས་སངས་གཤེགས་ཞུལ་གྱི་རིས་དང་། དེ་དང་མི་རིང་བར་མཆོད་རྟེན་ཞིག་ཡོད་པ་ནི་འཕགས་པ་གྲོ་བཞིན་སྐྱེས་ཀྱི་གདུང་བཞུགས་པའི་གནས་སོ། །གྲོང་ཁྱེར་གྱི་ཤར་ཕྱོགས་ན་མཆོད་རྟེན་ཞིག་ཡོད་པ་རྡངས་སྟིགས་

ཞིག་ཐལ་ཡང་ལྷག་ལུས་འདོམ་དྲུག་ལྷག་སྣང་ངོ། །འདིའི་ནང་དུ་སྟོན་པའི་རིང་བསྲེལ་བཞུགས་ཤིང་དུས་བཟང་ལ་ཉིན་མོ་འོད་དང་མཚན་མོ་སྒྲོན་མེ་འབར་བ་མཐོང་ངོ། །སྔོན་སྟོན་པས་འདིར་ཆོ་འཕྲུལ་ཆེན་པོ་བསྟན་པས་ལྷ་མི་དཔག་ཏུ་མེད་པ་བདེན་པ་ལ་བཀོད་པའི་གནས་སོ། །གྲོང་ཁྱེར་གྱི་ལྷོ་ངོས་སུ་མཆོད་རྟེན་ཞིག་ཡོད་པ་ནི་རྒྱལ་པོ་ཨ་ཤོ་ཀས་བཞེངས་པ་སྟེ། དགྲ་བཅོམ་པ་གྲོ་བཞིན་སྐྱེས་ཆོ་འཕྲུལ་བསྟན་ནས་འགྲོ་བ་མང་པོ་བཏུལ་བའི་གནས་སོ། །དེའི་ཡོགས་སུ་གཙུག་ལག་ཁང་ཧོག་པོ་ཞིག་ཡོད་པ་ནི། སྤྱོད་པ་པ་སུ་ར་ཏན་གྱིས་བཞེངས་ཤུལ་ཡིན་སྐད་དོ། །

解 1：

完整翻译全文。

解 2：

王宫附近诸遗迹的注释见《大唐西域记校注》（下）889 页。

摩诃剌侘国

摩诃剌侘国周六千余里。国大都城西临大河，周三十余里。土地沃壤，稼穑殷盛。气序温暑，风俗淳质。其形伟大，其性傲逸，有恩必报，有怨必复。人或陵辱，殉命以雠。窘急投分，忘身以济。将复怨也，必先告之。各被坚甲，然后争锋。临阵逐北，不杀已降。兵将失利，无所刑罚，赐之女服，感激自死。国养勇士，有数百人。每将决战，饮酒酣醉，一人摧锋，万夫挫锐。遇人肆害，国刑不加。每出游行，击鼓前导。复饲暴象，凡数百头，将欲阵战，亦先饮酒，群驰蹈践，前无坚敌。其王恃此人象，轻陵邻国。王，刹帝利种也，名补罗稽舍，谋猷弘远，仁慈广被。臣下事之，尽其忠矣。今戒日大王东征西伐，远宾迩肃，唯此国人独不臣伏。屡率五印度甲兵及募召诸国烈将，躬往讨伐，犹未克胜。其兵也如此，其俗也如彼。人知好学，邪正兼崇。伽蓝百余所，僧徒五千余人，大小二乘兼功综习。天祠百所，异道甚多。

{མ་ཧྲར་ཐའི་ཡུལ།}

དེ་ནས་ནུབ་བྱང་མཚམས་སུ་རི་ཆེན་པོ་དང་ནགས་སྟུག་པོ་དང་གཅན་གཟན་མ་རུངས་པ་དང་ཇག་རྐུན་གྱི་འཇིགས་པ་སོགས་ཁྱད་དུ་བསད་དེ། རྒྱང་གྲག་(གྲགས)ཉིས་སྟོང་ལྔག་ཕྱིན་པ་ན་མ་ཧྲར་ཐའི་༡☆[མ་ར་ཧ་ཊ་ཟེར]ཡུལ་ལོ། །དེའི་ཐ་གྲུར་རྒྱང་གྲག་(གྲགས)སུམ་ཅུ་ལྷག་པ། ནུབ་ཕྱོགས་ཆུ་ཆེན་པོ་ཞིག་ལ་གཞོལ་བས་གཞི་ཤིན་ཏུ་གཤིན་ཅིང་ནམ་དབུགས་དྲོ་ཞིང་ཚ་བ་འབྲུ་སྣ་ཚོགས་འདེབས་སོ། །མིའི་གཟུགས་ཕུང་ཆེ་ལ་རགས་པ་རང་བཞིན་ང་རྒྱལ་དྲེགས་པ་དང་ལྡན་པ། དྲིན་དང་ཁོན་གཉིས་ཀ་མི་བརྗེད་པ་སྤྲོ་ཐུང་བ། ཉེས་ཅན་ཆད་པས་གཅོད་ཅ་ན་བུད་མེད་ཀྱི་ཆས་གོས་སྤྲད་དེ་རང་ལྡེབས་སུ་འཇུག་གོ །དཔའ་རྩལ་ཆེ་ལ་དཔུང་སྟོབས་ཆེ་ཞིང་སྟོང་ཐུབ་བརྒྱ་ཐུབ་མང་ངོ་། །རྒྱལ་པོས་འདི་ལ་གདེངས་འཆའོ་ཉེ་འཁོར་གྱི་ཡུལ་རྒྱ་ཆེ་བ། རྒྱལ་རིགས་སློན་འབངས་ཐམས་ཅད་སེམས་མཐུན་པས། ཕྱིས་སུ་རྒྱལ་པོ་ཚུལ་ཁྲིམས་ཉི་མས་ཡུལ་ཕལ་ཆེར་མངའ་འོག་ཏུ་བཙུག་ཀྱང་། ཡུལ་འདིས་རང་ཚུགས་ཐུབ་པ་བྱས་སོ། །སློབ་གཉེར་ལ་དགའ་ཞིང་ཡང་དག་ལྟར་སྣང་གཉིས་ཀར་མཉམ་པར་བལྟ་བ། གཙུག་ལག་ཁང་བརྒྱ་ལྷག་ཡོད་པར་དགེ་འདུན་ཕྱེད་སྟོང་ཙམ་བཞུགས། ཐེག་པ་ཆེ་ཆུང་གཉིས་ལ་མཉམ་པར་སྦྱོང་ངོ་། །མུ་སྟེགས་པའི་ལྷ་ཁང་བརྒྱར་ཉེ་བ་ན་ཕྱི་རོལ་པ་རབ་ཏུ་མང་པོ་གནས་སོ། །

解 1：

（1）完整翻译全文。

（2）第一句是前一个故事的最后一句“行二千四五百里，至摩诃刺侘国。南印度境”。小字没有翻译，因不影响全文的含义，故省略了。

（3）批注意为此国又叫“玛热哈扎”。

解 2：

摩诃刺侘国　梵　Mahārāstra（今印度马哈拉施特拉邦）

一、附近诸迹

大城内外五窣堵波，并过去四佛坐及经行遗迹之所，无忧王建也。自余石砖诸窣堵波，其数甚多，难用备举。城南不远，有故伽蓝，中有观自在菩萨石像。灵鉴潜被，愿求多果。

{༡ གྲོང་ཁྱེར་ཉེ་འཁོར་གྱི་རྗེས་ཤུལ།}

གྲོང་ཁྱེར་གྱི་ཕྱི་ནང་གཉིས་སུ་འདས་སངས་བཞིའི་མཛད་ཤུལ་ཡོད་པའི་མཆོད་རྟེན་ཆེ་བ་ལྔ་ཚུང་བ་དཔག་ཏུ་མེད་པ་ཡོད་དེ་ཐམས་ཅད་རྒྱལ་པོ་ཨ་ཤོ་ཀས་བཞེངས་སོ། །གྲོང་ཁྱེར་ལྷོ་ཕྱོགས་ན་གཙུག་ལག་ཁང་རྙིང་པ་ཅིག་གི་ནང་དུ་སྤྱན་རས་གཟིགས་ཀྱི་རྗེ་སྐུ་བྱིན་རླབས་ཤིན་ཏུ་ཆེ་བ་གསོལ་བ་བཏབ་པའི་དོན་ཕལ་ཆེར་མངོན་གྱུར་དུ་གྲུབ་པ་ཆེས་མང་ངོ། །

解 1：

完整翻译全文。

解 2：

附近诸迹的注释见《大唐西域记校注》（下）894 页。

二、阿折罗伽蓝及石窟

国东境有大山，叠岭连障，重峦绝巘。爰有伽蓝，基于幽谷，高堂邃宇，疏崖枕峰；重阁层台，背岩而壑，阿折罗唐言所行。阿罗汉所建。罗汉西印度人也，其母既终，观生何趣，见于此国，受女人身。罗汉遂来至此，将欲导化，随机摄受，入里乞食，至母生家。女子持食来施，乳便流汁。亲属既见，以为不祥。罗汉说本因缘，女子便证圣果。罗汉感生育之恩，怀业缘之致，将酬厚德，建此伽蓝。

伽蓝大精舍，高百余尺。中有石佛像，高七十余尺，上有石盖七重，虚悬无缀，盖间相去各三尺余。闻诸先志曰：斯乃罗汉愿力之所持也。或曰神通之力，或曰药术之功。考厥实录，未详其致。精舍四周雕镂石壁，作如来在昔修菩萨行诸因地事。证圣果之祯祥，入寂灭之灵应，巨细无遗，备尽镌镂。伽蓝门外南北左右，各一石象。闻之土俗曰：此象时大声吼，地为震动。昔陈那菩萨多止此伽蓝。

自此西行千余里，渡耐秣陀河，至跋禄羯呫昌叶反。婆国。南印度境。

{༢ རྟུལ་བཞུགས་སྤྱོད་པས་བཞེངས་པའི་གཙུག་ལག་ཁང་།}

གྲོང་ཁྱེར་གྱི་ཤར་ཕྱོགས་ན་རི་ཆེན་པོ་སྲུལ་མང་ཞིང་རྩ་བ་ཡངས་པ། རྩེ་མོ་ན་རྡོ་བྲག་ཀྱང་བརྩེགས་མར་ཡོད་པ་ལ། <PL.132>གཙུག་ལག་ཁང་ཁང་བརྩེགས་དང་ལྡན་པ་རྟུལ་བཞུགས་སྤྱོད་པའི་ཡུལ་ཏུ་དགྲ་བཅོམ་པས་བཞེངས་པ་ཡོད་དོ། །དེའི་ལོ་རྒྱུས་ནི། རྒྱ་གར་ནུབ་ཕྱོགས་ཀྱི་དགྲ་བཅོམ་པ་རྟུལ་བཞུགས་པ་ཞེས་བྱ་བས། ཡུམ་ཚེ་ལས་འདས་པར་མཉམ་པར་བཞག་སྟེ་གཟིགས་པས་ཡུལ་དེར་བུད་མེད་ཞིག་ཏུ་སྐྱེས་པར་གཟིགས་སོ། །དེ་ནས་ཚོལ་གྱིན་སོང་ན་བུ་མོ་ཞིག་རྩེད་མོ་བྱེད་གྱིན་འདུག་སྐད། དེར་དགྲ་བཅོམ་པ་རྟུལ་བཞུགས་པས་ངོ་ཤེས་ཙམ་ན་ནུ་ཞོ་ནར་དེ་བྱུང་། དེར་དམངས་མ་རྣམས་ཀྱིས་ལྟས་ངན་པར་དོགས་པས་སྤྲུལ་སྐུ་རྟུལ་བཞུགས་པས་རྒྱུ་མཚན་བཤད་དེ་དོགས་པ་བསལ་བུ་མོ་བདེན་པ་མཐོང་ངོ་། །དེ་ནས་སྤྲུལ་སྐུ་རྟུལ་བཞུགས་པས་ཡུམ་གྱི་དྲིན་བསབས་པའི་ཕྱིར་གཙུག་ལག་ཁང་འདི་བཏབས་སོ། །དེར་གཙང་ཁང་དཔངས་སུ་ཁྲུ་བརྒྱ་ལྷག་ཡོད་པའི་ནང་དུ་སྐུ་འདྲ་ཆེ་བ་དཔངས་སུ་ཁྲུ་བདུན་ཅུ་ལྷག་ཡོད་པའི་སྟེང་དུ་རྡོའི་གདུགས་རིམ་པ་བདུན་ཡོད་པ་ཐམས་ཅད་བར་སྟོང་མ་འཕྱར་བར་སྣང་ངོ་། །འགའ་ཞིག་གིས་སྨོན་ལམ་གྱིས་སྟོབས་ཡིན། ལ་ལས་རྫུ་འཕྲུལ་ཐབས་ཀྱི་སྟོབས་ཡིན་ཟེར། ལ་ལས་རྫས་ཀྱིས་སྟོབས་ཟེར། མཐར་ཁ་ཚོན་མ་ཆད་པར་ལུས་སོ། །དེའི་རྩིགས་ལོགས་སུ་སྟོན་པའི་རྣམ་ཐར་རྡོ་ལ་བརྐོས་པ་སྣང་ཞིང་། མིའི་བཟོ་བོས་བསྐྲུན་དུ་མེད་པ་ཕལ་ཆེར་སྟོན་པའི་སྨོན་ལམ་གྱི་མཐུ་ལས་རང་བྱོན་དུ་བྱུང་ཟེར་རོ། །དེའི་སྒོའི་ཕྱི་རོལ་ན་ལོགས་རེ་ལ་རྡོའི་གླང་པོ་ཆེ་རེ་ཡོད་པ་དེ་གཉིས་རྒྱ་ནག་གི་ཡུལ་ནས་བྱང་ཆུབ་སེམས་དཔའ་གནས་སྐོར་དུ་བྱོན་དུས་སྐད་ཆེན་པོ་གྲགས་ཤིང་ས་གཡོས་པ་དང་མཉམ་དུ་བྱུང་ཟེར་རོ། །ལན་ཅིག་གླང་ཆེན་གཉིས་ནུབ་ཕྱོགས་སུ་རྒྱང་གྲགས་ཉིས་སྟོང་དུ་སོང་ནས་ཆུ་ཀླུང་ནྭ་མ་ཏ་བརྒལ་ཏེ། ཧྭ་ཏྶ་ཏ་ཊ་༦ ☆ པའི་ཡུལ་དུ་སླེབས་ནས་སླར་ལོག་པ་ཡིན་ཟེར་རོ། །

解 1：

完整翻译全文。

解 2：

阿折罗伽蓝及石窟的注释见《大唐西域记校注》(下) 896 页。

跋禄羯呫婆国

跋禄羯呫婆国周二千四五百里。国大都城周二十余里。土地咸卤，草木稀疏，煮海为盐，利海为业。气序暑热，回风飙起。土俗浇薄，人性诡诈，不知学艺，邪正兼信。伽蓝十余所，僧徒三百余人，习学大乘上座部法。天祠十余所，异道杂居。

从此西北行二千余里，至摩腊婆国。即南罗国，南印度境。

{བྷཱ་རུ་ཀ་ཙ་བའི་ཡུལ།}

ཡུལ་བྷཱ་རུ་ཀ་ཙ་བ་[བྷཱ་རོ་ཙ]དེའི་ཐ་གྲུར་རྒྱང་གྲག་(གྲགས)ཉིས་སྟོང་དང་བརྒྱ་ཕྲག་བཞི་ལྔ་ཙམ། དབུས་ཀྱི་མཁར་ཆེན་པོར་ཡུག་ཏུ་རྒྱང་གྲག་(གྲགས)ཉི་ཤུ་ས་གཞི་ཚྭ་སྐྱ་ཅན་རྩ་ཤིང་དཀོན་པ་དང་། འབྲུ་རིགས་དཀོན་པས་སོ་ཆོས་ནི་ཚའི་རིགས་ལ་བརྟེན་པ་ཚ་ཞིང་གཤེར་བ་མིའི་རང་བཞིན་སྙིང་བརྡར་ལ་བརྩོན་ཆེ་ཞིང་ཐབས་ཟབ་ས་ལ་གྱ་གྱུ་ཅན་བསླབ་པ་ལ་མི་མོས་ཤིང་ཕྱི་ནང་གཉིས་ཀ་ལ་བཏང་སྙོམས་སུ་བཀུར་བ། གཙུག་ལག་ཁང་བཅུ་ལ་དགེ་འདུན་སུམ་བརྒྱ་ལྷག་ཐེག་ཆེན་སྐྱོད་པ་གནས་བརྟན་སྡེ་པའོ། །ལྷ་སྟེགས་པའི་ལྷ་ཁང་བཅུ་ལྷག་པར་ཕྱི་པ་རིགས་སྣ་ཚོགས་འདྲེས་མར་གནས་སོ། །

解 1：

（1）完整翻译全文。

（2）第一句是前一个故事的最后一句“自此西行千余里，渡耐秣陀河，至跋禄羯呫昌叶反。婆国。南印度境”。小字没有翻译，因不影响全文的含义，故省略了。

（3）批注意为此国又叫“跋禄呫”。

解 2：

跋禄羯呫婆国 梵 Bhārukaccha（今印度西部布罗奇古海港）

摩腊婆国

摩腊婆国周六千余里。国大都城周三十余里，据莫醯河东南。土地膏腴，稼穑殷盛。草木荣茂，花果繁实。特宜宿麦，多食饼麦。人性善顺，大抵聪敏，言辞雅亮，学艺优深。五印度境，两国重学，西南摩腊婆国，东北摩揭陀国，贵德尚仁，明敏强学。而此国也，邪正杂信。伽蓝数百所，僧徒二万余人，习学小乘正量部法，天祠数百，异道寔众，多是涂灰之侣也。

{མ་ར་བའི་ཡུལ།}

དེ་ནས་ནུབ་བྱང་མཚམས་སུ་རྒྱང་གྲག་(གྲགས)ཉིས་སྟོང་གི་སར་ཕྱིན་པ་ན་མ་ར་བའི་༥ ☆ ཡུལ་ལོ། །དེའི་ཐ་གྲུར་རྒྱང་གྲག་(གྲགས)དྲུག་སྟོང་ལྷག །དཀྱིལ་མཁར་ཆེ་བ་ཁོར་ཡུག་ཏུ་རྒྱང་གྲགས་སུམ་ཅུ་ལྷག་མོ་ཏ་ཞེས་བྱ་བའི་ཆུ་ཀླུང་ཆེན་པོ་ལ་རྒྱབ་བརྟེན་པ། ས་གཤིན་པས་འབྲུ་གང་ཡང་འདེབས་པ། ཟླ་རེ་ལ་འབྲུ་གསར་རེ་མོས་སུ་བཟོ་བ། རྩྭ་ཤིང་ཐམས་ཅད་ཕུན་སུམ་ཚོགས་པ། ཁྱད་པར་གྱི་འཕེལ་ཆེ་བས་འཕྲུར་བ་དང་གྲོ་ཡོས་ཟ་བ། མིའི་རང་བཞིན་གཡུང་བ་དག་སྐད་བསླབ་པ་ལ་དགའ་ཞིང་རྒྱ་གར་ཕྱོགས་ལྔའི་ནང་ན་སློབ་གཉེར་གཙོ་བོར་གྱུར་བའི་ཡུལ་ནི། ལྷོ་ནུབ་མ་ར་བ་དང་བྱང་ཤར་མཾ་ཐྲ་ཏ་པ་གཉིས་སོ། །ཕྱི་ནང་གཉིས་ཀར་མོས་པ་མཉམ་ཞིང་རྒྱལ་པོ་ནི་ནང་པ་ཁོ་ནར་མོས་སོ། །ནང་པའི་<PL.133>གཙུག་ལག་ཁང་བརྒྱ་ཕྲག་ཏུ་མ་ཡོད་པར་དགེ་འདུན་ཉིས་ཁྲི་ལྷག་བཞུགས་པ་ཐེག་དམན་པ་སྡོད་པ་གནས་བརྟན་སྡེ་པའོ། །མུ་སྟེགས་པའི་ལྷ་ཁང་ཡང་བརྒྱ་ཕྲག་མང་པོ་ཡོད་པར་ཕྱི་རོལ་པ་མང་པོ་གནས་ཤིང་ཚང་མ་གཅེར་བུ་ཐལ་བ་བྱུགས་མཁན་ནོ། །

解 1:

（1）完整翻译全文。

（2）第一句是前一个故事的最后一句“从此西北行二千余里，至摩腊婆国。即南罗国，南印度境”。小字没有翻译，因不影响全文的含义，故省略了。

解 2:

摩腊婆国　梵　Mālava（今印度古吉拉特邦境内）

一、戒日王遗事

国志曰：六十年前，王号尸罗阿迭多，唐言戒日。机慧高明，才学赡敏，爱育四生，敬崇三宝。始自诞灵，洎乎没齿，貌无瞋色，手不害生。象马饮水，漉而后饲，恐伤水性也。其仁慈如此。在位五十余年，野兽狎人。举国黎庶，咸不杀害。居宫之侧，建立精舍，穷诸工巧，备尽庄严，中作七佛世尊之像。每岁恒设无遮大会，招集四方僧徒，修施四事供养，或以三衣道具，或以七宝珍奇。奕世相承，美业无替。

{༡ རྒྱལ་པོ་ཚུལ་ཁྲིམས་ཉི་མའི་རྗེས་ཤུལ།}

རྒྱལ་གྲུར་གྱི་ཐེམ་ཡིག་ལས། ལོ་དྲུག་ཅུའི་སྔོན་རོལ་ན་རྒྱལ་པོ་ཤཱི་ལ་ཧི་ཏྱ་སྟེ་ཚུལ་ཁྲིམས་ཉི་མ་ཞེས་བྱ་བ་དཀོན་མཆོག་ལ་དད་ཅིང་ཤེས་རབ་དང་སྙིང་རྗེ་ཆེ་བ་དོན་ལེགས་ཉེས་དབྱེ་མཁས་པའི་དུས་ནས་བཟུང་ཚེམས་ལྷུང་ཟིན་པའི་ཞལ་ལ་རྒས་པའི་ཉམས་ཀྱི་རྣམ་འགྱུར་མི་མངའ་བ་སྟེ་ལག་པས་སེམས་ཅན་གྱི་སྲོག་མི་གཅོད་པ་དང་ཧ་སྒང་སོགས་ལ་ཆུ་ལྷུད་པའི་སྐབས་སུ་ཆུས་གནོད་ཀྱིས་དོགས་ནས་ཧ་ཅང་འཕྲང་དུ་མི་འཇུག་གོ། དེའི་དུས་སུ་དམག་འབངས་ཐམས་ཅད་ཀྱིས་སྲོག་གཅོད་སྤངས་སོ་ཞེས་ཐོས་སྣང་ངོ་། །དེ་ཉིད་ཀྱི་རིགས་ལ་རྒྱལ་པོའི་ཁྲིམ་དང་ཉེ་བར་གཙང་ཁང་ཞིག་ལ་བཟོ་བོ་མཁས་པ་ཞིག་གིས་བཀོས་པའི་རྒྱན་གྱི་ཁྲོད་ན། འདས་སངས་བདུན་གྱི་སྐུ་བརྙན་ཡོད་པ་དེར་ལོ་སྐར་གྱིས་ཆོས་འཁོར་མཛད་ཅིང་། རིས་མེད་ཀྱི་ཕྱོགས་བཞིའི་དགེ་འདུན་ཐམས་ཅད་ལ་ཆོས་གོས་གསུམ་སོགས་ཉེ་བའི་ཡོ་བྱད་དང་རིན་པོ་ཆེ་སྣ་བདུན་གྱི་བར་སྦྱིན་པ་འགྱེད་བཞིན་པར་རྒྱལ་ཁྲིར་ལོ་ལྔ་བཅུ་བཞུགས་སོ་དེས་བཙུགས་པའི་སྲོལ་ད་བར་མ་ནུབ་ཙམ་གནས་སོ། །

解 1：

完整翻译全文。

解 2：

戒日王遗事的注释见《大唐西域记校注》（下）896 页。

二、贤爱破邪论故事

大城西北二十余里，至婆罗门邑，傍有陷坑，秋夏淫滞，弥淹旬日，虽纳众流，而无积水。其傍又建小窣堵波。闻诸先志曰：昔者大慢婆罗门生身陷入地狱之处。昔此邑中有婆罗门，生知博物，学冠时彦。内外典籍，究极幽微，历数玄文，若视诸掌。风范清高，令问遐被。王甚珍敬，国人宗重，门人千数，味道钦风。每而言曰："吾为世出，述圣导凡。先贤后哲，无与我比。彼大自在天、婆薮天、那罗延天、佛世尊者，人皆风靡，祖述其道，莫不图形，竞修袛敬。我今德踰于彼，名擅于时，不有所异，其何以显?”遂用赤栴檀刻作大自在天、婆薮天、那罗延天、佛世尊等像，为座四足，凡有所至，负以自随，其慢傲也如此。时西印度有苾刍跋陀罗缕支，唐言贤爱。妙极因明，深穷异论，道风淳粹，戒香郁烈，少欲知足，无求于物，闻而叹曰:“惜哉，时无人矣!令彼愚夫，敢行凶德。”于是荷锡远游，来至此国，以其宿心，具白于王。王见弊服，心未之敬，然高其志，强为之礼。遂设论座，告婆罗门。婆罗门闻而笑曰:“彼何人斯，敢怀此志?”命其徒属，来就论场，数百千众，前后侍听。贤爱服弊故衣，敷草而坐。彼婆罗门踞所持座，非斥正法，敷述邪宗。苾刍清辩若流，循环往复。婆罗门久而谢屈。王乃谓曰:“久滥虚名，罔上惑众，先典有记，论负当戮。”欲以炉铁，令其坐上。婆罗门窘迫，乃归命求救。贤爱愍之，乃请王曰:“大王仁化远洽，颂声载途，当布慈育，勿行残酷，恕其不逮，唯所去就。”王令乘驴巡告城邑。婆罗门耻其戮辱，发愤欧血。苾刍闻已，往慰之曰:“尔学苞内外，声闻遐迩，荣辱之事，进退当明。夫名者何实乎?”婆罗门愤恚，深詈苾刍，谤毁大乘，轻蔑先圣。言声未静，地便拆裂，生身坠陷，遗迹斯在。

自此西南入海交，西北行二千四五百里，至阿吒厘国。南印度境。

{༢ བྲམ་ཟེ་ང་རྒྱལ་ཆེན་པོའི་ལོ་རྒྱུས།}

གྲོང་ཁྱེར་གྱི་ནུབ་བྱང་ཕྱོགས་སུ་རྒྱང་གྲག་(གྲགས)ཉི་ཤུའི་སར་བྲམ་ཟེའི་ལྟོངས་ཞེས་བྱ་བ་དང་མི་རིང་བར་ས་གཤོང་སྐམ་པོ་ཆེ་བ་རྫོའི་མཆོད་རྟེན་ཆུང་བ་བཅས་ཡོད་པ་ནི་བྲམ་ཟེའི་ང་རྒྱལ་ཆེན་པོ་གསོན་པོར་ན་ར་ཀ་ཏུ་ལྷུང་བའི་ས་འོ། །དེའི་ལོ་རྒྱུས་ནི། སྔོན་ལྟོངས་དེ་ན་བྲམ་ཟེ་རྒྱལ་ཆེན་པོ་ཞེས་བྱ་བ་མང་དུ་ཐོས་པ་རིག་པ་བགྲ་བ་རིག་གནས་ཐམས་ཅད་དང་ཕྱི་ནང་གི་གྲུབ་མཐའ་མ་ལུས་པ་ལ་མཁས་པ་རྒྱལ་པོས་བཀུར་བ་ཅིག་ཡོད་དོ། །དེ་དུས་གཅིག་ན་བདག་ནི་མཁས་པའི་མཐར་སོན་ཏེ་དུས་གསུམ་ན་འགྲན་ཟླ་མ་མཆིས་པ་ཞིག་ཡིན་པས། སྔོན་ཆད་མ་གྲགས་པའི་མངོན་མཚན་ཅན་ཞིག་མ་བྱས་ན་སྐྱེ་བོ་ཕྱི་རབས་པ་དག་གིས་གང་ཟག་དཀྲུས་མར་བཟུང་ན་ཇི་ལྟར་ཉུང་སྙམ་ཏེ། ཙན་དན་ལས་ཁྲི་མཐོ་ཞིང་ཡངས་པའི་ཁྲི་རྐང་བཞི་ལ་ལྷ་དབང་ཕྱུག་ཆེན་པོ་དང་། ནོར་བདག་དང་། ཁྱབ་འཇུག་དང་། བདག་ཅག་གི་སྟོན་པའི་སྐུ་བརྙན་སྟེ་བཞིས་གདུང་འདེགས་པའི་རྣམ་པ་བཀོས་ནས། དེའི་སྟེང་དུ་རང་ཉིད་

བསྟོད་དེ་གང་སུ་དག་འདྲི་བ་དང་རྩོལ་པར་འདོད་པ་དག་ཅི་དགར་ཤོག་ཅིག་ཅེས་བསྒྲགས་ཀྱང་། ཕྱི་ནང་གཉིས་ཀའི་ཕྱོགས་ནས་སྐྱེ་བོ་གཅིག་ཀྱང་མ་བྱུང་ངོ་། །ལན་ཅིག་རྒྱ་གར་ནུབ་ཕྱོགས་ཀྱི་པཎྜི་ཏ་བྷ་དྲ་རུ་ཙི་ས་ཏེ་བཟང་པོའི་འོད་ཟེར་ཞེས་བྱ་བ་གྲུབ་མཐའ་རིག་གནས་སྤྱི་དང་། ཁྱད་པར་དུ་ཚད་མ་རིག་པ་ལ་རྩལ་ཐོན་འདུལ་སྤྱོད་ཤིན་ཏུ་གཙང་བ་ཕྱོན་ཏེ། རྒྱལ་པོ་ལ་མཇལ་བར་ཞུས་པས་གནང་ཡང་། གནས་སྐོར་མཛད་པས་གོས་ཧྲུལ་གྱོན་ཡོད་པས་རྒྱལ་པོས་དེ་ཙམ་གྱི་དགྲེས་ཚོར་མ་གནང་ངོ་། །དེ་ནས་བྲམ་ཟེ་ང་རྒྱལ་ཆེན་པོ་དང་ཡུད་ཙམ་ཞིག་བགྲོ་གླེང་འདོད་ཞུས་པས་གནང་སྟེ་གླེང་གྲལ་དུ་ཕེབས་པ་ན། རྒྱལ་པོ་དང་བྲམ་ཟེས་རང་རང་གི་ཁྲི་མཐོན་པོར་བསྡད་པཎྜི་ཏ་དམའ་སར་རྩྭ་གདན་ལ་བཞག་གོ །དེ་ནས་བྲམ་ཟེའི་སློབ་མ་ཡང་སློབ་བཅས་སྐྱེ་བོ་བརྒྱ་སྟོང་ཁྲི་ཕྲག་མང་པོའི་ནང་དུ་བརྩད་པས་སློབ་དཔོན་རྒྱལ་པོ། །བྲམ་ཟེས་ནོངས་པ་ཁུར་སྟེ་བཟོད་<PL.134>པར་གསོལ་ཞིང་རང་གི་ཁྲི་ལ་སློབ་དཔོན་བཞུགས་པར་གསོལ་ཀྱང་། སློབ་དཔོན་གྱིས་སྤྱིར་དགེ་སློང་ཁྲི་སྟན་ཆེས་མཐོ་ལ་འཛེམས། ཕྱི་ཐག་ཏུ་ཁྲི་འདི་སྟོན་ཆད་མཐོང་ཐོས་མ་སྤྱོད་བས་བག་ཚ་གསུངས་ཏེ་མ་གནང་། རྒྱལ་པོས་རྒྱལ་ཕམ་གྱི་དབྱེ་འབྱེད་དགོས་ཟེར་ཏེ་བྲམ་ཟེ་ཆད་པས་བཅད་ཅིང་གསོད་པར་བརྩམས་པ་ན། བྲམ་ཟེས་ཞེ་སྡང་ལངས་ནས་བཙུན་པ་དང་ཆོས་དང་རྒྱལ་པོ་བཅས་ལ་ཞེ་བསྐུར་མི་བཟད་པ་བཏབ་པས་ཁྲག་སྐྱུགས་ཏེ། དེར་ས་གས་ནས་གསོན་པོར་དམྱལ་བར་ལྷུང་ངོ་། །

解 1：

完整翻译全文。

解 2：

贤爱破邪论故事的注释见《大唐西域记校注》（下）906 页。

阿吒厘国

阿吒厘国周六千余里。国大都城周二十余里。居人殷盛，珍宝盈积。稼穑虽备，兴贩为业。土地沙卤，花果稀少。出胡椒树，树叶若蜀椒也。出熏陆香树，树叶若棠梨也。气序热，多风埃。人性浇薄，贵财贱德。文字语言，仪形法则，大同摩腊婆国。多不信福，纵有信者，宗事天神。祠馆十余所，异道杂居。

从摩腊婆国西北行三日，至契吒国。南印度境。

{ཨ་ཊ་རིའི་ཡུལ།}

དེའི་ལྷོ་ནུབ་ཏུ་སྨར་རྒྱ་མཚོ་ལ་ཞུགས་ཏེ་རྒྱང་གྲག་(གྲགས)ཉིས་སྟོང་དང་བརྒྱ་ཕྲག་བཞི་ལྔའི་སར་ཕྱིན་པ་ན་ཨ་ཊ་རིའི་༨ ☆ [འགྲོ་ལྡིང་གླིང་]ཡུལ་ལོ། །དེའི་ཐ་གྲུར་རྒྱང་གྲག་(གྲགས)དྲུག་སྟོང་ལྷག །གཞུང་མཁར་ཆེན་པོའི་ཁོར་ཡུག་ཏུ་རྒྱང་གྲག་(གྲགས)ཉི་ཤུ་ལྷག་པ་མི་ཁྱིམ་གྱིས་གཏམས་པ། རིན་པོ་ཆེ་སྣ་ཚོགས་འབྱུང་ཞིང་འདུ་བ་འབྲུ་རིགས་ཡོད་ཀྱང་སོ་ཚིས་ཉོ་ཚོང་ལ་བརྟེན་པ། ཤིང་ཏོག་དང་མེ་ཏོག་ཤིན་ཏུ་དཀོན་ས་གཞི་ཚྭ་སྒོ་ཅན་ཡིན་ཀྱང་ཕོ་བ་རིའི་ཤིང་མང་བ་ནི་ཟི་ཚྭན་གྱི་གཡེར་མའི་ཤིང་མང་བ་ལྟ་བུ། མིའི་རང་བཞིན་ཡང་བ་ཕྱི་རོལ་པ་ལ་མོས་པ་ལྷ་ཁང་བཅུ་ལྷག་ལ་མུ་སྟེགས་བྱེད་རིགས་སྣ་ཚོགས་པ་མང་པོ་འདྲེས་སྡེ་གནས་སོ། །

解 1:

（1）完整翻译全文。

（2）第一句是前一个故事的最后一句“自此西南入海交，西北行二千四五百里，至阿咤厘国。南印度境”。小字没有翻译，因不影响全文的含义，故省略了。

（3）批注意为“飞来洲”。

解 2:

阿咤厘国　梵　Atali（今印度古吉拉特邦境内）

契咤国

契咤国周三千余里。国大都城周二十余里。人户殷盛，家室富饶。无大君长，役属摩腊婆国。风土物产，遂同其俗。伽蓝十余所，僧徒千余人，大小二乘兼功习学。天祠数十，外道众多。

从此北行千余里，至伐腊毘国。即比罗罗国，南印度境。

{ཁི་ཐའི་ཡུལ།}

མ་ར་པའི་ཡུལ་ནས་ནུབ་བྱང་དུ་རྒྱང་གྲག་(གྲགས)སུམ་བརྒྱ་ཙམ་སོང་བ་ན་ཁི་ཐའི་༧ ☆ ཡུལ་

ལོ། །དེའི་ཐ་གྲུར་རྒྱང་གྲག་(གྲགས)སུམ་སྟོང་ཙམ་ལྔེ་བའི་མཁར་ཆེན་པོ་ནི་ཁོར་ཡུག་ཏུ་རྒྱང་གྲག་(གྲགས)ཉི་ཤུ་ཙམ་ཁྱིམ་མང་ཞིང་ཕལ་ཆེར་ལོངས་སྤྱོད་ཆེ། [མྣ་རུ་ལྷ་]རང་ཚུགས་ཐུབ་པའི་དཔོན་མེད་པས་མ་ར་པའི་ལུང་ནོར་ཅིང་ཉན་པ། ས་གཞི་དང་ནམ་དབུགས་དང་མིའི་རང་བཞིན་སོགས་གང་ཅི་མ་ར་པ་དང་མཐུན་ནོ། །གཙུག་ལག་ཁང་བཅུ་ལྷག་ཙམ་ལ་དགེ་འདུན་ཆིག་སྟོང་ལྷག་ཐེག་པ་ཆེ་ཆུང་མཉམ་པོར་སྤྱོད་པ་བཞུགས་སོ། །མུ་སྟེགས་པའི་ལྷ་ཁང་བཅུ་ཕྲག་དུ་མར་ཕྱི་རོལ་པ་མང་ཙམ་གནས་སོ། །

解 1：

（1）完整翻译全文。

（2）第一句是前一个故事的最后一句“从摩腊婆国西北行三日，至契吒国。南印度境”。小字没有翻译，因不影响全文的含义，故省略了。

（3）批注意为都城叫“玛禄拉”。

解 2：

契吒国　梵　Kita（今印度古吉拉特邦境内）

伐腊毘国

伐腊毘国周六千余里。国大都城周三十余里。土地所产，气序所宜，风俗人性，同摩腊婆国。居人殷盛，家室富饶，积财百亿者，乃有百余室矣。远方奇货，多聚其国。伽蓝百余所，僧徒六千余人，多学小乘正量部法。天祠数百，异道寔多。

{ཛྷ་ར་བའི་ཡུལ།}

དེ་ནས་བྱང་དུ་རྒྱང་གྲག་(གྲགས)སྟོང་ལྷག་ཕྱིན་པ་ན། ཛྷ་ར་བའི་༼ ☆ [བི་ཕ་ལྷ]ཡུལ་ལོ། །དེའི་ཐ་གྲུར་རྒྱང་གྲག་(གྲགས་)དྲུག་སྟོང་ལྷག་དང་། དབུས་ཀྱི་མཁར་ཆེན་པོ་ཁོར་ཡུག་ཏུ་རྒྱང་གྲག་(གྲགས)སུམ་ཅུ་ལྷག་དང་། ས་གཞི་ནམ་དབུགས་མིའི་རང་བཞིན་སོགས་ནི་མ་ར་པ་དང་མཚུངས་ཤིང་། ཡུལ་ཐག་རིང་གི་སྤྱད་པ་ངོ་མཚར་བ་དག་འདུ་བ་ཤིན་ཏུ་མྱུག་ཅིང་ལོངས་སྤྱོད་ཆེ་བའི་ཁྱིམ་བརྒྱ་ཕྲག་གཅིག་རྒྱལ་བ། གཙུག་ལག་ཁང་བརྒྱ་ལྷག་ལ་དགེ་འདུན་དྲུག་སྟོང་བཞུགས་པ་ཐམས་ཅད་ཐེག་དམན་སྤྱོད་པ་གནས་

བརྟན་པའི་སྡེ་པའོ། །ལྷུ་སྟེགས་པའི་ལྷ་ཁང་ཡང་བརྒྱ་ཕྲག་དུ་མ་ཕྱི་རོལ་པ་ཞིན་ཏུ་མང་བ་གནས་སོ། །

解 1:

（1）完整翻译全文。

（2）第一句是前一个故事的最后一句“从此北行千余里，至伐腊毗国。即比罗罗国，南印度境”。小字没有翻译，因不影响全文的含义，故省略了。

（3）批注意为此国又叫“比瓦拉”。

解 2:

伐腊毗国 梵 Valabhi（今印度古吉拉特邦境内）

一、附近遗迹

如来在世，屡游此国，故无忧王于佛所止，皆树旌表，建窣堵波。过去三佛坐及经行说法之处，遗迹相间。

二、常叡王崇佛

今王，刹帝利种也，即昔摩腊婆国尸罗阿迭多王之侄、今羯若鞠阇国尸罗阿迭多王之子婿，号杜鲁婆跋咤，唐言常叡。情性躁急，智谋浅近。然而淳信三宝，岁设大会七日，以殊珍上味，供养僧众。三衣医药之价，七宝奇贵之珍，既以总施，倍价酬赎。贵德尚贤，遵道重学。远方高僧，特加礼敬。

三、阿折罗伽蓝

去城不远，有大伽蓝，阿折罗阿罗汉之所建立，德慧、坚慧菩萨之所游止，于中制论，并盛流布。

自此西北行七百余里至阿难陀补罗国。西印度境。

{དེའི་རྒྱུད་ཀྱི་རྗེས་ཤུལ།}

རྒྱལ་པོ་ཨ་ཤོ་ཀས་སྟོན་པའི་གཤེགས་བཅག་མཛད་པའི་གནས་ཡིན་ཚོ་ཅོག་ལ་རྟགས་མཚན་གྱི་

མཆོད་རྟེན་ཆེས་མང་བ་བཞེངས་པ་དག་དང་། འདས་སངས་བཞི་ཀའི་བཞུགས་ཁྲི་དང་མཛད་སྤྱལ་སོགས་ཆེས་མང་ངོ་། །ད་ལྟར་གྱི་རྒྱལ་པོ་ནི་རྒྱལ་རིགས་མ་ར་བའི་ཡུལ་གྱི་རྒྱལ་པོ་ཚུལ་ཉིའི་ཚ་བོའོ། །

解 1:

三个故事合并翻译大意。

解 2:

附近遗迹的注释见《大唐西域记校注》(下) 914 页。

阿难陀补罗国

阿难陀补罗国周二千余里。国大都城周二十余里。人户殷盛，家室富饶。无大君长，役属摩腊婆国。土宜气序，文字法则，遂亦同焉。伽蓝十余所，僧徒减千人，习学小乘正量部法。天祠数十，异道杂居。

从伐腊毘国西行五百余里，至苏刺侘国。西印度境。

{ཨ་ནནྡ་བུ་རའི་ཡུལ།}

དེ་ནས་ནུབ་བྱང་དུ་རྒྱང་གྲག་(གྲགས)བདུན་བརྒྱ་ཙམ་ཕྱིན་པ་ན་ཨ་ནནྡ་བུ་རའི་༼ ☆ཡུལ་ལོ། །དེའི་ཁ་གྲུར་རྒྱང་གྲག་(གྲགས་)ཉིས་སྟོང་ལྷག་དཀྱིལ་གྱི་མཁར་ཆེན་པོའི་རྒྱ་ཁྱོན་རྒྱང་གྲག་(གྲགས)ཉི་ཤུ་ཙམ་མི་ཁྱིམ་གྱིས་གཏམས་ཤིང་། ཕལ་ཆེར་ལོངས་སྤྱོད་ཆེ་བ་རང་ཚུགས་ཐུབ་པའི་རྒྱལ་དཔོན་མེད་པས་མ་ར་པའི་མངའ་འོག་ཏུ་འདུའོ། །ས་གཞི་ནམ་དབྱུགས་དངོས་པོ་མིའི་རང་བཞིན་སྐད་རིགས་ཡི་གེ་<PL.135>སོགས་གང་ཅི་མ་ར་བ་དང་མཚུངས་སོ། །གཙུག་ལག་ཁང་བཅུ་ལྷག་ཙམ་ལ་དགེ་འདུན་སྟོང་ལོངས་པ་གནས་བརྟན་སྡེ་པ་ཐེག་དམན་པ་ཁོ་ནའོ། །མུ་སྟེགས་པའི་ལྷ་ཁང་བཅུ་ཕྲག་དུ་མ་ཕྱི་པ་སྣ་ཚོགས་འདྲེས་སྡེ་(ཏེ)གནས་སོ། །

解 1:

(1) 完整翻译全文。

(2) 第一句是前一个故事的最后一句“自此西北行七百余里至阿难陀补罗国。西印度境”。小字没有翻译，因不影响全文的含义，故省略了。

解 2:

阿难陀补罗国 梵 Anandapura（今印度古吉拉特邦境内）

苏剌侘国

苏剌侘国周四千余里。国大都城周三十余里。西据莫醯河。居人殷盛，家产富饶，役属伐腊毘国。地土咸卤，花果希少。寒暑虽均，风飘不静。土俗浇薄，人性轻躁，不好学艺，邪正兼信。伽蓝五十余所，僧徒三千余人，多学大乘上座部法。天祠百余所，异道杂居。国当西海之路，人皆资海之利，兴贩为业，贸迁有无。

去城不远，有郁鄯多山。顶有伽蓝，房宇廊庑，多疏崖岭。林树郁茂，泉流交境，圣贤之所游止，灵仙之所集往。

从伐腊毘国北行千八百余里，至瞿折罗国。西印度境。

{སུ་ར་ཋའི་ཡུལ།}

དེ་ནས་ནུབ་ཕྱོགས་སུ་རྒྱང་གྲག་(གྲགས་)ལྔ་བརྒྱ་ཙམ་སོང་བ་ན་སུ་ར་ཋའི་༧༠ ☆ [སཽ་ར་ཥྚ]ཡུལ་ཡོ། །དེའི་ཐ་གྲུར་རྒྱང་གྲག་(གྲགས)བཞི་སྟོང་ལྷག་དཀྱིལ་མཁར་ཆེན་པོའི་[ཛ་ཡ་པུ་ར་]ཁོར་ཡུག་ཏུ་རྒྱང་གྲག་(གྲགས)སུམ་ཅུ་ཙམ། ནུབ་རོལ་ལོ་ཧའི་ཆུ་ཀླུང་ལ་གཞོལ་བ། མི་ཁྱིམ་མང་ཞིང་ཕྱུག་འབྱོར་ལྡ་ར་བའི་མངའ་འོག་ཏུ་གཏོགས་སོ། །ཚ་གྲང་སྙོམ་ཙམ་དང་འབྲུ་དང་ཤིང་འབྲས་མི་ཧོག་ཉུང་ངོ་། །མིའི་རང་བཞིན་ཧབ་ཧོབ་ཅན་སློབ་གཉེར་ལ་མི་མོས་ཤིང་ཕྱི་ནང་མཉམ་དུ་བརྟེན་པ། གཙུག་ལག་ཁང་ལྔ་བཅུ་ལྷག་པར་དགེ་འདུན་སུམ་སྟོང་ལྷག་པ་ཐེག་ཆེན་སྤྱོད་ཅིང་སྡེ་པ་གནས་བརྟན་པའོ། །མུ་སྟེགས་པའི་ལྷ་ཁང་བརྒྱ་ཕྲག་ལ་ཕྱི་རོལ་པ་མང་པོ་གནས་སོ། །དེའི་མི་རྣམས་ནུབ་ཀྱི་རྒྱ་མཚོར་འགྲོ་བའི་ལམ་ལ་གནས་ཏེ་ཚོང་པའི་རོགས་བགྱིས་པའི་རིན་ལ་རགས་ལས་སོ། །༈ གྲོང་ཁྱེར་ནས་མི་རིང་བར་རི་བོ་ཨུ་ཤནྟ་[ཨརྦུ]ཞེས་བྱ་བ་ཡོད་དོ། །དེའི་སྟེང་ན་གཙུག་ལག་ཁང་བྱ་སྐྱིབས་དང་ནགས་ཚལ་སྟུག་པོ་དང་ཆུ་མིག་སོགས་ཉམས་དགའ་བས་བརྒྱན་པ་དྲང་སྲོང་རྣམས་ཀྱི་གནས་ཡིན་ཟེར་རོ། །

解 1:

（1）宗整翻译全文。

（2）第一句是前一个故事的最后一句“从伐腊毘国西行五百余里，至苏剌侘国。西印度境。”小字没有翻译，因不影响全文的含义，故省略了。

（3）批注意1为国名又叫“苏拉夏”。

（4）批注意2为城名叫“杂雅布热”，原文没有城名，属于译者增加。

解2：

苏剌侘国　梵　Surāstra（今印度朱纳加德邦境内）

瞿折罗国

瞿折罗国周五千余里。国大都城号毘罗摩罗，周三十余里。土宜风俗，同苏剌侘国。居人殷盛，家产富饶。多事外道，少信佛法。伽蓝一所，僧百余人，习学小乘教说一切有部。天祠数十，异道杂居。王，刹帝利种也，年在弱冠，智勇高远，深信佛法，高尚异能。

从此东南行二千八百余里，至邬阇衍那国。南印度境。

{ཀུ་ཏ་རའི་ཡུལ།}

ཟླ་ར་བའི་ཡུལ་ནས་བྱང་ཕྱོགས་སུ་རྒྱང་གྲག་(གྲགས་)སྟོང་དང་བརྒྱད་བརྒྱ་སོང་བ་ན་ཀུ་ཏ་རའི་༧༧ ☆ [གུ་ཛཱི་ར་ཐ]ཡུལ་ལོ། །དེའི་རྒྱ་ཁྱོན་ལ་རྒྱང་གྲག་(གྲགས)ལྔ་སྟོང་ལྷག །དཀྱིལ་མཁར་ཆེན་པོ་ནི་བི་ར་མ་ལ་[བི་མ་ལ]ཟེར་རོ་ཁོར་ཡུག་རྒྱང་གྲགས་(གྲགས)སུམ་ཅུ་ལྷག །ས་གཞི་ནམ་དུས་དངོས་པོ་རང་བཞིན་སོགས་ཡུལ་སུ་ར་ཐ་དང་མཚུངས་སོ། །མི་ཁྱིམ་མང་ཞིང་ཕྱུག་པ་ཆོས་ལ་མི་མོས་པ་ཆུང་ངོ་། །གཙུག་ལག་ཁང་གཅིག་ལ་དགེ་འདུན་བརྒྱ་དང་སུམ་ཅུ་ལྷག་ཐེག་དམན་པ་སྡེ་པ་ཐམས་ཅད་ཡོད་སྨྲས་པའོ། །མུ་སྟེགས་པའི་ལྷ་ཁང་བཅུ་ཕྲག་དུ་མ་ལ་ཕྱི་རོལ་པ་མང་པོ་འདྲེས་སྡེ་(ཏེ)གནས་སོ། །རྒྱལ་པོ་ནི་རྒྱལ་རིགས་མཁས་ཤིང་གྲུབ་པ་རྩལ་ཐོད་ཆེ་བ་ནང་པ་ལ་མོས་པ་ཞིག་གོ །

解1：

（1）完整翻译全文。

（2）第一句是前一个故事的最后一句“从伐腊毘国北行千八百余里，至瞿折罗国。

西印度境。”小字没有翻译，因不影响全文的含义，故省略了。

（3）批注 1 意为该国又叫“古孜热那”。

（4）批注 2 意为都城叫“比玛拉”。

解 2：

瞿折罗国 梵 Cūrjara（今印度朱纳加德邦境内）

邬阇衍那国

邬阇衍那国周六千余里。国大都城周三十余里。土宜风俗，同苏剌侘国。居人殷盛，家室富饶。伽蓝数十所，多以圮坏，存者三五。僧徒三百余人，大小二乘兼功习学。天祠数十，异道杂居。王，婆罗门种也，博览邪书，不信正法。

去城不远，有窣堵波，无忧王作地狱之处。

从此东北行千余里，至掷枳陀国。南印度境。

{ཨུ་ཏ་ཡ་ནའི་ཡུལ།}

དེ་ནས་ཤར་ལྷོའི་མཚམས་སུ་རྒྱང་གྲག་(གྲགས)ཉིས་སྟོང་བརྒྱད་བརྒྱ་ཕྱིན་པ་ན་ཨུ་ཏ་ཡ་ནའི་
༧༢ ☆ [ཨུཛྫཻ་ན]ཡུལ་ལོ། །དབུས་ཀྱི་མཁར་ཆེན་པོའི་[ཨུཛྫཻ་ནན་ཀར]ཁོར་ཡུག་ཏུ་རྒྱང་གྲག་(གྲགས)སུམ་ཅུ་ཙམ། ས་གཞི་ནམ་དབུགས་སྐྱེ་འབྱུང་སོང་སུ་ར་ཐའི་ཡུལ་དང་མཚུངས་སོ། །སྐྱེ་བོ་མང་ཞིང་ཕྱུག་པ་གཙུག་ལག་ཁང་བཅུ་ཕྲག་དུ་མ་ཕལ་ཆེར་ཞིག་རལ་དུ་སོང་། དེང་སང་ལུས་པ་ནི་གསུམ་ལྔ་ཙམ་ལ་དགེ་འདུན་སུམ་བརྒྱ་ལྷག་བཞུགས་པ་ཐེག་པ་ཆེ་ཆུང་གཉིས་ཀར་སློབ་པའོ། །མུ་སྟེགས་པའི་ལྷ་ཁང་བཅུ་ལྷག་དུ་མ་ཕྱི་རོལ་པ་མང་པོ་འདྲེས་སྡེ་གནས་སོ། །རྒྱལ་པོ་ནི་བྲམ་ཟེའི་རིགས་མང་དུ་ཐོས་ཤིང་སྐད་དང་རིགས་པ་ལ་མཁས་པ་ནང་པ་ལ་མི་མོས་སོ། །མཆོད་རྟེན་ཞིག་ཡོད་པ་ནི་སྔར་ཨ་ཤོ་ཀས་བཞེངས་སོ། །

解 1：

（1）完整翻译全文。

（2）第一句是前一个故事的最后一句“从此东南行二千八百余里，至邬阇衍那国。南印度境”。小字没有翻译，因不影响全文的含义，故省略了。

（3）批注 1 意为该国又叫“邬阇那”。

（4）批注 2 意为都城叫“邬楠嘎尔”。

解 2：

邬阇衍那国　梵　Ujjayanī（今印度中央邦境内）

掷枳陀国

掷枳陀国周四千余里。国大都城周十五六里。土称沃壤，稼穑滋植，宜菽麦，多华果。气序调畅，人性善顺，多信外道，少敬佛法。伽蓝数十，少有僧徒。天祠十余所，外道千余人。王，婆罗门种也，笃信三宝，尊重有德。诸方博达之士，多集此国。

从此北行九百余里，至摩醯湿伐罗补罗国。中印度境。

{ཇེ་ཛྙའི་ཐའི་ཡུལ།}

དེ་ནས་བྱང་ཤར་མཚམས་སུ་རྒྱང་གྲག་(གྲགས)ཆིག་སྟོང་ཙམ་ཕྱིན་པ་ན་ཇེ་ཛྙའི་ཐའི་༧༣ ☆ ཡུལ་ལོ། །དེའི་ཐ་གྲུར་རྒྱང་གྲག་(གྲགས)བཞི་སྟོང་ལྷག་དཀྱིལ་མཁར་ཆེན་པོ་ནི་རྒྱང་གྲག་(གྲགས)བཅུ་དང་ལྔ་དྲུག་ལྷག་ས་གཞི་གཤིན་པ་ནམ་དབུགས་དྲོ་ཞིང་གྲོ་དང་གཡེར་མ་སྨིན་པ། ཤིང་ཏོག་གི་རིགས་མོད་པ་མིའི་རང་བཞིན་སྲུན་ལ་འཇམ་པ་ཕྱི་རོལ་པ་ལ་ལྷག་པར་མོས་པ། ནང་<PL.136>པར་མོས་པ་སྲབ་པ་གཙུག་ལག་ཁང་བཅུ་ཕྲག་དུ་མ་དགེ་འདུན་ཉུང་ཤས་ཙམ་བཞུགས་སོ། །མུ་སྟེགས་པའི་ལྷ་ཁང་བཅུ་ལྷག་ལ་ཕྱི་རོལ་པ་སྟོང་ཕྲག་ལྷག་གནས་སོ། །རྒྱལ་པོ་ནི་བྲམ་ཟེའི་རིགས་དཀོན་མཆོག་ལ་མོས་པ་ཆེ་བ་ཡོན་ཏན་ཅན་ལ་བཀུར་སྟི་ཆེ་བས་ཡུལ་གཞན་གྱི་མཁས་པ་དག་ཀྱང་འདིར་འདུས་སྡེ་(ཏེ)གནས་པ་མང་ངོ། །

解 1：

（1）完整翻译全文。

（2）第一句是前一个故事的最后一句“从此东北行千余里，至掷枳陀国。南印度境”。小字没有翻译，因不影响全文的含义，故省略了。

解 2：

掷枳陀国　梵　Jejākabhukti（今印度中央邦境内）

摩醯湿伐罗补罗国

摩醯湿伐罗补罗国周三千余里。国大都城周三十余里。土宜风俗同邬阇衍那国。宗敬外道，不信佛法。天祠数十，多是涂灰之侣。王，婆罗门种也，不甚敬信佛法。

从此还至瞿折罗国。复北行荒野险碛，经千九百余里，渡信度大河，至信度国。西印度境。

{མ་ཧེ་ཤྭ་ར་པུ་རའི་ཡུལ།}

དེ་ནས་བྱང་ཕྱོགས་སུ་རྒྱང་གྲག་(གྲགས)དགུ་བརྒྱ་ལྷག་ཕྱིན་པ་ན་མ་ཧེ་ཤྭ་ར་པུ་རའི་[illegible] ☆ [ཤི་པོ་པུ་རི།]ཡུལ་ལོ། །དེའི་ཐ་གྲུར་རྒྱང་གྲག་(གྲགས)སུམ་སྟོང་ལྷག་པའི་མཁར་ཆེན་པོའི་རྒྱ་ཁྱོན་ལ་རྒྱང་གྲག་(གྲགས)སུམ་ཅུ་ལྷགས་གཞི་ནམ་དབུགས་སྐྱི་འབྱུང་དང་མིའི་རང་བཞིན་སོགས་ཨུ་ཛ་ཡ་ན་དང་མཚུངས་སོ། །ཡུལ་མི་ཚང་མ་ཕྱི་རོལ་པ་ལ་མོས་ཤིང་ནང་པ་ལ་མི་མོས་པས་མུ་སྟེགས་པའི་ལྷ་ཁང་བཅུ་ཕྲག་དུ་མ་ལ་ཐལ་ཆེར་ལུས་ཐལ་བ་བྱུགས་པ་གནས་སོ། །རྒྱལ་པོ་ནི་བྲམ་ཟེའི་རིགས་ཕྱི་རོལ་པ་ལ་མོས་སོ། །

解 1：

（1）完整翻译全文。

（2）第一句是前一个故事的最后一句“从此北行九百余里，至摩醯湿伐罗补罗国。中印度境”。小字没有翻译，因不影响全文的含义，故省略了。

（3）批注意为该国又叫“希波补罗”

解 2：

摩醯湿伐罗补罗国 梵 Mahesvarapura（印度中央邦境内）

信度国

信度国周七千余里。国大都城号毘苫婆补罗，周三十余里。宜谷稼，丰宿麦。出金、银、鍮石，宜牛、羊、橐驼、骡畜之属。橐驼卑小，唯有一峰。多出赤盐，色如赤石，白盐、黑盐及白石盐等，异域远方以之为药。人性刚烈而质直，数斗诤，多诽讟，学不好博，深信佛法。伽蓝数百所，僧徒万余人，并学小乘正量部法，大抵懈怠，性行弊秽。

其有精勤贤善之徒，独处闲寂，远迹山林，夙夜匪懈，多证圣果。天祠三十余所，异道杂居。王，戍陀罗种也，性淳质，敬佛法。如来在昔颇游此国，故无忧王于圣迹处建窣堵波数十所。乌波□多大阿罗汉屡游此国，演法开导，所止之处，皆旌遗迹，或建僧伽蓝，或树窣堵波，往往间起，可略而言。

{སིནྡྷུའི་ཡུལ།}

དེ་ནས་བྱང་ཕྱོགས་སུ་བྱེ་མའི་ཐང་བརྒྱུད་དེ་རྒྱང་གྲག་(གྲགས)སྟོང་དང་དགུ་བརྒྱར་ཕྱིན་པ་ན་སིནྡྷུའི་ཡུལ་ལོ་༧༥ ☆ དེའི་ཐ་གྲུར་རྒྱང་གྲག་(གྲགས)བདུན་སྟོང་ཙམ་ལ་དཀྱིལ་མཁར་ཆེན་པོའི་མིང་ལ་བི་ཙམ་པ་པུ་ར་ཞེས་ཟེར་རྒྱང་གྲགས་སུམ་ཅུ་ལྷག་ཡོད་དོ། །ས་གཤིན་ཅིང་ནམ་དབུགས་སྙོམས་པ་ཅུང་དྲོད་ཤས་ཆེ། འབྲུ་སྣ་ཚོགས་པ་ཟླ་རེར་བསྡུད་པ་ལྷག་པར་གྲོ་སྙན་མོས་པ། གསེར་དངུལ་ཟངས་ར་གན་འབྱུང་ངོ་། །རྟ་ཐ་མོང་བོང་དྲེལ་སླང་ལུག་མང་ཐ་མོང་ནི་ཆུང་ལ་སྣ་ཞག་པ་ཕོ་ན་དང་རི་བོ་ཅིག་ཡོད་པར། ཡ་པ་ཀླ་ར་དང་ཕ་ཚྭ་དཀར་ནག་དང་རྡོ་ཚྭ་དཀར་པོ་སོགས་ཡུལ་གཞན་ནས་འདུས་པའི་སྨན་རིགས་མོད་དོ། །མིའི་རང་བཞིན་གདུག་རྩུབ་ཆེའོ། །གཙུག་ལག་ཁང་བརྒྱ་ཕྲག་དུ་མ་དགེ་འདུན་ཁྲི་ཕྲག་གཅིག་ལྷག་ཐམས་ཅད་ཐེག་དམན་པ་གནས་བརྟན་སྡེ་པའོ། །ཕལ་ཆེར་ཀུན་སྤྱོད་མི་གཙང་ཞིང་ལེ་ལོ་ཆེ་བ་ཀྱོང་ཞིང་། སློབ་གཉེར་ལ་མོ་དགོས་སོ། །ཡུལ་འདིའི་ཕལ་ཆེར་མ་རང་ལ་འཐབ་ཅིང་རྩོད་པ་ལ་བག་མི་ཚོའོ། །མུ་སྟེགས་པའི་ལྷ་ཁང་སུམ་ཅུ་ལྷག་ཙམ་ལ་ཕྱི་རོལ་པ་ལ་རིགས་མི་འདྲ་བ་འདྲེས་སྟེ་གནས་སོ། །རྒྱལ་པོ་ནི་དམངས་རིགས་ཡིན་ཀྱང་དྲང་ལ་གཡོ་སྒྱུ་མེད་ཅིང་དཀོན་མཆོག་ལ་དད་པ་ཆེ་བ། སྔ་དུས་སྟོན་པ་འདིར་ལན་མང་གཤེགས་པའི་ཤུལ་ཐམས་ཅད་ལ་རྒྱལ་པོ་ཨ་ཤོ་ཀས་མཚན་རྟགས་བཀོད་པ། ཡང་ན་གཙུག་ལག་ཁང་ཡང་ན་མཆོད་རྟེན་སྤེལ་མར་ཡོད་དོ། །བསླབ་པ་གཙང་བ་དང་བརྩོན་ཆེ་ལ། མཁས་པར་བསྒྲུབ་པ་རྣམས་དང་འདྲེས་སྟེ་(ཏེ)མི་གནས་པར་རི་སུལ་ལ་སོགས་པའི་དབེན་པ་བསྟེན་ཏེ་གྲོལ་བ་ཐོབ་པ་དག་ཀྱང་མང་དག་མཆིས་སོ། །

解 1:

（1）完整翻译全文。

（2）第一句是前一个故事的最后一句“从此还至瞿折罗国。复北行荒野险碛，经千九百余里，渡信度大河，至信度国。西印度境”。小字没有翻译，因不影响全文的含义，故省略了。

解 2:

信度国　梵　Sindhu（今巴基斯坦旁遮普南部）

一、法服俗行户

信度河侧千余里陂泽间，有数百千户，于此宅居，其性刚烈，唯杀是务。牧牛自活，无所系命。若男若女，无遗无贱，剃须发，服袈裟，像类苾刍而行俗事，专执小见，非斥大乘。闻诸先志曰：昔此地民庶安忍，但事凶残。时有罗汉愍其颠坠，为化彼故，乘虚而来，现大神通，示希有事，令众信受，渐导言教。诸人敬悦，愿奉指诲。罗汉知众心顺，为授三归，息其凶暴，悉断生杀，剃发染衣，恭行法教。年代浸远，世易时移，守善既亏，余风不殄，虽服法衣，尝无戒善。子孙奕世，习以成俗。

从此东行九百余里，渡信度河东岸，至茂罗三部卢国。西印度境。

{མི་ཁྲིམ་ཚང་མས་ཆོས་གོས་གྱོན་སྲོལ་གྱི་སྐོར།}

སིནྡྷུའི་ཆུ་ཀླུང་ཆེན་པོའི་འགྲམ་ལོགས་སུ་རྒྱང་གྲག་(གྲགས)སྟོང་ལྷག་པའི་སར་ལྦོངས་ཆེན་པོ་ཞིག་ཡོད་པར་མི་ཁྲིམ་སྟོང་ཕྲག་དུ་མས་གནས་པ། བ་ལང་གསོ་བ་སོགས་ཕྱུགས་གསོ་བས་འཚོ་བ། མི་ཕོ་མོ་ཐམས་ཅད་སྐྲ་དང་ཁ་སྤུ་བྲེགས་ཆོས་གོས་གྱོན་པ་བཙུན་པའི་ཆས་ལ་མི་སྐྱའི་རྟུལ་ཞུགས་ཅན་ལྟ་བ་དམན་པ་ལ་མོས་པའོ། །སྔོན་དགྲ་བཅོམ་པ་འཕགས་པ་ཉེར་སྦས་འདིར་ཡང་ཡང་ཕེབས་སྐྱེ་མ་ཐུལ་ལོ། །སྔོན་དགྲ་བཅོམ་པ་ཞིག་གིས་ཀུང་འདུལ་བར་དགོངས་སྐྱེ་རྫུ་འཕྲུལ་གྱིས་བར་སྣང་ལ་འཕུར་ནས་བྱོན་ཏེ་ཆོ་འཕྲུལ་ཆེན་པོ་བསྟན་དཀར་ནག་ལས་ཀྱི་རྒྱུ་འབྲས་བསྟན་པས་ཉུང་ཤས་ཀྱིས་སྐྱབས་སུ་འགྲོ་བ་ཙམ་ཤེས་པ་བྱུང་བ་ལས་<PL.137>སྔོན་གྱི་བག་ཆགས་བརྟན་པར་གྱུར་བས་ཕན་པ་ཆེར་མ་བྱུང་སྐད་དོ། །

解 1:

完整翻译全文。

解 2：

法服俗行户的注释见《大唐西域记校注》（下）931 页。

茂罗三部卢国

茂罗三部卢国周四千余里。国大都城周三十余里。居人殷盛，家室富饶，役属磔迦国。土田良沃，气序调顺。风俗质直，好学尚德，多事天神，少信佛法。伽蓝十余所，多已圮坏，少有僧徒，学无专习。天祠八所，异道杂居。

{མླ་ར་སཾ་སྤུ་རྒྱུའི་ཡུལ།}

དེ་ནས་ཤར་ཕྱོགས་སུ་རྒྱང་གྲག་(གྲགས)དགུ་བརྒྱ་ཙམ་ཕྱིན་པ་ན། སིནྡྷུའི་གཡོན་འགྲམ་ན་མླ་ར་སཾ་སྤུ་རྒྱུའི་༧༨ ☆ ཡུལ་ལོ། །དེའི་ཐ་གྲུར་རྒྱང་གྲགས་བཞི་སྟོང་ལྷག་དཀྱིལ་མཁར་གྱི་ཁོར་ཡུག་ཏུ་རྒྱང་གྲག་(གྲགས)སུམ་ཅུ་ལྷག་ལ་སྐྱེ་བོ་རབ་ཏུ་མང་ཞིང་། ཡོངས་སྤྱོད་ཆེ་ཡང་རྗེ་དཔོན་མེད་དེ་ཡུལ་ཀྱི་ཀའི་མངའ་འོག་ཏུ་གཏོགས་སོ། །ས་གཤིན་ལ་དུས་གྲང་རན་པ་ཕྱི་རོལ་པ་ལ་མོས་པ་ཆེའོ། །གཙུག་ལག་ཁང་བཅུ་ལྷག་ལ་དགེ་འདུན་ཆེས་ཉུང་ཞིང་ཆེད་དམིགས་ཀྱི་བསླབ་སྦྱོད་མེད་དོ། །ལྷ་སྟེགས་པའི་ལྷ་ཁང་བརྒྱད་ལ་ཕྱི་རོལ་པ་མང་པོ་འདྲེས་སྡེ་(ཏེ)གནས་སོ། །

解 1：

（1）完整翻译全文。

（2）第一句是前一个故事的最后一句“从此东行九百余里，渡信度河东岸，至茂罗三部卢国。西印度境”。小字没有翻译，因不影响全文的含义，故省略了。

解 2：

茂罗三部卢　梵　Mūlasthānapura（巴基斯坦木尔坦地方）

一、日天祠

有日天祠，庄严甚丽。其日天像铸以黄金，饰以奇宝。灵鉴幽通，神或潜被，女乐递奏，明炬继日，香花供养，初无废绝，五印度国诸王豪族，莫不于此舍施珍宝，建立福舍，以饮食医药给济贫病。诸国之人来此求愿，常有千数。天祠四周，池沼花林，甚可游赏。

从此东北行七百余里，至钵伐多国。北印度境。

{ལྷ་ཉི་མའི་ལྷ་ཁང་།}

དེར་ལྷ་ཉི་མའི་ལྷ་ཁང་ཆེན་པོ་ཞིག་ཡོད་པར་གསེར་བཙོ་མ་ལ་སོགས་པའི་རིན་པོ་ཆེའི་རྒྱན་སྣ་ཚོགས་པས་ཕུན་སུམ་ཚོགས་པ་དང་ལྡན་པ། བཟོ་ཡང་ཁྱད་དུ་འཕགས་པ་རྒྱ་གར་ཕྱོགས་ལྔའི་རྒྱལ་པོ་དང་བློན་པོ་དང་རིགས་བཙུན་པ་རྣམས་འདིར་འདུས་ནས་མཆོད་པ་རྒྱུན་དུ་བྱེད་ཅིང་མར་མེ་རྒྱུན་མ་ཆད་པ་དང་། གཞོན་ནུ་མའི་ཚོགས་ཀྱིས་སིལ་སྙན་རོལ་མོའི་སྒྲ་སྙན་སྒྲོགས་ཤིང་། རིན་པོ་ཆེ་སྣ་ཚོགས་དང་བཟའ་བཏུང་གི་རིགས་དང་སྨན་སྣ་ཚོགས་ཀྱིས་མཆོན་མགོ་བའི་ཡོ་བྱད་རྣམ་པ་མང་པོས་མཆོད་དེ་འདོད་གསོལ་སྨོན་ལམ་འདེབས་པ་དང་། འཁོར་གྱི་ལྷ་ཁང་ཕུབ་པ་ཆིག་སྟོང་ལྷག་བཅས་ལ་ཐུན་མོངས་དུ་ལྡུགས་རི་ཆེན་པོ་གཅིག་གིས་བསྐོར་བའི་ཕྱི་རོལ་དུ་རྩ་འོབས་ཆེན་པོ་གཅིག་གིས་བསྐོར་ཞིང་། མེ་ཏོག་དང་ཤིང་ཏོག་སྣ་ཚོགས་ཀྱི་ཤིང་གིས་བརྒྱན་པ་དགའ་(དགེ)འདུན་པ་དག་འགྲོ་བར་བྱེད་དོ། །

解 1：

完整翻译全文。

解 2：

日天祠的注释见《大唐西域记校注》（下）932 页。

钵伐多国

钵伐多国周五千余里。国大都城周二十余里。居人殷盛，役属磔迦国。多旱稻，宜宿麦。气序调适，风俗质直。人性躁急，言含鄙辞，学艺深博，邪正杂信。伽蓝十余所，僧徒千余人，大小二乘兼功习学。四窣堵波，无忧王之所建也。天祠二十，异道杂居。

一、城侧大伽蓝

城侧有大伽蓝，僧徒百余人，并学大乘教，即是昔慎那弗呾罗唐言最胜子。论师于此制《瑜伽师地释论》，亦是贤爱论师、德光论师本出家处。此大伽蓝为天火所烧，摧残荒圮。

从信度国西南行千五六百里，至阿点婆翅罗国。西印度境。

{པ་རྣ་ཏའི་ཡུལ།}

དེ་ནས་བྱང་ཤར་གྱི་མཚམས་སུ་རྒྱང་གྲག་(གྲགས་)བདུན་བརྒྱ་ཙམ་ཕྱིན་པ་ན་རྣ་ཏའི་༡༧ ☆ [རྣ་ཅི]ཡུལ་ལོ། །དེའི་ཐ་གྲུར་རྒྱང་གྲག་(གྲགས)ལྔ་སྟོང་ལྷག་པ་གཞུང་མཁར་གྱི་ཁོར་ཡུག་ཏུ་རྒྱང་གྲག་(གྲགས)ཉི་ཤུ་ལྷག་པ། ས་ཤིན་ཏུ་གཤིན་ཅིང་ནམ་དབུགས་གྲང་ཏྲོ་སྙོམས་པ་སྐྱེ་བོ་ཤིན་ཏུ་མང་ངོ་། །ཀྱི་ཀའི་ཡུལ་གྱི་འོག་ཏུ་གཏོགས། འབྲུ་ཅི་ཡང་འདེབས་པ་ལྷག་པར་འབྲས་དང་གྲོ་མོད། མིའི་རང་བཞིན་ཅུང་ཟད་གྱོངས་པ་ཏབ་ཏོབ་ཆེ་སློབ་གཉེར་ལ་དགའ་བ་ཕྱི་ནང་གཉིས་ཀར་འདྲ་བར་མོས་སོ། །གཙུག་ལག་ཁང་བཅུ་ལྷག་པར་དགེ་འདུན་ཆིག་སྟོང་བརྒྱལ་བ་ཐེག་པ་ཆེ་ཆུང་གཉིས་ཀ་ལ་འདྲ་བ་སློབ་ཅིང་སྦྱོང་པའོ། །མཆོད་རྟེན་ཞིག་ཡོད་པ་ནི་རྒྱལ་པོ་ཨ་ཤོ་ཀས་བཞེངས་སོ། །ལྷ་སྟེགས་པའི་ལྷ་ཁང་ནི་ཤུ་ཡོད་པར་ཕྱི་རོལ་པ་འདྲེས་མར་གནས་སོ། །གྲོང་ཁྱེར་གྱི་མཐའ་ལོགས་སུ་གཙུག་ལག་ཁང་ཆེན་པོ་ཞིག་ཡོད་པ་ནི། ཚད་མ་མཁན་པོ་ཛི་ན་སུ་ཏྲ་སྟེ་རྒྱལ་པོའི་བུ་ཞེས་བྱ་བས་ས་སྡེའི་འགྲེལ་པ་མཛད་པའི་གནས་དང་། ཚད་མ་ལ་མཁས་པ་བཟང་འོད་དང་འོད་རབ་ཏུ་བྱུང་བའི་གནས་སོ། །

解 1：

（1）完整翻译全文。

（2）第一句是前一个故事的最后一句“从此东北行七百余里，至钵伐多国。北印度境”。小字没有翻译，因不影响全文的含义，故省略了。

（3）批注意为该国又叫“补孜”。

解 2：

钵伐多国　梵　Parvata（今巴基斯坦哈拉巴地方）

阿点婆翅罗国

阿点婆翅罗国周五千余里。国大都城号朅鰴湿伐罗，周三十余里，僻在西境，临信度河，邻大海滨。屋宇庄严，多有珍宝。近无君长，统属信度国。地下湿，土斥卤，秽草荒茂，畴垄少垦。谷稼虽备，宿麦特丰。气序微寒，风飙劲烈。宜牛、羊、橐驼、骡畜之类。人性暴急，不好习学，语言微异中印度。其俗淳质，敬崇三宝。伽蓝八十余所，僧徒五千余人，多学小乘正量部法。天祠十所，多是涂灰外道之所居止。

一、大自在天祠及佛遗迹

城中有大自在天祠，祠宇雕饰，天像灵鉴，涂灰外道游舍其中。

在昔如来颇游此国，说法度人，导凡利俗，故无忧王于圣迹处建六窣堵波焉。

从此西行减二千里，至狼揭罗国。西印度境。

{ཨ་ཏྲ་པ་ཊིའི་ཡུལ།}

ཡུལ་སིནྡྷུ་ནས་ལྷོ་ནུབ་མཚམས་སུ་རྒྱང་གྲག་(གྲགས)སྟོང་དང་བརྒྱ་ཕྲག་ལྔ་དྲུག་བགྲོད་པ་ན་ཨ་ཏྲ་པ་ཊིའི་༧༨ ☆ ཡུལ་ལོ། །དེའི་ཐ་གྲུར་རྒྱང་གྲག་(གྲགས)ལྔ་སྟོང་ལྷག་ལ་དཀྱིལ་མཁར་ལ་ཀྲ་ཚི་ཤྭ་ར་ཟེར་ཏེ། རྒྱང་གྲག་(གྲགས)སུམ་ཅུ་ཙམ་ལ་ནུབ་མཐའ་ཆུ་ཀླུང་སིནྡྷུ་ལ་གཞོལ་བ་རྒྱ་མཚོ་ཆེན་པོ་ལ་ཡང་རེག་པ་ཛས་ཕལ་བ་དཀོན་ཞིང་རིན་པོ་ཆེའི་རིགས་ཤིན་ཏུ་མང་ངོ་། །རྗེ་དཔོན་རང་ཚུགས་ཐུབ་པ་མེད་ཅིང་ཡུལ་སིནྡྷུའི་ཆར་གཏོགས་སོ། །ས་གཞི་དམའ་ཞིང་ཚྭ་སྐྱ་ཅན་གཤེར་བ་འཇམ་པ། གྲོ་ནས་སོགས་འབྲུ་རིགས་ཡོད་ཀྱང་མི་མོད་པ། སོ་ཆེས་སུ་ཕྱུགས་<PL.138>གསོ་བ་ལ་རགས་ལས་པ་མིའི་རང་བཞིན་གཏུམ་པ་རྒྱབས་པ་སློབ་གཉེར་མི་དགའ་བ་སྐད་རིགས་རྒྱ་གར་དབུས་ཀྱི་སྐད་དང་ཅུང་མི་མཐུན་ནོ། །དཀོན་མཆོག་ལ་མོས་པ་ཆེ་བ་གཙུག་ལག་ཁང་བརྒྱད་ཅུ་ལྷག་པར་དགེ་འདུན་སྟོང་ཕྲག་ལྔ་ལྷག་ཕལ་ཆེ་བ་ཐེག་དམན་གནས་བརྟན་སྡེ་པའོ། །མུ་སྟེགས་པའི་ལྷ་ཁང་བཅུ་གཅིག་ཡོད་པར་ཕྱི་རོལ་པ་ལུས་ལ་ཐལ་བ་བྱུགས་པ་དག་གནས་སོ། །སྔོན་སྟོན་པ་ཞལ་བཞུགས་དུས་གནས་འདིར་ལན་མང་ཞབས་ཀྱིས་བཅགས་པ་ཐམས་ཅད་ལ་རྒྱལ་པོ་ཨ་ཤོ་ཀས་མཆོད་རྟགས་སུ་བཞེངས་པ་མང་པོ་མཆིས་སོ། །

解 1：

（1）合并完整翻译全文。

（2）第一句是前一个故事的最后一句“从信度国西南行千五六百里，至阿点婆翅罗国。西印度境”。小字没有翻译，因不影响全文的含义，故省略了。

（3）大自在天祠及佛遗迹的注释见《大唐西域记校注》（下）936 页。

解 2：

阿点婆翅罗国　梵　Audumbatira（今巴基斯坦卡拉奇地区）

狼揭罗国

狼揭罗国东西南北各数千里。国大都城周三十余里，号窣菟黎湿伐罗。土地沃润，稼穑滋盛。气序风俗，同阿点婆翅罗国。居人殷盛，多诸珍宝，临大海滨，入西女国之路也。无大君长，据川自立，不相承命，役属波刺斯国。文字大同印度，语言少异。邪正兼信，伽蓝百余所，僧徒六千余人，大小二乘兼功习学。天祠数百所，涂灰外道，其徒极众。城中有大自在天祠，庄严壮丽，涂灰外道之所宗事。

自此西北至波刺斯国。虽非印度之国，路次付见。旧曰波斯，略也。

{རནྣ་རའི་ཡུལ།}

དེ་ནས་ནུབ་བྱང་ཕྱོགས་སུ་རྒྱང་གྲག་(གྲགས)ཉིས་སྟོང་མ་ལོང་ཙམ་སོང་བ་ན་རནྣ་རའི་༡༨ ☆ ཡུལ་ལོ། །དེའི་ཐ་གྲུར་རྒྱང་གྲག་(གྲགས)བཞི་སྟོང་ལྷག་པར་དབུས་ཀྱི་མཁར་ནི་ཙུ་ཏུ་རྀ་ཤྭ་ཧྲ་ར་ཟེར་སྟེ། ཁོར་ཡུག་ཏུ་རྒྱང་གྲག་(གྲགས)སུམ་ཅུ་ཙམ། ཐང་ཞིང་མང་པོར་འབྲུ་སྣ་ཚོགས་འདེབས་ཤིང་མི་ཁྱིམ་ཤིན་ཏུ་མང་བ་རྒྱ་མཚོར་འགྲོ་བའི་ལམ་ཡིན་པས་རིན་པོ་ཆེའི་རིགས་ཆེས་མང་ངོ་། །ནམ་དབུགས་དྲོ་སྙོམས་པ་རྗེ་དཔོན་མེད་ཅིང་པ་ལ་སའི་ཡུལ་ལ་རྟེན་སྐད་དང་ཡིག་རིགས་ཡུལ་དབུས་དང་ཕལ་ཆེར་མཐུན་པ་ཕྱི་ནང་གཉིས་ཀར་མོས་པ་མཉམ་ཞིང་། གཙུག་ལག་ཁང་བརྒྱ་ལྷག་ལ་དགེ་འདུན་དྲུག་སྟོང་ལྷག་པ་ཐེག་པ་གཉིས་ལ་འདྲ་བར་སློབ་པ། མུ་སྟེགས་པའི་ལྷ་ཁང་བརྒྱ་ཕྲག་དུ་མ་ལ་ཕྱི་རོལ་པ་ཐལ་བ་ཕྱུགས་པ་ཆེས་མང་པོ་གནས་པ། གྲོང་ཁྱེར་གྱི་ནང་དུ་དབང་ཕྱུག་ཆེན་པོའི་ལྷ་ཁང་རྒྱན་བཀོད་ཕུན་སུམ་

ཚོགས་པ་ཡོད་དོ། །དབང་ཕྱུག་པར་ཡང་ཧ་ཅང་མང་པོ་འདུག་གོ །

解 1：

（1）完整翻译全文。

（2）第一句是前一个故事的最后一句“从此西行减二千里，至狼揭罗国。西印度境”。小字没有翻译，因不影响全文的含义，故省略了。

解 2：

狼揭罗国 波 Langala（今巴基斯坦俾路支省）

波剌斯国

波剌斯国周数万里。国大都城号苏剌萨傥那，周四十余里。川土既多，气序亦异，大抵温也。引水为田，人户富饶，出金、金鍮石、颇胝、水精，奇珍异宝。工织大锦、细褐、氍毹之类。多善马、橐驼。货用大银钱。人性躁暴，俗无礼义。文字语言异于诸国。无学艺，多工技，凡诸造作，邻境所重。婚姻杂乱。死多弃尸。其形伟大。齐发露头。衣皮褐，服锦氎。户课赋税，人四银钱。天祠甚多，提那跋外道之徒为所宗也。伽蓝二三，僧徒数百，并学小乘教说一切有部法。释迦佛钵，在此王宫。

国东境有鹤秣城，内城不广，外郭周六十余里。居人众，家产富。

西北接拂懔国，境壤风俗，同波剌斯。形貌语言，稍有乖异，多珍宝，亦富饶也。

拂懔国西南海岛有西女国，皆是女人，略无男子。多诸珍货，附拂懔国，故拂懔王岁遣丈夫配焉。其俗产男皆不举也。

自阿点婆翅罗国北行七百余里，至臂多势罗国。西印度境。

{པ་ར་སའི་ཡུལ།}

དེ་ནས་ནུབ་བྱང་མཚམས་སུ་ཕྱིན་པ་ན་པ་ར་སའི་༢༠ ☆ [པར་སིག]ཡུལ་ལོ། །དེའི་ཐ་སྐོར་རྒྱང་གྲག་(གྲགས)ཁྲི་ཕྲག་དུ་མ་དཀྱིལ་མཁར་ནི་སུ་ར་ས་ཐྲ་ན་[ཤི་ར་སི་སྟན]ཟེར་ཏེ་ཁོར་ཡུག་ཏུ་རྒྱང་གྲག་(གྲགས)བཞི་བཅུ་ལྷག་པ། ས་ཐང་མང་ཞིང་འབྲུ་སྣ་ཚོགས་ཡོད་ཀྱང་ཡུར་ཆུས་ཞིང་གསོ་བ། ནམ་

དབུགས་རྫོད་ཤས་ཆེ་བ་སྐྱེ་བོ་རབ་ཏུ་མང་ཞིང་ཕྱུག་པ་རིན་པོ་ཆེ་རིགས་དུ་མ་དང་། གོས་སྣ་ཚོགས་པ་འཐག་པ་ཐེར་མ་དང་སྣམ་བུའི་རིགས་ཀྱང་མང་ངོ་། །རྟ་བཟང་པོ་དང་ཟ་མོའི་ཁྲུ་ལ་ལོངས་སྤྱོད་པ་དངུལ་གྱི་ཏམ་ཀ་ཆེན་པོ་སྤྱོད་པ། ཚུལ་ལུགས་ཟབ་པ་མེད་དོ། །ཁྱིམ་ཐབ་ལ་གཅིས་སྤྲུས་ཆེ་ཡང་སྐྱེས་བ་གཞན་དང་འགྲོགས་པ་ལ་ཇི་མི་སླམས་པའོ། །ལུས་བོང་ཆེ་ལ་རགས་པ་མགོ་རྫེན་སྐྲ་ཐྲིགས་པ་ཀོ་ལྷྭགས་དང་ཐེར་སྣམ་གྱོན་པ། འབངས་ཀྱི་ཁྲལ་ལ་མི་རེ་ལས་དངུལ་ཏམ་བཞི་ཙམ་ལེན་ནོ། །གཙུག་ལག་ཁང་ཉིས་གསུམ་ཙམ་ལས་མེད་ཅིང་དགེ་འདུན་བརྒྱ་ཕྲག་དུ་མ་ཐེག་པ་ཆུང་ངུ་ལ་སྤྱོད་ཅིང་ཡོད་སྨྲ་བའི་སྡེ་པའོ། །མུ་སྟེགས་པའི་ལྷ་ཁང་ཤིན་ཏུ་མང་པོ་ཛྙི་ན་པ་ཞེས་བྱ་བའི་ཕྱི་རོལ་པ་གནས་སོ། །རྒྱལ་པོའི་ཁང་ཁྱིམ་ན་སྟོན་པའི་ལྷུང་བཟེད་ངོ་མ་བཞུགས་སོ། །༈ དེའི་ཤར་ཕྱོགས་སུ་ཏེ་མ་ཞེས་བྱ་བའི་གྲོང་ཁྱེར་ཡོད་དེ། དེའི་ནང་དུ་མཁར་ཤིན་ཏུ་ཆུང་ཕྱི་མཁར་ནི་ཁོར་ཡུག་ཏུ་རྒྱང་གྲག་(གྲགས)དྲུག་ཙུ་ལྷག་པ་ལ་མི་ཁྱིམ་རབ་ཏུ་མང་ཞིང་ཕལ་ཆེར་འབྱོར་བ། དེའི་ནུབ་བྱང་ཕྱོགས་སུ་ཕྲུ་པིང་ཞེས་བྱ་བའི་ཡུལ་ལ་ཐུག་པ་མིའི་རང་བཞིན་སོགས་ས་ར་ས་དང་མཚུངས་པ་བྱད་དབྱིབས་སྐད་རིགས་ཙུང་མི་མཐུན་པ་རིན་པོ་ཆེའི་རིགས་ཀྱང་ཆེས་མང་བ་མཆིས་སོ། །༈ དེ་དང་ནུབ་བྱང་ཕྱོགས་སུ་ཉེ་བར་ཕྲུ་བིང་གི་ཡུལ་ཡོད་དོ། །དེའི་ནུབ་ཕྱོགས་ཀྱི་ཡུལ་དང་ཉེ་བ་ཡུལ་དེར་སྐྱེས་པ་<PL.139>མེད་ཅིང་བུད་མེད་ཁོ་ན། ལོ་སྐར་གྱི་ཕྲུ་བིང་གི་ཡུལ་ནས་སྐྱེས་པ་ཁྱུར་ལོང་བ་བཏང་ཏེ་ཁྱིམ་ཐབ་བྱེད་དོ། །

解 1：

（1）完整翻译全文。

（2）第一句是前一个故事的最后一句“自此西北至波剌斯国。虽非印度之国，路次付见。旧曰波斯，略也。”小字没有翻译，因不影响全文的含义，故省略了。

（3）注释意为国名为“拔拉斯”。

（4）注释意为城名为“协拉斯坦”。

解 2：

波刺斯国　波　Pārsa（今伊朗境内）

臂多势罗国

臂多势罗国周三千余里。国大都城周二十余里。居人殷盛，无大君长，役属信度国。

土地沙卤，寒风凄劲。多宿麦，少花果。而风俗犷暴，语异中印度。不好艺学，然知淳信。伽蓝五十余所，僧徒三千余人，并学小乘正量部法。天祠二十余所，并涂灰外道也。

{བཻ་ཏ་ཤི་རིའི་ཡུལ།}

དེ་ནས་ཨ་ཏྲ་པ་ཐིརའི་ཡུལ་ནས་བྱང་ཕྱོགས་སུ་རྒྱང་གྲག་(གྲགས)བདུན་བརྒྱ་བགྲོད་པ་ན་བཻ་ཏ་ཤི་རིའི་[པ་ཁ་ར་] ༢༧ ☆ ཡུལ་ལོ། དེའི་ཐ་གྲུར་རྒྱང་གྲག་(གྲགས)སྟོང་ལྷག་ལྔ་བའི་མཁར་ཆེན་པོའི་ཁོར་ཡུག་ཏུ་རྒྱང་གྲག་(གྲགས)ཉི་ཤུ་ལྷག་རྩེ་དཔོན་མེད་ཅིང་ཡུལ་སིནྡྷུར་གཏོགས་སོ། །སྲན་མ་ཆེ་བ་དང་གྲོ་འདེབས་པ་ཚྭ་སྒོ་ཆེ་བས་འབྲུ་གཞན་འདེབས་མི་ཉུང་ངོ་། །ཤིང་ཏོག་དང་མེ་ཏོག་གི་རིགས་ཆེས་དཀོན་པ་མིའི་རང་བཞིན་གཏུམ་ལ་རྩོད་པ། སྐད་རིགས་རྒྱ་གར་ཡུལ་དང་མི་འདྲ་ཞིང་སློབ་གཉེར་ལ་མི་དགའ་ཡང་དད་མོས་ཆེ་བ། གཙུག་ལག་ཁང་ལྔ་བཅུ་ལྷག་པར་དགེ་འདུན་སུམ་སྟོང་ལྷག་བཞུགས་སྟེ་ཐེག་དམན་གནས་བརྟན་སྡེ་པའོ། །མུ་སྟེགས་པའི་ལྷ་ཁང་ཉི་ཤུ་ལྷག་པར་གཅེར་བུ་པ་ཁོ་ནས་གྲང་ངོ་། །

解 1：

（1）完整翻译全文。

（2）第一句是前一个故事的最后一句“自阿点婆翅罗国北行七百余里，至臂多势罗国。西印度境”。小字没有翻译，因不影响全文的含义，故省略了。

（3）批注意为该国又叫“巴卡热”。

解 2：

臂多势罗国　突　Patala（今巴基斯坦信德省的海德拉巴德）

一、城北诸遗迹

城北十五六里大林中有窣堵波，高数百尺，无忧王所建也。中有舍利，时放光明。是如来昔作仙人为国王所害之处。

此东不远，有故伽蓝，是昔大迦多延那大阿罗汉之所建立，其傍则有过去四佛座及经行遗迹之处，建窣堵波以为旌表。

从此东北行三百余里，至阿軬荼国。西印度境。

{གྲོང་ཁྱེར་བྱང་ཕྱོགས་ཀྱི་རྗེས་ཤུལ།}

གྲོང་ཁྱེར་གྱི་བྱང་ཕྱོགས་སུ་རྒྱང་གྲག་(གྲགས)བཅུ་ཕྲག་གཅིག་དང་ལྔ་དྲུག་གི་སར་ནགས་ཚལ་ཆེན་པོའི་ནང་ན་ཨ་ཤོ་ཀས་བཞེངས་པའི་མཆོད་རྟེན་དཔངས་སུ་ཁྲི་བརྒྱ་ཕྲག་དུ་མ་ཡོད་པ་ན། ནང་དུ་སྟོན་པའི་རིང་བསྲེལ་གྱི་སྙིང་པོ་ཅན་སྣེ། སྔོན་སྟོན་པ་དྲང་སྲོང་ཅིག་ཏུ་གྱུར་པ་ན་ཡུལ་གྱི་རྒྱལ་པོ་སྐྱ་སྲོག་ལ་མི་འཚམས་པས་ཞུས་པའི་གནས་སོ། །དེའི་ཤར་ཕྱོགས་ན་གཙུག་ལག་ཁང་ཅིག་ཡོད་པ་ནི་དགྲ་བཅོམ་པ་འཕགས་པ་ཀ་ཏ་ཡ་ནས་བཞེངས་སོ། །དེའི་ཕྱོགས་སུ་འདས་པའི་སངས་རྒྱས་བཞི་ཀའི་བཞུགས་ཁྲི་དང་མཛད་ཤུལ་དུ་རྟགས་མཚན་གྱི་མཆོད་རྟེན་བཅས་ཡོད་དོ། །

解 1：

完整翻译全文。

解 2：

城北诸遗迹的注释见《大唐西域记校注》（下）945 页。

阿耷荼国

阿耷荼国周二千四五百里。国大都城周二十余里。无大君长，役属信度国。土宜稼穑，宿麦特丰。花果少，草木疏。气序风寒，人性犷烈，言辞朴质，不尚学业。然于三宝，守心淳信。伽蓝二十余所，僧徒二千余人，多学小乘正量部法。天祠五所，并涂灰外道也。

{ཨ་བི་ཏྲྭའི་ཡུལ།}

དེ་ནས་བྱང་ཤར་མཚམས་སུ་རྒྱང་གྲག་(གྲགས)སུམ་བརྒྱ་ལྷག་ཙམ་ཕྱིན་པ་ན་ཨ་པི་ཏྲྭའི་༢༢ ☆ ཡུལ་ལོ། །དེའི་ཐ་གྲུར་རྒྱང་གྲག་(གྲགས)ཉིས་སྟོང་དང་བརྒྱ་ཕྲག་ལྔ་དྲུག་ཙམ་ལྡེ་བའི་མཁར་རྒྱང་གྲག་(གྲགས)ཉི་ཤུ་ལྷག་རྗེ་དཔོན་མེད་ཅིང་ཡུལ་སིནྡྷུའི་ཆར་གཏོགས་པ། གྲོ་དང་སྨན་ཆེན་སོགས་འབྲུ་སྣ་འདེབས་པ་ཤིང་ཏོག་དང་མེ་ཏོག་གི་རིགས་མང་ཞིང་འཕེལ་རྒྱས་ཆེ་བ་རྩྭ་ཤིང་དཀྲུས་མ་དཀོན་ཙམ། འབྲུ་ནི་ལོའི་མགོ་འཇུག་མེད་པར་སྨད་པ། ནམ་དབུགས་ཙུང་ཟད་བསིལ་གྲང་ཆེ་བ། མིའི་རང་

བཞིན་དྲང་ཞིང་སྙིང་ལ་བསླབ་པ་ལ་མི་མོས་ཀྱང་དད་མོས་ཅན་གཙུག་ལག་ཁང་ཉི་ཤུ་ལྷག་པར་དགེ་འདུན་ཉིས་སྟོང་ལྷག་བཞུགས་པ་ཕལ་ཆེར་ཐེག་དམན་སྤྱོད་པ་གནས་བརྟན་སྡེ་པའོ། །མུ་སྟེགས་པའི་ལྷ་ཁང་ལྔ་ཙམ་ལ་ཕྱི་རོལ་པ་ཐལ་བ་བྱུགས་པ་དག་གིས་གང་སྟེ་གནས་སོ། །

[གྲོང་ཁྱེར་གྱི་བྱང་ཤར་གྱི་མཚམས་སུ་སྨྱུག་མའི་ཚལ་ཆེ་བའི་ནང་དུ་གཙུག་ལག་ཁང་གི་ཤུལ་ཡོད་པ་ནི་སྔོན་པས་དགེ་འདུན་རྣམས་མཆིལ་ལྷམ་གནང་པའི་གནས་སོ། །]（此段加写在长条书的下方空白处，意思是：都城东北方有一片竹林，其中有一伽蓝遗迹为佛将其屐履赠与僧徒之地。）

解 1：

（1）完整翻译全文。

（2）第一句是前一个故事的最后一句“从此东北行三百余里，至阿𤘽荼国。西印度境”。小字没有翻译，因不影响全文的含义，故省略了。

解 2：

阿𤘽荼国　梵　Avanda（今巴基斯坦信德省）

一、大竹林附近诸遗迹

城东北不远，大竹林中伽蓝余趾，是如来昔于此处听诸苾刍着亟缚屣。唐言靴。傍有窣堵波，无忧王所建也，基虽倾陷，尚高百余尺。其傍精舍，有青石立佛像，每至斋日，或放神光。次南八百余步，林中有窣堵波，无忧王之所建也。如来昔日止此，夜寒，乃以三衣重复，至明旦，开诸苾刍着复纳衣。此林之中，有佛经行之处。又有诸窣堵波，鳞次相望，并过去四佛坐处也。其窣堵波中有如来发爪，每至斋日，多放光明。

从此东北行九百余里，至伐剌拏国。西印度境。

{གྲོང་ཁྱེར་ཉེ་འཁོར་གྱི་རྗེས་ཤུལ།}

དེའི་ཕོགས་སུ་ཨ་ཤོ་ཀས་བཞེངས་པའི་མཆོད་རྟེན་གཞི་ཞིག་ཀྱང་ཁྲུ་བརྒྱ་ལྷག་ཙམ་ལུས་པ་ཡོད་དོ། །དེའི་ཡང་ཕོགས་སུ་གཙུག་ལག་ཁང་ཡོད་པའི་ནང་དུ་ཨ་ཤོ་ཀས་བཞེངས་པའི་མཆོད་རྟེན་དང་རྡོ་ལས་གྲུབ་པའི་སྟོན་པའི་སྐུ་བརྙན་གྲོང་ཁྱེར་རྣམས་ཡོད་པ་ལས་གསོ་སྦྱོང་གི་ཉིན་འོད་ཀྱི་ཕུང་པོ་

འཕྲོའོ། །དེའི་ལྷོ་ངོས་སུ་ཐོམ་པ་བརྒྱད་བརྒྱ་ཙམ་ན་མཆོད་རྟེན་ཞིག་ཡོད་པ་ནི་རྒྱལ་པོ་ཨ་ཤོ་ཀས་བཞེངས་སོ། །དེ་ནི་སྟོན་པས་དགེ་སློང་རྣམས་ལ་ཐོས་ལྷག་ནང་བའི་གནས་སོ། །ཚལ་དེའི་ནང་དུ་འདས་སངས་བཞིའི་མཇོད་རྗེས་དང་ཨ་ཤོ་ཀས་བཞེངས་པའི་མཆོད་རྟེན་གྱི་ནང་དུ་སྟོན་པའི་ཕྱག་སེན་དང་དབུ་སྐྲ་བཞུགས་པས་གསོ་སྦྱོང་གི་ཉིན་འོད་ཕུང་འབར་བ་སོགས་སོ་སོའི་མཚན་རྟགས་བཅས་རིམ་པོ་ཐར་ཆགས་སུ་འདུག་གོ །

解 1：

完整翻译全文。

解 2：

大竹林附近诸遗迹的注释见《大唐西域记校注》（下）947 页。

伐刺拏国

伐刺拏国周四千余里。国大都城周二十余里。居人殷盛，役属迦毕试国。地多山林，稼穑时播。气序微寒，风俗犷烈。性急暴，志鄙弊，语言少同中印度。邪正兼崇，不好学艺。伽蓝数十，荒圮已多。僧徒三百余人，并学大乘法教。天祠五所，多涂灰外道也。

城南不远有故伽蓝，如来在昔于此说法，示教利喜，开悟含生。其侧有过去四佛座及经行遗迹之处。闻诸土俗曰：从此国西接稽疆那国，居大山间。川别立主，无大君长，多羊、马。有善马者，其形姝大，诸国希种，邻境所宝。

复此西北踰大山，涉广川，历小城邑，行二千余里，出印度境，至漕矩咤国。亦谓漕利国。

{ཛྷ་ར་ཊའི་ཡུལ།}

དེ་ནས་ཀྱང་བྱང་ཤར་མཚམས་སུ་རྒྱང་གྲག་(གྲགས)དགུ་ཙམ་ཕྱིན་པ་ན་ཛྷ་ར་༢༣ ☆ <PL.140> ཊའི་ཡུལ་ལོ། །དེའི་ཐ་གྲུར་རྒྱང་གྲག་(གྲགས)བཞི་སྟོང་ལྷག་དབུས་ཀྱི་མཁར་ཆེན་པོ་ནི་རྒྱང་གྲག་(གྲགས)ཉི་ཤུ་ལྷག་པ་རྗེ་དཔོན་མེད་ཅིང་ཡུལ་ཀ་པི་ཤའི་[གཉེལ]མངའ་འོག་ཏུ་གཏོགས་སོ། །མི་ཁྱིམ་མང་ཞིང་འབྲུ་དུས་བཞིར་ཆད་མེད་དུ་བཏབ་པ། རི་བྲག་ནགས་ཚལ་མང་ཞིང་ནམ་དགུགས་ཅུང་ཟད་བསིལ་གྱང་

ཆེ་བ། མིའི་རང་བཞིན་སྒྲོ་ཐུང་ཞིང་དཔའ་བ་སྐད་རིགས་རྒྱ་གར་ཡུལ་དབུས་དང་ཅུང་འདྲ་བ་གྱོང་ལ་རྩུབས་པ། སློབ་པ་དོན་དུ་མི་གཉེར་བ་གཙུག་ལག་ཁང་བཅུ་ཕྲག་དུ་མ་ཡོད་པ་ཕལ་ཆེར་གོག་པོ་དགེ་འདུན་སུམ་བརྒྱ་ལྷག་ཙམ་བཞུགས་པ་དག་ཐེག་ཆེན་སྤྱོད་པའོ། །མུ་སྟེགས་པའི་ལྷ་ཁང་ལྔ་ཙམ་ལ་ཕྱི་རོལ་པ་ཐལ་བ་བྱུགས་པ་མང་ངོ་། །གྲོང་ཁྱེར་གྱི་མི་རིང་བར་གཙུག་ལག་ཁང་རྙིང་པའི་ཤུལ་ཡོད་པ་ནི་སྟོན་པས་ཆོས་བཤད་པའི་གནས་སོ། འདས་སངས་བཞིའི་ཁྲི་དང་མཛད་ཤུལ་མཚན་རྟགས་ཅན་ཡོད་དོ། །༈ དེའི་ནུབ་ཕྱོགས་ཀྱི་མཐའ་འཁྱུད་དེ་ཀི་ཀུང་ན་ཟེར་བའི་ཡུལ་རི་ཐང་སྤྲག་མར་ཡོད་ཅིང་། མི་ནམས་རྟ་ལུག་ལ་སྤྱོད་ཅིང་ཁྱད་པར་རྟ་བཟང་མང་བ་ཡུལ་གཞན་གྱི་རྟའི་དཔྱིབས་དང་མི་འདྲ་བའོ། །

解 1：

（1）完整翻译全文。

（2）第一句是前一个故事的最后一句“从此东北行九百余里，至伐剌拏国。西印度境”。小字没有翻译，因不影响全文的含义，故省略了。

解 2：

伐剌拏国　梵　Varnu（今巴基斯坦信德省）

卷第十二（二十二国）

漕矩吒国

漕矩吒国周七千余里。国大都城号鹤悉那，周三十余里；或都鹤萨罗城，城周三十余里。并坚峻险固也。山川隐轸，畴垄爽垲。谷稼时播，宿麦滋丰。草木扶疏，花果茂盛，宜郁金香，出兴瞿草，草生罗摩印度川。鹤萨罗城中踊泉流派，国人利之，以溉田也。气序寒烈，霜雪繁多。人性轻躁，情多诡诈。好学艺，多技术，听而不明，旦诵数万言。文字言辞，异于诸国。多饰虚谈，少成事实。虽祀百神，敬崇三宝。伽蓝数百所，僧徒万余人，并皆习学大乘法教。今王淳信，累叶承统，务兴胜福，敏而好学。无忧王所建窣堵波十余所。

一、崇奉刍那天

天祠数十，异道杂居，计多外道，其徒极盛，宗事刍锄句反，下同。那天。其天神昔自迦毕试国阿路猱山徙居此国南界刍那呬罗山中，作威作福，为暴为恶。信求者遂愿，轻蔑者招殃，故远近宗仰，上下祇惧。邻国异俗君臣僚庶，每岁嘉辰，不期而会，或赍金银奇宝，或以牛马驯畜，竞兴贡奉，俱伸诚素。所以金银布地，羊马满谷，无敢觊觎。唯修施奉，宗事外道，克心苦行。天神授其咒术，外道遵行多效，治疗疾病，颇蒙痊愈。

从此北行五百余里，至弗栗恃萨傥那国。

{ས་བཅད་བཅུ་གཉིས་པ། ཡུལ་ཉི་ཤུ་རྩ་གཉིས།}

{ཙཾ་ཀུ་ཏའི་ཡུལ།}

དེའི་ཡང་ནུབ་ཕྱོགས་སུ་རི་ཆེན་པོ་དང་ཐང་ཡངས་པ་དང་ལྗོངས་ཆེ་ཆུང་བརྒྱལ་བཞིན་རྒྱང་གྲག་(གྲགས)ཉིས་སྟོང་ལྷག་ཕྱིན་པ་ན། རྒྱ་གར་ཡུལ་མཐའ་དག་གི་མཐར་ཐུག་པ་ཙཾ་ཀུ་ཏའི་༧ ☆ ཡུལ་ལོ། །[བམ་པོ་དགུ་པ་རྫོགས།]དེའི་ཐ་གྲུར་རྒྱང་གྲག་(གྲགས)བདུན་སྟོང་དབུས་ཀྱི་མཁར་ལ་ཏ་སི་ན་ཟེར་བ་ཁོར་ཡུག་ཏུ་རྒྱང་གྲག་(གྲགས)སུམ་ཅུ་ལྷག་པ་བརྩན་ཞིང་བརྟན་པ་འགྲོ་དཀའ་བ་འབྲུ་སྣ་ཚོགས་འདེབས་པ་ཁྱད་པར་དུ་གྲོ་དང་ཙྷ་ཤིང་དཀོན་པ་ཙམ་ལས་བཟའ་ཤིང་དང་མེ་ཏོག་གི་རིགས་སོད་དོ། །ཙ་གུར་གུམ་དང་ཧིངྒུ་སྐྱེས་པ། གྲོང་ཁྱེར་གྱི་ནང་དུ་ཆུ་མིག་ཆེན་པོ་འཕྱུར་བ་ལས་ས་ཁྱབ་པར་འབབས་པས་ཞིང་ལ་དྲངས་པས་ཕན་ཐོགས་ཆེའོ། །ནམ་དབྱུགས་གྲང་ཞིང་ལྷགས་པ་དང་སད་དང་ཁ་བ་མང་ངོ་། །མིའི་རང་བཞིན་གྱི་སྒྱུ་མང་ཞིང་ཚིག་མི་བརྟན་པ་རིག་པ་བཀྲ་ཞིང་སློབ་གཉེར་ལ་དགའ་བ་ཡི་གེ་དང་སྐད་རིགས་ཡུལ་གཞན་དང་ཆེས་མི་འདྲའོ། །འཇིག་རྟེན་པའི་ལྷ་མང་པོ་ལ་གསོལ་མཆོད་བྱེད་ཀྱང་། དཀོན་མཆོག་གསུམ་ལ་བཀུར་གཟོས་ཆེ་བ་གཙུག་ལག་ཁང་བརྒྱ་ཕྲག་དུ་མ་ལ་དགེ་འདུན་ཆིག་ཁྲི་བརྒྱལ་བ་བཞུགས་ཐེག་ཆེན་པ་ཤ་སྟག་གོ །ད་ལྟའི་རྒྱལ་པོ་ནི་དད་པ་ཆེ་ཞིང་དགེ་བའི་ཕྱོགས་ལ་དགའ་བ་གནའ་ནས་རབས་དུ་བར་མ་ཆད་པར་མུ་འཐུད་པའོ། །རྒྱལ་པོ་ཨ་ཤོ་ཀས་བཞེངས་པའི་མཆོད་རྟེན་བཅུ་ལྷག་ཡོད་པ། མུ་སྟེགས་པའི་ལྷ་ཁང་བཅུ་ཕྲག་དུ་མ་ཡོད་པར་ཕྱི་རོལ་པའི་རིགས་གང་དག་འདྲེས་སྡེ་(དེ)གནས་སོ། །དེ་དག་གི་སྟོན་པ་ནི་ལྷ་ཚུན་ཏི་ར་ཟེར་རོ། །དེ་ནི་སྔར་ཀ་པི་ཤིའི་ཡུལ་དུ་ཨ་ར་ནེ་ཟེར་བའི་རི་ལ་གནས་སོ། །ཕྱིས་སུ་ཁྱིམ་སྤོས་ཏེ་འདིའི་ལྷོ་མཐའ་ཆུ་ན་ཏི་རའི་རི་ལ་གནས་ཏེ་སྐྱོ་པོ་ལ་ཕན་གནོད་མངོན་སུམ་དུ་བསྟན་པས་དམངས་ཀྱིས་བཀུར་བ་ཞིག་གོ །

解 1：

（1）合并翻译。

（2）第一句是前一个故事的最后一句“复此西北踰大山，涉广川，历小城邑，行二千余里，出印度境，至漕矩吒国。亦谓漕利国。”小字没有翻译，因不影响全文的含义，故省略了。

（3）“邻国异俗君臣僚庶，…………颇蒙痊愈。”一节没有翻译。

（4）批注意为“第九卷完”。

解 2：

漕矩吒国　梵　Jāguda（今阿富汗首都喀布尔南部）

弗栗恃萨傥那国

弗栗恃萨傥那国东西二千余里，南北千余里。国大都城号护苾那，周二十余里。土宜风俗，同漕矩咤国，语言有异。气序寒劲，人性犷烈。王，突厥种也，深信三宝，尚学遵德。

{བླུ་རི་ས་ཏྲང་ནའི་ཡུལ།}

དེ་ནས་བྱང་དུ་རྒྱང་གྲག་(གྲགས)ལྔ་བརྒྱ་ལྷག་ཕྱིན་པ་ན། བླུ་རི་ས་ཏྲང་ནའི་༢ ☆ ཡུལ་ལོ། །དེའི་ཐ་གྲུར་ཤར་ནུབ་རྒྱང་གྲག་(གྲགས)ཉིས་སྟོང་ལྷོ་བྱང་ཆིག་སྟོང་ལྷག་པ་དཀྱིལ་མཁར་ནི་ཧུ་བི་ན་ཟེར་བ་ཁོར་ཡུག་ཏུ་རྒྱང་གྲག་(གྲགས)ཉི་ཤུ་ཡོད་པ་ལུགས་སྲོལ་གང་ཅི་ཐམས་ཅད་ཚོ་ཀུ་ཊ་དང་མཐུན་ནོ། །ནམ་དགུགས་བསིལ་གྲང་ཆེ་བ། རྒྱལ་པོ་ནི་<PL.141>ཐུ་ཀྱུས་ཟེར་བའི་ཧོར་སོག་གི་རིགས་ཡིན་ཀྱང་དཀར་ཕྱོགས་པའོ། །

解 1：

（1）完整翻译全文。

（2）第一句是前一个故事的最后一句“从此北行五百余里，至弗栗恃萨傥那国”。

解 2:

弗栗恃萨傥那国 言语与方位学术界尚不明[《大唐西域记校注》(下),959 页注释]。

婆罗犀那大岭

从此国东北,踰山涉川,越迦毕试国边城小邑,凡数十所,至大雪山婆罗犀那大岭。岭极崇峻,危磴倾,蹊径盘迂,岩岫回互。或入深谷,或上高崖,盛夏合冻,錾冰而度。行经三日,方至岭上。寒风凄烈,积雪弥谷,行旅经涉,莫能伫足。飞隼翱翔,不能越度,足趾步履,然后翻飞,下望诸山,若观培塿。赡部洲中,斯岭特高。其巅无树,唯多石峰,攒立丛倚,森然若林。

又三日行,方得下岭,至安呾罗缚国。

安呾罗缚国

安呾罗缚国,睹货逻国故地,周三千余里。国大都城周十四五里。无大君长,役属突厥。山阜连属,川田隘狭。气序寒烈,风雪凄劲。丰稼穑,宜花果。人性犷暴,俗无纲纪,不知罪福,不尚习学,唯修神祠,少信佛法。伽蓝三所,僧徒数十,然皆遵习大众部法。有一窣堵波,无忧王建也。

从此西北。入谷踰岭。度诸小城,行四百余里,至阔悉多国。

{ཨནྡྷ་ར་བའི་ཡུལ།}

ཡུལ་དེ་ནས་བྱང་ཤར་མཚམས་སུ་རི་ལུང་ཁ་ཤས་འདས་པ་ན་ཀ་པི་ཤིའི་[ཀཧྲིལ]ཡུལ་མཐའ་འདས་ཏེ། སྟོངས་ཆེ་ཆུང་བཅུ་ཕྲག་དུ་མ་འདས་པ་ན་གངས་རི་ཆེན་པོ་པ་ར་སི་ནའི་ཏུ་ཏུ་ཧྲ་ཟེར་བའི་རི་ཆེན་པོ་ལ་འཛིགས་ཏེ། དེ་ནི་ཤིན་ཏུ་བརྟན་ཅིང་རྩུབས་པ་བགྲོད་དཀའ་བ། དབྱར་དགུན་མེད་པར་འཁྱགས་པ་བརྩེགས་པ་འཛམ་བུ་གླིང་ན་མཐོ་ཞིང་བརྟན་པའི་རི་བོ་བརྒྱལ་བ་ན་ཨནྡྷ་ར་བའི་ཡུ ☆ [དེང་སང་བེ་ལུ་ར་ཟེར་ཏེ་བོད་མ་སོག་ཡིན]ཡུལ་དེ་ནས། ཏུ་ཏ་རའི་[ཏུ་ཏུ་ཧྲ་]གུར་གྱི་མཆོར་རྙིང་པ་སྙི་ཐ་གྲུར་རྒྱང་

གྲག་(གྲགས)སུམ་སྟོང་ཙམ། དབུས་མཁར་གྱི་ཁོར་ཡུག་ཏུ་རྒྱང་གྲག་(གྲགས)བཅུ་ཕྲག་བཅུ་དང་བཞི་ལྷར་སོགས་ཡོང་བ། རྗེ་དཔོན་ཆེ་བ་མེད་ཅིང་ཧོར་སོག་གི་མངའ་འོག་ཏུ་གཏོགས་པ། ཚུལ་ལུགས་མི་ཤེས་ཤིང་དགེ་སྡིག་མི་ཤེས་པ་ལྷ་ཀློ་ཁ་རྒྱང་ངོ་། །འབྲུའི་རིགས་ཡོད་པ་ཙམ་ལ་རྩ་ཤིང་མེ་ཏོག་རེ་སྐྱེས་རྒོད་པོ་མང་ལ། ནམ་དབུགས་གྲང་ལྷག་ཆེ་བ། གཙུག་ལག་ཁང་གསུམ་ཙམ་ལ་དགེ་འདུན་བཅུ་ཕྲག་གཉིས་གསུམ་བཞུགས་པ་ཐེག་པ་གནས་བརྟན་སྡེ་པར་ཁས་ཆེ་བའོ། །མཆོད་རྟེན་ཡོད་པ་ན་ཨ་ཤོ་ཀས་བཞེངས་པའོ། །

解 1:

（1）合并翻译全文。

（2）批注意 1 为：迦毕试国，藏语称为噶比拉。

（3）批注意 2 为：安呾罗缚国今称博鲁罗，居民为称为突厥的藏回结合人种。

解 2:

安呾罗缚国　西　Andarāb（今阿富汗东北部）

阔悉多国

阔悉多国，睹货逻国故地也，周减千里。国大都城周十余里。无大君长，役属突厥。山多川狭，风而且寒。谷稼丰，花果盛。人情犷暴，俗无法度。伽蓝三所，僧徒尠少。

从此西北，踰山越谷，度诸城邑，行三百余里，至活国。

{ཁྭ་སི་ཏའི་ཡུལ།}

དེ་ནས་ནུབ་བྱང་ཕྱོགས་སུ་ལ་ལུང་བརྒལ་ཏེ་ལྗོངས་ཆེ་ཆུང་འདས་ནས་རྒྱང་གྲག་(གྲགས)བཞི་བརྒྱ་ཙམ་བགྲོད་པ་ན། ཁྭ་སི་ཏའི་༤ ☆ [ཁོ་ཧྲུ་སི་ན]ཡུལ་ལོ། །དེ་ཡང་ཧྲུ་ཧ་རའི་མཚོར་རྙིང་པ་ཡིན་ཐ་གྲུར་རྒྱང་གྲག་(གྲགས)སུམ་སྟོང་ལྷག་པ། དཀྱིལ་མཁར་ལ་རྒྱང་གྲག(གྲགས)བཅུ་ལྷག་སྟེ་དཔོན་ཆེན་པོ་མེད་ལ་ཧོར་སོག་ཐུ་ཀྱུའི་འོག་ཏུ་འདུའོ། །ནམ་དབུགས་གྲང་ལྷག་ཆེ་ཡང་འབྲུ་སྣ་ཚོགས་དང་རྩྭ་ཤིང་མེ་ཏོག་དང་ཤིང་ཏོག་གི་རིགས་ལ་འཕྱོད་དོ། །མིའི་རང་བཞིན་རྩུབ་ཞིང་སྤྱོ་ཐུང་ལྷ་ཀློར་གཏོགས་སོ། །གཙུག་ལག་ཁང་གསུམ་ལ་དགེ་འདུན་ཡོད་པ་རམ་མོ། །

解 1：

（1）完整翻译全文。

（2）第一句是前一个故事的最后“从此西北。入谷踰岭。度诸小城，行四百余里，至阔悉多国”一句。

（3）批注为阔悉多国又称“阔那雅斯那”国。

解 2：

阔悉多国　突　Khost（今阿富汗东北部）

活　国

活国，睹货逻国故地也，周二千余里。国大都城周二十余里。无别君长，役属突厥。土地平坦，谷稼时播，草木荣茂，花果具繁。气序和畅，风俗淳质，人性躁烈，衣服毼褐。多信三宝，少事诸神。伽蓝十余所，僧徒数百人，大小二乘兼功综习。其王突厥也，管铁门已南诸小国，迁徙鸟居，不常其邑。

{ཧྭའི་ཡུལ།}

དེ་ནས་ནུབ་བྱང་མཚམས་སུ་རྒྱང་གྲག་(གྲགས)སུམ་བརྒྱ་ལ་གླུང་མང་པོ་དང་ལྟོངས་ཆེ་ཆུང་འདས་པ་ན་ཧྭའི་༥ ☆ ཡུལ་ལོ། །ཡུལ་འདི་ཡང་ཐྲུ་ཧ་རའི་མཚོར་ཉིང་པ་སྟེ་གྲང་ལྷག་ཆེ་བ་ཐ་གྲུར་རྒྱང་གྲག་(གྲགས)སུམ་སྟོང་ལྷག་དཀྱིལ་མཁར་གྱི་ཁོར་ཡུག་ཏུ་རྒྱང་གྲག་(གྲགས)ཉི་ཤུ་ལྷག་རྗེ་དཔོན་མེད་ཏོར་སོག་ཐུ་ཀུར་དུ་གཏོགས། ས་གཞི་ཐང་ཆེ་བ་ནམ་དབུགས་འཇམ་ཞིང་གྲང་དྲོ་སྙོམས་པ་འབྲུ་རིགས་དང་བཟའ་ཤིང་དང་མེ་ཏོག་སྣ་ཚོགས་མོད་པ། མིའི་རང་བཞིན་རྩུབ་ལ་ཏབ་ཏོབ་ཆེ་བ་གོས་སུ་ཀོ་ལྤགས་དང་ཐེར་སྣམ་གྱོན་པ་ནང་པ་ལ་མོས་པ། གཙུག་ལག་ཁང་བཅུ་ལྷག་པར་དགེ་འདུན་བརྒྱ་ཕྲག་དུ་མ་ཐེག་པ་གཉིས་ལ་མཉམ་པར་སྦྱོང་པ། རྒྱལ་པོ་ནི་ཏོར་སོག་ཐུ་ཀུ་རྒྱལ་པོ་སྟེ་ལྕགས་སྒོ་ཚུན་ལ་ཁྱིམ་སྤོ་ཞིང་འདི་ཁོར་གྱི་དམངས་གྲུར་ཐམས་ཅད་ལ་དབང་ངོ་། །

解 1：

（1）完整翻译全文。

（2）第一句是前一个故事的最后一句“从此西北，踰山越谷，度诸城邑，行三百余里，至活国”一句

解 2：

活国　突　Valvālij（今阿富汗昆都士附近）

葱　岭

从此东入葱岭。葱岭者，据赡部洲中，南接大雪山。北至热海、千泉，西至活国，东至乌铩国，东西南北各数千里。崖岭数百重，幽谷险峻，恒积冰雪，寒风劲烈，多出葱，故谓葱岭，又以山崖葱翠，遂以名焉。

东行百余里，至瞢健国。

瞢健国

瞢健国，睹货逻国故地也，周四百余里。国大都城周十五六里。土宜风俗，大同活国。无大君长，役属突厥。

北至阿利尼国。

{མང་ཀུན་ཡུལ།}

དེ་ནས་ཤར་ཕྱོགས་སུ་ཚོང་ལིང་སྟེ་བཙོང་ལ་དང་། དེ་ནས་ཤར་ཕྱོགས་སུ་རྒྱང་གྲག་(གྲགས)བརྒྱ་ལྷག་འདས་པ་ན་མང་ཀུན་༤ ☆ ཡུལ་ལོ། །མང་ཀུན་ཡང་ཏུ་ཧ་རའི་མཚར་རྙིང་པ་ཡིན་ཐ་གྲུར་རྒྱང་གྲག་(གྲགས)བཞི་བརྒྱ་ཙམ། ལྟེ་བའི་མཁར་རྒྱང་གྲག་(གྲགས)བཅུ་དང་ལྔ་དྲུག་ཡོད་པ་ཚུལ་ལུགས་གང་ཅི་ཅི་ཧའི་ཡུལ་དང་མཚུངས་སོ། །ཐུ་ཀུ་སྣ་སྐྱོའི་རིགས་སོ། །

解 1：

（1）合并翻译大意。

（2）“据赡部洲中，…………遂以名焉。”一节没有翻译。

解 2：

瞢健国　突　Mundzān（今阿富汗东北部）

阿利尼国

阿利尼国，睹货逻国故地也，带缚刍河两岸，周三百余里。国大都城周十四五里。土宜风俗，大同活国。

东至曷逻胡国。

{ཨ་རི་ནིའི་ཡུལ།}

དེ་ནས་བྱང་ཕྱོགས་སུ་ཨ་རི་ནི་༧ ☆ ཞེས་བྱ་བའི་ཡུལ་ལོ། །ཨ་རི་ནི་ཡང་ཐུ་ཁའི་མཚར་རྙིང་གང་ཅི་ཙི་ཏའི་ཡུལ་དང་མཚུངས་སོ། །ཐ་གྲུར་པ་ཀླུའི་ཀླུང་གིས་སྐེ་རགས་ལྟ་བུ་བཅིངས་ཏེ་བསྐོར་བ། རྒྱང་གྲག་(གྲགས)སུམ་བརྒྱ་ལྷག་དཀྱིལ་མཁར་རྒྱང་གྲག་(གྲགས)བཅུ་དང་བཞི་ལྔ་ཙམ་མོ། །

解 1：

（1）完整翻译全文。

（2）第一句是前一个故事的最后“北至阿利尼国”一句。

解 2：

阿利尼国　突　Arhan（今阿富汗东北部）

曷逻胡国

曷逻胡国，睹货逻国故地也，北临缚刍河，周二百余里。国大都城周十四五里。土宜风俗，大同活国。

从瞢健国东踰峻岭，越洞谷，历数川城，行三百余里，至讫栗瑟摩国。

{ཧི་ར་ཧུའི་ཡུལ།}

དེའི་ཤར་<PL.142>ཧུ་ཧི་ར་ཧུའི་༡ ☆ ཡུལ་ལོ། །དེ་ཡང་ཐུ་ཁ་རའི་མཚར་རྙིང་པ། རྒྱབ་ལོགས་པ་ཀླུའི་ཀླུང་ལ་བརྟེན་པ་ཐ་གྲུར་རྒྱང་གྲག་(གྲགས)ཉིས་བརྒྱ་ལྷག　དཀྱིལ་མཁར་ཆེ་བ་ཁོར་ཡུག་རྒྱང་གྲག་(གྲགས)བཅུ་དང་བཞི་ལྔ་ལྷག་ཚུལ་ལུགས་སོགས་ཅི་ཙའི་ཡུལ་དང་མཐུན་ནོ། །

解 1：

（1）完整翻译全文。

（2）第一句是前一国的最后“东至曷逻胡国”一句。

解 2：

曷逻胡国　突　Rāhuía（今阿富汗阿姆河以北）

讫栗瑟摩国

讫栗瑟摩国，睹货逻国故地也。东西十余里，南北三百余里。国大都城周十五六里。土宜风俗，大同瞢健国。但其人性暴，愚恶有异。

北至钵利曷国。

{ཧྲི་སྨའི་ཡུལ།}

ཡུལ་མང་ཀུན་ནས་ཤར་ཕྱོགས་སུ་རི་བོ་མཐོན་པོ་དང་ཐང་ཡངས་པ་བརྒལ་ནས་ལྗོངས་དུ་མ་བརྒལ་ནས་རྒྱང་གྲག་(གྲགས)སུམ་བརྒྱ་ལྷག་སོང་བ་ན་ཧྲི་སྨའི་(☆ ཡུལ་ལོ། །ཡུལ་འདི་ཡང་ཧྲུ་ཏ་རའི་མཚར་རྙིང་སྟེ་ཤར་ནུབ་རྒྱང་གྲག་(གྲགས)སྟོང་ལྷག་ལྷོ་བྱང་དུ་སུམ་བརྒྱ་ཙམ། དཀྱིལ་མཁར་ཆེན་པོའི་རྒྱ་ཁྱོན་རྒྱང་གྲག་(གྲགས)བཅུ་དང་བཞི་ལྔ་ཙམ། ས་གཞི་དང་དང་ཚུལ་མང་ཀུན་དང་མཚུངས་ཤིང་གཏུམ་ཞིང་དྲག་པའོ། །

解 1：

（1）完整翻译全文。

（2）第一句是前一国的最后“从瞢健国东踰峻岭，越洞谷，历数川城，行三百余里，至讫栗瑟摩国”一句。

解 2：

讫栗瑟摩国　突　Kishm（今阿富汗北部）

钵利曷国

钵利曷国，睹货逻国故地也，东西百余里，南北三百余里。国大都城周二十余里。土宜风俗，大同讫栗瑟摩国。

从讫栗瑟摩国，踰山越川，行三百余里，至呬摩呾罗国。

{པ་རི་ཏའི་ཡུལ།}

དེའི་བྱང་ཤར་མཚམས་སུ་པ་རི་ཏའི་༧༠ ☆ ཡུལ་ལོ། །དེ་ཡང་ཧུ་ཏ་རའི་མཚར་ཉིད་སྟེ། ཤར་ནུབ་རྒྱང་གྲག་(གྲགས)བརྒྱ་ལྷག་ལྷོ་བྱང་དུ་སུམ་བརྒྱ་ལྷག་པ་གཞུང་མཁར་གྱི་རྒྱ་ཁྱོན་རྒྱང་གྲག་(གྲགས)ཉི་ཤུ་ཙམ།

解 1:

（1）完整翻译全文。

（2）第一句是前一国的最后“北至钵利曷国”一句。

解 2:

钵利曷国　突　Pārghar（今阿富汗北部）

呬摩呾罗国

呬摩呾罗国，睹货逻国故地也，周三千余里。山川逦迤，土地沃壤，宜谷稼，多宿麦。百卉滋茂，众果具繁。气序寒烈，人性暴急，不识罪福。形貌鄙陋，举措威仪，衣毡皮褐，颇同突厥。其妇人首冠木角，高三尺余，前有两岐，表夫父母。上岐表父，下岐表母，随先丧亡，除去一岐。舅姑俱没，角冠全弃。其先强国，王，释种也，葱岭之西，多见臣伏。境邻突厥，遂染其俗，又为侵掠，自守其境。故此国人流离异域，数十坚城，各别立主。穹庐毳帐，迁徙往来。西接讫栗瑟摩国。

东谷行二百余里，至钵铎创那国。

{ཧེ་མ་ཏྲ་རའི་ཡུལ།}

ས་གཞི་དང་ཚུལ་སོགས་ཧྲི་སྨ་དང་མཐུན་ནོ། །ཧྲི་སྨའི་ཡུལ་ནས་ཤར་ཕྱོགས་སུ་རི་ཐང་མང་པོ་བགྲལ་གྱིན་རྒྱང་གྲག་(གྲགས)སུམ་བརྒྱ་ཙམ་སོང་བ་ན་ཧེ་མ་ཏྲ་རའི་༧༧ ☆ ཡུལ་ལོ། །ཡུལ་འདི་ཡང་ཧྲུ་ཏ་རའི་མཚར་རྙིང་ཐ་གྲུར་རྒྱང་གྲག་(གྲགས)སུམ་སྟོང་ཙམ། ས་གཤིན་པ་བྲུས་མ་དང་གྲོ་འདེབས་པ་རི་ཐང་སྤྲག་མ། ནམ་དབུགས་གྲང་ལྷགས་ཆེ་ཡང་རྩུ་ཤིང་དང་མེ་ཏོག་གི་རིགས་རྒྱས་པ། མིའི་གཟུགས་མི་སྡུག་པ་ཀླ་ཀློ་འཐབ་རྩོད་ལ་དགའ་བ། དྲག་གཏུམ་གོས་སུ་ཕྱིང་པ་དང་ཀོ་ལྤགས་གྱོན་པ་ཧོར་སོག་ཐུ་ཀྲུ་དང་ལྟག་པར་མཐུན་པ། མི་མོ་རྣམས་ནི་ཤིང་ཞྭ་དཔངས་སུ་ཁྲུ་གསུམ་ལོང་བ། གོས་ལ་ཤིང་གི་ར་ཅོ་གསུམ་ཡོད་པ། དེ་ནི་ཕ་མ་ཁྱོ་གསུམ་བཀུར་བའི་མཚན་རྟགས་ཡིན་ཟེར། ས་གཞི་དང་ཚུལ་སོགས་ཧྲི་སྨ་དང་མཐུན་ནོ། །དེ་གསུམ་ལས་གཅིག་ཤི་ན་གཅིག་བསལ་ཚང་མ་ཤི་ན་ཐམས་ཅད་བསལ། ཞང་པོ་ཞང་མོ་བཅས་མེད་པ་ཞྭ་མོ་ཕུད་དེ་འདོར་རོ། །རྒྱལ་པོ་ནི་ཤཱཀྱའི་རིགས་བཙོང་ལའི་ནུབ་རོལ་དུ་གནས་པ་ཡོངས་ལ་དབང་ངོ་། །ཧོར་སོག་ཐུ་ཀྲུ་དང་ཉེ་བས་ཆོས་ལུགས་མཆེད་དེ་འདྲ་བར་གྱུར་པ་སྐབས་སྐབས་སུ་འཐབ་མོ་འཁྲིད་དོ། །སྐྱེ་བོ་འཁྲུགས་པས་འཁོར་སྐྱེ་བཟླུམ་ཀྱང་མི་འདུམ། མཁར་ཤིན་ཏུ་བརྟན་ཅིང་བརྩན་པ་བཅུ་ཕྲག་ཏུ་མ་ཡོད་པ་ཕལ་ཆེར་སྤྲ་གྲུར་ལ་གནས་ཤིང་ཡུལ་སྤྱི་བ་མང་བ་ནུབ་ཕྱོགས་ཧྲི་སྨ་ལ་ཐུག་པ།

解 1：

（1）完整翻译全文。

（2）第一句是前一国的最后“从讫栗瑟摩国，踰山越川，行三百余里，至呬摩呾罗国”一句。

解 2：

呬摩呾罗国　梵　Himatala（今阿富汗北部）

钵铎创那国

钵铎创那国，睹货逻国故地也，周二千余里。国大都城据山崖上，周六七里。山川逦迤，沙石弥漫。土宜菽麦，多蒲陶、胡桃、梨、柰等果。气序寒烈，人性刚猛，俗无礼法，不知学艺。其貌鄙陋，多衣毡褐。伽蓝三四所，僧徒寡少。王性淳质，深信三宝。

从此东南山谷中行二百余里，至淫薄健国。

{ས་ར་ཊྚ་ནའི་ཡུལ།}

དེ་ནས་ཤར་དུ་རྒྱང་གྲག་(གྲགས)ཉིས་བརྒྱ་ཙམ་ཕྱིན་པ་ན་ས་ར་ཊྚ་ནའི་༧༢ ☆ ཡུལ་ལོ། །ཡུལ་འདི་ཡང་ཏྲུ་ཁ་རའི་མཚར་ཉིང་པ་སྟེ་ཐ་གྲུར་རྒྱང་གྲག་(གྲགས)ཉིས་སྟོང་ཙམ་དཀྱིལ་མཁར་རིའི་སྒོ་ལ་བཏབ་པ་རྒྱང་གྲག་(གྲགས)དྲུག་བདུན་ཙམ་རི་ཐང་སྤྲག་མ་རྗེ་གསེག་དཀོན་པས་གཞི་ཡངས་པ་ལ་སྨན་རིགས་དང་སྦུས་མ་[འབྲུ་མར་]དང་གྲོ་འདེབས་སོ། །རྒུན་འབྲུམ་དང་ཁམ་སྣར་དང་ཨ་མྲའི་ཤིང་མང་བ། བསིལ་ཡང་ཆེ་བ་མིའི་རང་བཞིན་གཏུམ་པ་དྲག་པ་ཚུལ་ལུགས་མེད་ཅིང་སློབ་གཉེར་མི་ཤེས་སོ་རྒྱལ་པོ་ནི་བསྟུན་ལ་དཀོན་མཆོག་ལ་མོས་སོ། །

解 1：

（1）完整翻译全文。

（2）第一句是前一国的最后“东谷行二百余里，至钵铎创那国”一句。

解 2：

钵铎创那国　梵　Padiyan（今阿富汗北部）

淫薄健国

淫薄健国，睹货逻国故地也。周千余里。国大都城周十余里。山岭连属，川田隘狭。土地所产，气序所宜，人性之差，同钵铎创那，但言语少异。王性苛暴，不明善恶。

从此东南，踰岭越谷，峡路危险，行三百余里，至屈居勿反。浪拏国。

{ཨིན་སོ་ཀྲན་གྱི་ཡུལ།}

དེ་ནས་ཤར་ལྷོའི་མཚམས་སུ་རི་སུལ་བརྒྱུད་དེ་རྒྱང་གྲག་(གྲགས)ཉིས་བརྒྱ་ཙམ་སོང་བ་ན། ཨིན་སོ་

ཀུན་གྱི་༡༣ ☆ ཡུལ་ལོ། །འདི་ཡང་ཧྲུ་ཏ་རའི་མཚར་ཉིང་པ་སྙེ་ཐ་གྲུར་རྒྱང་གྲག་(གྲགས)སྟོང་ལྷག་པ། ལྟེ་བའི་མཁར་རྒྱ་ཁྲོན་རྒྱང་གྲག་(གྲགས)གསུམ་ཙམ་རི་ལ་བརྟེན་པ་ས་གཞི་དོགས་པ་ནམ་དབུགས་སྐྱེས་འབྱུང་མིའི་ངང་ཚུལ་སོགས་གང་ཅི་པ་ཏ་ཐ་ན་དང་མཚུངས་པ་ཀླ་ཀློ་ཤ་སྟག་གོ །རྒྱལ་པོ་ནི་དགེ་སྡིག་<PL.143>མི་ཤེས་སོ། །

解 1：

（1）完整翻译全文。

（2）第一句是前一国的最后“从此东南山谷中行二百余里，至淫薄健国”一句。

解 2：

淫薄健国　突　Yamgān（今阿富汗东北部）

屈浪拏国

屈浪拏国，睹货逻国故地也，周二千余里。土地山川，气序时候，同淫薄健国。俗无法度，人性鄙暴，多不营福，少信佛法。其貌丑弊，多服毡褐。有山岩中多出金精，琢析其石，然后得之。伽蓝既少，僧徒亦寡。其王淳质，敬崇三宝。

从此东北，登山入谷，途路艰险，行五百余里，至达摩悉铁帝国。亦名镇侃，又谓护蜜。

{ཁྲུ་རང་ཊའི་ཡུལ།}

དེའི་ཤར་ལྷོའི་མཚམས་སུ་རི་དང་ལ་སྣང་ལམ་འཕྲང་དོག་པོ་ལ་འགྲོ་གྱིན་རྒྱང་གྲག(གྲགས)སུམ་བརྒྱ་བགྲོད་པ་ན་ཁྲུ་རང་ཊའི་༡༨ ☆ ཡུལ་ལོ། །འདི་ཡང་ཧྲུ་ཏ་རའི་[ཧུ་ཏ་ཕྐ]མཚར་ཉིང་སྙེ་ཐ་གྲུར་རྒྱང་གྲག་(གྲགས་)ཉིས་སྟོང་ལྷག　ཆོས་ལུགས་སོགས་གང་ཅི་ཨིན་པོ་ཀུན་དང་མཚུངས་སོ། །འོན་ཀྱང་རྒྱལ་པོ་ནང་པ་ལ་མོས་སོ། །

解 1：

（1）完整翻译全文。

（2）第一句是前一国的最后一句“从此东南，踰岭越谷，峡路危险，行三百余里，至屈居勿反。浪拏国”一句。

解 2：

屈浪拏国 波 Kurān（今阿富汗科克恰河流域）

达摩悉铁帝国

达摩悉铁帝国在两山间，睹货逻国故地也，东西千五六百余里，南北广四五里，狭则不踰一里。临缚刍河，盘纡曲折，堆阜高下，沙石流漫，寒风凄烈。唯植麦豆，少树林，乏花果。多出善马，马形虽小，而耐驰涉。俗无礼义，人性犷暴，形貌鄙陋，衣服毡褐。眼多碧绿，异于诸国。伽蓝十余所，僧徒寡少。

{ཧྲམ་སི་ཏྲའི་ཡུལ།}

དེ་ནས་བྱང་ཤར་མཚམས་སུ་ལམ་དཀའ་བ་རྒྱང་གྲག་(གྲགས)ལྔ་བརྒྱ་ཙམ་བགྲོད་པ་ན་ཧྲ་མ་སི་ཏྲའི་༧༥ ☆ ཡུལ་ལོ། །འདི་ནི་རི་གཉིས་ཀྱི་བར་དུ་བཏབ་པ་འདི་ཡང་ཧྲུ་ཏ་རའི་མཚར་ཉིད་སྟེ་ཤར་ནུབ་ཏུ་རྒྱང་གྲག་(གྲགས)ཕྱིད་དང་སྟོང་ལྔོ་བྱང་ཡངས་པར་རྒྱང་གྲག་(གྲགས)བཞི་ལྔ་ཙམ་ཆུ་ཀླུང་པ་ཀླུས་བསྐོར་བ། ནམ་དབུགས་གྲང་ལྷག་ཆེ་བ། སྨན་རིགས་དང་ནས་ཀྱི་འདེབས་ཀྱང་སྐྱེ་དཀའ་བ། བཟའ་ཤིང་དང་མེ་ཏོག་ནགས་ཚལ་ཆེས་དཀོན་ལ། རྟ་བཟང་པོ་གང་ཡང་ལུས་བོང་ཆུང་ལ་རྩལ་སྟོབས་ཆེ་ལ་སྡུག་སྲན་ཐུབ་པ། མིའི་རང་བཞིན་རྣོད་པ་གཟུགས་ངན་པ། ཕྱིང་པ་སྣམ་བུ་དང་ཀོ་ལྤགས་གྱོན་པ་མིག་འབྲས་སྔོ་ལྗང་མདོག་ཅན། གང་ཅི་ཡུལ་གཞན་དང་ཆེས་མི་འདྲའོ། །གཙུག་ལག་ཁང་བཅུ་ལྷག་ཙམ་ཡོད་ཀྱང་དགེ་འདུན་དཀོན་ནོ། །

解 1：

（1）完整翻译全文。

（2）第一句是前一国的最后“从此东北，登山入谷，途路艰险，行五百余里，至达摩悉铁帝国。亦名镇侃，又谓护蜜”一句。

解 2：

达摩悉铁帝国 梵 Dharmsthiti（今阿富汗东北瓦罕境内）

一、昏驮多城伽蓝

昏驮多城，国之都也。中有伽蓝，此国先王之所建立，疏崖奠谷，式建堂宇。此国之先，未被佛教，但事邪神，数百年前，肇弘法化。初，此国王爱子婴疾，徒究医术，有加无瘳。王乃躬往天祠，礼请求救。时彼祠主为神下语，必当痊复，良无他虑。王闻喜慰，回驾而归。路逢沙门，容止可观，骇其形服，问所从至。此沙门者，已证圣果，欲弘佛法，故此仪形，而报王曰："我如来弟子，所谓苾刍也。"王既忧心，即先问曰："我子婴疾，生死未分。"沙门曰："王先灵可起，爱子难济。"王曰："天神谓其不死，沙门言其当终，诡俗之人，言何可信?"迟至宫中，爱子已死。匿不发丧，更问神主，犹曰："不死，疹疾当瘳。"王便发怒，缚神主而数曰："汝曹群居长恶，妄行威福。我子已死，尚云当瘳。此而谬惑，孰不可忍? 宜戮神主，殄灭灵庙。"于是杀神主，除神像，投缚刍河。回驾而还，又遇沙门，见而敬悦，稽首谢曰："曩无明导，伫足邪途，浇弊虽久，沿革在兹。愿能垂顾，降临居室!"沙门受请，随至中宫。葬子既已，谓沙门曰："人世纠纷，生死流转。我子婴疾，问其去留，神而妄言，当必痊差。先承指告，果无虚说。斯则其法可奉，唯垂哀愍，导此迷徒!"遂请沙门揆度伽蓝，依其规矩，而便建立。自尔之后，佛教方隆。故伽蓝中精舍，为罗汉建也。

伽蓝大精舍中有石佛像，像上悬金铜圆盖，众宝庄严。人有旋绕，盖亦随转，人止盖止，莫测灵鉴。闻诸耆旧曰：或云圣人愿力所持，或谓机关秘术所致。观其堂宇，石壁坚峻，考厥众议，莫知实录。踰此国大山北至尸弃尼国。

解 1：

没有翻译。

解 2：

昏驮多城伽蓝的注释见《大唐西域记校注》(下) 885 页。

尸弃尼国

尸弃尼国周二千余里。国大都城周五六里。山川连属，沙石遍野。多宿麦，少谷稼。林树稀疏，花果寡少。气序寒烈，风俗犷勇，忍于杀戮，务于盗窃，不知礼义，不识善恶，迷未来祸福，惧现世灾殃。形貌鄙陋，皮褐为服。文字同睹货罗国，语言有异。

越达摩悉铁帝国大山之南，至商弥国。

{ཤེ་ཁི་ནིའི་ཡུལ།}

ཤེ་ཁི་ནི་༧༨ ☆ ཟེར་བའི་ཡུལ་ཡོད་དེ། ཐ་གྲུར་རྒྱང་གྲག་(གྲགས)ཉིས་སྟོང་ལྷག་པ་ལྔེ་བའི་དཀྱིལ་མཁར་ཁྱོན་རྒྱང་གྲག་(གྲགས)ལྔ་དྲུག་ཙམ། རི་ཐང་སྤེལ་མ་བྱེ་མ་བརྡལ་བ། སྲན་མ་དང་ནས་གྲོ་མེད་ཅིང་ཤིང་ཏོག་མེ་ཏོག་གི་རིགས་དཀོན་པ། མིའི་རང་བཞིན་དཔའ་རྩལ་ཆེ་ཞིང་བསད་བརྡུང་བཟོད་པ། བྱད་གཟུགས་ངན་པ་ཀླ་ཀློ་སྟེ་ཡི་གེ་ཐྭ་ཧ་ར་དང་མཐུན་པ་སྐད་རིགས་མི་མཐུན་ནོ། །

解 1:

（1）完整翻译全文。

（2）第一句是前一国的最后“踰此国大山北至尸弃尼国”一句。

解 2:

尸弃尼国　突　Sikni（今阿富汗东北瓦罕境内）

商弥国

商弥国周二千五六百里。山川相间，堆阜高下。谷稼备植，菽麦弥丰。多蒲陶，出雌黄，凿崖析石，然后得之。山神暴恶，屡为灾害，祀祭后入，平吉往来。若不祈祷，风雹奋发。气序寒，风俗急。人性淳质，俗无礼义，智谋寡狭，伎能浅薄。文字同睹货逻国，语言别异。多衣毡褐。其王释种也，崇重佛法。国人从化，莫不淳信。伽蓝二所，僧徒寡少。

波谜罗川

国境东北，踰山越谷，经危履险，行七百余里，至波谜罗川。东西千余里，南北百余里，狭隘之处不踰十里，据两雪山间，故寒风凄劲，春夏飞雪，昼夜飘风。地咸卤，多礫石，播植不滋，草木稀少，遂致空荒，绝无人止。

波谜罗川中有大龙池，东西三百余里，南北五十余里，据大葱岭内，当赡部洲中，其地最高也。水乃澄清皎镜，莫测其深，色带青黑，味甚甘美。潜居则鲛、螭、鱼、龙、鼋、鼍、龟、鳖，浮游乃鸳鸯、鸿雁、灰鴐、鹅、鹅、鳵。诸鸟太卵，遗□荒野，或草泽间，或沙渚上。池西派一大流，西至达摩悉铁帝国东界，与缚刍河合而西流，故此已右，水皆西流。池东派一大流，东北至佉沙国西界，与徙多河合而东流，故此已左，水皆东流。

波谜罗川南，越山有钵露罗国，多金银，金色如火。

自此川中东南，登山履险，路无人里，唯多冰雪。行五百余里，至朅盘陀国。

{ཤམྦྷིའི་ཡུལ།}

ཧྥ་མ་སི་ཏྲའི་ཡུལ་ནས་རི་བོ་ཆེའི་ལྷོ་ཕྱོགས་སུ་ཐོན་ཏེ་ཤམྦྷིའི་༧༧ ☆ ཡུལ་ལོ། །དེའི་ཐ་གྲུར་རྒྱང་གྲག་(གྲགས)ཕྱེད་དང་སྟོང་ལྷག་པ་རི་ཐང་སྤེལ་མ། ས་གཞི་ཤིན་ཏུ་གཤིན་པ་འབྲུ་སྣ་ཚོགས་འདེབས་པ་རྒྱུན་འབྲུམ་དང་ལྗོན་རོས་མོད་པ། ལྗོན་རོས་འཕྲུ་བ་ལ་རི་བྲག་ཉིལ་ནས་རྙེད་པ་ཡིན་པས། བཙུ་མཁན་ལ་གནོད་པ་འབྱུང་བས་ལྷ་བསང་དང་གསོལ་མཆོད་བྱས་སྟེ་ལེན་སྐད་དོ། །ཡོང་སྐབས་སུའང་བསང་མཆོད་མ་བྱས་པར་གྱི་ཚོམ་དུ་འགྲོ་འོང་བྱས་ན་རླུང་འཚུབ་དང་སད་སེར་འབྱུང་བ་མང་པས་འཇིགས་དོགས་ཆེ་ཞིང་། ཡིག་རིགས་ཏུ་ཁ་ར་དང་མཚུངས་ཀྱང་སྐད་མི་འདྲ། ཕྱིང་པ་དང་ཐེར་སྣམ་གྱོན་ཞིང་མིའི་རང་བཞིན་དྲང་ལ་བརྟན་པ་བྱ་ཐབས་རྩིངས་སོ། །རྒྱལ་པོ་ཤཱཀྱའི་རིགས་ལས་མཆེད་པ་དཀོན་མཆོག་ལ་མོས་པ་ཆེ་ཞིང་མངའ་འོག་ཀུན་ལ་སློམས་པས་དབང་བསྒྱུར་རོ། །གཙུག་ལག་ཁང་གཉིས་ཙམ་ལ་དགེ་འདུན་ཉུང་ཤས་གནས་སོ། །༄ དེ་ནས་བྱང་ཤར་མཚམས་སུ་རི་ཐང་མང་པོ་དང་འཕྲང་དོགས་པོ་ཁ་ཤས་འདས་པ་ན་ཀ་ར་ཞེས་བྱ་བའི་ཐང་ཆེན་པོ་ཡོད་དེ་དེའི་ཤར་ནུབ་ཏུ་རྒྱང་གྲག་(གྲགས)སྟོང་ལྷག་ལྷོ་བྱང་རྒྱང་གྲག་(གྲགས)བརྒྱ་ཙམ། དེ་འདས་པ་ན་གངས་རི་ཆེན་པོ་གཉིས་ཀྱི་བར་རྒྱུད་དེ་ཕྱིན་པ་ན་ཉིན་བཞིན་ཁ་བ་བུ་ཡུག་འཚུབ་པའི་གནས་བ་ཚ་ཁོ་ན་སྐྱེ་བོས་བགྲོད་དཀའ་བའི་སར་ཀླུ་ཆེན་གནས་པའི་མཚོ་ཆེན་ཞིག་ཡོད་པ་དེའི་ཤར་ནུབ་ཏུ་རྒྱང་གྲག་(གྲགས)སུམ་བརྒྱ་ལྷག་ལྷོ་བྱང་དུ་རྒྱང་གྲགས་ལྔ་བཅུ་ལྷག་པ་བཙོང་ལས་བསྐོར་བ། དེ་ནི་འཛམ་བུ་གླིང་གི་དབུས་ཡིན་ཟེར་བ་ཤིན་ཏུ་མཐོ། མཚོ་དེའི་ཆུ་ཤིན་ཏུ་དྭངས་བ་ཆུ་ཤེལ་ཞུན་མའི་མདངས་ཅན། དེའི་ནང་དུ་ཀླུའི་རིགས་ཀྱི་སེམས་ཅན་ཛ་ཤེས་མི་ཤེས་

མང་པོ་གནས་སོ། །<PL.144>ཡང་ཆུའི་བྱ་མང་པོ་དང་ཆག་པ་གཙལ་མར་བརྡལ་བ། མཚོ་དེ་ལས་གྱེས་པའི་ཀླུང་ཅིག་གཡས་སུ་བབས་ཏེ། རྒྱ་མ་སིནྡྷའི་ཡུལ་དུ་འབབས་པ། ཡང་དེ་ལས་གྱེས་པའི་ཀླུང་ཅིག་ཤར་དུ་བབས་སྟེ་པ་ཀྵུའི་ཀླུང་དུ་འབབ་བོ། །མཚོ་དེ་གླིང་དབུས་ཡིན་པའི་རྒྱུ་མཚན་ནི་ས་ཤིན་ཏུ་མཐོ་བས་ཤར་གྱི་ཆུ་བོ་ཐམས་ཅད་ཤར་ཕྱོགས་སུ་འབབས་ནུབ་ཀྱི་ཆུ་བོ་ཐམས་ཅད་ནུབ་ཕྱོགས་སུ་འབབ་པར་སྣང་ངོ་། །༄ ཐང་ཆེན་པོ་དེ་ནས་ལྷོ་ཕྱོགས་སུ་རི་བོ་ཆེན་པོ་གཅིག་འདས་པ་ན་བ་ཏུ་རའི་ཡུལ་ལོ། །དེར་མི་མེད་གསེར་དངུལ་ཁོ་ན་མེའི་མདོག་ཏུ་འདུག་གོ །

解 1：

（1）合并完整翻译全文。

（2）第一句是前一国的最后“越达摩悉铁帝国大山之南，至商弥国”一句。

解 2：

商弥国　突　Shemi（今阿富汗东北瓦罕境内）

朅盘陀国

朅盘陀国周二千余里。国大都城基大石岭，背徙多河，周二十余里。山岭连属，川原隘狭。谷稼俭少，菽麦丰多，林树稀，花果少。原隰丘墟，城邑空旷。俗无礼义，人寡学艺，性既犷暴，力亦骁勇。容貌丑弊，衣服毡褐。文字语言大同佉沙国。然知淳信，敬崇佛法。伽蓝十余所，僧徒五百余人，习学小乘教说一切有部。

{ཀ་ཧྭན་ཏའི་ཡུལ།}

དེ་ནས་ཤར་ལྷོར་ས་ཤིན་ཏུ་བགྲོད་དཀའ་ཆེས་བརྟན་སར་རིམ་གྱིས་རྒྱང་གྲག་(གྲགས)ལྔ་བརྒྱ་ཕྱིན་པ་ན། ཀ་ཧྭན་ཏའི་༧༨ ☆ ཡུལ་ལོ། །དེའི་ཐ་གྲུར་རྒྱང་གྲག་(གྲགས)ཉིས་སྟོང་ལྷག་དཀྱིལ་མཁར་བྲག་ཆེན་པོའི་ཐོག་ཏུ་བརྩེགས་ལ་རྒྱར་གྲག་(གྲགས)ཉི་ཤུ་ལྷག །ནས་གྲོ་སྨན་མ་ཙམ་འདེབས་པ་ལས་བྲུས་མ་སོགས་འབྲུ་གཞན་མི་སྐྱེས་སོ། །ཤིང་ཏོག་དང་མེ་ཏོག་ནགས་ཚལ་གང་ཡང་དཀོན་ནོ། །གྲོང་ཁྱེར་འགའ་ཞིག་ཡོད་པའང་གོག་སྟོང་མང་ངོ་། མིའི་རང་བཞིན་བྱད་གཟུགས་ངན་ཅིང་དཔའ་རྩལ་ཆེ་ལ་ཕྱིན་པ་ཀྱེན་པ། ཡི་གེ་དང་སྐད་རིགས་ཡུལ་ཁ་ཤ་ར་དང་མཚུངས་སོ། །ནང་པ་ལ་མོས་པ་དད་པ་བརྟན་པ་

གཙུག་ལག་ཁང་བཅུ་ལྷག་ལ་དགེ་འདུན་སུམ་བརྒྱ་ལྷག་བཞུགས་པ་ཐེག་དམན་པ་སྡེ་པ་ཡོད་སྨྲའོ། །

解 1：

（1）完整翻译全文。

（2）第一句是前一国的最后一句“自此川中东南，登山履险，路无人里，唯多冰雪。行五百余里，至朅盘陀国”一句。

解 2：

朅盘陀国　突　Kavanta（今新疆的塔什库尔干）

一、建国传说

今王淳质，敬重三宝，仪容闲雅，笃志好学。建国已来，多历年所，其自称云是至那提婆瞿呾罗。唐言汉日天种。此国之先。葱岭中荒川也。昔波利剌斯国王娶妇汉土。迎归至此。时属兵乱，东西路绝，遂以王女置于孤峰，极危峻，梯崖而上，下设周卫，警昼巡夜。时经三月，寇贼方静，欲趣归路，女已有娠。使臣惶惧，谓徒属曰：“王命迎妇，属斯寇乱，野次荒川，朝不谋夕。吾王德感，妖氛已静。今将归国，王妇有娠。顾此为忧，不知死地。宜推首恶，或以后诛。”讯问諠哗，莫究其实。时彼侍儿谓使臣曰：“勿相尤也，乃神会耳。每日正中，有一丈夫从日轮中乘马会此。”使臣曰：“若然者，何以雪罪？归必见诛，留亦来讨，进退若是，何所宜行？”佥曰：“斯事不细，谁就深诛？待罪境外，且推旦夕。”于是即石峰上筑宫起馆，周三百余步。环宫筑城，立女为主，建官垂宪，至期产男，容貌妍丽。母摄政事，子称尊号。飞行虚空，控驭风云，威德遐被，声教远洽，邻域异国，莫不称臣。其王寿终，葬在此城东南百余里大山岩石室中。其尸干腊，今犹不壤，状羸瘠人，俨然如睡。时易衣服，恒置香花。子孙奕世，以迄于今。以其先祖之世，母则汉土之人，父乃日天之种，故其自称汉日天种。然其王族，貌同中国，首饰方冠，身衣胡服。后嗣陵夷，见迫强国。

{༡ ཡུལ་འཛུགས་པའི་ལོ་རྒྱུས།}

རྒྱལ་པོ་ནི་དཔའ་འཛིན་སྤོབས་པ་དང་ལྡན་པ་ཙི་ན་དེ་བ་ཀུ་ལ་སྟེ་རྒྱ་ནག་ལྷ་ཉི་མའི་རིགས་སུ་གྲགས་པ་སྟེ། དེའི་ལོ་རྒྱུས་ནི། སྔོན་བཙོང་ལས་ཕྱོགས་པའི་ས་ཆར་གནས་པའི་རྒྱལ་པོ་བ་ར་སི་ཞེས་བྱ་བས་རྒྱ་ནག་ཡུལ་ནས་མནའ་མ་བླངས་སྟེ། བློན་པོ་དག་བག་མ་བསུ་རུ་སོང་སྟེ་འདིར་སླེབས་པ་ན་སྡེ་གཟར་ཆེན་པོ་ལངས་པས། ཕྱོགས་གང་དུ་ཡང་འགྲོ་མ་ནུས་པས་རི་ཆེག་སྐྱ་ཅིག་གི་སྟེང་དུ་འཛོགས་ནས་གནས་སོ། །དེ་ནས་ཟླ་བ་གསུམ་ཙམ་ན་འཕྲུགས་པ་ཞི་བས་རང་ཡུལ་དུ་ཆས་པར་བརྩམས་པ་ན་མནའ་མ་སྦྲོག་ཆགས་དང་ལྡན་པར་གྱུར་པ་ན། བློན་པོ་རྣམས་ཐེ་ཚོམ་སྐྱེས་ནས་སྐྲགས་སོ། །མནའ་མའི་གམ་ན་གཞོན་ནུ་ཞིག་འདུག་པས་སྨྲས་པ་ཐེ་ཚོམ་མ་ཆེ། ཉིན་བཞིན་ཉི་མའི་དཀྱིལ་འཁོར་ནས་སྐྱེས་པ་མཛེས་པ་གཟི་བརྗིད་ཅན་རྟ་ལ་ཞོན་པ་ཞིག་འོང་སྟེ་མནའ་མ་དང་ལྷན་དུ་གནས་པ་མཐོང་ཟེར་བས། སློབ་དཔོན་རྣམས་རི་ཆེག་སྐྱ་དེ་ཉིད་དུ་ཁང་ཁྱིམ་བརྩིགས་ཅིང་མནའ་མ་རྒྱལ་པོར་བཀུར་རོ། །དེ་ནས་ཟླ་ངོ་བཅུ་རྫོགས་པ་ན་བུ་མཚན་ལྡན་ནམ་མཁའ་ལ་འགྲོ་ནུས་པ་ཞིག་སྐྱེས་པ། རྒྱལ་པོར་མངའ་གསོལ་ནས་བྱ་བ་ཆེ་ཆུང་གི་དབྱེ་འབྱེད་མཛད་པས་དེ་ལྟར་གྲགས་སོ། །ཙི་ན་ནི་ཞང་པོ་ཡིན་པ་དང་ཕ་ནི་ལྷའི་བུ་ཉི་མ་ཡིན་པའི་རྒྱུ་མཚན་གྱིས་མིང་དེ་ལྟར་གྲགས་པ་ཡིན་ཟེར་རོ། །མི་རྣམས་བྱད་དབྱིབས་ཕལ་ཆེར་རྒྱ་ནག་དང་འདྲ་ཤས་ཆེ་ཞིང་ཆས་གོས་ཙམ་མི་འདྲའོ། །ཕྱིས་སུ་ཡུལ་གཞན་གྱི་རྒྱལ་པོ་སྟོབས་ལྡན་ཅིག་གིས་མནར་ཏེ་ཡུལ་སྤྱོས་སོ། །

解 1：

完整翻译全文。

解 2：

建国传说的注释见《大唐西域记校注》(下) 986 页。

二、童受伽蓝

无忧王命世，即其宫中建窣堵波。其王于后迁居宫东北隅，以其故宫为尊者童受论师建僧伽蓝。台阁高广，佛像威严。尊者呾叉始罗国人也，幼而颖悟，早离俗尘，游心典籍，栖神玄旨，日诵三万二千言，兼书三万二千字，故能学冠时彦，名高当世，立正法，摧邪见，高论清举，无难不酬。五印度国咸见推高。其所制论凡数十部，并盛宣行，莫不翫习，即经部本师也。当此之时，东有马鸣，南有提婆，西有龙猛，北有童受，号为四日照世。故此国王闻尊者盛德，兴兵动众，伐呾叉始罗国，胁而得之，建此伽蓝，式昭瞻仰。

{༢ ཀུ་མ་ར་ཤྲཱིས་བཞེངས་པའི་གཙུག་ལག་ཁང་།}

དེའི་ཕོ་བྲང་རྙིང་པར་རྒྱལ་པོ་ཨ་ཤོ་ཀས་མཆོད་རྟེན་བཞེངས་རྒྱལ་པོ་དེའི་བརྒྱུད་པ་བྱང་ཤར་ཕྱོགས་སུ་སྤོས་པའི་ཁང་ཁྱིམ་རྙིང་པར་པཎ་ཆེན་ཀུ་མ་ར་ཤྲཱིས་གཙུག་ལག་ཁང་ཞིག་བཞེངས་སོ། །༈ དེའི་དུས་སུ་རྒྱ་གར་གྱི་ཕྱོགས་<PL.145>ལྔ་ལ་གྲགས་པ་དོན་ལྡན་གྱི་སློབ་དཔོན་བྱུང་བ་ནི། ཤར་ཕྱོགས་སུ་རྟ་དབྱངས། ལྷོ་ཕྱོགས་སུ་འཕགས་པ་ལྷ། ནུབ་ཕྱོགས་སུ་ཀླུ་སྒྲུབ། བྱང་ཕྱོགས་སུ་ཀུ་མ་ར་ཤྲཱིའོ། འདི་བཞི་འཛིག་རྟེན་གསལ་བའི་ཉི་མ་ཞེས་གྲགས་སོ། །

解 1：

“台阁高广，…………无难不酬。”一节没有翻译。

解 2：

童受伽蓝的注释见《大唐西域记校注》（下）987 页。

三、二石室入定罗汉

城东南行三百余里，至大石崖，有二石室，各一罗汉于中入灭尽定，端然而坐，难以动摇。形若羸人，肤骸不朽，已经七百余岁。其须发恒长，故众僧年别为剃发易衣。

{༣ རྫོའི་ཁང་པ་གཉིས་ནང་དགྲ་བཅོམ་རེ་བཞུགས་པའི་སྐོར།}

གྲོང་ཁྱེར་དེའི་ཤར་ལྷོའི་མཚམས་སུ་རྒྱང་གྲག་(གྲགས)སུམ་བརྒྱ་ཙམ་ན། རིའི་སྐྱིབས་སུ་རྫོའི་ཁང་པ་གཉིས་ཡོད་པ་རེ་རེའི་ནང་དུ་དགྲ་བཅོམ་པ་རེས་ཞུགས་(བཞུགས)སྙེ་མྱ་ངན་ལས་འདས་པ་སྐུ་ལུས་སྐམ་ཀྱང་མི་སྲུལ་ཞིང་ལོ་བདུན་བརྒྱ་ལྷག་སོང་སྐྲ་དང་ཁ་སྤུ་སྐྱེས་བཞིན་པ། དགེ་འདུན་རྣམས་ཀྱིས་ལོ་རེ་ལ་ལན་རེ་བྲེག་ཅིང་ན་བཟའ་བརྗེ་པར་བྱེད་པ་སྣང་ངོ་། །

解 1:

完整翻译全文。

解 2:

二石室入定罗汉的注释见《大唐西域记校注》(下) 988 页。

四、奔穰舍罗

大崖东北，踰岭履险，行二百余里，至奔通论反。穰舍罗。唐言福舍。葱岭东冈，四山之中，地方百余顷，正中垫下。冬夏积雪，风寒飘劲。畴垄舄卤，稼穑不滋，既无林树，唯有细草。时虽暑热，而多风雪，人徒纔入，云雾已兴。商侣往来，苦斯艰险。闻诸耆旧曰：昔有卖客，其徒万余，橐驼数千，赍货逐利，遭风遇雪，人畜俱丧。时朅盘陀国有大罗汉，遥观见之，愍其危厄，欲运神通，拯斯沦溺。适来至此，商人已丧，于是收诸珍宝，集其所有，构立馆舍，储积资财，买地邻国，鬻户边城，以赈往来。故今行人商侣，咸蒙周给。

从此东下葱岭东冈，登危岭，越洞谷，溪径险阻，风雪相继，行八百余里，出葱岭至乌铩国。

{༤ པུ་ཧྲེ་ཤྲི།}

དེ་ནས་བྱང་ཤར་མཚམས་སུ་འགྲོ་དཀའ་བའི་ས་རྒྱང་གྲག་(གྲགས)ཉིས་བརྒྱ་ཕྱིན་པ་ན། པུ་ཧྲེ་ཤྲི་སྟེ་བསོད་ནམས་དཔལ་ཞེས་བྱ་བའི་གནས་ཡོད་དོ། །དེའི་ཐ་གྲུ་རྒྱང་གྲག་(གྲགས)བརྒྱ་ཙམ་གྱིས་ཡངས་པ་མཐའ་མཐོ་ཞིང་དབུས་དམའ་བ། རི་བོ་བཞིས་བསྐོར་བ་དབྱར་དགུན་ཀུན་ཏུ་ཁ་བས་གཡོགས་པ། འབྲུ་སྣ་ཅི་ཡང་འདེབས་མ་སྨྱོངས་པ་རྩ་སྔོ་ལ་འཛམ་པས་ཁྱབ་པ། མི་དག་ཕྱིན་ན་སླེབས་པ་ཙམ་གྱིས་སྤྲིན་འཐིབས་པ། གནའ་དུས་སུ་ཚོང་པ་མང་པོ་རྗ་མོ་ཁྲི་ཕྲག་ལྷག་ལ་དངོས་ཆས་བཀལ་ཏེ་འདིར་སླེབས་པ་ན། ན་བུན་འཐིབས་སྟེ་གངས་ཆེ་བས་མི་ཕྱུག་ཐམས་ཅད་འཁྱགས་སྟེ་ཤིའོ། །དུས་དེར་ཀེ་ཧྨནྡའི་ཡུལ་གྱི་དགྲ་བཅོམ་པ་མངོན་ཤེས་དྲུག་དང་ལྡན་པ་ཞིག་གིས། རྒྱང་རིང་པོ་ནས་གཟིགས་ཏེ་སྙིང་རྗེས་རྫུ་འཕྲུལ་གྱིས་བྱོན་དེ་དག་གི་ཀ་ཅ་རྣམས་བསྡུས་པ་ལ་རྟེན་ནས། ལྗོངས་ཤིག་བཏབས་ཁྲིན་པ་བཀོས་སོ། །ཉེ་

འཁོར་གྱི་ཡུལ་ནས་མི་ཁྱིམ་ཚོགས་པར་བྱས་སྟེ་འགྲོན་ཁང་རྣམས་བཏབས་སོ། །དེ་ཕྱིན་ཆད་མི་ཕྱུག་འགྲོན་པོའི་འགྲོ་ལམ་དུ་གྱུར་ཏོ། །

解 1：

完整翻译全文。

解 2：

奔穰舍罗的注释见《大唐西域记校注》（下）990 页。

乌铩国

乌铩国周千余里。国大都城周十余里，南临徙多河。地土沃壤，稼穑殷盛，林树郁茂，花果具繁。多出杂玉，则有白玉、黳玉、青玉。气序和，风雨顺。俗寡礼义，人性刚犷，多诡诈，少廉耻。文字语言少同佉沙国。容貌丑弊，衣服皮褐，然能崇信，敬奉佛法。伽蓝十余所，僧徒减千人，习学小乘教说一切有部。自数百年王族绝嗣，无别君长，役属朅盘陀国。

{ཨུ་ཤའི་ཡུལ།}

དེ་ནས་ཤར་དུ་བཅོང་ལའི་ཤར་ངོས་སུ་བབ་སྟེ་གྲང་ལྷག་ཁྱད་དུ་བསད་ནས་རྒྱང་གྲག་(གྲགས)བརྒྱད་བརྒྱ་ཙམ་སོང་བ་ན། བཅོང་ལས་རི་སུལ་ཐོན་པ་ན་ཨུ་ཤའི་༡༨ ☆ ཡུལ་ལོ། །[དེང་སང་འོ་ཞི་ཐེར།]དེའི་ཐ་གྲུ་རྒྱང་གྲག་(གྲགས)སྟོང་ལྷག་དབུས་ཀྱི་མཁར་རྒྱང་གྲག་(གྲགས)བཅུ་སྐོར་འདངས་པ། ལྷོར་སིཏྟའི་ཀླུང་ཆེན་ལ་གཉོལ་བ། ས་གཞི་གཤིན་ཅིང་(ཞིང)འབྲུ་སྣ་ཚོགས་འདེབས་ཤིང་བཟའ་ཤིང་དང་ལོངས་སྤྱོད་ཀྱི་ནོམས་པ། རྫོ་སྙིང་ཁ་དོག་སྣ་ཚོགས་པ་འབྱུང་ངོ་ནམ་དབུགས་འཇམ་ཞིང་གྲང་དྲོ་སྙོམས་པ་དུས་དང་མཐུན་པའི་རྫི་ཆར་ལེགས་པ། མིའི་རང་བཞིན་རྩུབ་ཅིང་རྐོད་པ། འོན་ཀྱང་ལུགས་སྲོལ་སྐྱོང་ལ་གཡོ་ཅན། སྐད་རིགས་དང་ཡི་གེ་ནི་ཕལ་ཆེར་ཁ་ཤའི་ཡུལ་དང་མཚུངས་ཙམ་མོ། །གཙུག་ལག་ཁང་བཅུ་ལྷག་ལ་དགེ་འདུན་ཆིག་སྟོང་ཙམ་ཐེག་དམན་པ་ཐམས་ཅད་ཡོད་སྨྲ་བའི་སྡེ་པའོ། །ལོ་བརྒྱ་ཕྲག་དུ་མའི་སྔོན་ནས་རྒྱལ་བརྒྱུད་ཆད་དེ་རྗེ་དཔོན་མེད་པས། ཀ་ཧྭནྡྷའི་མངའ་འོག་ཏུ་གཏོགས་སོ། །

解 1:

（1）完整翻译全文。

（2）第一句是前一国的最后“从此东下葱岭东冈，登危岭，越洞谷，溪径险阻，风雪相继，行八百余里，出葱岭至乌铩国”一句。

（3）批注为“现在叫卧西”。

解 2:

乌铩国 突 Usar（今新疆的英吉沙县）

一、罗汉出定神变传说

城西二百余里至大山，山气巃嵸，触石兴云。崖隒峥嵘，将崩未坠。其巅窣堵波，郁然奇制也。闻诸土俗曰：数百年前，山崖崩圮，中有苾刍，瞑目而坐。躯量伟大，形容枯槁，须发下垂，被肩蒙面。有田猎者见已白王，王躬观礼。都人士子，不召而至，焚香散花，竞修供养。王曰：“斯何人哉，若此伟也！”有苾刍对曰：“此须发垂长而服袈裟，乃入灭心定阿罗汉也。夫入灭心定者，先有期限，或言闻揵稚声，或言待日光照。有兹警察，便从定起。若无警察，寂然不动，定力持身，遂无坏灭。段食之体，出定便谢。宜以苏油灌注，令得滋润，然后鼓击，警悟定心。”王曰：“俞乎！”乃击揵稚。其声纔振，而此罗汉豁然高视，久之乃曰：“尔辈何人，形容卑劣，被服袈裟？”对曰：“我苾刍也。”曰：“然我师迦叶波如来今何所在？”对曰：“入大涅盘，其来已久。”闻而闭目，怅若有怀，寻重问曰：“释迦如来出兴世耶？”对曰：“诞灵导世，已从寂灭。”闻复俯首，久之乃起，升虚空，现神变，化火焚身，遗骸坠地。王收其骨，起窣堵波。

从此北行，山碛旷野五百余里，至佉沙国。旧谓疏勒者，乃称其城号也。正音宜云室利讫栗多底。疏勒之言，犹为讹也。

{དགེ་སློང་གིས་ཏིང་ངེ་འཛིན་པའི་ལོ་རྒྱུས།}

གྲོང་ཁྱེར་དེའི་ནུབ་ཕྱོགས་སུ་རྒྱང་གྲག་(གྲགས)ཉིས་བརྒྱ་ལྷག་ཕྱིན་པ་ན། རི་བོ་ཆེན་པོ་ངོ་མཚར་བཀོད་པ་ཞེས་པ་ཡོད་དོ། །རི་དེའི་རྩེ་དབྱིབས་སྣ་ཚོགས་པ་དཀྲུས་མ་དང་མི་འདྲ་སྟེ། རྩེ་ཞིག་རྒྱང་

གཅིག་ཡོད་པ་བལྟས་ཆེ་མཆོད་རྟེན་ལྟར་གྱེན་དུ་ལངས་པ་ལས་སྲིན་བུང་འགྱིད་པ་ལྟ་བུ་དང་། འགྱིལ་ལ་ཁད་པ་ལྟ་བུ་དང་། འབར་འབུར་ཤང་ཤོང་ལྟ་བུ་དང་། ཕུག་པ་ཡོད་པ་ལྟ་བུ་དང་རྩེ་མོར་མཆོད་རྟེན་བཟོ་ཁྲད་དུ་འཕགས་པ་ལྟ་བུ་དང་། རྩ་བ་ཕྲ་ལ་རྩེ་མོ་སྦོམ་པ་ལྟ་བུ་སྣ་ཚོགས་སུ་མཐོང་བས་མིང་དེ་ལྟར་འདོད་པ་སྟེ། <PL.146>ལོ་རྒྱུས་ཤིག་ན། རྩ་བ་བརྟན་ཅིང་རྩེ་མོ་ཉིལ་བའི་རི་ཞིག་ཡོད་པ་ལ། གནའ་དུས་རི་ཆེན་པོ་ཞིག་ཡིན། ལན་ཅིག་ཆོས་ཉིད་ཀྱིས་ཉིལ་བའི་ཤུལ་དུ་དགེ་སློང་ཅིག་མིག་བཙུམ་སྐྱིལ་དཀྲུང་བཅས་ཏེ་འདུག་ཟེར་བ་ཇོན་པ་ཞིག་གིས་མཐོང་ནས་རྒྱལ་པོ་ལ་ཞུས་པས། རྒྱལ་པོ་རང་ཉིད་བལྟ་བར་ཕྱིན་གྲོང་མི་ཐམས་ཅད་ཀྱང་ལྟད་མོའི་ཕྱིར་འདུས་སོ། །ཚང་མས་སྤོས་སྤར་མེ་ཏོག་གཏོར་ཕྱག་བགྱིས་སོ། །རྒྱལ་པོས་ཚུལ་དེ་དྲིས་པ་ན་དགེ་སློང་ཞིག་གིས་འདི་ནི་གནས་བརྟན་འགོག་སྙོམས་པ་ཡིན་ཟེར་རོ། །འགོག་པའི་སྙོམས་འཇུག་ལ་མཉམ་པར་བཞག་པ་ནི། ལུས་སྐམ་ཡང་གསོན་པོ་ལགས་པས་སྐྲ་དང་ཁ་སྤུ་སྐྱོན་མེད་པར་སྐྱེ་བཞིན་པ། ཏིང་ངེ་འཛིན་གྱི་མཐུས་མི་ཚུལ་མི་འཇིག་མོད་ཀྱི་དྲན་པ་ནི་མེད་དོ། །ཀྞཊྚིའི་སྒྲ་ཐོས་སམ་ཉི་ཟེར་རྣོན་པོས་རེག་པ་ལྟ་བུའི་རྐྱེན་གྱིས་སད་པར་བྱ་བ་མ་གཏོགས་སོ་ཞུས་པས། རྒྱལ་པོས་ཚོད་བགམ་པའི་ཕྱིར་འབྲུ་མར་བླུགས་ཏེ་ལུས་བརླན་པར་བྱས་སྟེ་ཀྞཊྚི་བརྡུངས་བས་སད་དེ་ཚུར་ལ་དྲིས་པ་ཁྱོད་ཚོ་མི་ཡིན་ནམ། ཅིའི་ཕྱིར་ལུས་ཆུང་ཞིང་སྐད་དམན་པ་ཆོས་གོས་གྱོན་པ་ཡིན། དགེ་སློང་གིས་བདག་ཤཱཀྱ་ཐུབ་པའི་བསྟན་པ་ལ་ཞུགས་པའི་དགེ་སློང་ཡིན་ཟེར་བས། སླར་སྨྲས་པ་བདག་གི་སྟོན་པ་སངས་རྒྱས་འོད་སྲུང་ཞེས་བྱ་བ་ད་ལྟ་གང་དུ་བཞུགས་དྲིས་སོ། །དུས་རིང་མོ་ཞིག་གི་སྔོན་རོལ་མྱ་ངན་ལས་འདས་ཟིན་ཏོ། །འགོག་སྙོམས་པས་ཤུག་རིང་ཕྱུང་ནས་སླར་དྲིས་པ། ཤཱཀྱ་ཐུབ་པ་འཇིག་རྟེན་དུ་ཕྱིན་ནམ། ཐུབ་པ་ཡང་མྱ་ངན་ལས་འདས་ཟིན་ཞེས་སྨྲས་པ། དེ་ནས་འགོག་སྙོམས་དབུ་གུག་ཏེ་ཅང་མི་ཟེར་ཞིང་མིག་བཙུམ་ཏེ་འདུག་གོ །རིང་ཙམ་ན་ལངས་ཏེ་ནམ་མཁར་འཕགས་ཏེ་རྫུ་འཕྲུལ་བསྟན་པས་བསམ་གཏན་གྱི་མེས་ཕུར་སྦྱང་བའི་རིང་བསྲེལ་ལ་རྒྱལ་པོ་དེས་མཆོད་རྟེན་བཞེངས་སོ།

解 1：

完整翻译全文。

解 2：

罗汉出定神变传说的注释见《大唐西域记校注》（下）994 页。

佉沙国

佉沙国周五千余里，多沙碛，少壤土。稼穑殷盛，花果繁茂。出细毡褐，工织细毡、𣰽毹。气候和畅，风雨顺序。人性犷暴，俗多诡诈，礼义轻薄，学艺肤浅。其俗生子，押头匾遞，容貌粗鄙，文身绿睛。而其文字，取则印度，虽有删讹，颇存体势。语言辞调，异于诸国。淳信佛法，勤营福利。伽蓝数百所，僧徒万余人，习学小乘教说一切有部。不究其理，多讽其文，故诵通三藏及《毘婆沙》者多矣。

从此东南行五百余里，济徙多河，踰大沙岭，至斫句迦国。旧曰沮渠。

{ཁ་ཤའི་ཡུལ།}

དེ་ནས་བྱང་ཕྱོགས་སུ་བྱེ་མའི་རི་ཐང་བརྒལ་གྱིན་རྒྱང་གྲག་(གྲགས)ལྔ་བརྒྱ་བགྲོད་པ་ན་ཁ་ཤའི་

༢༠ ☆ [ཀ་ཤི་ཀྣ་ར]ཡུལ་ལོ། །དེའི་ཐ་གྲུར་རྒྱང་གྲག་(གྲགས)ལྔ་སྟོང་ལྷག་ཙམ་ལ་གཞུང་མཁར་ལ་ཤུ་ཡ་ཞེས་བྱ། ས་གཞི་བྱེ་མས་ས་ཆེ་ཡང་འབྲུ་འདེབས་པ་ཤིང་ཏོག་དང་མེ་ཏོག་གི་རིགས་མང་ངོ་། །ཕྱིང་པ་དང་ཐེར་མ་བཟང་པོ་འབྱུང་ངོ་། །ནམ་དབུགས་འཇམ་ཞིང་ཆ་གྲང་སྙོམས་པ་མིའི་རང་བཞིན་གཡོ་སྒྱུ་ཆེ་ཞིང་ལུགས་སྲོལ་ཡང་ལ་སྲབ་པ། བུ་བྱུང་མ་ཐག་མགོ་བོ་ཤིང་ལེབ་ཀྱི་བར་དུ་བཙིར་བས་ལེབ་མོར་གྱུར་པ་བྱེད་གཟུགས་ངན་ཅིང་རྩུབ་པ་ཤ་མདོག་ཁྲ་བོ་མིག་ལྗང་གུ་སྐད་དང་ཡིག་རིགས་ཡུལ་གཞན་དང་མི་འདྲ་རགས་རིམ་རྒྱ་གར་དང་མཚུངས་སོ། །གཙོ་བོ་ནང་པ་ལ་མོས་ཤིང་དགེ་རྩ་ལ་འགྲུས་སོ། །གཙུག་ལག་ཁང་བརྒྱ་ཕྲག་དུ་མར་དགེ་འདུན་ཁྲི་ལྷག་བཞུགས་པ་ཐེག་དམན་པ་སྡེ་པ་ཡོད་སྨྲ་ཤ་སྟག་གོ། འོན་ཀྱང་སྡེ་སྣོད་གསུམ་ཀ་ལ་སྦྱང་བའང་ཡོད་དོ། །

解 1：

（1）完整翻译全文。

（2）第一句是前一国的最后一句“从此北行，山碛旷野五百余里，至佉沙国。旧谓疏勒者，乃称其城号也。正音宜云室利讫栗多底。疏勒之言，犹为讹也”。小字没有翻译，因不影响全文的含义，故省略了。

（3）批注意为又名“喀什噶尔”。

解 2：

佉沙国　突　Kāsyār（今新疆的喀什市）

斫句迦国

斫句迦国周千余里。国大都城周十余里，坚峻险固，编户殷盛。山阜连属，砾石弥漫，临带两河，颇以耕植。蒲陶、梨、柰，其果寔繁。时风寒，人躁暴，俗唯诡诈，公行劫盗。文字同瞿萨旦那国，言语有异。礼义轻薄；学艺浅近。淳信三宝，好乐福利。伽蓝数十，毁坏已多。僧徒百余人，习学大乘教。

国南境有大山，崖岭嵯峨，峰峦重叠。草木凌寒，春秋一贯。溪涧浚濑，飞流四注。崖龛石室，棋布岩林。印度果人，多运神通，轻举远游，栖止于此。诸阿罗汉寂灭者众，以故多有窣堵波也。今犹现有三阿罗汉居岩穴中，入灭心定，形若羸人，须发恒长，故诸沙门时往为剃。而此国中大乘经典部数尤多，佛法至处，莫斯为盛也。十万颂为部者，凡有十数。自兹已降，其流寔广。

从此而东，踰岭越谷，行八百余里，至瞿萨旦那国。唐言地乳，即其俗之雅言也。俗语谓之涣那国，匈奴谓之于遁，诸胡谓之溪旦，印度谓之屈丹，旧曰于阗，讹也。

{ཤོ་གུ་ཀའི་ཡུལ།}

དེ་ནས་ཤར་ལྷོའི་མཚམས་སུ་རྒྱང་གྲག་(གྲགས)ལྔ་བརྒྱ་བགྲོད་དེ་སིནྡྷུའི་ཀླུང་བརྒལ་བ་ན་ཤོ་གུ་ཀའི་
༢༧ ☆ ཡུལ་ལོ། །[དེང་སང་ཡེར་ཁེན་ཟེར་བ་དེ་ཡིན]དེའི་ཐ་གྲུར་རྒྱང་གྲག་(གྲགས)སྟོང་ལྷག་དཀྱིལ་མཁར་རྒྱ་ཁྱོན་རྒྱང་གྲག་(གྲགས)བཅུ་ལྷག་བཙན་ལ་བརྟན་པ། མི་ཁྱིམ་གྱིས་གདམས་པ་ས་གཞི་ཕྱེ་མ་ཆེ་ཞིང་ས་ནག་ཅུང་ངེ་། །སིནྡྷུའི་ཀླུང་གིས་བསྐོར་བ་ས་གཤིན་པོ་རྒྱུན་འབྲུམ་དང་སེ་ཡབ་དང་འབྲ་གོ་སོགས་ཤིང་ཏོག་སྨིན་པ། ནམ་དབུགས་<PL.147>གྲང་བ་མིའི་རང་བཞིན་ཏབ་ཏོབ་ཆེ་ཞིང་གཏུམ་པ་གཡོ་སྒྱུ་དང་ཇག་རྐུན་གྱི་ལས་ལ་མི་འཛེམས་པར་སྤྱོད་པ། ཡི་གེ་དང་སྐད་རིགས་ཡུལ་ཀུ་ས་ཏ་ན་དང་མཚུངས་སོ། །སྐད་རིགས་མི་མཐུན་པ་ཅུང་ཟད་དང་ཚུལ་ལུགས་ཡང་(ཀྱང)ཞིང་སྲབ་པོ་སློབ་གཉེར་ལ་དགའ་བ་ནང་མོས་ཤིང་དགེ་བ་ལ་འགྲུས་ཆེ་བ། གཙུག་ལག་ཁང་བཅུ་ཕྲག་དུ་མ་ཕལ་ཆེར་རྙིང་ཞིང་

ཀོག་པོ་ལ་དགེ་འདུན་བརྒྱ་ལྷག་ཙམ་ཐེག་ཆེན་སྤྱོད་པ། གྲོང་ཁྱེར་གྱི་ལྷོ་ཕྱོགས་སུ་རི་ཆེན་པོའི་སྦོ་ནས་ཆུ་མིག་ཆེན་པོ་ཞིག་ཡོད་དེའི་ངོས་བཞི་ནས་ཆུ་ཐོན་ཏེ་ཕྱོགས་བཞིར་འབབ་པོ་(བོ)། །དགྲ་བཅོམ་པ་མྱུ་ངན་ལས་འདས་པའི་མཆོད་རྟེན་མང་ཙམ་མཆིའོ། །ཐེག་པ་ཆེན་པོའི་ཆོས་ཀྱི་གླེགས་བམ་ཤིན་ཏུ་མང་བ་ནི། ཕྱོགས་གང་གིས་ཀྱང་འདི་དང་འགྲན་དུ་མེད་ཟེར་རོ། །ཚོག་འབུམ་ལོངས་པ་བཅུ་ལྷག་བཞུགས་སོ། །ད་ལྟ་ཡང་དགྲ་བཅོམ་པ་གསུམ་འགོག་སྙོམས་ལ་བཞུགས་འདུག་པ་སྐྲ་ལུས་སྐམ་ཀྱང་མ་རྡུལ་བ་ལ་དགེ་འདུན་རྣམས་ཀྱིས་ལོ་བཞིན་གྱི་ཟླ་བ་སོ་སོ་ལ་སྐྲ་ བྲེགས་ཏེ་གོས་བརྗེས་བར་སྣང་ངོ་། །

解 1:

（1）完整翻译全文。

（2）第一句是前一国的最后一句“从此东南行五百余里，济徙多河，踰大沙岭，至斫句迦国。旧曰沮渠”。小字没有翻译，因不影响全文的含义，故省略了。

（3）批注意为“如今称叶尔刊”，即叶城县。

解 2:

斫句迦国　梵　cakukalka（今新疆的叶城县）

瞿萨旦那国

瞿萨旦那国周四千余里，沙碛太半，壤土隘狭，宜谷稼，多众果。出氍细毡，工纺绩絁紬，又产白玉、黳玉。气序和畅，飘风飞埃。俗知礼义，人性温恭，好学典艺，博达技能。众庶富乐，编户安业。国尚乐音，人好歌舞。少服毛褐毡裘，多衣絁紬白毡。仪形有礼，风则有纪。文字宪章，聿尊印度，微改体势，。粗有沿革。语异诸国，崇尚佛法。伽蓝百有余所，僧徒五千余人，并多习学大乘法教。

{ཁུ་ས་ད་ནའི་ཡུལ།}

དེ་ནས་ཤར་ཕྱོགས་སུ་རི་སྒང་བརྒལ་ཏེ་རྒྱང་གྲག་(གྲགས)བརྒྱད་བརྒྱ་ཕྱིན་པ་ན་ཁུ་ས་ད་ནའི་༢༢ ☆ [ཀོ་ར་ཤྲཱ་ར]ཡུལ་ལོ། །དེའི་ཐ་གྲུར་རྒྱང་གྲག་(གྲགས)བཞི་སྟོང་ལྷག་བྱེ་མ་དང་གསེག་མ་ཤས་ཆེ་ཞིང་ས་ནག་དཀོན་པ། ཞིང་ལ་འབྲས་མར་དང་ཅི་ཅི་དང་ཤིང་ཏོག་གི་རིགས་སྨིན་པ། ནམ་དབུགས་གྲང་ཞིང་

ལྷུང་འཚུབ་ཆེ་བ་ཐེར་སྣམ་བཟང་ལ་ཞིབ་པ། མིའི་རང་བཞིན་བཟོ་རིགས་ལ་མཁས་པ་རྗེ་སྙིང་དཀར་ནག་རིགས་གཉིས་འབྱུང་ཞིང་། ཕྱུག་པོ་མང་ཞིང་གླུ་གར་ལ་དགའ་བ་ཆོག་ཤེས་པ། རས་ཞིས་དཀར་པོ་གྱོན་པ་ནང་པ་ལ་མོས་སོ། །གཙུག་ལག་ཁང་བརྒྱ་ཕྲག་ལྷག་པར་དགེ་འདུན་སྟོང་ཕྲག་ལྔ་ལྷག་བཞུགས་པ་ནི་ཐེག་ཆེན་པ་ཤ་སྟག་གོ །

解 1：

（1）完整翻译全文。

（2）第一句是前一国的最后一句“从此而东，踰岭越谷，行八百余里，至瞿萨旦那国。唐言地乳，即其俗之雅言也。俗语谓之涣那国，匈奴谓之于遁，诸胡谓之溪旦，印度谓之屈丹，旧曰于阗，讹也”。小字没有翻译，因不影响全文的含义，故省略了。

（3）批注意为“国名又称果热夏热”。

解 2：

瞿萨旦那国　梵　Gostana（今新疆和田市）

一、建国传说

王甚骁武，敬重佛法，自云：“毘沙门天之祚胤也。”昔者此国虚旷无人，毘沙门天于此栖止。无忧王太子在呾叉始罗国被抉目已，无忧王怒谴辅佐，迁其豪族，出雪山北，居荒谷间。迁人逐物，至此西界，推举酋豪，尊立为王。当是时也，东土帝子蒙谴流徙，居此东界，群下劝进，又自称王。岁月已积，风教不通。各因田猎，遇会荒泽，更问宗绪，因而争长。忿形辞语，便欲交兵。或有谏曰：“今何遽乎？因獵决战，未尽兵锋。宜归治兵，期而后集。”于是回驾而返，各归其国，校习戎，督励士卒，至期兵会，旗鼓相望。旦日合战，西主不利，因而逐北，遂斩其首。东主乘胜，抚集亡国，迁都中地，方建城郭。忧其无土，恐难成功，宣告远近，谁识地理。时有涂灰外道负大瓠，盛满水而自进曰：“我知地理。”遂以其水屈曲遗流，周而复始，因即疾驱，忽而不见。依彼水迹，峙其基堵，遂得兴功，即斯国治，今王所都于此城也。城非崇峻，攻击难克，自古已来，未能有胜。

其王迁都作邑，建国安人，功绩已成，齿耋云暮，未有胤嗣，恐绝宗绪。乃往毘沙门天神所，祈祷请嗣。神像额上，剖出婴孩，捧以回驾，国人称庆。既不饮乳，恐其不寿，寻诣神祠，重请育养。神前之地忽然隆起，其状如乳，神童饮吮，遂至成立。智勇光前，风教遐被，遂营神祠，宗先祖也。自兹已降，奕世相承，传国君临，不失其绪。故今神庙多诸珍宝，拜祠享祭，无替于时。地乳所育，因为国号。

{༡ ཡུལ་འཛུགས་པའི་ལོ་རྒྱུས།}

རྒྱལ་པོ་ནི་ཤིན་ཏུ་དཔའ་རྩལ་ཆེ་ཞིང་དད་པ་ཅན་རྒྱལ་པོ་ཆེན་པོ་རྣམ་ཐོས་སྲས་ཀྱི་རིགས་ཡིན་ཟེར་རོ། །དེའི་ལོ་རྒྱུས་ནི་གནའ་དུས་སུ་རྒྱལ་ཆེན་རྣམ་ཐོས་སྲས་གནས་འདིར་རྒྱུན་ཆགས་སུ་གནས་པ་ལས། འཁོར་གྱི་གནོད་སྦྱིན་ཞིག་གིས་རགྷ་ཤེ་ལིའི་ཡུལ་དུ་རྒྱལ་པོ་ཨ་ཤོ་ཀའི་སྲས་ཀྱི་བུ་བོ་དེར་གནས་པ་གནོད་སྦྱིན་དེས་གནོད་པས་མིག་བཏོན་པས། ཨ་ཤོ་ཀ་ཁྲོས་ཏེ་སློབ་དཔོན་ཞིག་བཏང་ནས་གནོད་སྦྱིན་རིགས་བརྒྱུད་དང་བཅས་པ་ཡུལ་ནས་བསྐྲད་པར་མཛད་དེ་གངས་རིའི་རྒྱབ་ཏུ་གནས་ལས་མཆེད་པ་ཡིན་ཞིང་། ཕྱིས་རྒྱལ་པོ་བྱེད་པ་བྱུང་བ་ལ་གཡས་རུའི་རྒྱལ་པོ་ཞེས་ཟེར་ཞིང་། [མཁར་ལ་ཨ་ཏ་ཤྭ་ར་ཟེར]ཡང་རྒྱ་ནག་གི་རྒྱལ་པོའི་བུ་ཞིག་ས་མཐར་སྤྱུགས་པ་ལས་མཆེད་པའི་རྒྱལ་པོ་ལ་གཡོན་རུའི་རྒྱལ་པོ་ཟེར་རོ། །[མཁར་ལ་ཁ་ཁར་ཟེར]རྒྱལ་པོ་གཉིས་རི་དྭགས་བཤོར་བ་འཕྲད་ནས་ཕན་ཚུན་འཐབ་པས་རྒྱལ་ཕམ་རེ་མོས་སུ་བྱུང་བས། སོ་སོར་གྲོང་ཁྱེར་བཏབ་ཏེ་གནས་སོ། །གཡས་རུའི་རྒྱལ་པོས་རིགས་བརྒྱུད་ཆད་འདོགས་ཀྱིས་རྒྱལ་ཆེན་རྣམ་ཐོས་སྲས་ལ་བསླང་བ་ལས། དེའི་གཟུགས་བརྙན་གྱི་དཔྲལ་བ་རྡོལ་བ་ལས་བུ་གཅིག་བྱུང་བ་ལས་བརྒྱུད་པ་ཡིན་ཟེར་རོ། །

解 1：

（1）“校习戎，…………未能有胜”一节没有翻译。

（2）“既不饮乳，…………因为国号”一节没有翻译。

（3）批注 1 意为“东主城堡称阿达夏热”。

（4）批注 2 意为“西主城堡称喀喀尔”。

解 2：

建国传说的注释见《大唐西域记校注》（下）1007 页。

二、毘卢折那伽蓝

王城南十余里，有大伽蓝，此国先王为毘卢折那唐言遍照。阿罗汉建也。昔者此国佛法未被，而阿罗汉自迦湿弥罗国至此林中，宴坐习定。时有见者，骇其容服，具以其状上白于王。王遂躬往，观其容止，曰：“尔何人乎，独在幽林？”罗汉曰：“我如来弟子，闲居习定。王宜树福，弘赞佛教，建伽蓝，召僧众。”王曰：“如来者，有何德？有何神？而汝鸟栖，勤苦奉教。”曰：“如来慈愍四生，诱导三界，或显或隐，示生示灭。遵其法者，出离生死。迷其教者，羁缠爱网。”王曰：“诚如所说，事高言议，既云大圣，为我现形。若得瞻仰，当为建立，罄心归信，弘扬教法。”罗汉曰：“王建伽蓝，功成感应。”王苟从其请，建僧伽蓝，远近咸集，法会称庆，而未有揵稚，扣击召集。王谓罗汉曰：“伽蓝已成，佛在何所？”罗汉曰：“王当至诚，圣鉴不远。”王遂礼请，忽见空中佛像下降，授王揵稚。因即诚信，弘扬佛教。

{༢ བཻ་རོ་ཙ་ནའི་གཙུག་ལག་ཁང་གི་ལོ་རྒྱུས།}

རྒྱལ་པོའི་གྲོང་ཁྱེར་གྱི་ལྷོ་ཕྱོགས་སུ་གཙུག་ལག་ཁང་ཆེན་པོ་ཞིག་ཡོད་པ་ནི། རྒྱལ་པོ་དེའི་ཕས་དགྲ་བཅོམ་པ་བཻ་རོ་ཙ་ནའི་དོན་དུ་བཞེངས་པ་ཡིན་ནོ། །དེའི་ལོ་རྒྱུས་ནི། ཡུལ་འདིར་སངས་རྒྱས་ཀྱི་བསྟན་པ་ཐོག་མར་དར་བའི་གོང་དུ་ཁ་ཆེའི་ཡུལ་ནས་དགྲ་བཅོམ་པ་བཻ་རོ་ཙ་ན་ཞེས་བྱ་བ་ཞིག་བྱོན་ཏེ། ནགས་གསེབ་ཏུ་མཉམ་པར་བཞག་པ་ལ་ཇོན་པས་མཐོང་ནས་རྒྱལ་པོ་ལ་<PL.148>ཞུས་པས། རྒྱལ་པོ་རང་ཉིད་བྱོན་ནས་དགྲ་བཅོམ་པའི་སྤྱོད་ལམ་མཐོང་ནས་དད་ཅིང་སྙིང་སོ་བྱུས་པས་ནང་པའི་བསྟན་པ་ལ་མོས་ནས་ཐོག་མར་གཙུག་ལག་ཁང་འདི་བཏབ་སྟེ་དགེ་འདུན་གྱི་སྡེ་བཙུགས་སོ། །

解 1：

只翻译了大意。

解 2：

毘卢折那伽蓝的注释见《大唐西域记校注》（下）1010 页。

三、瞿室馂伽山

王城西南二十余里，有瞿室馂伽山。唐言牛角。山峰两起，岩隒四绝，于崖谷间建一伽蓝。其中佛像时烛光明。昔如来曾至此处，为诸天人略说法要，悬记此地当建国土，敬崇遗法，遵习大乘。

牛角山岩有大石室，中有阿罗汉，入灭心定，待慈氏佛，数百年间，供养无替。近者崖崩，掩塞门径。国王兴兵欲除崩石，即黑蜂群飞，毒螫人众，以故至今石门不开。

四、地迦婆缚那伽蓝

王城西南十余里，有地迦婆缚那伽蓝，中有夹纻立佛像，本从屈支国而来至止。昔此国中有臣被谴，寓居屈支，恒礼此像。后蒙还国，倾心遥敬。夜分之后，像忽自至，其人舍宅建此伽蓝。

{༣ གོ་ཤི་རྵའི་རི་བོ།}

གྲོང་ཁྱེར་གྱི་ལྷོ་ནུབ་མཚམས་སུ་རྒྱང་གྲག་(གྲགས)ཉི་ཤུ་ཙམ་སོང་བ་ན་གོ་ཤི་རྵ་སྟེ་གླང་རུ་ཞེས་པའི་རི་བོ་ཡོད་དོ། །དེ་ནི་རི་བྲག་གཉིས་རིང་ཞིང་མཐོ་བ་དབྱིབས་གླང་གི་ར་ཅོ་ལྟར་བསྒྲེངས་ཏེ་འདུག་པས་དེ་སྐད་འབོད་པ་ཡིན་ནོ། །རི་གཤམ་བྱ་སྐྱིབས་ཡོད་པའི་ཡུལ་བར་ན་གཙུག་ལག་ཁང་ཞིག་ཡོད་པའི་ནང་རྟེན་གྱི་གཟུགས་བརྙན་ལས་འོད་ཕུང་འཕྲོད་པ་ཡོད། སྔོན་ས་འདིར་ཞབས་ཀྱིས་བཅགས་སྟེ་ལྷ་དང་མི་ལ་ཆོས་བསྟན་པ་ཡིན་ཟེར་རོ། །རི་དེའི་བྲག་ཕུག་ན་དགྲ་བཅོམ་འགོག་སྙོམས་པ་ཞིག་བཞུགས་ཏེ་རྒྱལ་བ་བྱམས་པ་སྒུག་ཅིང་འདུག་པ་ཡོད་དོ། །༈ དེའི་ལྷོ་ནུབ་མཚམས་སུ་རྒྱང་གྲག་(གྲགས)བཅུ་ན་གཙུག་ལག་ཁང་ཞིག་ན་སངས་རྒྱས་བཞེངས་སྐུ་ཞིག་ཡོད་པ་ནི། སྐུ་དེ་སྔོན་ཁུ་ཏེའི་ཡུལ་ནས་འོང་བ་སྟེ། སྔོན་སློབ་དཔོན་ཞིག་ཁུ་ཏེའི་ཡུལ་དུ་སྤྱུགས་པ་དེས་སྐུ་འདི་ལ་མི་ཕྱེད་པའི་དད་པས་ཕྱག་མཆོད་བྱས་སོ། །ཕྱིས་སུ་ཉེས་པ་དག་ནས་སླར་རང་ཡུལ་དུ་ལོག་དུས་སྐུ་དེ་གདན་དྲངས་ཏེ་རང་གི་གནས་ཁང་སྐུ་གཟུགས་དེ་ལ་ཕུལ་ཏེ་གཙུག་ལག་ཁང་འདི་བཞེངས་སོ། །

解 1：

两个故事合并只翻译了大意。

解 2:

瞿室饺伽山的注释见《大唐西域记校注》(下)1013 页。

五、勃伽夷城

王城西行三百余里，至勃伽夷城，中有佛坐像，高七尺余，相好允备，威肃嶷然。首戴宝冠，光明时照。闻诸土俗曰：本在迦湿弥罗国，请移至此。昔有罗汉，其沙弥弟子临命终时，求酢米饼。罗汉以天眼观，见瞿萨旦那国有此味焉。运神通力，至此求获。沙弥噉已，愿生其国。果遂宿心，得为王子。既嗣位已，威摄遐迩，遂踰雪山，伐迦湿弥罗国。迦湿弥罗国王整集戎马，欲御边寇。时阿罗汉谏王：“勿斗兵也，我能退之。”寻为瞿萨旦那王说诸法要，王初未信，尚欲兴兵。罗汉遂取此王先身沙弥时衣，而以示之。王既见衣，得宿命智，与迦湿弥罗王谢咎交欢，释兵而返。奉迎沙弥时所供养佛像，随军礼请。像至此地，不可转移，环建伽蓝，式招僧侣，舍宝冠置像顶。今所冠者，即先王所施也。

{༥ པོ་ཀ་ཡིའི་གྲོང་ཁྱེར།}

དེ་ནས་ནུབ་ཕྱོགས་སུ་རྒྱང་གྲག་(གྲགས)སུམ་བརྒྱ་ལྷག་བགྲོད་པ་ན་པོ་ཀ་ཡིའི་གྲོང་ཁྱེར་གྱི་ནང་ན་སངས་རྒྱས་ཀྱི་སྐུ་བརྙན་བཞུགས་སྟབས་ཅན་དཔངས་སུ་ཁྲུ་བདུན་ལྷག་མཚན་དཔེས་སྤྲས་པ། དེའི་དབུ་རྒྱན་ཏོག་ཞུ་ལས་སྐབས་སྐབས་སུ་བྱིན་རླབས་ཀྱི་འཕྲོའོ། །དེ་ནི་ཀ་ཤྨི་རི་སྟེ་ཁ་ཆེའི་ཡུལ་ནས་བྱོན་པ་ཡིན་ནོ། །དེའི་ལོ་རྒྱུས་ནི། རྗོན་དགྲ་བཅོམ་པ་ཞིག་ལ་སློབ་མ་དགེ་ཚུལ་ཅིག་(ཞིག)ཡོད་པ་འཆི་བར་ཉེ་བ་ན་འབྲས་ཀྱི་འོ་ཐུག་འཐུང་བར་འདོད་པ་ན། སློབ་དཔོན་གྱི་ལྷའི་མིག་གི་(གིས)བལྟས་པའི་ཚེ་ཀུ་ས་ད་ནའི་ཡུལ་ན་ཟས་དེ་ཡོད་པར་མཐོང་ཏེ། རྫུ་འཕྲུལ་གྱིས་བླངས་ནས་ཚིམས་པར་བྱས་སོ། །དགེ་ཚུལ་གྱིས་གང་ནས་བླངས་དྲིས་པར་སློབ་དཔོན་གྱིས་ཇི་བཞིན་བཤད་པས། དགེ་ཚུལ་གྱིས་དེར་སྨོན་པ་ཙམ་གྱིས་ཤི་ནས་རྒྱལ་པོའི་བུར་སྐྱེས་སོ། །རིམ་གྱིས་ཆེར་སྐྱེ་ཡབ་རྒྱལ་པོ་གྲོངས་ཏེ་རྒྱལ་སྲིད་བསྐྱངས་སོ། །དེ་དཔའ་རྩལ་རྟུལ་ཕོད་ཡོན་ཏན་ལྡན་པར་གྱུར་པས། ཉེ་འཁོར་གྱི་ཡུལ་རྣམས་ལ་དབང་བར་འདོད་དེ་ཁ་ཆེའི་ཡུལ་འཇོམས་པར་བརྩམས་པ་ན། ཁ་ཆེའི་རྒྱལ་པོས་ཀྱང་ཟློན་གྲབས་ཀྱིས་དམག་དཔུང་གྲབ་གཤོམ་བྱས་

པར། དགྲ་བཅོམ་པ་དེས་འཁྲུགས་པ་མ་སྐྱིད་ངེད་ཀྱིས་བཟློག་ནུས་གསུངས་ཤིང་། རྒྱལ་པོ་ལ་ཆོས་ཀྱི་གནད་བསྟན་ཏེ་སློབ་མ་དགེ་ཚུལ་གྱི་གོས་རྙིང་རྣམས་བཟུང་ནས་གཡུལ་ངོར་ཕེབས་སྐེ་(ཏེ)། ཡུལ་འདིའི་རྒྱལ་པོ་ལ་བསྟན་ནས་ལོ་རྒྱུས་བཤད་པས་རྒྱལ་པོས་སྐྱེ་བ་དྲན་ཏེ་ཕྱོགས་གཉིས་ལེགས་པར་བསྒྲུམས་སོ། །སྐུ་བརྟན་འདི་ཉིད་ཁ་ཆེའི་ཡུལ་ནས་གདན་དྲངས་གཙུག་ལག་ཁང་བཞེངས་ཏེ་དགེ་འདུན་མང་པོ་བསྟུས་ནས་བཤད་ཀྲྭ་བཙུགས་སོ། །

解 1:

完整翻译全文。

解 2:

勃伽夷城的注释见《大唐西域记校注》（下）1016 页。

六、鼠壤坟传说

王城西百五六十里，大沙碛正路中，有堆阜，并鼠壤坟也。闻之土俗曰：此沙碛中，鼠大如猬，其毛则金银异色，为其群之酋长。每出穴游止，则群鼠为从。昔者匈奴率数十万众，寇掠边城，至鼠坟侧屯军。时瞿萨旦那王率数万兵，恐力不敌，素知碛中鼠奇，而未神也。洎乎寇至，无所求救，君臣震恐，莫知图计，苟复设祭，焚香请鼠，冀其有灵，少加军力。其夜瞿萨旦那王梦见大鼠曰："敬欲相助，愿早治兵。旦日合战，必当克胜。"瞿萨旦那王知有灵佑，遂整戎马，申令将士，未明而行，长驱掩袭。匈奴之闻也，莫不惧焉，方欲驾乘被铠，而诸马鞍、人服、弓弦、甲縺，凡厥带系，鼠皆啮断。兵寇既临，面缚受戮。于是杀其将，虏其兵，匈奴震摄，以为神灵所佑也。瞿萨旦那王感鼠厚恩，建祠设祭，奕世遵敬，特深珍异。故上自君王，下至黎庶，咸修祀祭，以求福佑。行次其穴，下乘而趋，拜以致敬，祭以祈福，或衣服弓矢，或香花肴膳，亦既输诚，多蒙福利。若无享祭，则逢灾变。

{༥ བྱི་བ་ལྷང་གཞེར་མོའི་ལོ་རྒྱུས།}

རྒྱལ་པོའི་ཕོ་བྲང་གི་ནུབ་ཕྱོགས་སུ་རྒྱང་གྲག་(གྲགས)བརྒྱ་དང་བཅོ་ལྔ་བཅུ་དྲུག་ཙམ་ན་བྱེ་མའི་

སྐང་རིང་པོ་ཅིག་ཡོད་པར། ལན་ཅིག་བྱི་བ་ཆེན་པོ་ལྐང་གཟེར་མོ་འདྲ་བ་སྤུ་གསེར་དངུལ་གྱི་མདོག་ཅན་བྱུང་ཏེ་འགྲོ་བ་ན་བྱི་བ་བརྒྱ་སྟོང་མང་པོ་ཕྱི་བཞིན་འབྲངས་སོ། །ལན་ཅིག་སྟག་ཟིག་གིས་(གི)རྒྱལ་པོས་<PL.149.>ཛག་པ་ཁྲི་ཕྲག་དུ་མ་ཁྲིད་དེ་འཁྲུག་འཇོམས་བྱེད་པར་བྱུང་སྟེ། བྱི་བ་དེའི་ཚང་གི་ཡོགས་སུ་སྐར་བཏབ་པོ། །ཡུལ་འདིའི་རྒྱལ་པོས་ཀྱང་དམག་དཔུང་མི་ཁྲི་ཕྲག་མང་པོ་སྐྱ་གོན་བྱས་ཀྱང་མི་ཐུབ་དོགས་ཏེ། བྱི་བ་ངོ་མཚར་བ་དེ་སྟེར་མཐོང་སྨྲོང་བས་དེ་ལ་བདུག་སྤོས་ཀྱིས་མཆོད་དེ་གསོལ་བ་བཏབ་པོ། །དེ་ནུབ་རྒྱལ་པོའི་རྨི་ལམ་ན་བྱི་བ་དེས་ཅི་ནུས་ཀྱི་རམ་འདེགས་བྱེད་ཀྱིས་སང་ཉིན་འཐབ་དང་རྒྱལ་པར་འགྱུར་རོ་ཞེས་ཟེར་བ་རྨིས་སོ། །སང་ཉིན་འཐབ་པར་རྩོམས་པ་ན་སྟག་ཟིག་གི་དམག་སྐར་དང་གཞུ་རྒྱུད་རལ་ཤུབ་སོང་ཀོ་ལྷུགས་ཀྱི་རིགས་མཐའ་དག་སོས་འཚོས་འདུག་པས་སྟག་ཟིག་བྲོས་སོ། །དེ་ནས་རྒྱལ་པོས་བྱི་བའི་དྲིན་བསབ་ཕྱིར་དུ་ལྷ་ཁང་ཞིག་བརྩིགས་དུས་སྟོན་གྱི་རྒྱུན་ཡང་བཙུགས་སོ། །མཆོད་པ་དཀྲུས་མའི་རིགས་དང་ལྷག་པར་གོ་མཚོན་གྱི་རིགས་གཙོ་ཆེའོ། །མཆོད་པ་ཆག་ན་གནོད་པ་མངོན་སུམ་དུ་མཐོང་བར་འགྱུར་སྐད་དོ། །

解 1:

完整翻译全文。

解 2:

鼠壤坟传说的注释见《大唐西域记校注》(下)1019 页。

七、娑摩若僧伽蓝

王城西五六里，有娑摩若僧伽蓝，中有窣堵波，高百余尺，甚多灵瑞，时烛神光。昔有罗汉自远方来，止此林中，以神通力，放大光明。时王夜在重阁，遥见林中光明照曜。于是历问，佥曰："有一沙门自远而至，宴坐林中，示现神通。"王遂命驾，躬往观察。既睹明贤，乃心祗敬，钦风不已，请至中宫。沙门曰："物有所宜，志其所在。幽林薮泽，情之所赏，高堂邃宇，非我攸闻。"王益敬仰，深加宗重，为建伽蓝，起窣堵波。沙门受请，遂止其中。顷之，王感获舍利数百粒，甚庆悦，窃自念曰："舍利来应，何其晚欤？早得置之窣堵波下，岂非胜迹？"寻诣伽蓝，具白沙门。罗汉曰："王无忧也。今为置之，宜以金银铜铁大石函等，以次周盛。"王命匠人，不日功毕，载诸宝舆，送至伽蓝。是时也，王宫导从，庶僚凡百，观送舍利者，动以万计。罗汉乃以右手举窣堵波，置诸掌中，谓王曰：“可以藏下也。”遂坎地安函，其功斯毕。于是下窣堵波，无所倾损。观睹之徒，叹未曾有，信佛之心弥笃，敬法之志斯坚。王谓群官曰：“我尝闻佛力难思，神通难究。或分身百亿，或应迹人天。举世界于掌内，众生无动静之想；演法性于常音，众生有随类之悟。斯则神力不共，智能绝言。其灵已隐，其教犹传。飡和饮泽，味道钦风，尚获斯灵，深赖其福。勉哉凡百，宜深崇敬。佛法幽深，于是明矣！”

{༦ ས་མ་ཛ་བྲ་བའི་གཙུག་ལག་ཁང་།}

གྲོང་ཁྱེར་གྱི་ནུབ་ཏུ་རྒྱང་གྲག་(གྲགས)ལྔ་དྲུག་ཙམ་ན་ས་མ་ཛ་ཞེས་བྱ་བའི་གཙུག་ལག་ཁང་ཡོད་དོ། །དེར་མཆོད་རྟེན་དཔངས་སུ་ཁྲུ་བརྒྱ་ལྷག་ཙམ་ཡོད་པ་དེ་བྱིན་རླབས་ཀྱི་འོད་ཕུང་འཕྲོ་བ་ནི། སྔོན་ཡུལ་གཞན་ནས་དགྲ་བཅོམ་པ་ཞིག་འདིར་འོངས་ཏེ་དེ་དང་ཉེ་བའི་ནགས་འདབས་སུ་མཉམ་པར་བཞག་པས། སྐུ་ལས་མེའི་ཕུང་པོ་འབར་བ་ནགས་ལ་མེ་མཆེད་པ་ལྟ་བུར་གྱུར་པ་རྒྱལ་པོས་རྒྱང་རིང་པོ་ནས་མཐོང་སྟེ་ཀུན་ལ་དྲིས་པ་ན་སྔར་དགྲ་བཅོམ་པ་མཐོང་བ་ཞིག་གིས་རྒྱུ་མཚན་བཤད་པས། རྒྱལ་པོ་རང་ཉིད་ཀྱིས་བལྟ་བར་ཕྱིན་ཏེ་མཐོང་ནས་དད་དེ། ཕོ་བྲང་དུ་བཞུགས་པར་ཞུས་པས་དང་དུ་བླངས་སོ། །དེར་རྒྱལ་པོས་གཙུག་ལག་ཁང་དང་མཆོད་རྟེན་བཞེངས་སོ། །དེ་ནས་རྒྱལ་པོས་རིང་བསྲེལ་རྗོག་ཁ་ཤས་ཉེད་དེ་དགྲ་བཅོམ་པ་ལ་སྨྲས་པ་རིང་བསྲེལ་འདི་དག་སྔར་ཉེད་ན་མཆོད་རྟེན་འདི་ཉིད་དུ་འཇུག་པར་བྱེད་པ་ལ་ཉེད་པ་འཕྱིས་སོ་ཞེས་པ་ལ། དགྲ་བཅོམ་པས་ཐབས་ཡོད་དོ་གསུངས་ནས་རྫུ་འཕྲུལ་གྱིས་མཆོད་རྟེན་ཕྱག་གཡས་བཏེགས་ཏེ་འོག་གཞིའི་ས་བརྐོས་ཏེ། རིང་བསྲེལ་ཟ་མ་ཏོག་དང་བཅས་པ་བཞག་གོ་སྐད་དགྲ་བཅོམ་པས་མཆོད་རྟེན་གཞི་དེ་ཉིད་དུ་བཞགས་པས་རྒྱལ་པོ་ཤིན་ཏུ་ངོ་མཚར་བ་གྱུར་ཏོ། །དེ་ནས་ཕྱོགས་དེར་རྒྱལ་བསྟན་རྒྱ་ཆེར་འཕེལ་བར་གྱུར་ཏོ(རོ)། །

解 1：

完整翻译全文。

解 2：

娑摩若僧伽蓝的注释见《大唐西域记校注》（下）1021 页。

八、麻射僧伽蓝及蚕种之传人

王城东南五六里，有麻射僧伽蓝，此国先王妃所立也。

{༨ ཞ་བ་ཕོངས་པ་བྱ་བའི་གཙུག་ལག་ཁང་།}

གྲོང་ཁྱེར་གྱི་ཤར་ལྷོའི་མཚམས་སུ་རྒྱང་གྲག་(གྲགས)ལྔ་དྲུག་ཙམ་ན་ཤ་བ་ཕོངས་པ་ཞེས་བྱ་བའི་གཙུག་ལག་ཁང་ཡོད་དེ་རྒྱལ་པོ་སྔ་མའི་བཙུན་མོས་བཞེངས་སོ། །༄ ཡུལ་དེ་ནས་ཤར་དུ་ཕྱིན་པ་ན་བྱེ་མའི་ཀླུང་ཆེན་པོ་ཞིག་ཡོད་དོ། །དེ་རྨ་ཆུ་ཡིན་མིན་བརྟག་གོ །[ཆུ་ཀླུང་དེ་ཀླུང་ཧེ་སི་ཐུ་ཟེར་བ་ཡིན][བམ་པོ་བཅུ་པ་རྫོགས།]

解 1：

（1）只翻译了故事八的第一句，而且译者自己增加道：此地向东沙漠中有一条河，此河称“合斯突”。

（2）批注为“第十卷完”。

解 2：

麻射僧伽蓝及蚕种之传人的注释见《大唐西域记校注》（下）1023 页。

昔者此国未知桑蚕，闻东国有也，命使以求。时东国君秘而不赐，严敕关防，无令桑蚕种出也。瞿萨旦那王。乃卑辞下礼，求婚东国。国君有怀远之志，遂允其请。瞿萨旦那王命使迎妇，而诫曰：“尔致辞东国君女，我国素无丝绵桑蚕之种，可以持来，自为裳服。”女闻其言，密求其种，以桑蚕之子，置帽絮中。既至关防，主者遍索，唯王女帽不敢以验。遂入瞿萨旦那国，止麻射伽蓝故地，方备仪礼，奉迎入宫，以桑蚕种留于此地。阳春告始，乃植其桑。蚕月既临，复事采养。初至也，尚以杂叶饲之。自时厥后，桑树连阴。王妃乃刻石为制，不令伤杀。蚕蛾飞尽，乃得治茧。敢有犯违，明神不佑。遂为先蚕建此伽蓝。数株枯桑，云是本种之树也。故今此国有蚕不杀，窃有取丝者，来年辄不宜蚕。

九、龙鼓传说

城东南百余里有大河，西北流，国人利之，以用溉田。其后断流，王深怪异。于是命驾问罗汉僧曰："大河之水，国人取给，今忽断流，其咎安在？为政有不平，德有不洽乎？不然，垂谴何重也！"罗汉曰："大王治国，政化清和。河水断流，龙所为耳。宜速祠求，当复昔利。"王因回驾，祠祭河龙。忽有一女凌波而至曰："我夫早丧，王命无从。所以河水绝流，农人失利。王于国内选一贵臣，配我为夫，水流如昔。"王曰："敬闻，任所欲耳。"龙遂目悦国之大臣。王既回驾，谓群下曰："大臣者，国之重镇。农务者，人之命食。国失镇则危，人绝食则死。危死之事，何所宜行？"大臣越席跪而对曰："久已虚薄，谬当重任。常思报国，未遇其时。今而预选，敢塞深责。苟利万姓，何吝一臣？臣者国之佐，人者国之本，愿大王不再思也！幸为修福，建僧伽蓝！"王允所求，功成不日。其臣又请早入龙宫。于是举国僚庶，鼓乐饮饯。其臣乃衣素服，乘白马，与王辞诀，敬谢国人。驱马入河，履水不溺，济乎中流，麾鞭画水，水为中开，自兹没矣。顷之白马浮出，负一栴檀大鼓，封一函书。其书大略曰："大王不遗细微，谬参神选，愿多营福，益国滋臣。以此大鼓悬城东南。若有寇至，鼓先声震。"河水遂流，至今利用。岁月浸远，龙鼓久无。旧悬之处，今仍有鼓池侧伽蓝，荒圮无僧。

十、古战场

王城东三百余里大荒泽中，数十顷地，绝无蘖草。其土赤黑。闻诸耆旧曰：败军之地也。昔者东国军师百万西伐，此时瞿萨旦那王亦整齐戎马数十万众，东御强敌。至于此地，两军相遇，因即合战。西兵失利，乘胜残杀，虏其王，杀其将，诛戮士卒，无复孑遗。流血染地，其迹斯在。

十一、媲摩城雕檀佛像

战地东行三十余里，至媲摩城，有雕檀立佛像，高二丈余，甚多灵应，时烛光明。凡有疾病，随其痛处，金薄帖像，实时痊复。虚心请愿，多亦遂求。闻之土俗曰：此像，昔佛在世憍赏弥国邬陀衍那王所作也。佛去世后，自彼凌空至此国北曷劳落迦城中。初，到此城人安乐富饶，深着邪见，而不珍敬。传其自来，神而不贵。后有罗汉礼拜此像。国人惊骇，异其容服，驰以白王。王乃下令，宜以沙土坌此异人。时阿罗汉身蒙沙土，餬口绝粮。时有一人心甚不忍，昔常恭敬尊礼此像，及见罗汉，密以馔之。罗汉将去，谓其人曰："却后七日，当雨沙土，填满此城，略无遗类。尔宜知之，早图出计。犹其坌我，获斯殃耳。语已便去，忽然不见。其人入城，具告亲故。或有闻者，莫不嗤笑。至第二日，大风忽发，吹去秽壤。雨杂宝满衢路。人更骂所告者。此人心知必然，窃开孔道，出城外而穴之。第七日夜，宵分之后，雨沙土满城中。其人从孔道出，东趣此国，止媲摩城。其人纔至，其像亦来，即此供养，不敢迁移。闻诸先记曰：释迦法尽，像入龙宫。今曷劳落迦城为大堆阜，诸国君王，异方豪右，多欲发掘，取其宝物。适至其侧，猛风暴发，烟云四合，道路迷失。

十二、尼攘城

媲摩川东入沙碛，行二百余里，至尼攘城，周三四里，在大泽中。泽地热湿，难以履涉。芦草荒茂，无复途径。唯趣城路，仅得通行，故往来者莫不由此城焉。而瞿萨旦那以为东境之关防也。

大流沙以东行程

从此东行，入大流沙。沙则流漫，聚散随风，人行无迹，遂多迷路。四远茫茫，莫知所指，是以往来聚遗骸以记之。乏水草，多热风。风起则人畜惛迷，因以成病。时闻歌啸，或闻号哭，视听之间，怳然不知所至，由此屡有丧亡，盖鬼魅之所致也。

行四百余里，至都逻故国。国久空旷，城皆荒芜。

从此东行六百余里，至折摩驮那故国，即涅末地也。城郭岿然，人烟断绝。

复此东北行千余里，至纳缚波故国，即楼兰地也。

推表山川，考采境壤，详国俗之刚柔，系水土之风气，动静无常，取舍不同，事难穷验，非可仰说。随所游至，略书梗概，举其闻见，记诸慕化。斯故日入已来，咸沐惠泽；风行所及，皆仰至德；混同天下，一之宇内，岂徒单车出使，通驿万里者哉！

记　赞

记赞曰：大矣哉，法王之应世也！灵化潜运，神道虚通。尽形识于沙界，绝起谢于尘劫。形识尽，虽应生而不生；起谢绝，示寂灭而无灭。岂实迦维降神，娑罗潜化而已。固知应物效灵，感缘垂迹，嗣种刹利，绍胤释迦，继域中之尊，擅方外之道。于是舍金轮而临制法界，摛玉毫而光抚含生。道洽十方，智周万物，虽出希夷之外，将庇视听之中。三转法轮于大千，一音振辩于群有，八万门之区别，十二部之综要。是以声教之所沾被，驰骛福林；风轨之所鼓扇，载驱寿域。圣贤之业盛矣，天人之义备矣！然忘动寂于坚固之林，遗去来于幻化之境，莫继乎有待，匪遂乎无物。尊者迦叶妙选应真，将报佛恩，集斯法宝。《四含》总其源流，三藏括其枢要。虽部执兹兴，而大宝斯在。越自降生，洎乎潜化，圣迹千变，神瑞万殊。不尽之灵逾显，无为之教弥新，备存经诰，详着记传。然尚群言纷纠。异议舛驰，原始要终，罕能正说。此指事之实录，尚众论之若斯。况正法幽玄，至理冲邈，研核奥旨，文多阙焉。是以前修令德，继轨逸经之学；后进英彦，踵武缺简之文。大义郁而未彰，微言阙而无问。法教流渐，多历年所，始自炎汉迄于圣代。传译盛业，流美联晖。玄道未摅，真宗犹昧。匪圣教之行藏，固王化之由致，我大唐临训天下，作孚海外，考圣人之遗则，正先王之旧典。阐兹像教，郁为大训，道不虚行，弘在明德。遂使三乘奥义，郁于千载之下；十力遗灵，閟于万里之外。神道无方，圣教有寄，待缘斯显，其言信矣。夫玄奘法师者，疏清流于雷泽，派洪源于妫川。体上德之祯祥，蕴中和之淳粹，履道合德，居贞葺行。福树曩因，命偶昌运，拔迹俗尘，闲居学肆，奉先师之雅训，仰前哲之令德。负笈从学，游方请业，周流燕赵之地，历览鲁卫之郊，背三河而入秦中，步三蜀而抵吴会。达学髦彦，遍效请益之勤；冠世英贤，屡申求法之志。侧闻余论，考厥众谋，竞党专门之义，俱嫉异道之学。情发讨源，志存详考。属四海之有截，会八表之无虞，以贞观三年仲秋朔旦，褰裳遵路，杖锡遐征。资皇化而问道，乘冥佑而孤游，出铁门、石门之阨，踰凌山、雪山之险。骤移灰管，达于印度。宣国风于殊俗，喻大化于异域。亲承梵学，询谋哲人。宿疑则览文明发，奥旨则博问高才，启灵府而究理，廓神衷而体道，闻所未闻，得所未得，为道场之益友，诚法门之匠人者也。是知道风昭著，德行高明，学蕴三冬，声驰万里。印度学人，咸仰盛德，既曰经笥，亦称法将。小乘学徒，号木叉提婆。唐言解脱天。大乘法众，号摩诃耶那提婆。唐言大乘天。斯乃高其德而传徽号，敬其人而议嘉名。至若三轮奥义，三请微言，深究源流，妙穷枝叶，奂然慧悟，怡然理顺，质疑之义，详诸别录。既而精义通玄，清风载扇，学已博矣，德已盛矣。于是乎历览山川，徘徊郊邑。出茅城而入鹿苑，游杖林而憩鸡园，回眺迦维之国，流目拘尸之城。降生故基，与川原而膴膴；潜灵旧趾，对郊阜而茫茫。览神迹而增怀，仰玄风而永叹，匪唯麦秀悲殷；黍离愍周而已。是用详释迦之故事，举印度之茂实，颇采风壤，存记异说。岁月遄迈，寒暑屡迁，有怀乐土，无忘返迹。请得如来肉舍利一百五十粒；金佛像一躯，通光座高尺有六寸，拟摩揭陀国前正觉山龙窟影像；金佛像一躯，通光座高三尺三寸，拟婆罗□斯国鹿野苑初转法轮像；刻檀佛像一躯，通光座高尺有五寸，拟憍赏弥国出爱王思慕如来刻檀写真像；刻檀佛像一躯，通光座高二尺九寸，拟劫比他国如来自天宫降履宝阶像；银佛像一躯，通光座高四尺，拟摩揭陀国鹫峰山说《法花》等经像；金佛像一躯，通光座高三尺五寸，拟那揭罗曷国伏毒龙所留影像；刻檀佛像一躯，通光座高尺有三寸，拟吠舍厘国巡城行化像；大乘经二百二十四部；大乘论一百九十部；上座部经律论一十四部；大众部经律论一十五部；三弥底部经律论一十五部；弥沙塞部经律论二十二部；迦叶臂耶部经律论一十七部；法密部经律论四十二部；说一切有部经律论六十七部；《因论》三十六部；《声论》一十三部；凡五百二十夹，总六百五十七部。将弘至教，越践畏途，薄言旋轫，载驰归驾。出舍卫之故国，背伽耶之旧郊，踰葱岭之危磴，越沙碛之险路。十九年春正月，达于京邑，谒帝雒阳。肃承明诏，载令宣译。爰召学人，共成胜业。法云再荫，慧日重明，黄图流鹫山之化，赤县演龙宫之教，像运之兴，斯为盛矣。法师妙穷梵学，式赞深经，览文如已，转音犹响。敬顺圣旨，不加文饰。方言不通，梵语无译，务存陶冶，取正典暮，推而考之，恐乖实矣。

有搢绅先生动色相趣，俨然而进曰："夫印度之为国也，灵圣之所降集，贤懿之所挺生，书称天书，语为天语。文辞婉密，音韵循环，或一言贯多义，或一义综多言，声有抑扬，调裁清浊。梵文深致，译寄明人，经旨冲玄，义资盛德。若其裁以笔削，调以宫商，实所未安，诚非说论。传经深旨，务从易晓。苟不违本，斯则为善。文过则艳，质甚则野。谠而不文，辩而不质，则可无大过矣，始可与言译也。李老曰：'美言者则不信，信言者则不美’。韩子曰：‘理正者直其言，言饰者昧其理’。是知垂训范物，义本玄同，庶袪蒙滞，将存利喜。违本从文，所害滋甚。率由旧章，法王之至诚也。”缁素佥曰：“渝乎，斯言谠矣。昔孔子在位听讼，文辞有与人共者，弗独有也。至于修《春秋》，笔则笔，削则削，游、夏之徒，孔门文学，尝不能赞一辞焉。法师之译经，亦犹是也。非如童寿逍遥之集文，任生、肇、融、叡之笔。况乎园方为圆之世，斲雕从朴之时，其可增损圣旨，绮藻经文者欤？”

辩机远承轻举之胤，少怀高蹈之节，年方志学，抽簪革服，为大总持寺萨婆多部道岳法师弟子。虽遇匠石，朽木难雕，幸入法流，脂膏不润。徒饱食而终日，诚面墙而卒岁。幸藉时来，属斯嘉会，负燕雀之资，厕鹓鸿之末。爰命庸才，撰斯方志。学非博古，文无丽藻，磨钝励朽，力疲曳蹇。恭承志记，伦次其文，尚书给笔札而撰录焉。浅智褊能，多所阙漏。或有盈辞，尚无刊落。昔司马子长，良史之才也，序《太史公书》，仍父子继业，或名而不字，或县而不郡。故曰一人之精，思繁文重，盖不暇也。其况下愚之智，而能详备哉？若其风土习俗之差，封疆物产之记，性智区品，炎凉节候，则备写优薄，审存根实。至于胡戎姓氏，颇称其国。印度风化，清浊群分，略书梗概，备如前序。宾义、嘉礼、户口、胜兵，染衣之士，非所详记。然佛以神通接物，灵化垂训，故曰神道洞玄，则理绝人区，灵化幽显，则事出天外。是以诸佛降祥之域，先圣流美之墟，略举遗灵，粗申记注。境路盘纡，疆场回互，行次即书，不存编比。故诸印度无分境壤，散书国末，略指封域。书行者，亲游践也；举至者，传闻记也。或直书其事，或曲畅其文。优而柔之，推而述之，务从实录，进诚皇极。二十年秋七月，绝笔杀青。文成油素，尘黩圣鉴，讵称天规！然则冒远穷遐，寔资朝化；怀奇纂异，诚赖皇灵。逐日八荒，匪专夸父之力；凿空千里，徒闻博望之功。鹫山徙于中州，鹿苑掩于外国，想千载如目击，览万里若躬游。夐古之所不闻，前载之所未记。至德焘覆，殊俗来王，淳风遐扇，幽荒无外。庶斯地志，补阙《山经》，颁左史之书事，备职方之遍举。

解：

（1）第九至最后的故事没有翻译。

（2）第九至最后故事的注释见《大唐西域记校注》（下）1024—1052 页。

མཇུག་བྱང་།

འདིའི་འཇུག་ཏུ་ཐང་གུར་གྱི་སྡེ་སྣོད་གསུམ་པ་ལོ་ཆེན་ཐེག་ཆེན་ལྷའི་རྣམ་ཐར་ཕྱོགས་གཅིག་ཏུ་བཀོད་པ་ནི། བདག་གི་རྒྱ་ནག་ཆོས་འབྱུང་དུ་ལོ་ཆེན་དེའི་རྣམ་ཐར་མདོར་བསྡུས་བསྒྱུར་ཡོད་པར་དོན་གྱིས་ཐོབ་པས་ཡང་བསྒྱུར་མ་དགོས་སོ། །༈ སིའི་ཡུས་ཀྱིས་ཞེས་བྱ་བ་འདི་རྒྱ་ནག་གི་བསྟན་འགྱུར་དུ་ཡོད་པ་གུང་མགོན་པོ་སྐྱབས་ཀྱིས་བོད་སྐད་དུ་བསྒྱུར་བ་བོད་སྐད་ཀྱི་ཉམས་མ་ཐོན་པ་དང་། ཡུལ་གྱི་རྒྱལ་པོའི་མིང་དང་ཆུ་ཀླུང་གི་མིང་དང་རི་བོ་སོགས་ཀྱི་མིང་ཕལ་ཆེ་བ་སཾ་སྐྲི་ཏ་དང་ཕལ་སྐད་དང་ཡུལ་སོ་སོའི་སྐད་དང་ཀླ་ཀློའི་སྐད་སོགས་རྒྱ་ནག་ཡི་གེར་ཟུར་ཆག་ཏུ་ཡོད་པ་བོད་ཡིག་ཏུའང་དེ་ལྟར་བྲིས་<PL.150>འདུག་པ་ཇི་བཞིན་མི་ཤེས་པས་འཚོས་མ་ནུས་ཤིང་། རྣམ་དབྱེ་ནོར་བ་དང་བོད་ཉམས་མ་ཐོན་པ་སོགས་རྒྱ་ཡིག་གི་སིའི་ཡུས་ཀྱིས་དང་གཏུགས་ཏེ་བསྒྱུར་བཅོས་བྱེད་པ་པོ་ནི་མཆོད་རྟེན་དཀར་པོའི་དགོན་གྱི་ཛ་སག་བླ་མ་ཆ་གན་ཞབས་དྲུང་བསྐལ་བཟང་དགེ་ལེགས་རྒྱལ་མཚན་ནོ། །རྒྱལ་བསྟན་རིན་པོ་ཆེ་ཡུན་རིང་དུ་གནས་ཤིང་ནམ་ཡང་ཉམས་པ་མེད་པར་གྱུར་ཅིག །འདིའི་ནང་གི་ཡུལ་ནི་རྒྱལ་ཁམས་ཡིན། གྲོང་ཁྱེར་ནི་མཁར་ཡིན། མཁར་ནི་ཕོ་བྲང་ཡིན་རྒྱང་གྲག་(གྲགས)ནི་རྒྱའི་ཐ་སྐད་ཀྱི་ལི་བར་ཡིན། བམ་པོ་ནི་རྒྱལ་ཁམས་སྐོར་གཅིག་ལ་བམ་པོ་ཞེས་བཏགས་པ་ཡིན་ནོ། །མངྒ་ལཾ། །<PL.151>

解：

（1）此段为译者按藏文的书写方式写的结束语，即后记。汉文原文无此段。

（2）译文以长条书的形式书写，共 151 页。

第二节　《大唐西域记》藏译文研究

唐朝伟大的佛学家玄奘大师所撰著的《大唐西域记》，在国内外都有很高的声望，已有英文、日文、法文、德文等外文版本。在众多的译文版本中较早的要数藏文版本，清朝的蒙古族学者公·衮布扎布在乾隆年间将它翻译成了藏文。如今比较权威的汉文版当数季羡林先生等校注的《大唐西域记校注》上、下册，中华书局 2000 年出版；中国藏学出版社 2006 年底出版了藏文版，母版为日本大谷大学收藏于该校图书馆的《西藏语译大唐西域记》的复印件，这是一个手抄的藏文长条书样。书名为ཆེན་པོ་ཐང་གུར་དུས་ཀྱི་རྒྱ་གར་ཞིང་གི་བཀོད་པའི་ཀར་ཆག་བཞུགས་སོ། །（《chen po thang gur dus kyi rgya gar zhing gi bkod pa'i kar chag bzhugs so》），字面汉译为《大唐时期印度地理志》，中国藏学出版社出版的藏文版，是在整理日本大谷大学收藏的藏文版本的同时，参照了季先生等人校注的汉文版，并对照汉文版的章节，给原本没有细分章节的藏文复印件，尽可能地分了章节，校正了原文中的一些错字。尽管如此，笔者在进行逐字逐句对照研究时，仍发现了没有校正的错字和语法错误。中国藏学出版社出版的藏文版，最大的缺憾是没有将原文字里行间公·衮布扎布的注解标出来，而这些注解恰恰是译者的考证与研究的再创，是书中增加信息的重要标记。因此，笔者以日本大谷大学收藏的《西藏语译大唐西域记》的复印件为底本，参照中国藏学出版社的藏文版，与汉文版的《大唐西域记校注》进行了对比研究。

一、《西藏语译大唐西域记》结构概况

收藏于日本大谷大学图书馆的《西藏语译大唐西域记》，为译者手写的藏文乌坚体长条书形式，藏文标题为“ཆེན་པོ་ཐང་གུར་དུས་ཀྱི་རྒྱ་གར་ཞིང་གི་བཀོད་པའི་ཀར་ཆག་བཞུགས་སོ། །（chen po thang gur dus kyi rgya gar zhing gi bkod pa'i kar chag bzhugs so/）”直译含义为《大唐时期印度地理志》，每页规格为 15.2 × 63 厘米，共 155 页。如下图：

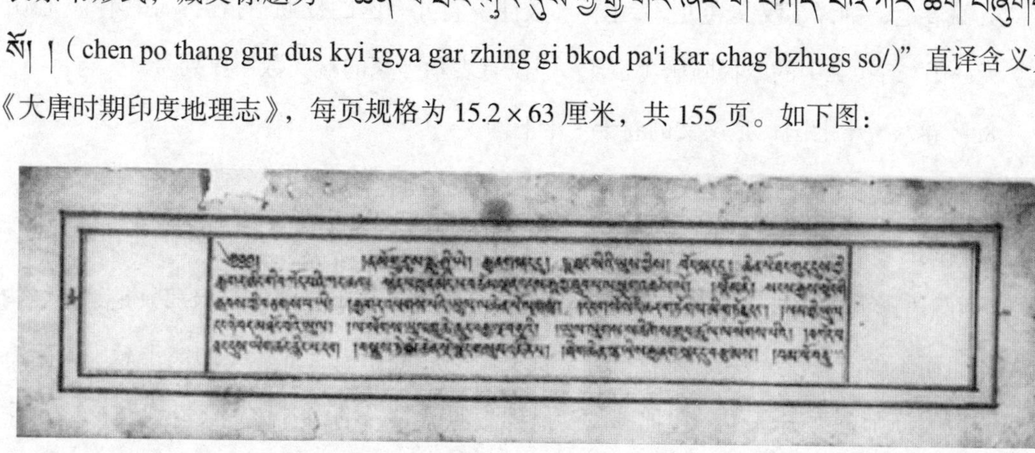

它将汉文版的十二卷，翻译编辑成了十卷（bam po bcu），总的内容与国家数没有少，仍然是 138 个国家。

首先让我们了解一下汉文版《大唐西域记》的具体章节结构，《大唐西域记校注》本分 12 卷，分别是：卷一，34 国，记载了今天的新疆和中亚广大地区的情况；卷二之首有

印度总述，然后直到卷十一分别叙述了五印度的各国概况，其中摩揭陁一国的情况占去了八、九两整卷的篇辐，共82国；卷十二记载了玄奘返回途中经过的帕米尔高原和塔里木盆地南缘诸国概况，共22国。全书共记述了138国的情况。书中对各国的记述繁简不一，通常包括国名、地理形势、幅员广狭、都邑大小、历时计算法、国王、族姓、宫室、农业、物产、货币、食物、衣饰、语言、文字、礼仪、兵刑、风俗、宗教信仰，以及佛教圣迹、寺数、僧数、大小乘教的流行情况等内容。

与汉文版对照，《西藏语译大唐西域记》的具体编辑情况如下：

1. 藏卷一・三十四国，与汉文版相同；

2. 藏卷二・三国，与汉文版相同，但没有翻译卷首的印度总述；

3. 藏卷三・共二十三国，是将汉文版的卷三・八国和卷四・十五国合二为一了。译者用藏文数字标记每一个国家的序列，卷三就有23个国家。

4. 藏卷四・六国，是汉文的卷五・六国，

5. 藏卷五・六国，是汉文的卷六・四国和卷七・五国中的前两国，共六国。

6. 藏卷六・四国，是汉文卷七中剩余的三国和卷八・一国，摩揭陁国（上）共四国。

7. 藏卷七，翻译了汉文卷九・一国（《校注》卷九一国的校勘中指出：《中本》《径山本》无一国二字。）中的摩揭陁国（下），但没有表示国家的藏文数字序列号。

8. 藏卷八・十七国，是汉文的卷十・十七国。

9. 藏卷九・二十三国，是汉文的卷十一・二十三国。

10. 藏卷十・二十二国，是汉文的卷十二・二十二国。

《西藏语译大唐西域记》共十卷，表面上看好像比汉文版少两卷，但那只是编排结构的不同，而不像有些文章中谈到的：由于藏文版的后记中有“此卷（即第十卷）末附有大唐三藏大译师大乘天本传，在拙著《汉地佛教源流》一书中有该大译师之传略，可作参考，故未译出”的记录，所以译者就没有翻译后两卷内容的说法。如：“‘此卷（即第十卷）末附有大唐三藏大译师大乘天本传，在拙著《汉地佛教源流》一书中有该大译师之传略，可作参考，故未译出。’由此看来是译者故意省略后二卷的内容。”[①] 云云，如果

① 郑堆.《大唐西域记》藏文版之研究.第三届玄奘国际学术研讨会论文集，成都：四川辞书出版社，2008.

译者真是简单地删去后两卷没有翻译的话，就会少译45国，但实际情况不尽如此，138国一个都没有少译。

详情请见《大唐西域记》藏汉版本对照表，如下：

藏文版	汉文版
卷一·三十四国	卷一·三十四国
卷二·三国	卷二·三国
卷三·共二十三国，译者用藏文数字标记每一个国家的序列，共有23个国家。合二为一	卷三·八国 卷四·十五国 共23国。
卷四·六国	卷五·六国
卷五·六国	卷六·四国 卷七·五国中的前两国，共六国。
卷六·四国	汉文卷七中剩余的三国和卷八·一国，摩揭陁国（上）共四国。
卷七·摩揭陁国（下）	汉文卷九·一国（《校注》卷九一国的校勘中指出：《中本》《径山本》无一国二字。）中的摩揭陁国（下）。
卷八·十七国	卷十·十七国
卷九·二十三国	卷十一·二十三国
卷十·二十二国	卷十二·二十二国

二、《西藏语译大唐西域记》没有翻译的内容

正如译者本人所说的那样，他将尽可能地翻译与佛教有关的内容大意，因此整个译本不是一对一地翻译全文，而是有简有繁，他没有翻译的内容简述如下：

1. 原文中译者没有翻译汉文中的“序一和序二”，而是按照传统藏文典籍的写作方式，写了卷首礼赞和总说，这是汉文版中没有的。

如：卷首礼赞

༄༅། །ན་མོ་གུ་རུ་མཉྫུ་ཤྲཱི་ཡེ། རྒྱ་ནག་སྐད་དུ། ཏཱ་ཐང་སིའི་ཡུལ་གྱིས། བོད་སྐད་དུ། ཆེན་པོ་ཐང་གུར་དུས་ཀྱི་རྒྱ་གར་ཞིང་གི་བཀོད་པའི་ཀར་ཆག །སྟོན་པ་བླ་ན་མེད་པ་བཅོམ་ལྡན་འདས་ཤཱཀྱ་ཐུབ་པ་

ལ་ཕྱག་འཚལ་ལོ།

译文（拙译）：

“顶礼……！

汉文称《大唐西域记》，藏文称 ཆེན་པོ་ཐང་གུར་དུས་ཀྱི་རྒྱ་གར་ཞིང་གི་བཀོད་པའི་དཀར་ཆག་བཞུགས་སོ། །（chen po thang gur dus kyi rgya gar zhing gi bkod pa'i dkar chag bzhugs so）！

向无上的释迦牟尼佛顶礼！”

又如：总说

སྤྱོམ་ནི། སངས་རྒྱས་སྟོང་གི་ཞབས་ཀྱི་བཅགས་པ་ཡི། །རྒྱ་གར་འཕགས་པའི་ཡུལ་ལ་ཆེན་པོ་ལྔ། །དེ་དག་སོ་སོའི་ཆར་གཏོགས་མི་གཏོགས་དང་། །ལམ་གྱི་ཡུལ་དང་ཉེ་བར་མཐོང་བའི་ཡུལ། །ལ་སོགས་ཡུལ་གྲུ་ཆེ་ཆུང་བརྒྱ་ལྔ་བཅུའི། །ཡུལ་ལུགས་ས་ཚིགས་གྲུབ་ཚུལ་ལ་སོགས་པའི། །བཀོད་པ་ཐང་དུས་ཡིག་ཚང་རྙིང་པ་དག །བསྡུས་ཏེ་ལོ་ཆེན་སྡེ་སྣོད་གསུམ་འཛིན་པ། །ཐེག་ཆེན་ལྷ་ཡིས་རྒྱ་ནག་སྐད་དུ་བརྩམས། །བམ་པོ་བཅུ་ཕྲག་གཅིག་བྱུང་ཕལ་ཆེ་བའི། །དོན་རྣམས་བསྡུས་ནས་ཇི་ལྟར་ནུས་བཞིན་དུ། །བོད་ཀྱི་ཡི་གེར་བྲི་བ་འདི་བཞིན་ནོ། །

译文（拙译）：

“被千万佛祖光顾的印度分五大地区，各个地区之间的关系，以及周遍大小共一百五十多个国家的风俗习惯、地理地貌等，由大乘天（玄奘）对照唐代的各种古籍版本用汉文写成，本人将用十卷尽力用藏文翻译其大意。”

关于译者没有翻译“序文”的问题，中国藏学研究中心的副总干事长郑堆先生，在《〈大唐西域记〉藏文版之研究》一文中曾说：“汉文版卷首本有秘书著作郎敬播的序文，其后又有尚书左仆射燕国公张说的序文，藏文版中这两个序均未翻译。汉文版是否有不同版本尚需考证。”就“汉文版是否有不同版本尚需考证”这一点，在《大唐西域记校注》的“序一”校勘中找到了答案：“宋、元、明各《藏》本中无此序。”在“序二”校勘中也指出：“原本无此序。”因此，我们明确了汉文不仅有很多版本，而且有些版本中有两篇序文，有些版本中没有序文。那么，译者贡布加翻译的汉文版本，很可能是没有序文的版本（具体版本存疑）。这只是一种假设，同时也不能排除他原本就没有翻译“序文”，这完全符合他在“总说”中提出的翻译原则，“尽可能地将大意翻译成藏文”。对译文中的“总说”，王尧先生在《〈大唐西域记〉藏译本及译者衮布扎布》一文中指出：“藏文译文前加一总说，提示翻译此书的缘起及重要性，言简意赅……”说明了加“总说”的目的和所起的作用。

汉文版是按“卷几多少国”来分章节的，如：“大唐西域记卷第一，三十四国”，然后是具体的国名，而《西藏语译大唐西域记》藏文版是在介绍一个具体的国家时，用藏文数字表示这个国家的序列，手写在具体国名之上，并在具体国名之下用空心圆点标出，起着着重号的作用，介绍完若干个国家之后，用བམ་པོ་དང་པོ་རྫོགས།（bam po dang po rdzogs）意为：“第一卷完”来表示章节。

2. 卷一中的“序论”只翻译了大概意思，以藏文史籍常用的手法，把佛教认为的娑婆世界简述了一下，没有翻译第一自然段。

汉文的第一自然段原文如下：“历选皇猷，遐观帝录。庖牺出震之初，轩辕垂衣之始，所以司牧黎元，所以疆画分野。暨乎唐尧之受天运，光格四表，虞舜之纳地图，德流九土。自兹已降，空传书事之册；逖听前修，徒闻记言之史。岂若时逢有道，运属无为者欤？我大唐御极则天，乘时握纪，一六合而光宅，四三皇而照临。玄化滂流，祥风遐扇，同乾坤之覆载，齐风雨之鼓润。与夫东夷入贡，西戎即叙，创业垂统，拨乱反正，固以跨越前王，囊括先代。同文共轨至治神功，非载记无以赞大猷，非昭宣何以光盛业？玄奘辄随游至，举其风土，虽未考方辩俗，信已越五逾三。含生之畴，咸被凯泽；能言之类，莫不称功。越自天府，暨诸天竺，幽荒异俗，绝域殊邦，咸承正朔，俱沾声教。赞武功之绩，讽成口实；美文德之盛，郁为称首。详观载籍，所未尝闻；缅惟图牒，诚无与二。不有所叙，何记化洽？今据闻见，于是载述。”

拙译白话文如下：“纵观历代帝王的丰功伟绩，从伏羲氏开天辟地之初、轩辕氏制造衣布之始，最早都是用来治理生蓄、划分疆土领地的。已有的唐尧受命于天，光芒四射；虞舜所管辖的大地版图，其德洒遍大地。从此以后，所记载的事迹都赶不上先贤们啦；听那遥远的传说，记载所谓历史。如果能碰上有道的年代，难道命运还会降临到不作为者的身上吗？

我大唐皇朝恩惠天下，把握时机，统一天下而光宗耀祖，将三皇五帝的业绩照遍四方。就像滂波洪流润化大地，吉祥之风吹向远方，如同天地乾坤的翻覆，与风雨润泽等量齐观。要那东夷来朝贡，西戎陈述报告，创业一统，拨乱反正，当然成就不仅包括历代的，还超过了先王。秦代统一了文字，规范了道路，达到了统治的神奇功业，不记载就不能赞颂伟绩，不广泛宣传怎么能光大盛业？

玄奘我远游到天竺，列举那里的风土人情，虽然未能对那里的方言风俗考证辨析，但我相信已经超过了三皇五帝。所有生灵，都受到慈惠的恩泽。能说话的，没有不称颂的。超越来自天府，到达了天竺，幽远荒凉的异地风俗，少有而特殊的邦域，都承载着正旺势头，都沾染着声教。赞美武功的业绩，称颂有口皆碑；赞美文德的昌盛，堪称天下第一。详细观看古籍记载，闻所未闻；远古的图文资料，真的没有相同的。没有所叙述的，怎么能记录下这些变化与和睦呢？现在根据我的所见所闻，记载叙述于此。”

笔者以为以上段落的内容大意，跟印度和佛教没有太大关系，是译者没有翻译的主要原因。

3. 卷二中的“印度综述”，译者没有翻译，笔者认为原因有二：

（1）汉文中每介绍到印度的国家，都比较详细地描述了那里的风土人情，如果再翻译“印度综述”，感到有雷同、重复的地方，所以没有译。

（2）藏文已经有多罗那它撰写的《印度佛教史》（公元 1608 年成书），其中详细介绍了印度的情况，所以没有必要再翻译。

4. 汉文版卷十二中关于玄奘的介绍，在译文的后记中明确指出，“由于在拙著《汉地佛教史》中，已经详细叙述了玄奘大师的情况，在此就没必要再翻译了”云云。所以卷十二的内容就翻译到最后一个国家的第八个故事止，以后的四个传说、故事都没有翻译。

三、《西藏语译大唐西域记》中的批注

在衮布扎布的译文中，字里行间有不少小字体的批注，都是增加的地名、寺名、塔名和山川河流的名称，如：“屈支国东西千余里”，译文“ཀུ་ཚེ་(དེང་སང་ཁུ་ཆེ་ཟེར་)༢ ཞེས་བྱ་བའི་དེའི་ཤར་ནུབ་......”括号中是古代屈支国的清代称呼，其后的藏文数字，是用来表示国家的序列号。译者用此种方法对汉文中没有写明称呼的地方增加了批注，这是译者的贡献，说明他在翻译的过程中还做了地名考证。以下笔者将加了批注的地名按国家和地方顺序用藏汉对照的方法列出，并进行相应的研究。

1. ཨུ་ཤི་རི་འི།(ཨུ་ཤི) 阿耆尼国 梵文 Agni

（1）周连宽先生在《大唐西域记史地研究丛稿》，简称《丛稿》中研究指出，同一个地方有三类不同的名称：第一类，史书称焉耆；第二类，释藏僧徒传记类称乌耆；第三类，梵化名称为阿耆尼或亿尼，玄奘的阿耆尼国是焉耆的梵化名称①。那么，译文“ཨུ་ཤི་རི་འི།”应为第三类阿耆尼，批注“ཨུ་ཤི”为第二类乌耆。

（2）批注དེང་སང་ཨ་ཀ་སུ意为“今称阿伽苏”，根据读音似“阿克苏”，但如今的阿克苏市在南疆，焉耆回族自治县在北疆，这一称呼存疑。

2. ཀུ་ཙི།(དེང་སང་ཁུ་ཅེ་ཟེར) 屈支国 梵文 Kuci

批注意为“今称库折”。这一点周先生在“屈支国考”中说：“《元史・西北地附录》作库彻，……”②，看来从元朝开始，古代的龟兹国称为库车了。

3. 凌山及大清池

批注 དེང་སང་ཧོ་སི་ཁེ་ལ་ཟེར། པལ་ཧོ་ཤི་ཟེར། 意为如今此地叫“霍斯可拉”或“白霍西”，现为伊塞克湖，在吉尔吉斯斯坦境内，为有名的高山不冻湖。

4. 千泉

批注 དེང་སང་ཧེ་ས་ཀན་ཟེར། 意为：“现在称合萨干”，根据发音疑似“哈萨克”。对于千泉遗址的具体位置，学者们仍存在不同的看法，大部分学者认同如今位于今吉尔吉斯斯坦国北部吉尔吉斯山脉北麓，但一部分人认定位于哈萨克斯坦的梅尔克地方③。若果真如此译文的注释就能说得通。

5. བྷུ་ད།(ཧྭོ་ཁར) 缚喝国 梵文 Bactria

周先生在“缚喝国考”中说：“ Pahl 或 Vahlika，《慈恩传》卷二作缚喝罗，《魏书》和《北史》西域传大月氏国条作薄罗，正符 Pahl 或 Vahlika 的音译，……”④ 译文两个名称，也正符合 Pahl 或 Vahlika 的音译。

---

① 周连宽.大唐西域记史地研究丛稿.北京：中华书局，1984：22.

② 周连宽.大唐西域记史地研究丛稿.北京：中华书局，1984：46.

③ 许序雅.千泉、白水城和恭御城考辨.中国历史地理论丛.第25卷，第2辑，2010.

④ 周连宽.大唐西域记史地研究丛稿.北京：中华书局，1984：137.

6. ཀ་པི་ཤི།(ཀ་བྷེ་ལ) 迦毕试国　梵文　Kapis

周先生在“从缚喝国至迦毕试国的一段行程”中说：“丁谦谓迦毕试即阿富汗国喀布尔城地，迦毕试为喀布尔的音译。”[①] 根据这一点，译文“ཀ་པི་ཤི”似“Kapis”，“ཀ་བྷེ་ལ”似“Kabul”音译。

7. ཨུརྒྱ་ནའི།(ཨོ་ཊི་ཡ་ཎ) 乌仗那国

《大唐西域记校注》中对乌仗那国的注解说：“乌仗那国，梵文 Udyana，Uddiyana，Odiyana，Oddiyana，巴利文 Uyyana，Ujjana.”[②] 很明显，译文“ཨུརྒྱ་ན”为巴利文 Ujjana，“ཨོ་ཊི་ཡ་ཎ”为梵文 Udyana 的音译。

8. 十、蓝勃卢山龙池及乌仗那国王统传说

最后译者增加了一句：རྒྱལ་པོའི་མིང་ལ་ཨིནྡྲ་སེ་ན་ཟེར། སེ་ན་ཞེས་པ་སྡེར་བསྒྱུར་ན་ལེགས་སམ་སྙམ་མོ། །意为：该国王叫嗢呾罗犀那，把犀那意译成藏文sder是否准确？原文中无此句。

9. ཀཤྨི་ར།(ཕལ་ཆེར་ཀ་ཤི་མེར་ཟེར།) 迦湿弥罗国

《大唐西域记校注》中对迦湿弥罗国的注解：“迦湿弥罗国，梵文 Kasmira”[③] 译文“ཀཤྨི་ར”“ཀ་ཤི་མེར”均属梵文 Kasmira 的音译。“国大都城西临大河”，译文批注“ཡ་མུ་ན”为都城名，即：亚穆那河，为恒河最大的支流。但《大唐西域记校注》(上) 第 323 页注释中的河名“ Jhelum 傑鲁姆”，经过查找证明此河不是印度的雅穆纳河，而是巴基斯坦的杰鲁姆河。

10.“圆满与觉取论师遗迹”中“王城西北行二百余里，至商林伽蓝”，译文批注“ཡ་མུ་ན”，为寺院的名称，坐落在亚穆那河岸而得名。

11. ཆུ་བོ་གངྒཱའི་གཡོན་ལོགས་སུ་མ་ཡུ་རའི་[ཧ་རི་དྭ་ར]ཡུལ་། 摩裕罗城

《大唐西域记校注》中对秣底补罗国的摩裕罗城的注解：“国西北境殑伽河东岸有摩裕罗城”，译文批注“ཧ་རི་དྭ་ར།”似梵文 Haridvar 的音译，意为“殑伽河门”，见《校注》对“殑伽河门”的注解 (406 页)。

---

① 周连宽. 大唐西域记史地研究丛稿. 北京：中华书局，1984：143.

② 玄奘、辩机原著，季羡林等校注. 大唐西域记校注. 北京：中华书局，2000：271.

③ 玄奘、辩机原著，季羡林等校注. 大唐西域记校注. 北京：中华书局，2000：321.

12. བྲ་ཧྨི་མ་སྤུ་རའི། བྲ་ཧྨཾ་པུ་ལི། 婆罗吸摩补罗国

《大唐西域记校注》中对婆罗吸摩补罗国的注解："在现今迦尔瓦尔（Garhwal）和古冒恩（Kumaon）地区。"原文"此国境北大雪山中，有苏伐剌拏瞿呾逻国，唐言金氏。"的一段，译文批注："ཀུ་མཱ་ཨོ"应为 Kumaon 的音译。

13. ཀ་ནྱི་ཀུབྫ། [ཀནྱ་ཀུབྫ།] 羯若鞠阇国

《大唐西域记校注》中对羯若鞠阇国的注解："羯若鞠阇国，梵文Kanyakubja；巴利文Kannakujja"译文"ཀ་ནྱི་ཀུབྫེ་"为巴利文Kannakujja的音译，"ཀནྱ་ཀུབྫེ"为梵Kanyakubja的音译。译者增加一句：ལ་ཏ་ཟེར་བ་འདྲ་ཅིག་འདུག 意为：有拉达的叫法，此名称存疑。

14. ཧྲ་ར་ན་ག [པྲི་ཡཱ་ཀ] 钵逻耶伽国

《大唐西域记校注》中对钵逻耶伽国的注解说："钵逻耶伽国，梵文 Prayaga"，译文"ཧྲ་ར་ན་ག་"和"པྲི་ཡཱ་ཀ"都是 Prayaga 的音译，"པྲི་ཡཱ་ཀ"更准确些。

15. ཀུ་ཤའི། 拘尸那揭罗国

在"拘尸那揭罗国"的第四个传说中说："城北渡河三百余步，有窣堵波，是如来焚身之处。"译文佛塔名称："ཀྲུ་ཡཱ་ཏ་"为安加罗塔 Angara Chaitya 的音译。

16. ཝཱ་ར་ན་སིལ་ཆོས་འཁོར། 鹿野伽蓝

译文批注"鹿野伽蓝"为"ཝཱ་ར་ན་སིལ་ཆོས་འཁོར"。鹿野苑旧址就坐落在印度北方邦瓦拉那西（Vārānasī）以北约 10 公里处，"ཝཱ་རཱ་ན་སིལ་"为"Vārānasī"的音译。

17. ཧྲུ་རི་ཤིའི་ཡུལ། 弗栗恃国

原文"国大都城号占戍拏，多已颓毁。"译文批注 ན་ཐ་པུ་རི་ཟེར་འབྲས་བཀྲོང་(ལྗོངས་)ལ་ཉེ་ཟེར་རོ་"，意为：都城又称纳塔布日离锡金很近。

18. མཾ་ཀྲ་ཏ་ཡུལ། 摩揭陀国（上）梵文 Magadha

原文第七个传说"无忧王诸营造遗迹"："山西南有五窣堵波"，译文"མཆོད་རྟེན་སྙིང་པ་(ཕུང་པོ་ལྔ་པའི་མཆོད་རྟེན)ལྔ་ཡོད་པ་"，批注意为"五蕴佛塔"。

19. མཾ་ཀྲ་ཏ་ཡུལ། 摩揭陀国（下）梵文 Magadha

原文第二十二个传说"上茅宫城（旧王舍城）"："上茅宫城，摩揭陀国之正中，古先君王之所都，……”，批注意为“如今称嘎尔达”为梵文 Girivraja 音译。

20. བེ་ན་རྡ་ཐནྣའིའ་(པུ་ར་ཝ་རྟ)ཡུལ་ལོ། 奔那伐弹那国 梵名 Pura-vardhana

原文“奔那伐弹那国周四千余里”，译文批注为梵名 Pura-vardhana 的音译。

21. རྒྱ་མཚོའི་འགྲམ་གྱི་ཤར་དུ་གླིང་ཆུང་ཞིག་ཡོད་པར་(ཛ་ན་ཀ་ཡ།)ཛོ་སྐུ 原文“骏迦山与那罗稽罗洲”：“…孤岛东崖有石佛像,”译文批注为佛像名称“ཛ་ན་ཀ་ཡ 杂那嘎雅”。

22. ཨནྡ་ར་བའི་[དེང་སང་བེ་ལུ་ར་ཟེར་ཏེ་བོད་མ་སོག་ཡིན]ཡུལ་དེ་ནས།

原文“安咀罗缚国，睹货逻国故地，周三千余里。”译文批注意为“今称 Belura，是藏蒙结合的后代，此地之人种有待考证”。注释见《大唐西域记校注》(下) 961 页。

23. ཨུ་ཤའི་ཡུལ། [དེང་སང་འོ་ཞི་ཟེར།] 乌铩国 梵名 Osh

原文“乌铩国周千余里”，译文批注意为“现在称沃西”，沃西为 Osh 的音译。

24.ཕ་ཤའི་[ཀ་ཤི་ཀྲ་ར]ཡུལ་ལོ། 佉沙国

译文批注“ཀ་ཤི་ཀྲ་ར།”，为“喀什噶尔”的音译。周连宽先生指出：“喀什噶尔（kashgar）之名，始见元代，……”为今天的新疆喀什市。

25. ཞོ་གུ་ཀའི་ཡུལ། [དེང་སང་ཡེར་ཁེན་ཟེར་བ་དེ་ཡིན] 斫句迦国

译文批注意为“如今称叶尔刊”，季先生在《校注》中注释“斫句迦国”时指出，“据中外学者的考证，斫句迦即今新疆叶城县。”那么，“叶尔刊”之称应为 Ye’erqiang 的音译，Ye’erqiang 原为叶尔羌河的名称，叶城县就坐落在河北岸。

26. གུ་ས་ད་ནའི་ཡུལ། [ཀོ་ར་ཤྭ་ར] 瞿萨旦那国 梵名 Gostana

译文批注瞿萨旦那又称“郭热夏热”，也是 Gostana 的音译。原文“建国传说”中的译文批注为两个城堡的名称。

四、关于大乘上座部的翻译

研究《大唐西域记》的学者们，都曾碰到过《大唐西域记》中，玄奘在五处提到了“大乘上座部”的说法，季羡林先生为这个问题写了《关于大乘上座部的问题》一文①，文中指出，大乘上座部这个词的意思是，受大乘影响的小乘上座部，它起源于僧伽罗国，而后倒流到印度境内四个崇信大乘上座部的国家；而在玄奘时代，传入僧伽罗国，影响

① 中国社会科学. 关于大乘上座部的问题，1981（5）：185–198.

那里小乘上座部的大乘思想是大乘瑜伽论。①

王尧先生就此问题也写了《藏译本〈大唐西域记〉的翻译、译者和大乘上座部等几个问题述记》一文②。

王先生在文章中将季先生划出的五处，用汉藏文对照的方式，一一列出并进行了翻译，非常清楚地指出：玄奘在《大唐西域记》中所说的“大乘上座部”，实际上就是接受上座部的戒律，学习大乘观点的寺院。

具体内容按文中出现的顺序，汉藏文对照如下：

摩揭陀国 མ་གྷ་ད་ཡུལ།

原文：僧徒数千人，习学大乘上座部法。

译文：དེར་གནས་པའི་དགེ་འདུན་ཆིག་སྟོང་ལྷག་ཙམ་ཐམས་ཅད་གནས་བརྟན་སྡེ་པ་ཐེག་ཆེན་སྤྱོད་པ་ཁོ་ནའོ། །

翻译：此处一千多僧人全都是上座部，修习大乘思想者。

2. 羯棱伽国 ཀོང་ཀྣི་ཡུལ།

原文：伽蓝十余所，僧徒五百余人，习学大乘上座部法。

译文：གཙུག་ལག་ཁང་བཅུ་ལྷག་ཙམ་ལ་དགེ་འདུན་ལྔ་བརྒྱ་ལྷག་གནས་བརྟན་སྡེ་པ་ཐེག་ཆེན་པ་ཤ་སྟག་གོ །

翻译：有寺院十座僧人五百多，全是上座部修习大乘的人。

3. 僧伽罗国

原文：僧徒二万余人，遵行大乘上座部法。

译文：དགེ་འདུན་ཉིས་ཁྲི་ལྷག་ཚོགས་ཤིང་ཐེག་ཆེན་པ་སྡེ་པ་གནས་བརྟན་པའོ། །

翻译：聚集了僧侣二万余人，全都是修习大乘，属于上座部者。

4. 跋禄羯呫婆国

原文：伽蓝十余所，僧徒三百余人，习学大乘上座部法。

译文：གཙུག་ལག་ཁང་བཅུ་ལ་དགེ་འདུན་སུམ་བརྒྱ་ལྷག་ཐེག་ཆེན་སྤྱོད་པ་གནས་བརྟན་སྡེ་པའོ། །

---

① 中国社会科学.关于大乘上座部的问题，1981（5）：185–198.

② 王尧.藏译本《大唐西域记》的翻译、译者和大乘上座部等几个问题述记.//贤者新宴.上海：上海古籍出版社，2007.

翻译：有十余所寺院僧徒三百余人，行大乘教法，属于上座部。

5. 苏剌佗国

原文：伽蓝五十余所，僧徒三千余人，多学大乘上座部法。

译文：གཙུག་ལག་ཁང་ལྔ་བཅུ་ལྷག་པར་དགེ་འདུན་སུམ་སྟོང་ལྷག་པ་ཐེག་ཆེན་སྤྱོད་ཅིང་སྡེ་པ་གནས་བརྟན་པའོ།

翻译：有五十余所寺院，僧徒三千余人，修习大乘教法，属于上座部。

关于为何会出现这种现象，吕澂先生在《印度佛学源流略讲》中讲道："从大众系保留下的许多学说中，有些就很接近大乘思想，……玄奘去印度时，还有这样的传统看法：原在南方大众系，以后发展出案达部，在后有方广部，它们以斯里兰卡的无畏山寺为根据地，那里本来是流行上座系的，这时方广与上座取得调和，同时并存。玄奘认为无畏山的上座已非纯粹的上座，应名为'大乘上座'。"①

此问题与藏传佛教的关系如何？笔者曾请教过萨迦堪布土多申格，他回答说："藏传佛教僧团外在的形式（仪式）实行的是上座部仪式，而内在修炼的主要是大乘慈悲心。形成了行为符合《律》，观点符合《中观》，密宗符合《续》的宗教团体。"因此，可以说藏传佛教是清一色的大乘上座部。

至此笔者对《大唐西域记》藏译本的分析和研究，除了对译者的个别地名注解，仍没有能够彻底查清以外，大体给出了自己的回答，没有查清楚的问题，愿作为以后努力寻找资料，深入进行研究的动力逐步解决。

---

① 吕澂. 印度佛学源流略讲. 上海：上海世纪出版集团，2005：77.

藏文长条书原文影印件（若干）

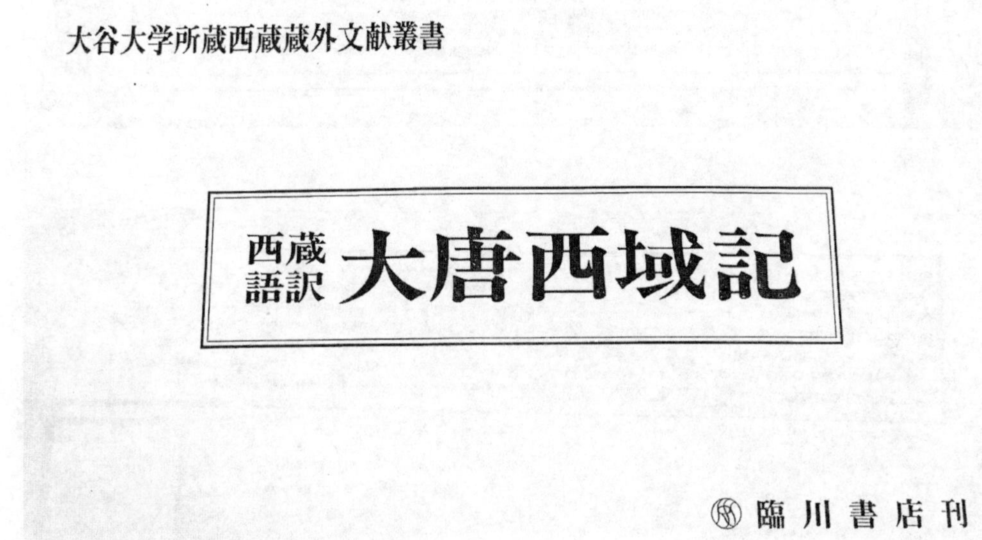

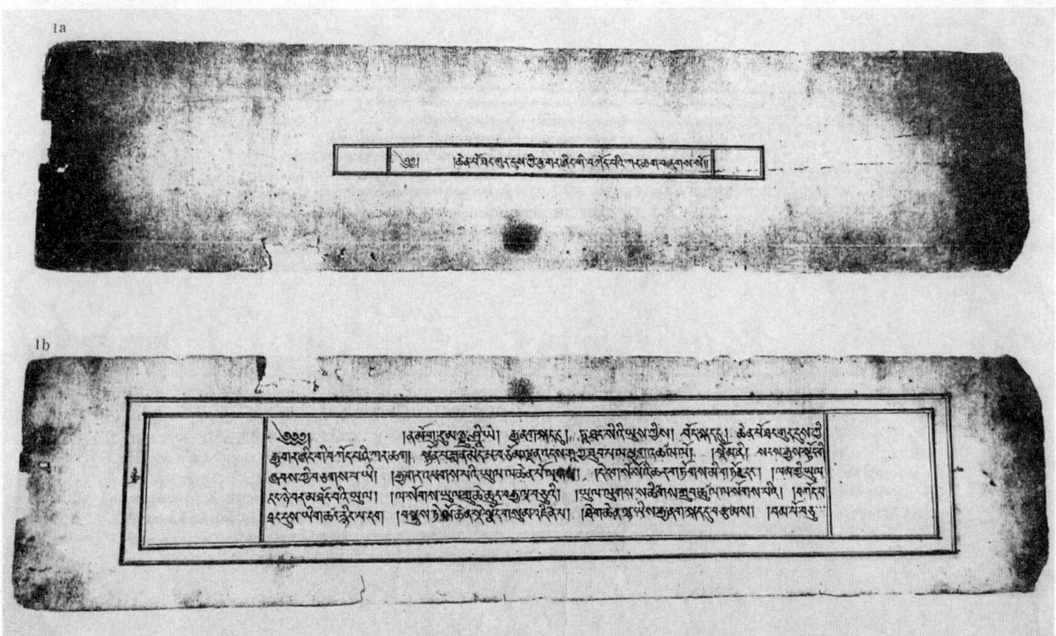

PL.1

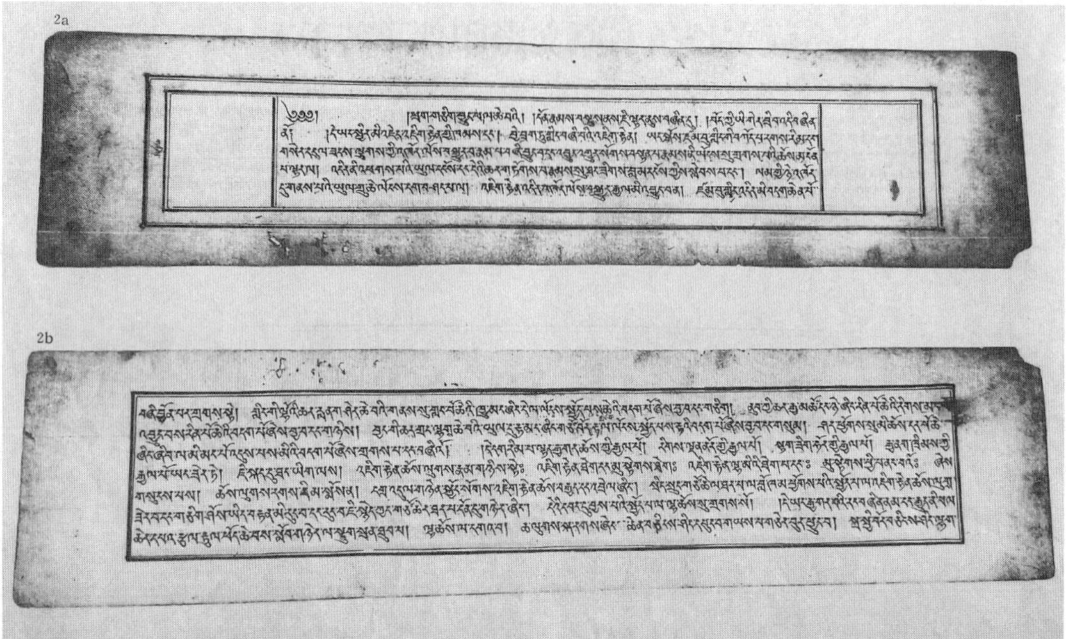

PL.2

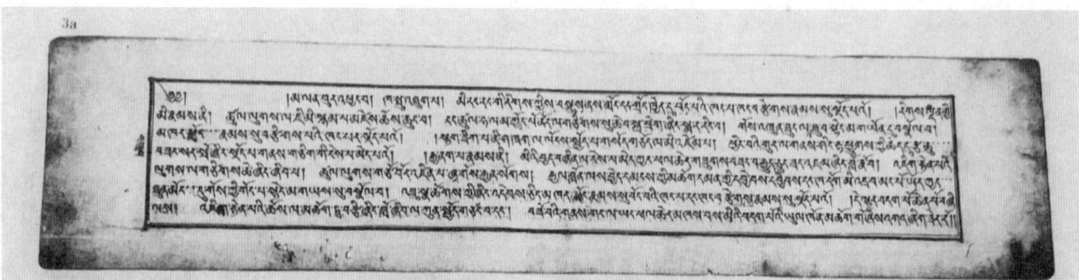

PL.3

4a

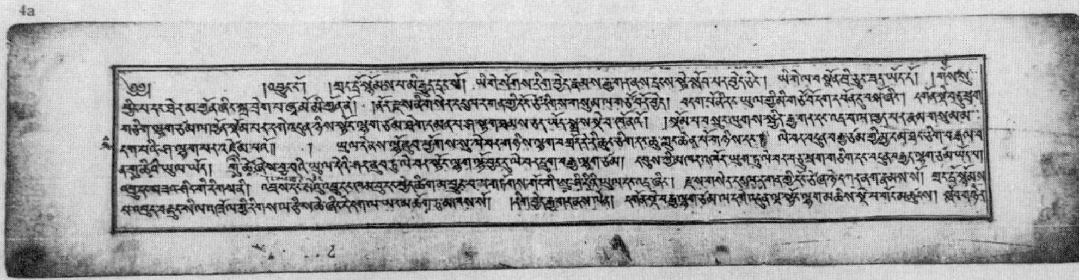

4b

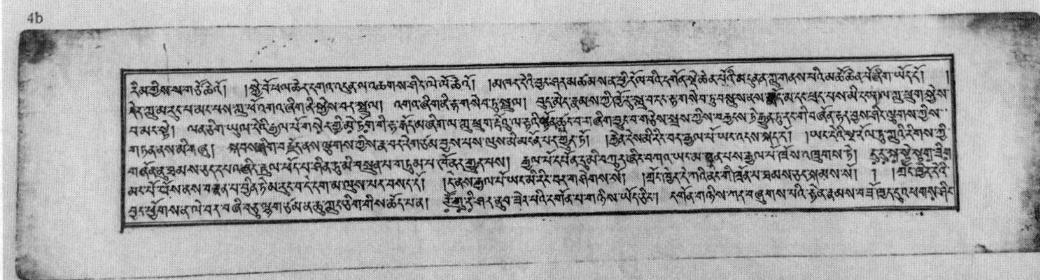

PL.4

5a

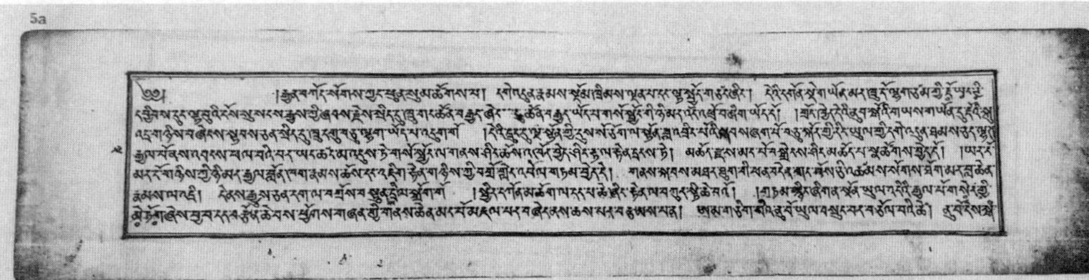

5b

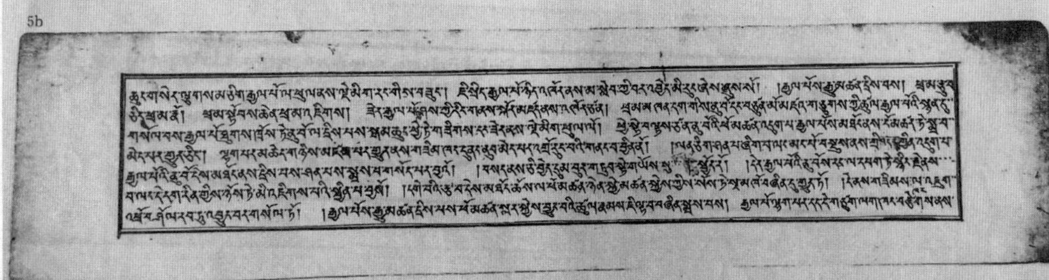

PL.5

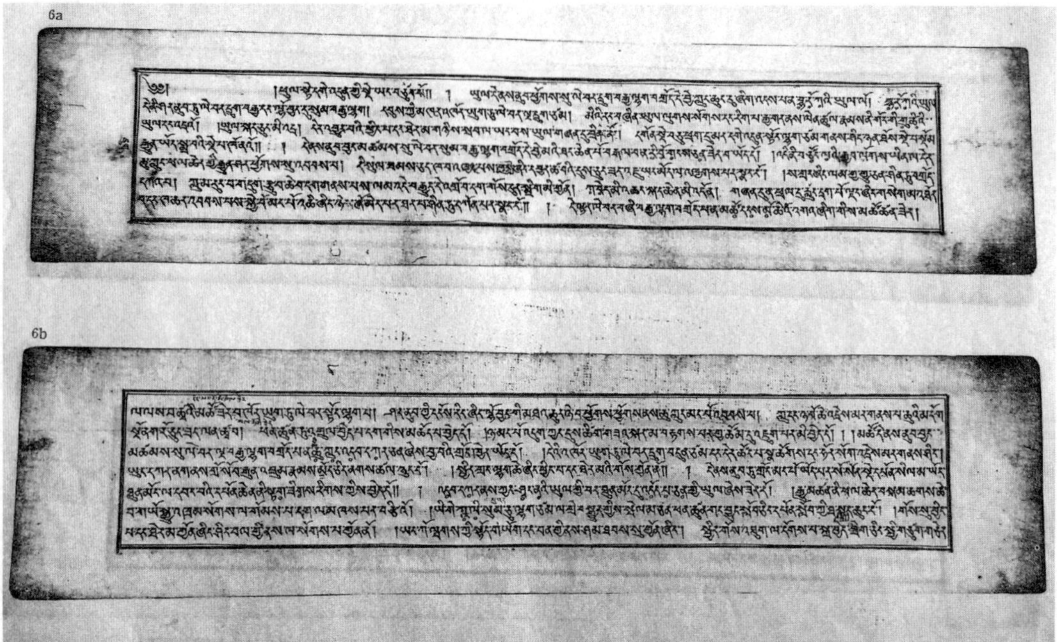

PL.6

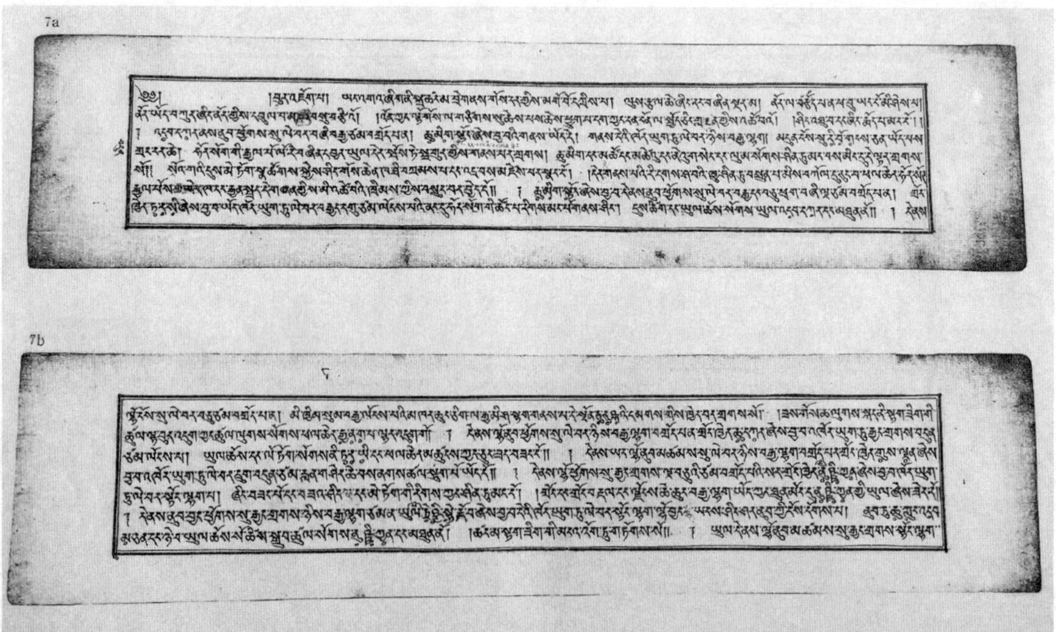

PL.7

8a

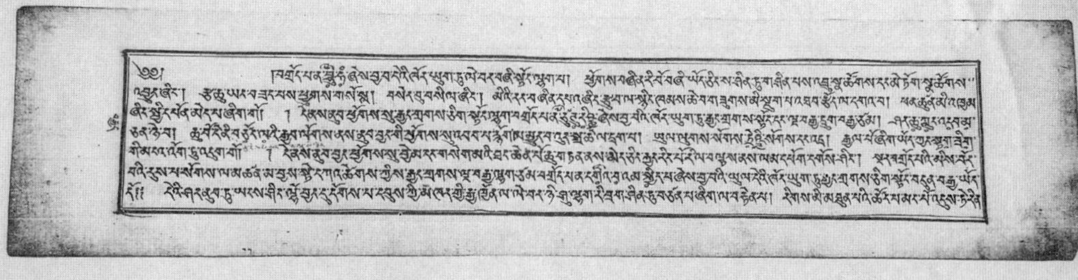

8b

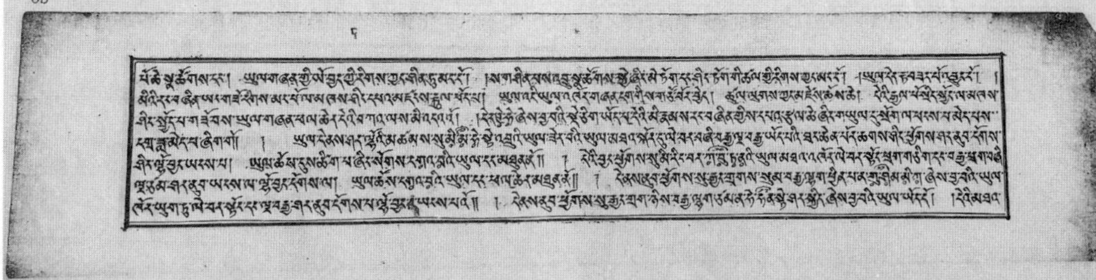

PL.8

9a

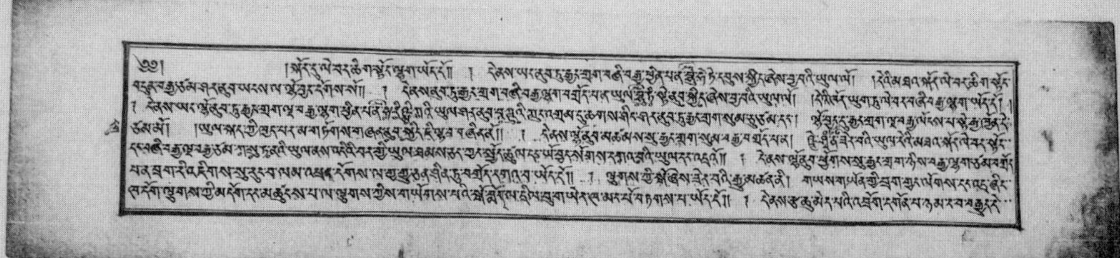

9b

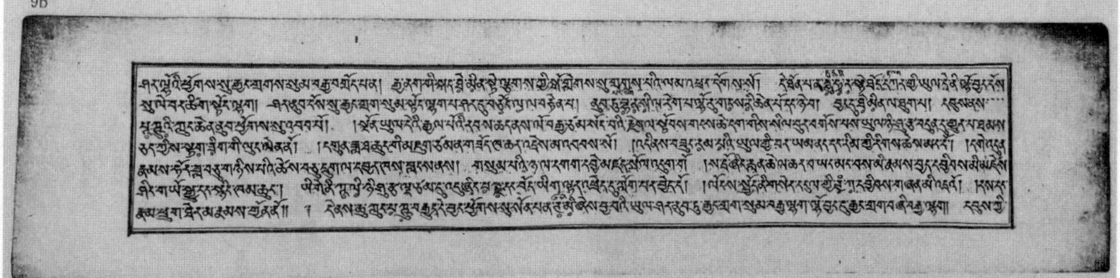

PL.9

10a

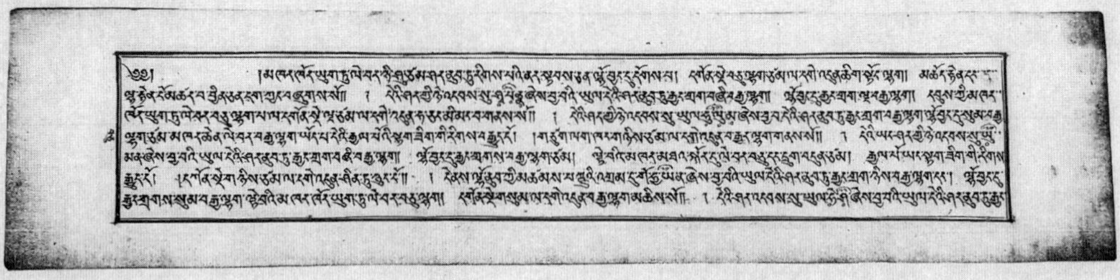

10b

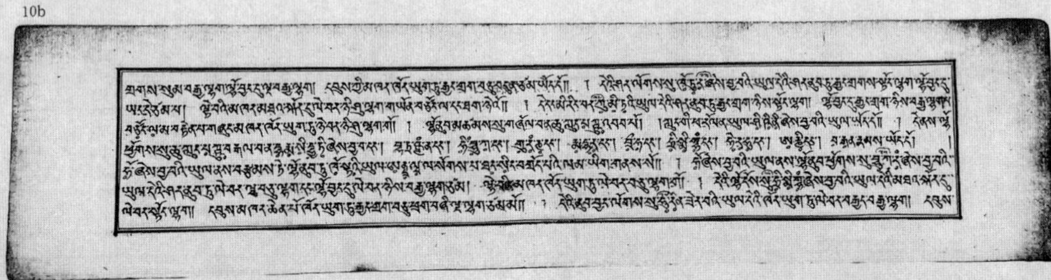

PL.10

参考文献

汉文部分

著作：

[1] 玄奘、辩机著，季羡林等校注 . 大唐西域记校注 . 北京：中华书局，2000.

[2] [唐] 慧立、彦悰著，孙毓棠、谢方点校 . 大慈恩寺三藏法师传 . 北京：中华书局出版，2000.1~214.

[3] 义净 . 大唐西域求法高僧传校注 . 北京：中华书局，2004.

[4] 周连宽 . 大唐西域记史地研究丛稿 . 北京：中华书局，1984.

[5] 贡布嘉著，罗桑旦增译 . 汉区佛教源流记 . 北京：中国藏学出版社，2005.

[6] 季羡林 . 佛教十五题 . 北京：中华书局，2007.

[7] 钱文忠 . 玄奘西游记 . 上海：上海出版社，2007.

[8] 吕澂 . 中国佛学源流略讲 . 上海：上海世纪出版集团，2005.

[9] 姚卫群 . 印度宗教哲学概论 . 北京：北京大学出版社，2006.

[10] 张晓华 . 佛教文化传播论 . 北京：人民出版社，2006.

[11] 王森 . 西藏佛教发展史略 . 北京：中国藏学出版社，2010.

[12] 陈庆英 . 雪域圣僧——帝师八思巴传 . 北京：中国藏学出版社，2010.

论文：

[1] 王尧 . 大唐西域记藏译本及译者衮布扎布 . 法音，2000（12）.

[2] 郑堆 . 大唐西域记藏文版之研究 . 玄奘国际学术研究讨论文集，2003.

[3] 乔吉 . 蒙文历史文献要览 . 内蒙古社会科学（汉文版），1986（4）.

[4] 乌云毕力格 . 关于清代著名蒙古文人乌珠穆沁公滚布扎卜的几点新史料 . 清史研究，2009（1）.

藏文部分

译著：

[1] 玄奘著，公·衮布扎布译 . 大唐西域记（藏文）. 格桑格勒坚赞修订 . 北京：中国藏学出版社，2006.

[2] 公·衮布扎布著，罗桑旦增译 . 汉区佛教源流记（藏文）. 北京：中国藏学出版社，2005.

后　记

本人于2005年开始攻读藏学研究院的在职博士学位，于2010年6月毕业。作为在职攻读博士学位的学生，在五年的时间里，一方面教学工作不能耽误，另一方面又要查找大量的文献资料，充实学位论文，确实感到了前所未有的压力，真正体会到了“书到用时方恨少”的滋味。博士论文《〈大唐西域记〉藏译文研究》的写作，涉及很多佛学方面的知识。由于过去未曾系统学习，因此，写起来进度很慢。尽管如此，在阅读和分析的过程中，仍然找到了畅游在知识海洋中的很多乐趣，收益匪浅。

对五年来的努力做总结的时候，觉得还留有不少遗憾，要学习的东西还很多很多。2016年得到国家社科基金后期资助项目的资金支持，在专家的指导下，对原来的博士论文做了比较大的改动，如今要将项目成果交付出版社出版的时候，就像产品出厂前要做检验一样，在校对的过程中一遍遍进行着核对，心情无比激动和喜悦。

为了完成论文撰写，以及项目的顺利进行，得到了领导、同事、朋友和家人的大力支持，没有他们的关心和帮助就无法顺利完成。

特别是在搜集翻译家公·衮布扎布的资料时，得到了蒙古国藏学家呼日勒先生的全力支持，先生特意从蒙古带来了关于公·衮布扎布生平的复印件，还通过本人的好友，民大蒙语系萨仁格日勒教授的翻译，逐字逐句地讲解，同时民大蒙语系贺希格教授也给本人提供了关于公·衮布扎布的资料。在此一并表示衷心的感谢！在翻译英文摘要时，得到了民大外语学院李继忠和张莉夫妇的大力支持，在此表示感谢！最要感谢的是我的导师王尧先生，感谢他多年来对本人的学术指导！

还有许多给予本人直接和间接帮助的朋友，无法一一列举，也表示衷心的感谢！